《蘇州全書》編纂出版委員會 編

·經典釋文

蘇州全書

甲編

古吳軒出版社
蘇州大學出版社

圖書在版編目（CIP）數據

經典釋文 / (唐) 陸德明撰 . -- 蘇州 : 古吳軒出版社 : 蘇州大學出版社 , 2022.12
（蘇州全書）
ISBN 978-7-5546-2070-0

Ⅰ. ①經… Ⅱ. ①陸… Ⅲ. ①《經典釋文》—訓詁 Ⅳ. ① H131.6

中國版本圖書館 CIP 數據核字（2022）第 257988 號

責任編輯 戴玉婷
裝幀設計 周 晨 李 璇
責任校對 黄菲菲

書　　名 經典釋文
撰　　者 〔唐〕陸德明
出版發行 古吳軒出版社
地址：蘇州市八達街118號蘇州新聞大厦30F　電話：0512-65233679
蘇州大學出版社
地址：蘇州市十梓街1號　電話：0512-67480030
印　　刷 常州市金壇古籍印刷廠有限公司
開　　本 889 × 1194　1/16
印　　張 109.25
版　　次 2022 年 12 月第 1 版
印　　次 2022 年 12 月第 1 次印刷
書　　號 ISBN 978-7-5546-2070-0
定　　價 880.00 元（全三册）

《蘇州全書》編纂工程

總主編

曹路寶　吳慶文

學術顧問

（按姓名筆畫爲序）

王　芳　王　宏　王　堯　王　鍔　王紅蕾　王華寶　王爲松　王衛平
王餘光　王鍾陵　朱棟霖　朱誠如　任　平　全　勤　江慶柏　江澄波
汝　信　阮儀三　杜澤遜　李　捷　吳　格　吳永發　何建明　言恭達
沈坤榮　沈燮元　武秀成　范小青　范金民　茅家琦　周　秦　周少川
周國林　周勛初　周新國　胡可先　胡曉明　姜　濤　姜小青　韋　力
姚伯岳　馬亞中　袁行霈　華人德　莫礪鋒　徐　俊　徐　海　徐　雁
徐惠泉　徐興無　唐力行　陸振嶽　陸儉明　陳子善　陳正宏　陳尚君
陳紅彥　陳廣宏　黃愛平　黃顯功　崔之清　張乃格　張志清　張伯偉
張海鵬　葉繼元　葛劍雄　單霽翔　程章燦　程毅中　喬治忠　鄔書林
賀雲翱　詹福瑞　趙生群　廖可斌　熊月之　樊和平　劉　石　劉躍進
閻曉宏　錢小萍　戴　逸　韓天衡　嚴佐之　顧　薌

前言

中華文明源遠流長，文獻典籍浩如烟海。這些世代累積傳承的文獻典籍，是中華民族生生不息的文脉和根基。蘇州作爲首批國家歷史文化名城，素有『人間天堂』之美譽。自古以來，這裏的人民憑藉勤勞和才智，創造了極爲豐厚的物質財富和精神文化財富，使蘇州不僅成爲令人嚮往的『魚米之鄉』，更是實至名歸的『文獻之邦』，爲中華文明的傳承和發展作出了重要貢獻。

蘇州被稱爲『文獻之邦』由來已久，早在南宋時期，就有『吳門文獻之邦』的記載。宋代朱熹云：『文，典籍也；獻，賢也。』蘇州文獻之邦的地位，是歷代先賢積學修養、劬勤著述的結果。明人歸有光《送王汝康會試序》云：『吳爲人材淵藪，文字之盛，甲於天下。』朱希周《長洲縣重修儒學記》亦云：『吳中素稱文獻之邦，蓋子游之遺風在焉，士之嚮學，固其所也。』《江蘇藝文志·蘇州卷》收録自先秦至民國蘇州作者一萬餘人，著述達三萬二千餘種，均占江蘇全省三分之一强。古往今來，蘇州曾引來無數文人墨客駐足流連，留下了大量與蘇州相關的文獻。時至今日，蘇州仍有約百萬册的古籍留存，入選『國家珍貴古籍名録』的善本已達三百一十九種，位居全國同類城市前列。其中的蘇州鄉邦文獻，歷宋元明清，涵經史子集，寫本刻本，交相輝映。此外，散見於海内外公私藏家的蘇州文獻更是不可勝數。它們載録了數千年傳統文化的精華，也見證了蘇州曾經作爲中國文化中心城市的輝煌。

蘇州文獻之盛得益於崇文重教的社會風尚。春秋時代，常熟人言偃就北上問學，成爲孔子唯一的南方弟子。歸來之後，言偃講學授道，文開吳會，道啓東南，被後人尊爲『南方夫子』。西漢時期，蘇州人朱買臣負薪讀書，穹窿山中至今留有其『讀書臺』遺迹。兩晉六朝，以『顧陸朱張』爲代表的吳郡四姓涌現出大批文士，在不少學科領域都貢獻卓著。及至隋唐，蘇州大儒輩出，《隋書·儒林傳》十四人入傳，其中籍貫吳郡者二人；《舊唐書·儒學傳》三十四人入正傳，其中籍貫吳郡（蘇州）者五人。文風之盛可見一斑。北宋時期，范仲淹在家鄉蘇州首創州學，並延名師胡瑗等人教授生徒，此後縣學、書院、社學、義學等不斷興建，蘇州文化教育日益發展。故明人徐有貞云：『論者謂吾蘇也，郡甲天下之郡，學甲天下之學，人才甲天下之人才，偉哉！』在科舉考試方面，蘇州以鼎甲萃集爲世人矚目，清初汪琬曾自豪地將狀元稱爲蘇州的土產之一，有清一代蘇州狀元多達二十六位，占全國的近四分之一，由此而被譽爲『狀元之鄉』。近現代以來，蘇州在全國較早開辦新學，發展現代教育，涌現出顧頡剛、葉聖陶、費孝通等一批大師巨匠。中華人民共和國成立後，社會主義文化教育事業蓬勃發展，蘇州英才輩出、人文昌盛，文獻著述之富更勝於前。

蘇州文獻之盛受益於藏書文化的發達。蘇州藏書之風舉世聞名，千百年來盛行不衰，具有傳承歷史長、收藏品質高、學術貢獻大的特點，無論是卷帙浩繁的圖書還是各具特色的藏書樓，以及延綿不絕的藏書傳統，都成爲中華文化重要的組成部分。據統計，蘇州歷代藏書家的總數，高居全國城市之首。南朝時期，蘇州就出現了藏書家陸澄，藏書多達萬餘卷。明清兩代，蘇州藏書鼎盛，絳雲樓、汲古閣、傳是樓、百宋一廛、藝芸書舍、鐵琴銅劍樓、過雲樓等藏書樓譽滿海内外，彙聚了大量的珍貴文獻，對古代典籍的收藏保護厥功至偉，亦於文獻校勘、整理裨益甚巨。《舊唐書》自宋至明四百多年間已難以考覓，直至明嘉靖十七年（一五三八），聞人詮在蘇州爲官，搜討舊籍，方從吳縣王延喆家得《舊唐書》『紀』和『志』部分，從長洲張汴家得《舊唐書》『列傳』部分，『遺籍俱出宋時模板，旬月之間，二美璧合』，于是在蘇州府學中槧刊，《舊唐書》自此得以彙而成帙，復行於世。清代嘉道年間，蘇州黄丕烈和顧廣圻均爲當時藏書名家，且善校書，『黄跋顧校』在中國文獻史上影響深遠。

蘇州文獻之盛也獲益於刻書業的繁榮。蘇州是我國刻書業的發祥地之一，早在宋代，蘇州的刻書業已經發展到了相當高的水平，至今流傳的杜甫、李白、韋應物等文學大家的詩文集均以宋代蘇州官刻本爲祖本。宋元之際，蘇州磧砂延聖院還主持刊刻了中國佛教史上著名的《磧砂藏》。明清時期，蘇州成爲全國的刻書中心，所刻典籍以精善享譽四海，明人胡應麟有言：『凡刻之地有三，吴也、越也、閩也。』他認爲『其精，吴爲最』，『其直重，吴爲最』。又云：『余所見當今刻本，蘇常爲上，金陵次之，杭又次之。』清人金埴論及刻書，仍以胡氏所言三地爲主，則謂『吴門爲上，西泠次之，白門爲下』。明代私家刻書最多的汲古閣、清代坊間刻書最多的掃葉山房均爲蘇州人創辦，晚清時期頗有影響的江蘇官書局也設於蘇州。據清人朱彝尊記述，汲古閣主人毛晉『力搜秘册，經史而外，百家九流，下至傳奇小説，廣爲鏤版，由是毛氏鋟本走天下』。由於書坊衆多，蘇州還産生了書坊業的行會組織崇德公所。明清時期，蘇州刻書數量龐大，品質最優，裝幀最爲精良，爲世所公認，國内其他地區不少刊本也都冠以『姑蘇原本』，其傳播遠及海外。

蘇州傳世文獻既積澱着深厚的歷史文化底蘊，又具有穿越時空的永恒魅力。從范仲淹的『先天下之憂而憂，後天下之樂而樂』，到顧炎武的『天下興亡，匹夫有責』，這種胸懷天下的家國情懷，早已成爲中華民族精神的重要組成部分，傳世留芳，激勵後人。南朝顧野王的《玉篇》、隋唐陸德明的《經典釋文》、陸淳的《春秋集傳纂例》等均以實證明辨著稱，對後世影響深遠。明清時期，馮夢龍的《喻世明言》《警世通言》《醒世恒言》，在中國文學史上掀起市民文學的熱潮，具有開創之功。吴有性的《温疫論》、葉桂的《温熱論》，開温病學研究之先河。蘇州文獻中蘊含的求真求實的嚴謹學風、勇開風氣之先的創新精神，已經成爲一種文化基因，融入了蘇州城市的血脉。不少蘇州文獻仍具有鮮明的現實意義。明代費信的《星槎勝覽》，是記載歷史上中國和海上絲綢之路相關國家交往的重要文獻。鄭若曾的《籌海圖編》和徐葆光的《中山傳信録》，爲釣魚島及其附屬島嶼屬於中國固有領土提供了有力證據。魏良輔的《南詞引正》、嚴澂的《松絃館琴譜》、計成的《園冶》，分别是崑曲、古琴及園林營造的標志性成果，這些藝術形式如今得以名列世界文化遺産，與上述名著的嘉惠滋養密不可分。

維桑與梓，必恭敬止；文獻流傳，後生之責。蘇州先賢向有重視鄉邦文獻整理保護的傳統。方志編修方面，范成大《吴郡志》爲方志創體，其後名志迭出，蘇州府縣志、鄉鎮志、山水志、寺觀志、人物志等數量龐大，構成相對完備的志書系統。地方總集方面，南宋鄭虎臣輯《吴都文粹》、明錢穀輯《吴都文粹續集》、清顧沅輯《吴郡文編》先後相繼，收羅宏富，皇皇可觀。常熟、太倉、崑山、吴江諸邑，周莊、支塘、木瀆、甪直、沙溪、平望、盛澤等鎮，均有地方總集之編。及至近現代，丁祖蔭彙輯《虞山叢刻》《虞陽説苑》，柳亞子等組織『吴江文獻保存會』，爲搜集鄉邦文獻不遺餘力。江蘇省立蘇州圖書館於一九三七年二月舉行的『吴中文獻展覽會』規模空前，展品達四千多件，並彙編出版吴中文獻叢書。然而，由於時代滄桑，圖書保藏不易，蘇州鄉邦文獻中『有目無書』者不在少數。同時，囿於多重因素，蘇州尚未開展過整體性、系統性的文獻整理編纂工作，許多文獻典籍仍處於塵封或散落狀態，没有得到應有的保護與利用，不免令人引以爲憾。

進入新時代，黨和國家大力推動中華優秀傳統文化的創造性轉化和創新性發展。習近平總書記强調，要讓收藏在博物館裏的文物、陳列在廣闊大地上的遺産、書寫在古籍裏的文字都活起來。二〇二二年四月，中共中央辦公廳、國務院辦公廳印發《關於推進新時代古籍工作的意見》，確定了新時代古籍工作的目標方向和主要任務，其中明確要求『加强傳世文獻系統性整理出版』。盛世修典，賡續文脉，蘇州文獻典籍整理編纂正逢其時。二〇二二年七月，中共蘇州市委、蘇州市人民政府作出編纂《蘇州全書》的重大決策，擬通過持續不斷努力，全面系統整理蘇州傳世典籍，着力開拓研究江南歷史文化，編纂出版大型文獻叢書，同步建設全文數據庫及共享平臺，將其打造爲彰顯蘇州優秀傳統文化精神的新陣地，傳承蘇州文明的新標識，展示蘇州形象的新窗口。

『睹喬木而思故家，考文獻而愛舊邦。』編纂出版《蘇州全書》，是蘇州前所未有的大規模文獻整理工程，是不負先賢、澤惠後世的文化盛事。希望藉此系統保存蘇州歷史記憶，讓散落在海内外的蘇州文獻得到挖掘利用，讓珍稀典籍化身千百，成爲認識和瞭解蘇州發展變遷的津梁，並使其中蘊含的積極精神得到傳承弘揚。

觀照歷史，明鑒未來。我們沿着來自歷史的川流，承荷各方的期待，自應負起使命，砥礪前行，至誠奉獻，讓文化薪火代代相傳，並在守正創新中發揚光大，爲推進文化自信自强、豐富中國式現代化文化内涵貢獻蘇州力量。

《蘇州全書》編纂出版委員會

二〇二二年十二月

凡例

一、《蘇州全書》(以下簡稱『全書』)旨在全面系統收集整理和保護利用蘇州地方文獻典籍，傳播弘揚蘇州歷史文化，推動中華優秀傳統文化傳承發展。

二、全書收録文獻地域範圍依據蘇州市現有行政區劃，包含蘇州市各區及張家港市、常熟市、太倉市、崑山市。

三、全書着重收録歷代蘇州籍作者的代表性著述，同時適當收録流寓蘇州的人物著述，以及其他以蘇州爲研究對象的專門著述。

四、全書按收録文獻内容分甲、乙、丙三編。每編酌分細類，按類編排。

(一)甲編收録一九一一年及以前的著述。一九一二年至一九四九年間具有傳統裝幀形式的文獻，亦收入此編。按經、史、子、集四部分類編排。

(二)乙編收録一九一二年至二〇二一年間的著述。按哲學社會科學、自然科學、綜合三類編排。

(三)丙編收録就蘇州特定選題而研究編著的原創書籍。按專題研究、文獻輯編、書目整理三類編排。

五、全書出版形式分影印、排印兩種。甲編書籍全部采用繁體竪排；乙編影印類書籍，字體版式與原書一致；乙編排印類書籍和丙編書籍，均采用簡體横排。

六、全書影印文獻每種均撰寫提要或出版説明一篇，介紹作者生平、文獻内容、版本源流、文獻價值等情況。影印底本原有批校、題跋、印鑒等，均予保留。底本有漫漶不清或缺頁者，酌情予以配補。

七、全書所收文獻根據篇幅編排分册，篇幅適中者單獨成册，篇幅較大者分爲序號相連的若干册，篇幅較小者按類型相近原則數種合編一册。數種文獻合編一册以及一種文獻分成若干册的，頁碼均連排。各册按所在各編下屬細類及全書編目順序編排序號。

經典釋文

據中國國家圖書館藏宋刻宋元遞修本影印。

〔唐〕陸德明 撰

提要

《經典釋文》三十卷，唐陸德明撰。

陸德明（約五五〇—六三〇），名元朗，字德明，以字行。唐吳縣人。少時曾受學于名儒周弘正，擅言玄理，儒、道兼通，陳時已有盛名。隋大業間，授國子助教。入唐後，爲秦王府學士。貞觀初，遷國子博士，封吳縣男。著有《易疏》《老子疏》等。

《經典釋文》通常認爲成書于隋滅陳之前。全書凡三十卷，對《周易》《古文尚書》《毛詩》《周禮》《儀禮》《禮記》《春秋左氏傳》《春秋公羊傳》《春秋穀梁傳》《孝經》《論語》《老子》《莊子》《爾雅》等十四部經典進行注音和釋義。卷一《序録》，爲全書之綱，叙著書緣由、全書體例、各書順序與理由，以及各種經典之師承源流與各家傳注，總結兩漢至魏晉南北朝經典研究成果。卷二至卷三十依次爲上述各種經典之音義。唯《孝經》《老子》各摘全句，其餘諸經皆摘字注音。全書采集漢魏六朝二百餘家音切，保存唐以前各種經典中文字音讀，兼收各家訓詁，爲研究古代漢語語音、詞彙、文字與經籍版本之總彙文獻。《四庫全書總目》評論此書：『所采漢魏六朝音切，凡二百三十餘家。又兼載諸儒之訓詁，證各本之異同。後來得以考見古義者，注疏以外，惟賴此書之存。真所謂殘膏剩馥，沾溉無窮者也。』

《經典釋文》傳本頗多，有敦煌石室唐寫本殘卷、宋刻宋元遞修本、明葉林宗鈔本、清《通志堂經解》本、清《抱經堂叢書》本等。本次影印以中國國家圖書館藏宋刻宋元遞修本爲底本，原書框高十九·三厘米，廣十六·四厘米。

五福五代堂古稀天子寶

八徵耄念之寶

太上皇帝之寶

經典釋文第一　序録

唐國子博士兼太子中允贈齊州刺史吳縣開國男陸　德明　撰

序

夫書音之作作者多矣前儒撰著光乎篇籍其來既久誠無間然但降聖已還不免偏尚質文詳略互有不同漢魏迄今遺文可見或專出己意或祖述舊音各師成心製作如面加以楚夏聲異南北語殊是非信其所聞輕重因其所習後學鑽仰罕逢指要夫筌蹄所寄唯在文言差若毫釐謬便千里夫子有言[illegible]正名乎名不正則言不順言不順則事

□□故君子名之必可言也言之必可行也斯富哉言乎大矣盛矣無得而稱矣然人稟二儀之淳和含五行之秀氣雖復挺生天縱必資學以知道故唐堯師於許由周文學於虢叔上聖且猶有學而況其餘乎至於處鮑居蘭翫所先入染絲斲梓功在初變器成采定難復改移一薰一蕕十年有臭豈可易哉豈可易哉余少愛墳典留意藝文雖志懷物外而情存著述粵以癸卯之歲承乏上庠循省舊言詳其太簡況微言乆絕大義愈乖攻乎異端競生穿鑿不在其位不謀其政既職

司其憂寧可視成而已遂因暇景救其不逮研精六籍采摭九流搜訪異同校之蒼雅輒撰集五典孝經論語及老莊爾雅等音合爲三袟三十卷号曰經典釋文古今並録括其樞要經註畢詳訓義兼辯質而不野繁而非蕪示傳一家之學用貽後嗣令奉以周旋不敢墜失與我同志亦無隱焉但代匠指南固取誚於博識既述而不作言其所用復何傷乎云爾

條例

[illegible]音多不音注然注[illegible]經由[illegible]

者讀之不曉則經義難明混而音之尋討未
易今以墨書經本朱字辯注用相分別使較
然可求舊音皆録經文全句徒煩翰墨今則
各標篇章於上摘字爲音慮有相亂方復具
録唯孝經童蒙始學老子衆本多乖是以二
書特紀全句五經人所常習理有大宗義行
於世無煩覼縷至於莊老讀學者稀故于此
書微爲詳悉又爾雅之作本釋五經既解者
不同故亦略存其異文字音訓今古不同前
儒作音多不依注注者自讀亦未兼通今之
所撰微加斟酌若典籍常用會理合時便即

遵承標之於首其音堪互用義可竝行或字
有多音衆家別讀苟有所取靡不畢書各題
氏姓以相甄識義乖於經亦不悉記其或音
一音者蓋出於淺近示傳聞見覽者察其衷
焉然古人音書止爲譬況之說孫炎始爲反
語魏朝以降漸繁世變人移音訛字替如徐
仙民反易爲神石郭景純反餤爲羽鹽劉昌
宗用承音乘許叔重讀皿爲猛若斯之儔今
亦存之音內既不敢遺舊且欲俟之來哲書
音之用本示童蒙前儒或用假借字爲音更
令[illegible]疑昧余今所撰務[illegible]識援引[illegible]

讀者　取其意義亦不全寫舊文典籍之文雖夫子刪定子思讀詩師資已別而況其餘乎鄭康成云其始書之也倉卒無其字或以音類比方假借爲之趣於近之而已受之者非一邦之人人用其鄉同言異字同字異言於玆遂生矣戰國交爭儒術用息秦皇滅學加以坑焚先聖之風埽地盡矣漢興改秦之弊廣收篇籍孝武之後經術大隆然承秦焚書口相傳授一經之學數家競爽章句既異踳駁非一後漢黨人既誅儒者多坐流廢後遂私行金貨定蘭臺漆書經字以合其私文

靈帝乃詔諸儒正定五經於石碑之上爲古文篆隷三體書法以相參檢樹之學門使天下取則未盈一紀尋復廢焉班固云後世經傳既已乖離傳學者又不思多聞闕疑之義而務碎義逃難便辭巧說安其所習毀所不見終以自蔽此學者之大患也誠哉是言余旣撰音須定紕謬若兩本俱用二理兼通今並出之以明同異其涇渭相亂朱紫可分亦悉書之隨加刊正復有他經別本詞反義乖而又存之者示博異聞耳經籍文字相承已久至如悅字作說閑字爲閒智但作知汝

爲女若此之類今竝依舊音之然音書之體
本在假借或經中過多或尋文易了則翻音
正字以辯借音各於經內求之自然可見其
兩音之者恐人惑故也尚書之字本爲隸古
既是隸寫古文則不全爲古字今宋齊舊本
及徐李等音所有古字蓋亦無幾穿鑿之徒
務欲立異依傍字部改變經文疑惑後生不
可承用今皆依舊爲音其字有別體則見之
音內然亦兼采說文字詁以示同異者也春
秋人名字氏族及地名或前後互出或經傳
更見如此之類不可具舉若國異名同及假

借之字兼相去遼遠不容踈略皆斟酌折衷務使得宜爾雅本釋墳典字讀須逐五經而近代學徒好生異見改音易字皆采雜書唯止信其所聞不復考其本末且六文八體各有其義形聲會意寧拘一揆豈必飛禽即須安鳥水族便應著魚蟲屬要作虫旁草類皆從兩屮如此之類實不可依今竝校量不從流俗方言差別固自不同河北江南最爲鉅異或失在浮清或滯於沈濁今之去取冀祛兹弊亦恐還是鷇音更成無辯夫質有精麤謂之好惡竝如字心有愛憎稱爲好惡上呼

下烏路反當體即云名譽音預論情則曰毀譽音餘及

天自敗蒲邁反敗他補敗反之殊自壞乎怪反壞撤

音怪之異此等或近代始分或古已爲別相仍

積習有自來矣余承師說皆辯析之比人言

者多爲一例如而靡異邪不定之詞也助句之詞弗殊莫

辯復扶又反重復音服反也寧論過古禾反經過過古卧反超過入以

登升共爲一韻攻公分作兩音如此之儔恐

非爲得將來君子幸留心焉五經字體乖替

者多至如黿鼉從黽亂辭從舌席下爲帶惡

上安西析旁著片離邊作禹直是字訛不亂

餘讀如寵丑隴反字爲竉力孔反錫思歷反字爲錫

音晦用攴音卜反字林音角反代文武云反將无音無混无音既其[redacted]
之流便成兩失又來旁作力俗以爲約勑字
說文以爲勞倈之字水旁作曷俗以爲飢渴
字字書以爲水竭之字如此之類改便驚俗
止不可不知耳

次第

五經六籍聖人設教訓誘機要寧有短長然
時有澆淳隨病投藥不相沿襲豈無先後所
以次第互有不同如禮記經解之說以詩爲
首七略藝文志所記用易居前阮孝緒七錄
亦同此次而王儉七志孝經爲初原其後前

義各有旨今欲以著述早晩經義揔别以成
次第出之如左

周易

雖文起周代而卦肇伏犠既處名教之初故
易爲七經之首周禮有三易連山久亡歸藏
不行於世故不詳録

古文尚書

既起五帝之末理後三皇之經故次於易伏
生所誦是曰今文闕謬處多故不别記馬鄭
所有同異今亦附之音後

毛詩

旣起周文又兼商頌故在堯舜之後次於易
書詩雖有四家齊魯韓世所不用今亦[redacted]
不取

三禮

周儀二禮竝周公所制宜次文王禮記雖有
戴聖所錄然志名已久又記二禮闕遺[redacted]
相從次於詩下三禮次第周爲本儀爲末[redacted]
後可見然古有樂經謂之六籍滅亡旣久[redacted]
亦闕焉

春秋

旣是孔子所作理當後於周公故次於禮左

丘明受經於仲尼公羊高受之於子夏穀梁
亦乃後代傳聞三傳次第自顯

孝經

雖與春秋俱是夫子述作然春秋周公垂
史書舊章孝經專是夫子之意故宜在春秋
之後七志以孝經居易之首今所不同

論語

是門徒所記故次孝經藝文志及七錄以
論語在孝經前今不同此次

老子

雖人不在末而衆家皆以爲子書在經典之

後故次於論語

莊子

雖是子書人又最後故次老子

爾雅

爾雅周公復爲後人所益既釋於經又非[redacted]

[redacted]次故殿末焉衆家皆以爾雅居經典之後在諸子之前今微爲異

註解傳述人

宓犧氏之王天下仰則觀於天文俯則察於地理觀鳥獸之文與地之宜近取諸身遠取諸物始畫八卦或云因河圖而畫八卦因而重之爲六十

四文王拘於羑里作卦辭周公作爻辭孔子作彖辭象辭文言繫辭說卦序卦雜卦十翼班固曰孔子晚而好易讀之韋編三絕而爲之傳傳即十翼也（先儒說重卦及爻辭爲十翼不同解見余所撰）自魯商瞿子木受易於孔子以授魯橋庇子庸子庸授江東馯（戶旦反徐廣音寒）臂子弓子弓授燕周醜子家子家授東武孫虞子乘子乘授齊田何子莊（高士傳云字莊漢書儒林傳云臨淄人）及秦燔書易爲卜筮之書獨不禁故傳授者不絕漢興田何以齊田徙杜陵號杜田生授東武王同子中洛陽周王孫梁人丁寬（字子襄事田何復從周王孫受古義作易說三

初言訓故舉大誼而已藝文志云易說八篇爲梁孝王將軍齊服生劉向列錄云齊人号服先皆著
易傳漢初言易者本之田生同授淄川楊何
字叔一本作字叔元太中大夫寬授同郡碭田王孫王孫授施
讎及孟喜梁丘賀由是有施孟梁丘之學焉
施讎字長卿沛人爲博士傳易授張禹字子文河内縣叔人從遵勺以論語授成帝官
至丞相安昌侯及琅邪魯伯會稽太守禹授淮陽彭宣字子佩大
司馬長平作易傳及沛戴崇字子平少府作易傳伯授太山毛莫如
字少路常山太守及琅邪邴甘字曼容後漢劉昆字栢公陳留東昏人
侍中弘農太守光祿勳受施氏易於沛人戴賓其子軼字君
文官至宗正孟喜字長卿東海蘭陵人曲臺署長丞相掾父孟卿善爲禮春
秋孟卿以禮經多春秋煩雜乃使喜從田王

孫受易喜爲易章句授同郡白光[字少子]及沛翟
放[字子沉]後漢洼丹[字子王南陽育陽人世傳孟氏易作易通論七篇官至大鴻臚]鮭陽
鴻[字孟孫中山人少府]任安[字定祖廣漢綿竹人]皆傳孟氏易梁丘賀
[字長翁琅邪諸人少府]本從太中大夫京房受易[房淄川楊何弟子]
後更事田王孫傳子臨[黃門郎少府]臨傳五鹿充宗
[字君孟代郡人少府玄菟太守]及琅邪王駿[王吉子御史大夫]充宗授平陵
士孫張[字仲方博士楊州牧光祿大夫給事中家世傳業]及沛鄧彭祖[字長
夏眞定太守]齊衡咸[字長賓王莽講學大夫]後漢范升[代郡人博士]傳
梁丘易[一本作傳孟氏易]以授京兆楊政[字子行左中郎將]又潁川
張興[字君上太子少傳]傳梁丘易弟子著錄且萬人子
魴傳其業[魴官至張掖屬國都尉]京房[字君明東郡頓丘人本姓李推律自定爲京至

魏郡太守受易梁人焦延壽字延壽名贛延壽云嘗從孟
喜問易會喜死房以延壽易即孟氏學翟牧
白生不肯曰非也延壽常曰得我術以亡身
者京生也房爲易章句說長於災異以授東
海殷嘉漢書儒林傳作殷嘉及河東姚平河南乘弘一本作桑
弘皆爲郎博士由是前漢多京氏學後漢
戴馮字次仲汝南平輿人侍中兼領虎賁中郎將孫期字仲彧濟陰成武人兼治古文尚書在
魏滿字叔牙南陽人弘農太守並立傳之費直字長翁東萊人單父令傳易
授琅邪王璜字平仲又傳古文尚書爲費氏學本以古字
號古文易無章句徒以彖象繫辭文言解說
上下經七錄云直易章句四卷殘缺漢成帝時劉向典校書考

易說以爲諸易家說皆祖田何楊叔丁將軍大義略同唯京氏爲異向又以中古文易經校施孟梁丘三家之易經或脫去無咎悔亡唯費氏經與古文同范曄後漢書云京兆陳元字長孫司空南閣祭酒兼傳左氏春秋扶風馬融字季長茂陵人南郡太守議郎爲易傳又注尚書毛詩禮記論語河南鄭衆字仲師大司農毛詩周禮左氏春秋北海鄭玄字康成高密人師事馬融大司農徵不起還家凡所注易尚書三禮論語尚書大傳五經緯候箋毛氏作毛詩譜破許愼五經異義針何休左氏膏肓發公羊墨守起穀梁廢疾潁川荀爽字慈明官至司空爲易傳竝傳費氏易沛人高相治易與費直同時其易亦無章句專說陰陽災異自言出丁將軍傳至相相授子康康以明易爲郎及蘭陵母

將永（豫章都尉）爲高氏學漢初立易楊氏博士宣帝復立施孟梁丘之易元帝又立京氏易費高二家不得立民間傳之後漢費氏興而高氏遂微永嘉之亂施氏梁丘之易亡孟京費之易人無傳者唯鄭康成王輔嗣所注行于世（江左中興易唯置王氏博士太常荀崧奏請置鄭易博士詔許值王敦亂不果立）而王氏爲世所重今以王爲主其繫辭已下王不注相承以韓康伯注續之今亦用韓本子夏易傳三卷（卜商字子夏衛人孔子弟子魏文侯師七略云漢興韓嬰傳中經簿録云丁寛所作張璠云或馯臂子弓所作薛虞記虞不詳何許人）孟喜章句十卷（無上經七録云又下經無旅至節無上繫）京房章句十二卷（七録云十卷録一卷目）費直章句四卷（殘缺）馬

融傳十卷七録云九卷荀爽注十卷七録云十一卷鄭玄注十
卷録一卷七録云十二卷劉表章句五卷字景升山陽高平人後漢鎮南將軍荊州
牧南城侯中經簿録云注易十卷七録云九卷録一卷宋衷注九卷字仲子南陽章陵人
後漢荊州五等從事七志七録云十卷虞翻注十卷字仲翔會稽餘姚人後漢侍御史
陸績述十三卷字公紀吳郡吳人後漢偏將軍鬱林太守七志云録一卷董遇
章句十二卷字季直弘農華陰人魏侍中大司農七志七録竝云十卷王肅注十
卷字子邕東海蘭陵人魏衛將軍太常蘭陵景侯又注尚書禮容服論語孔子家語述毛詩注作聖證論難鄭玄
王弼注七卷字輔嗣山陽高平人魏尚書郎年二十四卒注易上下經六卷作易略例一卷又注
老子七志云注易十卷姚信注十卷字德祐七録云字元直吳興人吳太常卿七録云十二卷三
廙注十二卷字世將琅邪臨沂人東晉荊州刺史贈驃騎將軍武陵康侯七志七録云十卷張
璠集解十二卷安定人東晉秘書郎參著作集二十二家解序云依向秀本鍾會字士季潁川人

魏鎮西將軍爲易無互體論向秀字子期河內人晉散騎常侍爲易義庾運字玄度新野人官至尚書爲易義一云易注應貞字吉甫汝南人晉散騎常侍爲明易論荀煇字景文潁川潁陰人晉太子中庶子爲易義七志云注易十卷張輝字義元梁國人晉侍中平陵亭侯爲易義王宏字正宗弼之兄晉大司農贈太常爲易義阮咸字仲容陳留人籍之兄子晉散騎常侍始平太守爲易義阮渾字長成籍之子晉太子中庶子馮翊太守爲易義楊乂字玄舒汝南人晉司徒左長史爲易卦序論王濟字武子太原人晉河南尹爲易義衛瓘字伯玉河東人晉太保蘭陵成侯爲易義欒肇字永初太山人晉太保掾尚書郎爲易論鄒湛字潤甫南陽新野人晉國子祭酒爲易統略杜育字方叔襄城人國子祭酒爲易義楊瓚不知何許人晉司徒右長史爲易義張軌字士彥安定人京州刺史謚武公爲易義宣舒字幼驥陳郡人晉宜城令爲通知來藏往論邢融裴藻許適揚藻四人不詳何人並爲易義七錄云集二十八家七志云十卷

干寶注十卷字令升新蔡人東晉散騎常侍領著作

黃穎注十卷南海人晉廣州儒林從事

蜀才注十卷七錄云不詳何人七志云是王弼後人按蜀李書云姓范名長生一名賢隱居青城山自号蜀才李雄以爲丞相

尹濤注六卷不詳何人

費元珪注九卷蜀人齊安

西參軍荀爽九家集注十卷不知何人所集稱荀爽者以爲主故也其序有荀爽京房馬融鄭玄宋衷虞翻陸績姚信翟子玄子玄不詳何人爲易義注内文有張氏朱氏竝不詳何人謝万字万石陳郡人東晉豫州刺史韓伯字康伯潁川人東晉太常卿袁悅之字元禮陳郡人東晉驃騎諮議參軍桓玄字敬道譙國龍亢人僞楚皇帝卞伯玉濟陰人宋東陽太守黄門郎荀柔之潁川潁陰人宋奉朝請徐爰字季玉琅邪人宋太中大夫顧懽字景怡或云字玄平吳郡人齊太學博士徵不起明僧紹字承烈平原人國子博士徵不起劉瓛字子珪沛國人齊步兵校尉不拜謚貞簡先生七録云作繫辭義疏自謝万以下十人竝注繫辭爲易音者三人王肅已見前李軌字弘範江夏人東晉祠部郎中都亭侯徐邈字仙民東莞人東晉中書侍郎太子前衛率

右易近代梁褚仲都陳周弘正弘正作老莊義疏官至尚書僕射謚簡子竝作易義此其知名者

書者本王之号令右史所記孔子删録斷自

唐虞下訖秦穆典謨訓誥誓命之文凡百篇而爲之序及秦禁學孔子之末孫惠壁藏之家語云孔騰字子襄畏秦法峻急藏尚書孝經論語於夫子舊堂壁中漢記尹敏傳以爲孔鮒藏之漢興欲立尚書無能通者聞濟南伏生名勝故秦博士傳之文帝欲徵時年已九十餘不能行於是詔太常使掌故鼂錯受焉古文尚書云伏生年老不能正言言不可曉使其女傳言教錯伏生失其本經口誦二十九篇傳授漢書云伏生爲秦禁書壁藏之漢定伏生求其書亡數十篇獨得二十九篇以教齊魯之間以其上古之書謂之尚書鄭玄以爲孔子撰書尊而命之曰尚書尚者上也蓋言若天書然王肅云上所言下爲史所書故曰尚書伏生授濟南張生千乘歐陽生字和伯千乘人生授同郡兒寬御史大夫寬又從孔安國受業以授歐陽生

之子（歐陽大小夏侯尚書皆出於寬）歐陽氏世傳業至曾孫高作尚書章句爲歐陽氏學高孫地餘（字長賓侍中少府）以書授元帝傳至歐陽歙（字三思後漢大司徒）歙以上八世皆爲博士濟南林尊（字長賓爲博士論石渠官至少府太子太傅）受尚書於歐陽高以授平當（字子息下邑人徙平陵官至丞相封侯子晏亦明經至大司徒）及陳翁生（梁人信都太守家世傳業）翁生授殷崇（琅邪人爲博士）及龔勝（字君賓楚人右扶風）當授朱普（字公文九江人爲博士）及鮑宣（字子都勃海人官至司隸）後漢濟陰曹曾（字伯山諫大夫）受業於歐陽歙傳其子祉（河南尹）又陳留陳弇（字叔明受業於丁鴻）樂安牟長（字君高河内太守中散大夫）竝傳歐陽尚書沛國桓榮（字春卿太子太傅太常五更關内侯）受尚書於朱普（東觀漢記云榮事九江朱文文即普字）以授漢

明帝遂世相傳東京最盛漢紀云門生爲公卿者甚衆學者慕之以爲法榮子郁以書授和帝而官至侍中太常郁子爲復以書授安帝官至太子太傅太尉張生濟南人爲博士授夏侯都尉魯人都尉傳族子始昌始昌通五經以齊詩尚書教授爲昌邑太傅始昌傳族子勝字長公後屬東平長信少府太子太傅勝從始昌受尚書及洪範五行傳說災異又事同郡簡卿卿者兒寬門人又從歐陽氏問爲學精熟所問非一師善說禮服受詔撰尚書論語說藝文志夏侯勝尚書章句二十九卷號爲大夏侯氏學傳齊人周堪堪字少卿太子少傅光祿勳及魯國孔霸字次孺孔子十三世孫爲博士以書授元帝官至太中大夫關內侯號褒成君霸傳子光字子夏丞相博山侯光又事牟卿堪授魯國牟卿爲博士及長安許商字伯長四至九卿善算著五行論商授沛唐林

字子高王莽時爲九卿及平陵吳章字偉君王莽時博士重泉王吉字少音王莽時爲九卿齊炔欽字幼卿王莽時博士後漢北海牟融亦傳大夏侯尚書夏侯建字長卿勝從父兄子爲博士議郎太子少傅師事夏侯勝及歐陽高左右采獲又從五經諸儒問與尚書相出入者牽引以次章句爲小夏侯氏學傳平陵張山拊字長賓爲博士論石渠至少府山拊受同縣李尋字子長騎都尉及鄭寬中字少君爲博士授成帝官至光祿大夫領尚書事關內侯山陽張無故字子孺廣陵太傅信都秦恭字延君城陽內史增師法至百萬言陳留假倉字子驕以謁者論石渠至膠東相寬中授東郡趙玄御史大夫無故授沛唐尊王莽太傅恭授魯馮賓爲博士後漢東海王良亦傳小夏侯尚書漢宣

帝本始中河内女子得泰誓一篇獻之與伏生所誦合三十篇漢世行之然泰誓年月不與序相應又不與左傳國語孟子衆書所引泰誓同馬鄭王肅諸儒皆疑之漢書儒林傳云百兩篇者出東萊張霸分析合二十九篇以爲數十又采左傳書序爲作首尾凡百二篇篇或數簡文意淺陋成帝時劉向校之非是後遂黜其書古文尚書者孔惠之所藏也魯恭王壞孔子舊宅（漢景帝程姬之子名餘封於魯謚恭王）於壁中得之并禮論語孝經皆科斗文字博士孔安國（字子國魯人孔子十二世孫受詩於魯申公官至諫大夫臨淮太守）以校伏生所誦

爲潁古寫之增多伏生二十五篇藝文志云多十六篇又伏生誤合五篇凡五十九篇爲四十六卷藝文志云尚書古文經四十六卷五十七篇安國又受詔爲古文尚書傳值武帝末巫蠱事起經籍道息不獲奏上藏之私家安國并作古文論語古文孝經傳藝文志云安國獻尚書傳遭巫蠱事未列於學官以授都尉朝司馬遷亦從安國問故遷書多古文說劉向以中古文校歐陽大小夏侯三家經文脫誤甚衆藝文志云酒誥脫簡一召誥脫簡二文異者七百有餘脫字數十都尉朝授膠東庸生名譚亦傳論語庸生授清河胡常字少子以明穀梁春秋爲博士至部刺史又傳左氏春秋常授虢徐敖右扶風掾又傳毛詩敖授瑯邪王璜及平陵塗惲字子其惲授河南乘欽字君長

(本作桑欽)王莽時諸學皆竝惲璜等貴顯范曄後漢書云中興扶風杜林傳古文尚書賈逵(字景伯扶風人左中郎將侍中)爲之作訓馬融作傳鄭玄注解由是古文尚書遂顯于世案今馬鄭所注竝伏生所誦非古文也孔氏之本絶是以馬鄭杜預之徒皆謂之逸書王肅亦注今文而解大與古文相類或肅私見孔傳而祕之乎江左中興元帝時豫章内史枚頤(字仲眞汝南人)奏上孔傳古文尚書亡舜典一篇購不能得乃取王肅注堯典從眘徽五典以下分爲舜典篇以續之(孔序謂伏生以舜典合於堯典孔傳堯典止說帝曰欽哉而馬鄭王之本同爲堯典故取爲舜典)學徒遂

盛後范甯字武子順陽人東晉豫章太守兼注穀梁變爲今文集注俗間或取舜典篇以續孔氏齊明帝建武中吳興姚方興采馬王之注造孔傳舜典一篇云於大航頭買得上之梁武時爲博士議曰孔序稱伏生誤合五篇皆文相承接所以致誤舜典首有曰若稽古伏生雖昏耄何容合之遂不行用漢始立歐陽尚書宣帝復立大小夏侯博士平帝立古文永嘉喪亂衆家之書並滅亡而古文孔傳始興置博士鄭氏亦置博士一人近唯崇古文馬鄭王注遂廢今以孔氏爲正其舜典一篇仍用王肅本

孔安國古文尚書傳十三卷馬融注十一卷
字季長鄭玄注九卷王肅注十卷謝沈注十五卷
字行思會稽人東晉尚書祠部郎領著作錄一卷李顒注十卷字長林江夏人東晉本郡太守范
甯集解十卷姜道盛集解十卷天水人宋給事中字道盛尚
書大傳三卷伏生作爲尚書音者四人孔安國鄭玄李軌徐邈按
成漢人不作音後人所託

右尚書梁國子助教江夏費甝作
義疏行於世

詩者所以言志吟詠性情以諷其上者也古
有采詩之官王者巡守則陳詩以觀民風知
得失自考正也動天地感鬼神厚人倫美教

化移風俗莫近乎詩是以孔子最先刪録既
取周詩上兼商頌凡三百一十一篇毛公爲故訓傳已亡
六篇故藝文志云三百五篇以授子夏子夏遂作序焉或曰毛公作序解見
[redacted]口以相傳未有章句戰國之世專任武力
雅頌之聲爲鄭衛所亂其廢絶亦可知矣遭
秦焚書而得全者以其人所諷誦不專在竹
帛故也漢興傳者有四家魯人申公亦謂申云楚王大[redacted]
傳武帝以安車蒲輪徵之時申公年八十餘以爲太中大夫受詩於浮丘伯以詩經
爲訓故以教無傳疑者則闕不傳号曰魯詩
弟子爲博士者十餘人郎中令王臧蘭陵人御
史大夫趙綰[redacted]臨淮太守孔安國膠西内史

周霸城陽内史夏寛東海太守魯賜碭人長沙内史繆生蘭陵人膠西中尉徐偃膠東内史闕門慶忌鄒人皆申公弟子也申公本以詩春秋授瑕丘江公盡能傳之徒衆最盛魯許生免中徐公免中縣名皆守學教授丞相韋賢受詩於江公及許生傳子玄成賢字長孺玄成字少翁父子並爲丞相封扶陽侯又治禮論語云成兄子賞以詩授哀帝大司馬車騎將軍又王式字翁思東平人昌邑王師受詩於免中徐公及許生以授張生長安名長安字幼君山陽人爲博士者石渠至山陽中尉及唐長賓東平人爲博士楚王太傅褚少孫沛人爲博士褚氏家傳云即續史祀褚先生張生兄子游卿諫大夫以詩授元帝傳王扶琅邪人泗水中尉扶授許晏陳留人爲博士又薛廣德

字長卿沛國相人御史大夫受詩于王式授龔舍字君倩楚國人太山太守
齊人轅固生漢景帝時爲博士至清河太傅作詩傳号齊詩傳
夏侯始昌始昌授后蒼字近君東海郯人通詩禮爲博士至少府蒼
授翼奉字少君東海下邳人爲博士諫大夫及蕭望之字長倩東晦蘭陵人御史
大夫前將軍兼傳論語匡衡字稚圭東海承人丞相樂安侯子咸亦明經歷九卿家世多爲博士衡
授師丹字公仲琅琊人大司空及伏理字游君高密太傳家世傳業滿昌字君
部潁川人詹事昌授張邯九江人及皮容琅邪人皆至大官徒衆
尤盛後漢陳元方亦傳齊詩燕人韓嬰漢文帝時爲博
士至常除太傅推詩之意作内外傳數方言号曰韓詩
淮南賁生受之武帝時嬰與董仲舒論於上
董仲舒不能難嬰又爲易傳燕趙閒好詩故其易後唯韓氏自傳之其孫商仲

博士孝宣時涿韓生其後也河内趙子事燕
韓生授同郡蔡誼（誼以詩授昭帝至丞相封侯）誼授同郡食
子公（爲博士）及琅邪王吉（字子陽王駿父昌邑中尉諫大夫吉兼五經能爲騶氏春秋以
詩論教授）子公授太山栗豐（部刺史）吉授淄川長孫順
（爲博士）豐授山陽張就順授東海髮福（一本作段福）立
至大官藝文志云齊韓詩或取春秋采雜說
咸非其本魯最爲近之毛詩者出自毛公河
閒獻王好之徐整（字文操豫章人吳太常卿）云子夏授高行
子高行子授薛倉子薛倉子授帛妙子帛妙
子授河閒人大毛公毛公爲詩故訓傳於家
以授趙人小毛公（一云名長）小毛公爲河閒獻王博

士以不在漢朝故不列於學一云子夏傳曾申字子西魯人曾參之子申傳魏人李克克傳魯人孟仲子鄭玄詩譜云子思之弟子孟仲子傳根牟子根牟子傳趙人孫卿子孫卿子傳魯人大毛公漢書儒林傳云毛公趙人治詩爲河間獻王博士授同國貫長卿徐整作長公長卿授解延年爲阿武令詩譜云齊人延年授虢徐敖敖授九江陳俠王莽講學大夫或云陳俠傳謝曼卿元始五年公車徵説詩後漢鄭衆賈逵傳毛詩馬融作毛詩注鄭玄作毛詩箋申明毛義難三家於是三家遂廢矣魏太常王肅更述毛非鄭荆州刺史王基字伯輿東萊人駁

王肅申鄭義晉豫州刺史孫毓字休朗北海平昌人長沙太守爲詩評評毛鄭王肅三家同異朋於王徐州從事陳統字元方難孫申鄭宋徵士鴈門周續之字道祖及雷次宗俱事廬山惠遠法師豫章雷次宗字仲倫宋通直郎徵不起齊沛國劉瓛竝爲詩序義前漢魯齊韓三家詩列于學官平帝世毛詩始立齊詩久亡魯詩不過江東韓詩雖在人無傳者唯毛詩鄭箋獨立國學今所遵用

毛詩故訓傳二十卷鄭氏箋　馬融注十卷無下帙　王肅注二十卷謝沈注二十卷江熙注二十卷字太和濟陽人東晉兗州別駕　鄭玄詩譜二卷徐整暢大叔裘隱　孫毓詩同

異評十卷陸璣毛詩草木鳥獸蟲魚疏二卷字元恪吴郡人吴太子中庶子烏令爲詩音者九人鄭玄徐邈蔡氏孔氏阮侃王肅江惇干寶李軌阮侃字德恕陳留人河内太守江惇字思俊河内人東晉徵士蔡氏孔氏不詳何人

右詩梁有桂州刺史清河崔靈恩集衆解爲毛詩集注二十四卷俗間又有徐爰詩音近吴興沈重亦撰詩音義

安上治民莫善於禮鄭子太叔云夫禮天之經地之義民之行也左傳云禮所以經國家定社稷序民人利後嗣者也禮教之設其源

哉帝王質文世有損益至於周公周公居攝曲爲之制故曰經禮三百威儀三千及周之衰諸侯始僭將踰法度惡其害巳皆滅去其籍自孔子時而不具矣孔子反魯乃始刪定值戰國交爭秦氏坑焚惟故禮經崩壞爲甚漢興有魯高堂生傳士禮十七篇即今之儀禮也而魯徐生善爲容孝文時爲禮官大夫景帝時河閒獻王好古得古禮獻之鄭六藝論公後得孔氏壁中河閒獻王古文禮五十六篇記百三十一篇周禮六篇其十七篇與高堂生所傳同而字多異劉向別録云古文記二百四篇藝文志曰禮古經五十六篇出于魯淹中蘇林云淹中里名或曰河閒獻王開獻書之路時有李氏上周官

五篇失事官一篇乃購千金不得取考工記以補之瑕丘蕭奮以禮至淮陽太守授東海孟卿（孟喜父）卿授同郡后蒼及魯閭丘卿其古禮經五十六篇蒼傳十七篇所餘三十九篇付書館名爲逸禮蒼說禮數万言号曰后蒼曲臺記（在曲臺校書著記因以爲名）孝宣之世蒼爲最明授沛聞人通漢（字子方以太子舍人論石渠至中山中尉）及梁戴德（字延君号大戴信都太傅）戴聖（字次君号小戴以博士論石渠至九江太守）沛慶普（字孝公東平太傅）由是禮有大小戴慶氏之學普授魯夏侯敬又傳族子咸（豫章太守）大戴授琅邪徐良（字斿卿爲博士州牧郡守家世傳業）小戴授梁人橋仁（字季卿大鴻臚家世傳業）及楊榮（字子

孫琅邪太守王莽時劉歆爲國師始建立周官爲周禮河南緱氏杜子春受業於歆還教門徒好學之士鄭興父子興字少贛河南漢太中大夫子前並作周禮解詁等多往師之賈景伯亦作周禮解

禮記者本孔子門徒共撰所聞以爲此記人通儒各有損益故中庸是子思伋所作是公孫尼子所制鄭玄云月令是呂不韋所撰盧植字子幹涿郡人後漢北中郎將九江太守云王制是漢時所爲陳邵字節良下邳人晉司空長史周禮論序云戴德刪古禮二百四篇爲八十五篇謂之大戴禮戴聖刪大戴禮爲四十九篇是爲小戴禮漢劉

（向別錄有四十九篇其篇次與今禮記同名爲他家書拾撰所取不可謂之小戴禮）後漢馬融盧植考諸家同異附戴聖篇章去其繁重及所敘略而行於世即今之禮記是也鄭玄亦依盧馬之本而注焉范曄後漢書云中興鄭衆傳周官經後馬融作周官傳授鄭玄玄作周官注（鄭注引杜子春鄭大夫鄭司農之義鄭玄三禮目錄云二鄭信同宗之大儒今贊而辯之）玄本治小戴禮後以古經校之取其於義長者順者故爲鄭氏學玄又注小戴所傳禮記四十九篇通爲三禮焉漢初立高堂生禮博士後又立大小戴慶氏三家王莽又立周禮後漢三禮皆立博士今慶氏曲臺久亡大戴無傳

學者唯鄭注周禮儀禮禮記並列學官而喪服一篇又別行於世今三禮俱以鄭爲主[redacted]

馬融注周官十二卷鄭玄注十二卷王肅注十二卷干寶注十三卷

右周禮

鄭玄注儀禮十七卷馬融王肅孔倫字敬序會稽人東[redacted]盧陵太守集衆家注陳銓不詳何人裴松之字世期河東人宋太中大夫西鄉侯雷次宗蔡超字希遠濟陽人宋丞相諮議參軍田儁之字僧紹馮翊人齊宋平太守劉道拔彭城人宋海豐令周續之自馬融以下並注喪服

右儀禮

盧植注禮記二十卷鄭玄注二十卷王肅注

三十卷孫炎注二十九卷字叔然樂安人魏秘書監徵不就業

遵注十二卷字長儒燕人宋奉朝請庾蔚之略解十卷

隨潁川人宋貟外常侍

右禮記

鄭玄三禮音各一卷王肅三禮音各一卷七録雅云撰禮記音李軌周禮儀禮音各一卷

禮記音二卷劉昌宗周禮儀禮音各一卷禮記音五卷徐邈周禮音一卷録無禮記音

卷射慈字孝宗彭城人吴中書侍郎齊三傳禮記音一卷謝楨不詳何人禮記音一卷

孫毓禮記音一卷繆炳禮記音一卷曹耽字愛道譙國人東安人諮議參軍不

禮記音二卷尹毅天水人東晉國子助教禮記音一卷蔡謨字道明濟陽考城人晉司徒文穆公

音卷范宣字宣子濟陽人東晉貞外郎不就禮記音二卷徐爰禮記三卷

作周禮音一卷云定鄭氏音[illegible]土江南無此書不詳何人

右作音人近有戚衮作周禮音沈
重撰問禮禮記音梁國子助教皇
侃撰禮記義疏五十卷又撰喪服
義跡竝行於世

古之王者必有史官君舉則書所以慎言行昭法式也諸侯亦有國史春秋即魯之史記也孔子應聘不遇自衛而歸西狩獲麟傷其虛應乃與魯君子左丘明觀書於太史氏因魯史記而作春秋上遵周公遺制下明將來之法褒善黜惡勸成十二公之經以授弟子弟子退而異言丘明恐弟子各安其意以失

其眞故論本事而爲之傳明夫子不以空言說經也春秋所貶損人當世君臣其事實皆形於傳故隱其書而不宣所以免時難也及末世口說流行故有公羊（名高齊人子夏弟子受經于子夏）穀梁（名赤魯人糜信云與秦孝公同時七錄云名淑字元始風俗通云子夏門人）鄒（王吉善鄒氏春秋）夾氏之傳鄒氏無師夾氏有錄無書故不顯于世（桓譚新論云左氏傳遭戰國寢藏後百餘年魯人穀梁赤作春秋殘略多有遺文又有齊人公羊高緣經文作傳彌失本事）漢興齊人胡毋生（字子都景帝時爲博士年老歸教于齊齊之言春秋者宗事之丞相公孫弘亦頗受焉）趙人董仲舒（官至江都膠西相）竝治公羊春秋蘭陵褚大（梁相）東平嬴公（諫大夫）廣川段仲溫呂步舒（步舒丞相長史）皆仲舒弟子嬴公守學不失

師法授東海孟卿及魯眭弘（字孟符節令）弘授嚴彭祖（字公子東海下邳人爲博士至左馮翊太子太傅）及顏安樂（字翁孫魯國薛人也孟姊子也爲齊郡太守丞）由是公羊有嚴顏之學弘弟子百餘人常曰春秋之意在二子矣彭祖授琅邪王中（少府家世傳業）中授同郡公孫文（東平太傅徒衆甚盛）及東門雲（荊州刺史）安樂授淮陽冷豐（字次君淄川太守）及淄川任翁（少府）豐授大司徒馬宮（字游卿東海戚人封扶德侯）及琅邪左咸（郡守九卿徒衆甚盛）始貢禹（字少翁琅邪人御史大夫）事嬴公而成於眭孟以授潁川堂谿惠惠授泰山冥都（丞相史）疏廣（字仲翁東海蘭陵人太子太傅）事孟卿以授琅邪筦路筦路及冥都又事顏安樂路授大司農孫寶（字子嚴潁

川騶陵人瑕丘江公受穀梁春秋及詩於魯申公武帝時爲博士（傅子至孫皆爲博士）使與董仲舒論江公吶於口而丞相公孫弘本爲公羊學比輯其義卒用董生於是上因尊公羊家詔太子受衛太子復私問穀梁而善之其後浸微唯魯榮廣（字王孫）浩星公二人受焉廣盡能傳其詩春秋蔡千秋（字少君諫大夫郎中户將）梁周慶（字幼君）丁姓（字子孫至中山太傅）皆從廣受千秋又事浩星公爲學最篤宣帝即位聞衛太子好穀梁乃召千秋與公羊家竝説上善穀梁説後又選郎十人從千秋受會千秋病死徵江公孫爲博士詔劉向

穀梁欲令助之江博士復死乃徵周慶丁姓待詔使卒授十人十餘歲皆明習乃召五經名儒太子太傅蕭望之等大議殿中平公羊穀梁同異時公羊博士嚴彭祖侍郎申輓伊推宋顯穀梁議郎尹更始待詔劉向周慶丁姓並論望之等多從穀梁由是大盛慶姓皆爲博士姓授楚申章昌曼君爲博士至長沙太傅初尹更始字翁君汝南邵陵人議郎諫大夫長樂戶將事蔡千秋又受左氏傳取其變理合者以爲章句傳子咸大司農及翟方進字子威汝南上蔡人丞相封侯房鳳字子元琅邪不其人光祿大夫五官中郎將青州牧始江博士授胡常常授梁蕭秉字君房王莽時爲講學大夫

左丘明作傳以授曾申申傳衛人吴起魏文侯相起傳其子期期傳楚人鐸椒楚太傅椒傳趙人虞卿趙相卿傳同郡荀卿名況況傳武威張蒼漢丞相北平侯蒼傳洛陽賈誼長沙梁王太傅誼傳至其孫嘉嘉傳趙人貫公漢書云賈誼授貫公為河間獻王博士貫公傳其少子長卿蕩陰令長卿傳京兆尹張敞字子高河東平陽人徙杜陵及侍御史張禹字長子清河人禹數為御史大夫蕭望之言左氏望之善之薦禹徵待詔未及問會病死禹傳尹更始更始傳其子咸咸及翟方進胡常常授黎陽賈護字季君哀帝時待詔為郎護授蒼梧陳欽字子佚以左氏授王莽至將軍漢書儒林傳云

漢興北平侯張蒼及梁太傅賈誼京兆尹張
敞太中大夫劉公子皆修春秋左氏傳始劉
歆（字子駿向之子王莽國師）從尹咸及翟方進受左氏（哀帝時歆與房
鳳王龔欲立左氏爲師丹所奏不果平帝世始得立）由是言左氏者本之賈護
劉歆歆授扶風賈徽（字元伯後漢潁陰令作春秋條例二十一卷）徽傳
子逵逵受詔列公羊穀梁不如左氏四十事
奏之名曰左氏長義章帝善之逵又作左
氏訓詁司空南閣祭酒陳元作左氏同異大
司農鄭衆作左氏條例章句南郡太守馬融
爲三家同異之說京兆尹延篤（字叔堅南陽人）受左氏
於賈逵之孫伯升因而注之汝南彭汪（字仲博）記

先師奇説及舊注太中大夫許淑（字惠卿魏郡人）九江
太守服虔（字子愼河南人）侍中孔嘉（字山甫扶風人）魏司徒
王朗（字景興肅之父）荆州刺史王基大司農董遇徵士
燉煌周生烈並注解左氏傳梓潼李仲欽著
左氏指歸陳郡潁容（字子嚴後漢公車徵不就）作春秋條例
又何休（字邵公任城人後漢諫大夫）作左氏膏肓公羊墨守
穀梁癈疾鄭康成針膏肓發墨守起癈
疾自是左氏大興漢初立公羊博士宣帝又立
穀梁平帝始立左氏後漢建武中以魏郡李
封爲左氏博士羣儒蔽固者數廷爭之及封
卒因不復補和帝元興十一年鄭興父子奏

左氏乃立於學官仍行於世迄今遂盛行三傳漸微江左中興立左氏傳杜氏服氏博士太常荀崧奏請立二傳博士詔許立公羊云穀梁膚淺不足立博士王敦亂竟不果立左氏今用杜預注公羊用何休注穀梁用范甯注二傳近代無講者恐其學隊絕故爲音以示將來士燮注春秋經十一卷字彥威蒼梧人吳衛將軍龍編侯賈逵左氏解詁三十卷服虔解誼三十卷王肅注三十卷董遇章句三十卷杜預經傳集解三十卷字元凱京兆杜陵人晉鎮南大將軍開府儀同三司當陽侯孫毓注二十八卷杜預春秋釋例十五卷四十篇服虔音一卷魏高貴鄉公音三卷曹髦字士彥魏廢帝嵇康音三卷字叔夜譙國人晉中散大夫杜預音三卷李軌音三卷荀訥

大三四十三

音四卷字世言新蔡人東晉尚書左民郎徐邈音三卷

右左氏梁東宮學士沈文何撰

春秋義疏闕下袟陳東宮學士

王元規續成之元規又撰春秋音

何休注公羊十二卷王愆期注十二卷字門子河東人

東晉散騎常侍辰陽伯高龍注十二卷字文范陽人東晉河南太守孔衍

集解十四卷字舒元魯人東晉廣陵相李軌音一卷江惇音

一卷

右公羊

漢更始穀梁章句十五卷唐固注十二卷字下

人吳尚書僕射麋信注十二卷字南山東海人魏樂平太守孔衍集

解十四卷徐邈注十二卷徐乾注十三卷字文祚東莞人東晉給事中范甯集注十二卷段肅注十二卷不詳何人

胡訥集解十卷

右穀梁

孝經者孔子爲弟子曾參說孝道因明天子庶人五等之孝事親之法亦遭焚燼河間人顔芝爲秦禁藏之漢氏尊學芝子貞出之是爲今文長孫氏博士江翁少府后蒼諫大夫翼奉安昌侯張禹傳之各自名家凡十八章又有古文出于孔氏壁中別有閨門一章自餘分析十八章總爲二十二章孔安國作傳

劉向校書定爲十八後漢馬融亦作古文孝經傳而世不傳世所行鄭注相承以爲鄭玄案鄭志及中經簿無唯中朝穆帝集講孝經云以鄭玄爲主檢孝經注與康成注五經不同未詳是非江左中興孝經論語共立鄭氏博士一人古文孝經世既不行今隨俗用鄭注十八章本

孔安國　馬融　鄭衆　鄭玄　王肅　蘇林字孝友陳留人魏散騎常侍　何晏字平叔南陽人魏吏部尚書駙馬都尉關內侯　劉邵字孔才廣平人魏光祿勳一云劉熙　韋昭字弘嗣吳郡人吳侍中領左國史高陵亭侯爲晉諱改爲曜　徐整　謝万　孫氏不詳何人　揚泓天水人東晉給事中　袁宏字彥伯陳郡人東晉東陽太守　虞槃佑字弘猷高平人東晉處士　庾氏不詳何人　殷仲文陳郡人東晉東陽太守　車胤字武子南

人東晉陽尹荀昶字茂祖潁川人宋中書郎孔光字文泰東莞人何承

東海人宋廷尉御釋慧琳泰郡人宋世沙門王玄載字彥運大齊光祿大夫

明僧紹

右竝注孝經皇侃撰義疏先儒

爲音者

論語者孔子應荅弟子及時人所言或弟子
相與言而接聞於夫子之語也當時弟子各
有所記夫子既終微言已絕弟子恐離居已
後各生異見而聖言永滅故相與論撰因
時賢及古明王之語合成一法謂之論語鄭
康成云仲弓子夏等所撰定漢興傳者則

有三家魯論語者魯人所傳即今所行篇次是也常山都尉龔奮長信少府夏侯勝丞相韋賢及子玄成魯扶卿（鄭云扶先或說先先生）太子少傅夏侯建前將軍蕭望之並傳之各自名家齊論語者齊人所傳別有問王知道二篇凡二十二篇其二十篇中章句頗多於魯論昌邑中尉王吉少府宋畸琅邪王卿御史大夫貢禹尚書令五鹿充宗膠東庸生並傳之唯王陽名家古論語者出自孔氏壁中凡二十一篇有兩子張（如淳云分堯曰篇後子張問何如可以從政以下爲篇名曰從政）篇次不與齊魯論同（新論云文異音四百餘字）孔安國爲傳後漢馬

融亦注之安昌侯張禹受魯論于夏侯建又從庸生王吉受齊論擇善而從号曰張侯論最後而行於漢世禹以論授成帝後漢包咸字子良吴人大鴻臚周氏不詳何人竝爲章句列于學官鄭玄就魯論張包周之篇章考之齊古爲之注焉魏吏部尚書何晏集孔安國包咸周氏馬融鄭玄陳羣字長文潁川人魏司空王肅周生烈燉煌人七錄云字文逢本姓唐之說并下已意爲集解正始中上之魏博士侍中盛行於世今以爲主鄭玄注十卷王肅注十卷虞翻注十卷何晏集解十卷譙周注十卷字允南巴西人晉散騎常侍不拜陽城亭侯衛瓘注八卷少二卷宋明帝補闕崔豹

注十卷字正熊燕國人晋尚書左中兵郎李充集注十卷東晋人孫綽集注十卷字興公太原人東晋廷尉卿長樂亭侯盈氏注十卷不詳何人孟釐注十卷一云孟釐釐字少孤江夏人東晋撫軍參軍不就梁覬注十卷天水人東晋國子博士袁喬注十卷字彦叔陳國人東晋益州刺史湘西簡侯尹毅注十卷江熙集解十二卷張馮注十卷字長宗吳人東晋司徒左長史孔澄之注十卷字仲淵會稽人宋新安太守虞遐注十卷會稽人齊員外郎王弼釋疑三卷欒肇釋疑十卷徐邈音一卷

右論語皇侃撰義疏行於世

老子者姓李名耳河上公云名重耳字伯陽陳國苦縣厲鄉人也史記云字聃又云曲里人一云陳國相人生而皓首劉向列仙傳云受學於容

成生於殷時、爲周柱下史史記云爲周守藏史或言是老萊子蓋百六十餘歲或言二百餘歲衆家皆云先爲柱下史轉爲守藏史葛洪云文王時爲主藏史武王時爲柱下史或云老子在黃帝時爲廣成子云爲夫老在堯時爲務光子在殷時爲彭祖在周爲柱下史覩周之衰乃西出關周敬王時爲關令尹喜說道德二篇尚虛無無爲劉向云西過流沙莫知所終班固云道家者清虛以自守卑弱以自持此人君南面之術也漢文帝竇皇后好黃老言有河上公者居河之湄結草爲菴以老子教授文帝徵之不至自詣河上責之河上公乃踊身空中文帝改容謝之於是作老子章句四篇以授文帝言治身治國之要其後談論者莫不宗尚玄言唯王輔嗣妙

得虛無之旨今依王本博采衆家以明同異

河上公章句四卷不詳名氏毋丘望之章句二卷字仲都京兆人漢長陵三老嚴遵注二卷字君平蜀郡人漢徵士又作老子指歸十四卷虞翻注二卷王弼注二卷又作老子指略一卷鍾會注二卷羊祜解釋四卷字叔子泰山平陽人晉太傅鉅平成侯范望州注訓二卷字叔文會稽人吳尚書郎王尚述二卷字君曾瑯邪人東晉江州刺史封杜忠侯程韶集解二卷鉅鹿人東晉郎中關內侯邯鄲氏注二卷不詳何人常氏注二卷不詳何人盈氏注二卷孟子注二卷或云孟康康字公休安平廣宗人魏中書監廣陵亭侯巨生內解二卷不詳何人袁真注二卷字彥仁陳郡人東晉西中郎將豫州刺史張嗣注二卷張憑注二卷孫登集注二卷字仲山原中都

東晉尚書郎蜀才注二卷　釋慧琳注二卷　釋慧嚴注二卷陳留人本姓范宋世沙門　王玄載注二卷　顧懽堂誥四卷一作老子義疏　節解二卷不詳作者或云老子所作一云河上公作　劉遺民玄譜一卷字遺民彭城人東晉柴桑令　想余注二卷不詳何人一云張魯或云劉表魯字公旗沛國豐人漢鎮南將軍關內侯　戴逵音一卷字安道譙國人東晉散騎常侍太子中庶子徵不就

右老子近代有梁武帝父子及周弘正講疏北學有杜弼注世頗行之

莊子者姓莊名周太史公云字子休梁國蒙縣人也六國時爲梁漆園吏與魏惠王齊宣王楚威王同時李頤云與齊愍王同時齊楚嘗聘以爲相不應時人

皆尚遊說莊生獨高尚其事優遊自得依老氏之旨著書十餘万言以逍遙自然無爲齊物而已大抵皆寓言歸之於理不可案文責也然莊生宏才命世辭趣華深正言若反故莫能暢其弘致後人增足漸失其眞故郭子玄云一曲之才妄竄奇說若閼弈意脩之首巵言遊鳬子胥之篇凡諸巧雜十分有三漢書藝文志莊子五十二篇即司馬彪孟氏所注是也言多詭誕或似山海經或類占夢書故注者以意去取其內篇衆家並同自餘或有外而無雜唯子玄所注特會莊生之旨故

爲世所貴徐仙民李弘範作音皆依郭本以郭爲主

崔譔注十卷二十七篇清河人晉議郎內篇七外篇二十向秀注二十卷二十六篇一作二十七篇一作二十八篇亦無雜篇爲音三卷司馬彪注二十一卷五十二篇字紹統河內人晉秘書監內篇七外篇二十八雜篇十四解說三爲音三卷郭象注三十三卷三十三篇字子玄河內人晉大傅主簿內篇七外篇十五雜篇十一爲音三卷李頤集解三十卷三十篇字景真潁川襄城人晉丞相參軍自号玄道子一作三十五篇爲音一卷孟氏注十八卷五十二篇不詳何人王叔之義疏三卷字穆夜琅邪人宋處士亦作注李軌音一卷徐邈音三卷

右莊子

爾雅者所以訓釋五經辯章同異實九流之通路百氏之指南多識鳥獸草木之名博覽而不惑者也爾近也雅正也言可近而取正也釋詁一篇蓋周公所作釋言以下或言仲尼所增子夏所足叔孫通所益梁文所補張揖論之詳矣前漢終軍始受豹鼠之賜自玆迄今斯文盛矣先儒多爲億必之說乖蓋闕之義唯郭景純洽聞強識詳悉古今作爾雅注爲世所重今依郭本爲正

犍爲文學注三卷一云犍爲郡文學卒史臣舍人漢武帝時待詔闕中卷 劉歆注三卷與李巡注正同疑非歆注 樊光注六卷京兆人後漢中散大夫沈旋疑

舒光注李巡注三卷汝南人後漢中黃門孫炎注三卷音一卷

璞注三卷字景純河東人東晉弘農太守著作郎音一卷圖贊二卷

右爾雅梁有沈旋約之子集衆家之

注陳博士施乾國子祭酒謝嶠舍

人顧野王竝撰音既是名家今亦

采之附於先儒之末

目録

經典釋文第十五　春秋左氏音義之一起第一盡第五

經典釋文第十六　春秋左氏音義之二起第六盡第十

經典釋文第十七　春秋左氏音義之三起第十一盡第十五

經典釋文第十八　春秋左氏音義之四起第十六盡第二十

經典釋文第十九　春秋左氏音義之五起第二十一盡第二十五

經典釋文第二十　春秋左氏音義之六起第二十六盡第三十

右中帙十卷

經典釋文第二十一　春秋公羊音義

經典釋文第二十二　春秋穀梁音義

經典釋文第二十三　孝經音義

經典釋文第二十四　論語音義

右下帙十卷

經典釋文卷第一

經九千九百九十二字
注六千一百三十九字

經典釋文第二

周易音義

唐國子博士兼太子中允贈齊州刺史吳縣開國男陸德明撰

周 代名也周至也遍也備也今名書義取周普 易 盈隻反此經名也虞翻注參同契云字從日下月正从易 上經 上者對下立名經者常也法也徑也由也 乾 卦名 傳 直戀反以傳述為義謂夫子十翼也解見發題

第一 亦作弟 王弼注 本亦作王輔嗣註音張具反今本或無注字師說無者非

☰ 乾 竭然反依字作倝下乙乾從旦从㫃音偃說卦云乾健也此八純卦象天 元亨 許庚反卦德也訓通也餘放此 潛 捷鹽反 龍 喻陽氣及聖人 見龍 賢遍反示也注及下見龍皆同 利見 如字下皆同 大人 王肅云聖人在位之目 離隱 力智反 處於 昌呂反衆經不音者放此 德施 始豉反與也 不偏 音篇 則過 古卧反諸經內皆同 夕

惕他曆反怵惕也鄭玄云懼也廣雅同若厲力世反危也无音無易內皆作此字
說文云奇字無也通於无者虛无道也王述說天屈西北爲无咎其久反易內同重剛直龍
反下同竭知音智或躍羊灼反廣雅云上也上音時掌反所處一本作可
處近平附近之近猶以救反與音預不謬靡幼反本或作繆音同夫
位音符下皆同亢苦浪反子夏傳云極也廣雅云高也則佞乃定反邪字又
作耶似嗟反彖吐亂反斷也斷音都亂反資始鄭云資取也乃統鄭云統本
也雲行如字雨施始豉反卦內皆同之累劣僞反者邪或作耶同
餘嗟反後協句辭皆放此象翔丈反精象擬象也自強其良反反復芳服反注
同本亦作覆大人造鄭徂早反爲也王肅七到反就也至也劉歆父子作聚文言
文飾卦下之言也夫子之十翼梁武帝云文言是文王所制之長張丈反之幹古旦
反體仁如字京房荀爽董遇本作體信利物孟喜京荀陸績作利之不成名

一本作不成乎名　遯世徒頓反　无悶門遜反　樂則音洛　確乎苦學反鄭云堅高之
皃說文云高至　可拔蒲八反鄭云移也廣雅云出也　庸行下孟反　閑邪似嗟反下同
幾既依反注同理初始微名幾　能全能令一本作尟　尟克本亦作鮮同仙善反少也　怵
敕律反　解怠佳賣反　上下並如字王肅上音時掌反　非離力智反　相應應對之應
易內不出者並同　流濕申入反　就燥蘇早先皂二反　聖人作如字鄭云起也馬融
作起　而當都浪反易內皆同有異者別出　故盡津忍反　當其如字　上治直吏反下
及注同　放遠于萬反　見而賢遍反　粹雖遂反　揮音輝廣雅云動也王肅云
散也本亦作輝義取光輝　爲行下孟反下之行行而皆同　日可人實反　未見賢遍反　以
辯如字徐扶免反　重剛直龍反下同　夫大人音符發端之字皆故此　先天
悉薦反　後天胡豆反　知喪息浪反　其唯聖人乎王肅本作愚人
後結始作聖人

䷁坤本又作巛巛今字也同困魂反說卦云順也八純卦象地利牝頻忍反徐邈扶忍反又扶死反
有攸音由所也喪朋息浪反馬云失也下及注並同必離力智反无疆或作壃同
居良反下及注同必爭爭鬬之爭履霜如字鄭讀履爲禮積著張慮反衆經不
音者皆同始凝魚冰反馴似遵反向秀云從也徐音訓此依鄭義任其而鴆反衆經皆同
知光音智注同不擅善戰反專也括古活反結也方言云閉也廣雅云塞也囊乃剛
反无譽音餘又音預不造七到反又曹早反否皮鄙反閉必計反字林方結反
云閹也施愼並如字愼謹也象詞同本或作順非之飾申職反本或作餝俗字坤至柔
本或有文言曰者爲邪似嗟反餘殃於良反鄭云禍惡也說文云凶也臣弒式志
反本或作殺音同下同由辯如字馬云別也荀作變言順如字直方大不習
无不利則不疑其所行張璠本此上有易曰衆家皆無木蕃伐袁反
而暢勑亮反陰疑如字荀虞姚信蜀才本作凝爲其胡僞反注爲其同嫌戶謙

反注同鄭作謙荀虞陸董作兼　未離力智反

䷂屯張倫反難也盈也坎宮二世卦　則否備鄙反　得主則定本亦作則寧

而難乃旦反卦內除六二注難可餘並同賈逵注周語云畏懼也　天造祖早反注同　草昧音妹廣雅云草造也董云草昧微物　而不寧而辭也鄭讀而曰能能猶安也　經論音論鄭如字謂論撰書禮樂施政事黃穎云經論匡濟也本亦作綸　磐本亦作盤又作槃步干反　桓馬云槃桓旋也　晏安本又作宴各依字晏一諫反宴一見反　下賤遐嫁反　屯如子夏傳云如辭也　亶如張連反馬云難行不進之皃　乘馬繩證反四馬曰乘下及注並同鄭云馬牝牡曰乘子夏傳音繩　班如如字子夏傳云相牽不進皃鄭本作般　媾古后反馬云重婚本作冓鄭云猶會本或作構者非　相近附近之近下近並同又如字

即鹿王肅作麓云山足　君子幾徐音祈辭也注同又音機近也速也鄭作機云弩牙也

舍式夜反止也注下同徐音捨　往吝力刃反又力慎反馬云恨也　雖比毗志反下皆同　之易以豉反　不揆葵癸反　以從如字鄭黃手用反　合好呼報反下同　恢弘苦回

反大也 博施式豉反及下文同 拯拯救之拯 亨于許庚反 他閒閒廁之閒

漣如音連說文云泣下也 應援于眷反又音袁 闉音因塞也春秋傳云當陳隧者井堙木刊

是也 阨於革反又於賣反 委仰如字又魚亮反 長也直良反

䷃蒙莫公反蒙蒙也稚也稽覽圖云無以教天下曰蒙方言云蒙萌也離宮四世卦 童如字字書作僮

鄭云未冠之稱廣雅云癡也 筮市制反決也鄭云問也 告古毒反示也語也 再三息暫反又如字

瀆音獨亂也鄭云褻也 則復扶又反 能斷丁亂反 夫疑音扶六五注同

閔山五代反 時中張仲反注時中決中同又如字和也 童蒙求我一本作來

求我 不諂本亦作咨又作資並通 果行下孟反注及六三注象同 用說吐活反注同徐又音

稅 桎音質 梏古毒反在足曰桎在手曰梏小爾雅云杻謂之梏械謂之桎杻音丑 所惡烏路反

苞蒙如字鄭云苞當作彪彪文也 用取七住反本又作娶下及注同 獨遠于萬反下

文同 能比毗志反 以巽音遜鄭云當作遜 擊蒙經歷反王肅云治也馬鄭作繫 繫

去紀呂反下同　爲之于僞反又如字　扞胡旦反　禦魚呂反本又作衛

䷄需音須字從雨重而者非飲食之道也訓養鄭讀爲秀解云陽氣秀而不直前者畏上坎也坤宮遊䰟卦

有孚徐音敷信也又作専　光師讀絶句　亨貞吉一句馬鄭揔爲一句　不陷陷沒之陷

位乎如字鄭音涖　雲上時掌反干寶云升也　於天王肅本作雲在天上　宴烏練反徐烏殄反安也干同鄭云享宴也李軌烏衍反　樂音洛注同　最遠袁万反下遠險同　於難乃旦反及下文皆同

利用恒未失常也本亦有无咎者　于沙如字鄭作沚　轉近附近之近　後

時胡豆反　衍在以善反徐怡戰反　致寇如字鄭王肅本作戎　則辟音避下同　已

得音紀又音巳　所復扶又反　不速如字馬云召也釋詁云疾也釋言云徵也召也

䷅訟才用反爭也言之於公也鄭云辯財曰訟離宮遊䰟卦　窒張栗反徐得悉反又得失反馬作至云讀爲躓猶止也鄭云至覺悔皃　惕湯歷反王注或在惕字上或在下皆通在中吉下者非　中如字馬丁仲反　吉

有孚窒一句惕中吉一句　涉難乃旦反　猶復扶又反下同　不枉紆往反　而令力呈

反正夫音符下法同斷不丁亂反下注並同契之苦計反下同其分符問
反相濫力暫反爭何爭鬭之爭陰和胡卧反而逋補吳反徐方吳反眚
生領反子夏傳云妖祥曰眚馬云災也鄭云過也下物遐嫁反竄七亂反徐又七外反逃也掇徐都
活反說文云拾取也鄭本作惙陟劣反憂也忤也五故反復即音服後同者更不音渝以朱
反變也馬同鄭云然也不邪似嗟反錫星歷反又星自反賜也鞶步干反馬云大也徐云王
肅作槃帶音帶亦作帶終朝馬云旦至食時為終朝三息暫反注同或如字褫徐致紙反
又直是反本又作補音同王肅云解也鄭本作拕徒可反
䷆師彖云眾也馬云二千五百人為師坎宮歸魂卦貞丈人絕句丈人嚴莊之稱鄭云能以法度長於
人之稱尺證反以王如字物歸往也徐又往況反毒徒篤反役也馬云治也畜眾
敕六反聚也王肅許六反養也否音鄙惡也注同馬鄭王肅方有反臧作郎反善也三錫星歷反徐音賜
鄭本作賜天寵如字鄭云光耀也王肅作龍云寵也背高音佩有禽徐本作擒長

子丁丈反注及下同　軍帥色類反

☷☵比毗志反卦內並同彖云輔也序卦云比比也子夏傳云地得水而柔水得地而流故曰比徐又甫履反坤宮歸魂卦　凶邪似嗟反　求有本亦作求得　其炎于廉反　缶方有反瓦器也鄭云汲器也爾雅云盎謂之缶　有它敕多反本亦作池　匪人非鬼反馬云匪非也王肅本作匪人凶　三驅匡愚反徐六鄭作敺馬云三驅者一曰乾豆二曰賓客三曰君庖　狹矣戶夾反　則舍音赦又音捨

背巳音佩　則射食亦反　惡而烏路反　舍逆音捨

☰☴小畜本又作蓄同敕六反積也聚也卦內皆同鄭許六反養也巽宮一世卦　施未始豉反注皆同　陽上時掌反　蒸職譽反　車說吐活反下文并注並同說云解也　輻也音福　雖復扶又反上九云同　輿音餘　輻音福本亦作輹音服馬云車下縛也鄭云伏菟　陰長丁丈反下同　血如字馬云當作恤憂也　去起呂反注同　亦惡烏路反覆卦同　孿力專反馬云連也徐又力轉反子夏傳作戀云惠也　幾徐音祈又音機注同子夏傳作近　唯泰也則然一本作然

周易音義　五

則讀即以也字絕句 有難乃旦反 可盡津忍反

䷉履 利恥反禮也艮宮五世卦 咥 直結反齧也馬云齕 說而 音悅注及後同 行夫 音符

下同 倿邪 似嗟反 疚 久又反馬云病也陸本作疾 坦坦 吐但反說文云安也廣雅云平也明也蒼

頡篇云著也 不憙 虛備反又音喜 險厄 於革反又作戹 眇 妙小反字書云盲也說文云小目

跛 波我反足跛也依字作破 不脩 本又作循 行未 下孟反 愬愬 山革反子夏傳云恐懼皃

何休注公羊傳云驚愕也馬本作虩虩音許逆反云恐懼也說文同廣雅云懼也 逼近 附近之近 夬 古快

反 考祥 本亦作詳

周易上經泰傳第二

䷊泰 如字大通也鄭云通也馬云大也坤宮三世卦 道長 丁丈反 財成 音才徐才載反

荀作裁 輔相 息亮反注同 以左 音佐注同 右民 音佑注同左右助也 拔 蒲八反

茅 卯交反鄭音苗 茹 汝據反牽引也鄭湛同王肅音如 彙 音胃類也李于鬼反傅氏注云彙古偉字

美也古文作曾薑作禽出也鄭六勤也苞木又作包必交反下卦同音薄交反荒本亦作巟音同鄭注禮云

穢也說文水廣也又大也鄭讀爲康云虛也用馮音憑注同荒穢於廢反不陂彼僞反徐

甫寄反傾也注同又破河反偏也象曰无平不陂一本作无往不復篇篇如字子夏傳作

翩翩向本同去輕舉皃古文作偏偏以祉音恥一音勑子反又音止女處本亦作文處盡夫音符

後皆放此以意求之隍音皇城塹也子夏作堭姚作湟所應如字舊音應對之應上承時掌反

下施始豉反否道備鄙反

䷋否備鄙反卦內同閉也塞也乾宮三世卦道長丁丈反辟難上音避下乃旦反

入邪似嗟反不諂勑檢反否亨許庚反疇直留反鄭作否𠷎字休否

虛虬反美也又許求反息也注同

䷌同人和同也離宮歸魂卦以邪似嗟反炎上時掌反辯物如字王肅卜免

反繫吝繫或作係本作黨係則否方有反又備鄙反褊必淺反狹户夾反于

三百三　周易音義　六　張富

莽 莫蕩反，王肅冥黨反，鄭云叢木也 物黨 物或作朋 所比 毗志反 所當 如字
量斯 音良，又音亮 其墉 徐音容，鄭作庸 而效 下教反 反則得則
得則則吉也 一本作反則得得則吉也 號 户羔反 咷 道刀反，號咷，啼呼也 而遠
袁万反 內爭 爭鬭之爭 異災 本作它从火

䷍ 大有 包容豐富之象，乾宮歸魂卦 遏 於葛反，止也，徐又音謁 休命 虛虯反，美
也，徐又許求反 大車 王肅剛除反，蜀才作輿 不泥 乃計反 用亨 許庚反，通也，下同，衆
家並香兩反，京云獻也，干云享宴也，姚云享祀也 其彭 步郎反，子夏作旁，干云彭亨驕滿皃，王肅云壯也，虞
作尫，姚云彭旁，徐音同 上近 如字，亦附近之近 下比 毗志反 至知 音智 可舍 音捨
斯數 色助反 晢 章舌反，王廙作晣，同音，徐李之世反，又作晢字，鄭本作遰，去讀如明星晢晢，陸本作
逝，虞作折 何難 依象宜如字，一音乃旦反 易而 以豉反 祐之 音又 不累 劣偽
反，下同 盡夫 津忍反 繫辭 音係

䷎謙　卑退爲義屈己下物也兑宫五世卦子夏作嗛云嗛謙也　下濟　節細反　而上　時掌反下注上承上行同　虧盈　馬本作毀盈　而福　京本作而富　惡盈　烏路反卦末注同　而

好　呼報反　裒　蒲侯反鄭荀董蜀才作捊云取也字書作掊廣雅云掊減　稱物　尺證反　平

施　始豉反注同　大難　乃旦反　自牧　牧養之牧徐音目一音茂　名者聲名

聞之謂也　一讀名者聲絶句聞音問　匪解　佳賣反　撝　毀皮反指撝也義與麾同書云

右秉白旄以麾是也馬云撝猶離也鄭讀爲宣　下下　上遐嫁反下如字下句同　用侵　王廣作寢　征國

本或作征邑國者非　不與　音預　爲爭　爭鬭之爭

䷏豫　餘慮反悦豫也備豫也馬云豫樂震宫一世卦　不忒　他得反鄭云差也京作貸　地奮

方問反　殷　於勤反馬云盛也說文云作樂之盛稱殷京作隱　薦　牋電反本又作藨同本或作廌獸名耳非

介于　音界纖介古文作砎鄭古八反云謂磨砎也馬作扴云觸小石聲　苟說　音悦　盱　香于反睢

盱也向云睢盱小人喜悦之皃王肅云盱大也鄭云誇也說文云張目也字林火孤反又火于反子夏作紆京作汙姚作盱云

日始出引詩盱日始旦睢香維反說文云仰目也字林火隹反山豫由從也鄭云用也馬作猶云猶豫疑

也盍胡臘反合也簪徐側林反子夏傳同疾也鄭云速也埤蒼同王肅又祖感反古文作貸京作撍馬作臧荀作宗虞作戠戠叢合也蜀才本依京義從鄭冥亡覓反馬云冥昧耽於樂也王廙云深也又亡定反鄭讀爲鳴有渝羊朱反盡津忍反樂音洛

䷐隨從也震宮歸魂卦而下遐嫁反注下柔同而說音悅注下皆同大亨

貞本又作大亨利貞而天下隨時王肅本作隨之隨時之義王肅本作隨之

時義而令力呈反否之備鄙反以嚮本又作向許亮反王肅本作鄉音同入宴徐烏練反王肅烏顯反官有蜀才作館有故舍音捨下文同以擅市戰反盡隨津忍反盡卷末同位正中也一本作中正拘句于反用亨許庚反通也陸許兩反云祭也之濱音賓

䷑蠱音古事也惑也亂也左傳云於文皿蟲爲蠱又云女惑男風落山謂之蠱徐又姬祖反一音故巽

歸魂卦　先甲息薦反彖並注同　後甲胡豆反彖並注同　以斷丁亂反　旋

令力政反下同　競爭爭鬭之爭　治也直吏反注同　說隨音悅　創制

初亮反此俗字也依字作刱　復始扶又反　以振舊之慎反濟也師讀音眞振振仁厚也　育

德王肅作毓古育字　有子考无咎絕句周依馬王肅以考絕句　當事丁堂反

蠱承津忍反下皆同　裕父羊樹反馬云寬也　不累力偽反

䷒臨如字序卦云大也坤宮二世卦　剛浸子鴆反　而長丁丈反除六三注末及象咎不長皆

同一音此治良反　說而音悅下同　教思息吏反注同　无疆居良反注同　剛勝

升證反下同　佞邪似嗟反下同　媚密備反　位當也本或作當位實非也　知臨

音智注同又如字

䷓觀官喚反尔也乾宮四世卦　盥音管　而不薦本又作𧄎同牋反王肅本作而[redacted]

薦　顒魚恭反　足復扶又反　既灌官喚反　不忒吐得反　神道設

教一本作以神道設教省方悉非反童觀馬云童猶獨也鄭云雅也最遠袁万反

朝美直遥反所鑒古暫反下同趣促裕反闚苦規反本亦作窺[illegible]

者狹下夾反象曰闚觀女貞一本有利字不比毗志反觀國

之光如字或音官喚反最近附近之近居近如字德見賢遍反平易

以豉反盡夫觀盛故觀至大觀在上王肅音官以觀天下

徐唯此一字作官音觀盥而不薦觀之爲道而以觀感風行

地上觀處於觀時君子處大觀之時處大觀之

時大觀廣鑒亦音官居觀之時爲觀之主觀之盛

也從盡夫觀以下並官喚反餘不出者並音官

周易上經噬嗑傳第三

䷔噬市制反齧也嗑胡臘反合也巽宮五世卦齧研節反有間如字下同又音

閒廁之閒與過一本作有過頤以之反不合本又作而合不溷胡困反濁也不

也亂也韋昭云汙辱也上行時掌反注同勑法恥力反此俗字也字林作勅鄭云勑猶理也一云整也

屨紀具反校爻教反注及下同馬音教滅止本亦作趾趾足也桎章實反足懲直冰

反木絞交卯反械戶戒反不行也本或作止不行也噬膚方于反馬云柔色肥

美曰膚未盡律忍反下同其分符問反脃七歲反腊肉音昔馬云晞於陽而

煬於日曰腊肉鄭注周禮小物全乾曰腊乾音干胏緇美反馬云有骨謂之胏鄭云簀也字林云食食所

遺也一曰脯也子夏作脯徐音甫荀董同未光大也本亦無大字何校何可反又音何本亦作荷

音同下同王肅云荷擔聰不明也馬云耳無所聞鄭云目不明耳不聰王肅云言其聰之不明可

解佳買反

䷕賁彼僞反徐甫寄反李軌府瓮反傅氏云賁古斑字文章皃鄭云有也文飾之皃王肅符文反云

有文飾黃白色艮宮一世卦剛上時掌反注剛上音同解天音蟹下同以明蜀才本作

命　折之舌反注同鄭云斷也斷音丁亂反　其趾一本作止鄭云趾足　舍音捨下及注同　車

音居鄭張本作輿從漢時始有居音　安夫音符　其須如字字從三水邊作非　而比毗志

反下同　上附時掌反　循似遵反　濡如臾反　皤白波反說文云老人皃董音槃云馬

作足橫行曰皤鄭陸作燔音煩荀作波　翰戶旦反董黃云馬舉頭高卬也馬荀云高也鄭云白也亦作寒案反

媾古豆反　而閡五戴反　寇難乃旦反下同　賁于丘園黃本賁作世

束帛子夏傳云五匹爲束二玄三纁象陰陽　戔戔在干反馬云委積皃薛虞云禮之多也又音殘

黃云猥積皃一云顯皃子夏傳作殘殘　有喜如字徐許意反無妄大畜卦放此

☶☷　剝邦角反彖云剝剝也馬云落也說文云裂也乾宮五世卦　人長丁丈反下注皆同　激經歷

反　拂附弗反　觸忤五故反　以殞于敏反　失處昌呂反又昌預反　蔑

莫結反猶削也楚俗有削蔑之言馬云無也鄭云輕慢荀作滅　猶削相略反或作消此從荀本也下皆然　辨

徐音辦具之辦足上也馬鄭同黃云然簀也薛虞膝下也鄭符勉反王肅否勉反　道浸子鴆反下同　稍

近附近之近六三剥無咎一本作剥之無咎非以膚方于反京作簠謂祭器切近如字徐巨靳反鄭云切急也貫魚古亂反徐音官穿也駢頭薄田反得輿音餘京作德輿董作德車廬力居反覆蔭於鴆反所芘本又作庇必利反又悲備反

䷗復音服反也還也坤宮一世卦朋來如字京作崩反復芳福反劉本同本又作覆復彖并注反復皆同剛反絶句剛長丁丈反下文注皆同心見賢遍反具存本亦作其存商旅鄭云資貨而行曰商旅客也無祇音支辭也馬同音之是反韓伯祁支反云大也鄭云病也王肅作禔時支反陸云禔安也九家本作𢻹字音支幾悔音機下同又音祈患難乃旦反遠矣袁万反錯之七故反休復虛虬反最比毗志反仁行下孟反下仁遐嫁反以下仁也如字王肅云下附於仁徐戶嫁反頻復如字本又作顰頻顰眉也鄭作卑音同馬云憂頻也頻戚千寂反下同憂也又子六反自考也鄭云考成也向云察也有灾本又作災鄭作裁案說文裁正字也灾或字也災籒文也眚生領反下卦同子夏傳云傷害曰災妖祥

曰眚鄭云異自內生曰眚自外曰祥害物曰災 量斯 音良 雖復 扶又反

䷘无妄 亡亮反无妄无虛妄也說文云妄亂也馬鄭王肅皆云妄猶望謂无所希望也巽宮四世卦

柔邪 似嗟反 不佑 音又鄭云助也本又作祐馬作右謂天不右行 茂對時 茂盛也馬云茂勉也對配也 下賤 遐嫁反 不耕穫 黃郭反或依注作不耕而穫非下句亦然 不菑 側其反馬云田一歲也董云反草也 畬 音餘馬曰田三歲也董云悉耨曰畬說文云二歲治田也字林弋恕反 不

擅 市戰反 行違 下孟反下之行同 稼 音嫁 穡 音色 爲穫 如字或作穫非

比 毗志反 近 附近之近 可試 試驗一云用也

䷙大畜 本又作蓄勑六反義與小畜同艮宮二世卦 大畜剛健 絕句 篤實

煇 音輝 光 絕句 日新其德 鄭以日新絕句其德連下句 厭而 於豔反 夫能 音符發句皆然下非夫同 令賢 力呈反下同 險難 乃旦反下遇難同 多識 如字又音試劉作志 往行 下孟反 利已 夷止反下及注已則同或音紀姚同 輿 音餘下同本或作轝音同

說吐活反注及下同馬云解也輹音服又音福蜀才本同或作輻一云車旁作复音服車下縛也作畐者音
福老子所云三十輻共一轂是也釋名云輹似人屐又曰伏菟在輹上似之又曰輹伏於軸上馮河皮冰反
良馬逐如字鄭本作逐逐衍云兩馬走也姚云逐逐姚並驅之皃一音胄曰音越劉云曰猶言也
鄭人實反云日習車徒閑如字闌也馬鄭云習險阸於革反本亦作戹童牛無角牛也
廣蒼作犝劉云童妾也牿古毒反劉云牿之言角也陸云牿當作角九家作告說文同云牛觸角著橫木所以告人
抑銳於力反下同本又作挫災卧反強其良反爭爭鬭之爭豶符云反劉云豕去勢曰豶
之牙徐五加反鄭讀爲互剛暴一本作剛突禁暴音金何天音河梁武帝音
賀衢其俱反馬云四達謂之衢亨許庚反
䷚頤以之反養也此篆文字也巽宮遊魂卦舍爾音捨注同朶多果反動也鄭同京作揣
嚼詳略反令物力呈反離其力智反而闚苦規反顛頤丁田反
拂符弗反違也薛同注下皆同一音敷弗反子夏傳作弗云輔弼也此行下孟反下立行同悖

周易音義　上

也 布內反 逆也 虎視 徐市志反 又常止反 眈眈 丁南反 威而不猛也 馬云虎下視皃 一音大南
反 逐逐 如字 敦實也 薛云速也 子夏傳作攸攸 志林云當為逐逐 蘇林音迪 荀作悠悠 劉作䟕 云遠也 說文䟕
音式六反 施賁 始豉反 下文同 又如字 而比 毗志反 得頤 一本作得順 難
乃旦反 厲吉 厲嚴厲也 馬王肅云危

䷛大過 徐古卧反 罪過也 超過也 王肅音戈 震宮遊魂卦 相過 過之過 並古卧反 棟
徐丁貢反 橈 乃教反 曲折也 下同 拯 拯救之拯 弱 本亦作溺 並依字讀 下救其弱 拯弱皆同 而
說 音悅 注同 救難 難乃 並乃旦反 上六注同 遯 本又作遁 同徒遜反 藉 在夜反 下
同 馬云在下曰藉 唯慎 辰震反 枯楊 如字 鄭音姑 謂無姑山榆 榆羊朱反 稊 徒稽反 楊
之秀也 鄭作荑 荑木更生 音夷 謂山榆之實 老夫 如字 下同 特吝 特或作持 能令 力呈
反 得少 詩照反 下同 則稺 直吏反 者長 丁丈反 淹溺 乃歷反
生華 如字 徐音花 无譽 音預 又音餘 滅頂 徐都冷反

䷜習便習也重也劉云水流行不休故曰習坎徐苦感反本亦作埳京劉作欿險也陷也八純卦象
水險陷陷沒之陷謂便婢面反下同重險直龍反注下並同陗七妙反
洊在薦反徐在悶反舊又才本反爾雅云再也劉云仍也京作臻干作荐德行下孟反注同險難
乃旦反下險難同則夫音符窞徒坎反說文云坎中更有坎王肅又作陵感反云窞坎底也字林云坎中
小坎一曰旁入䖏欿亦作坎字而復扶又反下雖復同險且如字古文及鄭向本作檢鄭云木在
手曰檢枕徐針鴆反王肅針甚反鄭玄云木在首曰枕陸云閑礙險害之皃九家作玷古文作沈沈直林反出
則之坎一本作出則亦坎誤樽酒音尊絕句簋貳音軌絕句用缶方有
反絕句舊讀樽酒簋絕句貳用缶一句自牖音酉陸作誘承比毗志反下同之食音嗣
飯也象曰樽酒簋一本更有貳字祇音支又祁支反鄭云當爲坻小丘也京作禔說文同
音支又上支反安也盍平津忍反徽許韋反纆音墨劉云三股曰徽兩股曰纆皆索名
寘之豉反置也注同劉作示言衆議於丸棘之下也子夏傳作湜姚作寔寔置也張作置叢才公反

周易音義　十三　只祖

洊峻荀潤反

☲離列池反麗也麗著也八純卦象曰象火畜許六反注同牝頻忍反徐又扶死反外

強其良反猶著直略反卦內同草木麗如字說文作蘼乎土王肅本作

也重明直龍反明兩作鄭云作起也荀云用也明照相繼一本無明

照二字履錯鄭徐七各反馬七路反警京領反辟其音避象同日昃

王嗣宗本作仄音同鼓鄭本作擊大耋田節反馬云七十曰耋王肅又他結反云八十曰耋京作絰蜀才作

咥之嗟如字王肅又遭哥反荀作差下嗟若亦爾凶古文及鄭無凶字突徒忽反王肅唐屑反

舊又湯骨反字林同云暫出逼近附近之近出如字徐尺遂反王嗣宗勑類反涕徐他米反

又音弟沱徒河反荀作池一本作沲若古文若皆如此戚千寂反子夏傳作嘁嘁子六反咨慙也

不勝音升逆首本又作逆道兩得離王公也音麗鄭作麗王肅云麗王者之後爲

公梁武力智反王嗣宗同折首徐之舌反注同以去羌呂反王用出征以正

邦也王肅本此十更有獲匪其醜大有功也

周易下經咸傳第四

䷞咸如字彖云感也兊宮三世卦　取七具反本亦作娶音同　相與如字鄭云與猶親也

而說音悅　男下遐嫁反下注必下同　見於賢遍反　各亢口浪反本或作有　拇茂后反馬鄭薛云足大指也子夏作𧿹荀作母云陰位之尊　腓房非反鄭云膞腸也膞音市臠反王廙云腓腓腸也荀作肥云謂五也尊盛故稱肥　離拇力智反　動躁早報反　股音古　憧憧昌容反馬云行皃王肅云往來不絕皃廣雅云往來也劉云意未毋武採定也徐又音童又音鍾京作憧字林云憧遲也丈家反月反又音每心之上口之下也鄭云背脊肉也說文同王肅又音天廣雅云胂謂之脢胂音以人反　輔如字馬云上頷也虞作酺云耳目之間　頰兼叶反孟作俠　滕徒登反達也九家作乘虞作縢鄭云送也　口說如字注同徐音脫又始銳反

䷟恒如字久也震宮三世卦　長陽長陰並丁丈反大衆注同　媲普計反配也　復

六十七　周易音義　廿三　陳坤

始 扶又反 見於 賢遍反 浚 荀潤反深也鄭作濬 令物 力呈反 餘綿 紆粉反廣雅云積也 或承 或有也一云常也鄭本作咸承 德行 下孟反 詰 去吉反 而分 扶運反 振恒 之刃反馬云動也鄭云揺落也張作震

䷠ 遯 徒巽反字又作遂又作遁同隱退也匿迹避時奉身退隱之謂也鄭云逃去之名序卦云遂者退也

乾宮二世卦 夫靜 音扶 非否 備鄙反下同 亢 苦浪反 浸 子鴆反注同 而長 丁丈反卦内同或如字 以遠 袁方反注並同 辟内 音避 難可 乃旦反 何災 音河褚河可反今不用 勝 升證反又音升注同 說 王肅如字解說也師同徐吐活反又始銳反 遯已 音以或音紀 係遯 古詣反本或作繫 近二 附近之近 憊 蒲拜反鄭云困也廣雅云極也王肅作斃荀作備 好遯 呼報反注下同 小人否 音鄙注下同惡也徐方有反鄭王肅備鄙反云塞也 能舍 音捨 肥遯 如字子夏傳云肥饒裕 能累 劣僞反 繒 則能反 繳 章略反

䷡大壯 壯亮反威盛強猛之名鄭云氣力浸強之名王肅云壯盛也廣雅云健也馬云傷也郭璞云今淮南人呼壯爲傷 坤宮四世卦 而愼禮也 愼或作順義亦通 用罔 罔羅也馬王肅云无 羝羊 音低張云羖羊也廣雅云吴羊曰羝 觸 徐處六反 藩 方袁反徐甫言反下同馬云籬落也 羸 律悲反又力追反下同馬云大索也徐力皮反王肅作縲音螺鄭虞作纍蜀才作累張作虆 雖復 扶又反 藩決 音穴注下同 大輿 音餘 之輹 音福本又作輻 行不 下孟反 能說 吐活反 喪羊 息浪反注下同 于易 以豉反注下同鄭音亦謂佼易也陸作埸壃埸也 險難 亦乃旦反 剛長 丁丈反下剛長同 猶與 音預一本作預 其分 扶問反 不詳 詳審也鄭王肅作祥善也

䷢晉 彖云進也孟作齊齊子西反義同乾宮遊魂卦 康 美之名也馬云安也鄭云尊也廣也陸云安也樂也 蕃 音煩多也鄭發袁反 庶 如字衆也鄭止奢反謂蕃遮禽也 晝日 竹又反 三 徐息暫反下及注同 接 如字鄭音捷勝也 上行 時掌反凡上行並同 以著 直略反下著明同 三

䚫 勑紙反又 直紙反 摧如 罪雷反退也鄭讀 如南山崔崔之崔 未著 張慮 反 自

喪 息浪 反 愁 狀由反鄭子小 反云變色皃 介 音戒大 也馬同 聞乎 聞亦作文 又作交義

並 通 和之 胡卧 反 鼫 音石子夏傳作碩鼠鼫鼠五 技鼠也本草螻蛄一名鼫鼠 失得 如 字

孟馬鄭虞王肅本作矢馬王 云離爲矢虞云矢古誓字 失夫 音 符

䷣明夷 夷傷也坎 宮遊魂卦 以蒙大難 乃旦反卦內同鄭云蒙 猶遭也一云蒙冒也

文王以之 王肅云唯文王能用之 鄭荀向作似之下亦然 莅 履二反又 律秘反 蔽僞 本 或

作弊 僞 所辟 音避 下同 最遠 表万反下 遠難同 遠遁 徒遜 反 匿形 女 力

反 不遑 音 皇 夷于 如字子夏作睇鄭陸同 云旁視曰睇京作暵 左股 音古馬王 肅作般云

旋也曰隨天左旋也姚作 右槃云自辰右旋入丑 用承 拯救之拯注同說文云舉也鄭 云承也子夏作抍字林云抍上

舉音 承 示行 示或 作亦 近難 附近之近 下最近同 疑憚 但旦 反 然後而免

也 一本作然後 乃獲免也 南狩 手又反本 亦作守同 去闇 羌呂 反 逆忤 五故 反

箕子之明夷 蜀才箕作其劉向云今易箕子作荄滋鄒湛云訓箕爲荄詁子爲滋漫衍無經不可致詰
以識荀爽 爲比 毗志反
䷤家人 說文家居也案人所居稱家爾雅室內謂之家是也巽宮二世卦 熾也 尺志反 而
行 下孟反注皆同 閑 馬云闌也防也鄭云習也 中饋 巨愧反食也 嗃嗃 呼落反又呼學
反馬云悅樂自得皃鄭云苦熱之意荀作確確劉作熇熇 嘻嘻 喜悲反馬云笑聲鄭云驕佚喜笑之意張
作嬉嬉陸作喜喜 之長 丁丈反 以近 附近之近 王假 更白反注同至也鄭云登也絵
古雅反馬云大也 愛樂 音洛 以著 張慮反
䷥睽 苦圭反馬鄭王肅徐呂忱並音圭序卦云乖也雜卦云外也說文云目不相聽也艮宮四世卦 而上
時掌反下上行同 同行 如字王肅遐孟反 說而 音悅 喪馬 息浪反注同 自復
音服注同 必顯 一本作必類下相顯亦然 可援 于眷反下援同又音袁 以辟 音避 于
巷 戶絳反說文云里中道也廣雅云居也字書作衖 曳 以制反 掣 昌逝反鄭作挈云牛角皆踊曰

掣徐市制反說文作觢之世反云角一俯一仰子夏作挈傳云一角仰也荀作觭劉本從說文解依鄭 其人

天天剠也馬云剠鑿其額曰天 劓魚器反截鼻也王肅作臲鼿魚一反 相比毗志反下同

元夫如字 噬市制反 之弧音胡弓也 後說吐活反注同一音始鋭反 之弧本亦

作壺京馬鄭王肅翟子玄作壺 媾古豆反 恢苦回反大也 詭久委反異也戾也 譎古穴

反本亦作決詐也乖也 吁可況于反 四剠其京反說文或作黥字

䷦蹇紀免反彖及序卦皆云難也王肅徐紀偃反兌宮四世卦 以難乃旦反卦內及解卦皆同

難解音蟹上六注同 未否備鄙反 知矣音智初六注同 得中如字鄭云和也

又張仲反王肅云中適也解卦彖同 正邦荀陸本作正國爲漢朝諱 宜待也張本作宜時也鄭本宜待

時也 遠害袁万反 內喜如字徐許意反猶好也 來連力善反馬云難也鄭如字

遲久之意 之長直良反 長難丁丈反

䷧解音蟹序卦云緩也震宮二世卦 解之爲義音蟹下以解來復同 濟厄

厄或作危　彖曰解音蟹自此盡初六注皆同　坼勑宅反說文云裂也廣雅云分也馬陸作宅云
根也　否結備鄙反　者亨許庚反　宥罪音又京作尤　磐結步丹
反　或有遇遇或作過　咎非其理也一本無此八字　所任而鴆反
斯解佳買反　之稱尺證反　失枉紆往反　旦乘如字王肅繩證反　柔
邪似嗟反　自我致戎本又作致寇　解而佳買反注同　拇茂后反陸云足
大指王肅云手大指荀作母　而比毗志反　維有解音蟹注有解及象并下注爲解之極同
解難佳買反　用射食亦反注下同　隼荀尹反毛詩草木鳥獸跡云鷂　高墉
音容馬云城也　將解佳買反　荒悖布內反象同　以解佳買反
䷨損孫本反虧減之義也又訓失序卦云緩必有所失是也良宮三世卦　曷何葛反　二簋
蜀才作軌　用享香兩反下同蜀才許庚反　上行時掌反凡上行皆同　陰說音悅　非
長丁丈反下長遂長同　德　爲邪似嗟反　能拯拯救之拯　大難乃旦反　二

盡應師如字舊應對之應偕行音皆其分扶問反徵直升反止也鄭云猶
清也劉作懲云清也蜀才作澄忿芳粉反窒珍栗反徐得悉反鄭劉作懫懫止也孟作恎陸作脊
欲如字孟作浴已事音以本亦作以虞作祀遄市專反速也荀作顓復自扶又反丸
二注同以上時掌反化淳尚春反以離力智反知者音智以盡津忍
反上祐音又本亦作佑不制一本作下制遂長丁丈反尚夫音符
☴☳益增長之名又以弘裕爲義繫辭云益長裕而不設是也巽宮三世卦民說音悅無疆
居良反下同下下上遐嫁反下如字注同涉難乃旦反下同天施始豉反之
處昌預反下其處同用享香兩反注同王虞許使反用圭王肅作用桓圭不爲于遥反
不處本或作不届用費芳貴反盡物津忍反無厭於豔反莫以
胡卧反惡盈烏路反偏辭音篇孟作徧云周帀也

周易下經夬傳第五

䷪夬古快反決也坤宮五世卦剛幾音祈坦然他但反夬決徐古穴反而
說音悅注皆同齊長丁丈反除上六象並同則邪似嗟反下同斷制丁亂
反注同澤上時掌反注同以施始豉反注同壯于側亮反前趾荀作
止惕勑歷反荀翟作錫云賜也號戶羔反注及下同鄭王肅音号莫夜音暮注同鄭如字云
無也無夜非一夜號呼火故反頄求龜反顴也又音求又丘倫反翟云面顴頰間骨也鄭作頯頯
夾面也王肅音龜江比音琴威反蜀才作仇若濡而朱反有慍紆運反恨也舊於問反面權
如字字書作顴棄夫夫亦作去羌呂反情累劣偽反臀徐徒敦反次本亦作趑
或作欧說文及鄭作趀同七私反注下同馬云卻行不前也說文倉卒也下卦放此且本亦作趄或作跙同七餘反注
及下同馬云語助也王肅云趑趄行止之礙也下卦放此牽羊苦年反子夏作掔牴丁禮反本又作
抵音同或作觝丁帝反很胡懇反莧閑辯反三家音胡練反一本作莞華板反陸如字馬鄭云莧
陸商陸也宋衷云莧莧菜也陸當陸也虞云莧蕢也陸商也蜀才作睦睦親也通也柔脆七歲反至

易 以豉反 最比 毗志反 號咷 徒刀反

䷫ 姤 古豆反薛云古文作遘鄭同序卦及彖皆云遇也乾宮一世卦 用娶 七喻反本亦作取音同注及下同 正乃 如字正亦作匹 誥四方 李古報反鄭作詰起一反正也王肅同 柅 徐乃履反又女紀反廣雅云止也說文作檷云絡絲趺也讀若昵字林音乃米反王肅作抳從手子夏作鑈蜀才作尼止也 羸豕 劣隨反王肅同鄭力追反陸讀爲累 蹢 直戟反徐治益反一本作躑古文作蹢 躅 直錄反本亦作蠋蹢躅不靜也古文作蹢 牝 頻忍反 豭 音家 包有 本亦作庖同白交反下同鄭百交反虞云白茅包之荀作胞 利賓 如字 擅人 市戰反 遠民 袁万反 以杞 音起張云苟杞馬云大木也鄭云柳也薛云柳柔韌木也並同 包瓜 白交反子夏作苞馬鄭百交反 瓜音工花反 不舍 音捨下同 所復 扶又反 物爭 爭鬭之爭下卦同

䷬ 萃 在季反彖及序卦皆云聚也兌宮二世卦 亨 王肅本同馬鄭陸虞等並無此字 王假 更白反 以說 音悅下注皆同 則邪 似嗟反 孝享 香兩反 聚

以正 荀作以正 取 澤上 時掌反 除戎器 如字本亦作儲又作治王肅姚陸云除猶脩治師同
鄭云除云也蜀才云除去戎器脩行文德也荀作慮 若號 絕句戶報反馬鄭王肅王廙戶羔反 一握 烏學
反傳氏作渥鄭云握當讀為夫三為屋之屋蜀才同 至好 呼報反 愞 乃亂反 正 本亦作匹
妃 音配 禴 羊略反殷春祭名馬王肅同鄭云夏祭名蜀才作躍劉作禴 多僻 匹亦反 以
遠 袁万反 之省 生領反下同 以比 毗志反 未光也 一本作志未光也 齎
徐將池反王肅將啼反 咨 音諮又將利反齎咨嗟歎之辭也鄭同馬云悲聲怨聲 涕 徐音體 洟
他麗反又音夷鄭云自目曰涕自鼻曰洟
䷭升 式陵反序卦云上也上音時掌反鄭本作昇馬云高也震宮四世卦 用見大人 本或作利
見 以順德 如字王肅同本又作慎師同姚本德作得 以高大 本或作以成高大 允當
如字下同 閑邪 似嗟反 升虛 如字空也徐去餘反馬云丘也 用亨 許庚反通也馬鄭陸
王肅許兩反馬云祭也鄭云獻也 岐山 其宜反或祁支反 攘來 如羊反 冥 覓經反闇昧之

系池

義也注同又云困眞也則喪息浪反

䷮困窮也窮悴掩蔽之義故彖云剛掩也廣雅云困悴也兊宮一世卦剛揜本又作掩於檢反李於範

反虞作弇以說音悅卦內同困窮如字或作困窮非臀徒敦反株木張愚反

幽谷徐古木反不覿大歷反見也注同獲拯拯救之拯隱遯徒困反數

歲色柱反本亦作三歲困解音蟹朱紱音弗下同享祀許兩反注同難之

乃旦反不勝音升豐衍延善反蒺音疾蔾音黎蒺蔾茨草上比

毗志反焉得於虔反來徐徐徐徐疑懼皃馬云安行皃子夏作荼荼翟同荼音圖云內不定

之意王肅作余余金車本亦作金輿劓徐魚器反刖徐五刮反又音月荀王肅本劓刖作臲鼿

云不安皃陸同鄭云劓刖當爲倪仉京作劓劊案說文劊斷也祭祀本亦作享祀遐遠本或作遐

邇藟力軌反似葛之草本又作藟毛詩草木疏云一名巨荒似蘡薁連蔓而生幽州人謂之推藟臲五結

㧛王肅妍喆反說文作劓牛列反薛同卼五骨反又音月說文作鼿云鼿不安也薛又作杌字同曰動

悔音越向云言其無不然　令生力呈反

䷯井精領反雜卦云通也彖云養而不窮周書云黃帝穿井世本云化益作井宋衷云化益伯益也堯臣廣雅云井深也鄭云井法也字林作丼子挺反周云井以不變更爲義師說井以清絜爲義震宫五世卦　無喪息浪反　汔徐許訖反注同幾也王肅音其乞反　繘音橘徐又居密反鄭云綆也方言云關西謂綆爲繘郭璞云汲水索也又其律反又音述　羸律悲反徐力追反下同蜀才作累鄭讀曰虆　瓶白經反　幾至音祈或音機　而覆芳福反　而上水時掌反注及下注上水皆同　井養如字徐以上反　木上如字師又時掌反　以勞力報反注同　勸相息亮反注同王肅如字　井泥乃計反注及下同　滓穢側里反　不嚮許亮反　棄舍音捨下文同　井谷古木反又音浴　射食亦反注同徐食夜反鄭王肅皆音亦云厭也荀作耶　鮒音附魚名也子夏傳謂蝦蟇　甕屋送反李於鍾反鄭作甕云停水器也說文作罋汲缾也　敝婢世反王肅徐扶滅反　谿谷口啼反　注下章喻反下同　而復扶又反　无與之也一本作測

余水

冥之與也渫息列反徐又食列反黃云治也心惻初力反說文云痛也汲音急停汙音烏

其行下孟反象井注皆同甃側舊反馬云爲瓦裏下達上也子夏傳云脩治也干云以甎壘井曰

甃字林云井壁也洌音烈絜也說文云水清也王肅音例不橈乃孝反不食如字又音

飼井收徐詩救反又如字馬云汲也陸云井幹也荀作甃勿幕音莫覆也干本勿作网

䷰革馬鄭云改也坎宮四世卦樂成音洛上六注同相息如字馬云滅也李斐注漢

書同說文作熄欲上時掌反革而信之一本無之字以說音悅注同鞏

九勇反固也馬同堅仞仁震反行有如字又下孟反相比毗志反文炳兵領

反文蔚音尉又紆弗反廣雅云茂也數也說文作斐

䷱鼎丁冷反法象也即鼎器也離宮二世卦革去羌呂反下皆同賢愚別

彼列反尊卑序本亦作有別有序以木巽火亨本又作亯同普庚反羹也下反

注聖人亨大亨亨飪亨者並同飪入甚反熟也徐而鴆反以亨香兩反注亨上帝同上行

時掌切　凝魚承反嚴皃鄭云成也翟作擬云度也　顚丁田反倒也　趾音止　利出徐尺遂反
或如字注及下同　否悲巳反惡也注及下同　是覆芳目反下皆同　趾倒丁老反下同一　以
爲于僞反下體爲同　未悖必內反造也　我仇音求匹也鄭云怨耦曰仇　可復扶又
反下同　其行下孟切注同　塞悉則反　雉膏如字鄭云雉膏食之美者　折足
示舌反注同　餗送鹿反虞云八珍之具也馬云鍵也鍵音之然反鄭云菜也　形渥於角反沾也鄭作剭
音屋　且施始鼓反　所盛音成　知小音智　金鉉玄典反徐又古玄反又古冥反一音古螢
切馬云鉉扛鼎而舉之也　用勁古政反
䷲震止愼反動也八純卦象雷　以成成亦作盛　虩虩許逆反馬云恐懼皃鄭同荀作愬愬
笑言言亦作語下同　啞啞烏客反馬云笑聲鄭云樂也　怠本又作殆　惰徒臥反下同
解慢佳賣反下同　恐致曲勇反下文注皆同　不喪息浪反卦內並同　匕必以反
鬯勑亮反香酒　堪長丁丈反　已出音紀　洊在薦反徐又在悶反　億本又作噫

同於其反辭也六五同鄭於力反云十万日億喪息浪反注同荀如字貝如字荀音敗躋本又作隮

子西反升也雖復扶又反上六注同蘇蘇疑懼皃王肅云躁動皃鄭云不安也馬云尸禄素飡

皃无眚生領反遂泥乃計反下同荀本遂作隊泥音乃低反困難乃旦反索

索桒洛反注及下同懼也馬云内不安皃鄭云猶縮縮足不正也視如字徐市至反矍矍俱縛

反徐許縛反馬云中未得之皃鄭云目不正婚媾古豆反彼動故懼故或作而

䷳艮根恨反止也鄭云艮之言很也八純卦象山其背必内反徐甫載反相背音佩

下相背同否之備鄙反令物力呈反而強其兩反竚邪似嗟反敵應

應對之應又音膺其趾如字荀作止腓符非反本又作肥義與咸卦同不拯音拯救之

拯馬云舉也不快苦夬反其限馬云限要也鄭荀虞同夤引真反馬云夾脊肉也鄭本作

䐜徐又音胤荀作腎云互體有坎坎爲腎薰許云反荀作動云互體有震震爲動噐喪息浪反二

䷴漸捷檢反以之前爲義郎喈漸之道艮宮歸魂卦女歸吉也王肅本還作女歸吉

利貞善俗王肅本作善風俗于干如字鄭云干水傍故停水處陸云水畔稱干毛傳詩云厓也又

云澗也荀王肅云山閒澗水也翟云涯也則困於小子本又作則困讒於小子於謗博很

反讒諛音臾磐畔干反山石之安也馬六山中磐紆衎衎苦旦反馬云饒衎祿養

羊尚反歡樂音洛于陸陸高之頂也馬云山上高平曰陸孕以證反說文云懷子曰孕

弋甑反鄭云猶娠也荀作乘復反扶又反邪配似嗟反合好呼報反能

閒閒厠之閒離羣力智反鄭云猶去也桷音角翟云方曰桷桷椽也馬陸云桷榱也說文云秦

曰榱周謂之椽齊魯謂之桷安棲音西字亦作栖不累劣僞反戔戔五何反

䷵歸妹婦人謂嫁曰歸妹者少女之稱兌宫歸魂卦少女詩照反下皆同之稱

尺證反下同爲長丁丈反下皆同說以音悅後並同所歸妹也本或作所

以歸妹不樂音洛妖邪似嗟反知弊婢世反以娣大計反跛

波我反娣從才用反又如字眇彌小反以須如字待也鄭云有才智之稱荀陸作嬬陸云妾

也　愆期　起虔反馬云過也　遲　雉夷反晚也緩也陸云待也一音直冀反　不正不應

本亦作无應　有待而行也　一本作時　待之決　彌世反　月幾　音機又音祈荀

作既　承匡　曲云反鄭作筐　刲　苦圭反馬云刺也一音工惠反

周易下經豐傳第六

䷶豐　芳忠反字林匹忠反依字作豐今並三直畫猶是變體若曲下作者禮字耳非也世人亂之久矣彖

及序卦皆云大也案豐是腆厚光大之義鄭云豐之言倎充滿意也坎宮五世卦　王假　庚白反至也下同馬

古雅反大也　闡　昌善反　而今　力呈反　以徧　音遍　則昃　如字孟作稷　則食

如字或作蝕非　則溢　本或作則方溢者非　以折　之舌反斷也下及注同　其配　如字鄭作

妃云嘉耦曰妃　雖旬　如字均也王肅尚純反或音脣荀作均劉昞作鈞　則爭　爭鬭之爭下皆

同　蔀　音部王廙同蒲戶反王肅普苟反略例云大暗之謂蔀馬云蔀小也鄭薛作菩云小席　見斗

孟作見主　曖　音愛　鄣　音章又止尚反字又作障同　斗見者　賢遍反下不見同

不邪似嗟反　沛本或作旆謂幡幔也又普貝反姚云滂沛也王廙豐蓋反又補賴反徐普蓋反子夏作芾傳云小也鄭干作芾云祭祀之蔽膝　沬徐武蓋反又亡對反微昧之光也字林作昧亡大反云斗杓後星王肅云音妹鄭作昧服虔云日中而昏也子夏傳云昧星之小者馬同薛云輔星也　肱古弘反　幡芳袁反姚作股　慢末半反　以禦魚吕反　微昧音妹　豐其屋說文作豐云大屋也　闚苦規反李登云小視　闃苦鶪反徐苦鶪反一音苦馘反馬鄭云无人皃字林云靜也姚作閴孟作窒並通　覿徒歷反　藏如字　廕於鴆反　其行下孟反　治道直吏反下同　天際如字鄭云當爲瘵瘵病也　翔鄭王肅作祥　翳光烏細反　自藏如字衆家作戕慈羊反馬王肅云殘也鄭云傷也　有爲于僞反　不出戶庭此引節卦九二爻辭應云門庭作戶誤也或云門戶通語

䷷旅力舉反羈旅也序卦云旅而無所容雜卦云親寡旅是也離宮一世卦王肅等以爲軍旅　特

重直用反　物長丁丈反　而復扶又反六五注同　令附力呈反　非知音智

瑣瑣 悉果反或作瓆字者非也鄭云瑣瑣小也馬云疲㢶皃王肅云細小皃 懷其資 本或作懷其資斧非 喪 息浪反卦內并下卦同 爲施 始䜴反 與萌 如字又音預 得其資斧 如字子夏傳及眾家並作齊斧張軌云齊斧蓋黃鉞斧也張晏云整齊也應劭云齊利也虞喜志林云齊當作齋齋戒入廟而受斧下卦同 不快 苦夬反 斫 諸若反 平坦 吐但反 射雉 食亦反注同 而上 時掌反 上逮 音代一音大計反 號咷 户羔反道羔反 于易 以豉反注同王肅音亦 所嫉 音疾字林音自本亦作疾下同 其義焚也 馬云義宜也一本作宜其焚 喪牛之凶 本亦作喪牛于易

䷸巽 孫問反入也廣雅云順也八純卦象風象木 巽弟 大計反本亦作悌 重巽 直龍反 齊邪 似嗟反下并下卦同 志治 直吏反 紛 芳云反廣雅云衆也喜也一云盛也 而復 扶又反下同 神祇 祁支反 頻顣 千寂反又子六反此同鄭意 不樂 音洛 遠不 袁万反 之庖 步交反 先庚 西薦反注同 後庚 胡豆反 卒以

寸忽反下同不說字又作悅同先申音身或作甲字非以斷丁亂反下同
☱兌徒外反悅也八純卦象澤兌說音悅卦內並同以先西薦反又如字犯難
乃旦反麗澤如字麗連也鄭作離云猶併也黨繫本亦作係商兌如字商商量也
鄭云隱度也介疾音界隔也馬云大也將近附近之近比於毗志反道長
丁長反
☴渙呼亂反散也序卦云離也離宮五世卦王假庚白反下同梁武帝音賈而上如字
又時掌反之難乃旦反卦內同之累劣偽反亨于香兩反用拯拯救之拯
馬云舉也伏曼容云濟也王肅云拔也子夏作拼拼取也以逝逝又作遊厄劇本又作危處又作厄
處逃竄七亂反險爭爭鬬之爭机音几有丘姚作有近匪夷荀作
匪弟丘墟去魚反渙汗下旦反以盪徒黨反險阨於隔反以假
古雅反遯湯歷反血去羌呂反最遠袁万反下於遠象遠害並同不近附近之近

䷻節 薦絜反止也明禮有制度之名云分段支節之義坎宮一世卦 男女別 彼列反
復正 扶又反 說以 音悅注同 澤上有水 上或作中今不用 德行 下孟
反下注同 故匿 女力反 所怨 紆方反又紆元反
䷼中孚 芳夫反信也艮宮遊魂卦 豚 徒尊反黃作遯 說而 音悅下注皆同 乖爭
爭鬭之爭 之行 下孟反 畜之 許六反本或作獸 涉難 乃旦反 有它 音他 燕
音薦 鶴 戶各反 和之 胡卧反注及下同 好爵 如字王肅呼報反孟云好小也 爾靡
本又作縻同亡池反散也于同徐又武寄反又亡彼反韓詩云共也孟同埤蒼作縻云散也陸作𦃇京作劘 重陰
直龍反 不徇 似俊反 或罷 如字王肅音皮徐扶彼反 少陰 詩照反 長陰
丁丈反 相比 毗志反 而閡 五代反 憊 備拜反 幾望 音機又音祈京作近荀作
既 而上 時掌反象同 攣 力圓反廣雅云攣也 可舍 音捨 翰 胡旦反高飛 內喪
息浪反

䷽小過古卧切義與大過同王肅云音戈兊宮游䰟卦遺之如字不宜上時掌切注同下及文不宜上上六注上亦同鄭如字謂君也而浸子鴆切以行下孟切所錯本又作措又作厝同七路切其妣必履切于僭子念切盡於津忍切或戕徐在良切注同故令力呈切注同先過西薦切而復扶又切卦末同晏安於諫切又音宴鴆除蔭切本亦作酖没怯去業切公弋餘職切則蒸章勝切字又作烝或作瞜字非小畜本又作蓄同勑六切其施始豉切而難乃旦切已上也竝如字上又時掌切注同鄭作尚云庶幾也陽已上故止也本又作陽已上故少陰止少音多少之少上六弗遇王付切本多誤故詳之災眚生領切

䷾既濟節計切下卦同鄭云既已也盡也濟度也坎宮三世卦亨小絶句以小連利貞者非則邪似嗟切下同曳以制切濡其音儒注同於燥西早切未造七報切易以豉切棄難乃旦切卦末并下卦同婦喪息浪切注皆同其茀方拂切首飾也馬同干云

馬髴也鄭云車蔽也子夏作髴荀作紱董作髢　不比毗志切　鬼方蒼頡篇云鬼遠也　憊備拜切鄭云劣弱也陸作𢡮云當爲𢡮憊困劣也　繻有而朱切鄭王肅云音須子夏作襦王廙同薛云古文作𦅷　衣袽女居切絲袽也王肅音如說文作絮云緼也廣雅云絮塞也子夏作茹京作絮　有卻去逆切　禴羊略切祭之薄者　沼之紹切　沚音止　蘋音頻　非馨呼庭切

䷿未濟離宮三世卦　小狐徐音胡　汔許訖切說文云水涸也鄭云幾也　令物力呈切　各得其所一本得作當　經綸本亦作論同音倫又魯門切　屯張倫切　蹇紀勉切　循難似遵切猶發也　喪其息浪切　己比上音紀下毗志切　以近附近之近　暉許歸切字又作輝　而耽丁南切　於樂音洛

周易繫徐胡詣切本系也又音係續也字從毄若直作毄下糸者音口奚切非　辭本亦作辤辭依字應作詞說也說文云詞者意內而言外也辭不受也受辛者辤辤籒文辭字也　上第七本亦作繫辭上王肅本皆作繫辭上傳說於雜卦皆有傳字本亦有無上字者非　韓伯注本亦作韓康伯

注案王輔嗣止注六經講者相承用韓注繫辭以下續之
地卑如字又音婢本又作埤同其易之門本亦作其易之門户斷矣丁亂切之分
符問切章末注同著矣張慮切見矣賢遍切注同縣象音玄兩施
始豉切相摩本又作磨末何切京云相磑切也磑音古代切馬云摩切也鄭注禮記云迫也迫音百相
盪衆家作蕩王肅音唐黨切馬云除也桓云動也唯韓云相推盪鼓之虞陸董皆云鼓鼓動也霆
王肅吕忱音庭徐又徒鼎切又音定京云霆者雷之餘氣挺生萬物也說文同蜀才云凝爲電運行姚作違行
大始音泰王肅作泰坤作虞姚作坤化姚云化當爲作易知以豉切訖章末同鄭荀董竝音亦
簡能如字姚云能當爲從而成位乎其中馬王肅作而易成位乎其中繫辭
音系卷内皆同焉而明吉凶虞本更有悔吝二字迭田節切剛柔者晝
夜之象虞作晝夜者剛柔之象三極陸云極至也馬云三統也鄭韓云三才也王肅云陰陽剛柔仁義爲三極能見賢遍切易之序也陸云序象也京云次也虞本作象所樂

音岳適會也虞本作所變而玩王亂切研玩也馬云貪也鄭作翫祐之音又後同爻者戶交反說文云交也小疵除才斯切馬云瑕也辯吉凶如字京云明也虞董姚顧蜀才竝云別也音彼列切見乎賢遍切乎介音界注同王肅干韓云纖介也纖息廉切震无咎馬云震驚也鄭云懼也王肅韓云動也周云救也險易以豉切注同京云險惡也易善也之否備鄙切天地準如字京云準等也鄭云中也平也弥如字本又作彌綸音倫京云弥遍綸知也王肅云綸纏裹也荀云弥終也綸迹也天下之道一本作天地俯以音甫察於一本作觀於反終鄭虞作及終之說如字宋衷始銳切云舍也烟音因熅紆云切盡聚津忍切下同知周音智注同道濟如字鄭云道當作導不流如字京作留樂天音洛注同虞作變天功贍涉豔切範圍鄭云範法也馬王肅張作

犯違張云犯違猶裁成也而知如字荀爽荀柔之明僧紹音智以上時掌反之稱尺證反下章及注同知者音智下之知注知者其知仁知並同其分符問反鮮矣悉淺反注同師說云盡也鄭作尟馬鄭王肅云少也

藏諸才剛反鄭作臧云善也衣於既反被皮寄反則有經營之功也本亦无功字一本功作迹成象蜀才作盛象爻法胡孝反馬韓如字云放也蜀才作效形

詰去吉反大虛音泰下大極同欻爾況勿反自造在早反下同稱極尺征反爲稱尺證反不禦魚呂反禁止也乎迩本又作邇音尒也專如字陸作塼音同也翕虛級反斂也也闢婢亦反開也易簡以豉反知崇

音智注同禮蜀才作體卑必彌反本亦作埤徐音婢下同賾仕責反下同九家作冊京作嘖云情也典禮京作等禮姚作典體以斷丁亂反下注同惡也於嫁反荀作亞亞次也又烏路反馬鄭烏洛反並通言天下之至動而不可亂也衆家本並然鄭本作

至賾云賾當爲動九家亦作冊可遠袁万反之惡烏路反錯之七各反議之陸姚

桓玄荀柔之作儀之則盡津忍反子和胡卧反注同靡之本又作縻亡池反徐又亡彼反

京作劓行發下孟反下同見乎賢遍反樞尺朱反王廙云戶樞也一云門臼機王廙

云弩乎也先號戶羔反咷道羔反或默亡北反字或作嘿利斷丁亂反王肅丁

管反其臭昌又反

初六藉在夜反下同用白茅卯交反无咎或以此爲別章今不用苟

錯七故反本亦作措可重直勇反愼斯術也時震反鄭午同一本作順師用

義鄭云術道不德鄭陸蜀才作置鄭云置當爲德下人遐嫁反後同爲階姚作機

爲易者本又云作易者乘釁許覲反致寇至徐或作戎宋衷云戎誤

乘也者如字一讀繩證反慢藏才浪反誨如字教也虞作悔謂悔恨冶容

音也鄭陸虞姚王肅作野言妖野容儀教誨淫泆也王肅云作野音也

大衍 延善反，又注演同。鄭云衍演也。干云合也。王廙、蜀才云廣也。大極 音泰 掛一 卦買反，別
也。王肅音卦。揲 時設反。案揲猶數也。說文云閱持也。一音思頰反，徐音息列反。鄭云取也。歸奇 紀宜
反，注下同。於扐 郎得反，下同。馬云指間也。荀柔之云別也。後掛 京作卦，云再扐而後布卦。之策 初革
反，字亦作筴。當 如字，下同。期 本又作朞，音基，同。而伸 本又作信，音身。而長 丁丈反 德
行 下孟反 酬 市由反，徐又音疇。酢 在洛反，京作醋。與祐 音又，助也。馬云配也。荀作侑。
聖人之道 明僧紹作君子之道。以言者 下三句無以字，一本四句皆有。如嚮 許兩
反，又作響。能與 音預，下及注同。參伍 七南反 錯 七各反 綜 宗統反 天地
之文 一本作天下，虞、陸本作之爻。无籌 直周反 研 蜀才作揅。幾也 如字，本或作機。鄭云
機當作幾，幾微也。夫易開 王肅作闓，音同。物成務 一本無夫易二字。冒天 莫報
反，注同。覆也。以斷 丁亂反，下二章同。蓍 音尸 圓而 本又作員，音同。方以知 音智
注同。下知以藏、知注、神知皆同。有分 符問反 易以 以豉反，韓音亦，謂變易。貢 如字，告也。

周易音義　二十七

京陸虞作工荀作功洗心劉瓛悉殄反盡也王肅韓悉禮反京荀虞董張蜀才作先石經同洗
濯直角反藏往如字劉作藏善也能與音預不殺馬鄭王肅干所戒反
師同徐所例反陸韓如字者夫音符下同齊戒側皆反注同以神明其德
夫荀虞顧絶句衆皆以夫字爲下句一本無夫字闔戶胡臘反闢戶婢亦反王肅甫亦反
施生始豉反見乃賢遍反
是故易有大極大音泰注同大極无也馬云北辰也王肅云此章首獨言是故者摠衆章之意
无稱之稱並尺證反縣象音玄探吐南反賾九家作冊索隱色白
反亹亹亡偉反莫善乎蓍龜本亦作莫大見吉賢遍反
河出如字又尺遂反下同洛出王肅作雒漢家以火德王故從各隹又以尚賢也
鄭本作有以子曰書不盡如字又津忍反下同之縕紆粉反徐於憤反王肅又
於問反之奥烏報反而上時掌反而錯七故反注同本又作措之賾本亦

作之至賾　而裁音才本又作財　默而成本或作默而成之　德行下孟切

繫辭下第八

而重直龍切注同　明治直吏切　繫辭音係卷內皆同　而命孟作明

或否備鄙切　而斷丁亂切　則見賢遍切下及注皆同　趣時七樹切

貞勝姚本作貞稱　㝊累劣偽切　殉吉辭俊切後同　未離力智切

盡會津忍切下同　貞觀官煥切又音官　貞夫音符　確然苦角切馬韓云

剛皃說文云高至　人易以豉切下注同　隤然大回切馬韓云柔皃也孟作退陸董姚作妥

像此音象　施生始豉切　大寶孟作保　曰人王肅卞伯玉桓玄明

僧紹作仁　禁民音金又金鴆切　包本又作庖白交切鄭云取也孟京作伏

犧許宜切字又作羲鄭云鳥獸全具曰犧孟京作戲云伏服也戲化也　氏包犧氏大

皞三皇之最先　之王于況切　不究九又切　爲罟音古馬姚氏

罔也黄本作爲罔罟云取獸曰罔取魚曰罟以佃普田本亦作田以漁音漁本亦作魚又言庶切馬云取獸曰佃取魚曰漁斲木陟角切爲耜音似京云耒下耓也陸云廣五寸耓音勑丁切爲耒力對切京云耜上句木也說文云耒曲木垂所作字林同力佳切徐力猥切垂造作也本或椂木爲之耒耨井耒耨之利奴豆切馬云鉏也孟云耘除草爲市世本云祝融爲市宋衷云顓頊臣也說文云市時止切噬市制切嗑胡臘切不解佳賣切易窮則變變則通通則久一本作易窮則變通則久祐之音又本亦作佑下治直吏切章末同以別彼列切一本作辯挎本又作刳口孤切徐音口溝切掞以冉切本亦作剡楫本又作檝將輒切下同徐音集又子入切方言云楫謂之橈或謂之櫂說文云楫舟櫂也致遠以利天下一本無此句諸渙音喚以利天下蓋取諸隨一本無以利天下一句重門直龍切擊柝他洛切馬云兩木相擊以行夜說文作欜字林他各切同暴客白報切鄭作虣斷木丁緩切又徒緩切斷斷絕爲杵昌呂切掘地其月切又其勿切爲臼求酉切爲弧音胡說文云木弓剡木以冉切字林云銳也因冉切諸睽苦圭切又音圭則

爭爭鬬之爭下同厚衣於既反喪期並如字无數色具反棺椁上音官下音郭而治直吏反下同書契苦計反決斷都亂反象也者像也衆本竝云像擬也孟京虞董姚還作象卦奇紀宜反注同德行下孟反下同畫奇音獲下同憧憧本又作憧昌容反以貫古亂反屈也丘勿反下同信也本又作伸同音申下同韋昭漢書音義云古伸字尺蠖紆縛反蟲名也徐又烏郭反龍蛇本又作虵同之蟄直立反全身本亦作存身思慮息吏反而累劣僞反蒺音疾藜音梨死其其亦作期射食亦反下注同隼恤允反高墉音容不括古活反結也結閡五代反不懲直升反屨俱遇反校胡孝反下同滅止本亦作趾弗去羌呂反何校河可反又音河其治直吏反下同知小音智尟不本亦作鮮仙善反少也折足之設反覆公芳六反餗音速馬作粥形渥於角反不勝音升而上時掌反未離力智反先見賢遍

反介于徐音戒衆家作介徐云王廙古黠反斷可丁亂反注同復行扶又反注復行

同造形七報反之分符問反无祇韓音祁支反注同王廙輔嗣音支舍凶

音捨絪本又作氤同音因縕本又作氳紆云反化醇音淳易其以豉反不迕

五路反字亦作忤其易之門邪本又作門戶邪之撰仕勉反下章同數也廣雅去定

也王肅士眷反數也色柱反爻繇直救反下同服虔云抽也抽出吉凶也韋昭云由也吉凶所由而出

也於稽古兮反考也闡幽昌善反明也辯物如字徐扶勉反別也斷辭

丁亂反注同辭文如字一音問而中丁仲反注同因貳音二鄭云當爲式民行下孟

反注同所蹈徒報反之柄兵病反之脩如字鄭云治也馬作循之辯如字

王肅卜免反不厭於豔反注同後易以豉反注同長裕丁丈反注同其施

始豉反下同巽稱尺證反又尺升反和行下孟反以遠于万反注同不濫力暫

反可遠馬王肅韓袁万反注皆同師讀如字上下時掌反章末同趣舍音捨處昧

周易音義　二十九　陳明仲

音妹而揆葵癸反度也其方馬云方道能循似倫反以度待洛反以要一遙反下文要終同其要於妙反易知以豉反撰德鄭作算云數也噫於其反王肅於力反辭也馬同亦要一妙反絕句又一遙反則句至吉凶則居馬如字處也師音同鄭王肅音基辭知者音智彖辭吐貫反馬云彖辭卦辭也鄭云爻辭也周同王肅云彖舉象之要也師說通謂爻卦之辭也一云夫子彖辭則思息吏反貫之古亂反轉近附近之近下章以近同而上時掌反須援于眷反剛勝升證反一音升勝其音升閑邪似嗟反其當如字下當文王同紂直又反蒙難乃旦反能亨許庚反易者以豉反注同其治直吏反德行下孟反下德行同易以以豉反下注險易同知阻莊呂反能說音悅注同亹亹亡偉反鄭云沒沒也王肅云勉也役思息吏反探吐南反射食亦反不厭於豔反以盡津忍反下同愛惡烏路反注同鄭烏洛反泯然亡忍反比爻毗至反辭枝音支誣善音無

周易說卦第九

幽贊本或作讚子旦反幽深也贊明也蓍音尸說文云蒿屬生千歲三百莖易以為數天子九尺諸侯七尺大夫五尺士三尺毛詩草木疏云似藾蕭青色科生鴻範五行傳云蓍百年一本生百莖論衡云七十歲生一莖七百歲生十神靈之物故生遲也史記云生滿百莖者其下必有神龜守之其上常有雲氣覆之淮南子云上有叢蓍下有伏龜如嚮香兩反本又作響參七南反又如字音三天或作大者非而倚於綺反馬云依也王肅其綺反云立也虞同蜀才作奇通數色具反參奇紀宜反觀變一本作觀變化發揮音輝鄭云揚也王廙韓云散也盡性津忍反要其一遙反迭用田節反六位而成章本又作六畫相薄旁各反陸云相附薄也馬鄭顧云薄入也相射食亦反虞陸董姚王肅音亦云厭也數往色具反又色主反而數色主反下文同晅況晚反京云乾也本又作晅徐古鄧切又一音香元反以說音悅後皆同嚮明許亮反而治直吏反妙萬物如字王肅作眇音妙董云眇成也撓徐乃飽反王肅乃教反又呼勞反熯王肅云呼但反火氣也徐本作暵音

漢云熱暵也說文同　莫盛是政反鄭音成云裏也　水火不相逮音代一音大計反鄭宋陸王肅
王廙無不字　悖必內反逆也　爲豕京作彘　爲狗音茍　一索色白反下同馬云數也王肅云
求　長男丁丈反下長女長子皆同　中男丁仲反下同　少男詩照反下少女皆同　爲圜
音圓　瘠在亦反下同王廙云健之甚者爲多骨也京荀作柴云多筋幹　駁邦角反　爲釜房甫反
爲吝京作遴　嗇音色　爲柄彼病反　爲龍如字虞干作駹虞云倉色干云雜色
爲旉王肅音孚干云花之通名鋪爲花皃謂之藪本又作専如字虞同姚云専一也鄭市戀反　蒼筤
音郎或作琅通　萑音丸廣雅云藡也藡音狄　葦韋鬼反蘆　馵主樹反京作朱荀同陽在下　的
丁歷反說文作馰　顙桑黨反的顙白顛　反生麻豆之屬反生戴莩甲而出也虞作阪云陵坊也陸云阪
當爲反　蕃音煩　鮮息連反　爲臭昌又反王肅作爲香臭　寡髮如字本又作宣
黑白雜爲宣髮　爲廣如字鄭作黃　爲近附近之近　三倍步罪反　其究九又
反　矯紀表反一本作撟同　輮如九反王肅奴又反又女九反下又如又反馬鄭陸王肅本作此宋衷王廙作揉宋云使曲者

周易音義

直直者曲爲揉京作柔荀作橈弓輪姚作倫美脊精亦反爲亟紀力反王肅去
記反荀作極云中也爲薄旁博反蹢徒低反爲曳以制反眚生領反王廙云病
甲冑直又反乾卦古丹反鄭云乾當爲幹陽在外能幹正也董作幹鱉卑列反本又作鼈同
蟹戶賣反蠃力禾反京作螺姚作蠡蚌步項反本又作蜯同科苦禾反空也虞作折槁
苦老反鄭作槀干作熇爲徑古定反果蓏力火反馬云果桃李之屬蓏瓜瓠之屬應劭云木實曰果
草實曰蓏說文云在木曰果在地曰蓏張晏云有核曰果無核曰蓏京本作果墮之字閽音昏寺如字徐音侍亦
作閽字黔其廉反徐音禽王肅其嚴反鄭作黚謂虎豹之屬貪冒之類喙況廢反徐丁遘反爲
堅多節一本無堅字爲巫亡符反附決如字徐音穴剛鹵力杜反鹹土也
爲羊虞作羔此六子依求索而爲次第也本亦有以三男居前三女後從乾健也章至此韓無注或有注者非也荀
爽九家集解本乾後更有四爲龍爲直爲衣爲言巛後有八爲牝爲迷爲方爲囊爲裳爲黃爲帛爲漿震後有三爲王爲鵠爲
鼓巽後有二爲楊爲鸛坎後有八爲宮爲律爲可爲棟爲叢棘爲狐爲蒺蔾爲桎梏離後有一爲牝牛艮後有三爲鼻爲虎

狐兑後有二爲常爲輔頰注云常西方神也不同故記之於此

周易序卦第十

之稺直吏反本或作稚　爭興爭鬭之爭下同　所比毗志反下注同　所畜敕六反本亦作蓄下及雜卦同　以否備鄙反下同　以觀官喚反　亨則許庚反鄭許兩反徐音向同　實喪息浪反　所錯七各反注同徐七路反　之縕紆粉反本又作藴　遠小人袁万反　有難乃旦反下同　以解音蟹下同　決邪似嗟反　而上時掌反　去故起呂反下同　以和胡卧反又如字　齊才細反又如字　若長丁丈反　說音悅下及注同　行過下孟反

周易雜卦韓云雜糅衆卦也孟云雜亂也第十一

雜糅如又反　比毗志反下同　樂音洛注同　臨觀古亂反　屯見賢遍反注及下皆同鄭如字　經綸本又作論音倫又力門反　上升時掌反下文離上升注同　豫怠如字姚同京作

治虞作怡則飭音敕注同整治也鄭本王肅作飾剝爛老旦反晝也竹又反誅

也荀云誅滅也陸績云傷也解音蟹難也乃旦反衆荀作終去故起呂反豐

多故衆家以此絶句親寡旅也荀本豐多故親絶句寡旅也别爲句道長丁丈反

周易略例此是輔嗣所作既釋經文故相承講之今亦隨出音焉或有題爲第十者後人輒加之耳

明彖　動不能制動一本作天地不能制動貞夫音符後皆同

琁悉全反又作旋璣音機本又作機或作鐖輻音福湊千豆反則思息吏反可

遠于万反能渝羊朱反至賾仕責反能與音預觀彖以斯

一本作以彖觀之

明爻通變　好靜呼報反度量音亮朝直遥反廷音定必

比毗志反隆墀本又作坻直其反坻螘冢遠壑火各反而濟一本作而載能

説音悦善邇善又作繕愛惡烏路反次章同語成而後有格舊本如此

一本𢪛作括　能與音豫
明卦適變通爻本文作明卦通變適爻又一本直云適變通爻　否泰備鄙反　險
易以豉反章句同　於斷丁亂反　要其一遙反　辟險音避本亦作避後章同　比
復毗志反　好先呼報反　侮妻亡甫反　故當如字　其介音界本又作分符問反
明象　觀意本亦作見意　猶蹄音啼　在兔他故反字又作菟　筌者七全反筌
蹄事見莊子　重畫直龍反下胡麥反下同　應健音鷹　滋漫末半反　縱復扶又反
辯位　繫辭戶計反下同　位分扶問反下同　去初羌呂反　無爻無亦作撫
略例下舊本如此本或無下字
率音類又音律又所律反　相比毗志反　險易以豉反　之行下孟反　去六羌呂反
見咥直結反　所怨紆万反又紆元反
卦略凡十一卦

屯難乃旦反遯明夷卦同所馮皮冰反本亦作憑蒙陰昧音妹不諮本亦作資四

遠袁万反觀明夷卦同初比毗志反履不處罰陽爻不處其位爲美履者禮

也今雜卦無此句韓注有或傳寫者誤臨剛長丁丈反遯卦同觀古亂反以所見

一本所作知以近附近之近明夷卦同大過棟橈乃孝反拯弱拯救之拯同

好呼報反所贍常豔反褊矣必淺反遯浸子鴆反長張丈反難

在乃旦反亨在許庚反大壯觸昌錄反藩扶袁反明夷最遠

言方反最近附近之近而難乃旦反能溺寧歷反睽最見賢遍

反豐卦同洽乃咸夾反本又作合豐惡闇烏路反之沛步貝反又普貝反之蔀

步口反明昧音妹本亦作妹又作沬皆末貝反下文同無與如字又音預折其之舌反

經典釋文第二

經典釋文卷三

唐國子博士兼太子中允贈齊州刺史吳縣開國男陸德明撰

尚書音義上

尚書序 此孔氏所作述尚書起之持代并叙為注之由故相承講之今依舊為音

伏 右作虙 犧 此本又作羲亦作戲許宜反說文云賈侍中說此犧非古字張揖字詁云羲古字戲今字

氏 一号庖犧氏三皇之最先風姓母曰華胥以木德王即太皞也 之王 于況反 始畫 乎麥反

八卦 俱賣反 書契 苦計反書者文字契者刻木而書其側故曰書契也一云以書契約其事也鄭玄云以書書木邊言其事刻其木謂之書契也 結繩 易繫辭云上古結繩以治後世聖人易之以書契

文籍 文字也籍籍書 神農 炎帝也姜姓母曰女登以火德王三皇之二也 黃帝 軒轅也姬姓少典之子母曰附寶以土德王三皇之三也史記云姓公孫名軒轅一號有熊氏 三墳 扶云反墳大也 少 施照反 昊 胡老反少昊金天氏名摯字青陽一曰玄囂己姓黃帝之子母曰女節以金德王五帝之最先 顓 音專 頊 許玉反顓頊高陽氏姬姓黃帝之孫昌意之子母曰

景僕謂之女樞以水德王五帝之二也高辛帝嚳也姬姓嚳音口毒反母不見以木德王五帝之三也
唐帝堯也姓伊耆氏堯初為唐侯後為天子都匋故號陶唐氏帝嚳之子帝摯之弟母曰慶都以火德王五帝之四也虞帝舜也姓姚氏國號有虞顓頊六世孫瞽瞍之子母曰握登以土德王五帝之五也先儒解三皇五帝並與孔不同並見發題夏禹天下號也以金德王三王之最先商湯天下號也亦號殷以水德王三王之二也
周文王武王有天下號也以木德王三王之三也雅誥故報反告也示也奧義烏報反深也
一揆葵癸反度也八索所白反下同求也徐音素本或作素左史史官在左
倚於綺反劉琴綺反相息亮反倚相楚靈王時史官删色姦反以黜丑律反
斷丁亂反訖居乙反又許乙反芟色咸反翦咨淺反撮七活反機本又作幾
典凡十五篇正典二攝十三十一篇亡謨莫胡反凡三篇正二攝一訓凡十六篇正二篇亡攝十四三篇亡
誥凡三十八篇正八攝三十十八篇亡誓市制反凡十篇正八攝二一篇亡
命凡十八篇正十二三篇亡攝六四篇亡恢苦回反六也坦土但反

秦始皇 名政二十六年初并六國自號始皇帝 焚書 坑 苦庚反 儒 焚詩書在始皇之三十四年坑儒在三十五年 逃難 乃旦反 解 音蟹 學校 戶教反詩箋云鄭國謂學為校 闡 尺善反大也明也 濟 子禮反郡名也 伏生 名勝 年過 古臥反後同 以傳 直專反下傳之子孫同

裁二十餘篇 即馬鄭所注二十九篇是也 魯共 音恭亦作龔又作恭共王漢景帝之子名餘 好治 呼報反下好古同 壞 音怪下同字林作𣪞云公壞反毀也 及傳 謂春秋也一云周易十翼非經謂之傳 論語 上如字又音倫 科斗 上若禾反科斗蟲名蝦蟆子書形似之 隸古 上音麗謂用隸書寫古文 增多伏生二十五篇 謂虞書大禹謨夏書五子之歌胤征商書仲虺之誥湯誥伊訓太甲三篇咸有一德說命三篇周書泰誓三篇武成旅獒微子之命蔡仲之命周官君陳畢命君牙冏命 合於 舊音閤又如字下同 皋 音高本又作咎 陶 音遥本又作繇 盤 步干反本又作般

復出 上扶又反下同 凡五十九篇 即今所行五十八篇其一是百篇之序 其餘 錯亂磨滅 謂虞書汨作九共九篇槀飫夏書帝告釐沃湯征汝鳩汝才商書夏社疑至臣扈典寶明

居肆命祖后沃丁咸乂四篇伊陟原命仲丁河亶甲祖乙高宗之訓周書分器旅巢命歸禾嘉禾成王政將蒲姑賄肅慎之命亳姑凡四十二篇亡 悉上特掌反 詔為于偽反 覃徒南反深也 思息嗣反 操本又作采 摭之石反一音之若反 敷芳夫反 暢丑亮反 序所以為于偽反又如字 義見賢遍反 各冠工亂反 巫音無 蠱音古 事漢武帝末征和中江充造蠱敗戾太子故經籍道息焉 貽以之反 貺遺也

堯典第一 虞書此十六篇十一篇亡五篇見存 孔氏傳傳即注也

以傳述為義舊說漢以前稱傳 昔 古堯唐帝名馬融云諡也翼善傳聖曰堯 聰千公反 思息嗣反又如字下同 著張慮反 遁本又作遯徒遜反退也避也 禪時戰反讓也授也 放方往反注同徐云鄭王如字 勳許云反功也馬云放勳堯名皇甫謐同一云放勳堯字 欽明文思馬云威儀表備謂之欽照臨四方謂之明經緯天地謂之文道德純備謂之思 被皮寄反徐扶義反 各 聞音問本亦作問 溢音逸 九族上自高祖

下至玄孫凡九族馬鄭同黎力兮反羲和馬云羲氏掌天官和氏掌地官四子掌四時昊胡老反

重直龍反少昊之後黎高陽之後日月所會謂日月交會於十二次也寅曰析木卯曰

大火辰曰壽星巳曰鶉尾午曰鶉火未曰鶉首申曰實沈酉曰大梁戌曰降婁亥曰娵訾子曰玄枵丑曰星紀嵎

音隅馬云嵎海嵎也夷萊夷也尚書考靈耀及史記作禺銕暘音陽谷工木反又音欲下同馬云暘谷海嵎

夷之地名日出於谷本或作日出於陽谷陽衍字寅徐以眞反又音夷下同賓如字徐音

殯馬云從也出日上尺遂反又如字注同平如字馬作苹普庚反云使也下皆放此秩如字日

中貞仲反又如字殷於勤反馬鄭云中也七宿音秀下同畢見賢遍反下同析

星歷反孳音字乳化上儒付反說文云人及鳥生子曰乳獸曰產申重直用反南

訛五禾反昧武內反冥莫定反餞賤衍反馬云滅也滅猶沒也毨先典反說文云仲秋鳥獸

毛盛可選取以爲器用也分別彼列反下同隩於六反馬云煖也氄如勇反徐又而充反又如

充反馬云溫柔貌辟音避耎如兖反本或作鑐音儒毳尺銳反暨其器反朞居其

尚書音義上　三

反下同旬似遵反十日為旬迊子合反釐力之反熙許其反興也疇直由反放

方往反注同胤引信反馬云嗣也吁況于反徐往付反一音于嚚魚巾反訟才用反馬本作庸又

好呼報反下注同爭鬭也若子音餘又羊汝反采七在反馬云官也復求上扶又反驩

呼端反兜丁侯反共工上音恭注同僝仕簡反徐音撰馬云具也都於下音烏官

稱尺證反滔吐刀反漫末旦反下同又末寒反背音佩傲五報反下同很很懇反

湯湯音傷洪戶工反浩浩胡老反滌大歷反襄上時掌反俾必爾反

反僉七廉反又七劒反曰於音烏鯀故本反馬云禹父也朝臣上直遙反咈扶弗反忿

戾也方命如字馬云方放也徐云鄭王音放圮皮美反戾力計反异徐云鄭音異孔王音

怡巳也朕直錦反馬云我也巽音遜馬云讓也否方久反不也又音鄙忝他簟反辱也不

肖音笑說文云肖骨肉相似也不似其先故曰不肖錫星歷反鰥故頑反虞舜

虞氏舜名也馬云舜謚也舜死後賢臣錄之臣子為諱故變名言謚俞羊朱反德行下孟反下

其行同瞽音古傲五報反瞍素后反之稱尺證反又如字諧戶皆反烝
烝之丞反姦古顔反女于上恧據反妻千計反嬀居危反汭如銳反水
之內也杜預注左傳云水之隈曲曰納嬪毗人反

舜典第二

王氏注相承云梅賾上孔氏傳古文尚書云舜典一篇時以王肅注頗類孔氏故取王注從慎徽五典以下爲舜典以續孔傳徐仙
民亦音此本今依舊音之難乃丹反曰若稽古帝舜曰重華協
于帝此十二字是姚方興所上孔氏傳本無阮孝緒七錄亦云然方興本或此下更有濬哲文明溫恭允塞玄德升聞乃命以
位凡二十八字異聊出之於王注無施也徽許韋反王云美馬云善也從才容反八元左傳高辛氏有才子
八人伯奮仲堪叔獻季仲伯虎仲熊叔豹季貍忠肅恭懿宣慈惠和天下之民謂之八元揆葵癸反八凱開在反左
傳高陽氏有才子八人蒼舒隤敳檮戭大臨尨降庭堅仲容叔達齊聖廣淵明允篤誠天下之民謂之八凱來朝
直遙反麓音鹿王云錄也馬鄭云山足也愆起虔反詢音荀底之履反王云致也馬云定也本

諴作叵非正月音政又音征文祖王云文祖廟名馬云文祖天也天爲文萬物之祖故曰文祖璿音旋
上帝王云上帝天也馬云上帝太一神在紫微宮天之最尊者禋音因王云絜祀也馬云精意以享也六
宗王云四時寒暑日月星水旱也馬云天地四時也墳衍扶云反下音演輯徐音集王云合馬云斂也
五瑞垂偽反信也牧牧養之牧徐音周巡似遵反徐養純反守詩救反本或作狩岱
音代泰山也柴士皆反爾雅祭天曰燔柴馬云祭時積柴加牲其上而燔之巡行下孟反燔
扶袁反又扶云反瀆徒木反同律王云同齊也律六律也馬云律法也鄭云陰呂陽律也度
如字丈尺也量力尚反注同斗斛也衡稱也贄音至本又作摯纁許云反復扶又反下
同還音旋華戶化反華山在恒農十有如字徐于救反至于北岳如
西禮方興本同馬本作如初藝魚世反馬王云禰也四朝直遥反注同馬王皆云四面朝於方岳之
下鄭云四朝四季朝京師也敷音孚肇音兆十有二州謂冀兖青徐荊揚豫梁雍并幽營也
濬荀俊反宥音又馬云宥三宥也扑普卜反徐敷卜反榎皆雅反贖石欲反徐音樹眚所景反怙

恤音峻律反憂也　共工上音恭左傳少皞氏有不才子毀信廢忠崇飾惡言靖譖庸回服讒蒐慝以誣盛德天下之民謂之窮奇社預云即共工　裔以制反　驩呼端反　兜丁侯反左傳帝鴻氏有不才子掩義隱賊好行凶德醜類惡物頑嚚不友是與比周天下之民謂之渾敦杜預云即驩兜也帝鴻黃帝也　竄七亂反　三苗馬王云三苗國名也縉雲氏之後爲諸侯蓋饕餮也左傳縉雲氏有不才子貪于飲食冒于貨賄侵欲崇侈不可盈厭聚斂積實不知紀極不念孤寡不恤窮匱天下之民以比三凶謂之饕餮杜預云縉雲黃帝時官名非帝子孫故以比三凶也貪財曰饕貪食曰餮　縉音晉　饕土刀反　餮他節反　殛紀力反　鯀故本反左傳顓頊氏有不才子不可教訓不知話言告之則頑舍之則嚚傲很明德以亂天常天下之民謂之檮杌杜預云即鯀也檮杌凶頑無儔匹之貌　殂才枯反　喪如字又息浪反　考妣必履反父曰考母曰妣　遏安葛反或音謁　八音謂金鐘也石磬也絲琴瑟也竹篪笛也匏笙也土塤也革鼓也木柷敔也　匏白交反　故復扶又反　闢婢亦反徐甫亦反　惇音敦　之長丁丈反下同　而難乃旦反　任音壬又而鴆反　奮弗運反　俞以朱反　懋音茂王云勉也馬云美也　稽音啓　首稽首首至地臣事君之禮　契息列反　陶

音遥　阻莊呂反王云難也　播波左反　猾户八反　寇苦豆反　宄音軌　劓魚器反截鼻也

刵扶味反刵足也　大辟婢亦反死刑也　三處昌慮反　於朝直遥反　垂如字徐音睡

共音恭　斯七良反　伯與下音餘　益皐陶子也　羆彼皮反　寅如字徐音夷

夔求龜反　冑直又反王云冑子國子也馬云冑長也教長天下之子弟　栗戰栗也　永徐音詠又如字

於如字或音烏而絶句者非　拊音撫徐音府　堲徐在力反　讒切韻士咸反　說如字注同徐失鋭反

殄切韻徒典反　行下孟反注同　喉音候　黜丑律反　北如字又音佩　令力呈反

釐力之反馬云賜也理也　下土絶句一讀至方字絶句　別彼列反　分方云反徐扶問反

汩音骨　共音恭王己勇反法也馬同　槀苦報反　飫於庶反槀飫亦書篇名也汩作等十一篇同此序其文皆云而序與百篇之序同編故序今馬鄭之徒百篇之序摠爲一卷孔以各冠其篇首而云篇之序即隨其次第居見存者之閒衆家經文竝盡此唯王注本下更有汩作九共故逸故亦作古

大禹謨第三　卷之二

徐云本虞書摠爲一卷凡十二卷今依七志七録爲十三卷 皐音高 陶音遥 矢本又作矢 謨字又作暮 申重直用反下同 文命孔云文德教命也先儒云文命禹名 易以豉反 治直吏反 俞羊朱反 攸音由徐以帚反 寍安也說文安寍如此願辭也 舍音捨 告故毒反 矜居陵反 眷俱倦反 奄於檢反 迪徒歷反 嚮許丈反 應應對之應下應風同 吁况俱反 度徒布反注守度同 虞度下徒洛反後億度同 樂音洛 去起呂反 熙火其反 咈扶弗反 戾連第反 怠音待 惰徒卧反 曰於音烏 歌樂下音洛 俾必爾反 壞乎怪反 治直吏反 格庚白反 朕直錦反 耄莫報反 倦其眷反 期頤以之反期要頤養也 厭於豔反 懈工賣反 種章用反 降江巷反 治直吏反注下同 當丁浪反又如字 懋音茂 愆起虔反 宥音又 辜音孤 好生上呼報反 儆居領反 重直用反 假工雅反 盡津忍反 爲民于僞反 丕普悲反大也徐甫眉反 聽徐天定反 出如字徐尺遂反 好如字徐許到反 枚音梅 蔽必世反徐甫世反 斷丁亂

反 僉七潛反 禁今鴆反又音金 正月音政徐音征 數音朔 濟濟子禮反 蠢

春允反 侮亡甫反 慢亡諫反 咎其九反 誥古報反 憚徒旦反一音丹末反 脅許業

反 弗屆下音戒 田本或作畋 號戶高反 旻武巾反 慝他則反 載見賢遍

反 瞽音古 瞍素后反 夔夔求龜反 齋側皆反 諴音咸 矧失忍反 易

以豉反 當丁浪反下同 還經典皆音旋 誕音但 階徐音皆 楯食允反 翳於計反

闡尺善反 洞徒弄反 蠡音禮

皋陶謨第四

爲帝于僞反 夫音扶 治直吏反下同 蹈徒報反 身修絶句 惇切韻都昆反

當丁浪反下同 亦行下孟反注性行行正直之行同 愿音願 慤切韻苦角反 恪苦各反 擾

而小反徐音饒 毅五旣反 斷丁亂反 撓女孝反 浚息俊反馬云大也 嚴如字馬徐

魚檢反 翕許及反 俊乂馬曰千人曰俊百人曰乂 百僚本又作寮 撫方武反 凝魚凌

反馬云定也 競競 居凌反 業業 如字徐五荅反 幾 徐音機 有典 馬本作五典 有分 符問反 有庸 馬本作五庸 衷 音中 明畏 不如字徐音威馬本作威 有知 如字徐音智 思 如字徐音息吏反 襄 息羊反上也馬云因也案爾雅作儴因也如羊反

益稷第五

當 丁浪反本亦作讜當蕩反李登聲類云讜言善言也 思 徐如字又息吏反 孜孜 音兹 浩浩 戶老反 墊 丁念反 昏 音務一音茂本或作務 溺 乃歷反 予乘 下音繩 刊 苦安反 輴 丑倫反漢書作橇如淳音蕝以板置泥上服虔云木橇形如木箕擿行泥上尸子云澤行乘蕝蕝音子絕反 樏 力追反史記作橋徐音丘遙反漢書作梮九足反 隨行 下孟反 槎 士雅反下同說文云衺斫又莊下反 暨 其器反 鮮 徐音仙馬云鮮生也 距 音巨 濬 思俊反 畎 公犬反 澮 故外反 廣尺 上音光浪反 深尺 上尸鴆反下深二仞同 艱 工閑反馬本作根云根生之食謂百穀 食 處 昌慮反 鼈 必滅反 懋 音茂 鹽 余廉反 烝 之丞反 粒 音立 治 直吏反下同

當丁浪反 好呼報反 惡烏路反又並如字 應應對之應 徯胡啓反 施始鼓反

重直用反 股音古 肱古弘反 觀舊音官又官喚反 蟲直弓反 會馬鄭作繪胡對

反 彝音夷馬同鄭云宗彝虎也 藻音早本又作藻 粉米說文作黺𪓐徐本作絲音米

黼音甫白與黑謂之黼 黻音弗黑與青謂之黻 絺徐勑私反又勑其反馬同鄭陟里反刺也 繡

音秀 背音佩 袞工本反 僭子念反 出如字又尺遂反注同 納如字又音內 撻他木反又

他達反 笞勑疑反 颺音揚 否方有反徐音鄙 任汝鴆反 應應對之應 傲五報反字

又作奡 好呼報反 傲五羔反徐五報反注同 頷頷五客反 殄徒現反 娶促住反

復往上扶又反 呱呱音孤 弗子如字鄭將吏反 度徒洛反 至于五千

馬云面五千里爲方萬里鄭云五服已五千又弼成爲萬里 州十有二師二千五百人爲師鄭云師

長也 要一遥反 薄蒲各反徐扶各反 長丁丈反五長衆官之長 別彼列反 重

美上直用反 夔求龜反 戛居八反徐古八反馬云擽也 球音求 搏音博 拊音撫

柷尺叔反所以作樂敔魚呂反所以止樂穅音康歆許金反鼗音桃合如字徐音閤

籥余若反互音冱見賢遍反下見細器同鏞音庸閒閒廁之閒鳥獸孔以爲自

舞也馬云鳥獸筍簴也蹌七羊反舞貌說文作搶云鳥獸求食聲迭直結反韶時昭反於

予並如字喜樂下音洛盡忠上津忍反颺音揚屢力具反省悉井反

數色角反懈佳賣反賡加孟反劉皆行反說文以爲古續字叢才公反脞倉果

反徐音瑣馬云叢摠也脞小也惰徒卧反墮許規反

禹貢第一　卷之三　夏書凡九篇五篇亡一云夏書唯四篇

別彼列反九州周公職録云黃帝受命風后受圖割地布九州鄒子云中國爲赤縣赤縣之內有九

州春秋說題辭云州之言殊也圻其依反濬思俊反刊苦安反任而鴆反貢字或作贛

之王于況反敷芳無反馬云分也汎孚劒反隨行下孟反奠田遍反瀆

音獨下同冀居器反州九州名義見爾雅音載如字載載於書也馬同鄭韋昭云載事也壺

音胡馬云壺口山名治如字岐其宜反雍於用反後州名同岳字又作嶽太岳山名陽山南
曰陽水北亦曰陽覃徒南反厎之履反衡如字橫也馬云水名漳音章近河附近
之近壤丈反馬云天性和美也塊苦對反上如字賦第一錯倉各反馬云地有上下相錯通
率第一以供音恭中丁仲反又如字中馬云土地有高下肥符非反瘠在亦反既
從才容反島當老反馬云島夷北夷國夾音協注同帶也碣其列反韋昭其逝反逆上
時掌反篚方尾反濟子禮反下同兗悅轉反九河徒駭一太史二馬頰三覆釜四胡蘇五簡
六絜七鉤盤八鬲津九出爾雅雝徐音邕王於用反沮七餘反蠶在南反墳扶粉反後
同韋昭音勃憤反起也馬云有膏肥也繇音遙馬云抽也十有三載馬鄭本載作年漆
音七盛音成漯天荅反篇韻作他合反岱音代泰山也嵎音隅濰音惟本亦作惟又作維
淄側其反濱必人反斥徐音尺說文云東方謂之斥西方謂之鹵鄭云斥謂地鹹鹵涯魚佳反
鹽餘占反絺勑其反種章勇反畎工犬反徐本作畎谷枲思似反鉛寅專反字從㕣

合音以選反 怪如字 石怪石碔砆之屬 萊音來 牧牧養之牧徐音目一音茂注同 檿烏簟反山

桑也 汶音問 沂魚依反水名 蓺魚世反 豬張魚反馬云水所停止深者曰豬劉東胡反 埴

市力反鄭作戠徐鄭王皆讀曰熾韋昭音試 漸如字本又作蔪字林才冉反草之相包裹也 包必茅反字或作

苞非叢生也馬云相包裹也 黏女占反 進長丁丈反 叢才公反 燾徒報反覆也 苴

子餘反包裹也 夏行雅反 翟徒歷反 嶧音亦一音夕 泗音四水名 淮夷鄭云淮水

之夷民也馬云淮夷二水名孔傳云淮夷之水本亦有作淮夷二水也 蠙蒲邊反徐扶堅反字又作玭韋昭薄迷反

蚌也 曁其器反 見石上賢遍反 纖息廉反 縞古老反徐古到反 繒似陵反 達

于河如字說文作菏工可反云水出山陽湖陵南 彭蠡下音禮張勃吳錄云今名洞庭湖案今在九江郡界

三江韋昭云謂吳松江錢唐江浦陽江也吳地記云松江東行七十里得三江口東北入海為婁江東南入海為東

江并松江為三江 震澤吳都太湖 底之履反致也史記音致 大湖音太胡 篠西了反

簜徒黨反或作⿱竹易他莽反 夭於嬌反馬云長也 喬其嬌反徐音驕 少詩照反 長丁丈反

瑤音遥琨音昆美石也馬本作瓚韋昭音貫犀細兮反旄音毛楩音緶又婢善反卉
徐許貴反橘均必反柚由究反裹音果沿悅專反鄭本作松松當爲沿馬本作均云均平
朝直遥反九江尋陽地記云一曰烏白江二曰蚌江三曰烏江四曰嘉靡江五曰畎江六曰源江七曰廩江入
曰提江九曰箘江張須元緣江圖云一曰三里江二曰五州江三曰嘉靡江四曰烏土江五曰白蚌江六曰白烏江七曰箘江
入曰沙提江九曰廩江參差隨水長短或百里或五千里始於鄂陵終于江口會于桑落洲太康地記曰九江劉歆以爲湖漢
九水入彭蠡澤也沱徒何反潛捷廉反馬云沱湖也其中泉出而不流者謂之潛雲徐本作云夢
云弄反一音武仲反徐莫公反治直吏反杶勑倫反徐勑荀反木名又作櫄榦本又作幹故旦反栝
古活反馬云白栝也柘章夜反礪力世反砥音脂徐之履反韋昭音旨砮音奴韋昭乃固反磨
木佐反鏃子木反一音七木反箘求隕反韋昭一名聆風簵音路楛音戶馬云木名可以爲箭
毛詩草木疏云葉如荊而赤莖似蓍近澤附近之近匭音軌菁茅上子丁反徐音精馬同鄭云茅
有毛刺曰菁茅匣胡甲反又音甲菹切韻側魚反縮所六反纁許云反璣其依反又音機

馬同說文云珠不圜也字書云小珠也玉篇渠依居沂二反　組音祖馬云組文也　納馬云入也　江沱
潛漢四水名本或作潛子漢非　逾羊朱反　瀍直然反　澗故晏反　渾音魂又胡困胡昆二反
沔云淺反又云忍反下同陸渾沔池二縣屬河南郡　滎戶扃反滎澤也　波如字馬本作播滎
播澤名　過烏咼反　導音道下同　菏徐音柯又士可反注同韋胡阿反　被皮寄反徐扶義
反注同　孟豬張魚反又音諸左傳爾雅皆作孟諸宋藪澤也　壚音盧說文黑剛土也　絺勑其反
紵直呂反　纊音曠　緜武延反　華胡化反又胡瓜反　岷武巾反　嶓音波徐甫
河反韋音播　旅如字韋音盧　和如字又作龢鄭云和讀曰洹　言治直吏反下同　黎
鄭力兮反徐力私反馬云小疏也　璆音虯徐又居虯反又閭幼反馬同韋昭郭璞云紫磨金案郭注爾雅鏐即紫磨
金　鐵天結反　鏤婁豆反　熊音雄　羆彼宜反如熊而黃　貍力疑反　罽紀例反
傾窺井反　渭音謂　雍於用反　涇音經　屬之蜀反　汭如本又作內同如銳反馬云入也
逮音代　沮七徐反　灃芳弓反　治直吏反　終南終南山名漢書地理志一名太一三秦記

云又名地肺　惇物 惇物山名漢書云垂山也　丕 普悲反　球 音求　琳 韋音來金反　琅 音郎　玕
音干山海經云崐崘山有琅玕樹　西上 時掌反　崐崘 下魯門反馬云崐崘在臨羌西　析 星歷反馬
云析支在河關西　搜 所由反漢書志朔方郡有渠搜縣武紀云北發渠搜是也　髳 音謀又音毛西戎國
名　導 言道從首起也　岍 音牽字又作汧山名一名吳岳馬本作開　厎 之履反　柱 如字韋知
父反又知女反厎柱山名在河水中　太行 戶剛反又如字　滄 音倉　勝 音升　傾 窺井反　圉
魚呂反　太華 如字又戶化反　陪 音裴　尾 陪尾山名漢書作橫尾　條　列 如字本或作別
彼列反　漾 羊尚反　弱 本或作溺　合 如字　黎 力兮反馬云地名　溢 音逸　山　見
賢遍反　虢 寡白反　孟津 如字洛北地名　湊 七豆反　伾 本又作岯音丕又皮鄙反徐扶
眉反又敷眉反韋音鄙郭撫梅反字或作邳　處 昌慮反　降 如字鄭戶江反　殺 所界反　溢
字又作隘於賣反　渤 蒲兀反　浪 音郎　澨 市制反　觸 切韻尺玉反　匯 徐胡罪反韋空
爲反　沱 唐何反　澧 音禮　迆 以爾反馬云靡也　沇 音兖又以轉反　數 色住反下同一本作

十所陶音桃折之設反灃音豐翊與職反鞏恭勇反縣名屬河南郡隩於六

反玉篇於報反滌待歷反陂彼宜反槎仕雅反障章尚反貫工奐反較

音角台徐音怡行下孟反注同甸田遍反爲天上于僞反納如字本又作内

音同下如字總音揔近附近之近稾故老反供音恭飼音嗣銍珍栗反

穗字亦作穟音遂秸本或作稭工八反馬云去其穎音鞂男任而針反又而鴆反任王上而

鴆反又而針反同爲于僞反綏息遺反揆葵癸反度待洛反奮方問反

要一遥反束如字音來夷馬云易也差初佳反又初賣反漸子廉反被皮寄

反朔南朔北也皆與音預朝直遥反見賢遍反訖斤迄反

甘誓第二

啓禹子嗣禹爲天子也扈音戸有扈國名與夏同姓馬云姒姓之國爲無道者案京兆鄠縣即有扈之國

也甘有扈郊地名馬云南郊地也甘水名今在鄠縣西誓馬云軍旅曰誓會同曰誥其將子匠

反侮云甫反正如字徐音征馬云建子建丑建寅三正也惰徒卧反勦子六反玉篇子小反馬本作巢與王篇切韻同罰音伐御魚慮反戮音六北如字又音佩軍走曰北孥音奴子也累劣僞反

五子之歌第三

五人五子名字書傳無聞仲康蓋其一也須馬云止也汭如銳反本又作内音同逸本又作佾豫本或作忬音同黎力兮反喪息浪反盤步干反本或作槃度如字樂音洛畋音田畀五計反徐胡細反距音巨以從如字或作才用反非徯胡啓反近附近之近分扶問反三失上如字又息暫反不見賢遍反懍力甚反朽許久反索息洛反馭音御腐扶甫反甘一音戶甘反嗜市志反峻思俊反牆慈羊反猒於鹽反又於豔反底之履反貽以之反遺唯季反覆芳服反供音恭咼戶割反鬱音鬱陶音桃鬱陶憂思也忸女六反怩女姬反徐乃私

反思息嗣反雖如字或作睢

胤征第四

湎徐音緬面善反差初賣反又初佳反胤國名也肇音兆舍音捨適生[illegible]反

鐸待洛反鈴音零藝本又作蓺更音庚技其綺反覆芳服反倒丁老

反離如字又力智反冥莫定反又壬丁反俶本又作俶亦作叔同尺六反擾而小反

嗇音色馳車馬曰馳走步曰走供音恭先時上音悉薦反又如字注先時先天同

赦亦作赦治直吏反後天上胡豆反崐音昆殲子廉反魁苦回反脅虛業

反帥色類反汙烏故反汙辱之汙又音烏洿泥著物也一音烏卧反懋音茂辟音

避契息列反殷之始祖八遷八遷之書史唯見四亳旁各反徐扶各反嚳苦毒

反帝告下音工毒反釐力之反沃徐烏酷反此五云篇舊解是夏書馬鄭之徒以爲商

書兩義俱通祇巨支反復扶又反

湯誓第一　卷之四　商書凡三十四篇十七篇亡十七篇見存

相息亮反湯如字馬云俗儒以湯爲謚或爲號號者似非其意言謚近之然不在謚法故無聞焉及禹俗儒以爲名帝系禹名文命玉侯世本湯名天乙推此言之禹豈復非謚乎亦不在謚法故疑焉桀其列反夏之末天子升音昇陑音而格庚白反來也台以之反下同殛居力反恤荀律反舍音捨廢也復扶又反遏於葛反徐音謁馬云止也喪息浪反注同惰徒臥反罰音伐賚力代反徐音來杜后土之神禪時戰反應應對之應創初亮反改正音征又音正句龍上音鉤句龍共工之子爲后土扈音戶績子寂反從之上才容反朡子公反俘音孚太行戶剛反一音如字誼本或作義

仲虺之誥第二

坰故螢反徐欽螢反又古營反虺許鬼反誥故報反左相息亮反成湯伐桀武功成故號成湯一云成謚也纘子管反應應對之應矯居表反誣音無藏

倩郎反蘩音煩莠羊九反秕悲里反徐甫里反又必履反鋤仕魚反皺波我反颺

音揚矧申忍反之惡烏路反近附近之近此行下孟反懋懋音茂吝

良刃反王業上如字又于況反仇音求餉式亮反徯胡啓反蘇字亦作穌推

土雷反懈工債反建中如字本或作忠非裕徐以樹反者王徐于況反或如字

好問上呼報反鮮息淺反覆芳服反暴蒲報反字或作虣

湯誥第三

誕音但告工毒反罹力之反本亦作羅洛何反荼音徒冤紆元反譴遣戰反

寤五故反台音怡牡茂后反聿允橘反述也勠舊音六又力彫反說文力周反史記音力

洛反穢於廢反僭子念反忒也劉創林反賁彼義反徐扶云反飾也煥呼亂反樂

音洛俾必爾反徐甫婢反使也輯音集又七入反戾力計反慄慄音栗隕于敏

反彝徐音夷慆他刀反忱市林反咎其九反單音善卷末並同

伊訓第四

祀年也夏曰歲商曰祀周曰年唐虞曰載 祠音辭祭也 見賢遍反 甸徒遍反 總音揔 少康上詩照反 以上時掌反 襄如羊反 暨其器反 鼈必滅反 亳旁各反徐扶各反 惟長丁丈反 咈扶弗反 操七曹反又七報反 哲本又作喆 俾必爾反 儆居領反 酣戶甘反 巫音無 淫樂音洛 殉辭俊反徐辭荀反 畋音田 遠于萬反注同 耆巨夷反 比毗志反徐扶至反 穉直利反 嚚魚巾反 愆去乾反 喪如字又息浪反 以爭諫爭之爭 鑿在洛反 額魚白反 涅乃結反 隸郎計反 洋洋音羊徐音翔 賚力代反

太甲上第五

朝政上直遥反 倚於綺反 顧音故 諟音是說文理也 祇巨支反 遠于萬反 監工暫反 辟必亦反徐甫亦反 丕普悲反徐甫眉反 先見並如字注同 相亦

上息亮反 昧音妹 俊本亦作畯 迪大歷反 越于月反本又作粵 覆芳服反注同 省

息井反 括故活反 度如字 虞度待洛反 則中丁仲反 懌音亦 輕

遣政反 義本亦作誼 俾必爾反後篇同 近附近之近 令太甲令音力呈反 [illegible]

太甲中第六

闋苦穴反 冕音免 胥息餘反 彊居良反 厎之履反 敗必邁反徐甫邁反

縱子用反 戾郎計反 孽魚列反 逭胡亂反 背音佩徐扶代反 徯胡啓反

懋音茂 斁音亦 厭於豔反

太甲下第七

治直吏反注及下同 咈扶弗反 覆芳服反

咸有一德第八

諶徐市林反 而王于況反下以王同或如字 僭子念反 德行下孟反 褒殺色界反

反裒微也殺害也書小小害也 爲上于僞反下爲民同 爲德上如字下爲下同徐皆于僞反 爲
易以豉反 烝之承反 之長丁丈反 [illegible]戶夾反 盡徐子忍反注同 沃烏毒反徐於毒
陟張力反 相息亮反 太戊馬云太甲子 桑蘇藏反 穀工六反楮也 朝直遥
反 巫咸馬云巫男巫也名咸殷之巫也 乂治也 囂五羔反 亶丁但反 相息亮反在河北
今魏郡有相縣 圮備美反徐扶鄙反馬云毀也

盤庚上第九　卷之五

盤本又作般步干反 治直吏反 胥徐思餘反 怨紆萬反 盤庚殷王名也馬云
祖乙曾孫祖丁之子不言盤庚誥何非但録其誥也取其徙而立功故以盤庚名篇 籲音喻 慼千歷反
盡子忍反 稽工兮反 台音怡 恪苦各反 五邦馬云五邦謂商丘亳囂相耿也
斷又音短 從才容反 蘖五達反本又作枿馬云顛木而肄生曰枿 仆音赴又步北反 底
之履反 斆戶教反下如字 度如字 箴之林反馬云諫也 朝臣上直遥反 傲五報反

任而鴆反 播波餓反 匿女力反 聒聒故活反馬及說文皆云拒善自用之意 愓他歷

反 拙之劣反 紊音問徐音文 昏馬同本或作暋音敏爾雅昏暋皆訓強故兩存 越本又

作粵音曰于也 昏強其丈反 宄音軌 奉孚勇反注同 恫勑動反又音通痛也

相時上息亮反馬云視也徐息羊反 憸息廉反馬云憸利小小見事之人也徐七漸反 曷

何末反 燎力召反又力鳥反又力紹反 嚮許亮反 撲普卜反 近附近之近 靖

馬云安也 遲直疑反徐持夷反 任而金反馬云占老成人 選息轉反又蘇管反 掩本又

作弇 數色主反 與音預 烝之承反 射食夜反 準音准 必中丁仲反

侮亡甫反 易以豉反 各長丁丈反 伐去下羌呂反 藏徐子郎反 佚音逸

度徐如字亦作渡

盤庚中第十

話胡快反馬云告也言也 誕徐音但 亶丁但反馬本作單音同誠也 造七報反注同馬在早

反云爲也褻息列反鮮息淺反曷何末反下同俾必爾反咎其九反比
毗志反徐扶至反注又下同共群用反令力呈反近附近之近籲羊戍反忱市林
反鞠居六反臭徐尺售反載如字又在代反屬音獨注同馬云獨也沈直林反
瘳勑留反穢於廢反倚於綺反徐於奇反迂音于僻匹亦反迓五駕
反畜許竹反下同脅虛業反勞力報反又如字注同重直勇反又直恭反戕
在良反又七良反之行下孟反斷丁緩反治直吏反盡子忍反乃告
工号反我高后本又作乃祖乃父易以豉反注同遠于萬反又如字注同汝
分扶問反又如字注同隕于敏反暫才淡反劓魚器反徐吾氣反殄徒典反
易如字又以豉反注同長丁丈反下遺長同

盤庚下第十一

奠田薦反朝直遙反腎時忍反腸徐持良反比毗志反讒士咸反降

工巷反徐下江反　去羌呂反　析先歷反注同　治直吏反　弔音的或如字　賁扶云反

長丁丈反注同　相爾上息亮反　好呼報反　任而林反　告故報反

說命上第十二

說本又作兊音悅注及下篇同　相息亮反下同　亮本又作諒如字又力章反　哲本又作喆

誥故報反　台音怡　賚力代反徐音來　俾必爾反　肖音笑　虢寡白反　壞音怪

供音恭　朝張遥反　礪力世反　楫音接徐音集　瞑莫遍反　眩玄遍反徐又呼縣反瞑眩困極也　瘳勑留反　警音景　跣先典反徐七顯反　爲已上于僞反

辟必亦反

說命中第十三

總音揔　宿音秀　后王于方反　長丁丈反　治直吏反下同　豫羊慮反　從才容反　冑直又反　鎧苦代反　兜丁侯反　鍪莫侯反　易以豉反　笥息嗣

反省息井反一本作眚昵女乙反喪息浪反醇音純粹雖遂反黷徒木反

數色角反忱市林反

說命下第十四

台音怡遯徒頓反麴起六反蘖魚列反羹音庚一音衡鹽余廉反梅亦作楳醋七故反以和如字又胡臥反斅戶孝反愆起虔反俊本又作畯仰如字徐五亮反正長丁丈反下同俾必爾反撻他達反阿烏何反治直吏反辟必亦反

高宗肜日第十五

雊工豆反己音紀肜音融繹音亦字書作襗爾雅云又祭也周曰繹商曰肜夏曰復胙中丁仲反又如字台音怡乃復扶又反豐芳弓反昵女乙反尸子云不避遠昵昵近也又乃禮反馬云昵考也謂禰廟也

西伯戡黎第十六

咎其九反馬云咎周者爲周所咎 黎力兮反國名尚書大傳作耆 受如字傳云受紂也音相亂馬云受讀曰紂或曰受婦人之言故號曰受也 伯亦作柏 戡音堪說文作𢧀云殺也以此戡訓刺音竹甚反 勝詩證反 近附近之近 圻巨衣反 王心于況反下注宜王者同 不相息亮反 不度待洛反 摯音至本又作𢫔 參七南反馬云參字累在上

微子第十七

錯七各反馬云廢也 少詩照反 治直吏反 沈徐直金反 酗況具反以酒爲凶曰酗說文作䣯云酒醟 湎面善反 醟音詠說文于命反䣯酒也 好呼報反 究音軌 度如字 讎市周反 淪音倫徐力允反 喪息浪反 涯五佳反又五隹反 出尺遂反 耄字又作旄莫報反注同 遯徒困反徐徒頓反一音都困反 隮子細反玉篇子兮反切韻祖稽反 隕于敏反 不見賢遍反 省所景反 咈扶勿反 耇工口反 長丁丈反注同

攘如羊反因來而取曰攘竊馬云往盜曰竊神天曰神祇地曰祇犧許宜反牷音全讎如字下同徐云鄭音疇馬本作稠云數也斂力檢反馬鄭力豔反謂賦斂也徐云鄭力劒反治直吏反亟欺忌反數也又紀力反本又作極如字至也懈佳賣反瘠在益反臣僕一本無臣字舊云馬云言也刻音克馬云侵刻也逃難乃旦反靖馬本作清謂絜也顧音故徐音鼓

經典釋文第三

經典釋文第四

尚書音義下　起第六盡第十三

唐國子博士兼太子中允贈齊州刺史吳縣開國男陸　德明　撰

泰誓上第一　卷之六　周書　凡四十一篇九篇亡

虞芮　如銳反，三國名　僉　七廉反　孟津　地名也　惟十有三年　春　或作十有一年，後人妄看序文輒改之　亶　丁但反　湎　面善反　冒　莫報反，注下同　嗜　市志反，切韻常利反　酷　苦毒反　榭　爾雅云有木曰榭，本又作謝　陂　彼皮反　障　之亮反　寘　其魏反　刳　口胡反　剔　他歷反　孕　以證反，徐養證反　悛　七全反　粢　音咨，黍稷曰粢　盛　音成，在器曰盛　懲　直承反　不爭　爭鬭之爭　為立　上于嬀反　相　息亮反　否　方有反　度　徒洛反，下注同　億　十萬曰億　貫　古亂反　類　師祭名　冢　中勇反　底　之履反　從之　上才容反

泰誓中第二

徇以俊反字云徇巡也　渴苦曷反又苦蓋反　犂力私反又力兮反　昵女乙反　比毗志
反　鮐他來反又音怡魚名　逋布吳反　酗況付反　脅虛業反　籲音喻　穢於廢
反　辟次亦反　喪息浪反　之長丁丈反　謂巳音紀　十人周公旦召公奭太公
望畢公榮公太顛閎天散宜生南官适及文母　我治直吏反　所惡烏路反一音如字
疆居良反　勗許玉反下同　將士子匠反下篇注同　懍懍力甚反

泰誓下第三

申令力政反　重直用反　夫長丁丈反　巳上上音以下時掌反　惰徒卧反
斮側略反又士略反　朝陟遥反　脛戶定反　剖普口反　耐乃代反　痡徐音
敷又普吳反　邪似嗟反　技其綺反　褻息列反　喪蘇浪反　斷丁管反　天
惡烏路反　孜孜音滋　殄徒典反　殲子廉反　毅牛既反

牧誓第四

戎車音居釋名云古者聲如居所以居人也今曰車聲近舍車舍也韋昭辯釋名云古皆尺遮反從漢始有音
居夫長丁丈反步卒子忽反賁音奔士稱尺證反牧如字徐一音茂說文
作坶云地名在朝歌南七十里字林音母昧爽上音妹爽明也昧爽謂早旦也馬云昧未旦也夜
陳直刃反左杖徐直亮反鉞音越本又作戉旄音毛馬云白旄旄牛尾麾許危反
逖他歷反帥色類反下同羌徐起良反說文云西戎牧羊人髳莫侯反濮音卜
叟所求反又蘇走反比徐扶志反又毗志二反楯食準反又音允牝頻引反徐又扶忍反索
西各反妲己丹達反下音紀紂妻也復扶又反俾必爾反使也徐甫婢反下同宄
音軌愆去乾反勖許玉反刺七亦反貔音毗羆彼皮反爾雅云羆如熊黃白文迓
五嫁反馬作禦禁也役馬云役爲也爲音于僞反

武成第五

獸徐始售反本或作嘼許救反旁步光反魄普白反說文作霸匹革反云月始生魄然貌
旁近附近之近哉徐音載豐芳弓反文王所都也華胡化胡瓜二反華山在恒農
非長丁丈反不復扶又反駿荀俊反亘本又作桓邉音邊以上
時掌反燔音煩暨其器反大王上音泰肇音兆王迹上于況反又如字注
王業王功同厎之屨反烝之承反萃在醉反藪素口反魁苦回反窟
口忽反遏烏末反周召上照反本又作邵貊云白反俾必爾反篚音匪
爲之上于僞反應應對之應相予上息亮反逾亦作踰陳于上直刃反
注同徐音塵倒丁老反漂匹妙反徐敷妙反又匹消反杵昌呂反著張略反
散西旦反賚力代反徐音來已債上音以下側界反賙音周本亦作周養羊亮反
拱居勇反所任而鴆反治直吏反

洪範第六　卷之七

勝商證反　祿父下音甫　範音范　鎬胡老反，本又作鄗，武王所都也　陰默也。馬云

覆也　騭之逸反。馬云：升也。升猶舉也，舉猶生也　相協上息亮反，助也　彝以之反　鯀

工本反　陻音因　汩工忽反　五行戶庚反　不畀必二反，徐甫至反，注同，與也

斁多路反，徐同路反，敗也　殛紀力反，本或作極，音同　錫星歷反　農馬云：食爲八政

之首，故以農名之　嚮許亮反，一音許兩反　沮在汝反　此巳上時掌反　禹所第

叙馬云：從五行巳下至六極，洛書文也。漢書五行志以初一巳下皆洛書文也　炎榮甜反　上時掌

反，又如字，下同　揉如酉反　鹹音咸　鹵音魯　貌本亦作額　視常止反，徐市止反　思

如字，徐息吏反，下同　儼魚檢反　諦音帝　睿悅歲反。馬云：通也　晳之舌反，徐丁列反，又

之世反　成當丁浪反　縱子用反，或作從，音同　士卒子忽反　宿音秀　迭田節反

見賢遍反　比毗志反，注同　罹馬力馳反，又來多反　之行下孟反　好呼報反　下

人遐嫁反　無虐馬本作云侮　煢岐扃反　畏如字，徐云鄭音威　其行如字，徐下

孟反其爲于僞反陂音祕舊本作頗音普多反好呼報反惡烏路反注同鬬
婢亦反平平婢綿反治直吏反以近附近之近克馬云勝也御魚呂反
能治直吏反變息協反辟徐補亦反玉食張晏注漢書云王食珍食也韋昭云
諸侯備珍異之食頗普多反僻匹亦反僭子念反忒他得反馬云惡也蓍
音尸霽子細反蒙武工反徐云鉤反驛音亦注同屬音燭占用二馬云
占筮也行以淺反逢馬云逢大也冠官喚反暘音陽乾音下煖乃管反
以長丁丈反蕃音煩廡無甫反徐莫柱反美行下孟反治直吏反下政治治其
職皆同晢之設反徐音制又音晢咎其九反豫羊庶反徐又音舒省悉井反別
方列反好呼報反橫華孟反又如字凶馬云終也折時設反一音之舌反尪烏黃反
班本又作般音同分器扶問反注同

旅獒第七

獒五羔反馬云作豪酋豪也召公時照反後召公皆放此賄呼罪反底之履反之

長丁丈反以供音恭不爲于僞反侈昌氏反又式氏反不易羊隻反

狎易以豉反盡津忍反下同玩五貫反喪息浪反觀官喚反畜

許竹反細行下孟反累劣僞反仞音刃字又作刄七尺曰仞一云八尺曰仞虧曲爲

反簣其貴反向許亮反乾乾其連反昃音側世王如字又于況反注同

巢仕交反徐呂交反朝直遥反芮如銳反圻音祈

金縢第八

武王有疾馬本作有疾不豫縢徒登反緘工咸反豫本又作忬其

爲于僞反戚千歷反壇徒丹反築土也馬云土堂墠音善植時織反徐音置贄

音至祝如字或之又反下同遘工豆反遇也丕普悲反馬同徐甫眉反鄭音不瘳勑留反下同

籥予若反徐以略反馬云藏卜兆書管乃并必政反差初賣反喪蘇浪反孺

如樹反 辟扶亦反治也說文作壁云必亦反法也馬鄭音避謂避居東都 貽羊支反 名如字徐亡政反
鴟尺夷反 鴞于驕反 誚在笑反 以遺唯季反 穫戶郭反 拔皮八反
弁皮彥反徐扶變反 應應對之應 說如字徐音始銳反 倡昌亮反 皆從
才用反又如字 噫於其反馬本作懿猶億也 沖直忠反 新逆馬本作親迎 遺使
所吏反 築音竹本亦作筑謂築其根馬云築拾也 并見賢遍反

大誥第九

三監古銜反視也 相成王上息亮反注同 誥本亦作𢍅 猷音由道也 邦馬本作大
誥繇爾多邦 盡津忍反 弔音的又如字 割馬本作害 不少馬讀弗少延為句 難
乃旦反 累劣僞反 矧失忍反 賁扶云反徐音憤 遺唯季反 蠢尺允反 大
難乃旦反下同又如字 腆他典反馬云至也 誕大旦反 祿父下音甫後同 疵在斯
反馬云瑕也 令不力呈反 鄙 易以豉反下其易同 敉亡婢反 先應應對之應

弁必政反注及篇末同　逋布吾反　鰥故頑反　予造爲也馬云遣也　不卬五剛反我

也　毖音秘　相息亮反　畏如字徐音威　省悉井反　閟音秘　棐徐音匪又芳鬼反

忱市林反　日思上人實反　之難乃旦反下爲難同　底之履反　構古候反　治

直吏反　菑側其反菑也田一歲曰菑　穫戶郭反　猶惡烏路反　不易以豉反

壟力勇反　僭子念反

微子之命第十

正朔上音政　裔以制反　令聞如字又音問　篤本又作竺東谷反　歆許今反

蕃方元反本亦作藩　毗房脂反　俾必爾反　斁音亦　好呼報反　猒於豔反

穎役領反　穗似醉反本亦作蓫

康誥第十一　卷之八

數叛上所角反叛亦作畔　梓音子　圻具依反　魄字又作魄普白反馬云魄朏也謂月三日

始生兆朏名曰魄　汭如鋭反　和見賢遍反　乃洪大誥治直吏反注及下
其治民安治用安治同一本作周公迺洪大誥治　皆勞力報反　孟長丁丈反下同　愼
去羌呂反下欲去夫疾同　怙音戶　冒莫報反覆也　聞如字徐又音問　殪於計反　勗
許玉反　遹音聿又音述馬云述也　衣如字徐於旣反　耇音狗　恫音通又勑動反　瘝
古頑反　棐音匪又芳鬼反　忱市林反　往盡徐子忍反　好呼報反　懋音茂　應
應對之應注同徐於甑反　眚所領反本亦作省　宥于救反　咎其九反　孩亥才反　劓
魚器反　刵如志反　臬魚列反　要於霄反　蔽必世反　斷丁亂反下及篇末同　覆
芳服反　彝以支反下同　款苦管反　攘如羊反　宄音軌　暋音敏　憝[illegible]
反徐徒猥反　強其丈反　無不惡烏路反下所大惡疾惡亦惡並音同　鞠居六反　弔
音的　泯徐武彰反　戛簡八反　乃別彼列反注同　汝長丁丈反下同　忌其記反
懌音亦　爲求上于僞反　之說如字徐始鋭反　假令力呈反　數所角反　歷

紀力反

酒誥第十二

嗜 市志反 王若 馬本作成王若曰注云言成王者未聞也俗儒以為成王骨節始成故曰成王或曰以成王為少成二聖之功生號曰成王沒因為謚衛賈以為戒成康叔以慎酒成就人之道也故曰成此三者吾無取焉吾以為後錄書者加之未敢專從故曰未聞也 妹邦 馬云妹邦即牧養之地 欲令 力呈反下始令同 文王第稱穆 周自后稷而封為始祖后稷生不窋為昭鞠陶為穆公劉為昭慶節為穆黃僕為昭差弗為穆毀隃為昭公非為穆高圉為昭亞圉為穆諸盩為昭大王為穆王季為昭文王為穆故左傳宮之奇云大伯虞仲大王之昭也虢仲虢叔王季之穆也又富辰云管蔡巳下十六國文之昭也昭一音部窋音竹律反揄音投盩音張流反大並音太 毖 音秘 少正 上詩照反 為祭 上于偽反下同 惟行 下孟反注及下注之行同 厥長 丁丈反下注長官諸侯之長同 賈 音古 養 羊亮反 洗 先典反馬云盡也 腆 他典反 省 悉井反 饋 其位反 信任 音壬 畏相

息亮反下同　暇遐嫁反　湎面善反　祇　辟扶亦反　酣户甘反　樂音洛　不

易如字馬以豉反　縱子用反注同　泆音溢又作逸亦作佚　畫許力反　差初佳反又初賣反

很胡懇反　腥　聞音問　監工陷反下及注同　劼苦八反　圻巨依反　父音甫　薄

蕭各反徐又扶各反　違如字徐音回馬云違行也　宏大也　辟必亦反　斷丁亂反　佚

音逸　盡子忍反　惡　俗上烏各反　三　申上息暫反又如字

梓材第十三

梓音子本亦作杍馬云古作梓字治木器曰梓治土器曰陶治金器曰冶　曁其器反　勤　勞

下音力報反下同　來力代反　宄音軌　亦　見如字徐賢遍反　戕徐在羊反又七良反馬云

殘也　折　獄上之舌反　監工暫反劉工銜反下同　爲　民上于僞反注同　其　治直吏反

屬　婦上音蜀妾之事妻也　無　令力呈反篇末同　冤紆元反本作以寃　一　恬田兼反

辟扶亦反　菑側其反　畎工犬反　垣音袁　墉音庸馬云卑曰垣高曰墉　塈徐許氣反

說文云仰塗也廣雅云塗也馬云堊色一音故要反荍徐在私反樸普角反馬云未成器也斲丁角
反雘枉略反徐烏郭反馬云善丹也說文云讀與靃同也又一郭反字林音同夾音協近也朝亭
上直遥反付如字馬本作附拓音託懌音亦字又作斁下同先悉薦反注同監古陷反
爲于僞反

召誥第十四

召時照反相宅上息亮反下注同鎬胡老反見賢遍反下不見同先周公
上悉薦反又如字朏芳尾反又普沒反徐又芳憒反規度待洛反朝直遥反位處
昌慮反汭如銳反共音恭句故侯反屬音燭乃復扶又反瘝工頑反
夫知並如字注同籲音喻呼也號戶高反少詩照反諴音咸碞五咸反徐
又音吟治直吏反下爲治致治皆同比毗志反徐扶志反近附近之近令不上力呈反遺
唯季反讎字或作酬奉幣上如字又芳孔反供音恭徐紀用反注供待同

洛誥第十五　卷之九

既相息亮反注及下同使來上所吏反注遣使同辟必亦反少詩照反治直吏反河朔朔北也瀍直連反南近附近之近伻普耕反徐敷耕反又甫耕反下同貞正也馬云當也盡子忍反曰記上音越一音人實反餤餤音鹽敘絕句馬讀敘字屬下無令力呈反嚮許亮反注同惇都昆反頌音誦徐甫云反馬云猶也棐音匪又芳鬼反蘉徐莫剛反又武剛反馬云勉也被寬上皮寄反又披美反襃薄謀反切韻博毛反旁步光反迓五嫁反馬鄭王皆音魚據反毖音秘救云婢反治直吏反下同監我上工銜反注同樂公上音洛無斁音亦猒於豔反單音丹馬丁但反信也秬音巨鬯勑亮反香酒也卣由手反又音由中樽也禋音因講工巨反厭於豔反注同馬云厭飫也徐於廉反王在新邑孔馬絕句烝之承反鄭讀王在新邑烝騂息營反祝之又反一音之六反王賓絕句殺禋絕句一讀連咸格絕句太室

馬云廟中之夾室 裸 官喚反 誕保文武受命 絶句馬同 惟七年 攝政七年天下太平馬同鄭云文王武王受命及周公居攝皆七年

多士第十六

不則 如字或作測非 徙近 附近之近 弔 音的 旻天 上閔巾反仁覆慜下謂之旻馬云秋曰旻天秋殺氣也方言降喪故稱旻天也 慜 眉殞反 喪 息浪反 弋 徐音翼馬本作翼義同 治 直吏反 畀 必利反下同 秉爲 于僞反 明畏 如字音威 一逸樂 音洛下同 譴 棄戰反 嚮 許亮反 于時夏 絶句馬以時字絶句 泆 音逸又作佾注同馬夲作屑云過也 不背 音佩 之行 下孟反 甸 徒遍反 已上 時掌反 齊敬 上側皆反 喪 息浪反 不復 扶又反 逖 他歷反 比事 上毗志反注同 遠於 上于萬反 攸賓 如字 徐音殯馬云却也 不啻 始豉反徐夲作商音同下篇倣此

無逸第十七

好（呼報反）怙（音戶）相（息亮反）諺（五旦反）嚴（如字又魚檢反注同馬作儼）治（直吏

反）孝行（下孟反）惸（求營反字又作煢）耽（丁南反注下同）樂（音洛注下同）畢

服（如字馬本作俾使也）鮮（息淺反注同）昃（音側本亦作反）昳（田節反）供（音恭）愆

（起虔反）夫（音扶）酗（况付反）譸（竹求反馬本作輈爾雅及詩作侜同侜張誑也）幻（音患）誑

（九況反）詛（側助反）祝（之又反）詈（力智反）憾（胡暗反）叢（才工反）

君奭第十八　卷之十

爲保（太保也）爲師（太師也馬云保氏師氏皆大夫官）相（息亮反）左右（馬分陝

爲二伯東爲左西爲右）不說（音悅）奭（始亦反召公名）弔（音的）棐（音匪又芳鬼反）忱

（市林反）其終（終馬本作崇云充也）君已（音以）遏（於葛反徐音謁絕反）佚（音逸）不

易（以豉反注同）諶（氏壬反）我道（馬本作我迪）去之（上如字又起呂反）尹摯

（音至）隕（于敏反）傳說（音悅）安治（直吏反下同）屏（賓領反）辟（必亦反）重

勸上直用反 虢寡白反徐公伯反 閎音宏 夭於表反徐於驕反 散宜上素但反 顛丁田反又音田 南宮括工活反南宮氏括名也馬本作南君 胥附毛詩作疏附傳曰率下親上曰疏附鄭箋云疏附使疏者親也 奔走奔又作本走又作奏音同詩傳云喻德宣譽曰奔奏鄭箋云奔走使人歸趨 先後上悉薦反下戶豆反毛詩傳云相導前後曰先後 禦侮詩傳云武臣折衝曰禦侮 蔑徐云結反 迪見賢遍反注同 冒莫報反下同馬作勗勗勉也 聞于上音問或如字 輔相息亮反 造才老反一音七到反 鳴鳥馬云鳴鳥謂鳳皇也本或作鳴鳳者非 以朝直遙反 之易以豉反 爲汝民上于僞反 亶丁但反 喪息浪反 否方九反 勘音堪 不勝音升 俾必耳反 懈佳賣反 鮮息淺反

蔡仲之命第十九

辟婢亦反徐扶亦反 七乘繩證反 從車上才用反 圻巨依反下同 畋行下孟反 封如字徐音甫用反 治直吏反 懋音茂 蕃方元反注同 厥度如字注同

斷丁亂反踐似淺反馬同大傳云藉也數色角反覆芳服反成王政如字馬本作征

云正蒲如字徐又扶各反馬本作薄近中附近之近

多方第二十

費誓上音秘鎬胡老反別彼列反譴棄戰反迪徒歷反馬本作攸云所也

之行下孟反麗力馳反重亂上直用反又直龍反懫勑二反說文之二反劓魚器反不畀必二反輔相息亮反慎去羌呂反要一遙反又一妙反注同

殄亭遍反巳上時掌反辟必亦反開之間廁之間不蠲吉玄反馬云明也一音圭烝絕句之承反馬云升也任音壬畀并至反夾音協注同數色角反要一遙反

訊音信倡音唱殛紀力反本又作極臬魚列反馬本作劓相長丁丈反

閱音悅頗破多反探吐南反僻匹亦反

立政第二十一

盡禮上津忍反下同任而鴆反準之允反綴徐丁衛反又丁劣反賁音奔所

長丁丈反除篇末文注以長音直良反餘並同鮮息淺反籲音喻忱市林反恂

音荀之行如字徐下孟反釐力之反耿工迥反徐公穎反又公永反下同王天上往況反

下王有同見德上賢遍反下注同受德受德紂字馬云受所爲德也暋眉謹反徐亡巾反一音閔

爲作上于僞反下爲之同自強其丈反伻普耕反徐敷耕反又甫耕反趣七口反

券音勸契苦計反藏才浪反阪音反遠惡上于萬反礜音餘又如字

敉亡婢反傳之上直專反俾必爾反下同治直吏反下同相我上如字馬息亮

反下勸相同閒閒廁之閒可復扶又反話户快反稚直吏反本亦作穉繹音亦憸

息廉反徐七漸反本又作憸同憸利之人馬云憸利佞人也勱音邁詰起一反馬云實也之比必二反又如字

慎行如字

周官第二十二　卷之十一

還音旋，徐音全巡行下孟反辟必亦反治直吏反，下至家宰經注同之長丁丈
反，下官長、助長、君長同不逮音代，一音大計反懈佳賣反爕素協反傅相息亮
反處昌慮反少詩照反，下同擾而小反，徐音饒慝吐得反倡尺亮反，下同阜音
負治直吏反一朝直遥反巡守音狩，下同，本亦作狩已上時掌反議度
待洛反蓄敕六反莅音利，又音類斷丁亂反，下注同厖武江反勝音升數音亦
長安上直良反厭於豔反肅慎馬本作息慎，云北夷也駒俱付反，又如字麗
力支反馯戶旦反，地理志音寒貊孟白反，說文作貉，北方豸種，孔子曰貉之言貉貉，惡也俾必爾反，馬
本作辨使近附近之近極其久反

君陳第二十三

君陳鄭注禮記云周公之子監工銜反懋音茂治直吏反，下注政治同孜孜音茲
之行下孟反，下德行同應應對之應繹音亦度之上待洛反從七容反辟

扶亦反下同厥中如字或丁仲反斷丁亂反狃女九反君長誅丈反坫

別彼列反沮在汝反否方九反又音鄙好呼報反長世上如字朽許久反

顧命第二十四

而治直吏反相息亮反顧工戶反命臨終之命曰顧命馬云成王將崩顧念康王命召公畢公

率諸侯輔相之懌音亦馬本作不釋云不釋疾不解也洮他刀反徐音逃馬云洮洮髮也頮音悔說文

作沬云古文作頮馬云頮頮面也被皮義反徐扶偽反注同憑皮冰反下同說文作凭云依几也字林同

父冰反齊側皆反盥音管又音灌加朝直遙反奭音釋芮如銳反彤

徒冬反賁音奔之長丁丈反幾音機徐音饑下同瘳勑留反重光上直

龍反馬云日月星也太極上元十一月朔旦冬至日月如疊璧五星如連珠故曰重光麗力馳反肄徐以

至反又以制反侗徐音同又勑動反馬本作詷云共也斥昌亦反釗姜遼反又音昭徐之肴反夫

人如字注同冒亡報反一音墨馬鄭王作勖貢如字馬鄭王作贛音勑用反馬云陷也出如字

大四十六　尚書音義下　十一

徐尺遂反綴丁衛反下同王崩馬本作成王崩注云安民立政曰成幄於角反下同墉

音容本亦作牖首手又反俾必爾反伋居及反齊侯名太公子度舊音杜洛反恐誤注

云作冊書法度音宜如字傳直專反伯相息亮反供音恭黼音甫徐音補扆

於豈反屏步經反畫胡卦反牖音酉複扶又反嚮許亮反篾眠結反馬

云纖蒻純之允反又之閏反下同緣悅絹反本或作純底之履反馬云青蒲也蒻音弱苹

音平豐芳弓反莞音官又音關鏤來豆反夾工洽反徐音頰注同筍息允反馬云箁

箬也徐云竹子竹為席于貧反紛孚云反漆音七徐七利反綬音受越玉馬云越地所獻玉也

五重直容反琬紆晩反琰以冉反削音笑夷玉馬云東夷之美玉說文夷玉即珣玗琪

天球音求馬云玉磬雍於用反本亦作邕鼖扶云反注同中法上丁仲反車渠上尺

遮反車渠車輞也兌徒外反共音恭阼才故反南向許亮反塾音孰音育

重直用反弁皮彥反徐扶變反綦音其馬本作騏云青黑色夾徐工洽反戺音音

廉力占反稜也 鉞音越說文云大斧也 戣音逵 瞿其俱反徐音懼 鋭以稅反 隮子西
反徐子詣反 蟻魚綺反 瑁莫報反 憑皮冰反 卞皮彥反徐扶變反 眇眇彌小反
咤陟嫁反字亦作宅又音妬徐又音託又豬夜反說文作詫丁故反奠爵也馬本作詫與說文音義同 酢才各反
供王音恭 嚌才細反 互音護 宅如字馬同徐殆故反 徹丑列反徐直列反 處昌呂反

康王之誥第二十五

康王既尸天子馬本此句上更有成王崩三字 乘繩證反 鬣力輒反 壤
如丈反 見賢遍反下同 蕃方袁反 朝直遙反 喪息浪反 贄音至 盡子忍
反 羑羊久反馬云道也 戡音堪 遺唯季反注及下同 施以豉反 無壞音怪 甸男
衞馬本從此已下爲康王之誥又云與顧命差異敘歐陽大小夏侯同爲顧命 氐之履反 至齊
信馬讀氐至齊絕句 熊音雄 羆彼皮反 畀必利反徐甫至反 王天上于況反 傳
直專反 督丁木反 鞠居六反 脫去羌呂反

畢命第二十六　　卷之十二

別彼列反朏普忽反徐芳尾反又芳憒反王朝陟遥反鎬戶老反釐力之反

治正上直吏反一本作治政則依字讀令得上力呈反大師上音泰毖音秘密近

如字又附近之近度徒洛反舊作待路反有上時掌反更古行反懋音茂拱

九勇反仰如字徐五亮反治直吏反別彼列反癉丁但反俾必爾反沮辭汝

反又慈呂反守徐始救反重直用反好呼報反覆芳服反鮮息淺反悖

布內反敝步寐反怙音戶侉苦瓜反壓於葉反又於甲反又於豔反政治直吏反

施始豉反浸子鴆反衽而甚反又而鴆反爲周上于僞反人少詩照反

君牙第二十七

穆王名滿君牙或作君雅畫胡卦反蹈徒報反噬市制反陷陷沒之陷

膂音旅累劣僞反令有上力呈反其易以豉反鈌苦穴反治直吏反下注同

辟必亦反

冏命第二十八

冏九永反字亦作臩　長誅丈反　怵勑律反　惕他歷反　礙五代反　侍御如字一音禦　僕從才用反注及下注侍從同　繩市陵反　俾必爾反　更古衡反　便婢緜反

辟四亦反徐扶亦反　足恭上將住反　諛徐以朱反　昵女乙反　憸息廉反徐七漸反利口也　本亦作思　近附近之近　道君道導也　瘝故頑反

呂刑第二十九

贖音蜀注下同　耄本亦作薹毛報反切韻莫報反　度待洛反注同馬如字云法度也　詰起一反　蚩尺之反　尤有牛反馬云少昊之末九黎君名　鴟尺之反鴟梟惡鳥馬云鴟輕也　義本亦作誼　宄音軌　攘如羊反　矯居表反　虔其然反　劓魚器反　刵徐如志反　椓丁角反　黥其京反　麗力馳反　并必政反　泯泯面忍反徐音民　棼棼芳云反徐扶云反　覆

芳服反徐敷目反　詛側助反　背音佩　約如字又於妙反　發聞音問又如字注同　腥音星

之行下孟反　君帝君宜作皇字帝堯也　遏於葛反　重直龍反注同　黎力兮

反　棐音匪又芳鬼反　鰥居頑反　清問馬云清訊也　折之設反下同馬鄭王皆音悊馬云智

也　種章用反　殖承力反　斷丁亂反下同　祇止而反　治直吏反　賂來故反　爲

天上于僞反　任重上而鴆反下輕重之重　麗力馳反　蠲吉縣反　咎其九反　聽如字

又他經反　少詩照反　長丁丈反　日勤上人實反一音曰　天齊于民絕句馬云齊中

也　俾我絕句上必爾反馬本作矜矜哀也　曰吁況于反馬作于于於也　度待洛反注同馬云謀造也

兩造七報反注同　核幸革反　不應應對之應下同　疵才斯反　惟來馬本作求云有

求請賕也　墨辟婢亦反　鍰徐戶關反六兩也鄭及爾雅同說文云六鋝也鋝十一銖二十五分銖之十三

也馬同又云賈逵說俗儒以鋝重六兩周官劒重九鋝俗儒近是　閱音悅　顙素黨反　涅乃結反　剕

扶謂反　倍差測加反下同傳云五百鍰也馬云倍二百爲四百差者又加四百之三分之一凡五百三十三

鍰三分鍰之一也　刖音月又五割反絕也　互見賢遍反　無僭子念反　并必政反

數色住反　刑當丁浪反　謂上時掌反下注同　鞠九六反　劾亥代反玉篇胡得反

以儆音景　天相如字馬息亮反助也　治直吏也　令眾上力呈反　屬音燭

文侯之命第三十　卷之十三

平王馬本無平字　錫星歷反馬本作賜　秬音巨　鬯勑亮反　瓚才但反　杓上灼

反　柄彼病反　義本亦作誼　和馬云能以義和諸侯　別彼列反　敷聞音問　以

王于況反　辟必亦反　閔予如字又音與　愆去虔反　隤杜回反　隕于敏反

殄大見反　重稱上直用反　乃辟扶亦反　扞下旦反注同　遺令力呈反　賚

力代反　卣音酉又音由　釀女亮反　肜徒冬反　馬供音恭　核戶華反　治

直吏反

費誓第三十一

伯禽魯侯名不開舊讀皆作開馬本作闓費音秘譁戶瓜反監工銜反
敹了彫反敿居表反弔音的鎧苦代反兜丁侯反鍪音矛楯常準反又音允
紛芳云反不令力呈反鍛丁亂反礪力世反鍊來見反牿工毒反杜本又作敷
擭華化反徐戶覆反敜徐乃協反又乃結反穽在性反檻戶減反窒珍栗反畜許六反又丑六反
逋布吳反佚音逸商如字徐音章賚力代反徐音來度待洛反攘如羊反
垣音袁峙直里反爾雅云具也糗去九反一音昌紹反糧音良糒音備楨音貞徐音
榦二翰反築陟六反守手又反堙音因不供音恭芻初俱反茭音交

秦誓第三十二

秦穆公伐鄭事見魯僖公三十三年三帥色類反下注同謂孟明視西乞術白乙丙崤戶交反
塞悉代反假工下反樂音洛俾必爾反下同復扶又反惟為于僞反下為我謀同
番番音波仡仡許乞反又魚乞反馬本作訖訖無所省錄之貌徐云強狀射神夜反截

截才節反馬云辭語截剩省要也諞音辯徐敷連反又甫淺反馬本作偏云少也辭約損明大辯佞之人易羊石反昧昧音妹介音界馬本作介云一介耿介一心端慤者字又作个音工佐反斷斷丁亂反又音短猗於綺反又於宜反技其綺反本亦作伎他本亦作它吐何反樂音洛好之上呼報反啻失豉反冒莫報反音同惡烏路反背音佩壅於勇反塞先得反殆唐在反杌五骨反隉五結反徐語折反

經典釋文第四

經典釋文卷第五

毛詩音義上 起第一盡第六

唐國子博士兼太子中允贈齊州刺史吳縣開國男陸　德明撰

周南 周者代名其地在禹貢雍州之域岐山之陽於漢屬扶風美陽縣南者言周之德化自岐陽而先被南方故序云化自北而南也漢廣序又云文王之道被於南國是也 關雎 七胥反依字且邊隹且音子餘反旁或作鳥 故訓傳第一 舊本多作故今或作詁音古又音故傳音直戀反案詁故皆是古義所以兩行然前儒多作詁解而章句有故言郭景純注爾雅則作釋詁樊孫等爾雅本皆爲釋故今宜隨本不煩改字 毛詩 詩是此書之名毛者傳詩人姓既有齊魯韓三家故題姓以別之或云小毛公加毛詩二字又云河間獻王所加故大題在下案馬融盧植鄭玄注三禮並大題在下班固漢書陳壽三國志題亦然 國風 國者總謂十五國風者諸侯之詩從關雎至騶虞二十五篇謂之正風 鄭氏箋 本亦作牋同薦年反字林云箋表也識也案鄭六藝論云注詩宗毛爲主毛義若隱略則更表明如有不同即下已意使可識別也然此題非毛公馬鄭王肅等題相傳云是雷次宗題承用既久未敢

爲異又案周續之與雷次宗同受慧遠法師詩義而續之釋題已如此又恐非雷之題也疑未敢明之

關雎舊解云三百一十一篇詩並是作者自爲名后妃芳非反爾雅云妃媲也對也左傳云嘉耦

曰妃禮記云天子之妃曰后之德也舊說云起此至用之邦國焉名關雎序謂之小序自風風也訖

末名爲大序沈重云案鄭詩譜意大序是子夏作小序是子夏毛公合作卜商意有不盡毛更足成之或云小序是

東海衛敬仲所作今謂此序止是關雎之序揔論詩之綱領無大小之異解見詩義序並是鄭注所以無箋云者以無所

疑亂故也風之始也此風謂十五國風風是諸侯政教也下云所以風天下論語云君子之德風並是此

義所以風如字徐福鳳反今不用風風也並如字徐上如字下福鳳反崔靈恩集注本下即作

諷字劉氏云動物曰風託音曰諷崔云用風感物則謂之諷沈云上風是國風即詩之六義也下風即是風伯鼓動之風

君上風教能鼓動萬物如風之偃草也今從沈說風以動之如字沈福鳳反云謂自下刺上感動之名變風

也今不用故嗟迹斜反咨嗟也歎之本亦作嘆湯贊反歎息也蹈之徒到反動足履地也猶見

賢遍反角徵陟里反上下時掌反相應應對之應下注同治世直吏反之音絶句安

以樂音洛絶句其政和一讀安字上屬以樂其政和爲一句下放此以思息吏反正
得失周云正齊人之得失也本又作政謂政教也兩通莫近如字沈音附近之近厚人倫
音后本或作序非曰比必履反曰興虛應反沈許甑反曰頌音訟下以風福鳳
反注風刺同刺上七賜反本又作刺而譎古穴反詐也故曰風福鳳反又如字之苛
本亦作苛音何苛虐也吟疑今反動聲曰吟風其上福鳳反告於古毒反麟呂辛
反趾音止騶本亦作騶側留反召公上照反後召南召公皆同從岐其宜反山
名也或音祇被江皮寄反大王音泰淑女常六反善也哀前儒竝如字論語云哀而
不傷是也鄭氏改作衷竹隆反窈烏了反窕徒了反毛云窈窕幽閑也王肅云善心曰窈善容曰窕
恕音庶本又作念好呼報反逑音求雎七胥反鳩九尤反雎鳩王雎也鳥之有至別者
之洲音州水中可居者曰洲興也虛應反沈許甑反案興是譬諭之名意有不盡故題曰興他皆放此
摯本亦作鷙音至有別彼竭反下同說音悅樂音洛和諧戶皆反則朝

直遥反廷徒佞反好毛如字鄭呼報反兔罝詩放此逑音求毛云匹也本亦作仇音同鄭云怨耦
曰仇幽閒音閑下同怨耦五口反能爲于僞反不嫉音疾徐音自後皆同妬
丁路反以攺曰妬參初金反差初宜反又初佳反荇衡猛反本亦作莕接余也沈有並反左右
王申毛如字鄭上音佐下音佑助也接余音餘本或作萋茶非共荇菜音恭本或作供下共荇菜
並同之菹阻魚反字又作葅九嬪鼻申反内官名皆樂音洛又音岳寤五路反覺
也寐莫利反寢也覺也音教悠哉音由思也輾本亦作展哲善反呂忱從車展鄭云
不周曰輾注本或作卧而不周者剩二字也芼之毛報反擇也樂之音洛又音岳或云協韻宜五教反
關雎五章章四句故言三章其一章四句一章
章八句五章是鄭所分故言以下是毛公本意後放此
葛覃本亦作蕈徒南反覃延也澣本又作浣戶管反濯直角反師傅夫附反
欲見賢遍反施于毛以豉反移也鄭如字下同萋萋切奚反茂盛皃延蔓音萬

浸浸子鴆反 日長丁丈反 灌木古亂反叢木也 喈喈音皆和聲之遠聞也
摶黍徒端反鳥名也 叢木才公反俗作藂一本作最作外反 遠聞音問又如字下同 之
稱尺證反 莫莫美博反成就貌 是艾本亦作刈魚廢反韓詩云刈取也 是濩
胡郭反煑也韓詩云濩瀹也音羊灼反 爲絺恥知反葛之精者曰絺 爲綌去逆反葛之麤者曰綌 無
斁本又作𢿱音亦猒也 猒也於豔反本亦作厭 玄紞都覽反紞織五采如縚狀用縣瑱也 紘
獲耕反纓之無緌者從下仰屬於冠 綖音延冕上覆也 朝服直遙反下同 庶士謂庶人在官者本或
作庶人 各衣於既反 謂嫁曰歸本亦無曰字此依公羊傳文 重言直用反 薄
汙音烏煩也 副如字婦人首飾之上 褘音輝王后六服一曰褘衣 接見賢遍反下見於君子同
煩撋諸詮之音而專反何胤沈重皆而純反阮孝緒字略云煩撋猶挼莎也挼音奴禾反莎音素禾反 澣
衣吐亂反六服之最下者 害澣戶葛反曷何也下同 害否方九反 絜清如字
沈音淨 卷耳眷勉反苓耳也廣雅云枲耳也郭云亦曰胡枲江南呼常枲草木疏云幽州人謂之爵耳

險詖彼寄反妄加人以罪也崔云險詖不正也頃音傾筐起狂反毛云頃筐畚屬韓詩云頃筐欹筐

也苓耳音零畚音本何休云草器也說文同易盈以豉反下同憂思息吏

反下憂思同寘之豉反置也周行戶康反行列位也注下同謂朝直遥反崔徂回

反嵬五回反毛公崔嵬土山之戴石也毛此注及下釋砠與爾雅同虺呼回反徐呼懷反說文作㾯隤徒回

反徐徒壞反虺隤病也爾雅同孫炎云馬退不能升之病也說文作頹使臣色吏反下同離其

力智反我姑如字姑且也說文作夃音同云秦以市買多得爲夃罍盧回反酒罇也韓詩云天子以玉飾諸侯

大夫皆以黃金飾士以梓禮記云夏曰山罍其形似壺容一斛刻而畫之爲雲雷之形以勞力到反不復

扶富反岡古康反山脊也兕字又作兕徐履反爾雅云兕似牛觥古橫反罰爵也以兕角爲之字又作

觵韓詩云容五升禮圖云容七升爲意于僞反憂勤並如字俗本下竝加心非也爲樂音洛

岨矣本亦作砠同七餘反毛云石山之戴土也瘏矣音塗病也本又作屠非痡矣音敷又普烏反病也

本又作鋪同吁矣香于反憂也痡病也一本作痛亦病也者非樛木

居虯反木下句曰樛字林九稠反馬融韓詩本並作朻音同字林巳周反說文以朻爲木高逮下徒戴又徒帝反
反之心焉崔集注本此序有鄭注捡衆本並無藟本亦作櫐力軌反似葛之草也草木疏云一名巨荒
似燕薁亦連蔓葉似艾白色其子赤可食纍之力追反纏繞也本又作藟上附時掌反樂只
之氏反猶是也綏之音雖安也樂樂上音岳下音洛縈之本又作縈烏營反旋也說文作榮
螽斯音終斯爾雅作螽音同螽斯蚣蝑也諱惡烏路反詵詵所巾反衆多也說文作辡
音蝑蚣粟容反字林作蜙先凶反郭璞先工反許慎思弓反蝑粟居反許慎呂忱並先呂反郭璞才與反案一名斯
螽七月詩云斯螽動股是也揚雄許慎皆云春黍草木疏云幽州謂之春箕蝗類也長而青長股股鳴者也郭璞注
方言云江東呼爲蚱蜢音竹白反蜢音猛情慾音欲諸詮之音諭不耳本或作不然振振
音眞仁厚也宜女音汝薨薨呼弘反衆多也揖揖子入側立二反會聚也蟄蟄
尺十反徐又直立反和集也桃夭於驕反桃木名夭夭少壯也說文作枖云木少盛貌鰥本亦
作鰥古頑反老無妻曰鰥少壯詩照反俱當丁浪反有蕡浮雲反實貌蓁蓁側巾反至

畝也 盡以 津忍反或如字他皆放此 菟罝 菟又作兔他故反罝音子斜反菟罝也說文子余反 好
德 呼報反 椓之 陟角反 丁丁 陟耕反椓杙聲 菟罟 音古罔也 杙 本又作弋羊職反鄭
羊北反爾雅云樴謂之杙李巡云橛也樴音特橛音其月反 赳赳 居黝反武貌爾雅云勇也 干城 如字爾雅云干
扞也孫炎注云干楯所以自蔽扞也鄭云干也城也皆以禦難也舊戶旦反沈音幹 扞也 戶旦反 以禦 魚呂反
難也 乃旦反下同 任爲 音壬 將 子匠反 帥 色類反沈所愧反 可任 而鴆反後不音者放
此 國守 手又反 折 之設反 衝 昌容反 施于 如字 中逵 求龜反九達道也杜預注
春秋云塗方九軌 施于中林 如字沈以豉反 制斷 丁亂反 芣苢 音浮
苢本亦作苡音以芣苡馬舄也又名車前韓詩云直曰車前瞿曰芣苡郭璞云江東呼爲蝦蟇衣草木疏云幽州人謂之牛舌
又名當道其子治婦人生難本草云一名牛遺一名勝舄山海經及周書王會皆云芣苢木也實似李食之宜子出於西戎衛氏傳
及許愼竝同此王肅亦同王基已有駁難也 馬舄 音昔 掇 都奪反拾也 拾 音十 捋
力活反 袺 音結執衽也 執衽 壬入錦反又而鴆反衣際也 擷 戶結反扱衽也一本作襭同 扱 壬衽永

初洽反
漢廣　漢水名也尚書云嶓冢導漾水東流為漢　被于　皮義反　紂時　直久
反殷王也　徧於　邊見反　喬木　本亦作橋渠驕反徐又紀橋反木枝上竦也　休息　並如字古本皆爾本
或作休思此以意改耳　上竦　粟勇反　流水　本或作漢水　泳　音詠潛行為泳　泭　芳于反本亦作
泭又作桴或作柎並同沈旋音附方言云泭謂之䈟䈟謂之筏筏秦晉通語也孫炎注爾雅云方木置水為柎栰也郭璞云水
中䉵筏也又云木曰䈟竹曰筏小筏曰泭䈟音皮佳反栰筏同音伐樊光爾雅本作柎　翹翹　祁遙反沈其堯反薪貌
尤高絜者　一本無絜字　言秣　莫葛反養也說文云食馬穀也　以上　時掌反下文同
禮餼　虛氣反牲腥曰餼　其蔞　力俱反馬云蔞葛也郭云似艾音力侯反　汝墳
符云反汝水名墳大防也常武傳云墳涯也　能閔其君子　密謹反傷念也一本有婦人二字　被
文　皮義反　條枚　妹迴反榦也　惄如　本又作惄乃歷反毛飢意鄭思也韓詩作愵音同　調　張留
反朝也又作輖音同　條肄　以自反餘也斬而復生者沈云徐音以世反非　復生　扶富反　於思　如字
又息嗣反　魴魚　符方反魚名　赬尾　勑貞反赤也說文作䞓又作赬並同　如燬　音毀齊人謂火曰燬

郭璞又音賃字書作娓音毀說文同一音火尾反或云楚人名火曰㜸齊人曰燬吳人曰娓此方俗訛語也 瘽病 色救反

之酷 苦毒反 辟此 一本作辭此 之處 昌慮反 爲踈 于僞反踈亦作疏

麟之止 呂辛反端獸也草木疏云麢身牛毛馬足黃色負蹄一角角端有肉音中鍾呂行中規矩王者至仁則出毛云信而應禮鄭云角端有肉示有武而不用也服虔注左傳云視明禮脩則麒麟至麢音俱倫反序本或直云麟止無之字止本亦作趾兩通 之應 應對之應序注及下傳應禮同 振振 音真信厚也 相應 音鷹當也 之定 都佞反題也字書作頷音同 題也 徒兮反郭璞注爾雅頷也本作顛誤 示有武 一本示作象

召南鵲巢第二

召亦地名也在岐山之陽扶風雍縣南有召亭案周召皆周之舊土文王受命後以賜二公爲菜地二南之風皆文王未受命之詩也周南十一篇是先王之所以敎聖人之深迹故繫之公旦召南十四篇是先王之敎化文王所行之淺迹故繫之君奭 鵲巢 七略反字林作䧿 積行 下孟反下注同 尸鳩 本又作鳲音同爾雅云鳲鳩鴶鵴也郭璞云今布穀也江東呼穫穀草木疏云一名擊穀案尸鳩有均之德飲其子旦從上而下暮從下而上平均如一揚雄云戴勝也 秸 古八反又音吉爾雅作鴶 鞠 音菊爾雅作鵴

嫁之 音嫁俗本或作加功 御之 五嫁反本亦作訝又作迓同迎也王肅魚據反云侍也 百乘 [illegible]反
同 送御 五嫁反本作迓 一方有之也 一本無之字 將之 如字送也沈七羊反 衆
媵 音孕又繩證反國君夫人有左右媵 姪 待結反字林丈一反兄女曰姪謂吾姑者吾謂之姪 娣 徒帝反女
弟也 采蘩 音煩本亦作蘩皤蒿也孫炎云白蒿 于沼 之紹反池也 于沚 音止渚也
皤 薄波反白也 蒿 好羔反 谿 苦兮反杜預云澗也 于澗 古晏反山夾水曰澗 山夾
古洽反一音古協反 被之 皮寄反注及下同首飾也 僮僮 音同竦敬也 蚤也 音早本多作早
下同 視濯 直角反 既 古愛反 饎 昌志反酒食也 爨 七亂反 髲 皮寄反鄭音髲
髢 本亦作鬄徒帝反劉昌宗吐歷反沈湯帝反鄭注少牢禮云古者或剔賤者刑人之髮以被婦人之紒因以名
焉春秋以為呂姜髢是也紒音計 祁祁 巨私反舒遲也 無罷 音皮本或作疲
草蟲 直忠反本或作虫非也虫音許鬼反草蟲常羊也草木疏云一名負蠜大小長短如蝗而青也 喓
喓 於遙反聲也 趯趯 託歷反躍也 阜 音婦 螽 音終阜螽蠜也李巡云蝗子也草木

䟽云今人謂蝗子爲螽 躍音藥 蠜音煩 異種章勇反 忡忡敕中反猶衝衝 當

丁浪反下同 覯古豆反遇也 則降戶江反下也 其蕨居月反虌也草木䟽云周秦曰蕨齊

魯曰虌 虌甲滅反本又作鼈俗云其初生似虌脚故名焉 惙惙張劣反憂也 則說音悅服也注同

其薇音微草也亦可食 相讎力智反 采蘋符申反大蓱也韓詩云沈者曰蘋浮

者曰藻 共祭音恭本或作供注同 姆莫豆反字林云甫反云女師也鄭云姆者婦人五十無子出不復嫁

以婦道教人若令時乳母也 婉怨遠反 娩音晚 麻枲絲似反 絲繭古顯反本亦作蠒

紝女金反何如鴆反繒帛之屬 組音祖綫也 紃音旬絛也 酒漿子詳反 菹醢音海

禮相息亮反 而笄吉兮反 之濱音賓涯也 采藻音早水菜也 行潦

音老 大蓱本又作萍薄經反一本作苹音平 涯也本亦作厓五佳反 先嫁蘇遍反 芼

莫報反沈音毛 言澡音早 之行下孟反 絜清如字又音淨 以盛音成 維筐

音匡方曰筐 及筥居呂反負曰筥 湘之息良反烹也 維錡其綺反三足釜也玉篇宜綺反

及鬵徐甫反亨也本又作烹同普更反煮也魚湆去急反汁也是鉶本或作鈃

音形鄭云三足兩耳有蓋和羹之器羹之音庚劉昌宗音儀禮音衡牖音酉下如字協韻則音戶後皆放

此也與音餘有齊本亦作齋同側皆反敬也季少詩照反下同迎者宜敬反俎

側所反其齍音資本或作粢甘棠杜也草木疏云今棠梨召時照反名奭音釋召康

公名也燕世家云與周同姓孔安國及鄭皆云爾皇甫謐云文王之庶子案左傳富辰言文之昭十六國無燕也未知士

安之言何所憑據封燕烏賢反國名在周禮幽州之域今涿郡薊縣是也蔽必袂反徐方四反又方計

反沈又音必芾非貴反徐方蓋反蔽芾小貌勿翦子踐反去也韓詩作剗初簡反所茇

蒲曷反徐又扶蓋反說文作废云草舍也去也羌呂反聽斷丁亂反人被皮寄反說

音悅其勿敗必邁反又如字所憩本又作愒起例反徐許罽反息也所說本或作稅又作

脫同始銳反舍也拔備八反行露厭於葉反徐於十反又於立反沈於占反浥本又

作挹同於及反又於脅反厭浥濕意也夜莫本又作暮同忙故反又亡博反小星詩同禮與音餘大

多音泰舊吐賀反　而強來其丈反下強委同沈其常反　不度待洛反　可否方九反
令會力政反後不音者放此　昏昕許斤反五禮用昕親迎用昏　穿我本亦作穿音川　謂
女音汝下皆同　我獄音玉　埇也音角又戶角反盧植云相質觳爭訟者也崔云埇者埇正之義一云
獄名　以味本亦作噣郭張救反何都豆反鳥口也　紂帛側基反依字糸旁才後人遂以才爲屯因作純
字　五兩音諒　媒音梅謀也　妁時酌反又音酌廣雅云妁酌也　我墉音容牆也　我訟如字
徐取韻音才容反
羔羊小曰羔大曰羊　積行下孟反　五它本又作他同徒何反它數也本或作紽　數也所具
反後不音者同　以英於音映又如字　委於危反　蛇本又作虵同音移毛云委蛇行可從迹也鄭云委曲
自得之貌讀此句當云委虵委虵沈讀作委委虵虵韓詩作逶迤云公正貌　行可下孟反崔如字　從迹
足容反字亦作蹤迹又作跡　緎徐音域又于域反縫也孫炎云緎縫之界域　緎縫也爾雅云緎羔裘
之縫也音符用反一本作縫縫也則當音符龍反　之縫符龍反注同注縫殺之字又音符用反　五總

季反公殺之所界反徐所例反

殷其霝𧴒音隱下同𧴒霝聲也霝亦作雷力回反勸以義也本或無以字下句始有不

遑本或作偟音黃暇也謂使所吏反復去符福反閒暇音閑振振音真

爲君于僞反或如字使所吏反或如字處尺煑反

摽有梅婢小反徐符表反落也梅木名也韓詩作楳說文楳亦梅字男女及時也

本或作得以及時者從下而謂被文皮寄反則隋追果反又徒火反迨其音待及也韓詩

云願也鄉晚本亦作嚮又作向同許亮反差多初賣反頃筐音傾塈之許器

反取也以蓄音煩不禁居鴆反一音金

小星之行下孟反注同能盡津忍反後放此嘒彼呼惠反微貌五噣張救反又

都豆反爾雅云噣謂之柳四時更音庚下同見賢遍反下同列宿音秀寔命時職

反是也韓詩作實云有也維參所林反星名也一名伐與昴音卯徐又音茅一名留二星皆西方

宿也留也如字又音柳下同抱衾起金反被也與裯直留反毛云禪被也鄭云牀帳
也徐云鄭音直俱反帳張仗反
江有汜音祀江水名毛云決復入為汜鄭云汜小水也美媵音孕又繩證反古者諸侯娶夫人則同姓
二國媵之有嫡都狄反正夫人也下同江沱徒何反江水之別也篇內同決古穴反又音穴復
入扶福反並流白猛反又步頂反有渚諸呂反小淵也水枝成渚韓詩云一溢一否曰渚渚
小洲也本或無此注水枝如字何音其宜反又音祇岷山本又作崏武巾反山名在蜀道
江徒報反本亦作導下篇注同我過音戈下文同其嘯蕭叫反沈蕭妙反蹙口
子六反本亦作蹴解華買反又閑買反說始拙反又音悅
野有死麕本亦作麏又作麇俱倫反爾雅云郊外曰野麏獸名也草木疏云麏麞也青州人謂之麏
惡無烏路反下同被文皮寄反劫脅上居業反下許業反苞逋茆反裹也裹
也音果殺禮所戒反徐所例反絜清如字沈音淨欲令力呈反誘之音酉

尊也　樸蒲木反又音僕　樕音速樸樕小樹也　純束徒本反沈云鄭徒尊反　如屯舊徒本反沈徒尊反云屯聚也　脫脫勑外反舒貌注同　無感如字又胡坎反動也　我帨始銳反沈始悅反佩巾也　使尨美邦反狗也　也吠符廢反　何彼襛矣如容反猶戎戎也韓詩作茙茙音戎說文云衣厚貌　王姬音基王姬武王女姬周姓也杜預云王姬以上爲尊　雝王姬一本作雝則王姬　車服音居他皆放此釋名云古者曰車聲如居所以居人也今曰車音尺奢反云舍也韋昭曰古皆音尺奢反從漢以來始有居音　不繫本或作繼　下王后遐嫁反注同　厭於葉反　翟庭歷反厭翟王后五路之第二者也翟雉也次其羽相迫故曰厭也　繪本又作繢戶妹反畫文也　總作孔反　褕翟音遥翟或作狄王后六服之第二也　唐棣徒帝反栘也字林大內反　之華如字　栘也音移一音是兮反郭璞云今白栘也似白楊江東呼夫栘　之車協韻尺奢反又音居或云古讀華爲敷與居爲韻後放此　其釣音弔　伊緡云貧反綸也　綸也音倫繩也　騶虞側留反騶虞義獸也白虎黑文不食生物有至信之德則至周書王會草木䟽並同又云尾長於身不履生草

尚書大傳云尾倍於身 之應 應對之應注皆同 朝廷 直遥反 既治 直吏反 純
被 皮寄反 蕃殖 音煩多也 蒐田 所留反春獵爲蒐田獵也杜預云蒐索擇取不孕者也穀
梁傳云四時之田春曰田夏曰苗秋曰蒐冬曰狩 彼茁 則劣側刷二反出也 者葭 音加蘆也 蘆也
音盧草也 著春 張慮反後不音者放此 壹發 如字徐音廢 五豝 百加反豕牝也 豕
牝 頻忍反徐扶死反 君射 食亦反 者蓬 蒲東反草也 五豵 子公反徐又在容反
字又作豵同毛云一歲曰豵鄭云豕生三曰豵 邶 蒲對反本又作鄁字林方代反 柏 音百字又作栢 舟
第三 鄭云邶鄘衛者殷紂畿內地名屬古冀州自紂城而北曰邶南曰鄘東曰衛衛在汲郡朝歌縣時康叔正封于衛其
末子孫稍并兼彼二國混其地而名之作者各有所傷從其本國而異之故有邶鄘衛之詩王肅同從此訖豳七月十三國並
變風也 柏舟 柏木名以爲舟也 頃公 音傾 君近 附近之近 汎彼 敷劒反流
貌 汎流貌 本或作汎汎流貌者此從王肅注加 耿耿 古幸反儆儆也 儆儆 音景 以敖
本亦作遨五羔反 匪監 本又作鑒甲暫反鏡也 以茹 如預反徐音如庶反 度也 待洛反下同 往

愬蘇路反之怒協韻乃路反卷也眷勉反注同棣棣本或作逮同徒帝反又音代富而閑
習也可選雪兖反數也儼然魚檢反本或作嚴音同可數色主反悄悄七小反憂
貌慍于憂運反怒也遘閔古豆反本或作覯受侮音武又音茂寤辟本又
作擘避亦反拊心也有摽符小反拊心貌拊心音撫迭而待結反韓詩作臷音同云臷常也
澣衣戶管反憒辱古對反綠衣毛如字綠東方之間色也鄭改作褖
吐亂反篇反各同妾上時掌反注上僭皆同僭牋念反州吁況于反毋嬖補計反謚
法云賤而得愛曰嬖嬖卑也媟也〻黃裏音里間色間廁之間鞠衣居六反言如鞠花之色也
又去六反言如麴塵之色王后之服四曰鞠衣色黃也展衣知彥反字亦作襢音同王后之服五曰襢衣毛
氏馬融皆云色赤鄭云色白素紗音沙嫡妾本亦作適同丁歷反女所崔云毛如字鄭
音波之行下孟反下同以上時掌反衣織於既反下音志俾無卑爾反沈必履反使
也訧兮音尤本或作尤過也過差初賣反又初佳反淒其七西反寒風也

燕燕於見反鳦也　戴嬀居危反戴謚也嬀陳姓也　名完字又作皃俗音丸即衛桓公也　殺
之如字又申志反　見已賢遍反　差楚佳反又楚宜反　池如字　鳦音乙本又作乙郭烏拔反
于野如字協韻羊汝反沈云協句宜音時預反後放此　已憤符粉反　泣涕他禮反徐又音
弟　頡之戶結反飛而上曰頡　頏之戶郎反飛而下曰頏　而上時掌反篇內皆同　竚
立直呂反久也　感激經歷反　于南如字沈云協句宜乃林反今謂古人韻緩不煩改字　實
勞實是也本亦作寔　任只入林反毛云大也沈云鄭而鴆反　塞瘞於例反崔集注本作實
六行下孟反下篇同　以勗凶玉反徐又況目反勉也　日月之難乃旦反
以至困窮之詩也舊本皆爾俗本或作以至困窮而作是詩也誤　故處昌慮反又
昌呂反　我顧本又作顧如字徐音古此亦協韻也後放此　相好呼報反注同王崔申毛如字　語
於魚據反　不述本亦作術　終風終日風也韓詩云西風也　謔許約反
浪力葬反韓詩云起也　笑本又作咲俗字也悉妙反　敖五報反謔浪笑敖戲謔也　且霾亡皆反徐

又莫成反風而雨土爲霾**雨土**于付反**肯來**如字古協思韻多音棃後皆放此**我思**如字

曀於計反陰而風也**且復**扶富反**疐**本又作嚏又作疐舊作利反又丁四反又渚吏反或

竹季反劫也鄭作嚏音都麗反**劫也**居業反本又作跲音同又渠業反孫

欠故劫是也不作劫字人體卷則伸志倦則劫案音丘據反王篇云劫欠張口也**嚏欬**開愛反**女思**

音汝下同後可以意求之疑者更出**虺虺**虛鬼反

擊鼓文仲將子亮反注將者同**殤公**音傷**子馮**本亦作憑同皮冰反**蔡**

從才用反下陳蔡從同**其鏜**吐當反擊鼓聲也**城漕**音曹衛邑也**有忡**勑忠反

爰喪息浪反注同**故處**昌慮反**近得**附近之近**契**本亦作挈同苦結反**闊**

苦活反契闊勤苦也韓詩云約束也**成說**音悅毛數也鄭相愛悅也**數也**色主反**偕**音皆俱也

與之約如字又於妙反下同一本作與之約誓**於難**乃旦反**相遠**于万反**洵**呼縣

反遠也本或作詢誤也詢音荀韓詩作夐夐亦遠也**信兮**毛音申極也案信即古伸字也鄭如字相親信也

凱風（開在反南風也）棘心（居力反俗作棘）樂夏（音洛或一音岳）之長（丁丈反下皆同）夭

夭（於驕反盛貌）劬勞（其俱反）少長（詩照反）叡（悅歲反下同）叡知（音智本亦

作智）在浚（音峻衛邑也）浸潤（子鴆反）逸樂（音洛）睍（胡顯反）睆（華板反睍

睆好貌）色說（音悅下篇注同）雄雉（爾雅云飛曰雌雄）刺衛（俗作刾同

七賜反詩內多此音更不重出）不恤（本亦作卹）數起（色角反）烝於（之升反）泄泄

（移世反）奮訊（音信又音峻字又作迅同）自貽（本亦作詒以之反遺也）遺也（維季反沈羊類

反）阻難（乃旦反下同）作繄（烏兮反是也）君之行（下孟反下君之行同）其朝

（直遙反）下上（時掌反）女怨（如字下女怨同）德行（下孟反下注皆同）不忮（之豉反害

也字書云恨也韋昭音洎）不臧（子郎反善也）

匏有苦葉（匏音薄交反瓠也）之瓠（戶故反）以上（時掌反下皆同）渡處（昌慮

反）則厲（力滯反以衣涉水也韓詩云至心曰厲說文作砅云履石渡水也音力知反又音例）則揭

苦例反褰衣渡水也揭揭衣竝苦例反下同一云下揭字音起例反一本作揭褰衣長幼張文反爲

之于僞反求妃音配本亦作配下同沵濔弥爾反深水也鷕以小反沈耀皎反雌雉聲或一音戶

了反說文以水反字林于水反所難乃旦反下同淫泆音逸之行下孟反不濡而朱

反漬也軌舊龜美反謂車轊頭也依傳意宜音犯案說文云軌車轍也從車九聲龜美反軓車軾前也從車凡

聲音犯車轊頭所謂軓也相亂故具論之其牡茂后反由輈竹留反車轅也旭許玉反徐又許表反

曰始出大昕之時也說文讀若好字林呼老反大昕許巾反請期音情又七井反下同親迎

魚敬反迨冰音待及也未泮普半反散也招招照遥反號召之貌王逸云以手曰招以言

曰召韓詩云招招聲也卬否五郎反我也本或作仰音同號召戶羔反谷風

古木反東風也黽勉本亦作僶莫尹反僶勉猶勉勉也見譴遣戰反采葑孚容反徐

音豐須也字書作蘴孚容反草木疏云蕪菁也郭璞云今菘菜也案江南有菘江北有蔓菁相似而異菘音嵩

采菲妃鬼反易也芴也音勿爾雅云菲芴又云菲葸菜郭以菲芴爲土瓜解息菜云似蕪菁華紫

大ア卄八　毛詩音義上　十二

赤色可食菫河耕反蔓音万本又作蕪音無菁音精又子零反與葍音福本又作蕾音富
爾雅葍藑郭云大葉白華根如指色白可食幷棄俾政反又如字有違如字毛離也鄭徘徊也韓
詩云違張也我畿音祈門內也已訣音快本或作決裁於門內一本作裁至於門又
一本作裁至於門內荼苦音徒苦菜也如薺齊禮反菜也宴爾本又作燕徐於顯反
又烟見反安也涇音經濁水也渭音謂清水也湜湜音殖持正貌說文云水清見底其沚
音止故見渭濁舊本如此一本渭作謂後人政耳動搖餘招反又餘照反屑以素節
反絜也不復扶富反無發我笱古口反捕魚器韓詩云發亂也以捕音步不
閱音悅容也泳之音詠泭也音孚難易夷豉反下同爲求于僞反匍
音蒲又音符匐蒲北反一音服鄭云匍匐盡力能慉許六反毛興也鄭驕也王肅養也說文起也驕
樂音洛憎惡烏路反下皆同賈用音古市也不售市救反阻難乃旦反下
難卻同一音如字覯其音冀育鞫本亦作諊居六反窮也顛覆芳服反注同育

長張丈反下皆同稺本亦作穉直吏反窮匱求位反乏也無辟音避本亦作避毒

螫失石反何呼洛反旨蓄本亦作畜勑六反御冬魚據反下同禦也徐魚舉反一本下句即

作禦字洸音光武也潰戶對反怒也韓詩云潰潰不善之貌旣詒音怡肄以世反勞也徐

以自反爾雅作勩以世反遺也唯季反下同來塈許器反息也

式微黎力兮反國名杜預云在上黨壺關縣寓于音遇寄也于又作手

旄丘音毛丘或作古北字前高後下曰旄丘字林作嵍云嵍丘也亡周反又音毛山部又有嵍字亦云嵍丘亡

付反又音旄連率所類反禮記云十國以爲連連有率佐牧州牧之牧蔓莚以戰

反又音延蒙如字徐武邦反戎如字徐而容反蒙戎亂貌案徐此音是依左傳讀作尨茸字之

行下孟反下同瑣兮依字作瑣素果反瑣尾少好之貌流音留本又作鶹離如字流離

鳥名少好而長醜爾雅云鳥少美而長醜爲鶹鷅草木疏云梟也關西謂之流離大則食其母少好詩照

反下同長醜張丈反愉以朱反樂音洛褎如本亦作褏由救反又在秀反毛盛服

也鄭笑貌能稱尺證反耳聾魯工反簡兮居限反字從竹或作蕑是草名非也泠
官音零字從水樂官也字亦作伶爲且于僞反大胥思徐反之版音板舍音釋
下篇舍軷同采音菜俁俁疑矩反容貌大也韓詩作扈扈云美貌執轡悲位反如
組音祖可任音壬執籥餘若反以竹爲之長三尺執之以舞毛云六孔鄭注禮云三孔郭璞同云形似
笛而小廣雅云七孔翟亭歷反翟翟羽也赫如虛格反渥於角反厚也赭音者丹也有
畀必寐反與也燀字亦作煇暄願反劉昌宗音運甲吏之賤者胞步交反肉吏之賤者翟樂吏之賤
者閽音昬守門之賤者一散素但反酒爵也容五升也厚傳音付有榛本亦作蓁同側
巾反木名子可食有苓音零大苦也本草云甘草與在音預或如字泉水
自見賢遍反注同思之至也一本思作恩毖彼悲位反流貌韓詩作祕說文作𦕈云
直視也于淇音其水名孌彼力轉反好貌下篇同于泲子禮反地名飲餞音踐
徐又才箭反送行飲酒也于禰乃禮反地名韓詩作坭音同舍軷蒲末反道祭也遠父于

反汪同載牽胡瞎反車軸頭金也還車音旋此字例同音更不重出遄臻市專反速
也不瑕音遐毛遠也鄭過也有害毛如字鄭音曷何也於行下孟反過差初懈
反又初佳反卷末注同肥泉字或作淝音同與漕音曹
北門殷殷本又作慇同於巾反沈於文反又音隱爾雅云憂也背明蒲對反鄉陰本又
作嚮同許亮反爲之于僞反窶其矩反無禮也爾雅云貧也案謂貧無可爲禮一埤避支反厚也
政偏音篇交徧古遍字注及下同凡徧字從彳偏字從人後皆放此讁直革反責也玉篇知革反
更音庚迭待結反敦我毛如字厚也韓詩云敦迫鄭都回反投擿也遺我唯季反加
也投擿呈釋反與擲同本或作擿非摧我徂回反沮也或作催音同韓詩作誰音千隹子隹二
反就也沮也在呂反何音阻　北風相攜户圭反其涼音良雨
雪于付反又如字下同雱普康反盛貌酷暴苦毒反而好呼報反下及注同
同行音衡道也其邪音餘又音徐爾雅作徐下同既亟紀力反急也下同只音紙

且子餘反下同虛虛也一本作虛徐也之行下孟反其喈音皆疾貌霏芳非
反甚貌能別彼竭反
靜女遺我唯季反下同姝赤朱反美色也說文作姝云好也可說音悅篇末注同
搔首蘇刀反踟直知反躕直誅反貽我本又作詒音怡遺也下同下句協韻亦音
以志反彤管徒冬反彤赤也管筆管著于知略反又直略反下同煒于鬼反赤貌說
懌說本又作悅毛王上音悅下音亦鄭說音始悅反懌作釋始亦反自牧州牧之牧徐音目田官也荑
徒兮反茅始生也洵本亦作詢音荀信也以共音恭窈烏了反窕徒了反之處
昌慮反之爲于僞反注同或如字新臺馬云脩舊曰新爾雅云四方而高曰臺孔
安國云土高曰臺伋音急宣公世子名而要於遥反人惡烏路反泚音此徐又七礼
反鮮明貌說文作玼云新色鮮也瀰瀰莫爾反徐又莫啓反水盛也說文云水滿也汙穢音烏之
行下孟反篇注同燕於典反又於見反安也婉於阮反順也徐於管反籧音渠篨音儲籧篨

口柔不能俯也不鮮斯踐反鄭善也王少也依鄭又音仙有洒七罪反高峻也韓詩作准音同云鮮貌

浼浼每罪反平地也韓詩作浘浘音尾云盛皃不殄毛徒典反絕也鄭改作腆吐典反善也戚

施千歷反戚施面柔不能仰也下人遐嫁反

二子乘舟相爲于僞反汎汎芳劒反其景如字或音影愬伋

先啓反令伋力征反於隘於賣反駃疾所吏反本或無駃字一本作迅疾有

害毛如字鄭音曷何也不遠于万反

鄘音容柏舟第四鄭云紂都以南曰鄘王云王城以西曰鄘也

柏舟共音恭下同姜居羊反共姜共伯之妻也婦人從夫謚姜姓也蚤死音早信

侯許其反史記作釐曹大家音僖汎彼芳劒反常處昌慮反髧本又作紞徒坎

反兩髦貌兩髦音毛說文作髳音同禮子生三月翦髮爲鬌長大作髦以象之鬌音丁果反昧爽

莫背反而朝直遙反櫛側乙反纚色蟹反又色綺反笄總子孔反冠緌

汝誰反　靡它音他　天只音紙　不亮本亦作諒力尚反信也　我特如字匹也韓詩作直云相當值也　靡慝他得反邪也　邪也似嗟反　牆有茨在良反茨音徐資反茨蒺藜也　頑五鰥反宣公庶子昭伯名也　烝之升反載馳序注同　蒺音疾　藜音梨　埽去丘呂反下同　之行下孟反　中冓本又作遘古候反韓詩云中冓中夜謂淫僻之言也　不可詳如字韓詩作揚揚猶道也　君子偕老音皆　人君小君也注云或者小字誤作人耳　副芳富反首飾也　六珈音加笄飾也　編蒲典反或必仙反　以別彼列反　步搖餘昭反　委委於危反行可委曲蹤迹也注同　佗佗待何反德平易也注同韓詩云德之美貌　行可下孟反舊如字　委曲如字　平易以豉反　揄音遙字又作褕　狄本亦作翟王后第二服曰褕狄　欲觀古亂反又音官　之行下孟反下同　玼音此又且禮反鮮盛貌說文云新色鮮也字林云鮮也音同玉篇且禮反云鮮明貌沈云毛及呂沈並作玼解王肅云顏色衣服鮮明貌本或作瑳此是後文瑳兮王肅注好美衣服絜白之貌若與此同不容重出本撿王肅本後不釋不如沈所言也然舊本皆前作玼後作瑳字　鮮盛

音似鬒眞忍反黑髮也說文云髮稠也服虔注左傳云髮美爲鬒不屑蘇節反絜也鬄徒帝反髲

也髲也皮寄反瑱吐殿反充耳揥也勑帝反摘也以摘他狄反本亦作擿音同本

又作擿又作謫並非謫音丁革反擿音直戟反揚且七也反徐子餘反下同皙也星歷反審諦

音帝之莊如字本又作壯側亮反與音餘瑳兮七我反說文云玉色鮮白展也陟戰反注

展衣皆同沈張輦反縐側救反靡也絺勑之反是紲息列反袢也符袁反丹

縠戶木反袢延以戰反又如字之蹙子六反冬衣於既反著也下裹衣同則裏

如字舊音吏禮見賢遍反於君子一本無子字作襢陟戰反媛也

于眷反美女爲媛韓詩作援援取也依倚於綺反

桑中相竊千節反弋氏羊職反沬之音妹衛邑也惡衛烏路

反行也下孟反箋同列國之女一本作列國之長女長音丁丈反要我於遙反注

下同淇音其衛水葑孚容反蔓菁音精又子形反

鶉之奔奔音純鶉鶉鳥鶉音烏南反行不下孟反下同彊彊音姜韓詩云奔奔彊彊
彊乘匹之貌定之方中丁佞反下同定星名爾雅云營室謂之定孫炎云定正也
衞為狄所滅一本作狄人本或作衞懿公為狄所滅非也漕音曹攘如羊反說
之音悅熒澤迴丁反以盧力居反東辟音壁揆之葵癸反度
也待洛反下同南視字又作眡音同廄居又反榛側巾反椅於宜反梓屬草木疏
云梓實桐皮曰椅也梓音子漆音七長大丁丈反彼虛起居反本或作墟夾
於居洽反濟水節禮反依倚於綺反使能所吏反能說如字鄭志
問曰山川能說何謂也荅曰兩讀或言說說者說其形勢也或曰述述者述其故事也述讀如遂事不諫之遂儡
本又作讄又作誄皆力水反說文云讄禱也累功德以求福也誄謚也為卿大夫一本無卿字倌
人音官徐古患反主駕人也說文云小臣也星言韓詩云星晴也說于毛始銳反舍也鄭如字辭
說星見賢遍反為我于偽反操也七刀反騋牝上音來馬六尺已上也下

蘋忍反徐扶死反 以上 時掌反 六種 章勇反下同 過禮 一本作過禮制 而復

符富反 蝃蝀 上丁計反下都動反蝃蝀虹也爾雅作螮蝀音同 相長 張丈反

虹 工音洪一音絳 遠父 于万反下同 惡之 烏路反下惡之皆同 朝隮 子西反升也徐又子

細反鄭注周禮云隮虹 氣應 應對之應 大無 音泰注同

相鼠 息亮反篇內同 之行 下孟反 高顯之處 昌慮反 無止 毛止所止

息也鄭止容止也韓詩止節無禮節也 不遄 市專反速也

干旄 音毛 羙好 呼報反篇內同 孑孑 居熱反又居列反 在浚 蘇俊反

邑也 之旃 之然反通帛爲旃 紕之 毛符至反鄭毗移反 組也 音祖 之旒 音留 縿

所衡反何沈相沾反 彼姝 赤朱反 畀之 必寐反與也注予同 說此 音悅 干旟

音餘鳥隼曰旟 隼 荀尹反 州長 張丈反 總以 子孔反 驂馬 七南反 析

星歷反 祝之 毛之六反織也鄭作屬之屬反著也 著也 直略反知略反 此

載馳閔其一本作愍密謹反唁其音彥弔失國曰唁載駈字亦作驅如字

協韻亦音丘跋涉蒲末反草行爲跋水行爲涉韓詩云不由蹊遂而涉曰跋涉告難乃旦

反不臧子郎反不遠于万反注同協句如字不閟悲位反徐又方冀反閉也蝱

音盲貝母也藥名也以療力照反尤之本亦作訧音同過也穉本又作稚直吏反一槩

古愛反芃芃薄紅反徐又符雄反盛長長也張丈反控于苦貢反引也引

也夷忍反又夷刃反求援于眷反又音袁沈于万反

衛淇奧第五鄭王俱云紂都之東也淇奧上音其下音於六反

一音烏報反淇水名奧隈也草木疏云奧亦水名入相息亮反綠竹並如字綠王芻也爾雅作菉音

同竹萹竹也韓詩竹作𦺇音徒沃反云𦺇萹筑也石經同猗猗於宜反美盛也隈也烏迴反孫炎云水曲

中也王芻初俱反郭璞云今呼白腳莎莎音蘇禾反一云即菉蓐草也蓐音辱萹竹本亦作扁匹善

反又音篇郭匹殄反一音布典反竹音如字又敕六反韓詩作筑音同郭云似小藜赤莖節好生道旁可食又殺蟲草木

疏云有草似竹高五六尺淇水側人謂之菉竹也之烈一本作之餘烈有匪本又作斐同芳尾反文貌下同韓詩作邠美貌也如磋七何反治象名如琢陟角反治玉名如磨本又作摩莫何反治石名僴兮遐板反寬大貌韓詩云美貌說文云武貌赫兮呼白反赫赫然也咺兮況晚反威儀容止宣著也韓詩作宣宣顯也諼兮況元反又況遠反忘也青青子丁反茂盛也本或作菁音同琇音秀沈又音誘說文作璓云石之次玉者弋久反瑩音榮徐又音營又音瑩磨之瑩琇瑩美石也會古外反注同鄭注周禮則如字說文作䯤弁皮變反皮弁也之瑱天見反之縫符用反皪皪本又作礫音歷又音洛之朝直遙反下及下篇同如簀音責積也綽兮昌若反緩也猗於綺反依也重直恭反注同較兮古岳反車兩傍上出軾者施舍如字又詩鼓反又式氏反謔兮香略反有弛本亦作施同式氏反考槃薄寒反考成也槃樂也在澗古晏反山夾水也韓詩作干云墝埆之處也樂也音洛下同山夾古洽反覺而文孝反又如字薖苦禾反毛寬大皃鄭飢意韓詩作過過美

皃弗過古禾反注同崔古卧反不復符又反下同之軸毛音迪進也鄭直六反病也
告語魚據反碩人嬖妾補惠反上時掌反僭作念
反其頎其機反長皃衣錦於既反注夫人衣翟今衣錦同褧苦迥反徐又孔穎反襌也
說文作檾枲屬也褧襜昌占反佼好本又作姣古卯反下同襌也音丹爲
其于僞反之大音泰下大子同舊音勑賀反邢侯音形姬姓國譚公徒南反國名
柔荑徒奚反蝤似脩反徐音曹蠐本亦作蠀又作齊同音齊流又音茨爾雅云蟦蠐螬蝤蠐
蝎郭云蠐螬在糞土中蝎在木中蝎桑蠹是也蟦音肥分反蠹音妒蝎也音曷或音葛瓠戶故反犀
音西瓠瓣補遍反又蒲莧反沈又蒲閑反螓首音秦蛾眉我波反顙廣蘇黨
反蜻蜻郭徐子盈反沈又慈性反方頭有文王肅云如蟬而小倩兮本亦作蒨七薦反好口輔
也韓詩云蒼白色盼兮敷莧反白黑分也徐又敷諫反韓詩云黑色也字林云美目也匹間反又匹莧反
敖敖五刀反說于本或作稅毛始銳反舍也鄭作襚音遂衣服曰襚有驕起橋反壯皃

朱幩符云反又孚云反飾也說文云馬纏鑣扇汗也鑣鑣表驕反馬銜外鐵也一名扇汗又曰排沫爾雅
云鑣謂之钀钀音魚列反沫音末茀音弗車蔽也以朝直遥反注皆同用適丁歷反本亦作
嫡夙退韓詩退罷也案禮記云朝廷曰退爲妃音配洋洋音羊徐又音祥盛大也
活活古闊反又如字流也罛音孤魚罟濊濊呼活反毛云施之水中也馬云大魚網目大豁豁也
韓詩云流皃說文云凝流也鱣陟連反大魚口在頷下長二三丈江南呼黃魚與鯉全異鮪于軌反魚也似
鱣大者名王鮪小者曰叔鮪沈云江淮間曰叔伊洛曰鮪海濱曰鮥發發補末反盛皃馬云魚著罔尾發發然
韓詩作鱍葭音加蘆也菼他覽反王篇通敢反揭揭其謁反徐居謁反長也孽孽魚竭反徐
五謁反盛飾也韓詩作钀牛過反長皃朅欺列反徐起謁反武壯皃韓詩作桀云健也罛音孤罟音古
鮥音洛蘆也音盧薍五患反江東呼之烏蓲蓲音丘氓莫耕反民也韓詩云
美皃無別彼列反華落戶花反或音花復相扶又反弃背音佩喪
息浪反妃耦音配上以風福鳳反佚也音逸蚩蚩尺之反敦厚皃貿莫豆反貿買

也頓丘都寸反 通稱尺證反 愆期起虔反過也字又作僁 將子七羊反毛

願也鄭請也 故語魚據反 垝俱毀反毀也 垣音袁 所近附近之近 鄉其

許亮反本又作嚮 漣漣音連泣皃 爾筮市制反著曰筮 體無如字卦兆之體也韓詩作

履履幸也 咎言其九反 蓍曰音尸 之繇直又反卦兆之辭也 我賄呼罪反財也

徑以經定反 沃若如字徐於縛反 桑葚本又作椹音甚桑實也 士耽都南反樂

也 鶻鳩音骨 樂也音洛下同 百行下孟反 而隕韻謹反 湯湯音傷

水盛皃 漸車子廉反注同漬也濕也 帷裳位悲反 隋也字又作墮唐果反 猶

冒音墨 此難乃旦反 其行下孟反注同 不解音懈 浸薄子鴆反

咥許意反又音熙笑也又一音許四反說文云大笑也虛記反又大結反 有泮音判毛云坡也鄭音畔畔

崖也 坡本亦作陂北皮反澤陂詩傳云障也呂忱北髮反云陂阪也亦所以爲隰之限域也本或作破字未詳觀

至述意似作破 自拱俱勇反本又作共音同 之宴如字本或作卝者非 旦旦說文作悬悬 懇

趣倚反 惻本亦作恖楚力反 竹竿籊籊他歷反長而殺 以釣音弔

而殺色界反 遠莫如字又于万反注同 遠兄于万反 之瑳七可反沈又七河反笑皃

之儺乃可反說文云行有節也 不惡烏路反 滺滺本亦作攸音由流皃 檜古活反又

古會反木名 楫本又作檝子葉反徐音集方言云楫謂之橈或謂之櫂釋名云楫捷也撥水舟行捷疾也橈音

饒 櫂舟直教反 思鄉本又作嚮同許亮反 芄蘭丸音丸本亦作丸芄蘭草名 恒

蔓於地蔓音万本或作蔓莚於地者後人輒加耳 佩蒲對反依字從人或玉傍作者非 觿

許規反解結之器 觿與音餘下佩與同 悸兮其季反韓詩作萃垂皃 紳帶音身

不稱尺證反 韘失涉反毛玦也鄭沓也 玦也本又作決音同 沓也徒荅反 彄

沓苦侯反 我甲如字狎也爾雅同徐胡甲反韓詩作狎 狎也戶甲反

河廣 一葦韋鬼反 杭之戶郎反渡也 廣與音餘下遠與同 喻狹音洽

非爲于僞反 跂予丘豉反 容刀如字刀小船也字書作舠說文作𦨴並音刀

伯兮為王于偽反又如字注下為王並同從王伐鄭讀者或連下伯也為句者非朅兮
立列反武皃桀兮其列反毛云特立也鄭云英桀也執殳市朱反長丈二無刃長丈如字又直
亮反軫本亦作軨之忍反酋在由反發聲矛音謀誰適都歷反主也注同為
容于偽反或如字杲杲古老反出日如字沈推類反日復扶又反下同厭也
於豔反下同心嗜市志反憂思息嗣反焉得於虔反諼草本又作萱
況袁反說文作藼云令人忘憂也或作蘐之背音佩沈又如字北堂也令人力呈反善忘亡向
反又如字心痗音每又音悔病也有狐音胡喪其息浪反下注同妃耦音配下注
同殺禮所戒反又所例反所以育民人也本或作蓄育者非生長張丈反
綏綏音雖匹行皃無為于偽反淇厲力滯反
木瓜古花反楙木瓜也遺之唯季反下注同瓊求營反美玉也說文云赤玉也琚音居徐又音渠
佩玉名楙音茂字亦作茂爾雅云楙木瓜也為好呼報反篇內同結己國以為

恩也一本作結己國之恩也瑶音遥美玉也說文云美名玖音久玉名字書云玉黑色苞苴子餘反橘均栗反柚餘救反

王黍離第六王國者周室東都王城畿内之地在豫州今之洛陽是也幽王滅平王東遷政遂微弱詩不能復雅下列稱風以王當國猶春秋稱王人黍離如字說文作穄過故古卧反又古禾反顛覆芳服反彷蒲皇反徨音皇鎬京胡老反能復扶又反而同於國風焉崔集注本此下更有猶尊之故稱王也今詩本皆無摇摇音遥所愬蘇路反蒼天本亦作倉采郎反爾雅云春為蒼天莊子云天之蒼蒼其正色邪昊天胡老反夏為昊天字書從日夰聲夰音工老反旻天密巾反閔也秋為旻天之穗音遂秀也所更音庚如噎於結反君子于役危難乃旦反下注同以風福鳳反曷至寒末反何也雞棲音西于時如字本亦作塒音同爾雅同王篇持理反鑿牆以棲雞鑿在各反言畜許又反其有佸戶括反說文口活反會也韓詩至也下括古活反至也

弋本亦作杙羊職反或音羊特反 君子陽陽 遠害于万反 執簧音皇笙簧 其樂音洛注且樂和樂及下章同 只且子徐反又作且七也反 陶陶音遥和樂皃 執翿徒刀反纛也 由敖五刀反遊也 纛也徒報反沈徒老反俗作纛 翳也於計反 於燕本又作宴於見反 揚之水如字激揚也或作楊木之字非 遠屯徒門反 戍東遇反守也韓詩云舍 怨思如字沈息嗣反 夊令力呈反 迫近附近之近

或如字 而數音朔 束薪音新 激揚經歷反 至湍吐端反 迅也音信又蘇俊反 彼其音記詩內皆放此或作已亦同 束蒲如字毛云草也鄭云蒲柳也孫毓云蒲草之聲不與戍許相協箋義爲長今則二蒲之音未詳其異耳

中谷有蓷吐雷反爾雅云雒也韓詩云茺蔚也廣雅又名益母 飢本或作饑居疑反穀不熟 饉音覲蔬不熟 暵呼但反徐音漢菸皃也說文云水濡而乾也字作𤅊又作灘皆他安反 鵻音佳爾雅又作萑音同 菸於據反何音於說文云鬱也廣雅云臭也 仳四指反徐符鄙反又敷姊反別也字林父

几扶罪二反嘅其泣口愛反嘆矣本亦作歎吐丹反協韻也其脩如字本或作蓨音同且乾

也歗矣籀文嘯字本又作嘯徒用如字徒空也沈云當作從啜張劣反泣皃將復

扶又反兔爰背畔音佩不樂沈音岳又音洛注同欲覺古孝反又

如字下同所操七刀反本亦作懆沈七感反今作躁與定本異與箋義合慼子六反本亦作戚七歷反

百罹本又作離力知反憂也吪本亦作訛五戈反動也我長張丈反大音代賀反

罦音俘覆車也郭云今之翻車大罔也覆芳服反車赤奢反罿昌鍾反罬也轉

詩云施羅於車上曰罿字林上凶反罬張劣反郭徐姜雪姜穴二反爾雅云罬謂之罦罦覆車也

葛藟力軌反藟似葛廣雅云藟藤也刺桓王本亦作刺平王案詩譜是平王詩皇甫士安以

為桓王之詩崔集注本亦作桓王之滸呼五反水涯也長不張丈反下同水涯本亦作厓

魚佳反恩施始豉反下同終遠于万反又如字注下皆同之涘音俟涯也王又

無母恩也一本作王后漘順春反爾雅云夷上洒下不漘旁從水郭云涯上平坦而下水

余永

潒爲瀆不發聲也隒魚檢反何音檢爾雅云重甗隒郭云形似累兩重甑上大下小李巡云隒阪也詩本又作水旁兼者字書音呂恬理溓二反廣雅云溓清也與此義乖

采葛使出所吏反下並同以共音恭艾五蓋反

大車檻檻胡覽反車行聲毳衣尺銳反毳名如菼吐敢反騅也

本亦作萑音隹蘆之力吳反亂也五患反巡行下孟反衣續胡妹反

無禮與音餘啍啍他敦反徐又徒孫反重遲皃如璊音門䞓也說文作𤩤云以毳爲罽也解此璊云玉䞓色也禾之赤苗謂之虋王色如之䞓也勑貞反赤也皦日本又作皎古了反也

白壙中苦晃反有別彼列反

丘中有麻墝本亦作墽苦交反埆苦角反又音學本或作塙此從確而誤耳之處昌慮反於朝直遥反則治理直吏反將其王申毛如字鄭七羊反下同施施如字伺音司閒音闕又如字來食如字一云鄭音嗣復來扶又反詒我音怡佩玖音久石次

[illegible]說文紀又反云石之次玉黑色者　能遺唯季反下同

鄭緇衣第七鄭者國名周宣王母弟桓公友所封也其地詩譜云宗周圻內咸林之地今京兆鄭縣是其都也漢書地理志云京兆鄭縣周宣王弟鄭桓公邑是也至桓公之子武公滑突隨平王東遷遂滅虢鄶而居之即史伯所云十邑之地右洛左濟前華後河食溱洧焉今河南新鄭是也在滎陽宛陵縣西南

緇衣側基反　敝本又作弊符世反　聽朝直遥反下同　之館古亂反舍也　子粲七旦反飡也　飡也蘇尊反　諸盧力於反　欲飲於鴆反　食之音嗣　蓆兮音席大也韓詩云儲也說文云廣多

將仲子七羊反請也下及注皆同　不勝音升　祭仲側界反後放此　弗聽吐丁反　好勇呼報反　無折之舌反傷害也下同　樹杞音起木名　驟諫竹救反服虔云數也　君若與之一本若作將　段將此一將字如字　誅與音餘　垣也音袁　樹檀徒丹反木名　彊其良反一音居良反　忍本亦作刃同而慎反依字木旁作刃今此假借也沈

云糸旁作刄爲是案糸旁刄音女巾反離騷云紉秋蘭以爲佩是也　叔于田　繕甲市戰反善也　人說音悅　甲鎧苦愛反　巷無學絳反里塗也　大叔音泰後大叔皆放此　洵美蘇遵反信也　于狩手又反　冬獵力輒反　大叔于田而勇本或作而好勇好衍字　叔于田本或作大叔于田者誤　乘乘馬上如字下繩證反後句例爾　如組音相　中節竹仲反　在藪素口反澤也禽之府也韓詩云禽獸居之曰藪　襢本又作袒音但　裼素歷反襢裼肉襢也　以搏音博　將叔七羊反請也　毋音無本亦作無　狃女九反毛習也鄭復也　狃復符又反下同　上襄並如字　鴈行戶郎反注同　夾轅古洽反　射忌注作已同音記辭也下皆同　抑磬苦定反騁馬也　控口貢反止馬也　騁馬敕領反　鴇音保驪白雜毛曰鴇依字作鳵　驪白力馳反　嫚本又作慢莫晏反遲也　掤音冰所以覆矢也馬云櫝丸蓋也杜預云櫝丸箭筩也　鬯弓敕亮反　弢弓吐刀反　清人高克一本作剋　好

利呼報反注同惡而烏路反下同欲遠于万反克將子亮反而御魚呂
及注同翱翔五羔反駟介音界甲也旁旁補彭反王云彊也駟四馬也
一本駟介四馬也二矛莫侯反方言云矛吴楊江淮南建五湖之間謂之鉇鉇音蛇或謂之鋋鋋音蟬或謂之鏦鏦音
錯江反其柄謂之矜矜郭音巨巾反重直龍反注下同英如字沈於耕反酋矛在由反
麃麃表驕反武皃重喬毛音橋累荷也鄭居橋反雉名所以縣毛羽也韓詩作鷮消
本又作消遙本又作摇累荷舊音何謂刻矛頭爲荷葉相重累也沈胡可反謂兩矛之飾相負荷
也矛矜字又作穊同巨巾反沈又居陵反近上附近之近室題音啼題頭也室劔削
名也方言云劔削自河而北燕趙之間謂之室此言室謂矛頭受刃處也削音笑以縣音玄在軸音逐
地名陶陶徒報反驅驅皃右抽敕由反毛抽抽矢也鄭抽抽刃也說文作搯他牢反云抽刃以習擊刺也
作好呼報反注同謂將子亮反下同羔裘字或作求刺
朝直遥反下及注同以風福鳳反如濡音儒洵直徐音荀又音旬均也且

侯侯君也韓詩侯美也舍命音赦處也王云受也沈書者反不渝以朱反變也縁

以悦絹反晏兮於諫反鮮盛皃粲兮采旦反衆意美稱尺證反

遵大路摻所覽反徐所斬反擥也之袪起居反又起據反袂也擥也音覽

袂也面世反惡兮烏路反注同寁市坎反速也故也一本作故兮後好也亦爾

魗本亦作𣪷又作𣪷市由反毛棄也鄭惡也或云鄭音爲醜好也如字鄭云善也或呼報反

女曰雞鳴不說音悦下同而好呼報反昧旦音妹相警音景有爛

力旦反不見賢遍反又如字蚤於音早本亦作早別色彼列反弋羊職反鳧音符

閒於音閑繳音灼本亦作繳殽音爻本亦作肴偕老音皆燕樂音洛下同珩

音衡佩上玉也璜音黄半璧曰璜琚音居佩玉名瑀音禹石次玉也衝牙昌容反狀如牙豫

儲直居反出使所吏反問遺尹季反之好之呼報反注同

有女同車大子音泰請妻七計反以女適人曰妻不取如字又促句反

有女同車讀與何彼襛矣詩同 如舜戶順反木槿也 華讀亦與召南同下篇放此
親迎魚敬反下同 木槿音謹 洵美恤旬反信也 壻御音細字書作壻 將
將七羊反玉佩聲 傳道直專反
山有扶蘇如字徐又音踈扶蘇扶胥木也 扶胥音踈又相如反 菡本又作歒又作萏戶
感反 萏本又作歛又作萏度感反菡萏荷華也未開曰菡萏已發四芙蓉 傎本亦作顛都田反
倒都老反 狂求匡反狂人也 且子餘反辭也注同 人之好美色呼到反下同
往睹都杜反本亦作覩 有橋本亦作喬毛作橋其驕反王云高也鄭作槁苦老反枯槁也
狡童古卯反 蘀兮他洛反槁也 不倡昌亮反本又作唱注下同 而
和胡臥反注下同 槁苦老反 長幼張丈反 稱也尺證反 漂女匹遙反本亦作
飄 要女於遙反成也注同 狡童擅命善戰反專也 餐兮
七丹反 不遑音皇暇也 褰裳起連反本或作騫非說文云褰絝也 恣

資利反　行下孟反注下同　更出音庚　涉溱側巾反　簒國初患反　揭衣
欺例反又起列反　告難乃旦反　先鄉香亮反本亦作向　也且子餘反下同　涉
洧于軌反　丰芳凶反面貌豐滿也方言作妦　道缺丘悅反　陽倡
昌亮反　不和胡卧反　親迎魚敬反下親迎同　則爲于僞反　堂兮並如字門
堂也鄭改作棖方庚反門梱上近邊木　梱苦本反亦作閫　近邊附近之近　衣錦如字
或一音於記反下章故此　褧衣苦迥反禪也下如字　禪也音丹　禪縠戶木反　爲
其文于僞反　之大音泰　舊紂衣側基反本或作純又作緇並同　纁許云反
袡如鹽反　又易以豉反　東門之壇音義除地町町者也依字當作墠此
序舊無注而崔集注本有鄭注云時亂故不得待禮而行　茹音如後篇同　藘力於反茹藘茅蒐蒨
草也後篇同　在阪音反又符板反　町町吐鼎反又田田徒冷反　茅兒交反又音妹　蒐所留
反　之爲難乃旦反　易越以豉反下同　行上並如字行道也左傳云斬行栗

唷復見反奉又作喛亦作瞰並同甘耆常志反風雨淒淒七西反
喈喈音皆夷說音悅下同瀟瀟音蕭暴疾也膠膠音交不爲于僞
反不瘳勑留反愈也子衿音金衿領也本亦作襟徐音琴世亂本或
以世字在學校下者誤學校戶孝反注及下注同鄭國謂學爲校左傳云鄭人遊於鄉校是也公孫以云夏曰校
沇音敎以校正音教青青如字學生以青爲衣裏緣衿也或作菁音非也衣純章允反
之閏反嗣音如字毛嗣習也鄭續也韓詩作詒詒寄也曾不寄問也傳聲直專反碝
本又作瓀如兗反瑉亡巾反組音祖綬音受挑兮他羔反又勑彫反說文作岁達兮
他末反挑達往來見皃說文云達不相遇也但好呼報反爲樂音洛揚之
水流漂匹妙反終鮮息淺反寡也注下同迋女求往反誑也徐又居望反誑也九況
反出其東門五爭爭鬭之爭注同子亹亡匪反又音尾楚公子思
存如字注反下皆同流息嗣反毛音如字鄭息嗣反縞衣古老反又古報反白色衣綦巾巨基

反綦反也聊樂音洛注並同一音岳或云箋留樂又音岳我員音云本亦作云韓詩作魂魂神

也所爲于僞反之難乃旦反闉音因曲城闍鄭音都城臺也徐炎云積土如水

請所以望氣祥也徐止奢反又音蛇如荼音徒茅秀茅秀本或作莠音同詩昌宗周禮音莠音

酉思且音徂爾雅云存也舊子徐反與娛本亦作虞野有蔓草

音万蔓延也漙兮本亦作團徒端反團團然盛多也婉兮於阮反邂戶懈反逅

本亦作逅胡豆反邂逅不期而會瀼瀼如羊反盛皃徐又乃剛反溱洧側市反下

于軌反鄭國之二水名說文溱作溍云溍水出鄭溱水出桂陽也渙渙呼亂反春水盛也韓詩作洹洹音丸

說文作汎汎音父弓反蕑兮古顏反蘭香也字從竹韓詩云蓮也若作竹下是簡策之字耳淫佚

音逸之行下孟反士曰既且音徂往也徐子胥反下章放此寛閒音閑之處

昌慮反洵息旬反韓詩作恂訏況于反大也韓詩作訏云恂盱樂皃也且樂音洛注下同

相謔許略反勺時灼反藥勺藥香草也韓詩云離草也言將離別贈此草也劉

音留深也說文流清也力九反

齊雞鳴第八齊者太師呂望所封之國也其地少昊爽鳩氏之墟在禹貢青州岱嶺之陰濰淄之野都營丘之側禮記云太公封於營丘是也

雞鳴賢妃芳非反怠慢武諫反

警戒居領反本又作敬音同朝既直遥反注下皆同蒼蠅餘仍反纚笄色蟹反何霜綺反

薨薨呼弘反妃其音配本亦作配猶樂音岳又五教反

會且七也反沈子餘反卿大夫朝會此一朝如字音張遥反見惡烏路反下同

於夫人音符或依字讀者非還音旋便捷皃韓詩作嫙嫙好皃好田呼報反

無厭於豔反又於占反本或作饜音同止也好焉蒿縞反峱乃刀反山名說文云峱山在齊崔集注本作嶩

便捷本亦作便旋並驅本又作駈曲具反注下同兩肩如字獸三歲曰肩說文云三歲豕肩相及者本亦作豜音同又音牽

揖我一入反儇兮許全反利也韓詩作嬛音權好皃併也步頂反下文同譽音餘下同兩牡茂后反佼好

古狎反本又作姣　著直居反又直據反又音於詩內協句宜音直據反　親迎魚敬反注同
象瑱吐遍反　以縣音玄下同　爲紞都覽反　瑩音榮又音營
東方之日刺衰色追反本或作刺襄公非也南山已下始是襄公之詩　彼姝
亦朱反　我闥他達反門內也韓詩云門屏之間曰闥
東方未明　朝廷直遥反注皆同　挈苦結反又音結　壺音胡挈壺氏掌漏刻之官
顛倒都老反　促遽其慮反　別色彼列反　未晞音希明之始升　令
之力證反　折柳之舌反注同　樊圃音布又音補樹菜蔬曰圃　瞿瞿俱具反無
守之皃　柔脆七歲反　藩也方元反本又作蕃　不任音壬下同　則莫音暮
南山之行下孟反　公適直革反責也又張革反　彭生乘繩證反一本作彭生
乘公乘則依字讀　而搤於革反說文云捉也公羊傳云拉公幹而殺之沈又烏詣反拉音郎荅反　猶
復扶又反下皆同　于禚音灼地名　行惡下孟反下之行皆同　崔崔子雖反又音佳

高大皃無別彼列反淫佚音逸下同可惡烏路反又如字有蕩徒黨
反徐勑黨反平易皃平易夷豉反屢九具反五兩王肅如字沈音亮冠緌
如誰反傅姆上音付下音茂同處昌慮反下同人奇居宜反埶魚世反樹
也本或作藝技藝字耳衡音横注同亦作横字又一音如字衡即訓為横韓詩云東西耕曰横從足容
反注同韓詩作由云南北耕曰由取妻七喻反注下皆同鞫止居六反毛窮也鄭盈也令
至力呈反下同析薪星歷反其邪似嗟反甫田維莠
羊九反無田音佃下同致治直吏反忉忉音刀憂勞也桀桀居竭反徐
又居謁反怛怛旦末反婉兮於阮反孌兮力轉反總角本又作揔
子孔反丱兮古患反幼穉也未幾居豈反注同見兮一本作見之突而
吐活反注同方言云凡卒相見謂之突吐訥反弁兮皮眷反冠也兩髦音毛少自詩照反

盧令

音零下同好田呼報反以風福鳳反噣也直角反本亦作濁畢星名何音

犢繳射音灼纓環於盤反又於政反而樂音洛下同而說音悅重環

直龍反下同鬈音權毛好皃鄭勇壯也說文云髮好皃鋂音梅一環貫二也且偲

七才反多材也說文云強也

敝笱婢世反徐扶滅反本又作弊敗也笱音古口反取魚器也人惡烏路反魴音房鰥

毛古頑反大魚也鄭古魂反魚子也易制夷豉反其從才用反注下皆同魴鱮才呂

反毛云大魚也廣雅云鰱也音連唯唯維癸反沈養水反毛云出入不制也鄭云行相隨順皃韓詩作

遺遺言不能制也載驅驅具反又如字下皆同本亦作駈淫播波佐反

薄薄普各反徐扶各反疾驅聲也簟茀音弗車蔽朱鞹苦郭反革也

發夕韓詩云發旦也其乘車繩證反或音繩魯竟音境本亦作境平

易夷豉反下樂易同四驪力馳反濟濟子禮反注同美皃濔濔本亦作瀰

同乃禮反注同衆也徒爲一本作從兩通之行下孟反豈開改反樂也弟如字或音待易

反樂易音洛闓音開圛音亦汶水音問水名湯湯失章反大皃彭

彭必旁反彷音旁徉音羊滔滔吐刀反流皃儦儦表驕反衆貌說文云行貌

猗嗟於宜反字或作欹猗嗟嘆辭技藝其綺反頎而音祈長皃佼古卯反本

又作姣抑若於力反美色皃巧趨本又作趍七須反又七遇反蹌兮七羊反巧趨皃

射侯食亦反注所射每射同正兮音征注同畫五采曰正參分七南反又音三選

兮雪戀反齊也則貫毛古亂反中也鄭古患反習也中也張仲反反兮如字

復也韓詩作變變易以禦魚呂反乘矢繩證反四矢也故處昌慮反

魏葛屨第九案魏世家及左氏傳云姬姓國也詩譜云周以封同姓其地虞舜夏禹所

都之城也在古冀州雷首之北析城之西南枕河曲北涉汾水葛屨俱具反褊也必淺

反陿音洽本或作狹依字應作陜隘於懈反機巧如字徐苦孝反趨利七須反徐

七喻反儉嗇音色糾糾吉黝反沈居酉反猶繚繚也繚繚音了沈音遼摻

摻所銜反又所感反徐又息廉反說文作攕山廉反云好手皃 纖纖息廉反 廟見賢遍
反 要之於遥反褄也 襋之紀力反衣領也 謂屬音燭 著之直略反 提
提徒兮反安諦也 宛然於阮反辟皃 左辟音避注同一音婢亦反 一揥敕帝反所以爲
飾也 安諦音帝 汾沮洳汾音扶云反水名也沮音子預反洳音如預反沮洳
漸洳也 其君子一本無子字 其莫音暮菜也 其漸如字又接廉反 軞車
本亦作旄音毛 趙盾徒本反 公行戶郎反注同 藚音續水舄也一名牛脣說文音似足
反 水舄音昔 昭穆紹遥反說文作佋 園有桃之殽本又作肴
音爻 省國色領反 且謠音遥徒歌曰謠 之行下孟反下文行國同 我所爲于僞
反下所爲皆同 何其音基下章同 何爲如字 夫人音符 無復符又反 謗
君悖浪反毀也 有棘紀力反從兩朿俗作𣗥同 陟岵音戶毛云山無草木
曰岵此傳反解屺共爾雅不同王肅依爾雅 國迫而數音朔 侵削本或作國小而迫數見侵

削者誤　之處昌慮反　夜莫音暮　無解音介　旃哉之然反　屺音起

少子詩照反　無耆常志反　十畝之間莫后反古作畮俗作畝皆

同　閒閒音閑本亦作閑往來無別皃　無別彼列反　還兮本亦作旋　泄泄以世反多人之皃

逮也徒賚反又徒帝反　伐檀徒丹反木名也　坎坎苦感反伐檀聲　寘之

之豉反置也　漣力纏反風行水成文曰漣　猗於宜反本亦作漪同　廛本亦作壥又作㕓直連反一夫之居

曰壥古者一夫田百畝別受都邑五畝之地居之故孟子云五畝之宅是也　有縣音玄下皆同　貆

本亦作狟音桓徐郭音暄貉子也　宵田音消夜也　貉子戶各反依字作貈　素餐七丹反說

文作餐云或從水字林云吞食也沇音孫　伐輻音福　伐輪音倫　之漘順倫反厓也本亦作脣

且淪音倫小風水成文轉如輪也韓詩云順流而風曰淪淪文皃　囷兮丘倫反圓倉　鶉兮音純

鳥也　素飧素門反熟食曰飧字林云水澆飯也　碩鼠音石大也　斂也呂驗反下

同　貫女古亂反徐音官事也　無復扶又反　稅斂始銳反　大比毗志反　樂音洛

注下同土如字他古反沈徒古反之訣古穴反肯勞如字又力報反注同倈我本亦
作來同力代反詠本亦作永同音詠歌也號戶毛反呼也注同呼也火故反喜說音悅

唐蟋蟀第十唐者周成王之母弟叔虞所封也其地帝堯夏禹所都之墟漢曰太原郡在古
冀州太行恒山之西太原大岳之野其南有晉水叔虞之子燮父因改爲晉侯至六世孫僖侯名司徒習堯儉約遺
化而不能以禮節之今詩本其風俗故云唐也蟋蟀上音悉下所律反蟋蟀蛬也說文蟀
作蟄僖公許其反史記作釐侯不中丁仲反虞樂音洛下皆同思遠息嗣反注
同歲聿允橘反遂也其莫音暮其除直慮反去也注同蛬也俱勇反沈
又九共反趨織也一名蜻蛚不復扶又反大康音泰徐勑佐反下同其居義如字徧
韻音據好樂呼報反下同瞿瞿俱具反顧禮義禮樂之外此一樂字音音
蹶蹶俱衛反動而敏於事也其慆吐刀反過也休休許虯反樂道之心
山有樞本或作蓲烏侯反荎也昭公左傳及史記作昭侯自樂音洛下及注同有

朝直遥反廷徒佞反洒所懈反沈所寄反下同掃蘇報反本又作埽下同有榆
以朱反荎田節反沈又直黎反弗曳以世反弗婁力俱反婁亦曳也馬云牽也宛
於阮反本亦反苑死皃是愉毛以朱反樂也鄭作偷他侯反取也有栲音考山樗有杻
女久反栲也山樗勑書反又他胡反檍也於力反廷内音庭又徒佞反弗鼓
如字本或作擊非灑也色蟹反又所綺反有漆音七木名不離力智反
揚之水封沃烏毒反邑名即曲沃鑿鑿子洛反激揚經歷反湍疾
吐端反洗蘇禮反又蘇典反去羌吕反垢濁吉口反所惡烏路反又如字襮
音博領也字林方沃反繡音秀衆家申毛並依字下文同鄭改爲宵黼音甫爲宵音綃
本亦作綃爲純真允反又真順反不樂音洛皓皓古老反絜白也鵠戶毒反曲沃邑
粼粼利新反清澈也本又作磷同澈也直列反或作徹誤椒聊椒木
名聊辭也其蕃音煩衍延善反一捄音求又其蕭反何音掬沈居局反朋比王肅

毛詩音義上

孫毓申毛必履反謂無比例也一音必二反鄭云不朋黨則申毛作毗至反佼好古卯反聊

且子餘反下同匊本又作掬九六反兩手曰匊綢繆上直留反下亡侯反綢繆

猶纏緜也參也所金反始見賢遍反下不見見於東同薪芻楚俱反說文云芻刈草也

象芭束草之形合宿音秀後陰戶豆反邂本亦作解戶懈反一音戶佳反覯本又

作逅同胡豆反一音戶冓反邂覯解說也韓詩云邂覯不固之皃解音蟹說音悅直戶音值

又如字粲者采旦反三女為粲字林作㛑杕杜徒細反特皃本或作夷狄

字非也下篇同杜赤棠木所弁必政反湑湑私敘反不相比次也相比毗志反下文及

注同踽踽俱禹反無所親遠其于万反不佽七利反助也菁菁本又作青

同子零反毛葉盛也鄭希少皃睘睘本亦作煢又作惸求營反無所依也

羔裘不卹本亦作恤荀律反憂也豹祛起居反又丘據反袂朱也居居如字

又音據懷惡不相親比之皃親比毗志反有悖補對反豹褎徐救反本又作

襃同究究九又反爾雅云居居究究惡也之好呼報反注同
鴇羽音保鴇似鴈而大無後指性不樹止政役音征篇內注同養其羊亮反鄂
侯五各反于苞補交反稹也栩況禹反杼木也稹也本又作槇之忍反何之人
反沈音田又音振廣雅云槇也杼也食汝反徐治與反之處昌慮反迫迮測百反
梱口本反致直置反下同靡盬音古蓺魚世反何怙音戶恃也罷
倦音皮鴇行戶郎反注同翮也戶革反爾雅云羽本謂之翮無
衣始弁畢政反下注同爲之于僞反之使所吏反注同愈羊主反且奧
本又作燠於六反煖也煖奴緩反有杕之杜宗族本亦作宗矣
陰寡於鴆反又如字本亦作蔭同噬肯市世反逮也韓詩作逝逝及也與比毗志
反好之呼報反下同曷飲於鴆反下文同食之音嗣下同道周周曲也韓
詩周右也觀也古亂反葛生好呼報反攻戰音貢又如字

多喪息浪反注同弃亡也又如字怨思息嗣反或如字蘞音廉又力恬反又力儉反徐又力劒反草木疏云似栝樓葉盛而細子正黑如燕薁不可食齊則側皆反本亦作齋下同枕篋口牒反韣本亦作襡又作櫝徒木反墳墓符云反壙音曠采苓力丁反大苦也甘草葉似地黃好聽呼報反幽辟匹亦反下同小行下孟反為言于偽反或如字下文皆同本或作偽字非舍音捨下同旃之然反為言謂為人並于偽反若經文依字讀則此上為字亦依字訕人所諫反采葑孚容反

秦車鄰第十一秦者隴西谷名也在雍州鳥鼠山之東北昔皋陶之子伯翳佐禹治水有功舜命作虞賜姓曰嬴其末孫非子為周孝王養馬於汧渭之間封為附庸邑于秦谷及非子之曾孫秦仲周宣王又命為大夫仲之孫襄公討西戎救周周室東遷以岐豐之地賜之始列為諸侯春秋時稱秦伯崔云秦在虞夏商為諸侯至周為附庸

車鄰本亦作隣又作轔栗人反秦仲始

大絕句或連下句非白顛都田反的丁歷反顙桑黨反寺人如字又音
侍本或作侍字寺人奄人內小臣也之令力呈反注同又力政反沈力丁反韓詩作伶云使伶傳告直專
反阪有音反又扶板反陂者曰阪陂者彼寄反又普羅反又彼皮反以間音閑安
樂音洛下文並同其耋田節反老也八十曰耋一音天節反之朝直遥反將後胡豆
反又如字鼓簧音黃笙也
駟驖田結反又吐結反驖驪馬也始命絕句園囿音又沈又尤菊反之樂音洛
孔阜符有反大也馬驪也力知反媚子眉冀反獻麋亡悲反舍
音捨拔蒲末反括也射之食亦反括也苦活反善射音社四種
章勇反輶車由九反又音由輕也鸞盧端反鑣彼驕反獫力驗反長喙田犬也
説文音力劒反歇本又作猲許謁反説文音火過反驕本又作獢同許喬反猲獢短喙田犬也輕
也遣政反又如字下同喙況廢反驅逆丘遇反或丘于反乘車繩證反搏

噬音博舊音付 小戎毛云小戎兵車也鄭云羣臣兵車故曰小戎王云駕兩馬者

矜其居澄反 夸大苦花反 有樂音岳又音洛 俴錢淺反淺也 收如字

軫也 五楘音木本又作鞪歷錄也曲轅上束也 梁輈陟留反 軫也之忍反 歷

錄一本作歷錄 句衡古侯反 脅驅本亦作駈起俱反 靷之忍反 鋈

音沃舊音惡白金也 續義如字徐辭屢反 靳環居覲反本又作靷云舊本皆作靳靳者 游

言無常處游在驂馬背上以驂馬外轡貫之以止驂之出左傳云如驂之有靳居覲反無取於靷也 以禦

魚呂反 慎駕具慎或作順義亦兩通 揜軓於檢反 常處昌慮反 著

服直略反又丁略反 軾前音式本亦作式 文茵音因文茵以虎皮為茵茵車席也 暢

轂勑亮反長轂也 轂音谷 騏音其騏馬騏文也 馵之樹反馬后左足白 騮音留赤馬黑鬣也

騧古花反黄馬黑喙也 驪本又作驪力知反 兩騑芳非反 龍 盾順允反徐又音

允 觼古穴反 軜音納內也驂馬內轡也 俴駟毛云四介馬也韓詩云駟馬不著甲曰俴駟

淮潬也鄭褻衣也說文作襌云袴也褻衣仙列反近附近之近汙音烏又汙穢之汙垢古口反渭陽音謂水名水北曰陽麗姬本又作驪同力馳反及之難乃旦反大子音泰都雍於用反縣名今屬扶風乘黃繩證反注同我思息嗣反瓊瑰古回反石次玉也權輿音餘權輿始也夏胡雅反大也屋如字具也渠渠其居反猶勤勤也以食我音嗣注篇內同四簋音軌內方外圓曰簋以盛黍稷外方內圓曰簠用貯稻粱皆容一斗二升

經典釋文第五

經典釋文卷第六

毛詩音義中 起第七盡第十五

唐國子博士兼太子中允贈齊州刺史吳縣開國男陸德明撰

陳宛丘詁訓傳第十二 陳者胡公媯滿之所封其先虞舜之胄有虞遏者為周陶正武王賴其器用與其神明之後故妻以女其子滿乃封於陳以備三恪其地宓羲之墟在古州之界宛丘之側

宛丘 於阮反毛云四方高中央下曰宛丘爾雅云宛中宛丘郭云中央隆高 之湯 他郎反蕩也舊他浪反 洵有 音荀信也 則傚 戶教反 坎其 苦感反坎坎擊鼓聲 值其 直置反持也 鷺 音路白鳥也一名舂鉏 爲翳 於計反 指麾 毀危反字又作撝 缶 方有反盎也 盎 本亦作瓮烏浪反 翿 音導又音壽陶翳也

東門之枌 符云反白榆也 亟會 欺冀反 之栩 況甫反杼也 杼也

反說文丈與反婆步波反說文作婆音同娑素何反婆娑舞也穀旦鄭音旦明也本亦作
且王七也反苟且也徐子餘反于差鄭初佳反擇也王音嗟韓詩作嗟徐七何反沈云毛意不作嗟案毛
無改字宜從鄭讀曰相擇音越下曰往矣同以鬷子公反毛數也鄭揔也會處
昌慮反如荍祁饒反芘芣也郭云荆葵也芘音毗又芳耳反芣音浮又芳九反相說
音恍乃遺唯季反情好呼報反
衡門如字衡橫也沈云此古文橫字誘音酉愿音願謹也掖音亦扶持也棲遲
音西興治直吏反泌悲位反泉水也洋洋音羊以樂本又作藥毛音洛鄭力召
反沈云舊皆作樂字晚詩本有作广下樂以形聲言之殊非其義藥字當從疒下尞案說文云藥治也療或藥字也
則毛本止作樂鄭本作藥注放此慤愿苦角反魴音房取妻音娶下文同
東門之池池城池也孔安國云停水曰池以漚烏豆反柔也可緝七立反西州人
謂績爲緝叔姬音叔本亦作淑善也晤歌五故反毛遇也鄭對也紵直吕反字又作苧菅

古顏反茅已漚爲菅

東門之楊　親迎魚敬反下注同　牂牂子桑反盛皃　煌煌音皇　肺肺普貝反又蒲貝反　晢晢之世反

墓門　陳它本亦作佗同徒多反五父也史記以爲厲公　殺君音試本又作弑同　析以斯所宜反又如字又音梳鄭注尚書云斯析也爾雅云斯侈離也孫炎云斯析之離讀者如字　也星歷反　幽閒音閑　不睹都魯反又作覩　相也息亮反　猶去羌呂反　禍難乃旦反　有鴞戶驕反惡聲鳥也　萃止徂醉反集也　柟也冉鹽反　人則惡之烏路反　訊之本又作誶音信徐息悴反告也韓詩誶諫也

防有鵲巢防邑名也　邛有其恭反丘也　苕徒凋反草也　侜陟留反侜張誑也說文云有廱蔽也　予美韓詩作娓音尾娓美也　忉忉都勞反憂也　誑也九況反　甓蒲歷反令適也　鷊五歷反綬草也　令音零字書作瓴　適都歷反字書作甋　綬

草音受怚惕吐歷反　月出刺好色呼報反序同而說音悅澤陂詩同皦兮古了反本又作皎月光也　白皙星歷反佼人字又作姣古卯反好也方言云自關而東河濟之間凡好謂之姣僚兮本亦作嫽同音了好皃舒窈烏了反又于表反糾兮其趙反又其小反一音其了反窈糾舒之安說文音巳小反又居酉反悄兮七小反憂也皓兮胡老反劉兮本又作嬼同力久反好皃埤蒼作嬼嬼妖也懮於久反舒皃慅兮七老反憂也燎兮力召反又力弔反夭紹於表反慘兮七感反憂也

株林陟朱反株林夏氏邑也夏姬戶雅反注下同御叔魚呂反又如字淫泆音逸之行下孟反觝拒都禮反乘馬繩證反下乘驕注君乘乘馬君乘驕車乘並同說于音稅舍也注同乘驕音駒沈云或作駒字是後人改之皇皇者華篇內同

澤陂陂皮反陂澤障也憂思息嗣反行父音甫涕他弟反自目曰涕泗音四

自[illegible]滂普光反沱徒河反下文同與荷音河夫渠也澤障章亮反夫
音符本亦作萁下同渠其居反本亦作蕖之莖幸耕反佼大古卯反覺也
音敎與蕑毛古顔反蘭也鄭改作蓮練田反夫渠實且卷本又作婘同其員反好皃悁悁
烏玄反猶悒悒菡本又作莟又作欿戶感反萏本又作歁大感反且儼本又作㰤魚撿反矜
莊皃輾轉張輦反本又作展
檜本又作鄶古外反羔裘第十三檜者高辛氏之火正祝融之後妘姓之國也其封域
在古豫州外方之北熒波之南居溱洧之閒祝融之故墟是子男之國後爲鄭武所并焉王云周武王封之於濟洛河潁之閒爲
檜子
羔裘好絜呼報反下注同政治直吏反下注同得玦古穴反以朝直遥反注同下篇注亦同大蜡仕詐反祭名也見君賢遍反忉忉音刀如膏古報反
有曜羊照反

素冠子爲于僞反下同欒欒力端反瘠皃瘠貌情音縞冠古老反素紕婢移反皆解佳賣反故覬音冀腴本亦作瘦所救反博博徒端反憂勞也素韠音畢蘊結紆粉反子夏戶雅反下同見於賢遍反下同援琴音袁下同衎衎苦旦反而樂音洛夫三音符其行下孟反

隰有萇楚丈羊反萇楚銚弋也本草云一名羊腸一名羊桃恣也資利反枝古卯反狡古快反本亦作獪古外反猗於可反儺乃可反猗儺柔也銚弋音遙長大張丈反下同蕁蔓音万人少詩照反下同夭之於驕反少也沃沃烏毒反佚也樂子音洛注下皆同妃匹音配

匪風禍難乃旦反偈兮起竭反疾也疾驅丘遇反又如字怛兮都達反怛反飄風符遙反迴風也又必遙反嘌兮嘌嘌無節度也本又作票匹遙反亭臯

普庚反注同養也 溉之本又作摡古愛反滌也 釜符甫反 鬵音尋又音岑釜屬也說文云大釜也一曰鼎大上小下若甑曰鬵音才今反 滌也庭歷反

曹蜉蝣第十四曹者武王之弟叔振鐸所封之國也爵爲伯其封域在兗州陶丘之北荷澤之野今濟陰定陶是也

蜉蝣上音浮下音由蜉蝣渠略也 國小而迫一本作昭公國小而迫案鄭譜云昭公好奢而任小人曹之變風始作此詩箋云喻昭公之朝是蜉蝣爲昭公詩也譜又云蜉蝣至下泉四篇共公時作今諸本此序多無昭公字崔集注本有未詳其正也 楚楚如字鮮明貌說文作䙡䙡云會五綵鮮色也 渠本或作蟝音同其居反注同 略本或作蛒音同沈云二字並不施虫是也 之朝直遥反下皆同一讀下朝夕字張遥反 之難乃旦反 掘求勿反 閱音悅 解閱音蟹下同 歸說音稅 舍息也協韻如字

候人官名 刺近附近之近下同 共公音恭下篇同 遠君于万反下注同 而

好呼報反 何戈何可反又音何揭也 祋都外反又都律反殳也 揭也又竭又苟謁反 殳也市朱反 彼其音記下皆同 赤芾音弗韠也祭服謂之芾沈又甫味反 曹朝直遥反下在朝同 緼音溫何烏本反赤黃之色 黝於糾反黑色 珩音衡 以上時掌反 鵜徒低反洿澤鳥也亦曰淘河 洿澤音烏一音火故反 不稱尺證反注同 咮陟救反徐又都豆反喙也 噣也虛穢反又尺稅反又陟角反烏口也 其媾古豆反厚也 薈兮烏會反 蔚兮於貴反薈蔚雲興皃 朝隮子兮反升雲也 婉兮於阮反少貌 孌兮力轉反好皃 少貌詩照反下同

鳲鳩音尸本亦作尸鳲鳩秸鞠也 秸居八反又音吉 鞠居六反 莫從音暮下上時掌反 其弁皮彥反 伊騏音其騏綦文也說文作璂云弁飾往往冒玉也或亦作瑧 作璂音其 不稱尺證反 不忒他得反 正長張丈反下同 言任音壬 在榛側巾反木名也又仕巾反字林云木叢生也字林榛木之字從辛木云似梓實如小栗音莊巾反馬

下泉〔泉下流也〕思治〔直吏反〕侵刻〔音克〕洌〔音列寒也〕寖〔本又作浸〕
子鳩反　稂〔音郎徐又音良毛童梁也鄭作涼音良蕭蓍之屬〕非溉〔古愛反〕蕭蓍
音尸　愾〔苦愛反歎息也說文云大息也音火既反〕覺〔音教〕蒿也〔好刀反〕芃芃
薄工反又薄雄反　膏之〔古報反〕郇伯〔音荀〕勞之〔力報反〕謂朝〔直遥反〕
豳〔筆巾反〕七月第十五〔豳者戎狄之地名也夏道衰后稷之曾孫公刘自邰而出居焉〕
其封域在雍州岐山之地原隰之野於漢屬右扶風郇
邑周公遭流言之難居東都思公劉大王為豳公憂勞
民事以比叙已志而作七月鴟鴞之詩成王悟而迎之以
致大平故大師述其詩為豳国之風焉
七月王業〔于況反又如字下同〕觱發〔音必說文作畢發音如字觱發寒也〕栗
烈〔說如字栗烈寒也說文作颲颲〕無褐〔音曷以毛為布也〕于耜〔音似〕饁〔炎輒反野〕
饋也字林于刦反　田畯〔音俊田大夫也〕至喜〔王申毛如字鄭作饎尺志反酒食也下同〕
夏正〔戶雅反下深夏夏小正同〕晚寒〔如字謂節晚而氣寒也〕饋〔其愧反〕饟來

式亮反又爲于僞反離黃本又作鵹作鸝同力知反穉桑直吏反本亦作
穉祁祁巨之反一音上之反衆多也迨及音待始也皤蒿音婆萑戶官
反薍葦韋鬼反葭也薍五患反葭音加豫畜本又作蓄同敕六反下同
也條桑他彫反注條桑同枝落也又如字沈暢遙反斨七羊反方銎也猗彼於綺反徐於宜
反角而東之銎曲容反說文云斧空也荑桑徒奚反鵙圭覔反伯勞也字林工役反
纁也許云反春暴蒲卜反染夏如琰反秀葽於遙反草也鳴
蜩徒彫反蟬也其穫戶郭反下同隕于敏反墜也蘀音託落也螗音唐隊
直類反王萯音婦于貉戶各反獸名狐貍力之反獸名往搏音博音付
自爲也于僞反載纘子管反繼也其豵子公反毛云豕一歲也鄭云豕生三曰豵
獻豜古牽反又音牽豕三歲斯螽音終莎雞音沙徐又素和反沈云舊多作莎今作沙音
素何反在宇屋四垂爲宇韓詩云宇屋霤也蟋音悉蟀所律反蚣相容反又相工反蝑相魚反又相呂反

訊音信本又作迅同 非卒寸忽反 穹起弓反窮也 窒珍悉反徐得悉反塞也
熏鼠許云反 塞向如字北出牖也韓詩云北向窻也 墐户音覲塗也 牖也音酉
蓽户音必 曰爲上音越下于僞反一讀上而實反下如字漢書作聿爲 及薁於六
反蘡薁也 亨葵普庚反 及菽音叔本亦作叔藿也 剥棗普卜反擊也注同
以介音界 棣屬大計反 蘡於盈反或於耕反 凍丁貢反 醪老刀反
而釀女亮反 食瓜古花反字或加艸非 叔苴士餘反麻子也 采荼音徒
薪樗勑書反又他胡反惡木也 食我音嗣 瓠也户故反 拾也音十 之
糝素感反 築場直羊反下同本又作塲塲依字失陽反今亦宜直羊反 圃布古反一
音布 菜茹如豫反 黍稷重直容反注同先種後熟曰重又作種音同說文云禾
邊作重是重穋之字禾邊作童是種蓺之字今人亂之已久 穋音六本又作稑音同說文云稑或從翏後
種先熟曰稑 之囷丘倫反 上入時掌反注同 索素洛反 綯徒刀反綯絞也

絞也古卯反亟其紀力反念也定將都佞反鑿冰在洛反冲

冲直弓反聲也凌陰力證反又音陵陵陰冰室也說文作𠗩音凌其蚤早反祭

韭音九字或加艸非水複音福覿徒歷反祭司寒本或作祭寒朝

之禄位直遥反秋刷所劣反爾雅云清也三蒼云埽也滌場廷歷反埽也

曰殺音越或人實反非縮也所六反閈於音閑躋彼子奚反升也

兕徐履反本或作兕觥號彭反本亦作觵無疆居良反竟也或音注爲境非學

校户教反旣樂音洛

鴟鴞上尺之反下于嬌反鴟鴞鳥也以遺唯季反本亦作貽此從尚書本也鸋乃下

反郭音寧鴂音決鸋鴂似黃雀而小俗呼之巧婦重言直用反大平音泰[illegible]

子本又作孺如住反誚公在笑反鬻子由六反徐居六反穉也一云賣也迨天

音待及也徐又勑改反桑土音杜注同桑土桑根也小雅同韓詩作杜義同方言云東齊謂根曰杜字林

柎作𣪊桑皮也音同**綢繆**上直留反下莫侯反綢繆猶纏緜也**恚怒**於季反**拮**音吉又音結**据**音居拮据撠挶也韓詩云口足爲事曰拮据**捋**力活反**荼**音徒雚苕也**畜**勑六反本亦作蓄**租**子胡反本又作租如字爲也韓詩云積也**卒屠**本又作瘏音徒病也**撠**京劇反本亦作戟**挶**俱局反說文云持也**萑**音丸**苕**音條**之難**乃旦反**譙譙**本或作譙同在消反殺也**翛翛**素彫反注同敝也**殺也**色界反又所列反下同**翹翹**祁消反危也**所漂**匹遙反**嘵嘵**呼堯反懼也**愬之**音素

東山勞歸力報反**其思**息嗣反**望女**音汝**樂男**音洛

以說音悅下同**金縢**徒登反**分別**彼列反**志伸**音身**慆慆**徒刀反又吐刀反久也**其濛**莫紅反雨貌**爲之**于僞反**勿士行**毛音衡鄭音銜王戶剛反**枚**莫杯反毛云微也鄭注周禮云枚如箸橫銜之於口爲繣挈於項中**無行**戶剛反**陳**直震反下同**蜎蜎**烏玄反蠋貌**蠋**音蜀桑蟲也**烝在**之承反寘也

窴也音田又音珍一音陳字書云塞也大千反從穴下眞窴塡塵依字皆是田音又音
珍亦音塵鄭云古聲同窴陳完奔齊以國爲氏而史記謂之田氏是古四陳聲同敦彼都迴反法同
果贏力果反果贏括樓亦施羊豉反伊威並如字或傍加虫者後人增耳在
室本或作堂誤也蠨音蕭說文虫作蟰音夙蛸所交反蠨蛸長踦也郭音蕭町他典反田或他頂
反字又作打音同畽田本又作疃他短反町畽鹿迹也字又作墥熠以執反燿以照反又以灼反熠燿螢
火也下章皆同括樓古活反委黍並如字沈委音於爲反委黍鼠婦也本或並作虫邊踦
起宜反章昭呂忱音同云一足意也今詩義長踦長脚蜘蛛又巨綺反又其宜反又居綺反燐也洛刃
反字又作燐螢火惠丁反令人力呈反慼思息嗣反下憂思同作毉於兮
反是也又作鷖鳥雚本又作雚古玩反水鳥也于垤田節反螘冢也洒所懈反沈所寄反埽
素報反螘本亦作蛾又作蟻魚綺反好水呼報反拚甫問反有敦徒端反專專也
並同栗薪千如字鄭音列韓詩作蓼力菊反蓼薪也專專徒端反下同綴焉

張衡反之辯盧遍反又白莧反說文云瓜中實也沈薄開反皆爲于僞反樂之聑
皇駁邦角反之韠許韋反施衿繫佩帶其鴆反結帨始銳反
破斧以惡烏路反注同斨七羊反說文云方銎斧也隋徒禾反何湯果反孔形狹而長也
銎曲容反錡巨宜反字或作奇音同鑿屬也韓詩云木屬訛五戈反又作吪化也銶音求
徐又音虯木屬也韓詩云鑿屬也一解云今之獨頭斧是遒在羞反徐又在幽反毛固也鄭斂也之休
虛虯反美也
伐柯古河反斧柄也朝廷直遥反注及下篇同斧柄彼病反取妻七喻反本亦作
娶我覯古豆反見也有踐賤淺反行列貌行列戶郎反之饌士戀反
歡樂音洛以說音悅
九罭本亦作罭于逼反罭魚網鱒才損反沈又音撰大魚也魴音房緵子弄反又子公反字
又作緫罟音古今江南呼緵罟爲百囊網也衮衣古本反六冕之第二者也畫爲九章天子畫升

龍於衣上公但畫降龍子或作卷音同　卷龍卷衮反　鳧音符　鷖烏兮反又作鷖　所

賫子西反本或作齎同　狼跋音郎獸名也跋音卜末反躐也

又蒲末反字或作拔同　王功于況反　大平音泰下大師大平同　無愆起然反　載

疐本又作疐丁四反又陟値反跲也　躐也力輒反　跲其劫反又居業反　有難

乃旦反　無玷丁簟反　公孫毛如字公孫成王也鄭音遜公周公也孫遁也　赤舄音昔　盛

屨俱具反　絇貌其俱反　遁也徒遜反　疵瑕才斯反

鹿鳴之什第十六

音十作者若五等之君有詩各繫其國舉周南即題關雎至於王者施教統有四海歌詩之作非止一人篇數既多故以十篇編為一卷名之為什　小雅從鹿鳴至菁菁者莪凡二十二篇皆正小雅六篇亡今唯十六篇從此至魚麗十篇是文武之小雅先其文王以治內後其武王以治外宴勞嘉賓親睦九族事非隆重故為小雅皆聖人之迹故謂之正

鹿鳴　既飲於鴆反注同　食之音嗣注同　筐丘房反　篚音匪　侑幣

呦呦音幽又幽苹音平毛云萍也鄭云藾蕭萍本又作苹薄丁反江東謂之藾藾音賴扶逼反
懇誠苦很反嘉樂音岳又音洛藾音賴鼓簧音黃好我呼報反注
同示我毛如字鄭作寘之豉反置也周行毛如字道也鄭胡郎反列位也之蒿呼毛
反蒿也蒿菣去刃反字又作藍同本或作牡菣牡衍字耳視民音示不恌他彫反愉也
是傚胡教反愉也他侯反又音踰芩其今反草也說文云蒿也又其炎反和樂
音洛注下皆同且湛都南反字又作耽之二夫不音符四牡茂后反勞
力報反篇末注同使臣所吏反注皆同則說音悅歌樂音洛騑騑芳非反行
不止之貌倭本又作委於危反遲倭遲歷遠之貌韓詩作倭夷而朝直遥反靡
盬音古不堅固也情思息嗣反嘽嘽他丹反喘息也駱音洛白馬黑鬛曰駱喘
息川兗反黑鬣本又鬛力輒反本又作髦音毛啓跪求毀反郭巨元反沈堪彼反舍
舍音釋于邇乃禮反翩翩音篇鵻音隹夫不也本又作隹苞栩

況甫反　夫方于反字又作鳺同　不方浮反又如字字又作鴀同草木疏云夫不名浮鳩　殼　謹

起角反　將養也以尚反下注同一音如字　杞音起枸檵也　枸音苟本亦作苟同　檵

音計　載驟助救反又仕救反　駸駸楚金反驟貌字林云馬行疾也七林反　來諗音審

毛念也鄭告也

皇皇者華使臣所吏反注下並同　不辱命也一本作不辱君命　煌

煌音皇又音晃　駪駪所巾反衆多貌　維駒音俱本亦作驕　如濡如朱反鮮澤也

咨本亦作諮　諏子須反咨事爲諏爾雅云謀也說文云聚謀也　維騏音其　調忍音刃

難易夷豉反　沃若烏毒反沈又於縛反　咨度待洛反注同咨禮爲度　維駰

音因馬陰白雜毛也　咨詢音荀諮親爲詢謂親戚之謀

常棣大計反字林大內反　召公上照反　爲作于僞反　鄂五各反毛云華外發

鄂鄂然也鄭承華曰鄂　不毛如字鄭改作拊方于反拊鄂足也　韡韡韋鬼反光明也　常棣

棣也本或作常棣移音以支反又是兮反按爾雅云唐棣移常棣棣作移者非不拊同不音如字又芳
浮反二聲相近也拊亦作跗前注同一云不亦方于反畏怖普故反裒矣薄侯反聚也脊
井益反亦作即又作鶺皆同令音零本亦作鴒同䳐渠也急難如字又乃旦反注同則揺音遙又餘
照反其常處昌慮反況也或作兄非也永歎吐丹反又吐旦反以協上韻鬩
許歷反很也于牆本或作廧在良反外禦魚呂反其務如字爾雅云侮也讀者又
音侮此從左傳及外傳之文很也戶墾反烝也之承反烝塡依字音田與寘同又
依古聲音塵塵久也故箋申之云古聲塡寘塵同戎相如字又息亮反下同切切然定本
作切切偲偲然相琢陟角反儐爾賓胤反陳也之飫於慮反私也聽
朝直遙反和樂音洛下皆同且孺本亦作孺如具反屬也好合呼報反
相應應對之應和也胡臥反既翕許急反合也且湛荅南反又作耽
韓詩云樂之甚也妻帑依字吐蕩反經典通爲妻帑字今讀音奴子也亶其都但反信也

伐木丁丁陟耕反伐木聲也嚶嚶於耕反毛云驚懼也鄭云兩鳥聲喬其驕反高也鄉時本又作嚮同許亮反則復扶又反相彼息亮反視也注同矧尸忍反況也許許沈呼古反柹貌釃徐所宜反又所餘反葛洪所寄反謂以籭漉酒漉音鹿有藇音敘又羊汝反美也柹貌孚廢反又側几反以藪素口反曰湑思敘反肥羜直呂反未成羊也於如字舊音烏粲采旦反鮮明也洒所懈反徐所寄反埽素報反陳饋其位反八簋居偉反已灑所蟹反又所懈反擹本又作拚甫問反食音嗣乾餱音侯食也爾雅云餥餱食也以愆起虔反訕也所諫也之饌士戀反遠之于万反亦如字湑我本又作醑思敘反茜之也酤我毛音户一宿酒也說文同鄭音顧乂音姑買也茜之所六反與左傳縮酒同義謂以茅泲之而去其糟也字從艸則泲子禮反坎坎如字說文作竷音同云舞曲也蹲蹲七句反本或作壿同舞貌也爾雅云喜也說文云士舞也從士尊爲我于僞反下同以樂樂巳上下

音岳音洛 追我音待及也 今閒音閑
天保下下俱户嫁反注中下及下臣同 俾必以反使也 單厚毛都但反云信也原
也鄭音丹盡也 不除治慮反注同開也 戩子淺反福也 汲汲七及反 縱足用反 長
張丈反 吉蠲古玄反舊音圭絜也 爲饎尺志反酒食也 孝享許丈反獻也 禴
本又作礿餘若反夏祭名 祠嗣絲反春祭名 烝之丞反冬祭名 嘗秋祭名 諸盩直留反周
大王父名 無疆居良反 尸嘏古雅反 傳神直專反 弔矣都歷反至也
詒爾以之反遺也 遺也唯季反 相燕樂音洛 徧爲音遍 之恒
本亦作縆同古鄧反沈古恒反弦也 不騫起虔反虧也 采薇音微菜也
昆夷本又作混古門反昆夷西戎也 玁本或作獫音險 狁音允本亦作允玁狁北狄也 之
難乃旦反注皆同 命將率子亮反下所類反本亦作帥同注及後篇將率皆同 以勞力報反後
篇勞還皆同 杕杜大計反 重言直用反下重叙同 莫止音暮本或作暮協韻武傳

反肥七歲反脕音問或作早晚字非也靡使如字本又作靡所少而詩照反
堅忍音刃時坤本亦作巛困魂反孔疚久又反病也彼爾乃禮反注同華盛貌
說文作蘥業業如字又魚及反或五盍反壯也三捷息躞反又如字騤騤求龜反彊
也所腓符非反毛云避也鄭作芘必寐反倚也芘倚其綺反舊於蟻反象弭
彌氏反弭弓反末彆也以象爲之解紒音計又音結本又作紛芳云反彆說文方血反又邊之入聲
埤倉云弓末反戾也曰戒音越又人栗反警敕音景昔我韓詩昔始也雨雪
于付反霏霏芳菲反甚也以說音悅
出車如字沈尺遂反勞力報反還音旋彼牧音目多難乃旦反注及下
皆同使裝側良反本又作莊北旐音兆彼旄音毛屬之音燭致也彼旟
音餘斾斾蒲貝反鳥隼息允反旒垂音留悄悄七小反況
瘁似醉反本亦作萃依注作悴音同憔悴慈遥反憂其馬之不

正一本作之不正也一本作馬之政　央央本亦作英同於京反又於良反　近玁附近之近下近西戎同　軍壘力軌反　于襄如字除也本或作攘如羊反　雨雪于付反又如字　喓喓於遥反　趯趯吐歷反　阜螽音終　躍音藥　而嚮許亮反或作鄉音同　而興許膺反　忡忡勑中反　則降戶江反又如字注下皆同　卉木許貴反草也　萋萋七西反　喈喈音皆　采蘩音煩　祁祁巨移反　執訊音信辭也言也

杕杜　睆華版反字從白或作目邊實貌　蕃滋音煩　巳閒音閑　以說音悅　亦莫音暮本亦作暮　則思息嗣反又如字　其杞音起　檀車徒丹反檀車役車　幝幝尺善反又勑丹反敝貌說文云車敝也從巾單韓詩作緣音同　痯古緩反罷貌　敝貌婢世反　罷貌音皮　孔疚居又反　於繇直又反

魚麗力馳反下同麗歷也　以上時掌反　於逸本或作佚　樂音洛　諸夏戶雅反　于罶音柳寡婦之笱　鱨音常楊也草木疏云今江東呼黃鱨魚尾微黃大者長尺七八寸許

鯊音沙字亦作魦鮀也今吹沙小魚也體圓而有黑點文舍人云鯊石鮀也鮀待何反大平
音泰不暴蒲下反草木不折不操草刀反斧斤一本作草木不折不芟定本芟作操草刀反豺祭仕皆反獺祭勑鎋反又他末反後漁音魚
一本作獻同取魚也罻羅音畏不麛亡兮反本或作麑同不卵魯短反不隱如字本又作偃亦如字塞蘇代反又新勒反不數七欲反又所角反陳氏云數細也罟音古
君子有酒旨絕句且多此二字為句後章放此異此讀則非魴鱧音禮鮦也
鮦直冢反鰋音偃郭云今偃額白魚鮎乃兼反江東呼鮎為鮧鮧音啼又在私反毛及前儒皆以鮎釋鰋鱧為鯇鱣為鯉唯郭注爾雅是六魚之名今目驗毛解與世不協或恐古今名異逐世移耳
南陔古哀反以養餘尚反白華華黍此三篇蓋武王之詩周公制禮用為樂章吹笙以播其曲孔子刪定在三百一十一篇內遭戰國及秦而亡子夏序詩篇義合編故詩雖亡而義猶在也毛氏訓傳各引序冠其篇首故序存而詩亡縣中音玄合編必仙反以見賢遍反

南有嘉魚之什第十七

南有嘉魚 自此至菁菁者莪六篇并亡篇三是成王周公之小雅成王有雅名公有雅德二人恊佐以致太平故亦竝爲正也 樂與 音洛又音岳徐五教反序文同 大平 音泰後大平皆同 於朝 直遥反下注同 燕樂 音洛下注皆同 烝然 之承反鄭塵也王衆也 罩罩 張教反徐又都學反籗也字林竹卓反云捕魚器也 籗 助角反郭云捕魚籠也沈音穫又音護說其形非罩也 遲之 直異反下同 以樂 音洛恊句五教反得賢致酒歡情怡暢故樂 汕汕 所諫反樔也說文云魚游水貌 樔 側交反字或作罺同 撩罟 力弔反又力條反沈旋力到反 以衎 苦旦反樂也 樛木 居虬反

甘瓠音護 纍之 力追反本亦作蘽同 君子下 遐嫁反 翩翩 音篇 者鵻 音佳本亦作隹 又復 扶又反下同

南山有臺 臺夫須也 能爲 如字又于僞反 有萊 音來章也 夫須 音符 樂樂 上音岳下音洛 無疆 居良反 有杞 音起草本疏云其樹如樗一名狗骨 栲 音考山樗也 杻 女久反檍也 山樗 勑居反 檍也

音憶枸俱甫反枳枸也楰音庾鼠梓楸屬枳枸諸氏反黃耇音苟壽也保艾
五蓋反養也沈音別由庚崇丘由儀此三篇義與南陔等同依
六月序由庚在南有嘉魚前崇丘在南山有臺前今同在此者以其俱亡使相從耳乃間古莧反
蓼蕭音六蓼長大貌蕭蒿也外薄音博諸本作外敷注音芳夫反四海九夷八狄
七戎六蠻也海者晦也地險言具去中國險遠禀政教昏昧也五長張丈反湑兮息敘反湑湑露
貌長大如字又張丈反不為于僞反朝見直遥反下賢遍反下燕見同瀼
瀼如羊反徐又乃剛反露蕃貌蕃貌音煩被皮寄反泥泥乃禮反霑濡也豈開在
反本亦作愷下同樂也後豈弟放此弟如字本亦作悌音同易也後皆放此樂也音洛下篇同易也
夷豉反濃濃奴同反又女龍反厚貌鞗革徒彫反轡也沖沖直弓反徐音同音勑弓反
垂飾貌在軾音式在鑣彼苗反湛露直減反湛湛露茂盛
貌不晞音希乾也厭厭於鹽反安也韓詩作愔愔和悅之貌是渫息列反飲

桓公於嬀反其椅於宜反木名也陔節古哀反字亦作祴音同戒也

彤弓徒冬反彤弓赤弓也以講德習射所愾苦愛反很也杜預云很年也說文作鎎火既反六世戰也旅弓音盧黑弓也本或作旅字訛弨兮天昭反弛也說文云弓反也字林充小反弛貌式氏反大飲於鴆反樂也音洛右之毛音又勸也鄭如字燾右也卒爵遵律反本或作啐者誤也啐音七內反櫜之古刀反韜也韜也本又作弢吐刀反弓衣也好之呼報反悅也說也音悅醻之本又作酬市由反毛報也鄭厚也勸也賓酢才洛反

菁菁者莪上子丁反下五何反菁菁盛貌莪蘿蒿也能長張丈反下注並同喜樂音洛下并注同選士雪戀反中沚音止汎汎芳劒反則休虛虬反美也

六月從此至無羊十四篇是宣王之變小雅和樂音洛篇末注同鈌矣苦悅反蓄積勑六反隊矣直類反諸夏戶雅反棲棲音西簡閱之貌既飭音勑正也依字從力脩飭之字從巾不同也今人食邊作芳以爲脩

飭之字借作勑音非駓駓求龜反簡閱音悅孔熾尺志反盛也比物毗志
反脊同也有顒王容反大貌說文云大頭也有嚴如字威也共武鄭如字注下同
王徐音恭羣帥所類反下將帥同後篇放此匪茹如豫反徐音如度也焦穫音護
焦穫周地爾雅十藪周有焦護侵鎬胡老反鄭云北方地名王云京師茹度徒洛反下同織
文音志又尺志反注同白茷本又作旆蒲貝反繼旐曰茷左傳云蒨茷是也一曰旆與茷古今字殊
央央音英鮮明也或於良反下篇同徽織音幟將帥子亮反下大將同後篇將帥放此
皆著知略反十乘繩證反啓行戶郎反注前行同夏后戶雅反
鉤古侯反股音古今經注作鞶無股字以先蘇薦反敵陳直覲反輊竹二
反車佶其乙反又其吉反毛正也鄭壯健貌摯也音至大原音泰飲御於鳥反注
可炰白交反徐又甫久反鼈甲滅反膾鯉古外反采芑音起菜也徐又
音呂反菑側其反田一歲曰菑郭云反草曰菑曰畬音餘田三歲曰畬莅止本又作涖音利

又音類沈力二反臨也　扞也胡旦反　千乘繩證反下乘同　士卒子忽反下皆同

羨卒錢面反餘也又徐薦反　有奭許力反赤也　簟茀音弗車蔽也　鞗

革音條　樊纓步干反馬大帶　約軝祁支反廣雅云轂篆　錯衡如字沈七故反　瑲

瑲本亦作鎗七羊反徐七羹反聲也　朱芾本又作常或作紱皆音弗下篇赤芾同　有創

本又作瑲亦作鎗同皆七羊反　蔥珩音衡　煌煌音皇又音晃　朱衣裳本或作朱衣纁

裳纁衍字　駛彼唯必反　鉦人音征說文云鐃也又云鐲也　鞫旅居六反告也　將

戰此如字餘並子匝反　闐闐徒顛反　長幼張丈反下之長同　蠢爾尺允反動

也爾雅不遜也　執訊音信　嘽嘽吐丹反衆也徐音他　焞焞吐雷反又他屯反本又作啍同

盛也　霆音廷徐音挺又音定　無羆音皮　車攻攻堅　外

攘如羊反除也卻也　之竟音境　器械戶戒反王著云械揔名也說文云無所盛曰械

復會扶又反　而選宣兗反數也沈思戀反下同　齊豪戶刀反依字作毫也　龐

龐鹿同反徐扶公反充實也　甫草毛如字大也鄭音補謂圃田鄭藪也　太艾魚廢反
褐纏音曷　爲槸魚刈反何魚子反門中臬也　轚音計劉兆注穀梁云繫也本又作擊音同或古
歷反　之左者之左一本無上之字下句亦然　而射食亦反　抗苦浪反舉也　大
緌本亦作綏同而隹反下同　出塡苦顛反　甫田舊音補十藪鄭有圃田下同毛依字甫大
也　囂囂五刀反或許驕反聲也　唯數所主反　搏獸音博舊音付　今近
附近之近　金舄音昔　有繹音亦陳也　時見賢遍反下同　叏本又作決或作抉同古穴
反鉤弦也　旣佽音次利也說文子利反云便利也　比次毗志反　擧柴子智反又才寄反積
也說文作㧘士賣反　不中丁仲反下中者同　不猗於寄反又於綺反　舍矢音捨　如
椎直追反　不讙音歡又音喧　譁也音花　大庖蒲茅反　左膘頻小反又
扶了反三蒼云小腹兩邊肉也說文云脅後髀前肉也本亦作髀蒲禮反或又作髆　射之食亦反下射左髀同
右腢本亦作髃音愚又五厚反謂肩前也說文同郭音偶謂肩前兩間骨何休注公羊自左膘射之達于

右腢中心死疾鮮潔也又五回五公二反射右耳食亦反左脾本又作髀方爾反又蒲禮反謂股外右髃餘繞反又胡了反謂水膁也字書無此字一本作髃音羊紹反又羊招反呂忱于小反本或作膘踐毛子淺反有聞音問注同本亦作問讙呼端反又作諠譁音花去穀起呂反大平音泰吉日伯馬祖也禱丁老反馬祭也說文作禂爲之于僞反既差初宜反又初佳反擇也麀鹿音憂鹿牝曰麀麌麌愚甫反說文作噳云麋鹿羣口相聚也鄭云麕牡曰麌麌復麌言多也鹿牝頻忍反徐扶盡反又扶允反麕牡本又作麇俱倫反下音茂麌復扶又反沮七徐反其祁毛巨私反又止之反大也鄭改作麎音辰郭音脤何止尸反沈市尸反麋亡悲反儦儦本作麃又作爊表嬌反趨也廣雅云行也俟俟音士行也徐音矣或羣或友獸三曰羣二曰友之射食亦反既挾子洽反又子協反又戶頰反小豝音巴豕牝曰豝殪於計反大兕徐履反本又作光能中丁仲反鴻鴈勞來力報反下力代反矜

寡本又作鰥同古頑反徐又棘冰反篇內矜寡同老無妻曰矜老無夫曰寡 肅肅所六反本或作翻同羽聲也

劬勞其俱反注及下文同韓詩云數也毛云疾苦也 王使所吏反 矜人棘冰反 偏

喪息浪反 欲令力呈反 賙音周救也 餼之許氣反 去其丘呂反 于

垣音袁 百堵丁古反 其究居又反窮也 嗸嗸本又作嗷五刀反聲也

庭燎力照反徐又力燒反大燭也鄭云在地曰燎執之曰燭又云樹之門外曰大燭於內曰庭燎皆是照衆爲明

箴之之金反諫誨之辭 將朝直遥反下皆同 何其音基辭也下皆同 未央

於良反毛云且也鄭云猶言夜未渠央也說文云久也已也王逸注楚辭云央盡也 將將七羊反本或作鏘注同

且也七也反又子徐反又音且經本作旦 鸞鑣表驕反又必苗反 未渠其據反

未艾毛五蓋反云久也鄭音刈云芟末曰艾 晣晣本又作晢之世反明也 噦噦呼會

反徐又呼惠反徐行有節也 芟末所銜反 夜先悉薦反 鄉晨許亮反字又作嚮

有煇音暉毛云光也 其旂音祈巨畿反 別色彼列反

沔水 縣善反沔流滿也徐莫顯反 朝宗 直遥反注皆同 春見 賢遍反下文夏見同
鴥彼 惟必反 飛隼 息尹反 湯湯 失羊反波流盛貌 復不 扶又反 不
蹟 井亦反 弭忘 彌氏反止也下音亡 好詐僞 呼報反 毀惡 烏路反
鶴鳴 草木疏云鶴鳴聞八九里 九皋 音羔澤也韓詩云九皋九折之澤 聲聞 音問
下同 數至 色主反 則見 賢遍又 治平 直吏反 樂彼 音洛沈又五孝反注
及下同 之爰 音袁 檀 音壇 維蘀 音託落也 之觀 古亂反下同 朝廷
直遥反 它山 古他字 爲錯 七落反說文作厝云厲石也字林同千故反 琢玉
陟角反 穀 工木反說文云楮也從木㱿聲非從禾也毛云惡木也以上章上檀下蘀類之取其上善下惡
故知穀惡木也 祈 勤衣反 父 音甫下同圻父司馬也掌封圻兵甲者 若
𠷎 此古疇字本又作壽按孔注尚書直留反馬鄭音受 爲王 于僞反下毋爲父同 底止
之履反至也 亶不 都旦反誠也 不得供 九用反 養也 羊亮反

白駒馬五尺以上曰駒皎皎古了反絜白也場苗直良反縶之陟立反絆
也徐丁立反絆也音半繫足曰絆於焉於虔反又如字下同作繄烏兮反場
藿火郭反賁然彼義反飾也徐音奔鄭云山下有火賁毛鄭全用易爲釋逸樂音洛
遯思字又作遯徒遜反徐徒損反度已待洛反下音紀訣之音決生芻
楚俱反毋金音無本亦作無毋字與父母之字不同宜詳之他皆倣此
黃鳥聯兄弟音連無啄陟角反妃匹音配于栩況甫反
我行其野蔽必制反徐又方四反芾方味反蔽芾葉如生貌其樗勑書反惡木也
其蓫勑六反本又作蓄毛惡菜也鄭牛蘈也牛蘈徒雷反本又作蘈其葍音福
毛惡菜也鄭[illegible]也畜音富嫁女女不思女並音汝肯媵音孕又繩證反亦
[illegible]音支[illegible]也可惡烏路反斯干干澗也皆佼古卯反而[illegible]
[illegible]落之如字始也或作樂非秩秩直乙反流行貌干澗音諫相好呼報反

猶矣 毛如字道也鄭改作瘉羊主反病也 詢病 呼旦反 似 毛如字嗣也鄭音巳午之巳 妣
祖 必履反 姜嫄 本或作原音同 西鄉 本又作嚮同許亮反下同 安樂 音洛 閣閣
音各猶歷歷也 椓之 陟角反椓土也 橐橐 音託用力也本或作柝 縮 所六反 摍 呂忱丈牛反沈
呂菊反說文音勑周反引也從手留聲 攸除 直慮反去也 攸芋 毛香于反大也鄭作幠火吳反覆也或作吁
弘殺 所界反 堅緻 直置反本亦作緻同 相稱 尺證反 如跂 音企 跂竦 栗勇
反 斯棘 居力反毛稜廉也鄭云戟也韓詩作朸朸隅也旅助反 斯革 如字翼也韓詩作𩋯云翅也 稜
廉 力登反 捘弓 手荅反又手協反又音協 其肘 張久反 翬 音輝雉名說文云大
飛 攸躋 子西反升也 殖殖 市力反平正也 噲噲 音快 其正 音政長也 噦
噦 呼會反 其冥 毛莫經反幼也鄭莫定反夜也 正長 丁丈反王崔直良反 冥幼 如
字本或作窈窱音杳 熭熭 音謂呂忱云火光貌 下莞 音官徐又九還反草叢生水中楚圍江南以爲
席鄭云小蒲席也形似小蒲而實非也 乃鋪 普吳反又音敷 以樂 音洛本亦作落 應人

應對之應 維熊 于弓反 維羆 彼宜反 維虺 許鬼反 維蛇 市奢反 大
人 音泰後大人同 載衣 於既反注衣以褓下衣之裼同 璋 音章半圭曰璋 喤喤 音橫
華彭反沈又呼彭反聲也 朱芾 音弗 煌煌 音皇 裼 他計反褓也韓詩作禘音同 褓
也 音保褓人名小兒被爲褓 紡 芳罔反 塼也 音專本又作專 毋詒 本又作貽以之反遺也
罹 本又作離力馳反憂也 無遺 唯季反 無羊 其犉
本又作犉而純反黃牛黑脣曰犉 濈濈 本又作濈亦作戢莊立反 美畜 許又反 濕濕 始立
反又尸立反 呞 本又作齝亦作齛丑之反一音初之反郭又處立反注爾雅云食已復出嚼之也今江東呼齝
爲齝音漏濩 或訛 五戈反徐又五何反動也韓詩作譌譌覺也 何 河可反又音河下及注同 蓑
素戈反草衣也 何笠 音立 其餱 音侯 何揭 音竭又其謁反 索則 色白反 以
蒸 之丞反薪也 搏禽 音博下同亦作捕音步 兢兢 其冰反 不騫 起虔反
麾之 毀皮反 以肱 古弘反臂也 擾馴 音巡又常遵反 旐維 音兆 旟

矣音餘以養羊亮反下同相供九用反溱溱側巾反衆也

節南山之什第十九從此至何草不黃凡四十四篇前儒申毛皆以爲幽王之變小雅鄭以十月之交以下四篇是厲王之變小雅漢興之初師移其篇次毛爲詁訓因改其第焉

節南山在切反又如字又音截下及注同高峻貌韓詩云視也家父音甫注及下同巖如字本或作嚴音同赫赫許百反如惔徒藍反又音炎燔也韓詩作炎字書作焱說文作𤈦字才廉反小熱也大師音泰下皆同燔也音煩脅下許業反本又作脇卒子律反不監古銜反注同視也韓詩云領也斷也都緩反其猗於宜反毛云長也鄭云倚也倚也於綺反下同山畎本亦作甽古犬反薦徂殿反重也注及下篇注同瘥才河反病也重也直用反下同疫病音役本又作疢勑覲反長幼張丈反噆莫本或作憯七感反曾也弔唁音彥服虔云弔生曰唁之氐丁禮反毛云本也徐云鄭音都履反是毗婢尸反毛厚也鄭輔也王作埤埤厚也畀民本又作俾同必爾反後皆放此桎之實反又丁履反礙

也本有作手旁至者誤也鎋字又作轄胡瞎反不弔如字又丁歷反至也下同昊胡老反空

我苦貢反注同窮也愬之蘇路反本亦作訴下同勿罔毛如字鄭音未式已毛音

以鄭音紀殆近附近之近又如字下同瑣瑣素火反小也本或作璅非也璅音早亞於嫁反膴

仕音武厚也不傭勑龍反均也韓詩作庸庸易也鞫九六反盈也訩音凶訟也大戾音麗

乖也之行下孟反乖爭爭鬬之爭下皆同傚爲下敎反如屆音戒毛極

也鄭至也心闋苦穴反息也易也以豉反下同反復音服本又作覆芳服反酲

音呈病酒曰酲爲用于僞反又如字蹙蹙子六反縮小也王七歷反所騁勑領反極

也日見而乙反縮小所六反相爾息亮反注同視也矛矣亡侯反戈矛也

既懌音亦服也相酬市由反又作醻夷說音悅下同其已音以酢也音昨

覆怨芳服反正長張丈反邪心似嗟反爲王于僞反家父音甫

式訛五戈反以畜許六反正月音政夏之四月也四

月純陽用事故曰正月 繁霜扶袁反多也 夏之胡雅反下同 建巳音似 心

爲于僞反 行酷苦毒反 癙憂音鼠病也字林癙音恕 以痒音羊病也

我瘉音庚病也 不長張丈反下正長伯長長者皆同 莠言餘久反醜也 惸

惸本又作煢其營反憂意也一云獨也篇末同 弁其必正反注弁制同 圜土音圓

圜土獄也 是難乃旦反下是難之難同 侯蒸之丞反 之處昌慮反下之處同 朝廷

直遙反下皆同 夢夢莫紅反亂也沈莫滕反韓詩云惡貌也 弗勝毛音升乘也鄭尸證

反 尚復扶又反篇末同 作繄烏兮反 憎惡烏路反 葢卑本又作庳

同音婢又必支反 之行下孟反 訊之本又作誶音信問也 別異彼列反 不局

本又作跼其欲反曲也 不蹐井亦反徐音積累足也說文小步也 維號音豪注同 雷

霆音庭又音挺 陷淪音淪又倫峻反 怖普故反 號呼好路反 爲誣

音無 虺暉鬼反 蜴星歷反字又作蜥螈也 螈也音元 阪田音反又扶版反 有菀

音鬱茂也徐又於阮反崎起宜反嶇丘俱反墝苦交反埆戶角反又苦角反又音角

在閒音閑辟匹亦反扤我五忽反徐又音月動也迓疾音唆謷謷

本又作慦五報反犹五刀反燎之力詔反徐力燒反炎熾尺志反熛怒必遙反

褭補毛反國名姒音似毛云姓也鄭云字也烕之呼悅反齊人語也字林武劣反說文云從火戌

聲火死於戌陽氣至戌而盡本或作滅鎬胡老反又窘求殞反毛困也鄭仍也字林巨畏反泥

陷乃計反遠賢于万反爾戩子再反注及下同將伯七羊反注將請也皆同

輸墮許規反本又作㦟待果反員于音云益也輻方六反屢顧力住反數也又

作屢數也音掬下同于沼之紹反池也克樂音洛注同之炤音灼之若反

易見夷豉反下如字又賢遍反慘慘七感反戚戚也戚戚千歷反嘉肴

本又作殽戶交反洽比毗志反孔云本又作員音同毛旋也鄭支也慇慇音勤又於

謹反痛也佌佌音此小也說文作佪音徙蔌蔌音速陋也方穀本或作方有穀非也寠

陋其矩反一音慮夭於兆反又於遙反災也是椓陟角反哿哥我反可也

十月之交刺幽王毛如字鄭改爲刺厲王從此至小宛四篇皆然節刺在結反皇父音甫後皇父皆同惡褱烏路反番也方袁反徐甫言反本或作潘音同韓詩作繁下同夏八戶雅反政治直吏反爗爗于輒反震電貌沸騰甫味反沸出騰乘也崒舊子恤反徐子綏反鄭云崔嵬也宜依爾雅音徂恤反本亦作卒山頂丁令反崔徂回反爾雅作厜才規反嵬五回反爾雅作㕒五規反處昌呂反胡憯七感反曾也亦作慘棸子側留反蹷俱衛反趣馬七走反注同趣馬官名掌王馬之政楀音矩弓禹反豔妻餘贍反美色曰豔毛云豔妻褒姒鄭云豔妻厲王后煽音扇熾也說文作傓云熾盛也方處一本作熾熾尺志反盛也后嬖必計反司朝直遙反下同擅市戰反抑此如字辭也徐音噫韓詩云意也汙音烏注同萊音來噫於其反下同令我力呈反趣農七住反本又作趨七俱反不戕在良反殘也王本作臧臧善也孫毓

評以鄭爲改字　下共音恭本亦作供　于向式亮反邑名下及注同　亶都但反信也

多藏才浪反注同　知厭於鹽反　不憖魚覲反爾雅云願也強也且也韓詩云閑

也　強之其丈反　黽勉民允反本又作僶同　囂囂五刀反衆多貌韓詩作謷謷

之孼魚列反妖孼　噂子損反說文作僔云聚也　沓本又作沓同徒荅反　背憎蒲妹

反注同　天隋徒火反　我里如字毛病也鄭居也本或作瘇後人改也　之痗莫背反又

音悔本又作悔病也　有羨徐箭反餘也　敢傚戶教反　雨無

正音政　浩浩古老反又胡老反　昊天胡老反　不駿音峻長也　饑饉其靳

反　更相古衡反　旻天疾威密巾反本有作昊天者非也　威恐起勇反

舍彼音赦除也一音捨　淪胥上音倫率也下息魚反相也　以鋪普烏反福也王云痡

也　鋪徧音遍下同　于彘直例反　我勩以世反勞也又音曳　正長張丈反

下同　無復符富反　罷勞音皮　朝夕直遙反舊張遙反　覆芳服反　不

退徐音退本又作退　暬御思列反　憯憯千感反　日瘁徂醉反病也　餼許氣反　曾在登反　之畜勑六反　用訊音信徐息悴反告也又音碎　排步皆反　惡直烏路反　是出尺遂反音毳　處休虚虬反注同　風切福鳳反　剴微古愛反又古衰反一音祈　不悖補對反　遻五故反本亦作逆　順説音悦　急笮本又作迮側格反　鼠思息嗣反注爰思同　爲其于僞反　距止本又作歫音巨

小旻武巾反下同　敷撫扶反　徧知音遍　回遹音聿僻也韓詩作鷸義同　斯沮在呂反毛壞也鄭止也　邪也似嗟反　僻也匹亦反下同　不悛七全反改也沈又七旬反　覆用芳服反　之邛其凶反病也　潝潝許急反　訿訿音紫爾雅云潝潝訿訿莫供職也韓詩云不善之貌　稱其尺證反一本作稱乎　胡底之履反至也　背違音佩　旣厭於豔反注同　筮數音朔　不復扶又反　占繇音胄　不中丁仲反　莫適音的　訩訩音凶　決當丁浪反　跬步缺氏反舉足曰跬　動

軔音刃礙車木也字林如戰反則泥乃麗反不潰戶對反遂也或否方九
反徐音鄙靡膴王火吴反大也徐云鄭音謨法也又音武沈音無韓詩作靡腜猶無幾何或艾音刈
治也艾治也直吏反下皆同有知也音智馮河符冰反陵也徒涉曰馮河徒搏
音愽兢兢己冰反恐也丘勇反恐隊直類反本又作墜下篇同小宛
於阮反小貌翰飛胡旦反高也鶻音骨鵰陟交反何音彫字林作鵃云骨鵃小種鳩也草木疏
云鳴鳩班鳩也溫克王如字柔也鄭於運反蘊藉也溫藉在夜反又慈夜反又復扶又又
反下同有菽音叔藿也火郭反螟亡丁反蛉音零螟蛉桑蟲也俗謂之桑蟃一名
戎女蟃音万蜾音果蠃力果反蜾蠃蒲盧也即細腰蜂俗況呼蠮螉是也蠮於結反螉音翁煦甫
反又況具反嫗紆甫反又紆具反鄭注禮記云以氣曰煦以體曰嫗題彼大計反視也脊
令音零本亦作鴒注同自舍音捨視睇大計反我日而乙反下同視朝
直遥反毋忝音無下他簟反字林他念反桑扈音戶場大良反啄粟

陎角反竊脂音切之治直吏反塡寡徒典反盡也韓詩作殄殄苦也宜
岸如字訟也韋昭注漢書同韓詩作犴音同云鄉亭之繫曰犴朝廷曰獄握於角反惴惴
之瑞反恐隕丘勇反下丁敏反小弁步干反樂也下同
大子音泰注大子皆同之傳音付鸒音豫斯鸒斯鵯居也一名雅烏小爾雅云小
而腹下白不反哺者謂之雅烏說文云雅楚烏也一名鸒一名鵯居秦謂之雅一云斯語辭提提是移
反羣飛貌樂音洛下同卑居本亦作鵯同音匹又必移反于罹力知反憂也王
取七住反大子音泰又說音悅日號上而乙反下戶刀反旻天亡巾反
踧踧徒歷反平易也鞫爲九六反窮也平易夷豉反惄焉乃歷反思
也如擣丁老反心疾也本或作𤸫同韓詩作疛除又反義同疢如勑覲反病也又作疹同
不脫本亦作捝吐活反一音始銳反與梓音子木名不屬音燭徐音蜀于
裏音里長大丁丈反胞音包胎他來反菀彼音鬱鳴蜩音條蟬也

嘒嘒呼惠反蟬聲也有漼千罪反深貌萑音丸葦韋鬼反淠淠徐孚
計反又匹計反衆也辟彼本亦作辟匹致反下同所届音戒至也伎伎本亦作跂其宜
反舒貌朝雊古豆反雊雉鳴也妃匹音配壞木胡罪反又如字瘣也說文作瘣云病也一
曰腫旁出也又音同瘣也胡罪反本瘤腫也爾雅云瘣木苻婁郭云瘣傴癭腫無枝條也相彼
息亮反投兔他故反或先蘇薦反或墐音覲路冢也說文作殣云道中死人人所
覆也先敺起俱反又作驅同隊直類反涕音替隕之音蘊醻之市由反
掎矣寄彼反扡矣勑氏反又宅買反徐又直是反觀其理也踣之蒲北反挫
子卧反舍彼音捨注同又音赦之佗吐賀反加也注同莫浚蘇俊反深也
黙存本亦作嘿亡北反無易夷豉反耳屬音燭注同于垣音袁我
笱音苟不閱音悅容也高叟素口反關弓烏環反下同本亦作彎而
射食亦反下同夫高音符磯也居依反又古愛反一音祈復有扶又反

巧言曰父母且徐七餘反協句應爾觀箋意宜七也反此憮火吳反下同毛
大也鄭傲也思也息嗣反下同憮傲五報反下同本又作敖愬王音素大憮
音泰本或作泰徐敕佐反僭始毛側蔭反數也鄭又子念反不信也既涵毛音含容也鄭音咸同也
韓詩作減減少也僭數音朔下同不別彼列反遄市專反疾也沮辭呂反止也
如祉音恥福也遄已音以屢盟本又作婁力住反數也用長丁丈反又直良
反相要於遙反屢數音朔相背音佩時見賢遍反下同用餤
沈旋音談徐音鹽止共音恭本又作恭之邛其恭反病也好爲呼報反不共
音恭本亦作供又爲于僞反奕奕音亦大也秩秩音帙莫之如字又作
漠同一本作謨桉爾雅漠謨同訓謨莫協韻爲勝予忖本又作寸同七損反度之待洛反注
皆同躍躍他歷反毚兔士咸反狡兔也遇犬如字世讀作愚非也進知音智獲
兔古卯反馴者音旬又音脣荏而甚反染音冉數之所主反注同

椅桐於宜反梓漆上音子下音七蛇蛇以支反淺意也其行下孟反如

蕡音墳之麋本又作湄音眉水草交曰麋惡之烏路反無拳音權力也

徐又已表反易誅夷豉反且尰市勇反腫足也骭戶諫反脚脛也瘍音羊本亦作瘍音同創也

腫足諸勇反幾何居豈反注同大夕音泰又如字儦能音素

何人斯女與音豫下疑其與之女與於諸皆同大切音泰由已音紀言

我音彥見王賢遍反得譴遣戰反女即音汝下注同今日而乙反

於已音紀睹女丁古反本又作覩不媿九位反或作愧飄風避遙反疾風也沈又

芳消祇音支適也攪交卯反亂也亟行紀力反疾也胑音支其盱況于

反病也心易夷豉反注同韓詩作施施善也否難方九反不通也一云鄭符鄙反俾我

必爾反祇祈支反毛病也鄭安也一云鄭上支反說也音悅下同解說音蟹與

音豫復難扶又反下章同壎況袁反土曰壎篪音池竹曰篪相應應對之應和

胡臥反　如貫古亂反　諒音亮信也　以詛側助反以禍福之言相要曰詛　比次
毗志反　繩索素洛反　爲其于僞反　欲長如字又張丈反　蜮音或沈又音域
短狐也狀如鼈三足一名射工俗呼之水弩在水中含沙射人一云射人影　有靦土典反姡也　姡
戶刮反面醜也　罔極音以古以字本作以　巷伯官名也　寺人
如字又音侍　巷伯奄於檢反　官本或將此注爲序文者　相近附近之近下近嫌同
萋兮七西反　斐兮芳匪反本或作菲萋斐文相錯也　餘蚳直基反貝黃白
文曰餘蚳　大甚音泰注同徐勑佐反　哆昌者反大貌說文云張口也玉篇尺紙反又昌可反　其
侈尺是反又式是反　辟嫌音避下同　鼈婦力之反寡婦也依字作嫠　放乎甫往反
蒸盡之升反　縮屋所六反又作縮同　閒居閑廁之閒又音閑　嫗紆甫反又紆具
反本或作煦況甫反　踵章勇反足根也　狹音洽　誰適如字往也王徐皆都歷反下同　緝
緝七立反口舌聲也說文作咠云聶語也又子立反　翩翩音篇往來貌字又作扁　惡

其烏路反捷捷如字又音妾幡幡芳煩反訕也所諫反又所姦反倉
卒寸忽反誹女方味反投畀必二反下同豺士皆反字或作犲猗
于於鳩反徐於宜反加也作爲此詩一本云作爲作詩
谷風之什第二十
谷風音穀東風謂之谷風將恐亡勇反注下同與女音汝遭戹本又作阨
於革反難乃旦反將樂音洛注下皆同頹徒雷反風之焚輪也而上時掌反
寘予之豉反置也崔徂回反嵬五回反崔嵬山巔也又作崔不萎於危反
生長張丈反下同槁者苦老反切磋七何反蓼莪上音六下
五河反蓼蓼長大貌終養餘亮反注除鞠養也二字餘並同伊蒿呼毛反長
大張丈反下皆同𢝊思息嗣反伊蔚音尉牡菣也牡菣去刃反勞
瘁似醉反病也缾之蒲丁反罄矣苦定反盡也維罍音雷鮮民

息淺反寡也供養九用反何怙音戶韓詩云怙賴也何恃恃負也拊
我音撫畜喜郁反顧音故反覆也芳福反飄風避遙反[illegible]篇同本又
作票卒子恤反終也重直用反自　大東譚徒南反國名
饛音蒙滿也簋音軌飧音孫熟食也有捄音虯又其牛反長貌下章同棘
匕必履反饔於恭反施予始豉反如砥之履反共之音恭本又作恭
睠言音卷本又作眷潸焉所姦反涕下貌說文作潸云涕流貌山晏反出如字徐尺
遂反涕音體爲之于僞反杼直呂反說文云盛緯器柚音逐本又作軸斂之
力豔反後同糾糾居黝反葛屨九具反佻佻徒彫反又徒了反沈又徒高反獨
行貌韓詩作嬥嬥往來貌並音挑本或作窕非也周行戶郎反注周行下載施之行并注同轉
餫音運心疚音救病也有冽音列寒意也氿泉音軌泉側出也字又作晷無
寖子鴆反漬也字又作浸穫薪戶郭反毛刈也鄭落木名也字則宜作木傍契契

苦計反徐苦結反憂苦也憚人丁佐反徐又音旦勞也下同字亦作癉濕腐音脯朽也畜
之勑六反不來音賚注同勤也熊羆下彼皮反舟檝音接字又作楫相
近附近之近下同使搏音博冥氏莫歷反百僚力彫反字又作寮同鞙鞙
胡犬反玉貌字或作琄佩璲音遂監古覽反視也闓置音開字亦作開跂彼
說文作歧丘豉反徐又丘婢反隅貌更其音庚歷也睆彼華板反明星貌服箱息羊反車
箱也何鼓何可反又音河何鼓星名牝服頻忍反簸揚波我反徐又府佐反有斗都口反沈
音主挹音揖斞也斞也矩于反廣雅云酌也本又作斞載翕許急反毛合也鄭引也柄彼病反
揭居竭反徐起謁反
四月國構古又反患難乃旦反淒淒
本亦作棲七西反涼風也百卉許貴反草也具腓房非反病也韓詩云變也瘼矣音莫
病也其亟紀力反養其餘亮反蹂踐如久反廣雅云履也令不力呈反
蕃茂音煩與受音豫廢為如字一音發忕時世反下同忕也本作廢大也此

是王讀義其行下孟反下之行同相彼息亮反視也注同曷云舊何葛反鄭云

何也一云毛安葛反滔滔吐刀反大水貌長理張丈反盡瘁本又作萃似醉反病也下

篇同鶉徒丸反鵰也字或作鷻鳶以專反鴟也鱣張連反鮪于軌反鵰也音彫

蕨居月反桋本亦作荑音夷枸音苟檵音計赤栜所革反爾雅云栜赤栜郭霜狄

反

北山

役使如字己勞音紀下注喻己同養其餘亮

反其杞音起偕偕音皆強壯也徐音諧說文云強也靡盬音古溥天

音普大也之濱音賓涯也涯也魚佳反字又作崖傍傍布彭反不得已也鮮

我息淺反沈云鄭音仙得已音以叫本又作嘂古弔反呼也號戶報反召也協韻戶刀反

慘慘七感反字亦作懆棲遲音西偃卬音仰本又作仰鞅掌於兩反何

也猶何戶可反又音河捧之芳勇反或湛都南反樂音洛畏咎

其九反風音諷放也議如字協句音宜

無將大車

祇自

音丈適也 憂累劣僞反傷末同本或作辱 疷兮都禮反病也 不任音壬 懲

負起連反 冥冥莫庭反又莫迥反 令無力呈反 于頻古迥反泚又占頭反

光也 雍兮於勇反字亦作壅蔽也又於用反 自重直龍反又直用反累也

小明 艽野音求艽野遠荒之地 則更音庚 大苦音泰 共人音恭注下

皆同 罪罟音古網也 方除直慮反如字案鄭云四月爲除若依爾雅則宜餘舒二音 云莫

音暮注及下同 憚我丁佐反勞也徐又音旦亦作癉同 睠睠音眷 譴弃戰反 怒

乃路反 方奥於六反煖也 爰音暄又奴緩反 愈蹙子六反促也 穫戶郭反 菽

音叔 詒遺唯季反下同 我冒莫報反又亡北反 反覆芳福反注同 之處

昌慮反 爲治直吏反 若祜音又本或作右又作祐並同 好是呼報反注同 介

爾音界 鼓鍾 將將七羊反聲也注同 湯湯音傷盛也下

注同 德比毗志反 爲之于僞反下同 犧象素何反犧象皆罇名王音羲 喈

喈音皆 湝湝户皆反 回邪似嗟反 鼛古毛反大鼓長丈二尺 妯勑留反徐
又直留反毛動也鄭悼也郭音爾雅盧叔反又音迪 不猶如字若也鄭改作瘉羊主反病也 樂
音岳 四縣音玄 以籥以灼反樂器 不僭七心反沈又子念反又楚林反 韎本又
作眛音妹又莫戒反東夷樂名 曰禁居蔭反北夷樂名
楚茨徐咨反楚楚茨棘貌茨蒺藜也 田萊音來田廢生草曰萊 言抽勑留反徐直留
反 我蓺魚世反 蒺音疾 藜音黎一音梨 與與音餘蕃廡貌注同
露積如字又子賜反 蕃音煩 廡音無又音武 以妥湯果反安坐也 以侑音又
勸也 神坐才卧反 爲其于僞反 濟濟子禮反大夫之容也 蹌蹌七羊反士
之容也 或亨普庚反飪之也注同 或肆音四陳也 飪之本又作腍而甚反 將齊
才細反下或齊同 解剝上佳買反下邦角反 有肆他歷反解肆也 奉持芳勇反又如字
于祊補彭反門內也說文作鬃云門內祭先祖所彷徨也 之處昌慮反 皇尸于況反下

篇同無疆居良反下篇同竟界音境執爨七亂反注唯言爨竈一字七端反餘並同

踖踖七夕反又七略反爨竈有容也或燔音煩廩爨力甚反膟音律膋

音寮脂膏肝炙之赦反莫莫音麥內羞如字內羞房中之羞或作肉羞非也適

音的妻之稱尺證反庶胗字又作侈昌紙反何沈都可反主共亦作供音恭獻

醻市由反又作酬卒度如字法也沈徒洛反邪行似嗟反以徧音遍下同熯

矣而善反敬也又呼但反徂賚如字與也徐音來受嘏古假反苾蒲蔑反一

音蕭必反下篇同芬孚云反苾芬有馨香也神耆市志反徐云又巨之反下章同幾

音機期也卜予羊汝反下同乃歆喜今反女之音汝下同既齊王申

毛如字整齊也鄭音資減取也一音才細反謂分齊也既筐本亦作匡丘方反擩而專反又音茜

又而純反何耳誰反醢音海祭禮畢禮或作祀尸謖所六反起也肆夏戶雅

反廢方吠反徹直列反去也起呂反下同復皆扶又反長幼張丈反

勿替天帝反信南山甸之毛田見反治也鄭繩證反六十四井為乘畇畇音匀又作畇蘇遵反又音旬墾辟貌墾辟上苦很反下婢亦反所佃音田本亦作田一乘繩證反雨雪于付反崔如字雰雰芳云反雪貌霢亡革反霂音木霢霂小雨也既優說文作瀀音憂既渥烏學反疆埸音亦下同畔也彧彧於六反茂盛也畀我必寐反與也注同齊則側皆反有廬力居反剝邦角反是菹側居反以便毗戰反削息約反淹英鉗反漬子賜反淹也之祜音戶福也以騂息營反字林許營反享于許兩反徐許亮反注及下同酒鬱紆勿反五齊才細反納亨普庚反血膋音聊中節丁仲反臭昌救反無疆居良反

甫田之什第二十一

甫田倬彼陟角反明貌韓詩作菿菿音[illegible]云菿卓也甫之言丈夫也

直兩反依義丈夫是也本又作大夫本甫之言夫也又一本甫之言大也一大古音泰欲見賢遍
反食我音嗣賒音奢貰音世又食夜反說文云貸也以紓音舒常汝反何之
菑勑六反芸音芸沈又音運本又作耘音同除草也耔音子沈音茲壅禾根也薿薿
魚起反徐又魚力反茂盛也攸介音界鄭舍也王大也烝我之承反髦士音毛
俊也民鋤本或作助同仕魚反閒暇音閑之處昌慮反講肆以四反字亦作
肆同之行下孟反齊明本又齍又作盞同音資注同器實曰齍犧羊許宜反
爲五穀于僞反下爲農親爲爲之皆同大蜡仕詐反勞農力報反篇末勞賜同
以御牙嫁反迎也注同吹豳彼貧反本亦作邠以樂音洛饁彼于輒反饋也
田畯子峻反本又作俊後篇同至喜毛如字鄭爲饎饎酒食也尺志反下篇同攘其
如羊反鄭讀爲讓式尚反饋也王如字饋也巨愧反從行才用反禾易以豉反治
也徐以赤反如茨徐私反積也鄭屋蓋也之庾羊主反如坻直基反水中中之高地

也如字又子賜反下皆同 有藁吉老反 納稯作孔反 委積如字又於

僞反 年收手又反又如字 無疆居良反 無竟如字 大田

矜寡古頑反注皆同字或作鰥 既種章勇反此注及下注釋種並同 可墾苦很反

先相息亮反 士長丁丈反 冒莫報反 橛其月反 覃以冉反[illegible]又以廉反

利也 俶載衆家並如字俶音尺叔反始也載事也鄭讀爲熾菑熾音尺志反菑音緇 栗音列[illegible]注同[illegible]

云讀如裂繻之裂 既皁才老反 不稂音郎又音粱童粱草也說文作蓈云稂或字也禾粟之莠

生而不成者謂之童蓈也 不莠餘久反 去其起呂反注同 螟莫庭反 螣字亦作或

徒得反說文作蟘 蟊賊本又作蛑莫侯反爾雅云蟲食苗心曰螟食葉曰螣食節賊食根蟊隨所食爲

名郭云皆蝗類也 田稺音稚下同 秉如字執持也韓詩作卜卜報也 畀必二反與也

炎火于沾反說于凡反 氣贏音盈 有渰本又作弇於檢反雲興貌漢書作黤

萋萋七西反雲行貌 興雨如字本或作興雲非也 祁祁巨移反徐也 雨

我于付反注内主兩同一本主作注兩如字不穫戶郭反斂穧上力撿反下才計反又子計反一穜也滯穗音遂秉把巴馬反故矜音鰥饋食音嗣勞

倦力報反禋祀音因以享許兩反徐又許亮反黝伊糾反黑也

瞻彼洛矣洛水名泱泱於良反深廣貌漑古愛反浸水子鴆反

灌漑古亂反韎音昧又亡界反韐音閤又古洽反有奭許力反赤貌茅

如字蒐所留反代韠音畢任音壬軍將子匠反下同紂衣音緇纁

許云反鞞字或作琕補頂反說文云刀室也琫字又作鞛必孔反佩刀削上飾有珌

字又作琿賓一反佩刀下飾珧珌音遙以蜃者謂之珧璗徒黨反字又作瑒音同爾雅云黃金謂之璗

璆珌音虯又巨樛反又蕭周反玉也沈舉彪反又與彪反又張幸反鐐音遼爾雅云白金謂之鐐其美

者謂之鐐徐何盧到反又力弔反本又作璙亦音遼又力小反說文云玉也字書力召反鏐珌力幽反又力幼

反沈又力虬反黃金之美者郭云紫磨金士珕力計反說文云蜃屬能斷丁亂反篡

初患反 殺之 本亦作試同言試 裳裳者華 裳裳猶堂

堂也 諂 勑檢反 湑兮 思叙反盛貌 而治 直吏反 遠矣 于萬反又如字

我覯 古豆反見也 芸其 音云徐音運 徵見 賢遍反 有駁 邦角反

四駱 音洛 沃若 如字徐於縛反 朝祀 直遥反下及下篇同

桑扈 音戶桑扈竊脂鳥也說文扈作雇 鶯 於耕反有文章也 佼佼 交卯反

樂胥 毛如字皆也鄭徐思叙反有才知之稱 之祜 音戶 才知 音智下同 屏

卑鄭反 爲天下 于僞反 捍 音汗 患難 乃旦反下患難同 之翰 戶旦反幹

也 百辟 音璧注同君也 之楨 音貞 不戢 莊立反 兕 徐履反獸名 觥 古橫

反觥爵也以兕角爲之 其觩 音虬本或作斛 其樂 音洛 不憮 火吴反 敖

五報反下文同 鴛鴦 於袁反沇又音温下於崗反又於良反鴛鴦匹

鳥也止則爲耦飛則爲雙 大平 音泰 畢 掩 於檢反 性 馴 音巡又音脣 獺 勑轄反又

他末反戢其側立反斂也韓詩云捷也捷其噣於左也無恐丘勇反乘馬王徐

繩證反四馬也鄭如字下同在廄音救摧采卧反剉也秣音末穀馬也餧之

楚俱反今莝采卧反韓詩云莝委也則委紆僞反餧食也與於音豫齊而

側皆反本亦作齋盛饌士戀反減焉古攬反艾之魚蓋反養也徐音刈

綏之音士果反又如字頍弁缺婢反著弁貌說文云舉頭貌弁皮

弁燕樂音洛卒章同讌又作宴如雨于付反卒章同朝服直遥反下皆同

蔦音鳥說文音弔寄生草也爾雅云寓木宛童是也女蘿力多反在草曰兔絲在木曰松

蘿又唐蒙施于以豉反下同弈弈音亦說音悅懌音亦本又作繹依

怙音戶解懌音蟹何期本亦作其音基辭也王如字怲怲兵命反憂盛滿

也霰蘇薦反消雪也字亦作霓樂酒音洛而摶徒端反死喪息浪反無

幾居豈反注同復幾扶又反車舝胡瞎反車軸頭鐵也嫉

音疾又音自妬丁故反敗國必邁反又如字下注同思孌力兗反美貌有
齊側皆反下同美好之少女詩照反李亦作季女來括本又作佸
音活會也徐古闃反覯得音冓好友呼報反注下並同維鷮音驕雉也無射
音亦猒也下同射猒於豔反下同相樂音洛析其星歷反柞薪子洛
反析之以為薪湑兮思敘反茂盛也為其于僞反下亦為同必辟婢亦反又音壁
鮮我息淺反徐音仙善也覯爾古候反見女音汝行如是下孟反一
本無行字仰止本或作仰之景行下孟反注有明行同四牡茂口反騑騑
孚非反調均音條有和胡卧反慰怨也於願反王申為怨恨之義韓詩作以
慍我心慍恚也本或作慰安也是馬融義馬昭張融論之詳矣青蠅餘仍反
營營如字往來貌說文作營營云小聲也于樊音煩藩也方元反一本甫煩反
汙白汙辱之汙烏路反令力成反遠物于万反愷開在反悌音弟樂

音洛易也以豉反于榛士巾反又側巾反構我古豆反韓詩構亂也

賓之初筵音延席也媟息列反近附近之近沈如字直林反字或作躭都南反

湎莫衍反飲酒齊其色曰湎徐又莫顯反淫液音亦淫液者飲酒時情態也情態

他代反秩秩直乙反毛肅敬也鄭智也折旋之舌反知也音智下同肴核

上戶交反下戶革反菹醢側俱反孔偕音皆舉醻市由反攺縣音玄

既抗苦浪反舉也斯張如字舉鵠戶沃反鴻鵠也說文云即鵠也小而難中又云

鵠者覺也直也射者直己志而棲音西著也梓人音子烝衎苦旦反其

非祭與音餘本作乎又作也並非發功如字徐音廢既比毗志反中的

丁仲反有勺音的質也本亦作的同以祈音其拾發其劫反更也飲不

於鴆反下同其爭爭鬬之爭籥舞余若反烝衎苦旦反以洽戶夾反

反相應應對之應滌蕩徒歷反衎樂音路下樂其湛樂喜樂下又曰樂並同

徧至音遍錫音析純嘏古雅反其湛荅南反樂也爾能如字徐奴
代反又奴來反手仇毛音求匹也鄭讀爲㪺音俱謂挹取酒登餕子峻反又復
扶又反下皆同手挹一入反中者也張仲反人無次也一本人作又反
反如字重慎也韓詩作昄昄音蒲板反善貌曰既音越下是曰皆同下章放此幡幡孚袁
反失威儀也舍音捨其坐如字徐才臥反屢力具反數也注及下同本作婁僊僊
音仙屢數音朔之態他代反率如此音類又所律反抑抑於力反慎
密也怭怭毗必反又符筆反媟嫚也說文作佖平一反媟嫚息列反下音僈載號胡毛
反注同載呶女交反僛僛起其反舞不能自正也注本正或作止按下傞傞是舞不止此宜爲
正說文云醉舞也其郵音尤過也之俄五何反傾也廣雅云衺傞傞素多反舞不止
也一音倉柯反號呼火故反讙呶呼端反下女交反識之之熱反欲令力呈
反非惡烏路反式勿徐云毛如字又云用也鄭讀作慝他得反惡也大息音泰徐勑

佐反勿語魚據反又如字故爲于僞反下同顛都田反本作傎仆何音赴一音蒲
北反說文云頓也語魚據反將恚一瑞反怨也俾出如字徐尺遂反童羖
音古脅許業反矧敢失忍反況也

魚藻之什第二十二

魚藻音早水草也鎬胡老反自樂音洛篇內唯注八音之樂一字音岳餘並同
頒符云反大首貌說文同韓詩云衆貌著見賢遍反豈樂本亦作愷同苦在反
樂也下同悛心七全反改也沈又七旬反有莘所巾反長貌有那乃多反鄭安貌王多
也采菽本亦作菽菽大豆也侮慢亡甫反來朝直遙
反篇內皆同數徵色角反音朔爲合于僞反筐之音匡筥之音舉
以芼亡報反則薇音微爲藿火郭反用鉶音刑羹古衡反
乘馬繩證反下注車乘駟乘同玄袞古本反玄袞冕服及黼音斧徐又音補卷

龍眷勉反下同本又作衮黻音弗絺衣知里反本又作黹同雉知反鷩必㓕反冕也

毳尺銳也觱音必沸音弗觱沸泉出貌檻泉銜覽反徐下斬反爾雅云檻泉正出

正出涌出也其芹巨斤反水菜也爲菹側魚反絜清如字一音才性反其

旂巨機反淠淠匹弊反徐孚蓋反又芳計反動也嘒嘒呼惠反中節也載

驂七南反騑馬曰驂載駟音四所屆音界極也中節丁仲反諸侯

將朝于王一本無于字皆以王字絕句一讀諸侯將朝絕句以王字下屬乘乘上音承證

反下音繩赤芾音弗在股音古䏶本曰股邪似嗟反注同幅音福偪也如今之行

縢匪紓音舒紓緩也所予音與偪彼力反大古音泰之韠音必

上廣光曠反下同長三直亮反脛本胡定反行縢徒登反解

怠古賣反樂只上音洛下音止申重直用反下同禮樂樂之

上音岳下音洛維柞子洛反又音昨木名蓬蓬步公反盛貌注同殿天多見反填

也注同 鎮陟愼反又音珍本作愼 平平婢延反辯治也韓詩作便便云閑雅之貌 汎
汎芳劒反 紼音弗爾雅云紼繂也繂音律 纚力馳反綏也韓詩云綍也綍音才各反 綏
也如誰反 葵之其維反揆也 膍頻尸反厚也韓詩作肶注同一
角弓而好呼報反 騂騂息營反調利也沈又許營反說文作弲音火全反 翩
其匹然反 紲息列反弓鞃也 檠音景弓匣也說文云榜也謂轉也 胥息徐反 易
以羊豉反 傚矣戶教反 綽綽處若反寬大也 有裕羊樹反饒也 爲
瘉羊主反病也 一處昌慮反 怨恚一瑞反 比周毗志反 爲駒
音拘 鬭爭爭鬭之爭 而孩本作咳戶才反許愼云小兒笑也 幼穉音稚 如
食音嗣注同 宜如字本作儀注同韓詩云儀我也 饇於據反飽也徐又於具反 孔取
如字沈又音娶 宜令力呈反 如飲於鴆反 度待洛反 所勝音升 其量
音亮 猱乃刀反沈乃遘反猨屬 塗附如字毛着也鄭木桴也一 猨屬音袁字或作猿

附著直略反下同木桴音孚有徽音暉美也與屬音蜀注同讀者亦音樹亦樂音洛又音岳又五教反下樂善同雨雪于付反注及下同瀌瀌符嬌反徐符彪反又方苗反雪盛貌見如字下文同韓詩作𣊽音於見反云𣊽見日出也晛乃見反日氣也曰消音越下同韓詩作聿劉向同始見賢遍反又如字肯下遐嫁反注卑下同又如字遺王申毛如字鄭讀曰隨婁驕王力住反數也徐云鄭音樓歛也爾雅云裒鳩樓聚也沈力俱反如髦舊音毛尋毛鄭之意當與尚書同音莫侯反之行下孟反菀柳音鬱木茂也徐於阮反不中丁仲反下注不中同欲朝直遙反篇內同甚蹈音悼毛動也鄭作悼病也自暱女栗反又女筆反徐乃吉反近也俾予必爾反本作畀使也後皆同予極毛如字至也鄭音棘誅也愒焉欺例反徐丘罽反息也自瘵側界反毛病也鄭音際際接也亦傅音附至也四裔延世反都人士長民張丈反注同不貳音二變易無常謂之貳從容七容

反從容休燕也不復扶又反下注同倡率色類反朝夕直遥反出言如字
士行下孟反下文行歸注操行同則衣於既反過差初賣反又如字所望
酬字協韻音之臺如字爾雅作薹草名笠音立緇側基反撮七活反太須音[illegible]本亦
作扶綢直直留反密也密致直置反本亦作緻無隆俗本作降殺也所界
反又所例反我不見第二章作不見後三章作弗見一本四章同作不字不說音悅琇
實音秀徐又音談爲瑱他見反尹吉毛如字鄭讀爲姞其吉反又其乙反苑
結於粉反屈也積也徐音鬱又於阮反垂帶音帶本亦作帶而厲毛如字帶之垂也鄭當作
裂音列卷髮音權注及下同如蠆勑邁反又勑界反蠆蟲也通俗文云長尾爲蠆短尾爲蠍
蠍音虛伐反如鞶薄寒反螫蟲音釋本又作蠚呼莫反末捷其言反又音虔
漢書音義云舉也又渠偃反一音其蹇反曲上時掌反有旟音餘揚也何盱喜俱
反病采綠綠王芻也憂思息嗣反下皆同一匊弓六反兩手曰

匊注本或一手曰匊王芻楚俱反草也易得以豉反曲局其玉反卷也卷
也音權下同又眷勉反沈其言反采藍盧談反沈力甘反染草也一襜尺占反衣蔽前謂之
襜郭璞云今之蔽膝不詹音占至也于狩尺救反言韔勑亮反弢也沈治亮
反本亦作卷于釣音弔言綸音倫釣繳音灼亦作繳同狩與音餘
下同爲之于僞反下同維魴音防及鱮音敘觀者古玩反多也注同韓
詩作覛多技其綺反
黍苗膏潤古報反下同召伯上照反注及下同芃芃蒲東反長大貌
一音扶雄反長大張丈反勞之力報反注及下篇注同營謝一本作營謝邑
將徒役一本作將師旅勞來音賚勸說音悅又始銳反我任音壬
注同我輦力展反沈連典反轉餫音運本又作運有輓音晚牽傍
薄浪反所爲于僞反士卒尊忽反一卆作上衆師從才用反下同十

治直吏反下同 相其息亮反 隰桑有難乃多反盛

貌 庇必利反又彼備反 廕於鴆反 其樂音洛注下皆同 有沃烏酷反

有幽於糾反 膠音交 臧之鄭子郎反善也王才郎反

白華音花野管也 王取七與反 以孽魚列反 爲之于僞反 適

子音的 菅兮音姦茅已漚爲菅 已漚烏候反柔也 柔忍音刃 爲

脃七歲反又音毳 任妃后音壬一本作任王后 之遠于願反下注遠善同又如字注及下

皆同 俾必爾反 不復扶又反 譖申側鴆反 冝咎音柩 英英

如字韓詩作泱泱同 昔夏戶雅反 漦士其反沫也又只醫反爾雅云漦盝也盝音鹿 黿

音元 嬖之補悌反又必計反 滮池符彪皮流二反水流貌 浸彼子鴆反字亦作

寖 生殖市力反 豐鎬戶老反 歗歌音嘯本亦作嘯 妖大古卯

反本又作姣妖音於驕反 樵彼祖焦反 卬五綱反我也 烘火東反燎也徐又音洪說

文巨凶甘凶二反孫炎音恭于煁市林反烓也燎也音了又力弔力召二反烓
竈音恚又丘弭反郭云三隅竈也說文云行竈也呂沈同音口熲反何康瑩反顧野王口井烏攜二反
以炊昌垂反注同饔於恭反饎尺志反之爨七亂反食人
音嗣用炤音照卑賤如字下又卑兮并注同聲聞音問形見賢遍
反懆懆七感反說文七倒反云愁不申也亦作慘慘邁邁如字不說也韓詩及說文
並作怖怖孚吠反又孚葛反又匹代反韓詩云意不說好也許云很怒也不說音悅下同有
鶖音秋鳥名禿鶖也有鶴呼各反禿吐木反鶴絜音結餒
奴罪反近惡附近之近不別彼列反相下遐嫁反下同令我力成
反有扁邊顯反又必淺反乘石貌乘石者登車所履之石疷兮徐都禮反又[illegible]
支反病也緜蠻面延反下如字緜蠻小鳥貌飲食上於鴆反下音[illegible][illegible]
[illegible]音同注如字末介音界賙音周賙贍市[illegible]反之處昌慮反我罷音皮下同

倅車七對反副車憚行徒旦反難也下同難也乃旦反下同能極
如字瓠葉戶故反牲牢老刀反雍於恭反熟曰雍字又
作饔餼許氣反腥曰音星幡幡孚煩反瓠葉篇亨之普庚反執也注
同之菹莊魚反賢行下孟反易兌徒外反易卦名也訓悅有
兔他故反下同斯首毛如字此也鄭作鮮音仙白首也炮本作炰白交反毛曰炮
燔之音煩加火曰燔相近附近之近不下遐嫁反炙之音隻酢
之才洛反炕火苦浪反何炕又苦郎反醻之市周反導飲也道飲徒報
反本亦作導同復酳扶又反俗之一本作浴人
漸漸之石士銜反沈時銜反山石高峻也亦作嶄嶄下同戎翟徒歷反本或作狄
叛之音畔將率上子亮反下所類反注及後篇將帥放此役久病於外
一本作役人久病人衍字舒鄝音了本又作蓼士卒尊忽反下篇士卒同勞矣

如字孫毓云鄭音遮　而上時掌反　卒服寸忽反　皇朝直遥反注同　人

罷音皮　其卒毛子卹反竟也鄭在律反　崔罪回反　嵬五回反本作嵔　之

處昌慮反下同　令力呈反下注同　出使所吏反　白蹢音的蹄也都歷反　烝

涉之丞反　將久雨一本作天將雨　能水奴代反本又作耐　曰駭戶楷反爾

雅說文皆作豥古哀反　尨躁子到反　今離力智反　其繒在陵反爾雅豕所寢

曰繒方言作橧從木音同　波漣音連一本作瀾力安反　勇悍下旦反　滂普郎反

沱徒河反注同　噣也直角反又音晝本又作濁　先見賢遍反　它音他

苕之華音條徐音韶苕陵苕草名下音花　王距音巨　其難乃旦反下之難

同　近危附近之近　芸其音云沈音運　諸夏戶雅反下同　罷病

音皮　青青子零反注同　為鄭章亮反　葉見賢遍反下同　牂羊

子桑反　墳首扶云反大也　在罶音柳本又作霤嫠婦笱也　牝羊頻忍反　之

毛詩音義中

笱音苟復興又扶反鮮可息淺反治曰直吏反

何草不黃背叛音畔數起所角反不矜古頑反注同無妻曰矜

牙孽魚列反猶復扶又反匪兕徐履反有芃薄紅反小獸貌沈又

扶東反有棧士板反役車也輂者一本作輂車

經典釋文卷第六

經典釋文第七

毛詩音義下　起第十六盡二十

唐國子博士兼太子中允贈齊州刺史吳縣開國男陸德明撰

文王之什第二十三大雅

自此以下至卷阿十八篇是文王武王成王周公之正大雅據盛隆之時而推序天命上述祖考之美皆國之大事故爲正大雅焉文王至靈臺八篇是文王之大雅下武文王有聲二篇是武王之大雅

文王而王 于況反　於昭 音烏歎辭也注及下於緝并注皆同　昭見 賢遍反下著見同　著 珍慮反　崩謚 音示謚也悉也生存之行終始悉錄之以爲謚也　大王 音泰後大王王皆同　亹亹 音尾勉也　令聞 音問注同　哉周 如字毛載也鄭始也左傳作載本又作載同　敷恩 音孚　之施 始豉反　適爲 音的字或作嫡　之楨 音貞幹也　其爲 于僞反下天爲此同　濟濟 子禮反多威儀也後濟濟皆同　緝 七入反　熙 許其反緝熙光明也　假

哉古雜反固也其麗力計反沈又力知反數也裸將古亂反灌也黼音甫冔況甫反殷冠名字林作縃又火于反鬯也勑亮反夏后戶雅反藎臣才刃反爲之法一本作爲之法度聿脩于必反述也未喪息浪反注同已上時掌反本作已目紂直久反駿命音峻又音俊大也不易毛以豉反不易言甚難也鄭音亦亦言不可改易也下文及後不易維王同無遏於葛反或作謁音同止也韓詩遏病也義問毛音儀善也鄭如字虞度待洛反下同宣徧音遍下同

大明復命扶又反赫赫呼伯反恐也徵應應對之應炤章遥反本或作灼晢之設反見於賢遍反忱斯市林反信也殷適音的注同不挾子燮反達也一作子協反摯仲音至摯國名仲字氏任音壬注同下大任皆放此曰嬪毗申反婦也之中丁仲反下同大任音泰後大任大姒大姜皆同身重直勇反又直龍反謂懷孕也廣雅云有娠也下同懷孕以證反在洽戶夾反一音庚合反

水名也案馮翊有郃陽縣應劭云在郃水之陽郃音戶苔反在渭音謂水名之涘音上水涯也合
妃音配字亦作配下皆同則爲于僞反下天爲亦爲同之處昌慮反俔牽遍反磬也徐又下
顯反說文云辟譬也韓詩作磬磬辟也親迎魚敬反造舟七報反又七道反毛云天子造舟方
言云濟梁也廣雅作艁音同說文艁古造字一音才早反輝音暉纘女子管反繼也維莘
所巾反大姒國也長子張丈反注同保右音祐助也字亦作佑注同燮伐蘇接反和
也協戶頰反會古外反牧野州牧之牧徐音目在朝歌南七十里是周武王與紂戰於
牧野之地維予毛羊慧反鄭羊呂反不爲于僞反又如字陳於如字又直刃反洋洋
音羊廣也檀車徒丹反煌煌音皇明也駟騵音元駵馬白腹日騵駵馬音留涼
彼本亦作諒同力尚反佐也韓詩作亮云相也大師音泰鷙之利反上將子匠反
肆伐音四毛疾也鄭故今也師帥所類反亦作率坶誓音牧本又作牧昧爽
音味

緜彌延反本由一本無由字大王也序舊無注本或有注者非瓜古華反瓞田節反瓝也韓詩紋小瓜也沮七余反漆音七毛云沮漆二水名瓝蒲剝反小瓜也長大張丈反嚳苦毒反高辛氏帝也之曽直又反封郃他來反王業于況反亦如字後王業同亶都但反父音甫本亦作甫陶音桃復音福注同累土於地上也說文作寷或朏以名言絶句翟音狄屬其音燭岐其宜反其壤而丈反鑿在洛反爲二于僞反來朝直遥反水滸呼五反水涯辟惡音避本亦作避後放此相可息亮反賢知音智膴膴音武美也韓詩同堇音謹毛菜也案廣雅云堇藋也今三輔之言猶然藋音徒弔反荼音徒苦菜如飴音移爰契苦計反開也本又作挈一音苦結反灼之略反迺疆本亦作壃同居良反注及後放此迺宣如字鄭云時耕曰宣王云徧畢立必爾反本亦作俾注同後皆放此位處呂慮反其繩如字本或作乘案經作繩傳作乘箋云傳破之乘字後人遂誤改經文縮

版色六反　廄音救　廣輪光浪反　以索桑洛反　捄之音俱呂忱同虆也徐又音
鳩　陾陾耳升反又如之反眾也說文云築牆聲也音而　度之待洛反注同毛居也鄭投也韓詩云
填也　薨薨呼弘反沈呼萌反爾雅云眾也王云亟疾也　削屢力注反又力朱反注同　馮
馮扶冰反注同　虆力追反沈力戈反字或作樏或作蘲音同劉熙云盛土籠也　鍛丁亂反
捊也蒲侯反爾雅云聚也說文云引取土　盛之音成　百堵丁古反　鼛音羔大鼓
也長一丈二尺　弗勝音升　謂之應應對之應小鼓也　鼙薄迷反　皐門
音羔　有伉本又作亢苦浪反高也韓詩作閌云盛貌　將將七羊反注同嚴正也　朝門
直遙反下同　大社音泰下大社同　蜃市軫反器名　不殄田典反　厥慍紆問
反恚也　不殞韻謹反墜也　柞子洛反櫟也後同　棫音域白桵也後同三蒼云棫即柞也
字林于目反　拔矣蒲貝反又蒲蓋反下同　兌矣吐外反成蹊也又徒外反　恚也
一遂反　隊也直類反　成蹊音兮　櫟音歷　白桵如誰反後同　絕去羌呂反

㥲惡惡人上烏路反下如字脫然通外反本亦作兑混夷音昆駾矣
徒對反突也其喙許穢反困也徐又音尺鋭反之使所吏反惶怖上音皇下音普
故反虞芮如鋭反二國名蹶俱衛反動也盇往胡臘反其竟音景提
挈苦結反閑田音閑先蘇薦反注同後胡豆反注先後同夲音奔本亦作奔
注同奏如字本又作走音同注同御魚呂反本又作禦音同侮亡甫反相息亮反道
音導本亦作導折之設反衝昌容反
棫樸上雨逼反下音卜沈又符卜反樸抱木也芃芃薄紅反盛也槱之音酉積也
字亦作櫌弋九反云積木燒也抱木必茅反蕃輿音煩樸屬之欲反豫
斮一本作斫燎之力召反辟王音壁君也注及下同趣之七喻反趣也奉
璋音章毛半圭曰璋鄭璋璋瓚也瓚在但反字或作贊祼以古亂反峨峨
本又作俄五哥反盛壯也髦士音毛俊也淠疋世反舟行貌沈孚計反涇音經烝徒

之丞反　楫之　音接櫂也徐音集方言云楫謂之橈或謂之櫂郭注云楫橈頭索也所以縣櫂謂之楫說文云

楫舟棹也釋名云在傍撥水曰櫂又謂之楫　櫂也　直教反　倬　陟角反大也　追　對迴反雕也毛云金

曰雕鄭云亦治玉也注同　琢　陟角反治玉也注同　雕　都挑反　其相　如字一云鄭息亮反　研

倪延反　其好　呼報反　而樂　音洛下同　罔罟　音古

旱麓　戶但反下音鹿本亦作鹿旱山名麓山足　榛　側巾反字林云木叢又仕人反　楛　音戶

草木疏云楛木莖似荊而赤其葉如蓍上黨人篾以爲筥箱又屈以爲釵也　豐樂　音洛下同

被其　皮僞反　豈弟　本亦作愷又作凱苦亥反弟本亦作悌徒禮反一音待豈樂也弟易也

後豈弟皆同　樂易　以豉反下同　瑟彼　所乙反絜鮮皃字又作璱　黃金所

以流鬯也　一本作黃金所以爲飾流鬯也是後人所加　秬　音巨黑黍　鬯　勑亮反以

黑黍米擣鬱金草取汁而煑之和釀其酒其氣芬香調暢故謂之秬鬯　爲勺　上灼反字或作杓　攸

降　如字下也又戶江反注同　鳶飛　悅宣反　鴟　尺尸反　騂牡　息營反字林火營反

畜碩香又反以享許丈反許亮反以介音界後同所燎力召反又力弔反說文作尞一云柴祭天也又云燎放火也字林同尞音力召反燎音力小反熂許氣反芟草燒之曰熂何沈盧刈反所勞力報反注同勞來力代反本亦作倈同佑助音又藟力軌反字又作蘽同施于以豉反注同枚芒回反延蔓音萬

思齊側皆反本亦作齋齋莊也下同思媚美記反後同愛也沈音眉徳行下孟反見其賢遍反徽音許韋反美也恫音通痛也𣧑禍音凶本又作凶刑于刑法也韓詩云刑正也以御毛牙嫁反迎也鄭魚據反治也適妻丁歷反兄勗許玉反下同辟必亦反下同廱於容反無射毛音亦厭也鄭食夜反射藝保安無厭也於豔反下同一本作保安也射厭也非烈毛如字業也鄭作厲力世反又音賴病也假古雅反大也不瑕毛音遐遠也鄭古雅反已也之行下孟反下皆同孝弟音悌本亦作悌諫爭爭鬪之爭無斁毛音亦厭也鄭作擇髦俊也

一本此下更有古之人無斁於有譽之俊士也此王肅語故令力成反俊乂音刈
皇矣矣字一本無天監代殷莫若周絶句周世世脩德一讀莫若周世絶句周世脩德爲一句一本無下一世字義並通崔集注莫若周也世世脩德王天下往況反下追王當王同其政如字政政教也鄭作正正長也爰究九又反爰度待洛反篇內皆同毛居也鄭謀也謂夏戶雅反下文長夏并注同正長張丈反篇內皆同共
也音恭下同其行下孟反耆之巨夷反毛惡也鄭云老也式郭苦霍反大也又如字本又作廓乃眷本又作睠又作劵並音卷同須假戶嫁反本又作嘏浸
大子鴆反屏之必領反除也菑本又作甾側吏反又音緇木立死也韓詩云反草也翳於計反毛云自斃爲翳爾雅云木自斃神蔽者也翳郭云相覆蔽韓詩作殪云因也因高填下也神音申灌古亂反木叢生栵音例又音列栭也辟之婢亦反沈必亦反檉勑貞反河柳也椐羌居反樻也字林紀庶反又音舉攘之如羊反剔之他歷反字或作鬄又

作㮇同檿烏簟反山桑也柘章夜反自斃婢世反本或作蔽必世反栭音而舍人注爾雅云江淮之間呼小栗爲栭栗樻去愧反又去軌反何音匱草木疏云節中腫以扶老即今靈壽是也今人以爲馬鞭及杖險隘於懈反刋除苦干反串夷古患反毛云習也鄭云串夷混夷也一本作患或云鄭音患混夷音昆路瘠在昔反詩本皆作瘠孫毓評作應後之解者僉以瘠爲誤以應應對之應下應和同厥配本亦作妃音同注同媲普惠反配也郭璞音譬字林匹地反又爲于僞反下爲生明君爲之位後同省昔井反善也斯拔蒲貝反斯兊徒外反易直也易以豉反下施易同大伯音泰注大伯同著珍慮反傳世直專反貊本又作貊武伯反靜也德正應和曰貊左傳作莫音同韓詩同云莫定也勤施始豉反王此如字鄭云君也徐于況反比必里反徧復音遍帝祉音恥施于以豉反注同易也延也畔援毛音袁取也又于願反鄭胡喚反畔援拔扈也韓詩云畔援拔扈也歆許金反羨錢面反誕但且反大也拔蒲末反下同字

或作踐扈音戶阮魚宛反徂共音恭注同毛云徂往也共國名鄭云徂共皆國名赫虎格

反斯怒毛如字此也鄭音賜盡也以按安旦反本又作遏安葛反此二字俱訓止也周

祜音戶鄉周本又作嚮許亮反下同阮疆居良反注同脊井亦反而令

力成反重言直用反鮮息淺反又音仙毛小山別大山曰鮮鄭善也別大彼列反

見於賢遍反詢爾音荀鉤古侯反又古侯反鉤梯也援音袁臨如字韓詩

作隆衝呂容反衝衝車也說文作轒轒陷陣車也崇墉音容城也鉤梯他兮反執

訊音信言也字又作訙又作誶並同馘古獲反獲也字又作聝殺而獻其耳也字林截耳則作耳

傍獻首則作首傍是類如字本或依說文作禷是禡馬嫁反師祭名動搖如字

一音羊照反致其社稷羣神本或作羣臣孽孽魚列反又五葛反茀

茀音弗強盛仡仡魚乙反韓詩云搖也說文作忔肆音四毛云疾也鄭云犯突也無拂符弗

反鄭佹也王違也擊刺七亦反佹也九委反宊也無復扶又反

靈臺神之精明稱靈四方高曰臺靈臺所以觀祲象察氣之妖祥也杜預注左傳云靈臺在始平鄠縣今屬京
兆府所管昆古門反鄭注禮記云明也蟲直弓反本或作虫非冥也亡丁反冥冥無知貌字林云幽也又
亡定反祲子鴆反陰陽氣相侵漸成祥觀臺占亂反下觀臺節觀同經度待洛反下
同應天應對之應言說音悅勿亟居力反亟急也靈囿音又徐于目反麀
音憂麀牝牝也頻刃反之處昌慮反濯濯直角反娛遊也翯翯戶角反肥
澤也字林云鳥白肥澤曰翯下沃反喜樂音洛下文於樂注喜樂皆同靈沼之邵反池也
於牣音刃滿也魚躍羊略反皆跳徒彫反虡音巨植曰虡樅徐七凶反
又音衝衝牙也沈又音子容反賁符云反字亦作鼖大鼓也鏞音容大鐘也於論於音烏鄭
如字下於樂於論皆同論音盧門反思也一云鄭音倫下同辟音璧水旋立如璧注同植者
恃職反曰栒旬尹反栒者曰栒所以縣鍾鼓以縣音玄鼉徒何反沈又音檀毛云魚屬草
木疏云形似蜥蜴四足長丈餘甲如鎧皮堅厚宜冒鼓逢逢薄紅反和也埤蒼云鼓聲也亦作韸徐音豐

矇音蒙有眸子而無見瞍依字作叟蘇口反無眸子也字亦作瞍說文云無目也字林先公反云目有眸無珠
子也眸子莫侯反下武復受扶又反王業
于況反哲王張列反本又作悊又作喆皆同知也音智下同登假音遐已也本或作遐成
王如字又于況反此爲如字來許王如字鄭音賚賚勤也下篇來孝同之枯音戶下同
文王有聲遹尹橘反述也又音述駿音峻大也觀厥古亂反多也注同
令聞音問本亦作問烝哉之承反君也韓詩云美也以應應對之應淢況域反溝
也成閒有淢廣深入尺字又作洫韓詩云洫深池匪亟居力反下亟同或作棘其慾音欲
本亦作欲廣古曠反深尸鴆反之行下孟反伊濯直角反大也韓詩云美也之
垣音袁維翰戶旦反幹也徐音寒維辟音璧君也注及下皆同又音婢亦反法也亦氾
芳劍反字亦作汎濫力暫反大王此及下言大王者皆如字必挈苦計反本又作契或苦結
反有芑音起草也詒厥以之反傳也孫謀王申毛如字鄭音遜順也猶傳

直專反下同

生民之什第二十四自生民至卷阿八篇成王周公之正大雅

生民姜嫄音原姜姓嫄名有邰氏之女帝嚳元妃后稷母也鄭云高辛氏之世妃克禋

音因毛敬也鄭祭天名以弗音拂去也注同去也起呂反下同禖音梅下同祠于

嗣緣反本亦作祀九嬪婢人反韣音獨弓衣祓也音拂又音廢下同齊肅

側皆反本亦作齋篇末齊敬同武敏密謹反毛疾也鄭拇也歆許金反毛饗也鄭歆歆然攸

介音戒毛大也鄭左右也載震真慎反毛動也鄭有娠也而見賢遍反齊敏

側皆反又如字敏如字毛云疾鄭云拇也育長張丈反下同拇也音母足大指介

右如字揗處昌慮反不復扶又反下故復同誕彌面支反終也如達他末

反注同毛云生也鄭云羊子也說文云小羊也沈云毛如字言易以豉反下同不坼勑宅

反不副孚逼反說文云分也字林云判也匹六反無菑音災注同寘之之豉反置也下

同 隘於懈反 巷戶降反 腓符非反避也 藉之在夜反 呱矣青孤泣声
也尚書云啓呱呱而泣是也 覃徒南反本或作譚毛云長也鄭云始能坐也 訏況于反毛大也
鄭張口鳴呼也 匍音蒲又音符本亦作扶 匐蒲北反又音服本亦作服 岐其宜反知意也 嶷
魚極反識也說文竹嶷云小兒有知 覃長張丈反或如字 識別彼列反 蓺之魚世反樹
也 荏叔而甚反叔或作菽音同毛云荏叔戎菽也鄭云戎叔大豆也郭璞云今胡豆是 旆旆
蒲貝反長也 穟穟音遂苗美好也 幪幪莫孔反茂盛也 瓜天由節爪反 唪唪
布孔反徐又薄孔反多實也 長也如字又張丈反 有相[redacted]亮反注同助也 茀厥音弗治也
韓詩作拂拂弗也 實種支勇反注種雜種種生不雜下嘉種恭注同 實褎徐秀反長
也 實穎營井反穗也尚書云唐叔得禾異畝同穎是也 有邰他來反后稷所封国也今在京
兆武功縣 維秬音巨黑黍也 秠孚鄙反亦黑黍也一稃二米又孚悲反郭芳婦反 穈音門赤苗
也爾雅作虋同郭士偉反赤梁粟也 芑音起白苗也徐又巨巳反郭云白梁粟也 稃芳于反字書云[illegible]稴

毛詩音義下
陳旦

也天應應對之應故爲于僞反下天爲已同恒之古鄧反徧也本又作亙是穫
[redacted]郭反是任音壬佳同肇祀音兆毛始也鄭郊之禖位也徧音遍下同春傷容反
揄音由又以朱反抒臼也說文作舀弋紹反蹳波我反蹂音柔叟叟所留反字又作
溲濤米聲也爾雅作溞音同鄭音騷烝之之承反浮浮如字氣也爾雅說文並作烰云
米也持食汝反蒼頡篇云取出也穅音康字亦作康谷米秀作康非淅米星歷
反說文云汱也汱音大將復扶又反於鑿子洛反精米也字林作毇云糲米一斛舂爲八
斗也子沃反簠音甫簋音軌取牴都禮反牡羊也字亦作牴軷蒲末反道祭也說文云出
必告道神爲壇而祭爲軷字林同父末反燔音煩傳火曰燔後皆同⿰火立音利又音類芟所銜反
獼息淺反既亶徒緟反爇如悅反馨呼[redacted]反傅音附貫古亂反
諏足須反謀也卬五郎反我也盛音成注同其香一本作馨亶都但反誠也菹
莊居反醢音海上行時掌反以迄許乙反至也

行葦 韋鬼反。行道也。葦，草也。 者 音苟。凍梨也。爾雅云：壽也。 凍梨 利知反，又力兮反。方言云：凍梨，老也。 敦史 如字，本又作惇，同。 敦彼 徒端反，聚皃，注同。 泥泥 乃禮反，注同。張揖作苨苨，云：葦盛也。 爲此 于僞反，注「內爲設」同。 之筵 以然反，席也。鋪陳曰筵，藉之曰席。 年穉 直吏反。 有緝 七習反。 重席 直龍反，下同。 蹴 子六反。 踖 子亦反。 或酢 才洛反。 奠 斝 古雅反，又音嫁。爵名也。夏曰醆，殷曰斝，周曰爵。 夏曰 戶雅反。 醆 側簡反，字或作琖，同。 醓 他感反。肉醬也。鄭注儀禮云：醓，汁也。 醢 呼改反。 脾 婢支反。 臄 渠略反，函也。字或作醵。 或咢 五洛反。毛云：徒歌曰咢。爾雅云：徒擊鼓謂之咢，徒歌謂之謠。 函 胡南反，何又戶感反。本又作脳，同。說文云：函，舌也。又云：口裏肉也。通俗文云：口上曰臄，口下曰函。 比於 毗志反。 炙用 者夜反。 敦弓 音彫。畫弓也。注及下同。徐又都雷反。 鍭 音候，又音侯，矢名。 鈞 規句反。 舍矢 音捨，注同。 參亭 七南反。 中蓺 丁仲反，下皆同。 可與者 音預，下「與爲」同。一本直云「可者」，無「與」字。 矍 俱縛反。 相 息亮反。矍相，圃名。 之圃 布古反，又音布。 觀者 古亂反，又音官。 如堵

奔丁古反軍音奮奮覆敗也之將子匠反序點都簟反揚觶之豉反爵
名容三升語魚據反孝弟音悌耆耋徒節反好禮呼報反下皆同者不
弗武反下同耄莫報反字或作薹同八十曰耄勤音其百年曰期頤僅其靳反旣句
古豆反說文作彀云張弓曰彀旣挾子協反又子合反一个古賀反已徧音遍維
醹如主反厚也說文厚酒也字林同音女父反大斗字又作枓都口反徐又音主三尺也
謂大斗之柄也有醇音淳台背湯來反徐又音臺台背大老也爾雅云壽也鮐湯來反魚
名一音夷維祺音其吉也以介音戒毛大也鄭助也後皆放此
旣醉大平音泰後大平皆放此之行下孟反以下注皆同第四章下徧音遍下同
乃見賢遍反惠施式豉反有俶尺叔反毛始也鄭乃也嘏古雅反褻
味息列反絜清如字又才性反志好呼報反不匱求位反竭也教道
施及以豉反壼苦本反毛廣也鄭梱致也梱苦本反致直置反胙本又作祚

寸路反胥羊刃反，嗣也天被皮寄反，注同附著直略反，下同釐爾力之

反予也淑媛于眷反之妃音配，又芳非反賢知音智傳世直專反

鳧鷖音符。水鳥也。鷖，音於雞反。鳧，屬也。蒼頡解詁云：鷖，鷗也，一名水鴞神祇祁支反

安樂音洛，篇末注同遠聞音問，或如字品齊才細反來爲于僞反，助

也，注同。協句如字渚之與反沚也音止既湑息汝反，酒之沛者湑子禮反，字又作

朁同在潨在公反。毛：水會也。說文云：小水入大水也。徐云：鄭音在容反，水外之高者也瘞於例反

埋亡皆反，字亦作薶，同攸降戶江反崇重直龍反，下同亹音門。毛云：山絕水也

鄭云：亹之言門也熏熏許云反。毛：和說也。鄭：坐不安之意。說文作醺，云醉也和說音悅但

令力呈反

假樂音暇，嘉也保右音又，助也，注同申重直用反且君且王一本且並

作宜字相勗香玉反不愆起連反，過也無惡烏路反，又如字，注同立朝直遙

反緻直致反本或作致其行下孟反無疆居良反下篇同徒樂音洛百辟
音壁注同媚于眉備反注同匪解佳賣反注同攸塈許器反息也
公劉王云公號劉名也尚書傳云公爵劉名也王基云公劉字也后稷之曾孫召康本亦
作邵上照反後皆同涖音利又音類徐力自反夏之戶雅反下夏人同幼少詩照反
相成息亮反迺埸音亦迺裹音果餱音侯食也字或作糇糧本亦作粻
音良糇也槖他洛反囊乃郎反小曰槖大曰囊說文云無底曰囊有底曰槖思輯
音集又七立反之難乃旦反積委上子智反下於僞反爲夏于僞反又如字戚
揚七歷反斧也鉞也音越之從才用反又如字盾也字又作楯顧允反又音允
句子音鉤士卒尊忽反下餘卒士卒皆同曰爲于僞反下非爲爲公劉皆爲同永
歎他安反字或作嘆宣徧音遍相此息亮反下相此皆同甗本又作巘魚輦反又
音言又音魚偃反又音彥毛云小山別於大山也與爾雅異復降音服又扶又反注復下同及

璲音遂 鞞必頂反 琫必孔反 山別彼列反 反復之本亦作覆同芳福反
溥原音普大也 迺覯古豆反見也 之處昌慮反下之處同 廬旅力居
反寄也 論難魯困反下乃旦反 館客一本作館舍 蹌蹌七羊反 乃
依毛如字鄭於豈反箋云或扆字 乃造七報反 用匏步交反 則殺所戒反
摶豕音慱沈又音付 食之音嗣 飲之於鴆反 相其息亮反注同 寒
煖況袁反又乃管反 浸潤子鴆反 三單音丹 度其待洛反注及下同 爲
羨音賤又音衍下同 其廣古曠反 取厲本又作礪 取鍛本又作碫丁亂反鍛
石也說文云碫厲石字林大喚反 材木一本作材末 夾其古洽反又古協反 皇澗古晏
反 遡其音素鄉也 過澗古禾反注同 遡鄉本又作嚮許亮反文與卷阿篇注同
挍其音敎 芮本又作汭如銳反毛云水涯也鄭云內也 鞫居六反毛究也鄭水外也 水
涯五佳反字亦作厓 曰澳於六反又於報反字或作奧

洞酌音迥遠也行潦音老行潦流潦也挹彼音揖又音邑餴甫云反餾也又
作饙字書云一蒸米也饎尺志反酒食也字林充之反餾力又反又音留爾雅饙餾飪也孫炎
云蒸之曰饙均之曰餾郭云饙熟爲餾齊絜側皆反本或作齋繫物於芳反樂以
音洛易以羊豉反說安音悅罍音雷祭器也滌也徒歷反漑古愛反清也清
才性反又如字卷阿音權曲也篇內同大陵曰阿票風避遙反迴風也本亦
作飄被德皮寄反長養張丈反下同猥來烏罪反爲長于僞反
樂易音洛下樂王同易音以豉反後樂易皆放此伴音判徐音畔奐音喚徐音換毛
伴奐廣大有文章也鄭伴奐自縱弛之意自從子用反本又作縱施本又作弛同書氏反
各任音壬或如鴆反而治直吏反下爲治同也與音餘共己音恭本亦作恭
酋在由反又子由反又在幽反終也昄徐符版反大也孫炎郭樸方滿反字林方但反又方旦反
茀沈云毛音弗小也徐云鄭音廢福也一云毛方味反鄭芳弗反有馮符冰反注同本又作憑

饌几士戀反又士轉反具也本亦作撰　賛道徒報反本亦作導　放儆方往反　顒

顒魚恭反温貌　卬卬五剛反盛貌　令聞音問本亦作問　令望如字協韻音亡　切

磋七何反或作瑳　聲論魯困反　德行下孟反　翽翽呼會反衆多也說文云羽

聲也字林云飛聲也又外反　仁瑞垂僞反　藹藹於害反爾雅云臣盡力也說文作譪譪云

臣盡力之美也　之朝直遥反　亦傅音附戾也　令不力呈反下欲令同　梧桐

音吾　被温皮寄反　不棲音西　菶菶布孔反又薄孔反又薄公反　萋

萋七西反菶菶萋萋梧桐盛也　喈喈音皆鳳皇鳴也　行中丁仲反下同　有

乘繩證反　不復扶又反

民勞如字從此至桑柔五篇是厲王變大雅　賦斂力豔反　重數音朔　繇

役本亦作傜音遥　姧宄音軌本亦作軌　汔許一反危也鄭幾也說文巨气反　諸

夏戶雅反下同　幾也音祈下同　民罷音皮　詭隨俱毀反　式遏

於葛反止也慘不七感反本亦作憯曾也揉遠音柔本亦作柔能邇徐云毛如
字鄭奴代反伽也侞檢字書未見所出廣雅云如若也均也義音相似而字則異舊音如庶反義亦
難見鄭注尚書云能恣也與此不同民逑音求合也惛音昏說文作惛云怓也釋文惛亦不
憭也怓女交反惛怓大亂也鄭云猶讙譊也說文云怓亂也讙音歡又許元反譊女交反本又作譁音
花謂好呼報反爭訟爭鬬之爭王休許虬反美也誘掖音亦作
慝吐得反惡也以近附近之近注同小愒起例反息也徐丘厲反憂泄以世反又
息列反毛去也鄭出也發也應之應對之應繾綣上音遣下起阮反字或作卷繾綣反覆也
反覆芳服反欲令力呈反板音版卒子恤反僤
本又作癉當但反病也沈本作癉出如字徐尺遂反話戶快反善言也說文云會合善言也
于亶丁旦反誠也言行下孟反憲憲許建反猶欣欣也方蹶
俱衛反動也泄泄徐以世反猶沓沓也爾雅云憲憲泄泄制法則也說文作呭云多言也

爲之于僞反 輯矣音集又七入反和也 繹矣音亦本亦作懌說也 說也音悅下同 戒語魚據反 同僚字又作寮力彫反官也 顤顤五刀反 謷謷五報反 善道音導下牖道道民皆同 芻初俱反 蕘如謠反芻蕘薪采者也說文云蕘草薪也 或知音智又如字 謔謔虛虐反喜樂也 灌灌古亂反猶欵欵也 蹻蹻其略反驕貌 喜樂音洛 言耄莫報反 熇熇徐許酷反沈又許各反熾盛也說文云火熱也 方懠才細反疾怒也 夸毗苦花反毗體柔也 不復扶又反 弭謗彌耳反止也 殿都練反郭音坫說文作唸 屎許伊反郭音香惟反殿屎呻吟也說文作吚 呻音申 吟如字本又作唫同 揆度待洛反 賦斂力豔反 以共音恭本亦作供 惠施式豉反 賙音周 贍市豔反 如壎許元反 如篪音池 如攜下圭反 相和如字又胡卧反 孔易鄭音亦注易易也上字同又以豉反 多辟匹亦反邪也注同 立辟婢亦反法也注同 易也以豉反下同

摩本又作掣尺製反 東與西與並音余 之行下孟反 爲邪似嗟反
价人音界毛云善也說文同鄭作介云甲也 維藩方元反屏也 大師音泰注大
師同 維垣音袁 維翰胡旦反幹也徐音寒 被甲皮寄反 世適丁歷反下
同 疏遠于万反 於難乃旦反 之渝用朱反變也 昊天胡老反 曰
明音越下同 遊羨餘戰反溢也一音延善反本或作衍

蕩之什第二十五

蕩唐黨反蕩蕩法度廢壞之貌 召穆時照反本又作邵卷內召公召伯皆同
之辟必亦反注同君也沈云毛音埤益反 多辟匹亦反邪也本又作僻注同 賦
斂力豔反 駿刑荀閏反本亦作峻 多邪似嗟反 烝民之承反衆也 匪
諶市林反誠也 鮮克息淺反注同寡也 教道音導本亦作導 彊禦魚呂
反 掊克蒲侯反聚斂也又自伐而好勝人也徐又甫垢反 而好呼報反 朝廷

直遥反下朝廷同滔德他刀反漫也滔漫亡諫反本亦作優又作漫下同一音亡半反

倨慢居庶反多懟直類反寇攘如羊反姦宄音軌侯作側慮

反祝詛也注同本或作詛侯祝周救反注同本或作兄非靡届音界極也靡究音救

炰白交反烋火交反注同炰烋猶彭亨也亨也許庚反不逞勑領反無

背布内反又蒲昧反後也無陪本又作培蒲迴反貳也湎面善反徐莫顯反飲酒齊

色曰湎韓詩云飲酒閉門不出容曰湎旣愆本又作諐起連反過也式號戶刀反注同

式呼火胡反又火故反注同崔本作謼或一本作或號或呼俾晝必爾反使也本亦作俾後

皆同耽湎本或作湛都南反不爲于僞反蜩音條蟬也螗音唐蝘也如

沸方味反蟬市延反字林云蟪蛄蝘音偃蟬屬也草木疏云一名虭蟟青徐謂

之螇螰楚人名之蟪蛄秦燕謂之蛥蚗或名之蜓蚞郭云俗呼爲胡蟬江南謂之唐蜩沓

沓徒荅反近喪附近之近又如字注同奰皮器反舊音備怒也不醉而怒曰奰

覃徒南反怵於市劇反又時設反說文云習也好怒呼報反臣扈音戶
顛都田反仆也沛音貝拔也之揭紀竭反見根貇先撥蒲末反絕也仆
也蒲北反又音赴拔也皮八反又半末反見貌賢遍反謂樹根露見王如字言可見
蹶貌其厥反沈居衛反一音厥夏后戶雅反注同
抑於力反抑抑密也自警居領反靡喆本又作哲亦作悊陟烈反智也下同
則知音智德行下孟反注同以倡昌亮反道之徒報反本亦作導下
敎道同訏況于反大也謨莫蒲反謀也沈云本亦作漠音莫爲天下于僞
反篇末今我爲王同顛覆芳服反下覆謂覆用并注同荒湛都南反注及下同
樂於音洛下文及注同克共九勇反執也注同雖好呼報反耆酒
市志反傚女戶敎反廣索所白反淪胥音倫率也洒色懈反灑
也注同又所賣反埽素報反廷內音庭灑也色蟹反用逷他歷反毛

逷遠也鄭作剔音同治也沈土益反故復扶又反戎將子匠反帥所類反本或作率

非度待洛反下不億度同出話戶快反善言也之玷丁簟反沈丁念反缺也說

文作刮磨鑢音慮反復音服又豐服反本亦作覆無易以豉反注同捫

音門持也不讎市由反用也徐云鄭市又反則售市又反一本作讎謂讎物價也

此音財與毛同賈加霸反下同靡不承一本靡作是輯柔徐音集又

七入反和也脅肩本又作脇香及反又虛劫反沈又於闔反諂笑勑檢反趙岐注孟子

云脇肩竦體也諂笑強笑也近之也附近之近一本無之字近則依字讀相在

息亮反注同不媿俱位反屋如字或云鄭於角反漏魯豆反西北隅謂之屋漏云

覯古豆反於奧烏報反西南隅謂之奧饌仕眷反而厞扶味反隱也沈

云許愷凡非反度思待洛反注度知同矧可申忍反況也射思音亦厭也

不譖本亦作僭子念反差也注及下我譖同鮮不息淺反少也猶擿直亦

反實虹工戶公反潰也鄭戶江反潰也戶對反荏而甚反染而漸反荏染柔
意言緡云巾反被也共人音恭本亦作恭被也皮寄反下同柔忍
音刃本亦作刃告之話言戶快反鄭書古之善言說文作詁云詁故言也語魚慮反下
面語之同賢知音智於乎上音烏下音呼凡此二字相連音皆放此臧否音鄙注同
臧善也否惡也言提音啼掣之尺世反拽也提撕音西借曰子夜反假也注
及下同未知如字沈音智下夙知亦同假令力呈反幼少時照反下同長
大丁丈反而莫音慕本亦作暮成與音餘靡樂音洛注同夢夢
莫空反沈莫登反亂也注同慘慘七感反懇其音素後皆同諄諄
字又作訰之純反又之門反說文埤蒼並云告曉之熟藐藐美角反不入也爾雅云悶也
聆音零既耄莫報反老也曰喪上音越下息浪反韓詩作聿喪不忒他得
反[illegible]回遹于橘反維邪似嗟反其行下孟反匱盡求位反

彔柔芮伯如銳反國名苑彼音鬱注同茂貌又於阮反侯旬如字又音荀均

也捋采力活反注同瘼此音莫病也言陰於鴆反本亦作蔭下同爆

本又作㬥同音剝下同爍本又作樂或作落同音洛郭盧角反柔濡而轉反人

庇必寐反又音秘本亦作芘同當被皮寄反倉初亮反喪也注同兄音況注同

滋也本亦作況填兮音塵久也倬彼陟角反明大貌騤騤求龜反不息也旟

音輿旐音兆有偏音篇本亦作翩不泯面忍反又名賓反滅也徐又音民鳥

隼荀允反適長上丁歷反下丁丈反有黎力奚反毛齊也鄭不齊以

藎才刃反災餘曰藎本亦作燼同猶比毗志反又如字下同廣雅云頻比也蔑資

音滅輕也止疑魚陟反定也今復扶又反下不復考愊同爲梗古杏反病也

而好呼報反力爭爭鬬之爭下同慇慇於巾反樊光於謹反爾雅云憂也

僤怒都但反厚也本亦作亶同士卒尊忽反痻武巾反病也一音昏注同我

圉魚呂反毛云垂也鄭改作禦音同謂禦寇也爲毖音祕慎也斯削相略反以濯直角反我語魚據反梮難乃旦反下惠難同遡風音素之僾音代一音愛唈也荓云字又作迸音普耕反徐補耕反本或作拼同使也不逮音代一音大計反及也好是呼報反注但好同家王申毛音駕謂耕稼也鄭作家謂居家也下句家穡惟寶同穡本亦作嗇音色王申毛謂收穡也鄭云吝嗇也尋鄭家嗇二字本皆無禾旁下稼穡卒痒始從禾鄉也本又作嚮同許亮反下同唈烏合反令代力呈反不能治人者食人音嗣蟊莫侯反說文作蝥卒痒音羊病也蟲孽魚列反說文作嶭云衣服謌謠草木之怪謂之妖禽獸蟲蝗之怪謂之蠥哀侗音通痛也本又作恫具贅之芮反又拙稅反屬也穹蒼起弓反朝廷直遥反下皆同者與音餘下所行者惡與同其相毛如字質也鄭息亮反助也宣徧音遍下同之行下孟反下荼毒之行悖遂之行民之行皆同有肺本又作胇芳廢反

甡甡所巾反衆多也声類云聚貌　已譖子念反不信也本亦作僭　相輩一本作相配　欺

背音佩卒章同　罷役一本作罷役罷音皮　覆芳服反下及注除覆蔭字皆同　狂王居況反鄭求

方反　爲王于僞反　分别彼列反　皁白才早反　弗迪徐徒歷反　索音色　荼

毒音徒　慍恚紆運反　大風毛如字鄭音泰泰風西風也　有隧音遂道也　中垢

古口反　敗類伯邁反注同　則慝應對之應　我悖蒲對反逆也　之間如字又音閑

陰女鄭音蔭覆蔭也王如字謂陰知之　赫毛許白反炙也與王赫斯怒同義本亦作嚇鄭許嫁反口

距人也莊子云以梁国嚇我是也　患難乃旦反　職涼毛音良薄也鄭音亮信也下同

至酷口毒反　邪者似嗟反　令民力呈反　詈言力智反　觝

距都禮反距或作拒

雲漢雲漢天河也自此至常武六篇宣王之變大雅　仍叔而升反　撥亂半末

反　脩行下孟反　欲銷音消　去之起呂反　復行扶又反下注復

㞦并篇末注同　見憂並如字徐憂音於救反　倬彼陟角反王云著也說文云

著大也　愒雨苦蓋反貪也本又作渴苦葛反篇末同　饑音飢又音機　饉其靳

反　薦在見反重也　臻側巾反至也　重也直用反下同　罪與音餘

下所困與精誠與殺我與同　我聽依義吐定反協句吐丁反　為旱于僞反下為旱

同　聽聆音零　大甚音太徐他佐反下大甚並同　蘊隆紆粉反本又作煴紆

文反韓詩作鬱同　蟲蟲直忠反徐徒冬反亦雅作爞云熏也郭又徒冬反韓詩作烔音徒東

反　雷聲尚殷殷於謹反或如字　然一本作雨雷之声尚殷殷然　奠徒薦反

瘞於例反埋也　則索色白反　不齊側皆反本亦作齋　言徧音遍

耗呼報反韓詩云惡也　斁丁故反斁也說文字林皆作殬　可推吐雷反去也注同　兢兢

本又作矜居陵反恐也　業業如字郭五荅反危也　如霆音庭又音挺一音徒佞反　子遺

居熱反　去也起呂反下同　恐也丘勇反下同　不相毛如字鄭息亮反　于摧在雷反又子雷反毛至也

鄭作嗺子雷反嗟也　可沮在呂反止也　炎炎于廉反熱也本或作惔音同　民近附近之近　所芘音祕又必二反本亦作庇　蔭於鴆反本亦作廕　百辟音壁下同　雩音于祭名　滌滌徒歷反旱氣也　旱魃蒲末反旱神也　如惔音談說文云炎燎也徐音炎　如焚本又作燓同扶云反　憚暑毛丁佐反勞也詩云苦也鄭徒旦反畏也　如熏本又作燻許云反灼也　燎也力皎反又力照反　燋枯子消反　畏難乃旦反　我遯本亦作遂徒困反　黽勉彌忍反又音湎　瘨都田反病也沈又都薦反韓詩作疹恥吝反云重也　憯七感反曾也　急禱丁老反或都報反　不莫音暮本亦作暮　明祀本或作明神　悔怒協韻乃路反　虞度待洛反下同　鞫哉居六反窮也　疚哉音救病也本或作究又作宄同　趣馬七口反趣馬官名　不秣音末穀馬也說文作䬴　施其式氏反本又作弛同　不縣音玄　祿餼許氣反　之長丁丈反下之長同　勞倦力報反　作賙音周　瞻

卬音仰本亦作仰下同何里如字憂也本亦作瘇爾雅作悝並同王云瘇病也有嘒
呼惠反衆星貌昭假音格毛至也鄭升也沈云鄭古雅反無贏音盈無幾居豈
反爲我于僞反注同令心力呈反
崧高胥忠反高貌山大而高曰崧釋名云崧竦也吉甫本又作父音同後人名字
放此復平音服又扶又反襃賞保毛反維嶽字亦作嶽魚角反白虎通
云嶽者何埆功德也駿極音峻大也巡守音狩本亦作狩虞夏戶雅反下
同之翰戶旦反又音寒幹也于蕃方元反賢知音智本或作哲楨榦
音貞有難乃旦反往扞戶旦反相穆息亮反贖刑音樹一音
常欲反亹亹亡匪反勉勉也王纘祖管反繼也韓詩作踐踐任也欲離
力智反下欲離同令往力呈反下皆同傳子直專反爾庸本亦作墉音容
毛云城也鄭云功也井牧手又反又如字後放此有俶本又作俶尺叔反作也藐藐

亡角反美也蹻蹻渠略反壯貌濯濯直角反沈士學反明也樊纓步丹反

爲將于僞反乘馬繩證反注同故復扶又反下同介圭音界往

近音記毛已也鄭辭也王餞賤淺反送行飲酒也沈祖見反音賤字林子扇反云送去食也

于郿亡悲反又亡冀反地名屬扶風今爲縣告語魚據反復重直用反意

解音蟹土疆居良反以時如字本又作恃直紀反兩通其粻音張糧也式

遄市專反速也委於僞反積子賜反番番音波勇武貌嘽嘽

吐丹反毛喜樂也鄭云安舒虎賁音奔喜樂音洛良翰協句音寒局

徧音遍下同揉此本亦作柔汝又反順也又如字字一音柔注同聞于音問

其風福鳳反注同王如字云音也贈送也詩之本皆爾鄭王申毛並同崔集注本作

贈增也崔云增益申伯之美烝民之丞反衆也中興張仲

反彝音夷常也好是呼報反注皆同禮知音智哀樂音洛好惡烏路

反昭假音格至也注同訓道音導不解佳賣反本或作懈下文匪解同百
辟音璧出納並如字納亦作內音同喉舌音侯發應應對之應
若否音鄙惡也注同舊方九反王同云不也夜莫音暮茹之音汝又如
庶反廣雅云食也濡如朱反一音如兗反毳昌銳反本又作脆士歲反堅強其良
反下同或其丈反矜寡古頑反德輶餘久反又音由輕也民鮮息淺反寡
也我義毛如字宜也鄭作儀儀匹也易耳以豉反袞職古本反晃服名
捷捷在接反言樂事也犯軷步葛反道祭也將將七羊反本亦作鏘同逼
本亦作偪彼側反隘於懈反臨菑側其反臨菑地名騤騤求龜反喈
喈音皆韓奕音亦韓姓國也梁山奕奕然為韓國之鎮故
曰韓奕馮翊音翼始騷素刀反動也之祚徂路反甸之毛徒遍反
治也鄭繩證反或云鄭亦徒遍反有倬陟角反明貌韓詩作晫音義皆同匪解音懈

虔共毛九勇反執也鄭音恭云古恭字榦不古旦反戎辟音韓君也當
爲于僞反楨榦音貞覲見賢遍反下同黒水西河一本黒上
有書曰二字璆其樛反又其休反琳字又作玲音林孔安國云璆玲美玉也鄭注尚書云
璆美王玲美石也琅音郎玕音干琅玕珠也綏章本亦作緌毛如誰反大綏也鄭
音雖車綏也簟徒點反茀音弗車蔽也錯衡七洛反雜也沈采故反赤
舄音昔鏤音漏錫音羊當盧也鞹苦郭反革也皮去毛曰鞹鞃苦弘反沈
又音泓軾中也亦作軓軏胡肱反又弦三同淺幭莫歷反一音篾覆式也本又作幭同
鞗革音條鞗革謂轡也金厄於革反毛云烏蠋也鄭謂纏搤烏蠋音蜀
爾雅作蠋蠋桑蟲也韓子云大如指似蠶沈音畫王爲于僞反來朝直遥反藩
也方袁反本又作蕃同樊纓步丹反纏搤於革反一本作戹同于屠音徒
地名顯父音甫本亦作甫注同其肴戶交反本亦作殽同炰鄭薄交反徐甫九反

鼈甲滅反　其蔌音速菜肴　維筍字或作笋恤尹反爾雅云竹萌也　乘馬繩證反注同下百乘亦同　蒻音弱　中鱠古外反　有且子餘七敍二反多貌　燕胥思徐反皆也又思咨反　取妻七喻反本亦作娶下注同　汾王符云反毛大也鄭水名　蹶父俱衛反　流彘直例反　梨音離又力兮反又作黎　比公音毗梨比莒君号也　將將七羊反本亦作鏘　諸娣大計反妻之女弟爲娣　從之才用反注同又如字　祁祁巨移反徐靚也　靚也音靜又才性反　媵之音孕又繩證反　曲顧一本作回顧　道義如字又音導　爲韓于僞反注同　姞其一反又其乙反姓也又音佶　相攸息亮反注同　韓樂音洛注反下文注同　使於所吏反　訏訏況甫反大也　魴音房　鱮音序　麀音憂　噳噳愚甫反本亦作麌同　熊音雄　羆彼皮反　有貓如字又武交反虎淺毛也本又作猫音同爾雅云虎竊毛曰虥猫虥音仕版反　令居力呈反使也又力政反命也王力政反善也　燕譽於遍

反又於顯反安也譽協向音餘溥彼音普大也所完音桓燕師於見反注同安也徐云鄭
於顯反王肅孫毓並烏賢反云北燕國其追如字又都向反其貊武伯反並貊戎狄國名說
文作貉云北方人也長是張丈反令撫力呈反獫本亦作玁音險允如字本亦作狁
實墉毛如字鄭作寔市力反寔是也下同實壑火各反城池也濬脩音峻
深也貔皮本亦作豼音毗猛獸也即白狐也一名執夷草木疏云似虎或曰似熊遼東人謂之白羆
江漢二水名滔滔吐刀反廣大貌淮浦音普夷行下孟反命將
子匠反帥所類反或作率循流如字本亦作順流主爲于僞反下主爲同至
竟音境本亦作境同來鋪普吳反病也徐音孚湯湯書羊反洸洸
音光武貌又音汪復經扶又反使傳張戀反以車曰傳遽其據反以馬曰遽鄭
注玉藻云以車馬給使有爭爭鬭之爭之滸音虎沈又音許水涯也疆土
居良反注及下同匪疚音救病也王命行伐一本作王法征伐非可以

兵操切之也操音七刀反一本無兵字又一本兵操作急躁躁音早報反其分符問反來毛如字鄭音賚云勤也下同旬毛音巡又音荀徧也鄭作營維翰戶旦反又音寒徧也音遍下同名𩒐音釋爲虎于僞反下爲虎爲其同肇音兆謀也韓詩云長也爾祉音恥福也大謙音泰釐爾力之反賜也沇又音賚圭瓚才旱反秬音巨鬯勑亮反一卣音酉又音由中尊也本或作攸錫山土田本或作錫之山川土田附庸者是因魯頌之文妄加也王休許虯反令聞音問矢施如字爾雅作弛式氏反常武繹音亦騷素刀反徐音蕭赫赫火百反字又作爀盛貌大祖音泰下及注大師大相皆同大將子匠反第一章注同言警音景暴掠音亮左右陳如字徐直覲反行戶剛反列也淮浦音普涯也說文云水濱也爲之于僞反下爲其同使軍將子匠反下同有嚴毛魚檢反鄭如字匪紹

如字繼也徐云鄭尺遥反綏也繹音亦毛云陳也鄭作驛音同謂傳驛也騷如字徐音蕭舒

序也一本作舒徐也憚之徒旦反非解音懈傳遽張戀反相

恐丘勇反下同如霆音庭如震如怒一本此兩如字皆作而闞呼檻

反徐火斬反又火敢反一音瞰虓虎火交反虎怒貌鋪普吳反徐音孚陳也韓詩作敷云大

也敦王申毛如字厚也韓詩云迫鄭作屯徒門反淮濆符云反毛涯也鄭大防也仍

執如字仍就也本或作扔音同而勃步忽反之降戶江反截才結反治也

而斷端亂反嘽嘽吐丹反盛也鄭云閒暇有餘力之貌摯如音至閒暇

音閑緜緜如字靚也韓詩作民民同測度待洛反未陳直刃反下同

瞻卬音仰此及召旻二篇幽王之變大雅也昊天戶老反孔塡音塵久也

下篇同其瘵側界反病也字林側例反蟊賊本又作蟊音牟夷屆音戒罪

罟音古夷瘳勑留反愈也士卒尊忽反女覆芳服反服也注及下

同說之音稅赦也注同一音他活反哲知音智王申毛如字喆音哲本亦作哲
懿厥於其反痛傷之聲王同沈又如字爲梟古堯反惡聲鳥褒姒音似
婦寺徐音侍亦如字近也寺近附近之近下近愛近川同由上時掌反
語王魚據反鞫人居六反窮也忮之豉反害也忒他得反變也
譖始本又作僭子念反不信也竟背音佩注同爲慝他得反好窮
呼報反如賈音古注同爾雅云市也三倍蒲罪反無與音預朱紘
獲耕反秉耒力對反大昕音欣奉芳勇反下同種章勇反風
戾力計反爍也以食之音嗣單矣音丹奉繭古顯反君
服與音餘副褘音輝副首飾褘褘是褘衣少牢詩照反繅素刀反本
亦作縿同盆蒲門反織紝女金反而與音預朝廷直遙反下朝廷同
酓爾音揜注同介音界狄毛他歷反遠也鄭如字謂夷狄見變賢遍反

被甲皮寄反　不弔如字又音的　殄瘁似醉反病也　渥於角反　譖告弃戰

反　離人力智反　觱沸音必　沸音弗觱沸泉出貌　檻胡覽反徐音下斬反　藐藐

亡角反〈毛大毛鄭美大也　克鞏九勇反固也　箴之之林反　召旻上時

亂反下密巾反下同　瘨我都田反沈又音殄又音田病也　令民力呈反一本作令故民　居

圉魚呂反垂也　邊竟音境本亦作境　內訌戶工反潰也徐云鄭音工爭訟相陷入之

言　爭訟爭鬬之爭下同　讒惡烏路反　昏椓丁角反　靡共音恭注皆

同　潰潰戶對反亂也　回遹音聿一音述　奄人如字本又作閹　王遠

于万反　而近附近之近　維邪似嗟反　皋皋音羔頑不知道也爾雅云刺素

食也　訿訿音紫窳不供事也爾雅云莫供職也　其玷丁簟反缺也　窳音庾裘駟云病

也說文云嬾也一本作泉　業業如字一音五荅反危也　孔貶彼檢反墜也　隊也

直類反又作墜　不潰毛戶對反遂也鄭作彙音謂茂貌　棲音西謂棲息也　苴七加反毛

水中浮草也鄭樹上棲苴也枯槁口老反我相息亮反之疚音救病也字或作疚

斯粺皮賣反職兄音況下同糲米蘭末反沈音賴又音厲茲

復扶又反下同主長如字又張丈反之率字又作繂音類又音律又所律反鑿

八子洛反又音昨字林云糲米一斛舂為八斗音子㴑反自頻舊云毛如字鄭作濵音賓

俱云厓也案張揖字詁云瀕今濵則瀕是古濵字者與音餘溥斯音普徧也不

烖音災徧也音遍下同辟國音闢開也日蹙子六反促也以喪

息浪反

清廟之什第二十六 周頌

周頌三十一篇皆是周室太平德洽著成功之樂歌也名之曰頌頌者誦也容也歌誦盛德序太平之形容以此至美告於神明皆成王周公時作也

清廟本又作庿古今字也苗笑反廟貌也清廟者祭有清明之德者之宮也杜預云肅然清淨

之稱也　雒邑音洛本亦作洛水名字從水後漢都洛陽以火德爲水剋火故改爲各傍隹

朝諸侯直遥反　於穆音烏注同於歎辭穆美也後發句歎辭皆放此以意求之

顯相息亮反注同　見也賢遍反下著見同　駿奔音峻毛云長也鄭大也下篇同

無射音亦厭也　見厭於豔反下同　德與音餘下同

維天之命韓詩云維念也　大平音泰後大平皆放此　假以音暇嘉也　溢我音逸毛愼也鄭盈也徐云毛音謚　溢愼也市震反本或作順案爾雅云毖神溢愼也不作順字王肅及崔申毛並作順解也　明與音餘　乃單音丹　成王能厚之也一本作能厚行之也今或作能厚成之也　猶重直龍反

維清　刺伐七亦反　緝七入反　熙許其反緝熙光明也　肇音召始也　禋音因祀也徐又音烟　迄用許乞反至也　之祺音其祥也爾雅同徐云本又作禎音貞與崔本同

烈文烈光也　以朝直遥反　辟公音璧注下皆同　祉

福音馳無疆居良反竟也傳世直專反累也劣僞反下同訓道音導

天作謂大王音泰後大王大祖皆同諸盩直留反又音儔不窋陟律

反岐山其宜反道音導汧口田反又口見反自豳彼貧反之行如字

道也王徐並下孟反夷易羊豉反下徐易曰皆同佼易古卯反乾以其連反

巛以苦魂反字亦作坤訂大王待頂反沈又直丁反說文云評議也譜云參訂時驗

謂平比之也字詁云訂平也昊天有成命成王王如

字徐于況反其命音基本亦作基始也宥密音又寬也王功于況反敢

解音懈下同止苛音河刻也音克單厥都但反厚也注同

我將如字毛云將大也鄭云將奉也我享許丈反徐許亮反右之音又注及下同

本亦作佑肥腯徒忽反說文云羊曰肥豕曰腯伊嘏古雅反毛大也鄭受福曰嘏

時邁邁行反巡音旬守手又反本或作狩注同柴望士佳反說文字林作

祟巡行下孟反下出行同 封禪市戰反 徧于音遍 實右音又注同助也

震疊徒協反懼也 懷柔如字本亦作濡兩通俱訓安也 喬音橋高也 嶽

本亦作嶽同音岳 賢知音智 載戢側立反聚也 載櫜音羔韜也 韜

也吐刀反 不復扶又反 肆于音四 時夏戶雅反大也注同

執競其敬反執持也競強也韓詩云執服也 大功或作天功 斤斤紀覲

反明察也 喤喤華彭反和也徐音皇又音宏注同 磬筦音管本亦作管同 將

將七羊反集也注同說文作蹡蹡行貌 穰穰如羊反眾也 反反如字毛難也鄭

順習貌沈符板反又音販 反復扶又反重也又音服 以重直用反

思文 烝民之承反眾也 作粒音立 阻飢莊呂反難也馬融注尚書作俎

云始也 作艾音刈鄭注尚書五蓋反本或作乂音同 貽我音夷字又作詒同遺

也 來牟並如字牟麥也字書作麰音同牟字或作䴬孟子云䴬大麥也廣雅云麳小麥

麰大麥也疆爾居良反竟也介音界大也後倣此時夏戶雅反注同遺
也唯季反下同出涘音仕以燎力召反封竟音境本或作境
臣工之什第二十七
臣工王釐力之反理也來茹如預反度也徐音如茹度待洛反下
同來朝直遥反下皆同維莫音暮本或作暮注同新畬音餘田二
歲曰新三歲曰畬来力對反耜音似措七故反於夏戶雅反被甲
皮寄反於皇音烏注同迄用許乞反至也康樂音洛下同明見
賢遍反庤乃持耻反具也錢子踐反銚也鎛音博鎒也奄鄭音淹久
也王徐並如字觀古玩反又如字注同多也銍珍栗反穫也艾音刈銚七遥反何
士堯反沈音遥世本云垂作銚鎒乃豆反或作耨呂氏春秋云耨柄尺此其度也其耨六寸
所以間稼也高誘注云耨芸苗也六寸所以入苗閒也字詁云頭長六寸柄長一尺鎒古字也僉

作耨同**銍穫也**戶郭反本或作鑊音同釋名云銍穫鐵也說文云銍穫禾短鐮也此則銍器可以穫禾故云銍穫也小爾雅云截潁謂之桎截穎即穫也

意嘻意又作噫同於其反嘻音僖毛云噫歎也嘻和也噫嘻有所多大之聲也**禱也**

丁老反又丁報反**龍見**賢遍反**而雩**音于**是與**音餘**成王**如字

又于況反注同**假爾**鄭王並音格至也沈云毛如字**光被**皮寄反**浚發**本亦作駿音峻毛大也鄭云疾也**發發伐也**一本無一發字**有徑**古定反**有畛**之忍反又之人反**有洫**況域反**有澮**古外反**耜廣**古曠反

振鷺上之慎反羣飛貌下音路白鳥也一名舂鉏水鳥也一音盧**夏舠**戶雅反

杞音起**其虡**昌慮反**無斁**音亦厭也**無厭**於豔反

豐年芳弓反大也豐年大有年也**多稌**音杜稻也徐勑古反**高廩**徐力錦反又力荏反倉也

及秭咨履反數億至萬曰秭一本作數億至億曰秭韓詩曰陳穀曰秭也**齍盛**上音

賁下音成之穗音遂數萬色主反下數億同為醴音禮烝畀必寐
反予也注同祖妣必履反祫胡甲反本或作洽皆徧音遍畀予音與
有瞽音古樂官也無目眹曰瞽眹音直謹反本或作鼓而合乎祖也本或
作合乎大祖治定直吏反設虡音巨植者曰虡應應對之應小鞞也注同
田毛如字大鼓也鄭作朄音胤小鼓也縣鼓音玄注皆同鞉磬字亦作鼗音桃鞉鞉
敔也柷尺叔反木控也圉魚古反楬也飾栒荀允反如鋸音據植者時力
反又直吏反衡者華盲反卷然音權又起圓反小鞞步兮反木控
苦江反楬苦瞎反矇音蒙有目眹而無見也視瞭音了視瞭有目人也相
之息亮反喤喤華盲反又音橫又音皇編小薄殄反又必緜反史記音
甫連反字林聲類韻集並布千反賣餳夕清反蜜也又音唐方言云張皇也即乾餹也
音唐如篴字又作笛同徒歷反併而步頂反永觀古玩反又如字注同多也

和樂如字或音洛　無懲去連反　潛在廉反糝也爾雅作涔郭音潛又音岑韓詩云涔魚池小雅作㯓時砧反　獻鮪于軌反　猗於宜反　與音余　漆音七　沮七余反　有鱣張連反　鰷音條白鰷也　鱨音常　鰋音偃　鯉音里　糝也素感反舊詩傳及爾雅本並作米傍參小爾雅云魚之所息謂之㯓㯓糝也謂積柴水中令魚依之止息因而取之也郭景純因改爾雅從小爾雅作木傍參音霜甚反又䟽廕反又心廩反字林作罧音山沁反義同　鮥也音洛爾雅云鮥叔鮪　鮎也乃謙反沈又奴廉反　雝和也　禘大計反大祭也　大祖音泰　於祫戶夾反合也大祭名也　相維息亮反助也注同　辟公音辟君也注同　於薦鄭如字王音烏　假哉音暇嘉也徐古雅反　宣悊音哲本亦作哲同　宣徧音遍下同　才知音智　克昌如字或云文王名此稱於文王之詩也周人以諱事神不應犯諱當音處亮反　瑞應應對之應　既右音祐

下同助也大姒音泰下音似文王妃載見賢遍反下並同辟
王音辟下同和鈴音零和在軾前鈴在旂上傳云錫鑾和鈴昭其聲也左
央於良反徐音英鞗革音條有鶬七羊反本亦作鎗同休有許虯反又
許求反注同在軾音式多祜音戶福也朝見直遥反下篇並同畢必爾反本
又作俾緝熙七入反純嘏古雅反福祚才故反有客
二王之後爲客也來見賢遍反序注同既絀勑律反又作黜同有萋
七西反有且七序反萋且敬愼貌敦都回反徐又音彫琢陟角反重
言直用反不肖音笑駮而鄭邦角反又音角雜也之縶陟立反絆
也絆也音半餞送音賤安樂音洛夷易以豉反下同
武大武如字徐音泰注同於皇音烏注同遏劉於葛反止也耆
定毛音指致也鄭巨移反老也韓詩音同鄭云惡也汲汲音急

閔予小子之什第二十八

閔予小子毛云閔病也鄭云閔傷悼之言朝於直遥反注同嬛嬛其傾反孤特也崔本作焭在疚本又作宊音救病也上下時掌反又如字孝行下孟反敢解音懈訪落訪謀也落始也有艾五蓋反數也徐音刈判普半反分也渙音奐散也多難如字協韻乃旦反未任音壬下二篇注皆同年長張丈反休矣許糾反敬之一本無之字不易鄭音亦以豉反顯見賢遍反遠人于万反上下時掌反佛時毛符弗反大也鄭音弼輔也仔音玆毛云仔肩克也此二字共訓鄭亦同訓此二字云仔肩任也肩古賢反德行下孟反注同侵也子鴆反示道音導小毖音祕慎也患難乃旦反下禍難之難皆同懲而直升反艾也韓詩云苦也荓普經反爾雅作甹音同蜂

本又作夆孚逢反莽蜂摩曳也辛螫音釋韓詩作辛赦赦事也摩尺制反本又作掣
曳以制反艾音刈字或作忞下同創初亮反復有扶又反譎音決誑
九況反拚飛芳煩反鷦也子消反鳥始小後大者也于蓼音了
載芟所銜反除草也甸師田見反載柞側伯反除木也澤澤音釋
釋注同爾雅作郝音同云耕也郭云言土解也千耦五口反其芸音云本又
作耘除草也徂畛之忍反又音真侯彊其良反有餘力畛易本又
作場音亦家長張丈反下同有徑古定反謂閒音閑傭音容
賃也女鴆反烝達音證解散音蟹有嗿勑感反衆貌饁
于輒反饋饟也饋其愧反饟也式亮反有略如字利也字書作䂮同俶
載毛竝如字鄭作熾菑下篇同實函戶南反含也下篇同熾尺志反盛也
菑側其反實種章勇反下其種同根株音誅驛驛音亦爾雅

作繹繹云生也有厭於豔反下同緜緜如字爾雅云麃也韓詩作民民云衆貌

其麃表驕反芸也說文作穮音同云穮耨鉏田也字林云穮耕禾間也方遙反達

射食亦反先長張丈反載穫戶郭反其積子賜反又如字注同

及秭音姊烝之丞反畀必二反予也注同有飶蒲節反芬芳也說文云食

之香也字又作苾音同一音蒲必反注同有椒子消反徐子料反毛云猶飶也沈作俶尺

叔反云作椒者誤也此論釀酒芬香無取椒氣之芳也案唐風椒聊箋云椒之性芬芳王注云

椒芬芳之物此傳云椒猶飶飶芬香椒是芬芳之物此正相協無故改字爲俶俶始也非芬香

其馨呼庭反匪且七也反且此也又子餘反下同來見賢遍反

良耜音似良善也耜田器也秋報社稷也本或有冬字者非畟

畟楚側反猶測測也爾雅云畟畟耜也郭云言嚴利也其種章勇反筐丘方反

筥紀呂反饟式亮反其笠音立伊糾居黝反又其皎反其鎛

趙音徒了反刺也又如字博沈起了反又徒少反以薅呼毛反說文云拔田草也又云
或作茠引此以茠荼蓼荼蓼上音徒下音了趙刺七亦反下同以盛
音成薅去起呂反朽止虛有反爛也挃挃珍栗反穫聲也積之
子賜反其比毗志反注同如櫛側瑟反祭酺音蒲又音步合醵
其據反又其略反合錢飲酒也犉牡如純反本亦作犉黃牛黑脣曰犉有捄音虯角貌
復求扶又反下同絲衣絲衣繹祭之服繹音亦祭之
明日又祭也字書作檡之融餘戎反尚書作肜音同其紑孚浮反徐孚不反絜鮮也
又音培又音弗載如字又音戴同弁皮變反俅俅音求恭慎也說文作絿同
鼐乃代反鄭音乃大鼎也鼒音茲小鼎也徐音災爾雅云圜奄上謂之鼒鄭音才
說文作鎡字音茲門塾音孰門側堂也或音育舉冪亡歷反本亦作鼏
園音圓弇古奄字兕字又作兕徐履反觵古橫反罰爵也字又作觥同

其觓（音虯本一作觩）不吳（舊如字譁也說文作吳吳大言也何承天云吳字誤當爲吳從口下大故魚之大口者名吳胡化反此音恐驚俗也音話）不敖（五誥反本又作傲注同）譁也（音花）不讙（火官反又火元反）敖嫚（云諫反）

酌（音灼字亦作汋）大武（如字徐音泰）於（音烏注同）鑠（舒灼反美也）蹻蹻（居表反武也）之造（毛才老反爲也鄭七報反詣也）傳相（直專反〔三〕）

桓禡也（馬嫁反師祭也）桓武志也（本或以此句爲注）婁豐（力住反亟也）亟也（欺冀反數也下同）匪解（音懈注同）於昭（音烏注同）閒之（閒廁之閒代也注同）

賚（來代反與也徐又音來）敷時（音孚徧也）繹思（音亦）猶徧（音遍下篇同）於繹思（鄭如字王於音烏）而王（于況反又如字下篇同）

般（薄寒反樂也注同）巡守（手又反）般樂也（音洛崔集注本用此注爲序文）於皇（音烏注同）隮

毛詩音義下　三十　陳用中

山長也又同果反字又作墮吐果反注同郭云山狹而

山吐果反注同郭云山狹而長也又同果反字又作墮喬嶽上音橋高也下音岳翕

河許及反合也裒時蒲侯反毛聚也鄭眾也於繹思毛詩無此句齊

魯韓詩有之今毛詩有者衍文也崔集注本有是採三家之本崔因有故解之

駉第二十九本或作駉之什者是隨例而加耳商頌亦然魯頌

魯者周公之子伯禽所封之國也周公有大勳勞於天下成王留之輔相而封

伯禽焉其封域在禹貢徐州蒙羽之野十七世至僖公當周惠王襄王之時能

遵伯禽之法外征淮夷內脩德教國人美之於是國卿季文子請周而使史克

作頌四篇夫子刪詩錄之者以周公有致太平之勳成王命魯郊祭用天子禮

樂故取魯頌而同於王者之後焉

駉古熒反說文作驍又作駫同牧乎徐音目坰野古熒反徐又苦營反或苦

穎反遠也林外曰坰下同行父音甫注同行父季文子名也牡馬茂后反卓木頭

云驪馬也說文同本或作牧**有驈**户橘反阮孝緒于密反顧野王餘橘反郭音述驪馬白跨曰驈**有驪**力知反沈又郎西反純黑馬也說文字林云深黑色馬也**白跨**苦化反又苦故反又胡瓦反郭云髀間也蒼頡篇云兩股間也**黃騂**息營反赤黃曰騂下文同字林火營反**四種**章勇反**有驁**音敖**飲食**上音蔭下音嗣又並如字**無疆**居良反音也**反覆**芳服反**有騅**音隹蒼白雜毛曰騅**有駓**不符悲反字又作駓黃白雜毛曰駓郭云今桃花馬也字林作駓音丕**有騏**音其蒼祺曰騏**伾伾**敷悲反有力也說文同字林作駓走也父之反音丕**蒼祺**音其字又作騏**驒**徒河反青驪驎曰驒說文云馬文如鼉魚也韓詩及字林云白馬黑髦也**駱**音洛白馬黑鬣曰駱樊孫爾雅並作白馬黑髦鬣尾也**駵**音留赤身黑鬣曰駵字林云赤馬黑髦尾也**雒**音洛黑身白鬣曰雒本或作駱同**繹繹**音亦善走也一本作善走也崔本作驛**驎**本亦作甐郭良忍反毛色有深淺斑駮隱粼今之連錢驄也呂忱良振反

孫炎音粦云似魚鱗也黑鬣力輒反無斁音亦厭也駰舊於巾反讀者
並音因陰白雜毛曰駰騢音遐形白雜毛曰騢說文云赤白雜色文似鰕魚驔音
徒點反字林云又音譚豪骭曰驔有魚如字字書作𩥍字林作䲈音並同毛云一目白曰魚
爾雅云一目白瞯二目白䲈瞯音閑袪袪起居反彊健也彤白徒冬反赤也豪骭
戶晏反無邪似嗟反注同無復扶又反
有駜備筆反又符必反馬肥彊皃字林又父必反乘黃繩證反下同大學
音泰咽咽本又作鼝同烏玄反又於巾反鼓節也樂兮音洛注書樂下于胥樂兮及注
同安樂之朝直遙反駽呼縣反徐又火玄反又胡眄反青驪曰駽又音炫歲其
有本或作歲其有矣又作歲其有年者矣皆衍字也詒孫子以之反遺也本或作詒厥
孫子詒于孫子皆是妄加也詒遺唯季反下同
泮水普半反頌僖音希頖宮音判本多作泮泮宮諸侯之學也泮半也半有

水半無水也鄭注禮記云頖班也所以班政教　其芹其巾反水菜也　天子辟音璧下同圜

如音貪　來觀古亂反又音官　伐伐蒲害反又普貝反有法度本又作茷　言噦噦

呼會反有聲也　其藻音早水草也　蹻蹻居表反彊盛也　昭昭之繞反　其

茆音卯徐音柳韋昭萌藻反鳧葵也干寶云今之鳧蹏草堪為菹江東有之何承天云此菜出東

海堪為菹醬也鄭小同云江南人名之蓴菜生陂澤中草木疏同又云或名水葵一云今之浮菜即豬蓴

也本草有鳧葵陶弘景以入有名無用品解者不同未詳其正沈以小同及草木疏所說為得　鳧

葵音符　者與音餘　屈此丘勿反毛云收也鄭云治也徐云鄭又其勿反韓詩云屈

收也收斂得此衆聚　昭假古百反至也　之行下孟反又如字　伊祜音戶福也　蟜蟜

本又作蟜亦作蹻居表反武貌　獻馘古獲反截耳也　皐陶音遥皐陶唐虞之士官　狄

彼王他歷反遠也孫毓同鄭作剔音同治也沈云毛如字未詳所出韓詩云鬄鬄除也　烝烝

之承反　皇皇毛如字美也鄭作暀暀于況反猶往往也　不吳鄭如字讙也又王音誤作吳音

話同瘍余章反于訩音凶訟也讙也音歡讙譁音花無爭爭鬬

之爭其觓音虯毛云弛貌鄭云持弦急也其搜依字作捘色留反毛衆意鄭勁疾也

孔博徐云毛如字王同大也鄭作傅音附無繹本又作射又作斁或作懌皆音亦厭

也施貌式氏反本又作弛同致者直置反士卒尊忽反堙井音因

塞也刊木苦干反服虔云削也度已待洛反翩彼音篇飛貌飛鴞于嬌

反惡聲鳥也桑黮說文字林皆作葚時審反桑實也爲此于僞反憬

彼九永反遠行貌沈又孔永反說文作懬音獷云闊也一曰廣大也其琛勑金反捷

爲舍人云美寶曰琛大賂音路遺也遺也唯季也

閟宮筆位反毛閟閉也鄭閟神也音秘同僖公音希有侐況域反清靜也說文云靜

也一音火李反枚枚莫回反礱密也韓詩云閒暇無人之貌也姜嫄音元是禖

莫回反礱密路東反礪也無災字又作灾本亦作菑音同回邪似嗟反

天用是馮依本又作憑同皮陵反一本作馮依其身 不坼勑宅反裂也 不

副孚逼反 重直容反本又作種同 穋音六本又作稑音同 稙徵力反先種曰稙徐時力

反韓詩曰長稼也 穉音雉後種曰穉韓詩云幼稼也 菽麥音叔大豆也 早民

必爾反本又作俾下皆同 長大張丈反 有秬音巨黑黍也 纘禹子管反繼

也 粒食音立 大王音泰後大王大王皆同 翦羽商子踐反毛齊也鄭斷

也 斷也音短下同 自豳彼貧反 王迹于況反 之届音戒極也

無貳音二 届極紀力反下同 虞度待洛反下同 無復扶又反

敦商鄭都回反治也注同王徐都門反厚也 又與音預 東藩方元反

乃筴初革反 令尊力呈反 匪解音懈 不忒他得反 騂

息營反赤色也 犧許宜反純毛牲 福衡音福逼也 犧尊鄭素河反毛云

有沙飾則宜同鄭王許宜反尊名也 將將七羊反 毛炰蒲包反 胾側吏反肉

也羨音庚又音衡洋洋音羊徐音翔衆多貌不禴羊灼反秋祫咸夾
反楅音逼有沙素河反刻鳳皇於尊其羽形婆娑然也一云畫也豚也字又作豘
徒門反鉶羹字又作鉶音刑爲其于僞反觝都禮反有横古曠反
音光有柎方于反爾熾尺志反僭踰子念反千乘繩證反注
千乘同朱英如字徐於耕反矛飾也緑縢徒登反繩也重弓直龍
反注同鬯中勑亮反弓衣也字或作韔同貝胄直又反朱綅息廉
反說文云綫也沈又倉林反又音侵烝徒之升反增增如字綴之沈知税反又張
劣反艾也音刈台背他來反下音貝而艾五蓋反中時張仲反而
重直用反大山音泰本又作泰下注大室皆同遂荒如字毛有也鄭奄也韓詩
作荒云至也近海附近之近鳧音符山名繹音亦一音夕字又作嶧同山名也
蠻貊字又作貉武伯反夷行下孟反應辭應對之應純嘏

古雅反曾朝直遥反在薛字又作薛息列反是與音余皃齒五兮反齒落更生細者也字書作齯音同一音如字爲之于僞反祝慶之又反下同是斷音短是度待洛反松桷音角榱也方曰桷有舄音昔大貌徐又音託奕奕音亦榱也色追反其姣古卯反屬功音燭孔曼音萬長也

那第三十　商頌

商者契所封之地名成湯伐桀王天下遂以爲國号後世有中宗高宗中興時有作詩頌之者當周宣王之時宋大夫正考父校商之名頌十二篇於周之大師以那爲首歸而祭於先王孔子録詩之時止五篇而巳乃列之以備三頌

那祀乃河反多也微子名啓紂庶兄周武王封之於宋爲殷後正考父音甫本亦作甫宋湣公之曾孫孔子七世祖大師音泰後大甲大古大戊大祖皆放此朝聘直遥反曲折之設反猗於宜反歎辭也與音余下同置我毛如字殷人置鼓鄭作植字時

職反又音值爲楹貫而樹之　鞉鼓音桃小鼓也　夏后戶雅反注同　縣鼓音玄下同

爲楹音盈柱也　貫而古亂反　作濩戶故反殷湯樂曰大濩　衎我苦旦

反樂也　奏假毛古雅反大也鄭作格升也　衎樂音洛下以樂我同　齊之側皆

反本亦作齋下同　所耆市志反　所爲于僞反　僾然音曖　愾然苦代

反　淵淵古玄反又烏玄反　嘒嘒呼惠反和也　依倚於綺反　於赫

音烏注同　庸鼓如字依字作鏞大鍾也　有斁有奕夷繹並音亦繹字又

作懌同　有恪苦各反敬也　夷說音悅下同　薦戕練反又作薦同　饌士戀

反　烝嘗之承反　烈祖烈祖有功烈之祖　復興扶又反下

亦復同　斯祜音戶福也　無疆居良反音也下同　清酤音戶酒也　賚我

毛如字賜也鄭音來　申重直用反下皆同　王天下于況反　無言音⿰土音本又作⿰土音

以祼古亂反　致齊側皆反本亦作齋　鬷子東反總也　假毛古雅反大也鄭音

格至也下以假以享同有爭爭鬬之爭注同綏我音妥安也黃耇音苟總
也音摠調腥音條裸音灌約軝祈支反轂飾也諸侯助祭者乘篆轂金飾錯衡之車
駕駟馬故曰軝錯衡如字徐又乘故反鶬鶬七羊反本又作鏘言文德之有聲也溥
將音普穰穰如羊反轂飾古木反下音式在鑣彼苗反篆轂
直轉反來朝直遙反來假音格鄭云升也王云至也
玄鳥玄鳥燕也一名鳦音乙祀高宗毛王如字鄭作祫戶夾反三年喪畢之祭也高
宗殷王武丁也雊雉古豆反之異尚書云高宗祭成湯有飛雉升鼎耳而雊是也復
興扶又反於契息列反殷之始祖也本又作偰同又作卨古字也後放此古者喪
三年既畢祫于大祖明年禘于羣廟一本作古者君
喪三年既畢禘于其廟而後祫祭于大祖明年春禘于羣廟案此序一注舊有兩本前祫後禘是前本兩
禘夾一祫是後本也芒芒莫剛反大貌後同有娀息忠反契母之本國名郊禖

音梅本亦作高禖遺卵力管反居亳傍各反地名正長張丈反下同編

告音遍不解音懈武王于況反又如字注同不勝毛音升任也鄭式證反

十乘繩證反注同大糦尺志反黍稷也韓詩云大祭也勝任音壬下何任同

大國與音余畿疆居良反來假音格至也下同祁祁巨移反或

上之尺之二反景員毛音圓均也鄭音云維河鄭云河之言何也王以為河水本或作何

是何音河河可反本亦作荷音同毛云任也鄭云擔負也下篇何天同來朝直遙反

擔負都藍反下篇同長發如字久也大禘大計反鄭云大禘者

郊祭天也王云殷祭也王者于況反又如字濬音峻深也悊音哲字或作哲芒芒

音亡依韻音忙是疆居良反竟界也幅方目反廣也隕音圓毛均也鄭周也徐于貧反

諸夏戶雅反下皆同作圍音還又音圓深知音智發見賢遍反禎

音貞祥也其音音境王天下于況反下湯王言王之王德皆同桓撥本末反治

也韓詩作發發明也　徧也音遍下同　政治直吏反　相土息亮反注相土皆同相土契孫也

有截才結反整齊也　出長張丈反　湯齊如字　浸大子鴆反　日躋

子兮反升也鄭注禮記讀上為湯躋讀此為日齊齊莊也　昭假古雅反鄭云暇也徐云毛音格鄭音

暇案王肅訓假為至格是王音也沈云鄭箋云寬暇此以義訓非韓字也　是祇諸時反　下

士遐嫁反　小球音求美玉也下同　綴流陟劣反徐又張衞反毛云表也鄭云結也

二同　之休虛虯反美也　珽吐頂反天子玉笏長三尺杼上終葵首　長三直亮反

旒縿所銜反　著焉直略反　歸鄉本亦作嚮許亮反下篇同　不絿音求

徐音虯急也　是遒子由反又在由反聚也　小共大共毛音恭法也鄭音拱執也一云

毛亦音拱　駿音峻毛大也鄭俊也又一云毛亦作俊讀　厖莫邦反厚也徐云鄭音武講反是叶拱及

寵韻也　之龍毛如字和也鄭作寵　傅奏音孚本亦作敷　不戁奴版反恐也

不竦小勇反懼也　是總子孔反本又作鬷音宗　恐也曲勇反　驚憚

丹末反載旆蒲貝反秉鉞音越得中張仲反三蘖五葛反餘也韓

詩云絕也韋顧二國名也漢書古今人表作韋鼓已姓音紀又音杞中葉

如字又張仲反橈敗女教反一音女卯反亂也實左音佐注同右音又注同左右助也

阿倚於綺反下同殷武撻彼他達反疾也韓詩云達也

罙入面規反毛深也鄭冒也說文作罙從冂米云冒也其阻莊呂反險也裒荊

蒲侯反聚也冒也莫報反下同之隘於懈反窄也而俘音孚囚也猶處

昌慮反下同氐都啼反西方夷狄國世見賢遍反而背音佩多辟音辟下同

君也注放此王音僻邪也禍適直革反徐張革反注同過也韓詩云數也匪解音懈注同

來朝直遙反不僭子念反王天下于況反重告直用反是

斷音短注同方斵陟角反說文云斫也是虔其連反爾雅作榩松桷

音角有梴丑連反又力鱣反長貌柔梴物同耳字音羶俗作易直以豉反下同

椹 陟金反 棆材 魯門反擇也沈音倫理也

經典釋文卷第七

勘官登仕郎前守趙州柏鄉縣主簿臣張　崇甫

勘官登仕郎前守丹州司法參軍臣李　守志

勘官登仕郎試大理評事前守唐州湖陽縣主簿兼監察御史賜緋魚袋臣皇甫　與

勘官宣德郎試大理評事前守許州錄事參軍兼監察御史臣姜　融

勘官朝請大夫行國子監丞柱國臣馮　英

詳勘官通議大夫守鴻臚少卿兼判國子監事上柱國賜紫金魚袋臣聶　崇義

乾德三年五月　日

銀青光祿大夫檢校工部尚書守司農卿兼判國子監事臣衛　融

重詳勘官朝散大夫□□權判太府寺國子監事柱國賜紫金魚袋臣陳 鄂

重詳勘官嶺南西道節度判官朝奉大夫行尚書司封郎中上柱國臣姚 恕

開寶二年正月 日

推忠協謀佐理功臣金紫光祿大夫尚書吏部侍郎參知政事上柱國東平

郡開國侯食邑一千戶臣呂 餘慶 等進

推忠協謀佐理功臣金紫光祿大夫尚書吏部侍郎參知政事上柱國河東郡開

國侯食邑一千戶臣薛 居正

推忠協謀同德佐理功臣起復光祿大夫尚書左僕射兼門下侍郎同中書門下

平章事昭文館大學士監修國史上柱國天水郡開國公食邑

二千戶食實封肆伯戶臣趙 普

經典釋文第八

周禮音義上 起天官盡春官下

唐國子博士兼太子中允贈齊州刺史吳縣開國男陸德明撰

天官冢宰第一 本或作冢宰上非餘卷放此

惟王 如字干寶云王天子之號三代所稱 雒 音洛水名也本作洛後漢都洛陽改爲雒 之景 京領反下皆同 辨 本亦作辯徐邈劉昌宗皆方免反別也一音平勉反 別也 彼列反下同 以縣 音玄下同 埶 魚列反下同 召誥 上詔反下古報反 太保 音泰 納 人答反 體國 鄭云體猶分也干寶云體形體 面朝 直遙反 令天 力呈反 冢宰 鄭云宰主也干云濟其清濁和其剛柔而納之中和曰宰 掌邦治 直吏反注邦治下治官皆同 大宰 音泰注及後放此 副貳 徐音二 府藏 才浪反下同 官上 [illegible]反下皆同 自辟 必亦反徐方狄反 胥 鄭徐劉思敍反戚思餘反下皆同 徭役 [illegible]

諝劉思敘反宮正此以下鄭揔列六十職字于注則各於其職前列之膳夫上戰反庖
人徐扶交反賈八人鄭徐音古劉音嫁下放此裹肉音果苞苴子餘反物
賈音嫁內饔鄭於容反割亨普庚反劉普孟反之稱尺證反亨人
劉普庚反主爲于僞反下爲主同甸師田遍反下同主共音恭下皆同䱷人
音魚本又作魚亦作魰同又音御鼈人必列反腊人音昔醫師意其反有
和胡卧反又音禾齊才計反瘍音羊瘍創初良反奄於檢反謂精氣閉藏也劉
於驗反徐於劒反奚如字又胡禮反從坐才卧反奚如字又胡禮反從坐才卧
反漿人子良反凌人力證反字從冰或力外反醢人呼在反不盡津忍反醯
人本又作醯呼西反冪人莫歷反解正佳賣反掌幕武博反貨
賄呼罪反司會古外反注同鄭云主天下之大計尚書音常簿書步古
反復簿書皆同少內詩詔反歲斷丁亂反閽音昏囿音又斿本亦作游

音由 未冠古亂反 嬪符眞反婦也 內治直吏反 女祝之六反鄭徐之又反
典枲絲里反 裁縫戚奉容反徐扶用反下同 縫人劉扶用反 染人如豔反劉而險
反 追師丁回反治玉石之名一曰雕 屨人紀具反 夏戶雅反注同翟雉名 采如字或作菜
夏翟音狄 爲緌如誰反 大宰邦國鄭云大曰邦小曰國邦之所居亦曰
國于云國天子諸侯所理也邦疆國之境 治典直吏反注下治典邦治治官治職之治皆同 以擾而小
反鄭而昭反徐李尋倫反 以諧戶皆反 以詰起一反禁也于云彈正糾察也 馴也似倫反 度
作待洛反 猶傳劇吏反下同猶立也 灋古法字 官聯音連 以弊必世反斷也鄭
蒲計反徐劉府世反 斷也丁亂反下同 斂弛尸氏反 以比毗志反鄭上房利反 簡稽
古奚反鄭又音啓 以版音板 傅別音附下彼列反 書契苦計反 劑子隨反[illegible]劑[illegible]
齊也 以要於妙反徐於召反後不音者放此 朝覲直遙反凡言朝覲皆同 辠古罪字 劓
魚冀反 刖音月又五刮反 以馭魚慮反 賦貢鄭云賦口率出泉也貢功也于云賦上[illegible]

所下貢下之所納於上 采邑音菜 周召上照反 毛聃乃甘反 月奉符用反本或作俸 口率徐劉音類戚音律一音所律反下同 所稅舒銳反 八柄兵命反 其行下孟反注同 極紀力反 鮌古本反 甌起俱反 園圃布古反又音布 毓古育字 藪速苟反 牧牧養之牧徐音目劉音茂 蕃鳥扶元反 飭化音勑 商賈音古行曰商處曰賈下注同 閒民音閑 秫音述 曰瑳七何反 曰琢陟角反 曰鏤婁豆反 爲人于僞反 傭音容 賃女鴆反 粱 菰音孤彫胡也字或作苽 果蓏力果反 其樊如字又方元反 畜牧許又反又許六反 羨稱尺證反下同 釐降力之反 曰圉魚呂反養馬曰圉 質於猪二反 䟽不孰色居反菜也劉音蘇 曰饉其靳反 家削本亦作稍又作鄁所教反徐所召反 斃餘鄭婢世反于[illegible]世反 名與音餘 鄉大夫香 劉音 毋處昌慮反 後可以意求 羞服于去羞飲食也服與服也服或作䑳 芻初俱反 匪頒鄭音班徐音墳 好用

呼報反注同　贈勞力報反　嬪貢鄭音頻司農音賓　爲摯音至本亦作贄　楛
矢音戶　櫄勑倫反　幹古旦反　篠西了反　簜大黨反　絺勑其反　紵直呂反
璣徐音璣劉音其既反一音機　琅音郎　玕音干　柚羊救反一音羊受反或音喻　繫
邦音計　以治直吏反下注王治凡治眡治皆同　曰藪于云至作叟　德行下孟反　耡
音助　乃縣音玄注同　挾日子協反字又作浹同下本作帀子合反十日也　木鐸待洛反　以
徇辭俊反　其參七南反鄭云卿三人也干云三公也　傅其戚音附徐方慕反　各監
古銜反　爲民于僞反　之平音評　要之一遥反　糞弗運反　洒色賣反
前期如字干本同徐昨見反本或作先如字又悉薦反　所諏子須反謀也　散齊西但
反下側皆反下同　眡音視本又作視後皆同　滌直歷反　濯直角反一　謂溉古愛反　饎
甗魚善反徐音彥一音言本又作甗音歷　納亨普庚反注同劉普孟反　鄉祭許亮反
獻齊才計反　神示本又作祇音祇　享先生許兩反劉音向注享幣同　時

周禮音義上　三

見賢遍反下同春朝直遥反下文同之酢音昨依前於豈反本亦作扆含

王本又作唅戶暗反後同既窆彼驗反徐補贈反辟琮才宗反巡守音狩

本亦作狩後巡守皆放此

小宰宮刑鄭如字謂宮中之刑也干同杜作官之治直吏反下及注皆同爭訟

爭鬬之爭專達干云達決也其委於僞反下賙委同積子賜反斂弛

尸氏反劉本作施音弛杜作施涖音利又音類王卺勑亮反牲鑊戶郭反王

齍音資六鄉音香屬其音燭六紖徐音胤劉音引本或作引上相

息亮反豕輿音餘政役鄭音征司農如字以比毗志反注同以傳音附

注同別彼列反注同要會古外反凡要會計之字皆放此士卒子忽反下同簡

閱音悅貸子他代反傳著直略反平賈音嫁月平劉音病

弊羣必世反治也如字下文治其弛舍同斷也丁亂反下同不解佳賣

反　傾邪似嗟反　共其音恭禮本供字皆作共可以意求之　祼將古亂反　不

爲于僞反　莫稱尺證反　啐之寸對反　含禭音遂　所賙音周

使齎子兮反　令上時掌反下同　夏之戶雅反後放此

宰夫掌治直吏反注及下之治贊治官掌又治皆同　朝之直遥反後皆同　治藏

才浪反注治藏同　別異彼列反　辟於音譬本亦作譬下皆同　傳吏直專反

辟名徐芳石反劉芳益反于云不當也　畜獸許又反　作見賢遍反　比

官如字注同戚毗志反　委積上於僞反下子賜反此二字相連皆同此音　飲鄭徐於鴆反注同

食音嗣注飲食公食同　賓賜之飧音孫　牽一本作賓賜掌其飧牽干本同　儆

獻[illegible]六反　用賻音附　而賵孚仲反　共辦蒲莧反　期會如字

警戒京領反

宮正比宮徐方復反一音毗志反注下並同　直宿戚如字劉息就反下同　析

周禮音義上

吐各反　夕莫音暮本亦作暮　行夜下孟反　爲其于僞反下注皆同　有解
佳賣反　情徒卧反　離部力智反　重門直龍反　聞於音問又如字
忘守手又反又音手下文同　出疆居良反　之倅七内反　分別彼列反
德行下孟反　荷其呼何反又音何　持操七曹反　疏數音朔　禄
稟彼錦反　去其起吕反　其奇音羈徐去宜反　衺似嗟反亦作邪　譎古穴
反　觚音孤　會其什如字注同　教道徒報反下道導同　蹕音畢徐又音癖
讀火戚如字徐音豆　填音田　街音佳　倚廬於綺反
宫伯適子丁歷反　於徼古弔反　倏便婢面反　頒其音班
膳夫之食音嗣飯也注及下食用公食同　食飯扶萬反依字作飰　二十罋
徐劉音瓮屋貢反　之饌仕眷反　盡閒津忍反　淳之純反下同　熬五刀反　淳
毋莫胡反一音武由反　炮步交反　牂作郎反　擣珍丁老反　膋了彫反　五

韲作西反 三臡劉奴兮反徐耳齊反 稌音杜徐他古反 苽古吳反 䣼本又作涼

力羊反徐力放反 醫於美反徐於計反 酏以支反徐書支反劉 朝食如字下奉朝同

陪鼎徐蒲來反 授祭品鄭云禮飲食必祭示有先也干云祭五行六陰之神與民起居

刌寸本反劉音忖沇寸没反徐倉典反 大札側八反徐音截疫癘也杜注左傳大死曰札 有

烖音災 疫音役 癘音厲 君爲于僞反 見於賢遍反下文及注同 而

閒劉古莧反戚如字

庖人 六畜許又反注同即六牲也 六獸司農云麋鹿熊麕野豕兔鄭云有狼無熊干注

麏作麞熊作貆 六禽鄭云羔豚犢麛雉鴈也司農及干鴈鶉雉鷃鴿鳩 麕本又作麇亦作麏居

倫反麞也 鶉音純 鷃於諫反 鴿古合反 麛音迷麑子 未孕以證反一音乘

鱻悉然反生肉也 薧苦老反乾肉也 計數色柱反下校數同 不褻息列反 好

羞呼報反 鮺側雅反 蟹戶買反 胥息徐反劉音素字林先於反蟹醬也 乃令

力呈反付使所吏反乘禽繩證反下同膏香牛脂也禮記作薌音同

腒其居反乾雉也鱐所留反乾魚也膆素刀反杜云犬膏也司農及干云豕膏也腥音星杜云

豕膏鄭干云鷄膏也或作雉膏魚鱻羽鄭云鮮魚也羽鴈也杜云鮮羽鴈也羶書然反羊脂也煎

和胡卧反下文同膴熱呼旱反劉呼旦反水涸胡洛反徐戶格反爲人于僞反

内饔割亨普庚反注及下同肆解託歷反齊以才細反胾側吏

反膰音膰本亦作燔脀職升反庮音由徐餘柳反干云病也司農云朽木臭也泠毛音零

徐郎年反而躁早到反犥本又作臕芳表反又符表反又芳老反徐又孚趙反而沙如字一音

所嫁反或蘇他反鳴貍音鬱徐於弗反豕盲亡亮反眡視二反又音視睫音接一音

將業反而般音班臂如字徐本作辟音芳紙反螻音樓如螻蛄蟲臭也干音漏内病也此依禮記

文是別彼列反澌也音西蛄音姑掌共羞共依注音具膴火吳反徐凶武

反胖普半反鍛丁亂反牒切直輒反又之涉反鉶羹音刑大臠力轉

反好賜呼報反注同外饔饗食音嗣長帥色類反

亨人之齊才細反注同爨七亂反大羹音庚又音衡下同肉湆去及反

甸師耕耨乃豆反齍盛音資芸音云徐音運本或作耘

芓音子徐音玆三推出誰反又他回反莤所六反酒滲所鴆反浚也

荀閏反劉思順反焫如悅反苴音租又子餘反以藉在夜反泲酒子禮反醴

齊才細反蓏力果反㱄大結反受眚生景反斷其丁亂反不踐

音翦獸人掌罟音古摶所音博劉音付後同觸攫俱縛

反又倶碧反又作攫華霸反獘田如字徐蒲計反注于之樹反仆也普卜反一音芳豆反

又音赴釐所音來本亦作萊植虞直吏反又時力反徐音栽而珥徐如志反以

享許丈反劉音向後皆放此禴由若反祀祊音方折之設反馘古獲反以數

色主反一音所筋角音斤獻人水偃於建反徐本作匽一返反關空

戚音孔，下同。王鮪位軌反魚鰲甚莬本又作槁，苦老反鼈人取

互戶故反，干云：對也。薾莫干反簎戚勑角反，劉倉伯反，徐倉格反，沈槍昔反。案莊子云冬則

擉鼈於江，擉音叉角反，義與此同，今從彼讀。蜃上軫反，鄭云大蛤也，干云鰌類。貍物莫皆反以

杈音叉共蠯簿佳反，徐又父幸反蠃郎戈反蚳直其反，徐長棃反，蚍蜉子。螔音夷

又音移蝓音由，又音揄。蜯字又作蚌，蒲項反，又蒲杏反。蛾子宜綺反蟲舍音捨

蚳蝝悅全反，字林允絹反。腊人解肆勑歷反捶之蘂反豆

脯豆音善，出注。胖普半反，杜音版。夾脊戚古洽反，劉古協反。公食音嗣豕

麕京倫反反覆芳服反腍而甚反爓徐廉反乃亨普庚反

天官下本亦作天官冢宰下

醫師瞑眠見反，徐亡千反。眩玄見反，徐音玄，劉虎縣反。無瘳勑留反疕戚匹婢反

徐芳鄙反，劉芳指反，一音芳夷反，頭瘍也，亦秃也。瘍音羊，身創也。造焉七報反則稽

古号反考也後皆放此　食醫六食音嗣下食齊同　之齊才細反下皆同徐蔣細反　眡音視　凡和胡卧反　飴蜜以之反　堇音謹　荁音丸　枌符云反　娩音問　槁苦老反　滫劉思酒反徐相幼反　瀡相蘂反　冝稌音杜又他杜反　冝苽音孤　種本亦作秔音庚　彫胡劉本作凋音彫　恒放甫往反　疾醫　痟音消　癢以掌反　疥音介　嗽西豆反本亦作欶　上氣時掌反注同　欬也苦代反　喘昌兖反　作見賢遍反下同　其贏音盈後不音者同　治合如字又音閤下同　劇易以豉反　五藏才浪反下文及注同　角徵張里反　休王往況反　扁本亦作鶣蒲典反徐扶忍反　鵲漢書音義云扁鵲魏桓侯時醫人史記云姓秦名少齊越人　倉公史記云姓淳于名意臨淄人爲齊太倉令漢文帝時人　九竅苦弔反　秦和左傳昭元年晉平公疾秦伯使醫和爲之即此人也　岐伯其宜反　揄羊朱反本亦作俞　柎劉音附徐音鈇岐伯揄柎皆黃帝時醫人　少者詩照反　瘍醫　折瘍劉本作[illegible]

同時設反之祝之樹反出注剼音刮徐工滑反之齊才細反生創初良反踠
於阮反徐烏卧反跌待結反徐徒紇反劉後設反附著徐豬略反刮去羌呂反
黃堥本又作鍪劉音武又音無徐音毋又音務沈武侯反礜音豫上著直略反
五氣氣音穀出注獸醫畜獸許又反下同為其于為反
趣聚本亦作驟同仕救反食之音似酒正功沽音古大酋將由
反下同秫稻音述必齊戚才細反下皆同一讀此如字麴蘖魚列反湛接廉反
饎昌志反自釀女亮反泛芳劒反盎烏浪反緹音體醪魯刀反
猶翁烏動反下同一音於勇反酇白即令之白醝酒也宜作醝醝作酇假借也在何反差酒
初賣反醳音亦徐音昔曰醫於已反徐於計反注同酏以支反泲者子禮反下同
從毆烏苟反徐烏侯反本或作盬省也所景反酨昨再反之粥之六
反劉音育稀者音希清醩音糟下同沈子由反臆本又作醷於紀反徐於力反

三貳徐音二下同爲尊于僞反唯嗛苦簟反袞古本反鷩必列反徐劉方利反毳充芮反希冕本又作絺同張里反醆側產反粢才計反醍音體本亦作緹以飲於鴆反度當徒洛反俟朝直遙反酒人比其必履反又毗志反徐扶利反親食音嗣脩音又漿人若糗丘酉反又昌紹反留閒如字徐音澗用柶音四淩人治鑑胡暫反本或作濫音同如甑直僞反與縋音同盛冰音成爲二于僞反廣八尺長丈二尺深三尺凡度長短曰長直亮反度淺深曰深尸鴆反度廣狹曰廣光曠反度高下曰高古倒反相承用此音或皆依字讀後放此漆赤中用朱漆其中朝覲直歷反秋刷所劣反清也如字又才政反下同籩人䴴芳弓反徐又芳勇反或郎第反蕡符文反徐蒲悶反膴火吳反鱐所求反枲思里反牒戚章涉反又直輒反糒皮逼反本又作煏同糗乾音乾又作乾析幹同穜直龍反又音童其腴

音臾以咱劉徒覽反徐徒暫反乾蘇音老徐刀到反榛側巾反劉士隣反少牢
詩詔反凡言少牢皆放此不裸古亂反蔆音陵芡音儉㮚古栗字重言
直用反蔆芰其寄反餌而志反餈財資反餌餅必領反爲
餌于僞反下文同黏女廉反著直略反醢人韭音久菹莊魚反
醓吐感反本又作盜或一音昌審反麋臡乃兮反又人齊反菁作寧反又音精茆
音卯此人音柳麇京倫反膊普博反莝倉臥反骭戶諫反徐戶幹反蔓
音万又莫干反徐音蠻蠃力禾反脾婢支反徐蒲佳反析星歷反蠯蒲佳反徐薄鷄
反蜃市軫反豚拍音博螔音移又音夷蝓音榆又音由大蛤音閤蛾
子魚綺反爲膊音博下鎛同芹音勤徐又音謹說文作菦云菜類蒿也音謹箈
音迨鄭云箭萌也爾雅作䈡同鄭司農云水中魚衣也當徒來反沈云北人音禿改反又丈之反未知所出筍
息尹反蒲蒻音若酏食音嗣下同糝素感反餗音速餰之然反糔

思柳反劉相早反徐相幼反溲所柳反臅昌蜀反一音粟爲王于僞反五齊徐劉

子西反下同沈才細反若䐑直輒反少儀詩照反爲軒音獻皆䐑之涉

反本或作䐑下同爲辟必亦反又音檗爲宛於阮反又於月反之醓呼兮反之

稱尺證反醯人五齊子兮反下之齊共齊醬齊皆同鹽人苦

鹽音鹽工戶反出注散鹽悉但反下同不湅音練下同齊事才細反鬻

音育盬音古冪人莫歷反氣與音餘皆黼音甫宮人之

脩劉音修本亦作修朝直遙反下同辨色如字本又作別彼列反并匽於建

反徐音偃不蠲音圭又古玄反絜也去其起呂反爲饎尺志反謂霤力救反

受畜敕六反絜清戚才性反本亦作清掌舍梐步禮反枑

戶故反再重直龍反下同爲拒音矩下同徐胡故反榱音衰戚踈關反居舉慮

反溜力救反水湅徐劉色遘反戚色冑反槀當路反爲藩方元反壝

戚唯季反劉欲鬼反徐羊誰反一音待果反又時累反埒徐音劣遊觀工喚反一音官

幕人幄烏學反帟音亦綬音受掌次張事劉音帳戚如字下邦之張

事同皇邸徐當禮反一本作皇羽邸後版徐音板屏風薄刑反朝日

直遥反注朝日同重帟直龍反注下同爲之于僞反大府受藏

才浪反注受藏言受藏同稍秣音末好用呼報反下同使者色吏反斥幣

音尺徐蚩柝反玉府玩好呼報反及內府皆同之藏才浪反注同蠙

珠劉薄田反徐音嬪一音父賓反含玉戶暗反枕尸之鴆反楔先結反令

可力呈反飯唅扶晚反衽而甚反又而鴆反牀第側美反徐側敏反袍襗

劉音澤徐待各反簀也音責玉敦音對徐丁雷反注同盛血音成下同歃之色洽

反徐霜獵反文織音志一音如字劉音至爲王于僞反獻遺唯季反下同

內府使者所吏反小治直吏反外府不徧古遍反字下同復

出扶又反徐音服 後數音朔 有奇紀宜反 足枝如字一音奇 幣賷音咨注同一音祖係反 問幾徐畢豈反 司會古外反下同 之治直吏反注同 攷音考 司書 九正音征注同 猶比毗志反 餘見賢遍反下同 之簿步故反下同 朽蠹都路反 器械戶戒反 六畜許又反 稅斂力驗反 職內 種章勇反 寫下戶嫁反 藏中才浪反 職歲 而編必緜反又必連反一音方千反 職幣 拼也音搋 楬之其列反 以著直略反徐張恕反 司裘 中秋音仲注同 毴音毛 毨先典反 裘與音餘 鶉音淳 麛音迷 其鵠古毒反 爲祭于僞反 可以與音預下得與同 德行下孟反 比於毗志反下同 而中于仲反下天子中之以下中之而難中以中皆同 所射食亦反下自射所射共射皆同 爲埻諸允反本亦作準 著於直略反又張略反 參七素感反 干五五旦反劉音鴈本亦作犴 遠尊于万反 射

正音征下同　鳱音干劉音鴈一音岸　歈許金反徐又火飲反　遣車弃戰反　興也虛譍反下同　掌皮　毛毳尺銳反　細纚音釃　餘見賢遍反　內宰省文所景反　其奇紀宜反　衺似嗟反本亦作邪　紝女金反　組音祖　紃似倫反　縫線仙戰反字亦作綫　后祼古亂反　瑤爵音遙　不與音預　酳士靳反劉侯吝反又音胤　王齍音咨　淳劉諸允反注皆同徐音純　市朝直遙反下同　介次音界或作分非　爲純諸允反下同　四咫音紙　與音餘　中春音仲　調度徒弔反下待洛反或如字　穜直龍反本或作重音同先種後孰曰穜案如字書禾旁作重是穜稑之字作童是穜殖之字今俗則反之　稑音六後種先孰曰稑本又作穋同　之種章勇反注藏種同　傳類直宣反下同　番音煩　孳音茲本又作滋　又上時掌反　而徧云音遍絶句　從容如字　內小臣使令力呈反　道之音導　相九息亮反注下同　爲后于僞反　好事呼報反下同　問遺唯季反　御見賢遍反下同

掖庭劉音亦閽人兩觀古喚反衰絰徐音崔刻識
式志反又音式尨云江反狂易以豉反徐音暘無帥色類反注同使者色吏反
將帥子匠反苛本又作呵呼河反又音何徐黑嗟反則爲于僞反之闢本又
作辟婢亦反避也注同掌埽素報反門燎力召反又力弔反寺人
相息亮反下及注同道徒報反後同弔臨良鴆反後同內豎便
疾婢面反俟朝直遥反下同則爲于僞反注下同遣車弃戰反後遣車
皆放此頮沬呼內反九嬪嫕於阮反娩音晚御見賢遍
反月上時掌反放月方往反玉齍音咨劉祖稽反玉敦音對
世婦濯摡古愛反拭也拭音式清也涖陳音利又音類女御
持翣所甲反如使所吏反之介音界女祝禱祠丁考
反一音都報反梗古猛反依鄭音亢襘古外反又戶外反禳如羊反去之起呂反下

同女史治之直吏反注同典婦功事齎音咨

本亦作㴱凡授音受出注其苦音古而賈音嫁下同而楬其列反

分別彼列反布紵音佇而著直略反徐張慮反典絲受

良良音古出注及依於豈反盥巾音管線似戰反纊音曠劉古曠反

著直略反下同徐豬略反盱口香于反綦劉音其沈音忌握烏學反劉烏豆反

文織音志茵音因會之舊古外反戚戶外反傅著音附

典枲數物色主反一音所蕢苦迴反又口潁反劉枯㷉反苦功音古

內司服褘衣音暉揄狄音遙鞠衣居六反又丘六反展衣

張彥反注同緣衣或作褖同吐亂反君卷古本反下同朝服直遙反屈

狄音闕襢衣張彥反翬音暉見王賢遍反言亶丹但反玼

音此劉倉我反本亦作瑳與下如字同倉我反展如字媛也音援其行下孟反作稅

劉吐亂反白縳劉音絹聲類以爲今作絹字説文云鮮色也居掾反徐升卷反沈升絹反張

顯如字徐音張喪衰七雷反以上時掌反紛本又作帉芳云反帨始銳反

巾徐音歲盤革步干反袞陳乞反縫人錦褚張呂反僞荒

鄭注禮記改僞爲帷纁許云反翣本又作篓所甲反纁披彼僞反衣翣

於既反注同度西音宅古文庑與度字相似因此而誤接櫝劉上所甲反下音柳翣止

所甲反一音所立反泶人春暴步卜反劉步落反注同秋泶如琰反注

泶夏同夏戶雅反後除春夏之字皆同可以意求不復重出作纁音勳一音鬱始

湛徐子廉反劉慈鳩反羽甽古犬田反曰鬻直劉反劉音壽徐音酬曰蹲音存徐祖

混反一音遵曰希如字劉張履反以放方往反追師丁回反下及注同編

步典反又必先反注同冠禮古亂反後冠禮同毋追音牟君卷古本反紞

丁敢反紘音宏綖以然反徐羊戰反步繇以招反本或作搖假紒音計髮

皮寄反髢本又作髲大計反劉音地以見賢遍反亦纚所買反又所綺反追琢丁角反以縣音玄瑱它見反鬒之忍反屑鬄大計反下同沈音剃卷髮卷免反劉羌權反衣鞠於既反下衣緣同移袂昌氏反下同純衣側其反徐如字屨人繶於力反青句音劬一音姜踰反著服徐丁庶反一知略反與音餘有絇音劬有純章允反下同下緣悅面反下同磔音歷反覆芳服反以見賢遍反之救戚如字劉音拘著舃知略反又直略反中紃音巡衣翟於既反非純如字去飾起呂反下皆同散屨素但反注同夏采以乘繩證反注乘車皆同建綏而誰反注下同依字作綏誤作緌耳適室丁歷反東榮如字劉音營衣尸於既反復反扶又反朝服直遥反以卷古本反屈狄音闕玄赬勑貞反爲襚音維徐音遂於橦直江反

地官司徒第二

鄉師音香下以意求之師長丁丈反後皆同相左音佐右音又比長毗志反徐扶二反注下同稱也尺證反下同爲民于僞反言帥所類反才知音智堳音眉埒音劣封疆居良反繇役音遥牧人牧養之牧徐音目何胡可反又音河下同蓑素禾反何笠音立其糇音侯乾食其犉而純反一音而專反黃牛黑脣曰犉遺人維季反注饋遺同司農音維楀維俱禹反召公上照反相成息亮反人行下孟反媒氏劉音梅麴起六反糵魚列反又五結反徐去穢反物賈音嫁下物賈及賈八人同廛人直連反徐長戰反賈師音古自辟必亦反徐力歷反校尉胡孝反酇長作管反主爲于僞反丘甸繩正反又如字委人烏僞反注同土訓如字司農音馴爲馴似遵反劉音訓徐餘倫反告道音導虞度徒洛反下同麓本亦作菉音鹿淥源徒歷

反大藪素口反既陂彼宜反卝人徐音礦虢猛反劉候猛反礦虢猛反金玉未成器藍蒨千見反象斗本或作橡音同掌荼音徒徐音餘茅莠劉音酉毛詩注作秀掌蜃上忍反大蛤古荅反囿人音又為墠音善圃中音補又音布稟力甚反倉也盛米音成奄二於檢反劉於驗反抌二音由又音揄或羊笑反抒臼時女反饎人尺志反注饎同爨七亂反槁人注音犒同苦報反壬宂如勇反大司徒廣輪古曠反墳衍扶云反原本又作邍猶徧音遍兖雍於用反輪從子容反之壝維癸反別方彼列反下同土會古外反計也注同早物音皁本或作皁鱗物劉本作䗲音鱗而津如字一本作濜音同潤也覈物音核民專徒丸反注同而長如字下注長於土圭同介物音界莢古協反皙而音錫白色也羸物力果反叢物才東反豐肉如字劉而樹反而庳音婢貂

音彫　鍴吐官反　貉胡洛反依字作貈　縟毛音辱一音如勇反　專圜音圓又徒丸反　臞其俱反又作臞音稍與考工記爠後音同　貔音毗一音房私反　貐勑宜反　雈音丸

葦于鬼反　柞栗子洛反　理致直記反　爲櫜古毛反劉古到反　蓮芡音儉　韜吐刀反　不爭爭鬬之爭　不愉音偷又音踰　不虣薄報反　不解佳買反　少而詩照反　以相息亮反注同　以毓音育　分野扶問反　其種章勇反　榛栗側人反　猶蒔時至反　騂剛雖營反　赤緹音低　土深尺鴆反　日景如字本或作影非下及注同　猶度待洛反下同　近日附近之近下同　遠日于万反　日跌待結反　封疆居良反下同　顓之宣反　臾音揄　其率音律又音類後注同　正之音征　字之如字一音滋　爲其于僞反　百畝本亦作古晦字　丘甸劉常證反　乃復扶又反下同　眞也劉音定　弛力式氏反　舍禁音捨注同　去幾羌吕反注及下注去蹕同　眚禮所景反注

省同殺哀所界反徐所例反注同蕃樂方表反注同餘文注皆音煩種食章勇反
幼少詩照反拚音拯捄音救本亦作拯救曰矜古頑反令癃音隆筭
卒子忽反媺音美聯兄弟一本作聚兄弟約椓陟角反乃縣
音玄注同挾日子協反爲比毗志反下同相賙音周給足劉子喻反飭
材音勑注同商賈音古閒民音閑六行下孟反睦婣音因不
弟音悌注同情思悉吏反心應應對之應大招上朝反本亦作韶大
濩音護本亦作護地治直吏反注及下正治并注同而斷丁亂反注同不厭
於涉反或於驗反其肆託歷反注肆解肆去同司農音四注肆陳同六引如字又音胤
六紼音弗大札側八反上其時掌反計簿蒲戶反注同
小司徒九比毗志反注下皆同施舍式氏反六畜許又反後六畜皆同
之卒子忽反注及下皆同相別彼列反猶徧音遍七人以上時掌反

毋過音無　爲羨然面反　爲甸繩證反出注注同　夫仁音扶　少康

詩照反　溝洫況逼反　爲除于僞反　言乘繩證反下同　治澮古外反

其政依注音征　其肆託歷反　使臣所吏反　脩行丁孟反　引交

彼驗反劉補鄧反　復土劉音福一音服　斷其丁亂反　治成直吏反注治成及下

文同　鄉師其治直吏反下六鄉之治同　復免音福　之辟婢亦反

不偪鄙力反　匱其位反　茅蒩子都反一音子餘反或云杜側魚反鄭將吕反　爲

菹側魚反　爲藉慈夜反下皆同此如字下皆慈夜反　苴子都反又將吕反　抯[illegible]

音忖　而去羌吕反　守祧他彫反　其隋戚吁恚反劉相恚反　是輿音餘

輂九玉反　人輓音晚　一梩里其反　執纛桃報反劉音毒　御匶音舊

執紼音弗　執翿劉音桃戚徒報反　羽葆音雨　橦也直江反　其

行戶剛反下行列同　而備補鄧反　謂封彼驗反　斷其丁亂反　明

爲于僞反下爲州長爲鄉大夫爲州黨同鳥隼雖允反之旟音餘別異彼列反課殿都遍反下同市朝直遥反下同之囏古艱字本亦作艱揭豆苦瞎反輁九勇反軸音逐楅音福又音逼鄉大夫所治直吏反下考治下治所治處同德行下孟反下及注德行之行六行皆同復多音福下同上其書時掌反寶藏才浪反寧復扶又反下猶復同張皮射之食亦反樂與音餘矍俱縛反本或作瞿音同相息亮反如堵丁古反揚觶支豉反州長各屬音燭合也聚也注下皆同會民如字注同重申直用反黨正教治直吏反族師治令同彌數所角反禜禁禜榮敬反大蜡仕詐反依字作䄍爲民于僞反農隙去逆反本又作郤孝弟音悌下同昏冠古亂反族師祭酺音步或音蒲校人戶教反蝝悅全反[illegible]覓反經酺與音餘下步與同雩禜榮敬反本亦作榮下黨禜同葬如字劉才

郎反　埋　本或作貍莫皆反　閭胥月谷數　色主反　政役　如字杜音征

皆會　如字下會同　爲暨　其器反又斤乙反　觵　古横反　撻　吐達反　扑也

普卜反　比長之治　直吏反　有辠　本亦作罪　衺　似嗟反　不便

婢面反　則荷　呼何反又音何　封人唯爲　于僞反下同　單出

音丹　丘乘　繩證反　其福　音福　置緣　本又作紖持忍反　水稾　古老反

絜清　如字又才性反　著牛　直略反　令不　力呈反　得抵　丁禮反

如椵　音加沈一音假　以豸　直氏反　毛炮　薄交反　爓　似鹽反　去其

起呂反　肥腯　徒忽反　鼓人又別　彼列反　鬼享　許文反劉虛讓

反牛人職同　鼖　扶云反　鼛　音羔長丈二尺　編鍾　必仙反　錞　音淳錞于也　鎛

碓頭　音對本又作椎直追反　鐲　直角反鉦也　鉦　音征　鐃　女交反　有秉　兵政

反本又作柄下同　且卻　起略反　鐸　待洛反大鈴　大鈴　音零　帗　音拂劉音弗

鼜（干歷反）發眗（本又作朐，亦作煦，休具反，劉休武反，或況冢反）之眚（生領反）

舞師旱暵（呼但反）爲翌（音皇）牧人阜蕃（音煩）牲牷（音全）黝（於糾反，司農音幽）尨（云江反）表貉（莫霸反）爲皃（亡例反）副（普逼反）辜（音孤）禳（如羊反）憚其（待旦反）牛人職人（戚音特，或餘式反，劉之式反，注樴同）以繹（音亦，徐音夕）之杙（餘式反，劉餘則反）積膳（子賜反，注同）飧（音孫）食也（音嗣，下文同）執冪（民狄反）折俎（之設反）犒牛（苦報反，注同）遣奠（弃戰反）牽傍（薄浪反，注同）之互（劉音護，徐音乎）盆簝（音老，劉魯討反，受肉籠也）以盛（音成）縣肉（音玄）充人散祭（素但反，注同）近之（附近之近）

地官下

載師廛里（直連反）以場（直良反）圃（布古反，又音布）賈田（音古，注同）畺地（居良反）吏爲（于僞反）果蓏（力果反）州長（丁丈反，後皆同）亦

監古銜反 盡如津忍反 者與音餘 林麓音鹿 涂巷音徒 去
起呂反下同 如比徐方二反 率之音律又音類 桼林本又作漆音七劉本作桼字之變也
音同 疊場音亦 儳布劉音讒徐才鑒反 皆說音悅 斂令力呈反 以
衣於既反下同 有閭音閑 閭師 以飭音勑 以畜許又反下
同 不衺七回反下同 縣師 大比毗志反後放此 之卒子忽反
量其音良 遺人唯季反劉音遂 施惠式豉反後施惠皆同 稟人良甚
反 易以以豉反 作㨖音覲又音謹 有庌劉音雅 均人 地政
音征出注下同 上下時掌反 四酺矣甫反 甾甾音均又舒均反又音
旬轟氏常純反 師氏 以媺音美 行本下孟反下及注同 以知音智 之
稱尺證反 覆燾徒報反 說命音悅 敬孫音遜 夫孝音扶
王朝直遙反注及下皆同 國中鄭丁仲反注中中禮者同杜音得 則從才用反下同 爲

與音預下同　聽治直吏反下同　且蹕音畢　保氏五馭音御

德行下孟反下文及注同　剡羊冉反　注之樹反下同　襄尺音讓本作纕諸音非

差分初佳反又初宜反下同　重差直龍反　夕桀音的沈祥易反此二字非鄭注　嚴

恪如字又音儼　濟濟子禮反　蹌蹌七良反　闞呼檻反　仰仰本又

作卬五剛反　濟濟皇皇上子禮反又音齊下于況反又音往　纍纍顛顛上律

悲反下音田又如字　暨暨其器反　詻詻五格反　匪匪芳非反　王闈音韋

宮中巷門　司諫而強其丈反注同　則易以豉反　以行如字下注同

司救如字劉音拘　之衺似差反注作邪同　酗況付反　醟音詠　好訟呼報反

去其起呂反　著之直略反一音丁略反　近罪附近之近　調人之難

乃旦反注及下同　共和並如字　之畜許又反　辟諸音避下同　從兄才用反　眡

父音視　盥而音管　謂重直用反　後復扶又反下不復聽同　媒氏以

上時掌反　奇數於綺反本或作寄音同　以別彼列反下同　冠子古喚反　純帛側其反依字從糸才　中冓古候反　而棧士板反劉才產反或士諫反　有茨疾私反　司市之治直吏反下及大治小治同　豆區烏侯反　行列戶剛反下行列同　者易以豉反下之易同　售受又反　商賈音古注曰賈下商賈賈師皆同　成賈音嫁注下不音者皆同聶氏及沈云成賈定賈賣物賈其賈平賈大賈小賈賈賤恒賈而故賈凡十二音嫁餘音古　徵儥劉音育聶氏音笛字林他竺反　質劑子隨反　月平皮命反下月平同　賈氏劉音嫁聶沈音古注賈氏同　禁虣薄報反　而去起呂反　扑也普卜反下文同　斂賒傷蛇反　同共如字　則爲于僞反下爲民同　賒貰音世貸也劉傷夜反一時夜反　𠩺音側本又作昃　販夫方万反　其便婢面反　奠賈音定又田見反　上旌皆掌反注同　殳也音殊　防誑九況反　物行遐孟反又如字聶胡剛反　苦者音古　以卻起略反　好奢呼報反　在賈音古注同　得粥音育下同　中度

丁仲反下同 廣夾音洽 數十二色主反 爲柎劉方符反沈音附 一幕

劉音莫 一帟音亦 遊觀古喚反下同或音官 爲說如字解說也聶如銳反

質人用長如字 其淳音准 幅廣光曠反 匹長直亮反 當

中丁仲反 淳劉章純反下同 國基如字本或作朞同 之好呼報反

廛人 絘布音次本或作次 總布劉依杜音讒鄭音摠 爲儳音讒 租稅

音摠 官爲于僞反下同 以畜勑六反 皆說音悅 潴知呂反本或作貯又作儲皆同

藏於如字劉本作葬音同 瘦本又作膄所又反 臞其俱反又作臞音稍 以紓音舒劉當

汝反 胥師表縣音玄 飾行下孟反 慝者他得反惡也 巧

飾苦敎反又如字 令欺力呈反下文同 小治直吏反下之治同 而斷丁亂反

賈師音古下注賈師同 而奠音定 別也彼列反 重困直用反 而

更音庚 爲官于僞反 司虣 鬬嚻五羔反讙也許驕反 讙

賁歡則摶音博下同司稽所操七曹反以徇辭俊反
肆長相近附近之近下及注同相遠于万反注同或數色主反故
別彼列反令相力呈反賈人音古泉府楬而音竭其
抵音帝本也又都禮反爲癉音旦又丁左反揃音戩又倉廉反著其直略反
別治直吏反之貸音特注不出者同別其彼列反貸民吐代反本賈
音緣一音古所賈音古假令力呈反償時亮反則會古外反後放此
司門管鍵其展反又其偃反司農音蹇居免反籥羊略反正其音征轂音計本又
作繫監門古銜反注同造焉七到反注同司關猾商音滑其
治直吏反辟稅音辟一音芳益反節傳張戀反注下皆同凶札側八反又音截
札瘥才何反病也猶苛呼多反又音何令豣力呈反皆說音悅敂關
音叩苦狗反則爲于僞反謂朝直遙反掌節則別彼列反下

相別同　使者所吏反下之使注使節使者同　英蕩如字又吐黨反　爲帑吐黨反　盛
此音成　郵行音尤字從垂作卸誤　遂人爲酇作管反後同　制
分扶問反又如字下分制同　比閭毗志反下同　追胥如字劉張類反　致氓亡耕反
興耡音助李又音鉏　以彊其良反　懵懵本又作懞莫崩反又音蒙李武冰反　猶
會古外反下一字同　爲率音律又音類　錢音翦劉音踐　鎛音博　復子扶又反
令相方呈反　百晦音畝　萊音來　有數色主反　奇受居宜反　有
畛之忍反劉音真　有洫況域反　有澮古外反　乘車繩證反　遂從
子容反下同　去山起呂反　盡主津忍反　施舍式氏反下施舍皆同　政役音征注同
而屬音燭　六綍音弗　及窆劉昌絹反穿也本作窆戚彼驗反與注相應　與說始銳
反　千人與音餘　啓朝直遥反　之封彼驗反或如字　之倗補鄧反　政治
直吏反下治訟皆同　遂師耕耨奴豆反　斂艾音刈　庇其又作庀匹爾反

具也劉副美反一音芳米反脩行下孟反抱磨劉音歷丘籠力董反及
蜃古軫反以爲于僞反神坐才卧反復土音服或音福乃說始銳
反或吐活反更復扶又反龍輴勑倫反作槫市專反李徒官反作輇
市專反適歷音的又音釋比敘匹爾反出注行列戶剛反遂大
夫徑術音遂善相息亮反道民音導大比毗志反下微比及注同
屬其音燭聚也注同一地治直吏反縣正趣其如字李倉苟反本又
作趨音促鄙師禜也音詠數其色主反下同其纖音羨
里宰治處直吏反令街音佳彈如字一音丹因放沈方往反
旅師閒粟音閑注同而用而音若出注興積子賜反注同之治
直吏反注同復之音福期不音基以上時掌反稍人丘乘
繩證反注丘乘曰乘丘甸并爲甸甸讀禹畯之畯皆同音輂輦居錄反卒伍子忽反所

調(徒弔反下同)皆徧(音遍)遞焉(徒禮反又音弟本又作適音釋)委人賦
斂(力豔反)凡畜(敕六反注同)葵芋(于附反)稍聚(俗裕反下文同)藩蘿
(音羅本亦作羅)土均之政(音征出注)爲之(于僞反)豐省(所景反)
草人相其(息亮反)之種(章勇反注除種禾以外並同)氾勝(芳劒反李又音凡)
凡糞(粉運反本亦作糞)赤緹(音低李他奚反聶吐弟反)墳壤(符粉反)用麋
(音眉)渴澤(其列反)鹹潟(音昔一音鵲)用貆(呼丸反又音丸李一音喜元反)埴(時力反一
音職)壚(音盧李一音閭)彊(其兩反注同)檃(本又作壏呼覽反劉音檻)用蕡(扶云反一音蒲悶反)
輕爂(孚照反李音婦堯反)縓色(七絹反)潟鹵(音魯)貒也(他官反)粉解
(胡買反下同)作盆(蒲粉反)稻人畜水(敕六反注同)蕩水(如字李吐
黨反)以列(祿計反注同)以澮(古外反)寫水(戚如字劉殤故反)其芟(所銜反)
町原(徒頂反)以去(起呂反下同)之畦(劉音圭又下圭反)畤也(音涉)萬之

薀崇紆粉反或憂羣反水涸胡洛反芒種章勇反注芒種同旱暵呼旦反

反雩斂戚力驗反注同以閵音因土訓宜麻如字一本作糜李及聶氏

壬皮反劉沈皆作麋音紀倫反案注辨土所宜荊揚皆言穀幽并不應論獸紀倫之音恐非地慝他得反

別其彼列反虺虛鬼反蝮孚目反行視下孟反誦訓辟

忌音避注同所惡烏路反山虞為守者于偽反下為文同堅

濡戚如兗反又音柔柔忍音刃掄材魯門反又音倫不拘音俱本亦作佝音同場

壇徒丹反或音禪植虞時力反又音值而珥如志反又音耳林衡林

麓音鹿部分扶問反下同蕃茂扶袁反川衡川奠

音電下同魚鱐所留反蜃上忍反蛤古荅反澤虞以當

丁浪反後文皆同自為于偽反下注同芹音勤茆音卯蔆音陵芡音儉

迹人麛音迷卵力管反丱人華猛反又虢猛反[illegible]懷猛反沈工猛反錫

石(星歷反)鋁也(以忍反劉常忍反)啖(直覽反本亦作濫)角人漆浣
(戶訛反)以度度(上如字下待洛反)羽人羽翮(戶革反)爲搏
(除轉反注同劉徒端反)爲縛(劉古本反沈除轉反)之箴(之林反)之緷(古本反劉音渾)
(一音戶本反李又基遠反)相近(附近之近)掌葛蕢紵(苦迴反)
可緝(七入反)掌染草茅(如字劉音妹)蒐(所留反茅蒐蒨也)
橐(音託又音妒)紫茢(音列劉閭計反或音例)染夏(如琰反)掌荼畜
聚(勑六反)芧蕕(音秀劉音酉)掌蜃互物(戶故反)蚌蛤
(蒲項反)御濕(魚邑反本亦作溼)以白器(如字劉蒲覇反)囿人苑
觀(古亂反)燕樂(音洛)鳧鶴(戶各反又作鸛古亂反)場人枇
(蒲梨反或房迷反)杷(白加反)享亦(許丈反劉几享皆音向後放此)廩人匪頒
(上音分亦如字下音班)稍食(音嗣注同)好用(呼報反)上下(時掌反司稼職同)數

邦色主反注同殺邦所界反下注同殺減也糒也音備則椄依注音扱一扱
初洽反劉初輒反又楚及反李聶創涉反舍人簠音甫或音蒲李又方于反筥米
姜呂反又音呂飯米扶晚反注同熬穀五羔反錯于七故反蚍鼻夷反蜉
音孚四種章勇反下同縣音玄注下同穜稑直龍反下音六同稼職同見內賢遍
反司稼之種章勇反注知種同猶徧音遍下同出斂力驗反注同
度平徒洛反春人其齍音資注同本亦作粢饗食音嗣注無
與食及饎人職同饎人昌志反致飧音孫槁人苦報反內朝
直遙反注同宂食如勇反之食音嗣斷獄丁亂反弊訟必世反丞
相息亮反者與音餘尚書音常又時掌反直上時掌反掌豢
音惠其潘芳袁反本或作蕃音同瀾魯旦反戔餘音淺本亦作殘可褻息列反
春官宗伯第三

僉曰七潛反皆也曰俞羊朱反然也李一音由女秩音汝氏姓如字劉音紙
大廟音泰下放此隮本又作躋子兮反升也夏父音甫釁夏虛覲反鬱
人於物反鬯人勑亮反秬其許反李其虛反一稃音孚鋪之普吳反又音孚
藉之在夜反守祧他堯反奄八人於檢反劉於驗反周爲于僞反才
知音智三昭上招反說文作佋少府詩照反冢塋音營之長丁丈反後
皆放此之稱尺證反矇音蒙眡音視鄭常至反瞭音了又力小反字林同云明也杜蒯
如字劉音屠下苦怪反目眹直忍反本又作朕或作眹劉又音睫之瞍本又作瞍素口反診又云無目
也字林云目有眹無珠子也先玄反鎛師音博韎師莫拜反劉李音妹味食飲
之味如字又莫介反嗛莫戒反又音味莛直基反劉直染反李音娗著直居反李張慮反韎
鞈古洽反又音閤籥師餘若反猶繹音亦祭之明日又祭也字書作釋去籥起呂反下
同鞮丁兮反許慎云屨也鞻九具反又力異反呂忱云鞮鞻屨也鞻者鞈鞻所屝房味反蹋鼓

徒臘反李吐臘反 省行 他莕反又如字 謂楯 食允反又音允 華氏 時髓反 燋 哉約
反 焌 音俊又子寸反 問著 音尸 眡祲 子鴆反李且衽反 甸祝 音電後不音者同
詛祝 側慮反 謂祝之 之又反 使沮 在呂反沈音敘 馮相氏 音憑 息亮反注
同 宿 劉息就反一音夙 離 力計反 不貣 吐得反或音二 巾車 如字劉居覲反 猶
衣 於旣反 大宗伯地示 音祇本或作祇下神示地示之例皆放此下卷亦然 佐
王 本或作佐音同 享之 許丈反後不音者同 以禋 音因李又音煙 以槱 羊九反本亦作楢音
同積也 燎 良召反 飌師 音風 芃芃 薄工反一音房逢反 棫 音域 樸 音卜 三
能 他來反下同 圜丘 于權反 以貍 亡皆反劉莫拜反 沈 如字劉直蔭反 疈 孚逼反一
音方麥反 共工 音恭 句龍 古侯反下同 厲山 如字本或作烈 爲禩 音祀又作祀
爲罷 如字一音芳皮反 披磔 張格反 亦食此 音嗣下食宗族同 少昊
詩照反下少昊同 曰重 直龍反 該 古來反 蓐收 音辱 不見 賢遍反此內不音者同

四竇音獨本亦作瀆下同省文所景反磔禳如羊反及蜡士詐反百種章勇反及郵有牛反畷音綴井田間道左思吳都賦云畛畷無數又陟劣反以肆他歷反解骨體祼古亂反以禴餘若反以烝之承反是祫戶夾反率五音律又音類含戶暗反本亦作唅禭音遂凶札如字又音截不縣音玄爲火于僞反下苟偃爲同以禬劉戶外反徐古外反以更音庚下同所喪息浪反于澶善然反日朝直遙反注下不出者皆同更遞音弟而徧音遍下同猶朝也張遙反眕覜他弔反一音他堯反竟外音境僭子念反沈創林反差初佳反沈初宜反閱衆音悅封疆居良反不別彼列反昬冠古亂反脤上忍反膰音煩見命如字下士相見同以上時掌反彪甫休反實先悉薦反下先時同後之胡豆反爲瑑直轉反信圭音[illegible]身[illegible]麤縟音辱愼行下孟反六摯音至本或作贄鶩音木守

介音界或作分扶問反　以繢胡對反　衣之於既反　皮與音餘　神坐才臥反後神坐放此　植璧音值又時力反一音置　黃琮才宗反　赤璋音章　白琥音虎　玄璜音黃　混戶本反本又作崑音昆　淪音倫本又作淪魯門反　各放方往反　爲制于僞反　其中丁仲反又如字　令民力呈反下同　淫失如字本亦作佚　蕩滌徒歷反　邪穢似嗟反　道人音導　急悍戶幹反劉音旱戚胡板反　其種章勇反　省牲本又作眚同息井反後省牲鑊皆同　鑊戶郭反　玉齍音咨下同　詔相息亮反注下同後詔相皆放此　溉祭古愛反本或作摡　享牲普庚反　不與音預下同　載果音裸古亂反出注小宗伯職放此　曰儐必刃反本或作賓同　純衣側其反　假祖音格至也　立依於豈反　南鄉許亮反　以筴初革反　乃頒音班

小宗伯　威仰如字劉五郎反　熛怒必消反　含樞昌朱反　紐女九反　招拒居禹反沈又音巨　汁光音叶劉子集反　之卲常遙反　適子丁歷反

毛六牲戚如字劉眞報反芼也音孤斝彝音假又音嫁蜼音誄又以水反
獻尊素何反著尊直略反大尊音泰饎人昌志反視享
普庚反劉普孟反將贊才但子反之齋子兮反本又作賫祓社孚物反劉音廢以
從才用反齊車側皆反則與音預注則與與其祭與祭與執事同大甸音田出注下甸
役同而饁于輒反劉于法反讄曰音誄鬯渳亡婢反杜音泯亡忍反李亡辨反大
斂力豔反下及注同九稱尺證反縣音玄衰冠七雷反甫窆毛昌絹毛反李
依杜昌銳反鄭大夫音穿腐房甫反肥之肥七歲反舊作脺誤劉清劣反或倉没反字書無
此字但有膬字音千劣反今注本或有作膬字者則與劉音爲協沈云字林有脺音卒脺者牛羊脂膬者耎易
破恐字誤案如沈解義則可通聲恐未協脺邑下皆非鄭義離也力知反肄儀以志反胥
也沈音四李又似二反肆師牲牷音全及其祈折及注機同巨既反或巨依反
珥而志反注衈同刲羊苦圭反侇室古洽反劉古協反職人劉之弋反戚音弋經

織同監門古銜反及果古亂反下同鬻音育相治息亮反下相共禮反注同
爲剽芳遥反或方遥反徽識式志反又昌志反匪襲於貢反公食
音嗣下同誤與音餘下倈與同之襄七雷反注同不中丁仲反注同爲夫
于僞反下爲取同師甸音田下大甸同類造七報反注造猶同牧之戚音目劉音茂表
貉莫駕反鄭音陌後表貉皆同蚩蚘音尤之芟色銜反載柞側百反獮
恩淺反及禜音詠酺也音蒲又音步鬱人焦中子遥反劉似消反本
人作鐎音同李元即脩反造冰七報反下同士併薄令反襢章善反沈又音但第
側几反遂貍亡皆反遣貢弃戰反罕之古雅反之嘏古雅反
王酳侯各反又音傀脯膰音煩鬯人社壝唯癸反劉欲鬼反大
罍音雷或郎追反壇墠音善或音禪禜門音詠用瓢婢遥反齋
音齊在兮反杜音資營酇作管反作剽匹召反蠡也力兮反或郎戈反割

去起呂反柢音帝用脩音卣羊乆反又音由中鐏也凡裸音灌出注用概
古愛反凡疈孚逼反用散素旱反注及下注同獻象素何反蚌步項反曰
合音含本亦作含將如字本又作漿設斗音主注同給淬七內反共介音界被
之普皮反又皮寄反爲執于僞反神與音餘眕於之忍反致也其父音甫
本又作甫雞人用黝於糾反嘑旦火吳反本又作呼以嘂古弔反以
警音景朝服直遥反比於毗志反禳如羊反司尊彝
泲之子禮反下同醴齊才計反下文注除齊語齊人並同兩獻本或作戲注作犧同
素何反注及下注汁獻同斝彝音嫁兩著直略反注同朝享直遥反注朝享
朝受政猶朝及下注朝用同蜼音誄又以水反兩大音泰注同酌盎烏浪反玉
琖莊產反爲酢才洛反彝卣音酉又音由本亦作攸蛇虺上虵下許偉反
射隼食亦反下亦尹反荀禺屬音遇劉音偶卬鼻魚丈反又五剛反獻

酌素何反司農音儀 涚酌舒銳反李一音雪 脩酌直歷反注同 爲數音朔下同
爲賨子兮反 挩飾舒銳反飾或作拭 勺而上酌反下同 齊和胡臥反
醴醆莊產反 粢才計反記作齊音同 緹音體 舊澤音亦下曰醳音同 摩
沙素何反 去滓起呂反 浩酒胡老反或古老反 司几筵 彤徒冬反 莞
音官又音丸 藻本又作繅音早 朝覲直遙反下注來朝朝者同後朝覲朝見之類放此 黼
音甫 依於豈反下及注同 南鄉許亮反下及注同 紛純章允反劉之閏反司農音均下
同 爲王于僞反下爲布同 爲䋡彼貧反 緣也悅絹反 藻率音律
下同 馮玉皮冰反 蒲蒻音弱 編以必緜反 繢胡內反 柔礝本或作儒
又作懦同如兗反 甸役音田注同 其柏鄭音樽劉依司農音迫 用萑音丸 苒
敦音道劉音疇 藏中才浪反 曰纛音導 翌日音翼劉音育 於祊
補庚反 天府 守藏手又反下才浪反 傳世直專反 玉鎮珍忍

反又音珍作瑱他見反琬於阮反琰以冉反天球音求賁鼓
扶云反兑之徒外反垂之如字劉音瑞見於賢遍反之治直吏反下
反注同中丁仲反下注同沃盥音管朝于直遥反者與音餘數穀
數上所主反下所具反下能他來反而上時掌反典瑞之藏才浪反
以見賢遍反下見於時見殷見同繅藉在夜反下同以朝直遥反注及後放此韋
衣於既反薦申如字下同一音箭謂函初洽反或初輒反杼上除汝反信
圭音身瑑圭直轉反以覜他弔反有圻魚斤反鄂魚各反有
邸丁禮反又音帝著其直略反僢而昌絹反同柢音帝以肆如字
又他歷反注同以挹於十反又於集反衈彼音餌又作䘓取殺色界反劉色例反下同
邸射食亦反注同以造七報反射剡以冉反或因冉反度其待洛反下
度地度日同地中如字劉丁仲反徵守劉守又反注徵守同王使之所吏反下令使

者亦王使於使者皆同 閭府音閭 衺音茂 騶圭音祖 以斂力驗反注同 令
汁力呈反下令爲同 和難乃旦反注同 及鄭音談 段嘉音遐本又作瑕亦作假皆同 結
好呼報反注同 易行下孟反注同 除慝吐得反 飯玉扶晚反注同 含玉
戶暗反 柱左張注反 右顛如字儀禮作巔音同 典命 樊纓安畔干反
介穽音界 適子丁歷反 則下遐嫁反 射姑音亦 司服鷩
必滅反劉麻弊反 毳昌銳反劉清歲反 希冕本又作絺陟里反劉豬履反注下皆同 不
窋出張律反 諸盩直留反或音胄 禪衣婢支反又方支反 罽衣居例反 作
繢胡對反 作黹張里反 希刺七亦反劉七賜反沈比擊反下同 以韎劉音妹又
莫拜反 衣韎於既反 之跗方符反又音附 注之樹反 緹衣音體戚音提 眡
朝音視 凡甸音田注同 斬衰七雷反下皆同 齊音咨 此近附近之近 作
絣音弁 爲天于僞反下及注除爲害一字皆同 骨易以豉反 去其起呂反下同

縞冠古老反劉剛操反其齊側皆反注士齊同有襦音儒本亦作襦而屬
音燭是廣古曠反後廣袤同其袪起吕反以上時掌反移之昌氏反斂
衣力驗反廞衣虚今反典祀而蹕音畢遮列章奢反
令入力呈反守祧黝於糾反司農音幽堊烏路反或烏洛反本或作惡同其隋
許恚反劉相恚反世婦比其本亦作庀鄭毗志反注及下同司農匹氏反劉芳美反沈
又上二反齍盛音咨下文同相外息亮反朝莫音暮下同而呵胡何反譴
也弃戰反内宗佐傳直專反注同則從才用反外宗
羞齍音咨不與音預注同冢人夾處古洽反劉古協反亦
併薄泠反別尊彼列反請度待洛反注量度同之窆彼驗反又補鄧反
去碑起吕反以咸本又作緘同古鹹反巾車如字劉居覲反猶語魚據反下
同俑者音勇以洫音利又音類職喪贈賵芳鳳反齍

號音姿

宗伯下

大司樂瞽宗音古瞽宗殷學命夔求龜反育子音胄本亦作胄泮

宮音判本亦作頖同興道許應反劉虛甑反注同下音導諷誦方鳳反以剴

古愛反劉古哀反倍文音佩大卷大劉皆音泰戚如字卷音權又眷勉反又居遠反沈

又居勉反大磬上昭反大濩戶故反共財音恭能禪時戰反傳

土音孚或音附其邪似嗟反以說音悅其長如字上生時掌反後上生

皆同去一起呂反下文去樂及注同度律待洛反謂徧音遍物鬽眉冀反

羽蠃力果反下蠃物同戛擊居八反劉古八反鳴球音求搏音博拊

芳甫反鼗徒刀反柷昌六反敔本又作梧魚呂反以閒閒廁之閒牄牄本又

作蹌七羊反於予上如字劉音烏下羊汝反效應應對之應後皆同不更音夏正音征

大蔟音太下七豆反下同西竇本又作瀆同音獨樂與音餘蕤賓人誰反函鍾胡南反函鍾林鍾也中呂音仲亦如字後同姜嫄音元本亦作原所妃音配本亦作配閟宮音祕無射音亦注下同夾鍾古洽反圜鍾于權反被也皮寄反介物音界大蜡士嫁反易致以豉反孔竅苦弔反蛤蟹古荅反之分扶問反之知音智爲畜許又反下同魚鮪于軌反不淰音審不矞休律反本又作獝亦作[illegible]同不狘休越反爲角如字古音鹿爲徵張里反下同靁音雷九磬依字九音大諸書所引皆依字崐崘本又作混淪各依字讀而裸古亂反礐苦篤反大辰如字劉音泰與鬼音餘本亦作輿辟之音避下同宿縣音玄下樂縣之類皆放此屍出音尸本亦作尸騶虞側留反召南上照反下召南同挾矢子協反又音協三宥音又勸也敗楚必邁反城濮音卜大傀劉九靡反舊音怪說文以爲傀偉之字解引此

文字林公回反李一音杜回反**會稽**古外反**沂山**魚依反**雍州**於用反**奔霣**于敏反**猶繹**音亦**大札**側八反鄭音截**令弛**式氏反**哀樂**音洛**歡樂**許金反**興也**許應反後皆放此**鎛師**音博**樂師幼少**詩照反**舞勺**章略反**帗**音拂音弗**一作翌**音皇**析羽**星歷反下同**氂牛**舊音毛劉音來沈音狸或音茅字或作犛或作斄皆同**旱暵**呼旦反**趨以**劉清須反**采齊**本又作薺徐私反**朝廷**直遙反下同**作跢**倉付反**鼓陔**改才反**撞黃**直江反**采蘋**音頻**采蘩**音煩**毋怠**音無下同**視瞭**音了**令相**息亮反注及下同**冕見**賢遍反下注同**饗食**音嗣下注蔬食同凡言饗食皆放此**遂倡**昌亮反**治訟**直吏反**大胥之版**音板**之酎**直救反**適子**丁歷反**以上**時掌反下六上同**舍采**音釋下音菜注同**蔬食**所居反劉音蘇**以下**戶嫁反**曲折**之設反**爲大**于僞反**不紕**匹毗反劉博鷄反**比樂**鄭如字下同比校也杜毗

志反次比也鄭大夫四婢反具也為庇四婢反陳數所主反大昕音欣

小胥觵古橫反本或作觥同兕徐履反其觩巨樛反而撻吐達反抶

也勑乙反又勑栗反荆扑普卜反士犆音特本亦作特筍息允反簴音巨去

其起呂反下同縏纓步干反以朝直遙反辟王音避為堵丁古反

大師匏白交反玄枵虛驕反娵子榆反訾子斯反大梁如字

劉音秦降婁戶江反貿[illegible]音茂取妻七喻反土墳盧袁反

曰興虛應反注皆同治道直吏反下治功皆同言鋪普吳反又音孚為之

于偽反下為之為作皆同歌邶步內反知仁音智擊拊音撫鼓朄音胤小鼓

也道音導引之引並音胤授將子匠反下同士卒子忽反下同大

呼火故反數怒所角反之行下孟反下同小師搖之

音遙本亦作搖飴以之反餳辭盈反李音唐篴筩音動有椎直追反六

篪音池篴音狄併而薄冷反令奏力呈反應鼙薄西反

喪與音預其和戶卧反錞于音淳本或作淳瞽矇世

奠音定繫戶計反注同以刺七賜反瞍賦素口反德行下孟反怵

懼勑律反北本作休眡瞭擊頌衆家不音當依字或音容相贊息亮反注

同鼓鼜音戚愷樂音洛疾數音朔典同聲碮古本反或胡本

反陂聲彼義反聲韽劉音闇又於贍反或於感反李烏南反侈

聲昌氏反又式氏反筰側百反弇沈或音掩劉於驗反甄音震注同作硍音艱又苦

耕反字林音限云右聲鏗苦耕反鎗初衡反劉初耕反昔唶口口反側百短罷

皮買反字或作䍦音同桂林之間謂人短爲䍦䍦音苦買反韽烏南反當蹕音婢李又孚萎

反一音豐已反或音蒲年反正傭勑龍反形太上大音泰下形大下大厚同舊荒訟反上音時掌

反飛鉆張林反又其廉反或音沾劉又渠金反說文云鍾鑷也一曰膏車鐵鉆鉆音約紗反涅

乃結反劉其兼反鴂殺色介反色例反舊約也舊如字戚於教反掉也徒弔反劉
奴較反之齊才計反注同廣古曠反長也音亮反
磬師教縵莫半反杜音慢學操七曹反鍾師夏納
本或作納夏齊夏側皆反本又作齋祴夏音陔古哀反驁夏五羔反劉
五到反使臣色吏反與聞音預繫遏於葛反執傹音競詩作
競穰穰如羊反合好呼報反和之胡卧反笙師龡
昌垂反竽音于舂牘音獨或大録反七空音孔下同髤香牛反或七利反
韎之莫于反鎛師以鼓扶云反將趨左傳作掫音莊九反
杜注云行夜籥章豳彼貧反注邠同蒯苦對反劉苦壞反桴音浮
伊耆又作帆阢二皆音耆中春音仲下同以樂音洛田畯音俊饁于輒
反劉乎法反而索色白反為其于僞反勞農力報反穫稻戶郭

反 躋堂子兮反 無疆居良反 鞮鞻氏曰任音任下同

典庸器博選胥兖反 從者子容反 爲鐻音距舊本作此字今

或作虡 大卜三兆音兆亦作垗 之釁許靳反沈一依[illegible]氏音問云依字作舋舋

玉之坼也龜兆文似之占人注同 呼劉火嫁反又音呼坼之呼 謂繇直又反下同 又[illegible]反

坼也勑白反 曰濟節細反又子禮反 曰圛音亦 曰蟊音蒙劉莫遘反沈音謀

抴時設反劉音舌 虙音服 戲本又作戲音羲 重之直龍反 三夣音夢本多作夢

觭夢居綺反注掎同又紀宜反杜其宜反 咸陟如字或音得 作緷胡本反字林云大束

也說文音運云緯也翬音徽 爲煇音運 視祲子鴆反 曰瘳勑留反 以命

龜命亦作令 謂畱音宙 見吉賢遍反 鮒也音附左傳作魴 演其以善

反 視高音示下同 冢適丁歷反 竟界音境 疆居良反 鄭田音遷

胥近附近之近 令可力呈反 蓺也人悅反 龜燋哉約反 西塾

音孰舊音育　卜師　謂與音餘　辨龜如字劉皮勉反　左倪五計反又五未反　後弇於檢反　龜人　繹音亦　果魯火反注贏同　靁力胄反又如字　龜郤起略反　乾解音蟹一音佳買反　釁龜許靳反

垂氏本又作垂同時髓反　燋哉約反李又粗堯反一音哉益反　契苦計反劉苦絜反　薪　樵在消反　楚焞吐敦反又徒敦反又在悶反又祖悶反一音純李一音祖館反　謂炬其呂反　焌音俊又存悶反又祖悶反李祖館反　戈鐏存悶反劉祖悶反　契柱張主反

占人　八簭音筮　龜長如字下同　則毄音係　以比毗志反音必履反　一中　否丁仲反　簭人　巫更九巫皆音筮出注　巫比毗志反注同　僉也七廉反　不說音悅下同　相簭息亮反注同　者與音餘　占夢本又作寢音同　建

厭於琰反　休王于況反　倮魯火反　而轉如字又張戀反　入郢以井反劉餘政反　有適直革反　噩五各反注鄂同　覺時古孝反下同　寤本又作寤五故反　幾

綏如字又音祈　乃舍音釋注舍萌同　萌亡耕反　去故起呂反　始難戚乃多反劉依杜乃旦反注以意求之難字亦同　磔陟百反　穰如羊反　眡祲　十煇音運　炁也音氣本亦作氣　曰鑴鄭許規反劉思隨反或下圭反　曰曹亡鄧反　曰隮子兮反　鄉許亮反　如暈音運本亦作煇音同　白虹工音洪又古巷反劉古項反　則弊必世反下注同　斷丁亂反　大祝　六祝之秀反後除大祝宗祝諸官皆同以意求之　永長如字　遠罪于万反　曰造七報反注下皆同　禬戚古外反劉音會　禜音詠　祈嘄音叫劉音禱　爲有于僞反　號戶羔反　呼火故反　作見賢遍反　是禡莫駕反　禜社烏營反　焫焫章搖反　瀸滅子廉反　四曰會如字注同　畀婢支反　諶市林反　蒯苦怪反　聵五怪反　在難乃旦反　自佚音逸　德行下孟反　閔天音旻武巾反　不憖魚覲反　蟧蟧求營反　在疚九又反　尼父音甫　奐焉音奐　九京音原　齍號音咨　美稱尺證反　大

武如字劉音泰剛鬣力輒反香其音基嘉蔬所魚反劉音蘇衍
祭音延炮祭百交反兼也劉依司農白交反擩祭而泉反一音而劣反劉又而誰反繚
祭音了劉音料共祭音恭注同虞芮人劣反又而歲反下同爲坐才卧反從
持胏劉沈皆子容反今本或無持字從則如字禮殺色界反劉色例反左郤去逆反又
起略反執食音嗣猶徧音遍下同九𢱭音拜下同䭫首音啓本又作稽
振動如字李依大夫音董杜徒弄反今倭人拜以兩手相擊如鄭大夫之説蓋古之遺法奇𢱭
紀宜反褎𢱭音報享右音又勸也相近附近之近哀動徒弄反倚
拜於綺反下同撎於至反即今之揖爲事于僞反使者所吏反朝
獻直遥反大禋音因司烜況彼反爲祊必庚反隋釁許規反又
思恚反後同右亦音又令皐皐音嗥戶高反劉戶報反爲卒劉子忽反嗥呼
火故反相屍息亮反下同洱彌爾反相飯扶晚反贊斂力驗反付

綀付音附出注復梯他兮反猶語魚據反下同祓社芳弗反劉音廢以
從才用反一音如字下注同舍奠音釋一音赦山川與音餘小祝彌
烖依注音救云龠反下注同遠皐于万反熬五羔反爲名音銘下取名同縜
末勑貞反竹杠音江重木直龍反下同粥之大反又音育盛以音成二鬲
音歷可別彼列反識識並傳志反一讀下識如字斯盡津忍反蚍音毗蜉音浮
四種章勇反下同西坫丁念反道齎音咨遣奠弃戰反作禩
音祀無令力呈反下令可同喪祝爲披彼寄反下同倡帥昌亮反
傾戲音虧菆塗才官反龍楯勑倫反及朝直遙反注皆同御匶
音舊離其力智反下同飯於扶晚反還車音旋一音回鄉外許亮反執
翿音導與更音庚說載吐活反注同劉詩悅反去棺起呂反四翣所甲
反本亦作箑安錯七故反便其婢面反窆之彼驗反劉補鄧反桃厲劉音例記

作菀黍苕穰也音例亦音列 惡之烏路反 亳社步博反 而棧劉才產反一音士諫反

甸祝表貉莫駕反注禡同 甸以音田下文同 舍奠音釋下同 乃屬

音燭 鎑于輒反 禂牲音誅一音禱 別其彼列反 爲馬于僞反下同 令佅

音誅字林音朱 司巫巫尪烏黃反 共匰音丹 及蒩子都反 爲

鉏子都反下同 鉏藉慈夜反下同 租飽劉上音緬又音卷下音苞又音弭沈租音子餘

反 茅裹音果 爲神于僞反 刌茅音忖 守瘞於例反 下禓

音傷 男巫望衍依注音延 爲之于僞反 爲䰖音曽 彌兵

與弭同及下救皆亡氏反 女巫上巳音祀 旱暵呼旱反 繆公音穆 縣

子音玄 暴巫蒲卜反 大史之治直吏反下注其治同及 爲王

于僞反下爲有同 厎曰音旨 于朝直遥反下同 攷焉音考 爭訟爭鬬之爭 則

辟婢亦反劉芳益反注同 抵冒丁禮反 中數所主反下同 作叶音協 爲

汁音執又音協劉子集反與大師音泰注大師同抱式劉音勑今俗音如字焉
知於虔反夾日古洽反劉古協反當先悉薦反遣之弃戰反注同其行
下孟反舍筭音釋以盛音成中則釋丁仲反於竟音境
小史奠音定繫世戶計反注同昭穆如字或作邵音韶校比毗志反
馮相氏音憑下息亮反以會如字注同以見賢遍反下皆同南僞五和反直
某音值保章氏文識音志又音試又如字下同運本又作煇又作暈音同
朓他了反晦而月見西方側匿女力反劉吐則反朔而月見東方曰側匿亦名朒朒女六反有分
扶問反注同參爲所林反娵訾上子須反下子斯反降婁戶江反彗似歲反又
息遂反孛音佩之相息亮反下同內史八柄本又作枋兵病反王
治直吏反下同興父音甫遬吐歷反王匿吐得反食九音嗣下同牘
也音獨外史令下戶嫁反之乘繩證反檮徒刀反杌五忽反

反三墳扶云反使于所吏反注同御史之治直吏反注及下凡治同
數凡所主反見在賢遍反巾車錫音陽樊纓步干
反下同二斿音留盤華步干反三重直龍反罽居例反緌幓所衡
反又所廉反則屬音燭大旂其依反以賓如字劉沈方刃反婁頷
戶感反率以音律又音類以朝直遙反注皆同龍勒如字戚音尨條纓
依注作鞗他刀反鞔莫干反前樊依注作翦子踐反淺也鵠纓戶篤反重
翟直龍反注同朱總作動反厭翟於涉反注同繢戶對反鷖烏兮
反劉烏計反坐乘繩證反下皆坐乘同或如字鷖緦戚云檢字林蒼雅及說文皆無此字衆家
亦不見有音者唯昌宗音廢以形聲會意求之實所未了當是廢而不用乎非其音也李兵廢反本或作緦恐是意
改也作繄烏兮反著馬直略反兩鑣表驕反幨車昌廉反潼
容本亦作潼詩注作童皆音同衡輨劉音管一音胡瞎反謂蔽劉音弗下及文並同

一音少世反見於賢遍反下同去飾起呂反下去戈去毛同有握劉音屋下
馬皆作幄烏學反沈云劉音非輧車薄經反連車音輦本亦作輦組輓音祖
青晚有翣所甲反從容七容反爲輇市專反爲翳烏帝反
爲⿰馬毛爲⿰鬲毛並音獵⿰馬毛或音毛五乘繩證反下五乘同犬複莫歷反
尾橐沈音羔劉姑道反謂蠃魯火反劉又音果覆笭力丁反劉又音泠
爲揟本又作偦同思如反之弢吐刀反之緣悅絹反下同攝菔音服虎
賁音奔子劍古堯反又音昭棼蔽扶云反堊車烏路反又烏洛反爲
蕡扶文反作⿰車蔵音揔又音藻李一音倉會反萑音丸髤飾香求反爲
⿰車次音次爲桼音七垸之胡翫反豻複五旦反胡犬也此禫直感反
夏篆音瑑直轉反縵莫干反棧車才產反又仕板反有約如字又於
皃反下同方箱息羊反散車素旱反輜車側其反有沽音古入

齎音咨以償時讓反遣車弃戰反注同從車才用反注同敝

車婢世反不任音壬以和胡臥反下相應和同警衆音景爲軨音零劉音

領　典路用說書銳反舍車也注及下稅說并注同有朝直遙反下同趣

馬倉口反贅路章銳反又作綴張衛反左摯音執上計時掌反屬

車音燭路從才用反注及下注同車僕之萃七內反副也下及注同

廣車古曠反注同苹車薄經反又薄田反輕車遣政反注同橫陳

直刃反下同猶屏并領反又薄經反公喪息浪反四十乘繩證反下千乘乘車同

爲軿薄經反司常爲旜之然反鳥隼息允反爲

旟音餘爲旐音兆爲旞音遂徽識式志反又音志又昌志反下同所被

普皮反又皮寄反著緌丁略反又直略反大閱音悅升朝直遙反下朝各就同

扞難乃旦反辟害音避題別彼列反下相別同亡則音無解說

吐活反李一音胡霸反斃之娉世反劉薄許反仆之薄北反一音赴甸亦音田獲旌如字

都宗人之壝唯癸反劉欲鬼反禱祠本亦作禱

丁老反一音丁報反報塞西代反家宗人居句紀慮反下紀具反

繭栗工典反齊肅側皆反其知音智曰覡胡歷反李音胡鬩反

令此力呈反物髟眉秘反以禬依注胡對反劉又戶外反之札側八反又

音截炭墠音善螭髟勑知反

經典釋文第八

經典釋文卷第九

周禮音義下 起夏官盡考工記下

唐國子博士兼太子中允贈齊州刺史吳縣開國男陸德明撰

夏官司馬第四

司馬 音餘衆也 行司馬 戶剛反注同行行列也 軍將 子匠反凡軍將將帥之類放此 師帥 所類反下將帥之字皆同 爲卒 子忽反後皆同 卒長 丁丈反卷內不出者放此 一比 毗志反 大祖 音泰下大師及下文大僕同 皇父 音甫 旣癥 本亦作敬京領反 見於 賢遍反下同 廣有 光浪反 作勛 香云反劉音勳 賈四 音嫁注及下同 量人 音亮或音良下同 猶度 待洛反下同 司爟 古喚反 爲燋 哉約反李又音灼 若觀 古喚反下同 火與 音餘 掌疆 居良反注及後同 環人 戶關反劉戶串反 卻也 起略反下同 挈壺 劉苦結反一音結又戶結反 盛

水音成 射鳥氏食亦反 搏鳥音博一音付本又作捕音步 掌畜許六
反注同劉許又反 虎賁音奔下同 世爲于僞反 放想方丈反本或作倣音同
事褻息列反 弁師皮彥反 大稱尺證反 鎧也苦愛反 戈盾
常允反又音允 句子古侯反下音結 矢箙音服 稾人古老反 箭幹如字沈古
旱反 參乘繩證反 齊右側皆反下齊僕弁注同 大馭音御 朝覲直遥
反後朝覲皆同 朝朝上如字下直遥反 莫夕音暮 校人戶教反字從木若從手旁作是
比校之字耳今人多亂之注佼之校人同 趣馬七口反劉清須反注同 阜一才早反 趣
養清須反又七口反一音七句反 蹶惟居衛反 牧師舊音目劉音茂沈音木 度
人所求反 數也色主反數之同 圉師魚呂反 乘一人繩證反注同 麗
一人如字稱也 訓道音導下同 邍音原 撢人他南反與探同 以語魚據
反 大司馬 制畿音祈 別也彼列反下皆同 樂業如一又音洛下音五

數反 監國 古銜反 詰禁 去吉反 鄉民 許亮反 比小 毗志反注同親也
九伐 如字劉扶發反 馮弱 皮冰反馮猶乘陵 眚之 所景反 瘦 所又反 粗
者 音麤本亦作麤 其竟 音境 則壇 依注作墠音善 墠之以 徒旦反下同本
或無之者 荒蕪 音無 坐殺 才臥反 放弒 本又作殺同音試 獸行 下孟
反 悖人 必內反 去之 起呂反 夫唯 音扶 聚麀 於牛反牝鹿也 乃
縣 音玄注同 治象 直吏反 挾日 子協反 有分 扶問反 所共 音恭
凡供字皆作共後放此 假令 力呈反 中春 音仲下放此 列陳 直覲反下之陳
可陳陳前徇陳行陳巡陳皆同餘以意求之 蒐狩 所留反 辨鼓 如字劉方莧反 鐸
直各反 鐲 直角反 鐃 女交反 賁鼓 扶云反 將軍 如字本或作軍將
執提 徒兮反 鼙 薄兮反 謂鉦 音征 讙 火官反 嘵 女交反 攝
提 爾雅云大歲在寅曰攝提格 䟽數 音朔下注䟽數同 表貉 莫駕反注同 火弊

婢世反劉薄計反後射食亦反下王射同其豵子工反獻肩詩作豜音同施
生式䜴反爲禡莫駕反茇舍蒲末反撰車息轉反又仕轉反注音算息緣
反萊沛步未反一音貝又普貝反謂數色主反簿書步古反後簿書皆放此
徽識音志一音試下同朝位直遥反被之皮僞反下同治於直吏
至比毗志反鄉甀直僞反不見賢遍反享礿餘共反不孕羊證
反去不趣吕反大綏而誰反下同各書音畫出注雲氣本或作气同
獮田息淺反祀祊音方出注皆殺如字劉色界反大閱音悅空辟音
避芟除所銜反令車力呈反下令走同田卒子恤反汚萊音烏
正行戶剛反下行列行陳皆同什也音赴鄉表許亮反搢劉如字又音箭一音初洽
反扑普卜反甘誓如字劉胡甘反摝音鹿李扶表反鐸待洛反涿麃
丁角反沈音濁劉音獨過闛吐剛反闟吐臘反劉湯荅反過琅音郎車驟馬

在救反劉才邁反　先人悉薦反　三闋苦穴反　且卻起略反　呂和胡臥反　爲
止于僞反下爲相疑同　以分扶問反又如字注同　易野以豉反注同　壘門力軌反
驅逆起具反又如字　逆要於遙反　如箸直慮反　有繣戶卦反劉又胡麥反
或音卦　自畀必二反與也　曰豝音巴本亦作巴　爲慎如字亦音辰　麎音辰又音
腎止尸反麎麋牝也　三豵本亦作豵子工反　皆駴本亦作駭胡楷反李一音亥　皆譟
素報反　鼓⿱付鼓音符又芳甫反　饁獸于輒反劉于法反　享烝之升反後皆放此
以從才用反下同　比軍必履反注同或毗志反劉方百反　作庛四是反劉芳美反具也沈
方二反　眡事音視　秉鉞音越　猶道音導　城濮音卜　則厭於涉
反李一音於入反注同　於殽戶交反劉音豪　鄉師許亮反　弔勞老報反注
同　則相息亮反注同　與慮音預又如字注與謀同　屬其音燭注同　植直吏
反注同　華元戶化反　楨也音貞　饗食音嗣後饗食皆放此　遺奠

弁戰反後遣奠遣車之類皆同　司勳治功直吏反注同若咎音羔

縣音遙以識音志般庚步干反從與音預國正音征注同本亦作征

少府詩照反　馬質物賈音嫁注及下同無種章勇反下同

以亢苦浪反又音剛下同御也魚呂反本亦作禦下同禁去起呂反小子注去之同

以縻亡皮反內更音庚下及注同償也不任用音壬又而鴆反乃復扶又反

月直音值爲傷于僞反

量人市朝直遙反下及注同州涂本又作塗國分也扶問反還市如字劉户串反

支湊七豆反肉炙章夜反奠竁昌絹反苞筲所交反

斝歷古雅反劉依司農音嫁琖側産反劉本作湔音同之蝦古雅反

小子羊肆依注音鬄他歷反一音餘四反衈折之設反掌珥依注音衈而志反後同一音仍

祈于音機作禩音祀爲刉音機字書云劃也一曰斷也或古愛

反又公的反　字與音餘　侯禳如羊反　謂磔陟格反　以豭音家　徇

陳辭俊反

羊人食饗音嗣本又作飧饔　爲毗此徐賜反與漬同　楢羊久反　燎良召反

其貫音古　司爟作子洛反　槱羊久反又音由　見於

賢遍反　掌固枳棘居氏反　刺者七賜反　遞守劉待

禮反又待計反　塹築七豔反　凡守者劉收又反注凡守者下有守同　難易以豉

反　妄離力智反　巡行下孟反下皆同　爲衆于僞反　解惰佳賣反　鼜

音臧　造次七報反下同　將趣莊久反劉祖侯反杜七柱反　者與音餘　相近附近

之近　與燎音積　之竟音境注及下同　司險猶徧音遍　洫況域反　澮

古外反　畛之忍反

侯人道治直吏反注道治及下方治同　何戈胡我反又音河　與祋都外反劉

睹律反于朝直遙反轘轅戶關反
環人以蒐側留反劉子侯反撊馬音兩又音亮掉徒弔反又奴孝反鞅於兩
反折之設反下同馘古獲反執俘音孚軍慝他得反搏音博又房
布反劉音付諜音牒反間間廁之間降圍戶江反注同降鄣音章劉諸
讓反挈壺氏畚音本為軍于僞反下爲沃同縣其音玄
下皆同令軍力呈反以盛音成下同稾假彼錦反劉方鴆反讙呼端反
囂五高反一音許驕反省煩所景反事便婢面反聚欜音託次更
音庚下同相敲苦交反又苦教反行夜下孟反共百如字火爨七端反
射人見君賢遍反下同不與音預西鄉許亮反朝燕直遙反下
文及注皆同詔相息亮反下及相觚同以齋側皆反治遂直吏反射三侯
食亦反下及注射侯所射射牲射豕皆同三獲如字劉胡伯反五正音征下及注同豻侯五旦

反劉音鷹注同肆之劉餘二反一音四九重直龍反長杠音江有貙勑誅反下

同言正音政下志正大射正同能中焉丁仲反下文注射中中侯同去白起呂反下去扑同

之廣古曠反曰鵠古毒反下大夫戶嫁反下天子同以上時掌反下上曰以上同

德行下孟反善搏音博劉音付而擬本又作儗同度焉待洛反參

七讀爲摻素感反干五與豻同五旦反告卒子恤反注同史數所主反注同去

扑普卜反劉方遴反說文父豆反貙劉力朱反一音如字夫介劉古拜反注及下同

之倅七內反劉倉愛反夫從才用反注同比其毗志反苛罰音何又呼

何反朝位直遙反下皆同

服不氏擾之而小反馴也劉音饒熊羆彼皮反馴也似遵反一音脣熊

蹯音煩掌也抗皮注亢同苦浪反劉公郎反巾車如字劉居吝反者中丁仲反

射鳥氏食亦反下射鳥同鳧音扶鷹鴇音保鴞于苗反毆起俱

烏鳶弋專反善鈔初教反又初交反便汙婢面反劉待綃反并夾

音甲著侯直略反鍼箭其炎反李其嚴反沈云或作鉆

羅氏卑居音匹又如字羅襦女俱反或音須注繻同索饗色白反

衣繁女居反字又作袽中春音仲

掌畜阜蕃音燔注同鵞五何反卵鳥劉本作卵音卵鶩音木

鶉音純鴽音如

夏官司馬下

司士之版音板王治直吏反下注治處同奠食音定乃食音嗣其

論魯頓反下同又如字任官音壬正朝直遥反注下皆同後內朝外朝朝聘朝覲視朝朝位

之類放此以意求之南鄉許亮反下注同大僕音泰下放此宿衛音夙劉息就反

士擯必刃反逡遁七巡反下音巡告見賢遍反主食如字劉音嗣

詔相息亮反　昭穆上招反後同　長幼丁丈反　士從才用反注并諸子職同

使爲色吏反又如字注士使命使同　介音戒　歸脤上軫反　質斂力豔反　執

披方寄反注同　有守劉手又反下皆同

諸子之倅七內反　教治直吏反注同　大子音泰下注同　卒伍子忽反前

後注及下皆同　弗正音征下國正同　適子丁歷反

司右　齊右側皆反　而比毗志反注同　其乘繩證反　屬其音燭注皆

屬同　殳矛音殊　虎賁氏音奔劉方問反　先後悉薦反下戶豆

反又皆如字　出將子匠反　局分扶問反　梐薄禮反　枑戶故反　之難

乃旦反　葬從才用反下并篤服氏從車從尸車同　所馮皮冰反　四方使所吏反注

及下同　旅賁氏　戈盾常準反又音允　夾王古洽反劉古協反後放此

則衰七雷反　則介音戒　被甲皮僞反

方相氏時難乃多反注同毆疫起俱反魌頭音欺先匶悉薦反下音柩之道音導下同入壙苦晃反又音曠方良上音罔下音兩注同又並如字夔求龜反大僕與遽其據反窮寃於元反上變時掌反傳張戀反下文同急聞如字劉音問肺石芳廢反遽令力呈反郵驛音尤參乘繩證反辟王音避劉苻亦反之眚色景反窆彼驗反注之封音同劉皆逋鄧反而傰補鄧反氾祭芳劒反縣喪音玄注同謂免音問髽莊瓜反弔勞力報反下命勞後弔勞皆同則相息亮反注及下并御僕職同小臣觀苑古喚反盥音管祭僕不與音預注同歸胙存故反臂臑奴報反字林人于反又云羊臭反折之舌反九个古賀反注同御僕奉槃芳勇反爲王于僞反持翣所甲反夾蜃展軫反劉溥忍反序更音庚隸

僕之埽素報反注氾埽洒埽同除如字劉直庶反糞方問反洒所賣反劉霜寄反

唯桃勑彫反曰拚方問反本又作坋同灑也所買反劉霜寄反乘石如字劉常烝反

上車時掌反下同有扁邊典反蹕音畢儆字又作警音景弁師聯數所主

反冠卷起全反當簪莊林反廣袤音茂冠繼所買反劉霜綺反象

與音餘采繅音早司農云古藻字邃延息遂反劉詩遂反二斿音留下同屬兩

音燭鷩必滅反希衣張里反劉豬履反諸侯依注侯音公瑉玉本又作珉士貧反

玉瑱吐練反作璑音無會五采劉古外反注同井膾擓二字亦同或一音戶外反玉璂

音其本亦作琪象邸丁禮反乃著張略反反紒本又作紒音計如綦音其下同縫

中扶用反下同如薄劉芳惡反下柢丁禮反劉音帝辟積必亦反劉博歷反下同

司兵干櫓音魯卒兩子忽反下同廞虛金反興也虛應反下同干

笮字又作筰側白反劉舟伯反司戈盾乘車繩證反後

乘馬陪乘參乘皆準此注王所乘車依字讀　扶蘇與音餘
司弓矢其守劉手又反亦如字下攻守同　藏才張反沈如字　中春音仲下同
矢箙音服盛矢器也以獸皮爲之詩云象弭魚服　盛矢音成　射甲食亦反下以意
求之　椹質張林反　夾弓古洽反劉古協反　庾弓師儒相傳讀庾本或作庚　豻
侯音岸又音鴈　使者所吏反注同　蹲甲音存劉才官反　參侯素感反
則易以豉反　爲韔戶根反一音魂或胡本反李音良一音居言反又音很　利攻如字劉音
貢　非強其丈反又其良反　枉紆往反　絜劉苦結反又音結一音戶結反弩矢也　鍭
音候劉音侯弩矢　矰音增　茀劉扶弗反李一音孚忽反一音敎或音弗弩矢　庳方二反弩矢
散射素旦反注同　言中丁仲反下中深射中同　結繳章藥反　刜也孚物
反　後訂丁李音亭呂忱同劉當定反　軒輖音周一音丁二反　痺病方二反　倫
比方二反　弊弓婢世反惡也徐扶滅反　之衺初危反　而圜音圓　得與

音積 并夾 音甲注同 乘矢 繩證反四矢曰乘矢 矢箙 劉奴輒反又女十反 物
從 才用反 籠 魯東反 爲其 于僞反 則更 音庚注同
繕人抉 古穴反注同 彄也 苦侯反 韝 古侯反劉云彄字之異者 扞 胡旦反 抉
矢 子協反一音戶牒反 著右 丁略反或直略反下同 若釋 劉音澤又音亦一音徒洛反
骨與 音餘 弨兮 昌遥反 無會 古外反下大會同後會計之類放此
槀人以齎 音咨後皆同 勞之 力報反 試其 音考出注 下上 時掌
反注同 見在 賢遍反 戎右革使 色吏反注使謂同 傳
王 直宣反下注傳敦同 陳中 直愼反劉直吝反 爲王 于僞反下爲衆同 玉敦 音對
劉又都愛反沈都迴反注同 歃血 所洽反徐所輒反 桃茢 音烈沈音例 盛以 音成
苕 音條 帚 之受反 齊右 側皆反下齊車齊僕皆同 王乘
劉繩證反沈音繩 右與 音餘 則拱 居勇反 卻行 音却

道右從車才用反下及注同馭夫職放此　大馭犯軷蒲末反注跋涉

同　下祝之又反　菩劉音負一音倍　芻初俱反　轢之音歷　險難乃旦

反　別異彼列反下同　磔犬陟格反　取羝下兮反　乃舍音釋　兩

軹音紙　祭軓音犯注軓同　爲軒劉音鷄　當重直龍反　兩轊

音衛　軌當媿美反又音犯　釆薺才私反　爲鈴音零

戎僕自將子匠反　王倅七內反副也劉倉愛反

齊僕以賓如字劉方刃反　王乘車如字

道僕朝夕直遥反注朝夕同　朝朝上如字下直遥反　莫夕音暮

田僕循行下孟反　驅逆如字又起遇反後同　逆衙本又作御同五嫁反

植旌直吏反樹也又時力反　植樹如字一音豎　比禽毗志反次也注同　種

物章勇反下同　數之所主反　人扣音口下同

校人三乘繩證反注及下注乘四同四圉魚吕反爲皁才早反趨馬倉走反劉沈清須反下同爲轂音計本又作繫爲廄九又反八麗依注八皆音六此應應對之應之筴初革反騋音來牝頻忍反劉扶忍反數與音餘下禮與同降殺所界反無令力呈反下令皆同近母附近之近駣徐音肇劉音道李湯堯反沈徒刀反爲其于僞反下爲蹄齧同蹄齧大計反又音啼後同騬音繒又音繩臧僕子郎反相士息亮反見成賢遍反下同從車才用反毛馬如字劉莫報反執扑普卜反劉方遘反遺人唯季反貍之亡皆反本亦作埋祈沈直金反劉直蔭反使者所吏反注同趣馬駕說始銳反居治直吏反注同牧庌音雅後同巫馬相醫息亮反注同其賈音嫁注同徐音古粥之音育賣也牧師中春音仲注同累牛力追反劉音類

廋人佚特音逸散馬素但反注同聒馬古活反毋令音無下力
呈反下使令同括押音甲中物丁仲反不復扶又反以上時掌反下同
牡驪茂后反下力知反絶句牝玄頻忍反絶句駒褭奴了反劉音繞郭璞音同
劉義異鄭圉師除蓐音辱茨牆在私反翦闔戶臘反爲詩
五嫁反廡也亡甫反庇馬必二反又音祕苫也傷占反鈇椹方苻反
所射者食亦反圉人捧衆家並扶恭反
職方氏七閩云巾反又音文又云千反漢書音義服虔音近蠻應劭音近文鄭氏音旻九
貉孟白反六畜許又反下皆同芉蠻亡氏反劉音如芉鳴近米李云今周禮本或無
此字國語則有會稽古外反澤藪素口反具區起俱反其浸
子鴆反本云作寖爲陂彼宜反灌溉古愛反鑴也音臘篠也素了
反鳷音交鶄音精雲瞢亡貢反劉亡鳳反李一音亡雄反藾湛直減反劉

又音沈李唐感反　華山如字劉胡化反　圃田布古反　熒洛戶扃反　波溠
音詐左傳音同李莊加反字林同劉昨雖反云與音大不同故今從高貴公　絲枲思似反　六擾
而少反徐劉音饒　中牟上如字下莫侯反李中音仲牟又無不反　泆爲音逸　曰播音波
下同　既都張魚反本或作豬　沂山魚祈反　淮泗音四　沂沭音述李一音餘戍反
明都禹貢作孟豬今依書讀　睢陽音綏　東莞音管劉音灌　爲洙
音殊　大野如字劉音與　河泲子禮反　盧維上音雷下於恭反　鉅野音巨
雍沮七餘反　雍州於用反下注州名同　涇汭如鋭反李又而類反　在汧徐口千反
劉苦見反李一音空定反　在豳彼貧反　汭⿰土九弓六反詩作鞫　貕養音兮　般
陽步干反　楊紆於于反　汾扶文反　潞音路　長子丁丈反長子縣名屬上黨
虖喚胡反李呼哥反又香刑反　池徒多反李如字　嘔夷烏侯反一音驅　在鄗徐於
據反縣名屬太原劉烏古反　鹵城音魯　此率音律又音類　徧知音遍　有奇

紀宜反亦見賢遍反比小毗志反下文比小國并注同猶女音汝國竟音境共具音恭又九用反盡朝直遙反

土方氏日景如字相宅息亮反注同度地大洛反之深尸鴆反稙張力反穉直吏反糞種章勇反

懷方氏續食音嗣合方氏相奏采豆反本或作湊好善呼報反注及下同高尚如字劉古到反

訓方氏爲王于僞反下同之傳直專反注同好惡烏路反行辟下孟反下匹亦反

形方氏華離華依注音佤苦蛙反哨劉羊售反沈且笑反佤邪似嗟反

山師岱畎古犬反劉孤茗反又孤善反

嶧陽音亦盩音釋劉呼洛反嗌音逝

川師蠙蛛薄田反劉扶忍反沈音嬪暨魚其器反沈其氣反雈蒲音丸

遂師墳衍房云反相其息亮反
匡人其慝他得反猶背音佩
撢人而語魚據反諭說如字劉尸銳反和說音悅猶鄉許亮反下同
都司馬其正音征本亦作政音下同鬷子公反戾力計反

秋官司寇第五

㓝也音刑鄉士音香注同訝士五嫁反迎也朝士直遙反卷內同司刺七賜反殺也三訊音信司約劉於妙反一音如字注同約束劉詩樹反一音如字
約辭於妙反歃血所洽反賈四人音嫁又音古司圜于權反罷民音皮下同閩隸亡巾反又音文貉隸孟百反蜡氏讀爲狙清預反注同蠅蠱以繩反掩骼更白反貍亡皆反本又作埋骴本又作胔似賜反雍氏

於勇反劉如字注同隄防丁兮反萍氏音平又蒲丁反爲蛢蒲丁反爾雅云

蛢黃蛢郭注云甲蟲大如虎豆綠色萍號蒲丁反萍蓱上音平本亦作苹同下蒲

丁反者蘋音頻寤覺音教下同司烜音毀注燬同火也爲垣劉音袁

條狼氏音滌徒歷反除也注同冥氏如字又莫歷反縻取亡皮反庶氏

依注音藥煑之煑又章預反毒蠱音古搏蟄音博劉音付下直立反翨氏

音翅失豉反又吉豉反鳥翮柞氏側百反注唶·屋笮皆同挍剝古飽反薙氏李或

作雉同他計反徐庭計反去草起呂反芟夷所銜反薀崇紆粉反徐憂群反

鬀小他計反硩音摘他歷反徐丈列反沈勑徹反李又思亦反蔟氏倉獨反蟲

蠹都路反赤犮氏赤如字一音采昔反犮徐音跋畔末反劉房末反捇拔上采

昔反徐呼陌反下畔末反劉旁末反或蒲八反蟲豸直氏反蟈氏古獲反注同劉音或又音

國爲蜮劉音或一音古獲反蝦音遐蟇音麻螻音樓鼃戶媧反又胡佳反

黽莫幸反食蛙戶蝸反劉斛佳反沈和佳反蜮乃音或短狐與音餘下官
與同壺涿氏陟角反又音濁相近附近之近主射食亦反絜清才性
反又如字囂五高反一音許驕反下同讙音歡如箸直慮反爲繣戶卦反又胡麥
反伊耆巨之反爲蜡仕詐反國使所吏反環人戶關反劉戶串反才
知音智狄鞮丁兮反曰譯音亦跛者波可反之好呼報反國
治直吏反
大司寇詰四起吉反䟫荒莫報反度作待洛反爲民于僞
反簒初患反殺音試本亦作弑糾守劉音狩注同將令子匠反上
愿音願劉又音原糾暴依注暴作恭慤愼苦角反罷民音皮注下皆同
不愍音敏劉云覲反尚書作愍音敏又作昬皆訓強寘之之豉反置也又音示爲邪似嗟
反下同著其丁略反一音直略反兩造七報反至也注同百个古賀反與音餘

兩劑子隨反文石如字劉音問封之音樹桎音質梏古毒反未
著直略反下附猶著皆同肺石芳廢反肺石赤石也惸獨其營反其長
丁丈反下及注同上書時掌反乃縣音玄注及下同挾日子協反盟約
於妙反之藏才浪反司會古外反下司會皆同之治直吏反下同斷之亂丁
亂反下注皆同弊之必世反斷也後訓斷者皆同爲憋劉芳滅反又音畢設反事比必利
反納亨普庚反劉普孟反注同下納亨放此⿺走畢本亦作蹕音畢止行也
小司寇之難乃旦反冢適丁歷反芻蕘而招反南鄉
許亮反州長丁丈反不見賢遍反賓以必刃反注同敘更音庚訊
之音信盡心津忍反讀鞫九六反爲治于僞反元咺況晚反鍼
其廉反嚴子劉音莊左傳作莊案漢書明帝名莊改爲嚴則赧女板反則喘
昌兗反聽聆音零牟子莫侯反劉無不反眊然莫報反本又作旄同不

愉他侯反徐吐豆反 德行下孟反 夫謀音扶 而鮮息淺反 叔向許亮
反 謂憔昨遥反 悴秦醉反 之後與音餘 三刺七賜反 斷庶丁亂
反後皆同 劓魚器反 刖音月又五刮反 大比毗志反注同 以上時掌反下注同 數
民所主反 鑊戶郭反 水 而辟婢亦反劉符益反一音匹亦反沈音避注同後而辟皆放
此 王道音導 宣徧音遍 入會古外反後要會之字皆放此
士師之灋音法 以左右音佐下音又注左右助也同 徇之似俊反 縣
于音玄 其觕劉音粗沈才古反 曰誥古報反 後射食亦反 閭
比毗志反下同 比追如字劉張類反 胥之如字劉思叙反注胥同 司搏音博
劉音付 事比必利反 邦汋上灼反注同 斟汋之林反下音灼 刺探
七亦反又七賜反 邦諜音牒反間間廁之間 干冒音墨 撟邦音矯 寶
藏才浪反 作𢿨劉音崩徐音朋又補鄧反 荒辯依注辯音貶 風別之

別皆彼列反下傳別及注同數條所主反紓民音舒本亦作舒傅別音附
注同約於妙反又如字亳社步各反道王音導下三公道盜賊道同洎其器反或
音曁凡刉音機劉音奇珥而志反注衈同反將子匠反干行戶剛反陳
也直刃反計簿步古反
鄉士令劾戶代反覆芳服反方士職注同汁日音協合也本亦作協下同
不中丁仲反所措七故反夾道古洽反劉古協反則爲于僞反遂士縣士訝
士職同方士畺地居良反而上時掌反注下並同鄐田
許六反劉勑六反或音勗相近附近之近上治直吏反注同下有治並同
訝士造焉七報反謂讞魚竭反則道音導
朝士州長丁丈反注同罷民音皮司圜職同外剌七賜反下同纆亡北
反示于之豉反又如字本或作寘叢棘才公反兩觀古亂反闇人音昏

繹於音亦徐音夕見於賢遍反內與音餘下國服與同呼趨本又
作趣同七須反劉音清欲反僔語徐子損反劉才官反李一音篡僔而音孚而搏音博
又音付放失音逸又如字自畀必二反齓初謹反又勑謹反劉測吝反沈劉允反毀齒也
之治直吏反下之治以治及司民職王治幷注同國期居其反乞鞫九六反劉己目反
爲治于僞反下爲治爲民同爲別彼列反下同共賈上如字下音古畜積勑六
反下子賜反又如字出者尺遂反劉勑類反又如字坐臧才臥反地傳音付注同凡
屬如字或音燭注同町畔徒頂反又他頂反比屬毗志反下及下文大比同抵冒
丁禮反上人時掌反下文以上幷注同相辟音避爲變彼驗反
司民猶去起呂反下同更著丁略反三能吐才反近文
昌附近之近司刑劓魚器反李魚界反又疑婢反刵音月又五刮反
李五骨反黥也其京反窒之本又作涅同乃結反徐丁吉反又丁結反類與音餘斷

足丁管反臏頻忍反徐方忍反劉苻人反攘傷如羊反降畔戶江反
撟虔居兆反司刺七賜反下及注同遺忘音妄注同不
坐才臥反下同而軼待結反中人丁仲反若閒閒廁之閒投射
食亦反老耗本又作旄同亡報反惷愚勅江反又貞巷反劉癡用反癡騃五駭反李
又五亥反又吐在反以上時掌反司約於妙反後及注皆同蘷子
求龜反之比毗志反又必二反者與音餘斐豹音非徐方眉反劉方持反沈芳
尾反辟藏才浪反注下皆同爲之于僞反請隧音遂
司盟子痤才戈反禮義音儀詛其側慮反與共如字
惡之烏路反臧紇恨發反劉胡沒反沈胡謁反使卒子忽反出
豭音加出行戶剛反詛射食亦反以省所景反則爲
于僞反注同職金揭而音竭璽之音徙守藏劉音

狩　以著直略反沈張慮反　揃其音戩　表識中志反又如字又音志　罰賣目

常戍反下同一音蜀　金版音板　鉼金必領反　槍七羊反　雷劉音誄沈云當爲礌郎對

反　推搏直追反下宅耕反本又作梈劉古告如字劉亦誤

司厲　賈而音嫁　舂槀古老反　謂坐才臥反下同　埶女音以汝

上時掌反　毀齒況僞反下同　犬人　用牷音全方亦作全　伏

瘞於例反徐烏計反　轢之音歷　用駹亡江反　爲祓九委反劉居綺反　祓

縣音玄　罷辜劉孚通反　凡相息亮反注同　政治直吏反

司圜　著墨丁略反　幪莫公反劉莫貢反　刑輿音餘

掌囚　梏古毒反張揖云參著曰梏偏著曰桎說文云梏手械也所以告天桎足械也所以質地　拲

劉云三家姜奉反一家居辱反漢書音義韋昭音拱云兩手共一木曰拲兩手各一木曰梏李奇音恐　而桎

之實　以上時掌反　爲王于僞反　而著丁略反徐張慮反

反

掌戮賊諜（音牒）而搏（注作膊同音普博反磔也）鈇鉞（音斧）令要（一遙反）

反閒（閒廁之閒）去衣（起呂反）踣諸（皮北反僵也）僵尸（居良反）

禁御（音禦）遠之（于万反）守圄（音又）斷足（丁管反）髡（苦門反）

守積（子賜反注同）司隸而搏（音博）爲百（于僞反注及下注同）

涅廁（乃結反）厲遮（章奢反）例也（本又作列同音烈）罪隸使令（上如字劉色吏反下力呈反沈力政反）

牽傍（步浪反注同）助轉（如字劉張戀反）

蠻隸校人（戶教反）閩隸阜蕃（扶元反下注同）

貉隸不生（如字劉色敬反）乳（而樹反）於圈（求阮反）檻（戶覽反）

秋官司寇下

布憲以詰（起吉反謹也）縣之（音玄下同）

禁暴氏橋誣（居表反）好爲（呼報反下文則爲下注皆爲同）謾誕（武諫

反一音亡半反又免仙反徐埏山反本或作慢誕音但
野廬氏巡行下孟反聚欜音託得令力呈反下欲令同轚車互
音計沈古的反迫隘烏賣反環轃戶關反本亦作轘同坻閣徐之爾反劉都禮反
磩柱音盲射邪食亦反下似嗟反隄渠丁兮反兵杖直亮反則
莫音暮操持七曹反間間廁之間
蜡氏清預反骴此似賜反注殨胔皆同殨又作漬作春子亦反李慈益反掩骼
古百反不蠲古玄反舊音圭絜也惟饎昌志反罷民音皮服衰七雷
反皆爲于僞反下爲其陷爲其虣禽同所薉紆廢反今本多作穢惡也烏路反
置楬音揭縣其音玄
雍氏澮池古外反爲阱在性反塹也擭胡化反作鄂也謂陂彼宜
反障之尚反爲壍七豔反本又作塹柞劉才伯反戚在洛反鄂也劉五格反

戫五各反 柴誓音祕 敷乃音杜 敘乃乃協反又乃結反 徐戎劉本

作郤音徐 爲苑紆阮反劉於願反

萍氏 捕魚音步 苛察音何又呼何反 沽買音姑又音故下如字一本作賣

波洋音翔又音羊 卒至寸忽反

司寤氏 行夜下孟反下行夜同 微候古弔反 先明悉薦反 星隕

于敏反 司烜氏 夫遂方苻反或云司農音苻 明齍音資注作粢

同 墳燭苻云反 庭燎力召反 爲蕡扶去反李一音婦輩反 中春音仲 爲

季于僞反下爲季皆爲同 風爆素早反又素報反 明竁昌絹反 刑劉音徐

屋劉音渥 萍與音餘

條狼氏 趨辟七須反下婢亦反又音避劉薄易反徐扶亦反注趨辟辟行人同 今

卒子忽反下衍卒同 辟車必亦反又婢亦反 車轘戶串反一音環 大丈音泰注同

行前戶剛反 以警京領反 復請劉上音服下音情
脩閭氏掌比毗志反下同 宿互如字劉息就反 國粥音育 其追如字劉張
類反 爲脩音胥又息呂反 冥氏音覓 罿昌容反劉上凶反 罦音浮 以扃
古熒反 絹古犬反一音古縣反翨氏注同 毆之丘于反後同 撾也音瓜
庶氏章預反 毒蠱音古 說禬劉音潰戶內反 嘉艸音草本亦作草
敎令力呈反 求去起呂反 燻之許云反
翨氏而掎居綺反注同 鷹隼息允反 羽翮戶革反
柞氏側百反 林麓音鹿 刊陽苦干反 斫去起呂反 其肆以四反
薙氏秋繩音孕以證反含實也注同 而芟所銜反 甍音萌 茲其音基
茲其鉏也 鉤鐮音廉 取芟音交 剗之初產反劉側展反
硩蔟氏掌覆芳復反毀也注同 夭鳥音妖後夭鳥同 若鴞于驕

反鵩（音服）縣其（音玄）從娵（徐劉沈並子須反）至荼（劉沈音餘李音舒又音徒案爾雅正月爲陬即離騷所云攝提貞于孟陬皆側留反又子侯反爾雅又云十二月爲涂音徒今注作娵荼二字是假借耳當依爾雅讀）從攝提格至赤奮若（爾雅曰大歲在寅曰攝提格在丑曰赤奮若）

翦氏蠹物（丁故反）以攻（如字劉音貢）禜（音詠）莽草（亡蕩反又莽草藥名）爲蠹（劉古毛反本或作橐他各反）凡庶（章預反）

赤犮氏以蜃（市軫反）灰洒（色買反劉霜寄反）蟲豸（直氏反）以坋（蒲悶反）淳之（之純反）貍蟲（其皆反劉莫拜反）蟨（章夜反）肌（居其反）求（本或作蛷音求劉音俱）

蟈氏掌去（起呂反注去之同）鼃（戶媧反）黽（莫幸反）牡蘜（莫口反下弓六反）爲聒（于僞反下古活反銜枚氏放此）煙被（皮義反注同）假令（力呈反注同）

壺涿氏炮土步交反注泡苞同狐蜮音或燔之音煩牡橭劉音枯杜讀爲枯云枯榆木名也劉亦音枯案如杜義則音姑山榆也爲梓音子本或作榟爲橭物居反庭氏掌射食亦反下注同嗚呼喚故反下文嗚呼同大陰音泰下文同陽與音餘譆譆許其反詘詘劉音出本亦作出銜枚氏司囂五羔反下同讙者呼九反在朝直遥反下同禁嘂音叫嗚吟魚今反伊耆氏爲函音咸去之起呂反別吏彼烈反卒子忽反杖鉞直亮反又音丈下音越大行人要服於遥反下文及注同春朝直遥反後皆同以比毗志反注同春見賢遍反徐如字夏秋冬放此更音庚迭直結反而徧音遍下注皆同時見賢遍反下文殷見同九伐如字劉扶發反之好呼報反注同殷覜通弔反之慝吐得反使來色吏

反惡行下孟反閒問閒廁之閒注同歸脤上忍反致禬音會澶
淵市然反繅音藻藉在夜反下及注同九斿音留下同樊纓畔干
反下同九乘繩證反下同介九音界下及注同車軹之氏反或居氏反擯
者必忍反後皆同再祼古亂反而酢才洛反食禮音嗣下及注皆同五
積子賜反後皆同二勞老報反下及注并小行人司儀職放此信圭音申後信圭同衣
版於既反著冕丁略反屬其章玉反幓音衫以罽居例反齊
僕側皆反當軫與音餘下是與步與皆同以飲於鴆反下同不恙
羊尚反餽之本又作饋求位反徐絕畏反柱地張矩反九飯扶晚反降殺
色界反無相息亮反注同其摯本又作贄音至見賢遍反下文壹見而
見之朝見皆同傳辭直專反齊酒才計反各下戶嫁反注同嬪物
婢人反絺勑之反劉猪履反纊音曠徐劉古曠反見傳上賢遍反下直戀反

一音上如字下直專反　屬象徐劉皆章束反下及注同　作叶音協　詞音辭　譯
官音亦　爲汁之十反叶也又音協　爲諝思叙反　耆慾市志反下音欲本多作欲
狄鞮丁兮反　重譯直龍反　才知音智　以上時掌反　齎其
子兮反　賓而劉云應言擯小行人職同　詔相息亮反注同
小行人之使色吏反注同後使者使適使之四方竹使使臣皆同　眡館音視　所
爲于僞反　瑱圭劉吐電反案王執鎮圭瑱宜作鎮音　琮才宗反　琥音虎　璜
音黃　之好呼報反　槁禬苦報反下音會　作槀古老反　敎治直吏反
康樂音洛
司儀　擯相息亮反此職內經注除相爲賓相朝相授相親相贊相待相爲國客相聘相禮皆同
壝土唯癸反劉欲鬼反　爲與音餘下尺與同　三重直龍反下三重重耳同　敦丘
音頓沈又都門反　陶丘徒刀反　昆侖力門反　三復音服或芳服反　之玷丁簟反沈

（都念反）宮縮（吐刀反）之行（下孟反）見王（賢遍反）諸侯毛（毛謂須髮也劉
本作耄音毛）皆旅（如字又音臚力於反）傳辭（直專反下除春秋傳皆同）未上（時掌反下
上傳上車同）致飧（素尊反下同）授幣（依注授音受）賓拜送（依注賓音擯下
賓使者同）告辟（音避劉薄歷反注同下客辟三辟趨辟放此）巳辟（音避）詔侑（音又）
拂闑（魚列反）中棖（直庚反）鴈行（戶剛反）還圭（音環又音旋）饗
食（音嗣凡饗食皆同）費也（芳味反）降殺（色界反下豐殺則殺及後殺禮皆同）逡
巡（七旬反）客甚勞（如字下甚勞勞辱同）客刃（本亦作從同才用反）乘禽（繩證
反下乘皮同）上下（時掌反）各稱（尺證反）束紡（芳往反）不朝（如字又直
遙反）不背（音佩）東鄉（許亮反下同）
行夫傳（張戀反注同）遽（其庶反）其使（色吏反注及下同）有難（乃旦
反注同）傳命（直宣反象胥職同）焉使（劉焉音夷）

環人殉環徐音循或辭俊反及疆居良反苛留音何又呼何反象胥

閩亡巾反又音文貉亡百反國使所吏反壹見賢遍反而賓音擯下同

相之息亮反下同

掌客政治直吏反注同侯長丁丈反注同敵用丁歷反從者才用反下注從賓同

繭栗古典反鉶音刑牲三十有六依注牲音星下牲十有八受牲禮同

二十筥姜呂反二十饔烏弄反五藪素口反劉色縷反三秅丁故反或丈加反

乘禽繩證反下及注同三食音嗣下食大牢再食壹食注不食同皆見賢遍反注下除相見見讀皆同

皆飪而甚反西夾古洽反劉古協反下同非衰初危反下同

差也初佳反又初宜反倍鼎音裴二行戶剛反下六行四行二行皆同

從陳子容反稾實古老反并刈必政反又必盈反曰總本又作緵子工反李又音揔

手把必馬反楝梠音呂一穧才計反參差初林

反下初宜反　不復扶又反　勞賓老報反　造館七報反　秏秭徐音姊劉

祖禮反　皆爲于僞反下同　愛費芳味反　芻稍所敎反舊踈詔反　煎

子然反劉子賤反　亨普庚反劉普孟反　掌訝野廬力於反　求

索色白反　道之音導下文注道之道賓道王同　退復入迎復扶又反　爲之

于僞反亦如字　之治直吏反注下同　訝爲于僞反下則爲同　凡從才用反注同　於

竟音境　詔相息亮反　掌交之好呼報反注下皆同　惡

烏路反注同　辟行音避注同　之說音悅注同　之難乃旦反

朝大夫國治直吏反注下同　君長丁丈反注同　殿之都練反

冬官考工記第六鄭云此篇司空之官也司空篇亡漢興購千金不得此前世識其事

者記錄以備大數爾

與居音預　監百古銜反　以上時掌反凡言以上放此　共工音恭　面埶

音勢以飭音勑下同以辨皮莧反具也注及下同以長丁丈反下同操也七曹
反販甫万反粤無音越鎛音博田器也注及後同燕無音烟函戶南反鎧
也後同無盧魯吳反下皆同本或作鑪偫乃直里反錢子淺反斯⿰扌周音趙
一音大了反含垢工口反鎧也苦代反爲鑪音盧下同竹櫕才官反李
音纂柲也音祕劉又音筆摩鐧力庶反夫人徐劉方無反濾音扶草蕆
音纖劉云纖字之異者燕近附近之近矜柲其巾反李其京反畜牧許又反下
音目又音茂知者音智創物初亮反依字作刱始闓音開爍金徐劉
余灼反義當作鑠始灼反合此如字劉音闍爲枳吉氏反鸛徐劉音權公羊傳同本又
作鸛左傳同其俱反鴝音欲踰濟子禮反四瀆水貉戶各反獸名依字作貈踰
汶音問水名爲貜音秦之削如字李思約思詔二反蚡胡扶云反之
笴古老反注作槀同矢幹古旦反或古旱反穮勑倫反箘其隕反李其轉反

簬音路　枯音戶尚書作楛音同　爲邠彼貧反　以泐音勒　以澤音亦李音釋　再扐音勒　後卦如字又俱賣反　解散音蟹　刮摩古八反　摶李音團劉音博　埴時職反　言拍普百反　黏土女廉反　作捖劉音刮戚音完李侯管反　臬古臬字　段桃徐丁亂反劉徒亂反　韗況万反劉音運本或作韗同　畫繢戶對反後同　筐音匡　㡛莫黃反　玉楖側筆反　陶旊甫罔反又音甫　侏儒音朱　榎屬古馬反字或作檟　爲鞄匹學反劉音僕　鞄瓷如兗反柔革工　芒芒莫黃反下同　放於甫罔反下同　甒大音武下音泰　畢宮如字劉音婢　盡力津忍反　溝洫況域反　六畫音獲　而迆以氏反後同　崇於本亦作古崈字　殳長音殊下直亮反後放此　酋矛在由反或且州反　皆捷徐劉初輒反戚初洽反　車輢於綺反劉於寄反車傍也一音起寄反　倚移於綺反下以氏反下放此　著戈丁略反　邪倚似嗟反

其樸普剥反劉音僕一音扶禄反屬章欲反下及注同戚速徐劉將六反李音促注同附著直略反下同以操七曹反作數色角反下同則易以豉反已庳音婢登陁徐丈爾反劉堂何反李音他輈人同已大也音泰劉他餓反阪也音反乘車繩證反後乘車皆放此軹音只轂末也轐焉音卜又音僕軹軎音衛旃僕之然反下如字又音卜軌廣古曠反後放此輪人輻牙音詡下皆同中冬音仲下中夏同以檀居良反其鑿在洛反又曹報反內如銳反依字作枘而合音閤又如字輪輮而久反劉音柔李而又反輪敝婢世反徐劉伏滅反幎爾莫歷反諸圜于權反均致直置反下注積致同揱音蕭又色交反又音蛸李又所感反肉稱尺證反注同易直以豉反纖殺色界反劉色例反下同一音如字揱參上色交反又音蕭劉音朔下所林反桑螵戚眺昭反劉平堯反蛸音蕭又音消其眼魚懇反其幬音疇下同劉又音濤李一音持

周禮音義下　三三

株反或一音蹈幔轂莫干反則裹音果隅見賢遍反限切魚懇反李

如字下同切音如字李倉愛反其緶依注音餅李方善反又姑杏反玉篇云鄭衆音補管反其

蚤音爪下同言餅必井反劉本頃反輪箄劉薄歷反李又方四反一音薄計反下皆

同爪牙劉音雅其菑側吏反注及下皆同不齵五溝反一音偶相佹九委

反匡剌洛割反下同如胾側吏反立梟吉堯反稹理之忍反本又作縝劉

依司農音眞一音眞不歊李戚好角反劉呼報反作秏呼報反歊暴步角反下

同劉步莫反一音蒲報反必撓乃孝反則柞莊百反則摯讀爲槷劉魚列反戚

魚結反迫唶莊百反令牙力呈反卷內皆同厚一寸胡豆反後放此而中

丁仲反詘之丘勿反度兩待洛反下度之同之阞音勒捎音蕭其藪

素口反李一音倉后反轂空音孔趨也七住反又七須反下同去一起呂反後去一去二

皆同爲賢如字劉李胡田反注同相稱尺證反下同陳篆直轉反必

數色角反李色住反　轂約烏孝反又如字　丸漆如字又胡喚反　量其音良下量其數同　鑿曹報反又如字後同　深尸鴆反下放此　大抏五骨反或五活反　而強其良反劉其尚反　不勝音升　故竑獲耕反　而殺色界反劉色例反注同　之溓依字力簟反依注音黏女廉反　衰小劉初危反一音如字　黏著直略反下附著同　爲骹胡飽反又下數反李又苦教反　近轂附近之近　人脛刑定反　揉輻而九反又音柔李又奴丑反一音而又反　火槁劉苦老反沈居趙反　平漸子廉反下同　無槷魚列反依注音涅乃結反李一音素結反　倨句音據　鑿内如稅反　樧也素結反　足見賢遍反注同　綆參方穎反下七南反又音三　不掉徒弔反　欲杼直呂反　欲侔亡侯反劉莫豆反　是摶徒丸反李又丈轉反　不甐本又作鄰音吝李一音鱗　不挫作臥反李又祖加反　瘣也胡罪反　中規丁仲反下同　萬之姜禹反李又音俱注同　蔞良主反劉音流下文同李又里俱反　縣之音玄後皆

同相直音值則𨫼陟角反難易以豉反杠中音江桯圍

讀爲楹音盈信其音申部廣古曠反劉音經下同爲下于僞反下爲兩同弓

鑿才報反蓋橑音老劉力報反鑿空音孔弓菑側吏反劉音廁

撓之乃教反剡其以冉反又才冉反庇軹方二反輨或作斡俱音管近

部附近之近蚤圍音爪幾半音祈欲卑音婢下同隤下大回

而需乃又反潦車音老車與音餘轂畝音隱不隊直類

反落也輿人參稱尺證反注同爲隧雖遂反注邃同又音

遂注燧同如鑽作官反之較古學反兩輢於綺反劉於既反下同作榷

音角植者直吏反下同轛音對又張歲反李一音都回反縶綴張歲反軨

立劉音領又音零下同鄉人許亮反中規丁仲反下音同弘殺色界反

凡居如字舊音據無弁如字又必政反偏邪似嗟反棧車士板反劉才

反反産 欲弁劉於驗反又於檢反 爲其于僞反 華鞔莫干反 易
坼以豉反下㰷白反
輈人張留反車轅也方言云楚衞之間轅謂之輈 五楘音木本又作鞪同 種馬章勇
反 齊馬則皆反 與轐音卜舊方木反又音僕 之㦰本又作減同洽斬反
率寸音類又音律下同 軓前劉音犯注同 作軋音犯 所尌音樹
與隧雖遂反 兩軶於革反 不勝音升 其孫音遜注同 無
弧音胡杜音烏 不汙李音烏一音紆 今夫音符 轅摯竹二反輖也
覆車芳服反 必易以豉反下注之易諭易同 輖也音周一音弔或竹二反 上
阪時掌反下登上同 必縊一臂反劉一計反 作偪音逼 不援音袁
其邸丁禮反 必緧音秋 作緧音秋緧同 欲頎苦佷反 典
音殄又㰷珍反注同 馬倚於綺反 利準音水又如字下及注皆同 重讀直用反又直龍

反　不𨗨杜音蹇鄭音倦　不便婢面反　不罷音皮　不契苦結反注同　需
音須又乃亂反注同　衣衽而甚反又而鴆反　環灂子召反李音在學反　之被皮寄反
沂鄂魚斤反下五各反　九斿音留　宿之音秀下同　象伐如字劉扶廢反　輿
參色林反　東辟音壁　弧韣音獨　張幓所銜反本又作縿同　又為于僞
反　下齊才細反下及注皆同　段氏丁亂反　刃削如字李音笑下同　鑒隧
音遂　錞于音淳　豆區烏侯反　鬴也音輔　錢鎛子淺反　則忍
音刃　築氏　鋒鍔五各反
冶氏　鋌徒頂反　三垸音丸　異齊才細反　槀中古老反　句子
古侯反下句兵同　援柲音秘　而邪似嗟反　以啄丁角反　必橫劉華孟反
又如字　磬折之設反　而便婢面反　曼胡莫干反　三鋝色劣反又音劣
或音環　鍰也戶關反又于眷反　萊稱尺證反　中矩丁仲反注同　輿刺

七賜反注同著秘直略反鐏祖悶反劉祖困反折與音餘
桃氏臘廣力闔反一音獵李魯頰反之莖戶耕反劒夾古協反又古洽反下
同鐔咸音淫徐劉音尋一音徒南反於把劉音霸咸必雅反易制以豉反裨
晛婢支反劉音卑笏音忽虎賁音奔說劒吐活反劉詩悅反
鳧氏兩欒本又作鑾力端反之銑先典反之鉦音征上祛丘書反徐
丘庶反之甬音勇之旋如字李信犬反蹲熊音存盤龍畔干反辟
邪必亦反下似嗟反之篆直轉反之攠音摩劉亡奇反又莫賀反之隧音遂
窐而劉烏華反徐於蛙反又於圭反似夫音符從爲子容反下同數也色主反
有說徐始銳反注同大厚音泰劉他賀反下同則柞側百反注咋同鍾掉
徒弔反則近附近之近短聞音問下同易竭以豉反
㮚氏消湅音練下同不復扶又反咸也洽斬反本亦作減同齊

許計反稱分尺證反其饗徒門反徐劉徒恩反謂覆芳服反聲中

丁仲反應律應對之應繫而古愛反思索所白反求也允臻側巾

反爲民于僞反以觀古亂反示也又如字注同使放方往反啓道音導

函人七屬之欲反下及注同合甲如字舊音閤注同謂要於遙反下同甲

鍛丁亂反不摯音至大孰音泰劉菟餓反言致直置反其鑽

作官反空音孔又如字下同其惌於阮反或云司農音鬱其易以豉反下同敗

蔵音藏本或作藏其朕直忍反櫜之音羔劉古道反謂卷眷勉反下

文同衣之於既反齘戶界反更也音庚便利婢面反

鮑人作鞄匹學反劉音樸著頡戶結反鞄北兗反人兗荼白

音徒苧蓩音酉又音秀煩擱人尊反劉而垂反或如詢反摶之直轉反或

除面反下同縳一直轉反如瑱他見反本或作顛音同不[illegible]音虧又許皮反

其著直略反下眡其著同之札側八反劉側列反者鋪普吳反又音孚著
之直略反又丁略反其線思賤反注緬同澣之戶管反而腥於角反劉音屋則
需人兗反注同作需而髓反又人兗反沾渥於角反信之音身劉音新下皆同
爲帴音踐或山箭反如戔音戔劉仕顯反羊豬戔劉音普見反依字才丹反
字林昨善反沈云馬融音淺于寶爲殘與周易戔戔之字
同亦音素干反不知其義或云字則如沈釋而羊豬戔之
語未見出處俗謂羊豬脂爲臊音素干反豈取
此乎案周禮注殘餘字本多作戔宜依殘音不𪎭音吝
或作鄰音同注同
韗人況万反衆家並音運爲鞠音陶徒刀反爲穹起弓反下同空邪似嗟
反上三音參七南反近晉附近之近之賁扶云反本或作鼖又作鼓皆同短聞
音問下同以圜音環爲獐音章謂麇俱倫反爲其于僞反易
漬以豉反鍾氏朱湛子潛反或子鴆反又音鴆丹秫音述漸

車子潛反下漚漸同淳而章均反注及下同爲纁許云反緅側留反劉徂侯反

又復扶又反以紺古闇反之縓倉絹反范倉亂反之竀敕貞反李本又作

經亦作頳者與音餘

㡛氏音荒湅絲音練下同涚水書銳反漚絲烏豆反李又烏侯反

暴之步卜反劉步莫反下同作湄劉音眉一音奴短反所泲子禮反曰涹

烏禾反又於僞反一音乃罪反以欄音練李又來殿反或音蘭渥烏豆反與漚同涯堊營同以蜃

常軫反繒人似陵反渥菅古顔反爲湛子潛反士冠古亂反白

屨九具反以魁苦迴反又作魁柎之方于反魁蛤古盍反粉之如字

劉方問反而盝音鹿而揮音輝去其起呂反朝更此一字張遙反餘皆

朝廷之朝

冬官考工記下

玉人信圭音身　朝覲直遥反下皆同　用龍莫江反　用瓚才旱反下同司農音讚　伯用將如字劉音陽　讀餰之然反　餐作旦反　下尊遐嫁反　見禮賢遍反下同　中必府結反戚如字　鹿車縪劉府結反沈音畢云劉音非也案此俗今猶有此語音如劉音蓋古語乎劉音未失　組約如字劉阿駮反　為執于僞反　失隊直類反　有邸丁禮反又音帝下文同　杼上直呂反　之珽他頂反　椎也直追反下同　閷也色界反劉色例反殺字之異者本或作殺下取殺殺文同　相玉息亮反　自炤音照　度景待洛反此下注同　祼圭古亂反注祼果皆同　琬圭於阮反　而繅音早　王使所吏反下同　藉也慈夜反　琰圭餘冉反　除慝吐得反　易行以豉反又音亦改也行音下孟反注同　以上時掌反　瑑飾直轉反　去起呂反　頫苛音何　璧羨以善反延也又音賤徑也　好三呼報呼老二反璧孔也注同　肉倍柔又柔育二反下同　之瑗于眷反劉于願反　其衺音茂　璧琮才宗

反射四食亦反注反下注同金勺上灼反注同衡四音横注衡謂並同祈沈如字劉居綺反小爾雅曰祭山川曰祈沈案爾雅祭山曰庪縣祭川曰浮沈祈音九委反今讀宜依爾雅音大祝音泰校人戶教反以覘吐弔反視也有鉏劉李測魚反沈徐加反駔琮音祖爲稱尺證反錘直僞反劉直危反之柢音帝劉作桎戶古反僢倡絹反勞力報反注同玄被皮寄反造賨七報反楖人莊密反本或作櫛雕人音彫本亦作彫磬氏倨音據句沈音鉤注同劉如字先度待洛反去一起呂反假令力呈反後皆同已上時掌反注同大上音泰劉他賀反下同磨鑢音慮其耑音端劉又音穿本或作端矢人候矢音候劉音侯茀矢依注音殺色黠反劉色例反李音拂參訂音亭劉當定反稾中古老反下同絜矢苦結反又音結矰矢音增䋞依注爲茀劉苻弗反李音拂而䋞本又作殺色界

反注下皆同令趣七踰反一音促鏃也子木反或比木反而羽于付反注及下同其

笴古老反下相笴同以辨皮勉反劉方勉反夾其古洽反劉古協反其比

眂志反下反注同能憚音怛都達反李直旦反注同李又直丹反綎十直頂反三垸

音丸則趮音躁子到反旁捽也沈又色到反掉也徒弔反而搖本又作搖羊招反

橈之乃孝反之稱尺證反搦其女角反凡相息亮反注同而

摶徒丸反瑕蠹丁故反陶人為甗魚輦反又音言劉魚建反

沈魚偃反一音彥甗也二鬴音輔鬲實音歷五觳音斛

旊人方往反髺音刮墾苦很反頓傷也薜卜革反劉薄駁反破裂也注同暴

音剝又音雹或蒲到反墳起也為其于偽反不任音壬為䫜劉音月或五刮

反一音兀又五活反墳起扶粉反堅致直致反器中丁仲反下同膞

市專反注輇同中縣音玄後皆放此既拊音附又方附反封音樹本又作樹侸

度疑紀反下徒浴反則垺芳苻反又普回反相勝音升
梓人爲簨息允反本又作筍橫者曰筍虡音巨植者曰虡植曰直吏反又時力反
贏力果反下同䵷音呲螭勑知反卻行羌略反劉去逆反仄行音側
紆行乙俱反李又香于反以脰音豆頸也以注陟又反劉都豆反一音之樹反胷
鳴本亦作骨又作胷干本作骨云敝屍屬也賈馬作胃賈云靈蠵也鄭云縈原屬也不知榮原之屬以何鳴
作骨者恐非也沈云作胷爲得亦所未詳聶音胃劉本作胷音鹵雕琢丁角反蟞屬必滅
反本反作鱉螾衍上羊忍反下如字爾雅云螾衍入耳郭璞云蚰蜒也案此蟲能兩頭行是卻行劉云
或作衍蚓衍音延今曲蟮也鼃戶蝸反黽莫幸反蜩音條蟬也蜺五兮反又五歷
反又五結反蚣思容反蝑思餘反又思呂反榮原如字原亦作螈音同又五丸反弇
口於檢反燿後所教反劉羊李羊肖反爲哨音稍劉李音與燿同沈蘇堯反頃
小音傾李一音褧銳喙況廢反一音昌銳反決如字又烏穴反吻劉無憤反戚亡粉反

數目劉音促李粗角反　顧呰顏反又權田反李又古慳反又戶弔反　遠聞音問下同

口腃音權　作牼劉呰顏反又客田反一音工定反案左傳有華牼音呰耕反　爲鬜劉苦

顏反呂忱同云鬜禿也或呰瞎反一音枯曷反　摶身徒丸反　傭勑龍反　凡玃俱縛

反舊居碧反李又九夫反　繝色界反劉色例反　援簭上音袁下音筮　蝢領許慎口忽

反云禿也劉古本反李又其懇反一音呰紇反又音混　撥龠必末反沈蒲末反　其匪芳鬼

反注下同　頹龠如字李湯過反　廢措七故反注同　作厝劉音錯七洛反又七故反　勺

一升上灼反注同　觚三升依注作觶之鼓反下同　則一豆矣依注作斗舊音

主亦多口反下一豆酒同　觚豆音孤　鄉衡許亮反注同　之長丁丈反　參分方去

反注參分下身居一分同　而鵠古篤反注下同　所射食亦反下射三侯下文射女同　兩个

讀爲幹古且反下及注同李云大鄭依字　傅地音附　擸幹力荅反　亦爲于僞反　象

率音類本又作類又音律　縜于貧反或尤粉反劉侯犬反一音古犬反　於植直吏反　籠

綱鹿工反而棲音西則春讀爲蠢出允反作也出也畫正音征下皆同三

獲如字下皆同或音胡化反謂勞力報反使臣色吏反折俎之設反猶

姕音跛下文并注同毋或音無強飲其丈反下同詒曾孫羊之反又羊志

反遺也唯季反

盧人力吳反下同戈柲音祕殳音殊酋矛在由反言遒在由反或子由

反沈慈有反言罷音皮羸劣皮反句兵劉俱具反沈音鉤下注同無彈

徒旦反注同刺兵七賜反注同無蜎於全反又於兖反李又烏犬烏玄二反或巨兖反兵

椑薄兮反注鼙同兵摶徒丸反謂掉徒弔反悁邑烏玄反謂橈

乃教反下同蟲蜎巨兖反隋他果反圜音圓則校古飽反李又侯巧反

傅人音附下及注同所操七曹反絞而古飽反爲矜巨巾反之下同

被皮義反注同去一起呂反下同晉圍如字又音箭把中音霸鐏也

存悶反劉子悶反所捷初洽反置而如字李直吏反灸諸音救封也音樹
猶柱知主反下同輓而音晚牆翣所立反本又作濯又作翣同反覆芳服反注
同軒輖音周匠人置槷魚列反注臬同作弋以職反下
杙同劉杙音子則反爲其難于僞反度兩待洛反朝夕如字經涂音塗
緶三方穎反金轄胡瞎反猶鄉許亮反兩夾古洽反劉古協反窻
初江反一音緫蜃灰常軫反堊牆烏路反又烏洛反之塾音孰劉又音育重屋
直龍反下及注同放夏方往反複笮音福下側白反度九劉直路反戚待洛反
下及注同禹單如字劉音婢堂與音餘大扃古熒反七个古賀反注及下
同闈門音韋劉音暉膷鼎音香浮思並如字本或作罘罳同高一
古報反後放此度長待洛反下同環涂如字劉戶串反作轘戶關反溝洫
況域反之畎古犬反之隧音遂本又作遂併發步頂反畎也古犬反與

畎同古今字也劉古善反所佃音田又音電二仍音刃之澮古外反園廛直連反莇音助校數音敎下色主反下此數者同以別彼列反雨我于付反徹與音餘爲其于僞反下爲其爲此同埶也音藝其率音律又音類下同通雍於勇反地阞音勒水屬讀爲注之樹反理孫音遜注同梢溝劉音蕭注蛸一音色交反螵蛸婢遥反奠水音亭磬折之設反後放此爲廞許金反水漱色救反前注同水淤於據反留著直略反淫液音亦其閷色界反劉又色例反注下同去一起呂反里爲式里讀爲已音以出注傅衆音附格格音各椓之丁角反橐橐音託葺屋七入反劉音集又子入反囷丘貧反窌劉古孝反依字當爲窖作窌假借也令甓上音零下薄歷反爾雅云瓴甋謂之甓郭璞云今甎甋裓也音階竇其音豆相勝音升車人謂之宣如字本或作寡亦作宣脛也户定反晧落胡老反本或作

顥音同劉作晧音昊柯欘古阿反之欘張玉反爾雅句欘謂之定郭云斫也句欘

音劬又音淇之定丁寧反或音如字上俛音免耒力對反劉音誄或良水反庛依注

音刺七賜反李又似斯反顡疵似斯反緣其如字沈悅戰反相中如字又丁仲反應

一步應對之應利推如字李湯雷反或作摶徒丸反謂牙五嫁反李五家

反下同本或作逆大安音泰又菀餓反下同反輮人九反劉音柔仄輮音側則

易以豉反耎者人兗反為泥于僞反下同綆寸方穎反牝服

步忍反又扶死反李扶緬反服依注音負詩音如字輪箄薄歷反謂較音角鬲

長沈於革反劉音隔厭牛於甲反

弓人既聚似主反具也檍於力反一音意劉又烏克反檿桑烏簟反杻

檍女丑反箕箙音服凡相息亮反下同鄉心許亮反則遠于万

反下遠於同近根附近之近射遠食亦反下同菑側異反又側其反沈子異反劉音廁

栗音烈李又如字　不迣羊氏反　不菑側其反　畬音餘　以鋸音據　副
析音遍反下星歷反　倚移於綺反下羊氏反下同　邪行似嗟反　裂繻音須
秋網戚色黠反劉色例反下同　紾劉徒展反許慎尚展反又徒展反與注抮縛之抮同角紾縛之意
而昔七各反下同　抮縛並與紾同縛又徒轉反　觕理才苦反又七如反　錯然七各反李云鄭且若反
瘠牛在亦反　夫角音扶下皆同　戚於子六反注同李又音促又且六反
㓙乃老反本又作腦　而休音煦下同　爲煦況付反劉音休下同　之畏讀爲隈烏回反下同
故胞七歲反　而摶徒丸反　凡昵女乙反又音職　作樴音職　爲䵒女乙反爾雅云䵒也劉沈並音刃
膱敗音職呂忱云膏敗也　必剽芳妙反戚芳昭反或扶召反後同
橌然下板反或胡簡反　登陴婢支反劉蒲佳反又房卑反　敝之敝婢世反扶掐反
嚼之才略反　惻隱本或作隱同　測度徒洛反　液角音亦下同　爲醳音亦劉沈音釋下同
眞體讀爲定下同　槷中音景　析灂子召反　復內

扶又反 則易以豉反 滑致直致反下言致同 則合讀爲洽 被弦皮寄
反 無邪似嗟反 必荼音舒下同 由幨昌廉反注同 重繹直龍反
稱尺證反下各稱同 其帑女居反 則需人兗反下注耎需同 襦有劉音須沈
音僞本亦作禣 衣袽本亦作絮周易作袽皆女居反 中陴苻支反又音卑 疏數音朔
必侔莫侯反或亡又反 纖不音灼 由挫子卧反 蹴折子六反 之隈
烏回反 恒角古鄧反又如字下同 不校古卯反注及下同 爲裻音督 緪古鄧反或
古登反沈又居肯反 爲揯古鄧反 辟如音譬下注變辟同或房赤反 終紲息列反弓䪗也
韠音祕又補結反 爲發于僞反 緄古本反劉古黿反 縢本又作縢徒登反 茭
司農古歷反鄭戶卯反 解戶賣反注同 茭讀音交下茭亦同 激發古歷反 足
掔嗚奐反 㲉之㲉戶卯反 蕭臂如字下文同本或作辟一音房赤反 於
挺勑頂反注同或徒令反 有柎方輔反下同 爲湖音胡 漂絮匹妙反下

相頡反引如引依注音譬重明直用反撟幹居兆反劉枯老反沈古了反

無燂音替又音尋或大含反鬻膠章呂反茍愉吐侯反或吐豆反其

畏烏回反其敝讀爲蔽必世反劉又博晢反宛之於阮反已應應對之應

注下皆同不罷音皮柎卑劉音婢於綱色界反劉色例反注下同而羽讀爲

扈音戶難易以豉反下同党之直庚反或之亮反又詩尚反注同沈云或音堂非辟

戾劉必亦反眾家皆匹亦反不勝音升下注同有三有讀爲又三讀爲參被筋

皮寄反擐之戶串反劉郭犬反三侔本又作桙亦作桙同莫侯反侔等也三鋝色劣

反又音劣三邸丁禮反或丁計反三斞羊主反鍰也音環又于卷反合九

如字一音閤下同豐肉如字劉而樹反忿埶音勢中且丁仲反注及下同作

數音朔以愿音願愨也一音元愨也苦角反夾臾古洽反劉古協反下音同

刷射侯食亦反注下除繳射大射小射用射外皆同獲劉胡檗反繳射諸若反

木椹張林反　棝復苦本反　若背補內反注同　角環如字又户串反

觔贄扶文反注同　斥音尺　蠖枉縛反又於郭反　枲實絲子反　上

冉時掌反　覆之孚服反注下皆同　句弓劉九具反沈音鉤　猶善音善本又作善下同

經典釋文第九

經四千八百四十三字
注一万二千三百卆一字

蘇州全書

甲編

經典釋文

《蘇州全書》編纂出版委員會 編

古吳軒出版社
蘇州大學出版社

經典釋文第十

儀禮音義

唐國子博士兼太子中允贈齊州刺史吳縣開國男陸德明撰

士冠古亂反禮第一鄭云童子任職居士位年二十而冠主人玄冠朝服則是於天子諸侯之士朝服皮弁素積古者四民世事士之子恒爲士 士冠古亂反下以意求之 筮于市例反 廟門劉昌宗音廟案廟古廟字 以蓍音尸 謂禰乃禮反父廟也 朝服直遙反注同後朝服放此 緇帶側其反 素鞸音畢蔽膝也 黑繒似陵反 再繚音了劉音遼 長三直亮反凡度長短曰長直亮反度廣狹曰廣古曠反他皆放此 上廣古曠反 以眂音視本或作視下同 皮弁皮彥反 爲緅則留反劉子侯反 六入 與音餘 自辟必亦反 卒吏子忽反 假吏古雅反 具饌劉材轉反一音士戀反 西塾音孰劉又音育爾雅云門側之

堂謂之塾以畫音獲下同闑魚列反門橜也閾音域劉況逼反門限橜其月
反閫苦本反劉音困槷魚列反蹙子六反執筴初革反上
韇音獨少儀詩召反右還音旋後皆放此識爻戶交反反
還音環一音旋作臚力居反撤去起呂反警也居領反爲
衆千偽反擯者必刃反劉方刃反曰介音界直音值下放此東
榮如字劉云榮屋翼堂深申鴆反凡度淺深曰深後放此承盥音管夏
屋戶雅反後同罍力回反纁裳許云反韎音妹又武拜反劉又武八反
韐古洽反又音閤之縓七絹反范散騎音倉亂反再染如琰反下二字同之
赬丑貞反欲令力呈反下近附近之近緼音溫劉烏本反韍音弗而
幽於糾反茅亡交反一音妹蒐所留反名蒨七見反猶辟必亦
反下同其要一遙反此莫音暮於朝直遙反夫玄音扶鈇

依注音頍去蘂反又音跬劉丘絹反下皆同此項下講反青組音祖屬于章玉

反注同緇纚山買反舊山綺反笄音雞組紘音宏纓從下而上者同篋

苦協反著頍丁略反下著卷同四綴丁衛反有緇劉紀丘反著卷

去圓反名蔮古內反猶著直略反以叏土刀反之簪側金反

以上時掌反隋方他果反狹而長櫛實莊乙反于簞音丹笥也

笥息嗣反字林先字反甒云甫反又音武有篚方尾反實勺上若反

觶之豉反爵容三升也字林音文角柶音四匕也脯醢音海如笭力丁反一

音冷以斞九于反又音俱挹也作廡音武一匴素管反本或作算西坫

丁念反無繅音早玉琪音其象邸丁禮反爲篹素管反劉

音纂爲檐以占反于阼才故反猶酢才各反袗玄之刃

反劉之慎反一音眞同紒音計後同錦緣以絹反并紐女九反道

之音導反當碑彼宜反相鄉許亮反本又作嚮近其附近之近作
浣戶管反適子丁歷反辟主音避下辟爲同爲賓于僞反下爲不
同乃祝之又反又一音之六反注皆同鷁焉七良反復出扶又反見
者賢遍反屬音燭面枋音柄彼命反薦脯本又作薦子見反或
作廌非也廌依字直買反解廌獸名後放此啐七內反捷柶初洽反本又作插亦作扱見
于母賢遍反下及注入見如見見于君贄見與見姑見母同闈音韋劉音暉宮中小門也猶
俠古洽反劉古協反下同應也應對之應處也昌慮反帷幕武博
反後賓戶豆反奠贄本又作摯音至非朝直遙反少牢
詩召反沛其子禮反下同清糟子曹反劉本作漕音糟儷皮音麗
兩也飲賓於鴆反皆與音預注同爲介音界則醮子召反劉
側教反以盛音成由便婢面反撓之劉好高反爲聶女輒

反　折俎之說反注同　嚌之才詣反嘗也　若殺如字劉色例反下同　離
肺芳吠反　扃古螢反扛鼎也　鼏亡歷反鼏覆也　胖普半反　於鑊戶郭反
亨普庚反　爲鉉玄犬反范古顛反劉音關又玄犬反　蠃醢力禾反　螔
音移劉音夷　蝓音揄劉又音由　爲蝸力禾反又古華反　加俎　嚌之齋音
祭出注　美稱尺證反下之稱美稱同　能共音恭　重有直用反下注同
涖之音利一音類　惟祺音其　爾女音汝下同　作麋云悲反　黃
耇音苟　無疆居良反竟也下同　疆竟音敬又音景　之休虛虯反
亶丁但反　時劉本作古旹字　爲癉劉音旦一音丁但反　爲嘏古雅反又
作假　既滑息吕反　之祜音戶福也　于假古雅反大也　長幼丁丈
反　作父音甫又如字下同　屨九遇反　青絇其于反　繶於力反　純
章允反劉之閏反注下同　縫中扶用反　紃也音旬　純緣以絹反　以魁

苦回反 拊 方于反，劉音鈇 蜃 上忍反 蛤 音閤 以繢 戶內反 繐屨

音歲 大古 音泰，注同 齊則 側皆反，注同，本亦作齋 其緌 如誰反，注同 而

敝 婢世反，劉齋斃反 以上 時掌反，下以上同 適子 丁歷反，本又作嫡 毋追

音牟，下丁回反，注同 猶堆 丁回反，本或作塠，同 殷冔 況甫反 於槃 畔干反

憮 火吳反 篡 初患反 殺 本又作弑，亦作試，同，申志反，下同 坊記 音房 之

殺 色界反，舊所例反，注同 而謚 時志反

士昏禮第二 鄭云士娶妻之禮以昏爲期因而名焉必以昏者取其陽往而陰來 納采

七在反 釋也 取妻 七住反，亦作娶，下同 紹介 音界 爲神 于僞反，下明爲、鄉爲

今爲同 尊處 昌慮反 於禰 乃禮反 使者 所吏反，後使者使皆同 莫

凶 音暮 內霤 力又反 楹間 音盈 合好 呼報反 甒醴 亡甫反，下音禮 鄉

爲 神亮反，本又作鄉 如冠 古亂反，下同 授校 劉胡飽反，又下孝反，一音苦交反，雜同

几辟劉旁益反一音避注同　拂拭上音弗下音式　逡巡士旬反下音旬　角柶音四

梧授吾故反　面枋彼命反　疑立魚乞反又音嶷　主爲于僞反下巾爲蓋爲同　執

觶之豉反　坐啐七內反　猶扱初洽反　從者才用反後從者皆同　復使扶又反下

不復皆同　玄纁許云反　儷皮音麗偶也　純帛側其反　請期音情又士井反　陰

和戶臥反　去蹄起呂反注同下大西反　肫劉音純音之春反字林之閏反　髀步米反字林方

爾反云骰骨也又作髀　皆餁而甚反　扃古螢反　鼏亡狄反　壻之悉計反從士從

胥俗作埍女之夫　鄉內許亮反　右胖音判　飯必扶挽反　近竅附近之近

下苦弔反　以扛音江　爲脾必爾反又毗支反　作鉉胡犬反　承盥音管　饌

于仕戀反劉仕轉反　醯醬呼西反　巾之如字劉居近反　四敦音對劉又都愛反下

敦南對敦同　食齊上音嗣下才計反下同　大羹竝如字大又音太亦作泰羹劉音戶庚反字林

作臙云肉有汁也戶耕反劉亦太義同　湆劉云范去急反他皆音泣字林云羹汁也口恰口劫二反　在爨

七亂反大古音泰比墉音容牆也給冪去逆反加勺上灼反以㡛居委
反劉居綺反合巹音謹劉羌愍反字林作蒸居蔽反蠡也以此巹爲警身所奉之警破匏白交
反三酳以刃反劉士客反下文同緇袘以豉反又音移注同從車才用反下注同二乘
繩證反以上時掌反後以上做此親迎魚正反下同衣緇衣上於旣反下如字
謂緣以絹反又以全反下皆同持炬音巨炤道音照有裧昌占反共
之音恭爲神于僞反下注爲爲行同纁袡如占反髲也皮義反追
師丁回反編次必連反劉步典反袗玄之忍反一之愼反又普真後同姆莫候反字林亡
又反劉音母又音茂纚笄山買反劉霜綺反縚髮他刀反本又作㚇同朱綃音消相
別彼列反下別出同被皮義反下及注同頍苦迴反劉古蘂反禪也黼音斧劉音補姪
大結反字林丈一反娣大計反襌也音丹朱襮音博刺黼七亦反劉
音刺史之刺而下遐嫁反婦乘如字劉音繩證反下記同御壁魚呂

反令衣力呈反作憬劉音景道之音導下同媵席以證反又御
證反于輿烏報反西南隅媵御依注音訝五嫁反迎也下注媵御御受御衽餕御贊並者
枇者必復反劉云匕器名枇者枇載也由便婢面反下同啓會古外反卻于
去逆反啜湆昌悅反呬醬子闓反三飯扶晚反注及下同主爲于僞
反下爲媵爲尊並同漱也所又反演也以善反齊肝才計反肝炙諸夜
反迺撤劉直列反餕之音俊說服吐活反劉詩悅反下親說同劉云訓解通同勿
言脫也絜清如字又才性反下做此作稅舒銳反劉詩說反御衽而甚反又
而鴆反臥席將闚劉古遍反今本亦作見因著丁略反俟見賢遍反注及下
皆同埶笄音頃竹器而衣於既反蓋劉羌居反蘆劉音盧拜處
昌慮反則俠古洽反劉古協反後做此叚脩丁亂反本又作腶同脯也戶牖予九
反疑立魚乞反又音嶷注同始冠古亂反下猶冠冠子同盥饋其位反孝

養[予亮反記注共養同]取女[七住反]作併[步頂反]浱[劉七内反本或作涂如琰反]
汚[汚穢之汚]娣從[才用反]勞人[力報反]用堇[音謹]考妣[必履反]
帥道[音導下帥道同]扱地[初洽反劉羌及反又魚及反]昬昕[音欣]不腆[他典
反]用鮒[音附]不餧[奴罪反]始扱[初洽反劉羌及反]左奉[芳勇反]攝
之[之涉反注及下同]猶辟[必亦反]爲門[于僞反]阸狹[於賣反下音洽]見
文[賢遍反下注婦見同]官長[丁丈反]俟迎[魚敬反下親迎同]三屬[音燭注同]
説水[舒鋭反]緇被[皮義反注同]纚裊[劉音里]爲鎬[戶老反]則辟
[音避]醮之[子召反]適婦[丁狄反下同]共養[九用反]貺室[音況賜也]可
婁[七計反]惷[失容反劉勑用反又池江反一音竹降反字林丑凶反又丑降反愚也]子爲[一僞反]我
與[音預注同]虞度[大各反下同]不億[於力反]謂卒[七忽反]服期[音朞]
[下同]爾相[息亮反注同助也]朂帥[許玉反劉朽目反]猶女[音汝下同]大以[音泰]

毋違音無注同施衿其鴆反結帨舒銳反施鞶步干反無愆
去蓮反以盛音成申重直用反使識申志反又音式適長丁狄反下
丁丈反紀裂上音巳下音列繻音須而傳直專反齊喪側皆反壻
見賢遍反注下除相見皆同請覿音狄下見得濯丈角反摡於古代反
造緇七報反闔扉音非

士相見禮第三

鄭云士以職位相親始承贄相見之禮

贄本又作摯音同用腒其居反乾雉也奉之芳勇反下同顒見賢遍反凡
卑於尊曰見敵而曰見謙敬之辭也下以意求之他皆倣此耿古幸反介音界別有
彼列反爲其于僞反下爲其同爲脰音豆頸也大崇音泰劉唐餓反下同下
人遐嫁反復見扶又反又音服注同曰鄉許亮反曏也乃蕩反猶
傳丈專反下文皆同謂擯必刃反相者息亮反請還劉音旋下皆同

嫌褻息列反辟正音避以索悉各反注同有行户郎反衣其
繫於既反聯音連麛莫兮反彌蹙子六反注及下同恭愨苦角反
摯鶩亡卜反鴨也必辯皮勉反劉方勉反不疑音擬又如字注同邪
鄉似嗟反下許亮反疑度大各反君近附近之近下同妥而他果反安坐也
已爲于僞反下爲嫌示爲皆同孝弟音悌中視如字劉丁仲反抱劉薄報反
毋改音無下同嫌解古賣反惰他臥反毋上時掌反侍坐如字
又才臥反欠起劒反劉欺劒反伸音申猶辦皮莧反作蚤音早膳葷
香云反葱薤户界反先飯扶晚反注同徧嘗音遍注同呫嘗音貼
他篋反穀梁未嘗有呫血之盟呫嘗也劉音當蜜反云此意謂未快或楚未詳或音沾其釂子召反盡
爵也隱辟匹亦反一音避劉房益反此同君爲于僞反若食音嗣飲之於鴆
反俛而音逸逡七旬反遁音巡比及比利反命使所吏反注

同有饋其位反曳腫諸勇反備蹝音致跲也其業反劉居業反作拙以制反劉音泄草茅莫交反刺草七亦反劉此歷反猶剗初限反劉測展反

鄉飲酒禮第四鄭云諸侯之鄉大夫三年大比將獻賢者能者於其君以禮賓之與之飲酒之禮

賓介音界知仁音智六行下孟反下德行同而頒音班大比毗志反劉音鼻少師詩照反邦索色白反禮屬音燭下文共注同尊長丁丈反警也音景所爲于僞反敷席音孚又普吳反劉豐其反牖前音酉斯禁如字劉音賜二勺上灼反堂深申鴆反後皆放此更不音東榮如字劉音營禮內皆放此羹如字劉戶庚反卷內皆同定丁佞反注同一相息亮反傳命丈專反賓厭於涉反推手曰揖引手曰厭已下皆同當楣云悲反復拜扶又反下復盥不復復重同

爲手于僞反坋汚步困反劉扶問反疑立魚乞反又魚力反注同後疑立皆放此趙
盾徒本反小辟音避劉房益反設折之設反注及下同弗繚音了劉力彫反又力
弔反嚌才計反字或作嚌同嘗也猶紾音軫又徒展反劉徒典反一音土展反烝上時掌反
坐挩始鋭反拭也注帨同啐酒七内反嘗也專爲于僞反下當爲爲工同由便婢面
反下由便皆同取觶之豉反字林音至殺於所界反劉色例反下殺皆同言疑魚乞反又音嶷
省文所景反下賓遐嫁反下下賓下主人禮下同示徧音遍下同之長丁丈反注下皆
同辯有音遍注下皆同相者息亮反下及注同何瑟戶可反又音何擔也挎口孤反一
音口侯反持也之少申召反丁少長同視瞭音了瞽音古矇音蒙冕見賢遍
反則爲于僞反下不爲同擔之丁甘反近其附近之近則設戶孝反本又作傚同
君勞力報反下勞賓同使臣所吏反下同更是音庚又古鸎反賢知音智大師
音泰注大師大平大皆同則爲于僞反注同南陔古才反相風上如字下方鳳反復重

直用反　惡能音烏　考父音甫　和一胡卧反　乃閒閒廁之閒注及下注笙閒或閒皆同　魚
麗力知反本或作離下同　纍力追反　蔓音万　宴樂音洛下人樂同　之治直吏反　之
長如字　關雎七徐反　葛覃大南反　卷耳力轉反劉居晚反　召南
音卲注同　采蘋毗人反　后妃芳非反劉音配　干岐其宜反一音祇　王業如字劉于
況反　之采七代反　化被皮義反　肆夏戶雅反下同　繫遏於葛反　作
相息亮反下及注同　爲有于僞反下爲賓同　解古賣反　惰徒卧反　以監古銜
反　退共丸勇反注同　少長丁丈反下及下庭長同　皆弟大計反　以鄉許亮
反下皆鄉同　相旅息亮反下注升相同　仲別彼列反下同　辟受音避下辟國君同　媵
爵以證反又成證反送也　不弛式氏反下同　傳請丈專反　之少申召反　爲
僎音遵　說屨吐活反劉詩悅反注同　爲稅始銳反　胾醢壯吏反　鄉設
許亮反本又作嚮同　子札壯八反　酒罷皮賣反劉音皮　三重直龍反下注同　公如音若

出注人去趣呂反下同之朝直遥反下皆同復自扶又反下而復復差同息勞力報
反下皆同不殺所八反注同劉色例反以筋居勤反不[illegible]音頍注及篇末文注同禮瀆
音獨劉又音濁素韠音畢而衣於既反布純劉之閏反或章允反注同純緣以絹
反冪迷狄反亨于普庚反下注亨狗同劉虛讓反五挺大頂反本亦作脡同猶織音職
本亦作職音同陳處昌慮反冠禮古亂反左朐其于反屈中曰朐胳肺劉音
格一音各進奏本又作腠同千豆反理也前脛戶定反辟臑乃報反字林人于反膞
劉音純猶挂苦圭反作骼古白反降殺所界反下同其妨如字一音芳亮
反之長丁丈反復差初佳反又初責反又初宜反雖爲于僞反縮所六反下同
霤力又反縮從子容反下同特縣音玄爲蹙子六反授從才用反
鄉射禮第五鄭云州長春秋以禮會民而射於州序之禮也謂之鄉者州鄉之屬鄉射
食夜反州長丁丈反猶警音景語也魚據反此爲于僞反下同殊

別彼列反斯禁如字劉音賜加勺上灼反睢音雎縣于音玄注同辟射
音避下辟射同所射食亦反中掩劉丁仲反束之如字以爲千僞反下爲人同獲
者如字劉胡蘗反下文同羹定多佞反注同朝服直遥反下及下注及朝同一相息亮反注
同傳命丈專反下傳同賓厭一涉反下賓厭同當楣亡悲反作浣戶管反
疑立魚乞反又音嶷注下同小辟婢亦反一音避折俎之設反後皆放此嚌之才計
反注同坐捝始鋭反注下同啐七內反拭也音式醋主才各反報也劉云與酢同音義
便也婢面反後放此取觶之豉反禮殺所界反劉色例反後皆同人復扶又反示
徧音遍下同之長丁丈反注及下注同德行下孟反下德行同辯有音遍後皆同爲
僎音遵別於彼列反夾尊古洽反劉古協反不去起呂反注同再重直容
反下同欲大音泰劉唐餓反相者息亮反下及注同何瑟胡可反又音河于縣
音玄乃合如字劉音閤下合足同不閒閒廁之閒大王音泰下大師同成王如字劉于

大字七十三　禮記音義

況反 瞽矇音蒙 則爲于僞反下注爲有爲己爲位爲當明爲同 人相息亮反下文作相以

相注相謂同 解倦古賣反 以監古咸反 袒徒旱反 決古穴反 兼挾

劉音協一音子協反下皆同 乘矢繩證反後乘矢皆同 猶闓音開下同 著右丁略反一

音直略反 大擘補革反劉薄歷反大指也 射韝古侯反劉苦侯反 見賢遍反 鏃於

子木反一音七木反 弣右芳甫反劉方輔反 年少中召反 福豐音福 倚于於綺

反下同 比括古活反 以比毗志反劉音鼻注同 相近附近之近 爲泣音利又音類 說

東如字又吐活反又始銳反注同 當辟音避 相工息亮反 三笴劉古老反矢幹也字林云箭笴

也公但反 矢幹古但反又古旱反 鄉堂許亮反 弓矢拾其劫反劉其輒反更也除決拾

以外皆同 拾更音庚 搢三音進又音箭劉又祖雞反插也後同 一个古賀反下皆同 捷也初洽

反下同 復言扶又反下復言同 豫則音謝出注 下鄉遐嫁反 猶併步頂反下皆同

不去起呂反下注同 取扑普卜反劉方逼反後皆同 以撻他達反 欲令力呈反 於

中丁仲反下中人者中則以中並同　猶閒閒廁之閒　儀省所景反　仆也音赴　還其

劉戶串反一音環下還其後同　無射食亦反注同　從傍蒲郎反或作旁　說決吐活反又始銳

反下說決拾皆同　而乘成證反下乘同　拊之芳甫反　四四數所主反下俟數同　不索

悉各反盡也　應曰應對之應　乃復扶又反下注復言復射同　鄉獲許亮反又作嚮下皆同

皆與音預下將與同　繹已音亦　尊別彼列反下尊別同　立比毗志反下及注同

見其賢遍反　乃徧音遍下同　卻手去逆反注同　弼弓蒲比反　毋周

亦作無同　覆手芳伏反注同　命去起呂反下皆同　共而九勇反下共而俟同　不貫古亂反中也

猶中丁仲反下中正下文苦中同　中正音征　近其附近之近下自近近司馬同　有題

大兮反　識也申志反劉音式　貢枯音戶字又作楛　先數所主反下及注同　為其

于僞反下為其為候為將同　為純如字全也禮記音全　縮從子容反下同　為蹙子六反

易校以豉反　為奇居宜反下同　面鄉許亮反本或作嚮　以中丁仲反下皆同　將

飲於鴆反下相飲同 而卑如字劉音婢 其少詩召反 下無遐嫁反下相下同 加弛劉
尸氏反 執弣芳甫反 辟飲音避下辟舉辟中辟俎同 三處昌慮反下放此 右个劉音
幹義見周官下同 辟設扶益反注辟之辟舉及下注辟薦同 先三耦悉薦反下同又如字 說
矢如字又始銳反後說矢同 以樂樂下音洛下句同又皆如字 傳尊直專反 相應應對之應
下同 騶虞壯由反 還鄉許亮反下同 五豝音巴 五豵子工反 說侯
吐活反下說屨并注同 不復扶又反下不復復尊皆同 當監古銜反 相工息亮反 禮
殺所界反下皆同 小逡七旬反 遁音旬 則長丁丈反注及下皆放此 不與音預
下同 授從才用反注及下從者同 亦為于偽反下同 則摳苦侯反 其被皮義反 狗
胾壯吏反 設啗徒覽反 迭於大結反 皆與音預注同 朝服直遥反下
皆同 說朝吐活反下同 猶勞力報反下除勞倦一字皆同 無介音界 不殺如字劉色
例反 不與音預注及下大夫與皆同 德行下孟反 見物賢遍反 所好呼報

亨于普庚反下注同綌冪去逆反布純之閏反又諸允反注同純緣以絹反五

職音職脡也脡也大頂反作植常職反腠七豆反猶[扌奎]苦圭反之長丁丈

反下注州長皆同一和戶臥反注同之少詩召反謂先悉薦反麋侯亡悲反二

正音征下正鵠同正鵠戶沃反射能食亦反下射麋與射之同謂從子容反與跬

丘蘂反劉闕彼反一舉足曰跬五架音駕曰庪九偽反又九委反糅女又反雜也杠音江仞

音刃七尺曰仞鴻脰音豆頸也韜吐刀反此翿徒刀反杠橦直江反將指于正反中

指也始射食亦反又食夜反復用扶又反下注不復復自同厚寸戶豆反直心音值而

乘繩證反髤虛求反注同拳之音權中人丁仲反下中人侍中並同不與音預

注同奉之芳勇反敹擾而小反劉音饒薰許云反下大遐嫁反下下鄉同體

比毗志反下同貫之音串下同鄉之許亮反下以鄉同圍中音又一音于掖反射

與音餘臑奴報反說文讀爲儒字林云臂羊豕也人于反若膞音純胳音挌又音各觳

之苦角反又戶角反右个音幹下及注同謂刌寸本反尊別彼列反骰胡飽反又下巧反李又音教反

肱古弘反爲褻初危反篠也息了反刋之苦干反稍屬章欲反若

飲於鴆反注同則夾古洽反劉古協反觚于音孤爲縚吐刀反大學音泰

歧蹄巨支反一音支析羽悉歷反於竟音景注同龍旜之然反兕中

徐履反山海經云狀如牛蒼黑色可重千斤厭於一涉反

燕禮第六

鄭云諸侯無事若卿大夫有勳勞之功與羣臣燕飲以樂之禮也

戒與音預注與者同相君息亮反勞力報反下君勞以勞同使臣所吏反下文使者使臣皆同

樂之音洛下尚樂宴樂同告語魚據反人縣音玄注同爲燕于僞反下爲卿爲拜同

東霤力又反罍水音雷又力回反象觚音孤瓦大音泰尊名注同下放此用

綌去逆反若錫悉歷反劉音余章反兩圜音圓瓦甒亡甫反冪而如字劉又音婢

爲緆悉歷反又余章反又羊豉反布純之閏反又章允反後放此西鄉許亮反本又作鄉下及注

同莞簁音官加繅音早師長丁丈反下同太僕音泰下大宰太平大王皆同
由閴魚列反之近附近之近又復扶又反下復與復去復冊拜又復將復而復同敢伉
苦浪反敵也辟正音避下辟正主辟君皆同爲觶章豉反坋步困反劉扶悶反塵如字
劉直吝反嚌之才計反挩手始銳反坐啐七內反酢主才各反宰
胥劉思敘反一音如字不胥薦同賸觚上以證反又繩證反送也酌散思旦反注及下同禮殺
所界反下皆同壹弛尸氏反類與音餘下人與與竝同命長丁丈反後不出者同爲其
子僞反下爲拜猶爲爲其爲祭同相飲於鴆反文辯音遍下同作徧音遍後同別尊彼列
反兼卷九轉反劉居遠反重席直容反注下皆同猶去起呂反下同則先悉薦
反下先大夫同牧有牧養之牧劉音目大尊音泰劉徒餓反近君附近之近下同私昵女乙
反之坐才卧反之處昌慮反無脀之承反瞽矇音蒙執技其綺反
少牢詩召反左何胡我反又音河相入息亮反注及下相祭并注同則傚戶教反太又作效同

其更音庚賢知音智便其婢面反南陔工才反風切方鳳反重雜
直用反惡能音烏考父音甫乃閒閒廁之閒注及下注放此魚麗力知反下賢
迴嫁反纍力追反蔓音万之治直吏反之長如字關雎七如反葛覃
大南反召南上照反注同後放此采蘋音頻興王如字又于況反之采七代反被于
皮寄反以監古銜反俱相息亮反爲君于僞反下爲位所爲同皆説吐活反劉
寄悦反注同䐣士戀反劉才悶反肝膋音遼狗胾壯吏反南鄉許亮反膢
觚觚依注音觶欲令力呈反亦學戶教反斆也大樂音泰別於彼列反鏄
人本又作鏄音博下同皆辟音避劉房益反甸人大練反燋也哉約反劉哉妙反
閽人音昏掌共音恭陔夏戶雅反下同之使所吏反下使人同不腆
它典反寡鮮息淺反重直用反傳命大專反朝服直遥反注同素
韠音畢今辟音辟而衣於既反亨于普庚反注同公食音嗣饗

時許兩反或作鄉非燕爲于僞反公父音甫下同飲南於鴆反下文若飲并注同堵
父音者劉音覩猶遠于万反樂闋苦穴反應之應對之應示易以豉反
則勺音灼劉又音照於鑠上音烏下舒若反栗蹙子六反酏以皮反劉書支反糝
食素感反糗去久反乾飯屑也劉香久反孟子曰舜糗飯茹菜餌音二粉餈才私反袒
徒旱反朱襦如朱反稍屬章欲反辟不音避俟復扶又反一笴工但
反又工老反厭於一涉反下同公鄉許亮反相者息亮反

大射儀第七

鄭云諸侯將有祭祀之事與其羣臣射以觀其禮也

大射食夜反治官直吏反下之治同視滌大歷反謂溉古代反命量
音亮下量人皆同參七依注音糝素感反後放此干五依注音豻五旦反劉音鴈後放此巷涂音徒
所射食亦反下射之射麋侯同以爲于僞反豹鵠古毒反後同下天戶嫁反巾
車如字劉居覲反後皆放此見鵠賢遍反又如字注同掌裝音莊所射食亦反下射之所射

侯同中此丁仲反下難中中之皆同任巳音壬言較音角鳱鵠音干劉音岸又音鴈正
者音征下爲正同題肩大西反捷黠戶八反參分七南反又音三大半音泰下大
蔟同宿縣音玄注同鑮本又作鎛音博大蔟七豆反沽音姑洗西典反皆編
必連反又甫千反下同爲堵丁古反應鼙應對之應注同下步迷反之跗方于反便其
婢面反後皆同頌磬如字一音容無射音亦爲賓于僞反下同省文所景反簜
在大黨反鼗大刀反倚于於綺反西紘音宏有柄彼命反劉本作秉音同
以梲尺六反用錫悉歷反劉相亦反細布也若絺勑其反細葛也劉作綌音郤綴諸
陟衞反又丁劣反近似附近之近而卑如字劉音婢箭篠素了反爲冪于僞
反下注爲隸爲有爲射同卷辟必亦反横之如字劉古曠反作緆悉歷反劉余章反又羊豉反
兩圜音圓壺獻素河反出注下注獻並同爲沙素河反下同泲之子禮反涗
于始銳反醆酒壯簡反西鄉許亮反下皆同當共音恭劉居俸反羹定

多佞反亨肉普庚反大史音泰後大平大師大史皆同在干音岸從者才用

反正相息亮反之長丁丈反又復扶又反下復再同賔辟婢亦反又音避

注同逡七旬反遁音旬肆夏戶雅反凡代名及樂章九夏皆放此巡守手又反敢亢

苦浪反劉音剛辟正音避下注上辟皆同于篚音匪宰胥相呂反又如字後同嚌之

才計反捝手始銳反坐啐七內反樂闋苦穴反以醋才各反本亦作酢酌

散思但反下皆同禮殺所界反下禮殺皆同命長丁丈反注及下皆同降造七報反一

人與音餘下同為拜于偽反下猶為為大尊為君為皆同相飲於鴆反夫辯音遍

後并注作徧皆同重席直容反注下皆同布純之閏反又章允反猶去起呂反辟

君音避下辟君同臑奴到反則先悉薦反下注先大夫同大尊音泰近君附近

之近下同私昵女乙反之坐才臥反之處昌慮反下放此無脀之承反諷

誦芳鳳反少師詩召反下文及注皆同相大息亮反下及注皆同視瞭音了杜蒯

苦怪反 分别彼列反 左何胡可反又音河 搒越口胡反又口侯反 西縣音玄下同

則詨戶教反亦作傚 於勞力到反 陪于劉蒲來反 餘長丁丈反下之長同

皐陶音遥 長六直亮反 東坫丁念反 以監古銜反 不背音佩

下爲背同 挾音協又子協反下皆同 乘矢繩證反注同 見賢遍反 鏃子木反又七木

反 於弣芳甫反或方武反 猶闓音開 著右丁略反又直略反下同 射韝

古侯反劉苦侯反 弓把音霸 大擘彼革反劉薄歷反 楅音福 蹠數音朔 壹

從子容反 公射食亦反下三字同 中之丁仲反下注於中矢中同 遂比毗志反劉音鼻

注同 不拾其業反劉其輒反下文及拾發拾取飫拾皆同 一个古賀反下同 捷也初洽反本

又作扱 射三食亦反下二字同 取扑普卜反下同 以撻土達反 欲令力呈

反 猶閒閒廁之閒 併也步頂反下皆同 合足如字劉音闔 命去起呂反注下同

去扑去侯注塵皆同 共而九勇反下共而侯皆同 還其劉戶串反下注還其同 說決上活

反又始銳反劉詩悅反下說決拾皆同 曰毋音無下同 射獲食亦反注同 拾更音庚 坐
乘承證反注下同 數之所主反 不索悉各反一音所伯反 乃復扶又反下注復言復賓復
並行爲復復釋君復皆同 比耦毗志反下同 見其賢遍反 左還音患注下放此一音環
南踣步比反 將背音佩下同 覆手芳伏反注同 梱之口本反劉音涃 作魁
古回反 中離丁仲反注矢中中鵠值中猶中不中中下所中中三侯若中皆同 其邪似嗟反 爲絹
劉候犬反又于貧反一音占縣反又古犬反 不著直略反下同 傳告直專反 一笴工但反劉
古老反 以筍息嗣反字林先字反劉音司 萑音完 葦于鬼反 以韜土刀反 將
揹子匠反 契於苦計反 以袂面世反 右隈烏回反 揉之而九反劉
奴丑反又耳了反 宛紆阮反 爲紐女九反 稍屬之玉反注及下稍屬同 眡筭
音視本亦作視 先數所主反注數者校數同 則縮所六反 從也子容反下同 作
蹙子六反 易校以豉反 自近附近之近下注近其同 爲奇居宜反下同 當

飲於鴆反下文相飲公飲君皆同奉豐芳勇反下同其少詩召反加弛尸氏反辟
飲音避下辟中辟組皆同爲之于僞反下爲大侯當爲嫌爲爲復爲其皆同兩獻素多反
教擾而小反劉音饒卒錯劉音厝右个劉音幹注及下同祝侯之又反下
同若女音汝下同而射食亦反下始射同彊飲其丈反下同貽女以之
反遺也辟薦婢亦反注同鄉許亮反注同言拾其業反下大夫拾同坐說
劉詩悅反又始銳反下同一个古賀反下同用應應對之應下同失正音征無當
丁浪反奏貍里之反不朝直遥反有弧音胡弓也蹠數音朔所儗
音擬度也大各反乘之繩證反若長丁丈反下士長同授從才用反注
同去藏起呂反皆說土活反下同猶踧子六反踖子亦反謂䐑
音損又才悶反又士戀反肝膋力彫反狗胾莊吏反有炮薄交反或作炰缹同音缶
鱉本又作鼈必滅反膾鯉古外反鶉市春反鴽音如洗象觚音觶

出注欲令力呈反曰復扶又反中三丁仲反注同而和戶卧反懽樂
音洛聯事音連教治直吏反相大息亮反釋縣音玄別內
彼列反皆辟劉芳益反一音避閒合閒廁之閒所樂如字又音洛甸人
大見反闇人音昬燋也劉哉約反字林子弔反掌共音恭薪蒸章淩
反內霤力又反入驁五刀反注同驁夏樂章

聘禮第八鄭云大問曰聘諸侯相於久無事使卿相問之禮也小聘使大夫

聘禮匹正反問也因朝直遥反後皆同命使所吏反下以意求之上介音界
副也下故此易於以豉反大宰音泰官名下放此先行悉薦反管人
古緩反劉音官管人掌館舍之官後同布幕音莫玄纁許云反皆乘繩證反
辟使音避南鄉許亮反下以意求之賈人音嫁後同掌物價之官監其
古銜反爲當于僞反下同復展扶又反下不復入復挍復請不復皆同之稱尺證

反之率音律劉音類四只劉音紙于笄音煩器名必盛音戚躐
行力涉反載旜之然反通帛爲旜孤卿所建表識知字又音試相近附近之近
櫝大木反函也繅音早圭藉也注璪同藉圭在夜反後皆放此璋音章半圭
加琮才宗反劉又音綜半辟也繒也似陵反又才陵反妃合音配本亦作配瑑圭
大轉反以覜他弔反朓舍音捨于竟音景後同直徑古定反猶
道音導下請道同非爲于僞反下爲其且爲所爲來爲主凡爲明爲同餼之許氣反猶
遺也牲腥曰餼謂殺而未孰積唯子賜反或如字用少詩照反下少牢皆同以秣音禾
執筴音策掠也音諒師從才用反下同一肆以二反劉常一反習也注同
爲壝劉以垂反音以癸反一壇大是反封土曰壇畫階音獲注同外垣音袁皆
與音預注同以幾音機本亦作譏問從才用反下注授從同幾人居豈反當共音恭
本或作供同後放此委積上於僞反下子賜反後放此各下戶嫁反拭圭音式拭

清如字劉才姓反　放而方往反　私覿大歷反　有勞力到反下文及注皆同　便
疾婢面反後放此　者與音餘　乘皮繩證反後乘馬乘禽乘皮皆同　儐勞必刃反劉
云與擯同　簠方音甫劉音蒲本或作簋外圓内方曰簠内圓外方曰簋　圜音圓　不抰他典反善也厚
也之祧他條反遠廟爲祧祧謂始祖廟也　既拚方問反謂洒埽也劉符變反　俟閒如字劉音閑
奄卒寸忽反　齊戒側皆反本亦作齋　設飧音孫注同熟食曰飧　餁一而審反劉而鴆
反孰也　六鉶音刑　槀實古老反　弁刈魚廢反　訝五嫁反迎也　俟辨
蒲莧反辨具之辦　而傳大專反下同後傳命放此　所爲于僞反下爲其皆同　直闑音值魚列反
閾外音域又況域反　而上時掌反　所別彼列反　皆裼西歷反　相君息亮反下
放此　賓辟音避劉房益反注同後賓辟之類并注各放此　逡七旬反　遁音旬　必後戶豆反又
如字下反後同　鷹行戶郎反下同　中棖直庚反爾雅謂之楔門兩傍木也　西塾音孰劉又音育
猶近附近之近下同　依前於豈反本又作衣　繢戶內反　純劉之閏反一音章允反後放此　鄉

儀禮音義　七　龍山

入許亮反下同又盡津忍反先賓悉薦反立處昌慮反當楣亡悲反言
辟音避又扶益反見其賢遍反下皆可以意求之坫之丁念反麛音迷或作麑同青豻
五旦反胡地野犬也劉音鴈褻本又作褻詳又反絞衣戶交反爲溫于僞反下及注賓爲同
凡禮音但劉上戰反則攝之涉反下及注皆同幷執必性反一音如字下同告糴大歷
反汶陽音問公食音似下親食同加萑音完几與音餘塵坋蒲悶反劉
本亦作坋被也或作被皮義反爲梧五故反几辟婢亦反又音避注同加柶音四面枋彼命
反以飲於鴆反尚擸劉音獵一音以涉反啐七內反相幣息亮反下以相幷注同殺
也所界反右靮丁歷反從者才用反注及下注可從從者皆同辟享音避下辟堂辟君又辟皆
同扣馬音口還牽劉戶串反纖縟音辱儷皮音麗兩也其復扶又反下
乃復復時同重入直用反道入音導下亦道賓道師道放此遽伯其居反無恙
羊亮反公勞力到反注及下同之行下孟反又如字足躩駈碧反劉俱碧反嫌近附近

之近下放此　下見戶嫁反　韎韋音昧又亡拜反劉又武八反　魚腊音昔　扃古熒反　鼏
亡狄反　膷音香牛臛也　臐許云反芋臛也　膮許堯反豕臛也　牲臛火各反字林火郭反　唯燖
劉音尋一本作爓音潛　空之用彼驗反　韭音九　菹莊居反　醓醢他感反又注曰醓醢也　百
甕烏弄反　百筥居呂反　三行戶郎反下同　五籔劉色縷反一音速注不數之數同卷末放此
爲逾劉音余後同說文大溝反　三秅丁故反四秉爲秅字林文加反　北輈丁留反車轅　大
祖音秦　不下戶嫁反後下君下朝皆同　治令直吏反　執紖直軫反　別於彼列反下
同　于宁直呂反劉直慮反　亦見如字劉胡眄反　亦爲于僞反下文注爲之爲大夫爲賓皆同
相拜息亮反下注如相同　醙所九反白酒也　黍閒閒廁之閒　從拜才用反又如字　壹食
音嗣注反下皆同　亨大普庚反　以飲於鴆反　俶獻昌叔反始也　鴈鶩劉下音木
以侑音又　易以以豉反　琥璜音虎　若鄉許亮反　賄用呼罪反劉音誨下同
束紡劉敷网反　之繻劉音須一本作縳息絹反案說文白鮮色也居掾反聲類以爲今正絹字　以

遺唯季反車造七到反下同爲拜于偽反下爲且見爲爲行注君爲酢爲之爲皆同展
軨力丁反劉音領以好呼報反見爲賢遍反受勞力到反後同惡其烏路反
使之將子匠反一本作使之將兵將則後如字襄乃如羊反衆從才用反盡言津忍反
猶女音汝當復扶又反下將復又復復以復記同尊長丁丈反於閵魚列反劉魚子
反于禰乃禮反獻從才用反注同辟國音避下辯音遍下文辯復明辯同亦
與音預饗食音嗣凡饗食皆同喪殺色界反素紕諸允反又之閏反下紕同去衰
起呂反下七回反下注皆同作訃音赴別於彼列反下別處同括髮古活反爲之
具于偽反又如字下爲之揞同爲致于偽反下爲大下文爲客同棺古患反一讀如字斂之
力豔反下同俟閒劉音閑又如字不耳本又作饗百名名謂文字也以上
時掌反凡以上放此方版音板人稠直由反處嚴昌慮反下常處
同必璽音徙幾月居豈反作齎子兮反釋較

蒲末反道神也注跋涉音同車騎其義反爲難乃旦反餞之在淺反送行飲酒也轢之力狄反作祓芳弗反又音廢與繅音早注藻及璪音同剡上以冉反字林才冉反云銳厚半戶旦反韋衣於既反玄纁許云反劉又音訓繫音計劉胡帝反長尺直亮反又如字絢呼縣反劉云舊音縣一音巡組音祖作約音巡劉音圖類以爲約字文賁子兮反注同爲行戶郎反下爲行同爲肆以二反孫而說音遜下音悅注及卷末注同爲砥之氏反爲大音泰劉唐餓反下大宜同飱不素昆反絜清才性反又如字評大五嫁反其贄音至鞠窮劉音弓本亦作躬不勝音升上時掌反蹜蹜所六反如爭爭鬭之爭失隊直類反怡焉以之反卷去院反豚他門反見於賢遍反下不見同蹌焉七羊反俞俞羊朱反劉音庾鶩也五何反一相間間廁之間注及下循間同畜獸許又反從廄居又反衣食於既反下音嗣聘于于音爲羽危反出注谷稱尺證反以緼於問反瓦大音泰覃劉音

鼻五膱音職之脡大頂反冊扱初洽反以相息亮反注及下注相拜同爲
蹙子六反猶遺唯季反辟正音避若昭式遥反注同作腍而甚反劉音審
祝祝上之六反下之又反肦肉音班賦也及廋所求反下之戶嫁反士中丁仲反注
同比放也甫往反有齊才計反和者戶卧反請觀古亂反下注同又如字
猶道音導爲之于僞反私樂音洛恩殺所介反君復扶又反下
同量名音亮穧名才計反下同萊易音來聚把百馬反曰稯
劉宰孔反字林子工反作緵劉音總

公食大夫禮第九鄭云主國君以禮食小聘大夫之禮也

公食音嗣下注後食饗食禮同易以以豉反以爲于僞反下爲既爲從爲公爲賓同　三
辭息暫反又如字拜使所吏反下同賓朝直遥反下及注同羹定多佞反生
同若編必緜反劉方緜反兼亨普庚反鼏扛音江作鉉胡犬反一音扃劉古

頑反又音玄又音關槃匜以支反設湆劉羌立反下及注並同截漿昨再反別
於彼列反賔辟婢亦反又音避及下同逡七旬反遁音旬賔從才用反道
之音導遠下戶嫁反東夾古洽反劉古協反北鄉許亮反後皆放此不拾音涉
下同曰辵勑略反去鼏起呂反卷末注去會同大夫長丁丈反注及下注之長同猶
更音庚腊餁而審反進奏千豆反注同七个古賀反鬐也巨之反魚
近附近之近下宜近相近同胂羊朱反骨鯁古孟反滑脃七歲反俎拒劉音
巨由便婢面反後放此殺於所界反授醯呼西反處也昌慮反下放此疑
立魚乞反又魚力反注同君離力智反醓他感反麋臡奴兮反醓有骨者也字林作腝人兮
反菁子丁反劉音精蓂亡丁反不綪側耕反直家音值並併步頂反下
皆同不和戶卧反注不和同于鐙音登瓦豆也大古泰下大牢皆同爲風
于僞反下爲其爲將同設鉶音刑而卑劉音婢又如字食有音嗣下爲食食禮同以

辯音遍下同擩于人悅反劉而玄反又而誰反涗也人漸反又七內反少儀詩召
反刌之寸本反挩手始銳反扱上初洽反拭也音式爲臠力轉反
之膴火奴反復出扶又反下復告復發將復不復復自皆同膷音香臐許云反膮呼堯
反牛炙章夜反下同膗火各反又火沃反牛鮨巨之反注鰭音同郭璞云鮨鮓屬衆
人臡依注音滕以證反又繩證反三飯扶晚反注同歠湇昌悅反潄所又反乗
皮繩證反下乗皮下文之乗同以侑音又相幣息亮反爲君于僞反下爲其爲之致同
從者才用反注同曰梧五故反易退以豉反盡以津忍反它時土多反本
又作他不與音預注同爲施如字又注式豉反賓朝直遥反除之朝一字皆同拜食
音嗣下以意求之蝸醢力禾反毋過音無鶉音淳鴽音如于甕烏送反
辟正音避亨于普庚反布純諸閏反又諸允反下及注同加萑音丸純
緣以絹反作莞音官或音丸敷之如字又普吴反劉芳蒲反銒芼亡報反豕

薇音微 苦荼音徒 堇荁音丸 爲芐音戶爾雅云地黃也劉又云芐一音遐嫁反 作

幕音莫 凡灸章夜反 和也戶卧反 加繅音早

覲禮第十

鄭云覲見也諸侯秋見天子之禮曰覲禮

覲禮其靳反 辟勞力到反注同下王勞注勞之勞其以勞請事勞同 之朝朝服並直遥反下以意求之 使者所吏反下放此 爲人如字又于僞反 見侯賢遍反下侯見畀見同 乘馬繩證反下乘馬皆同 左驂七南反 騑芳非反 之從者才用反 司空與音餘篇末注月與館與同 女順音汝下注猶女同 卿爲或作鄉非 評者五嫁反 詔相息亮反 先朝悉薦反 分別彼列反 諸任音壬 裨冕婢支反劉音卑注同 衣裨衣上於旣反下如字下衣此衣放此 而冠古亂反下冠冕同 言埤毗支反一音卑 公衮工本反 鷩必列反 毳尺銳反毛毛反 孤絺丁里反劉本作希張里反 於祧他彫反 弧音胡 韣音獨 有繅音早 張繆所銜反又所感反本又作幓下同 侯信

音申以藉才夜反下繅藉同韋衣於既反廣袤上古曠反下音茂爲璪音早
斧依於豈反注依如同今綈大西反屏風步丁反莞席音官紛純諸允
反劉之閏反下同繢之戶內反南鄉許亮反下放此傳大專反下傳此傳而皆同而上
時掌反下而上同四享四依注音三享音香丈反劉虛讓反積畫音獲絲纊音曠劉古曠反卓
上劉丁角反折其之設反右肱古弘反奉篋苦協反大史音泰後大史大
常大陰皆同是右音又亦如字注右王之右同耋老大結反又音鐵毋下音無謂食
音嗣下同壝土以垂反後同爲埒音劣猶重直龍反下同監之古銜反巡
守音狩下同方琥音虎黃琮才宗反見王賢遍反侯先悉薦反下同
四傳大專反注同一音孚作傳音付俠門古洽反樊纓步干反二乘
繩證反盟約如字又於妙反詛祝莊慮反如皦古了反燔柴音煩地
瘞乙例反愒苦蓋反作殪一計反之處昌慮反

喪服經傳第十一鄭云天子以下死而相喪衣服年月親踈降殺之禮也喪必有服所以爲至痛飾也

斬衰七回反字又作縗後皆同斬者不緝也縗以布爲之長六寸廣四寸在心前縗之言摧也所以表其中心摧痛苴七如反有子之麻絰大結反實也絞帶戶交反後皆同一音如字菅古顏反草也毛詩傳云茅已漚爲菅屨九具反屨也明爲于僞反下同在要一遥反後放此之缺丘蘂反劉屈綃反齊衰音咨緝也後同不緝七入反下同有蕡扶云反麻實大搹音革搤也去五起呂反下同各齊如字劉才計反擔主市豔反注同條屬音燭注同六升衆並如字鄭音登登成也鍛丁亂反菲也扶未反杜預云草屨也倚於綺反廬力居反寢苫失古反草心枕之鴆反塊苦對反土也本又作由說文云塊俗由字歠昌悅反粥之六反劉音育一溢如字劉音實鄭云二十兩曰溢爲米一升二十四分升之一射慈同王肅劉逵袁準孔葛洪皆云滿手曰溢柱丁主反注同楣亡悲反梁也疏食音嗣又如字飯素劉扶晚反

今本多作飤字食如字又音寺扼也於革反爲殺所界反劉所例反猶著直略

反下同以別彼列反下遠別別於同右縫扶弄反下左縫出縫皆同梁闇鳥南反壘

劣委反又力水反墼古狄反劉薄歷反涂塈劉其既反又許氣反一古慨反爲父于僞

反凡爲服之例放此意求之長子丁丈反後長子長殤皆同言嫡本又作適同丁歷反所傳

丈專反與禰乃禮反爲所爲上于僞反注同下如字布總子孔反箭笄

音雞髽側瓜反絛也素刀反露紒音計下同之括如字劉音活如

著丁略反幓頭七消反子冠古亂反子免音問無衽而甚反又而鴆

反裳際也長六直亮反後放此厭於一葉反後皆放此家相息亮反閽寺

音昏守門人也寺內小臣牡麻茂后反枲麻思似反沽功音古後同藨皮表反劉

扶表反蒯苦怪反草也女以音汝下同期枲音基本又作朞後皆放此帶緣以絹反

同大子音泰無施以豉反注同從爲于僞反旁尊劉薄浪反下注同反

如字胖合普半反則辟音避下注辟大同適子丁狄反本又作嫡後除適人之類可以意求之
遠別彼列反下同而見賢遍反下同將上時掌反孰後如字又音候下放此何
算素管反劉音選大祖音泰注大祖同近政附近之近稷契息列反序昭
市遙反又如字下昭穆皆放此綴之丁劣反適人施隻反妻稺直吏反爲之于僞
反下爲其同敢與音預注同於朝直遙反注及下章注同者與音餘所寓
音遇寄也圻內巨衣反本又作畿同越竟音景恩殺所界反未冠古亂
反文縟音辱不繆居虯反猶數音朔下同散帶悉但反爲其
于僞反姪大結反字林丈一反㛮本又作嫂同素早反人治直吏反注治猶同猶行
戶耶反下同卑遠于万反猶傁素口反人稱尺證反之別彼列反下
有別并傳同上而時掌反相爲于僞反下其爲爲之下文所爲同見恩賢遍反下
以見同不復扶又反總衰音歲接見賢遍反注同下并不見并注放此澡

麻音早治去起呂反後注猶去則去同莩音數垢古口反無絇其俱反娣
大計反姒音似兄弟之妻娣姒或云謂先後亦曰妯娌弟大計反本亦作娣長丁丈反注同
孺子而注反有食音嗣傅姆音茂劉音母字林亡又反見於賢遍反則
劬其俱反緦麻音絲省文色景反朝服直遥反後章放此庶孫
之中殤依注中音下不見賢遍反末注同則爲于偽反下祀所爲下注必爲相
爲爲其同壻息計反女之夫縓七絹反范倉亂反緣以絹反下及注同一染而漸反
不見賢遍反嫌其爲如字又于偽反若辟音避下同袒徒旱反免
音問字或作絻注同幼少詩召反虞祔音附錫衰思狄反謂墳扶云反
屍音尸柩其又反其斂力驗反之稱尺證反滑易以豉反素總
子孔反折笄之設反有著丁略反下同櫛莊乙反榛笄莊巾反刻
鏤劉音陋摘頭他狄反大飾音泰劉唐餓反三絇劉音鉤又恪憂反猶

殺色界反劉色例反下同大古音泰以便婢面反謂辟音譬博歷反下皆同廣
古曠反袤音茂袂屬音燭劉又音蜀之肱古弘反袪尺起魚反併兩
步頂反拱尚九勇尸

士喪禮第十二鄭云士喪其父母自始死至於旣殯之禮於五禮

適室丁狄反注同適室正寢之室也憮火吳反覆也用斂力豔反後皆同者齊側皆
反本亦作齋北庸如字牆也本亦作墉當牖音酉牕也袵而甚反曲禮注云卧席也去死
起呂反簪裳側林反劉左南反左何戶我反又音河扱領初洽反劉初輒反則
夏戶雅反後夏祝皆同純衣側其反纁裳許云反中屋如字劉丁仲反用
篚方鬼反本或作篋苦協反以衣於旣反注及衣戶同西北厞扶未反本或作扉音非
楔齒息結反爲將于僞反下并注一不爲同含戶暗反本亦作唅後放此綴足
丁劣反劉張歲反辟戾音壁下力計反以馮音憑俠牀古洽反亦適

丁狄反使者至所吏反屋劉羌據反閑也者三息暫反人襚音遂
衣服曰襚執要一遥反後放此言遺唯季反與也別於彼列反下皆同爲
銘云丁反禮記云銘明旌也䞓末丑貞反旗識識之上音試下音式亦作試爲
旆步貝反竹杠音江橦也丈江也梠也音呂甸人大練反揺
坎其勿反又其月反爲垼音役東鄉許亮反注同後放此塊竈苦對反劉先苦
雷反謂宜用土塊也廢敦劉音對又都愛反及注下皆同重直容反注重鬲於重同鬲音歷
下放此皆濯大角反造于七報反注同五種章勇反以盛音成下同
渜濯上奴亂反下直孝反下文放此以汲居及反將縣音玄滌大歷反溉
古愛反事遽其據反不綪注作綪側庚反後皆同說文云綪縈繩也紅洒音緬
水名也一本作沱大何反江別爲沱謂縈於營反纚索悉各反以親如字劉音清刃反
鬠劉音膾又戶膾反後同纋中音憂一音何侯反廣袤古曠反下音茂實爲

呼偽反下同有惡烏路反掩練劉音奄析其西歷反裹首音果瑱
他見反充耳白纊音曠劉古曠反緜也幀依注音縈於營反劉宛名反又武遍反又音縣後同組
繫戶計反下同葛藟力水反以絜息臄反為消古玄反握手
於角反劉烏豆反下設握同牢中牢音樓出注若檡音澤猶闓音開挾
弓音協又子協反令不力呈反下令可同挈指苦結反劉本作挈苦計反吒鼠劉音
託冒七報反後皆同手齊如字又才計反經殺所界反劉色例反注及下注同韜
尸土刀反而上士掌反純衣莊其反注同所衣於既反下所衣同褖衣他亂
反後同縁之泆絹反言縁同不禪音丹下同一稱尺證反韎音妹又武拜反劉又武八反韐古荅反又
古洽反縕音温劉烏本反韍音弗蔽膝以璆音虯劉巨虯反文竹如字劉目眞反去
起吕反珵他頂反本又作珽同俟荼音舒笏作音忽皆繶於力反緇
純諸允反劉之閏反注同組綦音其一音其記反注同于踵諸勇反士冠

儀禮音義

古亂反以兕苦回反柎方于反馬絆音半于笄音煩於筐丘方反
用綌去逆反櫛莊乙反於簞音丹笥也葦于鬼反笥息嗣反通
裁在代反又音才管人如字劉又音官不說土活反劉舒悅反注同繘均必反劉俱筆
反綆也淅米西歷反汏也徒賴反受潘芳元反下及注同淅米汁也用重
直龍反用爨七端反又七亂反盛米音成下注盛物巾盛盛筌同處也昌慮反造
冰七到反下同士併步頂反下皆同襢之善反下同笫壯矣反下同牀簀也侍從
才用反倮裎力果反下直貞反挋用之慎反劉居玄反晞也清也凊如字又才性反下絜
清同用枓音主作湪劉土亂反蚤依注音爪下鬊蚤同揃子淺反斷爪
丁管反揃鬊音須本亦作須大蜡士嫁反扱諸初洽反劉初輒反下同以從
劉才用反下同爲飯于僞反下扶晚反下佐飯并下文同南首手又反便扱婢面
反于跗方于反連絇其于反足坼丑宅反三稱尺證反杜預云衣襌複具

曰稱下放此　而衣於既反下同　不紐女九反　不數所主反　省文所景反　欿

見賢遍反　捷也初洽反下同　于擘烏亂反　大擘補革反劉薄歷反大指也下同

爲藉才夜反　有彄苦侯反　擐劉郭大反一音患　作捥烏亂反　橐之

古刀反劉古道反　爲橐音託　鬈音舜劉又音旬亂髮也　辟奠婢亦反又音避　重橐

直容反下及注同　縣物音玄下同　簪孔側林反劉左南反　鬻本又作粥之六反一音育　餘

飯扶晚反注同謂以飯尸之餘米爲粥　於養羊亮反　冪用本又作鼏士狄反　久之

依注音炎　周韐劉犨琴反下同說文其闇反　竹簭音筮　辟屈音辟　綪絞戶交反

反後同　縮從子容反下同　頳裏丑貞反赤也　無紞丁敢反　被識申志反　無

別彼列反　散衣息但反下及注同　袍襽古典反　盡用津忍反　取稱尺證反

饌于劉狀轉反一音士眷反後同　鍛濯丁亂反下大角反　齊坫丁念反　爲奠于舉

反下爲舉爲不爲塵皆同　苴七如反　大鬲音革又作搹同　經大結反　搤音厄本又作扼　去

一 起呂反下并注同後放此 齊 音咨後同 易服 以豉反 宜差 初賣反 簀也 音責
殺之 色界反劉色倒反 四鬄 託歷反解也 去蹄 大兮反 兩胉 音博劉音百又
音魄脅也 扃 古熒反 肩髀 步啓反又必爾反下文同 則辟 婢亦反 或傎 本又作顛
丁田反 倒衣 丁老反 馮尸 音憑後皆同 髺髮 音括劉音活 人免 音問
後放此 雞斯 所買反劉霜綺反下作纚同 而紒 音計下同 令著 丁略反下同 幓
頭 七消反 作繞 音問 鬠 側瓜反 宮縚 他刀反 爾毋 音無下同 縱 范音
揔 劉又在紅反 扈扈 竝音户 俠子 音夾 鄉賔 許亮反 東夾 古洽反劉
古協反 錯 七故反下及注同 其便 婢面反 爲鉉 胡犬反劉古頂反又音關又音玄 乃朼
必李反 進柢 丁計反本也後同 爲髀 必爾反又毗支反 爲胝 劉音帶 組從
劉才用反 巾巾 竝如字劉下居覲反 由重 直龍反 代更 音庚下同 憔悴 在遂反下
在季反 禮坊 音房本亦作防 挈壺 苦結反 縣壺 音玄 不背 音佩 以褶

音牒一特獵反　雖槓方服反　與襌音丹　爲燎力召反又力弔反　火燋劉哉約反又祖堯反一音哉益

反後同本作燭　紟其鴆反劉居鴆反下皆同　盡津忍反下注同　又復扶又反下不復將復復執皆同　瓦甒

亡甫反　毼豆苦瞎反劉苦割反　蠃醢力禾反　無縢大登反　四脡大頂反　縢緣悅面

反　袐緄古本反劉古魂反　爲蝸力禾反又古華反　掘其勿反又其日反　肂以二反劉音四　見賢遍

反　衽而甚反　小要一遥反　用楯敕倫反　欑至在官反劉本作𢷎音同云禮記作欑　不墍

其器反劉本作壁古歷反　用軸大六反　輁軸九勇反　輓而音晚本又作挽　熬五刀反　蚍音毗蜉

音浮　令不力呈反下令足同　爲舉于僞反下同　鱄市轉反劉市專反　鮒音附　左胖音判　鋪

於普吳反又音孚　奉尸芳勇反又如字下放此　爲銘于僞反下爲安爲神祝爲爲葬同　設柎方于反　從

設才用反下皆同　于奧一報反　鬐巨之反　闔戶戶臘反下同　堊室於各反　厭於一涉

反下注同　招彌亡婢反又作弭　桃茢音列又音例　惡之烏路反　下天子戶嫁反下遵下王同　釋

菜七代反　人辟婢亦反又音避下不出者同　爲謔許略反　耆酒市志反　窟室苦忽反

大マ七ゞ　儀禮音義　二十　明

朝至直遙反下朝者同公焉於虔反在壍火各反由便婢面反敢謹火官反又
許元反下同嚻許驕反劉五高反下同聒尊古活反逡七旬反遁音旬辟位音避下文不辟
注同立乘繩證反下文及注乘車同小俛音免始歠昌悅反粥之六反劉音育辟門
婢亦反注同拊心芳甫反直東音值下直西同併於步頂反又必性反啓會古外反注同
猶度大各反下文度茲并注同免經如字又音勉注同下放此之處昌慮反下灼處同少儀詩召
反上櫝音獨函也爲其于僞反注爲其爲下同右還劉戶串反一音旋注及下同畫地
音獲之竁昌絹反徧視音遍楚焞存悶反劉吐敦反又徒敦反又子悶反又音純以鑽子官
反一本作灼炬也音巨菙氏時髓反掌共音恭燋挈本又作契昔計反劉苦結反下同
爇燋人悅反其焌劉音俊又存悶反又子悶反李作館反族長丁丈反注及下同涖音利又音
類于闑魚列反閾外音域劉呼逼反有近附近之近

既夕禮第十三鄭云士喪禮之下篇也既巳也謂先葬二日巳夕哭時也與葬間一日若上士二廟則既夕哭在前葬三日也

請啓舊士井反啓肂以二反劉音四侇牀音夷本亦作夷饌于劉士轉反
朝柩直遥反下朝祖殷朝周朝同用蒸之承反薪也鬠側瓜反散帶
悉但反爲將于僞反下爲有爲啓爲其同相見賢遍反子免音問後放此
子冠古亂反袒音但止讙火官反囂也許驕反劉五高反聲三息暫
反又如字下放此拂[扌方]本又作仿佛上芳味反下芳丈反噫於其反又於喜反作絻
音問後同夏祝戶雅反下之六反後皆放此于重直龍反後放此憮火吾反拂
去起呂反輁九勇反轉轔音鄰爲軹音紙著金丁略反下著之同
之楯勑倫反眞從才用反後以意求之鄉戶許亮反下鄉外鄉柩皆同巾之
如字劉居觀反直柩音值下文同爲禦于僞反下爲褻爲遷爲其爲載爲設爲苞同北
輈竹求反辟新音避下同馬鞅於丈反絛絲佗刀反下同如菆側九
反執筴初革反側眣大結反紐女九反䞓丑貞三齊三如字劉才計同

注同承霤力又反車笭力丁反衣以於既反縣於音玄不揄

音遥絞戶交反以聯音連上蕤汝誰反設披彼義反劉方寄反下同爲

藩方元反屬引音燭注同著也引音胤又如字注引所以引同後屬引皆放此猶著直略

反曰紼音弗乘車繩證反注及下注乘車同成味武葛反劉音妹成斷丁魚

反竽音于笙音生筍息允反虡音巨折橫之設反後皆同猶庪九委反劉

居綺反下以庪同窆事彼驗反劉逋鄧反壙上苦晃反又音曠抗席苦浪及劉

音剛後皆同苞筲色交反綪於側耕反便也婢面反後放此見善

賢遍反御也魚呂反亦作禦下同加茵音因以藉才夜反下當藉同緣之

以絹次上綪側耕反以裹音果畚音本種類章勇反劉之用反一

瞉音斛劉又戶角反甕烏弄反冪亡狄反本又作鼏甒二罔甫反注橆音同木

桁戶庚反又戶郎反夊之依注音冬兩敦音對劉又都愛反兩杅音于又作竽

音同槃匜音移劉音徒何反杅盛音成為桙音牟劉音杅下笮
側白反矢服也甲鎧苦代反兜丁侯反鍪音牟干楯常允反又音允矢
箙音服本亦作服杖笠音立箑所甲反扇也為神于為反為將為還為柩為
其為哭為行皆同馮依音憑後放此還柩劉音患下還車同公賵芳鳳反車馬曰賵
旌繁步干反前輅音路使者所吏反下公使同奠幣如字劉音定
子棧士板反劉才產反注轏同胥徒如字劉思敘反之長丁丈反下注之長同相
閒閒廁之閒復有扶又反下同若賻音附貨財曰賻則梧五故反于
陳如字劉直吝反下同玩好呼報反九行戶郎反下同書遣弃戰反注及下讀遣
井注同為燎力召反少牢詩召反左胖音判髀不步禮反又方爾反
作髀必爾反又婢支反揆也苦圭反後肫劉音純又之春反溷音患又戶困反
脾音卑脾析劉音毗注同一音婢支反下思狄反蜱皮佳反臝力禾反髀肶

尺之反　蜯也步講反　爲蝸力禾反又古華反　粟糗去九反　粉餌而志反

辟醴音避下不辟注同　猶併步頂反　倚之於綺反後放此　由闑魚列反

道橐古老反　脛骨戶定反劉胡孟反下同　三个古賀反　臂臑乃到反

取骼音格劉一音各　毋哭音無下同　低仰五郎反　去杖起呂反　說載

土活反　於緘古咸反劉古陷反　拾踊其業反劉其輒反後放此　加見賢遍反注皆同

不復扶又反　聖周子疾反　容柷尺六反　拾更音庚　彷音旁徨

音皇　離也方智反　猶屬音燭下同　適寢下狄反注同　東首手又反

比墉音庸　者齊側皆反本又作齋後同　養者于亮反後燕養井注同

去樂起呂反後同　皆埽素到反　爲有于僞反下放此以意求之　穢惡

紆廢反劉烏外反下烏路反　屬音燭下屬幅井注同　纊音曠劉古曠反新緜　盡孝

于忍反　人諦大兮反　纚所買反又所綺反　牀笫側几反　衽而甚反文西鴆反

朝服直遥反後同　執要一遥反後同　衣朝於既反　楔貌悉結反
如輗於華反　綴足丁劣反劉丁衛反　校在劉胡飽反一音苦交反　辟戾
必亦反　當腢五口反劉五侯反　或卒七忽反　長子丁丈反下注長猶同　作計
音赴　別尊彼列反　淅米西歷反　差盛七何反又初佳反劉藏何反下音成　抗
衾苦浪反劉音剛　襢之善反　倮力果反　袒音但　簀音責　盝音祿
便也婢面反　鬠古外反　褌音昆　襂音衫　于笲音煩　桂丁主反　顛
丁千反　瑱塞佗殿反　掘坎其勿反又其月反　從也子容反　爲坅五錦反劉
音作感反埤蒼云坎也坑也　垼用音役　塊苦內反　堛也普逼反劉音逼　不辟必亦
反劉又薄歷反注同　及𣪊苦角反又戶角反　足跗方于反　不見賢遍反下不見同　不
被皮義反　縓七絹反范倉亂反　綼毗支反劉音卑　緆他計反劉羊豉反　一染而漸反
緇純諸允反劉之閏反注同　設握如字劉烏豆反　中指如字劉丁仲反　于掔

烏亂反 涅廁乃結反寒坐也 復往扶又反 設柎於庶反 齊于如字
劉才計反 坫丁念反 素勺上沟反注同 面枋彼命反 及錯七故反 辟
䫉婢亦反劉音芳益反注辟襲䫉同 神遠于方反 辟斂音避下辟忌同 髺髮
音枯 便離力智反 奉尸芳勇反下奉之同 人說土活反劉詩悅反下不說同 髦
音毛 爲鬌丁果反劉徒禍反 之散息但反 外縪音必劉扶紱反 屬
音燭注同 厭一涉反注同伏也 著於直略反注同 寢苫失占反編稾也 枕之鴆
必連反 編稾古老反 歠昌悅反 粥之六反劉音育 一溢音逸劉音實 縻
亡皮反 也曰蓏力果反 端衰七回反 作堊烏洛反一音烏路反 狗幦亡狄
反覆苓也 覆笭力丁反劉音領本或作軨 其臑乃管反 爲幕音莫 蒲
菆側留反劉作侯反牡蒲苹也 木錧音管 爲鎋戶瞎反 木鑣彼苗反
齊如字又子淺反 縪車音早 䡅亡江反 車輿音餘 布裧尺占反

猶縁悦絹反下同差飾初皆反比真必二反注同諸安本又作㝔

一弔反又音杳見爾雅內鬣音獵又以接反猶先悉見反供養九用反洗

去悉禮反劉本作淬七對反聽朝直遥反下文及注同猶相息亮反下同之昕

音欣饌于士轉反近西附近之近先先樞上如字下西見反後後

樞上如字下戸豆反乘車繩證反後皆同華鞁息列反載旜之然反

縣于音玄下注同夏毛戸嫁反士齊側皆反豹犆音直韇也

居良反劉本作繮音獲櫜車古老反劉古到反載蓑素禾反猶散

悉但反用茶大奴反茅莠且御魚呂反劉本作衙音禦易也以豉反管

古頑反筲三所交反皆綸餘若反皆湛子廉反劉子廕反以爲

如字還車音患爲鄉許亮反翿好呼報反於堩古鄧反道也

斂服收斂之斂注同祝說土活反劉詩悅反蜃車市軫反之團作

輇作槫並音市專反又市轉反劉團反輇市專反槫大官反沽功音古有弭
面爾反無縁以絹反弓檠音景弛則式氏反緄古本反縢大登
反注同爲柲音祕撻他達反爲銛劉音括一音息廉反有韣音獨弓衣
也矢翭音侯又音候骨鏃子木反一音七木反射之食亦反笴古老反又
工但反軒輖音周字林云重也一曰輊也又音弔輖輊音至本又作贄音同又字
林竹二反同

士虞禮第十四鄭云虞猶安也士既葬其父母迎精而反日中而祭之於
殯宮以安之禮

饋食其位反側亨普庚反劉虛兩反注同一胖音判用鑊戶郭
反饎尺志反冪用亡狄反苴子徐反劉子都反下及記同刌七本反猶
藉在夜反後皆同便其婢面反後放此別於彼列反二敦音對劉又都愛

又都放此匜水音移錯七故反後同簞巾音丹作鉉玄犬反南鄉許亮
反羞燔音煩臨位力蔭反下同鬠側瓜反散帶悉但反祝免
音問注同澡葛音早爲其于僞反下爲神同長丁丈反下文并注同近南
附近之近後放此東縮所六反從也子容反下從并注同爲蹷子六反倚
杖於綺反注及下同祔杖音附啓會古外反後放此顯相息亮反下文亦相并
注同揵衣音宣手發衣曰揵又作擐音患古患反少牢詩召反後放此祝祝下劉
之又反及注下放此奉篚芳勇反下芳鬼反本亦作篚哭從才用反後以意求之既封
彼驗反劉遵鄧反渟尸章純反注及下同辟執音避妥尸他果反劉湯回反坐
安也擩人悅反劉而玄反又而誰反墮祭許恚反注同又相恚反猶隮許規反
嚌之才計反湑去及反胾側吏反尸飯扶晚反注及下并下注九飯同啗肉
太敢反舉胳音格一音各三个古賀反曰個古賀反肵組音祈後同

醑尸以刃反劉俟吝反　賓長丁丈反下賓長皆同　肝炙支夜反　進柢丁計
反後同　併也步頂反　以醋才各反本亦作酢　直室音值　繶爵於力反
有篆六轉反　猶養予亮反下同　尸謖所六反起也　前道音導
下前道尸爲道同　扉用扶未反劉音非隱也　爲厭一豔反下同　飫也於庶反　不
櫛莊乙反　期以音基篇末同　用棜於庶反　凡爲于僞反下爲淺爲神本爲
圭爲同　羹飪而甚反　辟臑乃報反　肫音純又之春反　骼音格又音各
左膉音益脰肉也後同　脰音豆頸也後同　殳矛音殊下莫侯反　鱄市專反又市轉
反　鮒音附　髀步禮反又方爾反　鬐巨之反　爲胝音帝　下尸戶嫁反　以
盛音成　浅劉音箭一音賛　污汚穢之汚　負依於豈反注同　若薇音微
用苣音丸　苦荼音徒　堇類音謹　爲枯如字又音姑劉本作枯音先古反
爲芐音戶劉音下　羸力禾反　不楬苦瞎反劉苦割反本或作髡同　不說

他活反劉詩悦反下說經說首并注同鄉尸許亮反下注皆同踧子六反踖子亦反辟

退音避又婢亦反使適丁狄反不綏依注音墮許恚反劉相恚反湆胾

莊吏反劉本作截酢再反拾踊其業反注下同更也音庚下同牖鄉許亮反亦

窓也不復設扶又反又下並復又復同重閈直用反顯相息亮反注及下顯相

同悲思息嗣反剛鬣力涉反豕曰剛鬣昧冒亡比反又亡報反香合

本又作薌音同黍曰薌合普淖女孝反劉徒較反普大也淖和也謂黍稷明齊才計

反注同明齊新水也溲酒所求反注醙同涗齊始銳反明粢音咨一音側其反

袷事音洽爾女音汝下同勸彊其丈反下同報葬禮記音芳付反下同

令正力呈反離也力智反乃餞賤淺反送也于濟子禮反于

禰乃禮反劉本作泥音同四脡徒頂反又他頂反烏翅申豉反從也

子容反入臨力蔭反重餞直勇反下重帶同又直用反朐在其俱反闈

門音韋劉音暉　不與音預注同　隮祔子兮反升也　差跳初責反

搔依注音爪　揃子淺反注鬋同　頭嗌音益　中月劉丁仲反注同　而禫大感反

猶間間廁之間下同　言澹大暫反　某妃豐非反劉又音配

特牲饋食禮第十五鄭云諸侯之士以歲時祭其祖禰之禮

不諏子須反謀也　職褻息列反　爲詛莊助反　來與音預　闑西

魚列反　閾外于逼反又況逼反　爲筮于僞反下爲神爲視皆同　作㮚魚列反

爲蹷子六反　西塾音孰　謂著音尸　之長丁丈反下長占并注同　言

妃音配又芳非反　禫月大感反　還即音環　由便婢面反後放此　畫地

音獲　其馮音憑　主人辟劉芳益反一音避　傳命丈專反下同　將涖

音利又音類　有鼏亡狄反　楙在於虛反　從也子容反　木輿音預　銒

音刑　兩敦音對劉又都愛反後放此　當夾古洽反劉古協反後皆同　近南附近之近下同

兄弟從如字又才用反後以意求之　濯溉古愛反　省文所景反下文省同

以筴初革反　羹飪而甚反　視饎尺志反注糦同　齊坫丁念反　亨音

于普庚反注及下注不能亨亨者同　以鑊戶郭反　摡之古愛反　釜鬵音尋

劉側林反　藉用慈夜反　萑音完細葦也　細葦于鬼反　尸盥音管

匜音移　簞音丹　不揮許韋反　凡鄉許亮反下同　敷席音孚

本又作鋪普吳反後同　纚所買反又所綺反　宵音消依字作綃綺屬　猶辨皮莧反

少牢詩召反下少牢皆同　蝸醢力禾反　直室音值　賓長丁丈反下注庭

長下賓長弟長并注放此　用鮒音附　爲其于僞反下當爲不爲將爲改同　道之

音導下以道猶道同　既錯七故反下文及注同　朼載必履反　刊其若干反　惡

桑烏路反　抽扃古螢反　東枋音柄本亦作柄下同　升肵音祈　鉶芼

亡報反　啓會古外反下并下注於會同　祝曰州又反下文卒祝祝曰同　普淖女孝反

爲厭一葉反諂偝音又武方音無妥尸他果反劉湯回反殭之
其丈反挼祭依注音墮許恚反劉相恚反後隋祭挼祭皆放此㨎醢如悅反劉而兖反又
而詐反後同啐酒七內反刌肺寸本反齊敬側皆反共之音恭菜
和戶卧反下不和同客絮丑慮反調和之也湇去及反不嚌才計反先
食悉薦反又如字啗之大敢反三飯扶晚反注及下同膮許堯反炙章夜反下
肵炙同胾醢莊吏反得綪側耕反舉骼音格又音各後皆同不復
扶又反下爲復復拜不復并復入同者三息暫反盛肵音成注同三个古賀反干個同
及臑乃報反酳以刃反又士刃反樂之音洛下大戶嫁反下下戶同以醋
才各反聽嘏古雅反受福曰嘏嘏長也大也摶黍大官反挂于俱賣反一音卦
注同奉納芳勇反季少詩召反下同下少年之少亦放此以燔音煩爲
王于僞反下爲絶爲異爲猕爲酬必爲同不提丁禮反染汚而漸反襲處

昌慮反　之別彼列反　之與音余下爲之與燕飲與同　位辯音遍後皆同　加

勺時灼反　鄉賓許亮反　獻長丁丈反注下皆同　薦脅之丞反　殺

也所界反下皆同　將傳丈專反　孝弟音悌　定好呼報反　洗散悉但

反下音同　猶養羊亮反下同　供養九用反　尸謖所六反起也　爲將餕

于僞反下同　去之起呂反　奠然本或作暮或作蕢　食蕢劉子峻反與餕同　有

以依注音似或如字　言女音汝下同　其坐才卧反　親昵女乙反　腓用扶未反

厭一豔反　飫於庶反　朝服直遥反下皆同　韠音畢　齊服側皆反　順

從子容反下南從從橫同　饌于扶轉反又如字　覆兩芳伏反注同　盝音鹿　瀝

音歷　且爲于僞反下爲婦爲餕爲尸爲其同　裹之音果　玄被皮義反　若薇

音微　冬荁音丸　苦荼音徒　蓳藟音謹　膴膴亡甫反　如飴以之反　爲

苄音戶劉又音下　西辟步曆反又音璧　直屋音值　栝音佸　皆去起呂反　近

南附近之近奉槃芳勇反淳沃之純反劉音純作激古狄反一本作浮劉本作徼音數辟位婢亦反又音避注同逡七旬反遁音旬弟婦大計反或作娣下弟同姒婦音似本或作似燔燎力召反或力弔反胣時倫反又之春反又之罪反有併步頂反放而方往反數奇居宜反下同猶挂苦圭反不提丁禮反髀步禮反又方爾反脡他頂反觳戶角反又苦角反辟大音避長兄丁丈反注同皆殽戶交反見政賢遍反又如字皆與音預

少牢饋食禮第十六鄭云諸侯之卿大夫祭其祖禰於廟之禮

少牢詩召反後放此養牲所曰牢少牢羊豕也而芻初俱反猶養也丁巳音祀注皆同先諏子須反朝服直遥反後朝服皆放此上韇徒木反大廟音泰下文大筮大祝皆同著之音尸圜而于宣反重以直用反占繇直又反卦兆辭由便婢面反後者同畫地音獲命滌大歷反當共音恭且齊側皆反下同滌溉

古愛反一本作濯　又爲于僞反下爲此爲尸同　下人戸嫁反　比於毗志反次也注同　封
羊苦圭反　省也所景反　人摡古愛反　割亨普庚反　亶人力甚反注
同　甑甗子孕反下魚展反人音言劉音彥又魚變反　與敦音對劉又都愛反後皆放此
爲烝之膺反　放于方往反注司猶依也　羹定多佞反　右胖音判　髀
步禮反又方爾反　髀臑奴到反又人于反　膞劉音純說文之允反　骼音格又音各下同
脡他頂反　猶上時掌反下同　近竅附近之近下苦弔反　從前劉子容反　縪
側耕反後同　併也步頂反下文同　作辯音遍一音皮莧反　作脾必爾反又婢支反
溷音患又戸困反　腴羊朱反　副倅七內反　卒脀之承反　鄉內許亮反　爾
甒亡甫反注甒同音　扵於據反　去足起呂反　設罍音雷　有枓音主　奠
水九于反劉又苦侯反　爲實于僞反下爲尸爲將爲其爲神同　槃匜以支反　奠
簞音丹　于奧烏報反　神坐才臥反　道之音導下爲道同　作枋

彼命反　以從如字又才用反後放此　以相息亮反注同助也　肵俎音祈　長
杜丁丈反注及下賓長同　爲扐七本反　俎拒音巨　進腠七豆反　相見賢遍反
用鮒音附　今其力呈反　被錫依注讀爲髲鬄上音皮義反下大計反劉士歷反下
同　侈袂本又作移昌爾反　醓他感反　蠃力禾反　韭菹側魚反作菹亦同　或
剔他計反　之紒音計　不纚所買反又所綺反　亦衣於既反　綃衣音消
爲緆音羊　爲蝸力禾反又工華反　相從息亮反及下注同　啓會古外
反及下同　以重直容反注同　梲梲下之又反　剛鬛力輒反　普淖女孝
反　昔辟音避又旁益反下同　後尸戶豆反　奉槃芳勇反下同　沒霤
力又反　妥尸他果反　不啐七內反　而殺所界反後禮殺同　隋祭許規反劉
相規反下同　辯音遍　擩于如悅反劉而誰反　作徧音遍後皆同　重言直用
反　直於音值下注直室同　皆芼士報反　有柶音四　尸扱初洽反　用

薇音微 先食作飲飯者皆非 啗之大敢反 齊之才計反 荃蕺莊吏
反 膴許云反 膮許堯反 又復扶又反下復嘗同 小數所角反 獨侑
音又 爲祝于僞反下同 操以七刀反 乃醑音胥又士刃反 既食音寺 又
飲於鴆反 樂之音洛 從也子容反 爲蹙子六反 尸醋才各反
以綏許規反劉相規反并注綏及隋亦放此下皆同 受嘏古雅反 摶之大官反 無
疆居良反 于女音汝下同 來女依注音釐力之反賜也劉音釐亦音來力代反亦訓賜也
下音汝 猶傳大專反 抶音決 臷大結反劉土結反 挂于俱賣反又音卦 屬
于音燭 尻昔力反 折一之設反後同 辟人音避 猶養予亮反下文同 尸
謖所六反 爲不于僞反 四人饕音餕 乃辯音遍下同 湆于
去及反

有司第十七本或作有司徹於去大夫既祭賓尸於堂之禮

有司徹直列反字又作撤　以厭一豔反　於枋百庚反　大廟音泰

下大宰同　爲賓于僞反下爲尸同　少儀詩召反下之少年少同　氾埽芳劒反下

素到反　曰拚方問反　爲聶女輒反　燅音尋劉徐鹽反温也注燖同　肵

亦音祈　不與音預　稾古老反注同　鼏亡狄反　去其起呂反下拂去同

禮殺所界反劉色例反下皆同　爲鉉玄犬反　侑于音又　道尸音導　爲

蹙子六反　並併步頂反後皆同　匕湆去及反　豕脀之承反　長左

丁丈反後皆同　麷芳中反熬麥也　蕡扶云反熬枲也　醓他感反　麋臡乃兮反又

人兮反　枲也思治反　辟鉼音避下亦辟辟併辟主同　肫音純　胳音格又音

各本亦作骼　臑奴到反　脡他頂反　復序扶又反下不復復言同　折分之設

反下皆同　嚌才計反　下尸戶嫁反下注下尸下之亦下下賓下主人下大夫下上大夫同　而

摭之石反　加膴火吳反依注音冔況羽反劉呼孤反後同　刌魚白吳反口侯反

大臠力轉反 擩人悅反劉而誰反 執挑湯堯反劉湯姚反又他羔反一音由又食

汝反 以扱一入反 之歃初洽反劉初輒反下扱同 或作桃本又作抌劉忒羔反 飯

操七消反 以抒食汝反 覆手芳伏反下同 啐七內反 羊燔音煩

由便婢面反 糗去九反 與腶丁亂反本又作段音同加薑桂以脯而鍛之曰腶脩

餌也音二 擣肉劉本作搗同丁老反 爲斷丁亂反 之柶音四 挩

手由銳反注紛帨音同 宜鄉許亮反 粉餈在私反 則䤈以支反劉書支反

食音寺下同 糝食素感反 臐許云反 膮呼彫反 有胾側吏反 以

辯音遍注徧同後放此 儀度大各反 作犧劉音儀 不別彼列反 親

昵女乙反 爲衆于僞反下爲不爲鬼同 隆汙音烏 延熹許其反 不綏

許恚反本亦作隋同 七飯扶晚反後皆同 乃盛音成注及下同 無䵣步禮反又方爾反

三个古賀反 爲摕之石反劉音與摭同 也與音余 酳尸以刃反又士刃反

其綏并注按及隋皆許恚反後放此弟婦音娣瞉折苦角反又户角反

尸謖所六反乃餕音俊扉扶味反取敦音對劉又都愛反下同厭

一豔反飫於庶反不令力呈反作茀音弗

經典釋文卷第十

經典釋文第十一

禮記音義之一　起第一盡第五

唐國子博士兼太子中允贈齊州刺史吳縣開國男陸德明撰

曲禮第一　本或作曲禮上者後人加也檀弓雜記放此曲禮者是儀禮之舊名委曲說禮之事

記　此記二禮之遺闕故名禮記　鄭氏注

毋不敬　音無說文云止之詞其字從女內有一畫象有姦之形禁止之勿令姦古人云毋猶今人言莫也案毋字與父母字不同俗本多亂讀者皆朱點毋字以作無音非也後放此疑者特復音之　儼　魚檢反本亦作儼同矜莊皃　若思　如字徐息嗣反　矜莊　居冰反　樞機　昌朱反　敖　五報反慢也王肅五高反遨遊也　不可長　丁丈反盧植馬融王肅並直良反　欲不　如字　可從　足用反放縱也　樂不　舊音洛皇佩音岳　可極　如字皇紀力反　桀　其列反夏之末主名癸　紂　直丑反殷之末主名辛　狎而　戶甲反習也近也　近也　附近之近下注內不出者皆同　貴戚　音戚

本亦作戚誣人音無後並同有畜敕六反以賙音周樂氏音岳謂宋司城樂喜有害如字本亦作難乃旦反咎犯其久反重耳直龍反爲傷于僞反下爲傷爲近皆同臨難乃旦反很胡懇反鬩也勝舒證反分扶問反鬩呼歷反鬩也謂爭爭鬬之爭下文皆同傷知音智若夫方于反丈夫也如齊側皆反本亦作齋音同注同士丐本亦作匃音蓋乃還音旋後放此使從色吏反牲幣徐扶世反弗享許兩反夫禮者音扶凡發語之端皆然後放此親疏所居反或作踈決徐古穴反嫌疑戶恬反別同彼列反下注下文同說人音悅又始悅反注同佞乃定反口才曰佞媚眉忌反意向曰媚不辭本又作詞同說文以詞爲言詞之字辭不受也後皆放此費芳味反言而不行爲辭費侵侮徐云撫反輕慢也不好呼報反注同善行下孟反下行脩同取於人舊七樹反謂趣就師求道也皇如字謂取師之道取人如字謂制師使從已辯訟皮勉反徐方勉反君臣上下上謂公卿下謂大夫士宦學

音患班朝直遥反涖官本亦作莅徐音利沈力二反又力位反臨也禱丁老反鄭云求福曰禱祠
音詞求得曰祠共給音恭本或作供不莊側良反徐側亮反學或爲御鄭此注爲
見他本也後放此撙節祖本反趨也猶趨七俱反就也向也嬰本或作鸚厄耕反
母本或作鵡同音武諸葛恪茂后反不離力智反下同猩猩本又作猩音生禽獸
盧本作走獸聚麀音憂牝鹿也鹿牝頻忍反徐扶盡反舊扶死反大上音泰注同
大上謂三皇五帝之世施而始豉反下文同負販方万反輕桃吐彫反好禮呼報
反下同不懾之涉反怯也惑也猶怯丘劫反何胤云憚所行爲怯冠古亂反曰艾
五蓋反老也謂蒼艾色也一音刈治也曰耆渠夷反賀瑒云至也至老境也不與音預而
傳直專反沈直戀反八十九十曰旄本又作耄同亡報反惛忘也注同本或作八十曰耋
九十曰旄後人忘加之惛音昬一音呼困反忘也亡亮反又如字將知音智曰悼
徒報反謂可怜愛也期頤羊時反養也猶要於遙反又如字下同養道羊尚反又

如字猶聽吐丁反後可以意求皆不音勞苦如字又力報反坐乘繩證反稱

也尺證反長者丁丈反下皆同必操七刀反而夏遐嫁反凊七性反字從冫

水冷也本或水旁作非也牀衽而審反徐而鴆反席也儕仕皆反等也沈才詣反四皓戶老反四

皓園公綺季夏黃公角里先生卑遠于万反僚友本又作寮了彫反同官者其弟大計

反下注同之行下孟反必告古毒反冠工奐反惇行都溫反差退

初佳反徐初宜反主奧烏報反西南隅也沈於六反尊處昌慮反下同棖直衡反闑

也闑魚列五結二反以上時掌反凡言以上皆放此食音嗣饗本又作亯香兩反爲

槩古愛反量也饌具士戀反爲其于僞反下注除不爲孤皆同苟訾音紫

毁也沈又將知反君子樂音洛瞑本亦作冥莫定反下同爲卒子忽反不純諸允

反又之閏反緣也下及注皆同純緣悅絹反縞冠古老反沈又古到反素紕婢支反徐補移反

早喪息浪反適子丁歷反常視音示無誑本或作誆同九況反欺也不衣

於斷反下同大温音泰徐他佐反便婢面反易也以豉反提大兮反攜户圭反

手奉芳勇反又扶恭反下及注奉扃奉席奉箕皆同辟匹亦反側也徐芳益反沈扶亦反注同咡徐如

志反口旁也何云口耳之間曰咡挾之音協掩口於檢反鄉尊許亮反本又作嚮後文注皆同

屏氣必領反從於才用反下皆同拱手俱勇反而上時掌反下同不呼

火故反號叫也警內京領反二屨紀具反單下曰屨言聞音問又如字下同視

必常止反下同徐音示沈又市志反奉扃古螢反何云關也一云門扇上鐶鈕瞻無徐如字戶

闔胡臘反不拒其許反毋踖在亦反一音席蹴也摳衣苦侯反提也下及注同趨

隅七俱反向也注同本又作[illegible]徐音奏又如字憒唯于癸反應辭也注同徐于比反沈以水反諾乃各反

乃應應對之應由闑魚列反門橛也門橛求月反門中木踐閾于逼反一音況域反

門限也下賓遐嫁反敷也芳夫反道之音導復就音服後此音更不重出拾

攸注音涉級音急階等躡女輒反之併步頂反以上時掌反下皆同重直勇反徐治恭

反 䟕本亦作差同七何反 跌大結反 相過古臥反後不音者放此 帷薄位悲反帷幔也

薄平博反簾也 爲其于僞反下並同 迫也音伯 上介音界 並坐如字又步頂反後放

此 横肱古弘反 不跪求委反本又作危 授坐本又作俛仰 凡爲于僞反 𢷮

本又作糞糞徐音奮掃席前曰𢷮 加帚之手反 於箕音基 膺於陵反 葉如字以箕舌

袂武世反衣袖末 拘而古侯反徐音俱 謂掃先報反又先早反 擁帚於勇反 而

扱依注音吸許急反斂也 箕去立吕反下注同 如橋居廟反井上桔槔 令左力呈

反 卬本又作昂又作仰同五剛反又魚文反下同 栔本又作契又作挈同音結 槹古毫反挈皐伏

字作桔槔見莊子 請衽而審反卧席也 何趾音止 坐在才卧反又如字 函胡南反容也

丈如字丈尺之丈王肅作杖 指畫胡麥反 於牖羊九反 重席直龍反注同 再

辭曰固一本作曰固辭 不恙羊尚反爾雅云憂也 所爲于僞反下同 無作才洛反慙

也 去齊音咨注同本又作齎謂裳下緝 下緝七立反 毋撥半末反發揚 毋蹶本又

作蹷居衛反又求月反行急遽皃行遽其據反書筴本又作策初革反編簡也盡後津忍

反後此爲汙汙辱之汙又一故反後放此毋儳徐仕鑒反又蒼鑒反又蒼陷反暫也旣說

音悅毋勦初交反一音初教反擥取說如字注同徐舒銳反擥也徐力敢反應也應對

之應下同侍坐才卧反後放此篇卷音眷徐久戀反唯而手癸反徐于比反注同爲

有于僞反下爲饌同不見賢遍反跋半末反本也則去起呂反下風去免去同

燼多才信反有厭於豔反下同不叱尺質反狗古口反風去方鳳反不

唾吐卧反有穢紆廢反徐烏外反惡也烏路反欠丘劒反伸音身撰仕轉

反猶持也杖屨紀具反下同曰蚤音早莫音暮離席力智反⿱必令力呈

反少閒音閑注同探人音貪耳屬之玉反干垣音袁毋噭古弔反

淫視如字徐市志反毋倨音據毋跛彼義反又波我反徐方寄反偏任也毋髢徒細

反髲垂如髲反毋袒徒旱反露也毋褰起連反皆爲于僞反下爲妨爲于皆爲爲其

爲後同號戶高反本又作嗁字呼火故反又如字睇太計反眄莫遍反伏覆

芳伏反髮皮義反袪丘魚反爲肆以二反餘也不上時掌反爲妨音芳

猶著丁略反同枷羊支反衣架也枷本又作架徐音[redacted]古本無此字巾櫛側乙反

嫂叔字又作𡡉素早反漱裳悉便反澣上於梱本又作閫苦本反閫限也重別

彼列反下及注同澣也戶管反行媒音梅不相知本或作不相知名名行字耳傳

昏直專反判妻普叛反齊成側皆反取妻七住反本亦作娶下賀取妻同

非媵羊證反又繩證反本繫音計又戶計反有見賢遍反辟嫌音避

本亦作避下同餘皆放此筋力音斤黑瞖徒孫反掐擿徐吐曆反式音的爲醫

於其反二十冠古亂反許嫁笄古兮反左殽戶交反熟肉有骨曰殽

右胾側吏反大臠食居音嗣飯也注食飯臠同徐音自羹居古衡反舊音衡皆便

婢面反下同其近如字膾古外反炙章夜反注同醢徐音海本又作醓呼兮反醬

子匠反蔥渫以制反烝葱也烝之承反酒漿子羊反字亦作𤖣客燕本亦作宴
於遍反宜放方兩反公食音嗣此儀禮篇名也後放此下文及注執食同左朐其俱反屈
中曰朐客祭禮飲食必祭示有所先也于寶注周禮云祭五行六陰之神與人起居延道音導徧
祭音遍下注同魚腊音昔湆醬音泣三飯符晚反下注禮飯以手同依字書食旁作卞扶
万反食旁作反符晚反二字不同今則混之故隨俗而音此字後辯音遍卞同酳音胤又士覲反漱口也以酒曰酳以
水曰漱親饋徐其類反爲于僞反汗下半反本或作汗挼乃禾反沈耳隹反莎息禾反沈
又息隨反毋摶徒端反爲欲[redacted]僞反皆同去手起呂反流歠川悅反毋
咤陟嫁反叱咤也毋齧五結反固獲並如字徐云鄭擭霸反專之曰固爭取曰獲一音謹飯
黍扶晚反以箸直慮反說文云飯攲也嚃他荅反一音吐計反又音退不嚼菜也不
嚼疾略反又子略反絮勑慮反調也謂加以鹽梅也毋刺七亦反弄魯凍反淡
度敢反能亨普彭反煑也辭以窶其禹反貧也濡肉音濡字亦作濡斷

也音短嘬初怪反炙章夜反臠也力轉反少牢徐式照反凡少牢皆同

嚌之才細反卒食子恤反後更不音者同齏本又作齊將兮反相者息亮反注

同鄉音向少者式召反下皆同未釂子妙反盡也先尊悉薦反又如字亢禮

苦浪反僮僕音同其核戶華反溉者古愛反重汙直勇反徐治龍

反陶梓音桃瓦器也沈音遥萑竹音丸葦也傳己直專反侑曰音又

餕餘子閏反食餘曰餕重殽直龍反偶坐五口反配也一曰副貳也下才臥反又如字

用梜古協反沈又音甲字林作筴云箸也公洽反梜箸直慮反爲天于僞反下同削

息略反瓜古華反副之普逼反四折也絺勑宜反細葛副析星曆反下同橫

斷音短下同華之胡瓜反中裂以綌去逆反[redacted]葛累之力果反一音如字倮也

力果反沈胡瓦反疐之音帝去疐丘呂反齕之恨沒反徐胡切反冠者如字

徐古亂反不爲如字徐下爲反不惰徒禾反一音徒臥反私好呼報反至剡本又

作哂失忍反又詩忍反齒本也　不至詈力智反罵詈　則見賢遍反　水潦音老雨水謂之
潦　拂其本又作佛扶弗反下同戾也　爲其于僞反下爲其同　喙害吁廢反又陟溝
反又知胄反又丁角反　佛戾力計反　竹籠力東反　以冒莫報反　畜馬許六
反養也徐況又反　則馴以遵反狎也徐食倫反沈養純反　筴綏音雖執以登車者　胄
直又反兜鍪　操右七刀反持也下及注皆同　右契苦計反　操量音亮一音良升斛
鼓隱義云樂浪人呼容十二石者爲鼓　醬齊本又作𧀄同子兮反　便也婢面反　鎧
苦愛反　兜丁侯反　鍪莫侯反　券要字又作絭音勸　凡遺于季反與也注
同　弛弓本又作施同式是反謂不張也注同　隤然本又作頹徒回反順皃　承弣音撫
把中也徐音甫下同　弭頭亡婢反弓末也　耶也似嗟反　把中音霸手執處也　垂
帨徐始銳反佩巾　磬徐苦定反　折徐時列反又之列反沈云舊音逝　還辟辟拜
上辟扶亦反下辟音避注同　覆手芳服反　與音餘　其鐏在困反舊子困反銳底曰

禮記音義之一

鐏注同一讀注音作管反矛戟本又作鉾音謀兵器其鐓本又作鐏徒對反平底曰鐓注同一
讀注丁亂反銳以稅反底丁礼反拂之如字所馮皮水反去塵走呂
反效馬胡教反呈見也下同手便婢面反呈見賢遍反犬齛本亦作噬
帝曲反以繢胡對反畫也以掬九六反手中也兩手曰掬弗揮音輝何云振去餘酒
曰揮脃也七歲反苞苴子餘反苞裹也苴藉也簞音單笥思嗣反字林先
自反沈息里反簞笥竹器也圓曰簞方曰笥裹魚音果以葦韋鬼反盛飯音成
圂曰音負如使色吏反注及下使者使也並同凡爲于僞反下注爲哀樂爲其廢喪事並同
朝服直遥反強識如字又式異反善行下孟反皇如字怠音代昭穆
時招反〇幼少式召反乘必繩證反下注二處乘車同齊者側皆反哀樂
音洛下無容樂非樂所同思也絲嗣反又如字毀瘠在昔反瘦也骨見賢遍反
下才故戶反〇門隧音遂道也有創初良反又初亮反〇瘍有音羊本或作痒

勝音升任也金反衰麻七雪反數也所主反下皆同殯必刃反下同斂力驗反下同貶於彼檢反字林方犯反者傷如字下同舊式亮反能賻音附公羊傳曰錢財曰賻穀梁傳曰歸生者曰賻不問其所費芳味反一本作有所費下句放此能遺于季反與也皆爲于僞反下爲其皆同登壟力勇反冢也塋域音營執紼音弗引棺索引棺本亦作引車索悉各反望柩求又反入臨如字舊力鴆反舂束容反不相息亮反注同送杵聲杵昌呂反由徑經定反邪路也不辟音避本亦作避下注同內荏而審反柔弱皃心狠胡墾反小俛音免禮不下遐嫁反又如字遽於其庶反沈又其於反不上時掌反不與音預車綏耳隹反則載音戴本亦作戴下及注同塵埃烏來反鳴鳶悅專反鴟也車騎其寄反有摯音至貔婢支反徐扶夷反孔安國云貔執夷虎屬皆猛健貅本亦作貅許求反又虛虬反貔貅摯獸以警音景師從才用反下同行列戶剛反招搖並如字北斗第七星急繕依注音勁

吉政反軍陳直覲反杓端敷招反徐必遥反分也扶問反之讎常由反

多壘徐力軌反又力水反軍壁軍辟本又作辟布狄反數見色角反爲無

于僞反下爲不爲其爲有皆同則埋徐武乖反褻之息列反慢也之使也色吏反諱

辟音避下辟皆同禹與雨並于矩反一讀雨音于許反丘與區並去求反一讀區音羌蚪

反又丘于反案漢和帝名肇不敢京兆郡魏武帝名操陳思王詩去脩阪造雲日是不諱嫌名逮事音代

一音大計反心瞿本又作懼同俱附反適士丁歷反入竟音境所惡烏路

反筮市制反冠娶古亂反假爾古雅反下同是瀆徒木反麗

力知反猶與音預本亦作豫必踐依注音善王如字云履也爲著昔尸監

駕古衙反且爲于僞反展軨歷丁反一音領盧云車轄頭軸也舊云車闌也由

右上時掌反下之馬不上下注而上車同去塵羌吕反跪乘繩證反下除乘君不乘奇車乘

路馬皆同分轡悲位反四馬八轡故云分并轡必政反右攘如羊反郤辟也又音讓辟

音避徐扶亦反本或作避字非也　車驅起俱反徐起遇反　而騶仕救反又七須反徐仕遘反　拘之

古侯反又音俱　非贄本亦作摯音至　朝位直遥反下同　善藺力刃反　自御之

依注音訝五嫁反迎也　跛者波我反　眇者名小反　為其于僞反下注為若為惑為揰同

萎拜子卧反又側嫁反詐也挫也沈租稼反又子猥反盧也作蹲　惡空烏路反　遠嫌

于万反　奇車居宜反奇邪不正之車何云不如法之車　廣欬開代反　五萬本又作觭

惠毛反規也車輪轉一周為巂一周丈九尺八寸地　為綮本又作棨如棰反徐而髀反　箠彗音遂

徐雖醉反又因歲反竹帚也　卹蘇沒反注同　勿音沒注同卹刎搔摩也　驅如字又羌遇反　搔表刀

反　靡莫何反　齊牛側皆反　載鞭必緜反　足蹷本又作蹶徐采六反

又子六反　馬騶初俱反

曲禮下第二

凡奉本亦作捧同芳勇反　提者徒兮反　上衡時掌反衡謂心平也　綏之

依注音妥湯果反又他回反謂下於心也勝音升操幣七刀反行舉足一本作行不舉行曳以制反踵支勇反磬折之列反又市列反一音逝垂佩步内反本或作珮非佩倚范於綺反謂附身也徐又音其綺反有藉在夜反下同則裼星曆反藉藻音早本又作繅見美賢遍反辟琮丰冬反姪大節反字林丈一娣大計反家相息亮反長妾丁丈反下注長老同辟天子音避本又作避下同僭作念反儌胡孝反使音史射市夜反則辭以疾如字本又作有疾爲疾如字本又作疚音救去國三世鄭云自祖至孫盧玉云世歲也万物以歲出万物鬣畢朝直遥反下皆同復立扶富反下復還同臧紇恨發反徐胡切反洗胡謁反不爲父于僞反作謚音示倒筴多老反去塵羌呂反下徹猶去去琴瑟同傎丁田反重素直龍反注同重素衣裳皆素袗絺之忍反單也士輤千見反葦席于鬼反爲其于僞反苞屨白表反草也扱初洽反衽

而審反　厭冠於涉反伏也　藨白表反一音扶苗反　齊衰本又齎音咨下七雷反

下文同　蒯苦怪反　之菲扶味反屨也　方板字又作版音同　書賵芳作反車馬曰

顯　廞車九又反　凡家造才早反一本作凡家造器器衍字　犧賦許宜反　養

器羊尚反一如字　不粥音育賣也　不衣於既反　去國祭器不踰竟

音境注及下同一本作大夫士去國下去國踰竟亦然　寓祭魚具反寄也　覬巳音冀　爲壇

徐音善注同　鄉國許亮反　撤緣悦絹反　鞮屨都兮反又徒兮反鞮屨屨無句

素幭本又作幭莫曆反注同白狗皮覆笭　髦馬音毛　不蚤依注音爪謂除爪也　鬋

子淺反鄭云謂鬋鬢也　無絇求俱反　覆笭力丁反車闌　不鬄吐曆反又他計反

不自說亦劣反又如字　惡其烏路反　接見賢遍反下文見國君注謂見同　爲幕

莫曆反又音莫　勞之力報反注反下君勞同　還辟婢亦反下同還辟逡巡也　使者色吏反　非

見賢遍反下大夫見士見下注拜見同　辟正音避　男女相荅拜也一本作不相荅

拜皇云後人加不字耳遠別彼列反麛音迷夘力管反生乳如注反祭

肺芳廢反不縣音玄下同皆爲如字舊于僞反下爲姊于僞反憂樂音洛

出疆居良反下同不恙羊尚反分職方云反徐扶問反皆擯必刃反

予一人依字音羊汝反鄭云余予古今字則同音餘皆祝辭也本或作皆祝祝辭也

下祝字之又反又之六反畛於之忍反致也某父音甫注同大祝音泰下文注除大宗皆同

百辟必亦反登假音遐注同已也登上時掌反下同若僊音仙措之

七故反置也而祔音附有嬪音頻卝人華猛反又虢猛反徐如猛反卝人掌金玉錫石

未成器者陶音桃陶人爲瓦器也瓬方往反瓬人爲簠簋之屬築音竹築氏爲書刀治音也

治氏爲箭鏃鳧音符鳧氏爲鐘也段本又作鍛多亂反段氏爲錢鎛函音含函人爲甲鎧

韗況万反一音運一音況運反韗人爲皷萑葦音丸曰享許兩反獻也舊許亮反後

皆放此不復重出其治直吏反其會古外反之長丁丈反後皆同自陜式冉

反依字當作郟何休注公羊傳云弘農陜縣是也一云當爲郟古治反謂王城郟鄏也　召公時照反又作邵音同

一相息亮反　其擯本又作儐必刃反　天子謂之伯父本或有同注一字衍文

曰牧牧養之牧徐音目　辟二音避下同　謙稱尺證反　當依本又作扆同於豈反

注同狀如屏風畫爲黼文高八尺　而見賢遍反下文注除相見皆同　覲其靳反　當宁徐珍呂反

又音儲門屏之間曰宁　夏戶嫁反　唁音彥穀梁傳云弔失國曰唁　取易以豉反　於郤

丘逆反　涖牲音利徐力二反又音類　曰盟音明徐亡幸反　郤閒如字又音閑　坎用

苦感反徐又苦敢反後同　嗇夫音色　自謂寡人一本作自稱　適子音的　其行

百孟反　使於色吏反下同　濟濟子禮反　蹌蹌本又作鶬或作鏘同七良反　僬

僬子妙反　體盤步丹反　蹙將六反　之妃芳非反　孺人而樹反　貶於

彼檢反　去上羌呂反　小童本或作僮　陪重直恭反　之稱尺證反　使自

稱色吏反注使謂同本或作使者自稱　所遠于万反　爲奪于僞反　則號戶刀反

度其侍各反物齊才細反儗人魚起反注同猶比也所褻息列反數

地色主反下數畜同數畜許又反鄭注周禮云始養曰蓄歲徧音遍本亦作遍下同句芒

古侯反下音亡蓐收音辱玄冥亡丁反禋祀音因中霤力救反爲其

干僞反復廢扶又反妄祭本亦作無福索牛所白反性同求也犧牷

音全本作純於滌直的反養牲官也徐又同弔反大武如字一音泰剛鬣力輒反豚

曰徒門反腯肥徒忽反注同木或作豚翰音戶旦反長也羹獻古衡反徐又音衡

槀魚苦老反乾魚鮮魚音仙脡祭他頂反徐唐頂反直也薌音香合

如字或音閤薌萁字又作箕同音姬語亂也王音期期時也稷曰明粢音咨一本作明粱古

本無此句嘉蔬本又作蔬色魚反韭音久曰鹹本又作醎音咸鹺才何反曰量

音亮又音良作腯徒忽反翰長如字稻菰音孤本又作苽音同爲人干僞

反傎壞音顛澌也本又作𣩠同音賜盡也曰柩音舊白虎通云究也久曰降

戶江反又音絳落也注同　曰漬辭賜反　相憾子廉反　汙穢汙之汙一作汙戶旦反　祖妣
必履反母也　皇辟婢亦反法也徐扶亦反　稱號尺證反下之稱皆同　德行下孟反下同
言嬡普計反　短折市設反　任為音壬又如字　不上時掌反下及注同　於
袷音劫交領　綏視依注音妥他果反　遊目如字徐音流　則敖五報反　辟頭
本又作僻匹亦反　君命絕句　大夫與士肄本又作肆同以二反習也　之處昌慮反下
皆同　寶藏才浪反　貨賄呼罪反字林音悔　輟朝丁劣反止也　莫適丁歷
反　腥音星　凡摯音至徐之二反本又作贄同　天子鬯勑亮反香酒　摯匹依注
作鶩音木鴨也　樊纓本又作繁步丹反　射韝徐音溝又古侯反一音古豆反　椇俱羽反木
名　榛側巾反木名字林云仕巾反木叢也古本又作亲音壯巾反云似梓實如小栗也　見以賢遍反
枳椇居紙反　令邳被悲反下邳也　郯音談東海縣名　埽悉報反　灑所買
反又山寄反　親迎魚敬反　賤婦人之職本又有無婦字者

檀弓第三 檀弓魯人檀大丹反姓也弓名以其善於禮故以名篇 卷之二

公儀仲子 公儀氏仲子字魯之同姓也其名未聞 免焉 音問注同以布廣一寸從項中而前交於額上又郤向後繞於髻 乃祖 音但 舍其 音捨下皆同 適子 多曆反下皆同 何居 音姬下同語助 孫蔑 忙結反 孫腯 徐本作遁徒本反又徒遜反 立衍 以善反 爲親 于僞反下爲晉禮爲爲師同 孔子曰否 絶句 左右 徐上音佐下音佑今並如字左右扶持也下同 就養 以尚反下同 稱其 尺證反 以語 魚據反又如字 叔向 香亮反叔向羊舌肸 之葬 徐才浪反又如字 請合 如字徐音閤後合葬皆同 欲文 如字徐音問 不喪 如字下同徐息浪反下放此 子思伋 音急子思名也孔子之孫 毋期 居疑反本又作朞後放此 道隆 力中反盛也 道汚 音烏下同殺也 殺也 所戒反又所例反下同 自予 羊許反許也一云我也又音餘 稽顙 素黨反稽顙觸地無容 頹乎 徒回反順也 頎 音懇側隱之皃又音懇 觸 昌欲反 少孤 詩召反下文同 不憤 扶云反

於識式志反又如字常處昌慮反之度本又作之數防墓防地之墓也庾云防
衛墓崩不應應對之應三息暫反又如字泫然胡犬反涕音體使者
色吏反下反注同醢之音海蒯苦怪反聵五怪反蒯聵衛靈公之大子出公輒之父莊公也
簒輒初患反輒出公名也啗食本又作啖待敢反以怖普故反命覆芳服
反注同期可音朞衣衾音欽以爲極亡並如字極巳也徐紀力反王以極字絕句亡作
忘向下讀孫依鄭作亡而如王分句不樂如字又音岳聊側留反又作鄒梁紇恨發反徐胡切
反又胡沒反五父音甫注及下同衢求于反亦爲如字又于僞反曼父音万其
愼依注作引羊刃反以輤七見反翣所甲反不相息亮反注同不緌本又
作緌同耳佳反去飾起呂反陶大刀反即周本又作堲同子栗反又音稷注下同何云冶土爲甎
四周於冢燒叔招反折即之設反管子云左手執燭右手折即即燭頭燼也弟子職其篇名棺
音官椁音郭上梓音子牆置在良反長殤丁丈反下式羊反十六至十九

爲長殤十二至十五爲中殤八歲至十一爲下殤七歲巳下爲無服之殤生未三月不爲殤　爲正音征下同又如字　斂用力驗反下皆同　乘驪力知反徐郎兮反純黑色馬　騋音來馬七尺巳上爲騋　乘翰字又作鶾胡旦反又音寒白色馬　物萌亡耕反　乘騵音原駵馬白腹　駵力求反赤馬黑鬣尾　用騂息營反徐呼營反純赤色也一云赤黃色　曾參所金反一音七南反後同　齊斬音咨本亦作齌齌衰之字後皆放此　饘本又作飦之然反說文云糜也周謂之饘宋衛謂之餰　粥之六反徐又音育字林云淖糜也　布幕本又作冪音莫徐音覓下同　縿音綃徐又音蕭　縑也古謙反　綃音消徐本又作綃桑堯反　僭巳子念反　爲幦莫厯反　孋姬本又作麗亦作驪同力知反　重耳直龍反注皆同　子蓋依注音盍戶臘反下同何不也　蚤卒音早　姐　嬖必計反　欲弒本又作煞音試注同徐云字又作嗣音同　皆惡烏路反　突徒忽反　傅音富　咎犯其九反　臯落古刀反　子少詩召反　多難乃旦反　爲君于僞反下爲時同　雉經如字徐古定反如雉之自經也　共世子音恭本亦作恭注同　言行下孟反

而莫音暮爲樂音洛又音岳終無已夫音扶絕句本或作已矣夫又復方目
反乘丘繩反年夏户嫁反縣賁音玄卷内皆同賁父上音奔下音人名字皆同
馬驚敗一本無驚字公隊直類反綏息佳反圉人魚呂反般裏
上音古下音里中馬丁仲反誄之力軌反謚也以上時掌反隅坐不與成
人竝音竝絕句晥華板反明皃孫炎云晥睕漆也徐又音剖之簀音責牀第也與音餘下同
畫衡責反牀策上音床下側吏反爲刮古滑反瞿然紀具反下同曰
吁音虛注同吹氣聲也一音況于反憊皮拜反羸困也華臭紀力反徐又音極急也注同
請七領反覸也音覓斃音弊仆蒲比反又音赴而設音殺慨苦愛反
而廓苦郭反何云開也摍索所白反邾音誅婁力俱反或如字邾人呼邾聲曰
婁故曰邾婁公羊傳與此記同左氏穀梁但作邾升陘音形會僖許宜反之髽側瓜
反臺鮐上音胡下音臺去羌呂反纚所買反又所綺反黑繒韜而紒音計

錫衰上悉歷反下士雷反與音餘吉弁音雞素總音揔韜吐刀反閼

音佗爾毋音無後同從從音揔高也一音崇又仕江反扈扈音戶廣也大也爾女

音汝大高音泰一音勑佐反下大廣已猶大大重同蓋榛側巾反木名又士鄰反長尺

直亮反凡度長短曰長皆同此音子禫大感反上比御必利反下比及同蔑迷結反

彈琴徒丹反成笙音生絲屨音句組纓音祖無絇其俱反縞

古老反又古報反厭于甲反溺奴狄反弗除如字徐治慮反大公音泰注及下注大史

云皆同忍離力智反下相離同曰樂樂並音岳一讀下五教反又音洛丘首手又

反注洞期音基名鯉音里誰與音餘下餘閼也與同曰嘻許其反又於其反悲恨之

聲蒼梧音吾陟知力反升也帝嚳苦毒反高辛氏帝也騷素刀反又一音蕭

夫音相差之初佳反又初宜反嬪也婢人反蓋柎音父於爨士亂反

矯之居表反謙儉其檢反適室丁歷反而語魚據反澌也本又

音斯音賜下同顓孫音專相近附近之近易成以豉反之奠田見反

餘閣音各庋藏字又作庪同九毀反人居偽反街里音佳哭嫂悉早反注同

人倡長尚反注同踴音勇娣姒大計反下音似縮所六反從也縫音逢又扶用反

下同衡依注音橫華彭反從也子容反解佳買反曰伋音急水漿子良反

俯音甫跂丘豉反爲曾于僞反不稅徐他外反注同以上時掌反使者

色吏反膊音附賵芳用反乘馬繩證反四馬曰乘貸他代反副音仆何

傳直專反一本作傅音附惡乎音烏惡乎猶於何也別親彼列反下同夫由舊音

扶皇如字謂丈夫即伯高見我如字皇賢遍反爲爾于僞反下注爲其褻爲褻爲我我爲皆同來

者一本作爲爾哭也來者之滋音咨不嗜市志反薑居良反而喪息浪反下

喪明喪爾明同女何音汝下同洙音殊泗音四洙泗二水名華陰徐胡化反異

稱尺證反罪與音餘離羣羣朋友也上音詈索居悉各反猶散也下注索居

同　責知又反　致齊側皆反　見齒賢遍反　衰與七雷反下同後五服之衰
皆放此不復音　不當丁浪反注同　惡其烏路反　精麤本又作麤七奴反　廣
狹音洽　不應應對之應　褻息列反　偏倚於彼反又於寄反　稅本又作說同他汚反
徐又始銳反下及注同　驂七南反騑馬曰驂夾服馬也　騑芳非反　偏頗破多反　予鄉
本又作嚮許亮反　而出如字徐尺遂反　涕音體　施惠始豉反　予惡烏路反　夫
涕音扶　識式志反又音式下及注章識皆同　啼呼火故反　饋祥其位反　遺
也于季反　拱而恭勇反　傚孔本又作效胡教反下同　之嗜市志反食也注同
蚤作音早　枻羊世反亦作曳　消搖本又作逍遙　頹徒回反　所放方兩反
委乎本又作萎同紆危反注同病也　殆幾音祈又音機　在阼才故反　兩楹音盈
夾之本又作狹古洽反下注同　饋食如字又音嗣　疇直留反　嚮明本又作鄉同許亮反
聽治直吏反　正坐才臥反又如字　之處昌慮反　置知吏反　翣所甲反

木於既反如攝所甲反又所洽反與音餘設披彼義反綢練吐刀反韜
也徐直留反注同設旐直小反杠音江竿也乘車繩證反布廣光浪反
度廣狹曰廣他皆放此幅方木反楮張呂反幕音莫褚幕覆棺者蟻魚綺反蚍蜉也
又作蛾蚍避尸反徐扶夷反蜉音浮之仇音求讎也寢苫始占反草也枕于
之鴆反干楯本又作盾食允反又音允市朝直遥反注同銜音咸而使色吏反
爲負于僞反下爲其負相爲同從父如字徐才用反爲魁苦回反首也杓必遥反又匹遥
反而陪步回反皆經大結反易墓以豉反注同芟治所銜反塡
池依注音簨徐盧王並如字載處昌慮反下同遣簨弃戰反本或作遷簨非推
昌隹反又吐回反柩其久反辟音避下辟賢辟不懷並同復升扶又反從者
才用反下同禮與音餘下同夫祖音扶飯於煩晚反牖下羊久反
小斂力驗反禮家凡小斂大斂之字皆同不重出於阼才故反且服也本或作且服過

裼裘星曆反　夫夫上音扶下如字一讀並如字注及下同　袒括徒旱反下古活反
而見賢遍反注及下同　予之羊汝反下同　和之音禾或胡卧反下同　樂由音岳又音
洛　未忘音亡　彌亡卑反　牟莫侯反　爲之于僞反注爲之重服下爲之服皆同　廢
適丁歷反下又及注同　涕洟上他計反下音夷自目曰涕自鼻曰洟　子瑕音遐本又作嘏古雅
反　也中丁仲反注及下注禮中之中同　冠字古亂反　掘求月反又求勿反　中霤
力救反　綴足丁劣反又丁衞反　躐行良輒反　不復扶又反　子碩音石　請
鬻本又作粥音育賣也注同　惡因烏路反　蘧伯本又作璩其魚反　玉從才用反又
如字　名拔皮八反徐蒲末反　樂哉音洛下同一讀下音五教反　則瑗于卷反又於願反
刺其七賜反　弁人皮彥反　孺子而注反　可傳直專反　括古活反　蚩
昌之反　卜人師依注音僕師長也謂大僕也本或無師字者非也前儒如字卜人及醫師也　從
毋才用反　二夫人音扶注同　相爲于僞反注及下注夫爲妻同　爨緦上七亂反

下音緃縱縱依注音揔急遽皃折折大兮反安舒皃注同陵躐力輕反怠惰
徒臥反騷騷素刀反急疾皃謂大音泰一音他佐反下注同謂絞户交反後同紟
其蔭反衾冒莫報反遠之于万反遠別彼列反妻期音基不
知音智成味依注音沬士曷反成斲陟角反縢本又作縢徒登反靧也音悔
洗面竽笙音于下音笙不和胡臥反之調直弔反簨息允反横曰簨虡
音巨植曰虡植曰時力反又音值問喪問或作聞喪息浪反注及下皆同孫于音遜
朽許久反有爲于偽反下爲桓司馬爲敬叔則爲之注爲民作爲嫁母皆同宋向式上反戌
音恤名魋大回反侈也昌氏反又申氏反而朝直遥反注同孟僖許宜反
閲音悦將應應對之應汲汲音急繆公音木出竟音境焉得於虔
反公叔木音式樹反又音朱徐之樹反贈襚音遂子璪息果反依字作瑣滕
伯徒登反爲孟上偽反下及下注爲人同伯輩恭尊反外內易以豉反

帷堂意悲反綌衰去逆反麤葛也下七回反繐裳音歲布細經而踈曰繐車
涼音良子臯音高無相息亮反沽也音古麤也易之音亦徐以豉反
稱家尺證反有亡皇如字無也一音無下同惡乎音烏注同齊才細反又如字
注同豐省所領反之比必利反毋過音無還葬音旋便也縣棺
音玄已斂力驗反而封依注作窆彼驗反下棺也徐又甫鄧反設碑彼皮反綍
音律作堋比鄧反士賁音奔人名汏哉本又作大音泰自矜大醯呼兮反
醢音海甕烏弄反慶遺于季反又如字革矣紀力反不墾苦很
反衎爾苦旦反注同自得之皃爲小君于僞反下爲之般爲其父爲君服同深邃
先遂反難人乃旦反見之如字又賢遍反反壤而丈反反復扶又反
音服非大古音泰自燕烏田反爲壟力勇反坊者音防旁殺
色戒反下同茨瓦徐在私反茅覆屋門廡音武卑如字又音婢狹户夾反又

易以豉反 馬鬣力輒反 斷其音短下同 上之時掌反一以上同 廣
袠古曠反下音茂徐又云侯反 重霤直容反 衣以於既反 椑蒲歷反房益反 [redacted]
棺杝音移 堅著直略反 水兒徐里反 漆之音七 不令力政反本又作
合 楔齒悉節反 綴丁劣反又丁衛反 飯煩晚反哈也 不剝邦角反 也與
音餘下同 倮力果反謂不巾覆也 埃加音哀 乾腊音昔 逮日音代或大計反 縓七絹
反淺赤色今之紅也 緣悅絹反下注同 於薰本又作纁許云反 要經一遥反下注小要同下大
結反 無絇其俱反屨頭飾 角瑱吐練反充耳 衡依字作横華彭反下衡三同 長袪
起魚反一昔丘據反 謂褏本又作袖昔徐秀反 袂口面世反 袪裼音昔 麛裘音迷
本又作麑同麛子也 青豻音岸胡地野犬 褏絞戶交反 四重直龍反注皆同 深
邃雖遂反 被之皮寄反注同 其厚胡豆反度厚薄曰厚皆同此音 杝棺
羊支反木名 椵杝徒亂反 梓音子 謂屬音燭 周帀本又作迊同子合反

朱 禮記音義之二 七 王定

能濕乃代反　衽而審反又而鳩反小要　髹又作髤又作髤許求反　題徒低反頭也　湊

七豆反聚也　紂衣本又作緇又作純同側其反　明爲于僞反下文及注爲其變皆同　衍以善反

蓛塗才官反　龍輴勑倫反　畫轅音表　謂黼音甫　以刺

七亦反　於縿音消　幕音莫　別姓彼列反注同　於朝直遥反下同　誄

力軌反　耆老巨支反　莫相息亮反佐也注同　尼父音甫　其行下孟反

大縣郡縣之縣　皆厭于葉反注同　大廟音泰　惡野烏路反　銜枚

上音咸下木坏反　叫呼火故火胡二反　稅人始鋭反謂以物遺人也　謂遺維季反

縞古老反注同　紕避支反　月禫大感反　月樂音岳　賜帟音亦幕之小者

共焉音恭本亦作供

檀弓下第四　卷之三

君之適丁歷反下及下適室同　長殤丁丈反下及注同下式羊反　三乘繩證反下及注

同皆下戶嫁反降殺色戒反遣車弃戰反爲差初佳反又初宜反遠
之于万反朝亦直遥反注同越疆居良反本又作壃下越疆同蟜固居表反蟜
固人姓名不說他活反本亦作稅徐又音申銳反下同入見賢遍反矯失居表反
點多忝反倚其于綺反徐其綺反字晳星歷反擯者必刃反本又作儐同
後放此則爲于僞反下亦爲爲之變同是日人一反不樂音岳又音洛注同執
引音胤注同車索及壙苦晃反又音曠後同執紼音弗棺索贏音盈曰臨如字徐力
鴆反袒免音問辟正音避下辟難同使人色吏反又如字狎則戶甲反近
附近之近與哉音餘悼公音道游擯必刃反注同擯相息亮反下
同詔音照侑音又齊穀依注音告又古毒反爲之于僞反下及注同王者
如字徐于況反重耳直龍反注及下皆同辟難乃旦反在翟音迪本又作狄嚴
然魚檢反本亦作儼同喪亦息浪反注及下皆同孺子如樹反後同稺也直吏反本又作

稚同得與音預稽音啓顙桑黨反子顯依注音韅呼遍反徐苦見反使
者色吏反子縶陟立反後同仁夫音扶則遠于万反伯歠昌燭
反有禱丁老反一音丁報反祠之音詞鄉其本又作嚮同許亮反飯用扶晚反
道褻息列反銘音名旌音精別已彼列反注同本或無已字非識之
式至反皇如字重與奠也與音如字一本作重與奠與二與並音餘綴重丁劣反又丁衛
反聯也音連筭桑亂反縣諸音玄齊敬側皆反辟踊婢亦反下
音勇慍哀庚皇紆粉反積也又紆運反怨恚也徐又音鬱袒括觀闊反去飾羌呂
反下及注去樂去桃茢並同其褻七雷反侈袂昌氏反下彌世反哀褻所追
反哻況甫反歠徐昌悅反歠歠粥一音常悅反爲其于僞反下注爲父母爲有凶爲人甚
同食之音嗣易也以豉反粥之六反後同之處昌慮反下同所
養徐羊尚反既封依注音窆彼驗反下同已慤本又作殼苦角反注及後同

北首手又反舍奠音釋注同離力智反下同卒哭遵聿反易喪
以豉反徐音亦祔音附比至必利反末有莫曷反無也期而音基桃茢
音列徐音例萑苕杜預云黍穰也鄭注周禮云苕帚惡之烏路反注及下注同凶邪似嗟反下注同萑
音宁苕大彫反難言乃旦反之朝直遥反注及下皆同用殉辭俊反以人從死曰
殉殆幾音祈又音機下同芻靈初俱反束茅爲人馬曰芻靈俑者音勇偶人爲
舊于僞反下爲君爲使人皆同古與音餘下同諸滕音悉將隊本又作墜
直媿反捷在接反爲瘠徐在益反疑夫音扶食食上如字下音嗣
遣車弃戰反下文及注同一乘繩證反下同七个古賀反下及注同焉知
於虔反大儉音泰或他佐反偪音逼本或作逼包伯交反子相息亮反下注同
西鄉許亮反下皆同俠古洽反一音頰羨道徐音賤音義隱云羨車道曰噫本又
作意同于其反毋音無斯音賜盡也沾依注音覘勅廉反視也其行下孟反會

見賢遍反下文不敢見同矣夫音扶下同本亦有無夫字者從祖才用反欲去

羌呂反之號戶刀反而徑古定反人喜則斯陶徒刀反斯咏

音詠謳也咏謳本亦作嘔烏侯反斯猶依注作搖音遙相近附近之近也慍斯

戚紆運反怒也戚憤恚也此喜慍哀樂相對本或於此句上有舞斯慍一句并注皆衍文戚憤扶粉反

恚一瑞反歎吟本或作唫魚今反斯辟婢亦反撫心也踊羊灼反惡之

烏路反斯倍音佩下同所復扶又反絞衾戶交反下音欽設蔞音柳

翣所甲反而食音嗣注同謂虞祭也有舍音捨注同廢也之眚似斯反病也

疫病音役師還音旋出竟音境大宰音泰注及下文注大宰大師大史大

廟大傅皆同嚭普彼反使於色吏反夫差音扶下初佳反夫差吳王名闔廬子

盍嘗戶臘反斑白伯山反本又作頒音同厲與音餘下及注有此與同慨

焉苦愛反僾皃皮拜反乃讙音歡喜說音悅下同知悼

音智下同彪彼蚪反李調如字左傳作外嬖嬖叔樂闋苦穴反止也杜蕢
苦怪反注蒯同作屠音徒曠飲於鴆反下飲斯飲之飲曠飲調飲寡人皆同曩者
乃黨反鄉也嚮也本亦作鄉同許亮反諫爭爭鬭之爭子卯不樂如字賈逵
云桀以乙卯日死受以甲子日亡故以爲戒鄭同漢書翼奉說則不然張宴云子刑卯卯刑子相刑之日故以爲忌而云夏殷
亡日不推湯武以興乎疾日人一反比葬必利反下同爲一于僞反嬖必計反
匕必季反是共音供敢與音預知防音房又扶放反揚觶之豉反字林音
支又云酒器揚近附近之近下聲相近同名拔蒲八反粥音祝行之下孟反有難
乃旦反注同石駘大來反石碏七畧反適子丁歷反注同言齊側皆反
子亢音剛又苦浪反莫養羊尚反下皆同度諫大洛反啜叔昌劣反叔或作菽音同大豆也
王云熬豆而食曰啜叔斂手力檢反還葬音旋後同稱其尺證反下注之稱同於
從才用反注下同執羈音基靮丁歷反紖陳忍反疾革本又作亟居力

反急也注同襚之音遂脫君本亦作説又作稅同他活反與縣音玄注同潘氏
苦干反乾昔音干屬之玉反夾我古洽反猶繹音亦去羌呂反注
同籥羊勺反般請音班注及下同機封彼驗反多技其綺反下同豐
碑彼皮反時僭子念反後皆同斲大丁角反其繂音律繞而沼反
各重直龍反下天戶嫁反四植時力反爾巳古以字強使其丈
反女者音汝與音餘下苦與同其母音無噫於其反禺人音遇又音務注
同走辟音避罷音皮倦其卷反頸上吉領反振之音亦繇役
本亦作繇音遙弗能弗亦作不爲謀于僞反下注國爲下爲懿同復無扶又反下復射謂不
復同死難乃旦反隣重依注音童下同汪烏黃反踦魚綺反未冠古亂反
士行下孟反馬裻音篤本亦作督子射食亦反下同斃一人本亦作弊
婢世反仆也下同韔弓勑亮反韜也仆也蒲北反又音赴韜之吐刀反又及

本或作又及一人又一人後人妄加耳朝直遥反不與音預參乘繩證反戈盾食允
反又音允曹桓公依注音宣請舍胡闇反相啖徒暫反食音嗣徐音自衣
於既反強之其丈反下注同拂楒芳勿反下其乆反剋音刻叔肸許乙反
爲介音界注及後同副也難惠乃旦反昭穆常遥反蕢苦怪反辟
於徐音避又婢亦反晝宮音獲注同于奪徒外反注并兊同杞音豈殖時職
反華還胡化反且于子餘反肆諸殺三日陳尸音四市朝直遥
反以上詩掌反埶拘音俱弊廬力居反子贛吐孫反魯哀公子設
撥半末反紼也輴車勑倫反槫幬上音郭下大報反覆也欑塗
才丸反下音徒揄沈本又作瀋同昌審反澆古堯反之汁之十反滑于八反
不中丁仲反又如字何學如字或音戶斆反非注同廢去羌呂反下同士搹求勿
反又求月反又戶忽反肂本又作肄以二反棺坎也見賢遍反袵而審反爲之于僞

反下爲妾注爲之下弗爲服皆同禮與音餘嬖必計反犯躐力輒反庚古衡

反償徐音尚僭子念反侈昌氏反又赤氏反邑長丁丈反有餽

本又作饋其位反遺也使焉色吏反見在賢遍反辟其音避木鐸

大各反舍故音捨所敗必邁反櫜音羔甲衣韔本亦作韔勑亮反弓衣不

戢側立反似重直用反無苛音何本亦作荷識之申志反又如字執贄

音志下賢戶嫁反已夫音符重強其丈反虛墓本亦作墟同起魚反注同

之處昌慮反下同以莅音利又音類不解佳買反舊胡買反憔在遙反

悴在醉反爲無于僞反下同長子丁丈反下官長并注同於嬴音盈名

札側八反坎深式鴆反廣輪古曠反揜坎本又作掩於檢反可隱

於刃反注同據也從也子容反且號戶高反注同郲婁力俱反下同弔含

胡闇反注及下同僭稱子念反易則易並以豉反下及注同拒之本又作距頹

也〔徒固反本亦作鈍〕祝先〔之六反〕畿内〔音祈〕刎其〔勿粉反徐亡粉反〕大饑
〔居宜反字林九衣反本又作飢同〕黔敖〔其廉反徐渠嚴反〕而食〔音嗣下奉食同〕蒙袂
〔彌世反〕輯屨〔側立反歛也〕貿貿〔徐亡救反又音茂目不明皃一音年〕輯歛〔力檢反下〕
〔同〕左奉〔芳勇反〕微與〔音餘注同〕狂猾〔音絹〕有殺〔本又作弒同式志反〕
〔下臣殺子殺同〕貜〔俱縛反〕且也〔子餘反〕瞿然〔本又作懼紀具反〕斷斯〔丁亂〕
〔反〕殺其人〔如字〕壞其〔音怪〕洿其〔音烏〕豬〔音誅〕復處〔扶又反〕奐
焉〔音喚本亦作煥奐爛言衆多也〕輪囷〔起倫反〕全要〔一遙反注及下注要君同〕九京
〔依注音原下同下亦作原字〕善禱〔丁老反祈也〕之畜〔許六反又許又反〕騶守〔上音〕
〔巡下如字又手又反〕子貢〔本亦作贛音同〕爲埋〔于僞反下亡皆反下並同〕狗〔古口反〕其封
〔彼劒反出注〕闇人〔音昏守門人也〕弗内〔上如字下音納〕其廄〔九又反〕鄉者
〔許亮反〕下之〔戶嫁反〕人辟〔音避下同〕内霤〔力又反〕子罕〔呼旱反〕

覗勑廉反下同民說音悅下注同窺去規反扶服並如字又上音蒲下音蒲北反本又作匍匐音同當之丁郎反子般音班殺音試遏之於葛反不與音預原壤如丈反杅也音才貍力知反女手如字徐音汝之卷音權本又作拳佯不音羊從者才用反以邑並音以叔譽音預叔向許亮反名盻許乙反處父音甫注同大傅音賦行舊下孟反皇如字弁必正反專也注同植直吏反又時力反注同其知音智狐射音亦又音夜辟難乃旦反要君一遥反追然音退本亦作退和柔皃不勝音升妥他果反吶吶如悅反徐奴劣反舒小皃官長丁丈反鍵也其展反徐其偃反籥也不屬音燭學子柳戶教反教也注同衣衰依注衣作齎音各而繆依注讀曰樛音居虯反爲舅于僞反下爲舅爲天子不爲兄不爲蠶同魯頓徒困反又作鈍仲衍以善反注同繐衰上音歲下七雷反之縷力主反好輕呼報反喪如字末吾莫曷反

成人本或作郕音承蠶士南反而蟹户買反有緌耳佳反蚩昌之反

蜂也孚逢反蜩也音條喙呼惠反又丁角反勉強其丈反吾惡音烏注同

歲旱音汗懸子音懸作繆音穆欲暴步卜反下同尪烏光反面

鄉許亮反不雨于付反注及下同庶覬音冀本又作覬音同暴人之疾

子一讀以子字向下可與音餘錮疾音固曰覡胡狄反旱暵呼旦反舞

雩音于徙市上音死下音是爲之于僞反不亦可乎可或作善祔也

音附下同合葬音閤下同以間間廁之間善夫音扶

王制第五如字徐于況反盧云漢文帝令博士諸生作此篇　卷之四

王者如字徐于況反十日人一反取晷音軌日景朝會直遥反卷内皆同纖

求衣反尚狹音洽後文同大平音泰斥昌石反黜陟上丑律反下竹力反主

爲于僞反下爲有亦爲有同之分扶問反食九人音嗣下飼徐音自爲差初佳

反徐初宜反下注同　肥墝本又作墽苦交反　官長丁丈反下文注皆同　爲糞方運反
覜聘吐弔反　三分如字　爲介音界　間田音閑下同　章管之尚反又如字
本亦作障音同　以朌音班賦也　不與音預注及下注不與同　塗山音徒　要服一遙反下
要服皆同　相幷必政反又如字　地減古斬反　關盛衰並讀如字　以共音恭　有
帥色類反注及下同　爲卒子忽反下及注同　曰牧音木　自陝失冉反一音古洽反
召公時照反　曰甸大薦反　曰采蒼改反　以當丁浪反又如字　里蠻莫還反
反　選用宣戀反　欲見賢遍反　二卿與音餘　三監古暫反　監
於古銜反卷末同　冠禮古亂反　命卷依注音袞古本反　復加扶又反　冕
而音勉　德行下孟反　任事而鴆反　與之如字又音預　不畜許六反
之涂音徒本又作塗　屏之必政反　放去羌呂反　無賙音周　餼許既反
有宅王肅注尚書如字鄭音知嫁反懲艾也下同　劓者魚氣反　刖者五刮反又

音月守圍音又髡五忽反本又作完音同徐戶官反守積子智反一朝直遥反

數來色角反又所具反巡守手又反本或作狩後巡守皆同省之色景反岱宗

音代柴仕佳反依字作祡覲見如字舊賢遍反大師音泰後大學大祖太子大樂正太史

皆同納賈音嫁注同所好呼報反下及注同惡烏路反好辟匹亦反徐芳亦

反則侈昌氏反又式氏反淫邪似嗟反君削息約反君絀丑律

反退也昭穆常遥反凡言昭穆放此易樂音岳南嶽音岳下同歸假

音格至也祖禰乃禮反父廟也禰類音類造乎七報反下及注同與諸侯如字

曰朝直遥反以柷昌六反男樂音岳以鼗音桃鈇方于反又音斧鉞

音越賜圭字又作珪案說文珪古字圭今字瓚才旦反爲鬯敕亮反秬酒

音巨黑黍也曰辟音辟明也注同頖宮音判班也禡於馬怕反師祭也又音百姓

同爲兵于僞反下爲畫物同禱丁老反以訊本又作誶音信注同馘古獲反截耳

斷耳音短下斷殺同乾豆音干之庖步交反曰蒐所求反曰獮息淺反腊音昔不合如字徐音閤不揜音掩本又作掩大綏依注音緌耳佳反下注同田獵力輒反驅逆丘于反又丘遇反獺徐他達反又他瞎反豺仕皆反設罻音尉一音鬱小網也零落本又作苓音同說文云草曰苓木曰落昆蟲直隆反下同未蟄直立反不麛本又作麑音迷同不卵力管反殺胎吐來反殀夭上於表反殺也下烏老反少長斷殺丁亂反又音段少長上詩召反下丁丈反不覆芳服反注同之杪亡小反末也度支大各反下音之豐秏呼報反所殺色戒反又色刈反量入音亮之率音律又音類本又作繂之畜勑六反後皆同之仂音勒又音力什音十越紼音弗躐也力輒反輴車勑倫反索悉各反曰浩胡老反食日人一反下同降期居宜反縣封上音玄下音窆彼驗反不爲于僞反注又爲同引紼音弗以上時掌反下大夫

以上同　無辟音避之祧他彫反　契及息列反　適寢丁曆反

曰礿余若反　夏曰戶嫁反注夏曰礿夏祭曰下云夏薦同　禘大計反　曰烝之承反

曰祠音詞　中霤力救反　郊鯀古本反　黃能乃登反本又作熊音雄　犆

礿音特　祫禘音洽絕也　歲朝直遥反　互音戶又戶故反　下天子戶嫁

反　大牢如字又音泰　少牢詩照反　四之日人一反　稻音盜　夘

力管反　繭栗字又作蠒公典反　握厄角反　長不丁丈反　出膚方于

反　燕伊見反　藉在亦反　稅式銳反　借子亦反　市廛直連反　邸

舍丁禮反　關譏居宜反　不征本又作正音同注下皆同　凶札側八反又音截

林麓音鹿山足也　夫圭音珪　不粥音育賣也後皆同　執度　度地

上如字丈尺也下大各反量也　沮澤將慮反沮洳也　寒煖乃管反又況袁反下又同　謂

萊音來何胤云草所生曰萊庾云草　沛也蒲貝反何胤云水所生曰沛何休注公羊傳云草棘曰沛　之

處昌慮反任而鴆反築邑音竹食壯音嗣又如字下側狀反燥素老反
好惡上呼報反下烏路反異齊才細反緩急戶管反異和胡卧反下同
臭尺救反器械戶戒反何休注公羊云攻守之器曰械鄭注大傳云禮樂之器及兵甲也郭璞三蒼解詁云械
器之揔名袡裘上之然反下音求與絺勑宜反綌去逆反被髮彼義
反下同雕本又作彫同周彫刻鏤也題大兮反交趾音止刻其音克肌音飢
涅之乃結反相嚮許亮反僢昌戀反衣皮於既反下同不粒
音立耆欲市志反曰寄京義反狄鞮丁兮反知也曰譯音亦
閒之如字又閒廁之閒度大洛反必參七南反咸行緘反樂事
音岳又音洛以防本又作坊音同恤孤辛聿反以逮音代又大計反不肖
音笑以絀勑律反帥音率循音巡謂敖本又作傲同五報反很胡墾反孝弟大計
反本又作悌皆朝直遥反于庠音祥與執音預國蜡音仕詐反覬其音冀亦

復扶又反下又復復移復與同爲之于僞反下又爲親爲爲其大亦爲皆同選士宣戀反下皆同

德行下孟反不給音急傜役本又作繇音遥樂正音岳之長丁丈反下

同蘷求龜反命女音汝冬夏戶嫁反注反下注夏官同適子丁歷反下注同

皆造才早反徐七到反小胥息餘反又息呂反下同去食丘呂反屏之

必郢反曰棘依注音棘又作棘蒲北反偪也言偪彼力反大遠音泰舊他佐反其

論如字舊力困反任官而金反下注同衣甲於既反發卒子忽反執技

其綺反本或作伎後同羸本又作羸力果反肱古弘反擐衣舊音患今讀宜音宣依字

作揎字林去揎臂也先全反辟脛胡定反見勇賢遍反明辟婢亦反注同三

剌七智反殺也斷其丁亂反下斷斷斷計同之中如字又丁仲反天論音倫理也

注同郵罰音尤俗作郵過也麗郎計反當丁郎反假他古雅反之量

徐音亮後皆同以别彼列反氾與本又作汎孚劒反比必利反注同例也正平皮命

禮記音義之一　二十六　王壬宗

反棘木紀力反要之於妙反謂要最薈一遥反槐回懷二音三叉義作宵遺
忘音妄爲人于僞反易犯以豉反後易犯同例人音刑析言思曆反
亂名如字王肅作循名巧賣起教反又如字巫蠱音古鷊冠尹必反徐音述
瓊弁皮戀反般百間反行僞下孟反虛華戶瓜反又如字日卜
人一反金璋之羊反不中丁仲反下皆同幅廣方服反耒耜力對
反下音似仲夏戶嫁反下春夏同蜃常忍反雉化爲之竟上音境苛察
音何又呼河反本亦作啊諱惡烏路反注同札書側八反齊戒側皆反本亦作
齋下皆同司會古外反注同司會冢宰之屬掌計要者勞農力報反食禮音嗣
注及下注并下文食之並同養於如字徐以尚反下同瞽亦音古異粻陟良反糧也
不離力智反止觀古亂反唯絞戶交反紟其鴆反衾冒亡報
反不煖乃管反溫也下同珍從才用反又如字不與音預下及注同言糾居黝

反徐居酉反作絿音求又音虯𦏲音皇本又作皇冔況甫反縞衣古老反又古報
反縓許云反則牟亡侯反追丁雷反復除上音福下如字又直慮反不
養者如字又以尚反期音基少而詩照反下注少者同之矜本又作鰥同古頑反
廪兵品反瘖於金反瘂也聾力東反跛彼我反躄必亦反兩足不能行也
侏儒音朱遠別彼列反下文并注同隨行如字一音戶剛反下鴈行同任并必性
反本又又併提音啼契本亦作挈苦結反十億於力反雍州於用反斷
長音短去一羌呂反爲率音律又音類閒田音閑下同祿食音嗣
又如字下皆同爲朝于僞反絜清如字徐才性反用潘芳袁反米汁也辟賢
音避冠古亂反長幼丁丈反斛洪谷反幅方服反狹戶甲反
月令第六此是呂氏春秋十二紀之首後人刪合爲此記蔡伯皆王肅云周公所作卷之五
孟春昏參所林反中如字徐丁仲反後放此長也丁丈反於諏足俱

反又足侯反本又作娵同訾子斯反爲人于僞反軋也乙八反解孚音敷大
皡上音泰後文及注大蔟大史大寢大室大微大廟大祝大尉大宰皆同皡亦作昊胡老反大皡宓戲也句
芒古侯反下音亡句芒木正也少昊之子曰重爲之後句芒皆放此宓戲音密又音服戲又作虧亦作犧
又作羲同許宜反曰重直龍反律中丁仲反猶應也後放此凡如此之例十二月文注皆可以類求
之大蔟七豆反奏也猶應應對之應下皆放此律長直亮反又如字後皆放此律
空徐音孔臭羶失然反先脾婢支反於藏才浪反後放此直脾
丈吏反又如字下宿直同後放此于奧烏報反及腎時忍反解凍東送反
蟄蟲直立反上冰時掌反下注以上同獺祭他達反又他瞎反左个古賀
反偏也後放此乘鸞力官反路本又作輅載青音戴後放此旂巨機
反後放此衣青於既反後放此下注衣甲保猶衣同其器本又作器同冬夏此卷内可以意
求之衡璜音黃火畜許又反貫土古亂反朝祀直遥反下文注同龍

卷本又作衮古本反玄端音冕先立春悉薦反乃齊側皆反本亦作
齋卷內放此還乃音旋後放此命相息亮反注同下善相并注放此施惠如字又始
反休其許收二反許虯反美也毋有音無本亦作無下同不當丁浪反宿息六反徐
音秀離依注音儷呂計反偶也不貸吐得反徐音二馮音憑相息亮反又如字候
伺音司又息嗣反載耒力對反字林云耕曲木垂所作力佳反又力水反耜音似措七故
反置也保介音界注同帝藉在亦反說文作耤云帝耤千畝三推出佳反又吐回反下
同推謂伐也參乘繩證反爲天于僞反下爲仲春爲傷爲死氣皆同勞酒力報
反注同氣上時掌反注土上同萌動莫耕反蒸達音證又之丞反冒莫報
反覆也橛求月反封疆居良反注皆同經術古定反注同術依注音遂田畯音俊
之分扶問反嵎夷山音愚阪險上音反又蒲版反下許檢反道民音无導餼
飭音勑農率所類反謂田正用牝頻忍反妊而林而鴆二反毋覆芳服

反孩蟲戶哀反胎吐來反夭烏老反麛音迷卵力管反掩骼
江百反埋胔才賜反蔡云露骨曰骼有肉曰胔胔亦作骴肉腐扶矩反蚤落音早
有恐丘勇反大疫音役猋風必遥反徐芳遥反本又作飃宿直音秀好
風呼報反藜力兮反莠音酉水潦音老大摯音至蔡云傷折首
種章勇反鄭云首種謂稷蔡云宿麥仲春日在奎苦圭反昏弧音胡降
戶江反夾鍾古洽反一音頰四隙去逆反倉庚並如字本或加鳥非驪
黃力知反搏穀音博幼少詩召反省所景反注同減也徐所幸反囹音零
圄魚呂反囹圄今之獄去羌呂反桎音質今之械也梏古毒反今之杻也木在足曰桎在手曰梏
掠音亮考捶械戶戒反暴尸步卜反捶治之蘂反高禖音梅施
生始䜴反孚乳上如字一音芳付反下而樹反季春同娀簡風中反簡狄有娀氏女生
契息列反九嬪毗人反謂從才用反弓韣大木反弓衣有娠

音身一音震反謂懷妊 始電大練反 先雷悉薦反 奮鐸方問反下大各反 度

重上音杜丁音亮注同 斗甬音勇斛也 權槩古代反 稱上尺證反下同 稱

鍾文僞反又文爲反 闔扇戶臘反 小間音閑 毋漉音鹿竭也 陂池

陂宜反畜水曰陂穿地通水曰池尚書傳云澤障曰陂停水曰池 畜水勑六反 乃鮮依注音獻

朝覿大歷反 沍寒戶故反 朝之直遙反 秬黍音巨 昔與音預

祭寒而藏之一本或作祭司寒案左氏傳無司字 之長丁丈反 中丁音仲本亦作中

爲季于僞反下注同 好雨呼報反 大陰音泰 煖氣乃緩反又音暄 蟲

螟亡丁反爾雅云食苗心螟 季春在胃音謂 季少詩召反 姑洗素典

反 爲鴽音如毋無也蔡云鶉鷃之屬 虹音紅又音絳螮蝀也 始見賢遍反 蓱

始步丁反水上浮萍也 毋無上音牟又如字 蝃本又作螮丁計反亦作蝃同 蝀本亦作東

同丁孔反 蓱萍音平 曰蘋毗人反 鞠衣居六反如菊華也又去六反如麴塵 爲

將于僞反下文乃爲爲鳥同覆舟芳服反下及注同薦鮪于軌反發泄息列反句者古侯反屈生也倉稟力甚反上騰時掌反下注以上同循行下孟反隄防丁兮反下音房道達音導有障之亮反又音章便民婢面反罝子斜反罘音浮畢翳於計反餧於僞反獸罟音古爲弋羊職反桑柘之夜反戴勝音帶注同本亦作載戴勝鳥名織紝女今反曲植直吏反曲薄也植蠶槌也籧筐居呂反亦作筥下丘狂反方曰筐圓曰筥槌也直追反又直類反又丈爲反東鄉許亮反注同母觀古喚反注同省婦所景反去容起呂反線息賤反組音祖紃音旬分繭古典反效功戶教反以共音恭敢惰徒臥反之量音亮注同筋角音斤箭幹古旦反凡輮如力反監工古銜反注同悖必內反淫巧如字又反又苦注同春液音亦累牛力追反注同騰大登反遊牝毗忍反徐扶死反

皆乘〔繩證反〕在廄〔居又反〕挍數〔所主反〕國難〔乃多反後及注同驅疫鬼〕磔〔竹伯反磔磔牲也〕禳〔本又作攘如羊反〕氣佚〔音逸後同〕索室〔所白反〕毆瘥〔丘于反〕大恐〔丘勇反〕暵〔呼旱反又呼旦反〕蚤降〔音早〕孟夏婺女〔音務〕言炳〔音丙〕長育〔丁丈反此月內除律長長大繼長皆同〕著見〔賢遍反〕炎帝〔于廉反炎帝神農也〕顓頊〔上音專下音勗〕音徵〔張里反後放此〕去一〔起呂反〕中呂〔音仲又如字〕無射〔音亦〕臭焦〔子遥反〕先肺〔芳廢反〕竈陘〔音刑〕螻〔音樓〕蟈〔古獲反螻蟈蛙也蔡云螻螻蛄蟈蛙也〕蛙〔烏蝸反即蝦蟇也〕丘蚓〔以忍反〕萆挈〔上皮八反下起八反〕王萯〔房九反〕赤騮〔音留本又作騮〕菽〔本又作叔音同〕以粗〔七奴反大也〕木畜〔許又反下水畜同〕先立〔悉薦反〕欣說〔上許斤反下音悅〕慓怒〔必遥反下奴故反〕爲將〔于僞反下爲逆爲妨爲傷下文爲天子皆同〕歛酎〔直又反重醸之酒〕長大〔如字下繼長同或丁丈反非也〕必當〔丁浪反〕蕃

禮記音義之一　三十　堪之

廡音煩下亡甫反下同　有壞音怪注同　墮許規反又作隳下注同　始絺勑其反

出行下孟反下同　勞農力報反　聚畜丑六反又許六反　斷薄丁亂

反注同　薺才禮反　草艾魚廢反後皆同　言醇音純　謂重直龍反或直用

反　釀女亮反　於朝直遙反　飲蒸之承反後皆同　數來所角反　則

蝗徐華孟反范音橫字林音黃　仲夏昏亢音剛又苦浪反　蕤賓人誰反

應鍾應對之應　交酢才各反　螳音堂　蜋音郎螳蜋螵蛸母也　鶪古闃

反搏勞鳥字林工役反　反舌鄭云百舌鳥蔡伯喈云蝦蟇　螵匹遙反　蛸音消　搏

勞音博又作伯　壯佼古卯反　助長丁丈反下長氣同　鞀大刀反本亦作鞉同　鞞

步西反　竽音于　篪音池本又作箎同　簧音黃　飭鐘音勑　柷昌六反　敔

魚呂反本又作圉　爲將于僞反下文爲民注爲傷爲其皆同　大雩音于　百辟必亦

反注同　句龍古侯反　龍見賢遍反下御見同　以雛仕于反又仁俱反難也爾雅云

生咴雛　含桃本又作函湖南反含桃櫻桃也　櫻於耕反　艾藍力甘反　可別

彼列反下文別羣同　暴布步卜反　太陽音泰　無索所白反　不難乃旦

反又如字　挺重大頂反寛也　則執如字蔡本作蓺　相跡大計反蹟也本或作蹝音同

廋人所留反　敎駣音兆又音道字林音桃　陽爭爭鬬之爭注同　從能

子用反　致和戶卧反　嗜欲市志反　晏陰伊見反　角解戶買反　蟬

始市志反　半夏戶嫁反半夏藥草　木菫音謹朮菫王蒸也一名舜華　王蒸

之承反　臺榭音謝　樓觀古喚反　闍者音都　雹步角反　凍丁貢反

百螣音特食苗葉蟲　乃饑居疑反又音機　零落本又作苓音同　民殃於良反

疫音役　季夏去一起呂反後放此　不任音壬又如字　純恪苦各反　蟋蟀

上音悉下音率　腐草扶矩反　爲熒本又作螢戶扃反螢火蟲也或作腐草化爲螢者非也

攫俱縛反一音九碧反　搏音博　始鷙音至本亦作摯同　蛟音交　鼉大多反又徒丹

反黿音元冒亡報反榜人必孟反枎葦于鬼反柔刃而愼反
爲艾于僞反下文爲民注爲求福爲其同以共音恭黼音甫黻音弗差貸
音二又他得反以別彼列反旗音其章識申志反又如字行木下孟反徭
役音遙徑音逕辱暑如字本或作溽音同濕也燒薙他計反芟草又直履反
芟草所銜反萊地音來夏日人一反畜於敕六反不復扶又
反以糞方問反土彊其丈反注同易行以豉反強其兩反騐好覽見
反鮮落音仙又仙典反風欬苦代反鷹隼息允反蚤鷙上音早下
音至亦作鷙摯也走竄七亂反中央於相反蟲倮力果反虎豹之屬淺毛者又采
瓦反露見賢遍反中霤力又反複穴方服反五藏才浪反圜
于權反以閎音宏之長丁丈反土畜呼又反下金畜同孟秋少皞
詩召反注下放此少皞金天氏黃帝之子蓐收音辱蓐收少皞之子曰該爲之應涼應對之應

狐貉戶各反依字作貈生旃之然反則陂彼義反左樞昌朱反行

戮音六寒蜩大彫反蜺也五兮反寒蟄總章子孔反白駱音洛

黑鬣音獵本亦作髦音毛又一本作旄尾也先立秋悉薦反軍帥所類

反下同本或作師注放此於朝直遥反招拒音矩將諸子匠反下同詰誅

去吉反好惡並如字又上呼報反下烏路反繕囹市戰反罪邪似嗟反搏執

音傅察創初良反注同審斷決丁亂反下同蔡徒管反一讀絕句決字下屬贏

音盈注同猶解古賣反完胡官反隄本又作提丁兮反防本又作坊音房謹

壅於勇反畢好呼報反坏步回反牆垣音袁大使色吏反介

蟲音界注同稻蟹胡買反復還扶又反下音環又音旋多瘧魚略反

仲秋觜子斯反又子髓反觿戶圭反又戶規反盲風亡庚反疾風謂閩

音文依字作蟁又作蚊蚋人銳反又如悅反其養餘亮反下同糜亡皮反粥

之六反字林羊六反具飭丑力反後放此有量音亮下度量同朝宴直遥反此

爲于僞反下爲民同必當丁浪反下不當反注同枉紆往反橈女敎反又乃絞反字

林作磽非申重直用反循行下孟反芻初俱反草也豢音患養也養牛羊曰

芻犬豕曰豢以所食得名瞻音占肥瘠在亦反皆中丁仲反乃難乃多

反注同竇音豆窖古孝反脩囷丘倫反隋曰他果反謂狹而長趣

民七住反本又作趨又七緑反坏户音陪務畜丑六反浸盛子鴆反始

涸戸各反竭也角見賢遍反下同易關以豉反注同便婢面反賈

其位反注同賈客音古又古雅反應陽應對之應有恐丘勇反復生

扶又反數所角反季秋無射音亦詰貞列反來賓高誘注呂氏春

秋則云賓雀與鄭異爲蛤古荅反鞠本又作菊九六反豺音柴僇禽音六本或

作戮甲重直用反之簿步古反徐步角反之收如字又守又反之委紆僞反

紆偽反猥卒温罪反下七忽反習吹昌睡反注同爲將于偽反下二文縣爲注爲又

爲同徧祭音遍合諸侯制絕句而縣音玄殳音殊矛亡侯反

度大各反同乘繩證反校人戶教反而頒音班騶側求反

載丁代反又如字注同旐音兆以級九立反趣馬七注反又七走反駕說

之陳直覲反大常音泰載旟音餘搢如字又音箭扑普卜反挾

矢子協反又音協祀祊鄭注周禮音方爲炭吐旦反暨墐其靳反辟

殺音避乃趣音促又七住反不當丁浪反注同供養九用反下餘亮反注同

以去起呂反貪耆市志反熊乎弓反蹯音煩鼽音求說文云病寒鼻

窒嚏丁計反邊竟音境注及後同隆六中反坼丑白反煖風乃管

反又許元反氣解古買反惰徒臥反孟冬析木思歷反顓音專

頊許玉反顓頊高陽氏玄冥亡丁反少昊之二子脩及熙爲玄冥玄冥水官龜鼈必滅反財

匱其位反　應應對之應注同　臭朽許九反本亦作殠字林云乃腐臭也說文云殠或爲朽字
辟除必亦反又婢亦反　爲軷步曷反　壤如丈反　厚二戶豆一反　廣
五古曠反　爲蜃常忍反大蛤　不見賢遍反下注錄見同　鐵驪力知反
輿䡅直吏反　爲袗之忍反又之刃反　先立冬悉薦反　叶光
本又作汁音協　禺人音遇　椓聚丁角反又作涿同　釁龜許靳反　筴初格
反　著音尸　繇文直又反　相爲于僞反下爲仲冬爲天子皆同　上騰時掌反又
如字下上泄同　蓋藏才浪反又如字　循行下孟反　積聚子賜反下才柱反又竝如
字仲冬同　鍵閉其輦反又其偃反　管籥羊灼反　封疆居良反注及下注同　要
塞先代反注同　塞傒上先則反下音奚　徑古定反　鍵牡亡古反又茂后反
搏鍵音博一本作傅直專反　害處尺慮反　爲壐音徙　塋音營　丘
壟力勇反　襲音習　歛力驗反又力撿反　効功戶教反　淫巧如字又苦孝反

注同功致直吏反下注同之長丁丈反不當丁浪反注同別之彼列反
國索所百反屬民之玉反下同滌大歷反場直良反躋彼
子兮反兕徐履反觵古宏反臘先祖力合反謂蜡仕迓反字
林作稽勞農力報反將帥上子匠反下色類反大閱音悅唯狩
手又反上洩息列反下同復出扶又反參伐所林反下同仲冬東
辟必亦反又必狄反益壯莊亮反曷旦本亦作鶡同苦割反曷旦鳥名暢月
勑亮反克也猶女音汝大陰音泰必重直龍反注同省婦所景
反注同大酋子由反又在由反大酋酒官之長秫稻音述麴丘六反蘖魚列反
湛子廉反漬也熾尺志反炊也火齊才計反注火齊同監古銜反差貸
音二又他得反注同之長丁丈反穫稻戶郭反畜獸許六反不詰起吉
反藪澤素口反教道音導陽爭爭鬬之爭注同去聲起呂反注及下

同禁耆市志反從八子用反芸音云香草荔力計反馬韰挺出大頂反馬韰戶介反麋亡悲反角解音蟹上行時丈反氛霧芳云反雨汁于付反下音執注同謂雨雪雜下也瓜瓠戶故反好雨呼報反多疥音介季冬婺女無付反昏婁力侯反旦氐丁兮反一音丁計反玄枵許驕反北鄉音向雉雊古豆反雉鳴雞始乳如住反大難乃多反下注同磔出竹百反為厲于僞反題肩大兮反神祇音祁腹堅本又作複又方服反厚也五種章勇反注同鎡音茲錤音其合古荅反吹昌睡反而罷如字又音皮乃復扶又反君子說音悅小人樂音洛以共音恭下文以共皆同薪燎力召反可析思歷反下同炊爨七亂反幾終音祈又音機故處昌慮反猶女音汝令之力呈反而縣音玄辟寒毗異反胎吐來反犬

（烏老反注同）少長（上詩召反下丁丈反）乃句（古侯反）消釋（如字一本作液音亦）

經典釋文卷第十一

經典釋文卷第十二

禮記音義之二 起第六盡第十

唐國子博士兼太子中允贈齊州刺史吳縣開國男陸德明撰

曾子問第七

曾子孔子弟子曾參也以其所問多明於禮故著姓名以顯之 卷之六

大祝 音泰下文注大祝大宰大宗大廟大史皆同此音下之六反識文云祝祭主贊詞者 裨冕 婢支反

命毋 音無本亦作無 絺冕 知里反本又作希徐張履反 祝聲 之六反下同徐之又反 三 息暫反又如字下聲三及三者三皆放此 噫 於其反 歆 許金反 謦神 居領反 少

師 升召反下少喪弁注同 奉 芳勇反下注奉者同 以裹 七雷反下同 子從 才用反下同

敢見 賢遍反下而見伯父廟見椓見同 徧告 音遍下同 於禰 乃禮反本又作祢 視朝 直遙反注及下同 爲將 于僞反下爲事同 公衮 古本反 鷩 必列反 毳 昌銳反

釋軷 步末反 牲幣 依注牲音制制幣一丈八尺 於殯 音賓出注 將冠

古亂反下及注皆同 徹饌仕戀反 埽悉報反 冠醮子妙反酌而無獻酬曰醮 以與
音預下至脫襄與奠皆同 相爲于僞反注爲人其所爲服爲君爲其皆同 辟正音避下同 士則朋
友一本作士則朋友奠 脫湯活反 擯相息亮反 取七住反本亦作娶下文取婦取女同 累
力弭反 親迎魚勑反下同 縞古老反 緦音揔 服期居宜反下同 儐音尚 過
古卧反 相飲於鴆反 食音寺 相離力智反 有供九用反 養羊尚反
盥饋音管下其位反 不菲一本作扉扶畏反草屨 朝廟直遥反 猶爲于僞反下
爲庶母爲其下文君爲皆同 禮與音餘下禮與同 亟舉徐起吏反 西鄉許亮反
先桓子悉薦反 夏卒戶嫁反 巡守手又反本亦作狩 齊車側皆反本
亦作齋注及下同齊車祭祀所乘金輅也 祫祭音洽 老耼他甘反老耼即甘子也 祔之音附
以從才用反下從而從同 禪 必蹕音畢止行 少喪如字下及注皆同讀者亦息浪反 以
遺如字猶垂反又于季反 者幾居豈反下同 雨霑竹廉反 衣青於既反又

如字下同嘗禘大計反簠音甫徐方于反又音蒲簋音軌陳饌仕戀反又仕轉
反下同三飯扶晚反下同不侑音又絕句下皆放此酳音胤又仕覲反不酢才各
反比至必利反賓長如丈反下文注長同為其于僞反下為彼為親妻為婦為為巳病皆
同之治直吏反義斷丁亂反服除如字徐直慮反民中如字又丁仲反
適妻丁曆反不誄力水反累也謂謚也時行下孟反作謚音示徐又以二反
出疆居良反以椑薄曆反儭身棺謂杝棺也共殯音恭注同下必刃反苴絰
七餘反下大結反散帶息但反弁皮彥反柩其又反如爵如或作加誤也為
巳音以子免音問既引以刃反下皆同既封依注音窆彼驗反及涂音徒
扱初洽反上衽而審反又而鴆反祝曰皇之六反舊之又反下同為介子于僞反下
注為有異居為無曰同介音界副也下同庶子為大夫其祭也本或此下有如之何三字非也
不厭本或作饜於豔反注下皆同不綏注作墮同許垂反徐又況垂反注同皆辟音避

下同厭飫於去反尸謖色六反起也俎敦音對又東論反爲嘏古雅反奠

觶之豉反字林音支不歸如字徐其位反諸與音預其詞如字告也下及注同

昭穆常遙反下音木後放此爲壇大丹反下注同注或作墠音善遠辟徐于万反之

稱尺證反不附祭附依注音備本或作祔亦同於奧烏報反無所音其又忌

依反歆也之適丁歷反下同如有昆弟一本作加有昆弟共其音恭于堩古鄧反道也

且不如字徐子餘反吾從才用反又如字旣明反絕向遲數音速出注朝

天子直遙反大夫使色吏反下君使所使同不蚤音早不莫音暮則

近附近之近慝作他得反惡也痁患始占反病也而恐丘勇反爲君

于僞反又如字塗邇音迩近也即周本又作堲子栗反下同繩絙本又作縆古鄧反一

音古恒反鉤之本又作拘古侯反斂葬力驗反下同史佚音逸長殤丁丈反下

同則棺古患反下文棺斂衣棺注棺謂皆同召公本又作邵同上照反下同爲史于僞反下爲辟

爲泣有下文同 周公曰豈絶句 言是豈絶句 於禮不可絶句 同處昌慮反 辟道婢亦反 無辟音避下同 禮與音餘下皆同 作難乃旦反 柴音秘

文王世子第八 文王周文王昌也鄭云以其善爲世子之禮故著謚号標篇言可法也

朝於直遥反 曰三如字又息暫反 衣服徐於既反又如字 内豎上主反小臣 又復扶又反 及莫音暮注及篇末皆同 蹈徒報反 戞解胡買反 食上時掌反 寒煖乃管反徐况煩反 末有亡曷反勿也 應曰應對之應 爲失于僞反 飪而審反生熟之節 不稅本亦作脫又作說同音他活反 而養羊尚反 壹本亦作一 飯扶晚反下及篇末皆同 箴藥本亦作鍼之林反 所勝音升 瘳丑由反差也 女何音汝後同 九聆音零本或作齡 人壽音受後同 安樂音洛 子爾羊汝反 傳直專反 莅阼音吏又音類下同 莅視本或作莅臨也 周

公相息亮反　而治徐直吏反下注治定同一音如字　抗苦浪反舉也　長幼丁丈反後皆同　則捷他達反擊也　凡學世子戶孝反教也下小樂成學干籥師學戈學舞干正同　俊選息戀反後同　春夏戶嫁反下放此　羽籥羊灼反　干楯食準反又音尹　句子古侯反　秉翟大曆反　大胥如字又音泰胥息徐反又息呂反注皆放此　之版音板本又作板　舍采音釋後舍采同　秋頒音班　旄人音毛　不僭七尋反又子念反　大師音泰下文注大樂正大學大傅大祖大寢皆同　瞽宗音古瞽宗殷學名　上庠音詳上庠虞學名　播詩彼我反　功易以豉反　合語如字徐音閤注同下大合樂放此　語說如字徐始銳反注語說同　論說力門反徐力頓反注同　三行下孟反下又德行同　侍坐才卧反又如字　遠近間並如字間猶反同注同徐古辦容也　指畫乎麥反　分別彼列反　廣三尺古曠反又如字　三寸一本作廣三尺三寸三分　函丈胡南反　相辟音避下辟君同　億可本又作噫音抑　有蔓

求龜反小拔其彼反後復扶又反遠之于万反注同近是附近之近

旣興依注爲釁音虛覲反擯子必刃反本亦作擯注同無介如字下注同副也采

稟力甚反懌音亦悅懌少傅詩召反下音賦後同積漬子鴆反爲之

于僞反下爲說其爲君皆同國治直吏反下而治國治並同況于依注作迂音同又音紆大也

欲令力呈反學之音效下及注同孝弟大計反又作悌下孝弟皆同之倅七對

反副也其朝直遙反後不出者並同登餕音俊之適丁歷反奠盥

音管行列戶剛反者稠直由反密也出疆居良反守於如字又手又反

下同諸父守貴室本或作守貴宮貴室冠取古亂反下七喻反後放此相爲

于僞反下注爲君同冝免音問下及注同于賵芳鳳反下同賻音附承音贈出注

含胡暗反本又作唅贈賻唅襚皆贈喪之物也車馬曰贈布帛曰賻珠王曰唅衣服曰襚惣謂之贈贈猶送也

甸人大遍反縣音玄縊一智反則纖依注音鍼之林反刺也徐子廉反注本或作纖

讀爲纖者是依徐音而改也　剸之兖反割也　亦告依注作鞠久六反　鍼刺七亦反又
七智反下同　膹頻忍反徐扶忍反　劓魚器反　刀鋸徐音據　讞徐魚列反言也
大辟婢亦反後不音者放此　宥之音又寬也　又復扶又反下不復復自行皆同　爲
之于僞反下不爲服爲黍祖注非爲又爲之舞同　之比必利反　之殺色戒反徐所例反差也　差
也初佳反徐初宜反　弔臨如字徐力鴆反　官治直吏反　衆鄉許亮反注同
百姓本或作異姓非　遠之于万反　大昕音欣說文云旦明日將出也讀若希　警
衆音景起也　養也如字徐羊尚反後皆依徐音　之處昌慮反下同　五更江衡
反注同蔡作叟音素口反　咏焉音詠　以樂闋苦穴反終也　以樂音洛　里䮶
皇音輿異及也本又作愷又作駿亦作驥　兊命注作說同音悅　朝夕至于直遥反旦曰朝
暮曰夕舊如字　朝朝上如字下文朝夕之食上同下直遥反　食上時掌反　親齊側皆反注
同　齊才細反　和胡卧反

禮運第九 鄭云禮運者以其記五帝三王相變易及陰陽轉旋之道 卷之七

與於 音預 蜡 仕嫁反索也祭名夏曰清祀殷曰嘉平周曰蜡秦曰蠟字林作䄍 索 所百反 於觀 古亂反注同闕也

喟然 去媿反又苦怪反說文云大息 之處 昌慮反下同處同 逮 音代反也

一音代計反 俊選 宣面反下文皆同 爲其 于僞反下文爲己皆同 禪位 善面反

所長 丁丈反 矜寡 古頑反 無匱 其魏反 有分 扶問反注同 良

奧 烏報反 惡其弃 上烏故反下同 不憚 大旦反 施無 始豉反 忞

力刃反又力覲反 禦風 魚呂反 傳位 丈專反 俗狹 音洽 嗇 音色 勇知

音智 敦朴 普角反 之稠 直由反 成洽 直吏反 在埶 音世本亦作勢 者

去 羌呂反注同 爲殃 於良反 復問 扶又反下復問同 相鼠 息亮反注同

遄死 市專反疾也 殺於 户教反法也徐户交反 冠昏 古亂反 朝聘 直遥

反 則易 以豉反 之極言 如字徐紀力反 闕與 音餘 小有正 音征本或作有

夏小正 坤苦門反 乾其連反 其燔音煩 捭豚卜麥反注作擗又作擘皆同

汙尊烏華反注同一音作烏 抔步侯反手掬 蕢依注音凷苦對反又苦怪反凷塊也 桴

音浮鼓槌 齊敬側皆反 釜本又作鬴音父 甑即孕反 燒石如字又舒照反 鑿

在洛反 掬九六反本亦作曰音蒲侯反 堛普逼反 摶土徒端反 築徐音竹 屋

而號戶毛反 皋某音羔 飯扶晚反注同 腥音星 而苴子餘反苞也徐爭初

反 遣奠弃戰反 知氣音智 北首手又反注同 南鄉許亮反注同 營

窟苦忽反 居橧本又作增又作曾同則登反 樔本又作巢助交反 茹其音汝 衣

其於既反 鑄作之樹反 合土如字徐音閤 令音零 甓步歷反 及甒

音武 大也音泰甒大皆搏名 臺榭音謝本亦作謝 牖戶音酉 以炮薄交反徐

扶交反 裹燒音果 以燔音煩加於火上 以亨普伻反煑也下合亨同 鑊戶郭反

以炙之石反 貫之古亂反 醴音禮 酪音洛 烝之承反 釀女亮反 酢

七故反　截　才再反徐祖冀反　醴醆　側眼反　粢　依注爲齊才細反注五齊皆同　醍　音體

祝嘏　本或作假古雅反　之祜　音戶福也　粢讀　音咨　泛齊　芳劒反徐音汎　盎

齊　烏浪反　爲主人　于僞反下同　其祝　之六反徐之又反注同　其殽　本或作肴

戶交反　越席　音活注同字書作䟕越席翦蒲席也杜元凱云結草　以冪　本又作鼏同莫歷反　衣

其　於旣反　澣帛　戶管反　示號　音秪本又作祇　齍號　音咨皇云黍稷　大

古　音泰下大史同　爓　似廉反　湅　如豔反又如琰反　樂也　音洛　鈃　本又作鉶音刑盛和

羹器形如小鼎　羹　音庚舊音衡　分別　彼列反下文同　於　音烏　乎　好奴反　吾舍

音捨下舍禮皆同　郊禘　大計反　膸晁　音兮　契　息列反　醆斝　古雅反又

音嫁爵名也夏曰醆殷曰斝周曰爵　僭君　子念反注同　脅君　許劫反　儗於　音擬　焉

於虔反　期不　居其反　入朝　直遙反注同　或與　僕相　息亮反一讀如字則連下

爲句　等輩　卜內反　弟鍼　其廉反又祇廉反　千乘　時證反　壞法　音怪

諱惡烏路反 自拱徐居勇反後拱持同 爲詭許約反 孔甯本又作寗案左傳作甯公羊作寗各依字讀 行父音甫 數如色角反 取殺申志反又如字 大柄兵命反 儐鬼必刃反 以治政皇如字徐直吏反下文注以治政同 爲言于僞反下又爲遂爲皆同 所操七刀反 臣倍步内反 俗敝音弊本亦作弊 疵國才斯反病也 肅峻恤俊反 煇光音暉 不見賢遍反 殽以戶教反注及下同 去會古外反 而上時掌反下上配上生皆同 共國音恭 所樂音岳又音洛又五孝反好也注同 治也直吏反注同下以自治注身治成治皆放此 並併步頂反 過差初隹反一音初買反 何以守位曰仁本亦作人 所養羊尚反又如字下同 百姓則君則音明 出分定扶問反後文注除三分去一三分益二皆同 舍義音捨 之知音智注同 去共羌呂反後皆同 之斷丁亂反 之施始豉反下施生同 謂之變音變出注 耐以音能 辟於婢亦反開也徐芳益反 傳書文專反 愛惡烏路反下皆同 弟弟

上如字下音悌長惠丁丈反爭奪爭鬭之爭測度大洛反不見賢遍
反竅於徐苦弔反孔也播於彼左反舒也五行四時絶句本亦作播五行於四
時屈伸音申迭相大計反又田結反竭也義作揭其列反負擔也還相
音旋下同六和戶臥反注同更相古衡反下同角徵張里反南事律名京房
律始於執始終於南事凡六十畫繢戶對反以圜音環又音圓別聲彼列反
被色皮義反徐扶義反爲柄本又作枋兵命反爲量音亮下同爲畜許六
反下同政治直吏反於麟良人反相近附近之近操七刀反所捊
薄侯反徐音普溝反介僎上音界下音遵可睹丁古反爲倪五計反硯也魚
鮪于軌反魚名諗音審徐舒冉反矞字又作繘況必反狘況越反閃失冉
反秉著音尸瘞於例反一音於器反繒本又作增同似仍反又則登反又似登反儐
鬼皇音賓敬也舊必信反在朝直遙反下同卜筮市制反瞽音古侑

音又皆應應對之對列宿音秀之藏如字徐才浪反大一音泰下注同合
於月之分本或作日月之分日衍字曰養音義出注冠昏古亂反摯幣
本又作贄音至罷也音皮大竇音豆孔穴也壞國音怪又乎怪反喪家息浪反
有蘖魚列反醇耳市春反養菁子丁反耨之奴豆反鉏也所盛
市正反又音成乖剌力達反本或作制無邪音似不種之用反不亦作弗何休注公羊云弗者不
之深也下皆放此不穫戶郭反知收如字又手又反不見賢遍反不苑于粉反積
也不繆音謬有畜丑六反不殺所戒反徐所例反注同渚者之汝反漁
人音魚獻鼈必列反蜃石忍反司爟古亂反卝人華猛反又瓜猛反徐
古猛反仲夏戶嫁反下同謂食音嗣齊才細反下皆同頒爵音班必
當丁浪反媒氏音梅而取音娶本又作娶稽士古兮反之裁音災妖
孽又作蠥魚列反妖又作祆說文云衣服歌謠草木之怪謂之祅禽獸蟲蝗之怪謂之蠥螟亡丁反螽

徐音終醴本又作醴音禮麒麟音其下音栗人反郊棷素口反徐總會反澤也本或作藪
宮沼之紹反池名卵力管反胎土才反可俯音府而窺本又作闚去規反
銀甕本又作罋烏弄反徐於弄反
禮器第十鄭云以其記禮使人成器孔子謂子貢瑚璉之器是也
錯則七路反本又作措又厝音同猶去起呂反回邪似嗟反辟也匹亦反如
竹箭節見反有筠于貧反鄭云竹之青皮也故貫古亂反改柯古何反
篠西了反徐音小柔刃而慎反廣狹音洽又戶夾反常差初佳反徐初宜反
上下時掌反大殺色戒反徐所例反注同恇懼音匡又丘往反猶恐丘勇反稱
次尺證反後皆同匪革紀力反注同急也堵者本又作闍音都又丁古反徐音常邪反七
介音界副也後皆同俗讀古賀反非也五重直龍反下及注皆同八翣所甲反相食
音嗣下同餼許既反西夾古洽反又古協反其使色吏反抗木苦浪反又音剛

禮記音義之三

又戶剛反卣茵音因縮二所六反以犢音獨本亦作特相朝直遥反下及注同
灌用古亂反注同鬱鬯丑亮反脯醢上音甫下音海繁纓步干反下及注
同琥音虎又作虎璜音黃單席音丹翦繁子淺反一音牋鵠纓胡毒
反之量音亮器皿命景反字林音猛以散悉旦反注同皋觶支豉反外
缶方有反瓦甒音武日觚音孤不壇大丹反棜禁於據反猶
去起呂反斯禁如字劉昌宗音賜隋長他果反足高如字又古報反龍
卷本又作衮同古本反黼音甫黻音弗熏字又作纁許云反裳綠繰本又
作璪亦作藻同子老反注同不琢字又作瑑丈轉反徐又依字丁角反大羹音泰不和
胡臥反越席音活犧尊鄭素何反王如字幎本又作冪又作鼏莫歷反禪章善反又
市戰反白理也杓市灼反長三直亮反杼上直呂反作幕音莫不殺
所戒反又所例反下而殺注芟殺皆同詡萬況矩反音也徧也徧也音遍樂五孝反注同

猶見賢遍反下外見告見皆同之致直置反注皆同誠設字又作殼苦角反下文同爲樂音洛匹士

本或作正上之攘如羊反盜竊以上時掌反鏤簋力豆反下音車朱紘音宏藻梲章悅反依

字當作棳梁上侏儒柱栭謂音而達棱力登反斵陟角反而礱力工反澣衣又作浣尸管反

濯冠直角反以朝直遙反隘矣本又作阨於賣反狹也不爲于僞反下爲母爲父母皆同不

摩本又作麾毀皮反齊人謂快爲麾蚤音早懆大音保又保毛反本又作保夏父音甫不綦

音忌不亦作弗燔柴音煩又芳雲反於奥依注作爨七亂反下同子彊若侯反大廟音泰下注大平

下文大廣竝同躋僖子西反升也本又作隮饎爨昌志反下七亂反盛於音成於缾步丁反不嘗

丁浪反期也音基猶去起呂反下去宙同有摲所監反又所覽反芟也芟也所咸反有放方往

反下有放必放同不致本或作不至而摭之石反詔侑音又本或作宥武方音無出注就養

羊襄反詔圜音圓下圜亦同本亦作詔圓猶醵其庶反又其約反合錢飲酒曰醵與音餘近人

附近之近注同而遠于万反獻爓似廉反下役户嫁反已蹙本又作蹙子六反又音促愿貌

音顯大願音泰不見賢遍反下龍見同頖宮本或作泮依注音判惡依注音呼又作虖好胡反池
大河反注同嘔夷烏侯反泰山本或作太音目下注放此順之至也順亦作慎散齊悉旦反下
側皆反倣放此相步息亮反注同温之紆運反注同温藉徐子夜反告導音導朝事
直遥反下朝夕注視朝同以樂樂之上音岳下音洛鸞刀力端反莞音官一音丸簟徒點反
而槀字又作藁古老反蘇江八反徐古八反穗音遂而烝之承反亹亹亡匪反徐音尾
勉勉反樂之音洛升上時掌反巡守手又反燔燎力妙反又力弔反禪善於戰
反梁父音甫本亦作甫龍假音格至也爲暘音陽爲燠於六反大治直吏反下及注同
壘音雷犧尊素河反注反下同縣鼓音玄應鼓應對之應作獻本又作戲同素可反
下同之分扶問反夏禴戶嫁反下音藥祼用古亂反鷄彝徐音夷作護戶故反本
亦作濩以道音導蘧伯玉其居反名瑗于卷反之知音智而從才用反薦
盞烏限反血膋了彫反洞洞音慟屬屬之玉反羹定一作丁磬反一音如字

爲祊百彭反　繹祭音亦　一處昌慮反　王事與音餘　魚腊音昔　內金
音納　見情賢遍反下注卅一見同　炤物音照本亦作照　絲纊音曠縣也劉昌宗古曠反　篠蕩
太黨反　蕃服本又作藩方煩反下同　近之附近之近　肆夏依注作陔古來反注又作裓音同　袒
襲音但下音習　受和戶臥反　強言其丈反　跛彼義反偏任曰跛注同　倚於綺反依物曰倚注同
子路與音預　晏朝直遥反又張遥反
郊特牲第十一鄭云以其記祭天用騂犢之義也郊者祭天之名用一牛故曰特牲　卷之八
膳市戰反　用犢音獨　牲孕餘證反　誠慤苦角反　繁纓步干反　三獻
爓本亦作爓以廉反　灌用古喚反本又作裸　腶腊丁喚反鍛脯加薑桂曰腶腊　三重直龍反下注同
而酢才各反　之介音界注同　猶單音丹下文注同　饗禘音樂出注下春禘同　而
食音嗣　夏禘戶嫁反　俎奇居宜反下鼎俎奇同　用褻息列反　旦明旦音神出
注　篆字直轉反　示易以豉反注同　朝聘直遥反下文注朝覲朝服皆同　樂闋

苦穴反止也　婁嘆力注反本又作屢婁　匏竹步交反匏笙也竹箎笛也　別土彼列反下注無別同

爲作于僞反下文爲君同　往德皇如字徐于況反　庭燎力妙反徐力弔反　僭天

子子念反後竝同　私覿大歷反下同　而使色吏反　私見賢遍反下同　慶父

音甫　鴆牙直蔭反　殺二君音試　升自阼才路反本又作升自阼階　宮縣音玄注及

下同　詭錫音陽注同　干盾本亦作盾純尹反又音尹　傳其音附　背補佩反　反坫

丁念反　繡依注作宵音消注或作綃亦同　黼音甫　以簾音廉　於反爵焉本或作賓

反爵焉非　領緣移絹反　繒似陵反　朱襮音博　過古臥反　寓公音遇寄也　南

鄉許亮反下君南鄉同　以辟音避注同　鄉人禓音傷強鬼名也　強鬼其丈反　時難

乃多反下同本又作儺　索室色百反下文注皆同　歐疫字又作驅同起居反　縣弧音胡　設帨

始銳反　三日齊本又作齋同側皆反後放此　何居音姬　繹之音亦　祊百彭反　商賈

音古　販夫甫万反　北庸本亦作墉音容牆也　大社音泰下文注大社大陽大廟大古大王皆同　王爲

手偽反下文爲社爲焚皆同　喪國息浪反　薄社本又作亳步各反　北牖音酉　乘時證反注

同又徒徧反　共音恭　粢音資　甸徒練反又繩證反　卒伍祖忽反　算具思管反　爲

省思淺反　而監依注音豔　行行田上如字下及下行田皆下孟反　使歆許金反　燔柴

音煩　巡守手又反　岱宗音岱　夏正音征下同　猶徧音遍　以稱尺證反　用

騂息營反徐呼營反　圜丘本又作圓音員　凡爲如字或于僞反非也　擇可與如字一音

頒　而還音旋下同　重相直用反　爲廐九又反　省鑊户郭反　氾芳劒反本亦作

汎　埽素報反　剗初産反徐又初展反　令力呈反　王被皮義反　卷

本又作衮同古本及注卷冕同　冕亡展反字林亡辯反　載丁代反本亦作載　璪音早

不過古和反　在滌苑音迪徐徒嘯反　以別彼列反　所搜本又作廋所流反

除慝昌慮反下之慝皆同　大蜡八仕詐反蜡祭有八神先嗇一司嗇二農三郵表畷四貓虎

五坊六水庸七昆蟲八　伊耆巨夷反伊老耆古天子號也或云即帝堯是也

禮記音義二　十一

百種之勇反下之種也同　郵本亦作尤有周反字或作郵　表畷丁劣反田畯所以督約牛間處也又丁衞反　田畯音俊　督約因妙反　敎擾而沼反馴也　迎貓字又作貓音苗　爲其于僞反下同　祭坊音房後注同　其壑火各反　祝辭之六反又之又反　猶坑苦衡反　螟莫經反　螽音終又作蝝　榛杖側巾反以榛木爲杖也　喪殺所界反徐所例反注及下德之殺並同　臘先祖力合反　勞農力報反　草笠音立　使使上音史下及下使者皆色吏反　緇撮七洛反又七括反　其餉如尚反　伊糾居黝反　好田呼報反下好女可好皆同　果蓏力果反　以蓄丑六反又許六反　蕰財於粉反　以移以豉反注同羨也　羨也才箭反又辭見反　烝之承反　畀必利反　祖妣必履反　之與音餘　旣唶而收絕句　積聚並如字徐上音茲賜反下才樹反　之菹爭居反　其醢音海

麋音眉臡字又作𦟨乃兮反字林作腝人兮反茆音卯又力首反

麕九倫反蠃力戈反豚拍音博薦即見反又作薦同或作薦非

可着市志反路車本亦作輅音同可樂皇音洛下同徐五孝反

可便婢面反徐扶綃反莞音官徐音丸簟大點反越音活注同

槀又作稾古老反秸簡八反徐古八反不和胡臥反不琢依注

爲文轉反彫多調反又作雕字幾巨依反注同之乘時證反樸也

普角反司烜音毁陰鑑古暫反籍神字夜反沂魚斤反

鄂五合反爼寄居宜反醯醢上呼兮反本又作醓同斷也

丁乱反冠義古乱反下文始冠冠而敝之而冠於阼冠而字之冠礼士礼冠皆同

齊則側皆反其緌耳佳反以上時掌反後以上皆同敝

本亦作潎婢世反徐又芳列文不復扶又反適子丁曆反近
主附近之近醮子妙反毋追上音牟下多雷反殷冔況甫
反字林作緝火于反見墓訪患反殺音綴賢行下孟反下
德行同取於音娶本又作聚附遠皇于万反厚別兵列
反下及注皆同不腆天典反信事側吏反又如字立也注同
親迎魚敬反男先悉見反及見注同倡昌亮反道
音導執贄音至本亦作摯聚麀音憂出乎大門
而先如字絕句又悉遍反以知音智婦盥音管饋
其位反一本無婦盥饋三字婦餕音俊爲腊直輙反
滌蕩音狄徐又同弟反樂三如字徐息慗反同

灌用卺臭絶句瘐以卺字絶句鬱字又作鬱鬱同合卺絶句焫蕭如悅反繞也下音蕭香蒿也合如字徐音閤羶依法音馨許經反薌音香圭瓚在旦反鈃南音刑蒿也呼毛反染以如琰反羶當失然反詔祝之六反下及注並同又之又反膟音律膋力雕反燎于力妙反又力弔反下文同爐音盧以墮許恚反或許垂反之奧烏報反北墉音容室與堂與並音餘下遠者與同本作室與堂也與則如字讀遠人徐于万反倞也音亮肵音祈爲尸于僞反嘏辭古雅反爲植徒得反相息亮反注及下之相幷注同侑音反妥尸他果反嘏長直良反徐知兩反或詁音古祭齊才細反注及下說齊并注同謂綏許恚反說齊始銳反清也字又作涗泲之子禮反下同㡛氏莫剛反漚絲烏豆反爲汎本又作泛同齊絜側皆反篇末文注同腥肆勑歷反注同爓腍而審反、腊直輕反舉斝

古雅反之坐才卧反縮酌所六反注同醴齊才細反下皆同去滓起呂

反醳酒音亦不共音恭斟也章金反尊彝音夷注于之樹

反醆側產反盎齊烏浪反差清初賣反又初佳反汁之十反獻

依注爲素何反下注同舊澤依注讀爲醳音亦徐詩石反爲其于僞反腊

毒上音昔隱義云腊久也久酒有毒辟依注作弭亡婢反遠罪于万反

內則第十二鄭云以其記男女居室事父母舅姑之法

后王鄭云后君也謂諸侯也王天子也盧云后王后也王天子也孫炎王肅云后王君王也并六

卿必政反或兼如字一音古念反咸盥音管洗手漱所救反徐素蕭遘反漱漱口

也下同櫛側乙反梳也縰所買反徐所綺反黑繒韜髮笄古兮反總子孔反束

髮也拂髦音毛冠緌耳佳反緌纓飾也韠音必紳音申大帶搢

徐音箭又如字搢插也笏音忽韜髮吐刀反振去起呂反著之丁略

反下又及注同鬐多果反扱本又作㨖又作插初洽反徐采協反使令力星反紛

芳云反拭物巾或作帉同帨始銳反佩巾也小鑴許規反本或作鑴音同解結錐金燧音遂

火鏡拭物音式礲力工反捍戶旦反捍也謂射捍管遰時世反徐作滯刀鞞也筆

彄苦侯反刀鞞必頂反鑽火子官反偪本又作幅彼力反行縢也行縢

徒登反屨九具反著綦其記反注及下同屨繫也如父母一本作如事父母衣

紳如字又於旣反注同令簪徐側林反又作南反箴之林反線本又作綫息賤反纊

音曠鞶字又作槃同步干反袠陳乙反又作帙小囊奴郎反又作槖徐音託明爲子僞

反衿纓本又作紟其鴆反結也住同嬰入作纓衣燠本又作奧同於六反暖也苛音何疥也

養本又作養以想反搔之素刀反摩也怡說音悅苛疥音界說文云瘙瘍也

時便婢面反少者詩召反後皆同奉槃芳勇反本或作捧下同長者丁丈

反後皆同以帨始銳反拭手也本又作稅同以溫本又作蘊又作愠同於運反注同藉也

字夜反　饘之然反厚粥也　酏羊支反薄粥也　芼毛報反　蕡字又作黂扶云反徐扶畏反大

麻子注同　粱音良　秫音述　粥之六反又羊六反　熬五羔反　枲實思里反　飴

羊之反餳也　堇音謹菜也　荁音丸似堇而葉七也　枌扶云反白榆也　免音問注同新生曰免

薧字又作槀苦老反乾也　滫思酒反溲也　瀡音髓滑也　以滑胡八反又于八諸諸卷皆

同　以膏之古報反　調如字又徒弔反　和如字又胡卧反　夏用戶嫁反　溲所九反

未冠古亂反　爲迫于僞反　而朝直遥反下而朝同　後成人如字徐胡豆反

下同　衣服如字又於既反　枕簟徒點反　灑本又作洒所買反又所賣反　埽素報

反　孺子如樹反　蚤寢音早　以上以或作已上時掌反後放此　奉席芳勇反下

同　何鄉許亮反　將衽而鴆反又而甚反卧席也　何止本又作趾足也　卧處昌慮

反　縣衾音玄　篋枕口協反　而襡音獨韜也　不傳文專反注同移也

敢近附近之近　敦音對又丁雷反　牟木侯反齊人呼土釜爲牟　卮音支酒器也　匜

羊支反一音以氏反杜預注左傳云沃盥器也非餕音俊如堥字又作蝥木侯反應唯[illegible]

反徐伊水反愼齊側皆反噦於月反噫於界反嚏音帝咳苦愛反欠

丘劍反伸音申跛彼義反倚於義反又其寄反睇大計反傾視也視如字徐市志反

唾吐臥反洟本又作涕同吐細反重衣直龍反袒音但裼思歷反撅居衛

反揭衣也揭衣起例反又起列反一音起言反不見賢遍反下同爲其于僞反可

穢紆廢反又烏會反刷色劣反去丘呂反帶垢古口反請漱素侯反後皆同

請澣本又作浣戶管反和漬似賜反綻字或作䘺直莧反徐治見反裂本又作列

紉箴女陳反徐而陳反下之林反補綴丁劣反又丁衛反猶解胡賣反又佳買反燂

湯詳廉反溫也潘芳煩反淅米汁靧音悔洗面瀾力旦反褻遽其據反

以篚非鬼反共湢彼力反本又作偪浴室也不嘯依注音叱尺失反障也音章

解也佳賣反下解倦同若飲於鴆反食音嗣不耆市志反而去起呂

反本又作而食之謂難乃旦反姑予以渚反下同遠于万反懟直類反本又作慦姑縱本又作從足用反寧數色角反譴責弃戰反猶爲丁僞反說則音悅下同而捷吐達反擊也思貽以之反遺也遺也以季反謂傳文專反介婦音界注及下同解勸本又作倦其卷反掉磬徒弔反隱義云齊人以相紾許爲掉磬崔云北海人謂相激事爲掉磬也下家戶嫁反使令力呈反私畜許六反又許又反又勑六反茝蘭本又作芷昌改反韋昭注漢書云香草也昌以反又說文云虈也虈火喬反齊人謂之茝昌在反必復扶又反適子丁曆反皆齊側皆反稰思呂反熟穫曰稰穛側角反生穫曰穛膷音香牛臛也臐許云反羊臛也膮許堯反豕臛也字林云豕羹也火攸反牛炙章夜反下同胾側吏反牛膾古外反芥醬徐姬邁反鶉順倫反鷃音晏公食音嗣酏食糝食並同爲鴽音如下文同重醴直龍反注同陪也清糟子曹反徐祖到反醇也常倫

反清泲子禮反酢七故反截才載反醷本又作臆於紀反徐於力反檻力暫

反以諸乾桃乾梅皆曰諸糗起九反又昌紹反餌音二下同酏讀曰餈又作餰之然

反又之善反擣本又作搗丁老反下同與餈本又作粢自私反下同糝西感反狼臅

昌錄反徐又音燭食音嗣飤也下苽食麥食食齊皆同徐如字蝸力戈反醢而苽音孤

字又作菰同雉羹絶句麥食脯羹鷄羹絶句折之列反稌音杜徐他

古反稻也和糝上胡卧反下三敢反注同不蓼音了羹齊才細反下丈同析星曆

反下同濡豚音而下同苞苦伯交反濡雞醢音海一本作醯一兮反次下句同

卵醬依注音鯤古門反魚子也亨普彭反煑也荼音徒作攔音關本又作捫音門

腶脩丁亂反蚳直其反蟻子也捶脯徐之蘂反蜱本又作蚍音毗蜉本又作桴

音浮卵鹽力管反爲胖音判視夏戶嫁反下放此膏薌音香牛膏

腒其居反乾雉也盧云雉腊也說文云北方謂鳥腊曰腒鱐本又作䐹所求反乾魚也膏臊

索刀反大膏也麛音迷鹿子也膏腥音星鷄膏也說文云犬膏臭也膏羶升然反羊膏也爲其于僞反大盛音泰麏九倫反本又作麇又作麕下田豕麏同有軒意憲出注後放此切肉如藿葉也蜩范上音條蜩蟬也下音犯范蠭也蠭本又作蜂䖵孚凶反芝音之栭音而本又作檽蔆音陵芰也椇音矩枳椇榛側巾反柿音俟柤側如反芰其寄反枳椇上居氏反用韰戶界反俗本多作薤非也藙魚氣反茱萸也會古外反稽古兮反之樧色八反似茱萸而實赤小和戶臥反注皆同注又如字用醯呼兮反酢也畜與許又反又許六反鶉鷄羹本又作鶉羹鷄羹魴鱮上音房下音敘烝皇絕句之丞反雛字又作鶵仕俱反又匠俱反賀讀魴鱮烝鶵爲句燒如字一音焦皇絕句雉皇此一句一讀雉薌爲句蘇荏而甚反言調徒弔反狼去起呂反下並同尻苦刀反腦奴老反皆爲于僞反下皆爲同伏扶又反乳而樹反鰫魚音容如篆直轉反鯁人本又作哽古猛反字林云鯁魚骨也又工孟反竅也苦叫反瞻

丁敢反攢之再官反本又作鑽庮音由惡臭也泠音零泠結毛如氈也毳昌銳反而

躁早報反麃本又作穮劉昌宗音普保反徐芳表反又普表反而沙如字一音所嫁反注同

交睫音推腥依注作星皇云肉中如米者說文云腥星見食豕令肉中生小息肉也字林音先定反

而般音班臂本又作擘必避反徐方避反漏依注音螻鵠胡篤反

鴞于驕反胖音判鴇音保奧於六反鹿胃音謂字又作膶同一薰許云反或

作焄又作葷不解胡買反嘶也音西字又作斯音同腐臭扶甫反前脛

胡定反螻蛄音姑鵝五何反鶩音木脾扶移反肶昌私反肉腥

音星字林作胜云不熟也先丁反聶而本又作攝又作牒皆之涉反下同麕爲九淪反辟

鷄必益反徐芳益反注同爲宛于晚反脾婢支反諸醯徐呼兮反本或作醢麋

𣨙於僞反益州人取鹿殺而埋之地中令臭乃出食之名鹿𣨙是也近由附近之近羹食音嗣

注羹食并下文食禮同庋食字又作庪九委反或居彼反本亦作虡於坫丁念反夾室

禮記音義之三　十七

古洽反又古協反同㚘昌慮反異粻知良反糧也字林云量也絞古交反紟
其鳩反本又作衿同衾冒云報反不熡乃管反於朝直遥反下同珍從
才用反又如字不與音預下同齊喪側皆反衰麻七回反東膠音交
尋而況甫反縞古老反又古報反樂其心音洛下同忠養羊亮反爲
法于僞反德行下孟反三王有音又出注爲惇音敦厚也敦淳
熬之純反下五羔反下及注同淳母依注音模莫胡反下同黍食音嗣炮步交反
若將依注音牂子郎反牝羊也刲苦圭反刳之口孤反又口侯反編必縣反又步典反
萑音丸藘也以苴子餘反苞裹也以謹依注作墐音斤徐如字炮之絶句塗
乾絶句涂本赤作塗擘之必麥反絶句濯手直角反去其起呂反注同皽
章善反䚯臭也糔息酒反又相流反又息了反溲所九反以付徐音賻鉅音巨其據
反鑊戶郭反使湯一本作使其湯穰如羊反草也䰟莫上普伯反魄普博反下亦

作漢武膞反解析星曆反必胲音亥徐云代反夾脊肉其餌音二筋腱也本或作

皷下句作餌筋音斤腱徐其偃反皇紀偃反一音其言反隱義云筋之大者王逸注楚詞云筋頭也

醢與音餘湛諸子潛反直蔭反又將鴆反一音陟鴆反注同漬也期朝音朞以

洒所買反徐西見反而鹽音豔又如字乾而之食一本無而食之三字濡肉

音儒下同肝膋音遼徐音勞糝食音嗣下酏食同幪之音蒙舉焦字又

作爊子消反爲酏讀爲餰之然反又之善反注餰反臆音憶屡食矣本又作餐又作屡食並同

之然反又音贊閽寺音昏同杝本又作椸以支反枷音嫁縣音玄之揮音輝

篋笥息吏反竿謂音干揮杙音弋無間徐間廁之間皇如字讀

年未五十本又作年未滿五十必與音預不復扶又反下文夫復同姪大結

反娣大計反兩媵羊證反又繩證反齊漱爭皆反下皆同澣音浣如

朝直遙反下文朝服注朝於君皆同爲繆居虯反必後胡豆反辟女音避

下辟人雖辟皆同敢見賢遍反下及注同使毋音茂字林云又反女師也一音母又音亡父反
鄉前休亮反下文西鄉皆同接以依注音捷字妾反勝也下接子同謂食音嗣
下注食子食乳皆同射天地食亦反言承如字徐音拯救之拯大古音泰嫡妾
本亦作適同丁歷反一處尺御反耆市志反爲見于僞反下爲改爲大溫皆同爲
鬌丁果反徐大果反夾囟言信反又思忍反當楣音眉相息亮反孩而
字又作咳戶才反左還音旋轉也辯音遍下同如養羊尚反褖衣通亂
反適子丁歷反注及下同易諱以豉反三月之末一本作子生三月之
末申繻音須食子音嗣注及下文食母同勞賜力報反旬音均出注尊
別彼列反下其別同食食上如字下音嗣男唯于癸反徐以水反女俞以朱反然
也鞶革步干反盛帨音成緣之于絹反裂音列或音厲與
音餘如厲音列必後胡豆反數曰所主反襦字又作繻音儒袴苦故反

請肆本文作肆同以二反習也爲大音泰舞勺音章略反注同而冠古亂反

以衣於既反惇行如字又下孟反孝弟音悌孫友音遜注同所好

呼報反則去如字婉紆晚反徐紆願反娩音晚徐音万麻枲思里反絲

繭古典反織紝女金反又如林反組音祖紃音巡以共音恭絛也他刀

反禮相息亮反謂應應對之應接見賢遍反爲衒古縣字本又作

御字魚據反

玉藻第十三

鄭云以其記服冕之事也冕之旒以藻紃貫玉爲飾因以名之　卷之九

玉藻本又作璪音早二旒力求反邃雖醉反深也注同延如字徐餘戰反冕上覆也

字林作綖弋善反龍卷音衮古本反注同玄端音冕出注下諸侯玄端同而朝直遥反篇

内除下注朝之餘皆同則闔胡臘反左扉音非一本作則闔門左扉而餕音俊酏以支

反御瞽音古樂人也上下時掌反哀樂音洛裨冕婢支反伯

鷩必列反 男毳昌鋭反 大廟音泰後大廟同 下天子戶嫁反 辨
色如字徐扶免反別也 別也彼列反 必復扶又反 相挾戶頰反 四簋音甫
本或作簋 腒也音胃 穋食音嗣 同庖步交反徐扶交反下同 君子遠于万反
踐音翦子淺反出注 爲旱于僞反下皆爲猶爲明爲爲失皆同 春夏戶嫁反 衣
布於既反注君衣布同 搢本徐音箭又如字 去丘呂反下剛去同 珽他頂反 荼
音舒 笏也音忽 遮列支奢反 靈射音亦周禮作繹爾雅作謝 圻也勑白
反 羔幦音覓徐莫狄反 虎犆依注音直下同 苓也本又作軨音零 緣也
尹絹反後文注皆放此 齊車側皆反下文注皆同 鄉明許亮反 東首手又反注
同 迅雷音峻又音信 衣服於既反下衣布同又如字 五盥音管 而靧音悔 櫛
側乙反 用樿章善反 機其既反 絺丑疑反 綌去逆反 刷色劣反 去
垢右口反 出杅音雩浴器也 履蒯苦怪反 連用力旦反釋也注同 瀝

所戢反便於婢面反乃屨九具反本又作屨煇如音暉長三直亮反後放此

杼上直呂反終葵如字終葵推也如椎直追反下同相玉息亮反珽

他頂反本又作珵音呈自熠音照侯荼音舒出注前詘丘勿反後直如字

徐胡豆反懦者乃亂反又奴卧反怯懦也又作儒人于反弱也皇云學士圜音圓殺其色戒

反徐所例反篇內皆同黨鄉之細也退謂傍側也一本或作黨鄉之細者謂

傍側也避君之親黨爲于僞反又如字躐力輒反爲汚于僞反下爲大有同汚汚穢之汚又

烏卧反先飯煩晚反下至三飯文注皆同辯嘗音遍辟貪音避先徧

音遍本又作備覆手芳服反注同敢飧音孫注反下同循咡耳侍反先

君息薦反下同從者才用反凡侑音又巳偞虛涉反厭也猶大音泰

下同下丸大亦同洒如先典反又西禮反肅敬皃王肅作察云明皃也言言魚斤反注同和敬皃油

油音由悅敬皃本亦作由王肅本亦作二爵而言注云飲二爵可以語也又云言斯禮注云語必以禮也三爵而油注云悅敬

大司五六　禮記音義之二　二十　平

見無巳反下油字也説敬音悦隱辟匹亦反徐房亦反注同而僂一本作而後僂俛

音免逡七巡反遁音巡著僂丁略反猶鄉許亮反飲賤於鴆反

用棜於據反注同斯禁如字又音賜始冠古亂反下冠而注始冠同而敝音弊

本亦作弊繢戶內反注繪同緌本又作蕤耳佳反注及下皆同齊冠側皆反下同綦組

音其徐其記反雜色也以上時掌反下而上同後皆放此縞冠古老反又古報反下同子

爲于僞反冠卷起權反下同素紕音埤又婢支反閒古閑反傳直專

反惰游徒臥反罷民音皮屬武章欲反著冠皇直略反徐丁略反

去飾丘呂反下同散送悉且反注同始衰所追反不旄音毛蓋僭

子念反後同朝玄直遙反深衣三袪起魚反本或無衣字要中一遙反下文注同

縫音逢紩也齊音咨本又作齎注同紩也直乙反徐治栗反袵當而審反又而鴆

反屬衣音燭下同袂可面世反回肘竹丑反今褎音袖下文同袷

二音劫曲鎖也 緣廣徐公曠反後放此 裏布音里 相稱尺證反 不衣於既

反注及下注同 織音志注織染同 染繒似綾反 去位如字 間色間厠之間 振

絺依注爲袗之忍反禪也 禪也音丹下文注同 當裼思歷反 纊音曠綿也

爲繭古典反 縕紆粉反又紆郡反 爲袍步羔反 絮也胥慮反 爲

絅苦迥反徐又音迥 爲褶音牒袷也 有黼音甫 晢省依注作獮息典反秋

獮名 君衣於既反下文不衣同 復有扶又反 服輿音餘 辟君音避 豹

包敎反 玄綃音消綺屬 麛音迷 青犴音岸胡地野犬 絞衣尺交反蒼

黃色 大蜡仕嫁反 臘先祖力合反 見美賢遍反注下注及下文同 以球

音求美玉也 魚須文竹崔云用文竹及魚班也隱義云以魚須飾文竹之邊須音班 無

說本又作稅同他活反下及注同 事免音問注同 爲必于僞反 指畫乎麥

反 造受皇七報反舊七刀反 去起呂反下注去上則去去飾同 素帶音戴 終

禮記音義之三

辟 依注爲裨婢支反下同徐又音卑下繎辟終辟皆放此 率 音律注及下同 并 必政反
紐 女久反 用組 音祖 下天子 戶嫁反 繂 音律 幧頭 七消反又七曹
反 韠 音必 圜 音圓 後挫 作卧反 其頸 吉井反又吉成反 再繚 音了
無箴 音針 下士 崔如字或戶嫁反 縕 音温赤黃閒色 韍 音弗 幽 讀爲黝幼
糾反黑也下同 韎 莫拜反又音妹 褘衣 音翬許韋反注及下同 揄狄 音搖羊消反翬
揄皆雉名爾雅云伊洛而南素質五色皆備成章曰翬江淮而南青質五色皆備成章曰鷂鷂音遥謂刻畫此
雉形以爲后夫人服也 翟雉 直歷反 著於 直略反又丁略反 紳長 音申本亦
作申下同 而重 直龍反 屈狄 音闕注同 再命褘衣 依注音鞠居六
曲六反 禮衣 張戰反 褖衣 吐亂反注作稅音同 屨齊 音咨本又作齋注同
頤 以支反 霤 力救反 及袷 居業反交領 聽鄉 許亮反 磬折
反又市列反篇末放此 裳緝 七入反 使使 上音史下色吏反 鎮圭 珍刃反徐音珍

徵守手又反 漢使色吏反 事處昌慮反 士辟音避下同辟辟光辟

德皆同 祝嘏古雅反 爲或子僞反下爲幼爲起事同 右徵張里反注同 所中

丁仲反下文同 趨十須反本又作趣 采齊依注作薺疾私反采薺詩篇名 周還音旋本亦

作旋下同 宜園音圓 折還之設反 玉鏘七羊反 見於賢遍反下同 非

辟本又作僻匹亦反又婢亦反徐芳益反 齊則側皆反注同 績側耕反結也盈也 有衡

昌容反 輿裁音災 眚色耿反 組綬音受 而純讀爲緇側其反 佩瑜

羊朱反 而綦音其 佩瓀而兖反徐又作碝同 玟武巾反字又作砇同 而緼音温 幷

紐必正反下女丑反 未冠古亂反下並同 之稱尺證反 衣紒音計 肆束

音肆以四反餘也 屨約其俱反 見先生賢遍反 幼少詩照反下少儀同 猶

免音問 先飯扶晩反 客飧音孫注及下同 于核行隔反 所操

七刀反 忖也本又作刌寸本反切也徐子本反 後君子胡豆反 先君子悉見反

火齊(才細反)補脫(音奪)重也(直用反又直龍反)覆案(芳服反)愼

乎尊卑也(愼一本作順)有葷(許云反注焄同)桃茢(音列又音例)去

茢(起呂反下同)皆造(七報反注同)辟凶(必亦反)邪也(似嗟反)葵

(吐敢反郭璞云鳥蓲也取其苗爲帚)帚(本或作箒之手反)爲君(于僞反下注爲其同)復以(扶又

反下不復同)辟也(音避下辟尊者同)敵者(本又作適音狄)不聽(天丁反)唯而

(于癸反徐以水反)親齊(才細反病也)杯圈(起權反注同)巵匜(音支以支反)介

拂(音界下及注同)闑(魚列反門橛也)中棖(直衡反門楔也謂兩傍木)門楔(徐古八反)

(皇先結反)鴈行(戶剛反)相㳂(悅宣反)履閾(音域又況域反)蹈半(徒報反)

毋移(上音無下如字)蹠數(色角反下同)靡迆(羊爾反)圈(舉遠反又去阮反注

同)腞(本又作豚同犬本反徐徒困反注同)齊如流(音咨本又作齋同)曳踵(章勇反)尊

戱(尺慮反)弁行(皮彥反急也)剡剡(以漸反字林因冉反)頤霤(上音夷下力救

反爲霆音夷徐音追宿宿色六反本或作蹜同惕惕音傷又音陽直而疾也
齊齊才兮反恭慤皃賀在啓反濟濟徐子禮反有威儀也翔翔本又作洋音詳齊
遬音咨又側皆反下音速蹙蹙子六反不睇大計反嘰於豴反款
苦大反立容德如字得也徐音置如睹丁古反纍纍良追反羸力皮
反儽皮拜反顛顛字又作巔音田又丁年反憂思息嗣反視容本又
作目容瞿瞿紀具反又紀力反繭繭吉典反暨暨其記反詻詻
五格反視容如字徐市志反辨卑讀爲貶彼檢反字林貶音方犯反毋讇音諂舊又
音鹽注同有下戶嫁反顛實依注讀爲闐音田自別彼列反又如字分
陜失冉反守臣手又反之適丁曆反謂見賢遍反臣孽依注音耕
五葛反徐五列反傳陟戀反注同遽其庶反事使色吏反注同爲賓必刃
反介也注同

明堂位第十四鄭云以其記諸侯朝周公於明堂所陳列之位

朝諸侯直遥反注及下皆同辟王音避一本作辟正王注同負斧音甫依本又作扆同於豈反注同南鄉許亮反偝也本又作背音倍屏風並經反户牖音酉九采七在反四塞先代反注同又先則反此周公明堂之位也本或無周公之字上近附近之近藩服本又作蕃万元反下同壹見壹又作一下賢遍反下同要服一遥反殷紂直九反相武息亮反頒音班度量徐音亮注同豆區烏侯反筐音匡筥紀吕反千乘繩證反注同卑侯必爾反本又作俾下同緑縢大登反載音戴弧音胡韣音獨弓衣也旂其衣反本又作旗音其二旒本又作斿万求反季夏户嫁反注及下季夏夏礿皆同以禘大計反大廟音泰後大廟皆同犧象素何反注上皆同山罍音雷灌用古亂反玉瓚才旦反圭瓚也彫本亦作雕篹息緩反又祖管反籩屬玉琖

側眼反夏爵名用玉飾之辟散先旦反注同梡苦管反虞俎名嶡居衛反又作橛音夏
夏俎名禓而星曆反昧音妹任而林反或而鴆反以沙素何反黃彝
音夷其直如字柄也大盾字又作楯常準反又音允自卷本又作袞同音古本反下又同
不僭七壽反又則念反副禕音輝注同肉袒音誕步摇本又作繇同以昭反
六珈音加追師丁回反揄翟羊昭反夏礿音藥秋省讀爲獮仙
淺反大蜡仕嫁反巡守手又反祀祊音方本又作方索鬼所白反門
與音餘有侁苦浪反將將七長反木鐸大各反警衆京領反
藻本又作繅音早棁專悦反復廟音福注同重直龍反注同檐以古反刮
楹古八反達鄉許亮反注同反坫丁念反康圭音抗苦浪反出注欂
音博又皮麥反一音旁各反徐又薄歷反字林平碧反盧如字本又作櫨音同侏儒音朱劘
莫何反爲好呼報反桴思音浮鉤車古侯反乘路徐食證反注同

爲纝力丸反之綏依注爲綏耳佳反謂注之樹反旄牛音毛於
杠音江大麾毀皮反左仗直亮反黃鉞音越駱音洛黒鬣
力輒反蕃鬣字又作番音煩郭璞云两被髮騂剛息營反又呼營反順正
音征又如字爲純于僞反大音泰本又作泰著直略反注同以畀音嫁又古
雅反注同其勺市灼反下同夏籥音藥祼用古亂反蕢讀爲由苦對反
桴音浮葦于鬼反籥音藥蕢其位反又苦怪反如笛本又作篴音狄拊
芳甫反搏音博揩擊居八反注同大琴徐本作瑟以穅音康柷昌六
反敔魚呂反本又作圉米廩力甚反頖宮音判之委于僞反又作積子賜
反瞽矇音蒙貫鼏古喚反大璜音黃封父音甫注同分魯
扶問反縣鼓音玄注及下注同簨本又作荀恤尹反虡音巨植我市力反又
音置徐音徒吏反又徒力反鼗鼓音桃應應對之應朄音胤和鍾章凶反說

文作鍾以此鍾為酒器字林之用反女媧徐古蛙反又古華反共工音恭宓音密本又作虙音伏
戲音羲無句其俱反字又作劬重直龍反璧翣所甲反又作萋植市力
反徐徒力反蠃力果反重牙直龍反以挂音卦縣紘徐音宏載
以音載兩敦音對又都雷反四連本又作璉同力展反六瑚音胡八簋音軌
椇俱甫反斷木丁亂反又丁管反蹷俱衛反橫古曠反又音光又華盲反言
枳吉氏反曲橈音撓下跗方于反楬徐苦瞎反注同又苦八反周獻素何
反秃土木反韍音弗韎莫拜反緌耳隹反注並同綢練吐刀反注同徐其
音籌從車才用反下同遣車弃戰反翣夾古洽反柩路其又
反熏字又作纁香云反縿所銜反傳之丈專反注同相弒本又作殺音試
注同有誄力軌反人髽側瓜反於臺音胡駘太來反近誙
如字又附近之近

喪服小記第十五鄭云以其記喪服之小義　卷之十

斬衰七雷反下並同括髮古活反爲母于僞反注及下注同免音問篇內同

齊衰音咨又作齋惡笄古兮反卷俱免反下皆同子冠古亂反下同

髽側巴反別男女彼列反下文有別注不服別卑別皆同苴杖七余反削杖

思略反爲父母于僞反下爲夫注爲無後並同長子丁丈反篇內並同稽音啓顙

素黨反恩殺所戒反徐所例反後文注同爲出母于僞反下注爲其族人爲其昆弟同

所傳文專反下傳重皆同已上音紀王者如字又于況反下同禘其大計反

兄縶知急反繼禰乃禮反適士丁歷反篇內同不爲于僞反下注爲君母

自爲已同祭殤音傷祔食徐青附所食音嗣共其音恭爲墠

皇音善徐徒丹反已音以則不爲于僞反注妻爲猶爲皆同之期音基下文及注不及

期皆同無施以豉反其爲妻于僞反注爲妻猶爲皆同伸音申正見賢遍

反以上時掌反凡以上皆同養以尚反爲父母于僞反下文不爲注不相爲同應
歲應對之應益衰衰則並色追反下益衰同不禫大感反則必爲
于僞反注爲之下注父爲之下爲君皆同幼少詩照反說喪皇他活反徐他外反注及下同補脫
音奪朝覲直遥反闈寺音昏羣介音界不爲君母于僞反下
妻爲君注大夫爲庶子同去一起吕反下去扶并注同絰大結反如要一遥反下文要絰注上至
要皆同不辟婢亦反徐扶亦反如不知姓一本無知姓二字報葬依注音赴
芳付反下同喪借音皆假令力呈反不厭一妻反徐於豔反下文注皆同爲
慈母于僞反下其妻爲爲母之爲妻禫爲庶母爲祖庶母皆同不貳降一本作隆見
同賢遍反亾則如字又音無昭穆常遥反後昭穆皆放此猶閒閒廁之閒
爲父母妻于僞反注目所爲下文則爲其母子爲妻下注恩爲巳爲之變爲今死者皆同冠
而古亂反視濯大角反溉祭古代反縞麻古老反下適戶嫁

反下丁歷反得伸音申養羊尚反惡其烏路反適祖丁歷反下

女戶嫁反而省所領反下及注同不爲衆子于僞反下注猶來爲下文爲出母爲

大杖同澡麻本又作藻音早一本無麻字不絕本或作不絕本非也詘而丘勿反

澡率上音早下所律反又音律而上時掌反而糾居黝反徐居虯反散帶

先但反下文注並同廟從才用反母爲長子于僞反注母爲子爲巳下文爲父母並同

報虞音赴下同皆冠如字又古亂反下及注皆同爲兄弟于僞反下注爲人君

爲母下文爲之小功皆同比反必利反絞垂古卯反不縟音辱不朝直遥

反下文同

大傳第十六

鄭云以其記祖宗人親之大義故以大傳爲篇

不王如字又于況反下同不禘徒細反下同大微音泰下文注大祖大王皆同熛怒

必遥反含樞紐中昌朱反下女九反招拒俱甫反叶本又作什汜配戶牒反

芳劒反　省於舊仙善反善也案爾雅云省即訓善息靖反無煩改字　干祫徐音洽　大
難乃旦反　壇大丹反　墠音善　逡奔息俊反疾也注同　追王丁況反
亶丁但反　父音甫　著焉知慮反　祖禰本或作祢年禮反　昭繆音木
別之彼列反下至其麻姓別文注並同　繆讀莫侯反又音謬　而聽體寧反　與
焉音預　不贍本又作儋食艷反　紕匹彌反徐孚夷反又方齊反錯也　繆音謬本或
作謬　度量音其注同　正朔音征　殊徽諱韋反　器械戶戒反　別
衣彼列反　權稱尺證反　作楎詐韋反　長長並丁丈反後除注遠者長
並同　有別彼列反　際會音祭　名著知慮反　爲子于爲反下相爲
同　屬乎音燭　是嫂本又作𡜂悉早反　名遠于万反下同　復謂扶又
反　則令力呈反　人治之直吏反注同　袒免音問　殺同色界反徐所例反
而戚千歷反　單於音丹　婚姻如字　繫之音計又戶計反　弗別皇如

字舊彼列反注及下同綴之丁衛反連合也以食音嗣定繫戶計反一音計夫
爲妻于僞反下至其義然也注皆同而上時掌反別嫌彼列反不得爲于僞
反下爲其士注死爲之爲其妻爲之大功不相爲皆同辟宗音避世適丁歷反下文及注皆同
唯已音紀無移本或作施同以豉反移猶傍也罰中丁仲反無斁音亦猒
也於豔反下同

少儀第十七詩照反少猶小也鄭云以其記相見及薦羞之小威儀

始見賢遍反下文注除注二相見並同聞名如字徐音問注皆同嗛音謙本又作謙遜
之于万反重則直用反傳辭丈專反下傳辭同階上時掌反罕見
賢遍反亟見去冀反注及下同數也色角也皆爲于僞反下文爲君喪注雖
爲並同適它音他本亦作他從者才用反朝會直遙反致襚音遂
賈人音嫁徐音估注同以斂力豔反文織音志鄭注周禮云畫繢之屬納

甸大見反賵馬芳仲反賻馬音附户柩音舊由便婢面反有

跪其委反長臨直良反排薄皆反闔初臘反又音合說屨吐活反本

亦作脫下注同尊長丁丈反下文注尊長皆同其音母三行下孟反不度大洛反

反計也注同民械户戒反不訾子斯反汜埽上芳劒反下悉報反曰拚

弗運反又作攢以鬛力輒反帚也臏於陵反胷前也擖以涉反舌也徐音葉絜清

徐弋往反又如字將去起吕反下擢去同自鄉許亮反於著音尸義與

音餘下同大十音泰恭孫音遜本亦作遜同燕見賢遍反下請見同卑褻

息列反不特本文作犆音特不畫胡麥反不翣本又作萋所甲反盧云扇也

端慤苦角反侍射食夜反下注客射同拾取其劫反直飲音蔭不

勝詩證反觥古横反不擢直角反去也乘車繩證反轡冰媚反

扡徒可反引也又他佐反諸幦徐音覓苓也力丁反右腋音亦以散

悉但反請見賢遍反朝廷直遥反後朝廷皆同近君附近之近曰罷音皮
注同師還音旋下文注皆同欠起劒反伸音申運笏音忽還屨音旋
蚤音早莫音暮解倦古賣反頻伸本又作嚬音頻玩弄五亂反
易以以豉反汗澤戶旦反一音烏量音亮乞假如字又音氣爲人于僞反
遠罪于万反不窺苦規反伺人音司曲處昌慮反或爭爭鬪之爭
不偷他侯反不長丁丈反絕句無訕所諫反徐所姦反疾惡烏路反無
讇勑檢反而相息亮反注同怠惰徒臥反而更音庚毋拔蒲末反注
同急疾也王本作狡古孝反毋報音赴可卒才忽反謂數色角反循枉上音
旬下紆往反邪曲也可復扶又反意度如字本又作億音抑下大各反於說如字注同又始
鋭反鴻字又作洪殺色界反侈昌氏反弇於檢反毋訾子斯反傳疑
丈專反之美音義出注下同濟濟子禮反齊齊皇皇齊如字皇音往出注

徐于况反　匪匪讀爲騑芳非反　牡音母　長幼丁丈反下及注同　樂人音岳　典

如字又許證反　道音導　諷誦福鳳反　大卷音權　大濩户故反　龜筴

音策　近尊附近之近　迫狹音洽　介者音界　下人户嫁反　低頭丁兮

反　爲夫于僞反　柄尺兵命反　母跣悉典反　爲懽于僞反　稅屨

本又作脱又作説吐活反　還立音旋注同　朝祀直遥反　公喪息浪反　傳乘上丈

專反又陟戀反下繩證反下文除乘車同　費賈音稼　便也婢面反下同　糟也早勞反

已解上如字又音異下庚買反　執緤息列反　守犬守又反又如守注同　執紖

丈引反　執靮丁曆反　畜養許六反　宋鵲七略反大也　囚俘音孚

稅綏本又作脱又作説同吐活反　袒音但　櫜音羔甲衣也　奉芳勇反　冑

直又反　鎧苦代反　弢吐刀反　兜丁侯反　鍪亡侯反　韣音獨弓衣也　執

拊芳武反　并於必政反　韇音獨劒函　夫襓上音扶注同下如遥反劒衣也

劒函音咸 襲郤去略反下文同 苞苴子余反 茵席音因 頍
京領反注同警枕也又坰迴反 編束必緜反 菅音姦 葦于鬼反 以裹音果 著
蓐上音宁下音辱 授穎役頃反 削授音笑 辟用音避 謂把音霸 刺
刃七智反又七亦反 則辟匹亦反注同 正鄉許亮反下鄉國同 卒尚子忽反注
同 行伍户剛反下音五 主詡况矩反 險阻側吕反 覆芳富反謂伏兵也徐
音赴 諼况煩反諼詐也或云諼譁 之處昌慮反 虞度大各反下同 先飯煩晚
反下小飯同 流歠昌悦反 而亟紀力反注同 噦噫上於月反下伊結反 數色角
反 噍字又作嚼子笑反又在笑反 介爵音界注同 僎爵音遵 爲騶責留
反本又作騶音巡 着濡音儒 擗之補麥反下同 鯁肉格猛反 易離以豉
反下同 析也星曆反 右腴以朱反腹下也 右鬐音祈脊也 脊子昔反 祭膴舊火呉反
依注音哷况甫反徐况紆反 大臠力轉反 謂刲口胡反又苦侯反 凡齊才細反注

及下以齊并注同 謂食音嗣 齊和户卧反下齊和同 由便婢面反 謂爲
于僞反下爲君同 軌媿美反 范音犯 兩軹音旨 轄頭音衞 軾前音式
圂腴圂與豢同音患 濊本又作獩紆廢反一音烏外反 必盥音管又古亂反 不提心
丁禮反注同絶句 挂苦圭反 犂之本又作離同力兮反又知力反 有滑起及反 爲君
子干僞反注同 葱薤户戒反 萎乾上於危反又於僞反下音竿 進喙許穢反
出見賢遍反 樽者本又作尊注下皆同 鄉尊許亮反下鄉人同 譏者其記
反 醮者子笑反 折俎之設反下及注皆同 始冠古亂反 聶而之涉反注
及下皆同 爲膾古外反 言牒直輒反 復報扶又反 麋鹿音眉 爲
軒音獻注同 麕俱倫反 爲辟音躄又補麥反徐扶益反注同 免爲他故反 宛
睥上於旣反下毗支反 切葱若薤實之絶句 皆菹莊居反 與焄許云
反 淹之於廉反又於劫反 燔炙音煩 柄尺兵命反 齊之才細反 悅

手本又作扰始銳反饋食音匱嗣擩本又作儒而專反又而悅反徐耳誰反爲

罔本亦作罔又作調亡兩反道瞽音導爲其于僞反下爲宵下文爲人爲己同冕

見賢遍反抱燋側角反又子約反或音在遥反未藝人悅反禮殺色戒反

辟匹亦反徐孚益反咡而志反不歆許金反臭之許又反使者色吏反

反臂本亦作辟必豉反注同臑奴報反又奴到反說文云臂羊犬讀若儒字林人於反九个古賀

反同犆豕大得反折斷丁管反又大喚反分之方云反又扶問反本又作个古賀反

靡敝亡皮反注同彫幾其衣反注同不組音祖縢大登反不常

如字怕也本亦作脊秣音末穀馬稅亟本又作極紀力反急也一音其力也沂魚巾反鄂

五各反及紟其蔭反結也朱綅息廉反又音侵鎧飾苦代反

經典釋文卷第十二

經典釋文卷第十三　禮記音義三

唐國子博士兼太子中允贈齊州刺史吳縣開國男陸德明撰

學記第十八 鄭云學記者以其記人學教之義　卷之十一

虙憲 音獻法也 以謏 思了反徐所穆反小也 聞 音問聲聞 擬度 大各反 躬下 戶嫁反 方策 初革反 不琢 丁角反治玉曰琢 大學 音泰後大學皆同 兌命 依注作說音悅下兌命放此 不舍 音捨 兌當 徒外反 嘉肴 戶交反 則睹 丁古反 己行 下孟反下注德行同 自強 其丈反又其良反下注同 相長 丁兩反下注長稱長者皆同 學學 上胡孝反下如字 言學人 胡孝反又音敎 有塾 音熟一音育 術有 音遂出注 中年 徐丁仲反注同 猶間 間廁之間下同 大比 毗志反 樂羣 五孝反又音岳下不能樂學同 斷句 丁亂反 謂別 彼列反 所趣 七住反 鄉也 許亮反 之比 必履反一音必利反 說服 音悅 蛾子 魚起反

下本或作蟻蚍音毗蜉音孚爾雅云蚍蜉大蟻乃復扶又反大垤大結反毛詩傳
云蟻冢也之朝朝服並直遙反芹音勤藻音早宵雅音消小也
肄三本又作肆同以二反注同習也宴樂音洛相勞力告反又如字爲始于僞反
鼓篋苦協反孫其音遜注及下皆同警衆京領反夏楚古雅反注同槄也
吐力反爾雅云槄山榎扑普卜反尚書云扑作教刑撻他達反卜禘大計反斿其音由本亦作游斿
假戶嫁反舊古雅反弗語魚據反悱悱芳鬼反憤憤扶粉反一本直作悱憤學不獵
等學胡孝反注同獵音里輒反長稺直吏反操七刀反注同縵末旦反雜弄徂合反愽
依於豈反注皆同不興虛應反歆也許金反謂閒音閑樂其音岳又音洛又五孝反
雖離力智反呻其音申一音新吟也佔敕沾反視也其訊字又作誶音信問也呻吟魚金
反又作訡同其難乃旦反爲訾才斯反又音紫于數色住反其施始豉反下同也
悖布內反也佛本又作拂扶弗反其去如字又起呂反心解胡買反則忘亡亮

反之昜以豉反下文注皆同禁於居鴆反又音金下同情慾音欲一音喻下注同頓
者徒困反謂摩本又作靡莫波反徐亡髮反思專息吏反下思放同切磋
七多反扞胡半反注同格胡客反又戶陌反扞格不入也注同不勝音升又升證反凍
洛胡客反下同此二字並從冫或作旁作非一音戶各反時過姑臥反則壞音怪徐胡
拜反燕朋音鸞猶褻息列反下同燕辟音譬注反下罕辟同道而
音導注道示及下同強而沈其良反徐其兩反下同為發于偽反下為學者同好問
呼報反下好思好述同長善丁丈反下文及注同善教如字一本作學胡孝反樂
放方往反傚也胡教反而臧子郎反而解胡買反下文注同美
惡烏路反又如字顓頊上音專下許玉反見與音餘則齊側皆反下
同奉書芳勇反折而之設反相說音悅如撞丈江反叩之
音口從容從依注讀為春式容反富父音甫重潼直用反而

復扶又反 雜難乃旦反 語之魚據反下同 雖舍音捨又如字注下同 言
治音也 錮音固 穿字又作穿音川 鑿在洛反 爲箕音基注同 撓而小反下
同曲屈也一音力孝反 角幹古旦反 相勝音升任也一本作稱尺證反 始駕者一本
作始駕焉諸 則貫古患反習也 無當丁浪反主也下及注皆同 不治直吏反 不
約徐於妙反沈於略反注同 不齊如字 或原本又作源 或委於偽反注同 一
勺時酌反

樂記第十九鄭云名樂記者以其記樂之義

角徵張理反後放此 雜比毗志反下文同 猶見賢遍反 相應應對之應
篇內同 彈其徒丹反 足樂音岳又音洛 羽旄音毛 干盾本又作楯楯述允反
又音允 翟羽音狄 執籥羊灼反 噍子遙反徐在堯反沈子堯反踧也謂急也 以殺色界反徐所例
反 其樂音洛 嘽昌善反寬綏也 以散息旦反 粗以采都反又才古反 踧也子六

反寬綽處約反以道音導其行下孟反出治直吏反下同治世

之音絕句安以樂音洛絕句雷讀上至安絕句樂音岳以樂二字爲句其政和崔讀和上句

依雷下以樂其政和揔爲一句下亂世亡國各放此以思息吏反又音笥和否音不玉藻音早御

聲音古幾聲居希反又音祈上下時掌反怗徐昌廉反弊也懘昌制反又昌紙反敗

也敝敗音弊則陂彼義反注同傾也其財匱其媿反乏也迭相田節反猶

散蘇旦反旄荒莫報反比於毗志反猶同也注同又如字濮上音卜水名誣上

音無下同師涓古玄反爲晉于僞反下爲作法度同分也扶問反克諧戶皆反而

治直吏反下民治行同則幾音譏一音巨依反注同食饗音嗣下食饗同䟽越音踈下同

壹倡昌諒反注同腥魚音星不和胡卧反瑟底都禮反畫䟽音獲

祫祭音洽不臑音而肉湆去及反好惡上呼報反下烏路反又並如字後好惡二

字相連者皆放此猶見賢遍反知誘音酉猶道音導有悖布內反下同

淫佚音逸 強者箕良反 脅弱許劫反 知者音智 苦怯起劫反
以遏於葛反本亦作節 衰麻七雷反 安樂音洛 冠古亂反注同 笄音雞 以
別彼列反下文注皆同 樂勝始證反 析居思歷反 飭貌音勑本又作飾音式
斌斌彼貧反本又作彬 好惡著張慮反 不肖音笑 必易以豉反注同 不
爭爭鬭之爭 明長丁丈反 若敖五羔反 賢知音智 相㳂悅專反因也述
也 功偕古諧反俱也 作大濩戶故反下同 屈伸音申 綴兆丁劣反徐
丁衛反下綴遠綴短皆同 簠簋上音甫下居洧反並祭器名 上下時掌反 周還
音旋 裼思歷反 襲音習 謂酇作管反後同 無邪字又作耶同似嗟反 王者
如字徐于況反 治定直吏反注治定治主下治辯同 治辨本又作辯舊音遍案廣雅辨偏也薄莧反
辨徧音遍 孰亨普衡反沈許兩反 獻燗在廉反 禮粗倉都反後皆同
則徧音篇下同 所好呼報反 淫侉苦瓜反 及夫音扶下皆放此 夏長

户嫁反下丁丈反下注長養皆同仁近附近之近又其靳反下同惇和音純本又作敦地甲

如字又音婢下同上齊上時掌反齊依注讀爲躋又作隮子兮反升也相摩本又作磨末河反迫

也相蕩本或作盪同大黨反動也雷霆音廷又音挺奮之甫問反奮迅也易作潤之

煖之徐許表反沈況遠反猶迫音伯奮訊本又作迅音信而蟠步丹反委也或蒲河反注

同樂著直略反處也注著之言同大始音泰注同言處昌呂反夔求龜反舜臣

命女音汝舞行户剛反下同知其行下孟反注同大咸如字一本作大卷卷音權

韶上遥反注同大濩音護則饑居祈反法治直吏反注同夫豢音患

養也穀食音嗣善酗許具反綴知劣反以樂之音洛下所樂哀樂康樂皆同

之分扶問反著其知慮反心知音智應感於甑反篇内同猶見賢遍

反噍子遥反殺色界反又色例反思憂息吏反又音斯嘽昌善反諧户皆反

慢本又作慢莫課反易以豉反注同粗七奴反廣賁依注讀爲憤扶粉反勁

正吉政反寬裕羊樹反肉而救反肥也注同好呼報反流辟匹亦反
邪散似嗟反後皆同狄成他歷反注同滌大歷反注同濫力暫反子札
側八反賁讀音奔又備義反挍本又作交占卯反又音郊僭差子念反之
傚戶教反稽之古奚反道五音導之行下孟反不懾之涉反四
暢敕亮反恐懼曲勇反省西頂反猶度大各反興道上許孕反下音
導諷誦芳鳳反大卷音權之稱尺證反比終毗志反太蔟
音泰下七豆反長幼丁丈反下同形見賢遍反土敝音弊禮慝吐得反注
及下同慢易以豉反流湎緜鮮反狹則音洽注同乎和胡卧反慝
穢字又作穢紆廢反徐烏會反倡昌尚反又音唱下同其分扶問反其行下孟反
惰從卧反邪辟匹亦反心知音智以著張慮反假祖古伯反周
還音旋注同迭相大浩反中呂音仲鄉方許亮反詩言其

志一本無言字歌咏音詠以警音景見方賢遍反下及注昔同以著張慮
反注同往復音伏以飭音勑注同不拔步葛反又支八反獨樂皇音洛庚
音岳不厭於豔反以好呼報反以聽過本或作以聖過如字鳴鐃女交反旄
也始敢反九流本又作旒音流黑緣悅絹反來朝直遙反去僞起呂反
偵天音負猶依象也精粗七奴反理治直吏反訢合依注音僖許其反猶
蒸也一讀依字音欣煦許具反徐況甫反嫗於具反徐於甫反下注同區依注音句古侯反徐丘于反一
音烏侯反萌莫耕反翼奮方問反角觡古伯反無䚡曰觡蟄蟲音立反
嫗伏扶又反孕以證反鬻音育生也徐又扶來反胎生他才反不殰音獨
鄭云內敗曰殰案謂懷任不成也字林云胎敗卵生力管反不殈呼闃反范音溢徐況逼反一音
況狄反卵坼不成曰殈猶裂也猶蒸之膺反無䚡息才反內敗乃對反或作骨肉之字者
誤鋪筵普胡反又音敷去僞起呂反而上如字或時掌反行成下孟反注同

扌技其綺反爲治直吏反今夫音扶下同以廣如字舊古曠反弦匏

白交反笙音生簧音黃拊鼓音撫注同復音伏以相息亮反注同即拊也以韋

爲之實之以糠王云輔相也徐思章反訊疾音信大師音泰播樂彼佐反⿰車柬

音亂以穅音康漆音七甬音勇有椎直追反進俯本又作府以濫

力暫反溺乃狄反及優音憂侏音朱儒音儒獶雜乃刀反獮猴也依字

亦作猱獮音彌武移反本亦作彌猴音侯本亦作侯所好呼報反注同相近附近之近

徐如字鏗苦耕反鎗七羊反又士衡反時當丁浪反下及注同疾疢勑覲反莫

其云伯反克長丁丈反注同王此于況反克俾依注音比必履反注同徐扶志反

帝祉勑紀反施于以豉反注施延同應和如字又胡卧反炤臨上音照本亦作

照下如字勤施始豉反徧服音遍玩習又作翫音五換反燕女於見反安也

趨音促數音速傲字又作敖同五報反辟匹亦反徐芳益反喬志徐音驕本或作驕

敗名必邁反 孔易以豉反 鞉鼓音桃 椌苦江反柷也 楬苦瞎反敔也 壎許袁反 篪直支反 柷昌六反 圉本又作敔魚呂反 簨恤尹反 虡音巨 竽瑟音于 以和如字徐胡臥反 獻酬市由反 酳音胤又仕覲反 酢音昨 長幼丁丈反 聲鏗苦耕反徐苦庚反 立號胡到反 立橫古曠反充也下及注同 石聲磬依注音罄口挺反一音口定反 聽磬口定反 封疆居度反下是疆同 聲濫力敢反下及注皆同 立會戶外反又古外反下同 畜聚勑六反 擥力敢反 鼓鼙步西反 聲讙呼端反又音喧 思將子亮反下注大將下將帥同 帥本又作率所類反下將帥同 讙囂許驕反又五羔反 鎗七羊反又吐衡反徐勑庚反 牟賈亡侯反 侍坐才臥反又如字 咏嘆上音詠下音歎 淫液音亦 不逮音代又大計反 歌遲直疑反 蹈厲音悼 已蚤音早 憲左依注音軒 其傳直專反下文注同傳猶說也 老耄莫報反下同 萇弘直良反 遲之遲並直詩反徐直

尼反吾語魚據反女音汝下且女同大公音泰周召音邵注及下同之治

直吏反下注及下同持盾述尹反又音允失行尸剛反下同且夫音扶復綴

丁劣反又丁衛反注及下同孟津本亦作盟音孟爽振古治反注及下同鐸大各反一

刺本亦作壹刺七亦反分夾扶問反注同分部曲牧野音也徐又以汝反欲語

魚據反反商依注音及封黃帝之後於薊音計今涿郡薊縣是也即

燕國之都也孔安國司馬遷及鄭皆云燕國郡邵公與周同姓案皇帝姓姬君奭蓋其後也或黃帝之後封薊者滅絕而

更封燕郡乎疑不能明也而皇甫謐以邵公爲文王之庶子記傳更無所出又左傳富辰之言亦無燕也於祝

之六反於杞音起使之行下孟反注同視也商容如字孔安國云殷之賢人也鄭云商

禮樂之官也而復音伏弛政始氏反注同發也華山如字又戶化反而弗復

扶又反下同衅而字又作釁同許靳反倒載丁老反建依注讀爲鍵其展反徐其偃反櫜

音羔注同殷虛音墟皆令力呈反去其起呂反苛政音何本又作荷役也甲

鎧苦代反又開改反爲鑄止樹反郊射食亦反左射下右射同沈皆食夜反貍首
側由反騶虞側由反貫革古亂反後同裨婢支反搢音進笏音忽虎
賁音奔注同憤怒也孔安國云虎賁若虎賁獸言其猛也說劒此活反朝覲直遥反射
穿食亦反衣裨衣上於既反下如字而冠古亂反猶捷本亦作插初合反徐
采協反憤怒扶粉反食三老音嗣五更古衡反注同大學音泰注大
學同而饋其媿反而酳音胤又仕覲反弟也大計反東膠音交則夫
音扶爲重于僞反則易以豉反下注皆同子如字徐將吏反諒音亮油然音由
好貌行成下孟反與爭爭鬭之爭德煇音煇而錯本亦作措同七路反
其減胡斬反又古斬反注及下同勉強其丈反又其兩反則銷音消有報
依注讀曰褱音保毛反下同則樂樂上音洛下音岳而耐古能字下及注同三台
吐才反以道音導繁瘠在亦反廉肉如又反注同邪氣似嗟反曲

折之設反 鴻本亦作洪 殺色界反徐所例反 闋苦穴反 族長丁丈反
閨門音圭 比物毗志反注同雜也 以飾音式又音勑 詘伸丘勿反 要其
一遥反注要猶會同 行列戶剛反注同 荷戈本又作何胡可反一音何 與綴詩作殺同都外
反 鈇方夫反又音甫 鉞音越 其儕仕皆反輩也 猶輩布內反 子贛音貢
請誦七領反徐音情 能斷丁亂反下及注同 好禮呼報反 文換戶亂反 下
行戶剛反 字處昌慮反 而屢力住反 數也色角反下同 上如時掌
反 抗苦浪反 如隊直媿反 如折之設反 槀苦老反 倨音據 中矩
丁仲反 句中紀具反 鉤古侯反 纍纍本又作累力追反 說之音悅 和
續胡卧反

雜記第二十 鄭云雜記者以其雜記諸侯及士之喪事 卷之十二

乘車繩證反下及注同 左轂土木反 其綏依注作緌耳佳反下及注同 一復

音伏下同 予使羊汝反 襃衣本又作褎保毛反後皆同 去其起吕反下去輤同 其
輤千見反注與蒨同 有裧昌占反 緇裳帷本或作緇布裳帷 將殯必刃
反本或作賓音同 取名於櫬初靳反又楚陣反 與蒨絕句一本作輤讀以與字絕句與則
音餘 蒨旆上千見反下步具反 邉緣悅絹反 爲說吐奪反本亦作脫下并注皆同 亦
侇音夷隱義云侇之言移也使依韻集大兮反息也 遠之于万反 輲車依注作輇
又槫同市專反又布轉反注及下同 所別彼列反 蜃車慎忍反 相近附近
之近 以楯敕倫反下同一本作輴同 葦席于鬼反 凡訃音赴注及下同 長子
丁丈反後長子皆同 大子音泰後大子同 適子丁歷反下文注適子其適宗適適妻並同 適者
依注音敵大歷反下適者同 使其實依注音至下同 朝廷直遥反下注同 大夫爲
其于僞反下士爲其同注除爲士卿爲爲正皆放此 齊晏於諫反 晏嬰一盈反 麤
衰七雷反 苴七餘反 絰大結反 杖菅古顏反 屨九具反 食粥之六反

倚廬於綺反寢苫始占反枕草之鴆反下同其縷力柱反齊
斬音咨下齊衰皆同不緝七入反以上時掌反卷內以上皆放此高行下孟反
賢著知慮反則爲其于僞反下則爲之注爲之造作同而著丁略反朝
服直遙反注反下文皆同之純音準又之潤反薦音薦本又本亦作薦讀賵若鳳
反宗人相息亮反注同以鞠九六反又曲六反注同以襢張戰反復音伏狄
稅他喚反下文放此爛力旦反脫音奪下同叔隗五罪反趙衰初危反
下之戶嫁反作展張戰反下同有禕音輝自揄音遙下文并注
同紗縠戶木反皆袍步羔反不襌音丹令桂音圭襈仕眷反
重直龍反繒矣茨陵反陽長丁丈反褕絞戶交反注同屬於
音燭注及下條屬并注同翟也音狄去振起呂反下同大夫附依注乍祔音同下竝同昭
穆常遙反卷內皆同別於彼列反并祭必政反敢援音袁要絰一遙反麻重直龍反功

衰七雷反冠而古亂反下而冠同之稱尺證反惻怛且末反散帶悉但反後散帶皆同妾爲手僞反下不爲妻注爲舊君同以殺色界反徐所例反與殯音預錫衰思歷反辟尊音避稽徐音啓顙桑黨反以別徐彼列反注同右縫音逢注同又扶月反大古音泰下大古同異材才再反又如字右辟必亦反下同繆纓依注爲澡音早當所銜反又音早而絞古卯反朝服直遥反後朝服放此注同去其起呂反注同相繸音遂遣車弃戰反注同下遣車遣奠皆放此者與音餘九个古賀反同有章本或作鄣音同注亦同隱翳於計反載粻陟良反米糧也脯醢音海義稱昌升反又尺證反衣衰上於既反下七雷反下同玄縞古老反又古報反注同冠卷苦圓反而迎魚敬反注同鬯勑亮反本亦作暢臼其究反以椈弓六反栢木也杵昌呂反以梧音吾桐木也以搗本亦作擣丁老反枇音匕本亦作朼音同注同長三尺直亮反下同刊苦干反削也其柄兵命反率帶上音律下音帶本亦

作帶繂也音律加箴之金反甕於貢反盛醯醢之器甒音武瓦器筲所交反竹器

衡依注作桁戶剛反徐戶庚反庋也實見音閒廁之閒棺衣也注同閒如字注同徐古莧反一解云鄭

合見閒二字共爲閒字音古辯反折入之設反注同承席也形如牀無足也以庋九委反又九僞反徐居綺反字

亦作庋同重直龍反埋之亡皆反所倚於綺反處昌慮反皆辯音遍

不惟位悲反下同殯肂以二反埋棺之坎其𡱁字林戶臘反閉也纂文云古闔字玉篇羌

據公荅二反云閉也遂去起呂反繭古典反與稅他喚反注同纁許云反衻

字又作袡而占反裳下襈也王肅云婦人蔽膝也大襡音燭絖字又作纊音曠緼于粉反爲

袍薄勞反一稱尺證反下放此之緣悅絹反爲君于僞反又如字使色吏反復

音伏官館本亦作觀音同必拾其劫反下同卷衣音袞古本反申重直龍反又直用

反下同佩韍音弗稱尺證反下同與音餘一股音古纏經直連反鋪席

普胡反又音敷徐芳烏反後放此絞戶交反下文同紟其鴆反爲之于僞反廣尺古曠

反長直亮反終幅方服反其介音界後皆同相者息亮反下皆同知適
丁曆反含者本又作唅説文作琀同胡闇反下同䙅音遂執要一遥反内霤力救反
賈人音嫁介賵芳鳳反孤須矣從此盡篇末皆無某字有者非陳乘繩證
反注北輈竹由反車轅也鄉許亮反注同不見賢遍反上客臨如字視也
徐力鴆反注及下同一介音界古賀反舊相息亮反執綍音弗實爲于僞反
寡君命絕句下教此毋敢音無下同使臣色吏反注同爲恭如字舊于
僞反下同與客拾其劫反辟其音避下擗之同士盥音管干斂力劔反下
同馮之皮冰反本或作憑下同脱字音奪重著直用反夜燎力召反又
力弔反乘繩證反注同執引以刃反一音餘刃反

雜記下第二十一

猶爲于僞反下乃爲同期大功音基殤長丁丈反下長子同旣潁四逈反徐

孔穎反沈苦頂反草也注同又喪如字又息浪反下又喪同去麻起呂反附於義作祔出

注未祫音洽將與音預下同視濯大角反其它音他同處昌慮

反下之處同使者色吏反差緩初賣反又初佳反適子丁歷反爲新

于僞反下爲人說同之酢音昨嚌之才細反皆啐七內反徐倉快反入口也嚌爲

徐在益反稱其尺證反下同少連詩召反不解佳賣反注同期悲哀

音基怠惰徒臥反解倦其眷反堊室烏各反字亦作惡同時見賢遍

反注同長中丁丈反已殺巳或作以下巴界反徐所例反醲美女龍反目瞿

九遇反下同朝服直遙反注及下武叔朝皆同釋禫大感反縿冠息廉反黑經白緯曰

縿當袒音但犆牲音特同與音餘祝之六反徐之又反注同稱昌升反徐

尺證反注祝稱同相爲于僞反下賓爲飯爲其同關轂工木反輠胡罪反又胡瓦反又胡管

反回也州仇音求鑿巾在各反以飯扶晚反注同冒者莫報反下及注

揜形於險反 將惡烏路反 既遣棄戰反注同 而裹音果 餘與
音餘注何異與同 不見如字 夫大音扶 卷三紀轉反又厥挽反 歸于如字徐音匱同
非爲于僞反注及下注爲母爲姑姊妹皆同 問與 賜與並音餘注皆同 滅脫
音奪下同 問遺于季反下文皆同 必三如字又息暫反 施惠始豉反 縣子
音玄 期之音基下同 如剡徐以漸反 惻怛旦末反 執紼音弗 功衰
弔本又作大功衰弔庾云有大字非 不與音預下文注不與同 既封彼驗反又如字 執贄
音至 盈坎口敢反下同 長少丁丈反下詩詔反 爲壙苦晃反又音曠 視不如字徐市
音反 皆爲于僞反注爲食父爲三父母所爲亦爲不爲並同 人食之音嗣注見食同 鹽酪
音洛 食食上如字下音嗣 酢七故反 截才代反 有瘍音羊 有創初良反
無免音問注同 於堩古鄧反道路也 不辟音避注同 期之音基 給繇音遥
本又作傜 鷖於奚反 彌徐五兮反一音迷 啼徒奚反本又作諦同 號徐本作唬胡刀反 不

偯於豈反下文同說文作悠重則直龍反喪冠古亂反下及注皆同三者息暫反

取婦七住反又如字侈昌氏反袂彌世反不與音預注同聲聞音問又如字

辟琴音避一音婢亦反不紳音申要絰一遙反下六結反衣采者於旣反又

如字玄纁許云反不屝本又作菲扶味反世柳良九反相者息亮反下及注

皆同飯九扶晚反注同飯含本又作唅胡闇反下文同賵臨如字徐力鴆反無筭

悉亂反比葬必利反下同爲士于僞反銜枚音梅執鐸大洛反羽

葆音保執引以愼反注同以茅亡交反朝于直遙反道正音導縷

音陋篕音執朱紘音宏反坫丁念反藻音早梲章悅反有笄音鷄

上屬音燭薄音愽又皮麥反又步博反徐又薄歷反櫨音盧侏儒音朱不

弇於檢反本亦作揜言倂步頂反偪下音逼本又作損越疆紀良反自

闈音韋宮中之門劉昌宗音暉髽麻側瓜反嫂不悉早反遠別彼列反無

其行下孟反　駑馬音奴　自貶必檢反　易共上以豉反下音恭　六種章勇反　璹悲而樹反本亦作孺　乃復扶又反　於蜡仕嫁反　樂乎音洛　勞下及注同　索也色百反下同　屬民音燭　先嗇音色　飲烝之承反　勞農力報反　非女音汝　不弛尸是反下及注同　弓弩乃古反　大廟音泰　外宗爲于僞反注同下爲火爲之服下注爲其亦同　廄梵九又反　上以時掌反　辟也匹亦反　不與焉音預注同　弗辟音避注同　同僚本又作寮力彫反　內難乃旦反下同　厚半戶豆反　剡上以冉反　畫之胡卦反徐胡麥反　冊行戶剛反　筴當如字注同舊下浪反　則釁許覲反　純衣側其反　拭羊音式　干碑彼皮反　拭靚本亦作靜同才性反　刲羊苦圭反　夾室古洽反　其衈如志反　刉古代反又古對反一音其既反　珥如至反　皆鄉許亮反下同　朝服直遙反注同　以豭音加　尊彝以之反　比至必利反　使者色吏反下使臣使者同　儐

者必刃反本又作擯傳焉丈專反器皿武景反字林又音猛所齊子兮反下同

畀所必利反與也又婢支反償也而共音恭粢盛上音咨下音成不肖音笑不敢

辟音避少施失召反下及注同食我音嗣而爲于僞反下來爲亦爲同倨音據僈

武諫反本亦作慢施父音甫吾飱音孫十个古賀反其卷音眷徐紀勉反

下同云與音餘婦見賢遍反下注同供恭用反養羊尚反不復扶又反則

鬈音權又居阮反去之起居反鬌丁果反紒音計字又作紒韠音必長三

直諒反下廣古曠反下同會古外反注同紕婢支反又方後反注同純以之閏反又

反注同徐方移反紃以音巡徐辭均反領縫扶用反下同之絛本又作絛同吐刀反

喪大記第二十二鄭云以其記人君以下始死小斂大斂殯葬之大事故以大記爲名卷之十三

皆埽悉報反爲賓于僞反下爲其爲賓爲王人皆同徹縣音玄注同士去

起呂反注及下注同東首手又反下注南首同北牖依注音酉舊音容下注牖下放此爲墉

音容　廢牀仕良反本或作床字　褻衣息列反　新朝直遥反後朝服皆同　屬音燭　纊音曠新綿也一音古曠反　易動以豉反　適寢丁歷反注同　正處昌慮反下同　林麓音鹿　階梯他兮反　簨恤尹反　虡音巨　以卷本又作衮同古本反注同　屈狄音闕注同　玄赬勑貞反　襢衣知彥反　稅衣他亂反　東榮如字屋翼也劉昌宗音營　三號戶高反注同　捲衣俱勉反徐紀阮反　褘衣音輝　以鷩必列反　揄狄音遥　以毳昌銳反　東霤力又反　以篋苦牒反　乘車繩證反　左轂工木反　之惡烏路反　衣尸於既反注衣尸同　以斂力驗反後不出者皆同　而去起呂反　以袡而廉反婦人嫁時上服　人諦大兮反本又作帝　扳本又作攀普班反一音班　援音袁徐于願反　爲寄于僞反下皆同下注爲母爲其罷倦皆同　徒跣悉典反　扱初洽反　衽而審反又而鴆反裳際也　拊心音撫　使者色吏反　鄉其許諒反　馮之皮氷反本或作憑後皆同　人袒天旱反　說髦本作

稅同他活反徐他外反注同髦音毛人髽側瓜反奉尸芳勇反注同夷于堂

如字夷尸也陳也本或作侇同音移一本作奉尸于堂從而才用反又如字氾拜芳劒反而免

音問後放此拾踊其劫反裼裘思歷反之卷起權反出壺音胡縣

之音玄及下注同代更古行反下同罷音皮倦其卷反爲漏音陋給

爨七亂反又七官反下爨鼎同爲斞音俟水斗也隱義云容四升也挈壺苦結反又音結南

下君戸嫁反下成君不相下下大夫同照饌仕眷反滅燎力石反又力弔反

鄉許諒反事處昌慮反以衰七雷反人爲于僞反下人爲注爲下注爲君皆同

竟内音境下同輯之側立反下同斂也則去起呂反後去杖皆同以見賢遍

反斂也力檢反下同以柱知主反近尸附近之近爲夫人于僞反下及注妾爲

君爲人得並同棄杖本亦作古弃字斷而丁管反下注斷足瓜同大盤本又作槃步干反

造冰七報反下及注皆同造猶內也士併步頂反注同襢之善反單也注同第側里反簀也

含一胡暗反　濡奴亂反下文同　濯直孝反下文同　于坎口感反　札側八反　爛

力旦反　祖簀音責　盛水音成　廣八古曠反　長丈直亮反　深三

尸鴆反　憮用好胡反　去死起吕反注同　楔齒桑結反　角柶音四　綴

足丁劣反又丁衛反下注同　適室下歷反　管人如字掌管籥之人又古亂反掌館舍之人也下同

汲音急　不說吐活反　繘均必反汲水綆也　抗衾苦浪反舉也　用盆蒲奔反　沃

水烏谷反　用枓音主又音斗　絺巾勑其反一本作綌去逆反　挋音震拭也　如它

音他下同　栝拭音式　差七何反澌也注差澌同　沐音木　甸人田遍反　爲垼音役

鄭注儀禮云塊竈也　陶人音桃　出重直龍反　鬲音歷　煮諸許反　西北

扉扶味反隱也舊作屝音非門扉也　爨之七逭反　差澌先歷反　其潘芳袁反

反米汁也　差初佳反　率音律又音類　而上時掌反　食粥之育反又音育下同　一

溢音逸劉昌宗又音實下同　莫一音暮　蹏食音嗣下及下注蹏食皆同　不盥古緩反　於

大マ七六　禮記音義之三

簞本又作匴又作算悉緩反又蘇管反竹筥也以醯呼雞反杯杅音于竹筥居吕
反歠昌悅反手飯扶晚反作簨息尹反徐音撰期之音基下同爲毋
爲妻並于僞反下注爲其同不與音預下同比葬必利反君食之音嗣下父
之友食之皆同不辟音避粱肉音良粱粱米也以簟徒點反以葦于鬼反有
莞音官又音完布絞戶交反後同縮者所六反縞衾古老反九稱
尺證反杜預云衣單複具曰稱後放此絞紟其鴆反後皆同縮從足容反連數色主反
見之賢遍反絞一幅本又作畐方服反爲三絕句不辟絕句補麥反又音壁
徐扶發反無紞丁覽反廣終古曠反析其思歷反下同之強其丈反被
識式志反又音志又音式下同去之起呂反下注同不倒丁老反注及下同散衣悉但反
無襚音遂複衣音福褶音牒袷也袷也古洽反袍必步毛反不
襌音單繭古典反與稅吐亂反衻而廉反纁許云反袗絺之忍

反亦爲于僞反下文則爲之同之篋苦協反不詘丘勿反紒紵直呂反便
也婢面反大胥依注作祝之六反下同胥樂官思餘反不紐女九反舊而慎反
鄉左許亮反士輿音預注同爲埶音執本亦作執錦冒莫報反下及注同
黼音甫殺色戒反徐所例反下及注同之裁才再反注同韜尸本又作弢吐刀反下同
鋪席普吳反又音敷下皆同亞止本或作亞止門外門外衍字耳主辟必亦反凶邪
似嗟反姪大結反娣大計反長子丁丈反下同服膺於陵反奉之
芳勇反拘之音俱一音古侯反同處昌慮反居倚於綺反苫始占反
枕之鴆反凷苦內反襢章善反注同露也障之音章下同柱張主反楣
音眉見面賢遍反適子丁歷反屬目音燭無辟音避下注猶辟同
黝於糾反堊烏路反又烏各反注同禫而大感反作道音導不復扶又反
期居音基下同爲母爲妻竝于僞反下爲之賜注爲之則爲竝同以上時掌反

直君如字又音值當也　先後君悉見反下胡豆反一音並如字　夾階古洽反　祝

相息亮反下相止並同　下正君戶嫁反　屬六音燭後皆同　捭步歷反　四

重直龍反下同　水兕詞履反　被之皮義反下同　其厚戶豆反　杝棺

以支反　是差初佳反徐初宜反　時僭子念反　金鐕子南反釘也　椽陟用反本

又作瑑　著直略反　小要一遥反下同　鬊爪音舜亂髮下側功反　實于綠

音角出注　小囊乃剛反徐音託　盛之音成　爲簍魯口反　用輴勑倫反　櫕

才完反下同　以幬音道注同覆也　不暨其器反注同　見衽賢遍反注同　猶菆

才工反本亦作叢　記參初金反　差初宜反　題音啼　湊七豆反　四注徐之樹反下同

差寬初賣反又初佳反　掘地其越反又其勿反　作鐏徒對反又徒臥反又徒猥反

作埻依字支允反又支閏反徐都臥反沈都雷反　熬五羔反　四種章勇反下及注同　八

筐音匡　魚腊音昔　蚍七毗　蜉音浮　黻三音弗　錦褚張呂反下同　加

僞依注讀爲惟位悲反　齊五如字徐才細反　黼翣所甲反　皆戴丁代反下及注同　纁披彼義反徐甫髲反下同　戴綏依注爲緌音蕤耳佳反下同　紐女九反　揄絞音遙注同　緇側其反　及壙苦晃反　惡其烏路反　以衣於既反下衣以皆同　以上時掌反下魚上同　車苓音零　縣池音玄下皆同　動搖音遙一音以照反　則去起呂反　齊象車蓋蕤絕句一讀以蕤向下　瓜古華反　分扶問反又皮莧反又夫云反　廣三古曠反　高二古報反又如字　柄長直諒反又如字後放此　而從才用反　用輴依注音輇市專反下同王勑倫反　四綍音弗　二碑彼皮反　御棺一本作御柩　羽葆音保　用國依注亦作輇市專反王如字云一國所用　比出必利反注同　作團徒丸反　曰引音胤　爲率音律　凡封依注作窆彼驗反下及注機封同　以咸依注讀爲緘古鹹反　毋音無下同　譁音華　說載吐活反　輓棺音晚　繞而沼反　要一遙反　舒縱子用反下同　縱舍音捨　有隧音遂延道

也爲械古咸反一本作緘而上時掌反抗木苦浪反徐戶剛反五重直龍反下
同容祝昌六反容甒音武
祭法第二十三鄭云以其記有虞氏至周天子以下所祭祀羣神之數也　卷之十四
禘黃帝大計反嚳口毒反顓音專頊許玉反鯀本又作鮌古本反篇
末皆同冥莫經反祖契息列反下同圜丘音圓大昊音泰下大廟大祖大
昊同昊亦作皥胡老反下放此句古侯反芒音亡夏曰戶嫁反後夏日皆同少昊
詩召反下放此蓐收音辱本[redacted]音辱以上時掌反下上去以上同之殺色界反徐所例
反燔柴音煩爾雅云祭天曰燔柴泰壇大丹反下同瘞於滯反埋武皆反爾雅云
祭地曰瘞埋泰折之設反注同舊音逝又音制用騂私營反字林云火營反祭處昌慮
反言坦吐但反炤本又作昭同章遙反又之召反晢之設反一音制用黝於糾反相
近依注讀爲禳如羊反下音巨依反王肅作祖迎也於坎苦感反幽宗雩宗依注並

注並讀爲禜禜敬反王如字見怪賢遍反注同亡其如字無也一音無吁嗟許于反

癘疫音役大凡如字徐音泰腐爲音輔更立古衡反通數色主反下同

設廟本亦作庿古字墠音善有禱丁老反一音丁報反適士丁歷反篇內同

顯考無廟顯音皇出注大夫采七代反昭穆土遙反不腆他典反

祫乃音洽魯煬餘讓反徐音傷王爲于僞反下皆同注爲社事亦同霤力又反

作譴棄戰反此與音餘脾婢支反肺芳廢反肝音干腎上忍反

使者色吏反惡言烏路反繆乎音謬祭殤音傷之奧烏報反

陰厭於豔反下同能禦魚呂反菑音哉下同下文或作災注作裁並同能

扞胡旦反厲山力世反左傳作列山共工音恭下及注同鄣鴻音章而殛紀力反注同尚書云殛鯀於羽山又云鯀則殛死

顓頊能脩之本或作顓頊脩黃帝之功以文

治直吏反去民起呂反及夫音扶丠陵此古丘字而王于況反蒼

梧音吾

祭義第二十四鄭云名祭義者以其記齊戒薦羞之義

欲數色角反下同則怠大改反曰祠嗣思反悽音妻愴初亮反旣濡本亦作濡音儒怵敕律反惕他曆反皆爲于僞反下文見所爲幷注同放其方往反致齊側皆反後不出者同散齊悉但反注同所樂音岳又五孝反所耆市志反注及下並同屈到居勿反屈到楚莫敖耆芰其寄反楚人謂菱爲芰僾然音愛微見見周還音旋本亦作旋注同愾然開代反闔戶戶臘反致慤苦角反敬養羊尚反鄉也許諒反下文鄉也鄉之注鄉之同言夫曰音扶本或作言夫忌日爲相息亮反下文同不怍才各反奠盎烏浪反齊齊乎如字舊子禮反愉愉乎羊朱反盎齊才細反繹曰音亦儐尸音賓之忠如字謂盡中心文王與音餘樂與音洛下同尸侑音又仲尼嘗

絶句肯秋祭奉薦而進絶句其親也慤絶句趨音促注及下注皆同以
數色角反速也徐音速注同子贛音貢濟濟子禮反下同漆漆依注音切下同
濟濟者容也口白反賓客也下客以遠同漆漆者容也羊凶反儀
容也下若容以自反同樂成音岳又五教反慌況往反注及下同一音荒惚音忽注及下同本又
作忽所當丁浪反一槩古代反比時必利反徐甫至反注同先時悉薦
反又如字洞洞音動下同屬屬音燭下同如弗本亦作不何休云弗者不之深
也勝音升也與音餘黝於糾反堊烏路反視視上之六反下之又反又並
之六反仿孚往反佛孚味反以詘求勿反注及下并篇末同徐丘勿反敬齊如字
注及下同王徐側皆反婉順憂阮反慤也五報反如奉芳勇反儼魚檢反
恪苦各反既冠古亂反孺子而樹反敬長丁丈反下及下注皆同爲
其于僞反下爲其同近於附近之近乎王于況反至弟音悌下同五更

古衡反下更相同　措諸七路反　序從才用反注同　于碑彼皮反　袒而徒旦反

鸞刀力端反　以封洗圭反　膟音律　膋力彫反　爓祭音燖　泄息列反

⿰月習直輒反　神見賢遍反一本作神可見則如字　曰暘音陽　以別彼列反下同　相

巡依注音沿悦專反　氾説芳劒反　不悖布内反　以去起吕反　爭爭鬭之爭

有竒紀冝反　邪似嗟反　不治直吏反　䰟也普曰反　嘘音虚　吸

許及反　斃于本亦作弊婢世反　陰爲依注音蔭於鴆反　土壤如丈反　君焄

許云反香臭之氣耳　蒿許羔反氣烝出皃　烝出之膺反　爲藨表驕反又皮表反

以爲黔首則其廉反徐又其嚴反黑也黑首謂民也秦謂民爲黔首則法也　爲民于僞

反　復加扶又反　遠邇音爾　燔音煩　燎力召反又力弔反　羶依注音馨許經反後

羶薌同　薌音香　見以依注見作覸音間廁之間徐古辯反　見間依注合爲覸字音間廁之間

以俠古洽反　甒音武　爲藉在亦反藉田説文作耤　朱紘音宏　秉耒

力内反醴酪音洛齊音咨本又作齊朝之直遥反注躬朝同犧牷音全近川附近之近仞有音刃七尺曰仞大昕許斤反曰欲出使蠶才南反奉芳勇反下及注同種章勇反風戾力計反燥也以食音嗣蚤音早本亦作早肥七歲反氣燥悉早反惡濕烏路反既單音丹奉繭古典反服與音餘注同副褘音暉其率音類又音律又所律反夫人繆悉刀反下同說文作繅云抽繭出絲也以此爲旒繆字音所咸反三盆蒲奔反掩也三掩本亦作淹徐於驗反又於斂反則易以豉反下同子如字徐將吏反下及注同諒音亮下同油然音由則樂樂則安■音洛下不樂同與爭爭■之爭德煇音輝言行下孟反下理行而行皆同而措本亦作錯七故反其減胡斬反又古斬反下同倦也則銷音消有報依注音裒保毛反下音同能養羊尚反後皆同言與音餘先意悉薦反參直徐所林反莅官音利又音類本又作涖戰陳直覲反栽及音災於親

本亦作裁及於身亨孰普彭反而薦將見反不遺如字又于季反樂白
音岳皇五孝反溥之本亦作敷同芳于反而放甫往反下同至也而準諸尹反平也
無輟張劣反斷一丁管反不匱其媿反下同博施始豉反惡
之烏路反數月色主反下同瘳矣丑留反差也頃步讀為跬缺婢反又丘弭反
一舉足為跬再舉足為步不徑古定反邪也邪似嗟反趨七俱反於朝直遥反後皆同而
弟音悌下及下注同為之于僞反不併步頂反徐扶頂反車徒辟音避
注同鴈行户剛反下同所擔都甘反少者詩照反下同不遺如字棄忘也一
本作匱其媿反而長丁丈反下文皆同為甸田見反頒禽音班於廋本又作獀
音蒐所求反狩音獸士卒子忽反下同放乎方往反食三音嗣下同五更
古衡反下同大學音泰下大學注大卜皆同而酳音胤又仕覲反巡守手又反本或作狩于
竟居領反不復扶又反下文注將復入同舉觶之豉反見爵賢遍反之

施（始豉反）卷冕（古本反）明知（音智）斷其（丁亂反）必恐（曲勇反）所以語（魚預反）陶陶（音遙）遂遂（本又作燧音遂）思慮（息嗣反）而術（義作述出注）

祭統第二十五（鄭云統猶本也以其記祭祀之本故名祭統）

五經（吉凶軍賓嘉之五）神祇（祈之反）心怵（勑律反）祐助（音又）君長（丁丈反下所長同）道之（音導）其爲（于僞反注爲謂同一音如字）追養（羊尚反下同）者畜（許六反下同）盡此（徐子忍反下同）之行（下孟反）取夫人（七住反）所共（音恭下文以共皆同）芹（其斤反）茆（音卯）蚳（丈之反）蝝（悅專反）蜩（音條）蔆（本亦作菱音陵）芡（音儉）榛（側巾反）齊盛（本亦作齋與粢同音咨下及注同）純服（側其反注及下純冕同）以見（賢遍反）少陽（詩召反）乃齊（側皆反本又作齋下不出者同）言齊也齊不齊（並如字下以齊之同）耆欲（市志反）其邪（似嗟

反訖其居乙反止也先期悉薦反又如字大廟音泰後大廟皆同副褘
音輝圭瓚才但反裸尸古亂反執紖直忍反注同徐以忍反大夫
從才用反下皆同執芻初俱反宗婦執盎烏浪反注同從夫人
絶句一讀以從字絶句薦涚水舒銳反徐音歲着齊本亦作齊才細反注同爲
柄兵命反作縿直忍反槀也苦老反下同共其音恭盎齊
才細反下盎齊同以樂音洛下同竟內音境篇內皆同近主附近之近獻
之屬莫重於裸一本無之屬二字道之以禮音導有
餕音俊施惠始豉反下文注並同能知音智尸譔所六反起也百官
進依注作餕自畢如字隱義音必利反以別彼列反下同見其賢遍反下同脩
於廟中也一本脩作徧徧及音遍下同積重直龍反下同凍餧
乃罪反夫人音扶見之如字舊賢遍反畜積勑六反本與音餘下是與同

君長丁丈反下長幼皆同所惡烏路反見事賢遍反下皆同之殺色界反徐所例

反下同鋪普胡反又芳夫反筵羊然反爲依于僞反下注爲其皆同于彷伯更反

言詞徒貢反索祭所伯反則伸音申子行戶剛反注同徐胡孟反

之適丁歷反以瑤音遙以散悉但反之差本又作之等謂酳音胤

又仕覲反有昭上遙反後放此南鄉許亮反而舍依注音釋卷冕古本反

執校戶教反又戶交反又下卯反下同柄也執鐙音登又丁鄧反豆跗也襲處

昌慮反下跗芳符反貴髀必氏反又必履反不重直龍反臂臑

乃報反肱骨也有畀必利反下及注同與也煇依注作韗同況万反又音運下同申吏也胞步交反下同肉

吏也翟音狄樂吏也閽音昏守門者也以見賢遍反注皆同見此畀如字舊必利反

下同韗磔知宅反曰礿羊灼反字又作禴夏祭戶嫁反下注夏者孟夏同草

艾音刈可芟所銜反給爨七亂反亨普彭反徐普孟反自名如字徐武政反

下及注自名同論譔音撰身比毗志反謂次比上也下及注皆同斟酌之林反傳音附徐音
賦一音直專反謂傳述著直略反徐張慮反之行下孟反以見賢遍反注同知
音智足注同孔悝口回反公假加百反至也注同蒯苦怪反聵五怪反褒
之保毛反左音佐右音又下啓右并注同一讀此左右並如字難乃旦反奔走本亦作犇無
射音亦注同爲筴初革反猶女音汝後皆同從馬才用反坐殺才卧反
寘之之豉反厭也於豔反下同鎬京胡老反纂乃子管反侯衎
苦旦反烝之承反下文注同鉏仕居反耆欲市志反不解古賣反休哉
許蚪反予圉魚呂反予女羊許反注同以辟必亦反又婢尺反注同明也施
于如字著也彝鼎以支反猶著張慮反又直略反下同約如字徐於妙反劑
子隨反是誣音無不傳直專反不本亦作弗八佾音逸赤盾食準反又音允
羽籥羊灼反

經解第二十六鄭云經解者以其記六藝政教得失解音佳買反徐胡賣反一音蟹　卷之十五

易良以豉反下易良同　屬辭音燭注及下同　比事毗志反下同　朝聘直遥反篇內同　近愚附近之近下除遠近一字並同　愛惡烏路反　戰爭爭鬬之爭下文同　淑人常六反　不忒吐得反　王鎗七羊反本又作鏘　皆鈴音零　在軾音式　和應應對之應　民說音悅　除去羌呂反下而去之同　霸王徐于況反　所操七刀反　方圜音圓　誠縣音玄注同　衡稱尺證反　謂錘直偽反　彈徒丹反　畫胡麥反　朝覲其靳反　長幼丁丈反下皆同　昬姻音因　之別彼列反　猶坊音房本又作防下同　而壞音怪　春見賢遍反　嫁取七住反本亦作娶　淫辟匹亦反　而倍音佩下同　之行下孟反　止邪似嗟反　遠罪于万反　差若初佳反徐初宜反　豪戶刀反依字作毫　氂李其反徐音來本又作釐　繆以音謬

大二七十四

禮記音義之三　二十二　生

哀公問第二十七魯哀公也鄭云善其問禮著謚以顯之

長幼丁丈反以別彼列反疏數色角反雕本亦作彫鏤力豆反黼音甫

黻音弗喪筭悉亂反備其鼎俎本亦無此句豕腊音昔卑

其如字又音婢雕幾音祈注同幾附纏之也語以魚據反好實呼報反

無厭於豔反敖慢五報反午其五故反一音如字注同王肅作迕迕違也當

欲丁浪反注同猶稱尺證反侍坐才卧反愀然七小反舊慈糾反又在由

反又音秋又千了反下同夫婦別彼列反不肖音笑親迎逆敬反下及注同

舍敬音捨不親不正一本不皆作弗本與音餘下本與敬與並同已猶大音泰

之好呼報反焉得於虔反爲言于僞反之分扶問反外治直吏

反下同之行下孟反下君之行同妃以芳非反則愾許乞反又許氣反至也大至

音泰注同居凾彼貧反樂天音洛下及注同怨天於元反又於願反朝會

直遥反炤察音照本亦作照惷愚始容反徐音容反又湯邦反一音丁絳反字林丑凶反又丑絳反愚
也𡨋煩莫亭反徐亡定反子志依注音識徐音試使易以豉反蹴然
子六反又在育反敬皃辟音避

仲尼燕居第二十八鄭云善其不倦燕居猶使三子侍言及於禮著其字言可法也退朝而處曰燕居

燕居於見反汎說芳劒反女三人音汝後同本亦作汝吾語魚據反下及注語女亠
音同不偏音遍不中丁仲反下同之給音急徐渠急反又其劫反下同足恭將注反又
如字鮮仁仙淺反近於附近之近能食音嗣敏頓徒遜反乘車
繩證反又如字者與音餘下無相與同昭穆上遥反穆亦作繆音同食饗音嗣注同
句龍古侯反長幼丁丈反後皆同朝廷直遥反下及注皆同量鼎音諒注及下同
而錯七故反本又作措後同易知以豉反別也彼列反下其別同豆區烏侯反之
治直吏反下其治治國並同瞽之音古無相息亮反倀倀勑良反無見皃其

策初革反 爲衆于僞反又如字 倡始尺亮反 畎畝古犬反 而縣音玄注同

樂闋苦穴反 夏籥音藥 行中丁仲反下同 還中音旋 采齊本又作薺在細在私二反注同

序更音庚下同 振鷺音路 禮繆音謬注同 禮行下孟反又如字 冬夏戶嫁反 大子音泰下大子下文大平同 適子丁歷反 俊選宣面反

皆造才早反徐七到反 蘷夔求龜反 竆與音餘 傳於文專反注同

子曰師乎絶句 復問扶又反 必鋪普胡反徐音孚 行而樂之音洛又音岳 所治直吏反注同 奧字又作噢烏報反 阼才故反 符長丁丈反隱義云符謂甘露醴泉之屬長謂麟鳳五靈之屬 瑞應應對之應徐於甑反 之處昌慮反 昭然章遥反徐之紹反明也 發矇音蒙 矣本亦無矣字

孔子閒居第二十九閒音閑鄭云名孔子閒居者善其倦而不褻猶使一子侍爲之說詩著其氏言可法也退燕避人曰閒居

閒居音閑 凱本又作愷又作豈丘在反注同 弟本又作悌徒禮反注同 樂音洛 易以豉反

禍烖音災　哀樂相生音洛舊音岳　塡耳音傾　好惡並如字一音上呼報

反下烏路反　近之附近之近　長人丁丈反　其命依注音基　宥密音又　逮

大計反注同安和皃　選宣面反　匍音扶音蒲　匐音服又蒲北反　儆之胡孝反　賵

恤音周　裦七雷反　經大結反　施及以豉反下同　畜許六反　日聞音問下令聞并

注同　施易也並以豉反　以勞力報反注及下同　勞來力代反　私炤音照本亦

作照　湯齊依注音躋亦作躋子兮反詩如字　日人實反　齊側皆反注齊莊同詩作躋子兮

反　昭假音格至也注同　遲遲直私反　是祇諸夷反敬也　使王于況反下王天

下王功皆同　神氣風霆音廷絕句　風霆流形絕句　耆欲市志反注同

嵩高息忠反　惟嶽音岳　峻極私俊反　之翰胡旦反徐音寒　于蕃

方表反　爲之于僞反下川爲嶽爲皆同　賢知音智　弛其徐式氏反一音式支反注同皇作施

大王音泰注同　弛施也如字皇本作施布也　蹶然居衛反徐音厥　隊直媿反

辟後音避

坊記第三十坊音防徐扶訪反經文皆同鄭云名坊記者以其記六藝之義所以坊人之失也

辟則匹亦反注同舊芳益反徐又音辟　坊與音餘　邪似嗟反　侈昌氏反又尺氏反　斯喬音驕本亦作驕下同　不慊口簟反恨不滿之皃　之級音給　而好呼報反下同　樂音洛又音岳　其幾居豈反又音譏　荼毒音徒　之行下孟反　惡之烏路反下猶惡皆同　千乘繩證反下注同　高一古報反　長三直亮反下同　別微彼列反下同　朝廷直遥反下皆同　僭號子念反下同　辟其音避下同　皆爲于僞反　相彼息亮反　盍旦音渴徐苦蓋反注同　以殺音試本又作弒　子云句此以下本或作子曰　則近附近之近　觴酒音傷　衽席而審反又而鴆反　以上時掌反　好呼報反　不偝音佩下及注同　不愉音偷本亦作偷　以畜許六反注同毛詩作勗　定姜之詩此是魯詩毛詩爲莊姜　子衎苦旦反　而號戶羔反注同　稱

窕於表反 尚技其綺反注同 不吝力刃反又刃鎮反 往行下孟反 以畜
勑六反 上施始豉反下同 以莅音利又音類 其難乃旦反 詢于音荀 芻
初俱反 蕘如遥反 不爭爭鬭之爭 履無如字毛詩作醴 爾女音汝下及下文皆同
嚮卜許亮反本亦作鄉 度是徒洛反注同毛詩作宅 鎬京胡老反 於乎
音烏下火吳反注同 大誓音泰本亦作泰注同 弛其式氏反注同弃也 駮親邦角反
乃讙音歡火官反 喜樂音洛 鄂鄂五各反本又作諤 說則音悅 復
諫扶又反 不匱其媿反 綽綽昌灼反 有裕羊樹反 爲瘉羊主
反病也 猶更古衡反 以衣於既反 差遠初賣反 能養羊尚反
爲其于僞反下事爲同 相褻息列反 厥辟不辟並必亦反君也注同 鶉
子而注反 長民丁丈反注及下事長同 簋音軌 鉶音刑 饗食音嗣下文食禮同
盤步干反 盂音于 以菲芳鬼反薄也 去禮起呂反 親饋其位反 禴

祭（音蘗）寔受（時力反，易作實）豕與（音餘）酒肴（戶交反）言齊（側皆反，注同）散齊（悉但反）醍酒（音體）羣昭（常遥反）卒度（如字，法度也；徐徒洛反）中霤（力救反）飯（扶晚反）於牖下（音酉）於壙（苦晃反）不爭（爭鬭之爭，下民爭同）殺其（音試，注及下同；于音如字）君卓（勑角反，注同）弟以（音悌）鄭段（徒亂反，本亦云鄭叔段也）遲（直志反）而爲（于僞反）貳圉（魚呂反，晉惠公太子懷公名）饋獻（本又作媿，音同）之贄（音至）以見（賢遍反）脩好（呼報反）饋違（于季反，下同）遺民不內（音納，如字）耕穫（戶郭反）不菑（側其反，田一歲也）畬凶（音餘，田二歲也）賤行（下孟反，注同）斂穧（子賜反，又才計反）捃（君運反）拾（音十）采葑（芳容反）采菲（芳尾反）蔓（音万，徐音蠻）菁（音精，又子丁反）葍（音富，又音福）則弁（必政反，又如宫，下同）不離（力智反）與女（音汝）無媒（音梅，注同）伐柯（古何反，斧柄）取妻（七樹反，後皆同）橫從（子容反，注同）橫行治其田也（本亦作遊）

行治其田易治以豉反不取同姓如字又七樹反猶去起呂反注同大伯音泰
猶殺音識注同一音如字繆侯音穆來朝直遥切有見賢遍反注及下
同以辟音避遠于万反下遠色同好德呼報反下及注同猶捕蒲布反
中網丁仲反以籠音匪淫泆音逸本又作佚同妃匹音配一音如字親
迎魚敬反行父音甫

經典釋文卷第十三

經典釋文卷第十四

禮記音義之四 起第十六盡第二十

唐國子博士兼太子中允贈齊州刺史吳縣開國男陸德明撰

中庸第三十一

鄭云以其記中和之爲用也庸用也孔子之孫子思作之以昭明聖祖之德也

卷之十六

率性 所律反 則知 音智下知者大知皆同 人放 方往反 傚之 胡敎反 離也 力智反下及注同 惡乎 音烏 不睹 丁古反 恐懼 匡勇反注 閒居 音閑下同 莫見 賢遍反注顯見同一音如字 有佔 勑廉反 哀樂 音洛注同 中節 丁仲反下注爲之中同 長也 丁丈反 小人之中庸也 王肅本作小人之反中庸也 忌憚 徒旦反忌畏也憚難也 畏難 乃旦反 常行 下孟反 中庸其至矣乎 一本作中庸之爲德其至矣乎 民

鮮息淺反下及注同罕也 罕也呼坦反希也少也 知者音智下文大知也子知注有知皆同

不肖音笑下同 矣夫音扶 也與音餘下強與皆同 舜好呼報反下同 易

以以豉反 罟音古罔之捴名 擭胡化反尚書傳云捕獸機檻 陷陷沒之陷 阱

才性反本或作穽同阱穿地陷獸也說文云穽或爲阱字也 知辟音避注知辟辟害皆同 期月

音基 拳拳音權又起阮反徐羌權反奉持之皃 服膺徐音應又於陵反 奉持芳勇

反 可蹈音悼又徒報反 問強其良反下同 所好呼報反 言女音汝下抑

女同 不校交孝反報也 衽金而審反又而鴆反 不厭於豔反 哉矯居表

反下同 不倚依彼反徐其蟻反 所傃音素 猶鄉本又作嚮許亮反下皆同 行

佹乂委反下同 譎音決 汲汲音急 隱行下孟反 遯世本又作遁同徒頓反

費而本又作拂同扶弗反猶佹也徐音弗注同 以與音預注皆與之與以其與同 舜好

呼報反 故與音餘 所憾本又作感胡暗反恨也注同 鳶飛悅專反字又作鳶

戾力計、呂結二反 魚躍羊灼反 猶著張慮反下同 道造在老反 伐
柯古何反 睍而徐音諧睤睍也 言顧行行顧言皆下孟反注聖人之
行同或一讀皆如字 慥慥七到反守實皃 言行下孟反 相應於陵反舊
應 患難乃且反下同 不援音園注同攀持也 已音紀 無怨於願反又
於元反下反注並同 居易以豉反注同平安也 徼幸古堯反 正音征注同 鵠古毒
反注同正鵠皆鳥名也一曰正正也鵠直也大射則張皮侯而棲鵠賓射張布侯而設正也 棲皮細兮反 辟
如音譬下同 自邇音爾近也 自卑音婢又如字注同 好合呼報反 旣
翕許急反合也 和樂音洛下及注同 且耽丁南反 妻帑音奴子孫也本
又作孥同尚書傳毛詩箋並云子也杜預注左傳云妻子也 相應應對之應 和胡臥反 齊
明側皆反本亦作齋 洋洋音羊 其傍皇薄剛反謂左右也徐方岡反 僾徐於
愷反又音愛 之格古百反來也 不可度待洛反 思矧詩忍反況也注同

可射音亦厭也厭也於豔反字又作猒下同盡敬子忍反不可揜
音掩於檢反此夫音扶而著張慮反也與音餘令聞音問下令聞同
故栽依注音災將才反注同植也培之蒲回反益也覆芳伏反初載之載
並音災本或作哉同嘉樂戶嫁反詩本作假音同假嘉也皇音加善也憲憲音顯注同
興盛皃一音如字保佑音佑助也下注同纘徐音纂哉管反繼也大王音泰下及
注大王皆同壹戎衣依注衣作殷於巾反戎兵也謂一用兵伐殷也尚書依字讀謂一著戎衣而天下大
定胄與直救反下音餘武王末亡遏反老也追王于況反注追王同期之
音基注同組音組紺古闇反組紺大王之父也亦曰諸盩盩音置留反以上時掌反不爲
服手偽反埽悉報反糞弗運反本亦作㨹亦作拚同昭穆常遥反穆又作繆音
同以還本又作逮同音代燕毛於見反注並同別所彼列反共雜音恭
饋食其位反舉觶音至於其長丁丈反下謂長同省文色領反

色領反　示諸　依注音寘之豉反置也　易爲　以豉反　知力　音智本亦無力字　治之
要也　治音直吏反一本作治國之要治則如字　方筴　初革反方版也筴簡也　方版　音板
本亦作板　蒲盧　並如字爾雅云蜾蠃蒲盧即今之細腰蜂也一名蠮螉　蜾　音果　蠃　力果
反本亦作蠃音同　土蜂　芳封反字亦作蠭同　螟　莫瓶反　蛉　音零螟蛉桑蟲也　爲己
音紀　之殺　色界反徐所例反　而治　直吏反一音如字　脫誤　音奪　重在　直用反
知仁　音智下近乎知注言有知皆同　長　丁丈反　己臨之　音紀　勉強　其兩反注同
好學　呼報反　近乎　附近之近下同　力行　皇如字徐下孟反　子庶民　如字
徐將吏反愛也下句放此　蕃國　方元反　不眩　玄遍反　齊明　側皆反　去
讒　起呂反　遠色　于方反　好惡　呼報反下烏路反又並如字注同　薄斂　力驗
反　旣　依注音餼許氣反　稟　彼錦反一本又力錦反旣稟謂哨食也　稱事　尺證反
朝聘　直遥反　槀人　苦報反一音古老反　以下上　時掌反　不跲　其劫反皇

音給蹟也行前下孟反不疚音救病也蹟也徐音致而中丁仲反又如字下中
道同從容上七容反弗措七路反下及注皆同置也必強其良反大平音泰禎
祥音貞妖於驕反左傳云地反物爲妖說文作祅云衣服歌謠草木之怪謂之祅孽魚列反說文作
蠥云禽獸蟲蝗之怪謂之蠥見乎賢遍反下不見注著見同一本乎作於蓍龜音尸注同
皆爲于僞反自道音導注自道同知也音智注同無疆居良反不
貳本亦作貳音二令夫音扶下同昭昭章遥反注同本亦作炤同借耿耿小明也一
撮七活反華嶽户化户瓜二反本亦作山嶽不泄息列反一卷李音權又
羌權反羌羌阮反猶區也注同寶藏才浪反一勺徐市若反黿音元鼉徒河
反一音直丹反鮫龍音交本又作蛟鼈必列反耿耿公迴反又公頂反舊音孔頂反
猶區羌俱反於穆上音烏下於乎亦同於乎好奴反愼德如字一本又作
順是與音餘洋洋音羊峻極思閏反高大也優優於求反倡優也不

凝[本又作疑魚澄反成也]如燽[音壽]不驕[本亦作喬音嬌]不倍[音佩]其默[亡北反]且哲[陟列反徐本作知音智]謂與[音餘]而好[呼報反下同]裁及[音災]

行同倫[下孟反]杞不[音起]王天下[于況反又如字]不繆[音謬]不悖[布內反後同]遠之[如字又于万反]近之[如字又附近之近]不厭[於豔反後皆同]

無射[音亦注同]而蚤[音早]行在[下孟反]而斷[丁亂反]曷爲[于僞反又如字]撥亂[半末反]莫近[附近之近又如字]道與[音餘]編年[必綿反又甫運反]

辟如[音譬下同]覆幬[徒報反]之錯[七各反]當焉[丁浪反又丁郎反]浸潤[子鴆反]作燾[徒報反]明叡[音銳]知[音智下聖如同]

齋莊[側皆反]有別[彼列反]溥博[音普]普徧[音遍]思慮[息嗣反又如字]見而[賢遍反]不說[音悅]施及[以豉反]蠻貊[本又作貊武伯反說文云北方人也]

所隊[直類反]能經論[本又作綸同音倫]夫

焉於虔反所倚依綺於寄二反注同肫肫依注音之淳反懇誠皃浩浩胡老反被德皮義反偏頗破河反懇誠苦很反純純音淳又之淳反尚絅本又作頴詩作褧同口迥反徐口定反一音口頴反惡其烏路反之著張慮反闇然於感反又如字而日而一反下同的然丁曆反易知以豉反下易畢同禪爲音丹爲其于僞反露見賢遍反淡而徒暫反又大敢反下注同不厭於豔反其睹音覩探端音貪之昭本又作炤同之召反又章遙反不疚九又反隱遯大困反本又作遁字亦同無愆起虔反相在息亮反注同不愧本又作媿同九位反視女音汝奏如字詩作鬷子公反假古雅反大也有爭爭鬭之爭注同大平音泰鈇方于反又音斧鉞音越百辟音辟君也注同末也亡曷反德輶音酉一音由注同易以豉反之載依注讀曰裁音災生也詩音再猶比必履反下同或音毗志反又必利反皆非也有

重直勇反又直容反

表記第三十二鄭云以其記君子之德見於儀表者也　卷之十七

不矜居陵反自尊大也　應聘應對之應　用已音紀　心厭於豔反　足

憚大旦反　裼襲思曆反下音習　毋相音無下同　瀆也大木反　以樂音洛注同又音岳　朝極直遙反下注朝聘同　以倦本又作勸其卷反　分別彼列反

已至音以　以辟音避　以遠于万反　不揜於檢反　遠恥于万反

日強上人實反下同下其良反　安肆音四　日偷他侯反注同苟且也　放恣咨嗣反

儳焉徐在鑑反又仕鑒反輕賤皃　齊戒側皆反　以見賢遍反注同　邑竟音境

狎下甲反習也　侮亡甫反　怢於時世反又時設反　褻息列反　謂摯音至本亦作贄

初筮市制反　再三息暫反又如字　所懲直陵反　創初亮反又初良反

乂本又作艾魚廢反皇魚蓋反　不讎音酬　大甲音泰注同　無能

胥以譽尚書作罔皃胥臣以生以辟音璧君也之仁音民出注刑戮

音六本或作慘音同而好呼報反而惡烏路反強仁其兩反下文同知者音智

所辟音避謂斷丁亂反道有至義依註讀爲道有至有義以

王于況反字脫音奪有數所住反憯七感反怛册葛反豊

水芳弓反有芑音起詒厥以之反遺也烝哉之承反君也數世

色主反拘本亦作茍檵音計遺于季反下同我今毛詩作我躬不閱音悅

容也能勝音升取數色住反度人待洛反注同儗度魚起反難

中丁仲反〻德輶音酉一音由輕也民鮮息淺反注及下並同仰止本或作仰

之景行下孟反注明行同行止詩作行之好仁呼報反下同鄉道許亮

反年數色住反強焉其兩反一本作俛音勉本或作僶非也孶孶音茲斃

而音弊仆也本又作弊后已音以罷音皮頓如字又徒困反能復扶又反仆

小也蒲北反又音赴易辭以豉反下同猶解古買反徐又音蟹恭近附近

之近下同罪咎其九反制行下孟反以已音紀以移昌氏反注迆移之移稄酒

大也同徐又怡者反一音以赤反迆移芳劒反憅怖普故反其行下孟反注無其

行同衺七雷反絰田節反甲冑直又反色稱尺證反下文并注同惟

鵜音啼徒兮反鵜鶘汚澤之鳥一名淘河不濡而朱反彼記本又作已音同徐紀吏反

汚澤音烏本又作洿一音火故反濡汚汚辱之汚粢盛音咨杜預云黍稷曰

粢在器曰盛秬音巨黑黍鬯勑亮反香酒也庇民必利反徐方至反又音祕覆也易

道音亦儌祿古堯反葛藟音誄力水反施于以豉反條枚

去回反毛詩傳云枝曰條幹曰枚凱本亦作愷又作豈同開待反樂也後放此弟如字本又作悌音同

易也注及下皆同樂也音洛下同易也以豉反下同回邪似嗟反曲也之

行下孟反下至下文行之浮於名也文注皆同以要一遙反延蔓音万之謂

與音余聿懷尹必反述也謂王于況反謚以音示下賢戶嫁反
不復扶又反欲行下孟反便人婢面反又婢緜反注同謂便習也辟仁
音避以強其良反又其兩反以說音悅毋荒音無憐之力田反而
遠于万反注及下同近人附近之近注及下同朝廷直遥反下同惷而傷容反徐
昌容反范湯江反又丁絳反字林音丑降反又丑凶反喬而驕音朴而普角反詐諼
況袁反詐也忘也以贊音至相施始豉反下文同勝而始證反以本怵
音誓與上怵於同令其力呈反滔巧苦穀反又如字而蔽畢世反又音弊本
數色角反未厭於豔反強民其兩反注同貢稅申銳反不
勝其敝音升任也注同敝音弊猶任如金反難復音伏易之音亦
不勝世醫反又音升憯七感反怛旦達反恥費芳貴反注同不傳
文專反辯別彼列反下不別同刑曰音越惟威如字威畏也讀者亦依尚書音

畏也不誣音無爲君于僞反大畜勑六反下同彖吐亂反靖
共音恭本亦作恭同以女音汝注同則諂本亦作諂勑檢反藏之如字鄭解詩作
藏云善也易退以豉反下及注易絶同以遠于萬反爲主人于僞反下同出
竟音境不要於遥反注同言爲于僞反其强其良反其兩反舊不
辟音避難乃旦反朝廷直遥反則愼本亦作古昚字不復扶又反
唯天子唯音雖出注不易以豉反鵲之字林作鵲説文作䧿音士略反姜
姜居良反鶉之士倫反賁賁音奔注同餘行下孟反下文幷注同能
賻音附所費芳貴反饋焉其位反皆辟音避如醴徐音
禮淡以大敢反又大暫反徐徒闞反注同酸悉官反酢七故反餤音談
徐本作鹽以占反口譽音餘注同繩也市升反左傳以繩爲譽則衣於旣反
則食音嗣皆爲于僞反歸説音悅又始悅反注同怨菑音災

所惡烏路反有已音以晏晏於諫反信誓本亦作矢誓旦

旦如字字林作悬亦已音以和說音悅反覆反覆並芳服反穿

音川窬范羊朱反徐音豆也與音餘順而說音悅夏至戶嫁反

別乎彼列反牲牷音全純色也本亦作全注同齊盛音咨本亦作齍易

富以豉反注同傳世丈專反下同共儉音恭以迄許訖反至也祭

處昌慮反下建國之處同巡守手又反大廟音泰朝聘直遙反君

長丁丈反下應應對之應慢也字又作僈武諫反

緇衣第三十三鄭云善其好賢者之厚故述其所稱之詩以爲其名也緇衣鄭詩美武公

也劉瓛云公孫尼子所作也

子言之曰此篇二十四章唯此一子言之後皆作子曰上易以豉反下同不苛

音何以錯七故反本亦作措同好賢呼報反注同如緇側其反惡惡上烏

路反下如字注同巷伯戶降反巷伯小雅篇名作愿音願還予音旋粲兮
七旦反衣緇衣上於既反下如字取彼讒人本又依詩作譖人投畀
必利反下同豺虎仕皆反有昊胡老反本或作皓同有格古伯反來也有
遯徒遜反亦作遁逃也不倍音佩下注同涖之音利又音類孫心音遜注同蚩
尤尺之反倍畔本或作叛俗字非也不任而鴆反所行下孟反注同又如字不
拘音俱上好呼報反下皆同好惡烏路反如景如字一音暎領反傚禹
胡孝反赫赫許百反成王如字徐于況反故長丁丈反以說音悅有
梏音角詩作覺大也直也德行下又反如綸音倫又古頑反綬也如綍音弗
大索嗇夫音色棺索悉洛反不倡昌尚反危行而行皆下孟反
注及下皆同相應應對之應不諐起虔反過也愼女音汝道人音道必
稽古兮反出話胡快反善言也於音烏注同緝七入反熙許其反毛詩傳

云緝熙光明也　長民丁丈反下君長同　不貳本或作貸同音二下同　從容七凶反

黃黃徐本作橫音黃　大蜡仕嫁反　而說古悅　尹吉依注爲告音誥羔報反

不忒他得反本或作貳音二　章義如字尚書作善皇云義善也　癉惡丁但反病

也　靖共音恭本亦作恭　好是呼報反　章好如字又呼報反注同　慎惡

如字又烏路反注同　貪後昌氏反又式氏反　臣儀音義　行如字　一不援音袁

注同　知慮音智　版版布綰反注同　卒癉丁但反病也本亦作癉　辟也匹亦

反字亦作辭同　止共音恭皇本作鄭云鄭恭也　之邛其恭反勞也　以褻息列反

播刑徐補餓反　不迪音狄道也　折字延善反　不治音值　臣比毗志

反注同親也　見遠賢遍反下同　若毋音無下同　柄權音秉兵永反　交爭

爭鬬之爭　不蔽必世反　葉公舒涉反注同葉公楚大夫沈諸梁也字子高爲葉縣尹僭稱公

也　敗大補邁反　以嬖必惠反徐甫詣反又補弟反字林方豉反賤而得幸曰嬖云便辟愛妾

莊后側良反齊莊也下及注同　適夫人丁歷反　齊莊側皆反下同　仇仇音求爾雅云敖也　君陳本亦作古陳字　若已弗克見音紀尚書無巳字　小人溺乃歷反　謂覆芳服反　水近附近之近注虫近人同　德易以豉反下同　狎徐戶甲反　絜清如字又才性反　洪波本又作鴻　泳之音詠潛行為泳　游之音由　則侮亡甫反　捍胡旦反　格戶白反　口費芳貴反注同　煩數色角反　所覆芳服反又芳又反　為哱或為悖並布內反　可慢本又作慢音武諫反　難卒寸忽反　大甲音泰　自覆芳服反注同　省括古活反　于厥度如字又大各反注同尚書無厥字　蹷其反又紀衛反一音厥　女之音汝　儗魚起反本亦作擬　射食亦反下同　兊命依注作說本亦作說　起兵尚書作戎　在笥司吏反　為說音悅　傅說音悅　朝祭直遙反　天作孽可違也魚列反下同尚書作天作孽猶可違也　不可以逭本又

禮記音義之四　九

作逭平亂反逃也尚書作弗可逭無以字猶辟音避尹言音誥出注報反天見
大依注音先西甲反相亦息亮反在毫步各反好之呼報反下同莊齊
側皆反詩云昔吾有先正從此至庶民以生摠五句今詩皆無此語餘在小雅節南
山篇或皆逸詩也且清舊才性反一云此詩協韻宜如字上先正當音征誰能秉國成
毛詩無能字卒勞力報反注勞來同詩依字讀君長丁丈反勞來力再反
者與音餘君雅音牙注同尚書作牙夏曰戶嫁反注同尚書無曰字資冬資依
注音至尚書作咨遠上句云怨咨祁寒巨伊反徐巨尸反是也字林上尸反行無下孟反下行有
格同比式如字此方法式是故一本作是以精知如字一音智注同氾愛音泛
虞度待洛反下同能好呼報反下皆同其正音匹下同出注有鄉許亭反又
音香下同輩類布內反徼利古堯反下同惡惡上烏路反下如字不
著張慮天此近附近之近問遺于季反邪似嗟反徐以車反辟

匹亦反周行戶剛反又如字其軾音式其敝鄭婢世反敗也庾必世反隱蔽也

人苟或言之一本無人字不見如字又賢遍反葛蕈徒南反

毋射音亦注同射厭於豔反後皆同令君子力呈反行從而下孟

反下則行下注以行同寡言寡音顧出注之玷丁簟反又丁念反缺也下及注同

可摩莫何反君奭音釋周田觀文依注讀為割申勸寧召公

尚照反本亦作邵近之附近之近使王于況反言與音餘兌命音悅

毋予音無放方往反傚戶教反德偵音貞問也周易作貞幹事

古半反

奔喪第三十四鄭云奔喪者居於他邦聞喪奔歸之禮實曲禮之正篇也卷

之十八

奔𠺶此正字也說文云從哭亾亾亦聲也以哭空木反荅使色吏反注同

鷩怛都達反猶辟音避之分扶問反又方云反別於彼列反冒昬亡北反又亡報反唯著張慮反有爲于僞反一音如字至竟音境下同哭辟音避市朝直遥反爲驚于僞反斬衰七雷反後皆同括髮古活反袒徒旱反去飾羌呂反西鄉許亮反下西鄉同絞帶古卯反下同徐戶交反成踊音勇不散悉但反闔門戶臘反相者息亮反下相者皆同次倚於綺反不以數也色主反本亦作不以爲數數色具反爲之于僞反注變於爲父下注爲母皆同自齊音咨下同免麻音問下及注皆同而免本或作而不免者非東縊側瓜反拾踊其劫反更也注同闈門音違舊音暉去起呂反纚色買所綺二反大紒音計更也音庚下同相者息亮反下同爲父于僞反遂冠音官袒成音但殺之色界反下哀殺同不復扶又反既期音基下同爲母

于僞反注及下爲父同 有鄰子短反 之處昌慮反一之處同 不離力智反 明

曰之朝朝且也下同 而數色主反 亦爲于僞反 待齎子西反資糧也

一音咨 之差初佳反又初宜反下同 辟爲音避 使於色吏反 皆爲于僞

反下注各爲同 拾踊其劫反 便也婢面反 祔則音附 長者丁丈反

如昆弟之喪如若也 不稅吐外反 唯嫂悉早反 凡爲于僞

反下注同

問喪第三十五 鄭云問喪者善其問以知居喪之禮所由也

雞斯依注爲笄纚笄音古兮反纚音色買反徐所綺反 徒跣悉典反 扱初洽反

上衽而鴆反又而甚反注同 惻怛都達反 傷腎市軫反 乾肝並音

于 焦肺方廢反 水漿子羊反本亦作𣹢 之糜武皮反本亦作麋同 粥

之六反字林與六反云淖糜也 以歆音蔭 食之音嗣 去冠起呂反 耶中以嗟

反亦作邪栢頭士轄反本或作貃五藏才浪反心脾婢支反夫悲音扶
相應應對之應而斂力豔反下同曰極其又反志懣亡本反又音滿范音悶下同
般般並音隱如壞音怪字林作㲉音同辟踴婢尺反徐扶亦反注及下皆同拊心
芳甫反汲汲音急上堂時掌反不可復扶又反下復反復生皆同心悵
勑亮反愴焉初亮反惚焉音忽愾焉徐音慨苦代反徼幸古堯反
成壙古晃反倚廬於綺反寢苦始占反草也枕之蔭反塊苦對
反又苦怪反土也匍音蒲又音扶匐蒲北反又音服益衰色追反爲之于僞反下
注相爲爲褻同斷決丁段反下古穴反猶偵丁年反壓求月反又九月反冠
者音官之免音問注及下皆同爲褻息列反則著張慮反又張略反
而廣古曠反秃者吐禄反無髮也傴者於縷反一音紆矩反背曲也跛者
補禍反又彼我反足廢也有錮音故稽音啓注同顙桑朗反下注同何爲于僞反盡

篇末文注皆同不緦音思謂緦服也冠之古亂反苴杖七餘反削杖悉若

也体羸力垂反劣也疲也辟尊音避之處昌慮反下同不遽

其慮反

服問第三十六鄭云服問者善其問以知有服而遺喪所變易之節也傳曰此引

大傳文也有從如字范才用反爲其于僞反注及下皆同齊衰上音咨下七雷反後放此

不厭於涉反下同服差初佳反又初宜反下同有期音基下及注皆同累

重劣彼反又劣僞反以上時掌反澡麻音早斷本丁管反下文同於

免音問下及注不免者皆同去絰起呂反下同爲稅上如字下吐外反注及下皆同此

要一遥反殤長丁丈反月筭徐音蒜悉亂反重麻直勇反徐治龍

反注同爲其于僞反注除爲殤在緦皆同不縟音辱繁綵飾也君爲于僞反後

文皆同注諸侯爲天子下注亦爲此三人士爲國君同遠嫌于方反畿外音祈大

子音泰下及注同適婦丁歷反下同見大賢遍反驂七南反乘
音剩所不爲于僞反下爲其母同伸君音申錫衰思歷反無免
絰音勉去也下無免絰并注皆同徐並音問悉非雖朝直遥反有稅吐活
反注同說或吐活反又始銳反罪多本或作辠案辠正字也秦始皇以其似皇字改
爲罪也上附時掌反列也徐音例注同本亦作例等比必利反
間傳第三十七鄭云名間傳者以其記喪服之間輕重所宜也
服苴士余反而見賢遍反齊衰音咨下同若枲思里反
喜樂音洛而偯於起反聲餘從容也說文作悠云痛聲三折之設反從
容七容反唯而于癸反徐以水反士與音預斂焉力驗反食粥
之六反一溢音逸劉音實二十兩也莫一音暮疏食音嗣下疏食同醯
醬本亦作醯呼兮反下同醴酒音禮期而音基下及注皆同中月如字

徐丁仲反 而禫 大感反 居倚 於綺反 寢 本亦作寑 七審反 苫 始占反 枕

之鴆反 塊 苦對反又苦怪反 不稅 吐活反 苄 戶嫁反蒲華也 翦 子踐反 牀

徐仕良反 柱 知矩反一音張炷反 楣 音眉 居復 音伏 去其 起呂反下去麻同

其縷 力主反 之差 初佳反後放此 爲母 于僞反下注爲後同 三重 直龍

反注三重同 縓 七戀反 緣 徐音掾悅絹反 要絰 一遥反 素縞 古老反又古報

反注同 而纖 息廉反注同黑經白緯曰纖 去一 起呂反下同 四糾 居黝反下同

一股 音古 辟男 音避 朝服 直遥反 素紕 婢支反又音紕 白緯

音紛 芳云反 帨 始鋭反 綅 徐息廉反又音侵 麻葛重 直龍反注及下一重言

重言重者同 著 張慮反 主爲 于僞反 長中 丁丈反

三年問第三十八 鄭云名三年問者善其以知喪服年月所由也

稱情 赤證反注及下皆同 别親 彼列反 無易 音亦注同 創 音瘡初良

反。鉅音巨大也其愈徐音庾差也遲徐直移反倚盧於綺反枕
塊之鴆反思慕如字一音息吏反是斷丁亂反復生音伏之
屬音燭失喪息浪反又如字反巡徐詞均反過其徐音戈一音古卧反
鳴號音豪戶羔反躑本又作蹢直亦反徐治革反躅直錄反徐諸六反躑躅不行也
踶徐音馳字或作踟躕音廚燕於見反雀本又作爵有啁張留反
噍子流反啁噍聲頃苦穎反莫知音智由夫音扶下皆同邪淫
似嗟反人與音餘下君子與同曾鳥則能反夫焉於虔反若
四音四馬馬也之過古卧反徐音戈隙本又作郤去逆反空隙之地也爲之于僞反下
注爲毋同立中如字又丁仲反注同去也起吕反至期音基注及下同期
斷丁亂反下注同加隆焉爾一本作加隆爲爾焉使徐如字一音於乾反
焉由然也一云發聲也注及下同倍之步罪反注同爲殺色界反徐所刻反

深衣第三十九 鄭云以其記深衣之制也名曰深衣者謂連衣裳而純之以采也有表則謂之中衣以素純則曰長衣也

以應 於證反 短毋 音無下同 見膚 賢遍反 被土 彼義反 爲
于僞反 汙 汚辱之汚一音烏卧反 續衽 而審反又而鴆反 鉤邊 古侯反 屬
也 音燭下皆同 鳥喙 許穢反 裕 以樹反 要 一遥反注同 縫 扶用反下
注同 袼之 本亦作胳音各腋也 運肘 竹九反又張柳反 當掖 本又作腋音亦 袂
之 彌世反袪末曰袂 反詘 丘勿反 爲曉 烏亂反 毋厭 於甲反徐於涉反下
同 髀 畢婢反徐云婢反一音步啓反 厭脅 許劫反 當無 丁浪反注同又丁郎反
爲中 丁仲反又如字 以應 應對之應下同 之殺 色界反徐所例反 袂圜 音圓 胡
下 下垂曰胡 曲袷 音劫交領也下注同 及踝 胡瓦反 謂裻 音督 跟也 音根
下齊 音咨亦作齎下同 緝也 七入反 行乃 下孟反又如字 若卬 音仰本又

作仰一音五郎反　志者與音餘　擯相息亮反　完且音丸　弗費芳貴反又乎沸反注同　苦衣於既反　而易以豉反　鍛丁亂反　濯音濁　衣純之允反又之閏反後皆同　朝祭直遥反　以上時掌反　大父母音泰大父母祖父母也　以繢胡對反畫文也　袂緣悅絹反注同　廣各古曠反注同　緆徐音以豉反皇音錫案鄭注既夕禮云飾衣領袂口曰純裳邊側曰綼下曰緆也

投壺第四十　鄭云投壺者主人與客燕飲講論才藝之禮也別録屬吉禮亦實曲禮之正篇也皇云與射為類宜屬嘉禮或云宜屬賓禮也　卷之十九

投壺　壺器名以矢投其中射之類　奉矢音捧芳勇反下及注皆同徐音如字下奉中同　枉矢紆往反　哨壺七笑反徐又以救反枉哨不正見王肅云枉不直哨不正也　樂賓音洛下同一讀下以樂音岳言投壺以樂　嘉肴户交反　又重直用反下及注同　稅屨本亦作脫上活反　請投七井反下文同　人般步干反下同　還音旋下同　曰辟

音避徐扶赤反注及下同 南鄉許亮反 度壺徒洛反注同 以二矢半一本無此四字依注則有 八筭悉亂反下皆同 之處昌慮反 去坐才卧反又如字下同 邪行似嗟反 比投毗志反頻也徐扶質反注同 勝飲上尸證反下於鴆反注及下同 請爲于僞反 勝者立馬俗本或此句下有一馬從二馬五字誤 不拾其劫反下文及注皆同 技藝其綺反 任爲而林反 將子匠反 帥色類反 爲樂音洛 貍首吏持反 閒若一閒廁之閒注同 大師音泰 拾更古衡反下同 請數色主反注同 爲純音全下及注同鄭注儀禮云純全也 爲奇紀宜反下同 遂以奇筭告一本此句上更有有勝音同射五字誤 鈞居旬反等也 則縮色六反直也 其它音他 勝與音餘下勝與同 尚技其綺反 行觴失羊反字或作觴同 皆跪其委反 奉觴芳勇反下注奉觴同 賜灌古亂反 敬養羊尚反注同 猶飲於鴆反下飲不勝同 各直

如字又持吏反請爲于僞反去其起呂反其坐如字又才臥反注同籌

室中直由反五扶方于反下及注同鋪四指普烏反又芳夫反禮

褻息列反常處昌慮反筭長直亮反注同壼頸吉井反又

九領反徐其聲反爲其于僞反躍而羊略反圜音圓圂去倫反有

奇紀宜反其滑乎八反以柘止夜反木名毋音無下皆同去其起呂

反注同毋憮好吾反下同敖也毋敖五報反舊五羔反敖慢也偝立音佩徐扶代反

舊又蒲來反若是者浮縛謀反罰也年穉直吏反爲其于僞

反憮敖五報反又五羔反下同傲也五報反正鄉許亮反梁丘

據本又作處同音据作鞄薄交反○圜音圓鼙薄迷反鄭呼爲鼙也

其聲下其音搨搨然搨音吐臘反□方鼓鄭呼爲鼓也其聲高其音鏜鏜然鏜音吐郎反庭

長丁丈反注同及冠古亂反皆與音預

儒行第四十一行音下孟反鄭云以其記有道德之所行儒之言優也和也言能安火能服人也此注云儒行之作蓋孔子自衛初反魯之時也

服與音餘少居詩照反注同衣於既反注所衣也衣少所居同逢掖上如字下音亦逢掖大掖也長居丁丈反注同冠章甫古亂反注而冠焉冠長所居同章甫殺冠也單衣本又作襌音丹袪尺去居反儒行下孟反下力行同遽其搣反卒也急也數之色主反下同更僕古衡反代也注同一音加孟反猶卒七忽反大僕音泰燕朝直遥反擯必慎反相息亮反爲久僞反下爲孔子同猶鋪普吾反又音孚下同如慢音僈而易以豉反下險易同粥粥徐本作鬻章六反卑謙皃一音羊六反不愊普力反一音逼謂愊怛也怛丹達反驚怛也本或作恨者非麤齊側皆反注同齊莊也難乃旦反注同可畏難也行必皇如字舊下孟反冬夏戶嫁反有爲于僞反選處昌慮反以遠于万

反多積子賜反又如字易祿以豉反又如字難畜許六反不見
賢遍反近人附近之近下同近同淹之於廉反以樂五孝反又音岳好呼報
反劫之居業反沮之在呂反注同鷙蟲與摯同音至攫俱縛反一
音九碧反搏音傅不程音呈不斷音短直卵反絕也又丁亂反注同浸子鴆
反漬才賜反劫脅許劫反恐曲勇反怖普路反省聲
所景反循量音亮又音良下同不更居孟反不辱音辱面數
所具反剛毅魚既反傾邪似嗟反甲胄直又反甲鎧胄兜鍪也
干櫓音魯干小楯櫓大楯也戴仁音戴本亦作戴鎧開代反兠丁侯反
鍪莫侯反小楯時準反又音允徐辭尹反環堵音觀方丈爲堵面一堵牆也
篳門徐音畢鄭云篳門荊竹織門也杜預云柴門也圭窬徐音豆鄭一云門旁窬
也穿牆爲之如圭矣說文云穿木戶也郭璞三倉解詁云門旁小窬也音臾左傳作竇杜預云圭竇小戶

也上銳下方狀如圭形也　蓬戶步紅反蓬戶以蓬爲戶也　甕烏貢反　牖音酉以甕爲牖

幷日必政反注同下而一反　以諂本又作讇勑檢反　穿牆音川　君應

應對人應　與稽古奚反注同合也　爲楷苦駭反法式也　弗援音袁引也

取也注下同　弗推昌誰反進也擧也注同　讒諂仕咸反　有比毗志反徐扶至

反　竟信依注爲信音申　憂思息嗣反　篤行下孟反　上通時掌

反又如字注同　寬裕羊樹反　去已起呂反　不遠于万反又如字　不辟音避

下同　怨於元反又於願反　推賢而進達之舊至此絕句皇以達之連下爲句

患難乃旦反　任舉如字徐音據　有澡音早　靜而如字徐本作諍

音爭　麤本又作麄七奴反　翹之祁饒反　世治直吏反注同　不沮徐在

自反注同　獨行不孟反注及下注同又如字　脫脫吐外反　怪姤丁路反　壞

已平怪反又音怪　近文附近之近　砥音脂又音旨　厲力世反　分國如字　錙

側其反八兩爲錙說文云六銖也銖音殊說文云權分十黍之重賢知音智並立如字又步頂反本亦作竝則樂音洛又音岳相下戶嫁反不厭於豔反其

行皇音衡又下孟反本方絕句立義絕句志行丁子反下注儒行同毀

謗補浪反孫音遜接似輒反又如字分散方子反徐扶問反之施

始豉反斥己音尺隕于敏反獲本又作穫同戶郭反注同隕穫困迫失志皃

充詘求勿反注同徐音立勿反充詘喜失節之皃不慁胡困反注同辱也不累

力僞反注同係也一音力追反長上丁丈反不閔本亦作愍武謹反病也不爲

于僞反命儒命名也妄常鄭音亡亡無也王亡尚反虛妄也相詬徐音

遘恥也又呼候反蘄故居覬反杜預云戲而相媿爲蘄也行加王孟反注同

大學第四十二鄭六大學者以其記博學可以爲政也

大學舊音泰劉直帶反則近附近之近其知如字徐音智下致知同在

格古百反　所好呼報反　國治國治並直吏反下同　毋自音無　如
惡惡上烏路反下如字　臭昌救反　好好上呼報反下如字　自謙依注讀爲慊徐
苦簟反厭也　閒居音閑　厭讀爲黶烏斬反徐又烏簟反黶然閉藏皃也　揜其於撿
反　而著張慮反後同　其肺芳廢反　肝然音干　言厭於琰反一音於涉反
體胖步丹反大也注及下同　顯見賢遍反　淇音其　澳本亦作奧於六反本又作
隩一音烏報反　菉竹音綠　猗猗於宜反　有斐芳尾反一音匪文章皃　如瑳
七何反　如琢丁角反　如摩本亦作磨末何反爾雅云骨曰切象曰瑳玉曰琢石曰磨　僩
兮下板反又胡板反　赫許臣反　喧兮本亦作咺況晚反　可諠許袁反詩作諼
或作喧音同忘也　恂依注音峻思俊反一音思旬反　慄利悉反　澳於六反　隈烏回
反　巖峻私俊反　於音烏下於緝熙同　戲好胡反徐范音羲　樂其樂
並音岳又音洛注同　康誥古報反　大甲音泰　顧諟上音故本又作顧同念也下音

是正也　峻德徐音俊，又私俊反　爲題徐徒兮反　盤步干反　銘徐音冥，亡
丁反　邦畿音祈，又作幾，音同　緡蠻音緜，一音亡巾反。毛詩作緜，傳云緜蠻，小鳥皃　岑
仕金反　蔚音鬱，又音尉　安閒音閑　止處齒渚反　樂土音洛　焉
於虔反　得知音智　於緝七入反　熙許其反　吾聽訟似用反　猶
人也論語作聽訟，吾猶人也　毋訟音無　虛誕音但　所忿弗粉反　懥
勑值反。忿懥，怒皃也。范音稚，徐丁四反，又音勤　恐懼丘勇反　所好呼報反，下故好而知同
樂徐五孝反，音岳　作懫音致　作疐音致，又得計反　而辟音譬，下反注同
謂譬喻也　賤惡烏路反，下惡而知同　所敖五報反　惰徒臥反　其惡惡
上如字，下烏路反　鮮矣仙善反，注同　故諺魚變反，俗語也　心度徒洛反　美
與音余，下薄與同　志行下孟反　弟者音悌　事長丁丈反，下長并注同
不中丁仲反，注同　耆欲時也反　貪戾力計反　賁事徐音奮，本又作

僨注同猶覆敗也覆敗芳福反于濟子禮反爲犇音奔所好
呼報反注同君行下孟反或如字夭夭於驕反蓁蓁音臻不忒他得反
興弟音悌不倍音佩注同有絜音結拒之音矩本亦作矩借棄
音佩本亦作倍下同挈也苦結反爲巨音拒本亦作拒其呂反所惡烏路
反下皆同母以音無下同樂只音紙所好好皆呼報反節彼徐音截前
反一音如字巖巖五銜反辟則匹亦反注同僇矣音六其所行
下孟反又如字邪辟似嗟反未喪息浪反峻命恤俊反大也不
易以豉反注同爭民爭鬬之爭施奪如字言悖布內反下同以
上時掌反多藏才浪反專佑音又覲射父食亦反又食夜反父音甫
時辟音避驪姬力宜反本又作麗亦作孋同在翟音狄子顯許遍反
爲之于僞反若有一个古賀反一讀作介音界臣此所引與尚書文小異

斷斷丁亂反無它音他技其綺反下及注同休休許虯反尚書傳曰樂
善也鄭注尚書云寬容皃同休注公羊去美大之皃好之呼報反不啻音試詩豉反媢
疾莫報反妬也尚書作冒音同謂覆蔽也以惡烏路反下能惡人同俾不本又作卑必爾
反使也所敗必邁反於殽戶交反皆樂音岳又音洛妬也丁路反
佛戾上扶弗反下力計反迸諸北孟反又逼諍反諍音爭鬭之爭皇云迸猶屏也放去
丘呂反命也依注音慢武諫反能遠于万反好人呼報反下皆同之所惡烏路
反下同拂人拂弗反注同佹也菑必音烖下同逮音代一音大計反夫身
音扶猶佹九委反不肖音笑於施始豉反予由汝反畜許六反下
同馬乘徐繩證反下及注同仲孫蔑莫結反以上時掌反采地
七代反本亦作菜〇爲之于僞反長國丁丈反患難乃旦反猥至烏罪反
捄之音救本亦作救已著張慮反

冠義第四十三（冠音古亂反鄭公名冠義者以其記冠禮成人之義）卷之三十

和長（丁丈反下同）三行（下孟反）故冠（古亂反除下文玄冠及注緇布冠玄冠以外並同）衣紒（音計）筮曰（市至反著曰筮）重禮（直用反後同）於阼（才故反）以著（張慮反）醮於（子笑反）彌尊（音弥）適子（音嫡）不醴（音禮）見於（賢遍反下皆同）奠摯（本亦作贄同音至）鄉大夫鄉先生（並音香注同）於朝（直遙反）爲人少（詩照反）之行（下孟反下同）重與（音余）孝弟（音悌）可以治（直吏反）不敢擅（市戰反）

昏義第四十四（鄭云昏義者以其記娶妻之義內教之所由成也）

昏者（一本作昏禮者婚禮別昏故經典多止作昏字）將合（如字徐音閤）之好（呼報反）納采（七在反采擇也）請期（徐音情又如字）遴几（音延）使者（色吏反）所傳（直專反）醮子（子妙反）之迎（魚敬反下以迎同）男先

悉薦反　子承命本或作子承父命誤　壻字又作聟悉計反女之夫也依字從士從胥俗從知下作耳　拜奠大見反　授綏音雖　合徐音閤又如字　巹徐音謹破瓢爲杯也說文作𢍰云𢍰也字林几敦反以比巹爲謦身有所承說文云讀若赤舃几　而酳徐音胤又仕覲反　酬酢音昨　如冠古亂反下文冶於冠同　醮與音余　先道音導　之別彼列反下同　朝聘直遥反下匹政反　沐音木　浴音欲　俟見賢遍反下及注同　執笲音煩一音皮彥反器名以葦若竹爲之其形如筥衣之以青繒以盛棗栗腶脩之屬　棗栗音早爾雅云棘實謂之棗俗作枣誤　腶脩丁亂反本又作腶或作鍛同脩脯也加薑桂曰腶脩何休云婦執腶脩者取其斷斷自修飾也　贊醴依注作禮　脯　醢音海　婦以特豚饋其位反一本無婦字　供俱用反　養羊尚反　適寢丁歷反　以上時掌反　當於夫丁浪反稱也一音丁郎反下注同下注和當亦同　委於僞反　積子賜反　蓋藏才浪反　猶稱尺證反下同

行和下孟反先嫁悉薦反芼莫報反蘋音頻藻音早毛詩傳云蘋大萍藻聚藻詩箋云蘋之言賓藻之言早婉紆免反娩音晚詩箋云婉娩貞順皃又音挽齊盛音咨爲壇徒丹反九嬪毗人反內治直吏反下及注除相后治陰德皆同應如字音應對之應適直革反下注同責也見賢遍反下及注同曰爲于僞反下文皆同蕩滌上徒浪反下直曆反又杜亦反去起呂反穢紆廢反斬衰七雷反下同資衰依注作齊音咨注又作齋者同

鄉飲酒義第四十五

鄭云鄉飲酒義者以其記鄉大夫飲賓於庠序之禮尊賢養老之義也別錄屬吉禮

于庠音詳鄭云鄉學也州黨曰序學記云古之教者家有塾黨有庠術有序國有學盥洗音管揚觶之豉反說文云鄉飲酒角也字林音支致絜音結下同一本作致絜敬也不爭爭鬭之爭下同則遠于万反鬬辯如字徐甫免反

下同鄉人士君子鄭云鄉人鄉大夫士州長黨正也君子謂卿大夫士也周禮天子六
鄉鄭司農云百里内爲六鄉外爲六遂司徒職云五家爲比五比爲閭四閭爲族五族爲黨五黨爲州五州爲
鄉鄉大夫每鄉卿一人州長每州中大夫一人黨正每黨下大夫一人族師每族上士一人閭胥每閭中士一
人比長五家下士一人諸侯則三鄉州長丁丈反篇内皆同謂卿去京反注同飲
國於鳩反羞出音修主人共之也音恭東榮如字屋翼也劉音營
猶清如字皇才性反介音戒下放此輔賓者僎音遵輔主人者成䰟普百反說
文作霸云月如生䰟然也之坐才卧反又如字嚴凝魚矜反成也祭薦本又作薦
同嚌才細反肺芳廢反啐七內反專爲于僞反下及注專爲同孝
悌音悌下同之行下孟反國索色百反禮屬音燭大守
音泰下手又反相息亮反漢制郡有太守國有相或息羊反則以連下句易易皆以豉反
注及下易易同別矣彼列反注及下注同省矣所領反徐䟽幸反注同不酢音昨

隆殺色戒反，注及下同　笙入音生　閒歌閒廁之閒　合樂如字，徐音閤　不

復扶又反　少長詩召反　於沃於木反　能弟音悌，下弟長同　猶脫徒活

反，又音奪　廢朝直遥反，注朝夕既朝同　莫不音暮，下同　先夕悉薦反　五

行下孟反　亨狗普萌反　在作才路反　之委於僞反　大

古音泰　南鄉許亮反，下及注鄉仁、南鄉、東鄉皆同　蠢也尺允反，蠢動生之皃　者

夏户嫁反，下同　假也古雅反，下同，大也　愁也依注讀爲揫，子留反，下同，歛也

爾雅云揫聚也　中者藏也如字，下同，徐才浪反　借藏音佩　嚴殺

如字，又色戒反　介觀音閒廁之閒　所共音恭　三鄉去京反

大參七南反

射義第四十六鄭云射義者以其記燕射大射之禮觀德行取於士之義也別録屬吉禮

長幼丁丈反　言別彼列反　老穉音值　德行下孟反，下文注德

行皆同必中丁仲反下同正音正鵠古毒反徐又如字騶虞
側尤反徐側侯反貍首力之反貍之言不來也首先也此逸詩也鄭以下所引魯孫侯氏為
貍首之詩也采蘋音頻采蘩音煩樂循徐辭均反五
豝百麻反獸一歲曰豝詩傳云豕牡白豝南澗音諫山夾水曰澗之濵
音賓涯也被之皮義反徐扶義反僮僮音童本亦作童毛詩傳云
竦敬也可數色角反下同長學丁丈反比於毗志反下
同親合也而中丁仲反下同得與音預下皆同而削胥略
反計偕音皆俱也共工音恭矍俱縛反注同相息亮反矍
相地名之圃音補徐音布樹菜蔬曰圃蓋觀如字又古亂反如堵
丁古反菜蔬一本作疏所魚反賁軍依注讀為僨音奮覆敗也之將子匠反
與為音預奇也注同不入一本作不得入者非也賁讀音奮覆敗芳卜反奇也

居宜反下同後人者如字又音候公罔人姓也又作冈之裘求裘名也之語助

序點多簟反序姓點名也揚觶之豉反孝弟音悌耆音祁巨文

反六十曰耆耋大結反七十曰耋一云八十曰耋好禮呼報反下同修身以俟

死絕句者不此二字一句下及注皆同旄本又作耄莫報反八十九十曰耄期本又作旗

音其如字百年曰期頤頤養也稱道如字稱言也行也不亂絕句本或作而不亂蓋

勴音勸又音覲少也期頤以支反鄭注曲禮云期要也頤養也言有此行

不絕句行音下孟反繹音亦徐音釋舍也如字舊音捨中矣丁仲反下及注

皆同父鶡古毒反徐如字注同各射食亦反下射天地四方同得與音預下皆同

絀地勑律反朝者直遙反先令力呈反已乃音以課中口臥

反桑弧音胡以桑木爲弓蓬矢步工反飯扶晚反食音嗣注同人

爲于僞反所爭爭鬭之爭下及注有爭皆同揖讓而升下絕句而

飲一句者　袒音但　決遂古穴反　說吐活反　決拾音十　郤左手丘逆反又羌略反　弛弓式氏反又始是反　爭中丁仲反下文注同　失正音征注同　若夫音扶　不肖音笑　棲皮音西　秸音角直也下同　有的丁歷反　辭養如字徐羊尚反　之識音式一音志　飲女音汝

燕義第四十七

鄭云名燕義者以記君臣燕飲之禮上下相報之義也

之卒依注音倅七對反又蒼忽反副也　敎治直吏反注及下同　別其彼列反　大子音泰後大子大字同　朝位直遙反　合其如字徐音閤　卒伍子忽反注同　伍音五　弗正音征　游卒七內反注同　南鄉許亮反　莫敢適音敵大歷反本亦作敵　爲其于僞反下文爲疑同　蹴子六反本亦作蹵　踖子昔反又精亦反　亢禮苦浪反　使宰夫本亦作使膳夫　上至時掌反　復以扶又反　大音泰舊絕佐反　相近附近之近　稽首徐本作道音啓　以道民音導下同

什一 十音 不匱 求位反 等差 初佳反又初宜反 脯醢 音海

聘義第四十八 鄭云名聘義者以其記諸侯之國交相聘問重禮輕財之義

七介 音界下及注同 各下 戶嫁反 而傳 丈專反下同 陳擯 必刃反本又作儐下文及注皆同說文云擯或儐字 之使 所吏反 于竟 音境 郊勞 力報反 拜況 本亦作貺音同貺賜也 當楣 音眉 私覿 大歷反見也 雍 字又作饔音同 餼 許既反 還圭 音旋下及注同 璋 音章 賄贈 呼罪反字林音悔 享 許兩反本又作饗 食 音嗣下同 比年 必履反 使者 色吏反 以媿 本又作愧音同 皆爲 于僞反 辟琮 才工反 三積 子■及 芻 薪 初俱反 倍禾 步罪反 乘禽 繩證反 一食 一又作壹食音嗣 幾中 徐音機又音基 行成 下孟反 人渴 若葛反 肉乾 音干 曰 莫 音暮 齊莊 側皆反 敢解 佳賣反 惰 徒臥反 長幼

丁文反有行有行並下孟反下有行同順治直吏反爲陳直覲

反賊碈武巾反字亦作瑉以玉之石爲玉子爲反下同多與音余作

玟武巾反又音枚爲濡音儒縝密音軫一音眞知也音智致直置

反本亦作緻不劌九衛反傷也字林云利傷也又音巳芮反如隊直位反又音遂叩

之音口詘然其勿反絕止皃枯木苦老反亦作槁瑕音遐王病揜音掩

瑜羊朱反玉中美孚依注音浮尹依注音筍又作筠于貧反隱翳於計反

作姇音孚徐方附反白虹音紅天氣見於賢遍反朝聘直遙反

喪服四制第四十九鄭云以其記喪服之制取其仁義禮智四者也別錄屬喪禮

訾之徐青紫毀也一音子斯反知也音智下同敀爲于爲反下及注同斬

衰七回反注及下同之治直吏反下同恩揜於檢反義斷丁亂反

猶操七刀反皇云持也期而音基下同苴衰七余反墳墓扶云反

反不培步回反徐扶來反爲母于僞反下注爲君同齊衰音咨見無

賢遍反食粥之六反擔主是豔反又食豔反又餘壍反不言而事

行者扶而起一本作扶而後起扶或作杖非面垢音苟秃者吐木反不

髽側瓜反傴者紆主反不袒徒旱反跛者彼我反男子

免音問下同不解佳買反、期悲音基之殺色戒反不解衣

古買反不肖音笑諒闇依注諒讀爲梁闇讀爲鶕音烏南反下同徐又並如字案徐後

音是依社預義鄭謂卒哭之後翦屏柱楣故曰諒間闇即廬也孔安國讀爲諒陰諒信也陰默也楣謂

音眉如鶉音淳柱楣知主反殷衰色追反而復扶又反下同言

不文如字徐音問事辨本又作辯同皮莧反當共音恭唯而余癸反徐

以水反注同齊衰音咨本又作齋侑者音又爲之于僞反應耳

應對之應衰冠七雷反菅音姦屨徐紀具反食粥之六反其

二年音基　比終必利反　知者音智本或作智　弟弟上音弟下如字

經典釋文卷第十四

經三千七百二十四字
注一万八百七十二字

經典釋文卷第十五

春秋音義之一　起第一盡第五

唐國子博士兼太子中允贈齊州刺史吳縣開國男陸　德明　撰

春秋序 此元凱所作既以釋經故依例音之本或題爲春秋左傳序者沈文何以爲釋例序今不用 繫曰 工帝反 別同異 彼列反 錯舉 七各反下皆同 於集 本又作冊亦作筴初革反 簡牘 徒木反 孟子 孟子書名姓孟名軻字子輿鄒邑人與齊宣王同時人著此書 檮 徒刀反 杌 五忽反檮杌四凶之一杜云頑凶無儔匹之皃 之乘 繩證反車乘也一云兵車 韓宣子適魯 宣子名起晉大夫適魯在昭二年 盡在 津忍反後放此 以王 于況反又如字 赴告 古毒反一音古報反崩薨曰赴禍福曰告 記注 張住反字或作註 則刊 苦干反削也 先經 悉薦反 後經 戶豆反 所重 直用反又直龍反 將令 力呈反下令學者同 要終 於遙反 究其 久又反 饜 於[redacted]反 飫

於頵反　自趨七住反又七俱反　之浸子鴆反　膏澤古刀反　渙然

呼亂反　怡然以之反　闡幽昌善反明也　褒保刀反　貶彼檢反字林方犯反

暢之敕亮反　歸趣七住反　爲例于僞反又如字　文見賢遍反下同

含族音揞　參會七南反又音三　與謀音預　婉而於阮反　諱辟

本亦作避音同後放此　辟假古雅反後不音者同　不汙於俱反曲也　丹楹音盈　刻

音克　桷音角　獻捷在妾反　懲惡直升反　而長丁丈反　所傳直專

反　數句色主反下同　錯綜宗宋反　爲斷丁亂反　膚引方于

反　條貫古亂反　而去起呂反　子駿音俊子駿劉歆字　創通初亮

反字書作刱　亦復扶又反下同　以見賢遍反下同　比其毗志反　譜第

本又作謚同布古反　歷數所具反後不音者皆同　素王于況反下王魯素王同　黜周

勑律反　危行下孟反　言孫音遜本亦作遜　不出如字又尺遂反　矣夫

音扶下若夫同嘉瑞垂偽反其應應對之應之祚才路反胤也以刃
反中興丁仲反不隊直類反成王如字又于況反周正音政讀者多音征後
皆放此人包必交反之防扶放反又音房通論力頓反近誣如字舊音附近
之近誣音無小邾張俱反射音亦反袂緜世反拭面音式
春秋經傳集解佳買反舊夫子之經與丘明之傳名卷杜氏合而釋之故曰經傳集解隱
公名息姑惠公之子母聲子謚法不尸其位曰隱第一此不題左氏傳公羊穀梁二傳既顯姓別之此不言自見
杜氏　盡十一年
傳惠公名不皇謚法愛人好與曰惠其子隱公讓國之君元妃芳非反傳曰嘉耦曰妃始
適本又作嫡同丁歷反無謚實至反之姪直結反字林文一反兄女也娣也
大計反女弟也始娶七住反娣媵以證反又繩證反婦人謂嫁曰歸
本或無曰字此依公羊傳以楨音貞爲桓于偽反尚少詩照反大子音泰

舊大字皆作大後大子皆放此爲經元年于僞反後凡爲經爲傳張本起本之例皆放此更不音
經元年朝廟直遥反下同儀父音甫儀父邾子之字凡人名字皆放此于蔑
亡結反地名繼好呼報反鄒縣側留反卞縣皮彦反本或作弁克段
徒亂反鄭伯弟名于鄢於晚反又於建反又於然反不弟音悌又如字儁傑音俊
下音桀熒陽戶扃反本或作滎非宛陵於阮反又於元反宰咺呼阮反之賵
芳鳳反亦與音預下同睢陽音雖祭伯側界反國名傳祭仲同稱使如字
又所吏反小斂力驗反以見賢遍反下同傳元年以别彼列
反夏殷戶雅反三代之號可以意求見異賢遍反故不書爵一本無故
字以奬將丈反求好呼報反與盟如字又音預費伯音祕有
郁於六反皆放甫往反後此例皆同娶于取住反宛縣於元反共
叔音恭共地名凡國名地名人名字氏族皆不重音疑者復出後放此在鄂五各反寤生五故

反惡之烏路反注同亟請欺冀反數也爲之于僞反嚴邑五銜

反本又作巖虢叔瓜百反國名復然扶又反大叔音泰注及下皆同過百

古卧反後不音者皆同曰堵丁古反長三直亮反又如字高古報反又如字經三

古定反參國七南反又音三焉辟於虔反何厭於鹽反滋蔓音万

自斃婢世反本又作獘舊扶設反踣也斃踣蒲北反廩延力錦反不暱

女乙反親也完音桓繕甲市戰反具卒尊忽反步兵也注及下同乘繩證反注

反下同弃共音恭汲郡居及反不弟大計反又如字難之乃旦反注同

遂寘之豉反置也封疆居良反舍肉音捨以遺唯季反下同不

啜川悅反華元戶化反繄烏兮反又烏帝反語助公語魚據反闕地

其月反隧而音遂其樂音洛注及下同融融羊弓反和樂也洩洩羊世

反舒散也施及以豉反又式智反不匱其位反以別彼列反通稱尺證

已上時掌反 則衰七雷反 諒闇音亮又音良下如字 東莞音官
傳見賢遍反下三見同 有蜚扶味反負蠜也 負蠜音煩又音盤 敗宋
必邁反敗佗也後放此 子少詩照反 朝歌如字 孫滑于八反又平八反 爲
之于僞反 陝縣失冉反依字作陜 豫音預 衆父音終 不與音預 小
斂力驗反注同 經二年 氐羌都兮反下郤良反 別種章勇反
反 駒支音拘 濟陽子禮反濟水名凡地名皆同 入向舒亮反國名 譙國
在遥反 龍亢音剛又苦浪反 將卑子匠反 無駭戸楷反 方與上音房下
音預 紀裂音列 繻音須 卿爲于僞反下爲魯同 以別彼列反 子
帛音白 和解如字又戸買反 結好呼報反 傳二年之好
呼報反注及下同 氏還音旋後皆同 夌父音琴 復脩扶又反 卿
爲于僞反 經三年 已巳音紀下音祀後放此 食之如字本或

音同大量音亮盈縮所六反即傳直專反印段因忍反求
賻音附在殯必刃反不共音恭本又作供音同致令力呈反不復
伏又反別內彼列反爲君于僞反惡其烏路反傳三年
不柎音附爲公于僞反隱見賢遍反以別彼列反王朝直遥
反不復扶又反專任而鴆反後不音者皆同子狐音胡交質音致下同
將畀必二反與也祭足側界反蓋芟所銜反要之於遥反間
之間廁之間澗谿苦兮反爾雅云山夾水曰澗山瀆無所通曰谿沼之紹反池也畤音止
本又作沚亦音市小渚也之毛毛草也蘋音頻大蓱也蘩音煩皤蒿也薀紆粉
反聚也藻音早大蓱蒲丁反皤蒿蒲多反白蒿也筐丘方反筥九呂
反筐筥竹器也方曰筐圓曰筥錡其綺反有足釜潢音黃汙音烏潢汙停水也行潦
音老行潦流潦也又焉於虔反盟約如字又於妙反行葦于鬼反泂酌

音迴 以共音恭 之行下孟反 而屬章欲反注同 殤公舒羊反 先
君舍音捨 與夷如字一音餘 以殁音没 奉馮皮冰反本亦作憑 義夫
音符 商頌似用反 是何本又作荷何可反又音河注同任也 任何音壬 忿而
芳粉反 之稱尺證反 必傳直專反 僨于弗問反仆也 所爲于僞反
厲嬀九危反 州吁况于反 嬖人必計反親幸也賤而得幸曰嬖 而好呼報反 弗
禁居鴆反一音金 惡之烏路反 石碏七略反 於邪似嗟反下同 淫泆
音逸 夫寵音扶發句之端後放此 不憾本又作感同胡暗反恨也五年同 能眕之忍
反重也 鮮矣息淺反少也 妨貴音芳 少詩照反 陵長丁丈反 間親
間厠之間下同 之比必二反 去順起呂反下同 弑其音試 先經悉薦反
經罕伐杞音起 取牟亡侯反 言易以豉反 雍丘於用反 弑其
本又作殺同音試凡弑君之例皆放此可以意求不重音 君完音丸 翬許歸反 強君

其文反
去族起呂反下同　彙溺乃歷反　于濮音卜　傳四
年諸篡初患反　不復扶又反下文復伐同　蔡從才用反　賦調徒弔
反　而棼扶云反亂也　棼緼於云反　弗戢莊立反　王覲其靳反見也
朝陳直遥反後不出者皆放此　徧小必淺反一音必殄反　耄矣至報反八十曰耄　請
涖音利又音類臨也　獳羊奴侯反　惡州吁烏路反　與焉音預　于
邢音刑國名　經五年　入郕音成國名　將卑子而反　二嫡
都歷反　爲別于僞反　螟亡丁反蟲食苗心者　公子彄苦侯反　傳五
年　觀魚者本亦作漁者　以度待洛反一音如字　亟行欺冀反數也　春
蒐所求反索也　秋獮息淺反說文作玃殺也穀梁傳云春曰田秋曰蒐　冬狩手又反圍
守也　蒐索所百反　不孕以證反　爲苗于僞反　農隙去逆反
振旅之慎反整也旅衆也　猶復扶又反下同　以數所主反注同　器械戶戒

反　辨等如字又方免反別也　行伍戶郎反　順少詩照反注皆同　長丁丈反下注同

鳥獸之肉一本作其肉　於組莊呂反　不射食亦反　皁隸才早反

臣輿音餘　雜猥烏罪反　巡行下孟反　捕魚音步一音傳　不從才用反

他竟音境　曲沃烏毒反　傳見賢遍反一本作具　衛牧州牧之牧徐音目

以燕於賢反國名　洩駕息列反　曼伯音万　剛父音甫　八音金鐘石磬絲琴瑟竹簫管土塤木柷梧匏笙革鼓也　八風八方之風謂東方谷風東南清明風南方凱風西南涼風西方閶闔風西北不周風北方廣莫風東北融風　匏白交反　蹈之徒報反　六佾音逸

而僭子念反　爲道音導本亦作導　其郛芳夫反郭也下同　於使色吏反下同

之難乃旦反　經六年　渝平羊朱反變也　于艾五蓋反

言易以豉反傳同　傳六年　狐壤如掌反　使者所吏反

頃父音傾　之長丁丈反下文及注同　諸鄂五各反　不復扶又反下同

結好呼報反 子佗徒何反人名皆同 實難乃旦反注同 不悛七全反止
也 之燎力召反又力弔反 鄉邇本又作嚮同許亮反 鄉近附近之近 可僕普卜
反 周任音壬 去草起呂反 芟所銜反刈也說文作癹匹末反云以足蹋夷草 薀紆粉
反積也 信矣如字一音申 公爲于僞反 請糴直歷反 傳見賢遍
反 焉依如字或於虔反非 雍縣於用反 左右音佐下音祐 不
暨其器反至也 經七年 與嫡本又作適同丁歷反 沛國音貝
琅邪音郎 臨沂魚依反 共縣音恭 汎城音凡 之使所吏反下
同 見寔賢遍反 強虣蒲報反 戰陳直覲反 傳七年
繼好呼報反注同 爲宋于僞反注爲宋同 爲援于眷反 鄭復扶又
反 歃色洽反歃血也 如忘亡亮反服虔云如而也 洩伯息列反 政治直吏
反 請妻七計反 爲鄭于僞反 經八年 句陽古侯反

使宛（於阮反）歸祊（必彭反）費縣（音祕）見在（賢遍反）繼好（呼報反）宿與盟（音預，下不與同）禱河（丁老反，或丁報反）有邳（蒲悲反）邳來閒（如字）小斂（力驗反）

傳八年泰山（如字，東岳）能復（扶又反）巡守（手又反）所近（附近之近，下同，又如字）欲為（于僞反，下為魯同）遂畀（必二反）鍼子（其廉反）誣其（亡符反）莊共（音恭，本亦作恭）不與（音預）而背（音佩）紀好（呼報反，注同）嬀汭（如銳反）胙之（才故反，報也）舊邑之稱（尺證反）

經九年震電（徒練反）雨雪（于付反，傳同）挾卒（音協）華縣（戶化反）

傳九年雨霖（音林。爾雅云：久雨謂之淫，淫雨謂之霖）不共（音恭，本亦作供）說宋（音悅）宋使（所吏反，注同）故復（扶又反）侵軼（直結反，又音逸，空也）覆復（扶又反，注及下同，伏兵也）戎輕（遣政反）以逞（敕領反，解也）解也（音蟹，或佳買反）祝聃（乃甘反，一音土甘反）

衷戎丁仲反又音忠　盡殪於計反死也　三虒昌慮反　後駐丁住反　將
令力呈反　要終於遥反　經十年去氏起呂反傳同　于
菅古顔反　未陳直覲反　取郜古報反字林又工竺反　伐載音再字林
作戴云故國在陳留　易也以豉反傳同　傳十年以勞力報反注同
饔餼許氣　通稱尺證反　經十一年薛侯
息列反　郲音來　釐城音來王元規力之反　與謀音預　還使音環
傳十一年爭長丁丈反下注及丈同　夏所户雅反　周諺音彦俗言也
則度大洛反　諸任音壬注同　大宫音泰大宫鄭祖廟　公孫閼安葛反
挾輈音協　輈張留反車轅　大逵求龜反爾雅云九達謂之逵杜云道方九軌此依考工記　傳
中音附注同　蝥莫侯反　弧音胡　射之食亦反下及注同　隊而直類反　周
麾許危反又許僞反招也　而呼火故反　周徧音遍　逾逃徒頓反　不共

音恭本亦作供音同注及下同 與聞音預 共億於力反安也 餬其口音胡粥也
說文云癖食 鬻本又作粥之育反又與六反 以壽如字又音授 復奉扶又反又音服
昬媾古豆反 重昬直龍反 覆亡芳服反 不暇行嫁反 禋祀
音因 絜齊側皆反本亦作齋 之爲于僞反 吾圉魚呂反 賕賄呼罪
反字林音悔 無寘之豉反置也 乃亟紀力反急也下注同 大岳音泰 既厭於豔
反 度德待洛反 量力音良下同 相時息亮反 無累劣僞反注同
使卒尊忽反注同 出豭音加豬別名 行出戶剛反注同 以詛側慮反
故令力呈反 正邪似嗟反下及注同 鄔劉烏戶反 緱氏古侯反一音苦侯反
鄔聚才遇反 蔿尤委反 邘音于 忿生芳粉反 在沁七浸反字林先
祍反郭璞三蒼解詁音狗沁之沁沈文何跡鴆反韋昭思金反水名 絺勑之反 樊扶袁反 隰
詳立反 郕尚征反 欑茅才官反 向舒亮反注同 軹縣音紙 盟音孟

隉音刑 隤徒回反 于竟音境 郞音息一本作息 不度待洛反 不踶
韋鬼反是也簪頭篇同 其喪息浪反 傳聞直專反 臧否音鄙又方九反注同
大宰音泰注同 爲其于僞反 少故詩照反 菟裘兔都反下音求 梁
父音甫 復居扶又反下同 反譖側鴆反 請殺音試下同一音如字 賂尹
氏音晧 而禱丁老反或多報反 鍾巫士夫反 齊于側皆反 社圃布古
反 爲氏于委反

桓公名軌惠公之子隱公之弟母仲子史記亦名允謚法辟土服遠曰桓 第二

杜氏　盡十八年

經元年 篡立初患反 脩好呼報反傳同 近垂附近之近 祊田
百庚反 令鄭力呈反 傳元年 請復扶又反 爲周公于僞
反 獨見賢遍反 渝盟羊朱反變也 無享許丈反 遣使所吏反

宋華户化反大夫氏也後皆同 父督音篤 而豔以贍反美色也

經二年閨門音圭 取郜吉報反 大廟音泰傳大廟放此 召陵上照反 主帥所類反或作師

傳二年 爲賂于僞反注除爲會一字並同 惡其烏路反 婉而於阮反 大宰音泰 數戰音朔 子馮皮冰反

同 遂相息亮反下注傳相同 著儉張慮反後不音者同 之稱尺證反 越席户括反越蒲結草

祀天車本或無天字者非 粢音容稷也爾雅云 食音嗣飤也 不鑿子洛反精米也字林作糳子沃反云糲米一斛舂爲八斗

袞冕古本反 黻音弗下同 珽他頂反玉笏也 韋韠音必 玉笏音忽 持簿步古反徐廣云持簿手版也 幅舄音偪行縢也下音昔

行縢徒登反 複履音福 紞多敢反字林丁坎反冠之垂者 紘獲耕反纓從下而上者 綖音延字林弋善反冠上覆 而上時掌反下上下同 藻率音律

鞞補頂反 鞛布孔反鞞鞛刀削之飾 藉玉在夜反 刀削音笑 鞶步干

反紳帶也游音留注同旌旗之游馬膺於稜反如索悉各反黼音甫相戾
力計反色比并是反器械戶戒反錫音揚鄭玄云馬面當盧鈴音零馬
額類洛反在鑣彼驕反旂勤衣反而寘之豉反闐也官邪似嗟反
雒邑音洛本亦作洛受夏戶雅反郟古洽反鄏音辱近楚附近
之近舊好呼報反注同舍爵音赦置也舊音捨自參七南反一音三以上時掌
反曰仇音求君之名子如字或彌政反嘉耦五口反曰妃芳非其
替他計反廢也少子詩照反以諷方鳳反靖侯才井反欒賓力官
反適子丁歷反爲小宗本或作爲大宗誤有分扶問反又如字親七刃反又如字
等衰初危反殺也注同無復扶又反分別彼列反衰殺所界反覬
音冀覦羊朱反字林羊住反說文云欲也侯甸徒練反陘庭音刑
經三年正月從此盡十七年皆無王唯十年有二傳以爲義或有王字者非于贏音盈約言

如字又於妙反不歃所洽反長垣音袁干讙呼端反蛇丘以支反

傳三年汾隰扶云反汾水名下溼曰隰驂七南反騑馬也絓止户封反騑馬芳非

反共叔音恭注同各殉似後反媒介音界之好呼報反注同齊侯

送姜氏本或作送姜氏于讙公子則下卿送公子公女芮伯如鋭反國

名惡芮伯烏路反馮翊音翼經明年公狩手又反冬

獵曰狩夏之户雅反下同伯糾居黝反傳四年

經五年侯鮑步鮑反從王如字又才用反大雩音于祭名龍見賢遍反

螽音終蚣相容反蝑相魚反定陶同勞反傳五年子佗

大何反子免音問五父音甫襲之音習將右軍子匠反下及注大將同左

拒俱甫反方陳也下同方陳直覲反下文之陳及注同王卒尊忽反下同萃於似類

反曼伯音万魚麗力知反注同彌縫扶容反五乘繩證反繻葛

音須檜古外反又古活反旝也說文作檜建大木置石其上發機以磓敵麾也許危反射王

食亦反中肩丁仲反猶殿多見反無隕于敏反勞王力報反注同名

仲字足一本作字仲足重言直用反啓蟄直立反夏正音征龍見

賢遍反注同龍宿音秀遠爲于僞反閉必計反又必結反字林方結反而烝之丞

反度其待洛反不復音服後不音者皆同危難乃旦反經六年

寔來時力反實也省文所景反大閱音悅簡車馬也是適丁歷反傳同

長子丁丈反傳六年遠章于委反於瑕下加反少

師詩照反注及下同後皆放此而被皮寄反下注被甲同難間間廁之間隨張音亮

反自後大也注同一音如字師後昌氏反又式氏反羸師劣追反注及下同熊率

音律且比子餘反抗衡苦浪反民餒奴罪反餓也嬌舉居兆反性

牷音全肥腯徒忽反肥也其畜吁又反注及下皆同蕃滋音煩瘯七木反本

又作蠃同蠡力果反說文作瘰云瘯瘰皮肥也無疥音界癬息淺反說文云乾瘍讒慝他得反遠聞音問又如字九族杜釋與孔安國鄭玄不同禋祀音因民饑音飢又音機於難乃旦反下同二帥所類反少良詩照反饋之其媿反遺也餼許既反牲腥曰餼妻鄭七計反下及注同接以如字鄭注禮記作捷讀此者亦或捷音食之音嗣桑弧音胡蓬矢步工反射天地食亦反于阼才故反申繻音須曰鯉音里周人以諱事神名絕句衆家多以名字屬下句木鐸待洛反徇曰似俊反本又作狥同舍故音捨下同具敖五羔反經七年焚咸丘扶云反火田也緌來須唯反筑陽音逐傳七年辟陋匹亦反本又作僻同盟音孟向傷亮反而背音佩于郟古洽反經八年烝之承反此夏戶雅反爲下于僞反復烝扶又反見瀆賢遍反雨雪于付反祭公側界反

傳八年有釁(許覲反注同) 弋陽(餘職反) 請下(遐嫁反) 不然將失楚師(一本無師字) 天去(起呂反注同) 弟繒(亡巾反)

經九年仲父母(音申) 射姑(音亦又音夜)

傳九年爲書(于僞反) 爲好(呼報反) 鄾人(音憂) 沔水(面善反) 枏甥(乃甘反) 衡(如字橫也一音橫) 陳(直覲反注同又如字) 而北(如字一音佩嵇康音貿背) 背巴(音佩注同) 而夾(古洽反又音古協反) 宵潰(戶對反) 夏陽(戶雅反) 適子(丁歷反) 享曹(許兩反) 施父(色䜴反人名字下音甫)

經十年中背(如字一音丁仲反下音佩) 惡三國(烏洛反又烏路反)

傳十年譖其(側鳩反) 詹父(章廉反) 求旃(之然反之也) 周諺(音彥) 吾焉(於虔反) 以賈(音古注同買也) 無厭(於鹽反下同) 共池(音洪一音恭) 以見(賢遍反) 交綏(荀隹反)

經十一年聽迫(吐定反) 于折(之設反又市列反)

反　夫鍾音扶　于闞口暫反　須昌宣瑜反　傳十一年

屈瑕居勿反楚大夫氏　貳軫音二下之忍反皆國名　鄖人音云國名　蒲騷

音蕭又音繅　隨絞古卯反　州蓼音了本或作鄝同隨絞州了四國名　江夏戶雅反　湞

城音云本亦作鄖　棘陽紀力反　湖陽音胡　莫敖五刀反　且日人逸反　虞

度待洛反　郊郢以井反又以政反　恃近附近之近　盍請戶臘反何不也　濟

箋計反　億兆於力反　將妻七計反下注同　大援於眷反　子亹亡匪反本

或作亹　封疆居良反　爲公于僞反　鄧曼音万　女於尼據反注曰女同　雍

於恭反　姞其吉反又其秩反　應命應對之應　經十二年　汶陽音問

侯躍羊略反　于虛去魚反　武父音甫地名有父字者皆同甫音　重書直用反下

同　以見賢遍反　皆陳直覲反　傳十二年　于句古候

反　瀆音豆　婁盟力具反本又作屢音同　用長丁丈反注同　故數音朔下同　而

憾戶暗反 而輕遣政反 無扞戶旦反衛也 采樵在遙反薪也 而覆扶又反伏兵也注同 諜之徒協反伺也 數之色主反 枝江質而反 諜伺也音笥 巡徧音遍

經十三年

傳十三年遂見賢遍反 心濟箋詣反 難言乃旦反 風諫方鳳反本亦作諷 不解戶買反 狃於女九反 狃忕時世反又時設反 而好呼報反又如字 假易以豉反注同 不借子夜反 貸他代反 慢武諫反 盡行津忍反比類可以意求 使徇似俊反宣令也 及鄢於晚反又於万反 亂次以濟本或作亂次以濟其水 盧戎如字本或作盧音同 縊于一豉反自經死也 荒谷如字本或作巟音同 治父音也 脩好呼報反

經十四年之好呼報反 曹與音預 御廩力錦反倉也 先其悉薦反又如字 致齊側皆反

傳十四年大逵求龜反 大宮音泰 之椽直專反榱也圜曰椽方曰桷說

文云阁謂之椽齊魯謂之桷　經十五年倚任於綺反守介音界小行
下孟反史立音庚年人士使反于櫟音歷陽翟徒歷反豙昌氏反
相縣息亮反　傳十五年舍其音捨之汪烏黄反池也暴
其步卜反檀伯徒干反　經十六年城向失亮反定之
丁佞反　傳十六年故復扶又反烝之承反急子如字詩作
伋上淫時掌反一音如字屬諸音燭下同爲之于僞反右媵羊政反
朔構古豆反會古外反公使所吏反諸莘所巾反惡用音烏安也
注同飲以酒於鴆反一本以作之一子洩息列反黚牟其廉反又音琴
經十七年于趡翠軌反皆陳直覲反　傳十七年
疆事居良反注及下皆同疆場音亦虞度待洛反下同齊背音佩下同以
底音盲下同惡之烏路反下及注所惡皆同子亹音尾復惡扶又反注同一音服則平

注意　復重直用反下同　經十八年于濼盧篤反又力角反一音洛說文匹沃反
反　言戕在良反　傳十八年相瀆徒木反　公讁直革反責
也王又丁革反　讁譴遣戰反　爲公于僞反　乘公如字又繩證反注同　上車時掌
反　拉公力荅反　幹而古旦反　舊好呼報反　歸咎其九反　彌相
息亮反　而轘音患車裂也　車裂音列　以知音智又如字　欲弑申志反
屬諸音燭　匹嫡丁歷反注同　臣擅市戰反　於難乃旦反
莊公名同桓公子母文姜諡法勝敵克亂曰莊　第三　杜氏　盡三十二年
經元年遜于本亦作孫音同注及傳同　單伯音善　采地七代反　且
別彼列反　諒闇音梁又音亮　親迎魚敬反　之比必利反　郱蒲丁反
鄑子斯反　郚音吾　臨朐其俱反　訾城子斯反
傳元年父殺音試一音如字　而復扶又反　去姜起呂反　未闋苦穴反

春秋音義之一　三　三京

經二年于祩諸若反　公馮皮冰反　傳二年好會呼報反
經三年溺乃狄反　故去起呂反　以鄗户圭反本又作攜　于滑乎八
手八二反　傳三年重盟直用反　以難乃旦反　在櫟音歷或音
書灼反　經四年享食音嗣又如字本或作會　以見賢遍反　狩
手又反　于越竟音境本又作境　傳四年子吉熱反方言云楚謂
戟為子　戟為陳直覲反　將齊側皆反注同　僻陋匹亦反　僭
號子念反　銜應應對之應　樠郎蕩反木名又莫昆反又武元反　屈重直用
反一音直容反　梁溠高貴鄉公音側嫁反水名字林壯加反　入貟音云或作鄖　漢
汭如銳反內也漢水西也水曲曰汭　下齊遐嫁反　難也乃旦反
經五年郳五兮反國名後為小邾　犂來力兮反　昌慮如字又力於反
傳五年數從音朔　經六年螟亡丁反　衛俘芳夫

反四也傳六年寗弃乃定反跪其毀反宥之音又不度
待洛反下同立衷丁仲反節適也注同王音忠弗強其丈反注同必披普靡反又
普知反蕃滋音煩說魯音悅祁侯巨支反字林上尸反騅甥音隹噬
齊市制反下粗兮反齧齒也五結反焉取於虔反無復扶又反下文同
經七年不見賢遍反注及傳皆同夜中夜中夜半也丁仲反又如字星
隕于閔反落也不匿女力反漂殺匹妙反又匹遥反傳七年
數與音湖偕音皆俱也經八年郕降戶江反傳皆同諸
見如字一音五兮反傳八年夏書戶雅反後放此臯陶音遥連
稱尺證反又如字期戍音基本亦作朞如適丁歷反注同絀之勑律反從
妹亡用反下從者皆同間公如字注同或古莧反非曰捷在接反克也以女音汝姑棼
扶云反貝丘補蓋反而啼田兮反樂安音洛敢見賢遍反射

之食亦反　隊于直類反　喪息浪反　屨九具反　徒人費音祕　奚
御魚呂反　袒而音但　之紛數文反　于牀士良反　鮑叔步卯反
召忽時照反　子糾居黝反　雍廩力錦反　經九年
于蔇其器反　繒縣才陵反　乾時音干　岐流其宜反又巨移反　竭
洄户各反　惡齊烏路反　譎古穴反　浚蘇俊反深也　洙音殊水名　泗
音四　傳九年　公喪息浪反　傳乘直專反又丁戀反下繩證反注
傳乘同　乘他車如字　辟于音避本亦作避一音婢亦反　管召時照反　讎
也市由反　射相公食亦反　生竇音豆　而稅本又作說同土活反一音失銳反
解燕蟹反　夷吾縛扶略反舊扶卧反　治於直吏反注同　高傒音兮
使相息亮反　經十年　長勺上酌反　未陳直覲反　十
一年經注同　宋強其丈反　背蔇音紀　傳乘丘繩證反　于華所市

反將率子匠反率又作帥同所類反滅譚徒南反

傳十年曹劌古衞反請見賢遍反下同何閒閒廁之閒注同與也猶與音預未徧音遍注同犧牲許宜反之屬音蜀請從才用反之乘繩證反三鼓息暫反又如字其轍直列反登軾音式有伏如字舊扶又切旗音其靡音美怖普布反遽也其據反雩門音于皐比音毗注同過譚古禾反

經十一年鄫子斯反

傳十一年爲宋于僞反未陳直覲反下及注皆同橈敗乃孝反二音乃巧反沮岸在呂反壞也一音子餘反岸崩謂之沮喪其息浪反得儁音俊本或作俊之比必利反退復扶又反狡壯交卯反下側亮反之難乃旦反京師敗本或作京師敗績者非得校音教悖焉蒲忽反一作勃同盛皃桀紂直久反言懼而名禮絕句或以名字絕句者非公子御魚呂反本或作禦說

音悦共姬音恭射南宮食亦反長萬丁丈反歂孫生市專

反搏之音傳取也靳之居覲反戲而相媿曰靳服云恥而惡之曰靳

經十二年于鄬音攜不警居領反　傳十二年

批而普迷反又蒲穴反字林云擊也父迷父節二反大宰音泰奔亳步各反南

宮萬奔陳本或作長萬長衍字也下亦然乘車繩證反注同弃好呼報反注

同亦請南宮長萬於陳以賂絶句飲之於鴆反犀革

音西裹之音果比及必利反皆見賢遍反醢之音海肉醬也

經十三年北杏户猛反蛇丘音移于柯古河反

傳十三年通好呼報反背北杏音佩十四年經注同

經十四年于鄄音絹甄城音絹一音真或音旃又舉然反或作鄄

傳十四年自櫟音歷苟舍音捨鄭子子儀内蛇市奢反申

繻音須有妖於驕反炎以音豔洛誥古報反餤餤音豔無
釁許靳反無裏音里憾焉戶暗反宗祏音石藏主石函也守臣
手又反莊公之子猶有八人傳唯見四人子忽子亹子儀並死獨厲公在八人名字記
傳無聞乃縊一賜反爲葦于僞反下所巾反以語魚據反繩食承反說
文作譝譽音餘又如字以食音嗣注同堵敖丁古反下五羔反杜云楚人謂未成君爲
敖史記作杜敖以說音悅之易以豉反注同之燎力召反又力弔反鄉邇
許亮反撲滅普卜反般庚步干反本又作盤易長丁丈反
經十五年伐郳五兮反傳十五年復會扶又反
諸侯長丁丈反爲宋于僞反間之間廁之間一本作闘
經十六年介於音界而爲三恪苦各反本或作爲三恪之客都
費扶味反又音秘緱氏古侯反一音苦侯反傳十六年宋故

也本或作爲宋故爲不禮于僞反與於音預公子閼安末反案隱十
一年鄭有公孫閼距此三十五年不容復有公子閼若非閼字誤則子當爲孫刖音月又五刮反強鉏
仕魚反斷足丁管反公父音父王音如字共叔音恭遂并如字王必政反
詭諸九委反采地七代反後放此蔿國于委反報施始豉反之
難乃旦反不見賢遍反下同復自扶又反經十七年
鄭詹之廉反始伯音霸又如字本又作霸殲于子廉反盡也聵而
五亂反而盡津忍反遁逃徒遜反多麋亡悲反
傳十七年領氏烏納反又苦荅反工婁力侯反饗齊本又作享
經十八年有蜮本又作蜮音或短弧也本草謂之射干短弧本又作斷同丁管反弧又
作狐音胡射人食亦反傳十八年饗醴音禮之宥
音又五瑴音角雙玉爲瑴字又作珏是借子夜反爲王于僞反少子

詩照反 右稱尺證反 闕縉士巾反 以畔田絶句本或作扳俗字 那處那又作明同乃多反下昌呂反又昌慮反 編縣必緜反又一音步典反 游涌音勇水名

經十九年 滕陳以證反又繩證反送也 出竟音境 之好呼報反

傳十九年 鬻音育 拳求圓反 大閽音昏守門人也 嬴音盈姓也字從女 蹐陵在亦反一音七略反 及湫子小反 鄀縣音若 夕室朝夕之夕

經皇田結反經皇闕也 強諫其文反 太伯音泰 校尉戶教反字從本 王姚羊消反 嬖于必計反 子頹徒回反 之圃必古反又音布園也 爲囿音又徐于目反 苑也苑也於阮反 近於附近之近 祝跪求委反 而收式周反

經二十年

傳二十年 爲伐于僞反下文同 于鄔烏苦反 徧舞音遍 哀樂音洛 殃咎於良反下其九反 去盛是呂反 饌仕眷反 奸王音干 盍納胡臘反何不也

經二十一年袝姑音附　傳二十一年于弭面爾反
圉門魚呂反　西辟蒲歷反　復與扶又反　效尤戶教反　徧舞
音遍　號守音狩本或作狩後放此注同　于玤蒲項反　鞶步干反又蒲官反紳帶也
鑑土暫反鏡也　始惡烏路反又如字　王使所吏反　經二十二年
大眚所景反　盪音蕩本又作蕩　滌徒歷反　御寇音禦本亦作禦　惡其
烏咯反　不見賢遍反又如字　傳二十二年顓孫音專　弛
於失氏反　負擔丁暫反　去離力智反　官謗布浪反　翹翹
祁堯反遼皃　車乘繩證反　飲桓公於鴆反注同　酒樂音洛下注同
卜妻七計反　和鳴如字又戶卧反注同　將將七羊反本又作鏘鏘　並于正
卿本或作並爲誤　陳佗大多反　其少詩照反　見陳侯如字又賢遍反　大
史音泰　使筮上制反　著音戶　遇觀古亂反注皆同　之否備矣反注

同爻辭户交反乾天其然反陳摯音至本又作贄同有觀

古亂反而著直略反大嶽音泰下音岳楚復法又反猶豫音預

本亦作蒯南蒯苦怪反卜僭子念反其應應對之應縣驗音玄

經二十三年祭叔側界反爲祭公于僞反丁穀音谷宮

櫑音盈射姑示亦反又音亦于邑音户卷縣音權字林丘權反韋昭丘云反說文丘粉反

傳二十三年長幼丁丈反族偪彼力反士蔿于委反

去富子起呂反下同惡其烏路反閒之閒廁之閒

經二十四年刻音克鏤也桷音角椽也字林云齊魯謂榱爲桷桷椽直專反

要公於遥反孟任音壬後孟任皆同覿徒歷反見也以見賢遍反下同

奢夸苦氏反

傳二十四年御孫魚呂反本亦作禦

侈昌紙反又尸氏反男贄眞二反別貴賤彼列反榛栗側巾反

褰脩脩脯也鍛脯加薑桂曰脩虔音乾　經二十五年女叔
音汝陳大夫氏嘉好呼報反傳同　傳二十五年相息亮
反下同正月音政正月建巳之月慝未他得反陰氣夏之戶雅反之眚
所景反災也城聚才喻反　經二十六年　傳二十
六年簡牘徒木反不究音救不復扶又反申解居蟹反
經二十七年于洮他刀反具見賢遍反自爲于僞反所
黜勑律反城濮音卜　傳二十七年越竟音竟所
畜勑六反下及注皆同哀樂音洛力強其丈反亟戰欺冀反將
饑居疑反又音機召伯音邵廖力彫反　經二十八年鄉
子瑣素果反築郿亡悲反告糴徒歷反
傳二十八年烝於之承反重耳直龍反驪戎力知反女

人眤據反注以曰女同卓子敕角反閨音圭闥吐達反關塞素代反二屈

求勿反一音居勿反之疆居良反下同疆場音亦故復扶又反說之音悅

譖羣責鴆反二耜音似廣一古曠反共墾苦很反欲蠱音古

慼也六百棄繩證反入梏反結反柣待結反鬭御魚呂反本亦作禦下

注反禦同疆其良反又居良反鬭梧音吾不比井里反爲姉蒲見反長壽

直亮反曰旐音兆王孫喜殿丁見反純門如字及逵求龜反

縣門音玄注同夜遁徒困反諜告音條楚幕音莫諜間

閒廁之閒　經二十九年延廄居又反有蜚扶味反備

難乃旦反皆重直用　傳二十九年嚮入許亮反本或作

向同輕曰遣政反龍見賢遍反注下皆同角亢苦浪反又音剛而栽

字林才伐反一音冉說文云築牆長版定星多佞反　經三十年將

甲子匠反 將降戶江反下文注同 鄣音章下同 魯濟子禮反
傳三十年 射師食亦反又食夜反 而梏古毒反 曰桎之實反 楚
僭子念反 鬬穀奴走反楚人謂乳曰穀漢書作穀音同 於音烏 菟音徒 以紓
音舒一音直汝反緩也 之難乃旦反下注同 欲爲于僞反 薊縣音計
經三十一年 刺奢七賜反 戎捷在妾反 相遺唯季反傳同 俘
音孚 傳三十一年 以儆音景戒懼也
經三十二年 飲酖音鴆本亦作鴆 不與音預 斂力豔反 子般音班 書
殺音試一音如字下同 傳三十二年 爲管仲于僞反注及下同
先見賢遍反又如字 于莘所巾反 内史過古禾反 監其本又作鑑古暫
反 先脾婢支反 宗區丘于反 史嚚五巾反 大祝音泰下同 涼
德音良薄也 黨氏音掌 閟音祕 講肆音四又以二反 圉人犖音洛又力

角反　反覆芳服反　鄉者許亮反　鍼巫其廉反　晝酒音獲　共

仲音恭　閔公云謹反

閔公名啓方莊公之子母叔姜史記云名開謚法在國遭難曰閔　第四

杜氏　盡二年

經元年出疆居良反　省難乃旦反下及傳同　傳元年

豺仕皆反　狼音郎　可厭一鹽反　諸夏戶雅反注同　親暱女乙反近也

宴安於見反本又作晏音同一音烏諫反　酖毒直蔭反　勞來力報反一力代反

仲孫湫子小反　不去起呂反下同　自斃婢世反　踣蒲北反　間攜

間廁之間注同　覆昏芳服反注同　霸王于況反注同　見莊賢遍反　公將

子匠反下及注同　趙衰初危反　魏犨尺由反　滅耿古幸反國名　還爲于僞

反　又焉於虔反　大伯音泰注同　適子丁歷反本又作嫡　且諺音彥　若

祚在路反　遇屯張倫反　之比毗志反注及下同　辛廖力彫反　蕃昌
音煩　兄長丁丈反　經二年吉禘太計反　入桃他彫反　昭
穆上饒反　未闋苦穴反　大廟音泰　孫于音遜注同　美稱尺證
反　見惡烏路反　師潰戶內反　傳二年渭汭如銳反　隈
曲烏回反　舟之僑音喬　卜齮魚綺反　共仲音恭　武闈音韋一音暉
賁縣音祕又扶味反　乃縊一賜反　與知音預　故孫音遜　亳社
步各反　好鶴呼報反下戶各反　乘軒許言反大夫車也　余焉於虔反　玦
古穴反　使守手又反下告守及注同　決斷丁亂反　禦難乃旦反　孔嬰
齊殷丁見反　熒澤戶扃反　無復扶又反下復逐同　爲之于僞反下文爲
衛同　不去起呂反藏也一云除也　華龍戶化反　大史音泰　故恐丘勇反
也少詩照反　烝於之承反　強之其丈反　共滕音恭　以廬力居反一舍

也 于曹 詩作漕音同 歸唁 音彥 無虧 去危反 三百乘 繩證反下
及注同 別見 賢遍反 五稱 尺證反 雞狗 音苟 歸遺 于季反 單
複 音丹下方服反 人惡 烏路反注同 好利 呼報反 能遠 于万反 爲之
于僞反 皐落 古刀反 別種 章勇反 粢盛 音咨下音成 朝夕 如字
又張遥反 君膳 市戰反 則守 手又反下同 則從 才用反下同 監國 古銜
反 嗣適 丁歷反本又作嫡下配適同 將焉 於虔反 謂將 子匠反下將上軍並同
不共 音恭本又作供 於難 乃旦反下同 公衣之偏 於既反下衣身之偏衣之純衣之尨
服注衣之同 叔向 許丈反 無慝 他得反 遠災 于万反注及下同 衷 音忠 旗
也 閔其 音其 尨服 莫江反 受脤 市軫反祭社之肉 盛以 音成
阻之 莊呂反疑也 盡敵 子忍反下盡敵同 諗周 音審吉也說文云深謀 之縣
直救反 而屬 章欲反 衞文公大布之衣 本或作衣大布之衣誤 厚

繒疾陵反　諒闇音良又音亮　三十乘繩證反下同　逆散蘖諍反
僖公上名申莊公之子閔公之兄母成風謚法小心畏忌曰僖　第五
杜氏　盡三十三年
經元年聶北女輒反　觀釁許覲反　于檉勑呈反　于酈力知反　莒挐女居反又女加反　傳元年復入扶又反下文同　常
準之尹反　人潰戶內反　撰具仕眷反又仕轉反　分災甫問反又如字　州
長丁丈反　于犖音洛又力角反　虛丘起居反　要而於遙反　爲魯于僞反　重來直用反　無厭於鹽反　汶陽音問　及費音祕　萊蕪音來
經二年大陽音泰一音如字　一見經賢遍反　于貫古亂反
貰城市夜反又音世　傳二年屈產求勿反又居勿反注同　之乘繩證反注同　宮之奇其宜反　懦本又作燸乃亂反又乃貨反弱也字林偄音乃亂反愞音讓夫反云

弱也 強諫其良反又其丈反 且少詩照反 長於丁丈反 暱之女乙反 顛

軨音零 伐鄍亡丁反 坂音反 以說音悅 聚抄初教反又楚稍反强取物 賄

故呼罪反 惡貪烏路反 故爲于僞反下同 寺人如字又音侍寺人奄官名 貂

音彫 豎貂上主反 擅貴時戰反 漏洩息列反又以制反 必易以豉反

五稔入甚反熟也 聃伯乃甘反 侵掠音亮 經三年下邳

皮悲反 僮縣音童 廬江力居反 涖盟音利又音類臨也

傳三年夏六戶雅反 爲陽穀于僞反 鄭難乃旦反 子

囿音又苑也 經四年于陘音刑 召陵上照反傳皆同 陳袁

袁陳大夫氏也本多作轅 濤塗音桃 與謀音預下同

傳四年所近附近之近 大公音泰注同 公奭音釋 女實音汝 夾

輔古洽反舊古協反 以夸苦瓜反 無棣大計反 齊竟音境下皆同

不共音恭本亦作供下及注同以縮所六反裹東也音果菁茅子丁
反苞匭音軌本或作軌苞或作包巡守手又反而溺乃歷反水濵音賓
故復扶又反完乗繩證反注同是爲于僞反注同之好呼報反下及注
同謙稱尺證反儌福古堯反要也漢以爲池本或作漢水以爲池水衍字
葉縣始涉反以當丁浪反之費芳味反郯莒音談申侯
見賢遍反資糧音良扉屨符費反草屨也齊侯說音悅以衮
古本反衮冕上公服斂力驗反不如依字讀或一音如據反其繇直救反兆辭也渝
羊朱反變也攘公如羊反除也之羭羊朱反美也一薰許云反香草也一
蕕音由臭草也易消以豉反卓吐濁反歸胙才故反祭之酒肉也姬
寘之豉反地墳扶粉反犬斃婢世反原款苦管反必辯
兵免反不樂音洛注同被此皮寄反又皮綺反縊于一賜反遂譖

經五年惡用烏路反 杞伯姬來絶句來歸寧 朝其子猶言其子朝 越竟音境 自爲于僞反 復稱扶又反 軼縣音大 言易以豉反

傳五年遂登觀古亂反注同 臺以望絶句 而書本或作而書雲物非也 審別彼列反 重申直用反 爲二公子丁僞反下乃爲之請同 寘薪之豉反 譴讓弃戰反 焉用慎紆虔反 尨莫江反又音蒙 茸如容反又音戎尨茸亂皃 適從丁歷反 及難乃旦反 寺人披普皮反 不校音教 乃徇似俊反 踰垣音袁 其袪起魚反袂也 奔翟音狄 袂面世反 取焉七喻反本又作娶 美城之絶句 樓櫓音魯 秋諸侯盟本或此下更有于首止三字非 撫女音汝 以輕遣政反下同 所喪息浪反 侯復扶又反六年經注同 輔車尺奢反牙車也 大伯音泰下及注同 之昭上饒反注同後昭穆放此 唯偪彼力反 吾享許兩反 遠聞音問又如字

繄物烏兮反是也　所馮皮冰反下注同　晉使所吏反　不臘力盍反　童
謡音遥　不見賢遍反　均服如字同也字書作袀音同　振振音真注同　鶉
之述春反又常倫反　賁賁音奔　焞焞他門反　傳説音悦　近日附
近之近　已上時掌反　童齓初問反又恥問反毁齒也　嬉戲許宜反　或中丁仲反
夏之戸雅反下同　言易以豉反　經六年　傳六年
郤去逆反　芮如鋭反　近秦附近之近　以見賢遍反　各罷扶駡反又扶買
反　宛縣於元反　衰經七雷反下直結反注同　輿櫬於覲反棺也　爲質
如字一音置本又作贄音至　其縛如字舊扶卧反　而祓芳弗反徐音廢説文云除惡之祭也
經七年　不厭於鹽反傳同　甯毋如字又音無注同　方輿音房下音預　泥
毋乃麗反又音甯王奴兮反　傳七年　何憚徒旦反難也　難也乃旦
反此年及八年經傳並同　請下戸嫁反　朝不如字　知女音汝下皆同　疵瑕似斯反又

疾黎反　罪釁 許勤反下文同　政狹 音洽　洩氏 息列反　去之 起呂反　不

奸 音干　共時 音恭注同　釁隙 去逆反　覆亡 芳服反　替矣 他計反

雖復 扶又反　介於 音界　堵敖 丁古反又音者　可間 間廁之間　惡大叔

烏路反大音泰叔又作竹　經八年于洮 他刀反　未與 音預下同　大

廟 音泰　與殺 音試　傳八年虢射 食亦反　期年

音基本或作朞注同　不祔 音附　茲父 音甫　目夷長 丁丈反

經九年御說 魚呂反下音悅　不復 扶又反　殤 式長反　而笄 古兮反

之冠 古喚反　相比 毗志反　故重 直用反　不與 音預　俛諸 九委反

殺其君之子 上如字又音弒傳同公羊音弒　傳九年之稱 尺證

反　一人劍 古堯反又音昭　脩好 呼報反下于好弁注同　賜齊侯胙 才素

反　耋老 田節反一音他結反　加勞 力報反　一級 音急等也　咫尺 之氏反八寸曰

咫 顚隊直類反下同 以遺于季反 先諸侯悉薦反 復西扶又
反下不復會同 丕鄭普悲反 藐諸妙小反又亡角反 縣藐音玄 無猜
上才反疑也 焉辟之於虔反下文焉能克同 之玷丁簟反又丁念反缺也 令不及
魯力政反本又作命 令復扶又反 重發直用反 從夷吾才用反 隰音習
易出易入並以豉反 不好呼報反 長亦丁丈反 不僭子念反下注同 鮮
不息淺反 無好呼報反又如字 無惡烏路反 宋治直吏反
經十年雨雪于付反 傳十年不篡初患反 共大
子音恭本亦作恭大音泰 故復扶又反下文及注同 畀秦必利反下注同 不歆許金反饗
也 西偏匹綿反 遂不見賢遍反又如字 所馮皮冰反 郤稱尺證反一
音如字 泠至力丁反 七乘繩證反 左行戶郎反下同 共華音恭 騅
歂音隹下市專反 纍虎力追反 山祁巨之反字林上尸反 背大音佩 焉

能於虔反 經十一年踰閾音域門限也一音況域反
傳十一年內史過古禾反 受玉惰徒卧反 長世直良反又丁丈反
揚拒俱宇反 泉皐古刀反 經十二年陳侯杵臼
昌呂反下其九反 傳十二年之郛芳夫反 狄難乃旦反下同
不共音恭 焉能於虔反 二守手又反注同 始見賢遍反下同 陪臣步回
反 之使所吏反 謂督音篤 凱開在反本亦作愷 悌音弟本亦作弟 所勞
力報反注同 凱樂音洛下同 悌易以豉反下同 勞力報反 來力代反 不
復扶又反 經十三年濮陽卜音 傳十三
年爲戎于僞反下注欲爲同 難故乃旦反 戎卒子忽反 荐在薦反重
也 饑音飢又音機 乞糴直歷反 重施式豉反下同 自雍於用反秦國都
及絳古巷反晉國都 汎舟芳劒反 河汾扶云反

經十四年鄫子似綾反本或作繒侯肸許乙反

傳十四年澶淵市然反而還戶關反期年音基大咎其九反幾亡音祈又音機背音佩後皆同施式豉反注及下除施毛十五年皆同安傳音附

經十五年牡丘茂后反不復扶又反夂蟄音終本亦作螺中絕丁仲反又如字愎諫皮逼反己卯晦音悔于婁力侯反下邳蒲悲反

傳十五年諸夏戶雅反下注同屬賈君音燭詛無莊據反烝於之承反解梁音蟹注及下注同詰之起吉反遇蠱音古千乘繩證反三去起居反又起據反一音起呂反下同不孫音遜注同惡其烏路反小駟音四狡古卯反憤扶粉反張脉中亮反注同下音麥僨興方問反動也三施式氏反年末注同可狃女九反忕也時世反又時設反還濘乃定反泥也故隋大果公號戶刀反又戶報反

鄭秦（迓嫁反迎也）拔舍（蒲末反注皆同）厭息（於冉反一音於豔反又於輒反下同）子瑩（於寅反）履薪（如字徐本作屨九具反）抗絕（苦浪反）荐之（在薦反）上下（時掌反）絻服（音問又作免音同）衰絰（七雷反下大結反）令行人（力呈反下同）曰上天降災（此凡四十一字檢古本皆無尋杜注亦不得有有是後人加也）鄠縣（音戶）焉用（於虔反）以要（於遙反）重其（直用反下皆同）難任（音壬注及下同）子縶（張執反又丁立反）聚慝（他得反後同）復相（息亮反）質其（音置下注質秦同）祇以（音支）史佚（音逸）大史（音泰）無怙（音戶）飴甥（音怡）爰田（于元反）孺子（如喻反）喪君（息浪反後注）輯睦（音集又七入反）好我（呼報反）惡我（烏路反）衆說（音悅）州長（丁丈反下長男同）之睽（苦圭反又音圭）其繇（直又反）士刲（苦圭反刺割也）無衁（音荒血也）承筐（曲方反）無貺（音況本亦作况）無應（應對之應下無）

應同中女丁仲反鄭責側介反又如字可償市亮反又音常相息亮反注同助

也爲贏音盈車說吐活反注同其輹音福又音服寨車旁著畐音福老子所云

三十輻共一轂是也車旁著复音服是車下伏菟下縛如字又扶卧反寇難乃旦反之

警音景姪其待結反字林丈一反其逋補吳反之虛去魚反王相

于況反下息亮反講虛本又作構各依字讀此夫音扶先君之敗德及

絕句可數乎一讀又可數乎數則音色主反雖復扶又反下同之孽魚列反

僔尊本反沓徒合反有邪似嗟反以風方鳳反知達音智不憚

徒旦反而舍如字又音捨言還音環饋七其位反蛾魚綺反本或作蟻一音五

何反晳本或作析星歷反盍行戶臘反焉入於虔反又餼許氣反

經典釋文卷第十五　經四千一百六十七字　注八千五百一十六字

春秋左氏音義之二 起第六盡第十

唐國子博士兼太子中允贈齊州刺史吳縣開國男陸德明撰

僖中第六 杜氏 盡二十六年

經十六年隕石 于敏反落也 數之 色主反 而隊 直類反 是月 本或作是日 六鷁 五歷反本或作鶂音同鷁水鳥六其數也 過 古禾反 重言 直用反傳注同 公與 音預 斂 力驗反本亦作公輿小斂 鄫季 似陵反 邢侯 音刑 于淮 音懷

傳十六年迅風 音信又音峻疾也 焉在 於虔反 先見 賢遍反又如字 錯逆 士各反 餘殃 於良反 取狐 音胡 廚 直誅反 受鐸 徒各反 涉汾 扶云反水名 大原 音泰 戎難 乃旦反注同 鄫爲 于僞反 而呼 火故反 而還 音旋

經十七年英氏 於京反 滅項 胡講反國名魯滅之

也二傳以爲齊滅 千卞皮彥反 傳十七年爲徐于爲反子
圉魚呂反 爲質音致下同 而妻士計反下同 梁嬴音盈下同 孕以證反懷
孕子曰 過古禾反 卜招之遥反 大卜音泰 宦女音患 好内呼報反 内
嬖必計反 長衞丁丈反下注同 少衞詩照反 公子潘判丹反 華子
戶化反 屬孝公音燭 共姬音恭本亦作恭 寺人貂音彫 易牙音亦
爲長丁丈反 夜殯必刃反 經十八年于甗魚免反又
魚偃反又音言又音彥 傳十八年以說音悅又如字 鑄兵之樹反
不勝音升又升證反 圍菟音徒 圃布古反又音布 犪吁委反衞侯之名 訾婁
子斯反下郎句反又郎鉤反 經十九年嬰齊於盈反 雖與音預
下亦與同 致餼許氣反 畜產許又反 以惡烏路反 傳十九年
不復扶又反 次睢音雖 以屬朱欲反 東徑音經 譙在消反 沛

音貝入泗音四杜祠音辭或音祠六畜許又反注同爲用于僞反下爲人目又
如字注放此伯長丁丈反不降戶江反下同而復之扶又反注同一本作而復伐之伐衍
字也因壘力軌反軍壘以御如字治也詩音五嫁反迎也適妻丁歷反本或作嫡大
姒音泰下姒音似盍姑胡臘反脩好呼報反下同堙城歎巽反民罷
音皮溝塹七豔反而潰戶內反經二十年郜子古報
反姬姓國字林工坴反入滑于八反傳二十年啓塞素則反洩
息列反堵寇丁古反王又音者爲邢于僞反衞難乃旦反闞穀奴口
反於音烏菟音徒鮮矣息淺反下同召南上照反早莫音暮本亦
作暮汙辱汙穢之汙一音烏路反相時息亮反經二十一年爲
邢于僞反下爲邢同于盂音于摠見賢遍反須句其俱反傳同獻
軒建反捷在接反于薄如字傳二十一年巫尩烏黃

反　祈禱丁老反或丁報反　瘠病在亦反　上嚮許亮反本亦作向　故
爲于僞反　髡食彼撿反　省用所景反　以懲直升反　戰泓烏宏
反　任宿音王注同　顓臾音專羊朱反　風姓也本或作皆風姓　大皞音泰下胡
老反　存濟子禮反注及下注同　伏戲許宜反本或作犧又作羲　封近附近之近　諸夏
戶雅反注及下同　爲之于僞反　猾夏于八反亂也　叔孫豹百教反案杜注所引是叔
孫婼語今傳本多作豹恐是傳寫誤也宜爲婼音勑若反　紓禍音舒解也
經二十二年　之比必二反　井陘音刑　郲人縣音玄　公胄直救反
主帥所類反　傳二十二年　被髮皮寄反下注同　陸渾戶門
反一音胡困反　爲質音致　所妻七計反　巾櫛側乙反　卑稱尺證反下之稱
同　大叔音泰注同　恊比毗志反　焉能於虔反　土說音悅　仲孫湫
子小反　而御魚呂反本亦作禦　可易以豉反下同　兢兢居陵反本或作矜　逢蠡芳容

反本又作逢蠭俗作蜂皆同蠆勑邁反一音勑戒反字林作蠤丑介反又他割反登陘本亦作升陘

縣諸音玄墝丁侯反鍪莫侯反旣陳直覲反殲焉將廉反盡也

皆咎其九反不重直用反下同阻隘於賣反勍敵其京反彊也胡

耇音苟為利于僞反鼓儳仕銜反又仕減反儳巖也整陳直覲反一音如

字羋彌爾反楚姓也勞楚子力報反柯澤音哥師縉音晉俘

芳扶反囚也馘古獲反戰所獲踰閾音域一音況域反門限爾近如字又附近之近下同

為鄭于僞反叔詹章廉反不殁門忽反卒於子恤反無别

彼列反下同城濮音卜所殺音試經二十三年圍緡

亡巾反絀稱本又作黜勑律反傳二十三年不與音預復召

扶又反下不復成嫁同焦夷子消反薳呂臣為彼反不任音壬以靖

音靜其人能靖者與音餘絕句有幾居豈反重耳直龍反期

期上如字下音基下亦作朞下注未期亦昔基從重耳才用反後皆同委質如字乃辟婢亦反注同罪也屈膝辛七反不濫力暫反以呈勑景反本或作逞已見賢遍反重發直用反下重詳同又爲于僞反又如字於難乃旦反而校音教報也趙衰初危反顛頡戶結反魏犨尺由反臼季其久反賈佗徒河反廧在良反咎古刀反叔隗五罪反伯儵直由反本又作儵音同妻趙七計反下同生盾徒本反請待子絕句之塊苦對反又苦怪反二十乘繩證反注及下皆同寘敗必邁反醒星頂反曹共公音恭聞其駢薄賢反脅絕句許業反駢脅合幹也說文云駢脅并也廣雅云脅幹謂之肋通俗云腋下謂之脅欲觀如字絕句一讀至裸字絕句裸力果反又戶化反浴音欲薄而如字迫也國語云薄簾也合幹古旦反負羈紀宜反相國息亮反下及注同子盍戶臘反蚤自音早自別彼列反乃饋其貴反遺也盤飧

音孫說文云餔也字林云水澆飯也寘辟之豉反竟外音境令人力呈反不

蕃音煩注同息也而從之如字一音才用反同儕仕皆反等也其過王古禾反

鞭弭莫爾反弓末也爾雅云弓有緣者謂之弓無緣者謂之弭右屬音燭注同櫜古刀

反受箭器鞬九言反弓衣無緣悅絹反惡之烏路反大咎其九反與

焉音頒奉芳勇反匜以支反一音以紙反器名也說文云似羹魁柄中有道可注水沃盥

古緩反揮之許韋反湔也湔也音牋王音贊一音箭又音賤去上服起呂反首

拘音拘如衰初危反下同見意賢遍反斷章丁緩反一級音急

經二十四年蔽於必世反之難乃旦反傳二十四年

羈絕宜反說文云馬絡頭也紲息列反馬繮也說文云係也從君才用反又如字馬

繮居良反皦日古了反質信音致令狐力丁反曰衰初危反解

縣戶買反廬柳力居反下力九反公子縶張立反于郇音荀壘

彼力反爲文于僞反而殺音試又如字寺人披普皮反本又作侍人披請
見賢遍反女卽至音汝下皆同田渭音謂水名濱音賓女爲于僞反
女中宿丁仲反下注中夠同一本作女中宿至夫袪起魚反衣袂滅制反及
難乃旦反下及注同置射食亦反注同仲相息亮反行者甚衆一本
甚作其未輯音集又七入反本亦作集秦卒子忽反共之音恭本亦作供之豎
上注反左右小使也守藏才浪反下同里鳧須房乎反韓詩外傳云晉文公亡過曹里鳧
須從因盜重耳資而亡重耳無糧餒不能行介子推割股以食重耳然後能行盡用津忍反求見
賢遍反下得見同心覆芳服反下同之守手又反又如字懼者其衆矣
本或作甚衆矣公遽其據反妻趙七計反屛括步丁反下古活反爲嫡
本亦作適丁歷反注同下之遐嫁反下同從亡才用反介音界之推昌誰反盍
亦戶臘反讙懟直類反怨也欲令力呈反焉用於虔反與女音汝

俞彌羊朱反下亡皮反　爲滑子僞反　不聽吐定反　而執二子本或作而
執其二子其衍字也　大上音泰　以蕃方元反　郕霍音成　毛聃乃甘反　郜古報反
雍於用反注同　酆音風　郇音荀　邘音于　凡蔣將丈反　邢茅亡交反
胙才故反下注祭胙同　祭側界反　召穆上照反注同　糾合居黝反收也　常
棣丈計反字林天內反　鄂五各反　不方九反　韡韡韋鬼反　鬩于呼歷反爭
訟見毛詩傳云佷也　外禦魚呂反下同　其侮亡甫反詩作務　訟爭爭鬭之爭本又作諍
外扞戶旦反　暱近女乙反親也　即聾鹿工反　從昧音妹　用嚚
魚巾反　堵叔丁古反又音者　不別彼列反　又渝羊朱反變也　頹叔徒回反
桃叔如字本或作姚亦宜音桃　取櫟力狄反　施者如字注同　未厭於豔反又於鹽反
反　貪惏力南反方言去殺人而取其財曰惏　近之附近之近　遠之于万反　王替
他計反　坎欿苦感反下大感反　鞏縣九勇反　于汜音凡後皆同　好聚

呼報反鷸冠尹橘反翠鳥也惡之烏路反注同不衷音忠適也一音丁仲反注同彼己音記不稱尺證反注及下同刺小人七賜反子臧之及一本作之服也夫音扶自詒以支反遺也詒遺唯季反下同夏書戶雅反後夏書皆放此其施始豉反膰焉符袁反祭肉也周禮又作鐇字音義皆同享宋公有加絕句禮也一本無也字讀則揔爲一句告難乃旦反下同守官手又反注及下同左鄢父於晚反將鉏仕居反後聽吐定反經二十五年侯燬況委反惡其烏路反自爲于僞反越竟音境于洮吐刀反傳二十五年掖以音亦說文云以手持人臂曰掖惡其烏路反文侯仇音求下卑遐嫁反隰城音習享醴音禮之宥音又助也請隧音遂闕地通路曰隧今之延道闕地其月反皆縣音玄柩其又反所惡烏路反欑茅才官反呼曰火故反其俘芳夫反伐鄀

音若國名字林云楚邑楮斫反禦寇魚呂反屯兵徒門反援于眷反秦人
過古卧反玉音文析星歷反俗作淅隈烏回反而係音計輿人音餘而傳
音附注同之處昌慮反欲令力呈反掘地其勿反又其月反本又作闕其月反乃降
注江反後除注降名皆同不復扶又反爲頓于僞反諜出音牒諜間間廁
之閒所庇必利反又音秘伯貫古亂反狐溱側巾反之好呼報反注同
酈之力知反原守手又反勃鞮步忽反下丁兮反壺飧音孫從
才用反舊如字徑古定反行也一讀以徑句讀徑爲經連下句乘於杜意餧而奴罪反餓也披
普皮反經二十六年于向舒亮反至巂本又作酅戶圭反注
同一音似轉反魯竟音境傳同滅夔求龜反秭歸音姊圍緡士巾反
傳二十六茲丕普悲反犒師苦報反勞也勞齊力報反下文同玉
趾音止足也恐乎丘勇反下及注皆同縣罄音玄罄同磬亦作磬盡也大公音泰下及

注同夾輔古洽反舊古協反彌縫扶容反副使所吏反而道音導祝
融余忠反鬻熊音育熊摯音至自竄七亂反字林又千外反適
子丁歷反二十乘繩證反左右並如字寘栢之豉反曾援
于眷反

僖下第七　杜氏　盡三十三年

經二十七年有好呼報反與盟音預　傳二十七年
不共音恭本亦作恭下注同責禮也本或作責無禮者非於睽苦圭反又音圭終
朝如字注同不戮音六復治扶又反於蔿于委反貫三人音官
又古亂反飲之於鴆反伯贏音盈幼少詩照反下同傳政直專反幾何
居豈反三百乘繩證反下同先軫之忍反報施式豉反注同蒐于
所求反被廬皮義反下力居反元帥所類反注同郤縠本又作穀同胡木反臣

亟欺冀反數也 說禮音悅 將中子面反下將上將下皆同 郤溱側巾反 欒

枝魯官反 中行戶明反 少長丁丈反 執秩直乙反

經二十八年 刺之七賜反殺也 子叢似東反 不枉紆往反 畀

宋必利反與也注同 譎而古穴反 城濮音卜 小子慭魚覲反 不與音預

踐土似淺反上如字或一音杜 同歃所洽反本又作唼 元咺況晚反 雖爲于僞反下

爲共同 訟訴本又作愬蘇路反 陳共音恭下共公同 狩于本又作守音同 比

再如字王俾利反 侯獳乃侯反 傳二十八年 汲郡音急

將中子匠反注同 胥臣思徐反 斂盂徐音廉又力檢反盂音于 以說于

晉音悅或如字 以說焉如字王音悅 磔張宅反 輿人音餘衆也 爲將

如字又于僞反 兇懼凶男反 恐懼丘勇反 棺而古患反一音官 輿軒許言

反大夫車 報施始豉反注同 報飧音孫 顛頡戶結反 從亡才用反

爇如悅反燒也 見賢遍反 使者所吏反 距音巨 躍羊略反 三百上如
字又息暫反百音陌勸也下放此 跳踴徒彫反 猶勸音邁 乃舍如字又音捨下同
以徇似俊反 門尹般音班 舍我音捨 藉之在亦反借也 使爲于僞
反 公說音悅 以畀必利反 允當丁浪反 過分扶問反 伯棼扶云
反王扶粉反 以間間廁之間注同 讒慝吐得反 乘入繩證反 西廣古曠
反注同 六卒子忽反注同 宛春於元反又於阮反 出竟音景 三施始豉反
公說音悅 乃拘音俱 過楚古禾反 背惠音佩下及注同 以亢苦浪反當
也 崔夭於表反 背酅戶圭反丘陵險阻名也 毋毋亡回反又梅對反 舍
其音捨 子搏音博手搏也 而盬音古啑也 其腦乃老反 啑也子荅反又所荅
反又子甲反 上鄉許亮反下同或作向 君馮皮冰反 軾音式 得臣與音預 寓
目音遇寄也 爲大夫于僞反 令戒力呈反 車乘繩證反下注皆同 詰起吉

反朝如字注同將見如字又賢遍反韅許見反王又去見反在背曰韅說文作韅云著掖皮靷以刃反在胷曰靷說文云軸也鞅於杖反在腹曰鞅說文云頸皮也靽音半在後曰靽一云繫也在背如字有莘所中反之虛丘魚反少詩照反注同長丁丈反注同攻如字又音貢陳于直覲反六卒子忽反下同將中軍子匠反下及注同師潰戶內反二旆薄貝反僞遁徒困反夾攻古洽反又音頰衡雍於用反卷縣音權又丘權反往勞力報反故爲于僞反下文同鄉役許亮反本又作鄉同屬也猶屬音燭四音馬四介音界被甲皮義反步卒子忽反傳相息亮反大輅音路彤弓徒冬反赤弓旅弓音盧黑弓也本或作旅字非也矢千本或作旅弓十旅失千後人專輒加也秬音巨黑黍也鬯勑亮反香酒也一卣音酉又音由器名爾雅云卣中尊也虎賁音奔糾逖勑歷反遠也王慝他得反惡也三辭息暫反又如字後例放此丕顯普悲反大也休命許虯

反注同美也　三見賢遍反　使攝君事並如字或讀連上奉字為句使音所吏反非也

別於彼列反　皆奬將丈反助也　有渝羊朱反變也　殛之紀力反本又作極誅也下是糾是殛同　畀必爾反本亦作俾使也　隊其直類反隕也　祚國才故反　隊

隕于敏反　德攻如字一音公送反　瓊求營反說文云赤玉　玣本又作弁皮彥反　會

弁本又作瑜古外反又戶外反　先戰如字又悉薦反　畀余必利反與也　賜女音汝

之麋亡皮反求草交曰麋　宋藪素口反　剛愎皮逼反　糞土弗問反　盡

必盡力並津忍反　皆從如字又才用反　荅王使所吏反下前使同　欲令

力呈反　連轂胡木反　縊而一賜反一音於計反　縣絕音玄　屬文音燭　喜

見賢遍反　從公才用反又如字　入守手又反　故聽吐丁反　宛濮於阮

反　寗渝羊朱反　近濮附近之近　其衷音忠或丁仲反下同　誰扞戶旦反

牧圉音目養牛曰牧養馬曰圉　先期悉薦反　長牂子郎反　使也所吏反

歂犬市專反　華仲戶化反又如字　射而食亦反下法同　枕之支鴆反注同

左旃章然反通帛曰旃爾雅云因章曰旃　祁瞞莫干反　奸命音干　茅茷扶廢反

之僑其驕反　旅凱開在反　樂也音洛　授馘古獲反　授數色主反

鍼莊其廉反　爲坐如字或一音才卧反　長吏丁丈反　吏卒子忽反

刖鍼音月又五割反　寘諸之豉反　納橐音託衣橐也　饘之然反麋也

幽隘於賣反　衣囊乃郎反　麋也亡皮反　子適丁歷反　諸侯

見賢遍反　之殺音試　泄冶息列反下音也　危疑如字一本危作佹音九委反　爲

解戶賣反注同又古買反　振鐸待洛反　正邪似嗟反　舍此音捨　公說

音悅　三行戶郎反下注同　將中行子匠反　屠擊音徒又古狄反又音計　先

蔑亡結反　今復扶又反　經二十九年　介音戒國名　黔巨廉

反又音琴　陬子侯反又側留反　翟泉直歷反　大倉音蒼　大雨于付反傳同　雹

蒲學反

傳二十九年昌衍以善反饋之其媿反匄

米初俱反陳轅音袁濤塗音桃小子憖魚覲反向戌式亭

輯睦音集又七入反以瀆徒木反上敵時掌反又如字公與音預重發

直用反復來扶又反燕好呼報反注同三犧許宜反

經三十年魯爲于僞反函陵音咸氾南音凡傳同兼家宰

如字又經念反傳三十年狄間間廁之間翳衍以善反酖衛

侯音鴆公爲于僞反注同十穀音角同好呼報反周歂市專反治音也

廛音覲又音謹人名也漢書音義云古勤字也鄭氏音勤子適丁歷反過鄭古禾反

佚之狐音逸夜縋丈僞反縣城音玄焉用於虔反下焉取之同陪鄰

蒲回反益也若舍音捨又如字共其音恭本亦作供使人所吏反朝濟上如字注

同設版音板言背音佩何厭於鹽反封疆居長反伯說音悅

反爲于僞反　微夫人音扶注同　不知音智　無輿音預　周公閱音悅
昌歜在感反昌蒲菹　菹莊居反　熬稻五刀反　經三十一年
分野扶問反　自爲于僞反　狄難乃旦反　顓頊音專許玉反　之虛
起魚反　傳三十一年　竟界音境　重館直龍反注同　方
輿音房下音預　自緋吐乃反　東傳音附　盡曹津忍反　樂安音洛
三行戶郎反　軍帥所類反　卜曰三百年曰音越或人實反非也　相
奪息亮反注及下皆同　夏后戶雅反下同　不歆許金反　以閒閒廁之閒　惡
公子烏路反下同　經三十二年　伯捷在接反　盧力於反　帳
張亮反　傳三十二年　交使所吏反　窆棺彼驗反一本作塗
柩有其救反禮云在牀曰尸在棺曰柩　牛呴呼口反　過古禾反又古卧反　軼我
直結反又音逸　籥也餘若反　蹇叔紀輦反　悖心必內反　孟子本或作孟

号中壽音授又如字木拱九勇反合手曰拱與師音預於殽本又

作嘋戶交反劉昌宗音豪澠池緜善反又緜忍反夏后戶雅反注同皐古刀反所

辟音避南谷古木反又音欲相嶔許金反又音欽本或作嵐力含反惡其烏路

反為明于偽反經三十三年背喪音佩掎之居綺

反同陳直覲反訾子斯反隕霜于敏反傳三十三

年免冑直救反兜丁侯反鍪亡侯反大將子匠反超乘繩證

反下及注皆同師輕遣政反下同則脫他活反易也脫易以豉反先牛

悉薦反注又以先之同犒師苦報反行賈音古獻遺唯季反步師

步猶行也從者才用反下同不腆他典反厚也為從于偽反下為吾子同之積

子賜反注同使遽其據反傳也傳車張戀反秣馬音末穀馬也說文作

䬴云食馬穀也餼牽許氣反性腥曰餼性生曰牽原圃布古反其麋亡悲

反以間開廁之間令潎力呈反郊勞力報反注同贈賄呼罪反
審當丁浪反又如字天奉扶用反與也注及下同可縱子用反下同秦施
始豉反注及下同一曰縱子用反數世所主反背君音佩壘裘七雷
反經直結反萊駒音來文嬴音盈三帥所類反注同所妻七司反
適毋丁歷反不厭於豔反又於鹽反就戮音六以逞勑領反而拘
音俱猶卒子忽反隳軍許規反毀也而長丁丈反而唾他卧反左
驂七南反以纍律追反繫也釁鼓許覲反鄉師許亮反不
替他計反一眚所景反過也掩大德於撿反復伐扶又反及箕
音基别種章勇反臼季其九反使所吏反過冀古禾反又古卧反鈌
耨乃豆反鉏田也饁之于輒反字林于劫反野饋也鉏也仕居反本又作鋤野饋
其位反餉也冀芮如銳反欲殺音試或如字殛紀力反誅也鯀古本反禹父也

賓相息亮反不共音恭采葑芳逢反采菲芳匪反先且居子余
反將中軍子匠反復與扶又反重也又音服還也軍行户剛反桔
户結反柣大結反覆于芳服反注同之汪烏黄反他也巟苦門反屯
徒門反斂而力豔反鄶城古外反夾古洽反一音古協反泜音雉又直里反王又徒死
反東逕音經而陳直覲反注同紓我音舒緩也一音直呂反賁財芳味
反遁矣徒困反簡編必連反又布千反倒錯丁老反而祔音附以
上時掌反烝之承反嘗禘天計反
文上文公名興僖公子母聲姜謚法慈惠愛民曰文忠信接禮曰文第八　杜氏　盡十年
經元年來錫星歷反其比必利反例也又如字喪邑息浪反君
頵憂倫反又丘倫反傳元年能相息亮反見其賢遍反下
注孤見同食子音嗣注同難也乃多反又如字供俱用反養余亮反期之日

居其反朞同 不慭起虔反 不悖必内反 毛伯衛來錫公命

一本作王使又一本作天王使 緜訾子斯反 新汲居及反 諒闇音良又音亮 且

居子余反 陳共音恭 更伐古孟反又音庚 大甚音泰又如字 彊戚居良

反注同 尚少詩照反下文同 蠭目本又作蜂芳逢反 豺聲仕皆反 江芈

亡氏反杜云江芈成王妹史記以爲成王妾 曰呼好賀反發聲注同 役夫如字役夫賤者稱 者

稱尺證反 殺女音汝 大事謂弑君申志反一本無此注 宮卒子忽反

從子玉如字又才用反 熊蹯音煩掌也 不瞑亡丁反又亡干反 未斂力驗反

大師音泰 而環如字又音患 舊好呼報反下及注同 要結於遥反 外援

于眷反 秦帥所類反 芮良夫如鋭反 之詩大雅桑柔篇 有隧音遂

道也 敗類必邁反注同 蹊音兮 徑古定反 誦言似用反 惛亂音昏本亦

作昏 覆芳服反 卑必爾反本亦作裨注同 復使扶又反 經二年

彭衙音牙　不見賢遍反　郃陽戶納反　族去起呂反　常稱尺證反　厭不於涉反　士穀戶木反本又作穀同　垂隴力勇反　有收如字及手又反　大廟音泰注及傳大廟同　躋僖子兮反升也　廟坐才卧反又如字　玄纁許云反　傳二年禦魚呂反　將中子匠反　趙衰初危反　郤溱側巾反　鞫居九六反　故蚩尺之反　因呼火故反　狼瞫尺甚反字林式衽反　公乘繩證反　盍死戶臘反　死處昌慮反　與女音汝　為難乃旦反　共用音恭注同　不得復扶又反　既陳直覲反　遄市專反疾也　沮在汝反止也　王赫火百反　重施式豉反　必辟音避　毋念音無注同　以厭於涉反注同損也　士蔿于委反　書士穀本或作書曰晉士穀　為衛于僞反　令居力呈反　閔上時掌反一本無上字　夏父戶雅反　昭穆上遥反後昭穆之例放此　又長丁丈反　年少詩照反　不先悉薦反下不先皆同　先鯀古本反禹父　先

契息列反殷抬封之君　不窋知律反不窋后稷之子　不肖悉召反　匪解佳賣

反　不忒他得反差二也　邶風音佩　不知音智下同　塞闗悉再反　販

席甫万反　藻梲章悅反　祀爰居爰居海鳥也爾雅一名雜縣樊光云似鳳皇爰居事

見國語莊子云魯侯御而觴之于廟　公子成音城本或作戍音恤　轅選息究反　取汪

鳥黃反　爲穆公于僞反　好舅呼報反注同　娶七注反　元妃芳非反

粢盛音咨下音成　適夫人丁歷反　共祭音恭

經三年伐沈尸甚反　沈潰戶內反　平輿音餘一音預　爲赴于僞

反又如字本或作來赴　雨于付反注及傳同　螽音終　而惰徒火反傳注同　天祐音又

傳三年輕走如字又遣政反　逃竄七亂反　爲衞于僞反　大陽

音泰　不解佳賣反下同　采蘩音煩　于沼之紹反　于沚音止　以共

音恭　詒厥以之反　詒遺唯季反下同　隊而直類反　之帥所類反　兵

解音蟹又佳買反菁菁子丁反者莪五多反樂且音洛下文何樂小國之樂
同還上時掌反又如字嘉樂戶嫁反下如字注同經四年甯
俞羊朱反祔姑音附傳四年雨壞音怪闉邧願晚
反一音元爲之于僞反下文注爲賊爲哥皆同去盛起呂反饌仕眷反不矜居陵
反爰究音救謀也爰度待洛反亦謀也注同湛露直減反彤弓徒冬
反肄業以二反習也注同依字作肄詳不音陽一音祥宴樂音洛下注宴樂
同不睎音希所愾苦愛反恨怒也玈弓音盧以覺音角舊好
呼報反辱貺音況取戾力計反罪也經五年歸含
本亦作含戶暗反口實也珠玉曰唅說文作琀云送終口中玉且賵芳鳳反車馬曰賵召伯
上照反入鄀音若盧江力居反傳五年公子燮息協
反滅蓼音了字或作鄝音同皋陶音遙甯嬴音盈沈漸似廉

反注同滯溺一本作滯弱元爽苦浪反其行下孟反其難乃旦

反軍帥所類反下同蒐于所求反經六年侯驩喚官

反卿共音恭狐射姑音亦一音夜不告月月或作朔誤也故闕不告

朔本或作苦月傳六年舍二軍音捨注同軍帥所類反下

同將中子匠反趙盾徒本反過溫古禾反當也丁浪反辟

獄婢亦反後同著更不音逋逃補吾反舊洿音烏本又作汙同大傅音泰

下同賈佗徒何反從文公才用反求好呼報反且娶七住反越

竟音境自爲于僞反任好音壬子車氏音居中行音仲本亦

作仲下戶郎反鍼虎其廉反爲殉似俊反殺人從死曰殉字林弋絹反爲之賦

于僞反下注爲立聲教爲作善言同猶詒以之反殄瘁似醉反病也王者如字

一音于況反聖知音智分之扶問反注同話言戶快反善也度量音亮

引道音導下同以遺唯季反不復扶又反注同焉用於虔反從

者才用反卒得寸忽反三思息暫反公少詩照反注同以難乃旦反注

及下皆同長君丁丈反下皆同好善呼報反下皆同且近附近之近必杼直呂反又

時呂反除也公子樂音岳一音洛嬖於必計反辟也匹亦反又作僻下同社祁

巨之反讓偪彼力反姞其吉反又其乙反季隗五罪也故復扶又反下將復怨

亞卿於嫁反諸鄍婢支反軍帥所類反下命帥同使臾羊朱反駢

蒲賢反又蒲丁反其帑音奴妻子也欲盡津忍反介人音戒因也非知

音智帥扞戶旦反諸竟音境爲民如字治也或于僞反非也

經七年須句其俱反邾復扶又反易也以豉反城部音吾

邾難乃旦反王臣如字往方反本或作王臣令狐力呈反殷適丁歷反本亦作

嫡諱背音佩于扈音戶卷縣音權又丘權反分別彼列反書將

傳七年閒晉

子匠反帥所類反涖盟音利又音類

之間或如字難也乃且反注同寘文之豉反下同大暤音泰下戶老反鱗矔

古亂反華禦事魚呂反本又作御音同將去起呂反下及注同庀必利反又悲位反下

同廕矣本又作陰於鴆反葛藟本或作虆力軌反能虆類龜反蔓

音万廕庥許求反本又作庇爲比必爾反舍司馬音捨下同子卬五郎反

之難乃且反穆嬴音盈舍嫡丁歷反本亦作適同將焉於虔反下焉用同

而屬音燭畏偪彼力反乃背音佩箕鄭音基居守手又反下注同

將中子匠反下注同步招上遥反董陰音謹一音靳卒然寸忽反而

復扶又反先人悉薦反有奪人之心本或此下有後人待其反誤訓卒

子忽反秣馬音末蓐食音辱刳首苦胡反之使所吏反爲寮

本又作僚力彫反爲賦干僞反下爲同寮同芻初俱反蕘音饒中行戶郎反下同

小三八十五字　春秋音義之十二　十五　子茂

惡有烏路反豐舒芳忠反狄相息亮反戴巳音紀音祀其
娣大計反難也乃多反則爲于僞反下且爲自爲同鄢陵於晚反舍
之音捨注同復爲音服又扶又反用休許虯反注同不樂音洛盍使户臘
反說之音悅經八年衡雍於用反會雒戎音洛本或作伊
雒之戎此後人妄取傳文加耳宜去起呂反不舍音捨傳八年解
揚音蠁中屬丁仲反令鄭力呈反皆見賢遍反且復扶又反
公壻音細俗作聟之竟音境下注同能相息亮反適祖母丁歷反
斆節户教反致也士縠户太反將中子匠反從云才用反蒯得苦怪
反爲明于僞反經九年以共音恭本亦作供下同之襚音遂
衣服曰襚說文作䘘云贈終者衣被曰䘘以比襚爲衣死人衣僻陋匹亦反曹共音恭
傳九年君少詩照反下注同狼陂彼皮反公子尨莫江反以懲

宣升反 不恪苦各反 盲爲于僞反 公子茷扶廢反 厥貉武百

反 執幣 傲本又作傲五報反注下同 從子才用反 若敖五刀反 奉使

所吏反 諸夏戶雅反 方獄音岳 接好呼報反下文注同

經十年 公與音預 斂力驗反 稱將子匠反 帥所類反 女棄音汝

一音如字 頃王音傾 傳十年 少梁詩照反下注同 夏陽戶雅反 北

徵如字三蒼云縣屬馮翊音徵一音張里反 矞似尹必反 強死其丈反 城濮音卜

毋死音無 縊一豉反 而縣音玄 王使所吏反 沿漢悅專反順流曰沿 泝

江息路反逆流曰泝 八郢以井反又以政反 渚宮章呂反水中可居者曰洲小洲曰渚 洲音州

今復扶又反 見賢遍反 麇子九倫反 勞且力報反 遂道音導 大

藪素口反 睢陽音綏 右盂音于 獵陳直覲反 弋陽以職反 兩

甄吉然反 命夙眉病反 載燧本又作燧音遂取火其 抶其恥乙反 以

徇似後反　子舟音州　不茹如呂反　詭隨九委反

文下第九　杜氏　盡十八年

經十一年伐麇九倫反　叔彭生叔又作料本或作叔仲彭生仲衍字　郤缺丘悅反　子鹹音咸

傳十一年復伐扶又反　錫穴音羊本或作錫星歷反　來見賢遍反　鄋所求反說文作鄋云北方長狄國也在夏爲防風氏殷爲汪芒氏字林鄋一音先牢反　瞞莫干反鄋瞞狄國名　漆姓音七　叔夏戶雅反　駟乘四時證反注及下皆同　僑如本又作喬其驕反　蓋長如字又直亮反　摏舒容反衝也　其喉音侯　以戈古禾反　其處昌呂反　而名如字或亡政反　御之魚呂反本亦作禦　耏班音而而征　稅舒銳反　滅潞音路　且壽如字一音授　之種章勇反　郕音成　朱儒如朱反　夫鍾音扶　弗徇似俊反順也

經十二年見公賢遍反

復稱扶又反又一音服　舍夷音捨　皆陳直覲反　蒲坂音反　及鄆

姑幕音莫貞亭音云一音運本又作鄖音同

傳十三年郕邽音圭不復扶又反見其賢遍反未笄古兮反之好呼報反注及下皆同重之直用反珪璋音章不腆他典反儌福古堯反要也儌要於堯反下同瑞節垂僞反以藉在夜反薦也注同厚賄呼罪反秦爲于僞反令狐力丁反將中子匠反下皆同臾駢步邊反欒力官反盾徒本反步招上遙反深壘力軌反曰穿音川年少詩照反且惡烏路反輕者遣政反肆焉音四禱求丁考反一音丁報反裹糧音果軍帥所類反散位悉但反致爭爭鬭之爭未慭魚覲反又魚轄反缺也方言云傷也字林云閒也牛吝反使者所吏反將遁徒困反薄諸蒲莫反下同必敗卑賣反復侵扶又反

經十三年

蘧其居反蒢文居反大室音泰注及傳同于沓徒荅反于棐方尾

反又非尾反

傳十三年詹嘉章廉反之塞悉代反令帥力呈反華陰户化反潼關音童難日乃旦反下人實反中行户郎反注同始將子匠反其知音智其帑音奴躡士女涉反與夫音扶若背音佩下同繞朝如字又張遥反以筴本又作策初革反馬檛也馬檛張瓜反馬杖也王鄒華反字林作篆云箠也竹瓜反諜而素報反而還音旋劉累劣彼反于繹音亦鄒縣側留反必與音預傳世直專反傾頽大回反以見賢遍反鰥寡古頑反欲爲于僞反下皆同鄘風音容三捷息暫反又如字下在接反

經十四年侯潘判干反星孛音佩徐扶憒反埶康音渤海字彗也埶似歲反一音雖遂反既見賢遍反捷菑側其反不度特洛反之竟音境單伯音善爲魯于僞反王使所吏反

傳十四年頃王音傾公閱音悅懲不直升反妃齊音配本亦作配

驗仕殺反〇施於式豉反數也音朔盡其津忍反貸於公音特又音忒

■殺舍如字又音試多畜勑六反本亦作蓄憾本又作感戶暗反恨也將復扶又反

宋殺音試下同八百乘繩證反注同玃俱縛反徐居碧反且子餘反長丁丈反下

注同立適丁歷反聃啓乃甘反儀守手又反舒蓼音了而還音旋盧

力於反又音盧注同戢黎側立反子燮昔協反麇九倫反已氏音紀又音祀爲

請如字一音于僞反下以爲請同十五年亦放此使與音預盡室津忍反以復扶又反尚少

詩照反立難乃多反又如字汙君汙辱之汙告難乃旦反夫已氏音扶已音紀焉

於虔反用經十五年華孫戶化反奉使所吏反皆從才用

其郛音孚郭也傳十五年爲單于僞反下爲孟反下注爲惠叔皆同皆從

才用反注旅從同又音如字贄幣音至率多所類反又音律使重所吏反亞

旅於嫁反長庶丁丈反寘諸之豉反竟上音境不殯必刃反

卞人皮彥反期年居其反爲孟于僞反共仲音恭聲己音紀
史佚音逸毋絕音無仲説音悦聞於國音問或如字下同孫蒐
士結反遠於于万反下同于句古侯反鼁本又作黽莫幸反戾丘力計反
去盛起呂反饌仕眷反等差初佳反又初宜反爲魯于僞反下似爲同拘
執音俱不與音預下同怠解佳賣反而還音旋王使所吏反下
王使同且數音朔齊難乃旦反下注同惡其烏路反爲公于僞反己
則音紀王使所吏反女何音汝相畏息亮反又如字以守手又反
經十六年郪丘音西又七西反壞之音怪巴人必麻反杵臼
昌呂反下强柳反傳十六年魯爲于僞反君閒如字疾差也瘳
也勑周反差也伯禽至僖公十七君史記魯世家魯公伯禽子考公酋弟煬公熙子
幽公宰弟魏公費子厲公擢子獻公具子順公濞弟武公敖子懿公獻弟孝公稱子惠公弗皇子隱公息姑弟桓公允子莊公

閈子閔公門兄僖公申十七也魏公世本作徽公順公一作慎公故壞音怪大饑音飢音機呰

枝子斯反麇九倫反百濮音卜於選息兖反又息戀反阪高音反一音扶板反

反蔿賈于委反無屯徒門反聚才住反又如字見難乃旦反一音如字自

廬力於反又音廬振廩力甚反倉也句古侯反澨市世反揚窻初江反

王卒子忽反潘尪烏皇反可克本或作可擊蚡扶粉反冒莫報反杜

云蚡冒楚武王父也史記楚世家云蚡冒卒弟熊達殺蚡冒子而代立是爲楚武王與杜異服陘音刑隰

音習皆北如字軍走曰北一音佩唯裨婢支反儵直留反乘騆人實反傳

車也傳車丁戀反二隊徒對反注同部也石溪苦兮反本又作谿子貝

補盖反今俗本多作負音云自仞人愼反子鮑步卯反以上時掌反不饋

其媿反詒也以支反又以志反遺也不數音朔注同而鹽移驗反鮑適丁歷

反之施式豉反鱗矔古亂反公子朝如字所庇必利反又悲位反姑

紓音舒緩也盍適戶臘反之稱尺證反其難乃旦反帥甸
徒遍反故重直用反蕩虺況鬼反經十七年西鄙
西當作比出注見殺音試本或作弒下同傳十七年齊難乃旦
反下及注皆同黃父音甫黑壤如丈反遂復扶又反注同不與音預執
訊音信侯偕音皆言汲汲音急之適丁歷反以蕆勑展反勑也前
好呼報反一本作事比近毗志反一朝直遥反再見賢遍反餘幾居豈
反所茠虛求反蔭於鴆反鋌而他頂反疾走皃蔭芘必利反又悲位反本或作
庥於儵直留反之竟音境爲齊于僞反鞏朔九勇反爲質
音致下同甘歜昌欲反邥垂音審語偷他侯反苟且也
經十八年伯罃於耕反爲介音界諱殺申志反本或作弒之稱
尺證反傳十八年欲令力呈反先師悉薦反下同見於賢遍

反　邴音丙又彼病反　歠昌悅反　乃掘其卧反又其月反　而刖音月又五刮反　斷其

丁管反　職驂七南反　乘繩證反注同　以扑音十反字宜從手作木邊非也　抶職

敕乙反擊也　扑華市榮反又之榮反　感激古歷反　女妻音汝　舍爵

音赦置也　惡懿烏路反　敬嬴音盈　嬖必計反　宣公長丁丈反　而

屬音燭　仲見賢遍反　何聽吐定反　復發扶又反　過市古禾反又

古卧反　殺適丁歷反　季佗從何反　諸竟音境　大史音泰　失隊

直類反　之養餘亮反　鷹於陵反　鸇之然反說文止仙反字林巴仙反　度功

待洛反注及下同　以食音嗣養也注同　壞法音怪　匿也女力反　還觀音旋

去之起呂反　帝顓音專　頊許玉反　苗裔以制反　隤徒回反　敳

五才反一音五回反韋昭音見　檮直由反韋昭音杸　戭以善反漢書作演韋昭巳震反　尨降

莫江反下下江反　皐陶音遥　八愷開在反和也　帝嚳苦毒反　伯奮

南問反　仲熊音雄　季貍力之反　穆契息列反依字當作偰古文作禼　熊罷
彼皮反　宣徧音遍　不隕下敏反隕隊也　隤隊直類反　以揆葵癸反　契
作斯列反　諸夏戶雅反　好行呼報反　頑嚚魚市反心不則德義之經為頑
口不道忠信之言為嚚　比周毗志反比近也周密也　渾戶本反　敦徒本反渾敦不開通之皃
驩呼端反　兜都侯反　少皞詩照反注同下胡老反　蒐所留反隱也　慝他得
反惡也　回邪似嗟反　窮奇其宜反其行窮其好奇　共工音恭　其行下孟反
其好呼報反　話言戶快反善也　舍之音赦　傲五報反　很戶墾反　檮
徒刀反　杌五忽反檮杌頑凶無儔匹之定　謂鯀古本反　能去起呂反注及下皆同　盈
厭於豔反　窮匱其媿反　饕他刀反貪財曰饕　餮他結反貪食曰餮　闢四
婢亦反　四窻七工反本亦作聰　以禦魚呂反　螭勑知反山神獸形　魅亡備反說文作彩亡老精
物也魅或從未　戴舜多代反　十六相息亮反下注同　去四起呂反　數舜色主

反　慎徽許歸反美也　激稱古歷反　宋武氏之族本或作武穆之族者

後人取下文妄如也　道昭音導　向魚舒亮反

宣上宣公名倭一名接又作委文公子母敬嬴謚法善問周達曰宣　第十　杜氏　盡十年

經元年喪取七喻反本亦作娶　卿爲于僞反　宥之音又　牟縣

亡侯反　趙盾徒本反　棐林芳尾反　非好呼報反　侵崈音崇本亦

作崇　傳元年尊稱尺證反　舍族音捨　篡立初患反　得

復扶又反　爲立于僞反下同　陳共音恭　解揚音蟹　秦急崈絶句

必救之本或作崇急秦必救之是後人改耳　侯後昌氏尸氏一反　騶諫仕救反

經二年鄭爲于僞反下同　夷臯古刀反　傳二年命

於楚本或作受命于楚非也　元帥所類反　見贖食欲反　十乘繩證

反下皆同　俘二芳夫反　馘百古獲反本或作馘百人者人衍字　狂狡古卯反　輅

鄭五嫁反迎也注同倒戟丁老反宜其禽也一本作宜其爲禽果毅魚既
反著於心直略反食士音嗣羊斟之金反不與音預私感
戶腤反本又作憾注同敗國必邁反又如字殄民大典反以逞勑領反叔牂子郎
反爲植直吏反注同將主也將主子匠反謳曰烏侯反睅戶板反出目也說文
字林云大目也蘇林云寢視不安皃孟康云猶分然也皤步何反大腹也于思于思如字又西才反
多鬚皃賈逵云白頭皃棄甲復扶又反來力知反又如字以協上韻多鬚字又
作鬚脩于反驂乘七南反犀音西兕徐里反則那乃多反丹漆
音七不吝力刃反其咎其九反陸渾戶昬反而惡烏路反其難
乃旦反將斃婢世反國以殺申志反厚斂力驗反彫牆本亦作彫
下在良反彈人徒丹反胹音而煑也熊蹯扶元反寘諸之豉反畚音本
草器也草索素各反之筥九呂反見其手一本作首及溜力救反屋

齧也　鮮克息淺反少也下同　袞職古本反　鉏仕俱反　麛音迷一音五兮

反　闞矣婢亦反　盛服音成本或作成　而睡垂僞反　餽槐音懷又音回

飲趙於鴆反　祇本又作提上支反　彌明面支反　遂扶以下舊本皆作

扶房孚反服虔本作跣先典反云徒跣也今杜注本往往有跣者　公嗾素口反說文云使犬也服本作[illegible]

夫音扶　獒五羔反杜云猛犬也尚書傳云大大也爾雅云狗四尺爲獒說文云犬知人心可使者　明

榑音傅　翳桑於計反　多蔭音陰又於鴆反　食之音嗣下同　舍其

音捨　以遺唯季反下注同　簞食音丹笥也　笥也思嗣反　諸橐他洛反

既而與音預　公介音界　以御魚呂反　趙穿攻如字本或作弒　竟

之音境下文注同　闇公弒申志反　大史音泰　爲法于僞反注同　黑

臀徒門反　無較音角　麗姬力知反　詛無側慮反　之適丁歷反本

又作嫡下注同　爲置于僞反　公行戶郎反注及下同　以括古活反　中子

如字又丁仲反　屏季步丁反　見偆賢遍反　旄車音毛一本作軞　爲衺

初危反　經三年　傳三年　復發扶又反　及

郔音延　周疆居良反　勞楚力報反　昔夏戶雅反　鑄鼎之樹

反　著之張慮反舊直略反　螭勑知反山神也　魅亡備反本又作鬽怪物也　罔亡丈反

兩本又作蜽音同罔兩水神也說文云山川之精物也　天休許虯反下同　天祐音又　載祀

杜云皆年也爾雅云商曰祀唐虞曰載周曰年夏曰歲　商紂直九反　天祚才故反　所厎

音旨致也　郟古洽反　鄏音辱　燕姞其乙反又其吉反　伯儵直留反　爲女

音汝　人服媚亡冀反　欲令力呈反　陳嬀九危反　子臧作郎反　酖

之直蔭反　及葉式涉反　子俞音揄　惡瑕烏路反下同　從晉如字

又才用反　石癸居揆反　必蕃音煩下同　亢龍苦浪反　將鉏仕俱反　大

宮音泰注同　刈蘭魚廢反　經四年　及郯音談　取向

舒亮反 承縣韋昭之甑反音承又音拯 稻卒徒老反
傳四年不治直吏反 獻黿音元 將見賢遍反 將解如字又音蟹
及食音嗣 涂揗如琰反 先公悉薦反 爲難乃旦反 耄老許又反注同王許六反
猶憚徒旦反難也 御亂魚呂反 去疾起呂反下皆同 豎長丁丈反
而舍音赦下同 於難乃旦反 餒而奴罪反餓也 鬬般音班 蔿
賈于委反 賈爲于僞反 椒處昌慮反 又惡烏路反注同 圄魚呂反囚也
伯嬴音盈 轑陽音遼 烝野之承反 爲質音致 漳澨音章市制反
皐滸呼五反 伯棼扶云反 射王食亦反下同 汏他末反過也
輈陟留反車轅也 鼓跗芳扶反 著於直略反 鉦音征 以貫古亂反
笠音立 轂古木反 於郜本又作鄖音云國名 畜于許六反養也 夢中音蒙又亡貢反
乳之如主反 乳穀奴口反 於音烏 菟音徒 妻伯比

七計反 箴尹之金反 使於所吏反 自拘音俱 經五年不
與音預 小斂力驗反 傳五年強成其丈反 厭尊
於涉反 累其劣僞反 自爲于僞反 以别彼列反 廟見賢遍反下
同 遣使所吏反 經六年 傳六年數戰所角
反 其貫古患反習也注同 可殪於計反 爲于僞反下注同 召相上照反
曼滿音万 伯廖力彫反 蔀步口反又普口反 闚其苦規反 闚其
苦鷄反 不覿徒歷反 閒一閒廁之閒 經七年伐萊音來
不與音預 黑壤如丈反 傳七年脩好呼報反 不與音預
下及注與謀同年末不與放此 應命應對之應 例别彼列反下注同 向陰舒亮反 故
相息亮反 同歃所洽反又所甲反 以監古銜反
經八年大廟音泰傳同 爲繹于僞反 省文所景反 魯竟音竟

猶繹去起呂反注及傳同籥羊略反管也音管惡其烏路反聲
聞音問又如字傳八年秦諜徒協反間也今謂之細作絳市
古巷反楚爲于僞反疆之居良反汲滑于八反納如銳反一音如悅反會
稽古外反下古兮反楚疆其良反蠱疾音古喪志息浪反葛茀
方勿反引棺索也引柩其又反經九年竟外音境洩冶息列反
音也傳九年加諷方鳳反厚賄呼罪反字林音悔言易以豉
反無將子匠反帥所類反夏姬戶雅反皆衷音忠王丁沖反懷也其
衵女乙反一音汝栗反說文云日日所衣裳也字林同又云婦人近身內衣也仁一反御叔如字一音魚呂反
近身附近之近無傚戶教反具聞如字一音問弗禁居鴆反又音金多
辟本又作僻匹亦反注同邪也立辟婢亦反法也注同辟邪似嗟反下同危行
下孟反言孫音遜爲厲于僞反事見賢遍反柳棼力手反下扶云

反　經十年濟西子禮反略見賢遍反下同陳夏戶雅

反　取繹音亦　傳十年崔杼直呂反其偪彼力反守

臣手又反之使所吏反注同恩好呼報反夏氏戶雅反似女音汝其

殹居又反射而食亦反斲子竹角反　經十一年楚復

扶又反下復封陳同于櫕才端反函音咸播蕩補賀反又如字

傳十一年及櫟力狄反兵爭爭鬭之爭我焉於虔反夏楚

盟于辰陵本或作楚子諸鄢音延艾獵五蓋反下力涉反城沂

魚依反無慮如字一音力於反廣雅云無慮都凡也板幹古旦反本亦作榦榦楨也楨

也音貞畚築音本盛土音成爲作于僞反又如字基趾音止略行

下孟反具餱音侯乾食也糧音良乾食如字一音嗣本或作乾飯度有

待洛反監主古銜反不愆起虔反過也潞氏音路以創初亮反爲

陳于僞反 少西詩照反 轘諸音患，車列也 使於所吏反 皆僭子念反 女獨音汝 以蹊音兮，徑也 徑也古定反 吾儕仕皆反，輩也 乃復扶又反 夏州戶雅反 又徼古堯反

經典釋文卷第十六

經四千四百九十六字
注九千四百八十三字

經典釋文卷第十七

春秋左氏音義之三　起第十一 盡第十五

唐國子博士兼太子中允贈齊州刺史吳縣開國男陸　德明　撰

宣下第十一　杜氏　盡十八年

經十二年又傲古堯反于郔扶必反一音彌成陳直覲反背盟蒲對反下注同

傳十二年十臨徐力鴆反哭也下注同大宮音泰注同守陴婢支反徐扶移反僻普計反倪五計反復圍扶又反注同故為于偽反于逵求龜反塗方九軌也爾雅云九達謂之逵說文作馗云九達道似龜背故謂之馗逵或馗字肉祖徒旱反所祐音又其俘芳夫反囚也海濱音賓其翦子淺反削也前好呼報反注同厲宣鄭桓公友周厲王之子宣王之母弟桓武鄭武公名滑突桓公之子不泯彌忍反徐亡軫反滅也要福於遙反九縣莊十四年滅息十六年滅鄧僖五年滅弦十二年滅

黃二十六年滅夔文四年滅江五年滅六滅蓼十六年滅庸傳稱楚武王克權使鬬緡尹之又稱文王縣申息凡十一國不知句以言九能下遐嫁反可幾音冀潘尫烏黃反出質音致將中

子匠反下反注並同下沈尹將將左將右皆放此先縠戶木反本又作穀音同彘季直例反

臾羊朱反駢蒲邊反鞏朔九勇反而勦初交反勞也徐又子小反焉

用於虔反釁許靳反罪也服云間也不爲于僞反注同不罷音皮

怨讟徒木反謗也此陳直覲反下同工賈音古而卒子忽反注同

乘繩證反注皆同輯睦音集又七入反不奸音干犯也蔿敖于委反追

蓐音辱挾輈胡牒反又古洽反一音古協反蹋伏徒臘反蔿幡芳元反

見騎其寄反旌識申志反一音志後勁吉政反殿丁練反別也

彼列反等差初佳反又初宜反攻昧音妹仲虺許鬼反侮亡亡呂反

左相息亮反汋曰章略反於音烏鑠舒若反美也耆昧也音旨致也

徐又其衷反老也注下同　無疆居良反　以務烈所絕句　軍帥所類反下及注有帥元帥三帥同　知莊音智　否臧子郎反　故應應對之應　川壅於勇反本又作雍注皆同　夭且於表反　飲馬於鴆反　嬖人必計反徐甫詣反字林方豉反　伍參士南反　旆蒲貝反大旆也　南鄉本又作嚮同許丈反　剛愎皮逼反很也　愎很胡墾反　誰適丁歷反　改乘繩證反　於管古緩反熒陽管城管叔所封也本或作管古顏反非也　在敖五力反山名　鄗苦交反山名　皇戌雖律反　使如所吏反　師驟仕救反　敗楚必邁反　不易以豉反　申儆敬領反　紂之直九反　蚡扶粉反　冒莫報反　蓽路音必　藍力甘反　縷力主反　箴之章金反誡也　不匱其位反　要也一遙反　二廣古曠反下及注皆同　一卒子忽反注同　五乘繩證反下同　復以扶又反下不復逐同　序當其次一本作序當其夜　知季音智荀首後為智氏　原屏步丁反　必長丁丈反　身行下孟反　少宰詩召反注及下同

夾輔古洽反舊古協反　毋廢音無　候人戶豆反　謂伺音司一音息嗣反　爲
諂敕檢反　單車音丹　挑戰徒了反下文同　羣帥所類反　摩末多反近
也　壘力軌反　摩近附近之近　左射食亦反下三字同　以菆側留反矢之善者
兩馬徐云或作裲皆力掌反或音亮飾也　掉徒弔反徐乃較反正也　鞅於丈反　示閒音閑
折之設反注同　馘古獲反　斷耳音短　麇與亡悲反　麗著直略反　從
者才用反下從者同　魏錡魚綺反　魏犨尺周反　欲敗必邁反又如字　請
使所吏反　及熒戶扃反　射一食亦反　於鮮音仙注同　二感胡暗反
能好呼報反下同　喪師息浪反　徹警音景　徹去起呂反　七覆
扶又反注同　帥將如字又子匠反　七處昌慮反　爲乘繩證反下三十乘元戎十乘升注皆
同　而說舒銳反注及不同　屈蕩居勿反　楚王更音庚　迭直結反　搏
之音博　使軘徒溫反　使騁勑景反　出陳直覲反下注皆　先人悉薦

反注及下同　卒奔子忽反下及丁注同　可掬九六反兩手曰掬　右拒音短本亦作短下同　唐狡古卯反　四十乘繩證反下從之乘并注易乘同　若萃似醉反集也　殿其多練反注同　廣隊直類反　甚之其器反教也　脫扃古熒反徐公冥反車上兵闌也服云扃橫木校輪間一曰車前橫木也西京賦云旗不脫扃薛綜云扃所以上旗也　不帆凡劒反本又作䑺普霸反　差輕初貴反　之數所角反　二子乘繩證反　趙傁素口反老稱　老稱尺證反　尸女音汝　皆重直龍反　知罃於耕反　還戰音環　廚武直誅反　毋射食夜反又食亦反　抽擢直角反　可勝音外　池陂彼宜反　射連尹食亦反下同　將不子匠反　楚重直勇反又直用反注上重字同　輜側其反　重也直用反　衡雍於用反　君盍戶臘反　京觀古亂反注及下京觀同　載戢側立反藏也　載櫜古刀反韜也　韜也他刀反　時夏戶雅反注同　耆定音旨注同致也　鋪時普吳反徐音敷布也　繹思音亦陳也　屢

豐力注反數也注同屢數所角反下數致同㬥骨蒲卜反本或作暴焉得
於虔反而強其文反鯨其京反大魚名鯢五兮反大魚也以懲直升反淫慝
他得反史佚音逸毋怙音無下音戶以要一遥反瘼矣音莫病也者也
夫音扶渥濁於角反城濮音卜未歇許謁反盡也國相息亮反下熊相同
喜見賢遍反不競其敬反以重直用反宜僚了彫反蕭潰戶內反
拊而芳甫反撫慰之也如挾戶牒反纊音曠緜也言說音悅遂傅音附
還無社音旋司馬卯馬鮑反號申叔徐戶到反一音戶刀反呼也麥麴去六
反山鞠起弓反以禦魚呂反下同不解音蟹下同眢井烏九反眢井廢井也字林云井無水
也一皮反而承拯救之拯注同茅絰直結反則已音紀舊音以乃應應對之應號而
戶刀反哭也注同無守手又反宋為于僞反有約於妙反又如字陳共音恭舊
好呼報反欲背音佩十四年經注同

經十三年　傳十三年

累及劣僞反 使人所吏反 我說如字又音悅 以說音悅又如字 而亢苦浪反
反禦也 誰任音壬 經十四年 傳十四年 縊而一賜反
復室扶又反 以妻七計反 爲郯于僞反 蒐焉所留反 簡閱音悅
中行戶郎反 質於音致 子馮皮冰反 惡宋烏路反又烏洛反 扶宋勑乙
反 宋龍耳力工反暗也 晉使所吏反下殺其使同 殺女音汝 見犀賢遍反 過
我古臥反一音古禾反 投袂面世反袖也 袖也徐又反 屨及九具反 窒皇直結反窒
皇門闕也 魯樂音洛 薦賄呼罪反 公說音悅 經十五年 潞氏
音路 別種章勇反 王札子側八反徐又側乙反 召伯上照反 倒札丁老反 蝥
音終 稅畝始銳反 復十扶又反 蝝生悅全反字林尹絹反蝥子也劉歆云蚍蜉子也董仲舒云
蝗子 傳十五年 度時待洛反 納汙音烏注同 山藪素口反 瑾
其靳反 瑜羊朱反 匿瑕女力反藏也 含垢古口反本或作詬徐云亦音垢 爲說于僞反

解揚音蟹無降戶江反望櫓音魯女則音汝下注而女也同無霣于敏

反廢隊也廢隊直類反其守手又反將子匠反利道音導析思歷反

骸戶皆反本又作骨公羊傳作骸何休注云骸骨也以爨七亂反炊也國斃婢世反爲

質音致酆舒芳忠反潞相息亮反三儁音俊耆酒市志反黎

民禮兮反國名復立扶又反及雒音洛魏顆苦果反有嬖必計反

必以殉似俊反本或作必以爲殉其治直吏反下治命同以亢苦浪反禦也躓而

陟吏反徐丁四反以瓜古華反衍以善反吾喪息浪反說是音悅叔向

香丈反也夫音扶能施式豉反獻狄俘芳夫反于周不敬一本不敬

作而敖之魄普白反　經十六年留吁況于反別種章勇反　傳十六年

又并必政反一音如字宣謝本又作榭音同郯伯音談

鐸辰待洛反以黻音弗將中子匠反大傅音泰注同人遠于万反也

夫音扶 兢兢居陵反本亦作矜 諺曰音彥 爲毛召于僞反 之難乃旦反注同
復亂扶又反 相禮息亮反注同 殽戶交反 烝之承反 有折之設反注同
經十七年 錫我星歷反 斷道直管反一音短 叔肸許乙反 傳
十七年 齊頃音傾 跛而波可反 不復扶又反下同 欒京廬音盧
又力於反 於⿱穴韋音安 蔡朝如字 及斂徐音廉一音力漸反 孟音于 卷楚音權
一音居免反 苗賁扶云反 皇使所吏反注及下同 不逮音代或大計反 汲汲音急 或
沮在呂反止也 君好呼報反 爲是于僞反 犯難乃旦反 將焉於虔反 不
拘九于反 復爲扶又反 燮乎素協反 者鮮息淺反 庶遄市專反 如
祉音恥 鳩乎徐音貌直是反解也本又作貌注同或音居牛反非也 鳩解音解此訓見方言
嘉好呼報反下同 經十八年 子臧子郎反 人戕在良反徐又在
精反 鄫子才陵反 僭而子念反 以徵如字明也本又作懲直升及上也 至笙音生徐又

勑貞反云本作㮅亦作朾案徐後音是依二傳文魯竟也音境傳十八年盟
于繒才陵反爲質音致解緩佳賣反曰弒音試注同弒字從式殺字從殳他皆
放此以別彼列反一朝如字卒暴寸忽反欲去起呂反下注將去並同以張
如字一音陟亮反殺適丁歷反注同大援于眷反仲也夫音扶請爲于僞
反壇帷音善除地僞墠而張帷也於介音界袒音但括髮古活反

成上成公名黑肱宣公子謚法安民立政曰成第十二　杜氏　盡十年

經元年爲甸徒練反一音繩證反一乘繩證反卒七尊忽反重
斂力驗反茅戎亡交反史記乃二傳皆作貿戎別種章勇反傳元
年郯垂音審詹嘉之廉反單襄音善爲平于僞反下文同
徼戎古堯反要也欲要[illegible]遙反背盟音佩下同齊難乃旦反下同
繕完市戰反下和端反具守手又反結好呼報反逞解音蟹

經二年新築音竹皆陳直覲反僑如其驕反注同郤克去逆反

于鞌音安以與音預匹敵如字本或作適亦音敵公鮑步卯反汶陽

音閒以好呼報反匱盟其位反傳二年頃公音傾嬖人

必計反就魁苦回反封竟音境而膊普各反礫也磔也陟百反甯相

息亮反向禽舒亮反石碏七略反甯俞羊朱反復欲扶又反

子喪息浪反隕子于敏反止御魚呂反鞠居居六反曲縣

音玄注同繁纓步干反注同不愆起虔反百乘繩證反下同城濮音卜

將中子匠反且道音導以徇似俊反于莘所巾反靡笄如字

又昔摩笄音雞不腆他典反詰起吉反朝如字注及下朝夕朝食同請見賢遍反

繹感胡遜反本又作憾無令力呈反輿師如字下無令輿師同一音所類反不復

扶又反擔也丁甘反齊壘力軌反賈余音古買也注同欲賣靡懈反

師陳直覲反邴音丙又彼命反夏戶雅反解張音蟹下如字一音直亮反軍將子匠反下將在左同貫余古亂反下注同及肘竹九反余折之設反朱殷於閑反徐於辰反注同近烟附近之近汙車汙穢之汙字林一故反推車昌誰反又他回反注及下推車同殿之多練反注同若之何其以病絕句擐甲音患左并必政反徐方勝反右援音袁桴音浮鼓槌也字林云擊鼓柄也三周華如字又戶化反不注之住反元帥所類反射其食亦反下并注皆同越隊直類反綦毋音其下音無喪車息浪反寓乘繩證反寓寄也其處昌慮反俛定音勉俯也什車音赴又蒲北反華泉戶化反絓於戶卦反一音卦驂馬七南反轏中仕產反又仕板反士車也字林仕諫反云臥車也以肱古弘反而匿女力反縶張立反馬結也絆也音半奉觴式羊反爲魯于僞反注同無令力呈反屬當音燭注同適也戎行下部反奔辟音避注同徐扶臂反服氏扶亦

反 從君才用反又如字 宛紆元反 茷扶廢反 呼曰火故反 任患音壬 不

難乃旦反 狄卒子忽反注及下同 輕出遣政反 迸入補諍反 戈楯食準

反又音允 冒之亡報反 守者手又反 辟女子音避注皆同一音扶赤反 單還音舟

銳司徒悅歲反 可復扶又反 辟司徒音壁必覓反注同徐甫亦反 石窌

力救反一音力到反 馬陘音刑 賓媚美冀反 賂以音路 紀甗魚輦反徐音彥又音

言字林牛健反王甑也 玉甑子孕反又慈陵反 為質徐音致下同 難斥乃旦反

盡東津忍反 使龍力勇反 東西行戶郎反又如字 疆理居良反注下皆

同 易也以豉反 四王夏禹殷湯周文王武王也 之王于況反 五伯夏伯昆吾商伯

大彭豕韋周曰齊桓晉文也或曰齊桓晉文宋襄秦穆楚莊 疆竟如字又音境 是遒在由反徐子由

反聚也 命使所吏反 以犒苦報反 從者才用反 橈敗乃教反曲也 不

泯彌忍反 舊好呼報反 收合如字一音閤 餘燼似刃反 背城音佩

復借扶又反　親暱女乙反　而紓音舒緩也音直呂反　於難乃旦反注同　以
爲于僞反　以藉在夜反注同薦也　上鄍覓經反　三帥所類反注及下同　用
蠡市忍反蛤也　炭吐旦反燒蠡蛤爲炭也　用殉似俊反殺人從葬　燒蛤古荅反
以瘞於例反　壙苦晃反一音曠　重器備直恭反多也注同　椁有音郭
有翰戶旦反一音韓　檜古外反徐音會　去惑起呂反下去之同　而爭爭鬭之爭　其
侈昌氏反又式氏反　過衞古禾反又古卧反　夏氏戶雅反下同　殺死申志反下文殺
靈侯同　殺御叔魚據反　喪陳息浪反下注而喪同　死易以豉反　黑要
一遥反　烝焉之承反　使道音導注同　吾聘女匹政反下音汝　屈巫居勿
反　知罃音智下於耕反　共王音恭　申叔跪其委反一音居委反　從其父才用
反　適郢以井反又以政反　使介音界　邢大夫音刑　錮之音固　勿令力呈
反　自爲于僞反如字　爲吾于僞反　必屬章欲反後同　代帥所類反下

注稱帥軍帥將帥同 吾知免矣一本無知字 郤伯見賢遍反下同 世夫音扶
勞之力報反 庚將子匠反下同 求好呼報反下同 行使所吏反 濟
濟子礼反 吾儕仕皆反等也 閔民音愍 棄逋補吳反 逮鰥古頑反
反 施及始豉反 王卒子忽反注同 令二君力呈反 皆強其丈反 冠
之古亂反 執斲竹角反 執鍼之林反 織紝女金反徐而鴆反 為質
音致 大夫說音悅 去疾起吕反 不見賢遍反 之別彼列反 不解
佳賣反 攸塈許器反息也 數年所主反 宴樂音洛 誰居音基
語辭也 有任音壬當也 是夫音扶 齊捷在妾反 淫湎面善反 而
勞力報反 侵敗必邁反 親暱女乙反 淫慝他得反 謂暴本又作[illegible]
薄郭反 掠音亮 又奸音干 大師音泰 淫從子用反本亦作縱 三吏三吏三公
也三公者天子之吏也 使相息亮反注同 經三年所馮皮冰反 蛇丘

以支反音如字 廧在良反 咎如古刀反 別種章勇反 書將子匠反 帥所類反

傳三年 覆諸扶又反伏兵也注同 鄍亡袁反又莫干反徐武且反一臣万 不勝音升下注同 俘芳大反 馘古獲反 以釁許覲反 求紓音舒緩也 各懲直升反 相宥音又 纍力誰反繫也 其好呼報反下同 不與音預 不爲于僞反 臣不任音壬下亦不任同 封疆居良反 楚將子亮反 帥所類反 如潰戶內反 僭王子念反 荀騅音佳 君爲于僞反下爲兩君同 敢任音壬注同 賈人音古下同 寘諸之豉反 褚中中呂反

經四年 城鄆音運

傳四年 宋共音恭 不易以豉反 大史音泰 疆許居良反 展陂彼皮反 取鉏仕居反 任音壬 泠敦力丁反 將中子匠反 取氾音凡注同或云祀 祭側界反 許愬音素

經五年

傳五年 原屏步丁反

能令力呈反 舍我音捨又音赦 弗聽吐丁反 福女音汝 從人才用反
餫諸音鄆 野饋其媿反 以傳中戀反，驛也，注及下同 驛也音亦 辟
重四亦反徐甫赤反本又作僻 曰辟音避 捷之在妾反 邪出似嗟反 絳人
古巷反 杇壤如丈反 君爲于僞反 去盛起呂反 饌也仕戀反 乘
縵武旦反又莫半反 請見賢遍反注皆同 爲質音致下注同 鼓譟素報反
復入扶又反下同 向爲人舒亮反 辭以子靈之難乃旦反又一本
無之難二字 以新誅子靈爲辭一本無爲辭二字 月倒丁老反
經六年取鄟徐音專又市臠反 伯賁音秘 傳六年子
游相息亮反下甯相同 端諦音帝 魯倚於綺反 其難乃旦反注同
言易以豉反 夏陽戶雅反 說音悅下文注同 陸渾戶門反 別種
童勇反 于鍼其廉反一音針 登陴婢支反 復命扶又反 郇瑕音荀

解縣音蟹而近附近之近下及注近寶皆同盬音古鹽也猗氏於宜反君樂音洛下謂樂同將新子匠反下注軍將同大僕音泰惡易以豉反下注同覲古亘反成也疾疢勑覲反本或作疹同墊丁念反隘於賣反羸困劣僞反沈溺乃歷反沈溺濕疾也重膇治僞反一音直媿反重膇足腫足腫章勇反一音常勇反有汾扶云反水名也澮古外反水名垢穢古口反驕佚音逸公說音悅公子成音城欒諸魚呂反桑隧音遂軍帥所類反下注同子盍戶臘反何不也經七年鼷鼠音兮伐郯音談傳七年者也夫音扶昊天戶老反號天戶刀反相成息亮反如晉見賢遍反于汜音凡共仲音恭鄖公本亦作貟音云邑名軍藏才浪反此申呂所邑也一本作所以邑也以御魚呂反共王音恭子闞音鹽黑要一遥反子罷音皮下同遺二子唯季反讒慝他得反貪惏力含反請

使所吏反壽夢莫公反說之音悅季札側八反一卒子忽反注同舍
偏音赦舊音捨九乘繩證反下注同令吳力呈反戰陳直覲反寘其
之豉反諸夏戶雅反惡孫烏路反反戚七狄反經八年來
語魚據反通稱尺證反來媵以證反又繩證反適夫人丁歷反姪
大結反字林大一反娣大計反傳八年餞之錢淺反送行飲酒也說文云送
去食也字林子扇反毛詩箋云祖而舍軷飲酒於其側曰餞不復扶又反其行下孟反下注同過
差初賣反又初佳反犢喪息浪反妃耦音配下五口反長有諸侯如字一音丁丈反
反申驪力馳反沈子揖徐音集又於立反平輿音餘一音預愷開在反樂也
悌徒禮反易也也夫音扶過許古禾反自為于偽反下文為趙嬰同共
姬音恭祁奚巨之反字林上尸反趙衰初危反趙盾徒本反皆數
所主反無僻匹亦反注及下同前詰陟列反有邪似嗟反敢侮亡甫反

鱞寡古頑反　蘧里其居反　城巳惡如字巳猶太也本或作城巳惡矣　虞度待洛反　狡焉交卯反　狡猾于八反　封疆居良反注同　唯然音維本或作雖後人改也　暴掠音亮　勇夫重直龍反又直勇反　閉補計反又補結反一音戶旦反　不復扶又反　君後諸侯如字徐胡豆反　經九年之好呼報反　頃公音傾　傳九年魯復扶又反下同　強請其丈反　爲杞于爲反下注爲魯下文爲歸汶陽同　逆叔姬絕句　我也本或作爲我也爲衍字　以御魚呂反　以要一遥反　蹶父九衞反　爲女于僞反　相所息亮反　韓樂音洛下同　施及以豉反　重勤直勇反又直用反　綠衣如字本又作褖吐亂反注同　邶風音佩又作鄁　銅鞮丁兮反　伯蠲古玄反又音圭　使在所吏反　而縶中立反　拘執九于反　使稅吐活反解也徐始鋭反注同　泠人力丁反樂官也依字作伶　操南音七刀反下同　公語魚據反　不背音佩下同　舍其音捨　少小詩照反

君盍戸臘反淶辰子協反徐又音子荅也夫音扶管古顔反蒯苦怪反
蕉在遥反萃在醉反代匱其位反爲將並如字或于僞反非也本或作僞將
也而紓音舒晉使所吏反注及下同勿亟紀力反急也或欺異反數也脩好
呼報反經十年見生代賢遍反獳卒乃侯反
傳十年糴徐徙弔反一音杜敖反又士弔反茷徐扶廢反一音蒲發反又蒲艾反大宰
音泰之使所吏反下及注使在同公子繻音須立髡苦門反頑如字徐五班反州
蒲本或作州滿爲質音致卷縣音權字林丘權反如淳漢書音同被髮皮寄反
反搏膺音溥而踊音勇壞大門音怪下同及寢門一本無及字公
覺古孝反求醫於其反懼傷我絕句焉徐於虔反一讀如字屬上句逃
之絕句居肓徐音荒鬲也說文云心下鬲上也肓鬲音革攻之音工達
之不及達鍼也鍼也音針甸人徒練反饋人其媿反爲之如字張

中亮反腹滿也注同

成下第十三　杜氏　盡十八年

經十一年郤犨尺由反僑如其驕反　傳十一年且莅

音利又音類不娉本亦作聘匹政反叔肸許乙反無媒亡回反爲姒音似

失儷力計反耦也沈其徐直蔭反注同一音如字已不能音以又音紀庇其

必利又音秘伉苦浪反敵也不復扶又反下文注復出皆同惡惠烏路反伯與音餘

本亦作與于鄄音絹前好呼報反注同鄇田音侯字林音候候人如字本又作音

人音侯單襄音善與檀徒丹反勞文力報反狐溱側巾反華

元戶化反令狐力丁反史顆苦果反而背音佩卷內皆同　經十二

年璅澤素果反依字宜作瑣　傳十二年之難乃旦反公子

罷音皮好惡並如字又上呼報反下烏路反菑危音災交贄本又作摯之二反

繄𧓏於勇反 有渝羊朱反 殛本亦作極紀力反誅也注同 畀必爾反使也本亦作
俾 隊其類反失也注同 胙國才故反 成好呼報反盡年皆加 閒宋閒廁之間
子反 相息亮反 而縣音玄注同 玄莫音暮本亦作暮 施及以豉反 重
之直用反 加遺唯季反 焉用於虔反 之治直吏反下注治世同 閒於
音閑注同 享宴許丈反舊又許亮反本亦作饗宴音於見反徐於顯反 不倚於綺反 則
折之設反 朝而直遙反朝曰朝徐音潮旦之朝 以扞户旦反蔽也 赳赳居黝反一音居
醜反 扞難乃旦反 貪冐莫報反又亡北反 爲搏音博 噬之市制反 以
駁邦角反 能爲于僞反又如字 干城户旦反本亦作扞又如字 以語魚據反 矣
夫音扶本亦無此字 必復扶又反 鄢陵謁晚反漢書音義一建反 經十
三年 郤錡魚綺反 道過古禾反或古卧反 伯廬力吴反本亦作盧
傳十三年 而惰徒卧反 先使所吏反 子從才用反 爲介

輔相息亮反下同　受脤市軫反宜社之肉也　盛以音成　盡力津忍反下同　埶膰音煩祭肉也　呂相息亮反注同　逮我音代一音大計反　相好呼報反下同　勠力相承音六説文康力幽反呂靜字韻與飂同字林音遼　辟麗上音避下力知反　畀我必爾反本亦作俾下及注同　躬擐音患　甲冑直又反　跋履蒲失反草行也　之疆居良反　場音亦　不詢思遵反謀也　擅及市戰反　恐懼丘勇反　㦸死我君本或以我字在死上非　迭我直結反徐音逸　殽地戶交反　奸絶音干　費符味反　滑于八反　緱氏古侯反　撓亂乃卯反徐許高反　傾覆孚服反下同　之隕于敏反下同　事見賢遍反　逞志勑景反使也　欲闕其月反徐如字　蝥賊莫侯反爾雅蟲食苗爲蝥食節爲賊　不悛七全反改也　涑川徐息録反又音速字林同　浮我芳夫反　不復扶又反　惠稱尺證反注同　狄難乃旦反　箕音基一音其　郜古報反　芟所銜反　痍音夷本又作夷傷也　之聚才喻

才倫反眾也注同 徼福古堯反 與女音汝下文皆同 同好呼報反一音如字 復

脩音服又扶又反 我寡君讀者亦作寡人 季隗五罪反 廧在良反 咎

如音羔 狄應應對之應注同 惡君烏路反下同 昊天戶老反 康共音恭

以懲直升反 昵就女乙反親也 要也一遙反 欲道音導 將中軍

子匠反凡將其軍者放此以意求之 趙旃之然反 欒鍼其廉反 晉帥所類反注

同 乘和繩證反注同 麻隧音遂 成差初佳反徐初宜反 不更音庚 女

父音汝 復不扶又反 侯麗力馳反 徑扶風音經 迓本又作訝五稼反迎

也 子般音班林作班 自訾子斯反 大宮音泰下同 子印一刃反 子

駹武邦反 負芻初俱反 守子又反 欣時如字徐云或作款亦音欣案公羊傳

作喜時宜音忻 經十四年 傳十四年 侯彊其丈反注

同 見賢遍反注強見下而見之同 又以爲如字或于僞反 雖惡烏路反 而宥

音又 子相 息亮反注同 叔傲 五報反本又作敖音同下同 享食 音嗣 兕 徐辭姊反 觥

古横反 其觩 徐音虯又巨彪反一音巨秋反 好禮 呼報反 所敗 必邁反下同 復伐

扶又反 疆許 居良反下同 舍族 音捨注同 之稱 尺證反 而晦 呼內反 婉

而 怨晚反 不忓 憂于反曲也注同 懲惡 直升反 子衎 徐苦旦反 不內 如字

徐音納 酌飲 市略反又章略反 國也夫 音扶 鱄也 徐市戀反一音專 不聳

息勇反 舍其 音赦或音捨 盡寘 之豉反 經十五年 世

子成 音城 共公 音恭 欲挾 音協 士燮 息協反 無咎 其九反 子

鰌 音秋 同好 呼報反 于葉 舒涉反 傳十五年 將

見 賢遍反 應天 應對之應 不拘 九于反 子囊 乃郎反 以庇 必利反又

音祕 㬥隧 音遂 數戰 所角反 少司寇 詩召反下同 鱗矔 古亂反

向帶 音帶本又作帶 大宰 音泰 戌在 音恤 故去 起吕反 於睢

音雖徐許惟反又音綏 得復扶又反 登丘而望之則馳絶句 騁而
勑景反 睢澨市制反水涯也 水涯本又作崖魚佳反一音宜 決壞音怪 登陴
毗支反 欒裔以制反 州犂力兮反 而騶仕救反 民惡烏路反 子
好呼報反 於難乃旦反 傳見賢遍反 經十六年雨木
冰如字公羊傳云雨而木外也舊子付反 著樹直略反 欒黶於斬反徐於玷反 鄢
陵謁晚反又於建反 苕丘音條 非使所吏反 刺公子七賜反爾雅云殺也
依字作剌 傳十六年近鄭附近之近 將鉏仕魚反徐在魚反 諸
汋七藥反徐音酌一音市藥反 陂彼庇反 夫渠音扶 不儆京領反 覆之
徐敷目反一音扶又反又芳又反 汋陵音勺又七藥反一音常藥反 爲晉于僞反 居守
手又反 句耳古侯反 與往音預注同 非使所吏反 過申古禾反 正
邪似嗟反注皆同 下應應對之應 烝民之承反注同 敦厖莫邦反敦厚也厖大

也其好呼報反瀆齊徒木反話言戶快反好時音干本或作干而
罷音皮本亦作疲下注同所底徐音旨一音之履反吾不復見子矣扶又
反一本無復字喪列息浪反下同以紓音舒緩也以遺唯季反下注問遺也同集
睦集又作輯音同亦七入反復從徐子容反音或如字之亟去吏反數也亟數所角
反驕亢苦浪反盍釋戶臘反晨壓於甲反徐於輒反而陳直覲反下
及注皆同笮其側直反范匄本又作丐古害反行首戶郎反一音如字注同營
壘力軌反輕窕勑彫反又勑弔反相惡如字又烏路反王卒子忽反下皆同而
囂許驕反徐讀曰嗷五高反注及後同諠況元反本又作喧譁音華本人作嘩巢車說文
作轈云兵車高如巢以望敵也字林同爲櫓音魯大宰音泰官名大者多同以意求之張幕
音莫塵上時掌反爲行戶郎反下夾公行同皆乘繩證反下同左將子匠反下
去將同帥所類反下元帥同戰禱丁老反或丁報反賁皇扶云反故憚徒旦

反萃於似醉反國蹶子六反射其食亦反注及下射之同中厥丁仲反注同

陽長丁丈反激南古狄反有淖乃孝反徐徒徐反泥也共王音恭夾公

古洽反焉得於虔反冒也莫報反徐莫北反離局力智反注同遠其

于萬反掀公徐許言反云捧轂舉之則公軒起也一曰掀引也胡根反一音虛斤反字林云舉出也火氣也又丘近反潘

尫烏黄反之黨一本作潘尫之子黨案注云黨潘尫之子也則傳文不得有子字古本此及襄二十三年申鮮

虞之傳摯皆無子字蹲甲在尊反徐又在損反聚也一音才官反七札側八反徐又側乙反夸王

苦瓜反尚知音智詰朝如字注同言女音汝夢射食亦反下至使射呂錡皆同

中之丁仲反下及注皆同中項戶講反伏弢他刀反弓衣也韎韋莫拜反又音妹

徐莫蓋反之跗方于反洼之樹反若袴苦比反而屬童玉反猶近

如字一本作與音預介者音界爲事于僞反使者所吏反注及下同今撎

伊志反揖也字林云舉首下手也杜溷戶昏反又戶本反茀府勿反翰胡徐音韓

諜(音牒)輅之(五嫁反)乘(繩證反)輕兵(遣政反又如字)不去(起呂反)於熒(户扃反)內旌(音精)叔山冉(如琰反)爲國故(于僞反)乃射(食亦反)再發(如字徐音廢)盡殪(於計反)搏人(音博)中車(丁仲

反)折(之設反又市列反)軾(音式)子茷(扶廢反)謂夫(音扶)之麾(許危反)曰臣(人實反)之使(所吏反下免使者同)好以(呼報反下及注皆同)閒暇(音閑)不使(所吏反又如字)往歙(於鴆反)執榼(苦臘反)造于(七報反)得犒

(苦報反)從者(才用反)而復(扶又反注及下同)卒乘(繩證反下同)展陳

(如字)徇曰(似俊反)蒐乘(所留反)秣馬(音末)脩陳(直覲反又如字)蓐食(音辱)申重(直用反)逸縱(子用反)能見(賢遍反)天敗楚也

夫(音扶)三日穀(本或作三日館穀謂也)君幼(本或作君幼弱)之覆(芳服反)臣之卒(從此已前皆子忽反)初隕(于敏反)盍圖(户臘反)壞隤(户怪反徐音懷)

下徒曰反 欲去起呂反 晉難乃旦反 子鉏仕居反 女不可音汝 儆
蒲京領反 設守手又反 未弭亡氏反 有篡初患反 殺音試 不
復扶又反下及下文復請同 以伯如字又音霸 申守手又反下注同 敢過古卧反又古禾反
食使者音嗣使音所吏反注同 之介音界下文敢介大國同 而後食一本
作聲伯而後食 不與音預 將主子匠反 我斃婢世反 稾丘力甚反 苟
去起呂反下同 淫慝吐得反下文同 則夫音扶 若朝如字 吾為于僞
反 相二息亮反 不衣於既反 不食舊如字對上句應作嗣音 偃與音預
其難乃旦反 始見賢遍反 亦間徐音間廁之間讀者或如字 語諸魚據
反 不見賢遍反又如字注同 經十七年 北宮栝古活反 柯
陵古河反 貍力之反 脤市軫反 玃俱縛反徐居碧反 且子餘反 傳十
七年 虛滑起居反 髡頑苦門反 侯獳乃侯反 為質音致

戲童許宜反曲洧于軌反洽曲直吏反驕侈尺氏反又尸氏反難
將乃旦反下同視我之又反與婦人如字徐行潁反于閎音宏巷門也相
冒亡報反讁我直革反責也譴責遣戰反相靈息亮反下相施氏同
處守手又反而索所白反注同頃公音傾刖鮑音月又五刮反匡句
須其俱反之知音智鄉日許亮反本亦作向危行下孟反涉洹
音桓一音恒今土俗音袁林慮力於反長樂音洛下樂平縣同瓊求營反瑰
古回反珠也含象戶暗反本亦作唅言之之莫音暮戒數所角反崔
杼直呂反以難乃旦反下及注同盧降下江反自鄢一本又作自鄢陵
盡去起呂反下文同而嬖必計反魚矯居表反而梏古毒反械也
戶戒反軍帥所類反居守手又反敵使所吏反君盍戶臘反嘗
使所吏反又如字覘之敕廉反伺也音同又絲嗣反射而食亦反不偪

彼力反下同　易有以豉反　信知音智下同　清沸甫味反　魋徒回反　結衽
西甚反徐而鴆反　坐處昌慮反　一朝如字　爲軌本又作宄音同　御姦魚呂反下
同　不施如字或式豉反　違去起呂反下同　厭少詩照反　焉用於虔反　道
旲音導下及注同　伐駕如字一音加　釐力之反　虺許鬼反　槖師
他洛反　經十八年　復入扶又反　鹿囿音又　遣輕遣政反
士魴音房　于虛起居反　朾他丁反　傳十八年　一乘
繩證反注同　其少詩照反　菽麥音叔　易別以豉反下彼列反　癡者
勑疑反　齊爲于僞反　之難乃旦反　王湫子小反徐子鳥反　奔萊
音來　殺絕音試　施舍如字一音始豉反　止逋布吳反　逮鱞古頑反　淫
慝他得反　賦斂力驗反　宥音又　罪戾力制反　節省所景反下同
不從子用反本亦作縱　魏相息亮反　魏頡戶結反　魏顆苦果反　孝弟音悌本或作悌

渥濁於角反　右行戶郎反　士蔿下委反　辛將子匠反下軍將同

弁皮彥反本又作卞下同　絅居黝反　校正戶孝反注同　共時音恭本亦作供下文同

省卿所景反　令軍力呈反　鐸待洛反　遏於葛反徐音謁　訓卒子忽反

乘繩證反下及注皆同　六騶側留反　之長丁丈反　軍帥所類反下之帥為帥皆同

以復扶又反下及注復入皆同　以上時掌反　取朝如字　郟古洽反　城郜古報

反　三百乘繩證反　惡其烏路反　曰復歸音服一音扶又反　以惡

曰復入本或作以惡入曰復入　西鉏仕居反徐在居反　吾音魚西鉏吾人名也　無

猒於鹽反　猶憾戶暗反　以閒如字又閒廁之閒　吾釁許靳反　而披

普彼反注同分也　崇長丁丈反　患難乃旦反　勞公力報反　語之

魚據反注同　來見賢遍反　台谷勑才反一音臺　彘季直例反　世適

丁歷反

襄元襄公名午成公子母定姒謚法因事有功曰襄辟土有德曰襄第十四　杜氏盡九年

經元年魯與（音預）于鄫（才陵反）公孫剽（匹妙反字林匹召反）

傳元年爲（于僞反）彭城降（戶江反注同）歸寘（之豉反）瓠丘（徐侯吳反音戶故反）東垣（音袁）爲質（音致）其郛（芳夫反）元帥（所類反）於洧（于軌反）焦夷（如字徐在堯反）不與（音預）酇縣（才河反又子旦反）迂迴（音于）繼好（呼報反）

經二年伯睔（古因反徐又胡忖反）甯殖（市力反）齊姜（如字謚法執心克莊曰齊或音側皆反非）

傳二年伐萊（音來）正輿子（音餘本亦作與）以索（所白反）謚應（應對之應年末同）其行（下孟反）美檟（古雅反木名）爲櫬（初覲反棺也）養姑（徐余亮反）話言（戶快反善也）哲知（音致下同）爲不哲矣（一本作不爲哲矣）不媲（必履反）公適（丁歷反本亦作嫡）烝（之承反）畀（必利反與也注同）以洽（戶夾反）孔偕（音皆）偕徧（音遍）越疆（居良反）齊竟（音境）負擔（都暫反）射楚（食亦

反非異人任音壬注同絶句一讀至人字絶句不爲于僞反若背音佩棄力服本作棄功誰暱本又作昵女乙反徐乃吉反復憂扶又反下文復憂會同

經三年長樗勑居反單子音善袁僑其驕反

傳三年鄧廖力彫反組甲音祖下皆同被練皮義反徐扶僞反注及下同要而於遥反咎子其九反憂恚一僞反子相息亮反皆同介在音界晉爭爭鬬之爭爲鄭于僞反吳好呼報反不易以豉反注同多難乃旦反年內同虞度待洛反于耏音而解狐音蟹爲諂他檢反爲比毗志反能舉善也夫音扶絶句一讀曰夫爲下句首頃公音傾亂行戶郎反注同行陳直覲反用鉞音越公跣先典反無重直用反注同禮食音嗣注同又如字特爲于僞反

經四年

傳四年爲陳于僞反鮦陽孟康音紂直九反一音童或音直九反非有咎其九反下同肆

夏戶雅反注及下同　奏九夏一曰王夏二曰肆夏三曰韶夏四曰納夏五曰章夏六曰齊夏七曰族夏八曰陔夏九曰驁夏　肆夏一名樊國語云金奏肆夏樊遏渠杜逸分爲三夏之別名呂叔玉云肆夏時邁也樊遏執競也渠思文也　韶夏上招反　名遏於葛反　夏納本或爲納夏誤　名渠其居反　子貟音云徐于貧反　通使所吏反下注及文皆同　藉之在夜反薦也　舍其音捨　而重直用反下皆同　敢與音預下及與同　牧伯徐音目　相樂音洛　以勞力報反注以此勞同　騑騑芳非反　咨諏子須反　咨度待洛反下文注同　咨詢音荀　咨難乃旦反　不過古禾反　君長丁丈反注同　爲已于僞反下注爲定姒爲言下爲執事同　蒲圃布古反　場直良反　不御魚呂反止也注同　須句其俱反　顓音專　臾羊朱反　之比必二反　蓋相息亮反　朝夕如字　褊小必淺反　不共音恭　顧借子亦反注同　間陳間廁之間　伺音司　閒音閑又間廁之間又如字　其使所吏反　夏訓戶雅反下注皆同　启弃音詣

自鉏仕居反大康音泰中康音仲下同子相息亮反下及注同熊髡
苦門反尨莫邦反圉魚吕反寒浞仕角反徐在角反樂之音洛下樂安同詐
慝他得反後同不悛七全反改也而亨普彭反煮也以食音嗣注同有鬲
音華生澆五弔反及豷許器反斟之林反灌古亂反于過古禾反注
及下同干戈古禾反掖縣音亦漢書作夜孟康音掖之燼才刃反遺民也少康詩照
反注及下同后杼直吕反官箴之林反芒芒莫郎反遠皃畫爲平麥
反分也攸家如字本或作攸𢼸不擾如小反亂也冒于莫報反貪也又云北反其
麀音憂牝也鹿牡茂后反可重直用反下文同猶數所角反不恢
苦回反大也以好呼報反下文同不懲直升反荐居在薦反又才遜反聚也或云草也
易土以豉反輕也徐神豉反注同可賈音古不聳息勇反懼也公說音悅
臧紇恨發反狐駘徒來反徐勑才反番縣本又作蕃應劭音皮一音方袁反白

褱魯國記六陳子游爲魯相番子也國人爲諱改曰皮 目台吐才反 皆髽側瓜反 合

髻音計本又作結又作紒音同 朱儒本或作侏亦音朱 經五年子

巫扶云反 鄫見賢遍反 不復扶又反下同 傳五年愬

戎悉路反 淩虣自報反 奉使所吏反 覿鄫直歷反見也 見也

賢遍反 之好呼報反 將爲于僞反 共王音恭 嚴斷丁亂反 挺

挺他頂反正直也 扃扃工迥反徐孔穎反明察也 背盟音佩 鄫近附近之近下文陳近

同 魯賁音墳 致譴棄戰反 故復扶又反 所以見賢遍反 子

囊乃郎反 我喪息浪反 改行如字徐下孟反 民朝如字 城棣直計反一

音徒姝反 入斂力豔反 西鄉許亮反 宰庀匹婢反具也 無衣於既反

無食如字又音嗣 無重如字又直龍反 相三息亮反 私積子賜反

經六年 傳六年少相詩照反 狎戶甲反習也 長相

丁丈反 調戲 徒弔反 梏華 古毒反 以貫 古亂反 其懦 乃亂反又乃卧反

射子罕 食亦反注同 幾日 居豈反 射女 音汝 不勝 音升 見

且 賢遍反注同 復託 扶又反 堙之 音因土山 環城 戶關反又音患 傅於

音附 堞 音牒女牆也一名俾亦謂之俾倪徐養涉反 王湫 子小反徐子鳥反 共公 音恭 遷于

郳 五兮反本或作遷萊于郳萊衍字 其疆 居良反 經七年郯子

音談 城費 音祕 事難 乃旦反 于鄬 于軌反字林几吹反 于鄵 七報反又采南反字

林千消反 所殺 音試下同 爲書 于僞反 上其名 時掌反 傳七

年 啓蟄 直立反 夏正 戶雅反 隧正 音遂 多難 乃旦反 長

子 丁丈反下師長同 好仁 呼報反注及下同 請共 音恭下注同 介爾 音界下及注同

參和 七南反或音三 臣後 胡豆反下文不後寡君同 子相 息亮反下子駟相同 未嘗

後 如字徐胡豆反 無悛 七全反 委蛇 於危反下以支反下同 召南 上照反 爲

執干偽反 背君音佩 經八年公子燮悉協反 邢丘

悼難乃旦反徐音刑 傳八年復脩扶又反 伯業音霸

又如字本亦作霸 先之悉薦反又如字 辟殺婢亦反罪也注同 子熙許其反徐音怡 以

疆居良反注同 子蟜居表反 人壽音授或如字注同 幾何居豈反 之難

乃旦反 以紓音舒 敬共音恭 二竟音境注同 而庇必利反又音祕下同 不罷

音皮 背之音佩至卷末皆同 杖莫直亮反下同 完守手又反或如字下手官并注同

其咎其九反下同 無適丁歷反下同 騑也芳非反 伯駢扶賢反又扶經反

儌而居領反 悉索悉各反盡也注同一音所百反 女何音汝 馮陵皮冰反注同

啓跪其委反 傾覆芳服反 所控苦貢反引也 夫人音扶注同 一个

古賀反注同 獨使所吏反 以見賢遍反或如字 標有徐扶妙反又扶表反落也 以

興許應反 令辟音譬本多即作譬字後放此 彤弓徒冬反 復受扶又反

城濮音卜 衛雍於用反 孫臧如字徐才浪反 經九年于戲許宜反 傳九年畚音本草器也 挶九錄反土轝也 具綆古杏反汲水索 缶方九反汲水瓦器 蕢其位反 籠力東反 輿音預 汲音急 索悉各反 盆鑑戶暫反 所任音壬 畜敕六反本又作蓄 水潦音老 繕守手又反注守備同 巡行下孟反下同 丈度待洛反下同 之處昌慮反 摽表必遥反 隧正音遂 華閱音悅 官庀芳婢反見也下同 樂遄市專反 皇鄖音云本亦作貞音同 校正戶教反注同 出馬如字徐失遂反下同 武守手又反下同 西鉏吾音魚 儆宮音景 四鄘音庸本又作墉同城也 般庚步干反字亦作盤 以禳如呈反 渥濁於角反 於味竹又反徐丁遘反 以出如字徐尺遂反 內如字徐音納 鶉火音純 得見如字又賢遍反 閼伯於葛反 相土息亮反注同 契孫息列反 之嚳許斷反 猶數所主反下同 所更音庚 遇艮

古恨反　日云如字猶無也讀者或音無　元亨許庚反下同　論彖吐亂反　以折
之設反　之長丁丈反下同　嘉德易作嘉會　而與音預　而姣戶交反注同徐
又如字服氏同嵇叔夜音效　士雅苦田反　失選息戀反注同　少於詩照反下同　中
行戶郎反　欒黶於斬反　新軍將子匠反　晉饑音飢又音機　鄭
門音專本亦作專　行栗如字行道也栗表道樹　于氾音凡　盛音成　餱糧音侯
乾食也　肆眚生領反徐所幸反　人恐丘勇反　鄭復扶又反　敝罷
音皮　暴骨蒲卜反注同徐扶沃反　以爭爭鬬之爭注同又如字　未艾魚廢反息
也一音五蓋反注同　公孫蠆勑邁反　皆從才用反　適子丁歷反　使
介音界注同　介猶間也音間廁之間又如字　以要之一遙反注強要下要人要盟皆同
強要其丈反　歃其許今反　墊丁念反　隘於懈反　所厎音旨至也
以庇必利反　能休許虯反　復伐扶又反下注同　閏月依注讀爲門五日

陰阪音反，又扶板反 三番芳元反 更攻音庚 洧津于軌反 冠而古亂反，注下皆同 盍爲于偽反 以祼古亂反 謂灌古亂反 鬯酒勑亮反 之祧他彫反 罷戎音皮，徐音彼 中分並如字，徐音丁仲反 輸積子賜反，下同 聚才住反 以貸他代反 崇省所景反 期年音基，本亦作朞 于向舒亮反

襄二第十五　杜氏　盡十五年

經十年 于柤莊加反 偪陽徐甫目反，又彼力反，本或作逼 妘姓音云 不復扶又反 傳十年 壽夢莫公反 相大子息亮反，注同 賢行下孟反，下同 秦堇徐音謹 步挽音晚 縣門音玄，注及下同 郰人側留反 紇恨發反 抉之烏穴反，徐又古穴反 以出如字，一音尺遂反 狄虒音斯 彌徐音弥，一音武脾反 爲櫓音魯，大楯也 大楯常尹反，又音尹 一隊徒對

反徐徒偎反郰風音佩及堞音牒徐養涉反隊則直類反而復扶又反注

同上時掌反者三息暫反又如字其斷徒亂反以徇似俊反水

潦音老知伯音智以几本又作机同女成音汝下及注皆同余嬴劣危

反可重直用反任乎音壬注同帥卒子忽反何貺音況賜也有

禘大計反題以大兮反識也旌夏户雅反注同師帥所類反題

識申志反又如字下同其行户郎反卒見寸忽反去旌起呂反及著

徐都慮反一音除慮反雍於用反桑林見賢遍反注同祟見息遂反請

禱丁老反疾差初賣反夷俘芳夫反令居力呈反下令在勸令同秦

丕茲一本作泰不茲于訾言毋子斯反下音無師數所角反疲病音皮

問繇直救反兆卦之辭而喪息浪反下同禦寇魚呂反孫蒯苦怪反

爭競爭鬬之爭下文有之爭同幼少詩照反任其音壬間諸侯間廁之間

故長(丁丈反)田洫(況域反)堵氏(音者或丁古反)皆喪(息浪反下同)封疆(居良反)子嬰(許其反本亦作嫛又音怡)知難(乃旦反)其處(昌慮反)不儆(音景)公孫夏(戶雅反)尨羣(匹婢反)閉藏(才浪反又如字)完守(手又反)七乘(繩證反)尉翩(音篇)政辟(婢亦反)得與(音預下魯不與同)請為(于僞反)至治(直吏反)城梧(音吾)鄭復(扶又反)覓(賢遍反下同)還鄭(本又作環戶關反徐音患注同繞也)夾頰(音頴)能御(魚呂反)能庇(必利反)難要(一遥反)伯與(本又作輿音同)王右(音又注同助也)史狡(古卯反)以說(音悅注同又如字)篳門(音必篳門柴門也)閨(音圭本亦作圭)竇(音豆)從王(才用反注同又如字)騂(息營反字林許營反)旄(音毛)王為(于僞反)共祭(音恭)東厎(音宜)之相(息亮反下同)以賄(呼罪反)不勝(音升)之長(丁丈反)則何謂正矣(何或作可誤也)所右(音又下同亦並如字)

所左音佐下同亦並如字 其契苦計反注同 經十一年復在
扶又反 于亳蒲洛反徐扶各反 鄭與音預 良霄徐音消 傳十
一年夏帥音庚賦稅舒銳反 將復扶又反 僖閔音宏 詛諸
側慮反 五父音甫 之衢其俱反 相要一遥反 其乘繩證反注及下並同 壞
其音怪 足成將住反亦如字 不舍音捨 國幾音機近也注同餘音譏 說之
音稅 使疆居良反注同 埸之音亦注同 之難乃旦反 其莫音暮 于
向舒亮反 于瑣素果反 宛陵於阮反又於元反 濟隧子禮反下音遂 數
伐所角反 罷於音皮 毋音無下皆同 薀年紆粉反 毋壅於勇反
留慝他得反下同 速去起呂反 同好惡並如字或讀上呼報反下烏路反
將王將丈反助也 閒閒廁之閒 茲命本或作茲盟誤 大祖音泰凡大祖大廟大
宮皆放此 之比必利反 巳姓音紀或音祀 任姓音壬 殛之紀力反注同誅也 俾

失本又作卑必爾反隊命直類反踣其蒲北反徐又敷豆反斃婢世反大
夫詹之廉反不與音預以復扶又反注同石㚟勑略反以攝
如字又之涉反言使所吏反注同爲介音界納斥徐音尺一音昌夜反侵掠
音亮叔肸許乙反叔向許丈反以藉在夜反注同鮮不息淺反赦
宥音又師悝苦回反師蠲古玄反又音圭廣車古曠反注同軘
車徒温反淳十述倫反耦也徐又之倫反五乘繩證反下及注同二肆音四縣
鍾音玄其鎛音博九合諸侯謂五年會戚又會城棣救陳七年會鄬八年會
邢丘九年盟于戲十年會柤又伐鄭戍虎牢十一年同盟亳城北又會蕭魚與子樂之音洛一音
岳注同殿天都遍反注及下同便蕃音煩注同數也所角反庶長丁丈
反下及注同鮑步卯反御之魚吕反後放此于櫟力的反徐夫灼反易秦
以敢反經十、二年圍台勑才反又音臺一音翼之反入鄆音運

不與音預　傳十二年　臨於力蔭反下同　嚮其許亮反或作向
於禰乃禮反　魯爲于僞反下皆同　爲邢音刑　凡蔣將丈反案富辰所稱邢在蔣下今傳在凡上未知何者爲是　茅亡交反　胙才故反　祭側戒反徐又如字　庶長丁丈反下同　敢譽音餘又如字　非適丁歷反　先守手又反　劉夏戶雅反　秦嬴音盈
經十三年　取邿音詩　任城音壬　亢父苦浪反又音剛下音甫　言易以豉反傳同
傳十三年　舍爵如字又音捨　俘馘古獲反　爲將于僞反　軍帥所類反下文無帥同　伯游長丁丈反　事見賢遍反　將佐子匠反　難其乃旦反或如字　什吏音十　卒乘子忽反下繩證反　爲汏音泰　數世所主反　也夫音扶　休和許虯反　有好呼報反　之治直吏反　讒慝他得反　黜遠于万反又如字　不爭爭鬬之爭　其技其綺反　以馮皮冰反注同　少主詩召反　而喪息浪反　于鄢音偃

以㱟音没窀張倫反厚也一音徒門反穸音夕夜也以共音恭下同諸夏戶雅反
必易以豉反徐神豉反三覆扶又反注同伏兵也庸浦判五反昊天胡考反
事閒音閑先征息薦反巡守手又反下同本又作狩不習則增絕句一本
無增字則連下惣爲句焉用之於虔反本或作將焉用之其使所吏反注同
經十四年其使所吏反雖介音界惰慢徒卧反傳十四
年爲吳于僞反注爲吳卒不爲同務婁徐莫侯反下力侯反務又音如字婁或音力俱反楚
使所吏反迫逐音百瓜州古華反今燉徒門反煌音皇被普皮反
苫式占反蓋戶臘反爾雅曰白蓋謂之苫蒙冒莫報反不腆他典反與
女音汝下同剖分普口反中分也中分丁仲反又如字漏洩息列反徐以世反詰
朝起吉反下如字注同無與音預注及下同使復扶又反裔以制反冑直又反
毋是音無狐狸力之反又作貍同豺狼仕皆反所嘷戶羔反有殽戶交反

戎亢〔苦浪反當也〕捕鹿〔音步徐又音賦〕掎之〔居綺反〕踣〔蒲北反又敷豆反僵也〕

僵也〔居良反〕離逷〔他歷反〕贄幣〔音至〕不與於會〔音預〕無瞢

〔莫贈反徐又武登反悶也一音武忠反〕青蠅〔以仍反〕凱悌〔開在反下徒禮反下文及注同〕子介

〔音界〕其使〔所吏反注同〕之長〔丁丈反〕季札〔側八反〕少弟〔詩召反〕適

子〔丁歷反〕奸君〔音干〕相傳〔直專反〕于竟〔音境〕朝那〔如字下乃多反〕

〔如淳朝音株〕麭有〔白交反〕則揭〔起例反〕子説〔音悅〕棫林〔位逼反徐于目反一

音於鞠反〕黶惡〔烏路反〕從帥〔所類反下及注皆同〕多遺〔唯季反〕汏奓

〔昌氏反本或作侈又尺氏反〕而女〔音汝〕召公〔上照反注同〕公奭〔詩亦反〕所施〔如字又始豉反〕

爲之〔于僞反〕日旰〔古旦反晏也〕而射〔食亦反〕於圍〔音又〕入使〔所吏反又如字〕

公飲〔於鴆反〕之麋〔云悲反本或作湄〕無拳〔音權〕有嬖〔心計反〕不解

〔音蟹〕欲先〔悉薦反〕并〔必政反〕帑〔音奴子也〕蘧伯玉〔其居反〕傾覆

芳服反蘧瑗于眷反知愈羊主反差也當差初賣反懼難乃旦
反出竟音境下文皆同子蟜居表反近戚附近之近如鄄音絹故爲
于僞反下爲孫氏同公佗徒何反公差初佳反徐初宜反射爲食亦反下及注徐禮射一字皆同或
一讀射而禮乎音食夜反背師音佩求中丁仲反兩軥其俱反徐又古豆反說文同云軛下曲者
服云車軛兩邊叉馬頸者車軛於革反卷者音權又起權反子爲于僞反貫臂
古亂反一音官注同子鮮音仙適毋丁歷反舍大臣音捨之比必二反中
擳側乙反厚成叔本或作郈音同弔于衛本或作弔于衛侯侯衍字也使瘠
在亦反發洩息列反大叔音泰之好呼報反又重直用反注及下同語
臧魚據反以守手又反弟鱄徐市轉反又音專以郲音來從而才用
反又如字注同不說音悅注及下同羔袖本又作褎在又反公孫剽匹妙反一音甫遥反
字林父召反相之息亮反唁衛侯魚變反徐作喭音唁弔失國曰唁糞土

方問反　彧輓音晚　彧推如字又他回反　舍新軍音捨下及注同　知朝音智　之

長丁丈反　𦖺裘直例反　無帥所類反注同　未任音壬　出其珺

如字徐出音黜　卬之音仰本亦作仰　雷霆徒丁反又音挺本亦作電　匱神其位反　之

祀本或作之祀誤也　弗去起吕反　親暱女乙反　其難乃旦反　替爲

詩音古　盲者莫庚反　以風方鳳反　箴諫之林反　士傳直專反注同

不與音預　非謗如字本或作誹音亦同又甫味反　其技其綺反　道人在由反徐又在

幽反又子由反　木鐸待洛反　徇於似俊反　鈴也力丁反　以從子用反本或作

縱　爲庸于僞反　囊殿多練反　不儆音景　之隘於懈反　要而

一遇反　險阨於賣反　右我音又　世胙才故反　不壞如字服本作懷　翳烏兮

反　命女音汝　環戶關反　史佚音逸　仲虺許鬼反　侮之亡甫反　左

相息亮反　析羽星歷反　見意賢遍反　行歸下孟反注同　經十五年

傳十五年令聞音問重勞直用反敢閒閒廁之閒過魯

公監古禾反古銜反罷戎音皮又皮買反蔿于委反子馮皮冰反從

子才用反橐師音託公子成音城屈到居勿反箴尹之林反

宮廄徐音救無覦羊朱又徐音喻無覬音兾寘彼之豉反下同

周行戸郎反注及下同周徧音遍下同各任音壬曰圻音祈四十乘

繩證反下千乘同師茷扶廢反徐音伐爲質音致子晳星歷反女父

音彶諸卞皮彦反其相息亮反注及下皆同易淫樂以豉反輕也之矇

音蒙不爲于僞反下文爲之攻之同溴古歷反鄕共音恭皆喪息浪反

堵苟音者苟本或作狗娶於七住反

經典釋文卷第十七　經四千九百二字　注一万一千八十六字

經典釋文卷第十八

春秋左氏音義之四　起第十六盡第十七

唐國子博士兼太子中允贈齊州刺史吳縣開國男陸德明撰

襄三第十六　杜氏　盡二十二年

經十六年湨梁古闃反徐公壁反　軹縣之氏反韋昭音枳　重丘直用反　數侵所角反　圍郕音成

傳十六年彪也彼蚪反　羊舌肸許乙反　叔向許丈反　就閒音閑　乘馬繩證反　烝于之承反冬祭也　警居領反　守手又反　莒犂徐力私反一音力兮反　比公音毗注同　將爲于僞反下文爲夷同　之使所吏反　向戌舒亮反下音恤　公孫蠆勑邁反　子蟜居表反　遂相息亮反　從公才用反又如字注同　棫林爲逼反徐于目反　凾氏音咸　欒黶於斬反　子格古百反　湛市林反徐文林反一音直斬反

阪音反徐扶板反復伐扶又反孟孺本又作孺如住反子速本亦作遫音同
徼之古堯反要也要也一遥反好勇呼報反海陘音刑徐古定反魯
隘於懈反禘祀大計反朝夕如字下同釋感胡暗反本亦作憾比及必利反
之間音閑中行戶郎反圻父其依反下音甫注同嗸嗸五刀反劬勞
求于反訇在占害反無鳩居牛反集也經十七年子牼
苦耕反徐戶耕反桃虛起居反華臣戶化反傳十七年莊
朝如字凡人名字皆放此司徒卬五郎反注同孫蒯苦怪反曹隧音遂越
竟音境遂飲於鴆反重丘直龍反其瓶步經反而詬呼豆反罵
也罵也馬嫁反愬于悉路反臧紇恨發反近防附近之近下居近澤門同
騶叔側留反復還守扶又反又音服唁之音彥以杙羊職反抉
烏穴反除又古穴反其傷如字一本作瘍音羊爲齊于僞反皐比音毗侵昜

以鼓反以鈹普皮反畀余必利反與也注同必聘勑領反惡之烏路反年末注同瘈狗徐居世反一音制字林作狾九丗反云狂犬也大宰音泰後放此爲平公于僞反妨於音芳農收如字又手又反謳曰烏侯反澤門如字本或作皐門者誤之晳星歷反徐思益反白也之黔徐音琴一音其廉反黑也執扑普卜反扙也以行下孟反而抶恥乙反吾儕仕皆反有闔戶臘反廬力居反區區丘于反小兒有詛莊慮反有祝之又反分謗補浪反麁本又作麤衰七雷反本又作縗同注同不緝七入反苴七余反麻有二者也經帶直結反以苴麻爲經及帶杖竹杖也禮記云苴杖竹也菅古顏反草也屨也具反以草爲屨食鬻之六反音羊天反謂朝一溢米暮一溢米倚廬於綺反𢊍倚東牆而爲之故曰倚廬寢苫傷廉反編草也枕草之鴆反注同王儉云夏枕古冬枕草枕由苦對反一音苦怪反不解音蟹

經十八年之使所吏反入竟音境齊數所角反負芻初俱反

傳十八年長子丁丈反或如字純留徒溫反或如字地理志作屯爲曹于偽反所殺申志反首隊直位反跪而其委反奉之芳勇反梗陽古杏反巫皐古刀反二轂古學反而檮丁老反一音丁報反怙恃音戶棄好呼報反背盟音佩謂數所角反實先悉薦反後之戶豆反守宦手又反又如字敢復扶又反下注復次同沈玉音鴆或如字魯濟子禮反禦諸魚呂反塹防士監反廣里古曠反注同析文星歷反敢匿女力反千乘繩證反子盍戶臘反公恐曲勇反斤山澤音尺一音昌夜反必旆步蓋反跣陳直覲反注同乃脫勑活反注同一音他外反旗識申志反一音赤志反夜遁徒困反聲樂音洛注同班別彼列反連大並如字塞隧音遂道也而殿丁練反下及注同郭最徐子會反於隘於懈反射殖食亦反下注同中肩丁仲反矢夾古洽反或古協反

脰音豆頸也其衷音忠殺女音汝乃弛式氏反本又作施音同亦舍音捨皆
衿其鴆反城守手又反克邿音詩雍門於用反之萩音秋本又作楸
示閈音閑其橁勑倫反又相倫反木名劉難乃多反或如字左驂七南反迫
音百還于音旋一音患以枚每回反馬檛也數所主反注同闔戶臘反門板馬檛
陟瓜反不恐曲勇反郵棠音尤扣馬音口略行下孟反以輕遣政
反下同斷鞅音短及維本又作濰音同水名及沂魚依反東莞音官蓋
縣古害反下邳蒲悲反入泗音四欲去起呂反下同揚豚徒門反見
使所吏反難易以豉反於汾扶云反子西守手又反下完守同犨
縣尺由反旃然章延反入汴皮彥反薳于委反本又作蔿子馮皮冰
反侵費扶味反滑于八反雍梁於用反右回如字徐胡猥反蟲
牢力刀反純門如字一音市荀反濉水音雖多凍丁弄反幾盡

音析吾驟仕救反經十九年祝柯古多反濉水好號反徐
音郭又虎伯反字林口郭口獲二反西郛芳夫反傳十九年督揚
丁毒反毋侵音無疆我居良反蒲圃布古反過魯古禾反如
鞌音安賄荀呼罪反乘馬繩證反又四馬爲乘同先吴悉薦反又如字壽
夢莫公反元帥所類反癉丁但反徐音旦疽七徐反生瘍音羊惡
創初良反及著張慮反又直慮反雍於用反請見賢遍反而視如字徐市
至反下同不可含戶暗反本亦作唅下同口噤其蔭反盥而音管其爲于僞
反下注爲懷子同乃復扶又反乃瞑亡丁反一音亡平反桓譚以爲荀偃病而目出初死其目未合尸冷乃合
非其所知也傳因其異而記之耳兵并如字又必政反將中軍子匠反後放此召伯上照反下
同勞力報反來力代反之長丁丈反之仰如字徐五亮反下同膏雨如字徐古
報反常膏古報反又如字輯睦音集本又作集鑄鍾之樹反聲應應對

之應則借如字一音倩下反且夫音扶彝器以之反而懲直升反娶季
七住反其姪直結反駿聲子公反中子音仲亦作仲下皆放此子嬖
必計反屬諸之蜀反注同立適丁歷反本或作嫡閒諸侯閒廁之閒巂衛
詩照反下注簡公猶少同崔杼直呂反黥其京反刖音月又五刮反不暴蒲卜反
於句古侯反瀆音豆灑藍色買反徐所綺反藍音力甘反之難乃旦反注及下同
甲守手又反下問守備同圭嬀居危反亞宋子於嫁反寶相息亮反注同
號之徐胡報反召也一音户刀反將傳音附食高唐音嗣工僂呂侯反
夜縋直僞反醢衛音海大隧音遂控于苦貢反度齊待洛
反共子音恭蹷其徐求月反拔也一音居月反又居衛反經二十年
于向舒亮反于澶市然反緐汗音紆又近附近之近公子
廋悉移反傳二十年莒數所角反下同和解古買

反又戶買反自復扶又反下始復同其好呼報反下皆同背楚音佩之偪彼力反與於音預呼於大故反而去起呂反褚師張呂反段徐徒亂反

共公子音恭常棣大計反樂爾音洛妻帑音奴魚麗力馳反樂只之氏反本亦作旨奉使所吏反之策初革反出其君如字徐音黜有餒奴罪反餓也

經二十一年以潨本或作淶

徐音七閭丘力於反商任音壬

傳二十一年公姑姊

杜以公之姑及姊是二人也或曰列女傳稱梁有節姑妹謂父之妹也此云姑姊是父之姊也一人耳以杜氏爲誤案成二年楚侵及陽橋孟孫往賂以公衡爲質杜云衡成公子也楚師及宋公衡逃歸臧宣叔云衡父不忍數年之不宴以棄魯國則公衡之年下計猶十七八成公是其父固當三十有餘從成二年至此三十八歲姑又成公之姊則年近七十矣假令公衡非成公之子猶是成公之弟成九年伯姬歸于宋伯者長稱九年始嫁則爲成公之妹成公不得有姊矣若成公則有庶長之姊以成公公衡之年推之亦不復堪嫁故知二人也唯公羊以成公即位年幼據左氏成四年傳云公如晉晉侯見公不敬公歸欲求成于楚得季文子諫而止此非年

幼也反覆推之杜氏不誤 妻之七計反下同 其從才用反下同 子盍胡臘反下盍反同 詰

盜起吉反治也 務去起呂反下皆同 阜牧在早反 凡八等之人謂阜輿隸僚僕

臺閭牧也 洒西禮反 濯直角反 軌度待洛反 不懲直升反 當令力呈反

復討扶又反 公子鉏仕居反 叔孫還音旋 殺之申志反又如字 闞

地求月反 繭古典反緜衣也禮記云纊為繭 衣裘於既反 鮮食息淺反少也下鮮過

并注同 瘠則在亦反 瘦也所又反 彊逐其丈反 不相能如字徐乃代反

幾亡其依反 不為于偽反下文吾為同 作難乃旦反 懷子好呼報反

施式豉反 城著直據反又張慮反 易逐以豉反 郕豫音丙 叔羆彼皮

反 不知音智下及注同 詩小雅案今小雅無此全語唯采叔詩云優哉游哉亦是戾矣 王

鮒音附 弗應應對之應下注同一本作不應 皆咎其九反 德行下孟反注同

較然音角 乘馹人實反傳也 無疆居良反下注同 有謩莫胡反 勳

如字書作訓宥之音又鯀古本反殛紀力反大甲音泰而相息亮反右
王音又宣子說音悅之乘繩證反入見公賢遍反下文始見并注同言
爲國于僞反下不爲邑亦爲子皆同姤叔丁故反禍女音汝下同人閒閒廁之閒於
難乃旦反掠之音亮守臣手又反注同罪重直用反注同郊甸徒練反
伏竄七亂反輔相息亮反保任音壬儌之戶敎反或作效環轅音袁
錮欒音固齊殺申志反下同剽匹妙反知起音智中行喜戶郎反
邢蒯否怪反先二子悉薦反欲與音預下同其枚本亦作板子
爲于僞反胥射食亦反經二十二年寵近附近之近
傳二十二年之守手又反爲公于僞反兩過古禾反御叔魚呂反又
魚據反焉用於虔反多知音智又如字而儌五報反使人祈吏反注同
不任音壬之蠹丁故反少正詩照反注及下少牢同孫僑其驕反有戲

許宜反不共音恭下共祀同觀釁許靳反差初宜反又初佳反一音七何反注同池徐本作沱直知反一音徒何反注同重之直用反石盂音于石㚟勑略反公孫夏戶雅反下同見於賢遍反又如字甞酎直又反與執音預燔焉本又作膰音煩祭肉也閒二年閒廁之閒又如字先澶悉薦反罷病音皮荐至在薦反仍也不惕他歷反懼也朝夕如字堪任音壬黑肱古弘反盡歸津忍反凡此例可求故時音之復錮扶又反注同下復使下注復生不復行皆同馬數所主反十乘繩證反令富力呈反君焉於虔反下焉入同泄命息列反漏也又以制反轘觀起音患車裂也四竟音境下同取殯必刃反吾與音預殺吾如字一音試遂縊一賜反公子齮五綺反屈建君勿反弗應應對之應不敢不見賢遍反游眅普板反大叔音泰請舍音捨

襄四第十七　杜氏　盡二十五年

經二十三年伯匄古告反畀我必利反復入扶又反注同還與

戶關反君爭爭鬬之爭雍榆於用反朝歌如字爲之于僞反廢

長丁丈反音少詩召反輕行遣政反傳二十三年喪

之如字徐息浪反徹去起吕反禮爲于僞反下注爲召下而爲並同絶期居其反

愬二悉路反使慶樂往絶句從陳侯才用反又如字板隊直類

反注同其長丁丈反析歸父星歷反滕之以證反又繩證反以藩方元

反注同有鄣之亮反又音章知不音智又如字無咎其九反所祐音又而

觴式羊反午匿女力反而飲於鴆反偏拜音遍原屏薄經反

之難乃旦反知悼音智子少詩照反注同辟要於必計反七輿音餘

王鮒音附侍坐如字一音才卧反以走如字一音奏民柄彼命反可強

其丈反下注強取同無解徒賣反墨纕七雷反本又作襄音同冒莫報反經

直結反冒結以經冒其首也一云纏冒經三者皆墨之內應應對之應臺觀官喚反備

守手又反既乘繩證反下騎乘趣乘幷注同備隋待果反隊也直類反

跳徒彫反上獻子時掌反左援音袁斐豹音非一音芳匪反督戎

丁毒反閉著陟略反帥卒子忽反訟女音汝注同射之食亦反不中

丁仲反又注之住反注同屬矢之玉反槐本音懷而覆芳服反注同欒

槐音懷斷音短肘張九反王孫揮許韋反召揚上照反申鮮虞

音仙之傅摯音至本或作申鮮虞之子傅摯晏父戎音甫貳廣古曠反注同

邢公音刑牢成魯刀反一本作罕成襄罷師音皮徐音彼一音皮買反狼音郎蘧

疏其居反胠起居反徐又音脅或起業反侯朝如字一音直遙反桓跳徒彫反大殿

都練反注同夏之戶雅反御寇魚呂反駟乘繩證反閒大國閒廁之閒

又如字其咎其九反其難乃旦反欲殺申志反下同以說音悅又如字於

背音佩二隊徒對反徐徒猥反登大音泰行徐戶郎反一音如字隘道於懈反
熒戶扃反廷音庭本亦作庭築壘力軌反辟也音辟郫婢支反少水
詩照反少水地名下注孟氏之少立少同京觀官喚反趙勝音升一音申證反晏氂力之
反徐音來無適丁歷反公彌長丁丈反下皆同公鉏仕居反紇也根發反具
敝車婢世反徐扶滅反飲我於鴆反下皆同吾爲于僞反下注爲定爲公鉏同重
席直恭反新樽音尊本亦作尊復絜扶又反下非復下文復戰同澡之音早
慍而紆運反怨也怒也位處昌慮反朝夕如字恪居苦各反舍旃
音捨惡臧烏路反下之惡子之惡我亦君所惡同騶側留反豐點都簟反徐之廉反
好呼報反羯居竭反弗應應對之應焉在於虔反疾疢恥刃
反之療力召反將辟婢亦反徐甫亦反注同藉除徐音借又如字藉亦借也穿
藏才浪反隧正音遂下文且于之隧同申從才用反上同一音如字娶于七住反

鑄之樹反 蛇丘音移 所治直吏反 其姪大結反又丈一反 大蔡龜名也一云龜出蔡地因以為名 宗祧他彫反 請為先人于偽反下為已請自為請為其先人下文遂自為也同 知不足音智 要君一遥反下同 毋或音無下同 不聽吐定反 殺適丁歷反 蕩覆芳服反 盍以戶臘反 誰居音基注同 猶與音餘 且于子餘反 杞殖市力反 華還胡化反下音旋 狹路戶夾反 近莒附近之近 敝廬力居反 得與音預 臧孫聞之見賢遍反 齊侯絕句一讀以見字絕句齊侯向下讀 知之音智下同

經二十四年陳鍼其廉反 宜咎其九反 惡之烏路反 大饑居疑反又音機

傳二十四年以上時掌反注同 所治直吏反 事見賢遍反 隰叔徐入反 復為扶又反下同 主夏戶雅反注同 既沒其立言今俗本皆作其言立於世檢元熙以前本則無於世二字 大上音泰 史佚音逸 周任音壬 宗祊布彭反注同 寓書音遇

寄也長國丁丈反之難如字又乃旦反之賄呼罪反沒沒如字一音妹沈溺也將

焉於虔反遠聞音問又如字則樂樂則並音路也夫音扶下也夫同臨

女音汝毋寧音無浚我思俊反取也以焚扶云反斃也服云焚讀曰僨僨僵也焚

斃婢世反子說音悅爲重幣于僞反下注魯爲同子西相息亮反介

恃音戒因也注及下同是以請請罪焉請並七井反徐上請字音情薳啓

彊其良反又居良反蒐軍所求反因閱音悅數所主反不戢側立反藏也

黚其廉反又其今反如淳音耿弇反陬縣側留反又子侯反韋昭音諏計其音基又如字漢

書作斤如淳斤音基張骼庚百反一音古洛反輔躒力狄反徐音洛宛於元反射犬食亦

反徐神后反子大叔音泰甲下遐嫁反常分扶問反部蒲口反徐扶苟反

婁本或作塿路口反徐力侯反部婁小阜也小阜扶有反在幄於角反帳也而後食

音嗣御廣古曠反注同已皆乘乘車下乘字繩證反注及下皆同皆踞

■慮反 轉張戀反注及下同衣裝也一音張轡反 衣裝側良反一本作囊 取冑直救反

於橐古毛反 入壘力軌反 搏人音博徐甫各反 挾囚音協 復踞扶又反下復討同

曩者奴黨反曩鄉也 怯也去業反 之亟居力反急也注同 爲

楚于僞反下注同 荒浦判五反 師祁犂力兮反又利之反 城郟古洽反

公孫揮許韋反 降下戶嫁反又如字 以語魚據反 鬷蔑子公反 下

人戶嫁反 言易以豉反 且夫音扶 知人音智 亡釁許覲反 吳子

經二十五年 雖背音佩 重丘直龍反 衞衎苦旦反

遏於曷反徐音謁 傳二十五年 爲晉于僞反下爲己娶同 孟

公綽昌若反徐本作卓音綽 使傴取之如字又七住反注同音七住反注本或作娶字 辯

別彼列反 坎下苦敢反 兌上徒外反 巽下音遜 中男丁仲反 風隕

于敏反 不可取七住反注同 其繇直又反 蒺音疾 藜力私反 無應

應對之應則喪息浪反救嫠也本又作釐力之反寡婦也驟如愁又反徐在遘反閒
伐閒廁之閒注閒晉之難同之難乃旦反欲殺申志反以說音悅又如字又近
附近之近下近於公宮幷注同乃爲于僞反下莒爲下注爲崔子同且于子餘反公拊芳甫反拍
也楹音盈衆從才用反重言直用反別下彼列反陪臣干徐云
讀曰扞胡旦反注同服音如字掫側柳反徐又子俱反一音作候反說文云掫夜戒有所擊也從手取聲字林同音子侯反服本
作諏子須反云謀也今傳本或作諏猶依掫音行夜也下孟反下同又射食亦反之中丁仲反
股音古反隊直類反封具求付反鐸父徒洛反僂力侯反堙音因
祝佗徒何反不說他活反弁皮彥反申蒯苦怪反監取古銜反以
帑音奴鬷蔑子公反死難乃旦反下皆同豈爲于僞反注皆爲及下文同私
暱女乙反敢任音壬當也而殺申志反吾焉於虔反下同枕尸之反
同三踊羊寵反叔孫還音旋而相息亮反下同大宮音泰注同曰

所不與崔慶者本或此下有有如此盟四字者後人妄加乃歃所洽反又所甲反故復扶又反以帷位悲反縳其直轉反虞乘繩證反推而如字又他回反知匿女力反藏也其暱女乙反親也及弇於檢反又於廉反狹道音洽枕轡之鴆反食馬音嗣瘞於滯反埋之無皆反四翣所甲反不蹕音必止行也七乘繩證反注及下七百乘同自泮普半反以莊公說如字又音悅注同隰鉏仕居反獨使所吏反三十帥所類反注及下注將帥同正長丁丈反注同處守手又反注處守同守國者如字或手又反宛沒於元反陳隧音遂徑也徐又徒猥反下同井堙音因塞也木刊苦干反除也隧徑古定反無別彼列反下文同親御魚呂反侵掠音亮陳侯免音問注同徐又音万喪冠也擁社於勇反抱也社社主也而纍類悲反一音呂軌反執縶陟立反而見賢遍反注同數俘所主反注但數同下芳夫反祝祓芳弗反徐音廢少弭亡氏反

道之音導郯之役扶必反左廣古曠反遽以其據反子捷
反在接子駢蒲賢反又蒲丁反子于盂音于墊丁念反方言云下也隘於懈反
私卒子忽反下同陳以直覲反注同後駐張住反復逐附又反下復伐陳同
傅諸音附舒鳩潰戶內反虞闕於葛反大姬音泰妃胡公
音配本亦作配之長丁丈反三恪苦洛反五父佗徒何反夏氏戶雅反
播蕩補賀反介恃音戒以馮皮冰反可億於力反逞勑景反億
度待洛反其衷音忠開道音導其辟婢亦反注同誅也一圻音祈以
衰初危反注同差降也數圻色主反下數甲兵數疆潦各并注同城濮音卜能詰起吉
反相鄭息亮反以足舊將住反又如字下反注同使庀匹婢反度山待洛
反注及下注同以共音恭藪澤素口反焚燎力召反之處昌慮反辨
別彼列反下同表淳音純鹵音魯淳鹵埆薄之地也說文云鹵西方鹹也埆薄音學

疆居良反注同賈其兩反 潦音老 規偃於建反一音如字 豬陟魚反尚書傳云停水曰豬

町原徒頂反 防隄丁兮反 小頃苦穎反 牧隰州牧之牧 衍沃以善反賈云下平曰衍有流曰沃 量入音良又音亮注同 步卒子忽反 甲楯食準反又音尹

器杖直亮反 而[忄巠]遺政反 獲射食亦反下同 必殪於計反死也 疆

其居良反 鷹於陵反 鸇之然反徐又居延反 以語魚據反 朝夕如字 不

說音悅注同討作闓容也 匪解佳賣反 弈音亦圍棋也 棋音其

襄五第十八 杜氏 盡二十八年

傳此傳本爲後年脩成當續前卷二十五年之傳後崩編爛脫後人傳寫因以在此耳 城郟古洽反

别二十彼列反 涖盟音利又音類 伯車音居 鍼也其廉反 傳爲于偽反 特跳直彫反 傳寫直專反一本作轉

經二十六年君

剽四妙反 背國音佩 于澶市延反 以駮邦角反 世子痤才禾反

惡其烏路反　傳二十六年　子貟音云　不應應對之應
暴骨蒲卜反徐扶沃反　道二國音導　能御魚呂反　拂衣芳弗反　褰
裳起虔反本或作騫音蹇同非也說文云褰袴也　於治直吏反　而力爭爭鬬之爭　已
侈昌氏反又尸氏反　子鮮音仙　爲復于僞反注同　敬姒音似　強命其丈反
蘧伯玉其居反　瑗于眷反徐于万反　今殺申志反　誰畜許六反注同容也一
音勑六反　請使所吏反　可還音環　遂見賢遍反一音如字　淹恤於廉反徐於嚴反久
也　猶夫人也夫音扶　孫襄居守手又反　復攻扶又反下復愬同　於
竟音境　頷之本又作顉五感反搖頭也　易生以豉反　大叔音泰　朝夕如字　負
羈居宜反　紲息列反　扞戶幹反　牧圉魚呂反下同　復愬悉路反　先
輅音路本亦作路　先八邑徐悉薦反下同或如字　降殺所界反　見經賢遍反
人　爲于僞反　及雩音于徐況于反如淳同韋昭音虛或一呼反　婁如字徐力俱反如淳音樓

城麇九倫反 皇頡戶結反 穿封戌音恤 易以豉反 別識彼列反
上其手時掌反下注同 介弟音界 道四音導 抽戈敕留反 印一刃反
堇父音謹 以爲請于僞反又如字 更遣使所吏反 疆戚居良反注同
不得與音預 女齊音汝 爲衛侯故于僞反下爲臣注爲林父爲臣同 嘉
樂戶嫁反注同 相齊息亮反下同 蓼蕭音六 大平音泰 緇衣側其
反 粲兮七旦反 違遠于万反 宗祧他彫反 見周書賢遍反 將
仲子兮將音七羊反注同本亦無兮字此依詩序 鄭七穆謂子展公孫舍之罕氏也子西公孫
夏駟氏也子產公孫僑國氏也伯有良霄良氏也子大叔游吉游氏也子石公孫段豐氏也伯石印段印氏也 穆公十
一子謂子良公子去疾也子罕公子喜也子駟公子騑也國公子發也子孔公子嘉也子游公子偃也子豐也子印也子
羽也子然也士子孔也子然二子孔巳亡子羽不爲卿故止七也 宋芮如銳反 諸隄徐丁兮反沈直兮反
共姬音恭 長而丁丈反 而婉紆阮反 而很胡墾反 而惡烏路反下皆同

惠廧音牆或作牆　伊戾力計反　復發扶又反　夫不音扶注同　惡安
音汝　敢遠于万反　好之呼報反　敢近附近之近　有共音恭本又作供下同
歃用口感反　盟處昌慮反　而騁勑景反　聒而古活反下同讙也　讙
也呼端反　乃縊一賜反　乃亨普彭反　使饋其位反　先之悉薦反又如字
左師令力呈反　使者所吏反下文通使同　左師諛羊朱反　使夏户雅反
先下遐嫁反　子朝如字　娶於七住反　子牟亡侯反　爲申公如字
舊于僞反　爲國于僞反　杞梓徐上音起下音子皆本名也　不僭子念反下皆同　不
濫力暫反　殄徒典反盡也　瘁在醉反病也　怠解佳賣反　爲之于僞反下
爲之不舉同　則飫於據反饜食也　饜食也本亦作厭於豔反下同　饌仕眷反　朝夕如字
救療力召反治也　析公星歷反　人寘之豉反　之殿多練反注同　將遁
徒困反　輕窕徐勑堯反又通弔反　易震以豉反　鈞聲音均除居旬反　胥

潰戶內反　桑隧音遂　申麗力馳反　復侵扶又反　華夏戶雅反
之郈許六反徐又起六反　蒐所留反　乘繩證反　闕也音悅　秣馬音末　蓐
食音辱　師陳直覲反　降彭城戶江反　而雍害於勇反注同　之
邢音刑　譙國在遙反　酇縣才多反又子旦反或作贊　楚罷音皮　事見
賢遍反　伯賁扶云反下同　鄢陵音偃　晨厭本又作壓於甲反徐於輒反　而
陳直覲反下成陳并注同　精卒子忽反　欒茂易以豉反注及下易成同賈音亦　行戶郎
反注及下同賈音衡　欲令力呈反下同　不復扶又反下復注同　郤錡魚綺反　四萃在醉
反　師熸子潛反火滅爲熸　娶於本又作取七住反　女賓音汝　許恚一睡
反　爲許于僞反下爲國同　眛於音妹　貪冒亡報反又亡北反　釁於許覲
反　以足子住反又如字　子展說音悅下注同　不禦魚呂反　墮其許規
反　縣門音玄　子汜音凡徐扶嚴反　廩丘力甚反　所治直吏反　其賓

春秋左氏音義之四　十三

音豆介于音戒於比必利反經二十七年孔奐呼亂

反不與音預下同楚先悉薦反又如字晉歃所洽反又所甲反弟鱄市轉

反又音專復患扶又反倚順於綺反傳二十七年諸

喪息浪反注同不稱尺證反爲賦于僞反注同相鼠息亮反注同鄅

風音容祇成音支適也注同勿與音預復攻扶又反衣其於既反枕

之之鴆反欲斂力驗反内我音納本又作納以沮在呂反止使者所吏

反不鄉許亮反本亦作嚮誰愬悉路反公喪息郎反又息浪反稅服徐云

讀曰總音歲注同謂總衰也服音吐外反總衰七雷反本亦作縗一乘繩證反通稱

尺證反少師詩照反欲弭徐武婢反之蠹丁故反本又作蠧大菑音災

難之乃旦反下懼難同我焉於虔反下將焉用之焉用有信焉焉能害我同爲介音戒

後注同折之設反注同徐又音制俎莊呂反使舉是禮也沈云舉謂記錄之也

黒肱古弘反 更相音庚 朝見賢遍反 使駟人實反 傳也陟戀反

子晳星歷反 得復扶又反 以藩方元反 楚氛芳云反徐扶云反 衷

甲音忠丁徐仲反 單音丹盡也注同 斃婢世反踣也 踣也蒲北反 以僭子念反不信也

則夫如字或音扶 不與音預 先晉悉薦反或如字 狎主戶甲反更也 狎更

音庚 德只之氏反 辨具皮莧反 一坐才卧反 飲大夫於鴆反 而重

直用反下二字同 聞於音問又如字 事治直吏反 無媿九位反 以語魚據反下

同 能歆許金反 之好呼報反 垂隴力勇反 二子石從才用反

草蟲直忠反 召南上照反下同 忡忡敕忠反 既覯古豆反 則

降戶江反又如字下注同 鶉之順倫反 賁賁音奔 牀第側里反簀也 踰

閾音域徐況逼反門限也 非使所吏反注同 簀也音責 盡心津忍反 其

樂音洛下注及文至樂以安民並同 蔓音万 邂戶賣反 逅戶豆反 印段一刃反

蟋蟀所律反　大康音泰　其居音據　好樂呼報反下同　瞿瞿俱付反　受天之祜音戶　匪敖五報反　焉往於虔反下政其焉往同　倡賦昌亮反　巳倦昌氏反又尸氏反字林充豉反　五稔而甚反熟也穀一熟故爲一年　皆數所主反　能去起呂反下皆同　蔽諸侯必世反徐甫世反服虔王肅董遇並作弊婢世反云踣也　無厭於鹽反徐於廉反　彼巳音記　偏喪息浪反　娶東七住反　旡咎音無本亦作無下其九反　相崔息亮反　朝陽如字一音直遥反　盧蒲嫳普結反徐敷結反　復告扶又反　難乃且反　吾助女音汝　圍人魚呂反　請爲于僞反下注嫳爲爲齊莊同　堞其音牒徐養涉反　辟諸婢亦反徐甫亦反　蘧罷音皮　僕賃女鴆反　以喪如字又息浪反

經二十八年

以應應對之應　惡之烏路反　孫蝎居謁反　耆酒市志反　爲宋于僞反

傳二十八年

梓慎音子　玄枵許驕反　時菑音災注同　發泄息列反下同

之宿音秀下同角亢音剛又苦浪反秏名呼報反時復扶又反北燕
烏賢反薊縣音計不與音預下同後賄呼罪反重丘直龍反從
子才用反圃布古反石碏七略反日其人實反過此古木反又古臥反
迋于況反往也後同勞于力報反而傲五報反下同而惰徒臥反君小
國事大國古本無小字將為于僞反還之音環使馹人實反之
休許虯反注同乘皮繩證反不易以豉反之難乃旦反日女音汝何
與音預跋涉白末反草行為跋水行為涉敢憚徒旦反之頤以之反無應
應對之應不幾居依反又音祈近也不能復扶又反下復顧同裨竈避支反
烏帑音奴惡之如字一音烏路反禍衝尺容反之分扶問反相鄭
息亮反下同為壇徒丹反郊勞力報反焉用於虔反下焉用作壇焉避之焉
用盟同宥其音又其菑音災怠解佳賣反共其音恭好田

呼報反耆酒市志反數曰所主反見於賢遍反之難乃旦反妻
之七計反注及下注同辯別彼列反下同可相取七住反本亦作娶斷章音短惡
識宗音烏安也注同皆嬖必計反下同欲爲于僞反而先悉薦反
後之戶豆反親近附近之近兵杖直亮反公膳市戰反公膳謂公家供卿大夫
之常膳以鶩徐音木鴨也則去起呂反藏也其洎其器反肉汁也說文云洎灌釜
也字林巳莅反饋其位反知無音智于萊音來无宇從才用反奉龜
芳勇反慶嗣繼嗣之嗣本或作慶嗣誤無悛七全反改寤五故反而戕
在羊反殘也救難乃旦反下外難同夫子愎皮逼反大公音泰慶雋
戶結反環公宮如字徐音患爲優於求反俳優也優俳皮皆反絆之
音半介慶音界抽桷音角擊扉音非門扇也椽也直專反門
闔戶臘反自後刺七亦反猶援音袁於甍亡耕反屋棟也字林亡成反

爲君于僞反下爲之誦同說服吐活反一昔如字反陳直覲反于嶽五角反以
鑑古暫反必瘁在醉反本或作萃同食慶封音嗣氾祭芳劒反弗
說音悅茅亡交反鴟尺之反刺不敬七賜反吳句餘古侯反下句瀆同
而殲子潛反盡也喪羣息浪反故鉏仕居反公子鉏也本或作故公鉏者非句
瀆音豆邶蒲對反殿多薦反又如字注及下同非惡烏路反且夫音扶有
幅音福無黜勑律反放也嫚徐音慢北竟音境亂治也直吏反
能令力呈反拱辟居勇反徐音恭其柩其救反著崔杼丁略反
爲宋于僞反過鄭古禾反迋勞力報反黃崖本又作涯魚佳反
濟澤子禮反行潦音老之蘋音頻藻音早寘諸之豉反之
爲于僞反下除而爲之備一字並同駕音加鵞五何反喪之如字又息浪反之隙
去逆反本或作郤廢好呼報反徵過張陵反審也本或作懲誤

襄六第十九　杜氏　盡三十一年

經二十九年侯衎苦旦反閽音昏守門人殺吴子中志反餘祭

側戒反仲孫羯居謁反杞復扶又反使札側八反北燕音烟

傳二十九年親襚音遂說文云衣死人衣遣使所吏反下同賵襚芳鳳反一本作贈

之比必利反祓殯音拂徐音廢凶邪似嗟反桃茢音列徐音例黍穰如羊

反鄭注周禮云茢苕帚郟敖古治反熊麇九倫反取弁本又作卞皮彥反魯色公冶音也

璽書音徙印也廣雅云印謂之璽說文作壐從土云王者印也籀文從王印也一刃反致使所吏反注并下

注而賞其使同祇見音支本又作多音同服云祇適也強之其丈反邶風音佩寄寓音遇

服斂力驗反年少詩照反靡盬音古不堅固也啓䟓其委反以藩

方元反明近附近之近釁國許氣反以貸他代反下同施而始豉反下文同叔

向許丈反知悼子音智子大叔音泰下同而夏戶雅反注下皆放此肆

以三反餘也詩傳云斬而復生曰肄方言云枿餘也秦晉之間曰肄 協比 毗志反 女齊 音汝 相禮 息亮反注同 司徒侈 昌氏反又尸氏反 力斃 婢世反 專則人實斃 絕之句 將及矣 本或作侈將及矣者非 爲杞 于僞反下文爲之歌皆同 三耦 五口反 邵伯 上照反 鄫鼓父 才陵反 黨叔 徐音掌 愠曰 紆運反怒也怨也 虞虢 瓜百反 焦 子消反 滑 乎八反 玩好 呼報反下好善同 瘠魯 在亦反 毋寧 音無 而焉 於虔切 說之 音悅 壽終 音授 召南 上照反本亦作邵 未盡 津忍反 安樂 音洛下和樂聲下文樂而不荒同 郳鄘 音容 盡被 皮義反 以思 息嗣反下憂思同 以爲別 彼列反 隕滅 于敏反 有治 直吏反 泱泱 於良反又於郎反弘大也韋昭於康反 大公 音泰 將復 扶又反下不復識同 歌 豳 彼貧反 樂而不淫 音岳又音洛注同下而又何樂而可以樂放此 爲成王 于僞反 王業 如字又于況反 刪定 所姦反 汧隴 苦賢反 去戎 起呂反又如字 渢

渢扶弓反徐敷劒反中庸之聲也韋昭音凡大而婉紆阮反約也險而依注音儉易
行以豉反注同思深息嗣反注同自鄶古外反至矣哉一本無矣字不
倨音據徐音居倨傲五報反屈橈乃孝反不偪彼力反不猒於豔
反徐於瞻反不匱其位反施而始豉反不費芳味反不底丁禮反
角徵張里反象箾徐音朔南籥羊略反有感戶暗反本亦作憾恨也
大平音泰舞韶上昭反本或作招音同護音護徐又音戶郭反溝洫況域反
韶箾音簫不幬徒報反覆也說晏音悅下皆同於難乃旦反下皆同未
歇許謁反縞帶古老反徐古到反繒也紵衣直呂反蘧其居反瑗于眷反
史朝如字下文公子朝同史鰌音秋猶爭爭鬬之爭于幕音莫其
萃在醉反集也厚施式豉反公孫蠆勑邁反宥之音又好以
呼報反爲高氏于僞反下注爲子產同高豎上主反曾孫酀於顯反

高傒音兮城縣音綿而寘之豉反旃之然反子晳星歷反言

女音汝將強其丈反裨婢支反諶市林反本亦作諶其與如字或音預幾

何居豈反僂盟力住反用長丁丈反下同能紓直呂反徐音舒解也紓

解音蟹將焉於虔反下同喪其息浪反驅除音並如字一讀上丘具反

下直據反經三十年遂罷音皮世子般音班傷夫

乃定反以惡王烏路反下惡宋同一音如字共姬音恭注皆同傳亦放此耆酒

市志反言復扶又反于澶市然反字林丈仙反云木在宋

傳三十年問王子圍之為政一本無圍字服虔王肅本同吾儕

仕皆反焉與於虔反下音預下將與與於食同匿其女力反相鄭息亮反方

爭爭鬬之爭下注駟良爭同而愎皮力反很也很也胡墾反好在呼報反相

下戶嫁反食音嗣輿人之音餘衆也年長丁丈反夏正戶雅反使

走如字速疾之意也一曰走使之人也服虔王肅本作吏云吏不知歷者于鹹音咸僑如其驕反及風

虛鬼反二畫音獲下同併三步頂反復陶徐音服一音福魯使所吏反以語

魚據反可婾他侯反薄也咨度待洛反鄭難乃旦反詛盟側慮反

爲大子于僞反娶於士住反儋季丁甘反子括古活反將

見賢遍反注同單公音善愆期起虔反下同諸廷音庭注王廷同鳴

呼本又作烏平音同此夫音扶視躁早報反圍蔿于委反平時

音止又音市本或作畤甘過音戈鞏成九勇反瑕廖力彫反音勑留反或

叶徐古弔反千宋大廟音泰一本無大字叫呼火故反譆譆許其反熱

出出如字鄭注周禮引此作詘詘劉昌宗亦音出亳社步各反殷社也待姆徐音茂字

林亡又反一音母女師也結好呼報反繕城上戰反弱植徐直吏反一音時力反大

夫敖五報反本亦作傲服本作放云滶放也以介音界卿共音恭耆酒市志

市志反　窟室口忽反，地室也　公焉於虔反　壑谷呼洛反　而罷皮買反，[illegible]扶彼反　雍梁於用反　醒而星頂反　左相息亮反　侮之云甫反　汏侈音泰　禍難乃旦反，下及注同　弭難彌氏反　方爭爭鬬之爭　附著直略反　斂伯有力豔反，下同　不與音預，下文不與同　之瀆徐音豆　師頡戶結反　介于音界，下同　縊之音縊　枕之之鴆反　股音古　閻難乃旦反　與子上用兩珪質于河質音如字，一音致。一本作與子上盟絕句，用兩珪質于河別爲句　沈珪音鴆，又如字　公孫肸許乙反　非復扶又反　子蟜居表反　公孫揮許韋反　生莠羊九反，草也　降婁戶江反，下及注同　奎婁苦圭反　娵子須反　訾子斯反　東辟音璧　玄枵許驕反　爲任音壬　之比毗志反　公孫鉏仕居反　芋尹于付反　相楚息亮反，下相之同　去身起呂反　艾王魚廢反　爲宋于僞反　北宮他徒何反　不

信也夫音扶一讀以夫爲下句首而偪彼力反偪近附近之近在治直吏反
而要一遥反下注同焉往於虔反必大焉先並如字復命扶又
反如是三息暫反又如字受筴初革反惡其烏路反注同分部
扶運反封洫況域反溝也封疆居良反大人之忠儉者本或作大
夫者踣之蒲北反豐卷眷勉反徐居阮反芻初俱反豢音患牛羊曰芻
犬豕曰豢而褚張吕反褚稸勑六反又許六反本又作畜同並畔薄杏反又薄頂反
殖之時力反徐是吏反此協下韻　經三十一年所樂音洛一音
岳又一音五教反殺者申志反　傳三十一年語之魚據反下
吾語諸同語偷他侯反諄諄徐之閏反或一音之純反盍與户臘反懦弱
乃亂反無厭於鹽反民生幾何居豈反本或作民生無幾何朝不
如字注同讒慝他得反以說如字工僂力侯反灑所蟹反所綺反舊

渻竈生領反徐本作省所幸反一音息井反一音銷　孔虺許鬼反　之難乃旦反

好其呼報反　大誓音泰本亦作泰　君欲楚也夫音扶　若不

復扶又反　拱辟九勇反大辟也　毀齊在亦反　之娣大計反　齊歸

如字注同　公子裯直由反　立長丁丈反　非適丁歷反　鮮不息淺反

比及必利反一本無及字　三易如字又息暫反　⿰衤衰本又作縗亦作衰同七雷反下同

衰衽而甚反徐而鴆反裳下也　嬉戲許其反　惰而徒臥反　多涕他禮

反　相鄭息亮反　使盡子忍反　壞音怪下皆同　其館古亂反字從食

字林云客舍也旁或作舍非　之垣音袁牆也　斥見賢遍反　是以令力呈反下注同

完客音丸　其閈戶旦反說文云閭也汝南平輿縣里門曰閈沈云閈也　閎獲耕反杜云門

也爾雅云衖門謂之閎是也爾雅又云所以止扉謂之閎然爾雅本止扉之名或作閣字讀者因改左傳皆作各音案下

文云門不容車此云高其閈閎俱謂門耳於義自通無爲穿鑿　客使所吏反注同　雖從才用反下

賔從同葺牆侵入反徐音集一音子入反覆也謂以草覆牆也共命音恭寡君使

丐本又作匄古害反士文伯名也今傳本皆作此字或作正字釋例亦然解者云士文伯是范氏之族不應與范宣子同名

作正是也案士文伯字伯瑕又春秋時人名字皆相配楚令尹陽丐字子瑕即與文伯名字正同又鄭有駟乞字子瑕匄

與乞義同則作匄者是又案魯有仲嬰齊是莊公之孫又有公孫嬰齊是文公之孫仲嬰齊於公孫嬰齊爲從祖同

時同名鄭有公孫叚字子石又云伯石印叚字伯石傳又謂之二子石然印叚即公孫叚從父兄弟之子尚同名字伯瑕與宣

子何廢同乎褊小必淺反介於音界注同悉索所白反一音悉各反不閑音閑

未得見賢遍反下及注同敢暴步卜反下同燥濕素早反朽蠹

丁故反蠹敗也以重直用反下重罪同僑聞其驕反重耳直龍反卑庳

庳音婢亦音卑無觀古亂反臺榭音謝本亦作謝土高曰臺有木曰榭庫廏

九又反平易以豉反注同治也污人本又作圬同音烏汙人塗者塓館莫歷反塗也

甸設徒遍反庭燎力妙反徐力遥反一音力弔反庭燎大燭行夜下孟反下巡行同

巾車如字巾車掌車官也劉昌宗周禮音居數反　脂轄戶瞎反　各瞻之廉反視也

憂樂音洛　菑患音災　當復扶又反　銅鞮丁兮反　數里

所士反　迫迮側百反　水潦音老　賓見賢遍反　贏諸侯音盈受也

宴好呼報反　如是夫音扶讀者亦以夫爲下句首　之輯音集反七入反　之

繹本亦作懌音亦　說繹音悅　莒犂徐力私反或音力兮反　比公音毗　去疾

起呂反　展輿音餘本又作與音同　殺之乃立殺音試本或作乃自立者誤　買

朱鉏仕居反　故復扶又反　重明直用反　屈狐庸君勿反狐音胡

巢隕手敏反　闇音暗　戕在良反　餘祭側界反　傳國直專反

相衛息亮反　過鄭古禾反　迋于況反　勞于力報反下及注同　斐林芳尾反本

又作斐　數世所主反　以濯直角反　以上時掌反　能斷丁亂反下同　裨

婢支反　諶市林反　乘以繩證反　鮮有息淺反　鄉校戶孝反下同學也鄭

國謂學爲挍 謗議布浪反 夫人音扶下并注同 朝夕直遥反舊如字 所惡
烏路反又如字 不遽其據反 使道音導注同 長而丁丈反 曰少詩照
反注同 曰愿音願謹善也 知治直吏反下注之治同 能操七刀反 其傷
多一本作其傷實多 棟也丁弄反 榱崩所追反椽也 將厭本又作壓於甲
反徐於輒反下同 學製音制 所庇必利反又音秘 貫則古患反習也注同 厭
覆芳服反 慢易以豉反 鮮克息淺反 令聞音問本亦作問 衛
詩此邶風刺衛頃公故曰衛詩 棣棣本又作逮直計反 可選息兗反注同 選
數所主反下文同 斟酌之林反 而降戶江反注同 而復扶又反 之行下孟
反下 可樂音洛又音岳
昭元昭公名裯襄公子母齊歸在位二十五年遜于齊在外八年凡三十二年薨于乾侯謚法威儀恭明曰昭 第二十
杜氏 盡三年

經元年公二招(常遥反)于號(瓜百反)當先(悉薦反)取鄆
(音運)不稱將(子匠反下同)帥(所類反)言易(以豉反)弟鍼(其廉反)大
鹵(大如字徐音泰下音魯穀梁傳云中國曰大原夷狄曰大鹵)莒去疾(起呂反)莒
展出奔吴(一本作莒展輿)疆鄆(居良反注同)子麇(九倫反)以瘧
(音虐)書弒(申志反或作殺音同)　傳元年旦娶(七住反)爲
介(音界注同)人惡(烏路反)褊小(必淺反下同)從者(才用反)請墠(音善
除地也)辱貺(音況)布几(本亦作机)筵(音延)莊共(音恭)草莽(莫蕩
反)而懲(直升反)不憾(戶暗反)所雍(於勇反本文作壅注及下注同)之祧(他彫
反遠祖廟也)垂櫜(古刀反弓衣也)先歃(所洽反)復得(扶又反下雖復同)而
駕(如字又音加注及下同)衷甲(音忠)楚重(直用反)子相(息亮反)東
夏(戶雅反)淳于(音純)不罷(音皮)謗讟(音獨)誹也(方畏反)行諸

子念反下同是穮彼驕反耘也是蔉古本反耘也音云除草也饑饉

其靳反⿰耒非鉏仕居反之收手又反又如字鮮不息淺反是難乃旦反下

注並同特緝七入反欲背音佩注同誕也音但便篡初患反二子

欒音洛注及下欒憂而樂同小國共音恭注及下同樂王鮒音附小旻亡斤反

馮河皮冰反絞古卯反切也而婉緑阮反注同臧否悲矣反舊方九反持

之如字本或作特誤當身丁浪反瀆齊徒本反其使所吏反下注其使出

使下召使者同相趙息亮反注同而爲于僞反下注爲諸侯同梁其踁戶定反

以藩方元反之隙去逆反之咎其九反注同也賄呼罪反思難

乃旦反下同辟汙音烏注又下同疆居良反注及下至莒之疆事同場音亦注同表旗

首其饕吐刀反餮吐結反夏有戶雅反觀音館舊音官扈音戶

鄠縣音戶姺西典反又西禮反邳皮悲反嬴姓音盈狎主戶甲

故更音庚又焉於虔反注同吳濮音卜有舋許靳反過也勿
與音預無亢苦浪反徐又音剛禦也禦也魚呂反去煩起呂反宥善
音又小宛紆阮反可復扶又反褻姒音似滅之如字詩作烕音呼悅反少
懦乃亂反弱也過鄭古禾反瓠葉戶故反猶與賓客享
之許丈反女昔夷反夫人音扶注同於幕武博反折俎之設反采
蘩音煩省穡所景反徐所幸反注同死麕九倫反脫脫吐外反我
悅始銳反使尨武江反也吠扶廢反常棣直計反兄弟比
毗志反下注得此同兕爵徐履反於戾力計反下同飲酒樂音洛注同不
復此扶又反注及下不復年弁注同勞趙孟力報反下以勞之同於潁營井反水名
於雒納如銳反劉夏戶雅反弁端委本亦作弁是端委子盍
戶臘反何不也亦遠績功本或作亦遠績禹功大庇必利反又音祕焉能於虔

反下焉用焉能同　吾儕仕皆反　朝不如字下同　以語魚據反　將知音智
而耄莫報反亂也　不歆許金反　曾夭於兆反　幾被音祈　曾阜
扶九反　數月所主反注同　賈而音古注同　欲贏音盈注同利也　而惡
烏路反注反下同　嚻乎許驕反徐五高反注同　惡讙呼端反或作諠　指⿰扌盈音盈
枉也　可去起呂反　使強其丈反　贄幣音至　超乘繩證反　櫜
甲古刀反本或作櫜丁逢反　及衝尺容反交道也　我好如字一音呼報反　直鈞音均
絶句　女皆音汝下皆同　奸之音于犯也　其長丁丈反下同　養其親
如字下同　女嬖必許反　弗下戶嫁反　兵其從兄如字又才用反　無重
直用反又直勇反　能亢苦浪反　私難乃旦反　而蔡蔡叔上蔡字音素葛
反放也說文作⿱殺米音同字從殺下米云⿰米殺⿱殺米散之也會杜義下蔡叔如字　夫豈音扶　懼選息轉
反徐素短反注及下同數也　選數所主反注及下文數世同　千乘繩證反下及注同　爲

晉侯于偽反造舟七報反注同造舟為梁也李巡注爾雅云比其船而渡也郭云併舟為橋自雍於用反自齎子兮反本又作賫同而還音環不徑古定反得見賢遍反已坐才卧反女叔齊音汝未艾魚廢反注同其幾何居豈反下同鮮不息淺反注同五稔而甚反不啻始豉反視蔭於金反本亦作陰朝夕如字注同日景如字又於領反翫歲五喚反說文云習猒也又作忨云貪也而愒苦蓋反貪也其與如字文音預鄭為于偽反閨門音圭竇薰許云反隧音遂數子晳色主反又色具反強與其丈反下音預大原音泰崇卒子忽反下及注皆同又阸本又作隘於懈反不便婢面反以什音十共車音恭今去起呂反下皆同為行戶郎反步陳直覲反下文五陳未陳同五乘繩證反注五乘同以徇辭俊反前拒九甫反彊鄆居良反注同務婁並如字務又音謀一音無瞀胡徐音

茂一音謀大尨武江反也夫音扶臺駘他才反爲祟息遂反闕
伯於葛反帝嚳苦毒反相能如字又奴我反相土息亮反大夏
戶雅反注及下同主參所林反注及下同方震本又作娠之慎反又音申懷任也大
叔音泰注及下同懷胎他來反屬諸之玉反而蕃音煩叔虞封
唐是爲晉侯案史記叔虞封唐侯叔虞之子燮父改爲晉侯有裔以制反遠
也曰昧音妹爲玄冥師師長也爲官之長少皞詩照反下戶老反之長
丁丈反下殖長向纂昧子管反宣汾扶云反洮他刀反障大澤之尚
反又音章注同陂障彼皮反顓頊音專下許玉反沈音審姒音似癘音例
疫音役禜之音詠徐又音營營攢子管反哀樂音洛朝以如字
所壅於勇反湫子小反集也徐音秋又在酒反服云著也底丁禮反滯也服云止也露
羸劣危反下同嬪御婢人反以惡如字又烏路反取同七住反辨別

彼列反有省所景反徐所幸反注同去同起呂反其與如字又音預幾

何居豈反而好呼報反怗富音戶近女附近之近下同如蠱音古以

喪息浪反不祐音又以降音絳下及注同罷退也或音戶江反容彈徒丹反又

徒旦反慆吐刀反下同堙音因乃舍音捨注同發見賢遍反赤聲

徵張里反爲菑音災下同喘渴昌兗反洩注息列反下如字思慮

息利反主相息亮反敗行下孟反其咎其九反能御魚呂反本亦作

禦淫溺乃狄反耆欲時志反蠱命景反說文讀若猛字林音猛巽下

音遂艮上古恨反長女丁長反下同少男詩照反下同而說音悅城壅

尺州反櫟音歷徐失灼反郲古洽反爲介音界出竟音境縊而一豉反

反緻也殺之申志反絞也古卯反幕音莫平夏戶雅反宮廄

居久反共王音恭爲長丁丈反從車才用反五乘繩證反下同之

餼許氣反 一卒子忽反 厎祿音旨 且夫音扶 不侮亡甫反 鰥
寡古頰反 史佚音逸 自別彼列反 蘧罷音皮 蘧啓彊其良
反又居長反 汏侈音泰 自說徐音悅一音始悅反 不數所主反 既烝之承反冬
祭名 趙衰初危反 及雍於用反 經二年惡之烏路
反 少姜詩照反傳放此 致襚音遂 傳二年來見賢遍
反 脩好呼報反 所以王于況反周弘正依字讀 而說音悅 四臣大顛閎天
散宜生南宮适 四輔謂先後奔走疏附禦侮 彌縫扶恭反 補合如字音閤 賦
鄧才結反徐又如字 式訛五禾反 譽之音餘注同 殖長丁丈反 邵南
上照反下同 爲平公于僞反下文爲之請同 使見覺遍反下見彊同 亢也苦浪
反 淇音其 澳於六反 爲好呼報反後文注皆同 少齊詩照反 以適丁歷
反 介休音界下許料反 郊勞力報反注料同 女無音汝下及注皆同 郊使

所史反下同以近附近之近下同欲去起吕反摮創初良反乘遽其據
反爾雅云馹遽傳也孫炎注云傳車驛馬傳中戀反驛音亦務共音恭下文注皆同
無厭於鹽反女矯居表反朝夕如字下同以印一刃反褚師張吕
反注同之衢其于反非伉苦浪反儷力計反其使所吏反巳
頗普多反經三年重丘直恭反郷共音恭傳放此
大雨于付反雹蒲學反傳三年張趯他歷反
爲此來于僞反閒朝閒廁之閒而數於所具反徐所王反守
適丁歷反注同本或作嫡下同而令力呈反復薦扶又反下不出者皆同有知
音智朝夕如字奉質徐之二反又音如字多難乃旦反不腆他典反
焜胡本反又音昆服云明也燿羊照反服云照也殞命于敏反之好呼報
徼福古堯反大公音泰要也一遥反敢譽音餘董振之刃

反一音眞注同嬪嬙本又作嬙在良反獨任音壬在衰七回反本亦作縗經
直結反其覎音況吾弗知絶句四量音亮下及注同豆區烏侯反注
及下皆同以五升爲豆四豆爲區四區爲釜舊本如此直加
豆爲五升而區釜自大故杜云區二斗釜八斗是也本或作五豆爲區五區爲釜者謂加舊豆區爲五亦與杜注相會非
於五升之豆又五五而加也量貸他代反蜃食軫反蛤古荅反賈如音嫁
民參七南反又音三賦斂力驗反公聚徐在喻反一音在主反朽蠹丁故
反三老杜云八十以上上中下壽也服云工老商老農老也凍丁貢反餒奴罪反上壽
音授下同以上時掌反屨賤九具反踊貴音勇刖足者之屨也刖者
音月又五刮反而或燠於喻反徐音憂又於到反一音於六反休之虛喻反徐許留反燠
休痛念之聲也賈云燠厚也休美也將焉於虔反伯戲許宜反其相息亮
反服如字大姬音泰軍行戶郎反公乘繩證反卒列子忽反注同無

長丁丈反注同罷敝音皮滋後尺氏反又昌氏反道殣音覲餓死爲殣說文云道中死者人所覆也毛詩作墐傳云墐路家也欒郤去逆反皁才早反隸力計反不悛七全反改也以樂音洛又音岳慆憂吐刀反藏也讒鼎士咸反鼎名也服云疾讒之鼎也昧旦音妹丕顯普悲反怠解佳賣反況曰人實反此難乃旦反肸聞許乙反近市附近之近下同湫子小反徐音秋又在酒反下同隘於賣反小也顯塵許驕反一音五高反顯聲也塵土也爽塏苦待反爽明也塏燥也燥也素早反朝夕如字下雖朝夕同有鬻羊六反賣也令不與力呈反爲是于僞反省於所景反下周如祉音恥遄已市專反本壞音怪故復音服下卒復爲其復欲復之同還其音環諺曰音彥段相息亮反筴初革反賜女音汝以胙才路反之汰音泰驕也猶荷戶可反任也又音可自郤稱尺證反以別絕句三傳

矣直專反注同　乃舍音赦又音捨下同　又焉於虔反　爲之請之

于僞反下爲其復爲少姜下注爲之辟仇爲平公逆皆同　爲介音界　辟仇音避　公孫

蠆勑邁反　而遠于万反　猜焉七才反疑也　糞除甫問反

實不忘我好呼報反下同絕句一讀以好字向下　東竟音境下同　盧

蒲嫳普結反又匹舌反　見賢遍反　種種徐本作蕫蕫音章勇反短也　欲

去起呂反　大夫比毗志反注同　衛衎苦旦反　子産相息亮反　之

夢如字徐莫公反注同　又喪息浪反　而嬀九危反　一个古賀反

經典釋文卷第十八

經四千八百三十二字
注一万二千二百六十字

經典釋文卷第十九

春秋左氏音義之五 起第二十一盡第二十五

唐國子博士兼太子中允贈齊州刺史吳縣開國男陸德明撰

昭二第二十一 杜氏 盡廿七年

經四年大雨于付反傳大雨雹同雹蒲學反沈子音審為齊于僞反取鄅才陵反傳四年復田扶又反注同與音預不易以豉反注同有難乃旦反下文注同結驩喚端反請閒徐音閑一音如字虞度待洛反方徙昌氏反又尺氏反欲逞勑景反所相息亮反助也注同不殆直改反危也多篡初患反殺申志反何鄉許亮反本又作嚮四嶽音岳岱音代在兖州華如字又胡化反在雍州衡如字在荊州恒如字本或作常在冀州案作恒者是也此岳本

名恒山漢爲文帝諱改作常耳三塗山名服云大行轘轅崤黽也陸渾戶昏反又戶困反大室音泰下文大室同大室即中岳嵩高山也在豫州沶鄉音市又音尒漢書音義音稱或一音隸則當水旁作尒恐非本或作渫字設也燕代烏賢反以亨許庚反注同通也其疆居良反以喪息浪反下同里丕普悲反衛邢音刑紂作直九反以隕于敏反許楚使所吏反叔向許丈反時見賢遍反下注朝見昏見同少安如字將焉於虔反注同偪彼力反可禦魚呂反止也下誰能禦之同謂夏戶雅反下同西陸朝如字注同覿徒歷反在昴音卯蟄蟲直立反下除中反奎星苦圭反沍寒戶故反閉也以道音導獨共音恭黑牡茂后反黑牡黑牲也秬黍音巨黑黍玄冥亡丁反桃弧音胡以桃爲弓以禳如羊反凶邪似嗟反皆與音預喪浴音欲祭寒而藏之本或作祭司寒者非祭韭音九傳之直專反輿人音餘風壯

倒反亮也徧音遍無愆起虔反過也淒風七西反寒也霖雨音林
震霆音亭又音挺又音亭佞反無菑音災下同癘疾音例天札側八
反一音截天死曰札字林作壯列反云天死也而殺如字又色界反徐色例反𩗗風彼貧
鑿在洛反沖沖直忠反淩陰陵證反一音陵其蚤音早以難乃旦
反夏啓戶雅反注放此啓夏禹子鈞臺音均臺陂彼宜反景亳
步各反鞏縣九勇反盟津音孟岐陽其宜反之蒐所求反酆
宮芳弓反召陵上照反向戌舒亮反下音恤公孫僑其驕反共
職音恭薦守手又反善相息亮反屬有章玉反適也宗祧
他彫反言爲于僞反將墮許規反布也服云輸也後見如字一音賢遍反
爲仍而承反有緍云巾反爲黎力兮反汏也音泰而復
皮逼反很也胡墾反時見賢遍反又如字費遂扶味反大夫從才用

反注同 屈申居勿反 播於波佐反又波可反揚也徐云字或作播敷袁反 焉用之於虔反 斧鉞音越 以徇似俊反 崔杼直呂反 楚共音恭 麇九倫反 士袒音但 輿櫬初覲反棺也 造於七報反 所將子匠反下將帥同 釋其縛如字舊扶卧反 於鄢於晚反又於建反 爲許于僞反 城賁音境注同 與爭爭鬭之爭 言易以豉反 著立公直居反徐直據反 去疾起呂反 潰散戶對反 將帥所類反 重發直用反 蠆尾勑邁反 渾侯溫反 罕徐許但反 於涼音良薄也徐音亮 棘櫟力狄反徐又失均反 鄟縣才河反 沈尹射食夜反又食亦反一音夜 於夏戶雅反 汭如銳反 葴尹之林反 宜咎其九反 薳于委反 啓彊其良反又居良反 罷顂皮買反徐甫綺反 之難乃旦反 娶於七住反 天壓於甲反又於輒反 弗勝音升下同 上僂力主反 肩傴紆甫反 而猳音如猪也 喙

許穢反口也號之徐胡到反一音戶刀反下同從者才用反志識申志反一音式饋之求位反餉也召女音汝下同始見賢遍反下棲見同問其姓女生曰姓姓謂子也子長丁丈反下同能奉芳勇反曰唯維癸反徐以水反唯應辭猶咊也爲豎上注反小邑也取之七住反又如字丘蕕音由強與其丈反下同爲孟鍾于僞反又如字釁鍾許覲反使拘音俱萊書音來萊書人姓名觀於公古亂反注同又如字見仲賢遍反下及注并杜泄見同杜泄息列反不食音嗣何去起呂反注及下同使寘之豉反置也本或作寘于个古賀反謂廂屋廂也本又作箱息羊反令空力呈反而相息亮反叔孫婼勑略反牛賂音路使惡烏路反葬焉於虔反下將焉用同介卿音界次也左乎如字注同不便也舊音佐不便婢面反舍路式夜反置也注同或音捨而復賜扶又反以媚眉冀反

經五年

舍中軍音捨傳同年夷士侯反姑幕亡博反蚡泉扶粉反
傳五年臧氏子郎反復以扶又反取二分扶運反或如字於殯
必刃反之柩其又反僖閎音宏詛諸側慮反之衢其俱反擲
地直亦反葬鮮音仙徐息淺反不以壽終爲鮮注同不以壽音授勿與音預
之虛起居反射之食亦反中目丁仲反使亂大從如字社云使從
於亂也服云使亂大和順之道也殺適丁歷反本又作嫡又披普彼反析也析也星歷反
其見賢遍反塞關悉代反死語魚據反周任音壬德行
下孟反注同艮下古恨反坤上苦門反以餒奴罪反饑也爲皁才早
反爲輿音餘爲僚力彫反晡時布吳反日跌田結反禺中
遇俱反有應應對之應謙下如字又遐嫁反避難乃旦反敗言必邁反又
如字注同有攸音由牝牛頻忍反舊扶死反過鄭古禾反勞子蕩

力報反後皆同于汜徐扶嚴反蒐氏大胡反子產相息亮反其使
所吏反往見賢遍反贈賄呼罪反女叔齊音汝焉知於虔反
子家羈居宜反奸大國音干取鄆音運之難乃旦反下及注並同
思莫徐息吏反謂羣臣慮也一音如字無爲于僞反屑屑先結反以
亟紀力反急也以此諷方鳳反本亦作風音同爲介音界子大叔
音泰索氏悉落反焉能於虔反道之音導其好呼報反度
之待洛反注同吾仇音求爲閽音昏刖足音月又五刮反羊舌肸
許乙反享覜他弔反徐又他彫反有璋音章享饗並許丈反鄭服皆以
享爲獻耳覜見賢遍反下同臣爲于僞反君使所吏反述職
述其所治國之功職也巡功巡所守之功績巡守手又反設机音几不倚
於綺反有好呼報反注及下同飧有音孫熟食陪鼎薄迴反徐扶坯反加

也城濮音卜於郯皮必反於鄢謁晚反重之以睦直用反姻

親音因而麇丘隕反又其鄖反羣也注同鄭中行吳户郎反范鞅於丈反

反知盈音智之將子匠反張趯他歷反張骼古百反或音各輔

櫟力狄反又力各反本又作躒同苗賁皇扶云反之選息戀反而使所吏

反注及下注同任出音壬韓賦七邑韓襄韓起之兄子箕襄邢帶二人韓氏族韓須叔禽叔

椒子羽四人皆韓起子凡七人人一邑百乘繩證反下皆同羊舌四族見注不錄銅

鞮丁兮反若喪息浪反楊肸叔向本羊舌氏食采於楊故又号楊肸也食

我音嗣長轂古木反往遺唯季反王欲敖五報反叔向以

其所不知絶句多知如字一音智不敢見賢遍反娶七住反於

自爲于僞反騶見仕救反愬于悉路反誘也音酉惰徒卧反

閒而音閑注同又如字未陳直覲反故重直用反遠射食夜反又

音食亦反 常壽過古禾反 於瑣素果反 遽不其據反 鵲岸
五旦反 以馹人實反傳也 中戀反 蹶由居衛反 犒師苦報反 以
釁許覲反 女卜音汝 以守手又反下同 余亟紀力反 好逆呼報反
使臣所吏反下並同 休解佳賣反 馮怒皮冰反盛也徐扶冰反注同 雖羸
力危反 脩完音丸 難易以豉反 豈爲于僞反 以禦魚呂反 一否
悲矣反舊方有反 萊山音來 觀兵舊音官注云示也讀爾雅者皆官奐反注同 岻
箕直夷反 雩音于徐況于反如淳同韋昭音虛 婁力侯反徐力俱反如淳音僂 五
稔而甚反 經六年華戶化反 合比如字又毗志反 薳
罷音皮 傳六年鑄刑之樹反 使詒以之反遺也
遺唯季反 虞度待洛反下同 刑辟婢亦反下皆同 有爭爭鬬之爭注及
下皆同 禁禦魚呂反 嚴斷丁亂反下及注同 聳之息勇反 以

行（下孟反）說以（音悅）莅之（音利，又音類）之長（丁丈反）而傲（本又作遨，古堯反）其巧（如字，又苦孝反）夏有（戶雅反，注同）相鄭（息亮反）封洫（況域反）立謗（布浪反）參辟（七南反，一音三）日靖（音靜）錐刀（音隹）盡爭（此一字如字）數攺（所角反）見鍼（之林反）火見（賢遍反，注同）求覝（音況）爲驩（音歡）好貨（呼報反，注同）寺人（本又作侍）柳（良久反，寺人名）惡之（烏路反）盟處（昌慮反，下同）乃與寺人柳比（毗志反）見於（賢遍反，又如字）女夫（音汝，下并注同。夫，音方于反，注同）女喪（息浪反）毋俾（必尔反）過鄭（古卧反，又古禾反）從鄭伯（才用反，或如字）以勞（力報反，注及下同）諸柤（側加反）不敢見（賢遍反，下見如、見王、注見鄭伯、如見楚王、私見鄭伯同）乘馬（繩證反）降殺（所界反）芻（初俱反）采樵（似遥反，下同）不抽（勑留反）不強（其丈反，又其良反）匄（本或作丐，音蓋，乞也。說文作匃，云乞也，逯安說云人爲匄）廢

黜勑律反　不慁戶困反患也　晉竟音境下注同　楚辟匹亦反注及下同邪也

我衷音忠　僻邪似嗟反　效僻戶孝反下同　焉用於虔反　侯說

音悅　蘧泄息列反　乾谿苦兮反　城父音甫　宮廄九又反　士匄

古害反本或作丐　相息亮反爲介也注同　士鞅於丈反今傳本皆作士匄相士鞅古本士匄或作王正董遇王肅本同學者皆以士匄是范宣子即士鞅之父不應取其父同姓名人以爲介今傳本誤也依王正爲是王元規云古人質口不言之耳何妨爲介也案士文伯是士鞅之族亦名匄無妨今相范鞅即文伯也然士文伯名古本或有作丐者解見前卷襄三十一年　爲介音界　左右諂勑檢反　諛

羊朱反　經七年暨齊其器反與也傳同　不重直用反　叔

孫諾勑略反徐又音釋　舊好呼報反　傳七年于虢瓜百

反　燕竟音境　瑶音遥　甕烏送反徐於容反　王櫝徒木反　公孫皙

星歷反徐思益反　侯釁許覲反　濡上徐音須說文女于反一音而又而于二反

鄭縣音莫本又作莫斝耳古雅反一音嫁王爵也禮記夏曰醆殷曰斝周曰爵說文斝從斗匵也其位反王旌音精析羽星歷反游至音留於軫之刃反芋尹于付反斷之音短封疆居良反下同定分扶問反溥天音普毛傳云大也今左氏傳本或作普之濱音賓濵涯五佳反所以共音恭有圉魚呂反養馬者也女胡音汝將焉於虔反荒閟音悅閟蒐所求反僕區烏侯反徐又如字僕區刑書名也服云僕隱也區匿也爲隱匿亡人之法也數紂色具反或色主反逋逃布吳反萃在醉反藪素口反故夫音扶又方于反之好呼報反以輯音集又七入反失隕于敏反宗祧他彫反共王音恭傳序直專反郟敖古洽反復有扶又反質子音致又如字使臣所吏反質幣音至徐之二反又如字而見賢遍反以道之音導下同勞于力報反下同爲介音界相儀息亮反仲孫

玃俱縛反又俱碧反惡之如字或烏路反非也降婁戶江反下同大咎其九
反取讁直革反譴也譴也遣戰反故復扶又反下復伐同爲孟于僞
反注及下爲杞取成同孫守手又反下守臼同挈苦結反鉼蒲丁反之知
音智注小知同汲者音急以借子夜反喪邑息浪反有猜七才反
閒晉如字注同桃虛起居反萊音來柞子洛反又音昨長鬣力輒
反者相息亮反鬚音須光夸苦華反好以呼報反注同大屈
君勿反大屈弓名服同又云大曲也賈云寶金可以爲劒出大屈地見公賢遍反公語魚據反
無適丁歷反而傳直專反祈禱丁老反音丁報反一無瘳勑留反一
黃能如字一音奴來反亦作熊音雄獸名能三足鱉也解者云獸非入水之物故是鼈也一曰既爲
神何妨是獸案說文及字林皆云能熊屬足似鹿然則能既熊屬又爲鼈類今本作能者勝也東海人祭禹廟
不用熊白及鼈爲膳斯豈鯀化爲二物乎堯殛紀力反誅也本又作極音義同鯀古本反禹父也

夏郊戶雅反注及下同差也初賣反爲豐于僞反下爲初言同以夫
音扶能任音壬下同析薪星歷反負荷本亦作何訶可反又音河擔也
丁甘反若屬音燭有疆居良反場音亦介而音界公孫泄
息列反復立扶又反說也如字下及注同徐始銳反治政直吏反說而
後信音悅曰魄普白反強死其丈反注及下同馮依皮冰反注同之
冑直又反從政三世矣子良公子去疾生子耳公孫輒輒生伯有良霄三世爲鄭卿
無腆他典反蕞爾在最反小皃政柄彼命反公孫鉏仕居反
馬師頡戶結反罕魋徒回反爲寘之豉反爲子產于僞反注
同從嬖必計反庇其必利反又音秘䳭本又作即精亦反鴒本又作令力丁反
急難如字又乃旦反注同行則搖音遙又以照反宣子說音悅還衛
音環陟恪苦各反高圉魚呂反孟僖子病不能禮本或作病

不能相禮 相音息亮反 相儀 息亮反 郊勞 力報反 適嗣 丁歷反 而

僂 力主反 而傴 紆甫反 敢侮 亡甫反 饘 之然反爾雅餬饘也 鬻

之六反孫炎云淖糜也 以餬 音胡 必屬 音燭 單獻 音善 襄頃 音傾

或憔 在遙反詩作盡 悴 在醉反 多語 魚據反 婣 音周又直周反徐又

勑周反 姶 烏荅反 孟縶 張立反 烝鉏 之承反 使羈 居宜反

相之 息亮反下同 史朝 如字 跛也 波我反 遇屯 張倫反 之比

吐志反注同 元亨 許庚反注元亨皆同 非長 丁丈反注同 康叔名之

如字徐武政反 其縣 直又反 嗣吉何建 本或作可建 又焉 於虔反

昭三第二十二　杜氏　盡十二年

經八年 招 常遙反 侯溺 乃歷反 干徵師 古丹反 蒐 所求

反 于紅 戶東反 千乘 繩證反 沛國 音貝 公子過 古禾反 不

春秋左氏音義之五

稱將子匠反　帥所類反　復稱扶又反　孔奐呼亂反　嬖人必計反
傳八年　魏榆地名服云魏邑也榆州里名　或馮焉皮冰反注同　聽濫力暫反失也　怨讟徒木反　崇侈昌氏反又尸氏反　虒音斯本又作㡿同　祁巨之反一音目之反　臨汾扶云反　怨遠于万反注同　怨咎其九反下文同　僭而子念反注同不信也　是出如字又尺遂反　是瘁在醉反　哿矣古可反嘉也毛詩傳云可也　卑躬必爾反本又作俾　處休許虯反美也　適夫人丁歷反本又作嫡　公子勝升證反又音升　屬諸音燭　癈疾甫肺反　哀公縊一豉反　憂恚一睡反　疑爲于僞反下爲子留立宰爲之立宰同　故重直用反　相鄭息亮反下而相吾室同　若何弔也本或作若可弔也　千乘繩證反注同　數軍色主反　西亰音境　且見賢遍反　頃公音傾下文竝同　鑄也之樹反　捷也在接反　孺子而樹反本亦作[illegible]

長矣丁丈反則數人色主反下同去戎起呂反著常張略反

子盍胡臘反下同請從才用反稽顙音啓下素黨反請賓之豉

反於幄於角反加經直結反使穿音川封戌音恤城麇

九倫反不諂敕檢反皇頡戶結反女知音汝下同顓音專頊許玉

反鶉火市春反析木星歷反將復扶又反一音服自暮音莫瞽

音古瞍素口反舜重直用反曰嬀九危反已見賢遍反

經九年仲孫貜俱縛反徐又居碧反郎囿音又苑也於郎地築苑也舊于目反

傳九年趙黶於減反濮西音卜於葉始涉反其處昌慮

反閻嘉以廉反張趯他歷反詹桓之廉反自夏戶雅反注

同駘他來反依字應作邰芮如銳反岐其宜反之長丁丈反下師長同所

治直吏反犛城他來反又音來一音力之反本或作斄蒲姑如字又音薄

商奄於檢反樂安音洛巴必加反燕於賢反亳步各反以
番方元反屏周必井反廢隊直類反注同是爲于僞反注同
如下本又作弁皮彥反髦音毛始冠古亂反檮徒刀反杌五忽反
四裔以制反以禦魚呂反螭勑知反魅本又作鬽武冀反之姦古顔
反瓜州古華反敦徒門反煌音皇使偪彼力反郊甸徒遍反
戎焉於虔反又如字之咎其九反封殖時力反封疆居良反以
畜許又反一音許六反牧音目又音茂文之伯如字又音霸子說音悅與
襚音遂贈死衣服頃俘芳夫反賓滑乎八反又于八反以說如字又音
悅將復扶又反下注復封皆同水妃也芳非反一音配注同所相息亮反注同治
也妃以五成妃音配注並同自爲于僞反戲陽許宜反飲酒
樂音洛屠音徒禮記作杜蒯苦怪反請佐公使尊使音[illegible]字亦[illegible]

更以飲於鴆反下又飲同女爲音汝下皆同甲子喪息浪反人舍音捨爲瘯于僞反下爲是同公說音悅知氏音智下同悛七全反荀躒本又作櫟力狄反徐音洛舊好呼報反勿亟紀力反勸樂如字又五教反一音洛焉用於虔反以勦初交反又子小反勞也

經十年耆酒市志反傳同好內呼報反侯彪彼虬反宋公成音城何休音恤

傳十年發女武付反非孛蒲對反裨竈婢支反之虛起魚反注同玄枵許驕反任氏音壬注同大公音泰之妣必履反二十八宿音秀說婦人音悅而惡烏路反注同而騁勑領反傳言者直專反先伐諸一本無伐字焉往於虔反下焉歸同不差初賣反靈姑銔扶眉反又音丕率吉所律反徐所類反請斷丁管反注同于稷杜云祀后稷之處也一云稷地名六國時齊有稷下館之處昌慮反有爭爭鬭

之爭可強其丈反注同蘊利紆粉反生蘖魚列反蘊畜勑六反
滋長丁丈反具幄於角反幕幕音莫從者才用反衣屨九具反
載周如字詩作哉毛云哉載也鄭云始也能施始豉反下注同周徧音遍爲
之于僞反取鄭古杏反獻俘芳夫反亳社步洛反視民如字
詩作示字不佻他彫反偷也畜牲許又反見新賢遍反下不得之見下文因見同
贄音至喪焉於虔反百乘繩證反自賁芳味反下同幾于
人居豈反不可數所角反在褎七雷反本又作縗經直結反嘉
服見如字又賢遍反下同是重直用反以見賢遍反下同欲敗必邁反下
同自勝音升語諸魚據反親推如字又他回反注同能任音壬下同
喪夫人息浪反夫音扶注同惡寺人烏路反寺又作侍柳熾尺志
反炭吐旦反則去起呂反其處昌慮反比葬必利反元公

好呼報反　惡烏路反　經十一年　子虔其連反　侯般音班　雖殺申志反傳放此　比蒲音毗徐扶夷反　祲祥子鴆反徐又七林反　北宮他徒河反　歐懋魚斳反徐五巾反一音牛轄反　齊歸如字

傳十一年　萇弘直良反　歲復在扶又反下歲復在同　然壅於勇反注及後同　蔡近附近之近下同　於感戶暗反　以斃婢世反　有緍武巾反　以喪息浪反下且喪君同　而隕于敏反　而亟欺冀反數也　無咎其九反下同　非胙本又作祚在路反　無拯拯濟之拯救也注同　沒振之慎反　弃捐以專反　捄助音救本亦作救　不可復振扶又反本亦無此字　脩好呼報反　夢以帷位悲反一本作夢以其帷　幕孟音莫　其僚力彫反　薳氏爲彼反本又作蔿　之簉本又作簉初又反副倅也說文簉從廾　副倅七對反　令副力呈反　雙生如字或一音所敬反　鄉四月本又作嚮亦作向同許亮反　將焉於虔反

鮮矣息淺反復在扶又反本或作於狐父音胡有著張慮反徐治居
反注及下同常處昌慮反有禬古外反領會也說文云帶所結也所以道
音導下同以語魚據反歸祏音又岡山音剛侯盧力吳反相
爲于僞反或如字不羹舊音郎漢書地理志作更字城櫟力狄反而寘
之豉反下同檀伯徒丹反之長丁丈反不勝音升曼伯音万實
出如字徐音黜不掉徒弔反　經十二年高傒音奚
成熊音雄公子憖魚覲反一讀爲整正領反不書將子匠反帥
所類反　傳十二年將爲于僞反過女音汝迂
直音于一音於則朝如字而堋此鄧反徐甫贈反下棺也禮家作窆彼驗反義同
豈憚待旦反爲賦于僞反蓼蕭音六壽樂音洛相鄭
伯息亮反下同有酒如淮舊如字四瀆水也學者皆以淮坻之韻不切云淮當爲濰

濰齊地水名下稱澠亦是齊國水也案澠是齊水齊侯稱之萄旲既非齊人不應遠舉濰水古韻緩作淮

足得無勞改也如坻直疑反徐直夷反杜云山名也詩云宛在水中曰坻坻水中高地也中此

丁仲反下及注同如澠音繩入時水如字本或作溡音同代更音庚齊

君弱吾君輕吾君以爲弱也軍帥所類反強禦魚呂反卒

子忽反乘繩證反公孫傁素口反徐又所浗反日旰古旦反别種

章勇反沾縣張廉反韋昭音坫字林他兼反緜皐古刀反肥累劣彼

反又力輒反伯絞古卯反跪尋求委反又音詭弟過古禾反下庚皮之子過同

將去起呂反孫鰌音秋南蒯苦怪反費邑音祕子更音庚

注同蒯語魚據反注同殺適丁歷反無頗普河反偏也逃介音界

注同副使所吏反湫乎子小反徐又在酒反一音秋攸乎如字徐以帚反愁

險於賁反懸危音玄本又作縣深思息嗣反注同校箠武回反沉

卜芳劒反遇坤困門反之比毗志反注同之長丁丈反外内倡昌亮反和戶臥反供養九用反下餘亮反茀當如字注同或丁浪反且夫音扶注同欲令力呈反參成七南反又音三歆鄉人於鴆反有圃布古反園也之杞音起枸杞音苟本又作狗通稱又證反倍其音佩爲季于僞反下同守于本亦作狩同手又反注同潘子普干反司馬裻音篤本亦作督囂尹午五刀反徐許驕反之援于眷反雨雩于付反王皮冠一本作楚子皮冠秦復陶復音服一音福陶音徒刀反復陶雨衣也所遺唯季反翠被普義反注及下同豹舄音昔執鞭必縣反或華傍作更者五孟反非也析父星歷反從才用反莫見音暮下賢遍反去冠起呂反舍鞭作捨熊繹音亦呂級音急本又作伋燮父素協反下音甫下同有分扶問反下及注皆同辟在匹亦反沶鄉音市又音示

篳路音必藍縷力甘反下力主反草莽武黨反跋涉蒲末反

以共音恭禦魚呂反長曰丁丈反少曰詩照反曾居才能反一

本作嘗遠我于万反不羹音郎千乘繩證反子輿音預剝

圭邦角反鏚音戚斧也柲音祕柄也如響許丈反本又作嚮音同響

應對之應以斷音短淫慝他得反出復扶又反左史倚於綺反徐

其綺反相息亮反三墳扶云反八索所白反本或作素周行如字又下

孟反車轍直列反祭公側界反祈招常遥反又音昭祈父音甫獲

歿音沒祗宮音之又音祁篡初患反殺申志反其焉能於虔

反愔愔一心反徐於林反安和皃金治也音去其起呂反饋不食

其位反數日色主反於難乃旦反克勝升證反又音升

昭四第二十三　杜氏　盡十七年

經十三年圍費音祕乾谿苦兮反長垣音袁不與音預
注同讙慝他得反侯廬音盧又力居反
傳十三年囚俘芳夫反治區夫上音也區音烏侯反一音丘于反
衣之於既反食之音嗣而共音恭若憚待旦反爲之聚
也于僞反將焉於虔反其效戶孝反薳于委反掩於撿反
而質音致蔡洧于軌反使與音預於守手又反中犨
尺州反郟竟音境蔓成然音万羣喪息浪反常壽過
古禾反其子從如字朝吳如字子晳星歷反強與其丈反
已徇音紀下似浚反能爲于僞反黑肱古弘反不羹音郎許
葉始涉反築壘力軌反辟音璧本亦作璧請藩方元反注同離也
離也依字應作籬今作離假借也力知反須務牟亡侯反史猈皮佳反徐

扶螌反又扶移反又或扶瞻反本或作簳音同　罷敝音皮徐甫綺反一音蒲買反　魚陂彼宜反
後者劓魚器反截鼻之刑　訾梁子斯反注同　而潰戶內反
知擠子細反隊也說文云排也一音子禮反　滿壑許各反　隊也直類反　祗
取音支　王沿以全反順流也　夏戶非反漢水也　入鄢徐於建反二音於晚反入本或
作至　芋尹于付反徐又音羽　冉豻音干　謂斷丁管反　棘闈音韋
棘里名闈門也孔晁云棘楚邑闈巷門　王鍼一鼓反　殉而似俊反　觀從謂子于本或
作謂子于曰　夜駭戶楷反　相恐丘勇反下同　而呼好故反下同　周徧音遍　不書
殺申志反　熊居音雄　衣之於既反　子旗音其　五帥所類反謂蕩侯潘子司馬督囂尹午
陵尹喜五人　見舟賢遍反　淮汭如銳反　羣賂音路　宥罪音又　爲君于僞反
犨樂力狄反　自說音悅　不復扶又反下將復使同　毋勤音無　王柩
其又反　詬天本又作訽呼豆反徐許后反　而呼火故反　余畀必利反徐甫至

反與也無厭於監反共王音恭冢適丁歷反下無適音同乃徧音遍

見於賢遍反下注微見同巴姬必加反密埋亡皆反大室音泰五

人齊便皆反本又作齋而長丁丈反往及下同跨之苦化反肘加中九

反皆遠于万反皆厭於甲反徐又於[redacted]反紐女九反辟紐也審識申志反又

如字屬成然音燭市賈音古好惡並如字又上呼報反下烏路反下皆放此

爲應應對之應無釁許靳反苛音何本或作荷音同下同慝他得反

芊姓彌爾反以去起呂反數其所主反又遠于万反其

貴亡矣亡音無又音如字下善遐嫁反齊肅側皆反注同嚴也藏

賄呼罪反不從子用反不厭於豔反好學呼報反趙衰初危

反顛頡戶結反從出才用反賈佗徒河反齊妻七計反欒

魯官反郤去逆反縠戶本反方相息亮反下同共有音恭輿主

烏報反　無施式豉反　虎祁音斯　爲取于僞反　鄍故工杏反　下

邳皮悲反　四千乘繩證反下及注皆同　羊舌鮒音附　幄幕於角

反下音莫四合象宮室曰幄在上曰幕軍旅之帳也　淫芻初俱反說文云刈草也　蕘如遙反飼

牲曰芻草薪曰蕘　屠伯音徒　饋叔其位反　一篋苦協反　凟貨徒木

反　無厭於鹽反　數也音朔　爲此役也如字或于僞反　以厎音旨

傾覆芳服反　間朝間厠之間　長幼丁丈反　巡守手又反　方

嶽音岳　於好呼報反下注同好同　不治直吏反舊如字　齊犧許宜反　不

旆步貝反　復旆之扶又反　以恐丘勇反下同　愬于音素　朝夕

如字注同　幾亡音祈　不共音恭注反下注同　雖瘠在亦反　僨於方問

反什也　什也音付一音蒲北反　杞鄫才陵反　近魯附近之近　數以

音朔　敢與音預下文不與同　造于七報反　爲墠音善本或作壇　會

處昌慮反 先盟悉薦反 好以呼報反 使人所吏反 咎之其九反 瀆易以豉反 競爭爭鬭之爭下爭競同 蒙裹音果 司鐸射徒洛反下食亦反又食夜反 奉壺芳勇反 以蒲本又作匍同步都反又音扶本亦作扶 伏本又作匐同蒲北反又音服 守者手又反又如字 御之魚呂反 往飲於鴆反 箭筩音童又音勇 子服湫子小反徐音椒又子鳥反案子服湫又作子服椒止一人耳 從才用反注同 爲治直吏反 不警音景 舊好呼報反 守備手又反 若爲于僞反下爲夷將爲同 何瘳勑留反 差也初賣反 諺曰音彥 將焉於虔反 卿稱尺證反 坐叔才卧反 使近附近之近 經十四年 去疾起呂反 意恢苦回反 惡之烏路反 傳十四年 以舍音捨 司徒老祁巨夷反字林上林反 閒差初賣反 遂劫居業反 畏子以及今絕句 能復

扶又反子韓晳星歷反假好呼報反分貧如字徐甫問反長孤

幼丁又反收介特音界又古賀反注同單身音丹宥孤音又賦

稅始銳反罪戾力計反詰姦起吉反責問也慝他得反屈罷音皮

召陵上照反好於呼報反注同邊疆居良反著丘直居反徐直慮

反庚輿音餘本亦作輿共公音恭惡公子烏路反下同公子鐸

待洛反氏比毗志反無厭於鹽反本又作饜下注同居鄖音云公子

鉏仕居反鄐許六反又超六反命斷丁亂反注同蔽罪必世反斷也注同徐

甫世反王補弟反鬻獄羊六反賣也掠美音亮取也敗官必邁反又如字之

稱人證反皋陶音遙乃施如字服云施罪於邢侯也孔晁注國語云發也口氏反

荅當丁浪反三數色主反又色具反下同不爲于僞反末減武葛

反末薄也減輕也義也夫舊音扶一讀方手反下同爲頗普河反故重

大音泰

直用反

經十五年籥入羊略反去樂起呂反爲

叔弓于僞反復立扶又反不遠于万反、傳十五

年將禘大計反齊戒側皆反有咎其九反之祲子鴆反祆

氣也喪氛芳云反徐扶云反惡氣也蓋見賢遍反莅事音利故爲

于僞反去樂起呂反注及下同費無極扶味反亦長丁丈反必及

於難乃旦反故寘之豉反女何音汝而背音佩鼓聚才喻反

好惡呼報反下烏路反或並依字讀下并注皆同不愆起虔反過也復加扶又

反以庇必利反又音祕所喪息浪反而繕市戰反守備平又反請

降戶江反民見賢遍反將焉於虔反以貫音古下同載本又

作鳶悅全反鞮丁兮反不與音預荀櫟力狄反本又作躒爲介音界

樽以本或作尊又作鐏並同分器扶問反年內同彝器以之反常也而遠

丁方反又如字故數音朔大蒐所求反姞姓其吉反又其乙反闕鞏
九勇反出鎧開代反處參所金反注同鏚音戚鉞音越秬音巨鬯
音暢彤弓徒冬反虎賁音奔東夏戶雅反福祚之不登
叔父絕句焉在於虔反下將焉用之同孫伯黶於斬反女司
典音汝數典色主反所樂音洛下文注皆同絕期居其反下同靜
默亡北反本或作嘿同　經十六年誘音酉雩音于
傳十六年無質之實反信也或音致既而復扶又反蒲隧音遂
下邳被悲反取慮上音秋下力居反如淳取音陬訾之陬慮音郲婁之婁如
陂彼皮反郯人音談甲父音甫之亢苦浪反也夫音扶我
肄以制反勞也徐又以自反注同恭恪苦各反禦之魚呂反止也注及下同適
縣音玄注同幾爲居豈反數也服音機近也言數音朔陵侮亡甫反

夫猶音扶不衷丁仲反又音忠衷當丁浪反或如字刑之頗普河
反類如字事類也一音力對反徐注同又力猥反放紛芳丄反放從子用反
罷民音皮承命以使所吏反下奉命以使同百乘繩證反受
脤市軫反數世色主反焉得於虔反下將焉用之同僻匹亦反邪
似嗟反共朴普角反之守手又反無幾居豈反可偷他侯反
若屬音燭盍求戶臘反之難乃旦反下同又如字一共音恭下而共無
藝同何厭於鹽反不復扶又反下弗敢復幷注同賈罪音古下我無強賈同
銑乎悦歲反細小也成賈音嫁本或作價請夫音扶重求直用反
比耦毗志反更相音庚以艾魚廢反蓬蒲東反蒿呼高反藜
力兮反藋徒弔反我無強其文反丁強奪同又其良反注放此毋或音無下同
匄奪古害反舊又姑末反乞也寶賄呼罪反或作貨勿與音預以好呼報

反下及注並同背盟音佩以徼古堯反餞宣子賤淺反字林子扇反子
齹才何反字林才可士知二反說文作齹齹云齒差跌也在河千多二反蔓草音万邂
戶賣反逅戶豆反孺子如佳反別於彼列反彼己音記舍命
音赦又音捨不渝羊朱反褰裳起虔反涉溱側巾反不復
扶又反令子力呈反下同愛樂音洛又五孝反蘀兮他洛反印段
一刃反其唱昌亮反本或作倡同和女戶臥反下同女音汝貺起音況皆
昵女乙反親也數世色主反私覿其靳反命起舍音捨夫
玉音扶藉手在夜反注同語季魚據反奢傲五報反惡識
烏路反尚少詩照反屠擊音徒豎柎音附又方于反蓺山
音藝令繫力呈反經十七年陸渾戶門反孛
音佩一音勃長岸五旦反傳十七年菁菁子丁反

者莪五河反樂且音洛饌仕眷反御之魚呂反注同正月

音政慝未他得反於夏戶雅反下文當夏四月注當夏家同是宿音秀

瞽奏音古嗇夫音色少皞詩照反下胡老反已姓音紀又音祀

師長丁丈反縉雲音進共工音恭大皞音泰下同少皞

摯音至燕也於見反鶬音倉鴳本亦作鷃於諫反鷩雉必滅反

爲蜃市軫反鵻鳩音隹本又作隹本或作鷦子遥反或子堯反一鴡鳩本又

作雎七徐反鷙而音至本亦作摯下同有別彼列反鴶本亦作秸簡八反又音吉

鵴本亦作鞠居六反鷞鳩所丈反鶻鵰陟交反又陟留反又音彫五種

章勇反下同曰鷷音存又音遵本或作鷷鶅雉側其反曰翟音狄又音

濁曰希如字一音丁里反本又作鵗曰翬許韋反度量音亮九

扈音戶鳻扶云反又如字鶞勑倫反唶唶側百反又子夜反又助額反嘖

嘖音責又音賾 顓頊音專下許王反 屠蒯苦怪反 於雒音洛 乃

謷音景 獻俘芳扶反 以應應對之應 夏之戶雅反下文同 星見

賢遍反 彗所以似銳息遂二反 嚮伏許亮反又作向 火出而見賢遍反下

及注皆同 其與如字又音預 之虛起居反下同 之分扶問反 濮陽音卜

之牡茂后反 相搏音博一反作溥音同 當復扶又反 裨竈婢支反

瓘古亂反 斝古雅反 玉瓚才旦反 勺也上若反 以禳本亦作攘

如羊反下同 陽匄古害反 易用以豉反 魴也音房 乘舟如字又繩

證反下同 環而音患 塹之七豔反 其隧音遂 山炭吐旦反 闉

廬戶臘反下力居反 喪先王息浪反 長鬣力輒反 髭子斯反

鬚音須 我呼呼路反又如字下同 皆迭待結反又音弟更也 迭更音庚

昭五第二十四 杜氏 盡二十二年

經十八年入鄅音禹許慎郭璞皆音矩國名琅邪音耶本或作耶自
葉始涉反　傳十八年毛伯過古禾反萇弘直良
反稔之而審反孰也侈故昌氏反又尺氏反夏伯戶雅反昏見賢遍
反壬午大甚本或作火甚其處昌慮反下祭處同故登以望
氣本或作以望氛氣數日所主反禳火如羊反今復扶又反下同國幾
音祈又音機下同竈焉於虔反有中丁仲反里析星歷反將有
大祥本或作火祥非也身泯面忍反將先悉薦反以知音智使與
音餘其柩巨又反爲其于僞反欲令力呈反巡行下孟反下文行
火下注履行同主祏音石石函音咸易救以豉反各儆音景寘諸
之豉反所焮許靳反炙也玄冥亡丁反四鄘音容城也賦稅始銳反
妘姓音云盡俘芳夫反從帑音奴不說學音悅歸以語

魚據反　上替他計反　殖也時力反　生長丁丈反　爲火故于僞

反下將爲蒐同　祓禳芳弗反徐音廢　蒐場直良反　覰小昌慮反　過女

音汝注同　而鄉許亮反本亦作向注同　及衝昌容反　使從才用反　登陴

婢支反　忘守手又反音如字　一橌然遐板反勤忿皃　勁忿吉政反　恐懼丘勇

反　讒慝他得反　之間間廁之間　荐爲在遍反重也　荐重直用

反下文同　他竟音境注同　楚喪息浪反　君盍戶臘反　許先悉薦反

而復扶又反　蔽障章亮反　不可易以豉反注同輕也　子說音悅

於析星歷反　經十九年爲鄅于僞反　加殺

音試　不舍音捨　傳十九年城郟古洽反　其僅

音覲　以持如字本或作恃怙之字非也　鄍陽古闃反　五負音云　少師

詩照反　王爲之于僞反注同　與逆音預　嬴氏音盈　向戌傷亮

反下音恤圍蟲直忠反悼公瘧魚略反病也舍藥音捨注及下注舍子

同郳人五兮反伐濮音卜之伯音霸又如字諸夏戶雅反僻

陋匹亦反城父音甫而寘之豉反王說音悅紀鄣音章贛

榆古弄反如淳音耿弇反下音俞釐婦力之反寡婦也依字作嫠紡焉方往反

以度待洛反注同而去之起呂反藏也裴松之注魏志云古人謂藏爲去案今關中猶有此音

紡纑力吳反麻縷也夜縋直僞反鼓譟素報反上之人亦譟

一本作城上之人亦譟共公音恭幼少詩照反駟氏聳息勇反懼也札

側八反一音截大死也字林作殀壯列反云夭死也瘥才何反小疫也字林作磋夭於表反短折也

昬如字未名而死曰昬小疫音役又喪息浪反懼隊直類反立

長丁丈反注同實剝邦角反諺曰音彥無過古禾反下同又一音

古卧反猶憚待旦反其使所吏反注同沈尹戌音恤葉公始涉

子旗音其以挑徒了反民樂音洛勞罷音皮或作疲洧

淵于軌反爲禜爲命反我覿大歷反見也賢遍反之

知音智蹶由九衛反舍前音捨又音赦經二十

年自鄸莫公反一音亡增反字林音夢案夢字字林亡忠反之使所吏反兄縶

張立反華亥戶化反君爭爭鬬之爭惡之烏路反侯盧

力烏反本又作盧力於反傳二十年望氛芳云反氣也幾

亡音祈又音機後弭彌耳反汏侈音泰奮揚方問反大子

冤於元反遣令力呈反使而所吏反又如字冉奸音干使還

音環下還豹同盡以戶臏反棠君尚君或作尹弟員音云之長

丁丈反吾知音智注及下知也同一音如字不逮音代一音大計反度功待洛

反擇任音壬注同愈差初賣反其肝古旦反僚也力彫反

姑爲(于僞反)乃見(賢遍反)鱄設諸(音專)吴殺(申志反)而惡(烏路反)御戎(魚呂反又如字)公孫援(于眷反)拘向勝(九于反)其廩(力甚反)大子欒(力官反)爲質(音致下同)辰及地皆元公弟(案公子辰是景公之母弟地是辰兄皆當爲元公之子今注皆作元公弟誤耳)無慼(千歷反)狎齊豹(戶甲反輕也)與鄄(音絹)惡北(烏路反)褚師(中呂反)圃(布五反)欲去(起呂反)公子朝(如字)適母(丁歷反本亦作嫡)見宗魯(賢遍反)爲驂(七南反)乘焉(繩證反注及下驂乘與乘一乘駟乘就公乘皆同)勿與(音預又如字)吾遠(于万反)借我親近(附近之近)閒難(乃旦反)是僭(子念反不信也)祝鼃(烏媧反)寘戈(之豉反)要其(一遥反)從公孟(如字又才用反)華齊(戶化反下同)及閎(音宏)斷肱(丁管反下古弘反)以中(丁仲反下中南楚同)

乘驅如字又繩證反　閱門音悅　慶比如字又毗志反　鴻駵音留　魋徒回反　復就扶又反　之衢其俱反　遂從才用反注及下注同　肉袒徒旱反　氏爭爭鬭之爭　之處昌慮反　射公食亦反　欲令力呈反　從公才用反又如字下從公同　析朱星歷反　鉏仕居反　竇出音豆　頃公音傾　在育音墳　草莽莫蕩反　之好呼報反　宗祧他彫反　以其良馬見賢遍反下注客禮見同　爲夫于僞反　致使所吏反注同　乘馬繩證反又如字　將掫側九反又祖侯反行夜也　行夜下孟反　從者才用反　牧圉魚呂反　扞外戶旦反　執鐸待洛反　終夕　與音預下不與聞謀與於青之賞同　燎力召反又力弔反一本作終多與於燎　徧賜音遍　苑何忌於元反　名牢力刀反　女何音汝　不爲于僞反　疚於居又反病也　回邪似嗟反下同　知難乃旦反下同　郥甲五兮反　兒闔似廉

反又以冉反必盥古緩反而食音嗣下食公子同所質音致下同費遂

扶味反求去起呂反滋長丁丈反注及下同其詢許候反取也本或作詣同少

司詩照反下注少皞同寇牼苦耕反三公子爲質如字信也注同公

遽其據反而女音汝齊侯疥舊音戒梁元帝音該依字則當作痎說文云兩日一發之瘧也痎又音皆後學之徒僉以疥字爲誤案傳例因事曰遂若痎已是瘧疾何爲復言遂痁乎

遂痁失廉反瘧疾也期而音基不瘳勑留反裔款以制反齊嬖

必計反君盍戶臘反史嚚魚巾反公說音悅屈建居勿反事

治直吏反不媿九位反本又作愧無猜七才反建以語魚據反與

焉音預注同下祝史與焉亦同以蕃音煩祉音恥爲信于僞反又如字下爲

暴君使同外內頗普何反邪似嗟反辟違匹亦反從欲子用反下注從

同或音如字厭私於豔反注同撞鐘直江反斬艾本又作刈魚廢反輸

掠其聚音亮才住反又如字謗讟徒木反無俊七全反數美

所主反矯誣居表反求媚眉記反其言僭子念反下僭令同嫚

武諫反萑蒲音丸舟鮫音交藪之素口反薪蒸之丞反麤曰薪

細曰蒸鹽蜃市軫反入從其政如字一音征偪介彼力反下音界迫

近附近之近彊易其丈反其賄呼罪反則應應對之應注同養

長丁丈反皆詛莊慮反祝有益之又反下善視同億兆於力

公説音悦去禁起呂反下以去其否同薄斂力驗反已責本或作債

音同除逋布胡反于沛音貝旃以之然反韙之于鬼反是也至

自佃音田本亦作田遄臺市專反而造七報反和夫音扶焉

得於虔反如羹音庚舊音衡醯呼兮反醢音海以亨普庚反煮

也燀之章善反燃也炊也昌垂反齊之才細反又如字以泄息列反減

也　無爭爭鬭之爭　和齊並如字一讀上戶臥反下才細反　鬷子工反緫也

嘏古雅反大也　緫也音揔　一氣杜解以爲人氣也服云歌氣也　五聲宮爲

君商爲臣角爲民徵爲事羽爲物　角徵張里反　大蔟音泰下七豆反　蕤

賓人誰反　無射音亦　七音宮商角徵羽變宮變徵也　八風易緯通卦

驗云東北曰條風東方曰明庶風東南曰清明風南方曰景風西南曰京風西方曰閶闔風西北曰不周風北

方曰廣莫風條風又名融風景風一名凱風　六府水火金木土穀　三事正德利用厚生　哀

樂音洛下同注皆同　周流傳本皆作流然此五句皆相對不應獨作周流古本有作疏者案注

訓周爲密則與疏相對宜爲疏耳　豳風彼貧反　專壹如字董遇本作摶音同

季萴仕側反　虞夏戶雅反　大公音泰　爽鳩氏　樂之一本

作之樂　鮮死息淺反　水懦乃亂反又乃卧反一音儒　民狎戶甲反　而翫

五亂反　以治直吏反　數月所主反　萑音丸　苻音蒲又如字　盡

之本或作盡殺之殺衍字糾之居黝反汔可許乙反其也苛政音何
無從本又作毋從子用反注同詭隨九委反式遏於葛反憯不七感反曾也不絿音求急也是遒在由反又子由反聚也
經二十一年頃公音傾披其普彼反
傳二十一年將鑄之樹反無射音亦注同律中丁仲反泠州鳩力丁反字或作伶樂官也或作泠字非也不窕他彫反不摦戶化反心億於力反安也則樂音洛不感如字本或作感戶暗反適子丁歷反以長丁丈反不解佳賣反攸塈許器反息也欲惡烏路反歸費音秘注同故爲于僞反人恐丘勇反下注同華貙勑俱反少司詩照反相惡如字又烏路反亟言欺冀反飲之於鴆反下同及從才用反張匄古害反本亦作丏而訊音信問也又重直用反

將見賢遍反不勝音升曰任音壬鄭翩音篇豐愆起虔
反本或作衍雎陽音雖舊鄘音容本或作墉廚人直誅反濮音卜反
先人悉薦反後人户豆反盍及户臘反二帥色類反注同苦
錐古含反偃州員音云又音圓死難乃旦反而不能送
亡君絶句待復扶又反下文復即之同乃徇似俊反揚徽許歸反說
文作徽云幟徽識本又作幟申志反又昌志反一音式去備起呂反裹首
音果而荷何可反又音何瞿僂新力主反說甲他活反下注同華
妵他口反下注同不訾本又作呰才斯反又音紫曹翰胡音寒又户旦反中行
户郎反赭丘音者丘又作北爲鸛古喚反爲鵝五多反皆陳直覲
反莊堇音謹本或作莊堇父干犨尺由反將注之樹反則關烏環
反本又作彎同下同傅天音附相余息亮反豹射食亦反又音食夜反下及注皆

同狎更音庚殪一計反死也抽殳音殊長丈直亮反又如字折股
之設反下及注同扶伏並如字上又音蒲下又蒲北反本或作匍匐同言女音汝伍乘
繩證反注及下同君焉於虔反搏膺音博而呼好故反我迋求枉
反恐也迋恐丘勇反睢上音雖乃復扶又反薳越于委反朱
愬音素懼泄息列反又以制反
經二十二年別從彼列反大蒐所求反昌閒如字叔鞅
於丈反單子音善鞏縣九勇反子朝難乃旦反郟古洽
鄏音辱傳二十二年苑羊於元反牧之州牧之牧
齊帥所類反下之遐嫁反大惡烏路反無過古禾反無亢
苦浪反不衷音忠能復扶又反下復欲同省臧悉井反又所景反下子郎反
邊卬五郎反祁犂力私反又力兮反仲幾音機樂輓音晚後

弭彌氏反王子朝如字凡人名字皆張遙反或云朝錯是王子朝之後此音潮案錯姓亦有兩音之長丁丈反說之如字又音悅王語魚據反伯盆扶粉反一音扶云反劉摯音至下同惡賓烏路反下注同願去起呂反有欲位之言一本位作立自斷丁管反自憚徒旦反其犧也許宜反遽歸其據反賨難乃旦反弗應應對之應注同皆從才用反比芒音亡滎錡魚綺反錡澗古晏反見王賢遍反注同略行下孟反僞糴音狄鳶悅全反鞮丁兮反渉佗徒多反守之手又反又如字之喪息浪反下注羣喪同郊要一遙反餞賤淺反召莊上照反伯奐音喚單旗音其不捷才接反背盟音佩注同樊頃子音傾本或作須字令單力呈反以說如字或音悅奔平時音止又音市一本作千平畤下同本或作平壽誤鬷子工反稠直[illegible]反

鞏簡九勇反　圃車音補　鄩音尋　肸許乙反　東圉魚呂反

荀躒力狄反　于社市者反，本或作杜，下皆同　王子匄古害反　司馬

督音篤　于氾音凡　于解音蟹　任人音壬　右行詭戶郎反，下九委反

昭六第二十五　杜氏　盡二十六年

經二十三年　叔孫婼勑略反　執使所吏反　庚輿音餘

雞父音甫　胡子髡苦門反　沈子逞勑井反　夏齧戶雅反，下五結反

大倉音泰

傳二十三年　郊鄩音尋　潰戶內反　告閒音閑　道徑音經　公孫鉏仕居反，下同　將禦魚呂反　欲過古禾反，下遂過同　芋地亡交反　斷其丁管反　弗殊如字，說文云死也，一曰斷也　而蹷其月反，又音厥，又居衛反　人愬息路反　言使

所吏反重發直用反下重發同命介音界注同去衆起呂反士彌

云支反牟云侯反將焉於虔反下同分別彼列反從者才用反下

同以芻初俱反蕘而昭反期焉本又作朞同居其反從且至旦爲朞模

法莫胡反字從木不解音蟹爲叔孫于僞反告女音汝吠狗

扶廢反必葺七入反補治也毀壞音怪取訾子斯反尹圉魚呂反

劉佗徒河反阪道音反又扶板反近東附近之近西闈音韋一音暉

攻蒯苦怪反而好呼報反苟鑄之樹反執殳音殊著丘

公直除反又直慮反師熸子潛反字林子兼反無復扶又反下注往復敗復同而

狂求匡反帥賤所類反注及下帥賤同去備起呂反敦陳直覲反下末陳

并注同師譟素報反所厭於甲反本又作壓同在郹古闃反吳

子諸樊案吳子遏號諸樊王僚是遏之弟子先又以爲遏弟何容僚子乃取遏號爲

傳寫誤耳未詳以傲古堯反要其一遥反乃縊一賜反遠瀘制

反公爲于僞反注及下注國爲之寸相爲同鄬囊瓦乃郎反城郢以井

反又餘政反守在手又反下文除守其交禮並同四竟音境下及注同四援于卷

反民狎戶甲反國焉於虔反其疆居良反場音亦之壘

力軌反辟也音辟不僭子念反不懦乃亂反又乃卧反弱也不耆巨之

反一音巨支反強也坌扶粉反冒莫報反一圻音祈土數所主反

經二十四年仲孫貜俱縛反徐俱碧反郁於六反釐本又作釐

力之反又音來　傳二十四年南宮嚚魚巾反見王

賢遍反度義待洛反注同紂有直九反億兆於力反有治直吏

反于鄔烏戶反緱氏古侯反又苦侯反鄔聚才住反梁其踁

戶定反而欬苦代反不腆他典反從者才用反莅問音利

乾祭音干下側界反介衆音界注同大也其使所吏反猥出烏罪
反陽不克莫絶句攻瑕戶加反及杏戶孟反皆潰戶內
反大叔相息亮反釐不本又作斄力之反其緯有貴反之
隕于敏反蠢蠢昌允反動皃動擾而小反本又作動攝五儕仕皆
反瓶之本又作鉼步丁反惟罍音雷器也黃父音甫用成周
之寶珪于河本或作沈于河沈音直蔭反又如字拘得音俱王定而
獻之本或作王定之東訾子斯反吳疆居良反略行下孟反下
同吳踵章勇反躡楚女輒反疆場音亦胥犴五旦反勞
王力報反之納如銳反歸王如字又其媿反遺也乘舟繩證反又如字歸
遺唯季反壽夢莫公反圉陽魚呂反之帥所類反注同幾
如是居豈反又音機爲梗更猛反病也

經二十五年叔詣五計反鸜其俱反嵇康音權本又作鴝音劬公羊傳作鸛音權郭璞注山海經云鸜鵒鴝鵒也鵒音欲重上事直龍反又直用反公孫音遜本亦作遜注及傳同魯竟音境下同唁公音彥弔失國曰唁不與音預小斂力驗反取鄆音運

傳二十五年車轄本又作舝胡瞎反將爲壬僞反酒樂音洛下哀樂同相近附近之近禮坐如字又才卧反樂哀音洛注及下同皆喪息浪反下同以妻七計反強橫華孟反公若從才用反又如字注同焉得於虔反逞其志勑景反之行下孟反注同發見賢遍反下解見同角徵張里反六畜許又反又褚六反麇亡悲反麕九倫反本亦作麇鷫鷞上音肅下音爽畫繢戶對反昏媾古豆反妻父曰昏重昏曰媾姻音因壻父曰姻亞於嫁反本亦作婭同兩壻相謂曰亞重昏直龍反治功直吏反以效戶孝反長

肓丁丈反　民有好呼報反注及下於好皆同惡烏路反下注及下於惡同哀
樂音洛下及注皆同　以赴禮者赴或作從　之難乃旦反　子焉於虔
反　宋背音佩下同　以使所吏反　師已音紀一音祀　童謠音遥
往饋求位反　遺也唯季反　跦跦張于反又張留反跳行皃　跳行直彫
反　徵褰起虔反袴也字林己偃反又音愆　與襦本或作襦而朱反袴也　袴也
苦故反説文作絝　稠父直留反下音甫下同　喪勞息浪反注同　娶妻七住
反　申夜姑本或作射音夜又音亦　相其息亮反注同　季姒音似　人
檀直丹反人名也或市戰反　抶已勑乙反　秦遄市專反　又愬音素又作
訴　展與夜姑並如字公思展及申夜姑也與及也讀或作餘音者非也　將要一遥
反下同　將爲于僞反　季郈音后字林下遘反　相近附近之近　介其
又作芥音界　不下遐嫁反　從弟才用反後從者皆同　將禘大計反　謀

起呂反 公賁 音奔又扶云反又彼義反 侍人 本亦作寺人 僚柤 側[illegible]
反 數月 所主反下數世同 不見 賢遍反 臧孫以難 如字注同 郈
孫以可 絕句 勸 勸公逐季氏也 儌幸 古堯反 舍民 音捨 臣
與 音預 若洫 息列反又以制反注同漏泄也 如闞 口暫反 於沂 魚依
五乘 繩證反 慝作 他得反姦惡也 曰冥 亡定反 可畜 勑六反本
亦作蓄下皆同 將薀 本亦作蘊紆粉反 鬷戾 子公反下力計反 陷西 陷沒
陷之 北隅 本或作堣音同 而踞 音據 櫝丸 音獨下胡官反 箭箙 音[illegible]
又音動一音勇 爲近 于僞反 自咎 其九反下同 令魯 力呈反 下之
蹷[illegible]反 莒疆 居良反 若胙 才路反 勠力 音六又力彫反 繾綣 音遣
起既反繾綣不離散也 好亡 呼報反 而惡 烏路反 焉可 於虔反 於難
乃旦反 不與 音預 稽顙 音啟下息黨反 幄內 於角反 自鑄 之樹

反復納扶又反齊於側皆反本又作齋乘馬如字騎馬也俱輕

遣政反將為于偽反而相息亮反以殺音殺編蒲田反掊步口

反又音附以籍在夜反苓林力丁反骸骨戶皆反昵宴女乙反

失隊直類反祇辱音支僂力主反又力具反句居具反與僭子念

反注同魴假音房賈正音嫁注同計簿步戶反戈楯食準反又音允

州屈居勿反一音其勿反茄人音加熊相息亮反禖音梅郭卷

音權一武眷勉一反為巢于偽反

經二十六年帥賤所類反鄟陵音專又市轉反一音徒丸反召

伯佞注當音呂氏傳二十六年魯曾竟音增女賈

音汝縳直轉反卷也如瑱他殿反易懷以豉反高齮魚綺反

五千庾羊主反十六斗曰庾能為于偽反下當為下文為魯君同其說

如字又始鋭反公子鉏仕居反公孫朝如字紂質音致信女音汝欲降戶江反下同之歆於鴆反於淄側其反以厭於舟反又於葉反注同入汶音問不勝音升注同又始證反炊鼻昌垂反泄聲息列反射之食亦反下及注皆同中丁仲反下中手同楯瓦常允反又音允瓦楯脊也脊也子亦反繇音由過也朐其俱反本又作軥同車軛汰他達反矢激也輈陟留反車轅也匕入必履反矢鏃也車軛於革反矢激古狄反矢鏃子木反或七木反斬鞅於丈反殪於計反死也叱之昌貴反將亢苦浪反下同復叱扶又反下復叱同而罵馬嫁反白皙星曆反鬒之忍反黑也須眉本又作鬚湑于反菀何於阮反㓨芳弗反說文云擊也又父勿反又忿勿反斷其丁管反鑋遣政反又音磬又苦頂反一足行也字林丘貞反呼曰火故反林雍乘繩證反褚氏張呂反一音勑呂反雚

春秋左氏音義之五

谷音丸又古亂反　知躒音智下音歷　女寬音汝本亦作汝　闞塞素代反　之長丁丈反下文同　非適丁歷反　而好呼報反　則治直吏反下同　瀆嫚武諫反　賂吾音路　于滑于八反　重見直用反下賢遍反　爲後還于僞反下且爲同　圉澤魚呂反　隄上音低或音帝　成公般音班　以藩方元反亦作蕃　傾覆芳服反　而溺乃歷反　于難乃旦反　王愆起虔反惡疾也　于彘直例反　以閒閒廁之閒注同猶與也一音如字　與也音預下同　敎官戶敎反　尚少詩照反下文同　而長丁丈反下文同　攜王戶圭反　奸命音干下同　替之他計反　郟古洽反　郟鄏音辱　與鄫才陵反　于戲許宜反　生穨徒回反　施于以豉反　避難乃旦反　處汜音凡　黜去起呂反下同　爲王于僞反　降妖本又作祅於驕反說文云衣服謌謠草木之怪謂之妖　頿王子斯反　共職

音恭有間間廁之間注及下以間先王并注同剝亂布角反華不弔如字舊丁歷反至也注同無厭本又作厭於鹽反貫瀆古患反習也瀆易以豉反倍好音佩傲五報反佷戶懇反矯誣居書反震盪本又作蕩徒黨反竄在七亂反字林七外反攸底音旨拚順將文反狻滑古卯反滑又作滑于八反毋速音無其難乃旦反無適丁歷反遠晉于万反彗星似歲反又息遂反分野扶問反使禳如羊反祗取音支不謟本又作慆他刀反疑也聿懷戶乖反夏后戶雅反注同公說音悅下注書說同有施式豉反下不出者皆同豆區烏侯反公量音亮下同其施之如字又始豉反厚斂力驗反與女音汝少惰徒臥反本亦作惰同工賈音古本亦作商賈不慆吐刀反慢也慢也武諫反本又作慢武半反臣共音恭下同而箴之林反而婉於阮反

經典釋文卷第十九

經六千五百五字
注一万一千六百五十五字

蘇州全書

甲編

《蘇州全書》編纂出版委員會 編

·經典釋文

古吳軒出版社
蘇州大學出版社

經典釋文卷第二十

春秋左氏音義之六 起第二十盡第三十

唐國子博士兼太子中允贈齊州刺史吳縣開國男陸德明撰

昭七第二十六　杜氏　盡三十二年

經二十七年居于鄆音運　吳弒申志反注同　君僚力彫反　堊欺巽反　罷音皮　殺始察反　郤去逆反　宛於阮反又於元反　信近附近之近　祁犁力兮反又力之反　扈音戶　曹伯午音五　郲快苦夬反

傳二十七年掩餘於撿反　後復扶又反　莠尹由九反　工尹麇九倫反　沈尹戌音恤　有復音福　校人胡孝反　沙汭如說反　以殺申志反下文同　鱄設諸音專　上國有言賈云上國與中國同服云上古也　不索所白反　堀室本又作窟同苦忽反　掘其勿反又其月反　夾之古洽反又

古協反下同以鈹普皮反說文云劒也恐難乃旦反寘劒之豉反炙音夜
反抽劒勑留反刺王七亦反闔廬戶臘反相傳直專反立
適丁歷反使命所吏反說之音悅鄢將師於晚反又音烏戶反費
無極扶味反比毗志反而惡烏路反注同賄而呼罪反譖郤側鳩反
飲子於鴆反好甲呼報反吾幾音祁羣帥所類反爇如悅
反燒也一編必然反又必于反菅古顏反秉秆古但反說文云禾莖也或古旦反
苫也式占反李巡云編菅茅以覆屋曰苫把必馬反稾古老反炮之步交反又彭交
反燔也燔音煩及佗徒河反匃古害反呼于火故反而說他活反堅
守手又反不慆他刀反疑也也夫音扶且知子餘反近鄆附近之近之
難乃旦反年末同進胙才故反詛也側慮反中廄九又反謗讟音獨
去朝起呂反朝如字下朝夕同喪大子息浪反邇近附近之近幾及音祁

又音機 將焉於虔反 矯子居表反 不愆起虔反 疆埸居良反下音亦

知者音智 在坐才卧反 曰重直勇反又直恭反 重見賢遍切注同 子

慭魚覲反 媟息列反

經二十八年斥丘音尺一音昌夜反 竟音境傳同

傳二十八年其造七報反 一个古賀反注同 單使所吏反 逆著

中略反上音直略反 祁勝巨之反字林云大原縣上尸反 鄔臧舊烏戶反又音偃案地名在周者烏戶反隱十一年王取鄔留是也在鄭者音偃成十六年戰于鄢陵是也在楚者音於建反又音偃昭十三年王沿夏將入鄢是也在晉者音於庶反字林乙祛反郭璞三倉解詁音瘀於庶反閒騆音厭飫之飫重言之大原有鄔縣唯周地者從烏餘皆從焉字林亦作隖音同傳云分祁氏之田以為七縣司馬彌牟為鄔大夫即大原縣也鄔臧宜以邑為氏音於庶反舊音誤 惡直如字又烏路反 實蕃音煩 多辟本又作辟匹亦反 立辟婢亦反 無與音預 為之于僞反 慭使魚覲反發語音也 楊食我

音嗣叔向許丈反欲娶七住反夏姬户雅反下皆同庶鮮息淺反少也注同
吾懲直升反妾媵蠅證反又時證反少妃詩照反子貉亡白反黰
黑之忍反美髮也說文作㐱又作鬒云稠髮也以鑑古暫反鏡也后夔求龜反取
之如字又七住反君長丁丈反貪惏力耽反方言云楚人謂貪爲惏無饜本亦作厭
於蓋反忿纇本及作類力對反戾也服作類后羿音詣篡夏初患反共子
音恭本亦作恭末喜本或作嬉音同國語云桀伐有施有施氏以末喜女焉韋昭注漢書云嬉姓也妲
己丁達反下音几國語云有蘇氏之女也韋昭云己姓也褒姒音姒龍漦所生褒人所養者也毛詩
云姒姓也鄭箋云姒字也孋姬本又作麗同力知反獻公伐孋戎所得而以爲夫人穀梁傳云滅虢所得莊
子云支封人之子女何音汝不敢取七住反又如字強使其丈反叔向嫂
素早反兄妻也依字宜如此長叔丁丈反是豺本又作犲同仕皆反莫喪息浪反
梗陽古杏反盂音于丁文同銅鞮丁兮反魏戊音茂知音智徐

揄次資利反又如字 樂霄音消 趙朝如字 僚安力彫反 見於賢遍

反注及下見魏子同 成鱄音鄟又市轉反又音附 不偪彼力反 淫行下孟反 唯

此文正詩作准此正季 帝度待洛反下及注同 莫其詩音亡白反又如字爾雅云貌莫安定也

下及注同 克長丁丈反下及注同 王此于沉反注能王同 帝祉音恥 施于以豉反注同

應和應對之應下如字又胡卧反 勤施式豉反注及下注同 徧服音遍注同 悔吝

力刃反 近文附近之近 鬷蔑子工反 以上時掌反下并注同 娶妻七住反 爲

婁于僞反 射雉食亦反 女遂音汝下同 夫音扶 不颺餘常反 吾幾

音祁 毋墮音無下許規反損也 不能斷丁亂反 閻没以占反 閻於如字

又音問 饋又求位反 比置必利反 令坐力呈反 自咎其九反 食之音嗣

軍帥所類反本又作率同 屬之玉反注同 厭於鹽反又於豔反注同

經二十九年來唁音彥 復不扶又反 鄆潰户對反

傳二十九年君祇音支故復扶又反召伯上照反不說
音悅數日所主反于鄭列勉反賈馬音古買也注同具從才用反下同
衣屨九具反乘馬如字又繩證反塹而七豔反隋塹徒火反將爲
如字一音于僞反之櫝徒本反棺也爲作于僞反下同以食音嗣帷裹古火
反龍見賢遍反下見龍朝夕見同莫知音智下謂之知實知注無知同豢音患養也飂
力謬反古國名有鬲以制反甚好呼報反耆時志反以飲於鴆反下同食
之音嗣下不能食能飲食之食夏后同乃擾而小反順也鬷川子工反有夏戶雅反下
皆同少康詩照反下少皞同乘龍繩證反河漢各二杜云合爲四也服云河漢
各二乘所治直吏反以更音庚注同代也復承扶又反潛醢音海不知
音智朝夕如字下朝夕見同若泯彌忍反滅也乃坻音旨又丁禮反此也鬱堙
音因塞也君長丁丈反下皆同句芒古侯反注及下皆同祀重直龍反下皆同祀犂力兮

反　蓐收音辱本又作褥　摧徂回反　玄冥亡丁反　中霤力救反　在
乾其連反本亦作乹　之姤古豆反　巽下音遜　爻辭户交反　其夬古快反
兌上徒外反　亢龍苦浪反　其巛本又作坤空門反　之剥邦角反　艮上
古恨反　少皞户老反　曰重直龍反　曰該古哀反　顓音專　頊許玉反
共工音恭　大皞音泰　烈山如字禮記作厲山　以上時掌反　汝濵音賓
中行户郎反　以鑄之樹反　計令力呈反　被廬皮義反下力居反　文
公㨶本又作蒐所求反　中軍帥所類反　擅作市戰反　令復扶又反
其咎其九反　與焉音傾　朝歌如字　經三十年　去疾
起吕反　頃公音傾　傳三十年　且徵直升反明也本或作懲誤　非
復扶又反　詰之起吉反　子蟜居表反　共使所吏反　在共音恭注及下同
備御魚吕反注同　及辦皮莧反　嘉好呼報反　之閒音閑下同　執

紼音弗索也　輓索本又作挽音晚下悉各反　明戹音厄　印段一刃反　少

卿詩照反注同　女盍音汝下胡臘反下同　有省所景反下同　監馬古銜反　以

於竟音境　蔿尹音誘　吾好呼報反一本作若好吾　邊疆居良反　以

重直用反　之冑直又反　大王音泰　翦喪息浪反　以祚才故反

姑億於力反安也　將焉於虔反　播揚彼我反又波賀反注同　防壅於勇

反　以灌古亂反　斷其丁緩反注同　伍員音云　又惡烏路反　莫

適丁歷反　任患音壬　以肆本又作肆以制反下同勞也　罷敝音皮下文同

亟肆欺冀反注同　數也所角反　經三十一年　荀躒

力狄反　適歷丁歷反　童丘直龍反　以濫力甘反或力暫反　昌慮音閭

又如字　傳三十一年　無咎其九反下注放此　爲子于僞反　出

君如字又勑律反　跣行素典反　于費音祕　探言他南反　知伯音智　之

好呼報反施及以豉反宗祧他彫反夫人音扶下及注同敢與音預之
難乃旦反敢復扶又反一乘繩證反衆從才用反馬稽首啓又古
兮反不為利回于僞反下不爲同義疚久又反病也懲不義直升反下
同而去起呂反下同攻難乃但反以徼古堯反貪冒亡北反又亡報反將
寘之豉反數惡所主反注同之稱尺證反娩而於阮反言別彼列
反臝而本又作臝力果反入郢以井反又羊政反之應應對之應有讁直革
反　經三十二年取闞口暫反國參七南反
傳三十二年疆事居良反小爭爭鬭之爭之分扶問反其殃
於良反狹小音洽俾我本又作卑同必爾反注同親暱女乙反弛周式氏反注
同重耳直龍反徼文古堯反下同蟊賊亡侯反無徵怨張升反召
也榮施式豉反勿與音預以紓音舒又焉於虔反衰序初危

春秋左氏音義之[illegible]　五　[illegible]

反注同　衛虒彼蚪反　傒音兮　大咎其九反　之渝羊朱反　讁怒

弃戰反　揣高卑丁果反度高曰揣又初委反　度高待洛反下文及注同　仞溝

本又作刄而慎反　洫況域反　相也息亮反下同　幾時居豈反下皆同　知費芳貴反

書糇音侯本又作餱　糧音良　屬役之欲反　授帥所類反注同　而效

户孝反致也　徧賜音遍　從公才用反下同　雙琥音虎　陪貳蒲回反　有

妃音配　世從子用反本亦作縱　始震如字一音身　嘉聞音問　遂以名

之如字又式政反　受費音祕　殺適丁歷反

定公上定公名宋襄公之子昭公之弟謚法安民大慮曰定　第二十七

杜氏　盡七年

經元年仲幾音機　大雩音于　煬宮羊讓反　禱之丁老反

隕霜于敏反　殺菽本或作尗音同　傳元年　涖政音利反音

類好義音干大咎其久反屬役之欲反原壽過古禾反菟
蕪音無近吳附近之近去其起呂反注同柏梼音郭庚寅栽才代
反又音再注同薛郳五兮反小邾國爲夏户雅反注同于郔皮悲反仲虺
許鬼反左相息亮反薛焉於虔反納侮亡甫反過分扶問反故
復扶又反萇弘直良反既厭於豔反其祚才故反亟言起冀反
不中丁仲反故朝夕如字羈未居宜反子家子反得見賢遍反下同而
從君才用反注義從同又如字下從君從公放此守龜手又反壞隤徐音懷又户怪反下
徒回反如闞口暫反惡昭烏路反又如字駕鵞音加下五何反自旌音精
惡之如字又烏路反將焉於虔反輦簡九勇反而好呼報反
經二年兩觀古亂反注及下同囊瓦乃郎反傳二年爲
我于儀反注及下同見舟賢遍反夷射姑音亦一音夜閽音昏守門人也以

敲苦孝反又苦學反說文作毃云擊頭也字林同又一曰擊聲也口交反又口卑反訓此敲云橫擿也又或作茅或作剸口交反

經三年子穿音川子拔皮八反傳三

年臨廷音庭下同缾水步丁反本又作瓶鑪力吳反炭他旦反隋也徒火反

先葬悉薦反又如字五乘繩證反殉五人辭俊反藏中才浪反

下急皮彥反而好呼報反下文及注同躁疾早報反于郯音談肅

爽上如字又所六反下音霜肅爽駿馬名駿馬音俊先從才用反下同飲先於鴆反

自拘九于反弄馬魯貢反請相息亮反注同夫人音扶注同以

償市亮反不共音恭注同而沈音鴆若復扶又反爲質音致

經四年國夏戶雅反召陵上照反楚竟音境公孫生本又作姓音生

皋鼬由又反復稱扶又反異處昌慮反伯成音城劉

卷音權一音眷勉反劉蚠扶粉反爲告于僞反下吳爲蔡同孔圉魚呂反

皆陳直覲反　死難乃旦反　并數所反　惡之烏路反

傳四年水潦音老　疾瘧魚略反　祇取音支　羽旄音毛　析羽

星歷反下放此　或旆步貝反　旐音兆　令賊力呈反下次令蓺同　嘖有仕責反至也一

音責　忿爭爭鬭之爭　梲佗徒河反　從才用反下師從旅從同　大梲音泰下大

梲大上大史大原同　共二音恭注同　徼大古堯反　且夫梲音扶　出竟音境下同

祓社音拂徐音廢　釁鼓許靳反　鼓鞞步西反本又作鼙　以從如字又才

用反　嘉好呼報反　將長丁丈反　欲令力呈反　先衞悉薦反下文先衞同

歃也所洽反又所甲反　以蕃方元反　相王悉亮反　分魯公扶問反下並同

大輅音路本亦作路大輅金路也下皆同　大旂其依反交龍爲旂諸侯所建　錫星歷反錫

同姓也　夏后戶雅反下皆同　之璜音黃美玉名　封父音甫下武父同封父國名　緐

弱扶元反繁弱弓名　索素洛反下同　長勺市灼反下同　輯其音集又七入反　共

魯音恭下文以共王職同　倍敦本亦作陪同步回反　典策本又作冊亦作筴或作𠕋皆初
革反　彝器羊之反　迸散彼諍反　皆令徐力呈反　少皞許照反注及下
同下胡老反　之虛起居反注及下皆同　綪七見反　茷步貝反又音吠　旃旌章然反　陶
氏徒刀反　繁氏步河反　錡氏魚綺反　封畛之忍反一音眞　甫田布五反本
亦作圃同　塗所徑音徒下音經　鄭藪素口反　蓋近附近之近下近戎同
相土息亮反　東蒐所求反　巡守手又反　聃季乃甘反　疆以君良
反注及下同　闕鞏九勇反甲名　沽洗鐘名上音孤下音息典反　之長丁文反王文乃長儒同
惎音忌毒也　閒王閒廁之閒　道紂音導　蔡蔡叔上素達反放也注同下蔡
叔如字　七乘繩證反　改行下孟反　見諸賢遍反　之昭上饒反說文作紹　伯
甸徒練反　晉重直龍反　鄭捷在接反　齊潘普安反　宋王臣
如字本或作壬如林反　茲丕普悲反　可覆芳服反　弘說音悅　爲之于僞

反下楚爲沈同臨力鳩反黃父音甫語我魚據反無怙音戶無敄

五報反無復怒扶又反重也注同伍員音云州犂力兮反嚭音普鄙

反子乾其連反爲質音致舍舟音赦置也又音捨舟也注同淮汭人鋭

反夾漢古洽反沿漢悅全反上下時掌反注同遮使正奢反大隧

音遂冥亡丁反本或作冥之敢反阨於懈反本或作隘音同惡子烏路反而好呼報

反而陳直覲反下文及注同江夏戶雅反難而所旦反其卒子忽反下

同其乘繩證反廣死古曠反雍澨市制反季芊面爾反楚

姓畀我必利反世族譜季芊畀我皆平王女也服去畀我季芊之字涉睢七餘反下

同鍼尹之林反燧象音遂火燧以繫象尾被創初良反吳句古侯反

剄而古頂反裹之音果雲夢如字又音夢中肩下仲反奔

鄖音云以從才用反下同一音如字將殺如字又申志反下我殺同蔓成音万

不茹（音汝）矜寡（古頑反）非知（音智）殺女（音汝）其衷（音忠又

反）竄（七亂反）竄匿（女力反）施及（以豉反）之辟（匹亦反）君難（乃旦

反）楚竟（音境）鐻金（音慮氏也金名本又作[illegible]）使見（賢遍反下注敢見同）

以約（如字又於妙反）申包（必交反）以荐（在薦反）荐數也（所角反）

草茅（舊作茅曰交反今本名作莽莫蕩反下同）無厭（於鹽反）疆（居良反）場（音亦）

逮吳（音代）取分（扶問反）勺飲（市灼反又音灼）爲之（于僞反）同仇（音

求）

經五年

傳五年周亟（紀力反注同）行東野（下孟反下桓子行同）璵（本又作與

音餘）璠（音煩又方煩反）斂（力驗反）當去（起呂反）不狃（女九反）彼爲（僞

反注同）子洩（息列反）使僭（子念反）逆勞（力報反下同）時從（求用

反下從父昆弟皆從王並同）百乘（繩證反注同）于沂（魚依反）遂射（食亦反又

亦反又食夜反散卒子忽反堂谿芳兮反下同居麇九倫反下同㬎

骨步卜反以歆許金反闉音因輿音餘本又作與羊汝反輿罷

音皮復失扶又反葉公舒涉反從其母如字又才用反公父音甫

音甫公何藐亡角反一音彌小反大詛莊慮反父歜音欲反秦遄

市專反焉能於虔反成曰具九反聊屈其勿反又君勿反藍尹

力甘反亹亡匪反其帑音奴舍音捨又音赦諜殺式志反大難

乃旦反爲君于僞反下爲身同無厭於鹽反遠丈于万反以妻

七細反脾洩婢支反下息列反脾洩地名袒而音但經六

年祁犂力兮反又力之反公爲于僞反圍鄆音運

經六年爲晉于僞反注同儋翩丁甘反下音篇豚澤杜孫反

嬖大夫必計反之難乃旦反盤鑑盤又作鞶步丹及又蒲官反下古暫

反爲質音致注同大姒音泰下音似鄭俘芳夫反強使其丈反注

同下放此不復扶又反其釁許靳反爲之于爲反欲令力呈反終

纍力追反又力執反夫差音扶下初佳反小惟子位悲反本又作惟亦如字之帥

所類反大惕他歷反於鄫音若此見賢遍反下文見澠非注同爲戍子僞

反下同令使所吏反其憾戶暗反說子音悅有難乃旦反下文同見

圂候溫反又侯困反飲之於鴆反楊楯食允反又音允賈禍音古爲國

于僞反下同越疆居良反而使所吏反下同比趙毗志反亳社步各反

詛于側慮反五父音甫之衢其俱反姑蕕音由又作猶一音由舊反單

劉音善經七年于鹹音咸非使所吏反于沙如字又星和反

傳七年甲貳丁仲反復黨扶又反瑣素果反涉佗徒何反

捘子對反公歛力檢反又音廉或音慮點反墮伏許規反而女音汝下又同苦

蒍始占反於難乃旦反黨氏音掌

定下第二十八　杜氏　盡十五年

經八年臯鼬由又反國夏戶雅反年末注同于厖頫寡反燕

縣音煙侯柳力九反本或作抑曲濮音卜不見賢遍反之璜音黃封

父音甫　傳八年六鈞音均三十斤爲鈞古稱尺證反異強

其丈反而傳直專反子鉏仕居反與一人俱斃婢世反仆也顚高與一人俱爲

子鉏所繫而仆仆也音赴又蒲北反孫炎云前覆曰仆偃且如字射食亦反下同子鉏

中丁仲反下同頰古協反殪於計反死也言顔高雖爲子鉏所擊偃仆且射子鉏中頰而死言其善射

也一讀且音子餘反云偃且人姓名也檢世族譜無此人一讀者非也乃呼大故反注同也殿丁電

反注同單子音善儋翩丁甘反下音篇伐盂音于好逆呼報反其

使所吏反使溷侯溫反又侯困反大行音太下戶郎反一音衡廩丘力甚反之

郛芳夫反棼衝昌容反戰車也說文作幢云陷陣車也或濡人于反馬褐戶葛反褐馬衣也必復扶又反盡客苦百反苦越式占反僑如其驕反

入竟音境中行戶郎反鄟澤音專又市轉反本亦作鄟音同涉佗徒河反

焉得於虔反將歃所洽所捘衛子計反擠也及捥烏喚反捘擠也子計反一音子禮反說文云排也晉詬呼豆反恥也語之魚據反為質音致

注及下同羈紲息列反以從才用反下注從弟下從者同有難乃旦反以激古狄反丨監帥古衛反為周報子偽反下同季寤五故反不狃女九反

欲去起呂反更季氏音庚代也舊古孟反下皆同禘于本計反丨蒲圃布五反■先癸巳悉薦反以鈹普皮反盾食允反又音允夾之五洽反陽

越殿丁見反咋為仕詐反齰也於難乃旦反圍人魚呂反以為于偽反而騁勑領反射之食亦反下同不中丁仲反闔門戶臘反劫公

居業反州仇音求說甲本又作稅同他活反得脫徒活反或他活反曰嘻

許其反懼聲辨舍上音遍注徧同下如字于讙音歡駟歂市專反鄧

析星歷反經九年伯蠆勑邁反分器扶問反

傳九年向巢舒亮反褭經七雷反下田結反下同舍鐘音捨其

邪似嗟反注同彤管徒冬反邶風音佩雖說音悅竿旄音干

下音毛鄘風音容蔽芾芳味反蔽芾小皃召伯音邵注同所茇畔末

反草舍也而祇音支若麟本又作驎呂辛反俘為芳夫反萊門音來

天菑音災師罷音皮焉於虔反頃覆音傾本又作傾下芳服反鍥

苦結反刻也其軸音逐葱靈初江反或音怱輜車側其反說文云衣車也為

衛于僞反下同必娶七注反卿相息亮反於霤力又反所樂如字

又五孝反犂彌力兮反又譎古穴反曩者乃黨反嚮也之難乃旦反

如驂七南反騑馬也之靳居覲反車中馬也本或作如驂之有靳非也與書爭爭鬭之爭又如字

千乘繩證反不復扶又反褚師中呂反其帥所類反注同

事見賢遍反致襚諸忠反媢武冀反杏戶猛反晳星歷反

幘音策又音責齒上下相值也說文作齰音義同而衣於既反貍力之反製音制裘也

吾貺音況賜也今常力呈反不共音恭三襚音遂比殯必利反故

挽音晚親推如字又他回反經十年夾谷古洽反又古協反二傳作頰谷

音古木反鄆音運讙火官反汶陽音問孔子相息亮反郈

音后字林下遘反弄馬魯貢反暨其器反與也仲佗徒河反石彄苦侯

反向魋大同反靜難乃旦反傳十年丘相息亮反注

同兵劫居業反合好呼報反下同裔以制反遠也之俘芳夫反謀

夏戶雅反不偪彼力反爲愆去連反遽其據反辟之婢亦反又音避

注同去萊起呂反出竟音境三百乘繩證反盟詛側據反茲

無還音旋以共音恭注同要盟一遥反犧象許宜反又忽河反注同犧

象皆尊名秕音鄙穀不成者也字林音匕或作粃又必履反稗皮賣反草似穀者子盍戶臘反下

同齊爲衛于偽反邯音寒鄲午音丹城其西北而守

之一本或作城其西北隅宵熸子潛反涉佗徒河反如植市力反立也一音值不

遄市專反若藐音貌又亡小反射之食亦反下并注同翊鋒芳逢反向

巳許亮反亦作嚮逆呵呼多反刺之七亦反復圍扶又反在楊水

卒章本或作惕之水卒章齊使所吏反注同爲之于爲反下注爲齊同衆

兇音凶一音凶勇反得紓音舒偪魯彼力反必倍步罪反走呼火故

反介俟犯音界犯殿丁見反物識申志反又如字與之數色主

反注同名簿步古反嬖必計反遽其居反富獵力輙反尾鬣

力輒反爾雅舍人注云馬髮也鬉音子工反抶魋敕乙反盡腫章勇反有頯

普多反出竟音境辰爲于僞反注猶爲同迋吾求往反又古況反欺也褚

師張呂反屬與音燭封疆居良反所惡烏路反十一年傳注同一音如字

經十一年叔還音旋叔詣曾孫也案世族譜叔還是叔弓曾孫此云叔

詣誤也

傳十一年

經十二年隳郈許規反毀也注及下傳同毀壞音怪又戶怪反公孟彄

苦侯反孟縶陟立反隳費音祕大雩音于

傳十二年滑乎八反羅殿丁見反下同曹竟音境下同在行

戶郎反申句須音劬樂頎音祈保障之尚反又音章子爲不

知並如字一本爲作僞陽不知也陽本亦作佯音同　經十三年

垂葭音加圉音又大蒐所求反比蒲音毗士吉射食亦反又

食夜反朝歌如字○傳十三年鄍氏古闃反郱意茲彼命反又音丙
傳必張戀反又直專反注同數日所主反言當丁浪反衛侯乘繩證反下同
乘廣古曠反比君必利反乃介音界侯輕遣政反著丁略反
是以爲于僞反注同一音如字而眞之鼓反好不呼報反其從才用反
說劒他活反注同不與音預反如字中行户郎反知文子音智相
惡如字入烏路反下同曼多音万沈之如字又音鴆荀躒力狄反三如字又息
暫反折之設反肱古弘反欲令力呈反史鰌音秋於難乃旦反下注同者鮮
息淺反必與音預注同始惡烏路反將去起呂反宋朝如字愬音素
經十四年趙黶於減反佗人吐何反又徒何反子牂子郎反皆惡
烏路反檇李音醉依說文從木亂陳直覲反下同黎陽力兮反于洮吐刀反
歸脤市軫反盛以音成蒯苦怪反聵五怪反比蒲音毗莒父音甫

○傳十四年惡董烏路反知文音智盍以胡臘反發難乃旦反
與謀音預將焉於虔反莫矣音暮乃縊一四反皆楚音佩陳
好呼報反句踐古侯反陳于直覲反三行戶郎反下同屬劒之欲
反下同又之注反自頸古頂反本又作刎闔廬戶臘反將指子匠反一屨九具反
於陘音刑夫差音扶於廷音庭本又作庭曰唯唯癸反舊以水反于脾
婢支反析星歷反成鮒音附桃甲如字本又作姚爲夫人于僞反獻盂
音于婁豬力侯反字林作[redacted]力付反云求子豕也下張魚反盍歸戶臘反艾五蓋反老也字
林作豭音[redacted]音加壯艾三毛聚居者[redacted]豕也戲陽速許宜反少君詩照反本亦作小君將戕
在良反殘殺也以紓音舒諺曰音彥於澭路音路籍父
經十五年鼷鼠音兮食處昌慮反渠蒢直居反下具音側城漆
音七○傳十五年之贄音至替也他計反近亂附近之近下皆同取貴芳味反

而中丁仲反　徵知著知之難並如字又音智　其易以豉反　子齹才何反　爲之
于偽反　事見賢遍反　蘧音渠　挐女居反又女加反　不祔音附　不克襄
息羊反成也

哀上哀公名蔣定公之子蓋夫人定姒所生敬王二十八年即位謚法恭仁知折曰哀　第二十九

杜氏盡十三年

經元年得見賢遍反下同　此復扶又反　一處昌慮反　○傳
元年而栽才代反又音再注同說文云築墻長版　圍壘力軌反　周帀子合反
廣大古曠反　高陪並如字高又古報反注同　厚一戶豆反　夫屯徒門反夫兵也屯守也
故令力呈反　以辨扶免反又方免反別也　別也彼列反下同　係纍力維反
出降戶工反　使疆居良反　夫椒音扶叔又作松子[illegible]反　檇李音醉
大湖音泰　甲楯食允反又音允　會稽古外反下古兮反會稽山名　上會

稽時掌反　大夫種章勇反　大宰音泰　嚭普鄙反　伍員音雲
去疾起呂反本又作去惡　有過古禾反國名注及下同　澆五叫反一音五報反下同
殺斟之林反　灌古亂反　斟鄩音尋　寒浞仕捉反　夏同
姓户雅反下注皆同　夏后相息亮反注及下注同　復爲扶又反
后緡亡巾反　昏忘亡亮反　方娠音震又音身懷妊也　自竇音豆
少康詩召反　之長丁丈反　惎澆音忌毒也　庖正步交反
妻之七計反注同　二姚羊昭反虞姓也　諸綸音倫
有鬲音革　之燼徐刃反又秦刃反　女艾上如字又音汝下五蓋反
諜澆音牒　季杼直呂反　誘豷許器反　過戈並古禾反
之績一本作迹　吳難乃旦反　務施始豉反　而長丁丈反下同

可竢本又作俟音仕待也介在音界求伯如字又音霸生聚才喻反又
如字爲沼之兆反池也汙池音烏故復扶又反邯鄲音寒下音丹
逢滑于八反土芥古邁反草也不艾魚廢反暴骨步卜反
如莽亡黨反孔圉魚呂反烝鉏之承反下仕居反不重直龍反
崇壇徒丹反不彤徒冬反丹漆也鏤魯豆反刻也不觀古亂反注同
臺榭音謝取費芳味反天有菑音災癘本或作天無菑癘非
疾疫音役而共音恭熟食者分如字一讀以分字遠下句猶徧
音遍卒子忽反乘繩證反與焉音預不罷音皮陂池彼宜反
妃嬙本又作廧或作嬙在羊反嬪御毗人反玩好呼報反夫先自
敗也已夫音扶本或作夫差先自敗者非經二年取鄭
火號反又音郭及沂魚依反易也以豉反句繹古侯反下音亦以要

一遥反 于鐵 天結反 皆陳 直覲反 傳二年伐綏

古卯反 郢也 以井反 立女 音汝 三揖 一入反三揖卿大夫士也 祇辱 音支

立適 丁歷反下適孫同 大子綄 音問喪冠也 衰絰 七雷反下田結反

子般 音班 先陳 直覲反下注同 爰契 苦計反又苦結反 謀協以故

兆絕句 詢可也 思遵反 斬艾 魚廢反 欲擅 市戰反 而滅

其君 滅或作戕音殘 除詬 呼豆反又音苟 作雒 音洛 千里百縣

縣方百里 縣有四郡 郡方五十里 斯役 如字字又作廝音同何休注公羊云艾草為防者曰廝及水漿者曰役蘇林注漢書云廝取薪者韋昭云析薪曰廝 志父 音甫杜云志父趙簡子之一名也服云趙鞅入晉陽以畔後得歸改名志父春秋仍舊猶書趙鞅 絞縊 一賜反 以戮 音六

桐棺三寸 禮記云夫子制於中都四寸之棺五寸之椁以斯知不欲速朽也鄭康成注云此庶人之制也案禮上大夫棺八寸屬六寸下大夫棺六寸屬四寸無三寸棺制也棺用難朽之木桐木易壞不堪為棺故以為罰

墨子尚儉有桐棺三寸不設屬音燭注同次大棺也辟步歷反注同親身棺也禮大夫無辟

之重直龍反下同王棺四重禮記云水兕羊棺破之其厚三寸杝棺一梓棺二梔棺辟也梓

棺二屬與大棺也被木牛及兕之革爲一重辟爲二重屬爲三重大棺爲四重君再重君謂侯作子男

侯伯已下無革棺屬與辟爲一重大棺爲再重上公則唯無水革耳兕革與辟爲一重屬爲再重大棺爲三重

大夫一重大夫唯屬與大棺爲一重今云不設辟者時借耳非正禮也樸馬普角反載

柩其又反爲衆于僞反郵無恤音允其怯去業反百乘繩證

反牖下羊九反麇之丘隕反麇束縛也注同吏詰起吉反痁作

詩占反瘧疾也瘧疾魚略反禱曰丁老反一音丁報反在難乃旦反下注爲難同自

佚音逸持矛亡侯反絕筋居銀反中肩丁仲反斃于婢世

反本亦作獘踣蒲比反逢旗芳恭反旗名復伐扶又反傅傁素口

反又作叟有知音智未艾魚廢反又五蓋反公孫尨武江反稅焉始銳

反　爲范于僞反下文爲其主同　幕下音莫　姚般子般子緞　林殿丁見反

而射食亦反　伏弢吐刀反弓衣也　嘔血本又作歐烏口反吐也　吐也他悛反

兩靷以刃反　洩庸息列反一音作息引反未詳　中悔丁仲反　經三

年曼姑音万　爲子于僞反　樂髡苦孫反

傳三年司鐸行洛反　南宮閱音悅　曰庀匹婢反具也　女

音汝　命不共音恭　校人戶敎反注及下同　乘馬繩證反注及下音同　脂轄

戶瞎反本又作鎋同　爲駕于僞反　之易以豉反　變難乃旦反　濟濡

子細反又子禮反注同　帷幕位悲反下音莫　欝攸音史欝攸敝木氣也　蒙葺七入反

反一音丁入反　以悛七全反次也　縣敎音玄　富父音甫　槐音懷　官辦辦具

之辦注同　猶拾音十　瀋也尺審反汁也比土呼汁爲瀋　去表起呂反注同　之稟

古老反注同　所鄉許亮反　稾積子賜反　道還本又作環戶關反又音患

惠同勑令力呈反南孺子如住反共劉音恭其郛芳夫反惡

范氏烏路反注同經四年盜殺申志反蔡侯申今本

皆如此案宣十七年蔡侯申卒是文侯也今昭侯是其玄孫不容與高祖同名未詳何者誤也公孫姓音生本又

作生或一音性恥爲于僞反亳社步各反頃公音傾傳四年

也承音懲直升反公孫翩音篇而射食亦反下同文之鍇音楷又音皆又

客駭反併行步頂反中肘丁仲反下竹九反公孫盱況于反服普版反字林匹

姦反葉公始涉反負函音咸繒關才陵反汧江音素入郢以井反又

以政反單浮餘音善氏濆戶內反陸渾戶門反豐析星歷反注

同菟和音徒監尹古銜反少習詩照反又如字少習即武關也之難乃旦反

將爲于僞反下注同以畀必利反與也楚復扶又反甯跪其委反

邯鄲降戶江反遂墮許規反取邢音刑任音壬欒力官反

郈呼洛反郭璞三蒼解詁音臛字林火沃反韋昭呼告反闞駰云讀虩確同逆時音止孟音于
經五年城毗頻夷反杵臼昌呂反下求又反傳五年惡
張烏路反下同柳朔良久反夫非音扶好不呼報反不去起呂反
以僣子念反後同爲吉射于僞反燕姬於賢反未冠古奐反
鬻姒音育下音似子茶音舒又音徒又丈加反嬖必計反齒長丁丈
反間於音閑又音間廁之間又如字疾疢勑覲反本或作疢乃結反謀樂音洛
寘羣之豉反羣或作諸於萊音來公子黚巨廉反又音琴公子鉏
仕居反不與音預下同埋云皆反而侈昌氏反又尸氏反惡而烏路反不
解佳賣反攸暨許器反息也鮮矣息淺反不濫力暫反濫溢
音逸經六年郲瑕音遐任城音壬亢父苦浪反又音剛下音
甫廢長丁丈反立少詩照反于柤莊加反楚子軫之忍反史記作

珍　殺荼[音試下皆同]　傳六年復脩[扶又反]城父[音甫]
驂乘[繩證反]偃蹇[約免反下紀晚反]驕敖[五報反]必偪[音逼]盍
[户臘反下同]去諸[起呂反下同]需[音須疑也一音濡弱持疑也]多難[乃旦反]鮑
牧[州牧之牧]乘如[繩證反]晏圉[魚呂反]五辭[本又作辤說文云辭不受
也受辛宜辤也辤籀文]大冥[亡丁反]舍其[音捨]夾日[古洽反]大史[音泰]
[下同]若禜[音詠]禳祭[如羊反]而寘[之豉反]其夭[於表反]焉
[於虔反]為祟[音遂]竟內[音境]雎[七餘反]漳[音章]楚昭
王知大道矣[本或作天道非]夏書[户雅反下注同此語在尚書五子之歌書無帥
彼五常一句下亦微異]其行[如字又下孟反尚書作厥道]乃滅而亡[尚書作乃底滅亡]且
于[子餘反]上乘[繩證反]闞止[若暫反]壬也[而林反]洩言[息列反又
以製反]欲令[力呈反下同]與饋[其位反]差車[所宜反]鮑點[之廉反又

女忘 音汝如字 而折 之舌反又市列反注同 而背 音佩後年背同 故要 一遥反

去鬻 起呂反 拘 音俱 江說 音悅 句竇 音鉤下音豆 不匱 其位反

多難 乃旦反 少君 詩照反 長君 丁丈反 夫鴩子 音扶鴩或作鶔

同 於駘 他才反又徒來反 野幕 音莫 殳 音列 冒 亡報反 淳 音純 駐

於 中任反 經七年 皇瑗 于眷反 于繒 才陵反一本作鄫

傳七年 百牢 力刀反 吴過宋 古禾反 以後 如字又戶豆反 上物

如字一音時掌反注同 道長 丁丈反注及下注同 既共 音恭 大伯 音泰注同 斷髮

丁管反 嬴以 本又作倮力果反 故效 戶孝反 將焉 於虔反 惡賢

音烏安也注同 無數 所主反 不樂 音岳一音各 不御 魚呂反 擊柝

音託以兩木相擊以行夜也字又作欜同 閒於 音間又如字 晝掠 中救反下音亮 于

繹 音亦 鄒縣 則留反 乘韋 繩證反下及注同 馮恃 皮冰反注同 辟

匹亦反注同振鐸待洛反注同公孫彊其良反好田呼報反下同弋

以職反繳射也田弋之說如字說之音悅下大說同彊言霸說如字

一音始鋭反而奸音干揖丘音集一音於入反鍾邪音于經

八年褚師中呂反之詬呼豆反取讙音歡及闡尺善反

伯過古禾反盲使所吏反傳八年肥殿丁練反下注同詬

之本又作詢呼豆反詈辱也詈辱力智反吳爲于僞反下注則爲之隱惡同不

狃女九反死其難乃旦反曾所在增反且夫音扶之行下孟反又

如字所惡烏路反又如字注反之好呼報反下文好焉同欲覆芳服反子泄

息列反又作洩與斃裨世反子洩率絕句故道險絕句吳竟

音境僑田其驕反拘鄫音俱下同之漚烏豆反菅古顏反水兹

音玄本亦作滋子絲反濁也字林云黒也道之普導澹臺待甘反內應應對

析朱鉏星歷反注及下同 泗上音四 私屬音燭 於幕庭亡傅之應 設格更百反 令士力呈反 試躍羊灼反 與焉音預注同 任行音壬 三遷息暫反 析骸户皆反本又作骨 而爨七亂反 及虧去危反 吳輕遣政反 負載如字謂載書或音戴 造於七報反 萊門音來 爲質音致下同 復求扶又反 妻之七計反 魴侯音房 前爲下僞反 荐之本又作栫在薦反 荐雍也於勇反 使女音汝 千乘繩證反注及下同 故諷方鳳反 愬之音素 於潞音路 麇之丘隕反束縛也

經九年雍丘於勇反

傳九年公孟綽昌灼反本又作卓同 武子賸以證反 作壘力軌反 塹成七豔反 郟張古治反又音甲 城邦音寒 射陽食亦反又音亦 可游音由 可馮皮冰反 之需音須 以祉音恥 儆音景

經十年不與音預 書殺申志反

孟彄苦侯反 傳十年 剡子音談 于鄎音息 兵

并必政反 人殺申志反 龔重直龍反又直用反 取犂力兮反又力之反 及

轅音袁一音于春反 名隰音習本或作濕音同 來復扶又反 壽夢音蒙 少

子詩照反 經十二年 轅頗破可反又普多反 艾陵五蓋反

公與伐音預下同 傳十一年 齊爲于僞反 無丕音悲

一子守手又反 從公如字又才用反 御諸魚呂反本又作禦 竟音境注同 自

度待洛反 封疆居良反注同 二子之不欲戰也宜絕句 黨

氏音掌 強問其丈反 而共音恭 不成丈夫也本或作大夫非 蒐

乘所留反下繩證反 閱音悅 孟孺子而住反 彘直利反 邴洩音丙

又彼命反 管周父音甫 年少詩照反 徒卒子忽反注同 雩門音于

繇役本或作徭同音遥 陳瓘古喚反 涉泗音四 爲殿丁練反 抽

矢勑留反策其初革反本或作筴誰不如如字一音而庶反注同惡賢音烏
注同宵諜音牒齊人逌徒困反諜間間廁之間語人魚據反能
黙本亦作嘿亡北反其嬖必計反童本亦作僮音同汪烏黃反錡魚綺反
乘繩證反無殤音商八歲至十九爲殤用矛亡侯反皆陳直覲反轃
咺況阮反稻醴音禮以稻米爲醴酒粱糗起九反糗乾飯也以粱米爲之一音昌紹
反腶脯丁亂反字亦作鍛加薑桂曰脯也爲郊子僞反于嬴音盈公
孫夏户雅反虞殯必刃反陳子行如字又户郎反具含玉户暗
反本又作唅公孫揮許韋反問遺惟季反王卒子忽反八百
乘繩證反兵從才用反又如字勞公力報反甲劒鈹普悲反寘
之之豉反新篋苦協反褽以音尉薦也一本作褽之以玄纁玄纁許云
反本亦作勳加組音祖不衷音忠善也饋賂其位反或作餽下音路是豢

音患養也 也夫音扶 爲沼之兆反 其泯亡軫反 盤庚步干反 之
語古報反 不共音恭注同 則劓魚器反 殄大典反 無俾必爾反 易
種章勇反注同 從横子容反 育長丁丈反 使於所吏反 屬其
音獨注反下同 屬鏤力俱反又力侯反屬鏤劔名 墓櫝古雅反木名 脩守手又
反 子朝如字 妻之七計反 於犂力兮反 孔姞其乙反又其吉反
向魋徒回反 於郎音云 少禘詩照反下大計反 子慭魚覲反一作整
征領反 而飲於鴆反 遂聘匹政反 夏戊户雅反下同戈音茂 胡簋
音軌 遽止其據反 度其待洛反注下同 之難乃旦反 別其田如字
一音彼列反 施取尸豉反 斂從力豔反 貪冒亡北反一音莫報反 無猒
於鹽反 經十二年 諱取七喻反又如字本或作娶 棗皐章夜
反或一音託 逡音峻又七倫反 遒音因又音巡 繇音遥 螽音終

傳十二年取于七喻反本亦作娶與甲音預注同不繞音問放
經大結反故去起呂反奉贄音至以要一遥反注同尋重直龍反
寒歇許謁反且姚子餘反之斃婢世反不摽敷蕭反又普交反擊
也國狗音苟之瘈吉世反狂也噬也市制反齧齒五結反本或作齒藩
衛方元反注及下同籬也力知反歸餼許氣反以難乃旦反注同子
盍戶臘反不爲于僞反是墮許規反注下皆同語說音悦下同乃
舍音捨釋也又音赦效夷戶教反蟄者直立反隙地去逆反間
田音閑一本作間地一音如字彌作亡支反又亡爾反頃丘苦潁反又音傾玉暢
勑亮反一本作壬暢嵒五咸反戈古禾反錫音羊一音星歷反爲之于僞反令
倒丁老反爲別如字又彼列反經十三年男成音城本或作成
近濟附近之近自去起呂反其僭子念反星孛步内反乃見

賢遍反　陳夏戶雅反　區夫烏侯反　故復扶又反

傳十三年使徇似俊反　成讙火官反　郜延古報反或古毒反

爲虛並如字或音墟非　單平公音善　不與音預　二隧音遂注同道也

謳陽烏侯反　自泓烏宏反　姑蔑云結反　之旗音其　大末

音泰孟康云大音闥　屬徒音燭注同　地守手又反下注同　復戰扶又反　王

惡烏路反　自剄古頂反　爭歃所洽反又所甲反　爲長丁丈反注下同

大伯音泰　日旰古旦反　輕德遣政反　見晉侯如字又賢遍反　對

使所吏反　以見賢遍反　於吳有豐芳中反　八百乘繩證

反下及注同　六人從才用反　戶牖音酉　坐爲才卧反　恐之丘勇反　不

共音恭　而祇音支　慦系兮而捶反又而水反　一盛音成又市政反注同　輿褐

戶葛反　之父如字又音甫　睨之五計反視也　麤則本又作麁七奴反　以呼

火故反　殺其丈夫直兩反本或作大夫誤　悖惑補內反

哀下第三十

經十四年西狩手又反冬獵也獲麟呂辛反又力珍反瑞獸也解見詩音嘉瑞
無常恚反應應對之應中興丁仲反小邾射音亦句繹古侯反下音亦
眞于之鼓反宗豎上主反宋向舒亮反魋徒回反子狂其廷反
趙鞅於丈反復入扶又反星孛步內反　傳十四年鉏商
仕居反要我於妙又反遙反注同千乘繩證反年內同闞止苦暫反憚之
大旦反騶顏仕救反數也數顏所角反而遺惟季反之潘芳袁反注
皆同米汁也沐音木米汁之十反介達音界媒介也亦因也長而如字又丁丈反
上僂力主反與之言政說音悅立女音汝我遠如字又于万反數
人所主反廩丘力甚反子芒盈音亡在幄於角反帳也之處昌慮

處御之魚呂反本亦作禦 櫝臺大丹反 大史音泰 將爲于僞反下文逆爲今
請下注爲公同 需音須疑也 屬徒之欲反 攻闈音韋 弇中於檢反又音淹
狹路音洽 及彤音而 橋命本又作繑居表反 出雍於用反 務施
式鼓反 數請所角反 以窒音安 余長丁丈反注同 少長詩照反 所
惡烏路反 迹人子亦反 有介音界大也 麇九倫反獐也本又作麋亡悲反 難以
及旦反下文及注同 子頎音祈 騁而勑領反 祗取音支 欲質音致注及下同
乃舍音赦又音捨注同 夏后戶雅反 之瓚音黃 惡之烏路反 阮氏
苦庚反或音剛 丘輿音餘 三日齊側皆反本又作齋 伐齊三如字又息暫反
子洩息列反 將圍魚呂反 爲成于僞反 從者不得入
才用反 有司使所吏反注同 恨恚一瑞反 弗內如字又音納 袒音但免
音問 于衢其俱反 聽共音恭注同 經十五年高無丕

普悲反大雩音于公孟彄苦侯反傳十五年桐汭如銳反既斂力驗反反同造于七報反下文同介將命音界下文注皆放此嚭勞力報反水潦音老凜然力甚反傾動貌隕大夫于敏反下同以重直用反不注同寡君敢辭上介絕句芋尹于付反荐伐在徧反備使所吏反盡芋尹蓋辭同共音恭注同積子賜反又如字注同且殯必刃反積聚才喻反又如字草莽亡黨反內之如字又音納陳瓘古喚反過衞古禾反既斲陟角反喪公室息浪反下并注皆同故爲于僞反下文齊爲衞故爲請於伯姬并注同有背音佩將焉於虔反同好呼報反冠氏如字又古喚反自濟子禮反禚媚詩若反于嬴音盈孔圉魚呂反蒯苦怪反聵魚怪反生悝苦回反渾良夫戶門反長而美舊丁丈反人如字使之所吏反又如字無與音預外圃布五反而乘繩證

反下及注同欒寧力丸反姻婭音因杖戈直亮反又音丈輿豭音加

被甲皮寄反迫孔悝本又作叔悝於廁初吏反強盟其丈反

故劫居業反欲令力呈反炙未章夜反下同召獲上照反注同其

難乃旦反注及下皆同復入扶又反有使所吏反焉用於虔反君燔音煩

必舍音捨又如字盂黶音于下於減反斷纓丁管反去之起呂反蒯

成莫于反諸師中呂反經十六年子還成音旋夏

四月己丑孔丘卒孔子作春秋終於獲麟之一句公羊穀梁經是也弟子欲記聖師之卒故

採魯史記以續夫子之經而終於此丘明因隨而作傳終於哀公從此已下無復經矣魯襄二十二

年生至今七十三也本或作魯襄二十三年生至今七十二則與史記孔子世家異此本非也

傳十六年鄢武子於晚反肸也許乙反逋布吳反竄七亂反

寘諸之豉反其衷音忠單平公音善余嘉乃成世絕句

之休許虯反注反下同美也公誄力軌反說文云諡也旻天亡巾反不弔如字又音
的至也不憖魚覲反且也俾屏必爾反下必領反煢煢求營反在
疚久又反病也尼父音甫言喪息浪反則愆起虔反飲孔悝
於鴆反令人力呈反反祏音石藏主石函西圃布五反石函音咸許
公爲如字人姓名返祏音反本亦作反人爭爭鬬之爭先射食亦反下同
三發如字一音廢皆遠于萬反之殪於計反車從才用反又如字注同
於橐音託城又音甫華氏戶化反使諜徒協反葉公始涉反
邊竟音境下同衛藩方元反注同好復言呼報反告女音汝如
卵來管反而長丁丈反楚國第大細反次第也乃不復扶又反不
悛七全反有熊音雄宜僚者本或作熊相宜僚相音息亮反與之言
謊音恍其喉音侯不爲利于僞反下同諂勑檢反威惕他歷

反不泄息列反又以制反鎧苦代反杖直亮反而劫居業反以袂彌世
反抉豫章烏穴反無聚才住反注同徼幸古堯反無厭食
於鹽反後庇必利反又音祕圉公陽魚呂反不胃直又反以幾音冀
本或作冀得艾魚廢反一音五蓋反注同夫有方于反或音扶奮心方問反將旌
音精以徇以俊反箴尹之林反使輿國人如字輿請輿發也一本作輿羊汝反而
縊一賜反徼之如字匿也爾雅云匿微也微匿女力反生拘音俱而長丁丈
反注同將烹普庚反王孫燕烏賢反又烏練反頵黃求龜反舊求悲反
於葉始涉反嬖人必計反大叔音泰人比毗志反弗去起呂反輿
豭音加而強其丈反傳十七年虎幄於角反幄幕
武博反成絕句求令名者絕句應為應對之應乘裹甸時證
反說文作佃云中也春秋乘中佃一轅車也兩牡茂后反袒裘音但御之魚呂反下

同 笠澤音立 夾水居洽反 而陳直覲反 左右句古侯反注同

卒子忽反注及下注同 相著直略反 鼓譟素報反 并力如字又必政反 以

難乃旦反 使极中角反訴也 其處昌慮反 國觀工喚反 陳瓘

工喚反 齊柄彼命反 其聚才住反注及下注邑聚同 積聚子賜反 問帥所類反

皆相息亮反注及下而相國并經同 令復扶又反 率賤所類反本又作帥下同 鄀俘

音若下芳夫反 州蓼本又作鄝音了 封畛之忍反一音真 不諂本又作滔佗刀反疑也 有

憾本又作感户暗反 君盍户臘反 舍焉音捨又音赦注同 公孫朝如字

鶉火音純 枚卜亡柸反 之觀工喚反注同 之虛去魚反下丈同 濮陽

音卜 被髮皮義反 之瓜古華反 并數必政反下所主反 懼難乃旦

反下文而難作同 其縣直又反 竀尾勑呈反赤也 衡流華耆反又如字 方

羊蒲郎反注同 裔焉以制反 闔門户臘反 塞竇音豆 復伐

扶又反　叔向許丈反　怙亂音戶　般師音班，下同　自鄄音絹　從子
才用反　而隊直類反　折之設反　股音古　己氏音紀，又音祀　髡之苦存
呂姜髢太計反，又庭計反，髮也　髲也皮義反　與女音汝，下同　其焉
於虔反　諸潞音路　平公敬如字，一本作驁，五報反，又五刀反　東莞音官　武
伯相息亮反　鄫衍以善反　石魋徒回反　鄖也音云　曼姑音万
彘也直例反　皇瑗于眷反　子麇九倫反　酁般仕咸反　慍而
紆問反，怒也　不與音預　杞姒音似　適子丁歷反　召令力呈反
傳十八年　皇緩戶管反　從子才用反　圍鄾音憂　將上師
所類反　燧象音遂　皆爲于僞反　遠固于委反　於析星歷反
能蔽志必世反，注同，斷也。尚書能作克，克亦能也　昆命于龜本或依尚書作昆命
于元龜　蔽斷丁亂反，下同　傳十九年　至冥亡丁反　于

敖五刀反 三種章勇反 敬王崩故也案傳敬王崩在此年世本亦尒世族譜云敬王四十二年崩敬王子元王十年春秋之傳終矣據此則敬王崩當在哀公十七年史記周本紀及十二諸侯年表敬王四十二年崩子元王仁立則敬王是魯哀十八年崩也六國年表起自元王及本紀皆云元王八年崩子定王介立定王元年是魯哀之二十七年則與杜預世族譜爲異又世本云魯哀公二十年是定王介崩子元王赤立則定王之崩年是魯哀二十七年也衆說不同未詳其正也

傳二十年 廩丘力甚反 爲鄭于僞反下爲降同 于艾五蓋反 以說如字又音悅 親昵女乙反 有質如字信也 先造七報反 犯間間廁之間 諸夏戶雅反 不共音恭 在難乃旦反 簞音丹笥也 笥絲嗣反 問遺唯季反 句踐古侯反 溺人乃歷反 史黯於減反 謗言博浪反

傳二十一年 遣使所吏反 爲公于僞反年末文注同 之皋古刀反緩也 數年所主反注同 不覺音角又古孝反 高蹈徒報反 令齊力呈

反先期悉薦反將傳中戀反遽其據反比其必利反

傳二十二年甬東音勇會稽古外反下古兮反句章九具

反如淳音拘韋昭亦音拘洲也音州水中可居曰洲焉能於虔反乃縊一賜反

傳二十三年與有音預執紼音弗輿人音餘衆也不

腆他典反旌繁步干反注同知伯音智御之魚呂反及壘力軌

反以守手又反宇祧他彫反犂丘力兮反濕也音習本又作隰

涿聚丁角反始使所吏反傳二十四年汶陽音問

欲徼古堯反令繕市戰反萊章音來天奉扶用反又

焉於虔反躛言戶快反過也謂過謬之言服云僞不信言也字林作讆云夢言意不

慧也于例反餼臧許器反大史音泰注同毋嬖必計反釁

夏許覲反下戶雅反女爲音汝娶於七住反下同孝惠娶

於商商宋也定公名宋是哀公之父故譬夏爲諱而稱商也孝公稱尺證反次如字
始惡烏路反注同適郢以井反適郢越王句踐之太子名親說音悅將
妻七計反大宰嚭普美反納賂音路
傳二十五年藉圃布五反褚師張呂反韈亡伐反足衣也
見君賢遍反有創初羊反謷之許角反又許各反嘔吐也嘔吐
於口反下他故反抵徙音紙屈肘片九反必斷丁管反亥乘時證反
公文要一遥反夏丁戶雅反其帑音奴飲公於鴆反大
叔音泰從孫甥如字又才用反注同少畜許照反優狡音憂下古卯反
拳彌音權俳優皮皆反甚近附近之近下注皆同喪邑息浪
反譟以息報反郢子士音絹禦之魚呂反後放此彌援音袁
欲令力呈反而易以豉反閽也閽厠之閽下注內閽爲君閽皆同適泠

力丁反城鉏仕居反以鉤古侯反本或作拘同注同之卒予忽反陳
名直覲反揮音暉彼好呼報反先道音導注同共評音平
又音病難面乃旦反弗內如字又音納五梧音吾鄭重直龍反又
直用反爲柷之六反又之又反注同上壽時掌反下音授又音受惡鄭烏路
反訾毀音紫請飲於鴆反注同獲從才用反又如字劬勞其居
反以激古歷反之數所角反不樂音洛公孫音遜本又作遜
傳二十六年樂茷扶廢反君愎皮逼反很也胡懇反
掘褚其勿反又其月反本或作搰胡忽反國幾音祈又音機守陴毗支反
甲重直龍反下同設守手又反恐公丘勇反公子黚起廉
反相之息亮反令萮力呈反注同爲悼公于僞反遂復
扶又反從昆才用反樂溷戶門反又戶困反朱鉏仕居反樂輓

音晚惡之烏路反下注惡其同欲去起呂反連中如字一音輩與空

澤如字與發也或作輿非鉄宮烏毒反六子畫音獲劾之戶槩反

少寢詩照反下注同大宮音泰戓蠱音古又匿女力反所弑

申志反比首手又反注同咮加張又反鳥口復盟扶又反唐盂

音干子䍐音路使徇似俊反無別彼列反注同於使所吏反孫

於陳音遂本亦作遂下及注除孫莊子皆同甯武乃定反宛濮於阮反下音卜

注同或才用反非也傳二十七年駘上他來反又音臺封竟音境三子皆從如字

此夫音扶臨難乃旦反多忘云亮反本又作妄下文放此駟

歂市專反屬孤子音燭注同乘卓繩證反注及下皆同豕聚中角

中角反隰之役音習多難乃旦反未女音汝下同毋廢音無傍

何蒲浪反俓音經濟陰子禮反下同國參七南反成子衣

於旣反製衣音制衣也杖戈直亮反又音丈於阪音反一音扶版反衷焉音忠善也中行戶郎反輕車遣政反以厭於甲反又於輒反有爲于僞反下爲鄭同三思息暫反又如字之侈昌氏反又尺氏反去之起呂反下而去同之衢其俱反有陘音刑因孫音遜下同而好呼報反畀下之戶嫁反一本畀作早桔戶結反柣大結反俘芳夫反酅戶圭反魁苦回反壘力軌反適子丁歷反不悛七全反惎知伯其冀反毒也遂喪息浪反下同後序申杼時汝反又直呂反汲郡音急簡編必仙反又布千反下同科斗苦禾反科斗蟲名形似科斗彖象吐亂反繫辭戶計反殤叔音傷大歲音泰周赧王女版反齊湣王亡謹反一音亡巾反足見賢遍反儀父音甫守于手又反本亦作狩數條所主反洞澤大弄反一音童爲泂古熒反又音瑩又音迥熒澤音瑩之甗魚輦反又音言一音彥

仲壬（而林反）居亳（步博反）大甲（音泰）中分（並如字又丁仲反）而

相（息亮反下同）老叟（素口反）昏忘（亡亮反）爲其（于僞反）粗有

（于故反又音麤）

經典釋文卷第二十

經五千二百三字
注一万一千二千四字

經典釋文卷第二十一

春秋公羊音義

唐國子博士兼太子中允贈齊州刺史吳縣開國男陸　德明　撰

春秋公羊序

掾弋絹反　治世直吏反　之論盧困反下持論同　讓朝陟交反　胡毋音無

隱括古奪反結也

春秋公羊經傳解詁佳買反下音古訓也　隱公第一

何休學學者言爲此經之學即注述之意

元年正月音征又音政後放此　開辟婢亦反本亦作闢　之稱尺證反下之稱早稱同　徽號許韋反　器械戶戒反　夏以戶雅反後放此以意求之　物見賢遍反下並見同　之治直吏反　夫不音扶　而去起呂反下去同　刺欲七賜反後皆同　更不

音隱長丁丈反注及下皆同巳冠工亂反下同適子丁歷反下同醮於
子笑反俱媵以證反又繩證反以上時掌反他皆放此扳隱普顏反又必顏反別
也舊數閒反能相息亮反背正步內反下同爲桓于僞反注同繆公
音穆玃且俱縛反下子餘反姪娣大結反下大計反愛爭爭鬭之爭下同郲
音誅婁力俱反郲人語聲後曰婁故曰郲婁禮記同左氏穀梁無婁字儀父音甫本亦作甫人名字放
此于眛士結反穀梁同左氏作蔑及暨其器反下皆同曷爲如字或于僞反後皆同此
褎之保刀反不見賢遍反下皆同爲其于僞反注爲其獨爲皆同歃血
所洽反又所甲反詛命莊慮反約束並如字一音上於妙反下音戍故復扶又反下
復爲同王魯于況反下而王同一音如字後王魯皆放此倡始尺亮反造次七報反
其處昌慮反惡之烏路反下惡不惡其皆同大甚音泰或勑賀反近正附近
之近柯之音歌克段徒亂反于鄢音偃郤缺去逆反下起悅反忍

戾力計反讞于魚列反宥之音又赦也内難乃旦反下此難同州吁況于
反宰咺況阮反一音況元反之賵芳仲反稱禰乃禮反稱妣必履反乘
馬繩證反注乘馬同玄纁許云反以共音恭曰賻音附曰襚音遂猶
遺唯季反隱爲于僞反下注爲并年末注同告于古毒反一音古報反歸唅
本又作含戶暗反下同一使所吏反別公彼列反上僭子念反而治直吏反下
皆同所傳直專反下文所傳并注同來被皮寄反于宿音夙國名者說音
悅而逮音代又大計反故省所景反後省文皆同祭伯側界反五年注放此選
舉息戀反不肖音笑采邑七代反不日人實反此傳皆以日月爲例後放此諸
見恩賢徧反下見治皆同少殺所介反麤觕才古反又七奴反說文太也
夏戶雅反凡諸夏皆放此攢函才官反下音咸大平音泰毋期音基齊
衰音咨本亦作齋下七雷反自盡津忍反

二年惡其烏路反外好呼報反非朝直遥反凡此字不音者皆同踰竟音境今本多作境字更不音即所傳直專反年末相傳同莒人音舉入向舒亮反國名更相音庚報償時亮反擅興市戰反無駭户楷反貶彼檢反損也昉於甫往反適也滅郜古報反復見扶又反下不復同見音賢編反當爲于僞反下爲後背隱同背隱音佩履緰音須左氏作裂繻遠别彼列反猶譴遣戰反親迎魚散反注及下同先女悉薦反妃匹音配又芳非反下治直吏反未離力智反下同將取七住反紀子伯左氏作子帛遠害于萬反將燔扶元反胡母音無姒氏音似已去起呂反畀下遐嫁反

三年殺其申志反下殺其君同子翬許韋反諂謀勑檢反懦弱乃亂反又乃又反越紼音弗以别彼列反下同恩殺所界反爲

天于僞反下故爲王爲傳所爲同尹氏左氏作君氏子朝如字劉卷音權[illegible]

去起呂反見譏賢編反下同造次七報反覆問芳服反孫順

宋音遜繆公音穆左氏作穆凡此後放此北首手又反解緩古邂反又古賣

反當時丁浪反又如字下同與夷如字又音餘凡人名字及地名之類皆放首音借假字則

時復重出愛女音汝下及注同盍終戶臘反四年傳同公馮皮冰反生毋

音無下同傳與直專反下音与馮弑音試注同不爭爭鬭之爭

四年妻武侯反見疾賢編反年末見衆同差爲初賣反弑其

申志反弑字從式殺字從殳不同也君父言弑積漸之名也

目予云殺卑賤之意也字多亂故時復音之可知則不重出

也君完音丸要之一遙反注同慢易以豉反與弑音預下及注同說

子音悅將辟音避今本多即作辟字後不更音可復扶又反本爲于僞反下自爲

傳吾爲作難乃旦反注同禱解丁老反或丁報反下古賣反又古買反曰[illegible]

皆同

戶狄反于濮音卜一音剝石碏七略反一音七洛反篡初患反
五年觀魚左氏作矢魚浚思俊反洙常朱反登來依注登音得
罟音古郭谷之尚反又音章未解戶買反或佳買反故復扶又反下不得
復同濟上子禮反注同濟水之上入盛音成左氏作郕將尊子匠反注及下皆同
咎如音羔分別彼列反元率所類反本又作帥隱為于偽反下注同下
儆戶數反八佾音逸列也之相息亮反注及下同自陝失冉反何云弘農陝縣也
一云當作郟古治反王城郟鄏邵公上照反又作召音同絀陟勑律反夫樂
音扶發句之端放此朝廷徒佞反好義呼報反下同闡徵張里反好施
式豉反不敢爭爭鬬之爭離也力智反下同蔿邪似嗟反未
曾在能反下同淫辟匹亦反釋縣音玄治定直吏反簫韶
常昭反夏日戶雅反下同大護戶故反伐紂直久反螟亡丁反蟲食苗

心設苛音河彄卒苦侯反始見賢徧反彊渠羌反下同惡

其烏路反

六年輸平式朱反墮也左氏作渝平猶墮許規反狐壤如丈反見

隱賢徧反獨惡烏路反死難乃旦反于艾五蓋反編年

必連反字林聲類皆布于反一音甫連反昊天戶老反更年音庚暴師步卜反

七年從適下歷反本亦作嫡下同賢行下孟反下異行同以酅戶圭反

號稱尺證反美惡烏路反又如字注同所傳直專反見其賢徧

反故復扶又反至令力呈反崩弛尸爾反又式氏反分別彼列反

大廟音泰下同其難乃旦反惡凡烏路反

八年要宋一遙反爲事于僞反下欲爲魯爲小國爲桓并年末注皆同使

宛於阮反人名也一音烏卯反又烏勉反歸邴彼命反又音丙鄭邑左氏作祊皆從才用

反巡守手又反本又作狩下除循守守硯以外同絜齊側皆反本叐即作齊字後放此更不

音而共音恭下同其費芳味反廣卅古㙍反衰卅音茂稾

穀古老反甚惡烏路反下同背叛步內反錄使所吏反循行

下孟反度量音亮贄音至至嵩夙忠反歸格木又作假同古百反于

禰乃禮反本又作藝復書扶又反下故復同難也乃旦反一音如字注及下同

見重賢徧反下同包來左氏作浮來高傒音兮公行戶孟反死

難乃旦反令韋力呈反僅能其靳反之應應對之應

九年震電徒練反雉雊古豆反可見賢徧反雨雪于付

反俶甚尺叔反始也大甚音泰俠卒音協穀梁云所俠少略詩照

反于郲左氏作防

十年復稱扶又反又音服明爲于僞反下先爲同公敗必邁反凡臨佗曰敗

曰敗皆同此音于菅古顏反取郜古報反取闞苦暫反取漷火虢反又音

郭及沂魚依反數動所角反因見賢徧反下同易也以豉反下及注

同屬爲音燭適也入盛左氏作郕後皆放此

十一年別外彼列反見法賢徧反年末注同復出扶又反下文不復注

故復同祁黎祁音巨之反又上之反黎音力兮反又力私反左氏作時來爲弟于僞反年

末注同數行所角反之釁許靳反弑也申志反注及下並同冠氏

古亂反下同僵尸居良反之處昌慮反去正起呂反

桓公第二　何休學

元年繼弑申志反注皆同二年放此爲下于僞反下爲告同去王起呂反

以見賢徧反故復扶又反下同恭孫音遜朝朝上如字下直遥反莫

夕音暮別治直吏反背叛音佩凡背叛之類皆放此近許附近之近分別

彼列反于越本亦作粵音同以上時掌反凡言以上皆放此蓄積勑六反
二年舍此音捨下同見先賢遍反下形見目見所見見愚並同下悉薦反殤公式羊
反死焉於虔反注同致難乃旦反嚴然魚檢反本又作儼重道直用
反故爲于僞反傳爲隱諱下注不爲諱爲後同傳聞直專反注傳聞及下注傳之皆同
以復扶又反下反復同少殺所介反下同煬官餘亮反舊始郭反子般
音班令宋力呈反相長丁丈反下同有帥所類反下同爲卒子忽反下
皆同封疆居良反未解音蟹妻媦音胃妹也大廟音泰下及注同所
嗜市志反僾音愛又烏改反慨然苦愛反與會音預
三年于嬴音盈以見賢徧反下并年末以見同以復扶又反下同去
之起呂反不歃本又作歃所洽反又所甲反近正附近之近下及注同相背
音偏于盛音成于讙呼官反親迎魚敬反下同爲夫于僞反下同

分別彼列反　僅有其靳反劣也　之行下孟反　秏減呼報反下佳斬反
國喪息浪反　四年公狩手又反冬獵也　曰廋本又作搜
亦作蒐所求反蒐擇也　長大丁丈反年末同　未離力智反　苑囿音又　左
膘毗小反又扶了反三蒼云小腹兩邊肉說文云脅後髀前肉　射之食亦反下同　右髃
本又作髃魚俱反又五苟反說文云肩前也字林云肩前兩乳骨也五口反　中心丁仲反下同　如鐙
都鄧反又音登　遠心于万反　之庖步苞反　左髀方爾反又步啓反股外也本又作髀
右䯚羊紹反字林子小反一本作胘音賢　汚泡普交反又百交反　因以捕音步
本又作搏音愽又音付　共承音恭　爲田于僞反下皆同　伯糾居黝反　氏采
七代反後放此　盎弟大計反　五更音庚　食音嗣　於辟必亦反　親祖
音但　而饋其愧反　而餕以刃反又士刃反　其近附近之近下同　王札側八
反　叔肸許乙反　下去起呂反　見其賢徧反

五年洫呼述反狂也齊人語　不與音預　著治直吏反　見意賢徧反下文注並同　以別彼列反　縣車音玄　從王如字又才用反下及注同　撮要七活反　不爲于僞反下所爲與爲六年同　一與音餘下同　苞苴子餘反　應變應對之應下同　螽音終本亦作蠡說文蠡或蠡字　過我古禾反又古卧反

六年寔來市力反　慢易以豉反　見其賢徧反下見無正同　大閱音悅　任用音壬　陳佗大阿反　侯般音班　据戕在良反　鄫子才陵反　惡乎音烏烏乎猶於何也注同　而去起呂反　嚴公音莊本亦作莊案後漢諱莊改爲嚴　桓與音餘　正稱尺證反　疾惡烏路反　射天食亦反　徧告音遍

七年樵之似遥反薪也　火攻音貢又如字下同　可復扶又反　郱步丁反　鄑子斯反一音晉　郚音吾　其難乃旦反　不愉他侯反本又作偷　下去起呂反　見不賢徧反

八年烝之承反，冬祭也 曰祠嗣絲■ 韭卵力管反 猶食音嗣，下同 以別彼列反 曰杓子若反，本又作禴，同 於祊必庚反 少牢詩照反 索牛所百反 譏函去冀反，數也，注及下同 數也所角反 屬十音燭，下同 令復扶又反，下同 則黷徒木反 渫黷息列反 散養餘亮反 散齊素旦反，下側皆反 相君息亮反，下同 洞洞大董反 弗勝音升 濟濟子禮反，又似兮反 愉愉羊朱反 勿勿如字 踧音蹴，下注同 怠解古賣反 折中之設反，下丁仲反 御寒魚呂反，又如字 不與音預 雨雪于付反 ⿰氵不血古流字 祭公側介反，後祭仲、祭叔放此 下應應對之應 成使所吏反，注及下成使同 爲媒亡盃反 請期音情，又七井反 親迎魚敬反 妃匹音配 絕句

九年 洽自直吏反 射姑音亦 齊與音餘，絕句，下同 重惡如字，或烏路反

十年 見要一遙反，注同 惡乎音烏 明近附近

之近幾與音析不復扶又反下同戮力音六又力彫反字亦作勠
十一年公行下孟反屬上音燭今復扶又反下故復同故爲于僞
反寤生吾故反鄭相息亮反欲見賢徧反下同防難乃旦反下同
稱也尺證反以別彼列反鄶公古外反爲我于僞反下注爲矣非能爲
突爲賂爲突歸爲承同令自力呈反下同乘便婢面反大甲音泰反覆
芳服反出使所吏反挈乎苦結反提挈也貿省所景反于折之設
反又時設反一本作析思歷反夫童音扶下音鍾又如字左氏作夫鍾于闞口暫反
十二年毆蛇丘于反又音曲侯反蛇音移又音池左氏作曲池燕人音烟躍卒
予若反佗子大何反故復扶又反下同去蹻起呂反于郯音談二傳作虛
武父音甫惡乎音烏十三年傳同
十三年鞌音安以勝詩證反不蔽必婢反于菅古顔反其

處（昌慮反） 行伍（戶郎反） 背殯（音佩，後背殯皆放此） 爲龍（于僞反）

十四年 淫泆（音逸） 陽行（下孟反） 莅盟（音利，又音類，下同） 御廩（力甚反） 粢盛（音咨，下音成） 委之（于鬼反，注同） 積也（子賜反） 以共（音恭）

天應（應對之應） 難曰（乃旦反） 背恩（音佩） 分別（彼列反） 見輕（賢徧反）

十五年 共費（音恭，下芳味反） 桓行（下孟反，下行懸同） 今復（扶又反，下注故復及傳文復入并注下不復皆同） 別之（彼列反） 于鄗（戶老反，又火各反，左氏作艾，穀梁作蒿） 于櫟（力狄反，一音匹沃反） 易得（以豉反） 于後（昌示反，二傳作裏） 爲桓（于僞反，下同）

十六年 復加（扶又反） 城向（式亮反） 屬負茲（音燭，注同。屬，託也。諸侯有疾稱負茲，言朝託有疾）

十七年 于雉（罪癸反） 去夏（起呂反，下同） 國幾（音祁） 并於（必政反，又如字） 桓行（下孟反） 深爲（于僞反）

十八年于濼郎沃反又音洛說文云匹沃反內爲于僞反譖公側鴆
反下同乘便婢面反以别彼列反之稱尺證反懲惡直升反遣
使所吏反

莊公第三

何休學

元年君殺申志反下皆同孫于音遜下及注皆同孫猶遁也遁也徒困
反與殺音預下同譖公側鴆反如誣曰譖將上時掌反下同搚幹路合反本
又作擸亦作拉皆同折聲也幹音古旦反脇也背本音佩蒯聵苦怪反下五怪反見
王賢編反下同爲內于僞反下爲單爲會同遂去起呂反單伯音善後放
此遂王姬左氏作送王姬共治直吏反之好呼報反風言如字又方鳳反
陽倡昌亮反陰和戶卧反惡天烏路反齊襄音咨下七雷反爲

解古賣反 必爲于僞反下必爲爲襄公非注同 遠別彼列反 大甲音泰一音他賀反 來錫星歷反 令有力呈反 虎賁音奔 鈇鉞音甫又方于反下音越 秬音巨黑黍也 鬯勑亮反香酒 善行下孟反下同 復加扶又反 尤悖補內反 邾步丁反 鄑子斯反又音晉 郚音吾

二年 幼少詩照反 于部古報反二傳作糕四年亦爾 則近附近之近亦如字

三年 溺乃歷反 不見賢徧反下皆同 以酅戶圭反 共祭音恭 難辭乃旦反下皆同 惡公烏路反

四年 曰犒苦報反勞也 絕期音基 絕總音絲 爲襄于僞反下爲賢注爲諱及下注爲諱爲襄同 亨乎普庚反注同煑熟也 祖禰乃禮反 師喪息浪反注同 著曰音尸 筮市制反 幾世居豈反 崧高息忠反本亦作嵩 怒與音餘 無說音悅注同 說懌音亦 將去起呂反及注同 下若

行下孟反注同於治直吏反閒其苦贈反犬歛力驗反夾之古洽
反以見賢徧反下同以共音恭可勝音升不復扶又反
五年倪五兮反二傳皆作郳黎來力兮反小邾婁力居反二傳亦無婁
字得見賢徧反爲僖于僞反下文注同
六年之稱尺證反一使所吏反令交力呈反爲王于僞反下因爲不爲
危録皆同不復扶又反下皆同殺而申志反下皆同屬託音燭螟亡丁反衛
寶左氏經作衛俘極惡烏路反
七年辛卯夜一本無夜字穀梁作昔不見賢徧反注及傳皆同雨星
于付反一音如字下注雨星同常宿音秀下同參伐所林反下同狼注張又反與味同
朱鳥口星也一音之住反斬艾魚廢反未墜直類反齊分扶問反螟
蝝音緣數出所角反淫泆音逸

八年屈完居勿反本爲于僞反傳及注爲父皆同屬與音燭祠兵
音辭祭也左氏作治兵下文注同士卒子忽反振訊音信又音峻本亦作迅相
見賢徧反下同難在乃旦反長幼丁丈反圍成如字二傳作郕降
于戶江反傳及下注皆同慰勞力報反下同其罷音皮下同諸見如字
一音五兮反從弟才用反
九年于暨其冀反左氏作蔇爲其于僞反注爲是及下注實爲魯爲同歃
血所洽反又所甲反之難乃旦反納糾左氏經亦作納子糾去國起呂反下故去同
別嫌彼列反見臣賢徧反自誇苦瓜反本又作夸下同夏徵戶雅
反邵忽本又作召上照反惶恐丘勇反當坐才卧反後當坐之類皆放此浚
思俊反深也洙音殊水名
十年長勺時灼反犓者七奴反又才古反有數所主反屬北

音燭反　不復扶又反　乘丘繩證反　齊與音預下及注同　折衝之設反下昌容反
于莘所巾反　梁雍於用反　以見賢徧反　孫順音遜　惡
惡並如字一讀上烏路反　其傳直專反　而近附近之近　卒暴七忽反
滅譚人南反　別於彼列反　惡不烏路反
十一年于鄑子斯反　漷移火虢反又音郭　不見賢徧反下同　不省
所景反　報應應對之應　過我古禾反
十二年君接左氏作捷　仇牧音求下音牧　舍此音捨下舍孔父同　復
扶又反下年末同　反覆芳服反　驕樂音洛下宴樂同　彊禦魚呂反　數月
所主反　公博如字戲名也字書作簙　慢易以豉反　故訏九列反九謁反一音九刈
反又一本作揭其例去列二反　姤其丁故反　爾女音汝下同　稱譽音餘又音預
惡乎音烏注同　搏閔音博　其脰音豆頸也　而叱昌實反　萬臂

必賜反本又作辟婢亦反　撥素葛反又素結反側手擊也　齒著直略反　門闔戶臘反門扇也　乳犬如住反　攫虎俱縛反又九碧反一本作搏又音付　伏雞扶又反

搏貍力之反　復見賢編反

十三年信鄉許亮反年末同　卑下遐稼反　于柯音歌　易也以豉反注及下同　猶佼古卯反　能復扶又反下同　外壇大丹反　以長丁丈反　上壇時掌反　造栢七報反下同　公卒七忽反　愕五各反　能應應對之應　爲此言于僞反下爲殺同　壓境於甲反又於輒反　齊數所角反　圖與音餘　摽劒普交反辟也辟劒置地劉兆云辟捎也　辟也婢亦反下同　去離力智反　要盟一遥反注同　強見其丈反

十四年分別彼列反　于鄭本亦作甄規面反

十五年伐見音郎

十六年滑（于八反）　爲慕（于僞反）　如瑣（息果反）

十七年鄭瞻（二傳作詹）　爲甚（于僞反）　惡之（烏路反，下惡之皆同）　遠佞（于万反，下同）　瀸于（子廉反，二傳作殲）　積也（本又作漬）　齊强（其丈反）　將帥（子匠反，下所類反）　重言（直用反）　明行（下孟反）　多麇（亡悲反）

十八年濟西（子禮反）　爲中（于僞反，注及下皆同）　有蜮（音或，短狐也，或謂之射工，音食）

十九年媵陳（以證反，又繩證反）　媵從（才用反，下注同）　嫉妬（音疾，又音自）　爲其（于僞反，注及下注同）　專矯（居表反）　之難（乃旦反）　後背（音佩）

二十年大癠（在亦反，瘠也，本或作齊，才細反，一本作漬，才賜反，鄭注曲禮引此同）　癘（力世反，疾疫也）　疾疫（音役）　邪亂（似嗟反）

二十一年鄭伯突（徒没反，厲公也）

二十二年肆（音四，本或作佚）　大省（所景反，除自省皆同，二傳作眚）　跌也（大結反，過

反慶也過此行丁孟反之思息嗣反猶爲于僞反無適丁歷反下同
高僚音了玄纏許玄反儷皮力計反本又作麗
二十三年陳佗大何反祭叔側介反惡公烏路反下同宮
楹音盈柱也下傳及注同爲將于僞反斲而丁角反下同礱之力工反
射姑音亦不復扶又反于邑音戶有汙汙辱之汙一音烏卧反後放此
之行下孟反 二十四年宮桷音角椽也親迎魚命
反見宗賢徧反下傳文見也見用幣及注同難也乃旦反下及注同一不僂力主反疾
也注同約遠于万反要公一遥反縰笄所買反又所綺反惻隱初力
反覿用大歷反見也爲贄音至斷脩丁亂反注同本又作腶音同鍛脯加薑桂
曰脩耿介古幸反下音界行列戶郎反不號戶刀反必跪其委反
而醇音純粹雖遂反爲調于僞反下仕爲同令力呈反昭穆上遥

又凡昭穆之例皆同復水扶又反曹羈居宜反下同則守手又反又如字下同

成䰟普白反素飱七干反諷諫方鳳反自墮許規反爭

諫爭鬬之爭贛諫陟降反又呼弄反又丑用反赤歸于曹郭公

此連爲句郭音號亦如字連讀郭公爲一句二十五年女叔音汝故

去起呂反年未同營社一傾反入如字本亦作縈同爲闇于僞反注爲闇爲日光同

大廟音泰應變應對之應不復扶又反

二十六年子髡苦門反爲曹于僞反下同避難乃旦反爲

去于僞反下起呂反二十七年于洮他刀反惡公

烏路反下惡并同不別彼列反告糴音狄下同使乎所吏反內難乃旦

反注及下比日同之治直吏反下之治同得與音預嘗更音庚不背音佩

喪婦息浪反長女丁丈反悖德補內反夏後戶雅反城

濮音卜　二十八年伐者爲客何云讀伐長言之伐人者也

伐者爲主何云讀伐短言之見伐者也　蓋爲于僞反　見直賢編反

瑣卒素果反　築微左氏作麋　之委於鬼反　之儲直魚反　之畜

勑六反　不匱其位反　二十九年延廄九又反　功

費芳味反　差輕初賣反　有蜚扶味反臭蟲也　之行下孟反　別君

彼列反　三十年降鄣户江反下注同鄣音章　爲桓于僞反注

同　而復扶又反　惡其烏路反下同　比殺申志反　魯濟子禮反　以

操七刀反迫也注同　已蹙子六反　故去起呂反　貶見賢徧反

三十一年漱素口反　澣户管反　無垢古口反　去垢起呂反　爲

潰于僞反下爲潰同　栢殺申志反　之觀工喚反　恐怖丘勇反下普故反

軍幟音志又申志反又尺志反本又作織同　忌難乃旦反　因見賢徧反　不

施（申豉反）三十二年 叔肸（許乙反）爲季（于僞反下爲季
而爲注故爲同）之遏（於葛反止也）以別（彼列反）將焉（於虔反）般也（音班）
夫何（音扶下及注同）反覆（芳服反）思難（乃旦反）俄而（五多反）牙
殺（申志反注及下親弒同）械成（户戒反）而飲（於鴆反注同）酖毒（本亦作鴆
直蔭反下文同）無傫（無本又作亟傫音力委反又力追反）王堤（丁兮反）無將（如字閔公
本將不誅將而皆同或子匠反非也）之與（音餘）不去（起呂反）見隱（賢偏反）扈
樂（音洛）不暴（步卜反）

閔公第四

何休學

元年 繼弒（申志反）復發（扶又反下同）不見（賢偏反）不探（他南
反）之辟（婢亦反）首匿（女力反）惡乎（音烏）扈樂（音洛或如

字　曾逢（才能反）　盍殺（戶臘反）　故令（力呈反）　主爲（于僞反下文注皆同）

子女乎（音汝）　仲孫與（音餘）　二年不爲（于僞反下爲淫同）

吉禘（大計反）　大廟（音泰下同）　君數（所主反下同）　則祫（音洽）　取期（音基下同）　而禫（大感反）　弑（音試下及注同）　當復（扶又反下同）　見（賢徧反下文復見同）

別尊（彼列反）　故絕去（起呂反下欲去同）　甲華（更百反）　皆鎧（苦愛反）

胄（直又反）　鹿門（魯南城東門也）　其使（所吏反）　惡其（烏路反下及注同）　將也（子匠反下同）　趙盾（徒本反）

僖公第五

何休學

元年繼弑（申志反）　斬衰（七雷反）　聶北（女涉反）　爲桓（于僞反下爲桓邑爲并下注爲諱爲桓爲內爲僖皆同）　夏陽（戶雅反）　大平（音泰）　陳儀（左氏作夷儀）

復言扶又反下同　鄫子似陵反　而縊一賜反一本作搤於革反　因見賢徧反
淫泆音逸　于打勑貞反又他丁反左氏作檉　惡之烏路反下同　于纓左氏作偃
于犂力知反又力兮反左氏作酈　莒挐女居反一音女加反一本作茹音同　內難乃旦反下
同　南涘音俟　曰嘻許其反　扡輈竹由反車轅也　外購古豆反　去氏
起呂反　與殺音預又如字下申志反　差輕初賣反又初佳反　別逆彼列反
二年　爲栢于僞反下爲栢長爲注深爲同　見栢賢徧反下傳菂息見并注同　復發
扶又反　倉卒寸忽反　夏陽左氏作下陽　安與音餘下者與見與同　不應
應對之應　虞郭音虢又如字注及下同　屈產具物反　之乘繩證反注及下同　垂
棘一本作𣗥音同　內藏才浪反注同　內廏九又反　何喪息浪反　知則音智
下及注同　而好呼報反　牽馬本又作掔音同　巳長丁丈反注同　又惡烏路反
戲謔許略反　之別彼列反　貫澤古亂反二傳無澤字　徧至音遍下同

三年大平音泰飭過音勑下同理冤於元反澍雨之樹反其應應對之應後灾祥之應皆放此易也以豉反注同不爲于僞反無障之亮反一音章注同障斷丁管反曰溪口兮反無貯中呂反莅盟音利又音類注同以見賢徧反下同遣使所吏反

四年蔡潰戶內反下及注同重出直用反惡蔡烏路反下惡其專并六年注同于陘音刑召陵上照反下文同屈完居勿反卒暴寸忽反爲下于僞反下爲桓公同去月起呂反方見賢徧反桒僑其驕反一本作驕音同之重直用反又直容反之復扶又反年末乃復同又音福而亟去冀反數侵音朔若綫思賤反而攘如羊反卻也卒怗他協反一本作貼服也劉兆同廣雅云靜也玉篇又丁篳反一本作拈或音章貶反濤塗徒刀反辟軍四亦反又音避下同濵海音賓涯也五佳反近海附近之近所便婢面反沛澤音貝又普貝反草棘曰沛漸洳曰澤漸

子彙反洳（口人麻反）故令（力呈反）所傳（丈專反也）公孫慈（左氏作茲）患
誑（九況反）五年令舍（音捨）爲下（于僞反）初冠（古亂反）
如牟（莫侯反）首戴（左氏作首止）殊別（彼列反）再見（賢徧反）省
文（所景反下同）不與（音預）爲解（古賣反）比殺（申志反）知去（起呂反下）
同戮力（音六又作勠力彫反）六年彊也（其良反）
七年子款（苦管反）寗母（音無或音某）
八年于洮（他刀反）遣使（所吏反下録使同）大廟（音泰）始見（賢徧反下）
同以省（所景反）篡嫡（初患反下音的下同）
九年僄說（音悅）爲襄（于僞反下注爲天爲柏皆同）惡不（烏路反）勝
其（音外）而笄（古兮反）不泄（息列反）遠別（彼列反）簪也（莊林反）猶
俠（音協）不預（音預）詭諸（九委反）殺其（音試下及注放此）冠子（古亂反）見

矣賢編反　十年君卓子勑角反又丁角反左氏經無子字　舍此音捨

下同驪姬力知反　少傅詩照反　大傅音泰　之選息戀反　欲爲于僞

反下文爲文公不爲誅爲皆同　廢長丁丈反注同　背訊音信上問下曰訊　不背音佩

鄉生許亮反　所復扶又反下同　欲難乃旦反　殺夫音扶　二孺如住

反　踊爲音勇豫也　言渾戶昆反又戶本反下同　美見賢編反下同　較然

音角下同　大雨于付反　雹步角反　十一年丕鄭父普悲反

十二年陳侯處臼左氏作杵臼

十三年于鹹音咸　不復扶又反下同

十四年見恐丘勇反　曷火葛反　爲桓于僞反下爲桓爲天下并注臣爲同　爲使

要一遥反　遮諸奢反　淫泆音逸　甚惡烏路反　侯肸許乙反注同　其

背音佩　十五年別尊彼列反　伐厲如字舊音賴　徼揚

古歷反解古責反隋也徒果蜾之戎反蜾反夂暴步卜反冥也云丁

反又亡定反注同當去起呂反爲滅于僞反搯泓烏宏反以惡烏路反

十六年本或從此下別爲卷案七志十錄何注生十一卷公羊以閔附莊故也後人以僖卷大輒分之爾

霣石于敏反是月如字或一音徒兮反六鶂五歷反水鳥磌然之人反又大年反

反聲響也一音芳君反本或作砰八耕反僅其靳反劣也逮音代又大計反及也幾盡音祈卓

佹九委反趡盟翠軌反不復扶又反下同所紿直吏反爲王于僞反注同

同耿介音戒之行下孟反墮功許規反

十七年滅項戶講反國名爲桓于僞反下及注同惡惡並如字一讀上烏路

反其行下孟反于卞皮彥反

十八年于甗魚輦反又音言與伐音預下不與同豎刀音彫爲是于僞

反注同

十九年爲襄于僞反下故爲起爲爲襄公諱爲若不爲皆同見其

賢徧反 惡乎音烏惡無烏路反 用處昌慮反
二十年惡奢烏路反 郜子古報反姻姊之國下同 爲適丁歷反又作嫡
二十一年爲犯中于僞反下不爲襄下文爲執皆同 會于霍左氏作湨溴
梁古闃反 復出扶又反下同 獻捷在接反 乘車繩證反下同 墮之
許規反 詭諼詭本亦作詐諼音許元反詐出又音撬 守械手又反又如字 應之應對
之應 國爲于僞反下爲襄爲公子注爲役故爲皆同 惡乎音烏 幾亡音祈 遭難
乃旦反 二十二年須朐其俱反左氏作句 升陘音刑 不殺所戒
反注同 殺省所景反 喪國息浪反注同 幾爲音祈 畢陳直近反下
又注同 王德于況反又如字下王注同 醇粹音純下雖遂反
二十三年圍緡亡巾反 重故直用反又且龍反注同 故創初良反下同
屬爲音燭 雜然七合反又如字 以惡烏路反 慈父左氏作茲父 故復

扶又反不去起呂反始見賢徧反二十四年謂與音餘不復扶又反供養九用反，餘亮反二十五年僂燬況委反爲魯于僞反下同見姑賢徧反絶去起呂反惡國烏路反不別彼列反二十六年甯遬音速于向舒亮反至鄬戶圭反又似兗反侈也昌氏反又昌者反大也士卒子忽反自爲于僞反下深爲同當復扶又反下同別外彼列反下同滅隗五罪反二傳作夔惡不烏路反下同所傳直專反見治賢徧反下直吏反二十七年屬脩音燭爲執于僞反有難乃旦反令復扶又反以見賢徧反得與音預二十八年衞雍於勇反下同又作罋同遏於葛反起爲于僞反下爲下卒爲習深爲不爲同畀宋必二反與也下同師斷丁亂反下當斷同數侵所角反下數遺

同 城濮音十 据郛皮必反 數道音導 譎也古穴反 卒致七忽反下

倉卒同 以見賢編反下不見當見見其同 當復扶又反 令殺力呈反下令自同 元

咺況阮反 所惡烏路反下惡衛同 此難乃旦反下方難同 分別彼列反 爲叔

武于僞反下爲賢爲叔武及注而爲故爲濮爲皆同 爲去起呂反 篡我初患反 大傑

晉泰下同 放乎甫往反 屬巳音燭 爭也爭鬬之爭下注同 悖君必內反

能降戶江反 二十九年 介葛音戒國名 故復扶又反年末同

惡霸烏路反 大雨于付反 雹步角反 不中丁仲反

三十年 不復扶又反 別尊彼列反 以見賢編反下同 爲殺于僞反

惡天烏路反 撟君居表反本又作矯

三十一年 惡乎音烏 惡差初賣反下同 布徧音遍下文同 哥者

幼少居宜反詩照反 大平音泰 王功于況反 惡之烏路反下皆同 槀

席古老反　陶匏白交反　不瑑大傳反　不和戶卧反　爲天于僞反丁則爲
本爲主爲皆同　復爲扶又反下同　見免賢徧反下以見同　大山音泰本亦作泰下同　繭
栗古典反　天燎力召反　地瘞於例反　山縣音玄　風磔陟百反　膚寸
方于反側手爲膚接指爲寸　崇朝如字注同　雨乎于付反又如字　崇重直龍反下同
三十二年　鄭伯接二傳作捷　別有彼列反下同　可去起呂反　復出
扶又反　重耳直龍反　三十三年　千穀本又作肴戶交反戍戶高反
輕行遣政反　蹇叔居輦反　拱矣九勇反以手對抱　嶔苦銜反鄭侯生褚詮之音上林
賦並同徐音欽韋昭漢書音義去瞻反又本或作巖同　巖五銜反韋音巖　其處昌慮反　阻險
於賣反　可要一遥反傳要之同　介冑直又反　爲其于爲反　如蹲音有
賈人音古　矯以居表反　而犒苦報反犒勞也　勞也力報反下同　虜掠
音亮　隻輪如字一本又作易輪董仲舒云車皆不還故不得易輪轍　隻蹄也居宜反一本作

易蹈惡不烏路反下同詐卒士忽反取菆才工反工傳作取訾婁霣霜

于敏反復榮扶又反列索息各反

文公第六

何休學

元年歸含本又作唅戶暗反五年經同且賵芳鳳反不爲于僞反下不爲同

長幼丁丈反稱也尺證反來錫思歷反復發扶又反惡天烏路

反無恙餘亮反干戚千寂反君髡苦門反左氏作頵

二年彭衙音牙本或作牙惡烏路反其將子匠反今復扶又反下不復

皆同重師直用反爲僖公廟于僞反下蓋爲以爲下欲爲同下壙苦晃反客

音曠麤觕才古反又七奴反期年音基三年同人正音征下同別昭彼列

反下同去氏起呂反士穀戶木反垂斂左氏作垂隴大廟音太下大祖皆

反　隮僖子兮反升也本又作躋同　大祫音洽大祭　禘數大帝反下所主反　室

筰側白反　炊沐昌垂反下音木　東鄉許亮反下同　猶諦音帝　不礿

羊略反　先禰乃禮反　喪取七住反本亦作娶同　之好呼報反　傳之直專反

憅杜貢反　三年伐沈音審國名　沈潰戶內反　新使所吏反

霣蝝于付反下及注同一音如字蝝音緣　而隊直類反注同　隋地大果反　地上時掌反

醇音純　爲王于僞反　貫近附近之近　重出直用反　爲諼許元反

四年不爲于僞反　錄使所吏反　見與賢遍反　甯俞乃定反下音餘

五年加飯扶晚反　宰喧況阮反　去天起吕反下同　任宿音壬　顓

臾音專下音揄　入鄀音鄀

六年侯讙好官反　數如所角反　射姑音亦又音夜穀梁作夜　君漏

如且反此也　言泄息列反又以制反　姑將子匠反下同　不說音悅下同　刺陽七亦反又

一音七賜反　大祖音泰　比時必利反　朝朝上如字下直遥反　敢㵾息列反

七年須朐其俱反　并爲于僞反年末注同　城郚音吾　令狐力丁反

先昧音蔑左氏作蔑　其咎其九反　眣晉音舜本又作眣丑乙反又大結反以目通指曰眣本又作眣音同字書云眣瞚也以忽反　故復扶又反

八年衡雍於用反　雒戎音洛　于暴步報反本又作暴一音蒲沃反　再見賢徧反　壅塞於勇反　復還扶又反　螽音終

九年信恩音申　涼音亮又音良　闇如字又音陰　者與音餘　惡文烏路反　陽行下孟反　星孛音佩　使椒子遥反一本作湫子小反　見升賢徧反　卒備七忽反　襚音遂贈喪之衣服　一使所吏反　以別彼列反下同　欲上時掌反又如字　少繫詩召反　共公音恭

十年女栗音汝本亦作汝　屈貉居勿反又音厥下音麥又戶各反二傳作厥貉

十年伐圈求阮反一音卷說文作圈字林曰万反二傳作稾于鹹音咸復扶又

反于黎力知反又力兮反狄行下孟反

十二年而笄古兮反遠別彼列反使遂二傳作術賢繆音穆諓

諓徐在淺反又子淺反又音淺尚書作戔戔薄貌也賈逵注外傳云巧言也善竫在井反撰也本或作諞皮

仳反又必淺反本作譔士全反又仕勉反俾君必爾反注同使也易怠以豉反注同輕惰

大卧反一介古拜反一介猶一槩也尚書音古賀反斷斷丁亂反專一也注同佗技其綺反

一槩古愛反奇巧其宜反本又作琦同休休許虬反美大貌曲折之設反數

興所角反不別彼列反下同及運二傳作鄆後皆爾

十三年盈爲于僞反下文盈爲爲周公皆同故復扶又反籧篨其居反下直居

反世室屋壞二傳作太室大廟音泰下同以養餘亮反注皆同供養

九用反下同死以爲如字注死以爲周公主同千乘繩證反有王于況反趣鄉

許亮反騂息營反犅音剛詩作剛騂犅赤脊也爲盛戎政反又音成粢盛也在器曰盛公

燾徒報反一本作幬音同冒也冒也亡報反公稟力甚反財令力呈反下同

于沓徒合反于斐本又作棐芳尾反之難乃旦反

十四年爲臣于僞反下爲後故爲同侯潘普干反更相音庚下吳楚更同

簒殺申志反下同趙盾徒本反星孛步內反徐扶憒反並爭爭鬭之爭

捷菑在妾反又如字下側其反二傳作捷菑百乘繩證反沛若普貝反有餘皃貜

且俱縛反下子餘反壓之於甲反又於輒反服也齊復扶又反下同也長丁丈反注

同見挈賢徧反下音苦結反惡商烏路反卓子勑角反分別彼列反

惡乎音烏　十五年華孫户化反見宋賢徧反惡二

烏路反下皆同筍將音峻竹篾也將送也竹篾婢緜反一音步賢反虔音編韋昭音如頻編

必緜反一音篇郭璞音步典反輿音餘爲叔于僞反下父爲子爲若爲實爲同傳送直專反一

令受(力呈反，下同)解也(戶買反)不省(所景反)其郛(芳夫反，郛也)恢

郭(苦回反，大也)鄉者(許亮反，下同)幾亦(音祈)

十六年　爲叔(于僞反)乃復(扶又反，下同)犀丘(音西。左氏作郪丘，穀梁作師丘)

潄(素候反)浣(戶管反)令自(力呈反)暴揚(步卜反)巴人(布加反)處

臼(二傳作杵臼)以別(彼列反)梟(古堯反)斬要(一遙反)刎(亡粉反)頭(如字，

本又作脰，音脰)　十七年　聖姜(二傳作聲姜)

十八年　伯罃(乙耕反。何云穆公也，左氏穆公子康公)復見(扶又反，下同；下賢遍反)弒也(

音試，下及注同)

宣公第七

何休學

元年　差輕(初賣反)摘巢(吐狄反)刳胎(口孤反)復屬(音燭)叢

棘才工反　尋況甫反　要經一遥反　又孫音遜　濟子禮反　遺齊
反　兼將子匠反　斐林芳尾反　閒音閑　貿音茂
二年　華元戶化反　夷獆戶刀反人古刀反二傳作夷皋
三年　則扳普顔反又甫蓺反　于滌大歷反養牲宮名　迭生大結反　更王
音庚下于況反　賁渾舊音六或音奔下戶門反二傳作陸渾　鄭繆音穆
四年　公爲于僞反　五年　爲重直用反下同
六年　見何賢徧反　舛餕音俊　已趨音紀　是樂音落　有人何
本又作荷胡可反又音河　畚音本　爲解佳賣反又如字　摮五羔反又苦交反猶擊也　擎
口弔反擊也　愬所革反又許路反　心作在洛反　魚飧音孫　祁彌工支反　頸
居郢反　自斷音短　重門直容反　擊柝他洛反　而食音嗣下同　仡
然魚乙反　躇著丑略反與躞同一本作辵音同　劇不其據反本亦作遽　比周毗志反　之

獒五刀反而踆音存以足逆蹋之逆蹋徒[illegible]反其頷戶感反蚤免音早
不說音悅黑臀徒門反剽匹妙反
七年爲伐于僞反八年難辭乃旦反編必連反屬音燭
曰形羊弓反謂楯食允反人扞戶旦反頃熊音傾無訒音刃
莫者音暮九年諱亟去冀反未期音基
十年及僤本又作闡昌善反取蘱類又力對欺類二反贍振常豔反
十一年公孫寧乃定反音寧十二年斷曰音短藉在夜反
沛焉普蓋反墝埆上苦交反下音學多索所白反舊本作箕音索屢往力住反又作數音朔
數千所主反扈養餘亮反艾草魚廢反杅不音于
喪費芳味反可掬九六反注同扳普顏反又必顏反造舟七報反而
佚音逸注同欲壞音怪十三年秋螽音終

十四年者惡烏路反 十五年得與音預備懲矣虎誠反

柑馬其廉反以木銜馬口大貊亡百反之費芳味反數萬所主反以

食音嗣伉健苦浪反一音苦杏反塾音淑莫音暮蝝生與專反

十六年宣謝災左氏作宣榭火

十七年錫我思曆反于鞌音安斷道音短又大短反

十八年節斷音短賢行下孟反墠帷音善掃地張帷之殺所戒反

怨懟直類反

成公第八

何休學

元年舒恒如字緩也尚書作務奧若本又作燠於六反煖也幼少詩召反甲

鎧苦代反辟土婢亦反粥貨羊六反貿戎音茂一音茅左氏作茅戎

二年新築音竹　公子手一本作午左氏作首　鞌音安　以見賢遍反年末注同　惡内烏路反　不使所吏反下及注使手大夫同　佚獲音逸下同一本作失　不去起呂反　師還音環注同　逡巡七巡反　頃公音傾　驂乘繩證反　道尚時亮反　公操七刀反持也　法斮莊略反又仕略反斬也　死難乃旦反　姪子大結反又丈乙反　踊于音勇上也　棓普口反又步侯反高下有繩加躡板曰棓　而闚去媿反本又作窺　上也時掌反　加躡女輒反　或跛布可反　或眇亡小反　迓跛本又作詖五嫁反迎也　致飧音孫　臉而審反　踦閭居倚反踦是也又音於倚反又初義反何云開一扇一扇一人在外一人在内曰踦閭　芻初俱反　蕘如遥反　之甗音言又魚輦反又音彥邑也　爲質音致下注及下同　眣魯音舜又丑乙反又達結反　之使所吏反　爲之于僞反注皆同　公鮑白卯反　僂遬音速　汶陽音問　一處昌慮反　數道所角反下音導

三年衛繆音穆　素縞古老反　幼少

詩召反下同　大重音泰一音他賀反　去疾起呂反　爲内于僞反　將咎如
咎音古刀反左氏作廧咎如　尋繹音亦　惡之烏路反下同　屢盟力住反　用
長丁丈反　反復扶又反　數侵所角反下同　比周毗志反
四年　伯臤苦刃反本或作堅　五年　荀秀左氏作荀首　壅河
於勇反　不汸音流　爲天于僞反　通道音導　淏古閑反　徧刺音遍
又重直用反　蟲牢直弓反下力刀反　六年　得復扶又反　而
好呼報反　取鄟市轉反又音專　諱亟去冀反注同　魯背音佩　屬相音燭
伯費音秘　爲中于僞反　故去起呂反
七年　鼷鼠音兮　重有直用反下同　伐鄵音譟　見者賢徧反下同
八年　曰嘻許其反　所喪息浪反　語之魚據反　屨綸音須　趙
括古活反　以見賢徧反　瑞應應對之應　爵稱尺證反　爲王于僞反下

爲魯爲一同　幼少詩召反　勞來力報反下力代反　來媵以證反又繩證反

九年悖義布內反　廟見賢徧反下同　操禮七刀反　以別彼列反　且

爲于僞反　復發扶又反　莒潰戶內反

十年重難乃旦反　數卜所角反　怨懟直類反　侈也昌氏反大也　妬丁故反　取十七住反本或作娶　侯獳乃侯反　去冬起呂反　惡成烏路反　今復扶又反

十一年郤州本亦作犨尺由反

十二年沙澤素禾反又如字二傳作瑣澤定七年同

十三年郤錡魚綺反　鑿行在洛反造意也　復出扶又反　伯廬力吳反本亦作盧

十四年凡取本又作娶

十五年末見賢徧反下同年末及注並同　復氏扶又反年內同　使于所吏反及不使乎同　有長丁丈反　相之息亮反下同　殺子音試　皆雜七合反又如字

世子戌音恤本或作戍爲篡于偽反宋共音恭士燮息協反無

咎其九反子鰌音秋所傳直專反之行下孟反差醇初賣反下音純

葉公舒涉反下文同者說音悅十六年少陽詩召反復食

扶又反欒力官反黶於斬反冥也亡定反又亡丁反其治直吏反鄢

陵於晚反又於建反于泓烏宏反王痍音夷傷也所中丁仲反爲重

于偽反下爲代公同恚一睡反易也以豉反注及下同復舉扶又反下而復同喜時

左傳作欣時令專力呈反舍是音捨注同下傳舍邑放此無難乃旦反注同招

丘章遥反又上饒反二傳作苕丘悕矣音希悲也別嬰彼列反出使所吏反

十七年柯陵古河反因見賢徧反下同惡如字又火吳反池如字又大河反

蜚林芳尾反又音配泮宮音判本又作郊告牷音全荀罃乙耕反貍

力之反軫之忍反左氏作脤穀梁作蜃以爲于偽反下文爲公同以徼古狄反貜

且 淚縛反下子餘反 十八年復入 扶又反注同 楚爲 于僞反下爲宋

同 士匄 古害反 鹿囿 音又 士彭 二傳作七魴襄十二年同 崔杼 直呂反

虛朾 起魚反下勑丁反

襄公第九

何休學

元年甯殖 市力反 爲宋 于僞反下爲宋楚爲幷注同 于合 二傳作鄫

鄭背 音佩 孫剽 匹妙反 二年伯睔 古困反 繆姜 音穆

人與 音餘下同 爲中 于僞反下及注幷下文鄭爲皆同

三年長樗 勑居反 不別 彼列反 袁僑 其驕反 爲其 于僞

反注同 不復 扶又反下同 不重 直用反

四年弋氏 以職反莒女也左氏作姒氏 定弋 左氏作定姒

五年子巫亡扶反　爲叔于俱反　疑讞魚竭反　善稻左氏作善道
通好呼報反　數用所角反　賦斂力驗反　惡鄫烏路反　不見
賢徧反　雜然七合反又如字十年注同　乃解古賣反
六年爲爲于僞反　爲重直用反
七年鄭子音談　城費音秘　螽音終　一于鄭于委反字林凡吠反　髡
原苦門反左氏作髡頑　于操七報反一音七南反左氏作鄵　殺也音試下及注皆同　爲
中于僞反下及注皆同　楚屬音燭　[illegible]由音禍　舍止處昌慮反　見辜
賢徧反　當背音佩　八年以殺音試　爲中于僞反　當
去起呂反　子燮素協反　易不以豉反　禦難乃旦反　候伺音司
又息嗣反　邢丘音刑　九年宋火二傳作災　離本力智反　見
火賢徧反　爲王于僞反　浸虢子鴆反　于戲許宜反　惡公烏路反

十年于柤莊加反偪陽音福又彼力反惡諸烏路反開道音導
連蔓音万公與音預下同子斐芳尾反左氏作騑爲蕃方元反諸
侯莫之主有絶句見其賢徧反下同
十一年爲軍于僞反年末同故復扶又反事省所景反想上息亮
反下同爲治直吏反不共音恭怨懟直類反京城北左氏作亳城北
常難乃旦反鄭與音預良霄音消
十二年圍台他來反又音臺所背音佩亟作去冀反最難乃旦
務長丁丈反迭爲大結反　十三年取詩二傳作邿諱亟
去冀反注同諱背音佩　十四年公孫蠆勑邁反二傳作蠆于
向舒亮反綴流知銳反又作丁悅反一本作贅旒復納扶又反華閱音悅
十五年向戌音恤劉夏戶雅反采邑七代反下謂采同租稅子奴

反下[illegible]銳反見義賢遍反下同大夫稱尺證反貶去起呂反過我古禾

反共音[illegible]至攜戶圭反又四兖反爲不于僞反成郛芳夫反侯周

一本作[illegible]十六年臭梁本又作溴古闃反徧剌音遍下及下注同

若贅章銳反本又作綴丁衞反又丁劣反繫屬也旒然音留本又作流旌旗之旒繫屬

音燭見惡賢遍反最難乃旦反肯復扶又反不重直用反甚

惡烏路反十七年邾婁子瞷音閑或下斫反左氏作牼圍洮

他刀反左氏作挑十八年言朝直遥反下同

十九年祝阿二傳作祝柯爲其于僞反下同亟伐去冀反注同憍

蹇紀橋反本又作騫下紀輦反幷數必政反下所主反下數年同漷水火虢反徐音郭取

濟子禮反下同侯瑗于眷反一音環二傳作環有難乃旦反故見賢遍反公

子喜二傳作嘉于柯古河反

二十年孫遬音速澶淵市然反弟先左氏傳作弟黃

二十一年以漆音七閭丘力於反据快苦夬反惡受烏路反商

任音壬庚子孔子生傳文上有十月庚辰此亦十月也一本作十一月庚子又本無此句

二十二年今與音預得復見賢遍反

二十三年伯匄古害反鼻我二傳作畀我以治直吏反下見治治之漸同

近升平附近之近下近升同所傳直專反見治賢遍反下同所譖

側鴆反復入扶又反注同雍渝羊朱反左氏作揄聶北女輒反惡其烏路

反孫紇恨發反二十四年仲孫偈本又作褐亦作羯同居謁反

陳儀二傳作夷儀二十五年同咸本又作鍼其廉反宜咎其九反

二十五年鄭背音佩故爲于僞反重丘直龍反入櫟力狄反

諼君況元反以弑音試注同後年放此伺便音司下婢面反惡之烏路反屈

建居勿反　子謁左氏作過　卒暴七忽反　而射食亦反　復見扶又反
二十六年　君剽匹妙反　喜為于偽反，下文為惡、為為同　惡剽烏路反，注及下
惡剽以惡、并上注故惡反惡、惡輕以惡皆同　有說音悅，注同　以見賢徧反，下出見同　復納
扶又反　子痤在禾反　男甯乃定反
二十七年　孔瑗二傳作孔奐　弟鱄市轉反，又音專，一音直轉反　射姑音亦，
又音夜　為殺于為反，下為殺、為我、為衛注、深為皆同　黜公勑律反，下文注同　女能音汝
羈縶本又作馽，下陟立反，馬絆也　馬絆音半　鈇音甫，又方于反　鑕之實反　從
君才用反，又如字，注同　庶孽魚列反，又五割反，注及下同　敢與音預　令必力呈反　背
約音佩，下同　挈其苦結反　慙恚一睡反　昧雉舊音刎，云扮反，一音末，又音蔑
割也　見獻賢徧反，下見此同　雖復扶又反　小介音界　閽弑音昏，下音試，二十九
年同　餘祭側界反

二十八年閏數所主反下同期月居其反又作朞
二十九年而復扶又反下皆同惡襄烏路反下惡以同為臣于僞反下放此
爲季子傳凡爲同墨劓魚器反臏毗忍反大辟婢亦反畫象音獲
應世應對之應黠巧閑八反不近附近之近下同士鞅於丈反使札
側八反迮而子各反起也倉卒七忽反迭爲大結反更也更也音庚
必祝之又反又之六反注同蔬食音嗣季子使所吏反下同僚者力彫反
長庶丁丈反下注同闔戶臘反廬力居反命與音餘下命與同僚焉於虔
反本又作惡音烏刺僚七賜反又七亦反注同僚耆市志反爾殺吾君申志
反注殺僚同簒也初患反則遠于万反以見賢徧反北燕音烟
三十年薳于委反頗音皮又音彼一音普何反一本作跛者音同二傳作薳罷公數所角
反子般音班深爲于僞反下爲伯不爲爲中國同極思息吏反年夫音侯又如

字二傳作佽夫　惡失烏路反下皆同　不去起吕反　子行下孟反下子行其行同　重失直用反又直勇反　共姬音恭　傳母如字又武候反本又作姆同　加殺音試下同　凡爲于僞反下及注所爲同　更宋音庚又古孟反復也償也　所喪息浪反下注同　解浣戶管反　復生扶又反　共償常亮反

三十一年　好其呼報反　見者賢徧反下同

昭公第十

何休學

元年國酌二傳作國弱　子招上遥反　軒虎軒依字許言反舊音罕二傳作罕虎　于鄭音郭又音號左氏作虢穀梁作郭　爲殺于僞反下注爲內爲仕皆同　難八乃旦反二年注同　故令力呈反　見者賢徧反下同　復貶扶又反　弟鍼其廉反　千乘繩證反注同　大原音泰下同　大鹵力古反　曰隰音習　分別彼列反

去疾起呂反彊運居良反下同子卷音權左氏作麇

二年乃難奴旦反下有難同

三年大雨于付反雹步角反爲季于僞反著治直吏反大

平音泰四年大雨雪于付反左氏作大雨雹爲季于僞反下文及

注爲齊誅並同不復扶又反下同去吴起呂反滅厲如字又音賴左氏作賴

五年舍中音捨下及注同爲難乃旦反下同爲其于僞反將復

扶又反濆泉扶粉反濆泉踊泉也左氏作蚡泉穀梁作賁泉戰處昌慮反報應應對

之應嫡之丁歷反注及下同六年復卒扶又反內行下孟反下同

可勝音升見其賢徧反合比如字又毗志反賦斂力驗反或無此字

十年暨齊其器反叔孫舍二傳作婼當時丁浪反又如字鮮不息淺反

八年故重直用反年末同僂溺乃狄反廋所留反本亦作蒐公子過音戈

費多芳味反詐諼況元反復書扶又反下同列見賢遍反
九年復見扶又反下同下賢遍反陳火左氏作災悕矣音希悲也辟門
婢亦反開也本爲于僞反孫貜俱縛反又居碧反郎囿音又
十年晉欒施左氏作齊欒施季孫隱如左氏作意如侯彪彼虬反
宋戎讀左傳者音戌何云向戌與君同名則宜音恤去冬起呂反
十一年戎曼音蠻爲其于僞反文譎古穴反以好呼報反比
蒲音毗侵羊二傳作祲祥宫佗大河屈銀並如字二傳作歌慭嫡夫丁歷
反惡乎音烏惡不烏路反
十二年斷三丁管反又丁亂反生刋呰于反奈女音汝可強其丈反
欲令力呈反下令楚同妄億於力反錯也七故反或七各反字或作措惡納烏路反
戚然左氏作戚熊公子整之領反或作慭魚覲反

十三年圍費音祕乾谿苦兮反衆罷音皮惡靈烏路反子
朝如字不與音預注二不肯與及下文不與焉注公不與不宜與皆同不復扶又反爲公
于僞反侯廬力吴反　十四年去疾起呂反意恢苦回反
十五年夷昧音末本亦作末籥入羊略反去樂起呂反注去籥及下文去樂同
爲卒于僞反昭吴左氏作朝吴
十六年戎曼音蠻又音万二傳作戎蠻哀四年同見王賢徧反數如音朔
十七年賁渾音六下戶門反星孛音佩彗星息遂反又囚歲反參伐
所林反以別彼列反邪亂似嗟反檇李音醉本或作醉
十八年爲天于僞反不忒他得反天應應對之應入鄅音禹又音矩
十九年于殺音試下于殺加殺皆同復加扶又反下同一飯扶晚反下同
二十年自鄸音蒙又亡忠反又亡貴反一音亡增反者此舊於此下有比者非復

出扶又反 爲公子于僞反下爲賢爲會爲之諱同 從與才用反下音餘下從與同 絮從
女居反說文云絜緼也一曰敝絮也 逡巡七旬反 惡惡並如字一讀上烏路反下同 通濫
力甘反又力暫反 兄輒左氏作縶 立嫡丁歷反 以長丁長反 瘖於今反 聾
路工反 癘力世反又力大反 禿吐木反 跛布可反 傴於矩反 惡衞烏路反
奚令力呈反 向寧二傳作向甯
二十一年重舉直用反 叔痤在禾反左氏作叔輒 惡背烏路反下音佩
二十二年復錄扶又反 別從彼列反下同 大蒐所求反本亦作蒐 昌
姦二傳作昌閒 邪庶似嗟反 見當賢徧反下同
二十三年閒田音閑 惡背烏路反下同背音佩 不共音恭 舉錯七故
反 雞父音甫 子髡苦門反 子楹音盈左氏作逞穀梁作盈 夏齧戶雅
反下五結反 艾陵五蓋反 別客彼列反下及傳同 之行下孟反下同 于華

所巾反　庶孽魚列反　其難乃旦反　子朝如字　更起音庚　數年

所主反　地爲于僞反　二十四年　民被皮寄反　鬱釐音來

又力之反本亦作釐二傳作郁釐　二十五年　叔倪音詣又五兮反左氏作詣　樂

世心世如字又以制反左氏作大心　黃父音甫　鸛音權左氏作鸜音劬　鵒音欲　下孫

音遂下文同　去辰起呂反　爲下于[redacted]反下而爲同　楊州左氏作陽州　啗公音彥

將殺音試下及注同　兩觀工亂反注同　干楯食尹反又音尹　玉戚千寂反以玉飾

斧　大夏戶雅反注同　株離音誅　曰禁音金又居鴆反　八佾音逸　且夫

音扶下有夫斧注同　維婁力主反　委已于僞反注同已音紀　委食音嗣下同　執紼

音弗　曰繞音問　喪息浪反下同亡也　嗛自音謙本亦作謙　再拜　顙息黨反拜而稽

顙也　大難乃旦反下同　鈇音甫又方干反　鑕之實反　要斬一遥反　執簞

音丹簞器　食音嗣注同　葦器于鬼反　曰笥思嗣反　糗也丘九反又昌紹反

四脡他頂反又大頂反　曰朐其俱反　餕音俊　于從才用反注及下皆同　糒音備　以衽而甚反又而鴆反掩裳際也　求索所白反　大卑音泰下大學同　不腆他典反厚也　所著丁略反　裨冕婢支反　韍衣音弗　欲令力呈反　故稱尺證反　嗷然古弔反一音古狄反　爲菑側其反又側吏反　埒垣力悅反下音袁　分別彼列反　辟雍音壁　以髀六歷反車覆笭也一音呼聞反　覆笭力丁反　以鞌音安　爲公于僞反注同

二十六年不復扶又反下同　惡公烏路反　鄟陵音專本亦作專　爲天于僞反　渠率所類反或作帥

二十七年爲季于僞反下同　方見賢徧反　郤宛去逆反下紆阮反　祁犂力兮反又力秋反　郲婁　快苦夬反本又作噲

二十八年爲下于僞反　伯甯乃定反下同左氏年下滕子名並作寧

二十九年

三十年去疾起呂反頓公音頓見義賢徧反

三十一年荀櫟本又作檪又作欒亦濟櫟也背同力狄反一音與灼反適歷丁歷反一音狄

貟篚章蘂反本又作捶創惡烏路反亟取去冀反盈孫音遜黑

弓二傳作黑肱以濫力甘反又力暫反武公與音餘下及注皆同湊公七豆反

周愬音素本亦作訴爲之于僞反下爲爲我爲之則爲並同嫗盈紆具反一音紆羽反

爲行下孟反下殺顏者之行同盱目許于反又許抓反本或作盱一音夸夏父戶雅反盱及夏父邾

顏公之二子而食音嗣長必丁丈反先見賢徧反下欲見見王者同曰嘻許其反

也夫音扶父兄之行戶郎反惡有音烏注同有數所主反傳復

扶又反　三十二年取闞口暫反諱亟去冀反注同權量音亮

定公第十一何以定公爲昭公子與在氏異

何休學

元年喪失國息浪反　仲幾本或作機　不襄素戈反一或作蓑一或音初危反
草衣于既反　爲天于僞反下善爲同　見伯賢徧反　復發扶又反下皆同　此
難乃旦反　未解音蟹　復別彼列反　小斂力驗反下皆同　北墉音容本又作牖
中霤力又反　飯扶晚反　含於戶暗反　昨階才故反　立煬餘亮反
賈霜于敏反　二年雨觀工喚反下及注皆同　不復扶又反下同　先
去起呂反下同　以見賢徧反　三年于枝二傳作枝　易辭以豉反
四年國夏戶雅反　邵陵上照反本或作召音同　數年所主反下數年皆同　雜
然七合反又如字　惡蔡烏路反年末同　吝一力刃反　公孫歸姓二傳無歸字　姓
音生又音性　爲不于僞反下爲季爲下爲治爲蔡同　浩油戶老反又古老反下音由一音羊又反二傳作
皐鼬　數如所主反　楚復扶又反下復復討同　而　翕然許及反　伯戌音戌
又音恤二傳作戌　劉卷音權　孔圄魚呂反左氏作圉　鮮虞本或作吳音虞　皐

采七代反下采地同 伯莒左氏作伯舉 挾弓音協又子協反 雕弓丁遼反
彤弓大冬反 騂弓於耕反見司馬法 盧弓力吳反 禮見賢徧反下
不見同 將爲于僞反下不爲也不爲匹爲是注爲于胥同 囊瓦乃郎反 南郢
以井反又以政反 瓦將子匠反 激發古狄反 非當丁浪反 墮平許規
反 除去起吕反 便辟婢亦反 辯佞如字本又作便佞 相迿音峻又音
巡又玄徧反先也 擊刺七亦反 進行下孟反
五年 時爲于僞反 以見賢徧反 士卒子忽反 罷弊音皮弊亦
作敝音同 起弑音試 六年 爲其于僞反 令難乃旦反 而
易以豉反 以長丁丈反 大平音泰 欲見賢徧反 治定直吏反 所
復扶又反 七年 于鹹音咸 費重芳味反下同 重之直用反
八年 不別彼列反 曹埩士井反本亦作埥 曲濮音卜 惡乎音烏

迭而大結反注同食之音嗣下注倳食同餓而五多反下同鍰其本又作鑽
七廉反又且審反以爪刻鑽鍬板也本或作鈠誤蒲圃本又作甫同布古反又音布其乘
繩證反下皆同有女音汝從弟才用反下同數十所主反而隊直類反
馬捶章蘂反騋馬本又作揀字書無此字相承用之素動反而射食亦反矢
著直略反注同莊門本或作嚴亦音莊言幾音祈中季丁仲反殺不
音試下同郤反去略反本又作却說然本又作説始銳反又他會反注同說解舍也然猶如也稱
也尺證反切遽其虛反趣駕七欲反一音七住反僅然其靳反璋判
音章琮在宗反璜音黃峨峨五多反本又作娥髦士音毛質柎芳甫
反又方于反青純之閏反緣也注同純緣悅絹反下同甲韇而占反亹亹
亡匪反乎著音尸喪其息浪反九年伯囆
紛邁反左氏作蠆喪之息浪反郤難起略反下乃旦反郤亦作却

十年不易以豉反下同頮谷古協反左氏作夾谷熒惑音螢一音于瓊反

異虡昌慮反爲是于僞反復得扶又反年末及十一年同圍郈音后公

子池左氏作地于犨左氏作安甫暨宋其器反仲佗大多反石彄

苦侯反惡仲烏路反強與其丈反亦見賢徧反

十一年不復扶又反叔還音旋

十二年見殺音試墮郈許規反下同吏數所角反下同桼長七代

反下丁丈反說其音悅不厭於豔反去甲起呂反而堵丁古反吉

射食亦反又食夜反朝歌如字

十三年垂瑕如字又音加二傳作垂葭大廋所求反本又作蒐比蒲音毗操

兵七曹反鄉國許亮反十四年晉趙陽左氏作衛趙陽公

子佗人大河反二傳作公孫佗人子艙七良反二傳作牂不別彼列反醉李本又

作[redacted]音同 爲下于僞反 于堅如字本又作掔音牽左氏作牽 于洮他刀反 歸脤

市軫反 曰燔本亦作膰又作繙音煩 蒯聵苦怪反下五怪反 譏亟去冀反 閒

隙音閑下去逆反 莒父音甫 去冬起呂反 攝相息亮反 粥羔羊六反

以閒閒廁之閒 近害附近之近 十五年鼷鼠音兮 漫也

古半反猶徧也 徧食音遍 復舉扶又反下同 軒達左氏作罕達 籧篨其居

反下直居反 歸含戶暗反 且賵芳鳳反 不爲于僞反 厭死於甲反

下臭音側 晡時布吳反 城漆音七

哀公第十二

何氏學

元年復見扶又反下賢徧反 恩殺所戒反

二年漷東火虢反徐音郭 及沂魚依反 句繹古侯反下音亦 不與音預

可爲于僞反不去起呂反見挈賢徧反下去結反于果一本作秩二傳
■作惡失烏路反三年上爲于僞反下爲鄭爲衞不爲同不中丁仲
反復立扶又反下及注同見者賢偏反下同兩覿工喚反開陽左氏作啓陽開
者爲漢景帝諱也樂髡苦昆反惡大烏路反治直吏反大平音泰
四年盜殺音弒下同近罪附近之近戎曼音蠻畀宋必利反下同
西郛芳夫反蒲社左氏作亳社揜之意冉反背天音佩俠轂
古洽反下古木反十三年同驂乘繩證反十三年同天去起呂反滕頃音傾
五年城比本又作芘亦作庇同音毗左氏作毗閏數所主反下及注月數閏數同
六年邾婁葭音加又音遐左氏作邾瑕魯數所角反未曾才能反
狄之行下孟反于相莊加反君舍二傳作荼音舒爲諼況元反千
乘繩證反析玉思歷反爲後于僞反下乞爲同矯也居兆反期而音基

下同 難言乃旦反 鎧苦代反 巨囊乃郎反又音託 中靁力又反 色然如字本又作峗居委反驚駭皃本或作危 闖然丑鴆反又丑甚反一音丑今反見皃字林云馬出門皃丑荏反 逡巡七旬反 七年皇瑗于眷反 于鄫似陵反 隗子五罪反 惡魯烏路反 復入扶又反 八年侯燬況委反 及僤昌善反一音昌然反字林作僤左氏作闡 爲以于僞反 故復扶又反 伯過古禾反 所喪息浪反 九年雍丘於用反 易也以豉反下同 陷阱才性反 爲征于僞反 十年薛伯寅二傳作伯夷同音以尾反 · 十一年表頗破多反 艾陵五蓋反 與伐音預下不與伐同 十二年爲河于僞反下爲同宗同 爲率音律又音類 一乘繩證反 故復扶又反 橐皐章夜反一音託 于運左氏作鄖 蝩音終本亦作螽注同 當見賢徧反 十三年于嵒五咸反一音魚及反 易也以豉反下同

鄭復扶又反秋以下注同　報償時亮反　男成本亦作戌　反背音佩　當

見賢徧反年內皆同　惡諸烏路反　魏多左氏作魏曼多　之費芳味反下同

孛于音佩　彗星因歲反又息遂反　主治直吏反　燔書扶元反　陳夏

戶雅反一本作廉　彄夫苦侯反又古侯反一本作嫗音同二傳作夏區夫

十四年西狩手又反　獲麟力人反　薪采音新　主芟所銜反

艾魚廢反　采樵在焦反　去周起呂反　行夏戶雅反下子夏同　爲

獲于僞反下爲獲孰爲注爲誰知爲爲皆同　鸛音權　鵒音欲　振振之人反　大平

音泰下大平皆同　拊石芳甫反　援神音袁　麒麟音其　有麐本又作麇亦作

麕囷皆九倫反麐麞也　反袂彌世反衣袖也　涕他禮反　沾袍步刀反又步報反衣前襟也

襟也音金　王於于況反下火王而王之王同　從橫子容反　駈除並如字又上丘

具反下直據反　曰噫於其反　咄嗟丁忽反　天喪息浪反　予羊汝反我也　祝

斷丁管反　所傳直專反注傳聞同　以復扶又反　臣見賢徧反下欲見同　少

殺所戒反下同　予般音班　道浹子協反一本作帀　瑞應應對之應　撥亂

卜末反理也　莫近附近之近又如字　演孔以善反　其爲于僞反注所爲同　是

與音餘下及注同

經典釋文卷第二十一　經五千六百三字注一万二千三百一十八字

經典釋文卷第二十二

春秋穀梁音義

唐國子博士兼太子中允贈齊州刺史吳縣開國男陸　德明　撰

春秋穀梁序

乾綱（其連反，天也）　絕紐（女久反）　彝倫（以之反，彝常倫理也）　攸斁（丁故反，字書作殬，敗也）　弒逆（申志反，又作殺，音同）　篡盜（初患反，爾雅云取也）　淫縱（子用反）　因釁（許靳反）　爲之（于僞反，下同）　愆度（起乾反）　七燿（日月五星，本又作曜）　盈縮（所六反）　疵厲（才斯反，下音例，又作癘）　恩缺（丘悅反）　小弁（步寒反）　之刺（七賜反，此所引皆詩篇名，谷風在邶風，餘在小雅）　桑扈（音戶）　之諷（方鳳反，又作風）　見吉（賢徧反）　厥行（下孟反）　藐藐（亡角反）　兩觀（古亂反）　權衷（息浪反，下道衷同）　上替（他計反）　僭逼（子念反）　喟然（起愧反，又苦怪反）　大師（音泰）　能復（扶又反）　以被（皮義反）

拯拯救之拯積徒回反本又作頹同華袞古本反袞冕上公之服之貶彼檢反市
朝直遙反之撻吐達反匿非女力反麟感本又作麐呂辛反瑞獸也來應
應對之應之邪似嗟反臧子郎反否音鄙又方九反臧否猶善惡也鬻音育拳音權
子糾居黝反祭仲側界反而闚本又作窺去規反是嫡丁歷反本又作適同
強通其丈反必當丁浪反下同夫至音符並舍音捨據理音据亦作摭
之難乃旦反瓌古回反紛錯七洛反準裁在代反又音才下同父子異
同謂劉向好穀梁劉歆善左氏之論力困反石渠其居反閣名漢宣帝時使諸儒講論同異
於石渠閣也分爭爭鬪之爭好惡呼報反下烏路反辯訥字書云訥或作吶乃骨反
字詁云訥遲於言也包咸論語注云遲鈍也豔而移驗反也巫音無而婉於阮反北
蕃方元反又作藩子姪徒節反字林丈一反杜預注左氏傳云兄子曰姪雖近附近之近昊
天胡老反詩云欲報之德昊天罔極本又作旻士中反匍音蒲又音扶匐蒲北反又音服逾邁

音踰跂及丘弭反又丘豉反夏隊直類反從弟才用反泯沒亡忍反又作[illegible]

喪予息浪反

春秋穀梁傳隱公第一

隱公名息姑惠公之子周文王八世孫平王四十九年即位

范寗集解

元年正月音征又如字後皆放此焉成之於虔反隱長丁丈反又作丈音同之惡烏各反下注之惡同惡桓烏路反下其惡桓同弒之申志反又作殺如字下同信道音申下同信邪似嗟反下及注皆同已探吐南反千乘繩證反公侯之國賦千乘蹈道上徒報反釁行之名也下如字邾音誅國名儀父凡人名字皆音甫後放此更不重音于眜音蔑地名左氏作蔑注下皆同美稱尺證反以上時掌反不日人實反不日謂不書日也穀梁皆以日月爲例他皆放此渝也羊朱反變也于鄢音偃地名見段賢徧反大辟婢亦反積思息吏反宰咺況阮反注同仲子惠公之母也與左氏不同之賵芳鳳

反注及下同 乘馬繩證反四馬曰乘 曰襚音遂 曰含戶暗反口實也又作唅 曰賵

音附 祭伯側界反 來朝直遥反 寰內音縣古縣字一音環又音患寰內圻內也 畿

內本或作圻音祈 鍭矢音候又音侯 出竟音境本或作境下同 場音亦 聘遺唯季反

之好呼報反 當稟彼錦反 日卒人實反下不日卒同 股肱古弘反

二年 以見賢徧反下同 下屬章玉反 不贖徒木反 皆放甫往反後此例

不音 皆氏丁兮反本又作底 別種章勇反 知者音智 能斷丁亂反

者守如字注同 莒人音舉 入向舒亮反 時惡烏各反下次惡同 無侅

音該又戶楷反左氏作駭 屨綸音須左氏作裂繻下注同 爲其于僞反注來爲同 有嘗

丁浪反 故去起呂反下同 以別彼列反 美惡烏路反又如字 舍族音捨 或

厭於葉反 繼弒音試 長子丁丈反下注伯長同 親迎魚敬反 不復扶又反

子伯如字長也左氏作子帛 夫稱尺證反 常處昌慮反 隱殺音試 壞

宮音恠又戶怪反

三年日有食之本亦作蝕音同後皆放此　大量音亮　下賢遐嫁反　爲

消于僞反　外壤而丈反　所吞勑恩反又音天　咽者於見反　不見如字

又賢遍反　之饉渠吝反　見於賢遍反又如字　不可知知也上知如字下知音智　太

上並如字　夫名音符發句之端皆同　相別彼列反　尹氏如字周大夫也左氏作君氏

詔相息亮反　稱謚市至反後皆同　短丁緩反　折時設反下同　有壽市又

反又如字　宋繆公音穆本亦作穆　之使所吏反下同　史策本又作筴初革反　殺

君音弑下同　足算素緩反數也　宋共音恭本亦作恭下同　悉去起呂反

四年伐杞音起　牟婁亡侯反　易辭以豉反　所見賢遍反　蓋

爲于僞反　所惡烏路反又如字　於傳者直專反　祝吁香于反左氏公羊及

詩作州吁　弑其音試釋舊作殺注下同　君完本又作皃音丸　令復扶又反　翬

音暉下同　皆去 起呂反　與于 音預　于濮 音卜　之挈 本又作挈結反注同

致令 力呈反下同　惡也 烏各反注同　嫡長 丁歷反下丁丈反丁同　建儲 直魚反

名分 扶問反　無嬖 必計反

五年觀魚 如字左氏作矢魚　獻人 音魚之難 乃旦反　入郕 音成

將卑 子匠反注同　爲其毋 于僞反　長子 丁丈反　舞夏 戶雅反注及下同

八佾 音逸列也　降殺 色界反　始僭 子念反　僭侈 昌是反又尺氏反

螟 亡丁反　公子彄 苦侯反　乃暴 步卜反本或作曝暴露也　僅而 渠吝反

之行 下孟反　不塡 音田　不復 扶又反下同　塡厭 於甲反　毆 丘于反注同

壞宮 音怪一音戶怪反

六年輸平 失朱反隳墮也左氏作渝平　隳也 許規反壞毀之也　壞前 音怪又戶怪反

子艾 五蓋反

七年之娣 徒細反女弟曰娣　媵之

以證反又繩證反從也才用反下同一音如字以上時掌反共事音恭本亦作供愆

期起虔反取妻七喻反必少詩照反下文及注同滕侯徒登反長曰

丁丈反注同狄道也戎狄之道長嫡本又作適丁歷反爲保于僞反下爲其同

剌公七賜反之稱尺證反遠別彼列反下同之使所吏反注同猶愈

羊主反過諸侯古卧反又古禾反在彊本又作壃亦作強音姜場音亦致餼

許氣反牲腥曰餼伐鮮音仙

八年使宛於阮反歸祊彼病反一音丙左氏作祊惡與烏路反注及下同去

其起吕反擅易市戰反不別彼列反無復扶又反廢朝直遥反下

同覲巨靳反諸侯春見天子曰朝秋見曰覲若令力呈反之參七南反交喪

息浪反盟詛莊慮反下文同誥古報反哲誓市制反五帝孔安國云少昊顓頊

高辛唐虞鄭玄有黃帝無少昊餘同范依鄭顓頊音專下音許玉反帝嚳苦篤反高辛帝

名三王夏商周也夏殷戶雅反下同鈞臺音均景亳步各反盟

津音孟本亦作孟交質音置注同二伯如字又音霸齊桓晉文召陵上照反

包來音苞一音浮左氏作浮來螟云丁反貶去起呂反若俠音協九年經同

九年以別彼列反祭伯側界反下同凡國名邑名及人名氏皆於始音後不復出若假借之字時

復重音後放此之好呼報反殷覜他弔反之慝他得反惡也閒問閒廁之閒

歸脤市軫反祭肉也致禬戶外反或古外反震電徒練反霆也徒丁反又徒項反

雨雪于付反疏數色角反劉向舒亮反以見賢遍反下同當復扶又

反

十年以見賢遍反篡弒音試數會色角反公敗必邁反又皮邁反注

同于菅古顏反取郜古報反字林工竺反取訾子斯反不重直用反

逐比如字又音佛本又作逐奔復取扶又反伐載如字本或作戴其易以豉

反下文同 其惡烏各反 惡入烏路反

十一年薛侯息列反 巡守音狩本亦作狩 犆言音特獨也本或作特 累

數所主反注同 之比必利反 君弒音試

桓公名允桓王九年即位第二 范甯集解

元年弟殺申志反本又作弒下及下注同 能去起呂反 與聞音豫下文及注與弒

皆同 為易于僞反 借人子夜反 魯朝直遥反下皆同 邴者彼病反又音丙

大山音泰本亦作泰 用見賢徧反 鄭竟音境 從天王在用反 巡守

音狩 擅相市戰反 換易一本亦作渙胡喚反 編年必連反字林聲類韻集皆布千反史

記音義甫連反 二年宋督丁毒反本又作督 弒其音試下及注同 與

夷如字音餘 別內彼列反 先殺如字下先殺同 謂扞下旦反 死難乃旦

反 蓋為于僞反下注雖為同 及郯音談 大廟音泰下文及注同 言見賢徧反

則治直吏反躋子兮反取郜古報反内殺音試下文注皆同爲
討之鼎如字麋氏云討或作糾紀侯左氏作杞侯爲齊于僞反下同數
色主反注同乃復扶又反惡之烏路反厶地本又作某不知其國故云厶地後皆放此
三年于贏音盈近古附近之近約言如字又於妙反不歃本又作唼所洽反
是必一人先如字絕句親比毗志反相應應對之應齊僅巨靳反
泯然亡忍反于郕音成而復扶又反于讙音歡祭門如字祭門廟門
也兩觀古亂反諸母般步干反一本作鞶音同鞶鞶囊也以盛音成踰竟
音境親迎魚敬反一之好呼報反
四年皆爲于僞反下注因爲同秋曰蒐所由反麋氏本又作搜音同舍小音捨
中心丁仲反下同射食亦反髀步啓反又必爾反髂苦嫁反差遲初賣反
庖步交反汚泡汚穢之汚下普交反又百交反　五年傳信

直專反下同　必辟音避本又作避　過我古禾反下文及注同　任叔音壬左氏作仍叔　從王才用反又如字下同　爲天王于僞反　冀州冀鄭本京兆鄭縣是雍州之域後從河南新鄭爲豫州之境冀在兩河之間非鄭都也冀州言去京師近也欒氏云韓侯滅鄭韓本都冀州故以目鄭　爲天子如字　則近附近之近　大雩音于祭名　螽音終　蜙相容反　蝑音胥　蟲蝗華孟反　六年寔常式反　來朝直遙反下七年同　晝我音獲注同　以過古禾反注同　會紀侯左氏作杞侯　大閱音悅　以觀古亂反視也　陳佗徒河反　匹夫行下孟反下同　侯憙虛記反　嫡子丁歷反又作適　人斂七廉反　七年其惡烏各反　八年烝之承反冬祭名　曰禴餘若反又作礿　黍肫本又作豚徒門反　大廟音泰下同　黷祀徒木反　雨雪于付反　祭公側界反　寰內音縣又音環　親迎魚敬反下皆同　大姒音似大姒文王妃也　在郃音洽本又作洽　之涘音仕

愀然（在九反又親小反）之好（呼報反）不復（扶又反）
九年之中（丁仲反又如字注同）關與（音豫）射姑（音亦麋氏本即作亦）來朝
（直遥反下同）伉諸（苦浪反本又作亢）有爭（諫爭之爭）之愆（去虔反）
十年見殺（申志反下同本又作弑）故復（扶富反）列陳（直覲反）先巳
（蘇薦反）爲内（于僞反）十一年寤生（吾故反）不弟（下益
音悌又如字）祭仲（側界反）爲下（于僞反）惡其（烏路反）廢嫡（丁歷
反）易辭（以豉反下文及注同）篡兄（初患反）君難（乃旦反）惡祭（烏路
反）謂去（起呂反）于折（之設反又時設反）夫鍾（音扶注同麋氏本鍾作童音鍾）于
闞（口暫反）十二年燕人（音煙國名）躍卒（餘若反）于虛
（如字又去魚反）武父（音甫注同）前見（賢徧反）十三年禮樞
（其最）自見（賢徧反）十四年政治（直吏反）不哲（陟列反一本作

之列反常燠於六反煖也下文同夏五本或有月者非弟御魚呂反本亦作禦左氏作
語傳疑直專反御廩力甚反倉也盡其津忍反以共音恭一本作供
下同粢盛音咨黍稷曰粢在器曰盛三推昌誰反一音他回反齊戒側皆反本亦作齋
三繅先刀反黼音甫亦作黼黻音弗俗作黻祖禰乃禮反用見賢遍
反曰旬徒薦反三宮如字范云三宮三夫人也麋氏宮作官親舂傷容反一兼旬
如字十日爲旬一本作甸徒亦然刺四七賜反十五年于蒿左氏作艾
公羊作鄗行惡下孟反又如字于櫟力狄反袲昌氏反
十六年城向舒亮反
十七年于趡翠軌反戰于郎左氏作奚爲內于僞反
十八年于濼力沃反又音洛舊音匹沃反之伉苦浪反一本作亢稱數色戶反注
同故舍音捨別內外彼列反君弒音試又作殺行之下孟反下同定

稱尺證反　知者音智　者守如字又音狩

莊公名同莊王四年即位第三

元年繼弒申志反　孫于音遜本亦作遜　去姜起呂反下去姜氏同　孫遁徒困反　不與祭音豫　單伯音善單姓伯字左氏以爲王卿士　逆王姬左氏作送王姬　君弒申志反又作殺如字注同　爲尊于僞反下爲之築同　朝之直遥反下於朝同　俟迎魚敬反下同　衰麻七回反　弁冕皮彥反　來錫星歷反　虎賁音奔　鈇方胡反　鉞音越　秬音巨黒黍　鬯勑亮反香酒也　殺逆申志反　悖亂補對反　歸含胡暗反　且賵芳鳳反　刺比七賜反　一使所吏反　任叔音王　則泥乃計反一本作滯　於朝直遥反　則儐必刃反　郱步丁反　鄑子移反　郚音吾郱鄑郚三字爲國名　不復扶又反　見矣賢徧反下同

二年爲之大功于僞反　于禚章略反　踰竟音境後踰竟之例皆同　公

馮皮冰反 三年溺乃狄反 爲之于僞反 惡其烏路反
禮緦息詞反 緬亡善反遠也 郤尸去略反又去逆反杜預云尸未葬之通稱 發揮
許歸反 冥極亡丁反 稟靈彼錦反 知於音智 母之子也可絕句
下放此 尊稱尺證反下卑稱同 以鄰下圭反 吞并必姓反 不泯彌忍反
四年饗齊本又作享香丈反 著時張略反又張慮反 屨綸音須 爲
之于僞反 傍朞居其反 紩其申志反下同 縱失子用反下同 見義
賢徧反 舍此音舍 狩于書獸 郜古報反左氏作禚 而怨紆元反又紆願反後
同 刺釋七賜反 五年郳五兮反國名 黎來郎兮反黎來郳君名
來朝直遥反 六年卑者之稱尺證反下常稱同 見公
賢徧反 螟亡丁反 分惡烏各反下同 則殺色界反舊色例反 過齊古禾反
差減初賣反

七年辛卯昔 如字昔夜也日入至於星出謂之昔本或作[illegible]同 不見 賢徧反下不音者同

列宿 夙又反下同 星隕 云敏反 而復 扶又反 是夜中與 音餘 晦

瞑 亡定反 傳著 直專反 億度 徒各反 我見其隕 見音如字注同

是雨 于付反注同 見于下 如字或賢徧反 不見者 賢徧反 隕隊 直類反

八年善陳 直覲反下文皆同 道之 徒報反下同 至陳 直覲反下同 民盡 津忍反 奔背 音佩 郕降 戶江反下文及注同 師還 音旋 遯也 徒困反

弒其 音試下同 諸兒 如字一音五兮反

九年之挈 苦結反 于暨 其器反左氏作蔇 渝也 羊朱反 故惡 烏路反下及注惡內皆同 伐齊納糾 居黝反左氏作子糾 非適 丁歷反 重耳 直龍反

敗惡 烏路反注同 不復 扶又反 不迂 音于一音紆又於武反 親迎 魚敬反

弒襄 音試 惡之也 烏路反 易辭 以豉反 逃難 乃旦反下注同 千

乘（繩證反）浚（音峻深也）洙（音殊杜預云水名）

十年敗齊（必邁反又皮邁反下同）長勺（時勺反）惡之（烏路反）無復（扶富反下文及注同）見也（賢徧反）于葉（舒涉反）乘丘（繩證反）于莘（所巾反）獻武（本亦依左氏作舞）于邲（皮必反又扶必反一音弼）敗績（如字）爲中（于僞反）

十一年敗（必邁反下及注同）于鄑（子移反）列陳（直覲反）過我（古禾反）

十二年所見（賢徧反）豺狼（仕皆反）德行（下孟反）弑其（申志反下注先弑同）仇牧（音目）扞衞（曷旦反）致令（力呈反）

十三年于柯（古河反）曹劌（居衞反）要盟（於遥反）内與（音預注同）

十四年單伯（音善）言介（音界）手鄄（音絹）復同（扶又反注同）

十五年復同（扶又反注同）爲欲（于僞反）

十六年滑伯（于八反）寮一（力彫反同官爲寮）

十七年鄭詹（者廉反）令得（力呈反）

佞人乃定反　殲于子廉反盡也　遂人盡齊人絶句　飲戍於鴆反
狎敵戶甲反輕也　多麋亡悲反　十八年朝日直遥反下同　之
處昌慮反下同　有長丁丈反　濟西子禮反濟水名　邇於我如字邇近也一本作
介音界亦近也　入竟音境　爲公于僞反　有蜮本亦作蜮音或短狐本草謂之射工　射
人食亦反下文同　一亡音無又如字　十九年傳本或分此以下爲莊公與閔公同卷
媵陳以證反又繩證反爾雅云送也　要盟於遥反注同　見其賢徧反　但爲于僞
反　數渝音朔　惡之烏路反　以難乃旦反　邇我如字本又作介音界
二十年如莒音舉　踰竟音境　二十一年弗目謂不題目
文姜薨所也一曰弗目其罪　有弑音試　二十二年肆音四　大眚
所景反　宥罪音又　蕩滌音狄　爲嫌于僞反　禦寇魚呂反又作御
夏五月范云以五月首時甯所未詳　高傒音奚　伉也苦浪反　爲贄音至

告迎魚敬反　惡見賢編反　二十三年　祭叔側界反　寰
內音縣又音環　故去起呂反　見之賢編反　無朝直遙反下同　主爲于僞
反　黝於糾反又於柳反注同　堊烏路反又烏各反范云黝堊黑色案黝黑也堊白堊　士黈他尚反黃
色也麋氏云張斗反　射姑音亦本或作亦　于扈音戶
二十四年　刻桓音克　宮桷音角榱也方曰桷圓曰椽　斲之丁角反削也　礱
之力公反磨也　親迎魚敬反下皆同　以惡烏路反注同　乘車繩證反　惡入
烏路反一音如字　一覿徒歷反見也　列數色主反　雉腒其居反腊也乾雉也士夏執之
備腐臭也說文云北方謂鳥腊曰腒傳曰堯腊舜始腒　別有彼列反　爲其于僞反　腐
臭符甫反　鍛脩丁亂反脯也鍛而加薑桂曰脩　自脩飭本或作勑同恥力反一本作飾
申聯反或作整音征領反　股肱音古下古弘反　惡之烏路反　曹羈居宜反　郭公
左氏如字公羊音號　舍而音捨　懲之直升反　復云扶又反　著上張慮反又張略

反以見賢偏反二十五年女叔音汝五麾毀爲反旌幡
芳元反矛戟亡侯反鉞音越楯時準反又音允擊柝吐洛反以壓於甲
反又於涉反二十六年爲曹于僞反莒挐女居反又女加反郲快
苦史反諸夏戶雅反下同屈完君勿反情好呼報反
二十七年洮他刀反本或作桃衣裳之會十有一范云十三年會北杏
十四年會鄄十五年又會鄄十六年會幽二十七年又會
幽僖元年會朾二年會貫三年會陽穀五年會首戴七年
會甯毋九年會葵丘有歃所洽反于朾他貞反又敕丁反本亦作檉寧毋如字又音
甯下音毋又茂后反兵車之會四范云僖八年會於洮十三年會鹹十五年會牡丘十六年會幽
會鹹音咸牡丘茂后反內難乃旦反繆公音穆縣子音玄下同
出竟音境下同焉得於虔反之餽巨愧反越疆居良反本或作竟之
稱尺證反注同來朝直遥反所絀出本又作黜勑律反城濮音卜

二十八年何覷昌慮反戰衛絶句師敗必邁反瑣卒素果反
築微左氏作麋藪澤素后反告糴音狄之畜勑六反下同爲
内于僞反下文爲内同古者稅始銳反什一十而稅一不艾魚廢反
二十九年延廄九又反六種之勇反下皆同功築罕呼旦反殺
禮所界反有蜚扶味反淫佚音逸之行下孟反一亡如字又音無
三十年救鄣音章降鄣戶江反下同猶下遐嫁反又如字魯濟
子禮反無從才用反內閒閒廁之閒燕音烟注及後同之分扶問反又如字本或
作介音界注同大保音泰召康上照反爲之如字
三十一年戎捷在接反戎菽也捷獲也外攘如羊反親倚於綺反下
文及注同罷民音皮下同則懟直類反怨也爲燕于僞反辟地婢亦
反注同惡內烏路反行異下孟反

三十二年能從才用反或如字注同己見賢編反去日起呂反絶期
音朞叔肸許乞反以齊側皆反本亦作齋注同齋絜也子般音班大子音泰
書弑音試所見賢編反

閔公名開惠王十六年即位第四　范甯集解

元年繼弑音試洛姑一本作路姑美稱尺證反出使所吏反
齊仲孫慶父也左氏爲齊大夫以累劣僞反
二年吉禘徒帝反大祖音泰下大廟同昭穆上饒反未闋苦穴反
君弑申志反下同孫于音遜本或作遜輿弑音豫不復扶又反見
矣賢編反弟御魚呂反下同重罷直用反屈完君勿反高傒
音奚其使所吏反下同爲賢于僞反下同攘夷如羊反惡其烏路
反注同長也丁丈反注同兼不反戶謙反又如字好利呼報反而遠于萬

反克將子匠反下同于竟音境翱翔五羔反

僖公名申惠王十八年即位第五　范甯集解

元年繼弒音試于聶女輒反齊侯與音餘見其賢徧

反下復見及注同君將子匠反下同以其不足乎揚絶句稱揚也狄

難乃旦反邢復扶又反注下注並同是鄉許亮反本又作向注同言見賢徧

反于檉勑貞反一本作朾音同公敗必邁反下皆同于偃于晚反一本作堰音同于

麗力弛反莒挐女居反又女加反惡公子烏路反之紿徒乃反欺詐也

相說音悅士卒子忽反相搏音博手搏也孟勞如字孟勞寶刀名王

赫呼白反當舍音捨俳身他堯反又徒堯反爲齊桓于僞反

二年通令力呈反夏陽戶雅反左氏作下陽先晉蘇薦反下文及注同之

塞蘇代反注同屈產其勿反又君勿反地名也之乘繩證反駿馬音俊不

借子夜反及下不借而借皆同中廄音救之奇其宜反而懦乃亂反又乃卧反
又少詩召反下同長於丁丈反言提徒兮反本又作題音同能彊其良反又其丈
反玩好呼報反中知音智下同以上時掌反臣料力彫反又力弔反之
使所吏反不便婢面反謂與音餘諺言音彥挈其去結反操
髀七刀反加長丁長反于貫古亂反勤雨如字麋氏音覲後年同
三年搢音進又音箭笏音忽而朝直遥反插也楚洽反莅盟音利
又音類四年蔡潰户内反蓋爲于僞反下爲退同于陘音刑
惡之烏路反下同黑臀徒門反召陵上照反欲令力呈反下同得與
音預又如字爲僅其靳反菁茅子丁反下亡交反菁茅香草也尚書傳云菁以爲菹茅以縮酒
縮所六反袁濤徒刀反哆然昌者反又昌氏反鄭詹之廉反惡之
烏路反下同五年惡晉烏路反朝其子直遥反下皆同爲志

于僞反下同參譏七南反又音三首戴左氏作首止敢令力呈反而復

扶又反下同塊然苦對反、苦怪反控大苦貢反背衆音佩之稱尺證反下

齊稱同舍其音捨舛而昌兗反縕於紆粉反包裹上音苞下音果其

處昌慮反、相爲于僞反又如字六年著鄭張慮反注同辟

義音避七年來朝直遥反甯母上音如字又音甯下音無又茂后反

左氏作甯伯班必顏反八年之先悉薦反下同朝服直遥反弁

冕皮彥反以鄉香亮反本又作向注同得與音豫下請與并下注而與同本或作豫

使者所吏反汋之由若反一音酌大廟音泰始見賢徧反下文而見同夫

人成風也左氏以爲哀姜正適丁歷反本亦作嫡之稱尺證反無別

彼列反爲其于僞反毋總音思去夫人起呂反襚音遂

九年禦說魚呂反本亦作御說音悅朶地音葉禮柩其救反禮記云在牀曰尸

㧻指曰樞今背音佩菆木才官反本又作攢同笄石古兮反爲殤式羊

反著之丁略反爲見于僞反下賢編反不復扶又反無歃本又作唶所洽

反又所甲反用豭音加雍泉於勇反塞也以鄣音章又之亮反訖糴音狄

訖止也謂貯張呂反適子丁歷反與國音豫詭諸九委反左氏作俙諸

枉殺紆往反十年弒其君申志反下弒君所爲弒並同卓勑角反

所爲于僞反下文皆同重耳直龍反殺奚齊申志反又如字麗姬力池

反伐號所得左氏伐麗戎所得長曰丁丈反稚曰直吏反吾苦如字又枯路反下同

女其音汝下及注同使祠自絲反以酖直蔭反以鴆鳥毛畫酒跪曰求委反

覆酒芳服反地賁扶粉反注同沸起也呼曰火故反喟去愧反又去怪反過

差初賣反又如字刎亡粉反脰音豆頸也雨雪于付反

十一年丕鄭浦悲反大雩音于龍見賢編反下同應變

應對之應索也所白反以別彼列反下同雩禱丁老反又音丁報反
十二年貫之古亂反遠齊于萬反而近附近之近楚爲于僞
反杵臼昌呂反十三年干鹹音咸
十四年以難乃旦反及繒在陵反來朝直遙反下文及注同此近
如字又附近之近林屬之玉反背叛音佩侯肸許乞反惡之烏路反
十五年不復扶又反見于外賢遍反禍釁許靳反興褏
本或作褎息浪反皆治直吏反螽音終晦冥也亡定反以見賢遍反
二桃他堯反若挈息列反敗徐必邁反下相敗同
十六年隕石云敏反陽行下孟反下陰行同隊落直類反四竟音境
耳治直吏反下目治同磌之人反又大年反聲響也六鶂五歷反不亢苦浪反
于淮音懷十七年英氏於京反滅項戶講反國名也齊滅之左

氏以爲魯臧爲賢于僞反下爲之諱同易可以豉反惡惡並如字又烏路反
其行下孟反于卞皮彥反前見賢徧反下同
十八年于巘魚輦反又音言惡宋烏路反注同以別彼列反下同故
去起呂反于邲蒲必反一音弼亟戰欺冀反豎刁音彫近衞如字
又附近之近遠齊如字又于萬反爲其于僞反省文所景反
十九年求與音豫注及下文同惡之烏路反下惡其長同叩其音口以衈
音二釁也湎於面善反正長丁丈反下及注同之治直吏反背叛音畔
二十年而治直吏反郜子古報反則近附近之近禰宮乃禮反父
廟也二十一年獻捷在接反爲執于僞反不復扶又反
二十二年須句其俱反升陘音邢爲内于僞反于泓烏宏反其
知音智又如字又復扶又反被甲皮[illegible]反嬰冑直救反司馬子

反左傳作手魚 要而於遥反 非僥古堯反 倖也音幸 不推如字又他
回反 陳亂直覲反 則攻如字又音貢 則守如字又手又反 之狷音絹 介音界
焉識於虔反 二十三年 圍閔左氏作緡二十五年楚圍亦同 而惡
烏路反下而惡同 惡乎音烏 造次七報反 顛沛音貝 爲襄于僞反 背
殯音儐 權譎音決 折足之設反 詩刺七賜反
二十四年 巡守手又反下同 之行如字或下孟反下同 復雅扶又反 惡之
烏路反 篡文初患反 二十五年 侯燬況委反 自爲其
于僞反下爲祖同 復以扶又反下以是復同 甸師扶徧反 累於劣僞反 隱去
起呂反下同 以見賢徧反 爲繼于僞反又如字 弑音試 與會如字一音豫
二十六年 于向舒亮反 至巂音攜又似兗反 施而舒豉反 滅
夔求龜反 爲魯于僞反 中道如字又丁仲反 以共音恭本又作供 假

借音嫁又古雅反下子夜反又子亦反　二十七年來朝直遙反齊
侯昭或作照非信夷狄音申注除宋以信義一字皆同音申或讀依字者非也楚
復扶又反亡義音無音如字而見賢徧反下同碌碌音祿得與音豫
圍解如字又胡懈反　二十八年以刺七賜反下文及注同畀宋
必利反與也下及注同惡入烏路反下文及注同復致扶又反守于音狩下同之
行如字或下孟反爲天王于僞反獨公朝與音餘傎矣都田反
傎倒丁老反斷在丁亂反
二十九年介音界國名大雨于付反雹蒲學反
三十年累上劣僞反泄冶息列反下音也近半附近之近諸正
音征鵠古毒反之愆起虔反戰爭爭鬭之爭救台土來反又音臺
入鄆音運惡季孫烏路反美惡烏路反或如字

三十一年幼少詩照反大平音泰岱音代疆界居良反緇

衣側其反熏裳許云反閒其苦鵰反不共音恭本亦作恭

三十二年伯捷在接反重耳直龍反之弑申志反子亹

亡匪反朝聘直遥反交好呼報反否隔備矣反記注張住反

不復扶又反　三十三年敗秦必邁反下同于殽戸交反

男女之别彼列反百里子如字或作伯誤也蹇叔子紀輦反巳

拱九勇反合手曰拱女死音汝下及注同唫本作崟音吟一音欽其處昌慮反

險隘於懈反要一百於遥反下文要而擊之同倚輪居宜反一隻輪也或於綺反訾

樓子斯反敗狄必邁反隕霜云敏反

文公襄王二十六年即位名興第六　范甯集解

元年隱去起呂反以見賢遍反繼弑申志反貴稱尺證反

來錫星歷反 采地音菜地本又作邑 于戚倉寂反 弑其申志反傳
同 君髡苦門反 篡立初患反 夷夏戶雅反 謹識如字又申志反
二年 彭衙音牙 為僖公廟于偽反 所馮皮冰反 長尺直亮
反又如字下同 壞廟音怪下同 易檐以占反 伉也苦浪反 為公于偽反
去處父起呂反下同 高傒音兮 差降初賣反又初佳反 士穀戶木反本
又作穀九年同 垂斂如字左氏作垂隴 大廟音泰注及傳大祖同 躋僖子兮反升也
祫也戶夾反下及注皆同 昭繆音韶穆下及傳同 南鄉音向下同 雖長丁丈
反 以先悉薦反下同 于禰乃禮反 雉雊古豆反雉鳴也 傎倒丁田反下
丁老反 三年 伐沈音審 沈潰戶內反 以守手又反 雨
螽手付反下同下音終 茅茨在思反茅草也茨蒺藜也 見於賢遍反 有難
乃旦反 自解音蟹又古買反 四年 為其于偽反 公與音餘注同

反覆芳服反　夫人與音豫注同　有貶彼檢反　甯俞羊朱反
五年歸含戶暗反釋舊作唅　且賵芳鳳反　飯用扶晚反　賵襚音遂
于殽戶交反　乘馬繩證反下同　呰令力呈反　相者息亮反
稽顙音啓下息黨反　葦席于鬼反　從竟音境　主爲于僞反　入鄀音若
六年侯驩好官反　累上劣僞反下同或如字　漏言魯豆反
上泄息列反又以制反　上聾魯公反　否塞備鄙反　夜姑左氏作射姑
趙盾徒本反　攻伐如字又音貢　惻隱初力反　佐女音汝　以語之魯慮反　竟上音竟　士造七報反　辟而言必亦反君也注同　詭辭九委反　猶朝直遥反注及下同　朝朝上如字下直遥反　莫夕音暮　敢泄息列反　不數所古反或所具反　叢祖鉷反
七年須句其俱反　城郚音吾　壬臣本或作王臣　令狐力丁反　輟

戰丁劣反　爲將子匠反　于扈音戶　喪取七住反本亦作娶

八年衡雍於用反　雒戎音洛本或作伊雒之戎誤　以見賢編反

九年無復扶又反　刺公七賜反　箕鄭居其反　使菽子遙反又子小反或作菽左氏作椒　而見賢編反　共公音恭

十年之曹直又反　國近附近之近　女栗音汝　厥貉亡白反

十一年伐麇九倫反　郤缺苦悅反　來朝直遙反　敗狄必邁反

于鹹音咸　于麗力知反　莒挐女居反　佚害大結反更也害本又作宕

猶更音庚　堅強其丈反　打摘直隻反　射其食亦反下注同　廣一古曠反　長百直亮反　斷其丁管反　召見賢編反　於軾音式　不

重直用反注同　創初羊反　爲內于僞反注同　造次七報反　顛沛音貝

十二年郕伯音成　來朝直遙反　而冠江喚反下及注同　而娶

七住反　譙周在遙反　而觧古兮反　先是蘇徧反　後是戶豆反
茍比毗志反或如字　得復扶又反　曰鯀古頑反　禮爲于僞反　服
長丁丈反　使術音述　巳亟去冀反數也注同　有難乃旦反
十三年蘧其居反　篨直居反　大室音泰傳皆同　不復扶又反
于沓徒答反　于棐芳匪反　十四年侯潘浦干反　星
孛步內反　猶茀李軌扶憒反徐邈扶勿反一音步勿反又音弗　魁中苦回反　邪
亂似嗟反　並殺音試　捷菑在接反下側其反　長轂古木反　五百
乘繩證反下及注同　步卒子忽反　夐入況盛反遠也　矍且俱縛反下子餘
反　方悟五故反　正適丁歷反　爲受于僞反　貍蜃力之反下市軫反
踰竟音境下同　殺其音試本又作弒傳及注同　單伯音善
十五年華孫戶化反　奉使所吏反　爲好呼報反　以見

賢徧反官稱尺證反年末注同來朝直遥反以難乃旦反介我音界

注同其郛芳浮反十六年欲去起吕反為厭於豔反

師丘左氏作鄭丘公羊作犀丘復行扶又反又音服注復使及下注而復皆同弑其申志反

杵臼昌吕反下其九反十七年諸侯會于扈范云言諸侯者

義與上十三年周亦諸侯皆會公獨不與恥而略之

十八年伯螢乙耕反弑其申志反後悉同使舉所吏反注同不

稱介音界下同副使也而數所主反之稱尺證反惡宣烏路反注惡不

奉同敬嬴音盈依左傳應作頃熊姪娣大結反下音弟共養並如字一讀上九用

反下餘亮反

宣公名捿子赤庶兄匡王五年即位第七　范甯集解

元年與聞音豫下注同自見賢徧反之挈苦結反宣弑音試

來朝直遙反 趙盾徒本反 棐林芳尾反又音匪 列數所主反

攘夷而羊反 趙穿音川

二年華元戶化反 言盡子忍反 其將子匠反下注將帥同 將帥所類反 當復扶又反 賢行下孟反 弑其音試年內皆同 朝諸直遙反 而暴暴戲暴也 彈徒丹反又徒旦反 辟丸音避 於竟音境 之玦古穴反杜元凱云如環而不連 後斷丁亂反 徽許歸反 纆亡北反徽纆皆繩也三股曰徽兩股曰纆 孰爲盾絕句孰誰也 志同則書重絕句 惡甚如字又烏路反 見忠賢偏反或如字下同

三年復死扶又反 陸渾戶門反又戶困反

四年及郯音談國名 取向書亮反莒邑 而爲如字又于僞反 弑其音試

五年待迎魚敬反 之稱尺證反 受使所吏反

六年冬螽音終　七年伐萊音來國名　黑壤人丈反

八年大廟音泰注同　共殺音試　見其賢徧反注同　故去起吕反下文及注同

子翬許韋反　猶繹音亦爾雅云又祭也　之享許丈反　去籥餘若反管也

爲之于僞反注爲卿變同　惡其烏路反　熊氏宣公妾母左氏作嬴氏

舒鄝音了本又作蓼國名　頃熊音傾左氏作敬嬴　不爲于僞反　潦車音老

載蓑素禾反　笠音立　張設如字又陟亮反　遷柩其又反尸在棺曰柩

昧爽音妹　而引以刃反又如字　遣奠弃戰反

九年行朝直遥反　黑臀徒門反　踰竟音境　以别彼列反　子操七報反

郤缺去逆反下傾雪反　泄冶息列反下音也　夏徵户雅反　衣

其衣上於旣反下如字　其襦而朱反　在裏音里本又作衷　於朝直遥反

十年公娶七住反　不復扶又反下注復以同　不冠工亂反　猶朝直遥

反見變賢編反崔杼直呂反惡其烏路反弑其音試蓋

爲于僞反貴稱尺證反取繹音亦饑本或作飢居疑反

十一年夷陵左氏作辰陵攢函音咸諸夏戶雅反弑君音試

之悖補對反惡入烏路反傎倒丁田反本又作顛邪正似嗟反輔

相息亮反下輔相同而楚強其丈反一音其良反

十二年君弑音試夏姬戶雅反于郯皮必反

十三年先穀戶木反本作穀一

十五年潞氏音路嬰兒一盈反札子側入反召伯上照反

矯王居表反無婁力侯反初稅始銳反賦也什一音十十稅一也佃

田徒徒編反以共音恭爲盧力魚反田畯音俊田大夫也之去

如字又起呂反蔥韭音九揪桑音秋蝝生以全反劉歆云此蚍蜉子董仲舒云蝗子字林

尹絹反 十六年留吁許于反 別種章勇反 并盡必政反又

如字 宣榭音謝本或作謝 災傳例云國曰災邑曰火左氏作火

十七年錫我星歷反 斷道徒短反一音短 叔肸許乙反 宣弑

音試注同 織屨九具反 十八年子臧子郎反 戕在良反殘也賊

也猶殺也 繒子本或作鄫在陵反 捝殺他活反又徒活反捶打也字林云木杖或作撲普木反

謂捶章蘂反 打音頂 惡其烏路反 距難乃旦反 楚子呂

左氏作旅 掮殯以全反弃也 之使所吏反注同 至貍丑貞反左氏作笙 魯

竟音境

成公名黑肱定王十七年即位第八　范甯集解

元年夏之戶雅反 無復扶又反 甲鎧開代反 夫甲音貿符

戎音茂左氏作茅戎 爲尊于僞反 孰敗之必邁反又如字 行父禿

德本反 郤克眇亡小反 良夫跛波可反 公子手僂於矩反一音力

主反 御禿音訝五嫁反迎也下皆同 姪子大節反又文乙反 頃公音傾 不説音悦

胥閭思徐反下力居反 不解古買反又音蟹 而橫華孟反又如字 脫此徒活

反又他活反 二年 新築音竹 僑如本又作喬其驕反 公子

手左氏作首 于鞌音安 欲令力呈反 雍門於用反齊城門 之茨

在私反門蓋 夫甚音符 敗衞必邁反 數郤五報反 謂笑其蹤

跛布可反案杜預注左傳云郤克跛此傳言郤克眇范注當依傳而作跛恐非 之甗魚輦反又

音言又音彥王甗也 為質音致下同 侵易以豉反下伐易同 取汶音問 鄉之

本又作鄉亦作向同許亮反下文同 會與盟同月絕句 不同月絕句 則地

會地盟絕句 三年 禰宮乃禮反父廟也 所馮皮冰反 去

疾起呂反 咎如音羔 不復扶又反 四年 來朝直遙反 城

鄆音運　五年壅過於勇反下於葛反　伯尊左氏作伯宗　不
辟音避　將在子匠反　君為此于偽反　素縞古老反　無績
本或作續　攘善如羊反盜竊也　蟲牢直忠反下力刀反
六年取鄟音專又市轉反國名　來朝直遙反　伯費音祕
七年鼷鼠音兮　郊吉否方九反　斛角其樛反一音求角皃本或作觓
非　禦患魚呂反　球然音求　所能如字亦作耐　復食扶又反下同
緇衣側其反　纁裳許云反　蓋為于偽反　伐郯音談　來朝
直遙反　八年韓穿音川　為之于偽反　召伯上照反　曰見
賢遍反注更見同　一稱尺證反　以上時掌反　士燮素協反　來媵以證反又
繩證反　娶嫡丁歷反　姪娣大結反下音弟　共公音恭下同
九年刺巳七賜反　內稱尺證反又如字注同　為尊于偽反下及此傳注同

滅項平講反 頃音傾 莒潰戶內反 之行下孟反 惡之烏路反
十年強也其丈反 侯儒乃侯反 十一年郤犫尺由
反公羊作郤州 十二年常處昌慮反 一見賢徧反注同 今
復扶又反 瑣澤素果反 敗狄必邁反下同
十三年郤錡魚綺反 過京師音戈下同 出竟音境 朝
聘直遥反下皆同 伯廬力吳反又力魚反
十四年時迎魚敬反傳同本或作逆 刺不七賜反 之挈苦結反
傒臧子郎反 十五年有䄻音試 惡晉烏路反 斷
在丁亂反 宋共音若注及下文同 爲賢于僞反 無咎其九反 子
鰌音秋 于葉始涉反 許復扶又反音 見也賢徧反
十六年雨木如字成子付反非也 木介音界 甲胄直又反 雨著

直略反 欒黶於斬反 鄢陵音偃又於連反 苕丘音條 叔孫婼
玉略反 復不扶又反下同 無以見賢徧反下所以見公同 孫紇恨發反 刺
公子七賜反傳同爾雅云殺也 戍衛式喻反
十七年單子音善 于柯音歌 謀復扶又反 而強其丈反
荀罃烏耕反 貍蜃上力之反下時軫反 踰竟音境 貜俱縛反 且
子餘反 見殺音試又如字 十八年弒其君音試下以弒同 復
入扶又反注同 士匄本又作丐音蓋 來朝直遙反下同 鹿囿音又苑也 藪
澤素口反 以齊如字又側皆反 士魴音房 崔杼直呂反 虛朾
丘魚反下丑丁反

襄公名午簡王十四年即位 第九 范甯集解

元年復入扶又反 于鄫似陵反 壬夫而林反 來朝直遙反下

注同　孫剽匹妙反　二年伯喻古困反　而稱尺證反注同　之

將子亮反　齊姜如字齊謚也一音側皆反後齊歸同　故爲于僞反

三年長樗丑居反　受使所吏反　而復扶又反

四年杞音起

五年子巫亡符反　爲我于僞反　善稻吴謂之伊緩左氏作善道　曾

夷寺登反又如字　不復扶又反　其數音朔

六年來朝直遥反　莒人滅繒似陵反立其甥爲後異姓故言滅也　鄫

之彼列反下同　以涖直利反又音類

七年郯子音談　來朝直遥反下同　城費音祕　于鄬本又作[illegible]

丁詭反　髡苦門反本又作郡或作頵頵音於倫反左氏作髡頑　于操七報反　見以賢徧

反　弑而音試下反注同　故去起呂反　踰竟音境　背華音佩

八年公子濕本又作隰同音濕又音燮二十年同左氏作燮　邢丘音刑　見魯賢遍反　九年于戲許宜反

十年于柤莊加反　復夷扶又反下不復皆同　傅陽左氏作偪陽　蓋爲于僞反　一眚所景反　則弁必性反又如字　汲鄭音急引也　所殺音試下同　爲楚于僞反　驕蹇紀輦反　公子斐芳尾反左氏作騑　惡上烏路反注同　數反所角反　覆芳服反

十一年將皆子匠反　舍中音捨　京城北左氏作亳京　復伐扶又反注同　鄭與音豫　挈國苦結反　是傳直專反

十二年圍郃本又作台他來反又音臺　攻守手又反又如字　蓋爲于僞反

入鄆音運　惡季烏路反　十三年取邿音詩　共王音恭

十四年孫蠆丑邁反　于向舒亮反　君弒音試　與知音豫　華

閱音悅　十五年向戌舒亮反下音恤　劉夏戶雅反注同　過
我音戈　成郛音孚郛也　十六年湨梁古闃反湨梁地名
十七年郲子瞷音閑左氏作輕
十八年言朝直遥反下同　其使所吏反下同　同與音餘注同　負芻初俱反
十九年祝柯古何反　復伐扶又反下及注皆同　伐齊
與音餘　鄟水火虢反又音郭水名　軋於八反委曲也　惡盟烏路反　宜墠音善除地也
乎介音界副使也　二十年于向舒亮反　澶淵市然反
陳侯之弟光左氏作黃　惡也烏路反注同
二十一年以漆音七　閭丘力居反　來朝直遥反　商任音壬
二十三年伯匄古害反　畀我必二反　復入扶又反　雍渝於用反又如字下陽朱反左氏渝作揄
惡其烏路反下傳惡之同　聶北女輒反　中道

厂仲反又如字蘧伯其居反輕行遣政反又如字

二十四年孫羯居謁反陳鍼其廉反宜咎其九反之嗛

去簟反不足皃之饉音近臺榭音謝堊飾烏路反又烏洛反弛侯式氏

反弛廢也矦射侯也廷道徒佞反朝廷之道也一音庭

二十五年弒其音試注同爲此于僞反下爲其同重丘直龍反屈

建居勿反公孫夏戶雅反吴子謁左氏作遏見以賢徧反下同脩

守手又反或如字門人射食亦反矢創初良反

二十六年弒其音試下文及注皆同君剽西妙反其日人實反侯

衎苦旦反本作衍見知賢徧反實與音豫下同弒其如字世子

痤在禾反踰竟音境　二十七年孔奐呼亂反喜

弒音試下弒君皆同而復扶又反惡獻烏路反弟專左氏作鱄巳

雖音紀見獻賢徧反織絇其俱反邯鄲上寒下丹與約如字

又於妫反下同爲約于僞反本或作盟約背之音佩

二十八年來朝直遥反

二十九年閽弑音昏守門人也下音試下同餘祭側界反寺人本又

作侍人不近附近之近下同臧否音鄙又方九反不狎戶甲反邇怨

於願反又於元反注同仇之音求杞復扶又反使札側八反之尊稱

尺證反北燕音烟國名姞姓其乙反又其吉反

三十年薳罷于委反下音皮弑其音試下盡蔡般傳及注皆同與夷

如字又音餘夷宋殤公名子般音班本或作班髡之苦門反以別彼列反見

以賢徧反下同少辟音避下同遂逮音代又大計反爲行下孟反長

子丁丈反共姬音恭注同惡烏路反所爲于僞反以見賢徧反

更宋音庚償也所喪息浪反注同償其時亮反
三十一年大子音泰弑其音試
昭公名稠景王四年即位第十　范寧集解
元年子招上昭反于郭左氏作虢取鄆音運弟鍼其廉反
惡也烏路反敗狄必邁反大原音泰下及注同大鹵力古反去
疾起呂反彊鄆居良反彊境界也猶竟音境子卷音權左氏作麇
二年刺公七賜反見義賢編反惡季烏路反
三年來朝直遥反大雨于付反雹皮學反
四年大雨雪于付反左氏作雨雹沈子音審爲齊于僞反弑其
申志反注及于弑君皆同粲然七旦反盛笑皃不爲于僞反不肖音笑謂與
音餘　五年舍中音捨屈申居勿反敗莒必邁反賁

泉扶粉反左氏作盼泉失台湯來反

六年合比必里反又毗志反七年暨齊其器反孫婼丑略反莅盟音利又音類鄕香亮反本亦作鄕八年同

八年以惡烏路反下及注同侯溺乃歷反秋蒐所求反于紅戶公反以見賢徧反蒐狩手又反艾蘭魚廢反置旃之然反通帛爲旃卬車五郎反一音仰本又作昂爲蓺魚列反門橜也椹也張林反

中臬魚列反橛也爲褐戶葛反毛布也流旁握握四寸也御轚古帝反桂也劉兆云絓也本或作轚雨轊音衛一音徐歲反車軸頭也挂也戶卦反又音卦礙也候蹄徒兮反馬足也相應應對之應揜禽於檢反本亦作奄能中丁仲反下皆同誅降戶江反惡虐烏路反年末傳及注同幼少詩召反以

共音恭之庖步交反不爭爭鬬之爭公子過音戈

九年許復扶又反見也賢編反陳火左氏作突孫獲俱縛反

郎囿音又舊于目反苑也　十年侯彪彼虬反爲下于僞反

公成音城　十一年子痤在戈反不弟大帝反又如字下不弟同子

虔其然反或作乾侯般音班弒父音試下伐弒同得惡烏路反下以惡之豈直惡

同陳夏戶雅反醜行丁孟反罰當丁浪反又如字趙盾徒本反有

累力僞反比蒲音毗器械戶戒反祲祥子鴆反北宮佗

大河反厥憖魚靳反又五轄反叩其音口以衈音二惡之烏路反下文及

注同注乎張具反又之住反封疆居良反

十二年挈燕苦結反以去起呂反子憖魚靳反見因賢徧

反諸夏戶雅反舍而音捨

十三年圍費音祕弒其凡弒字從式殺字從殳君父曰弒取積漸之名自外則皆

曰殺此可以意求也傳本多作殺字故時復音之後放此乾溪苦兮反君髡苦門反祝

吁香于反于濮音卜之稱尺證反不與音豫又如字下注同有難乃旦

反不令力呈反　十四年晃若賢徧反去疾起呂反意

恢苦回反振鐸之愼反下大各反在甸徒徧反巳姓音紀又音祀

十五年夷末亡葛反籥入由若反去樂起呂反可復扶又反

十七年來朝直遥反星孛蒲內反茀于音佛本亦作孛曰

敗必邁反下及注同成陳直刃反檇李音醉

十八年子惡烏路反入鄅音禹又音矩

十九年弑其音弑下文及注皆同與夫音豫又如字下音扶弟虺許鬼反

歠昌悦反下常悦反飦之然反又居言反粥也粥之六反嗌音益咽喉也容

粒音立羈貫古亂反交午翦髮為飾曰羈貫羈又作羇以上時掌反累及

劣僞反下同
二十年自夢無工反又亡忠反又亡弄反本或作蔑左氏作鄸致
令力呈反兄輒如字或云音近縶輒者兩足不能相過也左氏作縶惡其烏路反
適兄丁歷反齊謂之綦音其又其異反劉兆云綦連併也楚謂
之踂女輒反劉兆云聚合不解也衛謂之輒本亦作縶劉兆云如見縶絆也處
甚昌慮反以見賢徧反
二十一年蔡侯東左氏公羊作蔡侯朱惡之烏路反
二十二年昌閒如字一音簡亦爲于僞反單子音善
二十三年雞甫左氏作雞子髡苦門反子盈本亦作逞夏
齧戶雅反下五結反之稱尺證反注之稱同辟于朝音避惡烏路反下同
別嫌彼列反二十四年則挈苦結反郁釐於六反下力之反
二十五年鸜其俱反本又作鸛音權左氏作鸜公羊作鸛鵒音欲濟子禮反公

孫音遜本亦作遜下同　齊竟音境下同　唁音彥弔失國曰唁　郝公音方又音訪依注讀爲訪謀也　易辭以豉反下同　其爲于僞反

二十六年鄟陵音專又市轉反　召伯上照反　簒君初患反

二十七年君僚力彫反　郤宛於阮反又於元反　祁犂力兮反又力私反　干扈音戶　邾快苦夬反　畀必二反本或作鼻　逋逃布吳反

二十八年鄭伯寧下滕子寧皆如字

二十九年叔倪五計反又五兮反左氏作詣　鄆潰戶內反　則惡烏路反或如字　脩行下孟反　復使扶又反

三十年去疾起呂反　頃公音傾　爲下丁僞反　惡也烏路反

三十一年荀櫟音歷舊作躒　適歷丁狄反　既爲于僞反　黑肱古弘反　以濫力甘反又力暫反　別乎彼列反又如字注同

三十二年取闞口暫反大叔音泰不享音許文反覲見其靳
反下賢編反下同不復扶又反無朝直遥反
定公名宋昭公庶弟敬王十一年即位第十　范甯集解
元年見無賢遍反下注所見同聽治直吏反之處昌慮反敢背
者佩耕芸本又作耘音云不艾魚廢反爲旱于偽反去讓羌吕
反是舍音捨焉請於虔反應上時掌反道之音導下同詒託
以之反煬宮餘亮反煬公之廟也煬公伯禽子
二年兩觀工喚反注及下文同闕也欲令力呈反差可初賣反
三年子穿音川于拔皮八反也名
四年國夏戶雅反召陵時照反公孫姓音生又如字臯鼬
叟又反故復扶又反劉卷音權采地七代反寰內音縣又音環

吳信音申又如字　而攘如羊反又却也　挾弓戶牒反又子協反　闔廬戶臘反下力居反　見不賢徧反　爲是于僞反下不爲四夫爲是皆同　朝於直遥反注同　囊瓦乃郎反　南郢以井反又以正反　數年所主反　易無以豉反　壞宗音怪注同　撻平七達反　樂縣音玄下同　能亢苦浪反　御之魚呂反　不肖音笑　而奮方問反　三敗必邁反　復立扶又反注同楚國復立也　五年見其賢徧反　惡也烏路反　子暈許韋反

六年三家張也如字一音丁亮反注同

七年于鹹音咸

八年惡之烏路反　侯柳良久反　曲僕音卜

九年伯蠆丑邁反　分器扶問反　惡得音烏注同惡猶於何　堤下丁兮反又音蹄

十年頰谷古協反左傳作夾谷　爲危于僞反　相

爲息亮反下兩相同壇徒丹反封土曰壇鼓譟素報反羣呼曰譟羣呼火故

反合好呼報反注同使禦魚呂反遂巡七旬反屬其章欲反語

也注同夫人音扶注同夫人謂孔子也語也魚呂反之行下孟反幕音莫帳也

優俳皮皆反欲嗤尺之反鄆讙好官反蓋爲于僞反以覺

賢編反圕郈音后暨宋其器反仲佗大河反注同石彄苦侯反

所強其丈反十年者渝羊朱反變也惡之烏路反下同

取夫音扶叔還音旋十二年墮郈許規反毀也違背

音隳墮費音祕十三年垂葭音加郹圉音又比蒲

音毗吉射食夜反或食亦反君比必履反又毗志反

十四年晉趙陽左氏作衞趙陽佗人徒河反又如字子胖作郎反敗

吴必邁反檇音醉于牽去賢反于姚他刀反歸脤市軫反主

祭肉也熟曰膰音煩杳或作煩蒯聵苦怪反下五怪反之行下孟反

十五年來朝直遥反鼷鼠音兮一處昌慮反渠蒢直居

反弋氏羊職反哀公之母左氏作姒氏於長丁丈反帥之所類反不爲

于僞反下稷如字具也左氏作具晡時布吴反定弋左氏作定姒

哀公名蔣敬王二十六年即位第十二　范甯集解

元年不見賢編反下復見同今復扶又反斛角音糾又音求有

差初賣反則否方九反不復扶又反下同滌宮徒歷反敢擅

市戰反施式氏反又如字始庀匹爾反具也下同管鍵其展反又其偃反監

古銜反享道許丈反注同　二年漷東火號反又音郭沂西

魚依反句繹古侯反下音亦不與音豫來朝直遥反欲弑本又作殺

同音試信父音申書篡初患反得復扶又反曩日乃黨反

鈃本有作矛云侯反楯常允反又音允則拒音巨邪也似嗟反于鐵
他結反三年曼姑音萬者辟音避有難乃旦反樂髡
苦門反四年盜弑音試下文注皆同徵殺如字注同陳夏戶雅
反區夫烏侯反辟中音避即殺如字殺賊同弑君音試頃
公音傾五年杵臼昌呂反不數所主反
六年于祖莊加反子軫之忍反君荼音舒又音徒一音丈加反當
去起呂反見當賢徧反子糾居黝反後殺女字惡之烏路反
七年瑗于眷反曼多音萬于繒在陵反而擅市戰反表
惡烏路反傳及注同八年及闡尺善反惡內烏路反伯過
音戊九年雍丘於用反易辭以豉反下及注同將劣子匠反
十年以見賢徧反孟彄苦侯反

十一年輮頗破何反艾陵五蓋反

十二年令別如字又彼列反爲官于僞反官稅舒銳反夏謂戶乖反諱取如字又七佳反橐皐音託一音託于郎音云螽音終

十三年于嵒五咸反易以豉反下同祝髮之六反斷也斷也音短以辟音避蛟龍音交累累如字猶數數也數數所角反尊稱尺證反下同夫差音扶下初佳反星孛音佩區夫烏侯反

十四年西狩手又反不出如字又赤遂反矣夫音扶不王于況反下同王德同關雎七余反之應於勸反自爲于僞反其適如字適之也道喪息浪反鸜音權又音劬鵒音欲蜮音或

經典釋文卷第二十二　經五千三百八十五字　注六千五百五字

穀梁音義

經典釋文卷第二十三

孝經音義

唐國子博士兼太子中允贈齊州刺史吳縣開國男陸德明撰

鄭氏 相承解為鄭玄

開宗明義章

仲尼 女持反仲尼取象尼丘山又音夷字作尼古夷字也援神契云蟲也 居 如字說文作凥音同鄭玄云凥
凥講堂也王肅云閑居也孔安國云靜而思道也 曾 則能反姓也 子 男子美稱也曾子孔子弟子也名參
字子輿魯人也或作參音同義別下皆同 侍 卑在尊者之側曰侍 子 孔子也古者稱師曰子 曰 語辭也從
乙在口上乙象氣人將發語口上有氣故曰字缺上也凡曰皆放此 先王 鄭玄云禹三王最先者案五帝官天下三
王禹始傳於殷於殷配天故為孝教之始王謂文王也 有至德 鄭云至德孝悌也王云孝為之至也 要
因妙反注同 道 鄭云要道禮樂也王云孝為道之要 孝悌 大計反又順也本今無此字 民用和

睦音目字林云忘六反上下無怨紆萬反女音汝本或作汝凡本女字皆放此汝水名音同義別知之乎曾子辟音避注同本或作避曑所林反不敏密隕反遠也夫音符注及下同人之行下孟反復音服注同坐在臥反注同女音汝本今作汝身體髮膚方于反不敢毀如字蒼頡篇云毀破也廣雅云虧也傷父母得其顯譽音預也者世強其良反而仕行步不逮音代亦及也又音大計反縣音玄車音居致仕自父母至仕字本今無大雅云此文王之詩六章文毋音無本亦作無念鄭玄云無念無忘也爾雅云勿念也爾祖聿尹吉反爾雅循也述也本今作爾

天子章

子曰此一子曰通天子諸侯卿大夫士庶人五章也不敢惡烏路反注同舊如字於人不敢慢亡諫反俗作慢於人愛敬盡津忍反於事親形于

法也字又作刑于四海刑見賢遍反下同本今無刑見字甫刑尚書作呂刑兆
知從八正直表反十億曰兆民百萬曰兆民賴之引辟上毗支反辟止本或作辟同匹辟反本今
無引辟正字

諸侯章

危殆音待本今無殆字滿而不溢音逸費芳味反用如字約於略反
儉勤檢反奢書虵反泰音太爲溢羊栗反富貴不離力智反注
同其身薄賦斂力儉反省所景反傜音遙本亦作繇役列士
封疆字又作疆同居良反自薄字至居良反本今無詩云此詩小雅節南山之什小旻卒章戰
戰章扇反兢兢棘冰反恐丘勇反懼也注及後同隊直類反本今作墜恐
陷役陷之陷

卿大夫章

服山龍華胡花反蟲直忠反服藻音早火服粉方謹反
米字或作絲音同皆謂文繡修又反也田本又作佃音同獵力輒反卜筮
市制反冠古亂反又如字素積兹亦反自山龍至兹亦反本今無非先王之德行
下孟反注德行下擇行行滿皆同禮以檢奢紀儉反本今無無口過古卧反注同無
怨惡烏路反舊如字注同宗廟本或作庿爲作于僞反宮室自爲作至室字本今
無詩云此大雅蕩之什烝民篇語夙夜匪懈佳賣反注及下字或作解同夜莫
如字又音暮下並同也解自夜莫至也字本今無惰古臥反注同

士章

資者人之行下孟反也本今無此句兼古恬反并也之者父也
以敬事長丁丈反注皆同則順倉稟必錦反公羊傳云稟賜穀祿也爲
爲曰祭一本作始曰爲祭曰音越又人實反別彼列反是非自倉字至非字今本

[redacted]無詩云此詩小雅節南山之什小宛篇語 夙興夜寐面利反 無忝[redacted]

[redacted]反 爾所生所生謂父母本今作爾

庶人章

春生夏長丁丈反 秋收如字又手又反本作斂力儉反 冬藏才郎反 分方云反注同 地之利 分別彼列反 五土周禮五土一曰山林二曰川澤三曰丘陵四曰墳衍五曰原隰

丘陵阪險阪音反險音許撿反又蒲坂反 宜棗棘本作宜種棗棘自丘陵至棘本今無

以養羊尚反 父母行下孟反音如字 不爲非度待洛反 財爲費芳味反

什音十 一而出十而出一 無所復扶又反 謙自行字至謙本今無 故

自天子古文分此以下爲一章 故患難奴旦反 不及其身也善

一本作難自故患至善字本今無 未之有也

三才章

曾子曰甚哉 曾從八正甚從甘四正皆放此 語 魚據反 喟 丘媿反又丘恠反
然 自語辞至然本今無 夫 音符 孝民之行 下孟反注同 也孝弟 大計
反本亦作悌 恭敬民皆樂 音洛 之 自孝弟至之字本今無 其政不
嚴而治 直吏反注同 政不煩苛 音何自政至苛本今無 民之易 以豉
反本今作人之易 也而民興行 下孟反 上好 呼報反下好禮同 義 自上義字至
義本今無 而民不爭 爭鬭之爭從爪争正皆放此 若文王敬讓於
朝 直遥反 虞芮推畔 田 於田則下効 戶教反 之 自若字至之本
今無 導 音道本或作道 之以禮樂示 神至反 之以好 如字又呼報反
惡 如字注同又烏路反 而民知禁 金鴆反注同 詩云 此詩小雅節南山之詩 赫
本又作赤火白反 師尹若冢 張勇反 宰之屬也女 音汝下同 當
視民 常旨反皆放此自若字正放此本今無

孝治章

昝正皆放此本今作昔 聘匹正反 問天子無忘亡尚反 五年一朝

直遥反下注同 郊迎魚敬反又魚荆反 芻初俱反 禾百車以客苦百反

本或作以客禮待之 夜設庭燎力召反本亦作燎同一音力弔反徐力燒反鄭云在地曰燎執之曰

燭又云樹之門外曰大燭於內曰庭燎皆是照衆爲明 當爲于僞反下皆同 王者侯者候

戶豆反 伺音司又相吏反 伯者長丁丈反下同 男者任而鴆反 也德不

倍步罪反 別彼列反 優自聘字至優本今無 故得萬國之歡字亦

作懽 五年一巡音旬 守手又反本又作狩 勞來上力報反下力代反自五年字至力代反

本今無 不敢侮亡甫反 於鰥古頑反 寡無妻曰鰥無夫曰寡 男子賤

稱尺證反下同 小大盡津忍反 節自男子至節字本今無 養羊尚反 夫

然音符 則致張利反從反音陟里反他皆放此俗作攴非 其樂音洛自則致至洛字本今無

祭則鬼享許丈反災本或作灾則才反詩云此大雅蕩之什抑篇語有

覺音角大也德行下孟反注同

聖治章

聖從王正從王非之行下孟反則周公周公名旦文王之子武王之弟祀音似后

稷上音後稷官名后社名弃周公之始祖也故異其處昌慮反辟后稷也音避

本亦作避同於朝直遥反越嘗遠國也重直龍反譯本亦作驛同音亦

故異字至音亦本今無夫音符膝辛七反從木入水桼音七正以養羊尚反父母

日嚴人實反注同日者實也日日行孝故無闕也象日致其樂音洛下樂同親

近附近之近於母自致其樂至於母本今無其政不嚴而治直吏反不令

力正反而行自不令至而行本今無父子之道古文從此巳下別爲一章續音俗相續

也焉本今作莫大焉復扶又反何加焉自復字至焉本今無故不愛

其親 古文從此巳下別爲一章 謂之悖 補對反注下同 德若桀 其烈反 紂 丈久反 是也 言中詩書 丁仲反下同自若字至下同本今無 行思可樂 如字音洛注同 難進而盡 津忍反 中易 以豉反 退而補過 古卧反 傚 戶教反 漸也 不令 力政反下文并注並同 而伐謂之暴 蒲報反自難進至報反本今無 詩云 此詩曹風鳲鳩之篇語 淑人 常六反 其儀 人字從 不忒 他得反差也

紀孝行 下孟反 章

也盡 津忍反 禮也 一本作盡其敬也又一本作盡其敬禮也今本作居則致其敬 養 羊尚反 則致其樂 音洛 病則致其憂 疾甚曰病 擗 婢亦反 踊 羊冢反 泣 器立反 齋 側皆反本又作齋 必變食已敬忌踧 子六反自必變至丁六反本今無 在醜 昌九反 不爭 爭鬬之爭注及下同 不忿 芳粉反下同

爭也好呼報反自不忿至呼報反本今無亂則刑罰音伐及其身
也自罰字至身也本今無雖日用三牲之養羊尚反後九字本今無不
敢惡烏路反於人親

五刑章

五刑之屬三千墨劓剕宮大辟呂刑云墨罰之屬千劓罰之屬千剕罰之屬五百宮罰之屬三百大辟之罰其屬二百五刑之屬都有三千科苦和反本今無條三千謂劓魚器反截鼻之刑墨刻其額而涅之以墨宮割男子割勢女子宮閉之呂刑及周禮並直作宮字或作𡩋字本今無割字大辟婢亦反下同穿音川窬音俞又音豆盜徒到反盜從㳄次似延反口液也他放此俗作者全非竊者劓與周禮注不同劫居業反賊傷人者墨與周禮下同男女不與禮交本或無交字者非者宮割周禮無割垣音袁牆本或作廧同疾良反開人關闔音藥字或作鑰通用

與周禮並同微異手殺人者大辟亦與周禮注不同死刑自穿字至此無要一徭反君者無上非侮亡甫反本今無侮字聖人者已字今人行者一本作非孝行行音下孟反

廣要道章

莫善於弟本亦作悌同大計反人行之下孟反次也樂感人情者也惡烏路反鄭聲之亂樂也上好呼報反禮則民易以豉反使也則子說音悅注及下皆同盡津忍反禮以事自人行至事此本今無此之謂要因妙反下同道也

廣至德章

而日人實反語之魚據反但音誕皆放此讀爲擅非天子事三老三老三人致仕天子兄事五更音庚三老五更謂老人知三德五事者自天子至事者本今無

小三了十五

詩云此大雅生民之什泂酌之篇語愷本又作豈同苦在反樂也悌本又作弟同徒禮反一音待亦反君子

廣揚名章

兄弟大計反本作悌下注皆同故順可移於長丁丈反注皆同居家理故治直吏反注同讀居家理故治絶句是以行成於內下孟反

諫諍章

若夫音符慈愛恭敬敢問子從父之令力政反下及注皆同是何言歟音餘下同本今作與孔子欲見賢遍反諫諍諍闘也此字從丮音飢逆反兩丮相對鬥也象門之形而非門若從門者非他皆放此二士對戟曰鬭之端自孔子至此字本今無不失天下本或作不失其天下其衍字左輔右弼皮密反本又作拂音同前疑後丞本亦作承使不危殆大改反下同自左輔字至此本今無則身離

力智反 於令名 陷 陷沒也陷從爪下非不同 於不義 又焉 於虔反注同 得

爲孝乎

感應章 本今作應感章

盡 津忍反下同 孝於父 視其 常亩反 分 符問反 理也 此已上字本全

無 長 丁丈反注同 幼順 故上下治 直吏反注同 神明章 如字本又作彰

矣事生者易 以豉反 故重 直用反又直龍反 其文也 自事生至此字

本合無 孝悌 大計反 之至則重 直龍反 譯 音亦 來貢 公弄

反自則字至此本今無 詩云 此大雅文王之什文王有声之文 莫不被 皮寄反一本作章務

反本今作莫不服

事君章

上陳諫諍 爭鬪之爭 之義畢 欲見 賢遍反已上字本今無 進

悃盡（津忍反）忠死君之難（乃旦反自死字至此本今無）退思補過（古禍反）詩云（此小雅魚藻之什隰篇語）中（本亦作忠）心藏之

喪親章

孝子之喪（如字又息浪反）親也死事未見（賢遍反）哭（苦谷反■）不偯（於豈反俗作哀非說文作悠云痛聲也音同）言不文（文飾也本或作聞非）不爲趨（七須反字從芻楚俱反吏步也）翔（行而張拱曰翔室中不翔行而張足曰趨堂上不趨）唯（維癸反又以水反）而不對也去（羌呂反）文繡衣（於既反）衰（七雷反字或作縗同竝義俗作衰色追反非也）般也（自趨字至此本今無）聞樂（如字）不樂（音洛）故不樂也（音洛）不甞（如字）鹹（音咸）酸（素丸反禮三年之喪今無鹽酸）而食粥（之六反又音■謂朝一溢米暮一溢米自不甞至此本今無）此哀感（七歷反）之情毀瘠（情■）羸（力爲反）瘦（色救反一本作病又或作憊皮拜反自瘠字至此本今無）喪不（蘇郎反又

過三年示 神志反 民不肖者企 丘豉反 而及之賢
者俯 音甫 而就之冉斯 本又作䅘音同自而就之至此本今無 爲之棺
音官 椁 音郭 衣衾 其蔭反注同舊如字 而舉之衾謂單 音丹一本
作殮力瞻反 可以亢 苦浪反舉也 尸而起也 自謂單字至此本今無 陳
其簠 音甫 簋 音軌簠簋俱祭器名 擗 婢亦反字亦作躃 踊 音勇 哭泣
起及反 啼號 戶高反 竭情也 自啼字至此本今無 卜其宅兆 兆卦也字
書皆作垗廣韻云垗葬地 而安厝之 七故反字亦作措 爲之宗廟 字亦作庿 以
鬼享之 許丈反又作饗之 無遺纖 息廉反正皆放此 也尋繹 音亦
天經地義究 音救 竟人情也行 下孟反 畢孝成 自無
遺字至此本今無

四十六

經典釋文卷第二十三

經典釋文卷第二十四

論語音義

唐國子博士兼太子中允贈齊州刺史吳縣開國男陸德明撰

論語序 此是何晏上集解之序今亦隨本音之

中壘力軌反 校尉戶教反 劉向舒尚反 大子大傅並音泰 夏侯戶雅反 勝音升或升證反 丞相息亮反 傳之直專反下同 頗多破可反 琅音郎本或作瑯 邪以嗟反又也差反 膠東音交琅邪膠東皆郡名 壞得音怪 大守音泰下大常同守音手又反 爲之註本又作注之戍反又張注反 頗爲于僞反 名曰論語 論如字綸也輪也理也次也撰也荅述曰語撰次孔子荅弟子及時人之語也鄭玄云仲弓子游子夏等撰 集解 佳買反何晏集孔安國馬融包氏周氏鄭玄陳羣王肅周生烈義并下己意故謂之集解

學而第一 以學爲首者明人必須學也 集解 一本作何晏集解

論語音義

凡十六章

亦説音悦注同通稱尺證反説懌音亦有朋蒲弘反有或作友非亦

樂音洛譙周云悦深而樂淺一云自内曰悦自外曰樂不愠紆問反怒也鄭云怨也孝弟大計

反本或作悌下同而好呼報反下注同鮮仙善反少也鄭云寡也下同本與音餘欲

令力呈反人説音悦曾參所金反又七南反三息暫反又如字省悉井反視

也鄭云思察己之所行也爲人于僞反又如字傳不直專反注同鄭注云魯讀傳爲專今從古

案鄭校周之本以齊古讀正凡五十事鄭本或無此注者然皇覽引魯讀六事則無者非也後皆放此道音導

本或作導包云治也注及下同千乘繩證反注同千乘大國之賦也司馬法齊景公時有司馬田

穰苴善用兵周禮司馬掌征伐六國時齊威王使大夫追論古者兵法附穰苴於其中凡一百五十篇號曰司馬法有

畸居宜反田之殘也之對甫用反又如字雖大賦絶句一本或云雖大國之賦包依

王制孟子王制及孟子皆以百里爲大國奢侈尺紙反又尺氏反則弟音悌本亦

作悌

汎愛孚劒反

行有下孟反下云其行并注同

觀學文馬曰文古之遺文也鄭云文道藝也

子夏戶雅反

好色呼報反下至好學同

盡津忍反下注同

毋友音無本亦作無下同

憚徒旦反

難乃旦反

子貢本亦作贛音同

之與音餘下之與同

抑與上於力反

陳亢音剛又苦浪反

必與音預

爲治直吏反

信近附近之近下及注同又如字

覆芳服反下同

遠恥于萬反

無諂勑檢反

而樂音洛注同

好呼報反下注同

如切治骨曰切

磋七多反治象曰磋

琢治玉曰琢

摩一本作磨末多反治石曰磨

謂與音餘

患不知也本或作患已不知人也俗本妄加字今本患不知人也

爲政第二先學而後從政故爲政次學而也

凡二十四章

衆星共求用反鄭作拱俱勇反拱手也猶北辰之不移本或作譬猶北
辰之不移蔽必世反包云當也鄭云塞也猶當丁浪反又如字無邪似嗟
反道之音導下同以德包云道德也鄭云共德謂智仁聖義中和格加百反正
也鄭云來也孫彘直例反不妄亡尚反能養羊尚反下及注養人
同以別彼列反注同食音嗣先生饌上眷反馬云飲食也鄭作餕音餕食
餘曰餕曾音增馬云則皇偁云嘗也女音汝人焉於虔反下同廋所留反匿
也匿也女力反溫故烏門反尋也繹音亦不比毗志反下同
則罔本又作冈則殆音待依義當作怠誨女音汝後可以意求之知
也如字又音智姓顓音專寡尤下求反行下孟反注同錯七路
反注同置也鄭本作措投也枉紆枉反邪枉似嗟反孝于如字一本作孝乎
奚其為為政也一本無一為字車音居無輗五兮反轅端橫

木以縛軛字林五支反　無軏五忽反又音月轅端上曲句衡　梔音厄反作軛　十世可知也一本作可知乎鄭本作可知　於夏戶雅反餘以意求之　三綱謂父子夫婦君臣是也　五常謂仁義禮智信　三統謂天地人三正　諂也敕檢反

八佾第三

凡二十六章

佾音逸列也　僭子念反下同　雍於容反　撤直列反本或作徹　相維息亮反助也　辟公必亦反君也注同　其易以豉反包云和易注同鄭云簡　寧戚千歷反　旅音呂馬云祭名接祭山曰旅　救與音餘　嗚呼本或作烏乎音同　曾謂則登反則也　不享許文反　爭責衡反爭鬬之爭絕句注同　必也射乎鄭讀以必也絕句　揖讓而升下

絶句鄭注詩賓之初筵引此則云下而飲　而飲王扵鴆反注同又如字　多筭悉亂

反籌也本今作筭　倩兮七練反　盻兮普莧反動目貌字林云美目也

又匹簡反又匹莧反　絢兮呼縣反馬云文貌鄭云文成章曰絢　繪事胡對反本

又作繢同畫文也　喩美女如字又夷佳反　解音蟹　褅大計反又祭也

旣灌古亂反　祫戶夾反　爲序于僞反注同　昭穆常遥反說文作

佋下同　大祖音泰下同　欝鬯勑亮反本今作鬯　躋僖子兮反

易了以豉反　吾不與音預　媚美記反　於奥烏報反孔云内也鄭

云西南隅　求昵女乙反亦作暱　所禱丁老反一音都報反　監古暫反觀也視也

郁郁於六反　大音泰注及下同　鄹人側留反邑名　梁紇恨没反又

恨發反　復扶又反　能中丁仲反下及注同　同科苦和反　欲去起呂反注

同　告朔古篤反　之餼許氣反牲生曰餼　朝享直遥反又張遥反　盡禮

津忍反　爲語　勑檢反　關雎　七餘反　哀而　如字毛詩箋改哀爲衷　問社

如字鄭本作主云主田主謂社　可復　扶又反下同　不咎　其久反　器量　音亮　大

儉　音泰一音他賀反　焉得　於虔反　取三　如字又七喻反本今作娶　謂嫁爲

歸　一本無爲字本今作曰歸　爲兩　于僞反又如字　之好　呼報反注同　反坫　丁念

反　君別　彼列反　獻酢　才洛反一本作酬　更酌　音庚　子語　魚據反

大師　音泰注同　翕如　許及反何晏云盛也鄭云變動貌　從之　何讀爲縱子用反放縱也

鄭云八音皆作　皦如　古了反其音節奏分明也鄭云清別之貌　繹　音亦鄭云志意條達之貌　請

見　賢遍反　從者　才用反　於喪　息浪反注同　語諸　魚據反　木鐸

直洛反木鐸金鈴木舌施政教之所振也　韶　常遥反舜樂名　盡　津忍反注同

里仁第四

里猶鄰也言君子擇鄰而居居於仁者之里

凡二十六章

不處昌呂反後不處者及注同焉得於虔反知音智注及下同處樂音洛驕

佚音逸能好呼報反注同能惡烏路反注及下同無惡如字注同又烏路反否

泰備鄰反惡乎音烏注同造次七報反馬云急遽也鄭云蒼卒也顛沛音貝

僵仆也僵居良反本今作偃仆音赴又蒲逼反好仁呼報反注及下同惡不仁

仁烏路反下及注同難復扶又反之行下孟反各當丁浪反適丁歷反鄭

本作敵莫武博反范甯云適莫猶厚薄也鄭音慕無所貪慕也與比毗志反放於利

方往反依也下同參乎所金反貫之古亂反曰唯維癸反注同忠恕

音庶子曰三年無改於父之道可謂孝矣此章與學而篇

同當是重出學而是孔注今此是鄭注本或二處皆有集解或有無者父母之年不可不

知也此章注或云孔注或云包氏又作鄭玄語辭未知孰是逮音代又大計反爲身于僞反

鮮矣仙善反少也得中丁仲反欲訥奴忽反包云遲屯也鄭言欲難行下孟反

反下同　遲鈍徒頓反　君數何云色角反下同謂速數也鄭世主反謂數已之功勞也梁武帝音色具反注同

公冶長第五

凡二十九章

公冶音也　長如字姓公冶名長家語字子張范甯云名芝字子長史記亦字子長　可妻七細反下同　縲力追反孔云黑索　絏息列反孔云攣也本今作絏　攣力專反　以拘音俱刑　戮音六　宮韜本又作縚同吐刀反南宮閱一名縚孟僖子之子　斯焉於虔反　此　行下孟反　瑚音胡　璉力展反　簠音甫　簋音軌　焉用於虔反下同　禦人魚呂反　屢數色角反下同　漆音七　彫丁條反本或作凋同　子說音悅　桴芳符反　由與音餘　編竹必緜反又蒲典反　桃音伐　好勇呼報反下同　過我絕句一讀過字絕句　材才哉二音　不解音蟹　不復扶又反下同

千乘繩證反下注同賦孔云兵賦也鄭云軍賦梁武云魯論作傳於朝直遥反聞
一如字本或作問字非吾與爾爾本或作女音汝宰予羊汝反或音餘晝竹救
反寢七荏反朽香久反彫丁條反腐房甫反琢陟角反畫
乎卦反糞弗問反本或作糞同杇音烏本或作杇鏝也槾或作鏝末旦反又末丹反塗工之器
於予予宰我之名與音餘語辭也下同其行下孟反申棖直庚
反包云魯人也鄭云蓋孔子弟子申續史記云申棠字周家語云申續字周也慾音欲或羊住反焉於虔
反著知慮反見賢遍反循音巡元亨許庚反天道何云
元亨日新之道鄭云七政變通之占孔圉魚呂反而好呼報反僑其驕反臧
子郎反之守手又反僭子念反藻音早水草有文者也棁本又作掇章悅反梁上短
柱也栭音而楹音盈侈昌氏反又式氏反其知音知下同名穀奴斗反本又作㝅
於音烏菟音塗慍紆問反未知如字鄭音智注及下同焉於虔反下同崔

子鄭注云魯讀崔爲高今從古 弒施志反本又作殺同 十乘繩證反 杼直呂反
惡烏路反 捐其悅全反 辟音避本亦作避 三思息暫反又如字 行父音甫 賢行下孟反 甯武子乃定反 俞羊朱反 則知音智下同 歸與歸與並音餘 吾黨之小子狂簡絕句鄭讀至小子絕句 斐然芳匪反 穿音川 鑿在洛反此章孔注與孟子同與鄭解異 伯夷姓墨名允字公信孤竹君之子伯長也夷諡一本名元 叔齊名智字公達伯夷之弟齊亦諡也夷齊名見春秋少陽篇 乞醯呼西反亦作醯 色足將樹反又如字注同一本此章有子曰字恐非 便僻婢亦反 大史音泰 匿女力反 盍戶臘反 憾戶闇反恨也 少者詩照反 訟自用反責也 焉如字衞瓘於虔反爲下句首

雍也第六

凡三十章

言任音壬又而鴆反 諸侯治直吏反一本無治字一本作言任諸侯治國也 桑子郎反鄭云秦
大夫 無見賢遍反 而行下孟反又如字下同 大簡音泰下同 好學呼報反
今也則亡本或無亡字即連下句讀 過分符問反 怒當丁浪反 嘗復扶又反
使於所吏反 爲其于僞反 釜音父六斗四升也 庾俞甫反十六斗
秉音丙十六斛也 衣輕於既反 大多上音泰或吐賀反 曰毋音無 犂牛利之反雜文曰犂又力之反色如狸也又力兮反耕犂之牛 騂息營反 其舍音捨注同棄也一音赦置也
中丁仲反 犧許宜反 也與音餘下同 決斷丁亂反 騫起虔反
費音秘邑名 善爲于僞反注同 語魚據反 使者所吏反 令不力呈反
復召扶又反 重來直用反 則吾必在一本無吾字鄭本無則吾二字 汶上音問水名
自牖由久反 喪息浪反又如字下同 矣夫音符 一簞音丹 食音嗣下同
一瓢婢遥反瓠也 笥息嗣反 陋巷戶降反注同 其樂音洛注同 不說

音悅中道如字一音丁仲反今女音汝畫音獲止也女得音汝澹臺徒甘
反由徑古定反而殿都練反注同祝鮀徒多反宋朝張遥反及如
一本及字作反義亦通文質彬彬彼貧反文質相半也說文作份文質備好之呼報反下
注同樂之音洛以上時掌反注可上同語上魚據反下同上知音智問知
音智下章及注同化道音導而遠于萬反瀆徒木反本今作黷樂音岳
又五孝反注及下同知者樂五孝反下同有大公周公音泰下同觚不
觚音孤酒爵也容二外於患難乃旦反隋待果反令自力呈反君
子博學於文一本無君子字兩得矣夫音符不說音悅注同矢之
孔鄭繆播皆云矢誓也蔡謨云矢陳也所否鄭繆方有反不也王弼李充備鄙反天厭於琰
反塞也又於豔反等以爲男子者集解本皆爾或不達其義妄去等字非也今注云舊
以南子者以說始銳反治道直吏反故孔子一本作夫子之祝州又反本

今作呪　民鮮仙善反注同　博施始豉反　夫仁音符　更爲于僞反　之

行下孟反

述而第七

舊三十九章　今三十八章

而好呼報反注同　老彭包云殷賢大夫也案大戴禮云商老彭是也鄭云老老聃彭彭祖　默

而俗作嘿云北反　不厭於豔反　不倦其卷反　是行下孟反　能徙

思爾反　燕居於見反鄭本作宴　夭夭於驕反和舒貌　不復扶又反下同本或無復字

非　據杖直亮反　依倚於綺反　以上時掌反注同　無誨魯讀爲悔字今

從古　不憤房粉反　不悱芳匪反　爲説于僞反　以語魚據反　復

重直用反　無惻初力反　子於是日哭則不歌舊以爲別章今宜合

前章　舍之音赦止也一音捨放也　與爾與及也或云與謀也　是夫音符　誰與

如字皇音餘軍將子匠反馮河字亦作憑皮冰反徒搏音博好謀呼報反

執鞭必綿反或作硬音吾孟反非也吾亦爲之一本作吾爲之矣所好呼報反注同

齊側皆反本或作齋同戰疾之彥反聞韶士昭反注同爲樂並如字王云爲作也本或作嬀音居危反非

爲衛于僞反注及下同大音泰蒯苦恠反聵五恠反

鞅於丈反于戚千歷反曼姑音萬吾將問之一本無將字

惡行下孟反曰飯符晚反疏本或作蔬所居反食如字謂菜食也一音嗣飯也

曲肱國弘反臂也而枕之鴆反樂亦音洛注同數色主反學易如字魯讀易爲亦今從古

盡性津忍反葉公舒涉反注同葉地名楚縣尹僭稱公

憤符粉反樂以音洛好呼報反奡五報反盪舟吐浪反弒音試下同

我三人行一本無我字必得我師焉本或作必有桓魋徒雷反

知廣音智隱匿女力反後章注同文行下孟反忠李云臣事君也信李云

與朋友交亡而爲有亡如字一音無此舊爲別章今宜與前章合子釣音弔不綱
音剛鄭本同弋羊職反不射食亦反宿息六反謂宿鳥也一竿音干繳
章略反下同一本作綸羅屬音燭著直略反互鄉戶故反鄉名難與言
絕句童子見賢遍反注同惡惡上烏路反下如字之行下孟反陳司
敗如字孔云司敗官名陳大夫也鄭以司敗爲人名齊大夫揖伊入反說文云攘也一云手著胷曰揖巫
馬音無君娶七住反本今作取爲同于僞反後和戶卧反注同重歌
直用反抑爲於力反不厭於豔反正唯魯讀正爲誠今從古子疾本一
云子疾病皇本同鄭本無病字案集解於子空篇始釋病則此有病字非有之誄曰力軌反說文作
讄或云作讄禱累功德以求福也以誄爲謚也神祇祈之反素行下孟反不孫音遜
則僭子念反坦吐但反蕩蕩徒黨反魯讀坦蕩爲坦湯今從古戚戚
千歷反子温而厲一本作子曰厲作例皇本作君子案此章說孔子德行依此文爲是也

泰伯第八

凡二十一章

民無得本亦作德 大王音泰下同 少弟詩照反 則葸絲里反何云畏懼貌

鄭云慤貌 則絞古卯反馬云剌也鄭云急也 不偷他侯反 行之下孟反注下同 開

衾苦今反 兢兢居陵反 免夫音符 患難乃旦反 孫捷在接反本

又作踕同 斯遠于萬反注同 斯近附近之近 鄙倍蒲梅反 濟濟子禮

反 蹌蹌七良反本或作鏘同 惡戾力計反 幼少詩照反 人與音餘 君子

也一本作君子人也 弘毅魚氣反 能斷丁亂反 好勇呼報反注同 大甚

音太下大師大公並同 驕且吝力訒反又力慎反本亦作悋 於穀公豆反孔云善也鄭及孫綽祿也

不易孫音亦鄭音以豉反 則見賢遍反又音現 行當下孟反 悪植鄰反古臣字

本今作臣 弑音試下同 師摯音至 關雎七餘反 洋洋音羊 狂而

求臣反 侗而音通，又勑動反，玉篇音同。不愿音願。孔云謹也，鄭云善也。悾悾音孔空慤

書角反 巍巍魚威反 不與音預，注同。之稱尺證反，下注同。煥乎音喚，明也

天下治直吏反 契息列反 臯陶音遙 予有亂十人本或作亂

臣十人非 召七照反 奭音釋 閎音宏 夭於表反，又於遥反 散息但反 宮适

古活反 參分七南反，又一音三，本今作三 殷紂直久反 無閒閒厠之閒，注同 能

復扶又反 菲飲音匪，薄也 黻冕上音弗，下音免 而盡津忍反 溝

洫呼域反 廣光曠反，下同 深尸鴆反，下同

子罕第九

凡三十一章　皇三十章

子罕呼旱反，希也 行之下孟反 也純順倫反，絲也，鄭作側基反，黑繒也 易以豉

反 毋意上音無，下同，音如字，或於力反，非 羣萃在醉反，聚也 肯暴如字，本或作曾

手能反

顏剋諸書或作顏亥爲夫子于僞反又如字見在賢遍反將

喪息浪反下及注同得與音預當傳直專反大宰上音太鄭云是吳太宰嚭

者與音餘天縱子用反吾少詩照反下同牢力刀反鄭云弟子子牢也家語有琴牢字

子開一字子張史記無文多伎其綺反空空如字鄭或作悾悾同音空我叩音口發動

也兩端如字孔云終始也鄭云末也以語魚據反不爲于僞反不出

如字舊尺遂反注同矣夫音符此瑞時恚反齊音咨衰七雷反冕音免

鄭本作弁云魯讀弁爲絻今從古鄉黨篇亦然瞽音古盲也喟然上苦位反又苦怪反鑽之

子官反惚怳況往反本今作恍惚循音巡欲罷皮買反又皮巴反又音皮卓爾

陟角反鄭云絕望之辭病閒如字少差初賣反行詐側嫁反韞紆粉

反馬云藏也鄭云裹也匵本又作櫝徒木反馬云匵也鄭同善賈音嫁一音古而沽

音姑賣也匱求位反沽之音姑不衒古縣字一音玄遍反九夷馬云東方之夷有九

種
九種章勇反　不爲酒困馬云困亂也　斯夫音符下章有矣夫並同
不舍音捨　好德呼報反下同　一簣求位反土籠也　土籠魯東反　而
中丁仲反又如字　雖覆芳服反注同　語之魚據反　不惰徒臥反　也與
音餘注同　顔淵解音蟹下同　焉知於虔反　少年詩照反本今作年少　法語
之魚據反　巽音遜　無説音悅注及下同　繹之音亦馬云尋繹也鄭云陳也　毋
友音無　勿憚徒旦反　奪帥色類反　其將子匠反　衣弊於既反下
同本今作繳　縕紆粉反鄭云枲也　袍蒲刀反　狐貉戶洛反依字當作貈　也與音餘　枲
絲里反　著竹呂反　不忮之豉反馬云害也書云很也韋昭漢書音義音洎　不臧作郎反　尚
復扶又反　後彫丁條反依字當作凋　後別彼列反　褫治直吏反　知
者音智　唐棣大計反字林大內反　偏音篇　未之音味或作末者非　夫音符
注同一讀以夫字屬上句

鄉黨第十

凡一章

恂恂音荀又音旬温恭之貌　朝直遥反篇内不出者同　廷徒寧反又徒佞反　便便婢綿反辯也　侃侃苦旦反　和樂音洛　誾誾魚巾反　踧踖上子六反下子亦反踧踖恭和貌　與與音餘　中丁仲反　使擯必刃反本又作儐亦作賓皆同　勃如步忽反　躩如駈碧反盤辟貌　盤步干反字又作磐　辟婢亦反　襜赤占反　一俛音免　鞠躬九六反　閾于逼反一音況逼反門限也　攝齊音咨裳下也篇末皆同　摳衣苦侯反　逞顏色勑井反　怡怡以之反　没階趨一本作没階趨進誤也　不勝音升　爲君于僞反　使所吏反　上時掌反又如字注同　下如魯讀下爲趨今從古　蹜蹜色六反　授玉一本作受玉　曳踵章勇反　享許丈反注同　私覿直歷反見也注同　愉

愉羊朱反見也賢遍反下同紺古暗反緅莊由反考工記云五入曰緅字林云
帛青色子勾反領褎詳又反字亦作袖緣也悅絹反齊服上側皆反下同
本又作齋似衣於既反下不衣同褻服息列反紾之忍反本又作袗單也絺
勑之反細葛綌去逆反麤葛緇衣側基反麑米低反鹿子也袂面世反相
稱尺證反便作婢面反長一直亮反狐貉戶各反去喪
起呂反注同不佩字或從玉旁非非帷位悲反必殺色界反注同齊必
本或作齋同側皆反注同遷坐如字范甯才臥反常處昌慮反食不音嗣
飯也厭精於豔反注及下同膾古外反又作鱠饐於冀反字林云飯傷熱溼也央莅央
冀二反而餲烏邁反一音遏字林乙例反魚餒奴罪反說文云魚敗曰餒本又作鯘字書同
失飪而甚反朝夕如字食氣如字說文作旣云小食也無量音亮沽
酒音姑買也撤去起呂反下同焄香云反本或作葷同本今作薰踈食音嗣又

如字瓜祭古華反魯讀瓜爲必今從古人儺乃多反魯讀爲獻今從古於阼才故
反本或作於阼階逐疫音役送使所吏反饋藥其愧反拜而受
之一本或無而之二字遺孔唯季反本今無此字廄久又反夫子家廄也王弼云公廄也焚
扶云反曰傷人乎絕句一讀至不字絕句賊畜許又反賜腥音星說文字林
並作胜云不孰也賜生魯讀生爲牲今從古先飯扶晚反注同若爲嘗食
然一本作若爲君嘗食然爲于僞反東首手又反注同拕本或作拖徒我反又勑佐反紳
音申南牖由久反不衣於既反大廟音太我殯必刃反昵女力反
居不容苦百反本或作容羊凶反爲室于僞反齊衰士雷反雖狎
戶甲反見冕鄭本作弁謂數色角反迅雷音信又音峻車中不
內顧音故魯讀車中內顧今從古也輿中音餘一本作車中梔於華反本今作軛輢
於倚反又居綺反轂古木反山梁音良鄭云孔子山行見雉食梁粟也時哉一本作時

哉時哉 共之本又作供九用反又音恭注同 三息暫反又如字 嗅許又反注同

先進第十一

凡二十三章

先進包云謂仕也鄭云謂學也 輩也必內反 之中丁仲反 猶近附近之近

從我才用反注同 德行下孟反鄭云以合前章皇別爲一章 不說音悅 即解音蟹

人不間於其父母昆弟之言間厠之間注同 三復息暫反又如字

之玷丁簟反又丁念反 可磨音摩 妻之七細反 康子問弟子孰爲好學呼報反一本作季康子鄭本同

顏路回父也名由字季路 之車音居

無椁古郭反 曰噫於其反痛傷之聲 天喪如字亡也舊息浪反下及注同 慟徒送反馬云哀過鄭云變動容貌

從者才用反 夫人音符下章夫人同 之爲于僞反

焉能上於虔反 語之魚據反 誾誾魚巾反 行行胡浪反剛穎或戶郎

郎反侃侃苦旦反子樂音洛注同以壽音授仍舊魯讀仍爲仁今從古
貫古亂反事也藏才浪反藏名有中丁仲反注同不解音蟹故復
扶又反得中丁仲反師愈以主反與音餘爲之于僞反又如字注同賦稅
如銳反柴仕佳巢諧二反子羔音高左傳作子羔家語作子高禮記作子臯三字不同鈍也徒遜
反也辟匹亦反在邪似嗟反也喭五旦反之行下孟反叛普半
反本合作畔子曰回也其庶乎或分爲別章今所不用屢空力從反殖
市力反億則於力反度也屢中丁仲反雖數音朔空匱
其位反而樂音洛億度待洛反又徒洛反數子色主反下同踐迹本亦
作跡子亦反是與音餘鄙行下孟反遠于萬反悳古文臣字本今作臣
與音餘下同弒父音試費宰悲位反夫人音符惡夫上烏路反下音
符給應應對之應曾皙星歷反史記云曾蒧字皙侍坐才臥反又如字長乎

丁丈反 毋音無 吾以鄭本作已 難對乃旦反 治直吏反 先三人

悉薦反 千乘繩證反 饑音機鄭本作飢同 饉其靳反 比及必利反下同

知方何云方義方也鄭云方禮法也 哂之詩忍反 非曰音越 小相息亮反注及下同

時見賢遍反 殷覜吐弔反本或作見 衣玄於既反 冠章古亂

反 視朝直遥反 鏗爾苦耕反投琴聲本今作瑟聲 舍瑟音捨 之撰

士免反具也鄭作僎讀曰詮詮之言善也 亦各言其志一本作亦各言其志也 莫春

音暮本亦作暮 冠者古亂反注同 浴乎音欲 沂水魚依反水名也 舞雩

音于 而歸如字鄭本作饋饋酒食也魯讀饋爲歸今從古 衣單於既反下音丹 袷古洽反

喟起愧反又苦恠反 夫三音符 也與音餘 焉於虔反本今無此字 宗廟會

本或作宗廟之事如會同非 非諸侯而何一本作非諸侯如之何

顏淵第十二

凡二十四章

也訒音刃孔云難也鄭云不忍言也字或作仞馬犂力兮反史記作犂並云字牛桓魋

徒回反不疚久又反夫何音符浸潤子鴆反之譖側鴆反膚

受方于反之愬蘇路反而去起吕反下同於斯三者一讀而去於斯為絶

句棘子紀力反四音馬四鞹苦郭反孔云皮去毛曰鞹鄭云革也去起吕反別者

彼列反饑居其反鄭本作飢盍胡臘反徹乎直列反而稅舒銳反辨

惑本亦作或辨別彼列反惡烏路反汪同亦祇音支此行下孟反

吾焉得而食諸本亦作焉得而食諸焉於虔反本今作吾得而食諸片言如字鄭云

半也以折之舌反魯讀折為制今從古也與音餘子路無宿諾或分此為

別章無倦其卷反亦作卷懈倦古賣反博學於文一本作君子博學於

文矣夫音符之帥所類反又所律反字從巾同訓並與率同情慾音欲又羊住反

本今作欲所好呼報反焉用於虔反仆也蒲北反草尚尚加也本或作
上夫達音符下同而好呼報反以下遐嫁反注同而行下孟反從
遊才用反壇徒丹反墠音善脩慝吐得反德與音餘問知
音智下同錯諸或作措同七故反下同枉紆往反邪似嗟反鄉也許亮反又
作鄉同吾見賢遍反選於息戀反又息轉反下同皐陶音遙遠
矣如字又于萬反下同忠告古毒反善道導也毋自音無有相
切磋七何反本今作友之道如字

子路第十三

凡三十章

勞之孔如字鄭力報反先道道導也本今作導說以音悅曰毋倦上音
無下其卷反本今作無焉知於虔反其舍如字置也之迂音于包云遠也鄭本

于于往也不中丁仲反下同濫罰力暫反所錯七故反本又作措學

稼音嫁爲圃布古反又音布上好呼報反下同賓應應對之應夫如

是音符繈居文反又作襁同博物志云織縷爲之廣八寸長丈二以約小兒於背使於所吏反

蘧其居反瑗于眷反史䲡音秋茍完音桓期月音基注同勝

殘音外注同王者于況反又如字注同退朝直遥反周生烈云君之朝鄭云季氏朝何

晏於諫反其與音預不易以豉反而喪息浪反無樂音洛注同

葉公舒涉反注同本今作葉者說音悅莒居呂反父音甫注同毋欲音無

本今作無公語魚據反直躬孔云躬身也鄭本作弓云直人名弓攘羊如羊反有

因而盜曰攘父爲于僞反注同使於所吏反稱弟大計反亦作悌同行

必下孟反注同硜硜苦耕反噫於其反斗筲所交反竹器容斗二升

算悉亂反本或作筭數色主反狷音絹醫於其反善夫音符所务拱之

嗜常志反 好呼報反 惡烏路反注及下同 易事以豉反下同 難說音悅下同
度才徒洛反 剛毅魚既反 木訥奴忽反 質樸普剝反
遲鈍徒頓反 偲偲音絲本又作愢 怡怡以之反

憲問第十四

凡四十四章

在朝直遥反本今作在其朝 好勝呼報反 行之下孟反如字 危行下孟反注及下同
言孫音遜 以遠于萬反 宮适古活反本又作括 羿音詣
奡盪上五報反下土浪反 篡初患反 后相息亮反 寒浞仕捉反
少康詩照反 盡力律忍反 溝洫況域反 世皆王于況反 矣
夫音符 勿勞力報反注同 來之力代反 裨諶上婢之反下時針反 草
創初向反制也依說文此是創痍字創制之字當作刱 乘以繩證反本今作乘車以 復治

扶又反掌使所吏反孫揮許歸反更此古衡反故鮮仙善反
駢邑薄田反又薄亭反地名飯扶晩反蔬所居反本今作踈食如字又音飃注䟽食同
當理丁浪反怨難乃旦反驕易以豉反公綽昌略反本又作繛滕
薛上徒登反下息列反之知音智孫紇恨發反卞莊子皮彥反鄭云秦大夫
少時詩照反公孫拔皮八反不厭於豔反下同樂然音洛以防
音房不要一遥反所譖莊鴆反知不音智不辟音避譎而古穴
反詐也朝之直遥反狩本亦作守手又反公子糾居黝反注皆同召音邵民
慢武諫反從弟才用反殺襄申志反本今作弒九合諸侯不
以兵車史記云兵車之會三乘車之會六穀梁傳云衣裳之會十一范甯注云十三年會北杏又會柯十四年會鄄十五年又會鄄十六年會幽二十七年又會幽僖元年會檉二年會貫三年會陽穀五年會首戴七年會甯毋凡十一會鄭不取北杏及陽穀爲九也者與音餘又相息亮反下同被髪皮寄

下反同左衽而審反一音而鴆反下同大夫僎本又作撰同士免反公朝直遥反

行如字下孟反子曰衛靈公之無道一本作子言鄭本同夫如是

音符下同不喪息浪反下同又如字仲叔圉魚呂反祝鮀徒何反各

當丁浪反其言之不作才洛反慙也弑簡本亦作殺同音試下同而

朝直遥反先齊齊必沐浴側皆反亦作齋字告夫音符下同故

復扶又反下同之三子告本或作二三子告非也語之魚據反諫爭

下作去聲爲已于僞反注同蘧伯玉其居反使者所吏反下及注同其

行下孟反或如字知者音智不惑音或方人如字孔云比方人也鄭本作謗謂言人之過惡

夫我音符暇行訝反不億於力反怨紆萬反又於袁反本或作宛丘何

或作兵何鄭作丘何是本今作丘何爲是驥音冀古之善馬也夫音符不怨於袁反又於顥反注同

不尤鄭云尤非也伯寮力彫反愬悉路反譖也側鴆反恚子

一睡反　市朝直遥反　也與音餘　辟世音避下同　適治直吏反　長沮七餘反　荷蕢上胡我反本又作何音同下其位反蕢草器也下皆同　楚狂接輿音餘　闇人音昏本或作昏同　者與音餘　契契苦計反一音苦結反　硜硜苦耕反　莫己音紀下斯已同　則揭起例反　揭揭上起例反下起列反又皆起例反　末之難如字或乃旦反　不解音蟹本今作不能解　諒音亮信也　陰如字然也鄭讀禮爲梁鵠杜預解古傳爲諒闇貌也　中興丁仲反　治也直吏反本今作治者　上好呼報反　易使以豉反　病猶難乃旦反　原壤而丈反　夷踞音據　不孫帝孫　弟大計反　長無丁丈反　叩其音口又音扣　脛戶定反　傳賓直專反　者與音餘　不差初佳反一音初賣反

衛靈公第十五

凡四十九章

問陣直刃反注同　行列戶剛反　俎豆側呂反　絶糧音粮鄭本作粻音張下糧也　從者才用反　之難乃旦反　慍紆問反下同　見賢遍反下同　斯濫力暫反何云溢也鄭云竊也　者與音餘下非與也與同　以貫古亂反　鮮仙善反　而治直吏反　夫何音符　行篤下孟反下行不篤敬亦同　蠻貊亡白反說文作貃云北方人也　參於所金反注同　在輿音餘　倚於綺反注同　夫然音扶　梔音厄本今作軛　紳音申　大帶如字　史鰌音秋　行直下孟反　卷而卷免反注同　不與音預　不忤五故反　知者音智　易知以豉反　之輅音路本亦作路　越席戶括反　黈吐口反　纊音曠　盡善津忍反下同　遠佞上于萬反下乃定反　好德如好色並呼報反下章好行音同　者與音餘　遠怨于萬反注同　怨咎其九反　禍難乃旦反　行小慧音惠小才知魯讀慧為惠今從古　才知音智　為質本作君子義以為質鄭本略同　孫以音遜

不爭（爭訟之爭）與比（毗志反）誰譽（音餘下及注同）借人（子夜反注同）今亡矣夫（音符）衆惡之（烏路反注同）衆好之（呼報反）比周（毗志反）餒在（奴罪反餓也）知及（音智注及下同）涖之（音利又音類）子曰父在觀其志父沒觀其行（集解無此章鄭本有云古皆無此章）吾見蹈（徒報反）不復（扶又反）有種（章勇反）爲謀（于僞反）文艷（以驗反）晃見（賢遍反）在處（昌慮反）道與（音餘）相師（息亮反注同馬云相導也鄭云相扶也）

季氏第十六　凡十四章

顓（音專）臾（音瑜顓臾附庸國也）見於（賢遍反）宓（音密又音伏本亦作伏）羲（許宜反）過與（音餘下同）相其（息亮反）爲之（上音下僞反）夫顓臾（音符下今夫疾夫云如是並同）邦域（邦或作封）周任（音壬注同）度巳（待洛反）焉用

於虔反 相矣息亮反注同下相夫子同 虎兕徐履反 於匣戶甲反本今作柙

於櫝音獨下同 檻戶覽反 匱也其位反 於費悲位反注同 必爲

子孫憂本或作後世必爲子孫憂 疾夫音符 舍曰音捨注同 政治直吏

反本今作理 離析星歷反 邦內鄭本作封內 盾又作楯並食允反 不

在顓臾或作不在於顓臾 乾侯音干 陪臣蒲回反 陪重直龍反

政逮音代一音第 故夫音符 便辟上婢綿反下婢亦反注及下皆同 便佞

乃定反 三樂五教反下不出者同 禮樂音岳 驕樂音洛下宴樂同 佚遊本亦

作逸音同 三愆起虔反 躁早報反魯讀躁爲傲今從古 隱匿女力反 之瞽

音古 趣鄉許亮反本又作向 少之詩照反 在鬭丁豆反 在得或作德非

易知以豉反 恢䟽苦回反 狎大戶甲反 侮聖亡甫反 忿芳吻反

思難乃旦反 如探吐南反 蒲坂音反 華山如字又戶化反 謂與音餘

𥠖亢音剛又苦浪反　鯉音里伯魚名也　之遠于萬反　之稱尺證反下同　嫡丁歷反本又作適同

陽貨第十七

凡二十四章

歸孔子如字鄭本作饋魯讀爲歸今從古　豚徒門反　故遺唯季反　塗字當作途音徒　不治直吏反　好從呼報反注同　而亟去冀反　謂知音智注同　數色角反　強賢其丈反　莧爾華版反本今作莞　焉用於虔反　易使以豉反注同　從行才用反　弗擾而小反　以費悲位反　不說音悅　夫召音符　佛音弼　肸許密反　磨而末多反　不磷力刃反薄也　涅而乃結反說文云謂黑土在木中者也　不緇側其反　阜才早反　能汚汚辱之汚一音烏又烏故反　匏瓜上薄交反下古花反　焉能於虔反　瓠戶故反　一

處昌慮反下同六蔽必世反知音智吾語魚據反好仁呼報反下同

所適丁歷反相爲于僞反也絞交卯反妾抵丁禮反夫詩

音扶以興許應反注同以觀如字注同切磋七何反怨刺七賜反邇之

音爾召南上實照反下及注同也與音餘敘女受六反下如字如鄉許亮反又

作向同內荏而審反柔也穿踰音踰本又作窬音同說文作穿窬木戶郭璞云門邊小竇

音臾一音豆與音餘鄉原如字又許亮反是敗亂敗或作賊字趣鄉

許亮反本今作向則傳直專反說之音悅與哉音餘本或作無哉邪

媚上似嗟反下武異反廉魯讀廉爲貶今從古忿戾力計反惡紫烏路反下同閒

色閒廁之間其邪似嗟反覆芳服反注同能說音悅本今作悅天何言

哉魯讀天爲夫今從古孺悲而樹反字亦作孺爲其于僞反令將力呈反期

已久矣音基下同一本作其鑽子官反燧音遂期可居宜反更火古衡反一

柘音古孟反　柞章夜反楢上子各反下羊久反又音由　槐音懷　食夫上音嗣下音符下同　衣於既反　不樂音洛　昊天胡老反　博弈音亦　爲其于僞反　據樂五教反又音樂　淫慾音欲又羊住反本今作欲　有惡烏路反除稱人之惡注爲惡三字餘同音　好稱呼報反　而訕所諫反　而窒珍栗反魯讀窒爲室今從古　徼以古堯反鄭本作絞古卯反　爲知音智　抄也初交反　不孫音遜下同　訐以居謁反攻人陰私說文云面相斥字林紀列反　近附近之近　遠之于萬反　見惡烏故反注同　善行下孟反

微子第十八　凡十四章

紂之直又反　行異下孟反　三息暫反又如字　黜勑律反　焉往於虔反　當復扶又反　枉道紆往反　齊人歸如字鄭作饋其貴反　女樂並如字注同　不朝直遥反注同　接輿音餘下同　乃見賢遍反　可復扶又反下同

辟亂音避下同　殆而魯讀期斯已矣今之從政者殆今從古　孔子下包云下車也鄭云下
堂出門也　長沮七餘反　桀溺乃歷反　耦而吾口反　廣古曠反　夫執
音符　丘與音餘　言數所角反　處也昌慮反下同本今無也字　孔子之徒
與音餘一本作子是本今作孔丘之徒與　滔滔吐刀反鄭本作悠悠　治亂直吏反　空
舍音捨　辟人音避　耰音憂　不輟張劣反　覆種章勇反下字同　憮
音呼又音武　徒與誰與並如字又並音餘　子路從才用反　荷何可反又音何
蓧徒弔反本又作條又作莜　不分包云如字鄭扶問反云猶理　而索所白反　植其
音值又市力反　而芸音云多作耘字芸香草也　倚也其綺反　拱居勇反　而食音嗣
見其賢遍反　以語魚據反　長幼丁丈反　已知音紀一音以　朱張
並如字衆家亦爲人姓名王弼注朱張字子弓荀卿以比孔子鄭作侏張云音陟留反　少連詩照反下同　齊
與音餘　之朝直遥反　言中丁仲反下同　應倫應對之應下同　思慮息嗣

反又如字擊不復扶又反廢中方肺反馬云棄也鄭作發動貌大師音太亞於嫁反

摯音至飯扶晚反下同繚音了缺窺悅反播彼佐反搖也鼗徒刀反亦作鞉

少師詩照反不弛舊音絁又詩紙反又詩豉反孔云以支反一音勑紙反落也並不及舊音本今作施

施易音亦下同周有八士鄭云成王時劉向馬融皆以爲宣王時伯适古活反季

騧古花反四乳如注反又如主反生所幸反又如字

子張第十九

凡二十五章

焉於虔反注同爲亡如字無也而矜居陵反賢與音餘下同距具呂反雞爪也本今作拒下同汎芳劒反恐泥乃細反下同泥難乃旦反謂好呼報反

不解音蟹儼然魚撿反本或作嚴音同厲如字下厲己同王云病也鄭讀爲賴恃賴也己居止反下同謗己布浪反洒掃上色買反又所綺反正作灑下素報反本今作埽應

對抑證反抑末本末之末字或作未非也曰噫於其反先傳直專反注

同後倦其眷反必先厭於豔反區羌于反以別彼列反注同

焉可於虔反誣音無有卒子恤反而優音憂行有下孟反陽

膚方于反輕漂匹照反惡居烏路反以喪息浪反孫朝直遥

反焉學於虔反下不學同未墜直類反語大夫魚據反於朝

直遥反州仇音求闚棄規反之好如字舊呼報反數仞色主反仞一作刃音同

不知量音亮注同爲知音智下同道之音導綏之音雖

堯曰第二十

凡三章

玄牡茂后反擅赦市戰反不蔽必袂反不與音預大賚力代反賜

也權量音亮注同權秤尺證反則説音悦注同故傳直專反

不費芳味反下同敢慢武諫反儼魚檢反出尺遂反又如字注同內如字又音納注同本今作納之吝力刃反舊力愼反難乃旦反又如字孔子曰不知命無以爲君子也魯論無此章今從古之分扶問反別其彼列反

經典釋文卷第二十四

經典釋文卷第二十五

老子道經音義

唐國子博士兼太子中允贈齊州刺史吳縣開國男陸德明撰

老子 姓李名耳河上公云名重耳字伯陽陳國苦縣厲鄉人史記云字聃又云仁里人又云陳國相人也 生而皓首 劉向列仙傳云受學於容成生殷時 為周柱下史觀周之衰乃西出關 是周敬王時也 為關令尹喜說道德二篇尚虛無無為 劉向云西過流沙真知所終 凡五千餘言河上注為章句四卷 不詳名氏 文帝徵之不至自至河上責之河上公乃踊身空中文帝改容謝之於是授以漢文老子章句四篇言治身治國之要其後談論者莫不宗尚玄言唯王輔嗣妙得虛無之旨 今依王本博采衆家以明同異

道 生天地之先 德 道之用也 徼 小道也邊也徼妙也古弔反

較音角又校量深淺也傾高下不正皃去營反弱其志心虛則志弱也本無爲字隆之
稱尺證反一本作号一本作名也曷河葛反何也爲而常校音教能相射
食亦反穿音川窬音俞又音豆探吐南反聖人之治直吏反強其良
反又作彊使夫音符知者音智道沖直隆反不盈本亦作滿淵兮
河上作乎挫子臥反銳悅歲反解其紛拂云反河上云芬湛直減反夫
執一家之量音亮贍涉豔反滿以造實士報反又復扶又
反不盈或作滿不能累力僞反萬物舍音捨又作舍汙音烏
而不渝羊朱反以萬物爲芻楚俱反狗古口反治直吏反
爲于僞反下有爲不爲皆同其猶槖他各反籥音藥摇求物反又月反河
作屈屈竭也顧作掘云猶竭也動而愈出羊主反又羊朱反排扶拜反
囊乃[redacted]反空洞同貢反多言數窮王云理數也顧云勢[redacted]也

足以共音恭亦音拱谷古木反中央無者也河上本作浴浴者養也玄牝頻忍反舊云扶比反簡文扶緊反中央無一本作空私邪河上直云以其無私處本合作居惡烏路反注作同也幾音機近也又一音祈善治直吏反揣初委反又丁果反志瑞反顧云治也簡文章標反而梲音銳梲字音菟奪反又徒活反河上作銳末令力征反尖子廉反勢必推粗雷反衄女六反滿堂本或作室自遺唯季反以之反咎求九反功遂本又作成四時更音庚能無離力智反滌徒歷反疵在斯反邪似嗟反物介音界民治河上本又作活以求匿他得反辟四亦反開闔戶臘反不昌尺亮反而處昌慮反以知乎音智河上本又直作智恃河上本作侍長丁丈反三十輻音福車輻亦是共一轂古木反車轂當丁浪反無有車音居又去於反埏始然反河上云和也宋衷注本云經同聲類云柔也字林云長也君連反又一曰柔挻方言云取也如淳作繫埴市力反河上曰上也司馬云埴土可以爲器釋名云埴膱

杜弼云埴黏土也鑿戶在各反五色青赤白黑黃也令力征反盲陌庚反五
音宮商角徵羽也聾力東反五味酸鹹甜辛苦也口爽爽差也河上云亡也
騁敕領反狂求匡反令人行下孟反妨音芳去羌呂反寵辱簡文
云寵得也辱失也若驚顧云若而也貴重也河上公畏也大患若身河上
云空也何謂寵辱若驚河上本無若驚二字身爲于僞反易以豉
反名武征反曰夷顧云平也鍾會云滅也平也曰希希疏也靜也搏音博簡文
補各反曰微細也致詰起吉反故混戶本反不曒古曉反明式
不昧梅對反繩食陵反又民忍反梁帝云無涯際之皃顧云無窮不可序或云寬急河上本作繩
復音服恍虛往反治直吏反強其丈反豫如字本或作懊簡文與此同也儼
魚檢反樸普角反又作朴混胡本反蔽必世反王云覆蓋也鍾婢世反梁武同也蔽覆
芳富反生長丁丈反卒千恤反又尊恤反凡物夫本作則物離力智

反其分扶問反虎兕徐子反無所容鋒刃芳逢反大上
音太王云太上謂大人也顧云太古上德之人也行施始致反次侮亡甫反疵字斯反
釁許靳反悠孫登張憑杜弼俱作由一本猶用也有應應對之應知慧音趣智
七榆反或音促覩形見賢遍反大惡烏路反治直吏反則濡而朱反又
而注反百倍蒲罪反令力征反所屬之欲反注同見賢遍反抱樸
普角反之善一本作傑行下孟反唯遺癸反舊云維水反相去欺慮反幾
居豈反燕於見反雀將略反鳩九求反鴿古合反有仇音求氈之然
反本作㳺裘音求續鳧音符截昨結反鵠戶各反衆人熙熙許其
反若亨普庚反殺煮也簡文許庚反河上公作嚮用也牢力刀反廓苦郭反河上本
作怕普白反咳胡來反說文字本或作孩儽儽兮力追反一本日損益也敗也欺也說文音雷古
本河上作乘乘兮所別彼列反析星歷反所好呼報反沌本又作飩徒損反又

徒門反簡文音頓俗人昭昭章遥反一本作照悶悶如字澹兮其若
海徒紺反古本河上作忽兮若海嚴遵作忽兮若晦飂力幽反梁作飉簡文云數遥反河上漂兮繫
縶張立反如一作執字毋德之容鍾云法也簡云狀也怳況往反又呼廣反窈烏了反
冥莫經反說一云恍狀哉河上一本直云吾何狀也見賢遍反枉音往窪烏瓜
反簡文烏麻反顧云洿蔽必世反轉遠手萬反自見賢遍反彰音章淡
徒暫反一作澹故飄毗遥反扶遥反驟狀救反道者於道河上於道者絶句企
者苦賜反河上作跂跨苦化反餘食贅專税反疣贅也簡文云之睿反河上云贅
貪也行下孟反注同郤至之行去逆反郤至晉大夫自伐事見左傳成公十六年更
爲肬音尤惡烏路反混成胡本反先天悉薦反宗本亦作寂寞
音莫河上云寥空無形也鍾會作飂云空跡無質也而不殆田賴反危也稱尺證反強其文
反亦復扶又反重爲輕起政反躁早報反離音利輜側其反

重直用反榮觀古亂反宴處於見反簡文云謂靜思之所宴居也[redacted]萬
乘之主繩證反謂天子也輕則失本河上作臣躁則失君謂失
君位喪息浪反善行下孟反無徹[redacted]梁云應車邊今作邊者古字少也跡河上
作迹無瑕下家反疵過也謫直革反譴責也不别彼列反善數色主反簡文色
具反河上作許籌直由反策初厄反楗其偃反距門也所好呼報反裕羊注
反長丁丈反谿苦奚反或作溪不離力智反摸莫胡反不忒吐得反顧
云差也爽也樸普角反官長丁丈反百行下孟反故為于僞反無
割乾遏反物或歔音虛河上本作呴許具反羸力為反或挫作卧反搦也簡
文在卧反汗上作載隳許規反毁也去羌吕反其事好呼報反還音旋治
直吏反凶年天應惡氣災害五穀盡傷人也難乃旦反當復扶又反佳格牙
反善也河上飾也惡烏路反恬徒嫌反本或作栝梁武音膽澹徒暫反本亦作惔音同又音談

字同河上本作恢梁武云甞回反簡文恬惔樂五教反又音洛戰勝式證反天下莫能臣也河上本作天下不敢侯王梁武作王侯隤徒回反長中丈反立名分憤問反錐音佳治直吏反行下孟反道氾本又作汎周張並同衣於既反河上作愛也施始豉反故復扶又反以其終不自爲大河上本云是以聖人終不爲大也於易以豉反樂音岳餌而志反過古卧反道之出尺類反淡徒暫反徒覽反說音悅令力征反中中仲反將欲翕簡作歙又作給河上本作噏也許及反顧云閉塞也去羌吕反脫代活反吾將鎮之以無名之樸夫亦將無簡文作不欲河上本作吾將鎮之河上者非老子所作也

老子德經音義

德者得也道生萬物有得獲有故名德經四十四章一本四十三

應對如字 則攘若羊反 臂必寐反 而扔人證反又音仍引也因也字林云就也數也原

故去羌呂反 無喪息浪反 必見賢遍反 肌巳其反又音既 無所偏

音遍 之量音亮 毋莫后反 舍本音捨 博施始豉反 偏音篇 抑於

反 亢苦浪反 忿枉紆放反 尚好呼報反 敬校音教 爲贍涉艷反 治

直吏反 穢於廢反 耽都南反 行下孟反 遠于万反一本作弃 裂力竭反 恐

歊許謁反 將恐蹶蹇月反其月反又■衞反 數色主反 譽遙注反毀譽也 琭

音祿 珞音洛又音歷 昧梅對反 夷道 若纇雷對反簡文云之也河上作類一本作纇

内如銳反又若對反 ■不見賢遍反 全別彼列反 有分符問反 炎于沾反

貸吐代反 恭一作供 裁音才又才代反 所惡烏路反 稱尺證反 可舍

音捨 愈遠于萬反 非強其丈反 騁敕領反 折章舌反又常列反 名好

呼報反無厭於鹽反又於艷反費芳貴反藏才良反鈇竊悅反獘婢世反

反不爲于僞反屈丘物反僞也訥怒忽反躁早報反罷音却除皮去也

糞弗問反禍莫大於不知足河上本有此句上有罪莫大於可欲一句咎

其九反不窺起規反羑牖二同由九反搏波洛反歙歙許及反一本作惵惵

河上本作惵顧云許葉反危懼皃簡文云河上公作怵渾胡本反注之樹反咳胡來反本或作

孩冕音勉旒音留說文作瑬充如字黈吐口反纊若放反戚七歷反於

慢武晏反其徑經定反喪息浪反所適丁歷反舍音捨兕

徐履反被皮彼反投音頭錯七路反而令力征反鋒芳逢反累

劣僞反黿蚖二並音元鼉徒多反又音鼉又本作鱓襲音習鷹憶矜反鸇

之然反埤音婢矰作能反繳諸若反網亡兩反罟音古卒子戌反餌

離音利稱尺證反長張丈反亭之如字剽也毒之徒篤反今作

熟庇必寐反又音秘亦作芘 蔭於鴆反 復扶又反又音服 其兌徒外反簡云言

銳銳自言也 河上本作 見賢遍反 小曰音越 遺唯季反 介音界 好呼報反

徑經定反邪徑 復扶又反 朝直遥反 絜好如字 蕪音無 厭於艷反

夸口花反 盜夸非道也哉河上本同 不拔皮八反顧云私 齊才細

反 不輟張劣反 孫傳直專反 比必履反 蜂芳逢反 蠆敕賣

反 虺虛鬼反 蛇食奢反 螫失亦反又呼各反河上云毒蟲不螫 攫俱縛反 不

搏音博 筋柔居勤反筋者俗 而握於學反 知牝頻忍反 牡牟后反

之合而全作全如字河上作峻子和反本一作朘說文子和反又子壘反云赤子陰也子垂反

終日號戶毛反 不嗄一邁反氣逆也又於介反而聲不嗄當作噎 則夭於驕反又

於表反 強其良反 壯側諒反 挫子卧反 銳悅歲反 令力正反 去羌呂反

不劌居衛反河上作害傷也 汙音烏 僻匹亦反 激經覓反又古堯反 拂芳佛

反　不燿以照反　匿女力反　莫如嗇生力反河上云貪也　去羌吕反　早

復音服　謂之重直容反　柢丁計反亦作蔕　烹普庚反不當加火　小鮮

音仙　以道蒞力至反■無此字說文作隷　治直吏反　牝頻忍反　靜復扶又

反　以下遐嫁反　則取七楡反又七踰反　卑下遐嫁反　過古禾反又古卧反

奧於六反暖也河上烏報反　曖音愛暗也說文作懓　庇必寐反本祕反　蔭於鴆反　尊

行下孟反　有拱居勇反　璧并歷反　以先悉薦反　所以爲

于僞反　不曰于月反　淡徒暫反　於其易以豉反　必多難乃旦

反　其脆七歲反河上本作膬昌眷反　易泮普半反　於累劣被反　老

敗必賣反　施始志反　辟匹亦反　好呼報反　令力征反　復以扶又反

稽式古兮反嚴河上作楷式　善下言下遐嫁反　厭於艶反　夫音扶

大絶句　以陳直忍反　費芳味反　匱其貴反　器長張反

舍音捨而不辟音避於難乃旦反卒尊忽反帥所類反爲于僞反

無行戶剛反攘若羊反扔音仍幾音祈易以豉反被音備

褐戶葛反無狎戶甲反無厭於豔反離力智反物擾而小反辟

匹亦反不能復扶又反潰戶對反見賢遍反故去羌呂反之所

惡烏路反猶難乃旦反繟音闡坦吐但反梁王尚鍾會孫登張嗣本有此坦平大皃河

上作墠墠寬也且尺善反又上單反也而見賢遍反凶先悉薦反恢苦回反是

大匠斲陟角反治直吏反僻匹亦反強其兩反舊其良反柔脆七歲

反枯槁苦老反與音餘抑於力反之量音亮身去羌呂反天下

莫柔弱於水河上本作天下柔弱莫過於水垢古口反和大怨紆万反契

苦計反不令力征反伯絶句河上本不貪貨賂音路輿音餘河上曰車

使人復音服又扶又反樂音洛人已基倚反愈音與而不爭

爭鬬注同

經典釋文卷第二十五

經典釋文卷第二十六

莊子音義上 内篇七

唐國子博士兼太子中允贈齊州刺史吳縣開國男陸德明撰

内篇內者對外立名說文云篇書也字從竹從艹者草名耳非也逍音銷亦作消遥如字亦作摇遊如字亦作游逍遥遊者篇名義取閒放不拘怡適自得第一郭象注

夫小大音符之場直良反事稱尺證反各當丁浪反其分符問反北冥本亦作溟覓經反北海也嵇康云取其溟漠無涯也梁簡文帝云窅冥無極故謂之冥東方朔十洲記云水黑色謂之冥海無風洪波百丈鯤徐音昆李侯温反大魚名也崔譔云鯤當爲鯨簡文同其幾居豈反下同鵬步登反徐音朋郭甫登反崔音鳳云鵬即古鳳字非來儀之鳳也說文云朋及鵬皆古文鳳字也朋鳥象形鳳飛羣鳥從以萬數故以鵬爲朋黨字字林云鵬朋黨也古以爲鳳字夫莊音符發句之端皆同性分符問反下皆同達觀古亂反宜

要一遥反垂天之雲司馬彪云若雲垂天旁崔云垂猶邊也其大如天一面雲也海

運司馬云運轉也向秀云非海不行故曰海運簡文云運徙也豈好呼報反下皆同大處

昌慮反下同何厝七故反本又作措齊諧戶皆反司馬及崔並云人姓名簡文云書志

怪志記也怪異也水擊崔云將飛舉翼擊水踉蹌也踉音亮蹌音七亮反搏徒端反司馬云

搏飛而上也一音博崔云拊翼徘徊而上也扶搖徐音遥風名也司馬云上行風謂之扶搖爾雅云扶搖謂之飆

郭璞云暴風從上下也而上時掌反注同自勝音外下同決然喜鈌及下同

數仞色主反下同非樂音嶽又五孝反搶七羊反枋音方野馬司馬

云春月澤中遊氣也崔云天地間氣如野馬馳也塵埃音哀崔云天地間氣蓊鬱似塵埃揚也

相吹如字崔本作炊所馮皮冰反本亦作憑色邪也差反助句不定之辭後放此

且夫音符覆芳服反杯崔本作盃坳堂於交反又烏了反李又伊力反崔云

堂道謂之坳司馬云塗地令平支遁云謂有坳垤形也芥吉邁反徐古邁反一音古黠反李云芥草也

則膠徐李古孝反一音如字崔云膠著地也李云黏也稱事尺證反後同其濟
子細反本又作齊如字之生本亦作主字至當丁浪反後皆同而後乃今培
音裴重也徐扶杯反又父宰反三音扶北反本或作陪風絶句背負青天一讀以背字屬上句
天於表反司馬云折也閼徐於葛反一音謁司馬云止也李云塞也蜩音條司馬云蟬學鳩
如字一音於角反本又作鷽音同本或作鷽音預崔云學讀爲滑滑鳩一名滑雕司馬云學鳩小鳩也李云鶻鵰也毛詩
草木疏云鶻鳩班鳩也簡文云月令云鳴鳩拂其羽是也我決向徐喜缺反李呼穴反李頤云疾貌搶七良
反司馬李云猶集也崔云著也支遁云搶突也榆徐音踰木名也枋徐音方李云檀木也崔云本也或曰
木名控苦貢反司馬云投也又云引也崔云叩也莽莫浪反或莫郎反蒼七蕩反或如字司馬云莽
蒼近郊之色也李云近野也支道云家間也崔云草野之色三湌七丹反果然徐如字又苦火反衆
家皆云飽貌舂東容反糧音良小知音智本亦作智下大知并注同下年知放此跂
尚丘豉反後同累物劣僞反下皆同朝菌徐其隕反司馬云大芝也天陰生糞上見日則

死一名日及故不知月之總始也崔云糞上芝朝生暮死晦者不及朔朔者不及晦支遁云一名舜英朝生暮落潘尼云木槿

也簡文云歘生之芝也歘音況物反**晦朔**朔旦也晦冥也**惠**本亦作古音姑司馬云蟪同虫惠蛄寒蟬也

一名蝭蟧春生夏死夏生秋死崔云蛁蟧也或曰山蟬秋鳴者不及春春鳴者不及秋廣雅云蟪蛄蛁蟧也案即楚詞所

云寒螿者也蝭音提蟧音勞又音遼蟧音彫螿音將**冥**槇同**靈**本或作李頤云冥靈木名也江南生以

葉生爲春葉落爲秋此木以二千歲爲一年**大椿**丑倫反司馬云木一名橓橓木槿也崔音橓華同李云生江南

一云生北戶南此木三萬二千歲爲一年**彭祖**李云名鏗堯臣封於彭城歷虞夏至商年七百歲故以久壽見聞世

本云姓籛名鏗在商爲守藏史在周爲柱下史年八百歲籛音翦一云即老子也崔云堯臣仕殷世其人甫壽七百年王

逸注楚辭天問云彭鏗即彭祖事帝堯彭祖至七百歲猶曰悔不壽恨杖晚而唾遠云帝嚳之玄孫**特聞**如字

崔本作待聞**之縣**音玄**豪分**符問反又方云反**棘**李云湯時賢人又云是棘子崔云齊

諧之徒識冥靈大椿者名也簡文云一曰湯廣大也棘狹小也**窮髮**李云髮猶毛也句馬云北極之下無

毛之地也崔云北方無毛地也案毛草也地理書云山以草木爲髮**其廣**古曠反**數千**色主反下同

角司馬云風曲上行若羊角而上時掌反下同且適如字舊子餘反下同斥如字司馬云小澤也本亦作尺崔本同簡文云作尺非鴳於諫反字亦作鷃司馬云鴳鴳雀也騰躍曲者反

翱翔五刀反蓬蒿好刀反知效音智下户教反行下孟反比毗至反徐扶至反李云合也而徵如字司馬云信也崔支云成也宋榮子司馬李云宋國人也崔云賢者也猶然笑之崔李云猶笑貌寀謂猶以爲笑譽之音餘加沮慈呂反敗也之竟居領反能復扶又反數數音朔下同徐所祿反一音桑縷反司馬云猶汲汲也崔云迫促意也簡文所喻反謂計數故閒音閑本亦作閑未樹司馬云樹立也未立至德也

列子李云鄭人名御寇得風仙乘風而行與鄭穆公同時泠音零六氣司馬云陰陽風雨晦明也李云平旦爲朝霞日中爲正陽日入爲飛泉夜半爲沆瀣天玄地黃爲六王逸注楚辭云陵陽子明經言春食朝霞朝霞者日欲出時黃氣也秋食淪陰淪陰者日沒以後赤黃氣也冬食沆瀣沆瀣者北方夜半氣也夏食正陽正陽者南方日中氣也并天玄地黃之氣是爲六氣沆音戶黨反瀣音下界反支云天地四時之氣之辯如字變也

崔本作和惡乎音烏无已音紀注同而王于況反本亦作至於針之鳩
反或之林反堯唐帝也許由隱人也隱於箕山司馬云潁川陽城人簡文云陽城槐里人李云字
仲武爝本亦作燋音爵郭祖繳反司馬云然也向云人所然火也一云爝火謂小火也字林云爝炬火也子召反
燋所以然持火者子約反浸子鴆反灌古亂反天下治直吏反下已治注天下治而治
者也既治而治實而治者得以治音同能令力呈反下同稷契息列反皆唐虞臣也稷周之始祖名
棄契卨之始祖名能離力智反玄應應對之應汎乎芳劒反非夫音扶
下明夫同鷦子遙反鷯音遼李云鷦鷯小鳥也郭璞云鷦鷯桃雀偃鼠如字李云鼴鼠也說
文鼴鼠一曰偃鼠鼴扶問反歸休乎君絕句一讀至乎字絕句君別讀懷豁呼活反
樂推音洛不厭於艷反庖人鮑交反徐扶交反掌廚人也周禮有庖人職尸
祝之六反傳鬼神辭曰祝樽子存反本亦作尊俎徐側呂反肩吾李云賢人也司馬云神名
連叔李云懷道人也接輿本又作與同音餘接輿楚人也姓陸名通皇甫謐云接輿躬耕楚王遣使以黃

黃百鎰車二駟騁之不應 無當 丁浪反司馬云言語宏大無隱當也 驚怖 普布反廣雅云懼也
大有 音泰徐勑佐反 逕 徐古定反司馬本作莖 庭 勑定反李云逕庭謂激過也 不近
附近之近 藐 音邈又妙紹反簡文云遠也 姑射 徐音夜又食亦反李實夜反山名在北海中
肌 居其反 淖 郭昌略反又徒學反字林丈卓反蘇林漢書音火也 約 如字李云淖約柔弱貌司
馬云好貌 處子 在室女也 黃屋 車蓋以黃為裏一云冕裏黃也 玉璽 音纓徒
字或作嬰 紱 方物反字或作紼 憔悴 在遙反下在醉反 至至者 本亦作至足者
王德 于況反本亦作至 絕垠 音銀又五根反本又作限 吸 許及反 神凝 魚升
反 疵 在斯反病也司馬云毀也一音子爾反 癘 音厲李音賴惡病也本或作厲 狂 求匡
反李云癡也 閒 音閑李又力況反 澹然 徒暫反恬靜也 皆齊 才細反又如字 而
斷 丁亂反 瞽 音古盲者無目如鼓皮也 與乎 徐音豫下同 之觀 古亂
反 聾 鹿工反不聞也 者无以與乎鍾鼓之聲 崔本司馬本此

下更有眇者無以與乎眉目之好夫刖者不自爲假丈餐夫知音智注知之同時女司馬云猶
處女也向云時女虛靜柔順和而不喧未嘗求人而爲人所求也旁薄剛反李鋪剛反字又作磅同礴
蒲博反李普各反司馬云旁礴猶混同也世蘄徐音祈李云求也弊弊李扶世反徐扶
計反簡文云弊弊經營貌司馬本作蔽蔽不應應對之應苦思息嗣反大浸子鴆
反稽天音雞徐李音啓司馬云至也不溺奴歷反或奴學反禍難乃旦反
非辟音避塵垢古口反塵垢猶滓汚粃本又作秕徐甫姊反又悲矣反穅字亦作康
音康粃穅猶煩碎陶徒刀反李移昭反本亦作鑄音同鑄之樹反宋人宋今梁國睢陽
縣殷後微子所封資章甫李云資貨也章甫殷冠也以冠爲貨越今會稽山陰縣斷
丁管反李徒短反司馬本作敦云敦斷也四子司馬李云王倪齧缺被衣許由汾水徐扶云反郭方
聞反案汾水出太原今莊生寓言也司馬崔本作盆水窅然徐烏了反郭武駢反李云窅然猶悵然
喪其息浪反注同絕冥亡丁反之竟音魔本亦作境惠子司馬云姓

惠名施為梁相魏王司馬云梁惠王也案魏自河東遷大梁故謂之魏或謂之梁也貽徐音怡郭與志及遺也大瓠徐音護之種章勇反而實五石司馬云實中容五石以盛音成剖之普口反為瓢毗遥反徐扶堯反則瓠戶郭反司馬音護下同落簡文云瓠落猶廓落也司馬云瓠布護也落零落也言其形平而淺受水則零落而容也呺然本亦作号徐許憍反李云号然虛大貌崔作謌簡文仝吾為于僞反掊之徐方垢反司馬云擊破也龜手愧悲反徐舉倫反李居危反向云拘坼也司馬云文坼如龜文也又云如龜攣縮也洴徐扶經反澼普歷反徐敷歷反郭李恪歷反辟聲絖音曠小爾雅云絮細者謂之絖李云洴澼絖者漂絮於水上絖絮也能令力呈反不拘紀于反依字宜作跔紀于求于二反周書云天寒足跔是也坼勑白反漂匹妙反韋昭云以水擊絮為漂說文作潎豐市反又匹例反絮[illegible]慮反百金李云金方寸重一斤為一金百金百斤也數金色主反鬻音育司馬云賣也技本或作伎堨彼反以說始銳反又如字有難乃旦反之將子匠反大敗

必邁反不慮以爲大樽本亦作尊司馬云樽如酒器縛之於身浮於江湖可以自渡慮猶結綴也案所謂罯冊蓬之心郭云蓬生非宜達者向云蓬者短不暢曲士之謂樗勑魚反木名擁腫章勇反李云擁腫猶盤瘻不中丁仲反下同卷曲本又作拳同音權徐紀阮反李丘圓反同去如字李羌呂反狸力之反狌徐音姓郭音生又音星司馬云狖也狖音由救反敖者徐李五到反支云伺彼怠敖謂承夫間殆也本又作慠同司馬音遨謂伺遨翔之物而食之雞鼠之屬也跳音條不辟音避今本多作避下放此機辟毗赤反司馬云罔也罟徐音古斄牛郭呂之反徐李音來又音離司馬云旄中无何有之鄉廣莫之野謂寂絕無爲之地也簡文云莫大也彷薄剛反又音房徨音皇彷徨猶翺翔也徨本作方羊簡文同廣雅云彷徉徙倚也

齊物論力頓反李如字第二

而惡烏路反南郭子綦音其司馬云居南郭因爲號隱於靳反机馮也音紀李本作凡而噓音虛比氣爲噓向云息也荅焉本又作嗒同吐荅反又都納反注同解體貌

似喪息浪反下同　其耦本又作偶五口反匹也對也司馬云耦身也身與神爲耦　顏成
子游李云子綦弟子也姓顏名偃謚成字子游　何居如字又音姬司馬云猶故也　槁木
苦老反注同　家音寂本亦作寂　莫本亦作漠　女聞音汝下皆同本亦作汝　人籟力帶
反簫也　籟夫音扶　參初林反　差初宜反　所錯七故反　見矣賢遍反　大塊
苦怪反李苦對反說文同云俗由字也徐口回反徐李又胡罪
反郭又苦猥反司馬云大朴之貌衆家或作大槐班固同淮南
子作大昧解者或以爲無或以爲元氣或以爲混成或以爲天謬也　噫乙戒反注同一音蔭　萬竅苦弔
反　怒呺胡刀反徐又許口反又胡到反　翏翏良救反又六收反長風聲也李本作飂音同又力竹
反　畏於鬼反郭烏罪反崔本作㟪　佳醉癸反徐子唯反郭祖罪反李諸鬼反李頤云畏佳山阜貌
之竅崔本作竅　似鼻　似口司馬云言風吹竅穴動作或似人鼻或似人口　似枅音雞
又音肩字林云柱上方木也簡文云欂櫨也　似圈起權反郭音權杯圈也徐其阮反言如羊豕之闌圈也
似臼其九反　似洼者烏攜反李於花反又烏乖反郭烏蛙反司馬云若洼曲　污者

音烏司馬云若汚下激者經歷反如水激也李古弔反司馬云聲若激喚也李又驅弔反謞者音孝李虛交反簡文云若箭去之聲司馬云若讙謞聲叱者昌實反徐音七司馬云若叱咄聲吸者許及反司馬云若噓吸聲也叫者古弔反郭古幼反李居曜反司馬云若叫呼聲也譹音豪郭又戶報反司馬云若譹哭聲宎者徐於堯反一音杳又於弔反司馬云深者也若深宎宎然咬者於交反或音狡司馬云聲哀切咬咬然又許拜反唱于如字唱喁五恭反徐又音愚又五斗反李云于喁聲之相和也泠風音零李云泠泠小風也小和胡臥反下及注皆同飄風鼻遥反又符遥反李數遥反司馬云疾風也爾雅云回風為飄不稱尺證反其分符問反下不出者同厲風司馬云大風向郭云烈風濟子細反向云止也調調音條刁刁徐都堯反向云調調刁刁皆動搖貌動搖如字又羊照反比竹毗志反又必履反李扶心反注同豈復扶又反莫

適丁歷反此重直用反大知音智下及注同閑閑李云無所容貌簡文云廣博之貌■閒閒古閑反有所閒別也炎炎于廉于凡二反又音談李作淡徒濫反李頤云同是非也簡文

云美盛貌 詹詹 音占李頤云小辯之貌崔本作閻 魂交 司馬云精神交錯也 其覺 古孝反 形開 司馬云目開意悟也 與接爲構 司馬云人道交接構結驩愛也 縵者 末旦反簡文云寬心也 窖者 古孝反司馬云深也李云穴也案穴地藏穀曰窖簡文云深心也 小恐 曲勇反下及注同 惴惴 之瑞反李云小心貌爾雅云懼也 縵縵 李云齊死生貌 悸 其季反 機 栝 古活反機弩牙栝箭括 詛 側據反 盟 音明徐武耕反郭武病反 其殺 色界反徐色例反注同 其溺 奴狄反郭奴徼反 其厭 於葉反徐於冉反又於感反 如緘 徐古咸反 老洫 本亦作溢同音逸郭許鵙反又已質反 近死 附近之近 復陽 陽謂生也 哀樂 音洛 慹 之涉反司馬云不動貌 姚 郭音遙徐李勑吊反 佚 音逸 態 勑代反李又奴戴反 蒸 之膺反 成菌 其隕反向云結也 以上 時掌反 萌 武耕反 旦暮 本又作莫音同 相爲 于僞反下未爲同 而特 崔云特辭也 其眹 李除忍反兆也 趣舍 七喻反字或作取下音捨或音赦下皆放此 起索 所百反 情當 丁浪反下皆同

別見賢遍反百骸戶皆反六藏才浪反案心肺肝脾腎謂之五藏大小膓旁胱
三焦謂之六府身別有九藏氣天地人天以候頭角之氣人候耳目之氣地候口齒之氣三部各有天地人三三而
九神藏五形藏四故九今此云六氣未見所出賅徐古來反司馬云備也小爾雅同簡文云兼也皆說音悅
注同今本多即作恱字後皆放此而更音庚其遞音弟徐又音第不應應對之應无
錯七素反下同雖復扶又反下同毀譽音餘物喪息浪反者鮮
息淺反苶然乃結反徐李乃協反崔音捻云忘貌簡文云疲病困之狀所好呼報反下同芒
乎莫剛反又音亡芒芒昧也簡文云芒同也與有音豫而舍音捨字亦作捨下同昔至
崔云昔夕也向云昔者昨日之謂也不強其丈反吹也如字又叱瑞反崔云吹猶籟也鷇苦豆
反李音㱿司馬云鳥子欲出者也惡乎音烏下皆同眞僞一本作眞詭崔本作眞然道
焉於虔反寶當丁浪反後可以意求不復重出見於賢遍反更相音庚
反覆芳服反下同彼復扶又反下同道樞尺朱反樞要也以應應對之應

前注同後可以意求不復重音天地一指也萬物一馬也崔云指百體之一體
馬萬物之一物浩然戶老反无物不然无物不可崔本此下更有可於
可而不可於不可不可於不可而可於可故爲于僞反下爲是皆同莛徐音庭李音挺司馬云屋梁也
楹音盈司馬云屋柱也厲如字惡也李音賴司馬云病癩西施司馬云夏姬也索向踐所獻吳
王美女也恢徐苦回反大也郭苦虺反簡文本作弔恑九委反徐九彼反李云戾也譎怪音決
李云譎乖也怪異也楹縱本亦作從同將容反其分如字復通扶又反幾矣
音機盡也下同徐具衣反謂之道向郭絕句崔讀謂之道勞云因自然是道之功也狙公
七徐反又緇慮反司馬云狙公典狙官也崔云養猨狙者也李云老狙也廣雅云狙獼猴賦芧音序徐食
汝反李音予司馬云橡子也朝三莫四司馬云朝三升莫四升也所好呼報反下文皆同
天鈞本又作均崔云鈞陶鈞也可勝音升操弦七刀反執籥羊灼反
昭文司馬云古善琴者枝策司馬云枝柱也策枝也崔云舉杖以擊節據梧音吾司馬

云梧琴也崔云琴瑟也之知而智而瞑亡千反故載之末年崔云書之於今也
堅白司馬云謂堅石白馬之辯也又云公孫龍有淬劒之法謂之堅白崔同又云或曰設矛代之説爲堅辯白馬之名爲
白鼓簧音黃之綸音倫崔云琴瑟弦也滑疑古沒反司馬云亂也屈奇求物
反好惡並如字未離力智反俄而徐音峩確斯苦角反斯又作斯音
賜李思利反即復扶又反纖介古邁反又音界秋豪如字依字應作毫司馬云兔毫
在秋而成王逸注楚辭云鋭毛也案毛至秋而耎細故以喻小也大山音泰殤子短命者也或云年十
九以下爲殤殊稱尺證反善數色主反夫道未始有封崔云齊物
七章此連上章而班固説在外篇爲是于僞反有畛徐之忍反郭李音眞謂封域畛陌也有
左有右崔本作有在宥也異便婢面反有倫有義崔本作有論有議
有分如字注同類別彼列反下皆同有爭爭鬭之爭注同故分如字下及注同
不稱尺證反注同不嗛郭欺簟反徐音謙不忮徐之豉反又音跂李之移反害

也李云健也道昭音照园崔音刓徐五丸反司馬云圓也郭音團而幾徐其衣反向
方本亦作嚮音同下皆放此近彼附近之近遠實于萬反注焉徐之喻反葆
光音保崔云若有若无謂之葆光宗膾徐古外反胥息徐反華胥國敖徐五高反司馬云宗膾胥
敖三國名也崔云宗一也膾二也胥敖三也聽朝直遥反妙處昌慮反重明直龍反
光被皮寄反神解音蟹齧五結反缺丘悅反王倪徐五稽反李音
詣高士傳云王倪堯時賢人也天地篇云齧缺之師惡乎音烏下皆同庸詎徐本作巨其庶
反郭音鉅李云庸用也詎何也猶言何用也服虔云詎猶未也復為扶又反蛣丘一反蜣丘長反爾
雅云蛣蜣蜣蜋也乎女音汝注及下同已不知音紀偏死司馬云偏枯死也鰌
徐音秋司馬云魚名惴之瑞反慄音栗恂郭音荀徐音峻恐貌崔云戰也班固作眴也猨
音猿猴音侯異便婢面反芻初俱反小爾雅云秆謂之芻秆音古但反豢徐音患又
胡滿反司馬云牛羊曰芻犬豕曰豢以所食得名也麋音眉薦賤練反司馬云美草也崔云甘草也郭璞

云三蒼云六畜所食曰薦**蝍**音即**且**字或作蛆子徐反李云蝍且蟲名也廣雅云蜈公也爾雅云蒺藜蝍蛆郭

璞注云似蝗大腹長角能食蛇腦蒺音蒺蔾音棃**帶**如字崔云蛇也司馬云小蛇也蝍蛆好食其眼**鴟**尺夷

反**鴉**本亦作鵶於加反崔云烏也**耆**市志反字或作嗜崔本作甘**美惡**烏路反**猵**篇面

反徐敷面反又敷畏反郭李音偏**狙**七餘反司馬云狙一名獦牂似猨而狗頭憙與雌猨交也崔云猵狙一名獦牂其雄

憙與猨猨雌爲牡牡向云猵狙以猨爲雌也獦音葛**爲雌**音妻一音如字**毛嬙**徐在良反司馬云毛嬙古

美人一云越王美姬也**麗姬**力知反下同麗姬晉獻公之嬖以爲夫人崔本作西施**決**喜缺反李云疾貌崔

云疾走不顧爲決徐古恵反郭音古穴反**驟**士救反又在遘反**所好**呼報反**樊然**音煩**殽亂**徐户

交反郭作散悉旦反**之竟**音境今本多作境下放此**未解**音蟹**沍**户故反徐又户

各反李户格反向云凍也崔云沍猶涸也**蠆**敕邁反又音豕**介**古邁反又音界**瞿鵲**其俱反

長梧子李云居長梧下因以爲名崔云名丘簡文云長梧封人也**夫子**向云瞿鵲之師**稱**

謂尺證反下放此**而遊**崔本作而施**孟**如字徐武黨反或武葬反**浪**如字徐力蕩反向云

孟浪音漫瀾無所趣舍之謂李云猶較略也崔云不精要之貌 之行如字又下孟反 皇帝本又

作黃帝 聽勑定反 熒音瑩磨之瑩本亦作瑩於迥反向司馬云聽熒疑惑也李云不光明貌崔云小

明不大了也向崔本作䡎熒 且女音汝下同 亦大音泰徐李勑佐反注同 時夜崔云時夜

司夜謂雞也 見彈徒旦反 鴞于驕反司馬云小鳩可炙毛詩草木疏云大如班鳩綠色其肉甚美

雞復扶又反下皆同下章注亦準此 嘗爲于僞反 旁日月薄葬反徐扶葬反司

馬云依也崔本作謗 挾戶牒反崔本作扶 宇宙治救反尸子云天地四方曰宇往古來今曰宙說文

云舟輿所極覆曰宙 脗本或作䏰郭音泯徐武軫反李武粉反无波際之貌司馬云合也向音脣云若兩脣

之相合也 滑徐古沒反亂也向本作汩音同崔戶八反云括口木也 涽徐音昏向云汩昏未定之謂崔

本作緡武巾反云緡也 芚徐徒奔反郭治本反司馬云渾沌不分察也崔云厚貌也或云束也李丑倫反

怵心勑律反 參糅如救反 相蘊本亦作緼徐於憤反郭於本反李於問反積也

予惡音烏下惡乎皆同 說音悅注同 相背音佩 惡死烏路反注同 弱

喪息浪反注同少而詩照反焉知於虔反下同至於王所崔云六國時諸
侯僭稱王因此謂獻公爲王也筐本亦作匡徐起狂反牀徐音床司馬云筐牀安牀也崔云筐方也一云正牀也
蘄音祈求也樂生音洛下同覺而音教下及注皆同竊竊司馬云猶察察也
牧乎崔本作跂乎云踶跂強羊貌所好呼報反注同所惡烏路反神解
音蟹下同弔如字音的至也詭九委反異也其解音蟹徐戶解反蜿然音惋又始
銑反黮闇貪闇反李云黮闇不明貌惡能音烏下皆同和之如字崔胡卧反天
倪李音崔徐音詣郭音五底反李云分也崔云或作霓音同際也班固曰天研曼徐音萬郭武半反
衍徐以戰反司馬云曼衍無極也振如字崔云止也又之忍反无竟如字極也崔作境罔兩
郭云景外之微陰也向云景之景也崔本作罔浪云有無之狀景映永反又如字本或作影俗也曩徐乃蕩反李云
曏者也无特本或作持崔云特辭也向云無特者行止無常也操與音餘蛇蚹音附
徐又音敷司馬云謂蛇腹下齟齬可以行者也齟音士女反齬音魚呂反蜩徐音條喪息浪反胡

蝶（徐徒協反司馬崔云蛺蝶也）栩栩（徐況羽反喜貌崔本作翩）自喻（李云喻快也）志

與（音餘下同崔云與哉）然覺（古孝反）蘧蘧（徐音渠又其慮反李云有形貌崔作據據引大

宗師云據然覺）可樂（音洛）

養生主第三（養生以此為主也）

有涯（本又作崖魚佳反）而知（音智注下同）好勝（呼報反下升證反）雖復（扶又

反下皆同）絕脊（音旅）以慊（苦簟反足也）殆已（向云疲困之謂）无近（附近之近）

下同）悶然（亡本反又音門）遠已（于萬反）緣督以為經（李云緣順也督中也

經常也郭崔同）以養（羊尚反注同）庖丁（崔本作胞同白交反庖人丁其名也管子有屠牛坦一朝

解九牛刀可剃毛）為（于僞反）文惠君（崔司馬云梁惠王也）所倚（徐於綺反向偃

彼反徐又於佇反李音妖）所踦（徐居彼反向魚彼反李云刺也）砉然（向呼鶪反徐許鶪反崔音畫又

古鶪反李又呼歷反司馬云皮骨相離聲）嚮然（許丈反郭許亮反本或無然字）奏（如字崔砉云闓也馬

呼獲反徐許嬖反向他亦反又音麥崔云音近獲聲大於砉也　中音　丁仲反下皆同　桑林　司馬云湯
樂名崔云宋舞樂名案即左傳舞師題以旌夏是也　經首　向司馬云咸池樂章也崔云樂章名也或云奏
樂名　因便　婢面反　閑解　音蟹　譆　徐音熙李云歎聲也　技　具綺反下同　所
好　呼報反注同　神遇　向云暗與理會謂之神遇　官知止　如字崔云官知謂有所掌
在也尚音智專所同察而後動謂之官　而神欲行　如字向云從手放意無心而得謂之神欲　批
備結反一音鋪迷反字林云擊也父迷父節二反　大郤　徐去逆反郭音却崔李云閒也　之處
昌慮反　令離　力呈反下同下力智反　道　音導注同　大窾　徐苦管反又苦禾反
崔郭司馬云空也向音空　節解　戶賣反　技經　本或作徛其綺反徐音技　肯　徐告
等反說文作肎字林同口乃反云著骨肉也一曰骨無肉也崔云許叔重曰骨閒肉肯肯著也　綮　苦挺反崔向徐
並音啓李烏係反又一音罄司馬云猶結處也　經槩　古代反　微礙　五代反　大軱　音孤
向郭云軱戾大骨也崔云槃結骨　衂刀　女六反　良庖　司馬云良善也　割也　司馬云曰刀割

肉故㱿歲更作崔云㱿一易刀猶堪割也　族卮 司馬云族雜也崔云族衆也　硎 音刑磨石也崔本作形云新所受形也　砥石 音脂又之履反尚書傳云砥細於礪皆磨石也　爲戒 于僞反下皆同　屬目 章欲反　謋然 化百反徐又許百反　已解 音蟹下皆同　提刀 徐徒嵇反　躊 直留反　躇 直於反　善刀 善猶拭也　拭 音式　弢之 他刀反　公文軒 司馬云姓公文氏名軒宋人也　右師 司馬云宋人也簡文云官名　惡乎 音烏　介 音戒一音兀司馬云刖也向郭云偏刖也崔本作兀又作䠒云斷足也　偏刖 音月又五刮反　天與其人與 並音餘又皆如字司馬云爲天命爲人事也　使獨 司馬云一足曰埛　之知 音智下之知同　一啄 陟角反　不蘄 音祈求也　樊中 音煩李云藩也所以籠雉也向郭同崔以爲園中也　妙處 昌慮反　雖王 于況反注同　長王 丁亮原史直良反　老聃 吐藍反司馬云老子也　秦失 本又作佚各依字讀亦皆音逸　三號 户羔反注同　倚户 於綺反　少者 詩照反　先物 悉薦反又如字　理上往

一本往作住 遯天 徒遜反又作遁 倍情 音裴加也又布對反本又作背 大深 音泰 憂

樂 音洛下文注同 所錯 七路反 縣 音玄 解 音蟹注同崔云以生爲縣以死爲解 指

窮於爲薪 如字絕句爲猶前也 火傳 直專反注同 也 傳者相傳繼續也崔云薪火爝火也

傳延也 之中 丁仲反

人閒世第四 此人閒見事世所常行者也

離人 力智反 不苛 胡我反又音河 其累 力僞反 顔回 孔子弟子姓顔名回

字子淵魯人也 衛君 司馬云衛莊公蒯聵也案左傳衛莊公以魯哀十五年冬始入國時顔回已死不得

爲莊公蓋是出公輒也 其行 下孟反 獨 崔云自專也向云與人異也郭云不與人同欲 國

量 音亮李力章反 若蕉 似遙反徐在堯反向云草芥也崔云芟刈也其澤如見芟夷言野無青草

稱數 所主反 治國 直吏反 醫門 於其反 思其則 絕句崔李云則

法也 有瘳 丑由反李云愈也 譆 音熙又於其反 役思 息嗣反 遠身 千萬反 而

知音智下及注同所爲于僞反爭善此及下爭名二字依字讀雖復扶又反下
皆同桀跖之石反桀夏王也跖盜跖也相札徐於八反又側列反李云折也崔云夭也亦作軋崔又云
或作禮相賓禮也信矼徐苦江反崔音控簡文云慤實貌而強其兩反注同人惡有
烏路反下惡不肖及注同崔本有作育云賣也鮮不息淺反涉治直吏反迕音誤菑
音災下皆同菑夫音扶不肖音笑徐蘇叫反似也惡用音烏若唯郭如
字一音唯癸反无詔絕句詔告也言也崔本作詻音額云逆擊曰詻王公必將乘人
絕句而鬭其捷在接反崔讀若唯無詻王公絕句必將乘人而鬭絕句捷作接其接引續也
熒之戶扃反向崔本作營音熒眼眩玄遍反容將形之謂擊睽也闗龍
逢夏桀之賢臣王子比干殷紂之叔父以下遐嫁反傴紆甫反拊
徐向音撫李云傴拊謂憐愛之也崔云猶嘔呴謂養也拂其符弗反崔云違也又芳弗反以
擠徐子許反又子禮反司馬云毒也一云陷也方言云滅也簡文云排也是好呼報也欲

大百四十　莊子音義上

令力呈反 叢文才公反 有扈音戶司馬云國名在始平郡案即今京兆鄠縣

也 虛厲如字又音墟李云居宅無人曰虛死而無後爲厲 語我魚豫反下同 惡

惡皆音烏下同 挫之子卧反 從容七容反 不訾向徐音紫崔云毀也

而上時掌反下同 蘄乎音祈 摯徐其鷙反 跽徐其里反說文云長跪也 曲

拳音權 无疵才斯反 謫之直革反 諷責非鳳反 大多音泰

徐勑佐反崔本作太 不諜徐徒協反向吐頰反李云安也崔云閒諜也 挾三戶牒反 曰

齊本亦作齋同側皆反下同 其易以豉反後皆同向崔云輕易也 皡天徐胡老反

向云皡天自然也 不茹徐音汝食也 葷徐許云反 數月色主反 去異

起呂反下同 未始得使絕句崔讀至實字絕句 不强其丈反 无毒

如字治也崔本作每云貪也 而寓崔本作如愚 絕迹易无絕句向崔皆以无字屬下

句 者粗音麤 有知知者上音智下如字下句同 闚者徐苦圭反司馬云空也

虛室生白 崔云白者日光所照也司馬云室比喻心心能空虛則純白獨生也 夫徇 [illegible]俊反徐辭倫反李云使也 心知 音智注同 所紐 徐女酒反崔云系而行之曰紐簡文云紐本也 伏戲 本又作羲亦作犧同許宜反即太皞三皇之始也 几蘧 其居反向云古之帝王也李云上古帝王 散焉 悉旦反李云放也崔云德不及聖王為散 之聰 一本作聽 竭喪 息浪反 葉公 音攝 子高 楚大夫為葉縣尹僭稱公姓沈名諸梁字子高 將使 所吏反注及下待使同 慄之 音栗李云懼也 常語 魚據反下同 藏矣 才浪反 執 衆家本並然簡文作熱 粗 音麤文才古反 而不臧 作郎反善也絕句一音才郎反向至爨字 爨 七亂反 无欲清 七性反字宜從冫從冫者假借也凊凉也 之人 言爨火為食而不思凊凉明火微而食宜儉薄 所饌 士戀反 內熱與 音餘下慎與同向云食美食者必內熱 則 恐懼 丘勇反 以任 而林反一音而鴆反 哀樂 音洛注下同 施乎 如字崔以豉反云移也 而惡 烏路反下皆同 復以 扶又反下注同 傳意 丈專反下子弁注同 兩

慦如字注同本又作㤥下同未易以豉反下文注皆同而要一遥反則近附近之近
共好呼報反大至音泰本亦作泰徐敕佐反下同奇巧如字又苦孝反乎治
直吏反有別彼列反湛直林反又荅南反湎面善反淫液以隻反實
喪息浪反注下同偏辭音篇崔本作諞音辯氣息並如字向本作謥䚕云謥馬氏音息
器氣也崔本作謥䚕云喘息䚕不調也又作篳字茀然徐符弗反郭敷未反李音沸崔音勃心
厲如字李音賴蹴之子六反㾓疑賣反又音蕕本又作疣音尤疵士賣反又
齊計反上若作疵此則才知反剋核幸格反所齊如字又才計反所惡烏路
反勸強其丈反下欲強同為為上如字下于偽反顏闔胡臘反向崔本作廅
晉之賢人隱者衛靈公左傳云名元大子音泰司馬云蒯聵也蘧其居反
伯王名瑗衛大夫天殺如字謂如天殺物也徐所列反无方李六方道也其
[illegible]音惜正女音汝下同反覆芳服反為蹶徐其月反郭音厥李舉衛反

蒦格莫胡反　孽彥列反　將惡烏路反　悶然音門　安

崔無意也崔云喻驕遊也　无町徒頂反　畦戶圭反李云町畦畔埒也無田畔埒無威儀也崔云喻守節

无崔司馬云不顧法也　无疵似移反病也　不勝音外　爲其于僞反下同

分之如字　盛矣音成下乃注同矢或作屎同　以蜄徐市軫反蛤類　溺奴弔反　蚉

音文或本作蟁同　虻孟庚反　僕緣普木反徐敷木反向云僕僕然蚉虻緣馬稠數之貌崔音

如字云僕御　羣著直略反　而拊李音撫又音付一音附崔本作府[illegible]　率然

踈律反本或作卒七忽反　曲轅音袁司馬云曲轅道也崔云道名　櫟力狄反李云木名一云采

也　蔽牛必世反李云牛住其旁而不見　絜向徐戶結反徐又虎結反約束也　百圍

李云徑尺爲圍蓋十丈也　十仞小爾雅云四尺曰仞案七尺曰仞崔本作千仞或云八尺曰仞　旁十

數所具反崔云旁旁抜也　觀者古奐反又音官　匠伯伯匠石字也崔本亦作石　不

輟丁劣反　厭於豔反又於贍反　散木悉但反徐悉旦反下同　則速如字

向崔本作數向所祿反下同腐扶甫反液音亦樠亡言反向李莫干反郭武半反司馬云液津液也樠謂脂出樠樠然也崔云黑液出也蠹丁故反見夢胡薦反女將音汝惡乎音烏下同柤側加反橘均必反柚由救反徐以救反果蓏徐力果反泄徐思列反崔云泄洩同苦其如字崔本作枯掊普口反徐方垢反幾死音祈又音機下同數有音朔䁹普係反睨五係反而幾死之絕句向同一讀連下散人爲句崔同覺古孝反而診徐直信反司馬向云診占夢也詬李云呼豆反徐音垢厲如字司馬云詬辱也厲病也且幾音機或音祈翦乎子淺反崔本作前于不近附近之近下同義譽音餘注同長物丁兩反泊然步各反不與音豫南伯李云即南郭也伯長也商之丘司馬云今梁國睢陽縣是也千乘繩證反隱崔云傷於熱也將芘本亦作庇徐甫至反又悲位反崔本作比云芘也所藾音賴崔本作賴向云蔭也可以隱芘千乘也李同所

陰於鳩反 異材夫音符 仰而向崔本作從而 則拳本亦作卷音權

軸直竹反 解李云如衣軸之直解也 咶食紙反 嗅崔云齅許救反 狂酲音呈

李云狂如酲也病酒曰酲 爲之于僞反下爲之皆同 荆氏司馬云地名也一曰里名 宜秋

栢桑崔云荆氏之地宜此三木李云三木文木也 拱恭勇反 把百雅反徐甫雅反司馬云兩手

曰拱一手曰把 而上時掌反 狙七餘反 猴音侯 之杙以職反又羊植反郭且羊反司馬作

杙音八李云欲以櫃戲狙猴也崔本作枝音跋云枷也 三圍崔云圍環八尺爲一圍 之麗如字又音

禮司馬云小船也又屋欂也 求禪本亦作檀音膳 傍薄剛反崔云禪傍棺也司馬云棺之全一邊者

謂之禪傍 故解徐古賣反又佳買反注同向古避反 顙息黨反司馬云顙也 亢鼻

徐苦葬反司馬云高也頞折故鼻高崔云仰也 痔徐直里反司馬隱創也 適河司馬云謂沈人

於河祭也 騈具卹營反 支離疏司馬云形體支離不全貌疏其名也 頤以之

反 於頂如字本作項亦如字司馬云言脊曲頭縮也淮南曰脊管高於頂也 會古外反徐古活

反向音活撮子外反向徐子活反崔云會撮項椎也指天司馬云會撮髻也古者髻在項中脊曲頭低故髻指天也向云兩肩踈而上會撮然也管崔本作兊在上李云管腧也五藏之腧皆在上也兩髀本又作脾同音陛徐又甫婢反崔云僂人腹在髀裏也爲脅許劫反司馬云脊曲髀豎故與脅並也挫徐子卧反郭粗禾反崔云乘也鍼執金反司馬云挫鍼縫衣也治繲佳賣反司馬云浣衣也向同崔作繲音綫餬口徐音胡李云食也崔云字或作互或作餂鼓筴初革反徐又音頰司馬云鼓簸也小箕曰筴崔云鼓筴揲蓍鑽龜也播精如字一音所字則當作數精司馬云簡米曰精崔云播精卜卦占兆也鼓筴播精言賣卜以食音嗣攘如羊反臂於其閒如字司馬云閒裏也崔本作攘臂於其開云開門中也竄匿壯力反三鍾司馬云斛斛四斗曰鍾不與音豫豈爲于僞反治亂直吏反下同僅音覲易以豉反下同知以音智欲惡烏路反知避舊本作[illegible]云置也不勝音升畫地音獲迷陽司馬云迷陽伏陽也言詐狂郤曲去逆反字書作卻

雅云區曲也　山木自寇也膏火自煎也子然反　司馬云木生斧柄還自伐膏起火還自消崔云山有木故火焚也　悗然亡本反

德充符第五崔云此遺形棄知以德實之驗也

兀者五忽反又音界李云刖足曰兀案篆書兀介字相似　王駘音臺徐又音殆人姓名也　從之如字李才用反下同　相若若如也弟子如夫子多少也　常季或云孔子弟子　立不教司馬云立不教授坐不議論　五藏才浪反後同　丘也直後而未往耳李云自在衆人後未得往師之耳　能遠于万反　而王于况反李云勝也崔云君長也　其與庸亦遠矣與凡庸異也崔云庸常人也　雖天地覆芳服反　墜本又作隊直類反李云天地猶不能變色況生死也　怪迕五故反本亦作遻下同　不離力智反　肝膽丁覽反　美惡烏路反下皆同　情背音佩　中知音智　不慴之涉反　所喪息浪反下及注同　一說然始銳反又音悅　脫

屨九具反本亦作屣所買反斷足丁管反爲巳于僞反最之徂會反徐
采會反下注同司馬云聚也鑑古暫反流水崔本作沫水云沫或作流保始之
徵李云徵成也終始可保成也九軍崔李云天子六軍諸侯三軍通爲九軍也簡文云兵書以
攻九天收九地故謂之九軍自要一遥反六骸崔云手足首身也彼且如字徐子
余反下同假人古雅反借也徐音遐讀連上句人字向下申徒嘉李云申徒氏嘉名无
人雜篇作瞀人刖者音月又五刮反之處昌慮反而說音悅注同爭
善如字知不可如字又音智羿音詣徐胡係反善射人唐夏有之一云有窮之君篡夏者
也彀音遘張弓也中如字央於良反舊於倉反郭云弓矢所及爲彀中中地
丁中反下不中注中地中與不中同單豹音善佛然扶弗反知吾介本又
作兀兩通子索色百反蹵子六反乃稱如字舉也又尺證反叔山无
趾音止李云叔山字無足趾踵朱勇反向郭云頻也崔云無趾故踵行見賢遍反子

不謹前絕句一讀以謹字絕句 去其羌呂反 不爲于僞反下不爲而爲皆同 前
行下孟反 語老魚據反 賓賓司馬云恭貌張云猶賢賢也崔云有所親踈也簡文云好
名貌 且蘄音祈 諔尺叔反 詭九委反李云諔詭奇異也 幻滑辯反亦作幻 桎之實
反郭眞一反木在足也 梏古毒反木在手也 爲己于僞反下者爲人同 舍己音捨 一
貫古亂反 嚮隨許丈反本又作向下同 惡人惡貌醜也 哀駘音臺徐又音殆
它徒何反李云哀駘醜貌它其名 常和戶臥反下同 惡駭胡楷反崔本作駴 役
思息嗣反 雌雄合乎前李云禽獸屬也 亂行戶剛反 期年
音基 傳國大專反 悶然音門李云不覺貌崔云有頃之間也 後應應對之應
氾俘劒反不係也 醜乎孝云醜慙也崔云愧也 无幾居豈反 與樂音洛 甞
使於楚矣使音所吏反本亦作遊本又直云甞於楚矣 㹠子本又作豚徒門反 食
於音飲邑錦反注同舊如字簡文同 眴若本亦作瞬音舜司馬云驚貌崔云目動也謂死母目

動翣資所甲反扇也武王所造宋均云武飾也李資送也崔本作翣㰝音坎坎謂先人墳墓也

爲足于僞反不得復使扶又反章末注同崔本作不得復使入云不復入直也

形好呼報反毀譽音餘不舍音捨以滑音骨淡然徒覽

反於兌徒外反李云悅也閒豫音閑无郤去逆反李云間也是接

而生時乎心者也司馬云接至道而和氣在心也李云接萬物而施生順四時而俱作

情爲于僞反能離力智反閔子孔子弟子閔子騫也闉音因郭烏

年反跂音企郭其逆反支離无脤徐市軫反又音脣司馬云闉曲跂企也闉跂支

離言脚常曲行體不正卷縮也无脤名也崔云闉跂傴者也支離傴者也脤脣同簡文云跂行也脤臀也

說衛始銳反又如字下說齊栢同說之音悅下悅之同脰音豆頸也肩肩胡因

反又胡恩反李云羸小貌崔云猶玄玄也簡文云直貌甕烏送反郭於寵反㼜烏葬反郭

於兩反李云甕㼜大癭貌後同大癭一領反說文云瘤也而知音智下同爲孽

魚列反司馬云智慧生妖孽 約爲膠 司馬云約束而後有如膠漆崔云約誓所以爲膠固

德爲接 司馬云散德以接物也 工爲商 司馬云工巧而商賈起 惡用

音烏下同 不斲 陟角反 无喪 息浪反 天鬻 音育養也 天食 音嗣

亦如字 受食 如字又音嗣 沈思 息嗣反亦如字 免難 乃旦反 摇

若 其勿反 槁木 苦老反 羣分 如字 眇 亡小反簡文云陋也 謷

乎 五羔反徐五報反簡文云放也今取遨遊義也 獨成其天 如字崔本天字作大

云類同於人所以爲小情合於天所以爲大 惡得 音烏下惡得同 吷 扶廢反 一

分 如字 足操 七刀反 未解 音蟹 无以好惡 呼報反下烏路

反注同 祇足 音支 倚樹 於綺反 據槁 苦老反 梧 音吾 而

瞑 音眠崔云據琴而睡也 而睡 [redacted]辭反 天選 宣轉反舊思緩反

大宗師第六 崔云遺形忘生當大宗此法也

天而生向崔本作失而生知稱尺證反不喪息浪反下皆同或

好呼報反下同不強其兩反庸詎徐其庶反則治[redacted]吏反不

謩設乎反不慄音栗不濡而朱反登假更百反至也遠火

于萬反有槩古愛反其覺古孝反深深李云內息之貌以踵

章勇反王穆夜云起息於踵遍體而深以喉向云喘悸之息以喉為節言情欲奔競所致其

嗌音益郭音厄厄咽喉也若哇獲媧反徐胡卦反又音絓崔一音於隹反結也言咽喉之氣結

礙不通也簡文云哇嘔也其耆市志反說生音悅惡列烏路反不

訢音欣又音祈不距本又作拒音巨李云欣出則營生距入則惡死翛然音蕭本又作儵

徐音叔郭與久反李音悠向云翛然自然無心而自爾之謂郭崔云往來不難之貌司馬云儵疾貌李同猶

復扶又反下非復同也捐徐以全反郭作揖一入反崔云或作揖所以行舟也則背音佩

容家本亦作寂崔本作宗其顙息黨反崔云[redacted]也頯徐去軌反郭苦對反李音

沇一音遠擢也主云質朴無飾也向本作頧云頧然大朴貌廣雅云頧大也五罪反淒然七西反煖
然音暄徐況晚反亡國而不失人心崔云亡敵國而得其人心行名下孟
反福應應對之對狐不偕司馬云古賢人也務光皇甫謐云黄帝時人
耳長七寸伯夷叔齊孤竹君之二子箕子胥餘司馬云胥餘箕子名
也見尸子崔同又云尸子曰箕子胥餘漆身爲厲被髮佯狂或云尸子曰比干也胥餘其名紀他徒何
反申徒狄殷時人負石自沈於河崔本作司徒狄皆舍音捨下同不承
如字李云迎也又音拯不上時掌反與乎如字又音豫同云疑貌其觚音孤王云
觚特立不羣也崔云觚棱也邴邴徐音丙郭甫杏反向云喜貌簡文云明貌崔乎千罪
反徐息罪反郭且雷反向云動貌簡文云速貌滀乎本又作慉勑六反司馬云色憤起貌王云當有德文也簡
文云聚也厲乎如字崔本作廣云苞羅者廣也謷乎五羔反徐五到反司馬云志遠貌王云高
邁於俗也連乎如字李云連緜長貌崔云蹇連也音輦似好呼報反下皆同悗乎

亡本反字或作免李云無匹貌王云癈忘也崔云婉順也 治之 直吏反 爲循 本亦作脩兩得 綽乎 昌略反崔本作淖 常閒 音閑 夜旦 如字崔本作靼音怛 其卓 中學反 敢惡 烏路反 之竟 音境 泉涸 戶各反郭戶格反爾雅云竭也 相呴 況于況付二反 相濡 本又作濡音儒或一音如戍反 以沫 音末 相忘 音亡下同 譽堯 音餘注同 大塊 苦怪反又苦對反徐胡罪反 佚我 音逸 於壑 火各反 乃揭 其列其謁二反 索所 所百反 无樂 音洛 下及注同 可勝 音升 善妖 崔本作狡同古卯反本又作夭於表反簡文於橋反云異也 善少 詩照反 否老 音鄙本亦作鄙 平粹 雖遂反 可傳 直專反注同 在大極 音泰 之先 一本作之先未崔本同 先天 悉薦反 長於 丁丈反 稱也 尺證反 豨韋氏 許豈反郭褚伊反李音豕司馬云上古帝王名 以挈 徐苦結反郭苦後又司馬云要也得天地要也崔云成也 伏戲 音羲崔本作伏戲氏 以襲氣母 司馬云襲入也氣母元氣

之母也崔云取元氣之本 維斗 李云北斗所以為天下綱維 終古 崔云終古久也鄭玄注周礼云終古猶言常也 不忒 他得反差也崔本作代 堪坏 徐扶眉反郭孚杯反崔作邳司馬云堪坏神名人面獸形淮南作欽負 崐崘 崐或作峎同音昆下力門反崐崘山名 馮夷 司馬云清泠傳曰馮夷華陰潼鄉隄首人也服八石得水仙是為河伯一云以八月庚子浴於河而溺死一云渡河溺死 大川 河也崔本作秦川 肩吾 司馬云山神不死至孔子時 大山 音泰又如字 黃帝 崔云得道而上天也 顓頊 音專下許王反 玄宮 李云顓頊帝高陽氏玄官北方宮也月令曰其帝顓頊其神玄冥 禺強 音虞郭語龍反司馬云山海經曰北海之渚有神人面鳥身珥兩青蛇踐兩赤蛇名禺強崔云大荒經曰北海之神名曰禺強靈龜為之使歸藏曰昔穆王子筮封於禺強案海外經云北方禺強黑身手足乘兩龍郭璞以為水神人面鳥身簡文云北海神也一名禺京是黃帝之孫也 西王母 山海經云狀如人狗尾蓬頭戴勝善嘯居洵水之涯漢武内傳云西王母與上元夫人降帝美容貌神仙人也 少廣 司馬云穴名崔云山名或云西方空界之名 彭

祖解見逍遥篇崔云壽七百年或以為仙不死五伯如字又音霸崔李云夏伯昆吾殷大彭豕韋周齊桓晉文傅說音悅得之以相息亮反武丁奄有天下乘東維騎箕尾而比於列星司馬云傅說殷相也武丁殷王高宗也東維箕斗之間天漢津之東維也星經曰傅說一星在尾上言其乘東維騎箕尾之間也崔云傅說死其精神乘東維託龍尾乃列宿今尾上有傅說星崔本此下更有其生無父母死登假三年而形遯此言神之无能名者也凡二十二字掘然其勿反南伯子葵李云葵當為綦聲之誤也女偊徐音禹李音矩一云是婦人也年長張丈反孺子本亦作孺如喻反李云弱子也惡惡可並音烏下惡平同十梁倚魚綺反又其綺反李云卜梁姓倚名亦易以豉反參日音三能朝如字李除遥反下同徹如字郭司馬云朝旦也徹達妙之道李云夫能洞照不崇朝而遂徹不惡烏路反下同豁然喚活反殺生者不死李云殺猶亡也亡生者不死也崔云除其營生為殺生生生者不生李云矜生者不生也

崔云常營其生爲生生 攖 郭音縈徐於營反李於盈反崔云有所繫著也 副墨 李云可以
副貳玄墨也崔云此已下皆古人姓名或寓之耳無其人 洛誦 李云誦通也苞洛無所不通也 瞻
明 音占李去神明洞徹也 聶許 徐乃攝反李云許與也攝而保之無所施與也 需
役 徐音須李音儒云儒弱爲役也王云需待也役亭毒也 於 音烏又如字 謳 徐烏
侯反李香于反云謳煦也欲化之貌王云謳謌謠也 玄冥 李云強名曰玄視之冥然向郭云所以名無而
非無也 參 七南反 寥 徐九彫反李云參高也高邈寥曠不可名也 疑始 李云又疑
無是始則始非無名也 研粗 七胡反 七重 直龍反下同 子祀 崔云淮南作子永行
年五十四而病傴僂 子輿 本又作與音餘 子犁 禮兮反 爲尻 苦羔反 偉
哉 韋鬼反向云美也崔云自此至鑑于井皆子祀自說病狀也 拘拘 郭音駒司馬云體拘攣也王云不申
也 曲僂 徐力主反 於頂 本亦作項崔本作釘音項 句 俱樹反徐古侯反 贅 徐之稅反
指天 李云句贅項椎也其形似贅言其上向也 有沴 音麗徐又徒顯反郭奴結反云陵亂也李

同崔本作灑云滿也其心閒音閑崔以其心屬上句跰𨇤步田反下悉田反崔本作邊鮮

司馬云病不能行故跰𨇤也而鑑古暫反曰嗟乎崔云此子輿辭女惡音汝下同

下烏路反曰亡如字絕句予何惡烏路反下及注同一音如字讀則連亡字爲句浸子鴆

反向云漸也予因以求時夜一本無求字爲彈徒旦反鴞戶驕反

炙章夜反哀樂音洛縣音玄解音蟹下及注同向云縣解無所係也喘

喘川轉反又尺軟反崔本作惴惴環而如字徐音患李云繞也叱避昌失反无

怛丁達反崔本作䡓音怛案怛驚也鄭衆注周禮考工記不能驚怛是也倚其於綺反

鼠肝向云委棄土壤而已王云取微蔑至賤蟲臂臂亦作䐎崔本同不翅

徐詩知反彼近如字則悍本亦作捍胡旦反又音旱說文云捍抵也我且如字徐子

徐反漠音莫鋣以嗟反鏌鋣劍名大鑪力奴反惡乎音烏可解

如字下同成然如字崔同李去成然縣解之貌本或作戌音恤簡文云當作滅本又作眓呼括反視

高貌本亦作俄然　蘧然李音渠崔本作據又其據反蘧蘧然有形之貌　覺古孝反向

崔本此下更有發然汗出一句云無係則津液通也崔云榮衞和通不以化爲懼也　相與如字崔云猶親

也或一音豫　相爲如字或一音于僞反　愛爲于僞反　撓徐而小反郭許堯反　挑

徐徒了反郭李徒堯反又作兆李云撓挑猶宛轉也宛轉玄曠之中簡文云循環之名　莫然如字

崔云定也　有間如字崔李云頃也本亦作爲間　編曲必連反字林布千反郭父殄反史記甫連

反李云曲蠶薄　相和胡卧反　我猶崔本作獨　人猗於宜反崔云辭也　哀

樂音洛　惡知音烏下皆同　稱情尺證反　无以命之崔李云命名也

而淡徒暫反　而離力知反下同　而應應對之應下同　數子所主反　坦

然吐但反　使女音汝下同　縣音玄下注同　疣音尤　決徐古穴反　㾓胡亂反

潰胡對反　端倪本或作淣同音崖徐音詣　反覆芳服反　芒然莫剛反李

云無係之貌　彷薄剛反　徨音皇　塵垢如字崔本作塚坸云塚音塵坸垢同齊人以風

塵爲塳堁憒憒工內反說文蒼頡篇並云亂也以觀古亂反乘也注同相造

七報反詣也下同穿池本亦作地崔同相忘音亡下同畸人居宜反司馬云不耦也不

耦於人謂闕於禮教也李其宜反云奇異也而侔音謀司馬云等也亦從也孟孫才李云

三桓後才其名也崔云才或作牛應內應對之應惡知音烏下同焉知於虔

反下皆同覺者古孝反注下皆同駭形如字崔作咳云有嬰兒之形旦宅

並如字王云旦暮改易宅是神居也李本作怛侘上丹末反下陟嫁反云乡驚惋之貌崔本作靼宅靼怛也所

以乃崔本乃作惡庸詎其庶反下章同造適七報反注同獻笑

向云獻善也王云章也意有適章於笑故曰獻笑及排皮皆反必樂音洛下同寥

本亦作廖力、彫反李良救反天一崔本作造敵不及笑獻芥不及蕈安排而造化不及眇眇不及雄漂

淰雄漂淰不及蕈䈫蕈䈫乃入於漻天一以上時掌反意而子李云賢士也資

女資給也爲軹之是反郭之忍反崔云軹辭也李云是也黥其京反劓魚器反李

云毀道德以爲仁義不似黥乎破玄同以爲是非不似劓乎遥蕩王云縱散也恣七咨反又如字睢郭李云許維反徐許鼻反李王皆云恣睢自得貌復遊扶又反下同其藩甫煩反李音煩司馬向皆云崖也崔云域也盲者本又作眇崔本作目云目或作刑刑黥劓也以與音豫下同之好如字又呼報反黼黻上音甫下音弗之觀古亂反无莊據梁司馬云皆人名李云无莊飾也據梁強梁也鑪音盧捶本又作錘徐之睡反又之蕊反一音時蕊反李云錘鷄頭頗口句鐵以吹火也崔云盧謂之瓮捶當作甀盧甀之間言小處也甀音丈僞反鍛丁亂反曰噫徐音醫李云歎聲也崔云辭也本亦作意音同又如字謂呼意而名也我爲于僞反注同䪡子兮反司馬云碎也長於丁丈反功見賢遍反下文同它日崔本作異日下亦然復見扶又反下同樂生音洛又音嶽蹵然子六反崔云變色貌墮許規反徐又待果反去起呂反知音智坐忘崔云端坐而忘无好呼報反注同何惡烏路反霖雨本又作淋音林

左傳云雨三日以往爲霖裹音果食音嗣注同有不任音壬其聲而
趨七住反舉其詩焉崔云不任其聲憊也趨舉其詩無音曲也應應對之應下同
帝王第七崔云行不言之教使天下自以爲牛馬應爲帝主者也
齧缺五結反下丘悅反王倪五兮反四問而四不知何云事在齊物
論中蒲衣子尸子云蒲衣八歲舜讓以天下崔云即被衣王倪之師也淮南子曰齧缺問道於被
衣泰氏司馬云上古帝王也崔云帝王也李云大庭氏又云無名之君也藏仁才剛
反崔云懷仁心以結人也本亦作臧作剛反善也簡文同以要一遥反注同所好呼報反
所惡烏路反之竟音境徐徐如字崔本作袪袪其覺古孝
反于于如字司馬云徐徐安隱貌于于無所知貌簡文云徐徐于于寐之狀也日人實反
中音仲亦如字始李云日中始人姓名賢者也崔本無日字云中始賢人也以語魚據反
女音汝後皆同出經絶句司馬云出行也經常也崔云出典法也式義度人

人絶句式法也崔云式用也用仁義以法度人也欺德簡文云欺妄也涉海鑿待洛
反下同郭粗鶴反河李云涉海必陷波鑿河無成也蚉音文本亦作蟁同不勝音升確
乎苦學反李云堅貌崔本作嶨音託矰則能反李云罔也之害崔本作萬鼷音兮
熏香云反天根崔云云人姓名也遊於殷陽李云殷山名陽山之陽崔
云殷陽地名司馬云殷衆也言向南遊也或作殷湯蓼水音了李云水名也不豫司馬云嫌
不澌豫太倉卒也簡文云豫悅也大初音泰乘夫音符莽莫蕩反崔本作猛
眇妙小反莽眇輕虛之狀也崔云猛眇之鳥首也取其行而無迹壙徐苦廣反埌徐力黨反李音
浪壙埌无滯爲名也崔云猶曠蕩也无狹戶夾反帠徐音藝又魚例反司馬云法也一本作寱
牛世反崔本作爲而自治直吏反下文同又復扶又反於淡徒暫反徐大敢
反於漠音莫陽子居李云居名也子男子通稱嚮許亮反李許兩反疾
強梁崔云所在疾強梁之人也李云敏疾如嚮也簡文云如嚮應聲之疾故是強梁之貌物徹

疏明司馬云物事也徹通也事能通而開明也崔云無物不達無物不明不勸其眷反胥如字司馬云疏也簡文云相也易音亦崔以豉反云相輕易也簡文同技徐其綺反簡文云藝也係如字崔本作繫或云作繫簡文云音繫怵心勑律反來田李云虎豹以皮有文章見獵也田獵也猨音袁狙七餘反之便毗肩反舊扶面反斄音來李音狸崔云旄牛也來藉司馬云藉繩也由捷見結縛也崔云藉繫也蹵然子六反改容之貌之治直吏反下同貸吐代反神巫曰季咸李云女曰巫男曰覡季咸名不憙許忌反心醉向云迷惑於其道也壺子司馬云名林鄭人列子師既其文李云既盡也得道與音餘衆雌而无雄而又奚卵焉司馬云言汝受訓未熟故未成若衆雌無雄則無卵也世亢苦浪反必信崔云絶向相女息亮反注下同示之本亦作視崔云視示之也嘻徐音熙郭許意也旬數所主反鄉吾許亮反本作嚮亦作向同崔本作康云向也地文與土同也崔云文猶理也

不震不正並如字崔本作不誫不止云如動不動也誠應應對之應後同杜

德機崔云塞吾德之機有瘳丑留反功見賢遍反不齊側皆反本

又作齋下同且復扶又反泊心白愽反又音魄得厝七故反字又作措同管

闚去規反鯢五兮反桓司馬云鯢桓二魚名也簡文云鯢鯨魚也桓盤桓也崔本作鯢拒云魚所

處之方穴也又云拒或作桓之審郭如字簡文云處也司馬云審當爲蟠蟠聚也崔本作潘云回流所

鍾之域也淵有九名淮南子云有九旋之淵許慎注云至深也治亂直吏反失

而走如字徐音逸已滅崔云滅不見也委於危反蛇以支反委蛇至順之貌

爲弟徐音頹丈回反靡弟靡不窮之貌崔云猶遜伏也波流如字崔本作波隨云

常隨從之爲其于僞反妻㜸七判反食豕音嗣下同彫琢竹角

反法華羌吕反塊然徐苦怪反又苦對反紛而芳云反崔云亂貌封

哉崔本作戎云封戎散亂也知主音智注同无眹直忍反崔云兆也應而

不藏如字本又作藏亦依字讀儵音叔李云喻有象也忽李云喻無形也渾胡本反沌徒本反崔云渾沌無孔竅也李云清濁未分也此喻自然簡文云儵忽取神速爲名渾沌以合和爲貌神速譬有爲合和譬無爲七竅苦叫反說文云孔也七日而渾沌死崔云言不順自然強開耳目也

經典釋文卷第二十六

經典釋文卷第二十七

莊子音義中 外篇十五

唐國子博士兼太子中允贈齊州刺史吳縣開國男陸德明撰

莊子外篇駢拇第八 舉事以名篇

駢 步田反廣雅云並也李云併也 拇 音母足大指也司馬云駢拇謂足拇指連第二指也崔云諸指連大指也 枝指 如字三蒼云枝指手有六指也崔云音歧謂指有歧也 而侈 昌是反徐處豉反郭云多貌司馬云溢也崔云過也 於德 崔云德猶容也 附贅 章銳反廣雅云疣也釋名云横生一肉屬著體也一云瘤結也 縣 音玄 疣 音尤 而侈於性 司馬云性人之本體也駢拇枝指駢贅縣疣此四者各出於形性而非形性之正於衆人爲侈侈於形爲侈於性爲多故在手爲莫用之肉於足爲無施之指也王云性者受生之質德者全生之本駢枝受生而有不可多於德贅疣形後而生不可多於性此四者以況才智德行 夫 音符發句之端故此 至治 直吏反 之分 符問反後可以意求 物皆有之

之或作定五藏才浪反後皆同黄帝素問云肝心脾肺腎爲五藏淫僻本又作辟匹亦反徐敷赤反注及篇末同於仁義之行下孟反崔云駢枝贅疣雖非性之正亦出於形不可去也五藏之情雖非道德之正亦列於性不可治也今設仁義之教以治五藏之情猶削駢枝贅疣也既傷自然之理更益其疾也橫復扶又反徐篇末注皆同至當丁浪反後皆放此黼黻音甫下音弗周禮云白與黑謂之黼黑與青謂之黻煌煌音皇廣雅云光光也向崔本作韹向云馬氏音煌毛詩傳云皇皇猶煌煌也煌又音晃非乎向云非乎言是也離朱司馬云黄帝時人百步見秋豪之末一云見千里針絳孟子作離婁是已向云猶是也五聲本亦作五音師曠司馬云晉賢大夫也善音律能致鬼神史記云異州南和人生而無目擢德音濯司馬云拔也簧鼓音黄謂笙簧也鼓動也曾史曾參史鰌也曾參行仁史鰌行義跖之石反纍劣彼反瓦危委反向同崔如字一云瓦當作丸結繩李云言小辯危辭若結繩之纍瓦也崔云聚無用之語如瓦之纍繩之結也竄七亂反爾雅云微也一云藏也句絇具反司馬云竄句謂邪說微隱穿

鑿文句也一音鉤敝本亦作蹩徐音婢郭父結李步計反司馬云罷也跬徐丘婢反郭音屑向崔本作桂向丘氏反云近也司馬同李却垂反一云敝跬分外用力之貌譽音餘楊墨崔李云楊朱墨翟也

容思息嗣反檮杌上徒刀反下音兀此數色主反下文此數音同不爲

跂其知反崔本作枝音同或渠支反鳧音符脛形定反釋名云莖也直而長如物莖也本又作

踁鶴戸各反斷之丁管反下及注同去憂起呂反注去憂去甚同意

如字下同亦作醫齕李音紇恨發反齒斷也徐胡勿反郭又胡突反啼音提眷本作謕蒿

目好羔反司馬云亂也李云蒿目快性之貌蒿令力呈反下同於難乃旦反後

拯拯救之拯饕吐刀反杜預注左傳云貪財曰饕囂囂許橋反又五羔反字林云聲也

崔云憂世之貌屈崔本作詘折之熱反謂屈折支體爲禮樂也呴況於反李況付反本又作

傴於禹反俞音臾李音喻本又作呴音詡謂呴喻顏色爲仁義之貌纆音墨廣雅云索也

索悉各反下同連連司馬云謂連續仁義遊道德間也祇足音支使喪

息浪反下巳喪同以撓而小反郭呼堯反又許羔反廣雅云亂也又奴爪反功見賢遍反
性與音餘此可以意消息後皆放此三代夏殷周也以上時掌反槃夷
並如字謂創傷也繁字應作瘢痍殉辭俊反徐辭倫反司馬云營也崔云殺身從之曰殉鶉音純
又音敦鷇口豆反禿吐木反揮斥上音耀下音赤臧作郎反崔云好書曰臧方
言云齊之北鄙燕之北郊凡民男而壻婢謂之臧女而婦奴謂之獲張揖云壻婢之子謂之臧婦奴之子謂之獲
與穀如字爾雅云善也崔本作穀云孺子曰穀牧羊牧養之牧挾音協筴字又
作策初革反李云竹簡也古以寫書長二尺四寸博塞悉代反塞博之類也漢書云吾丘壽王以
善格五待詔謂博塞也首陽山名在河東蒲坂縣死謂餓而死東陵李云謂泰山也
一云陵名今名東平陵屬濟南郡又惡音烏取君子小人於其間
哉崔本無小人於三字屬其郭時欲反謂係屬也徐音燭謂屬著也下皆同雖通
如楊墨一本無此句俞兒音揄李式揄反司馬云古之善識味人也崔云尸子

曰臊俞兒和之以薑桂爲人主上食淮南云俞兒狄牙嘗淄澠之水而別之一云俞兒黃帝時人狄牙則易牙齊桓公時識味人也一云俞兒亦齊人淮南子一本作申兒疑申當爲吏不累劣僞反後皆放此舍

已音捨愧乎崔本作聰云聰愧同之行下孟反注同冥復音服從容七容反吹如字又昌僞反字亦作炊

馬蹄第九以事舉名篇

馬釋名云武也王弼注易云在下而行者也蹄音提司馬云馬足甲也禦魚呂反廣雅云敵也崔本作辟齕恨發反又胡切反翹祁饒反足崔本作尾而陸司馬云陸跳也字書作騿騿馬健也駑音奴惡馬也驥音冀千里善馬也義許宜反又如字徐音儀崔本同一本作羲臺崔云義臺猶靈臺也路寢路正也大也崔云路寢正室而惡烏路反伯樂音洛下同伯樂姓孫名陽善馭馬石氏星經云伯樂天星名主典天馬孫陽善馭故以爲名剔之敕歷反字林云剃也徐詩赤反向崔本作鬄向音郝雒之音洛

司馬云燒謂燒鐵以爍之剔謂翦其毛刻謂削其甲雒謂羈雒其頭也羈居宜反廣雅云勒也馽
丁邑反徐丁立反絆也李音述本或作馵非也馵之樹反司馬向崔本並作縶向云馬氏音竦崔云絆前兩足也
編之必然反皁才老反櫪也一云槽也崔云馬閑也棧士板反徐在簡反又士諫反編木作
靈似牀曰棧以禦濕也崔云木棚也不治直吏反驟士救反橛向徐其月反司馬云銜也
崔云鑣也飾徐音式司馬云排銜也謂加飾於馬鑣也鞭必然反筴初革反杜注左傳云
馬檛也檛音竹瓜反陶道刀反謂窯也窯音弋消反埴徐時力反崔云士也司馬云埴土可以爲陶器尚書
傳云土黏曰埴釋名云埴職也職音之食反中規丁仲反下皆同應繩應對之應後不音者
放此揉曲汝久反撟居兆反拂房弗反去者羌呂反天放如字崔云
作牧天養也塡塡徐音田又徒偃反質重貌崔云重遲也一云詳徐貌淮南作莫莫
丁田反崔云專一也淮南作瞋瞋蹊徐音兮李云徑也隧徐音遂崔云道也連屬
其鄉王云既無國異家殊故其鄉連屬混胡本反芒莫剛反淡徒暫反漠

音莫遂長丁丈反又直良反无吞敦恩反又音天攀本又作扳普班反援音袁
廣雅云牽也引也闚去規反物馴似遵反或音純惡乎音烏不離力智反注
音同素樸普剝反蹩步結反向崔本作弊音同躠本又作薛悉結反向崔本作殺音同
一音素葛反踶直氏反向同崔音緹跂丘氏反一音巨氏反崔音技本云蹩躠踶跂皆用心為仁義之
貌澶本又作儃徒旦反又吐旦反向崔本作但音僤漫武半反向崔本作曼音同李云澶漫猶縱
逸也崔云但曼淫衍也一云澶漫牽引也摘敕歷反又陟革反辟匹辟反向音璧徐敷歷反李父
歷反本或作僻音同李云糾擿邪辟而為禮也一音婦赤反法也崔云譎辟多節始分如字下分皆同
犧尊音羲尊或作樽司馬云畫犧牛象以飾樽也王肅云刻為牛頭鄭玄云畫鳳皇羽飾尊婆
娑然也音先河反珪璋音章李云皆器名也銳上方下曰珪半珪曰璋情性不離
如字列離也交頸頸領也居郢反又祁盈反相靡如字李云摩也一云愛也相踶大計
反又徒兮反又徒祁反李云踶蹋也廣雅字諭聲類並同通俗文云小蹋謂之踶馬知口李音智下同

衡扼於革反，衡，轅前橫木，縛軛者也。扼，又馬頸者也。月題徒兮反。司馬云：馬額上當顱，如月形者也。介徐古八反。倪徐五佳反，郭五第反。李云：介倪猶睥睨也。崔云：介，出；倪，俛也。闉音因。鷙徐敕二反，郭音躓。曼武半反，郭武諫反。李云：闉，曲也。鷙，抵也。曼，突也。崔云：闉扼，鷙曼距扼頓遲也。司馬云：言曲頸於扼以抵突也。一云：鷙曼，旁出也。詭九彼反。銜口中勒也。或云：詭銜，吐出銜也。竊轡齧轡也。崔云：詭銜竊轡，戾銜撅盜齧轡也。態作吐代反。赫本或作赫，呼白反。胥氏司馬云：赫胥氏，上古帝王也。一云：有赫然之德，使民附之，故曰赫胥，蓋炎帝也。含哺音步。縣企音玄。踶直氏反。跂丘氏反。好知呼報反，下音智。

胠篋第十舉事以名篇

胠李起居反。史記作擔，徐起法反，一音虛乏反。司馬云：從旁開為胠。一云：發也。篋苦協反。探吐南反。囊乃剛反。匱其位反。匱，櫃也。攝如字。李云：結也。崔云：收也。緘古咸反。縢向、崔本作縢，同，徒登反。崔云：約也。案廣雅云：緘縢，皆繩也。扃古熒反。崔、李云：關也。鐍古穴反，李

云紐也崔云環舌也　知也 如字又音智下同　揭 徐其謁反又音桀三蒼云擧也擔也負也　擔

丁甘反　而趣 七須反李云走也　唯恐 丘用反　鄉之 本又作向亦作嚮同許亮

反　爲大盜 于僞反下及下注而爲同　積者 如字李子賜反　罔罟 音古罔之

通名　耒 力對反徐力猥反郭呂罍反李云犁也一云鎒柄也　耨 乃豆反李云鋤也或云以木爲

鋤柄　所刺 徐七智反　闔 戶臘反　四竟 音境下之竟同　治邑 直吏反　屋

周禮夫三爲屋　州 五黨爲州二千五百家也　閭 五比爲閭二十五家也　鄉 五州爲鄉萬二千五

百家也　田成子 齊大夫陳恒也　一旦 宋元嘉中本作一日　殺 音試　齊君

簡公也春秋哀公十四年陳恒殺之于舒州　而盜其國 司馬云謂割安邑以東至琅邪自爲封邑

也　聖知 音智下同　十二世有齊國 自敬仲至莊子九世知齊政自太公和至

威王三世爲齊侯故云十二世也　以守 如字舊音狩　比干剖 普口反謂割心也崔

本作節云支解也　萇 直良反　弘胣 本又作肔徐勑紙反郭詩氏反崔云讀若拖或作施

字胣裂也淮南子曰萇弘鈹裂而死司馬云胣剔也萇弘周靈王賢臣也案左傳是周景王敬王之大夫魯哀公三年六月周人殺萇弘一云刳腸曰胣 子胥靡 密池反司馬如字云縻也崔云爛之於池中也案子胥伍員也諫夫差夫差不從賜之屬鏤以死投之江也 焉得 於虔反 故跖之石反 之藏 才浪反又如字 知可 如字本或作知可否 分均 符問反又如字 无治 直吏反下文始治同 魯酒薄而邯 音寒 鄲 音丹邯鄲趙國都也 圍 楚宣王朝諸侯魯恭公後至而酒薄宣王怒欲辱之恭公不受命乃曰我周公之胤長於諸侯行天子禮樂勳在周室我送酒已失禮方責其薄無乃大甚遂不辭而還宣王怒乃發兵與齊攻魯梁惠王常欲擊趙而畏楚救楚以魯爲事故梁得圍邯鄲言事相由也亦是感應宣王名熊良夫悼王之子恭公名奮穆公之子許慎注淮南云楚會諸侯魯趙俱獻酒於楚王魯酒薄而趙酒厚楚之主酒吏求酒於趙趙不與吏怒乃以趙厚酒易魯薄酒奏之楚王以趙酒薄故圍邯鄲也 掊 普口反 擊 徐古歷反 縱舍 音捨注同 閼邪 以嗟反 去華 起呂反下注去欲去其皆同 聖人已死則大盜不起 向云

事業日新新者爲生故者爲死故曰聖人已死也乘天地之正御日新之變得實而損其名歸眞而忘其塗則大盜

息矣爭尚爭鬭之爭後皆同聖人不死大盜不止向云聖人不死言守

故而不日新牽名而不造實也大盜不止不亦宜乎爲之斗斛以量之向云自此以下皆所

以明苟非其人雖法無益權衡李云權稱錘衡稱衡也錘音直僞反符璽音徙矯之

居表反竊鉤鉤謂帶也揭其謁其列二反斧鉞音越能禁音今又居

鴆反下不可禁同擿玉持赤反義與擲字同崔云猶投棄之也郭都革反李云刻也殫音丹

盡也鑠絕郭李詩灼反向徐音藥崔云燒斷之也竽音于瑟徐音本亦作笙塞

瞽曠崔本塞作杜云塞也膠音交徐古孝反喪矣息浪反攦郭呂係反又力

結反徐所綺反李云折也崔云擵之也工倕音垂堯時功者也一名睡蜘音知蛛音誅蛣

起一反蜣音羌之行下孟反鉗李巨炎反又其嚴反攘如羊反之帥

本又作率同所類反不鑠失灼反崔云不消壞也向音爍不僻匹亦反爚徐音藥三

蒼云火光銷也司馬崔云散也　此數所主反　容成氏司馬云此十二氏皆古帝王　驪

徐力池反李音犁　畜徐敕六反　伏戲音義　傔口簟反　樂其音洛　而不

相往來一本作不相與往來檢元嘉中郭注本及崔向永和中本並無與字　至治直吏反注

同　頸如字李巨盈反　贏音盈崔云裹也廣雅云負也　糧音良　而趣七于反徐

七喻反　上好呼報反注下皆同　弩音怒　畢弋機變李云兔網曰畢繳射

曰弋弩牙曰機　之知音智下及注并下知詐皆同　鉤餌如志反　罔罟罾音曾

笱鉤釣鉤也餌魚餌也廣雅云罟謂之罔罾魚網也爾雅云嫠婦之笱謂之罶　削七妙反　格古百

反李云削格所以施羅網也　羅落罝子斜反　罘本又作罦音浮爾雅云鳥罟謂之羅兔罟謂之

罝罬謂之罦罦覆車也郭璞云今飜車也　漸毒李云漸漬之毒不覺深也崔云漸毒猶深害

頡戶結反　滑于八反頡滑謂難料理也崔云纏屈也李音骨滑稽也一云頡滑不正之語也　解

若嶰反　垢苦豆反司馬崔云解垢隔角也或云言曲之辭　每每李云猶昏昏也　舍已

音捨下文同上悖李郭云必内反又音佩司馬云薄食也下爍失約反崔云消也司馬云崩蝎

也崔向本作爍同徐音藥中墮許規反毀也之施始䜴反惴本亦作蝡又作喘川兗反

向音蝡耎耳轉反崔云蠉蝡動蟲也一云惴耎謂無足蟲肖翹音消下音祁饒反崔云肖

翹植物也李云翾飛之屬也種種向章勇反李云謹慤貌一云淳厚也而說音悅下同役

役李云鬼黠貌一云有爲人也恬徒謙反惔徒暫反徐大敢反啍啍李之

閏反又之純反郭音惇以已悔人之貌下同司馬云少智貌徐許彭反又許剛反向本作啍音享崔本上句作啍啍

少知而芸也一云啍啍壯健之貌

在宥第十一以義名篇

聞在宥音又寬也則治直吏反下治亂同欲惡烏路反好欲好報

反有治天下者哉崔本作有治天下者材失云強治之是材之失也人樂

音洛恬徒謙反瘁瘁在季反病也廣雅云憂也崔本作醉愉音喻徐音踰故

譽音餘毗於如字司馬云助也一云并也思慮息嗣反大過音泰喬
向欽消反或去夭反郭音矯李音驕詰李去吉反徐起列反崔云喬詰意不平也卓勑角反郭丁角反向
音筸鷙勑二反李豬栗反向豬立反又勑栗反崔云卓鷙行不平也之行下孟反能
勝音升匈匈音凶而且如字徐子餘反說明音悅下同是悖必內反徐
蒲没反是相息亮反助也下及注皆同於技其綺反李音歧崔同云不端也說知
音智於疵疾斯反臠力轉反崔本作欒卷卷勉反徐居阮反司馬云臠卷不申舒之
狀也崔同一云相牽引也獊音倉崔本作戕囊如字崔云戕囊猶搶攘乃復扶又反而
去起慮反之邪崔本唯此一字作邪餘皆作耶齊戒本又作齋同側皆反跪其詭
反郭音危莅音利又音類无解如字一音蟹散也龍見賢遍反向崔本作覞向音
見崔音覞從容七容反炊昌睡反又昌規反本或作吹同累劣僞反司爲云炊累猶動升也
向郭云如埃塵之自動也崔瞿向崔本作臞向求朱反瞿瞿人姓名也老聃吐藍反女

慎音汝攖於營反又於盈反司馬云引也崔云羈落也排皮皆反崔本作俳進上時掌反注及下同其易以豉反囚殺如字徐所例反言囚殺萬物也淖昌畧反又直角反廉劌居衛反司馬云傷也廣雅云利也琢丁角反縣而天音玄向本無而字云希高慕遠故曰縣天僨向粉問反廣雅云僨也郭音奔驕如字又居表反郭云憤驕者不可禁之勢自見賢遍反下同股音古脛本曰股胈畔末反向父末反李扶蓋反云白肉也或云字當作紱紱蔽膝也崔云胈胝也脛刑定反讙音歡兜丁侯反崇山南裔也堯六十年放讙兜于崇山投三苗崔本投作殺尚書作竄三苗者縉雲氏之子即饕餮也三峗音危本亦作危三峗西裔之山也今屬天水堯六十六年竄三苗于三危共工音恭共工宮名即窮奇也幽都李云即幽州也尚書作幽州北裔也堯六十四年流共工于幽州施及以智反崔云延也大駭駭驚也愈粗音麤下同愚知音智下及注同好知呼報反注同釿音斤本亦作斤鋸音據制焉釿鋸制謂加肉刑也繩墨殺焉並如字崔

云謂彈正殺之　椎直追反　鑿在洛反　決焉古穴反又苦穴反崔云肉刑故用椎鑿

脊脊音藉在亦反相踐藉也本亦作脊脊廣雅云脊脊亂也　大山音泰亦如字　嵁苦巖

反一音苦咸反又苦巖反　巖音巖語銜反一音嵒語咸反　以眩玄遍反　惡直烏路反

藩徒音煩　殊死如字廣雅云殊斷也司馬云決也一云誅也字林云死也說文同又云漢令曰蠻夷

長有罪當殊之崔本作殊死　相枕之鴆反　桁戶剛反司馬云脚長械也　楊向音陽崔云械夾頸

及脛者皆曰桁楊　離力氏反又力智反　跂丘氏反又丘豉反　攘如羊反　桎之實反

梏古毒反　意如字又音醫　无愧崔本作魄　腐音輔　方復扶又反　椄

李如字向徐音燮郭慈椄反　槢郭李音習向徐徒燮反司馬云椄槢械楔音息節反崔本作熠云讀爲牒或作

謵字椄槢桎梏梁也淮南曰大者爲柱梁小者爲椄槢也　鑿在洛反又在報反　枘人銳反向本作內音同三蒼云

柱頭枘也鑿頭廁木如柱頭枘　遠於于萬反下同　而禦魚呂反本又作御音同　焉知於[illegible]

反　嗃矢許交反又亦作嚆向云嗃矢矢之鳴者郭云矢矢猛者字林云嚆大呼也崔本作蒿云蕭蒿可以爲

簡或作矯矯梟也崔本此下更有有無之相生也則甚曺史與桀跖生有無也又惡得無相轂也凡二十四字大

治直吏反去其起吕反廣成子或云即老子也空同司馬云當北斗下山也爾雅云北戴斗極為空一曰在梁國虞城東三十里質也廣雅云質正也雲氣

不待族而雨司馬云族聚也未聚而雨言澤少草木不待黃而

落司馬云言殺氣多也爾雅云落死也益以崔本作蓋以佞人如字郭音甯翦

翦如字郭司馬云善辯也一曰佞貌李云淺短貌或云狹小之貌捎悅全反閒居音閑

下注同復往扶又反邀之古堯反要也南首音狩屨其月反又音屐

驚而起也天下治直吏反吾語魚據反下同女音汝後放此窈窈

鳥了反不邪似嗟反我為于偽反下同物將自壯側亮反謂不治

天下則眾物皆自任自任而壯也之稱尺證反百昌司馬云猶百物也當我

如字緡乎武巾反郭音泯泯合也遠我于萬反昏乎如字暗也司馬云緡

昏並無心之謂也　雲將子近反，下同。李云：雲主帥也。　扶搖扶亦作夫，音符。李云：扶搖，神木也，主東海。一云風也。　鴻蒙如字。司馬云：自然元氣也。一云海上氣也。　拊孚甫反，一音甫。　脾本又作髀，音陛。徐甫婢反，又甫姊反。　雀本又作爵，同將略反。　躍司馬云：雀躍，若雀浴也。一云如雀之跳躍也。　倘尺掌反，一音吐郎反。李吐黨反。司馬云：欲止貌。李云：自失貌。　贄之二反，又豬立反，又魚列反。李云：不動貌。　叟[redacted]本又作傻，素口反。郭踈反。司馬云：長者稱。　不輟丁劣反。李云：止也。　曰

吁況于反，亦作呼。　鬱結如字。崔本作縮，音結。　掉徒弔反。　有宋如字，國名也。本作宗者非。　鞅掌於丈反。毛詩傳云：鞅掌，失容也。今此音自得而正也。　之放方往反，效也。注同。　止

蟲如字。本亦作昆蟲。崔本作正蟲。　皆坐才卧反。　意音醫。本又作噫，下皆同。　僊僊音仙。　墮許規反。　涬戶頂反，又音幸。　溟士頂反。司馬云：涬溟，自然氣也。　渾渾戶本反。　沌沌徒本反。　不離力智反，下及注皆同。　而惡烏路反。　因衆以寧所聞因衆人之所聞見，委而任之，則自寧安。　不如衆技其綺反。　衆矣

若役我之知達衆人衆人之技多於我矣安得而不自困哉　此攬音臨覽本亦作臨覽　僥古堯反徐古了反字或作儌　倖音幸一云僥倖求利不止之貌　幾何居豈反郭巨機反　不喪息浪反下及注同　萬分如字又扶問反　饕吐刀反　冒亡北反又亡報反　於嚮許大反本又作響注及下同　挈苦結反廣雅云持也　撓撓而小反　惡音烏　足復扶又反　則治直吏反　匿而女力反　中而不可不高者德也中者順也順其性而高也　不易以豉反下注同　應動憶升反　物者莫足爲也分外反　而不可不爲也分內　不與音預

天地第十二以事名篇

天地釋名云天顯也高顯在上也又坦也坦然高遠也地底也其體底下載萬物也禮統云天地者元氣之所生萬物之祖也易說云元氣初分清輕上爲天濁重下爲地　其治直吏反注同下官治并注亦同　人卒尊忽反　君原原本也　非邪也似嗟反本又作爲　技也其綺反注

下同記曰書名也云老子所作夫子司馬云莊子也一云老子也此兩夫子曰元嘉本皆爲別章崔本亦
爾覆載芳富反洋洋音羊又音詳不刳口吳反又口侯反崔本作軒云
寬悅之貌而去起呂反循音旬或作脩挫作卧反韜吐刀反廣雅云藏也沛普貝反字林云流也物
逝崔本逝作啓云開也滂沛普旁反不近附近之近不樂音洛縣解上音玄下音蟹不
以王于況反下王德並同蛻然始銳反又音悅漻李良由反徐力蕭反廣雅下巧反云清貌非
好呼報反而知音智注同而供音恭本亦作恭確苦學反斯音賜又如字
赤水李云水出崐崘山下還歸音旋玄珠司馬云道眞也使知音智注及下音
同索之所白反下同喫口懈反詬口豆反司馬云喫詬多力也王倪徐五兮反
被衣音披要之一遥反注同圾本又作岌五急反又五合反郭李云危也給數音朔
在去起呂反於強其丈反方且如字凡言方且者言方將有所爲也物絯徐户
隅反廣雅公才反云東也与郭義同今用廣雅音令應力呈反治亂直吏反注同之

率色類反注同又色律反　殺君音試本又作弑音同　華胡化反又胡花反司馬云地名也　封人司馬云守封疆人也　曰嘻音熙　請祝之又反又州六反　女獨音女後同　鶉居音淳鶉居謂無常處也又云如鶉之居猶言野處　鷇口豆反　食爾雅云生哺鷇鷇食者言仰物而足也　就閒音閑注同　上僊音仙　伯成子高通變經云老子從此天地開闢以來吾身一千二百變後世得道伯成子高是也　闔本亦作盍胡臘反　无落落猶廢也　俋俋徐於執又徐直立反李云耕貌一云耕人行貌又音秩又於十反字林云勇壯貌　治成直吏反　能閒閒廁之間　不與音預　侗音洞又音同　泰初易說云氣之始也　有分符問反　无閒如字　留動留或作流　喙丁豆反又充芮喜穢二反　緡武巾反　夫子仲尼也　相方如字又甫往反本亦作放甫往反注同　強以其兩反　縣音玄　寓音宇司馬云辯明白若縣室在人前也　易見以豉反　技係其綺反　執留如字本又作䝟音同一本作狸亦如字司馬云䝟竹鼠也一云執留之狗謂有能故被留係成愁思

也　獲音袁狙七徐反之便婢面反徐扶面反司馬云言便捷見捕復何扶又反

將一本作蔣閭力於反葂字亦作莬音免又音晚郭音問蔣閭葂人姓名也一云姓蔣閭名葂或云姓將名閭葂也季徹人姓名也蓋季氏之族魯君或云定公知中丁仲反不

輯音集爾雅云和也又側立反郭思魚反局局其玉反一云大笑之貌螳蜋音堂郎

車軼音轍不勝音升注同自爲遽其據反本又作遽觀臺古亂

反注同覤覤許逆反又生責反或云驚懼之貌汒若本或作芒武剛反郭武蕩反擧

滅舉皆也悶然音門豈兄元嘉本作豈足溟亡頂反涬戶頂反圃

布戶反又音布圃也李云菜蔬曰圃畦戶圭反李云埒中曰畦說文云五十畝曰畦隧音遂李云道也

甕烏送反字亦作瓮搰搰苦骨反徐李苦滑反郭忽滑反用力貌一音胡没反有械

戶戒反字亦作械李云器械也浸子鴆反司馬云灌也卬而音仰本又作仰挈水口節反

若抽敕留反李云引也司馬崔本作流數如所角反徐所錄反泆湯音逸本或

作溢李云疾速如湯沸溢也司馬本作佚蕩云言其往來數疾如佚蕩佚蕩唐佚也 槔 本又作橋或作皐同音羔

徐居橋反司馬李云桔槔也 吾師 謂老子也 瞞 武版反又亡安反字林云目眥平貌李天典反慙貌

一音門又云千反司馬本作憮音武崔本作撫 於于 並如字本或作吙吁音問司馬云夸誕貌一云行仁

恩之貌 以蓋衆 司馬本蓋作善 隳 許規反 无乏 乏廢也 卑陬

走侯反徐側留反李云卑陬愧懼貌一云顏色不自得也 頊頊 本又作旭旭許玉反李云自失貌 向

之 許亮反本又作鄉音同後倣此 復有 扶又反 夫人 音符下夫人同 汒乎

莫剛反 之心 心或作道 譽之 音餘下同 謷然 五羔反司馬本作警 儻然 本亦

作黨司馬本作儻同勑蕩反郭吐更反 渾 胡本反 沌 徒本反 背今 音佩 之易 以豉

反 諄 郭之倫反又述倫反 芒 本或作汒武剛反李云望之諄諄察之芒芒故曰諄芒一云姓名也或云霧氣

也 大壑 火各反李云大壑東海也 苑風 本亦作宛徐於阮反李云小貌謂遊世俗也一云苑風人

姓名一云扶搖大風也 之濱 音賓 酌焉 一本作取焉 横目之民 李云倮蟲之屬

欲令其治之也　願聞本或依司馬本作間下同　聖治直吏反下皆同　官施始文反又
始智反司馬云施政布教各得其宜　手撓而小反又而了反司馬云動也一云謂指麾四方也　顧指
如字向云顧指者言指麾顧盼而治也或音頤本亦作頤以之反謂舉頤指麾也　美惡烏路反　慆
乎音超字林云帳也徐尺遥反郭音條　儻乎敕黨反司馬本作儻　德人之容羊凶反或
云依注當作客　天地樂音洛注同　銷亡徐音消　混冥胡本反　門无鬼
司馬本作无畏云門姓无畏字也　赤張滿本或作蒲　稽古兮反李云門赤張氏也无鬼滿稽名也
均治直吏反下及注均治並同　之輿音餘本又作邪　復何扶又反下章注同　瘍音羊
李云頭創也言創以喻亂求虞氏藥治之司馬云疕瘍也　患創初良反　秃吐木反　髢大細
反司馬云髲也又吐帝反郭音毛李云髦髲也　操藥七刀反　燋然將遥反又音樵　如標
方小反徐方遥反又方妙反言樹杪之枝無心在上也　校胡孝反李音較一本作枝　蠢郭處允反動也
无傳丈專反　不諛羊朱反郭貽附反　不諂敕檢反　不肖音笑

之道音導下同豈有背音佩則勃步忽反謂己諛人本多作衆人下同司馬云衆人凡人也則佛符弗反郭敷謂反相坐才卧反注同與夫音符不解音蟹又作買反不靈本又作無靈司馬云靈曉也祈嚮許亮反司馬云祈求也大聲司馬云謂咸池六英之樂也折楊之列反皇荂況于反又撫手反本又作華音花同馬本作里華嗑然許甲反李云折楊皇華皆古歌曲也嗑笑聲也本又作嗌烏邈反司馬本作搕嘖曲仕責反本又作嗑以二缶鍾缶應作垂鍾應作鐘言垂脚空中必不得有之適也司馬本作二垂鍾云鍾注意也所適司馬云至也而強其丈反下注同比夐眦志反司馬本作鼻云始也趣令力呈反下同令解音蟹厲音賴又如字遽巨據反本或作蘧音同汲汲音急苛役音河犧音羲又素河反其斷徒亂反下同本或作故困如字本或作悃音同惾子公反郭音悛又素奉反李云困惾猶刻賊不通也中丁仲反顙桑蕩反濁口本又作噣音同滑心李音骨本亦作噣

離力智反　跂立豉反　鷸尹必反徐音述本又作鷸音同鳥名也一名翠似燕紺色出鬱林取其羽毛以飾冠　笏音忽　紳音申帶也　柴柵楚格反郭音策　外重直龍反　纆音墨　繳音灼郭古弔反　睆睆環版反又戶鰥反李云窮視貌一云眠目貌　交辟歷指司馬云交辟反縛也歷指猶歷摟貌　檻戶覽反

天道第十三以義名篇

无所積積謂滯積不通　六通謂六氣陰陽風雨晦明　四辟毗赤反謂四方開也　昧音妹　鐃心乃孝反又女交反一音而小反　中準丁仲反　大匠或云天子也　淡徒暫反　巍巍魚歸反　不與音預　俞俞羊朱反廣雅云喜也又音喻　從容七容反　南鄉許亮反本亦作嚮　素王往況反注同　而閒音閑　人樂音洛下同　韲子兮反　為戾力計反暴也　長於丁丈反章末同　天樂音洛章內同　而王往況反注及下王天同　祟雖遂反徐息類反李云禍也

畜天許六反注同知雖音智下愚知同自説音悅咎音羔繇音遥明
斷丁亂反本在於上末在於下李云本天道末人道也之辟
毗赤反比詳毗志反下同一音如字云比校詳審治之直吏反下治之至注至治之道同衰
音崔經田結反隆殺所界反長先而少詩照反萌區曲俱反
朝廷直遥反原省所景反原除省廢也必分方云反知謀音智大
平音泰迮道音悟司馬云横也而説徐音稅又如字不敖五報反雨
施始豉反膠膠交卯反司馬云和也擾擾而小反司馬云柔也案如注意膠膠擾擾
動亂之貌之王往況反藏書司馬云藏其所著書也徵藏才浪反司馬云
徵藏藏名也一云徵典也史藏府之史老聃吐甘反或云老聃是孔子時老子號也免而
歸言老子見周之末不復可匡所以辭去也繙敷袁反徐又音盤又音煩司馬煩寃也十二經
説者云詩書禮樂易春秋六經又加六緯合爲十二經也一説云易上下經并十翼爲十二又一云春秋十二公經也

以說如字又始銳反絕句老聃中丁仲反其說如字絕句曰大音泰徐敕
佐反謾末旦反郭武諫反中心物本亦作勿愷開待反司馬云樂也曰意於其
反司馬云不平聲也下同幾乎音機司馬本作頎云頎長也復言長也迂乎音子牧
乎司馬云牧養也放德方往反偈偈居謁反又巨謁反或云用力之貌揭仁
其謁反又音桀士成綺如字又魚紙反士成綺人姓名也願見賢遍反下同百
舍司馬云百日止宿也重直龍反趼古顯反司馬云胝也胝音陟其反許慎云足指約中斷傷爲趼
餘蔬所居反又音所司馬云蔬讀曰糈糈位也鼠壤內有遺餘之粒穢惡過甚也一云如鼠之推壤餘益
蹝外也棄妹一本作妹之者不仁釋名云妹末也謂末學之徒須慈誘之乃見棄薄不仁之
甚也生熟司馬云生膾也一云生熟謂好惡也而積子亦反李子賜反斂力檢反李狸豔反
復見扶又反有刺手賜反正郤去逆反或云息也夫巧苦教反又
如字知音智爲脫徒活反注同毀譽音餘反同容行如字顩頷

上息黨反下去軌反本又作顯如字司馬本作題　闞郭許覽反又火斬反又火暫反　虓火交反
豁火括反　踶直氏反　跂去氏反　邊竟音境　有人焉其名
為竊邊垂之人不聞知禮樂之正縱有言語偶會墳典皆是竊盜所得其道何足語哉司馬云言遠方嘗
有是人　奮捒音柄司馬云威權也李丑倫反一本作揀　言傳大專反後同　為其
于偽反　知者如字下同或並音智　去尚起呂反　桓公李云齊桓公也名小白　輪
扁音篇又符殄反司馬云斲輪人也名扁　斲陟角反　椎直追反　而上時掌
反　糟音遭李云酒滓也　魄普各反司馬云爛食曰魄一云糟爛為魄本又作粕音同許慎云粕也
淫麤糟也或普白反謂魂魄也　已夫音符絕句或如字　甘如字又音酣司馬云甘者緩也苦者急也
有數李去色注反數時也　人與如字又一音餘　可傳直專反注同
天運司馬作天負　第十四　以義名篇
其運爾雅云運徙也廣雅云轉也　推而如字一音吐回反司馬本作誰　緘古咸反徐古陷

反司馬本作咸云引也爲雨于僞反下及注同隆施音弛式氏反淫樂音治又音
獄而勸司馬本勸作倦云讀曰送言誰無所作在送夭往來運轉無已也有上時掌反
彷薄皇反徨音皇司馬本作旁皇云旁皇飈風也嘘音虛吸許急反披芳皮
反拂芳弗反郭扶弗反披拂風貌司馬本作[illegible]巫咸袑赤遙反郭音條又音紹李云巫咸殺
相也袑寄名也吾語魚據反女音汝後皆同六極司馬云四方上下也商大音秦
下文大息同宰蕩司馬云商宋也大宰官也蕩字也府藏才浪反蕩聞之
一本蕩作盈崔本同或云盈太宰字郢以井反又以政反楚都也在江陵北冥山司馬云北海山名
愈遠于萬反孝易以豉反下皆同濡沫音末孝悌音弟并焉
必領反棄除也注同去華起呂反北門成人姓名也洞庭徒送反之懼
如字或音句下同一本作戄音况縛反案說文懼是正字矍古文復聞扶又反下注同徵之
如字古本多作徽大清音泰迭起大節反一本作遞大計反循生似倫反蟄

蟲 沈執反郭音執爾雅云靜也 霆 音廷又音挺徒佞反電也 一憤 方問反司馬云作也

在阬 苦庚反爾雅云虛也 塗郤 去逆反與隙義同 其兌 徒外反 爲量

音亮 不離 力智反 儻 敕黨反一音敞 倚於 於綺反 槁 枯老反 目知

音智 齊限 才細反 委 於危反徐如字 蛇 以支反又作虵徐音絁 叢生 才公反

林樂 音洛亦如字 布揮 音輝廣雅云揮振也 於窈 烏了反 稽於 古兮

反 心說 音悅注同 焱氏 必遙反本亦作炎 苞裹 音包本或作包 祟 雖遂

反 師金 李云師魯天師也金其名也 之行 下孟反 芻狗 李云結芻爲狗巫祝

用之 盛 音成下同 篋 苦牒反本或作筐 衍 延善反郭恰面反李云笥也盛狗之物也司馬云合也

齊戒 側皆反本亦作齋 蘇者 李云蘇草也取草者得以炊也案方言云江淮南楚之間謂之

蘇史記云樵蘇後爨注云蘇取草也 爨之 七丸反 將復 扶又反 必且 如字徐子餘反

數 音朔 眯 李音米又音美字林云物入眼爲病也司馬云厭也音一琰反 推之 郭吐回反又如

子下同陸與音餘下同今蘄音祈求也无方之傳直專反下注同司馬
云方常也桔音結槔音羔於治直吏反注同柤側加反柚由救反猨
狙上音袁下七餘反而衣於既反齕音紇挽音晚盡去起呂反慊
苦牒反李云足也本亦作嗛音同而矉徐扶真反又符人反通俗文云蹙頞曰矉其里絕句捧
心敷勇反郭音奉挈苦結反之沛音貝司馬云老子陳國相人相今屬苦縣與沛相近惡
乎音烏下同名公器也釋名云名鳴也公平也器用也尹文子云名有三科一曰命物之名方圓
是也二曰毀譽之名善惡是也三曰況謂之名愛憎是也今此是毀譽之名也蘧音渠司馬郭云蘧廬猶傳舍也
覯古豆反見也遇也之虛音墟本亦作墟苟簡王云苟且也簡略也司馬本簡作間
云分別也不貸敕代反司馬云施與也之圃音補易養以豉反注同以爲
物于僞反操之七刀反舍之音捨注同喪息浪反湮者音因李云
塞也亦滯也郭音煙又烏節反司馬本作歅疑也簡文作甄云隔也天門一云謂心也一云大道也播

甫佐反又彼我反穅音康字亦作康蚊音文字亦作蟁虻音盲字亦作蝱噆子盍反郭
子合反司馬云齧也通昔昔夜也憯然七感反乃憤扶粉反本又作憒古內反
亦放方往反風而動司馬云放依也依無爲之風而動也易持易行竝以
豉反傑然郭居竭反又居謁反巨竭反夫揭其列其謁二反鵠本又作鶴同胡洛反
日黕巨淹反徐其金反司馬云黑也之觀古亂反司馬本作讙泉涸胡洛反相
呴况付反又况于反相濡如主反又如瑜反以沫音末相忘竝如字不談
本亦作不言噏許劫反合也龍見賢遍反賜亦本又作賜也倨堂
居慮反[illegible]也夫三王本或作三皇依注作三是也餘皆作三皇余語魚據反下同
則強其丈反爲其于僞反殺其殺竝所戒反降也注同孕以證反孩
亥才反說文云笑也別人彼列反下同爲種章勇反注同大駭胡楷反復
言扶又反之知音智下同上悖補對反下眹苦圭反又音圭乖也中墮

許規反之施式豉反憯於七感反厲敕邁反又音例本亦作厲郭音賴又敕界
反蠆許謁反或敕邁反或云依字上當作蠆下當作蠍通俗文云長尾爲蠆短尾爲蠍鮮規
之獸李云鮮規明貌一云小蟲也一云小獸也蹴蹴子六反奸音干三蒼云犯也鉤
用鉤取也甚矣夫音符篇末同難說始銳反治世直吏反白
鶂五歷反三蒼云鶂鶂也司馬云鳥子也之相視眸茂侯反子不運而
風化司馬云相待風氣而化生也又云相視而成陰陽蟲雄鳴於上風雌應
於下風而化一本作而風化司馬云雄者黿類雌者鼈類類自爲雌雄故
風化或說云方之物類猶如草土異種而同類也山海經云亶爰之山有獸焉其狀如狸而有髮其名曰師類帶山
有鳥其狀如烏五采文其名曰奇類皆自牝牡也可勝音升可壅於勇反復見
扶又反下賢遍反又如字烏鵲孺如喻反李云孚乳而生也魚傅音附又音付本亦作傳直
專反沫音末司馬云傅沫者以沫相育也一云傅口中沫相與而生子也細要一遥反者化

蜂之屬也司馬云取桑蟲祝使似己也象即詩所謂螟蛉有子果蠃負之是 舍音捨 長張丈反

刻意第十五以義名篇

刻意司馬云刻削也峻其意也案謂削意令峻也廣推云意志也 尚行下孟反 離世力智反 高論力困反 怨誹非謂反徐音非李云非世無道怨己不遇也 爲亢苦浪反李云窮高曰亢 枯槁苦老反 赴淵司馬云枯槁若鮑焦介推赴淵若申徒狄 所好呼報反下及注皆同 爲治直吏反下同 此朝直遥反 藪素口反 處閒音閑下同 魡魚本亦作釣同彫叫反 吹呴況于反字亦作喣 呼吸許及反 吐故納新李云吐故氣納新氣也 熊經如字李古定反司馬云若熊之攀樹而引氣也 鳥申如字郭音信司馬云若鳥之嚬呻也 道引音導下同李云導氣令和引體令柔 此數所主反 僅其靳反 焉能於虔反 澹大暫反徐音談 然一本作澹而 百行下孟反下及篇末百行同 恬惔大暫反徐音談下皆同 質也質正也 而

喪息浪反下同人休虛求反息也下及注同平易以豉反下及注皆同元難乃旦反下同邪氣似嗟反下同蛻然音悅又始銳反去知起呂反其覺古孝反粹雖遂反不罷音皮悲樂音洛下同好惡烏路反於忤五故反確苦角反纖介音界干越之劍司馬云干吳也吳越出善劍也李云干谿越山出名劍案吳有谿名干谿越有山名若耶並出善鐵鑄爲名劍也柙而戶甲反下蟠音盤郭音煩倩乎七練反之觀古喚反鞟苦郭反

繕性第十六以義名篇

繕善戰反崔云治也或云善也性性本也滑音骨亂也崔云治也思以李息吏反注役思同方復扶又反下無復雖復同必離力智反下文同去欲起呂反治道如字又直吏反養知音智下以意求之樂也音洛注同信行下孟反注同下以行小行注行音行立皆放此徧音遍不冒莫報反崔云覆也在混胡本反

芒莫剛反崔云混混芒芒未分時也澹徒暫反不擾而小反燧人音遂興

治直吏反澆古堯反本亦作澆醇本亦作淳音純之稱尺證反心與心

識如字衆本悉同向本作職云彼我之心競爲先識矣郭注既與向同則亦當作職也博溺乃瀝

反郭奴學反世喪息浪反下及注皆同弗見賢遍反祇所音支淡

大暫反泊音薄危然如字郭云獨正貌司馬本作峗云獨立貌崔本作垝音如累垝之垝垝然自持

安固貌於坦敕但反塊然苦對反樂全音洛注下皆同儻來吐黨

反崔本作黨云衆也可圉魚呂反本又作禦不爲于僞反下同倒置之民

崔云逆其性命而不順也向云以外易内可謂倒置

秋水第十七借物名篇

秋水李云水生於春壯於秋白虎通云水準也灌河古亂反涇流音經司馬云涇

通也崔本作徑云直度曰徑又云字或作涇雨涘音俟涯也渚司馬云水中可居曰渚釋名云

渚遮也體高能遮水使從旁回也崖字又作涯亦作厓並同不辯牛馬辯別也言
廣大故望不分別也河伯姓馮名夷一名冰夷一名巳見大宗馮遲師篇一云姓呂名公子馮夷是公子
之妻爲盡津忍反北海李云東海之北是也面目盳莫剛反又音旁又音望本
亦作望洋音羊司馬崔云盳洋猶望羊仰視貌向若向徐音嚮許亮反司馬云若海神聞
道百李云萬分之一也今我睹舊音覩案說文睹今字覩古字睹見也崔本作今睹我云
睹示也大方之家司馬云大道也理分扶問反後同以語如字下同於
虛音墟本亦作墟風俗通云墟虛也崔云拘於井中之空也夏蟲戶嫁反曲士司馬云鄉
曲之士也尾閭崔云海東川名司馬云泄海水出外者也泄之息列反又與世反量數
音亮注反下同而縣音玄下同快然於亮反又於良反之竟音境礨力罪
反向同崔音壘李力對反空音孔壘孔小穴也李云小封也一云蛾冢也稊米徒兮反司馬云
稊米小米也李云稊草也案郭注爾雅稊似稗稗音蒲賣反大倉音泰人卒尊忽反司馬云

衆也崔子恤反云盡也五常之所連司馬云謂連續仁義也崔云連續也本亦作五帝
所爭側耕反任士之所勞李云任能也勞服也證曏許亮反崔云往
也向郭云明也又虛丈反掇專劣反郭云短也而不跂如字一本作念下注亦然坦吐但
反不說音悅不愕五各反舍故音捨之倪五佳反徐音詣郭五米反下同
垺李普回反徐音孚謂盛也郭芳尤反崔音裒之殷殷衆也異便婢面反徐扶面反
反注皆同精粗七胡反下同能分如字不能論本或作諭爲利于僞
反故措七故反行殊下孟反下堯桀之行同辟異匹亦反无已音紀
惡至音烏下同其稱尺證反可勝音外自爲于僞反注內自爲相爲皆
同餘如字之噲音快又古邁反又古會反之者燕相子之也噲燕王名也司馬云燕王噲拙於謀用蘇代
之說敦堯舜讓位與子之三手而國亂而王往況反白公名勝楚平王之孫白縣尹僭稱公作
亂而死事見左傳哀公十六年梁麗司馬李音禮一音如字司馬云梁麗小船也崔云屋棟也窒

珍悉反爾雅云塞也崔李同說文都節反騏音其驥音冀驊戶花反騮音留李云騏驥驊騮皆駿馬也捕音步本又作搏徐音付狸力之反狌音姓向同又音生崔本作鼬由又反殊

技其綺反鴟尺夷反崔云鴟鵂鶹與委梟同夜撮七括反崔本作最音同蚤音早說文跳蟲齧人者也淮南于鴟夜聚蚤察分豪末許愼云鴟夜聚食蚤蝨不失也司馬本作蚉音文云鴟鵂鶹夜取蚉食今郭本亦有作蚉者崔本作瓜云鵂鶹夜聚人瓜於巢中也瞋尺夷反向處辰反司馬云張也崔音眡又師愼反本或作瞋師是或云師順也師治直吏反注皆同不舍音捨下同

簒夫初患反取也下如字女惡音汝後放此下音烏反衍如字又以戰反崔云無所貴賤乃反爲美也本亦作畔衍李云猶漫衍合爲一家反覆芳服反與道大蹇向紀輦反徐紀偃反本或作與天道蹇崔本蹇作浣云猶洽也謝施如字司馬云謝代也施用也崔云不代其德是謂謝施

參初林反差初宜反嚴乎魚檢反又如字繇繇音由泛泛孚劍反字又作汎畛之忍反域于逼反舊于目反令去力呈反五藏才浪反

其薄如字崔云謂以體著之之行如字蹢丈益反又持華反躅丈緑反又音濁

屈伸音申反要於妙反夔求龜反一足獸也李云黃帝在位諸侯於東海流山得奇獸其狀如牛蒼色無角一足能走出入水即風雨目光如日月其音如雷名曰夔黃帝殺之取皮以冒鼓聲聞五百里憐音蓮蚿音賢又音玄司馬云馬蚿蟲也廣雅云蛆渠馬蚿蚿憐蛇蛇憐風風憐

目目憐心司馬云夔一足蚿多足蛇無足風無形目形綴於此明流於彼心則質幽為神遊外趻勑甚反郭菟減反一音初稟反卓本亦作踔同勑角反李云趻卓行貌唾吐卧反噴普悶反又芳奔反又孚問反

如霧音務郭武貢反可勝音升悗然亡本反蓬蓬步東反徐扶公反李云風貌鰌音秋李云藉也藉則削也本又作蹜子六反又七六反迫也折大之舌反蜚

大音飛又扶貴反孔子遊於匡宋人圍之數色主反匝子合反司馬云宋當作衛匡衛邑也衛人誤圍孔子以為陽虎虎嘗暴於匡人又孔子弟子顏剋時與虎俱後剋為孔子御至匡匡人共識剋又孔子容貌與虎相似故匡人共圍之不惙本又作輟同丁劣反入見賢遍反吾

語魚據反蛟音交漁父音甫兕徐履反大難乃旦反閒堂
音閑无幾居豈反將甲如字本亦作捋甲公孫龍問於魏牟
司馬云龍趙人牟魏之公子少學詩照反長而張丈反之行下孟反之
知音智㳂焉莫剛反郭音莽論之力困反及與音余下句放此所開
如字本亦作闢兩通本或作閡吾喙許穢反又昌銳反隱机於靳反大息音泰
埳井音坎郭音陷之鼃本亦作蛙戶蝸反司馬云埳井壞井也鼃水蟲形似蝦蟇之鱉
必滅反字亦作鼈吾樂音洛下之樂大樂同跳音條井幹古旦反司馬云井欄也諸
詮之音西京賦作韓音甃側救反李云如闌以塼為之著井底闌也字林壯謬反云井甓也赴水
如字司馬本作踣云赴也蹶其月反又音厥泥則沒足滅跗方于反郭音附司馬
云滅沒也跗足跗也李云言踊躍於塗中還音旋司馬云顧視也虷音寒井中赤蟲也一名蜎爾雅云蜎
蠉郭注云井中小蛣蟩赤蟲也蜎音求兖反蠉音況兖反蛣蟩音吉厥蟹戶買反科斗苦禾

反科斗蝦蟇子也夫擅市戰反專也一壑火各反已縶豬立反司馬云拘也

三蒼云緋也非樂音岳又五教反逡七旬反九潦音老弗爲于僞反下

同頃久司馬云猶早晚也適適始赤反又丈華反郭菟狄反規規如字又虛役反

李徐紀睡皆適適規規皆驚視自失貌之竟音境後同蚉音文商蚷音渠郭音巨司

馬云商蚷蟲名北燕謂之馬蛙一本作蝝徐市軫反不勝音升可強其丈反方跐

音此郭時紫反又側買反廣雅云蹋也蹈也履也司馬云測也大皇音泰奭然音釋四

解戶買反索之所白反壽陵餘子司馬云壽陵邑名未應丁夫爲餘子

邯音寒鄲音丹邯鄲趙國都也匍音蒲又音符匐蒲北反又音服口呿起據

反司馬云開也李音祛又巨劫反濮水音卜陳地水也楚王司馬云滅王也先焉先謂

宣其言也巾笥息嗣反或音司而藏之李云藏之以笥覆之以巾惠子相

息亮反下同梁相梁惠王子恐丘勇反捜字又作搜或作廋所求反李悉溝反云索

也說文去求也鵷於袁反鶵仕俱反李云鵷鶵鸞鳳之屬也醴泉音禮李云泉甘如醴

嚇本亦作呼同許嫁反又許伯反司馬云嚇怒其聲恐其奪已也詩箋云以口拒人曰嚇嗜時志反

好呼報反濠梁本亦作濠音同司馬云濠水名也石絕水曰梁儵魚徐音條說文直

留反李音由白魚也爾雅云鮂黑鰦郭注即白鯈也一音篠謂白鯈魚也從容七容反魚樂音洛

注下皆同以難乃且反方復扶又反其處昌慮反

至樂音洛第十八以義名篇

至樂音洛篇內不出者皆同至極也樂歡也奚惡烏路反惛惛音昏又音門

蹲七旬反郭音存又趣允反循音旬又音脣勿爭爭鬬之爭下同誙誙戶耕反徐

苦耕反又胡挺反李云趣死貌崔云以是爲非以非爲是爲誙誙本又作脛脛鏗苦耕反鎗七羊反近

乎附近之近芒乎李音莽又呼晃反下同芴乎音忽下同萬物職職

司馬云職職猶稅稅也李云繁植貌案爾雅職主也謂各有主而區別箕踞音據盆謂瓦缶也

也長子丁丈反无槩古代反司馬云感也又音骨哀亂貌巨室巨大也同馬云以天地為室也噭噭古弔反又古堯反將令力呈反支離叔與滑音骨崔本作滑介叔介音界叔李云支離忘形滑介忘智言二子乃識化也冥伯之丘李云丘名喻杳冥也崐崘力門反山之虛音墟所休休息也左肘竹九反司馬本作肘音趺云胕足上也蹷蹷紀衛反動也惡之烏路反後皆同垢也音苟之境音境髑音獨髏音樓髐苦堯反徐又許堯反李呼交反司馬李云白骨貌有枯形也撽苦弔反又古的反說文作擊云旁擊也馬捶拙蘂反又之睡反馬杖也愧遺唯季反凍丁貢反餒奴罪反援音袁枕而針鴆反見夢賢遍反從然士容反從容也李徐子用反縱逸也復生音服又扶又反深矉音頻蹙本又作顣又作蹙同子六反頞於葛反李云矉顣者愁貌而復扶又反褚小褚許反綆格猛反汲索也汲居及反所適適或作通皇帝謂三皇五帝也司馬本作黃帝而

大、二八　莊子音義中　三三

重直用反舍內音捨且女音汝後同海鳥司馬云國語曰爰居也止魯東門之外三日臧文仲使國人祭之不云魯侯也爰居一名雜縣舉頭高八尺樊光注爾雅云形似鳳皇御而音訝觴音傷于廟司馬云飲之於廟中也九韶常遥反舜樂名眩玄遍反司馬本作玄音眩視如字徐市至反臠里轉反壇大丹反司馬本作澶音伍云水沙澶也食之音嗣鯈音條又音條李徒由反一音由隨行戶剛反委於危反蛇以支反又如字譊譊乃交反咸池堯樂名之樂如字人卒寸忽反司馬音子忽反云衆也還而音患又旋面反其好呼報反道從如字司馬云從道旁也本或作徒攓居輦反徐紀偃反又起虔反司馬云拔也或音厥蓬步東反徐扶公反若果一本作汝果元嘉本作汝過養司馬本作蓍云死也子果元嘉本作子過歡乎司馬本作嚾云呼聲謂生也種章勇反注同有幾居豈反可勝音升得水則爲𢇍此古絶字徐音絶今讀音繼司馬本作繼云萬物雖有兆眹得水土氣乃相繼而生

也本或作𢇍又作續斷　得水土之際則爲鼃戶媧反蠙步田反徐扶賢反郭父因反又音賓李婢軫反之衣司馬云言物根在水土際布在水中就水上視不見抄之可得如張緜在水中楚人請之鼃蠙之衣　生於陵屯司馬音徒門反云阜也郭音純　則爲陵舄音昔司馬云言物因水成而陸產生於陵屯化作車前改名陵舄也一名澤舄隨燥溼變也然不知其祖言物化無常形也人之死也亦或化爲草木草木之精或化爲人也　陵舄得鬱棲則爲烏足司馬云鬱棲蟲名烏足草名生水邊也言鬱棲在陵舄之中則化爲烏足也李云鬱棲糞壤也言陵舄在糞化爲烏足也　烏足之根爲蠐音齊螬音曹司馬本作蠐螬云蝎也　其葉爲胡蝶音牒司馬云胡蝶蛺蝶也草化爲蟲蟲化爲草未始有極　胡蝶胥也一名胥也　化而爲蟲生於竈下司馬云得熱氣而生也　其狀若脫它括反司馬音悅云新出皮悅好也　其名爲鴝其俱反掇丁活反　鴝掇千日爲鳥其名爲乾餘骨乾音干　乾餘骨

之沫音末李云口中汁也為斯彌李云蟲也斯彌為食如字司馬本作醯許兮反李音海司馬云蝕醯若酒上蠛蠓也蠛音眠結反蠓音無孔反頤以之反輅生乎食醯輅音路一音洛黃軦音況徐李休往反司馬云頤輅黃軦皆蟲名生乎九猷音由李云九宜為久久老也猷蟲名也瞀莫豆反又莫住反又亡角反芮如銳反徐如悅反生乎腐音輔蠸音權郭音歡司馬云亦蟲名也爾雅云一名守瓜一云蚣鼠也羊奚比毗志反乎不箰息尹反司馬云羊奚草名根似蕪菁與久竹比合而為物皆生於非類也久竹生青寧司馬云蟲名青寧生程李云未聞程生馬馬生人俗本多誤故具錄之

達生第十九以義名篇

達生達暢也通也廣雅云生出也物稱尺證反无離力智反下同大甚音泰幾足徐其依反常處昌慮反相天息亮反關尹

[illegible]喜也　不窒珍悉反　蹈火徒報反　非知音智　之列音例本或

作內　予語魚據反　女音汝後同　相遠于萬反　焉得於虔反　尤

郄去逆反　之隧字或作隊同直類反後皆同　乘亦音繩又繩證反　遻音悟

郭音愕爾雅云遻忤也郭注云謂干觸　不慴之涉反懼也李郭音習　鏌音莫本亦作莫

干李云鏌耶干將皆古之利劍名吳越春秋云吳王闔閭使干將造劍劍有二狀一曰干將二曰鏌耶鏌耶

干將妻名也　忮心之豉反郭李音支害也字書云很也　飄瓦匹遙反郭李云落也　雖

復扶又反下章同　中人丁仲反　不厭李於豔反徐於贍反　幾乎音機或音

祈　痀郭於禹反李徐居具反又其禹反　僂郭音縷李徐良付反　承一本作美　蜩

音條蜩也　猶掇丁活反拾也　五六月司馬云黏蜩時也　累丸劣彼反下

同司馬云謂累之於竿頭也　者錙側其反　銖音殊　若厥本或作橛同其月反

株音誅　拘其俱反郭音俱李云厥豎也豎若株拘也　若槁苦老反　不分如字　操

舟七曹反下章同數能音朔注下同鶩音木鴨也之覆芳服反注下同猶其車却也元嘉本無車字惡往音烏閒暇音閑瓦注之樹反李云擊也憚徒丹反又音丹又丈旦反忌惡也一曰難也泯武典反又音昬又音門本亦作殙說文云殙矜也元嘉本作昏所要一遙反田開之李云開之其名也周威公崔本作周威公竈祝腎上之六反下市軫反字又作緊音同本或作賢學生司馬云學養生之道也務中丁仲反下章注而中適同吾子與祝腎遊司馬本以吾子屬上句更云子與祝腎遊操七曹反拔蒲末反徐甫末反李云把也篲似歲反徐以醉反郭予銳反李尋恚反信醉反或蘇忽反帚也亦何聞於夫子絶句而鞭如字崔本作趍云匿也視其羸瘦在後者匿著牢中養之也單豹音善李云單豹隱人姓名也而水飲元嘉本作飲水縣音玄薄司馬云簾也无不走也司馬云走至也言無不至門奉貴富也李云走往也去其起呂反畏塗司馬云阻險道可畏懼者也卒徒子忽

反亦知音智衽而甚反徐而鴆反李云臥衣也鄭注禮記云臥席也動皆之死

地一本無地字不冒音墨牢筴初革反李云牢豕室也筴才欄也說

如字又始銳反彘直例反本亦作豕奚惡烏路反豢音患司馬云養也本亦作犧

曰齊側皆反後章同藉在夜反又在亦反尻苦羔反彫俎莊呂反畫飾之

俎也爲彘于僞反下自爲爲彘同食以音嗣糠音康糟音遭錯之

七故反置也又如字本又作措豚音直轉反又敕轉反楯食準反徐敕荀反李敕準反司馬云腞猶篆也

楯猶案也聚僂力主反司馬云聚僂器名也今冢壙中注爲之一云聚僂棺槫也一云聚當作菆才

官反僂當作蔞力久反謂殯於菆塗蔞翣之中去反一本作公反誒於代反郭音熙說文云可惡之

辭也李呼該反一音哀詒吐代反郭音怡李音臺司馬云懈倦貌李云誒詒失魂魄也數曰所主

反司馬本作數月皇子告敖如字司馬云皇姓告敖字齊之賢士也鬼惡音烏忿

拂粉反李房粉反滀敕六反之氣散而不反則爲不足李云忿滿

也滀結聚也精神有逆則陰陽內結於內魂魄散於外故曰不足上時掌反下同而不下則
使人善怒下而不上則使人善忘忘尚反李云陽散陰凝故
怒陰發陽伏故忘也不上不下中丁仲反身當心則爲病李云
上下不和則陰陽爭而攻心心精神主故病也沈有履司馬本作沈有漏云沈水汙泥也漏神名
竈有髻音結徐胡節反郭音詰李音吉司馬云髻竈神著赤衣狀如美女霆音庭
又音挺又徒佞反倍音裴徐扶來反阿鮭本亦作蛙戶蝸反徐胡佳反蠪音龍又音聾
躍之司馬云倍阿神名也鮭蠪狀如小兒長一尺四寸黑衣赤幘大冠帶劒持戟泆陽音逸
司馬云泆陽豹頭馬尾一作狗頭一云神名也罔象如字司馬本作無傷云狀如小兒赤黑色赤爪
大耳長髀一云水神名峷本又作莘所巾反又音臻司馬云狀如狗有角文身五采夔求龜反司
馬云狀如鼓而一足方音傍本亦作彷同皇本亦作徨同司馬云方皇狀如蛇兩頭五采文委
於危反蛇如字朱冠司馬本作俞冠云俞國之冠也其制似螺惡聞雷烏路反

捧 芳勇反 其首 司馬本同一本作手 䩵 敕引反徐敕一反又敕私反司馬云笑貌李云犬笑皃 紀渻 所景反徐所幸反人姓名也一本作消 為 于偽反 王 司馬云齊王也 虛憍 居喬反又巨消反李云高也司馬云高仰頭也 猶應 應對之應下同 嚮 許丈反本亦作響 景 於領反又如字李云應響鳴顧景行 呂梁 司馬云河水有石絕處也今西河離石西有此縣絕世謂之黃梁淮南子曰古者龍門未鑿河出孟門之上也 縣水 音玄 三十仞 音刃七尺曰仞 流沫 音末 黿 音元 鼉 徒多反或音檀 鼈 必滅反字又作鱉 有苦 如字司馬云病也 拯之 拯救之拯 數百 所主反 被髮 皮寄反 行歌 司馬本作行道云常行之道也 長乎 丁丈反下同 與齊 司馬云齊回水如磨齊也郭云磨翁而旋入者齊也 與汩 胡忽反司馬云涌波也郭云回伏而涌出者汩也 梓慶 音子李云魯大匠也梓官名慶其名也 鐻 音據司馬云樂器也似夾鍾 秏 呼報反司馬云損也 氣李云氣秏則心動心動則神不專也 非譽 音餘 輒然 丁協反輒然不動貌 无公朝

直遥反注同 骨消 如字本亦作滑消 成見 賢遍反 材中 丁仲反 是
與 音餘 東野稷 李云東野姓稷名也司馬云孫卿作東野畢 以御見 賢遍
反下同 莊公 李云魯莊公也或云内篇曰顔闔將傅衛靈公太子問於蘧伯玉則不與魯莊同時當是
衛莊公 中繩 丁仲反下同 文弗過也 司馬云謂過織組之文也 使之鉤
百而反 司馬云稷自矜其能圓而駈之如鉤復迹百反而不知止 顔闔 戶臘反元嘉本作盧
崔同 工倕 音垂又音睡 旋而蓋矩 指與物化而不以心
稽 音雞司馬本矩作瞿云工倕堯工巧人也旋圓也瞿句也倕工巧任規以見爲圓覆蓋其句指不以拖度
也是與化之物不以心稽留也 不桎 之實反司馬云閡也 之易 以豉反 足屨 九住
反 要帶 一遥反 踵門 章勇反司馬云至也 而詫 敕駕反又呼駕反郭都駕反司
馬云告也李本作託云屬也 子扁慶子 音篇又符殄反李云扁姓慶子字也 臨難
乃旦反 賓於 必刃反 惡遇 音烏下同 芒然 武剛反 彷徨 元嘉

本作房皇音同長而丁丈反注同飾知音智明汙音烏若揭其列反又其謁反九竅苦弔反跛彼我反蹇紀輦反又紀偃反徐其偃反而比如字又毗志反說之音悅爲具于偽反奏九韶元嘉本作奏韶武以樂音洛下同食之音嗣委於危反蛇如字李云大鳥吞蛇司馬云委蛇泥鰌款啓李云款空也啓開也如空之開所見小也鷈音兮鷃字又作鴳音晏

山木第二十舉事以名篇

山中釋名云山產也產生物也說文云山宣也謂能宣散氣生萬物也大木釋名云木冒也冒地而生也字林云木衆樹之揔名白虎通云木觸也夫出如字夫者夫子謂莊子也本或即作夫子豎市主反烹之普彭反煮也无譽音餘无訾音紫毀也徐音疵一上如字又時掌反爲量音亮人倫之傳直專反司馬云事類可傳行也則劉子卧反本亦作挫同之鄉如字一音許亮反市南宜僚了蕭反徐力遥反司馬云熊宜

僚也居市南因爲號也李云姓熊名宜僚案左傳云市南有熊宜僚楚人也 无須臾離 力智反絕句崔本無離字 居然 崔讀以居字連上句 尚行 下孟反 豐狐 司馬云豐大也 胥疏 如字司馬云胥須也疏菜也李云胥相也謂相望疏草也 機辟 婢亦反 刳形 音枯廣雅云屠也 去皮 起呂反下去欲去君同 洒心 先典反本亦作洗音同 去欲 如字 徐音慾 欲令 力呈反章末同 可樂 音洛 无形倨 音據司馬云無倨傲其形 躓 之實反又知吏反 礙 五代反 无留居 司馬云無留安其居 我无食 一本我作餓 不與 音預 大莫 莫無也 方舟 司馬云方並也 褊心 必善反爾雅云褊急也 則呼 火故反下同 張歙 許及反徐許輒反郭踈獵反張開也歙斂也 北宮奢 李云衛大夫居北宮因以爲號奢其名也 爲衛 于僞反 賦斂 力豔反 爲壇 但丹反李云祭也鑄之故爲壇也 上下之縣 音玄司馬云八音備爲縣而聲高下 王子慶忌 李云王族也慶忌周大夫也怪其簡速故問之 怕然 步各反 侗乎 吐功

敫動二反無知貌字林云大貌一音慟 儻 刺蕩反 萃乎 在醉反 芒乎 莫郎反

欣說 音悅 強梁 多力也 曲傳 音附司馬云謂曲附己者隨之也本或作傅張戀反

不挫 子卧反 大 音泰 公任 如字李云入公大大稱任其名 子幾 音祈又音機

子惡 烏路反注及下同 於好 呼報反章內同 翂翂 音紛字或作㵗 翐翐 音秩徐音族字或作泆司馬云翂翂翐翐舒遲貌一云飛不高貌李云羽翼聲

迫脅而棲 李云不敢獨棲迫脅在衆息中纔足容身而宿辟害之至也 從容 七容反 其緒 緒次緒也

行列 戸剛反下亂行同 不斥 音尺 卒不 子恤反終也又七忽反 飾知 音智

明汙 音烏 揭 其列其謁二反 爲迕 五故反 者墮 許規反 去功 起呂反

居得行 如字又下孟反注同 泊 步洛反 衣裘 於既反 褐 戸割反 杼 食汝反又音序

子桑雽 音戸本又作雩音于李云桑姓雩其名隱人也或云姓桑雩名隱 伐樹

於衛 一本作伐樹於宋削迹於衛 此數 所主反 何與 音餘下放此 假 古雅

反李云國名林回司馬云殷之逃民之姓名爲其如字下同又皆于僞反布與布謂
貨財也淡如字又徒暫反无挹音揖李云無所執持也去飾起呂反眞
司馬本作直泠音零禹司馬云泠曉也謂以眞道曉語禹也泠或爲命又作令命猶教之莊子
衣於旣反大布司馬云麤布也正緳賢節反又苦結反司馬云帶也孫履
李云履穿故係而過古禾反魏王司馬云惠王也憊皮拜反又薄計反司馬本作病
縢音騰本亦作騰柟音南木名攬舊歷敢反蔓音萬郭武半反而王
往況反司馬本作往長丁亮反本又作張音同司馬直良反云兩枝相去長遠也羿音詣或戶
係反逢蒙符恭反徐扶公反司馬云羿古之善射者逢蒙羿之弟子眄莫練反舊莫顯反本
或作睥普計反睨音詣郭五米反李云邪視也長技其綺反柘棘章夜反枳
吉氏反又音紙枸音矩悼如字又直弔反不便婢面反注同亂相息亮反見
心賢遍反強爲其丈反槁木苦老反下同猋氏必遙反古之無爲帝王也

犁然力兮反又力牛反司馬云犁然猶栗然　有當丁浪反　還目音旋　而窺徐起規反　造大司馬云造適也　損易以豉反注下同　窮桎之實反　運物司馬云運動也　之泄息列反司馬云發也徐以世反　言與之言我也　莫知音智　鷾音意　鴯音而或云鷾鴯燕也　目之所不宜處昌呂反言不可止處目已羅絡知之棄之　故其禪市戰反司馬云授予也　焉知於虔反下同　雕徐音彫本亦作彫　陵之樊音煩司馬云雕陵陵名樊藩也謂遊栗園藩籬之內也樊或作埜埜古野字　翼廣光浪反　運寸司馬云可回一寸也　感周之顙息蕩反李云感觸也　翼殷不逝目大不覩司馬云殷大也曲折曰逝李云翼大逝難目大視希故不見人　蹇起虔反　躩李驅碧反徐九縛反司馬云疾行也案即論語云足躩如也　執彈徒旦反　留之力救反司馬云宿留伺其便也　螳音堂　蜋音郎　執翳於計反司馬云執草以自翳也　搏之郭音博徐音付　之見乎賢遍反　其眞司馬云眞身也　怵然

敕律反 誶之 本又作訊音信䦧也司馬云以周爲盜粟也 三月不庭 一本作三日司
馬云不出坐庭中三月 藺 力信反一李作藺 且 子餘反司馬云藺且莊子弟子 夷易 以豉
反 不度 直洛反 自見 賢遍反 上捂 普口反 陽子 司馬云陽
朱也 而去 起呂反 之行 下孟反

田子方第二十一 以人名篇

田子方 李云魏文侯師也名無擇 數稱 雙角反又所主反下同 谿 音溪又音啓司
馬本作雞 工 李云谿工賢人也 葆眞 音保本亦作保 大絜 音泰 物邪
似嗟反 儻然 敕蕩反司馬云失志貌 而語 魚據反 聖知 音智 之行
下孟反 形解 戶買反 口鉗 其炎反徐其嚴反 直 如字本亦作眞下句同元
嘉本此作眞下句作直 土梗 更猛反司馬云土梗土人也遭雨則壞 溫伯雪子
李云南國賢人也 蘄 音祈 從容 七容反 槃辟 婢亦反 遺 如字

本又作逶，於危反）蛇（以支反）其道（音導）夫人（音符）目擊而道存矣（司馬云：見其目動而神實已著也。擊，動也。郭云：目裁往，意已達。）奔逸（司馬本又作徹）瞠（敕庚反，又尹郎反。字林云：直視貌。一音杜哽反，又敕孟反）不比而周（毗志反）滔乎前（吐刀反，謂無人君之器，滔聚其前也。又杜高反）惡可（音烏）察與（音餘，下哀與同）自喪（息浪反，下章同）薰然（許云反）日徂（如字。司馬本作疽，云：病也）能令（力呈反，下章注同）女（音汝）殆著乎吾所以著也（郭著音張慮反，注同。又一音張略反。司馬云：吾所以著者外化也。汝殆庶於此耳，吾一不化者則非汝所及也）是求馬於唐肆也（郭云：唐肆非停馬處也。李同。又云：唐，亭也。司馬本作廣肆，云：廣庭也。求馬於市肆廣庭，非其所也）馬處（昌慮反）可復（扶又反）不舍（音捨）離俗（力智反，下章文同）被髮（皮寄反）而干（本或作乾）慹（乃牒反，又丁立反。司馬云：不動貌。說文云：怖也）泊（步各反）便而待（待或作侍）見曰（賢遍反）眩（玄遍反）與（音餘，下同）搖若

徐音元　槁木苦老反　而欻訓弗反　口辟必亦反司馬云辟卷不開也又婢亦反徐敷赤反　嘗爲于僞反　且孰如字舊子餘反　至樂音洛下及注同　行小下孟反又如字　胷次李云次中也　能滑古沒反　所介音界　解乎戶買反注同　汋音灼又上若反李以略反李云取也　醯雞許西反郭云醯雞中之蠛蠓也司馬云甕中若酒上蠛蠓也　甕中烏弄反　蠛亡結反　蠓無孔反　莊子見賢遍反亦如字　魯哀公司馬云莊子與魏惠王齊威王同時在哀公後百二十年　冠古亂反　圜冠音圓　屨句音矩徐其俱反李云方也　屨徐居具反　緩戶管反司馬本作綬　佩玦古穴反　而斷丁亂反　號於國號號令也　故飯煩晚反　忘其賤與之政也謂忘其飯牛之賤也　受揖而立司馬云受命揖而立也　舐本或作舓食紙反　儃儃吐袒反徐音但李云舒閒之貌　般字又作般　礴傍各反徐敷各反司馬云般礴謂箕坐也　臝本又作臝同力果反司馬云將畫故解衣見形　神閒音閑　文王觀

於臧李云臧地名也司馬本作文王微服而觀於臧　丈夫本或作丈人　且而屬音燭

之夫夫皆方于反司馬云夫夫大夫也一云夫夫古讀爲大夫　䫇而古反郭李而兼反又而銜反

駁馬邦角反　偏朱蹄李云一蹄偏赤也　瘳乎敕留反　蹵然子六

反本或作愀在久七小二反　先君王也司馬云言先君王靈神之所致　之令本或作命　王

其无它司馬云無逵令　列士壞音怪下同　植音值　散羣司馬云植行列也散

羣言不養徒衆也一云植者疆界頭造屋以待諫者也　長丁丈反下同　官者不成德司馬

云不利功名也　斔斛音庾李云六斛四斗曰斔司馬本作斔斞云斔讀曰鍾斞讀曰庾　四竟音境

下同　太師音泰　昧然音妹　泛然徐敷劍反　夜遁徐困反　刺焉七賜

反　爲伯昏于僞反　盈貫古亂反司馬云鏑也　鏑丁歷反　措七故反

其肘竹九反　如拒音矩本亦作矩字　適矢丁歷反　復沓扶又反注

及注同　歃色洽反又初洽反　逡巡七旬反　汗流戶旦反　揮斥音輝

音尺李音記郭云揮斥猶放縱**怵然**敕律反**有恂**李又作眴音荀爾雅云恂慄也**目之志**恂謂眩也欲以眩悅人之目故怵也**於中**丁仲反又如字中精神也**所喪**息浪反後章同**栩栩**況甫反**躊**直留反**躇**直於反**得刦**居業反元嘉本作却**伏戲**音義**大山**音泰**无介**音界**不𢡮**皮拜反**以爲**于僞反下同**凡君**如字司馬云凡國名在汲郡共縣案左傳凡周公之後也隱七年天王使凡伯來聘俗本此後有孔子窮於陳蔡及孔子謂顏回二章與讓王篇同衆家並於讓王篇音之檢此二章無郭注似如重出古本皆無謂無者是也

知北遊第二十二 以義名篇

知北遊音智又如字**於玄水之上**李云玄水名司馬崔本上作北**隱弅**符云反又音紛又符紛反李云隱出弅起丘貌**白水**水名**狐闋**苦穴反司馬李云狐闋丘名**而睹**丁古反**狂屈**求勿反徐又其述反司馬向崔本作詘李云狂屈佯張似人而非也**以之言**司馬云之是也**唉**哀在反徐烏來反李音熈云應聲**語若**魚據反**不近**

附近之近下同 其易以豉反注同 更相音庚 所惡烏路反注同 復化扶又反下同 之標必遥反 大美謂覆載之美也 扁音篇又音憣 未離力智反 其內謂不能出自化也 惛然音昏又音泯 油然音由謂無所給惜也 物畜本亦作滀同敕六反注同 被衣音披本亦作披 瞳敕紅反郭蒐絳反李云未有知貌 齧缺 睡寐體向所說畏其視聽以寐耳受道速故被衣喜也 大說音悅 若槁苦老反 媒媒音妹又武朋反 晦晦音誨李云媒媒晦晦貌 丞如字李云舜師也一云古有四輔前疑後丞蓋官名 有夫音符 塊然苦對反 委形司馬云委積也 委蛻吐臥反又音悅又敕外反又始銳反又始劣反 天地之強陽氣也郭云強陽猶運動耳案言天地尚運動況氣聚之生何可得執而留也 晏於諫反徐於顯反又於見反 閒音閑 齊戒側皆反 瀹音藥或云漬也 掊普口反徐方垢反 而知音智 窅然烏了反 將為子偽反 无形謂太初也 形本生於精謂常道也 九竅苦弔反

反卵生力管反易種章勇反邀於古堯反思慮息嗣反
恂達音荀天不得不高謂不得一道不能爲高也道與音餘下皆
同博之不必知觀異書爲博以斷端管反注同魏魏魚威反
則復扶又反運量音亮萬物而不匱求位反謂任物自動運物
物各足量也之贍涉艷反下同直且如字舊子餘反喑音蔭郭音闇李音飲
一音於感反醷於界反郭於感反李音意一音他感反李郭皆云喑醷聚氣貌幾何居豈
反果蓏徐力果反白駒或云日也過郤去逆反本亦作隙隙孔也勃然
步忽反油然音由漻然音流李音礫天弢敕刀反字林云弓衣也墮
其許規反天袠陳筆反宛乎於阮反絪音因本亦作烟音因縕於云
反本亦作煴音同則敗補邁反悗然亡本反東郭子李云居東郭也
惡乎音烏欲令力呈反螻力侯反蟻魚綺反在稊大西反本

又作樨薜步計反本又作稗蒲賣反李云苐薜二草名瓦甓本又作礕步歷反
屎尸旨反舊詩旨反本或作矢溺乃弔反正獲之問於監古銜
反市履狶虛豈反每下愈況李云正亭卒也獲其名也監市市魁也狶
大豕也履踐也夫市魁履豕履其股脚狶難肥處故知豕肥耳問道亦況下賤則知道也瘦色救反
之處昌慮反周徧音遍澹而徒暫反而閒音閑寥巳音遼
鶩如字本亦作騖音務彷音旁本亦作傍徨音皇馮皮冰反又普耕反又步耕反
閎音宏李云馮宏皆大也郭云虛廓之謂也衰殺色界反徐所例反下同婀於河反荷
甘音河本或作苛老龍吉李云懷道人也隱机於靳反下同闔戶戶臘
反晝瞑音眠奓郭處野反又音奢徐都嫁反又處夜反司馬云開也嚗然音剝又孚
邈反又孚貌反李云放杖聲也投杖本亦作放杖僻陋匹亦反慢武半反徐無見反郭
如字訑徒旦反徐徒見反郭音但巳矣夫音符弇音奄堈音剛弔李云弇堈

體道人早其名　繫焉謂爲物所歸投也　猶復扶又反　與无爲之知並如字　中而歎崔本中作印　去數起呂反　大初音太　婪落力含反　窅然烏了反　摶之音博　大馬之捶鉤者年八十矣而不失豪芒捶郭音丁果反徐之累反李之睡反大馬司馬也司馬郭云捶者玷捶鉤之輕重而不失豪芒也或說云江東三魏之間人皆謂鍛爲捶音字亦同郭失之今不從此說也　玷丁恬反　捶丁果反　巧與音餘下同　而好呼報反　以長丁丈反　明日復扶又反　見賢遍反　又爲于僞反　未有子孫而有孫子言其要有由不得无故而有傳世故有子孫不得無子而有孫也如人天地不得先無而今有也　有先悉薦反下及生同　之囿音又　之圃布五反又音布　相韲子兮反和也　義冠古亂反　山林與音餘下同　而樂音洛注下皆同　能禦魚呂反　強其丈反　齊知之才細反又如字

經典釋文卷第二十七

經典釋文卷第二十八

莊子音義下 雜篇十一

唐國子博士兼太子中允贈齊州刺史吳縣開國男陸德明撰

莊子雜篇庚桑第二十三 以人名篇本或作庚桑楚

庚桑楚 司馬云楚名庚桑姓也太史公書作亢桑 老聃之役 司馬云役學徒弟子也廣雅云役使也 偏得 向音篇 畏 本或作喂又作猥同烏罪反向於鬼反 壘 崔本作纍同力罪反向良裴反李云畏壘山名也或云在魯又云在梁州 畫然 音獲 知者 音智注同 挈然 本又作契同苦計反向云知也又苦結反廣雅云提也 遠之 于萬反司馬云言人以仁智爲臣妾庚桑悉棄仁智也 擁 於勇反 腫 章勇反本亦作踵 鞅掌 於丈反郭云擁腫朴也鞅掌自得也崔云擁腫無知貌鞅掌不仁意向云二句朴纍之謂司馬云皆醜貌也 大壤 而掌反本亦作穰崔本同又如羊反廣雅云豐也 洒然 素殄反又悉禮反崔李云驚貌向蘇很反 日計之而不足 向云

無且夕小利也　歲計之而有餘　向云順時而大穰也　正得秋而萬寶成　天地以萬物爲寶至秋而成也元嘉本作萬寶　大道已行矣　本或作天道　環　如字　廣雅云圜也　堵　丁魯反司馬云一丈曰堵環堵者面各一丈言小也　俎豆　側呂反崔云俎豆食我於衆人閒　杓　郭音的又匹幺反又音弔廣雅云樹末也郭云爲物之標杓也王云斯由己爲人準的也向云馬氏作虳音的　標　必遙反一音必小反　尋常之溝　八尺曰尋倍尋曰常尋常之溝則周禮洫澮之廣深也洫廣深八尺澮廣二尋深二仞也　所還　音旋回也崔本作遠　鯢　五兮反　鰌　音秋　爲之制　廣雅云制折也謂小魚得曲折也王云制謂擅之也鯢鰌專制於小溝也　步仞之丘陵　六尺爲步七尺曰仞廣一步高一仞也孔安國云八尺曰仞小爾雅云四尺曰仞　孽　魚竭反　狐爲之祥　李云祥怪也狐貍憙爲妖孽言各有宜宜不失則大人有豐祿也王云野狐依之作妖祥也崔云蠱狐以小丘爲善也祥善也　函　音含　車之獸　李云獸大如車也一云大容車　介而　音戒廣雅云獨也又古黠反一本作分謂分張也元嘉本同　離山　力智反下注同　吞舟　敕恩反又音天　碭而失水　徒浪反謂碭溢

而失水也崔本作去水陸居也　則蟻魚綺反　苦之如字向云馬氏作最又作窮　深眇彌小
反　則粗七奴反後皆同　二子者向崔郭皆云堯舜也　蓬蒲空反　將令
力呈反　而扻莊筆反又作櫛亦作楖皆同郭音節徐側異反　數米色主反　而炊昌垂反向
云理於小利也　竊竊如字司馬云細語也一云計校之貌崔本作察察　軋烏黠反向音乙　戾拂
符弗反　任知音智注同　有殺音試本又作弒下同　穴阫普回反向音裴云阫牆也言無所畏忌
吾語魚據反　女音汝後皆放此　南榮趎昌于反向音疇一音紹俱反徐直俱反又敕俱反又
處由反李云庚桑弟子也漢書古今人表作南榮嚋或作儔又作壽淮南作南榮幬云敕蹻䟦步百舍不休亦作疇　蹵
然子六反　已長丁丈反　將惡音烏　其分扶問反後以意求之　思慮息吏
反下同　可強其丈反下章可強同　亦辟婢亦反開也崔云相著也音必亦反　或閒閒厠
之閒注同　勉聞道崔向云勉強也本或作逸　達耳矣崔向云僅達於耳未徹入於心也
奔蜂孚恭反司馬云奔蜂小蜂也一云土蜂　藿蠋音蜀司馬云豆藿中大青蟲也　越

雞司馬向云小雞也或云荆雞也能伏扶又反鵠本亦作鶴同戶各反一音戶沃反卵力管反魯雞向云大雞也今蜀雞也贏糧音盈案方言贏儋也齊楚陳宋之閒謂之贏一音果曰唯唯癸反挾三音協懼然向紀具反本又作瞿瞿音同又況縛反因失吾問元嘉本問作聞向吾本又作嚮同盾睫音接釋名云目毛也規規李云失神貌一云細小貌若喪息浪反注同揭其列其謁二反竿音干而求諸海也向云言以短小之物欲測深大之域也女亡人哉崔云喪亡性情之人也所好呼報反去其起呂反所惡烏路反注同復見扶又反洒濯大角反鬱鬱崔云鬱洒貌津津如字崔本作律律云惡貌猶有惡也李云惡計末盡也外獲向音霍崔云恢廓也又如字本亦作蒦音獲又乙虢反又烏邈反又音纙李云縛也三蒼云佩刀靶韋也而捉徐側角反崔作促云迫促也內揵郭其輦反徐其偃反關也向云閉也反音反下同繆莫侯反又音綢結也崔向云綢繆也放道如字向方往反云依也加病如字

元嘉本作知病崔本作駕云加也　衛生　李云防衞其生令合道也　當則　丁浪反後放此　能

舍　音捨下同　翛　音蕭徐始六反又音育崔本作隨云順也　侗　本又作洞大董反又音慟向敕動反

云直而無累之謂三蒼云殼直貌崔同字林云大也　礙也　丑代反　嗥　戶羔反本又作號音同　而

嗌　音益崔云喉也司馬云咽也李音厄謂噎也一本作而不嗌案如李音有不字　不嗄　於邁反本又作

嚘徐音憂司馬云楚人謂啼極無聲爲嚘崔本作喝云啞也　終日握　李云捲手曰握　不掜

五懽反向音藝崔云寄也廣雅云掜也　共其　如字崔云壹也　不瞚　字又作瞬同音舜動也本或作

瞑莫經反　偏不　徐音篇　委　於危反　蛇　以支反　冰解　音蟹　交食

崔云交俱也李云共也　交樂　音洛　相攖　於營反徐又音嬰廣雅云亂也崔云猶貫也　若

槁　苦老反　惡有　音烏　愛惡　烏路反下同　宇泰定　王云宇器宇也謂器宇同

泰則靜定也　學者學其所不能學也　言人皆欲學其所不能知凡所能者

故是能於所能夫能於所能者則雖習非習也　敗之　補邁反或作則元嘉本作則　備物以

將形備具也將順也億度待洛反以滑音骨靈臺郭云心也察謂心有靈智能住持也許慎云人心以上氣所往來也不見其誠已而發謂不自照其內而外馳也每發而不當丁浪反爾雅云每雖也謂雖有發動不中當幽閒音閑券內字又作卷徐音勸卷分符問反下同崔云券分明也則宜方云反期費芳貴反下同廣雅云期卒也費耗也言若存分外而不止者卒有所費耗也以爲于僞反賈人音古人見其跂猶之魁苦回反安也一云主也然謂衆人已見其跂求分外而猶自安可羞愧之甚也物且且始也焉於虔反注同莫憯七坎反廣雅云痛也元嘉本作憯鏌音莫鋣也嗟反鏌鋣良劒名五藏才浪反後皆放此其分符問反注及下皆同一音方云反所惡烏路反下及注皆同故出而不反謂情識外馳而不反觀於內也見其鬼王云永淪危殆資死之術已行及之故曰見鬼也出而得是謂得死若情識外馳以爲得者是曰得死耳非理也滅而有實鬼之一也廣雅云滅殄也盡也實塞

也既殄塞純朴之道而外馳澆薄之境雖復行尸於世與鬼何別故云鬼一也出无本入无竅苦弔反出生也入死也本始也竅孔也所以知有形累於無形者以其出入無本竅故也欻然訓勿反乎處昌據反下注同有長丁丈反增也又如字下注同本剽本亦作標同甫小反崔云未也李怖遥反徐又數遥反下同有所出夫生必有所出也而无此明所出是無也既是無矣何能有所出耶竅者有實既言有竅竅必有實求實不得驗並無也有實而无乎處者宇也三蒼云四方上下為宇宇雖有實而無定處可求也有長而无本剽者宙也三蒼云往古來今曰宙說文曰舟輿所極覆為宙長猶增也本始也宙雖有增長亦不知其始未所至者也惡乎音烏為喪息浪反注同融液音亦以分方云反注同為兄苦羔反昭景也著丁略反又張慮反戴本亦作載也甲氏也著張慮反又也又丁略反封也非一也一說云昭景甲三者皆楚同宗也著戴者謂著冠世世處楚朝為衆人所戴仰也著封者謂世世處封邑而光著父也昭景甲三姓雖異論本則同也崔云昭景二姓楚之所顯戴皆甲姓顯封雖非一姓同出公族喻死生同也此兩說與注不

大宗師二

同脚出之耳已復扶又反有生黬徐於減反司馬云烏簟反云黶有疵也有疵者欲披除之李烏感反字林云釜底黑也
披普皮反然曰移是或云黬然聚而生披然散而死也臘力闔反者之有
膍音毗司馬云牛百葉也本或作毘音毘獐也胲古來反足大指也崔云備也案臘者大祭備物而肴有膍胲此雖從散禮應具不可散棄也
其偃於𨊻反司馬郭皆云屏厠也又於建反屏厠步定反又必領反下同爲
是手偽反溲所留反因以死償節常亮反廣雅云償報也復也案謂殺身以成名節成而身死故曰以死償節也
爲知音智蜩音條學鳩本或作鷽音同蹍女展反司馬李云蹈也廣雅云履也
鷔五報反廣雅云妄也嫗於禹反迠同詡之況甫反未
曾才能反辟金必領反除也又婢亦反之勃本又作悖同必妹反之謬如字一本作繆云𠊱反亦音謬
去德起呂反惡欲烏路反哀樂音洛累德劣僞反後注同
知能音智不盪本亦作蕩徒黨反郭云動也又徒浪反又吐浪反德之光一本光字作先
晛也魚計反又五禮反視也謂治直吏反羿五計反徐又户計反中

微丁仲反注同 已譽章餘後章同 而俍音良崔云良工也又音浪 唯蟲一本唯作雖下句亦爾言蟲自能爲蟲者天也 惡天烏路反下同 威也崔本作或也 之籠力東反 所好呼報反下及注文同 湯以胞本又作庖白交反 人籠伊尹伊尹好廚故湯用爲庖人也 秦穆公以五羊之皮籠百里奚百里奚好秦而拘於宛故秦穆公以五羊皮贖之於楚也或云百里好五色皮裘故因其所好也 介音界郭云刖也又古黠反廣雅云獨也崔本作兀 拸畫敕紙反又音他又與紙反本亦作移司馬云畫飾容之具無足故不復愛之一云移離也崔云移畫不拘法度也 不復扶又反 胥靡司馬云刑徒人也一云癃人也崔云腐刑也 夫復音服徐扶又反 謵音習 不餽其愧反廣雅云遺也一音愧元嘉本作愧 而忘人復者温復之謂也謂翫也夫人翫習者雖復小事皆所至惜今温復人之所習既得之矣而不還歸以饋遺之此至愚不獲人之所惜者也無復相爲之情故曰忘人 侮之亡甫反

徐无鬼第二十四以人名篇

徐无鬼（緡山人魏之隱士也司馬本作緡山人徐无鬼）女商（人名也李云无鬼女商並魏幸臣）魏
武侯（名擊文侯之子治安邑）武侯勞之（力報反唯山林之勞一字如字餘井下章並力報反）
盈耆（時志反下注同）長（丁丈反）好（呼報反下注下章同）惡（烏路反下注下章同）黜
（敕律反退也本又作出音同司馬本作咄）擊（苦田反又口閑反爾雅云固也崔云引去也司馬云牽也）超然
（司馬云猶悵然也）不說（音悅下文大說同）語君（魚據反）吾相（息亮反下皆同）下
之質（一本無質字）執飽而止（司馬以執字絕句云放下之能執禽也）是狸德也
（謂貪如狐狸也）示日（音示司馬本作視云視日瞻遠也）若亡其一（一身也謂精神不動若無其身
也）直者中繩（丁仲反下皆同司馬云直謂馬齒曲謂背上方謂頭圓謂目）成材（字亦
作才言自然已足不須教習也）若卹（音恤）若失（音逸司馬本作佚李云卹失皆驚悚若飛也）若
喪（息浪反下章注同）其一（言喪其耦也）超軼（李音逸徐徒列反崔云徹也廣雅云過也）
以說（如字又始銳反下皆同司馬作悅）從說（子容反）金版（本又作板蒲版反又如字）六

弢吐刀反司馬崔云金版六弢皆周書篇名或曰祕讖也本又作六韜謂太公六韜文武虎豹龍犬也樂音洛章末同鴳一諫反吾君說音悅越之流人越遠也司馬云流人有罪見流徙者也數日所主反及期音基夫逃司馬本作巡也虛空者司馬云故壞冢處爲空虛也藜力西反藋徒弔反本或作蘿同柱誅矩反司馬云塞也乎鼪音生又音姓鼬由救反之逕本亦作徑司馬云徑道也本又作跡元嘉本作迹徐音逸崔云迭跡良位其空司馬云良人謂巡虛者也位其空謂處虛空之間也良或作踉音同跫然郭巨恭反李曲恭反又曲勇反悚也徐苦江反又祛局反司馬云喜貌崔云行人之聲而喜矣李云喻武侯之無人君之德而處荏防衞之間雖臨朝蹻屬愈非其意及得其所思猶逃竄之間人音安能不跫然改貌釋然而喜也謦苦頂反又音罄欬苦愛反一音器李云謦欬喻言笑也但呼聞所好猶大悅況骨肉之情歡之至也以矣夫音扶後放此食芧音序又食汝反本亦作芧栗韭

音以或非下作者非也以賓必刃反本或作擯司馬云擯棄也又必人反李云賓客也欲干李云

于求也社稷之福邪李云謂善言嘉謀可以利社稷也萬乘繩證反不
自許司馬云許與也夫𡝤病王云𡝤者以正從邪也謂病也所病之何也
李云服而無對也或云養違天地之平獨恣其欲自許不損於神而以𡝤爲病故不知所以以此爲病何爲乎偃
兵偃息也成固有伐變固外戰王云成功在已亦衆所不與欲無有伐其可得
乎夫僞生形造又伐焉非本所圖勢之變也既有僞伐得無戰乎鶴列李云謂兵如鶴之列行司馬云
鶴列鍾鼓也麗如字又力智反力支反譙本亦作嶕在逍反司馬郭李皆云麗譙樓觀名也案謂華
麗而嶕嶢无徒司馬云徒步也錙壇徐側其反錙壇壇名无藏一本作藏司馬本同
逆於得司馬本作德李云凡非理而貪貪得而居之此藏逆於德內者也孰有貪得而可以德不失哉
國宜無藏而捨之又云謂有貪則逆道也惡乎音烏下同勿攖一營反又一盈反已脫
音奪大隗五罪反司馬崔本作泰隗或云大隗神名也一云大道也具茨一本作次同祀咨反又音
資司馬本作疾山名也司馬云在滎陽密縣東今名泰隗山昌寓音禹驂乘繩證反驂乘車

右也謂音習元嘉本作謂崔同㢊舒氏反崔本作廖本亦作朋蒲登反徐扶恒反前馬
司馬云二人先馬導也昆閽音昏滑音骨稽音雞後車司馬云三人後車後襄
城之野李云地名七聖黃帝一方明二昌寓三張若四謵朋五昆閽六滑稽七也予少
詩召反瞀莫豆反郭音務李云風眩貌司馬云瞀讀曰䁅謂眩䁅也長者丁丈反乘
日之車司馬云以日爲車也元嘉本車作居少痊七全反李云除也且復扶又反
去其起呂反下注同知士音智不樂音洛下不樂及注同察士李云察識也
凌李云謂相凌轢誶音信廣雅云問也又音祟又音峻一本作訙皆囿音又非強其丈
反興朝直遙反中民李云善治民也矜難乃旦反枯槁苦老反後
章同宿名宿積久也王云枯槁一生以爲賤其所寢宿唯名而已廣治直吏反貴際
謂盟會事不比毗志反下同商賈音古則壯李云壯猶疾也則惰徒臥反
所耆時志反而樂音洛以要一遙反匍音扶又音蒲匐音服

又蕭比反亙中丁仲反注同復相扶又反魯遽音渠又其據反李云魯遽人姓
名也一云周初時人爨七亂反又七端反爲之于僞反廢一廢置也改調徒弔
反注音同无當丁浪反合也相拂扶弗反蹢呈亦反投也司馬云齊人憎其子蹢之於
宋使門者守之令形不全自以爲是鈃鍾音刑徐户挺反又字林云鈃似小鍾而長頸又云似壺而大以
束縛郭云恐其破傷也案此言賤子貴鈃自以爲是也唐子謂失亡子也遺類遺亡
也云其種類故也惠施畔道而好辯猶齊人遠子而愛鍾也遠索所百反而與舟人
鬭司馬云夜上人船人必擠己於水也擠排也未始離力智反注同於岑士金反徐
在林反又語審反謂崖岸也獨上時掌反從者才用反郢人以井反楚都也
漢書音義作慢人服虔云慢人古之善塗墍者施廣領大袖以仰塗而領袖不污有小飛泥誤著其鼻因令匠
石揮斤而斲之慢音溫韋昭乃回反堊烏洛反慢本亦作漫郭莫干反徐莫但反李云猶塗也
爲寡人于僞反大病謂死也惡乎音烏屬國音燭歟

如字又音餘且鉤鉤反也亦作拘音同又音俱上忘而下畔言在上不自高於下無背
者也下人遐嫁反所措七故反故僅其靳反狙七徐反恂然
音舜徐音荀又思俊反司馬云遽也深蓁徐仕巾反一音側巾反委於危反蛇餘支反
攫俱縛反徐居碧反三蒼云搏也郭又七段反司馬本作攫摋本又作搔素報反徐本作掾七活反司馬
本作條見賢遍反巧如字或苦孝反崔本作攷王射食亦反下同搏音博相
者息亮反司馬云佐王儺者也趨射音促急也執死司馬云見執而死也之狙
也之猶是也本或作是其便婢面反以敖司馬本作倖云很也董梧有道者也
師其德以鋤色以助士居反本亦作鋤去樂起呂反隱於靳反噓音虛入
見賢遍反夫物之尤也音符一本作夫子則如字山穴之中司馬本同李云齊庵
山穴也一本作之口田禾齊君也尊德故國人慶之鬻之羊六反彼惡音烏下同自
喪息浪反而泊步各反觴之音商李云酒器之揔名也孫叔敖執

爵 案左傳孫叔敖是楚莊王相孔子未生哀公十六年仲尼卒後白公爲亂宜僚未嘗仕楚又宣十二年傳楚有熊相宜僚則與叔敖同時去孔子甚遠蓋寄言也 兩家之難 乃旦反注同 解 音蟹注同

司馬云宜僚楚之勇士也善弄丸楚白公勝將作亂殺令尹子西子期石乞曰市南有熊宜僚者若得之可以當五百人乃往告之不許也承之以劒不動弄丸如故曰吾亦不泄子白公遂殺子西子期歎息兩家而已宜僚不預其患 甘寢秉羽 如字又音翩司馬本作翯云讀曰翩或作翅雽舞者之所執崔本作翼 郢人投兵 司馬云言叔敖願安寢恬卧以養德於廟堂之上折衝於千里之外敵國不敢犯郢人投兵無所攻伐也郢楚都也 喙 許穢反又丁豆反或昌銳反 三尺 三尺言長也司馬云喙息也宜僚弄丸而弭難叔敖除備以折衝丘亦願有歎息其三尺三尺七首劒 彼之謂此之謂 郭云彼謂二子此謂仲尼也司馬云彼謂甘寢此謂弄丸 總 音揔 不能同 一本作相同 善吠 伐廢反司馬云不別客主而吠不止 善言 司馬云失本逐末而言不止也 不舍 音捨 循古而不摩 一本作磨郭云摩拭也王云摩消滅也雖常通物而不失及己雖理於今常循於古之道焉自古及今[illegible]

名字摩滅也　摩拭音式　九方歅音因，李烏雞反，又音煙。善相馬人。淮南子作九方皐。

爲我于僞反　相吾子息亮反　梱音困，又口本反。子綦子名。　瞿然紀具反。司馬云：喜貌。本亦作矍，呼縛反。字林云：大視貌。李云：驚視貌。　索然悉各反，又色白反。司馬云：涕下貌。

禦福魚呂反，距也，逆也。　未嘗如字，本或作曾，才能反。　而牂子郎反。爾雅云：牝羊也。　於奧烏報反。西南隅未地也。一曰豕牢也。　好田呼報反　於宎字又作窔，烏弔反，徐烏了反。司馬云：東北隅也。一云東南隅，鶉火地，生鶉也。一云窟也。郭徒忽反，字則穴下犬。

遊於天地司馬本地作汩，云：亂也。崔本同。　邀古堯反，遇也。　樂音洛　之償時亮反，又音賞。　怪行下孟反，注同。　无幾居豈反　於燕音煙　全而鬻之音育。絕句。一本作鬻之難。　刖音月，又五刮反。

易以豉反，注同。　售也受又反　渠公或云渠公齊之富室，爲街正，買梱自代，終身食肉至死。一云渠公屠者，與梱君臣同食肉也。　之街音佳。一本作街。　然身食肉終本或作身肉食者誤。　畜畜許六反，郭他六反。李云：行仁貌。王云：卹愛勤勞之貌。　其人與如字　人相食

與音餘言將馳走於仁義不復營農飢則相食譽之音餘所惡烏路反之行
下孟反且假夫禽貪者器司馬云禽之貪者殺害無極仁義貪者傷害無窮
覞郭薄結反云割也向芳舌反司馬云暫見貌又甫莅反又普結反又初栗反劑子隨反暖吁爰
反又吁晚反柔貌姝昌朱反妖貌濡音儒又音如安也需音須濡需謂偷安須臾之頃
卷音權婁音縷卷婁猶拘攣也自說音悅之竟音境蝨音瑟奎
苦圭反本亦作本曲隈烏回反向云股間也暖室奴緩反又虛袁反一本作安室操七曹
反羊肉不慕蟻魚綺反李云年長心勞無憂樂之志是猶羊肉不慕蟻也羶也設然
反羶行下孟反至鄧向云邑名之虛音墟本又作墟童土如字又音杜向云童土地無草
木也齒長丁丈反注同若少詩召反惡衆烏路反非好呼報反不
比毗志反下注同煬郭音羊徐餘亮反和李云煬炙也爲和氣所炙於蟻棄知音智
於魚得計於羊棄意司馬云蟻得水則死魚得水則生羊得水則病一說云眞

人無擅故不致蟻是蟻棄智也共處相忘之大道無沾濡之德是魚得計也羊無擅行而不致蟻是羊棄意也能

去起呂反或復扶又反堇音謹郭音覲徐音靳司馬云烏頭也治風冷痺桔音結本亦作結梗古猛

反司馬云桔梗治心腹血瘀瘕痺雞廱徐於容反本或作壅音同司馬云即雞頭也一名芡與藕子合

爲散服之延年豕零司馬本作豕囊云一名豬苓根似豬卵可以治渴案四者皆藥草名是時

爲帝者也司馬云藥草有特迭相爲帝謂其王相休廢各得所用也勝言音升句

踐音鉤甲楯純尹反徐音尹棲於音西李云登山曰棲會古外反稽音雞

種章勇反越大夫名也吳越春秋云姓文字少禽所以存本又作可以存言知越雖云可以存也

鴟尺夷反脛刑定反解之佳買反司馬云去也一音懈有損有形自然相累世能

累物物能累人故大夫種所以不免也不磷鄰刃反恃本亦作特源而往者

也水由源往雖遇風日不能損也道成其性雖在於世不能移也之長丁丈反注同玆萃

所巾反郭云聚也李云多也本又作萃恃其所不蹍女展反李云一足常不往故能行廣遠也

解之音蟹下同又佳買反令各力呈反下同不撓乃孝反樞尺朱反頡徐下結反滑乎八反向云頡滑謂錯亂也揚搉音角又苦學反三蒼云搉敵也許慎云揚搉粗略法度王云搉略而揚顯之或解佳買反注同復於音服又扶又反

則陽第二十五以人名篇

則陽司馬云名則陽字彭陽也一云姓彭名則陽周初人也夷節楚臣王果司馬云楚賢人譚音談本亦作談李云說也郭徒堪反徐徒暗反公閱休隱士也閱音悅擉初角反又敕角反司馬云刺也郭音觸徐丁錄反一音捉樊音煩李云傍也司馬云陰也廣雅云邊也予宅司馬云以隱居山陰自顯也有知音智注同顛冥音眠司馬云顛冥猶迷惑也言其交結人主情馳富貴暍音謁字林云傷暑也之施始豉反下同能撓乃孝反又呼毛反王云惟正德以至道服之佞人以才辯奪之故能泥撓之也淡然徒暫反而化卑居高而以卑爲本也本或作而化卑於人也不喪息浪反而飲於鴆反一閒音閑綢直周反

繆亡侯反綢繆猶纏緜也又云深奥也周盡一體所鑒綢繆精麤淘盡故言周盡一體一體天也復命搖作搖動也萬物動作生長各有天然則是復其命也命之也命名也憂乎知音智而所行恒无幾居豈反時其有止也若之何王云憂乎智謂有爲者以形智不至爲憂也不知用智必喪喪而更以不知爲憂及其智之所行有弊無濟故其憂患相接無須臾停息故曰恒無幾時其有止也不能遺智去憂非可憂如何則不知其美於人生便有見物之美而爲無心人與作名言鏡耳故人美之若不相告即莫知其美於人好之呼報反注同暢然喜悅貌之緡民忍反徐音昬郭云今也司馬云盛也十九謂見十識九也見見聞聞見所見聞所聞臺縣音玄衆閒音閑注同元嘉本作閞冉相息亮反注同郭云冉相氏古聖王肯舍音捨注同皆殉辭俊反所行之備而不洫音溢郭許的反李虛域反濫也三云壞敗也無心偕行偭往而不至故曰皆殉也所行行備而物我無傷故無壞敗也門尹登恒向云門尹官名登恒人名爲之于僞反下同

傅之音付下同　不與音預　之名嬴音盈　法得其兩見賢遍反注同得其隨成之道以司其名名實法立故得兩見猶人鑑之相得也　寄治直吏反　容成老子師也　魏瑩郭本作瑩音瑩磨之瑩今本多作瑩乙耕反司馬云魏惠王也　與田侯一本作田侯牟司馬云田侯齊威王也名年桓公子案史記威王名因不名牟　約徐於妙反又如字司馬云約誓在惠王云十六年　背之音佩　刺之七賜反　犀首魏官名也司馬云若今虎牙將軍公孫衍爲此官元嘉本作犀首　萬乘繩證反　爲君于僞反下請爲君同　忌也　出走忌畏而走或言圍之也元嘉本忌作云　抶敕一反二蒼云擊也郭云抶又豬栗反　折其之舌反　季子魏臣　又壞音怪　華子亦魏臣也　惠子惠施也　而見賢遍反下同　戴晉人梁國賢人惠施薦之於魏王　蝸音瓜郭音戈李云蝸蟲有兩角俗謂之牛三蒼云小牛螺也一云俗名黃犢　數萬色主反　逐北如字又音佩軍走曰北　曰噫於其反　言與音餘　雖復扶又反　惝音敞字林云惘也又吐蕩反　党

管亦作管嗃許交反管聲也王篇呼洛反又呼教反廣雅云鳴也劒首司馬云謂劒環頭小孔也
吷音血又呼悅反司馬云吷然如風過所譽音餘蟻丘魚綺反李云蟻丘山名之
漿李云賣漿家司馬云謂逆旅舍以菰蔣草覆之也登極司馬云極屋棟升之以觀也一云
極平頭屋也稯稯音揔字亦作揔李云聚貌本又作稷一本作稷初力反聖人僕
謂懷聖德而隱僕隸也司馬本僕作撲謂聖人坏撲也藏於畔王云修田農之業是隱藏於壟畔
銷音消司馬云小也捎其本亦作揁不肎肎絜也不絜丗也本或作肯陸沈
司馬云當顯而反隱如無水而沈也長梧封人長梧地名封人守封疆之人子牢司馬云即
琴牢孔子弟子鹵音魯莽莫古反又如字滅裂猶短草也李云謂不熟也郭云鹵莽滅裂輕脫
末略不盡其分也司馬云鹵莽猶麤粗也謂淺耕稀種也滅裂斷其草也芸音云除草也變齊才細
反司馬如字云變更也謂更變所法也齊同也耰音憂司馬云鋤也廣雅云雅也字林云摩田器也厭
湌音孫本又作飧離其力智反下同以衆爲如字王云凡事所可爲者也豚離滅

亡皆猶衆爲衆爲所謂鹵莽也司馬本作爲僞欲惡烏路反注並同之孽魚列反萑音丸
葦類葦于鬼反蘆也蒹古恬反薕也葭音加亦蘆也並潰回內反漏
發李云謂精氣散泄上潰下漏不擇所出也漂本亦作瘭徐敷妙反又匹招反一音必招反疽
七餘反瘭疽謂病瘡膿出也疥音界溲本或作廋所求反膏司馬云謂虛勞人尿
上生肥白沫也皆爲利欲感動失其正氣不如深耕熟耰之有實不齊才細反又如字栢矩
有道之人辜辜罪也李云謂應死人也元嘉本作幸人強之其良反字亦作彊朝服
直遙反幕音莫司馬云覆也號天戶刀反大菑音哉離之離著
也所好呼報反匿女力反爲物而愚一本作遇不識反物性而
強令識之大爲難而罪不敢王云凡所施爲者皆用物之所能則莫不易而敢矣而故
大爲艱難令出不能物有不敢者則因罪之所易以豉反不勝音升注同民知
音智下同蘧其居反詘起勿反廣雅云曲也郭音黜然與音餘又如字然卒

言未然 大史音太 大弢吐刀反人名 伯常騫起虔反人名 狶本亦
作俙同虛豈反又音希郭音豨李音熙 韋李云狶韋者太史官名 湛丁南反樂之久也李常濫
反 樂音洛 不應應對之應 諸侯之際司馬云盟會之事 同濫
徐胡暫反或力暫反浴器也 史鰌音秋司馬云史魚也 所搏音博 弊郭作弊帛
也徐扶世反司馬音蔽云引衣裳自蔽 而扶翼司馬云謂公及浴女相扶翼自隱也此殊郭義 故
墓一本作大墓 沙丘地名 掘之其月反又其勿反 數仞所主反 洗
而西禮反 不馮音憑 其子靈公郭讀絕句司馬以其子字絕句云言子孫不足
可憑故使公得此處爲冢也 奪而里而汝也里居處也一本作奪而埋之 蒯起怪反 聵
五怪反蒯聵衞莊公名 女處音汝下昌慮反 之見賢遍反 大公音太下同 丘
里之言李云四井爲邑四邑爲丘五家爲鄰五鄰爲里古者鄰里井邑士風不同猶今鄉曲各自有方
俗而物不齊同 十姓百名一姓爲十人十姓爲百名有異有同故合散以定之 則積卑

如字又音婢合水一本作合流合并而爲公合羣小之稱以爲至公之一也天不賜賜與也國治直吏反渟渟如字王云流動流貌反覆芳服反所拂扶弗反戾也又音弗又音弼自殉殊面廣雅云面向也謂心各不同而自殉焉殊向自殉是非天隔故有所正者亦有斯差離也力智反比于大澤本亦作宅百材皆度度居也雖別區異所大澤爲居雖木石萬端同以大山爲壇此可以當丘里之言也而讀李云讀猶語也強字巨丈反惡起書烏反欲惡烏路反橋起居表反下同又音羔王云高動言所起之勁疾也片合音判反如字隨序謂變化相隨有次序也序或作原一本作享橋運之相使橋運謂相橋代頓至次序以相通理橋運以相制使也所復扶又反季眞接子李云二賢人孰徧音遍徐音篇吠符廢反大知音智不可徂一本作阻

外物第二十六以義名篇

外物王云夫忘懷於我者固無對於天下然後外物無所用心焉若乃有所執爲者諒亦無時而妙矣

而化爲碧呂氏春秋藏其血三年化爲碧玉　孝己李云殷高宗之太子　曾參李云曾參至孝爲父所憎嘗見絕糧而後蘇　大絯音駭又音該又胡待反　水中有火

乃焚大槐司馬云水中有火謂電也焚謂霹靂時燒大樹也　兩陷司馬云兩謂心與膽也陷破也畏雷霆甚憂心膽破陷也　憂樂音洛　螴郭音陳又褚允反徐敕盡反　蜳郭音惇又柱允反徐敕轉反李餘准反司馬云螴蜳讀曰忡融言怖畏之氣忡融兩溢不安定也　若縣音玄

慰暋武巾反李音昏又音泯慰鬱也暋悶也　沈屯張倫反司馬云沈深也屯難也　僓音頹又呼懷反郭云順也　貸粟音特或一音他得反　監河侯古銜反說苑作魏文侯

將貸他代反　而呼火故反　鮒音附廣雅云鰿也鰿音迹　波臣司馬云謂波蕩之臣　激西古狄反　早索所白反　枯魚李云猶乾魚也　任公子如字下同李云任國名　大鉤本亦作釣　巨緇司馬云黑綸也　犗郭古邁反云犍牛也徐音

界說文云騄也司馬云犧牛也騄音繩㨗紀言反爲餌音二蹲音存會古外反
稽古兮反會稽山名今爲郡也期年本亦作朞同音基言必久其事後乃能感也錎沒
音陷字林猶陷字也騖揚徐音務一本作鶩鬐徐求夷反李音須憚丹末反
赫火百反千里言千里皆懼若魚司馬云大魚名若海神也或云若魚猶言此魚而
腊音昔制河諸設反依字應作淛漢書音義音逝河亦江也北人名水皆曰河淛江今在餘
杭郡後漢以爲吳會分界司馬云淛江今在會稽錢唐輇七全反又視專反又音權李云輇量人也本或
作軨軨小也本又或作輕諷說方鳳反揭其列其謁二反竿累劣彼反謂次足不得
並足也本亦作纍司馬云力追反云綸也趣本又作趨同七須反灌瀆司馬云瀧灌之瀆守
鯢五兮反鮒音附又音蒲本亦作蒲李云鯢鮒皆小魚也臚力於反一音盧蘇林注漢書云
上傳語告下曰臚臚猶行也傳治戀反又丈專反向云從上語下曰臚傳一音張戀反遽也東方
作矣司馬云謂日出也襦而朱反青青之麥司馬云此逸詩刺死人也陵

跛彼宜反 布施始豉反 壓本亦作擪同乃協反郭於琰反又敕頰反字林云擪一指案也 其
顪本亦作噦許穢反司馬云頤下毛也 金椎直追反 控苦江反 徐別彼列反
老萊子楚人也 出薪出採薪也 趨下音促李云下短也 末僂
李云末上謂頭前也又謂背脊也 後耳司馬云耳却後 却近附近之近 視若
營四海夫勞形役智以應世務失其自然者也故堯有几龍之喻舜有卷僂之談周公類之走狼
仲尼比之逸狗豈不或信哉 儡律非反舊魚鬼反又魚威也 去起呂反住同 而本又作女 躬
矜躬矜為身矜修善行 容知音智容智謂飾智為容好 蹙然子六反 業可
得進乎問可行仁義於行乎 令老力成反 而鷔本亦作敖同五報反下同下或作驁
窶其矩反 之行下孟反 其易以豉反 相結以隱郭云隱括
也李云隱病患也雖相引以名聲是相給以病患 譽堯音餘 而閉一本文注並作門 反
无非傷也反逆於理 動无非邪也以嗟反動矜於是也 聖人

躊音疇躇直居反以興事以毋成功毋者毋有成功也躊躇者從容也從容興事雖有成功聖人不存猶致弊迹流毒百世況乎矜善行而載之不已哉不遠于萬反宋元君李云元公也宋元公名佐平公之子阿門司馬云阿屋曲簷也宰路李云淵名故所居予爲如字又于僞反使河所吏反漁者音魚余音預且子餘反姓余名且也覺古孝反令力成反會朝直遥反下同刳口孤反鑽左端反又左亂反遺筴初革反見夢賢遍反知能音智下及注同知有所困一本作知有所不周至知音智下注皆同鵜徒兮反鶘鵜鶘水鳥也一名陶河去小起呂反下注同不矯居表反石師石者匠名也謂無人爲師匠教之者也一本作所師又作碩師㓨足音側又音測墊丁念反司馬崔云下也本又作塹七念反掘也致黃泉致至也本亦作至得強其丈反之行下孟反注同任輿音餘覆墜直類反所好呼報反狶虚豈反

不波波高下貌　不僻四亦反　顫舒延反　哽庚猛反塞也　跈女展反郭云踐也廣雅云履也止也本成作蹍同　不殷如字一音於靳反　其竇音豆　胞普交反腹中胎　有重直龍反　閬音浪郭云空曠也　勃谿音奚勃爭也谿空也司馬云勃谿反戾也無虛空以容其私則反戾共鬭爭也　六鑿在報反　相攘如羊反郭云逆也司馬云謂六情攘奪　誸音賢郭音玄急也向本作弦云堅正也　柴柴積也郭云塞也　銚七遙反削也能有所穿削也又弛堯反　鎒乃豆反似鉏田具也　到植時力反又音值立也本亦作置司馬云鋤拔反之更生者曰到植　眥于斯反徐子智反本亦作揃子淺反三蒼云揃猶翦也玉篇云滅也　𡟹本亦作搣音滅又武齊反字林云批也批音千米反　非佚音逸　以駴戶楷反王云謂改百姓之視聽也徐音戒謂上不問下也　演門以善反宋城門名　紀他徒何反　而踆音存字林云古蹲字徐七旬反又音尊　窾水音款又音科司馬云收名　弔之司馬云恐其自沈故弔之　踣徐芳附反普豆反字林云僵也李云頓也郭薄杯反　荃七全反崔音孫香草也可

以餌魚或云積柴水中使魚依而食焉一云魚笱也**蹄**大兮反兔罥也又云兔弶也係其腳故曰蹄也罥音古縣反弶音巨亮反**得夫**音符

寓言第二十七以義名篇

寓言十九寓寄也以人不言己故託之他人十言而九見言也**重言**謂爲人所重者之言也**巵言**字又作卮音支字略云巵圓酒器也李起宜反玉云夫巵器滿即傾空則仰隨物而變非執一守故者也施之於言而隨人從變己無常主者也司馬云謂支離無首尾言也**天倪**音崖徐音詣詣**藉**郭云藉借也李云因也**譽之**音餘注同**耆艾**五蓋反**曼衍**以戰反**復**不扶又反下同**惡乎**音烏下同**皆種**章勇反**才知**音智**而好**呼報反注同**惡**烏路反注同**蘁**音悟又五各反逆也**三釜**小爾雅云六斗四升曰釜**心樂**音洛下注同**不洎**其器**參**所金反**无所縣**音玄下同**其罪乎**縣係也心再化於祿所存者親也雖係祿而無係於罪也**以爲**于僞反**以養**羊尚反下同**如鸛**本亦作觀同古亂反

蚊音亡孟庚反司馬云鸛雀飛疾與蚊相過忽然不覺文虻也王云鸛蚊取大小相縣以喻三釜三千鍾之多少元嘉本作如鸛蚊無虻字　子綦音其　所復扶又反　天籟力帶反　則喪息浪反　惡乎音烏下同　天有歷一本作天有歷數　景音影又如字本或作影　也括古活反司馬云謂括髮也　被髮皮寄反　搜搜本又作叟同素口反又素刀反又音蕭向云動貌　蜩甲音條司馬云蜩甲蟬蛻皮也　蛇蛻音悅又吐臥反又始銳反　吾屯徒門反聚也　陽子居姓陽名戎字子居　之沛音貝　邀古堯反要也遇也王篇云求也抄也遮也　盥音管小爾雅云澡也洒也　漱所救反　巾櫛莊乙反　不聞音閒下同一音如字　睢睢郭呼維反徐許圭反　盱盱香于反又許吳反又音虛廣雅云睢睢盱盱元氣也而汝也言汝與元氣合德去其矜驕誰復能同汝心解異郭義　跋步末反　畏難乃旦反　疏遠于萬反　蹵子六反　家公李云主人公也一讀舍者迎將其家爲向　煬羊尚反又音羊向反炊也　去其起呂反

讓王第二十八 以事名篇

子州支父 音甫李云支父字也即支伯也 幽憂之病 王云謂其病深固也 善卷 眷勉反居阮反又音眷李云姓善名卷 衣皮 於既反下同 其處 昌慮反 石戶 本亦作后 之農 李云石戶地名農農人也 捲捲 音權郭音眷用力貌 葆力 音保字亦作保 以入於海 司馬云凡言入者皆居其洲島之上與其曲隈中也 大王 音太下同 亶 丁但反 父 音甫下同 邠 筆貧反徐甫巾反 不以所用養害所養 地所以養人也今爭以殺人是以地害人也人爲地養故不以地故害人也 因杖 直亮反 筴 初革反 相連 力展反司馬云連讀曰輦 岐山 其宜反或祁支反 不以養傷身不以利累形 王云富貴有養而不以味養傷身貧賤無利而不以求利累形也 弑其 音試 王子搜 素羔反又悉遘反又邀遘反李云王子名淮南子作翳 丹穴 爾雅云南戴日爲丹穴 以艾 五蓋反 王輿 一本作王輿 援 音爰 而呼 火故

反心本或作歎　以舍音捨　非惡烏路反下及下章真惡同　子華子司馬云魏人也

昭僖侯司馬云韓侯　攫俱碧反俱縛二反又史號反李云取也　廢李云棄也司馬云病

也一云攫者援書銘廢者斬右手　其輕於韓又遠絶句　魯君一本作魯侯李

云哀公也　苴音麤徐七餘反李云有子麻也本或作麤非也　飯牛符晚反　之使所吏反下

及下章同　家與音餘　而遺唯季反下皆同　復來音服或音扶又反下章皆同　緒

餘並如字徐上音奢下以嗟反司馬李云緒者殘也謂殘餘也　土敷雅反又片賈行賈二反又音如字

苴側雅反又知雅反司馬云土苴如糞草也李云土苴糟魄也皆不真物也一云土苴無心之貌　必察其

所以之王云聖人真以持身餘以為國故其動作必察之焉所以之者謂德所加之方也所為者謂所以待

物也動作於此不必察也　所要一遙反　子陽鄭相　不好呼報反　即

令力呈反　揃心徐音撫　得佚音逸　樂音洛　君過古臥反本亦作過

作難乃旦反下章同　殺子陽子陽嚴酷罪者無赦舍人折弓畏子陽怒責因國人逐猘狗而

殺子陽　楚昭王名軫，平王子　屠羊說音悅，或如字　從者才用
反　強之其丈反　見之賢遍反，下同　之知音智　入郢以井反
約如字，徐於妙反　而見如字，亦賢遍反　爲我于僞反　三旌三公位也，司馬本作
三珪，云謂諸侯之三卿皆執珪也　妄施如字，又始豉反　茨徐疾私反，李云蓋星也　蓬
戶織蓬爲戶　桑以爲樞尺朱反，司馬云屈桑條爲戶樞也　甕牖音酉，司馬
云破甕爲牖　二室司馬云夫妻各一室　褐下葛反，郭音葛，字或作褐　爲塞悉代反，司
馬云以褐衣塞牖也　匡坐而弦司馬云匡正也，案弦謂弦歌　中紺古暗反，李云紺爲中衣加
素爲表　華冠胡化反，以華木皮爲冠　縰履所倚反，或所買反，本或作纚，并下曳縰同
三蒼解詁作躧，云躡也，聲類或作屣，韋昭蘇寄反，通俗文云履不著跟曰屣，司馬本作踐，李云縰履謂履無跟
也，王云體之能攝舉而曳之也，履或作屩　杖藜以藜爲杖也，司馬本作扶杖也　應門自對門也
嘻許其反　逡巡七旬反　希世而行司馬云希望也，所行常顧世譽而動，故曰希世

而行比周毗志反爲人于僞反下爲己同敎以爲己學當爲己敎當爲人今反

不然也仁義之慝吐得反惡也司馬云謂依託仁義爲姦惡縕袍紆粉反司馬云謂麻

縕爲絮論語云衣[redacted]縕袍是也種本亦作腫章勇反噲古外反徐古活反司馬云種噲剥錯也王云盈

虛不常之貌胼薄田反胝竹尸反肘竹久反見賢遍反飦之然反字或作

饘廣雅云糜也一云紀言反家語云厚粥一音干謂干餅粥之六反又音育自樂音洛愀七小

反徐在九反又七了反二了反又資酉反李音秋又遥反一本作欣行脩下孟反不怍在洛反爾雅云

慙也又音昨公子牟司馬云魏之公子封中山名牟瞻子賢人也淮南作詹魏闕

淮南作魏司馬本同云魏讀曰魏象魏觀闕人君門也言心存榮貴許慎云天子兩觀也重生李云重存

生之道者則名利輕輕則易絕矣此人身居江海心貪榮利故以此戒之自勝音升下同不能自

勝則從絕句一讀至神字絕句无惡如字又烏路反乎絕句一讀連下不能自勝爲句

重傷直用反下同萬乘繩證反不火食元嘉本無火字不糝

素感反　甚憊　皮拜反　伐樹於宋　孔子之宋與弟子習禮大樹下宋司馬桓魋欲殺孔子伐其樹孔子遂行　藉　藉毀也又云陵藉也一云鑿也或云係也　喟　去愧反又苦怪反　語之　魚據反　臨難　乃旦反　之隘　音厄又於懈反　削然　如字李云反琴聲亦作俏音消　扢　許訖反又巨乙反魚乙反李云奮舞貌司馬云喜貌　執干　干楯也　亦樂　音洛下同　虞於潁陽　廣雅云虞安也安於潁陽一本作娛娛樂也　共伯　音恭下同

得乎共首　司馬云共伯名和脩其行好賢人諸侯皆以爲賢周厲王之難天子曠絕諸侯皆請以爲天子共伯不聽即干王位十四年大旱屋焚卜于太陽兆曰厲王爲祟召公乃立宣王共伯復歸于宗逍遥得意共山之首共丘山今在河内共縣西魯連子云共伯後歸于國得意共山之首紀年云共伯和即干王位孟康注漢書古今人表以爲入爲三公本或作丘首　畎　古犬反　畝　司馬云壟上曰畝壟中曰畎　辱行　下孟反下章同　漫我　武諫反徐武畔反下章同　清泠　音零　之淵　山海經云在江南一云在南陽郡西崿山下

瞀光　音務又莫豆反本或作務　強力　李云阻兵須力　忍垢　司馬云垢辱也李云弑君須忍

垢也 數閭音朔 椆水直留反本又作桐水徐音同又徒董反又音封本又作稠司馬本作㟍云洞水

在潁川，一云在范陽郡界 知者音智 其難乃旦反 盧水音閭司馬本作盧水在遼東西

界一云在北平郡界 淡然徒暫反 无槩古代反 孤竹司馬云孤竹國在遼西令支縣

界伯夷叔齊其君之二子也令音郎定反支音巨移反 血牲一本作殺牲司馬本作血之以牲 嘻許其

反一音於其反 祈喜如字徐許記反 盡治直吏反 揚行下孟反下吾行戾行同 以

說音悅 以要一遙反 故被皮義反 貪冒亡北反或亡報反下同 穆契

息列反 之噲音快 篡初患反唐云或曰讓王之篇其章多重生而務光二三子自投于水何也

答曰莊書之興存乎反本反本之由先于去榮是以明讓王之一高標傲世之逸志旨在不降以厲俗無厚身以全生所

以時有重生之辭者亦歸棄榮之意耳深於塵務之爲弊也其次者雖復被褐啜粥保身而已其全道尚高而超俗

自逸寧投身於清冷終不蚤於世累也此舊集音有聊復録之於義無當也

盜跖第二十九以人名篇

孔子與柳下季爲友柳下惠姓展名獲字季禽一云字子禽居柳下而施德惠一云惠謚也一云柳下邑名案左傳云展禽是魯僖公時人至孔子生八十餘年若至子路之死百五六十歲不得爲友是寄言也盜跖之石反李奇注漢書云跖秦之大盜也從才用反卒尊忽反下同樞戶尺朱反徐苦溝反司馬云破人戶樞而取物也入保鄭注禮記曰小城曰保能詔如字教也竊爲于僞反下請爲爲我竊爲使爲皆同說之始銳反飄風婢遥反徐扶遥反易辱以豉反大山音太膾古外反餔布吳反徐甫吳反字林云日申時食也髮上時掌反此夫音符又如字冠古亂反枝木之冠如字司馬云冠多華飾如木之枝繁帶死牛之脅許劫反司馬云取牛皮爲大革帶繆說音謬孝弟音悌本亦作悌而儌古堯反復通扶又反下同顧望履幕下司馬本幕作綦云言視不敢望跖面望履結而還也反走小却行也瞋赤眞反徐赤夷反廣雅云張也如乳如樹反少長詩召反下丁丈反皆說音悅下同

知維音智勇悍戶旦反激丹古歷反司馬云明也齊貝一本作舍貝
音中丁仲反南使所吏反下三字同數百所主反下同罷兵如字徐扶
彼反共祭音恭之行下孟反下同恒民一本作順民後亦爾吾轝音餘
下同好面呼報反下同背音佩下同橡音象煬羊兒反蚩尤神農
時諸侯始造兵者也神農之後第八帝曰榆罔世蚩尤氏強與榆罔爭王逐榆罔榆罔與黃帝合謀擊殺蚩尤漢書音
義云蚩古之天子一曰庶人貪者涿鹿音卓本又作濁司馬云涿鹿地名故城今在上谷郡西南八十里
武王殺音試下同揵衣本又作縫扶恭反徐扶公反又音馮淺帶縫帶使淺
狹矯言紀表反說子路始銳反又如字去其起呂反危冠
李云危高也子路好勇冠似雄雞形背負豭斗用表已勇也其卒子恤反身菹莊居反
以爲于僞反下同堯不慈不授子也文王拘姜里紂之二十年四
文王而強其丈反可羞如字本又作惡烏路反負石自投於河

申徒狄將投於河崔嘉止之曰吾聞聖人仁乜民父母若濡足故不救溺人可乎申徒狄曰不然昔桀殺龍逄紂殺
比干而亡天下吴殺子胥陳殺泄治而滅其國非聖人不仁不用故也遂沈河而死以食音嗣燔死
音煩燒也尾生一本作微生戰國策作尾生高高誘以爲魯人磔竹客反廣雅云張也操七曹
反瓢婢遥反而乞者李云言上四人不得其死猶豬狗乞見流轉溝中者也乞或作走
離名力智反念本本或作卒剖心普口反以說如字又始銳反上
壽音受又如字下同瘦色又反能說音悅亟去紀力反急也本或作極
无復扶又反狂狂如字又九況反汲汲本亦作彶音急又音及詐巧苦孝
反又如字上車時掌反三失息暫反又如字芒然莫剛反有行如字自
灸久又反疾走料音聊扁頭音鞭又蒲顯反徐扶顯反本或作編音同須
一本作料頭編虎須幾不音祈可去起呂反滿苟得人姓盍胡臘
反爲行下孟反下注同盍何不也勸何不爲德行臧聚司馬云謂臧獲盜濫竊聚之人有

怍音昨宰相息亮反下相而同入嫂先早反司馬云以嫂爲室家爲臣臣或

作相殺君申志反論則力頓反悖戰布內反亦拂扶弗反

長幼丁丈反五紀司馬云歲日月星辰歷數六位君臣父子夫婦爲別彼列反下

同堯殺長子崔云堯殺長子考監明舜流母弟弟謂象也流放也孟

子云舜封象於有庳不得有爲於其國天子之吏治其國而封納貢稅焉故謂之放也爲適丁歷

反且子正爲名假設之辭也爲音于僞反下爲利同不監本亦作鑑同吾

日人實反无約如字徐於妙反抉眼烏穴反鮑子立乾司馬云鮑

子名焦周末人汙時君不仕採蔬而食子貢見之謂曰何爲不仕食祿荅曰無可仕者子貢曰汙時君不食其祿惡

其政不踐其土今子惡其君處其土食其蔬何志行之相違乎鮑焦遂棄其蔬而餓死韓詩外傳同又云樞洛水之

上也勝子自理一本理作俚本又作申子自埋或云謂申徒狄抱甕之河也一本作申子不自埋謂

申生也孔子不見母李云未聞匡子不見父司馬云匡子名章齊

人諫其父爲父所逐終身不見父案此事見孟子所傳丈專反无足一本作無知則

下遐嫁反下同樂意音洛下同知不音智下知謀同故推正不忘

邪忘或作妄言君臣但推尋正道不忘故不用富貴邪爲智力不足故不用邪過世之士

焉言人心易動但人與賢人俱生便自謂過於世人況親自爲富貴者乎慘七感反怛丹曷反

反之恐丘勇反窮美窮猶盡也究埶音勢本亦作勢一音藝究竟也俠人

音協欲惡烏路反要名一遥反長阨音厄又烏賣反莞音管本亦作管

籥音藥一本莞籥作壎篪口嗛苦簟反醪力刀反侅溺徐音礙五代反

又戶該反飲食至咽爲侅一云徧也於馮氣馮音憤憤滿也下同言憤畜不通之氣也而上

時掌反取慰慰亦作畏不舍音捨下同戚醮在遥反李云顦顇也又音子妙反

疑刦許業反又曲業反內周樓疏李云重樓內匝疏外匝謂設備守具軒財單

音丹本或作斷音斷繚音了又魚弔反理也

說劒第三十以事名篇

趙文王司馬云惠文王也名何武靈王子後莊子三百五十年洞紀云周赧王十七年趙惠文王之元年一云案長歷推惠文王與莊子相值恐彪之言誤　喜劒許記反下同　夾門郭李音協又古洽反

好之呼報反下同　无厭於瞻反又於豔反　悝苦回反太子名　募音慕又音務　說王如字解也又音悅　與使所吏反　以幣從才用反一本作以幣從軍　上說如字又始銳反下同　蓬步公反本或作鬔同　頭蓬頭謂著兜鍪也有毛故如蓬　突鬢必刃反司馬本作賓云賓讀為鬢　垂冠將欲鬬故冠低傾也　曼胡莫干反司馬云曼胡之纓謂麤纓無文理也

短後之衣為便於事也　瞋目赤夷赤眞二反　語難如字艱難也勇士憤氣積於心胷言不流利也又乃旦反既怒而語為人所畏難司馬云說相擊也　乃說音悅下大說同

與見賢遍反下劒見同又如字　王脫一本作說同土活反　千里不留行司馬云十步與二人相擊輒殺之故千里不留於行也　乃校司馬云考校取其勝者也校本或作數　士

敦如字司馬云敦斷也試使用劒相擊斷截也一音丁回反御杖直亮反所奉司馬

本作所奉燕音煙谿燕谿地名在燕國石城在塞反鍔五各反司馬云劒刃也

云劒稜也鐔音淫三蒼云徒感反劒口也徐徒南反又徒各反謂劒鐶也司馬云劒珥也爲夾

古協反司馬云把也一本作鋏同一云鐔從稜向背鋏從稜向刃也裹以音果行以秋冬

隨天道以行止也芒然莫剛反肝肺芳廢反竊爲于僞反而上

時掌反下同三環如字又音患繞也聞義而還繞鐶三周不能坐食服斃婢世反司馬云

忿不見禮皆自殺也

漁父第三十一以人名篇

緇帷司馬云黑林名也本或作惟杏壇司馬云澤中高處也李云壇名有漁父

者音甫取魚父也一云是范蠡元嘉本作有漁音父則加字須眉本亦作鬚音交白如字

李云俱也一本作皎揄音遥又音偸又褚由反謂垂手衣內而行也李音投投揮也又士由反袂面世

反李音芮以上時掌反距陸李云距至也飾禮如字本又作飭音敕下以

化齊民李云齊等也許慎云齊等之民也如淳云齊民猶平民元嘉本作化於齊民後句如無於字

君與音餘下同以危危或作僞其分如字本又作介音界司馬云離也杖

直亮反挐女居反司馬云橈也音饒鄉而香亮反或作嚮同緒言猶先言也

竊待待或作侍咳苦代反唾吐卧反相丘息亮反曰嘻香其

反之好呼報反下同丘少詩召反下同而經子之所以經經營也

司馬云經理也正治直吏反下官事不治同不屬音燭長少丁丈反後遇長同

不勝音升行不下孟反工技其綺反貢職職或作賦春秋

後倫朝覲不及等比也不飭音敕不泰本又作大音同徐敕佐反後同八

疵祀知反之揔李云謂監也道言音導稱譽音餘以敗補邁

反惡人烏路反下同之慝他得反善否悲美反惡也又方九反兩

容頬適善惡皆容顏貌調適也頬或作頩　以挂音卦別也又音圭　之叨吐刀反　很胡墾反　能去起呂反　愀然在九反又七少反　難語魚據反下同本或作悟　愈數音朔　不離力智反　故強其丈反下同　歡樂音洛下同　禄禄如字人音録謂形見為禮也司馬云録録領録也　蚤音早字亦作早　湛丁南反下同　丘得過也謂得過過失也過或作遇　而比如字謂親見比數也　又眦志反　乃刺七亦反　波定李云謂戰如波也案謂船行故水波去遠則波定　旁車步浪反　萬乘繩證反下同　倨音據　敖五報反　曲要一遙反　謦折之設反　湛於湛或作其　下人遐嫁反下及注同　而閒音閑　蠉如究反

列禦寇第三十二以人名篇或無列字

瞀人音茂又音務　奚方李云方道也　吾驚焉李云見人感已即遠

驚也惡乎音烏十漿子羊反本亦作漿司馬云漿讀曰漿十家並賣漿也五漿先饋饋遺也謂十家中五家先見遺王云皆先饋進於己不解音蟹司馬音懈形諜徒協反郭云便辟也說文云閒也成光司馬云形諜於衷成光華也便辟婢亦反貴老謂重禦寇過於老人而𩐳子兮反亂也爲食音嗣贏音盈萬乘繩證反而效如字本又作校古孝反保女司馬云保附也无幾居豈反敦杖音頓司馬云豎也蹙之子六反賓者本亦作儐同必刃反謂通客之人跣而先典反暨乎其器反發藥如字司馬本作廢云置也而焉於虔反搖而本才一本才作性又无謂也動搖本才以致求者又非道德之謂也小言言不入道故曰小言人毒以其多患故曰人毒莫覺莫悟何相孰也彼不敢告汝汝又不自覺何期相孰哉王云小言爲毒曾无告語也孰誰也謂誰相親愛者既无告語此不相親愛之至也而知音智食而一本作飽食而敖遊本又

作遨五刀反下同汎若芳劒反緩也司馬云緩名也呻音申謂吟詠學問之聲也崔云呻誦也本或作呻吟裘氏地名崔云裘儒服也之地崔本作之地蛇云地蛇者山田荼種也祇音支郭李云適也言適三年而成也司馬云巨移反謂神祇祐之也河潤九里河從乾位來乾陽數九也使其弟墨謂使緩弟翟成墨也闔胡嘗視其良闔語助也胡何也良者良人夲緩也言何不試視緩墓上已化為秋栢之實良或作埌音浪冢也而見賢遍反令墨力呈反相捽才骨反言穿井之人為已有造泉之功而捽飲者不知泉之天然也揄緩不知翟天然之墨而忿之捽一音子晦反不知音智注同學父本或作夊仍自而謚反本又作認同道易以豉反知雞音智應其如字當也朱泙李音平郭敷盲反徐敷耕反漫末旦反又末干反司馬云朱泙漫支離益皆人姓名屠音徒單音丹盡也千金之家如字本亦作賈又作價皆音嫁三絶句崔云用千金者三也一本作三年則七句至家絶技成其綺反愼於兵愼或作順恬徒謙反

惔徒暫反本亦作淡 之知音智注反下爲知同 不離力智反 苞苴子餘反司馬云苞苴有苞裹也 竿于音 牘音獨司馬云謂竹簡爲書以相問遺脩意氣也 以遺唯季反下同 敝精神郭婢世反一音必世反 道物音導注同 甘冥如字本亦作瞑又音眠 發泄息列反徐以世反 愑然步各反 悲哉乎一本作悲哉悲哉 爲于僞反 宋王司馬云偃王也 使秦所吏反 數所主反 乘繩證反下同 王說音悅 阨於懈反 窘其隕反又巨韻反 槁苦老反又祛矯反本亦作槁居表反 項李云槁項羸瘦貌司馬云項槁立也 黃馘古獲反徐況璧反爾雅云獲也司馬云謂面黃熟也 秦王司馬云惠王也 痤徂禾反 舐氏字又作䑛食紙反 痔治紀反 愈下本亦作俞同 瘳敕由反 圾魚及反又五臘反危也 令飾九呈反下同 以視音示下同 能復扶又反 女與音餘又如字下頤與同 竟賢遍反 離實力智反 施於始豉反下注同 而識如字又申志反 商

賈音古鋸音據戉音越捶之蘂反桎之實反梏古毒反宵人王云非明正之徒謂之宵夜之人也訙之本又作訊音信問也愿音願廣雅云謹愨也有長丁丈反若不肖外如長者內不似也有順王作愼懁音環又詩緣反絲音絹三蒼云急腹也王云研辨也外愼研辨常務質訥縵武半反又武諫反李云內實堅外如縵也釪胡旦反又音干急也一云清貌相反卒然寸忽反其知音智其側側不正也一云謂辟者喜傾側冠也王云側謂凡爲不正也側或作則易觀以豉反搜之所求反正考父音甫宋湣公之玄孫弗父何之曾孫而傴紆矩反而僂力矩反三命公士一命大夫再命卿三命而夫郭云凡夫也呂鉅矯貌孰協唐許協同也唐唐堯許許由皆崇讓者也言考父與而夫誰同於唐許也睫音接探射食亦反自好呼報攺注同吡四爾反又芳爾反邪云呰也呰也子爾反皆思奉之矣本或作皆畢事也美髯人鹽反未曾才能反偃佒於丈反本亦作

史同僵佚守分歸一也 杖物直亮反 知慧音智 乃厚其身耳元嘉本後作厚一本作乃後恒無怨也 傀郭徐呼懷反字林公回反云偉也 恬解音蟹 於知音智 者肖音消郭云釋散也 十乘繩證反下同 驕稺直吏反又池夷反李云自驕而稺莊子也 緯蕭如字緯織也蕭荻蒿也織蕭以爲畚而賣之本或作葦音同 鍛之丁亂反謂椎破之 九重直龍反 驪龍力馳反驪龍黑龍也 頷下戶感反 虀子兮反 粉夫音符 若挾戶牒反 僉曰七潛反 其使所吏反 衣以於既反 食以音嗣 芻叔初俱反芻草也叔大豆也 珠璣音祈 大廟音太 髑音獨 髏音樓 矉毗人反 蹙子六反 又音機一音其既反 齎音資本或作濟子詣反 鳶以全反 螻音樓 蟻魚綺反

天下第三十三以義名篇

惡乎音烏 不離力智反下注不離離性下章離於同 兆於本或作逃 爲行

下孟反章內同薰然許云反溫和貌崔云以慈仁爲馨聞也之粗七奴反卷內皆同以
參本又作操同七曹反宜也以稽音雞考也蕃息音煩畜敕六反又許六反
藏如字又才浪反醇順倫反四辟婢亦反本又作闢鄒莊由反孔子父所封邑
道志音導下以道皆同名分扶問反尚復扶又反下章不復同未易以豉
反得一編得一術自好呼報反注及下同好惡烏路反淡本又作澹徒暫
反漠音莫衆技其綺反不徧音遍稱神尺證反下章同哀
矣如字本或作喪息浪反不侈尺紙反又尺氏反不暉如字崔本作渾則
瘁在醉反自矯居表反墨翟宋大夫尚儉素禽滑音骨又戶八反
釐力之反又音熙禽滑釐墨翟弟子也不順五帝三王之樂嫌其奢而說音悅下注同後聞風而說
皆同大過音太舊敕佐反後大過大多大少放此大順順或作循一度衆徒各反
非樂節用墨子二篇名汜芳劒反愛兼利化同已儉爲汜愛兼利

令百力呈反下同有夏戶雅反有濩音護有辟音辟作武
武樂名七重直龍反下同未敗敗或作毀墨子是一家之正故不可以爲敗也
崔云未壞其道非歌生應歌而墨以歌爲非也樂而音洛下及注同觳郭苦角反
徐戶角反郭李皆云無潤也其行下孟反下注以成其行同能任音壬湮洪水
音因又音煙塞也沒也掘地而注之海使水由地下也引爲之儉同巳之道支川本或作支流自
操七曹反稾舊古考反崔郭音託字則應作槀崔云囊也司馬云盛土器也耜音似
釋名耜似也似齒斷物二蒼云耒頭鐵也崔云棰也司馬云盛水器也而九音鳩本亦作鳩聚也雜
本或作衆音同崔云所治非一故曰雜也腓音肥又符畏反无胈步葛反又甫勿反又符蓋反脛
刑定反甚雨如字崔本甚作湛音淫櫛側筆反裘褐戶葛反跂其逆
反蹻紀略反李云麻曰屩木曰屐屐與跂同屩與蹻同一云鞵類也一音居玉反以藉鞵下也相息亮反
里勤司馬云墨師也姓相里名勤苦獲己齒李云二人姓字也而倍

郭音佩又裴罪反譎古穴反崔云決也相訾音紫以觭紀宜反又奇寄不
仵音誤徐音五仵同也巨子向崔本作鉅向云墨家號其道理成者爲鉅子若儒家之碩儒
治之直吏反之好呼報反注同爲其于僞反枯槁苦老反不
舍也音捨下章同伎之豉反逆也司馬崔云害也字書云很也又音支章昭音洎白心崔云
明白其心也白或作任宋鈃音形徐胡泠反郭音堅尹文崔云齊宣王時人著書一篇華
山之冠華山上下均平作冠象之表己心均平也以別彼列反又如字宥爲始貽首
也崔云以別善惡宥不及也聏崔本作聏音而郭音餌司馬云色厚貌崔郭王云和也聏和萬物物合則歡
一云調也合驩以道化物和而調之合意則歡強以其丈反下皆同令合力呈反下同
上說音悅又如字下教上謂國主也悅上之教下也一云說猶教也上教教下也聒古活反謂強聒
其耳而語之也見厭於豔反徐於瞻反爲人于僞反下自爲同圖傲五報反苛
[illegible]音河一本作苛其行下孟反又如字不當丁浪反崔本作黨云至公無黨也

易而以豉反於知音智下棄知同田駢薄田反齊人也遊稷下著書十五篇愼子云名廣不徧音遍不至一本作不王无遺如字本又作貴去巳起呂反章內注同泠汰音零音泰徐徒蓋反郭云泠汰猶聽放也一云泠汰猶沙汰也謂沙汰使之泠然也皆泠汰之歸於一以此爲道理也或音齊又音替諰胡啓反又音奚又苦迷反說文云恥也五米反髁戶寡反郭撝禍反諰髁訛倪不正貌王云謂謹刻也无任無所施任也王云雖謹刻於法而猶能不自任以事事不與衆共之則無爲尚賢所以笑也橫復扶又反无行下孟反下火之行同椎直追反拍普百反輐五管反又胡亂反又五亂反徐胡管反圜也斷丁管反又丁亂反方也王云椎拍輐斷皆刑截者所用不師知音智魏然魚威反李五回反若飄婢遙反一音必遙反爾雅云回風爲飄之還音旋一音獧若磨末佐反又如字石之隧音遂回也徐絕句一讀至全字絕句全而无非磨石所劚麤細全在人言德全無見非責時言其無心也不離力智反夫塊苦對反或苦猥反欲令力呈反蚉其亦作蟁又作閩況

逼反又火麥反向郭云逆風聲惡可音烏不見觀一本作不彖觀於鯇五管反又
五亂反斷丁管反郭云鯇斷無圭角也一本無斷字韙于鬼反是也槩乎古愛
反澹然徒暫反關尹關令尹喜也或云尹喜字公度老聃他甘反即老子也爲
喜著書十九篇以濡如兗反一音儒謙下遐嫁反若響許文反芴
音忽谿苦兮反之垢音茍沖泊步各反蘬去軌反又去類反本或作巍
不費芳味反蜘音知蛛音誅工倕音垂大初音泰去甚起呂反
迕逆五故反无軟如兗反本或作濡音同挫作卧反芴元嘉本作寂漠音莫死
與音餘下同芒乎莫剛反下同謬悠謂若志於情實者也荒唐謂廣大無
域畔者也而儻丁蕩反徐敕蕩反觭音羈徐起宜反莊語並如字郭云莊莊周也一
云莊端正也一本作壯側亮反大也以巵音支不敖五報反倪音詣不譴遣戰反
瓌古回反瑋瓌瑋奇特也連犿本亦作抃同芳表反又音獾又敷晚反李云皆宛轉

貌一云相從之貌謂與物相從不違故無傷也參初林反注同差初宜反注詖尺叔反而辟

婢亦反深閎音宏稠適稠音調本亦作調不蛻音悅徐始銳反又敕外反汪

汪烏黃反惠施施惠子名五車尺蛇反又音居舛川兗反徐尺允反駁邦角

反不中丁仲反厤古歷字本亦作歷物之意分別歷說之至大

无外謂之大一至小无内謂之小一司馬云無外不可一無内

不可分故謂之一也天下所謂大小皆非形所謂一二非至名也至形無形至名無名无厚不可

積也其大千里司馬云物言形爲有形之外爲無形與有相爲表裏故形物之厚盡於

無厚無厚與有同一體也其有厚大者其無厚亦大高因廣立有因無積則其可積因不可積者苟其可積何但千

里乎天與地卑如字又音婢山與澤平李云以地比天則地卑於天若宇宙

之高則天地皆卑天地皆卑則山與澤平矣日方中方睨音詣物方生方

死李云睨側視也謂日方中而景已復昃謂景方昃而光已復没謂光方没而明已復外凡中側之與外没

若轉樞循環自相與爲前後始終無別則存亡死生與之何殊也大同而與小同異此之謂小同異萬物畢同畢異此之謂大同異同體異分故曰小同異死生禍福寒暑晝夜動靜變化衆辨莫同異之至也衆異同於一物同之至也則萬物之同異一矣若堅白無不合無不離也若火含陰水含陽火中之陰異於水水中之陽異於火然則水異於水火異於火至異異所同至同同所異故曰大同異南方无窮而有窮司馬云四方無窮也李云四方無窮故無四方上下皆不能處其窮會有窮耳一云知四方之無窮是以無無窮無窮也形不盡形色不盡色形與色相盡也知不窮知物不窮物知與物相盡也獨言南方舉一隅也今日適越而昔來智之適物物之適智形有所止智有所行智有所守形有所從故形智往來相爲逆旅也鑒以鑒影而鑒亦有影兩鑒相鑒則重影無窮萬物入於一智而智無間萬物入於一物而物無朕天在心中則身在天外心在天內則天在心外也遠而思親者往也病而思親者來也智在物爲物物在智爲智司馬云彼日猶此日則見此猶見彼也彼猶此見則吴與越人交相見矣連環可解也司馬云夫物盡於形形盡之外則非物也

連環所貫貫於無環非貫於環也若兩環不相貫則雖連環故可解也　我知天之中央燕
之北越之南是也　司馬云燕之去越有數而南北之遠無窮由無窮觀有數則燕越之
閒未始有分也天下無方故所在爲中循環無端故所行爲始也　汜　芳劒反　愛萬物天
地一體也　李云日月可觀而目不可見愛出於身而所愛在物天地爲首足萬物爲五藏故肝膽之別合
於一人一人之別合於一體也　爲大觀　古亂反　於天下　所謂自以爲最也　曉辯
字林云辯慧也　樂之　音洛　卵有毛　司馬云胎卵之生必有毛羽雞伏鵠卵卵不爲雞則生類於鵠
也氣成毛羽氣成羽雖胎卵未生而毛羽之性已著矣故鳶肩蜂目寄感之分也龍顏虎喙威靈之氣也神以引明氣以成質
質之所剋如戶牖明暗之懸以晝夜性相近習相遠則性之明遠有習於生　雞三足　司馬云雞兩足所以行而
非動也故行由足發動由神御今雞雖兩足須神而行故曰三足也　郢有天下　郢楚都也在江陵北
七十里李云九州之內於宇宙之中未萬中之一分也故舉天下者以喻盡而名大夫非大若各指其所有而言其未足
雖郢方千里亦可有天下也　犬可以爲羊　司馬云名以名物而非物也犬羊之名非犬羊也非

羊可以名爲羊則犬可以名羊鄭人謂玉未理者曰璞周人謂鼠腊者亦曰璞故形在於物名在於人馬有
卵李云形之所託名之所寄皆假耳非眞也故犬羊無定名胎卵無定形故鳥可以有胎馬可以有卵也一云小
異者大同犬羊之與胎卵無分於鳥馬也丁子有尾李云夫萬物無定形形無定稱在上爲首在下
爲尾世人謂右行曲波爲尾今丁子二字雖左行曲波亦是尾也火不熱司馬云木生於水火生於木木
以水潤火以木光金寒於水而熱於火而寒熱相兼無窮水火之性有盡謂火熱水寒是偏舉也偏舉則水熱火寒可也
一云猶金木加於人有楚痛楚痛發於人而金木非楚痛也如處水之鳥火生之蟲則火不熱也山出口司馬
云形聲氣色合而成物律呂以聲兼形玄黃以色兼質呼於一山一山皆應一山之聲入於耳形與聲並行是山猶耳
口也輪不蹍本又作跈女展反地司馬云地平輪圓則輪之所行者跡也目不見司馬
云水中視魚必先見水光中視物必先見光魚之濡鱗非曝鱗異於曝鱗則視濡也光之曜形異於不曜則視見於曜形
非見形也目不夜見非暗晝見非明有假也所以見者明也目不假光而後明無以見光故目之於物未嘗有見也指
不至至不絕司馬云夫指之取物不能自至要假物故至也然假物由指不絕也一云指之取火以鉗

刺鼠以錐故假於物指是不至也**龜長於蛇**司馬云蛇形雖長而命不久龜形雖短而命甚長**矩不方規不可以爲圓**司馬云短雖爲方而非方規雖爲圓而非圓譬繩爲直而非直也**鑿**曹報反**不圍枘**如銳反司馬云鑿枘異質合爲一形鑿積於枘則鑿枘異圍鑿枘異圍是不相圍也**飛鳥之景**音影**未嘗動也**司馬云鳥之蔽光猶魚之蔽水魚動蔽水而水不動鳥動影生影生光亡亡非往生非來墨子曰影不徙也**鏃**子木反郭音族徐朱角反三蒼云矢鏑也**矢之疾而有不行不止之時**司馬云形分止勢分行形分明者行遲勢分明者行疾目明無形分無所止則其疾無閒矢疾而有閒者中有止也質薄而可離中有無及者也**狗非犬**司馬云狗犬同實異名名實合則彼所謂狗此所謂犬也名實離則彼所謂狗異於犬也**黃馬驪**力知反又音梨**牛三**司馬云牛馬以二爲三曰牛曰馬曰牛馬形之三也白黃曰驪曰黃驪色之三也曰黃馬曰驪牛曰黃馬驪牛形與色爲三也故曰一與言爲二二與一爲三也**白狗黑**司馬云狗之目眇謂之眇狗狗之目大不曰大狗此乃一是一非然則白狗黑目亦可爲黑狗**孤駒未嘗**

有母 李云駒生有母言孤則無母孤稱立則母名去也毋嘗爲駒之母故孤駒未嘗有母也本亦無此句 一
尺 一本無一字 之棰 章蘂反 日取其半萬世不竭 司馬
云棰杖也若其可折則常有兩若其不可折其一常存故曰萬世不竭 桓團 李云人姓名徐徒丸反
之囿 音又 其柢 丁計反 天地其壯乎 司馬云惠施唯以天地爲壯於
巳世 施存雄而无術 司馬云意在勝人而無道理之術 倚人 本或作踦同絕
宜反李云異也 黃繚 音了李而小反云賢人也 不墜 直類反 霆 音廷又音挺
徧爲 音遍下于僞反 隩 烏報反李云深也謂其道深 一蚉 音文 一虻 孟庚反
愈貴 羊主反李云自謂所慕愈貴近於道也 駘 李音殆 蕩 駘者放也放蕩不得也
悲夫 音符 論者 力困反 較 音角 評 音病 不中 丁仲反 或
倦 本亦作勌同 其思 息嗣反 不邪 似議反 好事 呼報反子玄之注論
其大體眞可謂得莊生之旨矣郭生前歎膏粱之塗說余亦晚覩貴遊之妄談斯所謂異代同風何可復

言也或曰莊惠標濠梁之契發郢匠之[redacted]而云其書五車其言不中何也豈契若郢匠褭同寢斤而[redacted]非之言如此之甚者也荅曰夫不失欲極有教之[redacted]伸明其言有豈柞不善其辭而盡其喻乎莊生根微音於七篇列斯文於世重言盡涉玄之路從事展有辭之敘雖談無貴辯而敎無虛唱然其文易覽其趣難窺造懷而未遠者有過理之嫌柱斯之弊

故大舉專子之云辯也

經典釋文卷第二十八

經典釋文卷第二十九

爾雅音義上 上中二卷

唐國子博士兼太子中允贈齊州刺史吳縣開國男陸德明撰

爾雅序

夫音符 爾字又作邇 雅字亦作疋 詁音古又音故 與許應反 摠子孔反

鈐其廉反 鍵字又作楗其展反字林巨偃反鈐也 曰鎋也廣雅云鍵壯也小雅云鍵謂之鑰方言云

鑰也自關而東陳楚之間謂鑰爲鍵或一音巨言反 潭徒南反 奧烏報反 摛勑知反說文云

舒也 翰寒半反 華胡瓜反 苑於阮反 莫近如字又音附近之近 中古

丁仲反又如字中古謂周公也 豹百教反 贍時豔反 玩五貫反 耽丁南反 璞

普剥反 不揆巨癸反 檮徒刀反檮杌也 少而詩照反 沈直金反 研

五堅反 鑽子官反 註之戍反 紛芳云反 謬靡幼反鄭注禮記云誤也方言云詐

也本或作繆音同以復扶又反綴丁衛反又丁劣反會古外反周禮注云計也本又作撿音

同廣雅云檜收也稡子外反又子骨反聚也謠音遙錯綜子宋反劉丁恍反說文云

利也廣雅云削也又都活反瑕戶加反玉䃜也礫力的反說文云小礓石搴字又作攓居展反又去虔

反拔也藨先遼反稂音郎稂童粱穢禾草也詩云不稂不莠隱於謹反滯直例

反援音袁引也所易以豉反了本亦作憭音同照察也袪去魚反寤

五故反篲字又作彗似說反又囚醉反一音息遂反說文云掃竹也企丘豉反躅本又作𨆠直錄

反漢書音義躅迹也韋昭音擢云三輔謂牛蹄迹爲躅鄭氏音拘欘按字林欘音竹足反

釋詁第一

音古又音故樊光李巡本作故說文云詁故言也字林同張揖雜字云詁者古今之

異語也

哉子來反亦作𢦏肇音趙胎天才反孫炎大才反本或作台俶字又作𠈭尺叔反權

巨負反輿音余令力政反肧字又作衃同普才反又匹尤反淮南子及文子並云婦孕三月而肧說文

云胚婦孕一月也胚凝血　烝本又作蒸同之仍反　辟必亦反　壬而心反　通見賢遍反下
迄卷終注悉放此　宏戶萌反　溥音普　介音界　夏戶雅反　憮火吳反下同
厖云江反又云項反方言云厖深之大也　墳符云反　蝦古雅反　丕字又作丕同普悲反
奕以昔反　誕音但　駿子俊反又荀閏反　假古雅反　濯直角反　訏本又作盱
同香于反　穹起弓反　壯側狀反　芻郭陟孝反顧野王鄒角反說文云草大也孫鄒耗反　眅
沇旋蒲板反此依詩讀也孫郭方滿反字林方佢方且二反旋乾蒲滿反顧音板又普姦普練二反　眰舊音之日
反木又作至又作眰顧音充尸反　蓆音席　謨亡乎反　迄許訖反　臻側巾反　弔
如字又音的　艘郭音屆孫云古屆字顧子公反　格更伯反字或作格　戾力帝反　摧昨雷
反又祖雷反　詹音古　屆音界　適傷亦反　賚力代反又力臺反　貢字或作贛同
畀必寐反下及注同　予羊汝反下同　貺許誑反本或作況　俶市六反　鮮息淺
反又音仙本或作尠沈云古斯字郭音義云本或作尠非古斯字按字書尠先奚反亦訓善　省先郢反

臧子郎反 令力政反 綝勑金反郭勑淫反 縠古豆反一音古侯反 徽音暉 藩
方元反 大姒音以之泰反 懌音亦 衎苦旦反 愉羊朱反 愷若在
反 妉丁含反 般蒲安反 樂也音洛 協胡頰反 過孫云古述字讀者亦尹[redacted]
反 率所律反 循音旬 循行下孟反 靖音靜 慔孫音莫舍人云心之謨也
度徒洛反注同 諏子須一反 猷音猶 肇音趙 究九又反 謨云胡反 基
本或作謨音同 謀莫浮反 虢古伯反 閼天音宏下於兆反 原音元 彝以而反
範音犯字或作范同 戛居黠反郭苦八反 職之力反 秩長栗反 柯古河反
辟婢亦反下同 踰以朱反 矩俱字反 辜古胡反 皐古罪字秦始皇以其字似
皇字改從四非 皃本今皆作[redacted]五芳反一音如字 鮐天才反一音夷 背博內反 耇音苟 耆
音壽本反作壽 更古孟反 隋徒火反又作墮同 細先計反 耆巨伊反 遹彌
尺證反 允音尹 孚音敷 亶丁但反 諶甚針反 准納仁鋭反 岱音徒

謔許虐反笑蘇誚反敖五報反戲虛寄反調徒弔反粤音越爰
音袁稼古乍反穡音色征之成反那乃河反繇除又反注同音由又音遙孫於
也音烏注同皋陶音遙敂古荅反郃音合又音合盍胡臘反翕許急
反仇音求偶五口反妃音配又芳非反下同雝市周反樂子音洛馮身
皮冰反媲普計反郭音譬字林匹地反紹市小反肖羊召反又以刃反纂子管反、
緌汝誰反續子狄反係戶帝反繼音計氣本或作氣同許氣反謚時至
反溢以日反蟄直立反貉莫白反又武博反謐彌畢反顗魚豈反又五愷反
顉魚毀反沈王罪反孫郭五果反隕于閔反磒于敏反石落也湮郭音因又音一咽又音
[illegible]降古巷反墜本又作隊同直類反摽婢眇反又普交符麦二反蘦力丁反字或作
苓說文云神曰苓木曰落沈直今反令力政反說文云發號也禧許其反畛之忍反
誶沈音粹郭音碎告也本作訊音信誥古報反又古酷反告古篤反悠音由

迥戸頂反 逿說文云古逖字他歷反郭湯革反 闊苦括反 虧字又作虧祛危反郭又許

宜反 壞音怪說文云敗也籀文作𣀨字林云壞自敗也下怪反𣀨毀也公壞反 圮孫房美反岸毀也

垝古委反 垣音袁 戾本作矢同失耳反 繹音亦 旅音呂 尸寀李孫郭並七代

反下句及注同樊七在反 寮字又作僚同力彫反 采業七在反 服本或作艆同符福反又作

艆字 貫古玩反 羕羊讓反字從永說文云水長也 引以忍反 駿本或作俊又作峻同

子閏反 長直良反 喬郭音橋或音驕 嵩宿忠反 倮音果本今作果 捷才接

反 肩音堅 堪字又作戡同苦含反 勝尸證反注及下同 夸口花反或作誇非 𨙻

郎兮反國名本作黎 殺所黠反舊所例反說文云戮也 獮息淺反說文或作壐 刺七賜反說文云

君殺大夫曰刺刺直傷也周禮司刺掌三刺之法以聽獄訟或七亦反 應殺應對之應 亹亹

字或作斖同亡匪反 蠠彌畢反又亡忍反本或作𧕀說文曰𧕀古蜜字 敦丁門反本今作敦 勗

許玉反 釗古堯反又之遥反 茂字又作懋亦作[illegible]同亡候反 劭上照反或上遥反 勔

勔作偭又作黽泯又彌兖反 僶字又作黽士忍反又云衍反 茂哉或作茂才 鶩音務

暋音閔或作旻 強也其丈反注同 卬五剛反 台孫羊而反下同 予余並羊

如反 姎烏郎烏黨烏浪三反說文云女人稱我曰姎 任而鴆反 畛之忍反 某音母 躬音弓

畀必二反 陽音賜又如字本或作賜 予羊汝反 巴伯家反 濮音卜 誘余九反

餤沈大甘反徐仙民詩音閻餘占反郭持鹽反 晉本又作朁 藎本又作燼同徐刃反 餞徂淺

反 迪大的反 烝之仍反 左右音佐佑下同 相息亮反下文同 道徒報反本或作

導注及下同 勴力庶反 介音界 反覆芳服反 緝七入反 熙許其反

晧胡老反 熲古迥反 劼苦黠反郭苦八反或作硈字古黠反 鞏九勇反 篤丁幸

反 掔音牽又苦閑反郭音義本與慳惜物同 虔音乾 膠音交 疇本又作𠷎直留反 祉

音恥 睢于況反又千柄反 藐亡角反 韡於宜反 懿音意 鑠舒灼反 已上

時掌反 美盛或作晠同 譖下階反 輯音集又七入 噰噰於恭反 緦

本又作恊同戶牒反燮蘇頰反弼白筆反重也直龍反注同疊音牒觳胡角

反又胡谷反卒子恤反字或作碎泯云忍反罄苦定反罊苦計反說文口地反云器中盡

也本或作愨字音同廣雅云愨劇也殲子廉反拔步八反殄大典反厭一鹽反苞

百交反蕪音無或亡甫反蕃滋生長也古本作橆豐敷馮反揫孫子由反郭音遒案遒音子由祖秋

二反斂力儉反屈丘勿反戢側立反蒐所求反裒古字作褎蒲侯反下同字本或作捊

鳩居牛反說文作勼音九尤反摟力侯反從手本或作樓非隰音習拘古侯反遄市專

反亟欺兾反又居力反屢力具反數色角反迅信峻二音徂才孤反寁本或

作疌同子感反肅亟字又作苟同居力反經典亦作棘同壑本或作㕡同許各反郭胡郭反阬阬

苦衡反縢徒登反隍音皇城池也漮字又作歉同苦郎反說文云水之空也方言作㝩康亦空也

郭云本或作荒茦亦丘墟之空無虛也許居反谿音溪壍七豔反墟去魚反烝

之仍反洋音羊洋溢多貌讀羊者或爲詳非也觀顧謝音官施古喚反注同那奴多反本或作

㛢　差楚佳反　柬音簡　慄六日反　戁女版反　竦息勇反　恐丘勇反　慴之涉反　痡普胡芳膚二反詩作鋪　瘏音徒詩作屠　虺虎回反又呼懷反　頹徒回反　劬土于句　咎音臼　顇字或作悴在醉反　瘽音勤字亦作懃　瘉羊朱反又羊主反　鰥古頑反注康同　癙傷汝反舍人云癙癵瘇痒皆心憂憊之病也孫炎云癙者畏之病也字林音恕詩作鼠　癵郭作狗攣同力專反　𤸎音里　痒音羊　疷祈支反或丁禮反本作疲字書云疲病也聲類猶以為疷字又音支孫炎云滯之病也　疵音慈　疚音救　痗音昧一音晦　瘥祖河反又子衰反　痱符非反又符沸反說文蒲愷反風病也　癉丁但反又徒丹反孫炎云疫病　瘵側界反字林側例反　瘼音莫　癠祖細反或祖稽反　瘣呼回反字林云病也今經注無此字　恙羊讓反　寫悉冶反　悝音里　盱本或作忓同香于反　繇音遥　慘七感反　罹力知反　勩字或作勣與世反郭音謚字亦作肄　邛巨凶反　敕本又作鋚並耻力反案說文字林來旁作力是勞來之字東旁作攵是始音丑力反　愉羊主反又羊朱反　癉丁賀反本或作憚音同　窳

羊主反字林云汙也音烏說文云汙窬也按汙窬猶汙耶也 勞力報反任同 來本又作勑力代反本或作
賚 強其丈反注同 翦子淺反 篲本又作彗同息遂反又祖歲反 迨其音待 悠
傷字書作慯尸羊反 憂思司嗣反注同 惄乃歷反 如調竹留反毛詩傳云朝也
祉音恥 戩音翦又章善反孫音箭 祓音廢又音拂又方妹反 禧許其反 禠
音斯郭常支巨移二反 祜音戶 俾必爾反 禋音因注同 祀音似 祠音詞周春祭名 蒸
之升反冬祭名 嘗字又作常秋祭名 禴字又作礿同餘若反夏祭名 儼魚儉反 恪口各反
祗旨夷反 諲音因又音真 熯而善反郭音罕說文蒼頡篇皆同 晙子峻反又音峻 顉
音須 竢音仕字又作俟亦作戺音同 替他計反 戾音麗 底之視反字宜從一或作底非也
底音丁禮反 徯胡禮反 噊郭音聿施音述 幾音祈又音機 ⿰豈幾音祈又音沂郭音剴案剴
音公哀反說文云摩也 汽古愛反施音既樊孫虛乞反 摩莫河反 近附近之近 治如字施宜
吏反 肆音四 惇字又作憞丁門反 亶多但反 祜音戶 掔卻賢反又苦閒苦忍二反

仍本或作扔同汝烝反肶音毗本或作脾同婢婢支反又音婢竺字又作篤同丁毒反腹分伏

反皆重直龍反謨亡胡反郭音慕許側駕反謀亡侯反話胡快反猷

音由字亦從犭載行下庚反郭下孟反注同訛字又作吪亦作譌同五戈反盟音明詛

側慮反祅於喬反本又作沃同遘古豆反遻也字又作迕同五故反轉復扶又反

釗工堯反又章堯反覿見也賢遍反注同監音鑒又工杉反字又作䁪涖音利又音類

覜他弔反相施息亮反又息良反訩音凶閒古閑反隙也舊音閑隙去戟反瘞

猗例反郭音翳匿女力反蔽必曳反竄麤亂反妥孫他果反郭他回反又他罪反劉昌宗音

儀禮同字林亦同按一旦反底丁禮反厎之視反尼施女乙反謝羊而反曷何末反

遏烏割反抑於力反射羊石反字又作斁同厭於豔反梏古沃反郭音角梗古杏

反較古學反頲他鼎反密亡筆反易也以豉反注同弛也尸紙反弛

易施李音尸紙反下音亦顥謝本弛作施并易皆以豉反注同鮮息淺反下同罕火旱反

酢才各反　侑本或作宥同于救反　毗如字樊光本作庇云蔭也　暴本又作爆同邦角反　樂
也本又作爍郭音洛又力角反　癊於禁反又作蔭同　覭郭亡華反又莫經反　髳音蒙
茀音弗　叢才工反　茸如容反或如融反　薈烏會反　蠱音古　諂郭音縚■他
刀反字或作慆沇勑檢反　楨音貞　榦本又作幹胡旦反又作翰　棐音匪　比毗志反注同　俌音輔
郭方輔反字林音甫　諶市林反本今作沈　壃字又作畺音姜經典作彊假借字　圉魚呂反　場
羊石反廣雅云界也　旁步郎反　聊音遼　敵音狄　彊巨良反下注同　應本或作譍同於
矜反　者好呼報反　浡步忽反　蠢尺允反　俶昌育反　呰子爾反或子移反郭
音些案廣雅呰辭也息計反又息賀反謂語餘聲也　已此音以　𨱾本或作𡍯字林云昔古𡍯字
罝音嗟　狎乎甲反　串郭音五患反沈謝古患反　慣本又作貫又作遦同古患反　厭
於豔反　忕音逝又時設反張揖雜字音曳云毌伏過度　曩奴黨反　逮音代一音大計反　暨
其器反　隲之實反又音陟　假音遐　躋子兮反　陞音升　揮許韋反　盝音鹿

歇虛謁反　涸戶各反　渴音竭本或作竭　毋音無本今作無　漉音鹿　去水起呂反

挋音震　拭音式　刷字又作㕞所劣反說文云刮也廣雅云削也　清也如字劉音儀禮慈性

反　抆亡粉反　埽素老反　閒古莧反注同謝古閑反郭古鴈反施胡瞎反　饁于輒反字

林于怯反　饟式亮反　饋也本或作餽同巨愧反　遷七延反注同　徙斯介反　拱

九勇反　廞郭音歆又音欽字林火欽反　興也如字又許應反　蹶居衞反下同　假戶嫁

反　廢字亦作癈同甫穢反　稅始銳反　舍音捨注同　棲音西　遲直犂反　憩

起例反本或作愒同　㱿苦怪反又墟季反字林以爲喟丘愧反孫本作快郭音苦槩反又作嘳墟愧苦怪二反　齂

郭施謝海拜反孫虛貴反顧乎被反　呬郭許四反孫許器反施火季反　供如字又居用反　峙直紀反　共

音恭　㥽亡矩反又音無　憐力田反　娠指愼反又音身　蠢尺允反　戁奴板反　妯

顧依詩勑留反郭盧篤反又徒歷反　騷蘇刀反　訛五禾反　悅始銳反毛詩傳云佩巾也　覆芳福

反後注同　副音赴　校音教　長丁丈反下文并注同　諦音帝　契郭苦計反字又作挈顧苦結反

大百九　爾雅音義上　七

注同左傳云盡借邑人之車契其軸是也殄大典反刻音克斷大管反迪音狄繇音由道
也如字或徒報反非僉七廉反胥息盧反耆巨之反禮記云六十曰耆艾五蓋反下同禮
記曰五十曰艾多更音庚秭音姊算字又作筭素緩反郭息轉反數也色具反注
同謝色生反傅也符付反注同覭字又作脈云華反相息羊反讀者或息亮反今不用
乂字又作嬖亦作女同魚廢反淈郭古沒反又胡忽反治直吏反謝如字作汨古沒反頤
以之反汱姑犬反施胡犬反顧徒蓋反字宜作汏渾胡本反隕于敏反墜也直類反彔
所甲反捷才接反塈音祕溢音逸陶徒刀反繇音由一音遥馘古獲反本又作
聝音同穧本或作齊同才細反依注字宜從禾穫禾一本作獲禾戶郭反難奴旦反注同一音如
字剡羊冉反䂮力約反詩本作略郘音似允任而鴆反又而淫反注同壬而今反
注同俾必尒反拼北萌反以利使人曰拼從手抨普耕反案字書拼抨並音普耕補耕二反訓義
亦同今既二字相隨故多互其讀也亦從手彈也字又作伻音同使人也使令力呈反儴樊孫如羊反引

論語其父攘羊釋之作攘注云因來而盜曰攘施息羊反督多毒反享虛丈反下注同縱子用反
縮所六反掣昌世反探吐南反篹初患反俘音孚摸亡各亡胡二反爲
治直吏反曩乃朗反爲鄉許亮反本今作鄉省息井反璿音旋又作琁枿
五割反本或作櫱又作木注作櫱並同說文作𣡌以櫱木爲古文櫱爲或體云伐木之餘訝五駕反本又作迓
跛布我反軫之忍反蔿遭續反摯之二反臻則巾反賡古孟反沈
孫音庚說文以爲古文續續似欲反祔音附郭音付祪俱毀反尼本亦作昵同女
乙反謝羊而反顫奴啓反下同幾音機又音祈暱女乙反妥郭他回反沈他果反傳命
直孿反貉亡白反下同施胡各反綸音倫繩音乘嘆音莫本亦作莫卒子恤
反又作枠下同猷音由假古雅反輟丁劣反已音以球巨牛反又作求酋在由
反又子由反郭音遒就如字或作噈子六子合二反又作𪘪同⿰歹冬音終本又作終薨火弘反殂
音祖本又作祖⿰歹各音落本又作落殪於計反同稱尺證反

釋言第二魚鞬反詩傳云直言曰言書傳云言辭章也東方朔云誦詩九萬言謂一字為一言也說文從口從辛聲左傳云介之推曰言身之文也仲尼曰言以足志文以足言廣雅云言從也此釋言篇者釋古今之訓義

中如字又音仲又知衆反距又作岠同音巨斯私貲所宜二反誃尺氏反謖所六反還音旋復音服返音反說文同云春秋傳作彼從彳徇本又作侚樊本作彴並辭峻反郭音巡張揖字詁云徇今巡𢓜音詢進本又為均序徧古遍字駧而寳反郭音義云本或作遷聲類云亦駧字同遽其據反

傳也張戀反注同車音居蒙莫公反小爾雅云覆也覆音副告古毒反

雝於容反徠音來本今作来眕之忍反厎之視反恀音是怙音户恃音市遹古述字一音餘橘反俞羊朱反盒古荅字一本作荅男唯維癸反者

應音譍臚呂居反幾音機觀施音館謝音官注同肯口等反敖五刀反

憮郭火孤反沈亡甫反傲也五報反穉也直利反又作稚諐去虔反戾力細

反壯阻亮反悈本或作極又作亟同紀力反一音戚褊必淺反說文云小衣也廣雅云褊狹陋也

狹戶甲反貿音茂字又作貿同賈音古屝符沸反字又作陫同側音仄遾

嘗例反逮音代一音徒帝反圮皮美反覆芳服反注同荐但薦反又但遜反郭但很反

原舍人本作厵音同再子代反重直用反又直龍反憮亡甫反敉亡婢反郭敷靡反孫

數是反臞字又作臞同求俱反脙音求瘠秦昔反洮孫作光古黃反頮古迴反婁

本又作婁同力住反暱女乙反亟墟記反亦數色角反忒他得反或作侙佴

而志反劑即隨反翦子淺反饙方云反字又作餴同說文作餴云脩飯也饙餴益或餴也字書

云一蒸米餾力又反稔字又作餁同而審反餥音脩又西九反又所九反一音孫廣雅饙謂之餥也蒼頡

篇云餥饋也飰字又作餅俗作飯同符萬反字林云飯食也扶晚反飤也膢以證反又繩證反方言云

媵寄也記也送也造七早反餥音非餱音侯呼或作評同鞫居六反字又作𩎟同

究音救滷音魯鹶音矜本又作矜鹹音咸粦力田反本今作憐同覃徒南反本又作

𡠄字叔然云古覃字同蔓音萬莚以戰反相連不斷又音延本今作延佻他堯反郭唐了反
偷他侯反潛捷鹽反深如字又尸鴆反測初力反鞠居六反啜常悅反郭
音銳顧豬芮反施丑衛尺銳二反說文云啜嘗也廣雅云食也茹也音汝食也茹藘如庶反注
同度也侍各反注及下同強巨丈反注同本或作彊字又其良反禦圉本或作御
同俱魚呂反窒豬乙反又丁栗反薶亡皆反黼字或作黼同音甫白與黑曰黼為斧形黻
字或作黻同音弗青與黑曰黼黻戾也已音紀膺於矜反愷苦亥反悌徒禮反
髦音毛毛中之長豪曰髦士之俊傑者借譬為名令居力呈反畯子峻反主田大夫嗇夫也
嗇音色蓋古害反舍人本作害裂音列邕字又作擁諈謝之睡反郭置睡反諉
郭女睡反顧汝恚反謝音諉孫云楚人曰諈秦人曰諉累也本又作纍劣偽反字又作絫同注同屬
之欲反漠音莫樊光云漠然清貌庇必寐反又音秘庥字又作休虛求反郭許糾反廕
字亦作蔭於鴆反度大各反憯七感反窶貧也求矩反毛詩傳云窶者無禮

薆僾皆音愛烏槩反邑烏合也祺音其下同先見賢遍反兆廣雅云葬地也本又作兆音同塋音營挾戶牒反浹子協反郭音接徹直列反霑竹廉反

琛勑金反郭舒金反探吐南反刺七赤反選也宣戀反俾必爾反沈方寐反紕婢寐反謝房彌反郭音方寐反飾申職反緣悅面反淩力升反案郭注意當作㥄埤蒼云㥄慄也樊注作凌冰凜也力膺反

慄音栗懅舊音遽其據反亦謂戰慄反慼字又作戚七歷反鐲古玄反又音圭稱赤證反好呼報反又如字注同坎字又作欿苦感反銓七全反銓即稱舫方訪反又音方併步頂反字又作並泳音詠底丁禮反

追音待冥覓經反字林云經亡定二反降下古巷反下音如字一讀降音戶江反下音戶嫁反傭勑恭反均音鈞暴字又作虣同蒲報反窕吐彫反好放呼報反俅音求弁音卞瘞於例反又於計反或作𤺊同薶莫皆反氂力知反又力才反李本作氂呂銳反

劂居例反烘沈顧火公反郭巨凶反孫音恭字林巨凶甘凶二反燎力皎反又力召力弔二反煁

市針反娃郭音恚字林口穎反說文云行竈也顧口井烏攜二反隅音虞竈則到反陪
蒲回反朝也直遥反注同苛音何樊音煩藩方元反籬力支反量
音良音亮一以評音病粻音張字林又文庚反糧音良餱也昌氏反又尸氏反
幾音機僥古堯反倖胡耿反與幸通用筑音竹掇丁活反說文云拾取奘
徂朗反秦晉謂大爲奘駔在魯反又子朗反沈集注本作暨音同孫樊二本並作斯且而無奘駔沈集衆本合
爲一字評火乎反或作呼同舫謝音方詩亦作方施甫訪反樊本作坊符方反又音方泭也
郭音孚字或作浮同樊本作坿沈音附箄皮佳反本又作簰同筏音伐方言云泭謂之箄箄謂之筏秦
晉通語洵郭音巡注同謝音荀下句放此龕苦南反字或作含本今作龕逮音代一音大計
反下同遝孫郭徒荅反沓與上同亦徒荅反畫胡卦反賑之忍反又之人之刃二反字林
云富也刃引反局彊六反分也符問反注同懠才計反僁音屑動草聲也郭音與稷
契同施私秩反字又作偦葵求維反揆其水反度也徒各反注同惄本又作惄同奴歷反

眕之忍反 別二彼列反 戍式喻反 寇苦候反 硈苦角反 鞏九勇反

棄丘異反 志音亡 囂五刀反又許嬌反 褰四羊反或而羊反 懟直類反 縭力知反 介也音界李孫顔舍人本並云縭羅也介別也 閡五代反 號戶羔反又胡到反

謔也火故反又如字又作呼 咎求九反 莦補茅反 稹謝之忍反郭振眞二音 緻直吏反 遻五故反孫本吾字作午吾補反 寤五故反 頲丁佞反字又作定注同 題徒兮反

麟力仁反 肯苦等反或作古肎字字林作肎並同 侮亡甫反 貽以之反 遺也唯季反注同 歸巨位反 貿音茂 賄火罪反 狎乎甲反 菼字又作薊他敢反或待感反

騅章誰反如騅馬色也 亂五患反 毳昌銳反 粲七旦反 飧謝素昆反說文云餔也字林云水澆飯也本又作餐施七丹反字林作飧云呑食 渝音揄舍人作糯同 肴音爻

恞本又作夷音同 顛丁田反 耋田結反孫他結反云老人面如鐵色 輶由久反又餘周反 俴慈瞚反 綯徒刀反 絞古卯反 糾吉黝反 索悉各反 跋蒲末反郭音貝

又補葛反躐力輒反狼音郎疐竹利反又得異反又竹季反說文云嶷足不行與躓同跲
其業反又居業反郭又音甲廣雅云跲我也烝之仍反埃音哀戎如字本或作㧈顩如勇反
沈如升反相也如字又息亮反飫於庶反𪅃如戍反本今作儒屬雛欲反幕音莫
熻音翕熾昌至反晠市正反本作盛同柢謫音帝窕郭徒了反舍人本作跳云跳者
躍之間閒也音閑或如字窈音香隙去逆反罹力知反憂思息吏反慘
七感反檢李郭居儉反模亡胡反郵音尤過古卧反遯字又作遁又作遯同徒頓反
斃字亦作弊又作獘婢世反又婢設反郭步計反踣蒲比反又音赴或孚豆蒲侯二反前覆芳服反
僨甫問反僵居良反畛之引反又之人反殄大典反盍也户臘反虹音洪
頷作訌音同李本作降下江反潰乎內反隌字林或作晻同烏感反闇音暗冥莫定反
䵒字又作䵒同女乙反郭音馹膠音交黏女廉反字林云相著也字書云糊也戛居八反闍
丁胡反拘音俱休慶虛虯反下注同叫古弔反呼火故反濬音峻整之領

反之令力呈反愧慙九位反本亦作媿小爾雅云不直失節謂之慙慙媿也面慙曰戁心慙曰恧體慙曰
逡方言云悔慝赧慙也晉曰悔或曰慝秦晉之間凡愧而見上謂之赧梁宋曰慝又云㥦恧慙也荊揚青徐之間曰㥦若梁益
秦晉之間言心内慙矣山之東西自愧曰恧趙魏之間謂之聅慝音匿㥦音腆恧女六反聅音密亦音秘殛紀力反
鯀古本反乃瘳勑留反訩譊音凶許容反說文作詾同譊即讙字冥也亡定反
逡七旬反外傳直戀反下左傳皆同已復韋昭云已畢也復芳福反疐都麗反一音致
什也音赴頓躓音致諗音審相思念也說文式荏反届音戒弇於簡反音揜
謂覆敷救反恫音通握李本作蝁云居位處之具也郭云謂備具訊也音信閲
呼歷反恨也孫炎作很云相很戾也很音戶墾反燬音毀李尋云燬一音火孫炎云方言有輕重故謂火
爲燬郭云燬齊人語曩本亦作曩乃黨反鄉也許亮反音向偟音皇不遑音皇
呼王反或作偟通作皇宵音消舍人云陽氣消也懊忨烏報反下五館反愒苦蓋反杜預注
左傳云忨愒皆貪也搘音枝說文作榰拄也音注說文作柱皆從木旁併必頂反卒子忽反

慒音囚字書作悰䵥致恥反紩也音扶郭云今人呼紩衣爲䵥縫奉容反遞音悌
他計反一音待結反迭也待結反音經更迭音庚矧詩忍反辟況本亦作譬同
廩力錦反廯也息淺反廣雅云廯倉也孫炎云廯藏穀鮮絜也舍人云廩少鮮也郭云或説云即倉廩所
未詳逭音換間音諫俔也胡典反之諜徒協反杜預注左傳云諜伺也説文云軍中反
間也沄音云沆也胡黨反説文云沄轉流也一曰沆漭沆莫廣反一音莫郎反大水皃扞
戶旦反趾音止⿰足非本亦作剕同扶味反又枝遰反刖足曰剕刖也音月鄭注周禮云斷足也忝他簟反
燠於六反塊本作凷説文云塊俗凷字也凷一名堛堛也孚逼反齊也才細反郭云謂分齊王肅
云分齊其肉所當用也分如字餬戶吴反説文云寄食也饘之然反糜也靡爲反粥之稠者曰糜
跪求委反小跽渠几反説文云長跪也莊子云擎跽曲拳臣之禮也矏武延反郭云謂緻密謂緻之侍
反一音智又音至闢本亦作辟婢亦反又甫亦反袍包毛反襺古典反本亦作繭緜衣也禮玉藻云纊爲襺緼爲袍鄭注云衣
有著之別名也重襺直龍反衣裘於既反障知亮反説文云隔也又界也蔽也亦作鄣畛之忍反田間道謂

壅於勇反靦他典反舍人云檀也一曰面貌也謂自専檀之貌姡戶刮反又戶括反孫李云靦人面姡然也方言云楚鄭或謂狡獪爲姡姡猶獪也凡小兒多詐謂之姡郭注言黠也獪音古外反又音史鬻之六反字林亦作粥云淖糜也又與六反淖奴孝反又文卓反字林云濡甚也翢徒刀反又徒報反纛字又作纛徒報反鄭衆云羽葆幢也蔡伯喈云以旄牛尾爲之大如斗在左騑馬頭上所謂黃屋左纛葆音保幢丈江反壑火各反芼莫報反搴也九輦反取也與攐同郭又音騫音義云本又作毛蹇拔步八反苛胡柯反妎胡計反又胡界反又音害說文云妎妬也芾芳味反又方蓋反狃女九反復也扶又反注同孫郭云狃忕復爲也李音服云狃能屈申曰復忕石世反逼彼力反本又作偪迫音百般郭音班左傳云役將般矣是也一音蒲安反周易云般桓是也說文云般辟也還音旋或音環濟子細反下同益於亦反緍亡巾反綸音倫繩音乘辟婢亦反一音躄漦仕具反又呂其反郭音牛齝又音丑之反李云吐沫漦也盝音鹿漉音鹿⿱吅延因延反字當作次又作涎字林云口液沫音末綽昌斫反裕音喻衮古本反說文云從衣從公也公

羊臾反或云從公衣獻音弗華胡瓜反皇胡光反彌亡移反

釋訓第三休運反張揖雜字云訓者謂字有意義也案釋詁已下三篇皆釋古今之語方俗之言意義不同故立號亦異至於訓釋墳典其實一焉

斤斤欒居覲反舍人云明明甚明也斤斤物精詳之察孫云斤斤重慎之察也聰七公反條條舍人本作攸攸攸沇亦音條秩秩直栗反智思息嗣反下文并注同便便婢緜反廱廱於容反優優音憂和樂音洛兢兢音矜繩繩本或作憴同食蒸反戒音界蹌蹌七羊反皆恐丘勇反趨七俞反業業魚法反郭五荅反翹翹巨遥反皆縣音玄惴惴之瑞反憢憢許堯反本又作嘵音同字林云懼也案詩云予維音嘵嘵是也番番布何反詩云申伯番番矯矯居兆反舍人云矯矯得勝之勇也詩云矯矯虎臣洸洸古皇反舍人本作僙音同赳赳居黝反說文云輕勁有才也詩云赳赳武天倮音果本亦作倮同藹藹烏害反濟濟咨禮反悠悠音由

洋洋音羊　蹶蹶居衛反　踖踖音夕又音藉　皆便婢面反　捷才接
反　薨薨虎弘反顧舍人本作雄雄　衆諸仲反　夥户果反漢書云楚人謂多爲夥　蒸
蒸諸矜反本今作烝烝　作也子洛反　委委於危反詩云委委佗佗如山如河是也諸儒本並作
禕於宜反舍人云禕禕者心之美引詩云亦作禕　佗佗本或作它字面徒河反顧舍人引詩釋云禕禕它它
如山如河謝羊晃反　恀恀郭徒啓反與愷悌音同顧舍人渠支反李余之反恀恀和適之愛也　惕惕
佗狄反　偁偁尺仍反本亦作稱同　蓁蓁郭側巾反又子入反　孽孽魚謁反又
五葛反　懕懕於占反說文云安靜也　媞媞徒低反　祁祁巨移反　丕
丕本或作平同普悲反　萌萌郭武耕反施云朋反字或作萠　懋懋古茂字　慔
慔音暮亦作慕　強其丈反　庸庸音容　慅慅郭騷草蕭三音　赫赫
郭釋舍人本作奭失石反說文云奭盛也謝許格　躍躍余斫反樊本作濯引詩釋云濯濯厥靈
重語直用反又直龍反　坎坎苦感反　壿壿七旬反舍人云舞貌毛傳同郭云謂

鼓舞歡喜也說文云壿士舞也宜從士蓴也本或作蹲同瞿瞿居具反休休虛求反又
虛蚪反旭旭謝許玉反郭呼老反蹻蹻郭居天反案詩小雅小子蹻蹻音巨虐反今依詩讀
憍九苗反夢夢亡工亡棟二反沈施亡增反訰訰之閏之純二反或作諄音同顧舍人云夢夢訰
訰煩懣亂也紃因春昌沿二反本無此字爆爆本又作□蕭卓反又布卓反說文云大呼也自究也
邈邈亡魚反儚儚字或作懜孫亡崩亡冰二反洄洄沈音回郭音韋音義云本或作
□音韋案字林□重衣貌于屋反惛音昬版版詩作板並如字李云版版者失道之僻也蕩
蕩本或作盪徒朗反李去蕩蕩者弗思之僻也僻也匹亦反皆衺本人作邪似嗟反
爞爞郭徒冬反又直忠反炎炎于廉反熏本亦作燻或作薰許云反炙之石反
究究九又反仇仇音求敖敖本又作謷又作[redacted]同五高反傲本或作傲同五報反舍人
本傲作毀釋云仇仇無倫理之[redacted]謷謷衆口毀人之貌李同仳仳顧音此郭音徒謝音紫舍人云形容小貌
瑣瑣星果反亦作璪悄悄七小反慘慘七感反愠也於問反痯

瘖郭古夘反又古玩反庚庚羊主反又羊朱反本今作庾庾慇慇於斤反㥯光於謹反
本今作郣郣惸惸本或作煢巨營反忉忉都勞反慱慱徒端反樜逋莫
反郭徂兖徂沿二反忡忡耻忠反惙惙丁劣反怲怲彼病反奕奕
音亦畇畇本或作畇郭音巡沈居賓反謝蘇旬反字林云均均田也又羊倫反墾苦很反蒼頡篇
云耕也廣雅云洽也辟娉亦反開也畟畟楚力反字或作畟耜音以郝郝音釋又呼
各反土解音蟹繹繹音亦種之用反穟穟郭音遂說文云禾垂之貌緜
緜彌延反穮字書作𦔮同方遥反耘也字林云耕禾間也左傳云辟如農夫是穮是蓘是也說文云穮耨鉏
田也耘云字亦作芸同音云挃挃郭丁秩反小雅云截穎謂之挃穫也戶郭反刈魚廢反衆
諸仲反緻直吏反溞溞郭蘇刀反詩云淅之溞溞謝所留反淅蘇歷反洮徒刀反洮
猶淅也烰烰呂郭並音浮又符彪反詩作烰烝之升反本今作烝俅俅音求本亦
作絿同載丁代反本今作戴弁音卞璋音章諻諻詩作喤喤華盲反字書云鍠樂

之聲也又作鍠一音胡光反 樂如字 穰穰而羊反本今作穰 引余忍余慎二反引長多也

顒顒魚恭反 卬卬五剛反郭魚殃反 丁丁猪耕反 嚶嚶烏耕反

斫音灼 切磋七何反 藹藹於蓋反 萋萋七西反 盡力咨忍反

噰噰本或作雝又作廱同於恭反 喈喈古諧反 應德音譍 佻佻徒彫反詩

云佻佻獨行歎息也 契契若声反詩云契契字又作䵟許反 愈本或作俞同瑜庾二音 竭本又

作竭巨列反 燕燕字又作宴烏殿烏顯二反 粲粲七旦反 尼女乙反謝羊而反又奴啓反

飾音式 處音杵 閒音閑本今作閑 悽悽郭本或作萋同古芳反 苦如字又立故反

思息嗣反郭意如字 儵儵郭徒的反顧舒育反樊本作攸引詩云攸攸我里 嘒嘒虎惠

反 罹力支反 悼音盜 已音紀 旦旦本或作悬同都歎反 忒佺得反 皐皐

古豪反樊本作浩古老反 琄琄胡犬古犬二反 鞙音與琄同 贙胡犬反本今無鞙贙二字 刺

字又作誎同七賜反 灌灌本或作懽同古玩反 愮愮音遥本又作搖樊本作遥又作恌恌與愮同訓也書云愮愮

憂無告止廣雅云搖亂也 告 如字又古毒反 訴 音素 泄泄 余晝反或作呭同 謔謔 虛虐
反 謞謞 郭虛各反或火角反 慝 謝切得反諸儒並女陟反言隱匿其情以飾非 熇 許各火沃
二反本今無此字 樂 如字又音洛 譖 側禁反 訿訿 子爾反字林云不思稱乎上之意 供
音恭 熾 尺志反 背公 音佩 蹙蹙 子六反 惟逑 巨鳩反郭云迫也字林云斂聚
也本亦作求 鞫 居六反 迫 音伯 抑抑 音億 諦 音帝 泠 郎丁反 秩 直乙反
甹 普經反 夆 孚逢反 掣 本或作摩同充世反說文云引而縱之 曳 餘世反 抴 本或
作拕同泰何達可一反廣雅云引也說文云曳也 朔 所角反 不⿰來矣 事巳反待也宜從來本今作俟字
不來 本或作倈逨同力胎反 不復 如字 不遹 古述字一音華 不蹟 子亦反詩云念彼不
蹟傳云不循道也 循 音巡 徹 直列反 忘 音亡下同 萲 施音袁謝許袁反郭云義見伯兮詩
云焉得萲草毛傳云萲草令人善忘則謝讀爲是 諼 許爰反 考槃 步干反本又作盤 饎
尺志反字林云熟食也又充之反舍人本作喜釋云古曰饎 饌 充戀反 號 戶高反孫炎云號之祭有號有號

雩音于祭名　吁許于反　暨其器反　巳音以　蠢昌允反　磋七何反　琢丁角反治
玉也本或作琢非也　僩本或作撊同下板反郭音簡　恂音荀郭音峻鄭玄注禮記同云謂嚴慄也謝私
尹反　慄音栗　竦思勇反　赫火格反　烜呼遠反烜著光明宣著今並作喧字音同　斐孚尾
反　既微如字字書作癓三蒼云足創　尰本或作尰同並籀文尰字也蜀勇時鍾二反　骭下諫反郭
作扞音古案反謂脚脛也　瘍音羊　腫足之勇反　脛戶定反　創初良反　是乂音刈
本亦作刈　鑊又作濩同戶郭反　煑之與反　絺丑尸反　綌去逆反　敏如字舍人本作畝釋云古者姜嫄履
天帝之迹於畎畝之中而生后稷　拇音畝足大指　指　處昌慮反　宿先六反　重言直用反　嬛[illegible]眷
反　好呼報反　援音媛本今作媛　喭音彥本今作彥　猗嗟於宜反　眼五限反或作目　斥音尺　挽
本亦作輓同云遠反聲類云引也　車音居　襢本或作袒同徒坦徒丹一反下同　裼蘇歷反　脫他活反　見覵
賢蠱石　暴步報反　搏逋莫反郭音付　馮河字又作憑皮冰反依字當作淜說文云無船渡河　檝本或作檝又作
椄同子葉子入二反方言云檝橈也說文云檝舟櫂也釋名曰在旁撥水曰櫂又謂之檝檝捷也　籧本或作篴同巨魚反　篨

直閭反舍人云籧篨巧言也李云籧篨乃言辭以饒人謂之口柔孫郭
並云籧篨之疾不能俯口柔之人視人顏色常亦不伏因以名云
戚施七歷反下式支反舍人曰令色誘人李曰和顏悅色以誘人是謂面柔也賈逵注國語曰僂也孫郭並云戚施之疾不能
仰面柔之人常俯似之因夸毗苦瓜反下鼻𠀤反舍人曰卑身屈
以名云字書作䫌頔同已也樊引詩云無爲夸毗李孫郭
云屈已卑身以柔順己音紀婆素河反䃾婢亦反字宜作擗詩云寤擗有摽掛心
人也字書作𨉖𨉛
本亦作撫推本或作槌同直追反字林云擊也䁍音凶矜几陵反憐力堅反拍普伯反
同芳武反
䋚許域反又音域縫扶用反殿屎丁練反下虛伊反或作㰧吹又作㱡𠮱說文作唸㕧郭上音香惟反又音丁念
反下許利反呻也音申幬本或作㡘同直留反帳陟亮反侜本或作倜同張留反譸俱放反幻
胡辦反罶本或作𦋺同力九反薄蒲博反本今作簙笱音苟
釋親第四說文云親至也蒼頡篇云親愛也近也禮記云親親以三爲五以五爲九尚書云以親九族親者通謂五服九族之親也
妣必里反嬪毗眞反㬮長丁丈反下皆同彝音夷喪息浪反又如字頡戶結反異稱尺證反
晜音昆本亦作昆下同娟于貴反廣雅云娟妹也說文云楚人謂女弟爲娟𥂁秦文云河南人云妹娟也重也直龍反下皆同

而別 彼列反又如字下皆同 適者 本或作嫡同丁歷反 徠 音來本亦作來 汲 居及反 冢 竹奉反

窋 丁律反又丁滑反不窋后稷之子 從舅 才用反下注涕從同下音臼 甥 音生 呼壻 音細 帝

館 古半反 更相 音庚 譚 大南反 姪 大結反字林云兄女又丈乙反 姒 音似 娣 大計反 娶

七具反 媵 以證反 嫂 素早反本今作嫂 穉 直吏反又作稚 先 蘇練反 後 胡遘反廣雅云先後

妯娌韋昭云先謂姒後謂娣 妯娌 音逐下音里廣雅云先後也郭注方言云今關西兄弟婦相呼爲妯娌 稱 如字 少姑

證照反 兄妐 音鍾本今作公 之轉 丁戀反又如字 姻 音因 亞 一駕反又作婭 瑣 桑果

反 僚 力彫反

釋宮第五

世本云禹作宮室呂氏春秋云高元作宮室尚書云王祖桐宮左傳云虢公爲王宮于玤又云作王宮于

踐土又云季平子立煬宮詩云作于楚宮又云作于楚室傳曰室猶宮也禮云由命士以上父子皆異宮又云杜氏葬入季武子宮不敢

哭此文云宮謂之室室謂之宮郭云皆所以通古今之語明同實而兩名案古者貴賤同稱宮秦漢已來唯王者所居稱宮焉

牖 羊九反 扆 於豈反郭音依又意尾反 窻 楚江反 別 彼列反 奧 本或作隩同於耗反尚書并說文皆云奧室也孔注論語云內也鄭注禮記云

生也廣雅云藏也 媿居位反 宧音怡李云東北者陽氣始起育養萬物故曰宧宧養也說文訓

同與周易頤卦養義同 見禮賢遍反他皆放此 窔烏叫反字林同郭又音杳說文云深

貌本或作窅又作宎同 埽素老反 柣郭千結反顧丈乙反呂伯雍大一反廣雅云砌也 閾

域洫二音 棖直庚反 楔古黠反李謂閫上兩旁木 旁步郎反 楣亡悲反或作楣亡報

反埤蒼云梁也呂伯雍云門樞之橫梁說文云秦名屋櫋聯也齊謂之檐楚謂之梠 樞昌朱反 椳

烏回反郭又吾回反呂沈一罪反 達大末反 檼於靳反字林云棼也廣雅云棟也下同 戺

本或作戺同音俟廣雅云砌也本或作扈同音戶 垝居毀反本又作度同 坫丁念反說文云屏牆

墆達結達計二反高貌也或作墆丁果反本或作端 墉音容本或作鄘同 垣音袁 鏝本或作槾又作墁同亡旦

武安二反說文云鐵杇也 杇音烏又音胡李云泥鏝一名杇塗工之作具說文云所以塗也秦謂之杇

關東謂之槾 椹本或作砧同張林反 榩音虔本亦作虔詩云方斲是虔 斫音灼 櫍音質

黝於糾反郭殃柳反 飾音式 堊於故反又於各反 樴音特又之力反 杙羊式

[illegible]特二反　下句　[illegible]於弋音同　麋其厥反後注同　揮許韋反　縣於音玄　葹

[illegible]芈支反字林云竿也本或作[illegible]音同字林云榻前机也　臬魚列反　栱九勇反郭又音卭

閣音各　闍音都徐告遮反　榭音謝　栖音西下同又作棲　榤巨列反字林云

弋也　鑿在各反　塒音時　穿音川　植音殖　傳音椽下同　突本又作揬徒忽

反　鏁本又作瑣桑果反　埤課移反　束音士　廇力又反　掇之劣反本或作

梲同　音侏音朱　儒日朱反　閞皮彥反本亦作弁同　槉音疾　欂皮麥反字

林云櫨也又平各反　枅音雞字林音肩云柱上方木也　榙達合反　栭音而　楶作截

反又音節本或作楶同字林云欂櫨也舊本及論語禮記皆作節　櫨力奴反字林云即欂也柱上枅

也　棟多洞反　桴郭音浮又音孚字林云極也棟也　檼於靳反　桷音角　榱

踈追反說文云秦名屋椽也周謂之榱齊魯謂之桷字林云周人名椽曰榱齊魯名榱曰桷　椽直專

反　[illegible]　[illegible]　檐音餘占反下同　樀丁狄反字從木旁作商郭又也赤反字合手旁作適　梠

音呂牀助良反屏步形反簃文知反廚本或作尌文誅反筄音曜又羊

昭反迮阻格反本或作笮鄉本又作嚮許亮反注同屏卑井反朝直遙反

宁音佇閍補耕反說文作鬃云或作祊門內祭先祖所彷徨也祊音同閍觀古玩

反闈音韋劉昌宗儀禮音揮衖戶絳反廣雅云道也聲類猶以為巷字謂之

閎獲耕反左傳云高其閈閎僖許其反塾音熟劉儀禮又音育夾古合反橛

其月反闑魚列反閾說文作梱同苦本反鄭注禮記云閾門限也闔胡臘反扉

音非著乎直略反所以止扉謂之閎音宏本亦作閣音各郭注本無此字

辟匹亦反閈戶旦反說文云閭也汝南平輿里門曰閈瓴力丁反詩傳作令音名甋丁歷反詩

傳作適音同甓蒲覓反⿰鹿瓦力解反甎章沿反字林作摶同壼本或作壺苦本反郭

呂並五屯反或作韋隚音唐本今作唐陘古定反旅音呂場直良反字從易易音陽歧旁

郭如字樊本作技音支劇巨戟反冠軍古亂反樂鄉音岳又音各數

道色主反康苦郎反莊側良反車昌蛇反驂七南反復有

扶又反下同逵求追反本或作馗字林云隱也與逵同趨七朱反走祖口反隄

都奚徒雞二反橋音喬杠音江徛郭居義反顧丘奇反說文云舉脚有度也廣雅云步

橋也案今關西呼徛與郭同彴音斫廣雅云步橋也案今江東呼彴音約沈徒的反廂音相

寖七甚反堭音皇陜戶夾反說文云隘也從𨸏夾聲俗作狹或作狎字下甲反今人以陜

弘農縣字書陜之字音失冉反狹代陜行之久矣

釋器第六袪記反說文云器血也飲食之器從犬從㗊聲也㗊莊立反衆口也

豆如字本又作梪籩音邊瓦五寡反登本又作鐙膏音高盎烏浪反

缶方九反甌烏侯反瓿步口步侯二反瓵弋之反甊路口反方言云甇也

甖乙耕反字亦作甇康孫郭如字字書埤蒼作㼚音同李本作光字林作瓬口光反

瓠音護甈丘例反壺音胡斪郭巨俱反謝古侯鳩于二反本或作拘非斸

本或作欘同丁録反說文云齊謂之兹箕一曰斤柄自曲李云斪斸鋤也定多佞反或作錠郭云鋤屬李云鋤別名鋤士魚反斸音蜀斫音灼鐯字又作櫡直略反字林竹略反郭云钁也钁九縛反字林云大鋤也斛郭云古鍬字並七遙反疀本或作鍤郭云古鍤字並楚洽反緵子弄子公二反緵罍也罟音古罭音域囊乃當反罍力回反嫠字亦作釐力其反杜注左傳云寡婦為嫠笱音狗罶力九反字書作罶薄步各反罺側交反汕所諫反撩郭力堯反取也又力弔反沈力到反篧郭士角反又捉廓二音罩陟孝陟角二反字林云竹卓反宮又作箄捕魚音步槮沈桑感反謝胥寢反郭霜甚踈廕二反爾雅舊文并詩傳並朱旁作小爾雅木旁作其文云魚之所息謂之橬橬槮也積柴水中而魚舍焉郭因改米從木字林作罧山沁反其義同涔郭岑潛二音詩作潛字小爾雅作橬字亦音潛又時占反猶取積柴之義絡音洛兔又作菟同土故反罝子邪反說文子余反遮之蛇反麋亡悲反罞本或作茅同亡包反又音蒙冒莫報反彘

小六百十八

直例反　羉力端反又莫潘反本或作罠亡巾反字林云罠釣也　幕音莫　罛工胡反　䍡郭甲

覓反孫芳麥反或彼麥反　罿昌凶反字林上凶反　罬謝丁劣反郭姜悅反或九劣反　罦浮孚二音

覆音副又孚福反　車也尺蛇反　翻孚袁反　罥古縣反又古大反廣雅云罟也　解古買

反　絇謝其俱反孫九遇反施苦侯反　版布綰反　𤗲音業本或作業　繩音乘　縮所六

反　卣由酉二音下同　罍音雷　盛音成　尊本又作罇酒器也又作樽同案曹憲文字指歸檢字

無此從缶從木者說文云字從酋寸酒官法度也今之尊卑從此得名故尊亦爲君父之稱　揔尊董反　坎

口感反　斛乎卜反　裗力求反本又作流　視五兮反又五啓反又五結反俱謂裗也　縷又作

褸洛侯反　攣力專反　袿音圭重繒爲飾　飾音式　黼音甫　袊本又作領

音同　襮音捕又方沃反　刺七亦反　褗音偃又作偃衣領也　緣悅絹反注同　純

之閏反又章允反　袕胡決反一音術　褮胡扃反於營反　眥才細反又子移反　衱

居怯反　裾郭居渠二音　衿謂又作紟郭同今鉗二音顧渠鴆渠金二反　袸郭辭見反

孫音荐謝祖悶反褑子眷反埤蒼云佩紋也上屬音燭後注同上持掌反
執至入反衽而甚反杜預云裳際袺音結郭居黠反扱楚洽反襭胡結反廣
雅云懷也蔽必袂反幨本或作襜方言作䄡郭同昌古反膝音悉幃本或作褘
又作徽同暉韋二音縭本或作褵同力知反緌汝誰反邪字亦作衺似嗟反削息略
反幅甫服反纀音卜殺所例反又色戒反輿音余革姑麥反鞎
胡根反靶音霸字林云轡革也本或作鞔七安反次句同車音居軾音式笰音弗
禦魚呂反簟衣於既反下皆同捐呂沇因絹反顧辭玄反郭與專反著
車直略反鑣表驕反钀郭魚謁反沇魚桀反旁鐵他結反轡音祕
轙郭音儀施音蟻軛於革反首本或作古首字餀呼蓋苦蓋二反字林火刈反郭
呼帶反餯許穢反李云餀餯皆穢臭也臭昌又反饐於器反葛洪音懿釋云饐餲臭
也餿色留反字林云飯傷熱濕也央例央臬二反餲於介反字林乙例反一音於葛反食敗也飯

扶萬反饐於吠反說文云飯傷熱也字林乙大反蒼頡篇云食臭敗也摶徒端反糷
郭音輦謝力丹反沈力旦反字林力但反李云糷飯淖糜相著也著直略反糪郭普厄反
施孚入反李云米飯半腥半熟名糪腥音星餒奴罪反說文云魚敗曰餒字書作鯘同脫
吐奪反麋音眉斮莊略牀略二反字林云斬也鰭巨夷反子虛賦云揵鰭掉尾是也或
作鬐冰彼凌反說文云水堅也孫本作凝牛烝反膏凝曰脂羹又作䑋同古衡下庚二反臛火各
火沃二反字林云肉羹也湇丘及反汁也鮨巨伊反字林止尸反鮓側下反公食
音嗣又作飤音同醢虎改反臡本又作𦟝同奴黎反字林作腝音人兮反謂有骨醢也
康說文作穅或省禾口郎反蠱音古澱徒薦反垽魚靳反滓側里反
鼐沈奴戴反郭音乃圜音員弇古奄字於檢反鼒音咨施音災郭音才字林
音載釴音弋款本或作窾款苦管反闊也鬲力的反脚居略反䰝本或作甑
即凌反又子孕反鬵徐林反又嗣廉反郭財金反漑古代反釜音父鉹昌紙反

璲音遂鞙鞙胡犬反又作琄同區羌于反又烏侯反彀本或作玨固學反說
文云二玉相合爲玨翮戶華反羽本箴章讖反案周禮羽人職云十羽爲審百羽爲摶十摶
爲縳鄭注云審摶縳羽數束名也爾雅曰一羽謂之箴十羽謂之縳百羽謂之緷其名音相近也一羽則
有名蓋失之矣孫同鄭意云蓋誤郭云凡物數無不從一爲始以爾雅不失周官未爲得也縳
音篆又竹眷反緷古本反又戶本昔本二反埤蒼云大束也別羽彼列反虡音巨
縣鍾音玄植直吏反旄音毛蘢方皮方賜二反蔌速藪二音詩云
其蔌維何維苟及蒲茹如庶反蓋音盍苫失占反璗徒黨反說文云金與
玉同色也鏐力幽其幽力幼三反鐐力彫反說文云白金也字林力召反云美金也磨莫佐
反鉼必領反鈑音版本亦作版鈏余緊弋刃常刃三反鑞力盍反周禮職方氏
楊州之利金錫鄭注云錫鑞也字或作鑞鵠胡酷古毒二反白也本亦作鵠同廣雅作皓觷
五角反沈音學犀蘇齎反剒本或作厝同七各反剫徒各反雕丁聊反璞

字又作樸丕角反鏤字又作鏞音漏切本或作齺同千結反磋七何反琢丁角反
璆音虯本或作球字渠周反畢如字禮記云呻其佔畢謂呻吟佔視簡畢之文也李本作篳同
不律說文云吳謂筆爲不律點丁簟丁念二反李本作沾孫本作玷銑蘇典反決
作玦反鏃作木反鍭侯候二音錍匹迷反方言云箭廣長而薄鐮者謂之錍骲
火交反埤蒼云骨鏃也沇五爪反顧蒲交反有緣悅絹反下同繳章弱反字林云生絲
縷也纏直連反宛於阮反弭亡婢反鞭卑綿反銑蘇典反蜃市忍
反珧余招反蜯屬也案以蜯飾弓弭蚌本又作蜯蒲項反玠音介琡昌育常育二反
宣如字本或作瑄音同肉倍如字又如授反辟邊也注及下同好如字又音耗辟孔也注及
下同瑗爲眷反蒼頡篇云玉瑗名繸音遂綬音受組音祖染如琰反下同縓
七絹反說文云帛黃赤色赬恥貞反纁詩云反說文云淺絳也字林同葱七公反黝
於糾反邸丁以反柢丁計反蓐音辱茲子斯反屬之欲反竿

乾鞨二音 箍李本作箕同羊支反字林上支反 架音駕 簀音責 笫側士反

辨郭普遍反下同孫蒲莧反釋云辨半分也 斷都管反 韏音眷又九萬反 復

分扶又反 鏤音漏 鋑字又作鋟同蘇婁反又色留反字書云鋟鍬也鍬音速 卣

酉由二音

釋樂第七

五角反說文云揔五聲八音之名像鼓鞞之形木其虡也周禮有大司樂職掌六代之樂尚書云帝曰夔命汝典樂是也

宮謂之重 直冢反劉歆云宮中也居中央暢四方唱始施生爲四聲綱也孫云宮音濁而遲故曰重也

商謂之敏 亡謹反疾也成也審也達也劉歆云商章也物成孰可章度也白虎通云商彊也槖商爲目而佐君成政故曰敏敏成也

角謂之經 經常也劉歆云角觸也物觸地而出戴芒角也

徵知里反謂之迭 大結反劉歆云徵祉也物盛大而蘩祉也白虎通云徵止也

羽謂之柳 劉歆云羽宇也物聚藏宇覆之也白虎通云羽舒也鄭注禮云柳聚

也大瑟字林云笣羲作瑟灑所蟹所綺二反又所賈反孫云音多變布出如灑也長八尺直亮反又如字下放此廣一尺古曠反琴字林云神農作琴鼖扶云反應音應注同李云小者音聲相承故曰應應承也孫云和應大鼓也⿰車柬本亦作⿰革柬余刃反詩云應⿰車柬縣鼓是也案⿰車柬引也謂擊小鼓引樂聲縣音玄磬口定反毊虛驕反又音喬孫云毊喬也喬高也謂其聲高也李云大磬聲清燥也故曰毊毊喬燥也犂郭奚反錧古緩反沇古亂反字林云田器也江南人呼犂刃爲錧本亦作貫同笙世本云隨作笙巢孫顧並仕交莊交二反孫又徂交反巢高也言其聲高瓠胡故反簧音黃和胡戈反下同李云小者聲少音相和也郭引儀禮云一笙一和而成聲鄭注云三人吹笙一人吹和又胡卧反孫云應和於笙篪字又作䶵同直知反管有七孔世本云蘇辛公所作長一尺二寸沂郭魚斤反又魚靳反李孫云篪聲悲沂悲也或作齗又作沂音宜肌反翹巨遙反塤本或作壎字同許袁反說文云壎樂器名從土熏聲釋名云塤喧也聲濁喧喧然案世本云暴辛公所作也圍五寸半長三寸半六孔也嘂本或作叫字同

居弔反李云大壎也鷰如字銳余祭反似稱尺證反鍾直危直僞二反廣雅

云錘謂之權鍾章容反說文作鐘云樂器也字林同世本云垂所作以此鍾爲酒器今經典通

爲樂器鏞音容以閒閒廁之閒鎛音博字林云匹各反又音薄字書云太鐘也

剽郭音瓢孫匹妙反釋云剽者聲輕疾李云其中微小故曰剽剽小也棧郭側簡反李云淺也

東晉興元年會稽剡縣人家井中得一鍾長三寸口徑四寸上有銘古文云棧鍾之小者既長三寸自然

淺也或助板反言如字本或作䇾音同編畢緜反又方千反或音步典反筊本或作笅字戶

交反籟音賴簥九遙反併步頂反又并之去聲漆音七篞乃結反篎

郭音妙又亡小反籥羊灼反管三孔也本或作龠簅音產字又作產笛徒歷反字

或作篴仲或作衶同箹烏角反又音約徒龡本或作龡字同昌睡反咢五各

反字林或作咢又本作鄂修如字本作脩字寋李云置擊衆聲蹇連也本或作𡩗字同紀

展反或作蹇字非郭云未見義所出未知李何所據上重敵經迭擲郭云皆五音別名其義未詳

家或有音訓亦可爲義上下皆類此梲昌熱反桶音動又音甬甬卽斛也深尸鴆
反或如字椎直追反下同柄兵命反底丁禮反挏大孔反令左力呈
反敔魚呂反鄭衆云木虎籈郭之仁反又音戰謝居延反郭云以木長尺櫟之名籈字林云
以竹長尺也鉏事呂反又作鋤鋙魚呂反櫟力的反廣雅云櫟擊也漢書音義云櫟捎
也鼗徒刀反本或作鞀同說文云鞀遼也或作鞉又作䩻籀文作磬同麻如字料力彫
反穊居器反

釋天第八土堅反釋名云天豫司兗以舌腹言之天顯也在上高顯也青徐以舌頭言之
天坦也坦然高遠也說文云天巔也至高無上從一大禮統云天之爲言鎮也神也陳也珍也施生爲本
運轉精神功效列陳其道可珍重也春秋說題辭云天之言鎮也居高理下爲人經緯故其字一大以鎮
之也

穹起宮反蒼且剛反蒼天也郭以穹及蒼蒼俱爲天稱毛詩傳則以蒼天釋穹蒼

隆呂穹反夏胡駕反下同昊天胡杲反皓胡老反本亦作昊光明也日出也
旰古案反日光出也旻亡巾反愍亡忍反彫都聊反上時羕反藏
徂倉反英於京反玉燭李云人君德美如玉而明若燭長謝丁兩反李云萬物
各發生長也施直良反嬴本或作贏以征反大平音泰或作太醴本或作禮
字音禮饑居疑反本或作飢又作舌餒字說文字林皆云饑穀不熟飢餓也蔬音踈饉
巨靳反荐李本作薦字音同在見反太歲音泰下放此本今作太閼烏割反又於歇
反又於虞反逢符隆反旃之然反蒙莫東反強本或作彊字音同渠良反圉
魚呂反戊音茂著施直魚反孫直略反又陟慮遲慮二反本或作祝字宜章六反廱字又
作雝同於恭反本或作黎字宜力低反已音紀重光直龍反黓余職反提
徒兮反卯亡巧反單音丹李云盡也又音蟬或音善閼於葛反李云土也又似虔
反執徐此二字依文讀李云執蟄也徐舒也言蟄物皆敷舒而出故曰執徐也在巳音祀

敦如字韋昭音頓牂子郎反協音叶洽戶夾反涒湯昆反灘本或
作攤郭勑丹勑旦二反字林大安他安二反噩本或作咢字同五各反漢書作詻韋昭音折挌槖譽類詻
音五格反戌先律反閹於撿反漢書作掩同困敦都鈍反奮方問反夏
曰胡雅反歲省征云冉歲孟春祀太甲云惟元祀年見春秋尚書載堯典
云朕在位七十載橘均筆反修本亦作脩圉音語已音紀窒知乙反塞
先比反正音征陬側留子侯二反隅也又子瑜反病本或作窉字同鄭季柄反又況病反又匡
詠反李陂病反余餘舒二音孫作舒李云余舒也萬物生枝葉故曰舒也皐或作高同且
子余反相息亮反壯側亮反陽本或作霷字同詩云日月陽止是也辜音姑涂
音徒颽口故反又作凱涼本或作古飆字同力張反隧音遂焚符云反本或作焚頹
本或作穨隤同徒回反扶如字字林作颫同搖音遙字林作飆同猋必遙反字林作
飆同音下上時掌反庉徒袞徒昆二反本或作炖字同熾尺志反飄音瓢暴

薄報反雨土音芋丁雨霓注雨雪同霾亡皆反字林云亡戒反本今作霾曀於計

反不應於證反下同雺或作霧字同亡公亡侯二反霧亡弄反又亡付反字林亡

霿音同本亦作霿晦音誨冥亡定反螮丁計反本或作蝃蝀同蝀丁孔反詩

作東音同又德紅反雩案字林越俱反今借為芌音于付反虹胡公反字林云工弄反陳國武古巷

反郭音講俗亦呼為青絳也霓五兮反如淳五結反郭五擊反音義云雄曰虹雌曰霓說文曰屈虹

青赤也一曰白色陰氣也故孟子云若大旱之望雲霓也本或作蜺漢書同挈本或作契字同苦結反

貳而至反弇音掩暈音運霆徒丁反字林同又徒佞徒頂二反說文云雷餘聲鈴

鈴所以挻出萬物也激古歷反霹普覓反靂力狄反揚雄羽獵賦云霹靂列缺吐

火施鞭史記云霹靂者陽氣動也霓本或作䨭霹同悉練反霄音消本亦作消說文

日雨霓為霄齊語也涷都貢反郭音東令飄力呈反先驅如字下豈俱羌句二

反灑所買所綺二反霡亡革反字林作霢音同又亡狄反霂亡祿反以上

時掌反濟祖細反霽字林子系反去雨止也郭祖禮反一音祖細反亢音剛又口浪反

或戶剛反數色住反列宿夙又反下同之長丁丈反氐都黎反郭音觝

丁禮反注云若木之有根尋義應作丁計反析木星歷反枵許嬌反左傳云枵耗名也

耗呼報反顓音專頊許玉反顓頊帝高陽氏之虛此一字音墟下如字顁

本或作定同多佞反娵子瑜反觜咨移反又子髓反辟本又作壁布覓反今案此星有人居

之角象宜為辟降胡江反又江巷反注同婁郎侯反奎口圭反昴音卯本或

作昴同旄音毛兔佗故反咮猪究反本或作喙許穢反說文云喙口也昌銳反

柳力九反鶉音純何郭胡可反又胡多反注同小爾雅云任也說文云儋也注作擔字音

兩檐丁甘反字林負也启口禮反晨見賢遍反下同篲恤遂反又似醉

似銳二反本今作彗欃初銜仕衫二反槍初庚七羊二反孛蒲忽反或音佩埽素報反

彗似銳反又音遂彴蒲博步角皮約二反約如字又於詔反又音握祠如字或音祀

食音嗣礿本或作禴字同餘弱反汋余弱反爓菜也蒸之升反燔音煩樊也柴仕皆反說文作祡云燒柴燎祭天也瘞於例於計二反薶音埋庪本或作庋又作跂同居委居僞二反縣音玄注同沈直今反祭星曰布李巡曰祭星者以祭布露地故曰布孫炎曰既祭布散於地似星布列也郭云布散祭於地也指謂敷列羅布也磔張格反狗音苟禷音類經典作類禡云駕反禱丁老反說文亦作禂同禘大計反繹以石反五經及爾雅皆作此字本或作襗字書爲鐸鐸二字同下同復祭扶又反下注不復同肜余終反夏曰復尸雅反胙音服手各反本又作祚亦作胙同誒反祚福也胙祭肉也於義並同獵力涉反蒐色留反搜音同上索色白反任而鴆反爲苗于僞反獮息淺反說文從薾或作禰從示狩手又反宵音消夜也字從宀若雲霄之字即從雨獠郭音遼夜獵也又力召力弔二反或作燎宵田也罼音畢本又作畢載鑪力吳反字或作爐冢竹勇反攸音由大社音泰下大

毛凍

常同闐闐徒天反整之領反治音持綢他刀反杠音江廣雅云天
子之杠高九仞諸侯七仞卿大夫五仞士三仞韜他刀反纁許云反縿本或作纖又作襂纖
衫字同所銜反下同旒力周反經典亦作流廣雅云天子十二旒至地諸侯九旒至軫卿大夫七旒至轂士二旒
至肩所著直略反陞音升令上力呈反綦音其本亦作纂祖管反飾
音式緇側基反廣古曠反充方言云幅廣曰充幅音福長尋直亮反注
同旐持小反旆蒲蓋反注之樹反旄亡褒反旌音精本又作旍幢
直江反竿音干鈴郎丁反旂音祈縣音玄錯七各反又七故反旟
羊諸反剝北角反鳶以專反鴟也旃之然反世本云黃帝作旃旌旂本又
作旗凡旌旗之字皆從㫃㫃音偃說文云旌旗得風靡也或示旁乎旁者非也

釋地第九

徒利反一音徒細反釋名云地底也其體在底下載萬物也張顯古今訓云土乙力
曰地許慎注淮南子云地麗也物理論云地底也著也陰體下著禮統云地施也諦也應變施化審諦不誤

兩河閒曰冀州郭云自東河至西河周禮云河內曰冀州韋昭注漢書云東西兩北皆有河故曰河內馬融曰在東河之西西河之東南河之北李巡云兩河閒其氣清厥性相近故曰冀冀近也河南曰豫州郭云自南河至漢也周禮亦云河南曰豫州尚書云荊河惟豫州孔傳曰西南至荊山北距河水李巡云河南其氣著密厥性安舒故曰豫豫舒也春秋元命包云豫之言序也言陽氣分布各得其處故其氣平靜多序也河西曰雝州於用反郭云自西河至黑水尚書云黑水西河惟雍州孔傳云西距黑水東據河周禮云正西曰雍州雍者擁也東崤西漢南商於北居庸四山之內擁翳也李巡云河西其氣蔽壅厥性急凶故曰雍雍壅也太康地記云雍州兼得梁州之地西北之位陽所不及陰氣壅閼故取名焉案周禮及爾雅皆無梁州則雍州兼有梁州之地也禹貢云華陽黑水惟梁州孔傳云東據華山之南西距黑水韋昭云今益州也太康地記云梁州者言西方金剛之氣彊梁故因以爲名漢時改雍州爲梁州改梁州爲益州也漢南曰荊州郭云自漢南至衡山之陽尚書云荊及衡陽惟荊州孔傳云北據荊山南及衡山之陽周禮云正南曰荊州釋

名云荊州者取荊山之名荊警也南蠻數爲寇逆常警備故也江南曰揚州郭云自江南至海尚書云淮海惟揚州孔傳云北據淮南距海周禮云東南曰揚州李巡云江南其氣燥勁厥性輕揚太康地記云以揚州漸太陽位天氣奮揚履正含文明故取名焉濟本又作泲子禮反下同河閒曰兗州悅轉反郭云自河東至濟尚書云濟河惟兗州孔傳云東南據濟西北距河周禮云河東曰兗州李巡云濟河閒其氣專質厥性信謹故曰兗兗信也釋名以爲取兗水之義濟東曰徐州郭云自濟東至海尚書云海岱及淮惟徐州孔傳云東至海北至岱南及淮釋名云徐舒也土氣舒緩太康地記以爲取徐丘爲名云周合其地於青州案周禮無營州而有青州燕烏賢反曰幽州郭云自易州至北狄周禮云東北曰幽州李巡云燕其氣深要厥性剽疾故曰幽幽要也太康地記以爲因於幽都爲名或云北方太陰故以幽冥爲號二者相依也周禮云正北曰并州春秋元命包云并之言併也陽合交并其氣勇壯抱誠信也太康地記云并州不以衛水爲號又不以恒山爲稱而言并者蓋以其在兩谷之閒也齊曰營州郭云自岱東至海尚書云海岱惟青州孔傳云東北

據海西南岠岱則爾雅營州爲禹貢之青州矣營者蓋取營丘以爲號周禮云正東曰青州博物志云營與青同海東有青丘齊有營丘豈是名乎太康地記云東方少陽其色青其氣清歲之首事之始故以青爲名焉　九州案禹平水土畫爲九州禹貢所言是也其後舜分置十二州鄭玄云舜以青州越海而分齊爲營州冀州南北太遠分衛爲幷州燕以比爲幽州新置三州幷舊爲十二州也夏家依禹貢九州爾雅所言李郭以爲殷制周禮職方氏之敘列是周制也禹貢無幽幷營爾雅有徐幽營而無青梁幷職方有青幽幷而無徐梁營三代不同之故也　鉅音巨　陭孫於于反郭烏侯反

本或作紆字非也　汧苦堅反字林水出隴右扶風也　諸如字左傳同尚書作豬丁魚反　濉蘇維反水名也

本今作雎　夢本或作蒙亡貢亡工二反　大湖音泰本今作太　隅本或作嵎同仰于反　厈音赤

余羊如反　祁巨伊反又止尸反孫本作底音之視反　鄔於慮反字林云太原縣也又乙袪反　圄本或

作圅字同布古反又音布　熒乎銘反　穫胡故反又作護同　瓠胡故反　十藪素口反說文云大澤也風俗通云藪厚也有草木魚鼈所以厚養人也　阠音信郭尸慎反字林所人反又所慎反　⿰舟桼徒登反又作滕同　隃戍輸二音　溴古辟反　隄丁兮反　墳扶云反　防音房　八陵

卷廿九　爾雅音義上中　廿九　韋

大阜曰陵醫於其反李本作毉音同珣胥均反又音峻說文云周書所謂夷王讀若宣玗音于琪
巨疑反會古外反稽古兮反箭子賤反篠悉了反犀音西華乎花
反又戶化反礝本或作碝同如兖反應劭注子虛賦云礝石出鴈門白者若冰半有赤色靃呼郭反崐
音昆崘路昆反虛羌魚反璆其樛反又音求琳音林瑯音郎又作琅同玕音干
筋音斤本或作簕字非斥山昌亦反又昌夜反縟音辱饒而遥反九府
府猶庫藏也鰈本或作鰨同音牒又勑臘他盍二反牛脾婢支反翼本或作翌又作翼又
作戩字同羊式反鶼鶼古恬反鳧音扶肩音堅邛邛本或作蛩蛩巨凶反
駏音巨本或作岠又作狟音同驉本或作虛又作𤢺同許伯反爲于嬀反齧五結反
或作嚙謝音逝難奴旦反蟨郭音厥孫居衛反李云邛邛岠虛能走蟨知美草即若驚難者邛邛岠虛
便負蟨而走故曰比肩獸孫云邛邛岠虛狀如馬前足鹿後足兔前高不得食而善走蟨前足鼠後足兔善求食走則倒
故齧甘草則仰食邛邛岠虛邛邛岠虛負以走郭云今鴈門夏屋山中有獸形如兔而大相負共行土俗名之爲蟨

鼠穆天子傳云邛邛岠虛走百里之類也同馬相如子虛賦云蟨邛邛蟨岠虛又爲二獸也 趨七俞反又作趍非

食之音嗣 夏屋戶雅反 迭食徒結反 更望音庚 枳本或作贅顧音

居是諸是二反郭巨宜反孫音支云蚑有枝首者名曰䠡然施音指棄枳首謂蛇有兩頭 首舒酉反 牧亡卜反養

也此謂牧養之地說文從牛或作目李本牧作冂字釋云田敷也謂敷列種穀之處敷音陳 野本或作埜古字

羊者反 垌古螢反 假令力呈反 溼俗作濕申入反 隰本或作隰音習 種之用反

陂者彼宜反字林或彼義反又作坡郭皆普何反 阪甫晚反字林父板反 陀大何反 畱

本或作畱同側基反孫音災 畬本或作畭同羊如反字林弋恕反 泰音太 邠本或作豳字同

彼貧反說文作汾字音同 濮音卜 鈆悅全反 祝章六反又昌六反 觚姜胡反本又作孤同

西王母是西方昬荒國名又曰西王母神名狀如人虎齒豹尾蓬頭戴勝善嘯穴宿周穆王巡狩至崐崘山

見之西王母亦來賓昭宮見出竹書及穆天子傳 岠音巨 大平音泰下同 濛音蒙本今作蒙

汜音祀一音似或云祀似同音後放此

釋丘第十

去牛反本又作丠古字非人所爲曰丘廣雅云小陵曰丘

敦丘郭云音頓或丁回反謝如字讀注宜如後二音重也直龍反下同壇大干反堆丁回反陶徒刀反孫云形如累兩盂濟子禮反一銳唯歲反一鐵子廉反如乘本又作椉繩證反注車乘同李郭皆云形如車乘又市陵反或云如稻田塍埒下文並放此塍市陵反許叔重云稻田畦隄埒畔埒音劣陼章汝反下同潦力道反泥乃兮反依字作尼又作埿

汙音烏又烏花反本或作洿所作子各反所還戶關反又音患下同旋音旋繞音遶涂字又作途音圖梧五故反又音吾畫郭音獲謝胡卦反渻本或作漬字所景反

沮孫郭同辭與慈呂二反謝子預反施子余反淄仄其反過古卧反覆孚服反敦丁回反下及注同邐呂紙反說文云邐行也迆字或作迤余紙余支二反說文云迤邪行也旄謝音毛字林作嵍又作堥俱亡付反偏音篇宛施於阮反孫云謂中央汙也郭於粉反謂蘊聚隆高也下同

隆力躬反解古買反背如字定丁佞反畝本或作畮龍界力勇反[illegible]

又作墍　不了　或作憭　故重　直用反　潜　昨鹽反　黎　力兮反　敦　丁回反　碌
碌　音祿　更　古孟反　魁　口回反　梧　五故五胡二反　傑　渠列反本今作桀　望厓
字又作涯魚佳反　洒　蘇典反又西禮反下同　湑　音胥　坦　土但反　隩　字林烏到反郭於六
反注及下同本或作隩　隈　本或作渨同烏回反字林一由反　漁　音魚　鞫　如字字林作坭云隈厓外
也九六反　别　彼列反　裏　音里　畢　本又作嗶畢吉反　重厓　直龍反　滸　呼五
反　墳　符紛反　防　音房　隄　丁兮反　涘　音仕　瀆　音獨　汜　音似　瀓　本又
作湄亡悲反又音微

釋山第十一

所閑反或所旃反廣雅云土高有石曰山山産也能産萬物也說文云山宣也
宣氣散生萬物也凡天下名山五千二百七十出銅之山四百六十七出鐵之山三千六百有九
華　户花户化二反字林作崋同　吴嶽　音五吾周禮職方氏正西曰雍州其山鎮曰嶽後鄭云嶽吴嶽也
與郭同　襲　音習　亦重　直龍反下皆同　坯　或作伾備悲反又備美反沈五窻反韋昭音[illegible]

說文作坏崧思忠反又作嵩崧即嵩也俱是高大之貌岑吉金反字林才心反崟魚金反字
又作崯嶠渠驕反郭又音驕字林作嶠云山銳而長也巨照反鑯子廉反卑如字又音婢
山扈音戶或作扈巋丘軌反巋然高峻貌字林丘追反小山而眾也叢才公反岌魚泣反岌
高也峘胡官反一音袁埤蒼云峘大山又音恒過古臥反屬章玉時欲二反謂相連屬嶧
羊石反說文葛嶧山在東海下邳尚書云嶧陽孤桐駱音洛驛音亦宛於粉反脊音積
岡又作罡皆古郎反翠七遂反微亡非反近上附近之近陂普河反又
彼義反崒子恤才戌二反字林才沒子出二反厜姊規反郭才規反字林同顧視規反本或作屡
又作嵳皆才何反㕒郭語規反字林音危顧魚奇反本或作㕒又作峩皆五何反巉士衫反又士咸
反喦五咸反本又作巖字林云巉巖山貌也密又作崈美樅七容反木名盛時征
反又市政反謂山形如黍稷之在器巒力官反埤蒼云山小而銳嶞湯果反狹而長也字林云山之[illegible]
者大果反狹乎夾反喬巨苗反重直龍反甗魚蹇反郭音[illegible]又音彥字林牛[illegible]

隒本或作嵰字同郭魚撿反字林云山形似重甑居儉反顩力儉力儼二反甗子孕反厒口閤
反霍許郭反別大彼列反下注同鮮息淺反李云大山少故曰鮮或作𡾰字又音仙陘
郭胡經古定二反磝字或作磽同字林口交反郭五交五角二反礓居羊反字林云礫也礫力的
反說文云小石也礐字或作确又作㩁又作埆郭苦角反又戶角反磐步丸反今作盤同岵音戶
峐三蒼字林聲類並云猶屺字山音起既孝緒字略音古開反埒音劣字或作浖渟音亭亦作
傳同澩字林火篤反郭同又徂學反潦音老𧯷說文云古文瀆字徒木反谿苦奚反
戴土本或作載字同丁代反下同崔徂回反嵬五回反砠說文亦作岨七余反夾
古洽反㵐魚俱反本又作虞岫徐究反郭音胄又音由字林弋又反泰山一名岱宗在兖
州界漢在泰山博縣又云在奉高縣華山在豫州界漢在弘農華陰縣霍山一名衡山在荆
州界漢在長沙湘南縣又云在廬江灊縣恒山在并州界漢在常山上曲陽縣以犯漢文帝諱改為常山
山嵩高在豫州界漢在河南馮翊音翼夏陽戶雅反臨河河或

爾雅音義上中　三十三　各寶

作魚依反

釋水第十二

尸癸反尚書洪範五行一曰水水曰潤下說文云水北方之行象衆泉竝流著微陽之氣也白虎通云水準也言水之平均而可準法也

一見賢遍反　一否方有卑美二反廣雅云否不也　瀸息廉反又子廉反　纔音才

瀱居例反孫許廢反　汋仕捉反又上若反　濫胡覽反　涌音勇　沃烏鹿反　縣音玄

霤本又作溜力又反　氿音軌詩云有洌氿泉　仄菹棘反本亦作側仄同　湀郭巨癸反孫苦穴反字林音圭

闢婢亦反一音匹亦反　過本或作濄同古禾反　辨普見反　回又作洄戶恢反

灉於用反又於恭反　復還扶又反下及注竝同　沱徒河反或作汜音似　潬徒坦反　堆字或作雁又作塠字同都回反

汧口千口見二反　瀵敷問反義或方問反水本同而出異　尾字或作浘尾同亡鬼反

汾又云反　車昌蛇反　濆扶粉反　翊音弋　郃戶荅反　數里色主反

夾古洽反　壅於勇反　陂彼為反　出　處昌慮反下同　魁口回反

醮子召反盡也字或作潐同厬字又作氿音軌爲灉於用反或於凶反字又作澭注及下同
沮七余反濟本又作泲子禮反濋初呂反汶音問灛字或作闡同昌善反李云溢出
沱潛徒河反下文及注並同字亦作沲滸字五反岷亡巾反道江徒報反本或作導
濄又作渦謝古禾反又烏禾反本或作過洵私旬反潁餘頃反水名在汝南呂伯雍云水出陽成乾山
濆符云反下同字林作涓工玄反衆爾雅本亦作涓汧苦見苦堅二反汜音似瀾郭力旦反
又力安反下及注同李依詩作漣音連漪本又作猗於宜反渙呼貫反淪音輪蘊紆云
紆粉二反俓古定反字或作徑注同侹字又作挺他定反又徒頂反俓侹直也所作子各反
重直用反見賢遍反厓五街反湄本或作灊濇瀓漈四字同亡悲反濟
子細反則厲如字本或作濿說文云濿或作砅履石渡水也俱力曳反則揭起例反褰衣渡
水也下揭者爲揭同揭衣起例反或丘竭反說文云高舉也褰去焉反褌音昆繇
古由字下同膝字又作厀辛七反以上時掌反下同泳于柄反底丁禮反

汎汎孚劒反紼本或作綍又作紱同甫勿反縭力知反下同繂本或作繂字同音律索悉各反緌如誰反造草報反廣雅作艁音同又造舟爲濟梁謂比舟船造作橋梁或音阜案說文艁古文造也郭圖云天子並七船諸侯四大夫二士一方音舫或作舫又音方併步丁反特大得反本或作犆同泭音桴併水以渡水注之樹反下同谿苦兮反澮古外反灌古亂反處昌預反泝蘇故反詩作遡洄胡隈反游音由江出蜀郡岷山河出崐崘山或云出積石淮出南陽平氏縣胎簪山亦云出桐柏山濟子禮反出河東垣縣王屋山或云出河內溫西北平地四瀆徒木反廣雅云江貢也河何也淮均也濟濟也洲音州小洲曰陼字又作渚章汝反本或直云小洲曰沚沚音止本或作洔音同又音市坻本或作墀同直基反本又作泜音同潏郭述決二音呂伯雍音同案郭圖水中自然可居者爲洲人亦於水中作洲而小不可止住者名潏水中地也河出崐古門反崘力門反虛去魚反本亦作墟色白李云河水始出其色白也孫云崐崘山名也墟者山下之地白者西方之色也郭云山海

經曰河出崐崘西北隅墟者山下基也發源處高激峻湊故
水色白也郭音義云禹本紀及山海經皆云河出崐崘山漢
書曰張騫使西域窮河源其山多玉石而不見崐崘也世人皆
以此疑河不出崐崘案山海經曰東望泑澤河水之所潛也其
源渾渾泡泡又云敦夢之水注于泑澤出乎崐崘之西北隅實
惟河源也西域傳又云河有兩源一出葱嶺山一出于闐于闐
在南山下其河北流與葱嶺之河合東注鹽澤鹽澤一名蒲
昌海去玉門陽關三百餘里輪廣三四百里其水停冬夏不
增減皆以爲潛行地下而南出於積石山而爲中國河云然
則河出崐崘便潛行地下至葱嶺及于闐復分流歧出也張
騫所見蓋謂此矣其去崐崘里數遠近所未得而詳也泑澤
即鹽澤也泑音於糾反闐徒徧反圖讚云崐崘三層號曰天
柱實惟河源水
之靈府是也
隅又作嵎堣同音魚呼反
所渠并千七百一川
色黃李云水流而分交錯相穿故曰川也孫云所受渠多
轉流溷濁故色黃郭云潛流地中汩漱沙壤所受渠
多衆水溷淆
宜其濁黃
汩于筆反流水也方言云遙
疾行也字林云水聲急也
漱色救反
溷戶本反又戶困反謂
雜亂字或作渾同
淆戶交反本亦作濁
百里一小曲千里
一曲一直李云水勢小曲乃大直也故曰小曲水陰節每一
曲一直通無極也故曰千里一曲一直郭云公羊

傳云河曲流河千里一曲一直也徒駭李云禹疏九河以徒衆起故曰徒駭孫云禹疏九河此河功難衆懼不成故曰徒駭大謏音泰孫如字本今作太史李孫云禹大使徒衆於此通水故曰大史或云大史者史官記事之處馬頰李孫郭並云河勢上廣下狹狀如馬頰也狹胡夾反覆孚腹反鬴郭云古釜字李孫郭並云水中多渚往往而有可居之處狀如覆釜之形胡蘇李云其水下流故曰胡蘇胡下流也孫云水流多散胡蘇然也簡古限反李孫並云河水深而簡大也郭云水道簡易易以豉反絜戶結反孫郭並云水多約絜又苦八反李云河水多山石之苦故曰絜絜苦也或音呼節反又音結鉤古侯反般步干反本又作盤李本作股云水曲鉤屈折如人股故曰鉤股孫郭同云水曲如鉤流盤桓不直前也鬲音革施力的反與今注不同津李云河水狹小可隔以爲津故曰鬲津孫郭同云水多阨狹可隔以爲津而横渡阨於懈反隔音革九河案禹貢在兖州界鄭云徒駭今在成平縣胡蘇在東莞縣鬲津今皆爲縣屬平原郡周時齊桓公塞九河并爲一自鬲津以北至徒駭二百餘里渤海東莞成平平原河間弓高以東往往有其處焉

經典釋文卷第二十九

經典釋文卷第三十

爾雅音義下

唐國子博士兼太子中允贈齊州刺史吳縣開國男陸德明撰

釋草第十三

草亦作艸說文云百卉也從二屮屮讀若徹象草木初生 藿羊六反 韭居有反說文云菜名也一種而長久故曰韭象形在一之上一地也 茖古百反 葱本又作葱音聰 葝字又作剄巨盈反 䪥本又作薤同戶界反說文云菜也葉似韭故從韭也 蒚力的反 蒜西亂反說文云葷菜也一本云菜之美者雲夢之葷菜 種之用反■ 莖戶耕反或作英 薜方奠反郭布華反 蘄古芹字巨斤反 麠七奴反後皆同又在古反本今作麤 椴徒亂反 堇本或作槿音謹下同 櫬楚靳反本又作藽 別二彼列反下放此 隕于敏反 爲曰人逸反 烝之仍反本今作蒸 朮徒律反本或作茮■草木古帝反下同案本草一名山薊一名山薘一名山薑廣雅云朮薑也 枹沈音孚又音浮又音包 前音箭一音子淺反說文作𣿔同

蕼息遂四銳二反埽素報反下同帚之有反彔力辱反芻楚俱反本

又作蒭薚音唐鴟尺之反莎素和反蒿音商藋徒弔反說文廣雅皆

云堇也蘩音煩皤白波反白也蒿好高反[redacted]本亦作蓳去刃反讀者或作苦

見反彖之亦反啗本典作啖又作噉皆[redacted]覽反說文云噍也廣雅云[redacted]也蔚於貴反下

同牡亡后反齧魚結反彫一遼反蓬步公反薦作見反孫李本作薦沈平

兆反黍音著種之勇反萆方寐反又方弭反莞謝音官施音九葝巨盈

反阜音造菥思歷反蓂亡歷反薺齊禮反[redacted]蒤大奴反細

刺七賜反下同狼音郎茅亡交反覆音副瓠戶故反舍人本又作觚釋云瓠也

棲詩作犀音西瓣苻莧苻閑二反謝力見反郭云瓠中瓣也字林云瓜中實也父莧反茹音如

字亦作蔡藘力居反蒐色留反蒨本或作茜七見反臝力果反栝

本或作苦古活反樓本或作蔞力侯反本草栝樓一名他樓一名天瓜一名澤姑二口果臝實一名

黃瓜陶弘景注云出近道藤生狀似土瓜而葉有叉實赤人今以雜作手膏用也根入土六七尺大二三圍者服食亦用之**荼**音徒說文同案詩云誰謂荼苦大雅云堇荼如飴本草云苦菜一名荼草一名選生益州川谷名醫別錄云一名游冬生山陵道旁冬不死月令孟夏之月苦菜秀易通卦驗玄圖云苦菜生於寒秋經冬歷春得夏乃成今苦菜正如此處處皆有葉似苦苣亦甚食但苦耳今在釋草篇本草爲菜上品陶弘景乃疑是茗失之矣釋木篇有檟苦荼乃是茗耳**萑**音隹**蓷**他回反或音推郭云茺蔚也本草茺蔚子一名益母一名大札一名益明一名貞蔚陶弘景云處處生葉如荏方莖子細長三楞白華華生節間**茺**音充**蔚**音尉**荏**而甚反**[艹益]**音益本今作益**虉**又作鷊五歷反郭音五革反**綬**音受**粢**音咨左傳云粢食不穀杜注云黍稷曰粢郭云今江東人呼粟爲粢陶注本草云白糧粟或呼爲粢音緇字林云黏稷也今苗及穀似粟**稷**本草云稷米味甘無毒益氣補不足陶注云不識書多云稷恐與黍相似詩黍稷稻粱禾麻菽麥此八穀世人莫能證辨如此穀稼米不能明而況芝英者乎氾勝之種殖書無稷粢禮記云子卯稷食菜羹又云君沐粱大夫沐稷士沐粱相承云稷粟也

又郭注衆秫云黏粟而說文字秫皆云黏稷今秫蔄
及穀全似粟唯色及黏爲異又衆家釋粢皆爲粟知
稷即粟也然本草稷米在下品別有粟米在中品又似二物衆音終秫音述郭云黏粟也說文云
稷之黏者字林亦云黏稷本草云秫米味甘微寒主止寒熱利大腸治漆創寀江東人皆呼稻米爲秫米
爵稻米以治漆創亦驗然北間自有秫穀全與粟相似米黏北人用之釀酒其莖稈似禾而麤大也黏
女廉反字林云相著朮舒育反本亦作萩荏而甚反卉虛謂反揔子孔反葚
悅轉反又古本反蘥予若反麥亡革反[艹燕]烏見反蘾戶怪反蕵西存反
萰音練菟音兔荄古來反一音皆蘩音煩蒵音兮[艹寅]羊善反又弋仁反
反茢音列薽音眞豕傷氏反彘音滯蟾音占豨虛豈反爓字或
作㷅焣炒䴵䴵聚七字並音初卯反三蒼云熬也說文云火乾物也蠶雜南反蛹音勇荓
音瓶帚之酉反蓍音尸說文云蒿屬也生千歲三百莖埽蘇早反蘬胡罪反
茭郭胡卯反又音交或尸交反蘄音芹葖孫郭並他忽反施徒忽反蘆郭音力柯反謝

力吳反 萉 郭音菔，蒲北反 蕪 音無，本或作蔓，音萬 菁 音精，又子丁反 雹 步角反
淔 恥力反，聲類云：淔灌，茵芝也 茵 沈顧音祥由反，謝音由 芝 音之，瑞草也 筍 息尹反，竹
初生也 萌 亡耕反 簜 徒郎反，說文云：人竹也。尚書云：篠簜既敷是也。本或作簜，音同。案說文簜
大竹筩也，字林他莽反 莪 五河反 蘿 力何反 蘪 良甚反，廣雅云：莪蒿，蘪蒿也
苨 奴禮反 茋 丁禮反 絰 待節反 莕 音杏，本亦作荇。詩云：參差荇菜。說文作莕 接
如字，說文作菨，音同 余 羊如反，本或作荼，非 菅 古顏反 薜 方麥反 蘄 巨斤反 菲
芳尾反 芴 音物 葍 方服反，說文云：亦名舜。楚謂之葍，秦謂之藑。蔓地生而連花 蕌 音富 熒
戶坰反 荽 謝於蘧反，孫於爲反；郭妥委反，本今作委 萎 謝於危反，孫人垂反；郭音痿痹同。案痿音
人垂反，字林云：痹也。韓信云：痿人不忘起是也。讀史漢者或於危反 箭 竿 音幹，又音干，或古但反
葋 求于反 艼 天頂反，又天丁反 熒 音迥，又音螢 竹 張六反，本又作茿 萹 匹善
反，顧補殄、匹緜二反 蓄 敕六反。陶弘景云：萹蓄亦呼爲萹竹 好生 呼報反 蟲 直中反

葴之金反蘵何干反本今作寒蔛郭音皆一音古買反菭古口反秦人名薐曰蔛菭

廣雅云蔆芰蔛菭芵古穴反本亦作決光本或作茪古黃反茱常朱反萸

羊朱反薐字又作菱音陵蒸士符反讀者或常制反又戶耕反萸羊而反藙

所黠反蘠在羊反蕢巨貴反瓞大結反詩云緜緜瓜瓞瓝步角反字林作

皎云小瓜也紹市沼反蔓音萬著子丁略反芍戶了反鳧音扶茈

本又作蕵沈顧徂斯反謝徂咨反蘱力愧反又力對反薡音頂蕫本或作董丁動

反施音童蕛大兮反本又作稊莊子云道在稊稗是也苵大結反稗蒲賣反字林云禾別

名也鉤古侯反芺於表反又於老反拇音母薊音計䕲胡界反薈烏外

反蘠師力反說文作蘠云虞蓼也音色蓼音了蓧他彫反蓨他的反

虋詩作穈字林亡昆反郭亡津反本亦作虋粱音良芑羌紀反秬音巨黑黍

也或云今蜀黍也米白穀黑說文作䆄或作秬字秠孚鄙反又孚丕反字林匹几匹九夫九三反

稃音敷本作殍[耳孚]並同任城音壬稌稻待古反又他古反詩云豐年多黍多稌爲酒爲醴禮記云牛宜稌羊宜黍本草云秔米主益氣止煩泄稻米主溫中令人多熱陶注云道家方藥有俱用稻米粳米此則是兩物云稻米㿋白如霜今江東無通呼粳米爲稻米耳不知其色類復云何案說文云沛國謂稻爲穤秔稻屬也字林云穤黏稻也秔稻不黏者李登聲類亦以秔爲不黏稻但江東人呼爲稬字林曰稬乃亂反字亦作穤北人呼爲穤稉與粳皆俗秔字也音庚今稉穤甚相類但黏與不黏耳依說文穤即稻也沛音貝國名葍音福藑巨營反又詳兗反一種章勇反苕音條臺字又作薹同夫音扶蕦音須本今作須箋即田反禦音語笠音立藆居輦反本亦作搴字[艹割]音伐本又作罰莔亡庚反詩作蝱同本草云貝母一名空草一名藥實一名苦華一名苦菜一名商草荍一名勤母祁堯反或巨遶反蚍婢夷反郭音兆衃本或作芣又作蚽房尤反郭芳九反艾五蓋反冰彼升反蕇音典亭字或作葶同歷字或作藶廣雅云狗薺大室亭歷也本草云一名大室一名大適丁歷反一名丁歷一名蕇今江東人呼爲公薺芥音界狗音苟

爾雅音義下　四

璫音當 薜布麥反 庚字或作蕨謝羊主反孫音臾 蔜五高反本今作蔜
蔞字或作藧謝先老反沈施所留反本草呼爲蘩蔞 蘩音煩 蔞字亦作縷力主反今
蘩蔞草 蘺力知反今作離 活胡闊反 莌字或作菰徒活反 瓤女良反三
蒼云瓜中子也 祖日人一反 蘢郭音聾施音龍 蘥餘若反 蕦音須本今作須
葑方孔反 蓯音揔 蒡郭音彭又音旁 葱音忽注同 菹莊居反 瀹
餘若反字林云煮也本亦作汋音同後放此 茜郭音由又音酉 蔓或作曼通音萬 蓾
音魯 蔖施謝才古反郭才河采苦二反字林千古反 苴將呂反一云將慮反字苑云毓苴履
底 柱張縷反本或作拄同 夫音扶或如字 搖車尺蛇反又音居 隧音遂 蘧
郭音氍巨俱反謝音渠 蔬郭音氍山俱反謝音踈 蔨巨隕反 菰音孤廣雅云蔣
也 啖大敢反 甜徒謙反 滑乎八反 氊之延反本亦作旃同 氍音衢又音渠字
又作氍 氀所俱反又所魚反本今作氀 蘄巨斤反 茝昌改昌敗二反本草云白芷一名白

蓖麋亡悲反本今作蘪蕪亡符反本草蘪蕪一名微蕪一名江離芎藭苗也陶注云葉似
虵牀口茴香如萎於危反字林於僞反臭昌又反茨徂咨反或作薋同蒺音疾
蔾音梨案本草蒺蔾一名旁通一名屈人一名止行一名豺羽一名升推一名即梨一名茨多生道上
布地子及葉並有刺狀如雞菱刺人七亦反見詩賢遍反後故此蘮居例反郭巨例反
蒘女居反竊音切芹音勤著人直略反髦音毛顛都年反
蕀古力反雚郭音灌謝音官沈施音丸芄音桓蘭力丹反斷之
丁管反汁之什反蕁孫云古蕈字徒南反說文云或作蕁字莐字或作茺音直
林反藩甫煩反又音煩郭云一名提母本草謂之知母一名蚔母一名連母一名野蓼一名地參
一名水參一名貨母一名蝭母一名女雷一名女理一名兒草一名鹿列一名韭逢一名兒踵一名東根
一名水須一名莐藩一名蕁陶注云形似菖蒲而柔潤葉至難死掘出隨生須枯燥乃止堪治熱病亦生
瘧疾蕍羊朱反蕮本又作舄私夕反下同郭云今澤舄案本草云一名水舄一名及寫

一名芸芋陶注云葉狹而長叢生淺水中仙經服食用之令人身輕能步行水上蔨謝其隕反郭巨
阮反施其免反沈巨轉反蔍力斛反本今作鹿藿火郭反說文云菽之少也字又作藿莥
女久其久二反蔓音萬莚以戰反又音延本又作延薃胡老反莎先禾反媞
尾兮反夏音下小正之盈反蓨弋垂徂規二反廣雅云蓆也又云地毛莎蓨也本或
作蓨他狄反莞本或作藬謝音官郭音桓字林音綏俗音關苻蘺力知反本或作
離蒚郭音翮又音歷荷音河芙音苻本或作扶渠本又作蕖音同蓉
音容本亦作容莖戶耕反茄古牙反其葉蕸字或作葭音遐又音加衆家並
無此句唯郭有然就郭本中或復脫此一句亦並闕讀蔤亡筆反蒻音若菡戶感
反萏字又作藺徒感反說文云菡萏華未發也已發名芙蓉張揖同亦曰芙渠本今作萏蓮
力田反藕字亦作蕅同五口反案本草云一名水芝丹的丁歷反又戶了反或作菂同薏
於力蘢力恭反又力公反蘬謝丘軌反郭巨龜反爲龍如字本今作龍[illegible]

子河反又子邪反黂本或作蕡苻下反或扶沸反枲息似反苴七餘反下同别彼列反蕵音孫酢七故反菲孚匪反又音妃蒠音息本又作息蕢字亦作蕢巨愧反又苦怪反莧閑辦反蘠音牆蘼亡彼反又作靡同虋音門本皆作門郭云門俗字亦作虋字冬山海經云條谷山其草多芍藥虋冬郭云本草一名滿冬案本草天門冬一名顛勒麥門冬秦名羊韭齊名愛韭楚名馬韭越名羊蓍一名禹葭一名禹餘糧葉如韭冬夏生無名滿冬者萹匹緜反濼郭舒若反孫餘若反貫古亂反眾音終本草云貫眾一名貫節一名貫渠一名百頭一名虎卷一名萹苻一名伯藥一名藥藻此謂草鴟頭也案爾雅萹苻止郭云未詳本草乃是貫眾莙其隕反孫居筠反藻音早蓫他六反薚吕郭他羊反謝他唐反廣雅云馬尾蔏陸也郭云江東呼為當陸一名薚根一名夜呼如人形者有神蔏音商本亦作商苹音平萍本或作蓱音瓶薸郭音瓢婢遙反廣雅云薸蓱也蘋毗人反諡文作薲莃虛祈反菟湯故反葵夬唯反汋以灼反藬本又作蕢同吐回反蘈大回反

穗音遂說文作采云禾成秀人所收也穗俗字廣雅云采藁采也縹匹眇反又匹妙反字林云青白色
淋音林字林云以水沃也蕢音續⿱艹脣音脣本今作脣蕮音昔華皮英反
藾力大反翹字亦作翹祁饒反本草連翹一名異翹一名軹一名蘭華一名折根一名三廉
苕音條蕵蘇存反傅音付橫目如字胡彭反或音黃結音姑本今作結
縷本亦作⿱艹縷力主反箏側耕反釐力基反蒙亡公反蔆字又作菱力矜
反本今作蔆蕨居月反攈亡悲反孫居郡反又居羣反芰巨義反字林云楚人名蔆曰芰
菊居六反蘧音渠或音劬字或作蘧音同麥字亦作麦郭云蘧麥一名麥句薑即瞿麥
廣雅云茈萎麥句薑蘧麥本草瞿麥一名巨句麥一名大菊一名大蘭陶注云一莖生細葉華紅紫赤可
愛瞿求于反薜彼麥反牡亡后反⿱艹贊子旦反葥子賤反苺音每
又音梅後注同藨皮苗反又皮表反齧五結反苦堇音謹泃以灼反藫
徒南反菭徒來反郭云一名石髮說文云水青衣也或丈之反本今作苔底丁禮反蘜字或

作蘜居六反說文云蘜治牆也又作鞠云日精也　蓎音唐本今作唐　蘿音羅　別彼列
反　苗郭他六反又徒的反說文云從由聲　蓨郭湯彫他周二反顧他迪反　堇苦圭反
蒛去悅反　葐步昆反下同　蕧芳服反　芨居及反又起及反　堇草
音謹下注同郭音靳居覲反云即烏頭也藥本草蒴藋一名堇草一名芨非烏頭也　蘵息廉子廉二反
蒷古曰反　茙音戎本今作戎　蘻郭音古系反又苦系反　狗音苟　蕧郭音
服施孚服反郭云旋蕧也本草云一名金沸草一名盛椹一名戴椹陶注云花似菊花而大　庚
本文作蘡同古衡反　䔂孫音嗣本又作字說文作芓云即枲也　苴七餘反　盛音成　瓝
步角反舍人云瓝九葉九枚共一莖樊本瓝字作駮釋云駮也一名九葉　藐亡角反又云校反　茈子爾
反　⿱艹戾力計反　倚謝於綺反或其綺反舍人本作猗音同　蔏音商本今作商　活如字
孫音括　脫徒活反字又作莌　蘵字又作職諸弋反　蒢直居反　蒩側居反　蘮
去竭反謝起例反郭去謁反　車音居本多無此字　芞謝去訖反沈又虛訖反　輿字或

作蔩音餘唯郭謝及舍人本同衆家並作蒢 權其圓反 牛芸音云 菽音敊本亦

作目 蓿音蕭 葞彌爾反 終本亦作蔠同 蘩音煩 菋音味又亡戒反

荎直其反 藸音除 荼字亦作蒤音徒 委於詭反或於危反字或作萎同 茠本或

作薅火羔反又作㯱同說文茠或作薅字音了反 鉤古侯反 藈本或作睽顧謝同音圭孫苦圭反

菇音姑本今作姑 𤬪音鉤又五侯反 𤫩力侯反字林云𤬪𤫩王瓜也 椉本又作乘施音繩謝

市證反 居本亦作莒音同 爲 索悉各反下同 衱居業反 袶施音絳孫蒲空反本

今作袶 攫沈居縛反 把白麻反字從木下同 相 著直略反 皁音造 杜郭云杜衡

也似葵而香案本草云杜衡味辛香人表體陶注云根葉都似細辛唯氣小異耳本草經又有杜若一名

杜衡陶注云葉似薑根亦似高良薑而細氣味辛香又絕似旋葍根殆欲相亂如陶之言二種並不似葵

或恐郭誤耳 土他覩反 蓾本又作鹵音魯 衡字或作蘅音行 盱香于反又音于 虺

虛鬼反 牀郭云蛇牀也廣雅云一名馬牀本草云蛇牀子一名蛇粟一名蛇米一名虺牀一名思益一名繩毒

毒一名東棘一名牆靡陶注云華葉正似蘪蕪蔝音米蔜樊本作蔝蔜麥音王乃反枹音包

又音浮薊音計顆苦果反或音款涷謝音東施都弄反讀者亦音冬郭云款涷也生水中

案本草云款冬一名橐吾一名顆東一名虎鬚一名菟奚一名氐冬陶注云其冬月在冰下生則應是冬恐承

音作字異耳中馗求龜反郭音仇字則當作頄舍人本作中鳩云菟奚名顆東顆東名中鳩菌郭巨

隕反孫去貧反本今作菌蕈亂荏反案今人呼菌爲蕈葛洪字茹同云曲作椹蕃二字非也字林式甚反或

云桑菼也沈徒感反菼人兗反茸豬葉反又阻留反字又作萴苕徒彫反下同蔈必遙反

茇郭音沛補蓋反又音撥說文云草之葦爲茇音布末反蘪亡悲反生江水中蘪草薇

音微又音眉顧云水旁生故曰垂水薜卑麦反莽莫朗反數節色角反數猶促

也促七玉反粼字又作蕣音吝又音鱗閔字或作篋密謹反又亡忍反筡郭音

徒又音攄施音儲笐本又作亢戶剛反箈音待說文云竹萌生也字林大才反𥳭音箭

本本作箭萌亡耕反筍思尹反菹側於反醢音海篠思了反字林作筱云

小竹也別碑列反枹音包霍戶各反素蘇故反又作索鬷子工反郭音揔芏
郭他古反案今南人以此草作席呼爲芏音杜夫謝方于反孫音苻莞古九反字又作雚誤藺
力刃反字林云莞屬也綦郭音其字亦作藄紫藄藄菜也說文王藄士夫也或作萁非也案說文云萁
豆莖施謝竝音萁蕨音厥葴之林反又音咸藍力甘反姚茎謝戶耕反施郭於耕
反荼音徒本今作涂苄音戶本草地黃一名地髓一名苄一名芑髓素累反怙音戶
蓎音唐本今作唐拔步八反蘢力恭反蔌本又作藗音速牡木后反茅亡交
反卷謝作卷九轉反耳詩卷耳是也本草作枲耳云一名胡枲一名地葵一名葹一名常思陶注云一名羊負來
音中國無此物言從外國逐羊毛中來也廣雅云苓耳蒼耳葹常枲胡枲之類耳苓音零枲音死虌
卑滅反字亦作鱉案此即今蕨菜也葉初出鱉蔽因以名云廣雅云紫綦非也蕎居喬反又音喬邛
巨恭反鉅音巨案本草云大戟一名邛鉅今近道處處有戟九逆反蘩音煩字今作繁莣
音亡字亦作芒杜徒土反舍又作牡屩九略反稂音郎說文云禾粟之莠生而不成者莠羊久

反詩云不稂不莠　薦謝蒲苗反或力驕反孫蒲嬌反字林工北反顲平表白交普苗三反　麃謝蒲表反字又

郭又符囂反　覆芳伏反　酢七故反　甜大廉反　葯丁歷反本今作的　敷字又

作敷戶歷反　購古豆反又古侯反　蔏音商　蔞孫力朱反郭力侯反注同　茢勃茢

施謝二茢皆音列沈上音例下音列　勃蒲沒反　蔞烏了反　蕀居力反字或作蕀同　蒬

於袁反又於阮反廣雅云蕀蒬遠志也其上謂之小草案本草遠志一名蕀蒬一名葽繞一名細草　遠志

字又作遠葸非　茦初革反方言云凡草木而刺人者北燕朝鮮之間謂之茦　刺字又作刾又作莿七

賜反注同方言云關西呼茦壯爲莿　朝鮮直遥反下音仙　萩音秋　蕁徒南反　藫

子老反本亦作藻本草一名落首一名蕁郭云一名海蘿　萇直良反本今作長　銚羊招反或羊召

反字或作[艹+銚]　芅音翼字亦作弋　小麥士革反　蘦詩作苓力丁反　蔓音萬

莚餘見反本今作延　芣音浮　苢字亦作苡音以見詩說文云芣苢馬舄也其實如李令人

宜子周書所說　蕮四夕反本今作馬　車昌遮反　穗音遂　好生呼報反　蝦

爾雅音義下　乙　余集

音遐蟆字又作蟇云巴反本草云車前一名當道一名芣苢一名蝦蟆衣一名牛遺一名勝舄久服令人身輕不老綸古頑反下同組作古反下同秩直乙反嗇音色苀戶剛反本亦作芫蠡音禮緜武延反繅先刀反字林云繹繭也本亦作繰又作繆非也繰宜音子小反繆音所銜反繭古典反張揖云繭纊新緜萿古活反麇俱倫反本或作麋音眉蹇施居展反謝去虔反柜音巨朐巨俱反種名章勇反芺沈顧烏老反謝烏兆反說文云味苦江東食以下氣薊音計荂香于芳于二反下同注音仔同蓊烏孔反蔈芳要反又必招反荼郭音徒又音蛇猋必遙反又方瓢反又方幺反字從三犬俗作三火非也焱字林弋劒反云火花也藨郭方驕反謝苻苗反一音皮兆反芀徒彫反字或作苕下同葦于鬼反謝于歸反葭音加蒹古謙反薕力占反藡徒的反本今作萑音桓字林作雚數尺所主反菼他敢反說文作薍云菼或薍字薍五患反蓲郭音丘說文云烏蓲草也張揖云未秀曰烏蓲虇郭音卷丘阮反本或作虇非虇音權說文云弓曲也

繾弃善反或去忿反 蕍羊朱反 芛郭音豬羊捶反顧羊述反謝私尹反樊本作[illegible]章 葟音皇本亦作皇 卷施並如字施或作葹同 苭于閔反 茭字又作艾胡巧反又胡交反廣雅云根也 藕五口反 啖大敢反 荄顧謝音該郭音皆說文云草根也

別彼列反 韭音久 攫俱縛反 櫜音託 華荂香于芳于二反下同說文云草木華也 不榮而實者謂之秀衆家並無不字郭雖不注而音義引不榮之物證之則郭本有不字

釋木第十四之卜反說文云木冒也冒地而生也從中下象其根白虎通云木之言踊也陽氣踊躍

槄地刀反郭又他皓反 榎古雅反舍人本又作檟 楸音秋 栲音考郭姑老反本方志云櫄樗栲漆相似如一 櫄音勑倫反 樗丑於反 桼字又作漆音七 柏音百 椈弓六反 鬯曰勑亮反下其丸反 髡苦門反 梱五門反 椴徒亂反字林云木似白楊一名椵 柂弋支反

梅莫迴反 柟而占反又音南 杏戶猛反 酢七故反 柀音彼又匹彼反 煔字或

作杉所咸反郭音芟又音纖棺音官腐音父撥音廢椵古雅反柚羊又反
盂音于皮厚尸豆反又如字枳諸氏反杻女九反呂郭並汝九反檍於力反字
又作億說文云檍梓屬也棣大細反飤因志反字林云糧也一曰餘也經典並止作食字借作飼音本
又作飯扶晚反本今作飼車昌蛇反輞音罔下同字林云⿰車豦也⿰車豦音渠橿居良反梂音茂
椋音良棶力臺反埤蒼字林並作林云椋也本今作來栵字林音例詩音同又音列檽
字又作栭音而毛詩草木疏云葉如榆木理堅韌而赤今人謂之芝檽也⿱斛木胡木反本今作槲樕
桑木反詩云林有樸樕毛傳云小木也或作樕同庳音婢樓戶郭反詩云無浸樓薪桮必回
反本今作杯柚羊又反或作櫾條字又作樤橙直耕反上林賦云黃甘橙榛是也榛音直奏反呂忱
云橙橘屬楥孫音袁又于眷反柜謝音巨郭音舉⿰木邛郭音邛又作柳良久反栩香羽反郭
又音羽字林丑與反杼謝嘗汝反施音佇孫昌汝反或音序柞子各反菋音味又亡戒反
本今作味荎直之反舍人本作抵丁計反著音儲舍人本作郁樊本作屠誤重直用

反又龍反■蘊烏侯反詩云山有蘊是也本或作藴同荎謝大結反郭直基反藏孫子郎反
橰舍人本作皐樊本作橰同音羔綦音其朹音求檕工系反本亦作繫樊本作槅工厄反
枓郭音糾又居幽反又音皎聊音寮榽兮計反又音奚橀許兮反本亦作醯檀
大丹反上山時掌反斫章略反殫音丹字林云極盡也又云斃也梫字林音寢郭音
浸或初林反一音侵枇房私反又音毗杷步巴反不著丁略反又直略反棆音倫又致的反
疵本又作𣘺辭貲反字書云無𣘺棆也楩鼻緜反又婢衍反上林賦云楩柟豫章是也字指云楩木似豫
章章本或作樟椐音祛字林巳庶反又音舉樻起愧反又去軌反字林巨位反樊孫並云椐樻
腫節可作杖毛詩草木疏云節中腫似扶老即今靈壽是也今人以爲馬鞭及杖引農共北山皆有之腫
之勇反檉勑貞反旄音毛權音拳諸慮如字施力預反字又作櫖力余反
櫐字或作蘽音誄力永反下同藤徒登反虘七胡反本今作虘欇郭音涉本
又作聶又作[illegible]並同虎呼户反莢古協反下同字林云草實也廣雅云豆角謂之莢周禮云墳衍

之地其植物宜莢物刺七豉反欒力輭反又餘涉反杷去巳反枸音苟檵音繼杬
音元又作芫夘力管反檓況彼反椒字又作茮子消反楰郭音庾又音瑜梓
音子楓甫隆反說文云本厚葉弱枝善搖字林音方廉反欇欇之涉反歧音祁脂
音之寓木魚具反宛於阮反蔦音鳥或音弔說文或作樢字林云寄生也夷舍人
本作棟同櫟力的反梂字林音求舍人云櫟實名梂也孫云櫟實橡也有梂彙自裹郭同彙
音謂自裹音果檖音遂楔古黠反施音結櫻乞耕反廣雅云櫻桃含桃也禮記月
令云羞以含桃鄭注云今之櫻桃旄音毛字林作楙亡到反榹郭音斯又音雌解古買
核胡革反下同休虛求反又作林痤徂禾反慮李如字施音驢駁字亦作駮
邦角反棗音早壺字或作樝孫云棗形上小下大似瓠故曰壺音胡瓠平故反要一遙
反注同字或作櫻櫅子兮反樲而至反徹本或作樧直列反晳思歷反下同
嗜時至反洗屑典反猗乙奇反又於寄反填音田本或作顛同蹶本亦作蹷

居衛反泄息引反不著丁略反下同還音旋郭云還味短哮字林作蹮一縣反捻
而審反又作棯同櫬初靳反下同梧音吳樸音卜字又作僕枹逋茅反注同屬音欲
反棫于逼反櫟音歷謂舍人本作彙同櫬采七在反下並同薪采薪即
薪舍人引上句櫬梧來合在此句以謂字作彙釋云櫬梧者樸枹者櫬者其理也樸者相迫附也彙者莖也如竹
箭一讀曰枹也櫬名采薪又名即薪樊引詩云薪是穫薪荊州曰柞木采木詩人不曉薪意言薪謂身即薪伐之也
李云采薪一名彙櫬言即薪謂二薪也孫引詩云薪是穫薪薪一名彙櫬郭云掐解今樵薪今依郭氏說樵字又
作蕉徂焦反字林云薪也案左傳云不蕉樹史記云樵蘇後爨師不宿飽注云樵取薪蘇取草棪餘[illegible]反山海經堂庭
之山多棪木注云子似棕而赤可食樕音速杙音弋阯音止本今作趾櫰郭古回反字林下罪反又音懷
槐音懷或音回聶之涉反合也炕郭呼郎反又口浪反顧云張也樊本作抗槐小葉
郭讀槐爲楸音秋或如字榎古雅反反同下橵孫七各七各二反字或作橵下同樊云大者老也橵措皮也謂
麤橵而老者爲楸也孫郭云老乃皮麿皵者爲楸本今作皵楸音秋椅於奇反郭云即楸也案椅與楸

唯子爲異耳梓字林音子桋音夷楝又作棣同山尼反郭霜狄反下同而岐巨伊反下同

好呼報反輞音罔本或作軔音刃又音如戰反本今作輞欑古亂反字又作灌音同叢木

才公反本或作最瘣郭胡罪反說文云病也一曰腫旁出也又音回苻婁謝力侯反施力俱反樊引

詩云譬彼瘣木疾用無枝苻婁者尫傴內病磈磊無投也李云苻婁一名瘣木無枝木也尫烏皇反字書云傴也

傴紆禹反廣雅云曲也癭於井反字林云頸瘤也腫章勇反本或作瘇常勇反蕢扶云

反孫苻粉反藹烏害反菴於檢反枹音包遒又作遒子由反又祖由反說文云遒迫也

謂叢欑迫而生魁字亦作魁謝苦罪反施苦回反瘣郭盧罪反施胡罪反磈本或作傀苦罪反

磊本或作儡力罪反棫音域字林于臭反桵本或作樓字林人佳反刺七智反棃字亦

作梨樆音離本又作離非辨普遍反又皮莧反葚音甚說文云桑實也本或作椹非字林竹

心反梔章移反下注同舍人一云桑樹一半有葚半無葚名梔也樊本同桋大兮反或音夷榆以朱反枌苻云

反卻去略反著丁略反莢古叶反字林云草實也棣大計反下同字林大內反椸以支反字林上

泥反夫核音苻櫝古雅反與頫同荼音徒下同埤蒼作搽案今蜀人以作飲音直加反茗之類茗

士項反荈尺兗反荈樣茗其實一也張揖雜字云茗之別名也樕音速樸音卜本今作樸槲音斛

棧仕板反干木古丹反樊本作杆同殭居良反字書云死而不朽本或作僵說文云僵僨也又作橿觡加客

反檿烏簟反車昌蛇反輮音柔獘婢世反字又作斃柛音申踣蒲北反或作仆甾

字林作樧同側吏反一音側其反蔽必世反注同翳音殪注同蔭於禁反槸魚逝反郭士逝魚例

二反棤七各反皵謝音舄郭音夕梢郭音朔擢直角反方言云拔也蒼頡篇云抽也廣雅云出也小爾雅

云拔根曰擢殺色界反又色例反樅七容反松字林象容反大廟音泰檜古活反又古外反

揖本又作檝子葉反又一音集句居具反下同喬阮孝緒音橋郭音驕下皆同曲卷巨負反朻

居蚪反本又作摎同字林九糾反曰苞如字本或作枹篠先了反娑素河反梲章六反本今作祝

髦音毛棘居力反阿烏河反又於何反那奴何反又奴可反茮音焦本今作椒樧所黠反字

林云似茱萸出淮南本草云茱萸一名樧粱今樹極似茱萸唯子赤細莍音求說文云樧樧實裹如裘也一音巨六反

蒐所留反又所于反　茱音殊　萸以朱反　核何革反　華胡化反鄭注禮記云謂中裂不四析也

膽丁敢反　疐丁計反亦作庢同　樝側加反字亦作查　鑽子官反郭上字又作祖端反　澁又作澀所

立反　繚音了　撽形的反　擢直角反字從手　直上時掌反　樌古半反或作灌

釋蟲第十五

本亦作虫案此篇是釋蟲依字虫音許鬼反類也並兩虫爲䖵音古門反䖵之揔名也三虫

爲蟲直忠反有足者也今人以虫爲蟲相承假借用耳說文云虫一名蝮象其形物之微細或行或飛或毛或蠃或介或鱗以虫爲

象案此文云有足謂之蟲無足謂之豸月令鱗毛羽介皆謂之蟲白虎通以聖人爲倮蟲之長自上曁下達燋蠉遥有鼻稱耳

螜胡木反　螻力侯反　蛄古乎反　夏胡雅反小　正音征　蜚扶味反　蠦力胡反　蜰非

反蓀甬尾反　螌字又作𧒂蒲安反廣雅云負盤蟠也　蟅音章夜反　臭昌又反　螾以忍反　衙以善反本又作

衍虫　蚰音由　蜒音延方言云宋魏之閒蚰蜒謂之入耳字林云北燕人謂蚰蜒爲䖡蚭上音女六反下音女其反

蜩直彫反下同　蜋音郎又音良　螗音唐　蟬示延反字林云螗蟪蛄也　蝭郭音蓂徒低反　蚻

反　蜻郭音情又音精　縣音玄　蠽子列反又祖節反本今作蠽　茅本或作蝥　面音

字林云去千反蜺五兮反且郭牛結反螿子羊反蜓謝徒頂反沈音殄施音亭蚞音木本或作沐非螇
音奚螰音鹿蝭音提又音帝蟧力刀反字林同又力公反蟪音惠蛄音姑蛣起吉反蜣音羌
蜋辛良噉大敢反糞方問反蝎户葛反䖦起勿反蠹丁故反字林云木中蟲也
蠰郭音餉又音霜孫音傷齧五結反喜虚記反下同諸慮本或作蠦施音驢一音力據反
奚相施音葙謝息亮反舍人本作桑蜉音孚又音浮蝣郭音由本又作⿰虫㐬謝音流渠略如字略或
作蛒音同陜平夾反本今作狹豬好呼報反下同蛂謝音弗沈苻結反字林大替反蟥音黃郭音王本
或作黃蛢郭音瓶蠸音權輿音余父音甫下同字或作釜蝚如由反蛖武江反又亡工反或作駹
非螻來侯反䗐字又作施式移反又式豉反字林弋豉反強巨良反蛘郭音羋六婢反本或作羋說文作羊字林
作蛘弋丈反云搔蛘也不過本或作蝸字林古禾反謝古臥反蟷丁郎反蠰息詳反字林乃郎反螳音塘本今
作螗蜋音郎蜱音裨又婢貽反蛸音蕭䗚普莫反又補莫反蟭音焦字林子彫反蒺音疾字亦作[illegible]
同蔾音梨字亦作蟍蝍施音即孫子逸反蛆子余反蝗華孟反下同字林音皇說文榮庚反范宣禮記音音橫聲

類韻集並以蝗協庚韻腹音福腦奴老反蝝以全反字林尹絹反說文云劉歆說蚍蜉子也董仲舒說蝗子也何

休注公羊云即𧍪也始生曰蝝長大曰𧍪杜預亦云𧍪子郭依董說蝮孚福反郭蒲篤反蜪郭音陶字林他牢反

翅式智反⿱䖵舍音捨蚔直其反蟋音悉說文作悉本或作蟋音悉蟀所律反詩同本或作蟀說文同

蛬九勇反促字亦作趗七玉反蜻子盈反本今作青蛚音列廣雅云蜻蛚促織也字林云蟋蟀也本今

作蟼蟼郭驚景二音孫音京蟆武巴反蛙戶蝸反史游急就云蛙蝦蟇蛝音閑䗃郭仕板反字林仕免

反或仕簡反施仕嬾反蠲古玄反說文云明堂月令腐草為蠲蚼音均馬⿰虫逐文六反字林云⿰虫逐馬蛗音阜螽

本或作螽音終下同蠜音煩下同本或作螌趯趯他歷反蝜音負字或作負喓喓於遙反蜤

本又作蟴詩作斯同音私支反蜙字亦作蚣字林先凶反郭先工反說文思弓反蝑相魚反郭才與反字林先呂反說文云蜙

蝑以股鳴蚣本亦作蜙同烏公反字林云蟲在牛皮坤說文蚣蜙為或[illegible]字息忠反⿰虫從寸東反字林云蛸⿰虫從似蟥舂黍

傷容反本或作蝽⿰虫黍蟿音棄字林云口地反螇音奚蚸或作蚔郭音歷孫音昔蠰音壤孫音囊字又作

蠰誤又思諒反或式尚反谿苦兮反孫音奚⿰虫桀字又作虴竹宅反譜幼云蚝虴蜢也善跳蜢音猛螼羌引反蚓

音引郭餘忍反說文以爲螾字同蜸苦顯反蚕他典反蛩於阮反蟺音善廣雅云蛩蟺蚯蚓也
⿰虫寒音寒字又作寒蚓郭許謹反殷仲堪許偃反莫本或作蟇同武博反貈本又作貉孫戶各反下同螳
蜋說文云名斫父蛑郭音牟字林云螳蜋也又亡牢反斧音甫虰音丁蛵虛形反蟧力刀
反本今作蟧青本今作蜻蛉力丁反字林云蜻蛉一名桑根狐音乎蜭戶感反蛓七志反說文云毛蟲也讀
若笥案今俗呼爲毛載有毒螫人楚辭云載緣兮我裳⿰虫黑字又作⿱墨虫亡北反蛅字或作蝻而占反蟴音斯
螫式亦反螫猶蠚也蠚火各反字林云蟲行毒也蟠音煩字或作蟠鼠負本亦作⿰虫帚一作婦亦作⿰虫帚音同
本草鼠負一名負蟠一名伊威一名委黍陶注云多在鼠坎中鼠背負之今作婦字如似乖理一名鼠姑瓮烏弄反底
丁禮反蟫郭音淫又徒南反蛃音丙䖸本又作蛾說文同我河反蠶祖南反下同螒胡旦反字林作螒同
莎蘇禾反樗恥豬反廣雅云樗鳩樗雞也傅音付負版字亦作蝂甫簡反強其良反說文云籀文
作⿱彊虫蚚字林巨希反又下枚反郭胡輩反捋力活反蛶本或作捋郭音劣又力活反螪失羊反字林之亦反何
本或作蚵音河螝郭音龜字林音潰施音愧蛹音勇蜆下顯反字林下研反孫音俔案俔字下顯苦見二反

益一賜反一糸音翳是反憙許記反本今作喜經古刑反蚍音毗蜉音浮螘魚綺反本亦作蛾俗作蟻字音同案說文蟻羅也蟻或作義蛾蠶化飛蛾也並非螘字蛘以丈反郭云齊人呼蟻也字林云北燕人謂蚍蜉曰蟻蛘蠪謝音聾郭音龍朾本又作虰郭唐耕反孫丈耕反字林音丁駮布角反螱於貴反說文字林從蚰翄矢豉反又吉敵又蚳直其反蜃市軫反醬子亮反蟗本或作蝵郭音秋鼅音知說文作𪓰云或作蜘鼄音誅說文云或作蛛蝥音謀又音無說文作蟊音茅云蠿蟊作網蛛蟊也以此亦爲蟊或字蝃章悅反或作蚰字掇章悅反本或作掇拾字非蠭本又作蠭匹凶反字又作蜂說文云古蠭字字林云飛蟲螫人者蟺音蟬又示●反蓋方言也郭音僤徒且反蟦扶味反又扶云反蠐本又作蠀徂西反螬音曹蝤徂秋反蝎音曷蛜音伊本今作尹威委黍今爾雅本旁或並加虫並如字蟰音嬬蠨詩作蕭同悉彫反或音蕭蛸所交反說文云蟰蛸長股者踦郭云音崎[illegible]之踦秩宜反字林巨綺反或居綺反廣雅云踦脛也字從足虫旁作者非蛭郭豬秩反施徒結反蝚如由反國貉戶各反蠁許兩反說文云知聲蟲也司馬相如作幽字蛹音勇

蠖枉略反字林一郭反蚇音尺易云尺蠖之屈即子逸反以求伸也亦作尺虫又音即蠍了六反字

求云蝍蠍蚇蠖果本又作螺又作蝸同工大反、蠃魯果反細要一遥反本今作𦝫蠮

於結反又於計反螉烏紅反廣雅云蠮螉土蜂也案今俗呼細要小蜂爲螉蝓在物中作房用土爲隔非上蜂也

螟云丁反蛉力丁反蟃音萬蝎音曷蛣去一反蜛立勿反螢戶扃反本今作

熒炤音服肌居疑反繼字又作蠿音計蚅烏革反螐音烏木又作烏蠋音蜀說文

云奏中蟲也郭云大蟲如指似蠶也蠓莫孔反下同蠛亡結反蚋人銳反字[illegible]人劣反又作蚋字

同秦人謂蚊爲蚋蛈大結反字林音秩蝪字林音湯或音蕩又音唐螲丁結反蟷丁郎反

蟓音象繭古典反雔市由反本今作雔樗恥余反棘居力反欒力丸反

蚢戶剛反蕭先條反翥于據反錿呼賑反本今作鏄剖普口反奮

甫問反迅音信又音峻反強其良反捋力活反李孫云以口捋其翅郭云以腳自摩捋蠭

醜螸李孫郭並闕讀而謝孚逢反施作蠭音絲案上有蠭醜奮依謝爲得螸亦作蝓羊朱反說文云

垂陂腴羊朱反蠅餘仍反扇如字說文作蝙云搖翼也音同螟亡丁反蟲食苗心者說文

云蟲食穀葉者吏冥冥犯法即生螟蚮字又作𧌒又作蟘同徒得反蟲合葉者說文云蟲食草葉者吏

乞貣即生蚮蠈音賊本今作賊蟊亡侯反本亦作蛑說文作蟊蛑古蟊字云吏抵冒取民則生蟊

也字林蟊音亡牛反豸文爾反無足者說文云獸長脊行豸豸然欲有所伺殺也

釋魚第十六字又作魚說文云魚水蟲也

鱣張連反郎黃魚也鱏音尋又音淫字林云長鼻魚也重千斤頷戶感反行戶郎

反鰋音偃白魚額魚格反本今作額鮎郭奴謙反舍人本無此字鯷音提字林云青

州人呼鮎鯷鮧大兮反說文云大鮎也陶弘景云今人並呼慈鱧音禮字或作鱺又作蠡同廣雅云鱺

鰑鮦也本草作蠡云一名鮦魚陶注云今皆作鱧字舊言是公蠣蛇所變今亦有相生者鮦大勇反鯇

華板反郭胡本反字林下短反鯶胡本反又下短反一本作敀本反鱒才損反鯊本又作魦

音沙詩云魚麗于罶鱨鯊鮀徒何反鮂祖秋反鰦音茲鰷音條本亦作鮋音由又直留反

音習鰌音秋郭云泥鰌也字林云似鱣短小也泥乃兮反鰹音堅鮦音童又逐拱反鮵

大活反小鱺音禮又力知反魾蒲悲反或音丕鱯下化反一音獲字林下瓠反鮡音兆

又音姚鰝郭音鄗户老反鰕户如反數尺所主反鄷芳弓反鯤音昆鱀

其冀反字林作鱀音既云胎生魚是本或作鯷非鱁音逐本亦作逐䱜七各七略二反本今作鰿

鱏尋淫二音䲅居六巨六二反字林云魚有兩乳出樂浪一曰出江說文同喙香穢反膏

音高胎他來反啗大敢反鱦郭音繩顧音孕本或作䱉同鮥郭音洛字林作鮥巨

救反叔字林作鮛同書育反鮪于軌反字林于九反或曰即鱏魚也似鱣而長鼻體無鱗甲鱣知連反

以上時掌反鯦具救反又徐秋反似鯿而長三尺字林作鮥音格云當魱也顧作鮥同魱郭音胡一音互

鯿字又作鯾方仙反字林云魚也案魚似魴而大腹細而長鯁工杏反說文云魚骨也字林工孟反鮤

音列顧閭結反鱴亡節反刀字亦作魛字林云刀魚飲而不食鮆徂禮反又徐爾反字林云刀魚

也才豉反字或作鱭鱊郭古滑反字林于一反沈音述又音聿鮬郭音步字林丘于反施蒲悲反鱖

音厥本亦作厥字林凡綴巨月二反鯞音酉反本或作帚鮒苻付反廣雅云鰿也音積字林子狄反

徽字或作鰴許韋反魵苻云反又苻粉反顧孚粉反郭云小鰕別名鰕下家反字或作蝦

邪羊嗟反鮅音必字林云魴也鱒才損反說文云赤目魚一音仕轉反或直轉反鯶呼本反魴

字林音房云赤尾魚魾音丕又音毗鯿必連反鯬力兮反又音梨廣雅云魾鯬鯠郭音來埤蒼云

鯬鯠魾也字林作鯠音七蜎郭狂兖反字林一全反又一耎反蟲貌也一曰蟲也蠉郭香兖反呂火全反

蛣古節反又音吉或五結反蟩居月反孑紀列反字林云無右臂古熱反孓九月反字林云

無左臂也廣雅云孑孓蜎也蛭沈呂豬秩反謝豬悌反一音之逸反本草謂之水蛭一名蚑一名至掌案說文

今俗呼爲馬蜞亦名馬耆即楚王食寒植所得而吞之能去結積也蚑蜞同音其然釋蟲已有蛭蝚至掌郭云未詳

依本草即是水蛭也蟣郭音祈字林云齊人名蛭也本草又作蚑科苦禾反字或作蚪斗樊孫

云科斗蟾諸子也郭云蝦蟇子活東如字謝施音括舍人本作顆東蝦音遐蟇字又作蟆音麻

魁苦回反郭云狀如海蛤案本草海蛤一名魁蛤又有魁蛤一名魁陸一名活東並生東海說文云蛤有三皆生

於海蛤厲千歲雀所化秦人謂之牡厲海蛤者百歲燕所化也魁蛤一名復累老服翼所化 從子容反本今作

縱 蚶火甘反字書云蚶也出會稽可食 蜪徒刀反 蚅於革反 鼁起據反 鼀音秋

蟾音占 蠩音諸本今作諸 蚥音甫又音扶甫反 黽莫幸反 耿耕幸反 蛙戶媧反

鴨於甲反 蜌步禮反又扶氏反字林小蛤也 蠯謝步佳反郭毗支反字林作螷沈父幸反施蒲鯁反

本今作蠯 蚌步項反本或作蜯下注同 陜平夾反本今作狹 蜃字又作蜃市忍反字林雉入海所化

也 鼈字又作鱉畢滅反 能如字又奴來反 龜字林古追反字又作龜 賁謝音奔又音墳

顧彼義反 羨似面反 蚹音附一音扶卜反 蠃力禾反下同注作螺字亦同 螔余支反又音斯

蝓羊朱反 蝸工花反或工禾反 蜬本又作函顧古含反又呼含反下同謝音含 螺力禾

反 漲音張又音帳 杯布迴反 螖音滑字林音骨 蠌音澤字林大各反 蟧力刀

埤避移反 蟚音彭本今作彭 珧餘招反山海經云激女之水多蜃垗郭注云蚌屬也字書云手珧肉

不可食唯杜可食耳衆家本皆作濯 低丁兮反 謝如字衆家本作射 弇古奄字又作揜於檢

反果眾家作裹唯郭作此字玁力輒反左倪五計反本作睨下同亦有不類

力愧反又力魏反俾普計反下同本今作庳贆字亦作猋方遙反魧謝戶郎反郭胡黨反字林

作蚢云大貝也又口葬反車輞音罔鰿郭音賾字又作鰿字林音績貽顩餘之反本又作貽他來

反字林作蛤云黒貝也大才反蚳直其反字或作貾同泉如字本或作蟓蚆普巴反郭音巴字林同云

蠃屬博而頯也博布莫反頯郭匡軌反顩又巨追反蜠郭求隕反又丘筠反汙音烏蟦

施音賾郭音責沈音積本或作鰿又作責又作鰿音皆同橢他果反狹而長也陜平夾反蠑

音榮本或作榮螈音原字林作蚖五九反云蠑蚖蛇醫也說文同蜥先歷反蜴音亦說文字林作易

云在壁曰蝘蜓在草曰蜥蜴案東方朔云非守宮即蜥蜴是二物也方言云秦晉西夏謂之守宮澤中曰蜥蜴南楚

謂之蛇醫或謂之蠑螈蝘烏典反蜓徒典反字或作[illegible]蛈大結反說文云蛇毒長也蠚烏洛

反蝮芳福反螣直錦反字又作朕螣字又作騰又作螣並同徒登反字林云神蛇也慎子云螣

蚱遊蟒音莽字林云大蛇也蝮字亦作蝮芳服反又亡六反此蛇色如綬鼻上有鍼大者百餘斤又一名

鼻孔鼻虫即虺字也虛鬼反說文云上一名蝮博三寸首大如擘字林同舍人亦云蝮一名虺宋蝮大

也非虺之類故郭云別自一種蛇名蝮虺本今作虺博三寸博廣也謂身廣三寸首大如擘

甫華反劉昌宗音薄歷反孫云頭如拇指郭注三蒼云擘大指也案手足大指俱名擘也一種章勇反

鯢五兮反鰕音遐鮎乃兼反猴音侯狗音苟枕之甚反篆丈轉反

印一刃反腸音長去羌呂反盡子忍反涪音浮反音苻緣悅絹反蝳

字又作蝳音代或作徒妹反瑁字又作帽音妹反觜字又作蟕子移反或子隨反蠵以規反或

下圭反字林云大龜似猬也攝謝之涉反郭祛淡反施之協反折之舌反解音蟹好食

呼報反遺我唯季反筮舌制反著音尸叢才空反說文云草聚生也見

音現筴初革反本今作策傳直戀反之處昌慮反

釋鳥第十七說文云短尾羽眾禽揔名也案此文云二足而羽謂之禽禽即鳥也

隹如字旁或加鳥非也鵻本亦作夫字林甫于反鳺本亦作不同方浮方九一反夫不楚鳩也

爾雅音義下

鷚音浮又音孚鷗居勿反鳩九牛反鶻音骨鵃竹交反或竹牛反字林云鶻鵃小種
鳩也毛詩草木疏云斑鵻也桂陽人謂之斑隹鳲音尸字又作鳲鴶郭古八反字林音吉鵴居六反
穫戶郭反鵖呂郭巨立反施音ゝ下同鵧謝蒱悲反郭力買反蒱尸反字林父佳反曰鄉字
本或作鳴鴡本又作睢七徐反鵰音彫鶚五各反好在呼報反下皆同鷙本又
作摯音至有別彼列反鵅古客反注同鵋巨記反本亦作忌鶀去其反本亦作欺下
欺老同本今作鵂鵂音休鶹音留鉤古侯反本今作鴝鶅側其側事二反鵵他故
反本亦作兔同鳿音立鷚字又作鷚郭音繆云侯反說文力幼反孫音流又丘虯反鸙予若反說
文作鸙鷃音晏又一練反鶉音淳綢音儔鵱音六鷜郭力于反施力侯反謝鵝
字亦作五河反鵞鶬音倉字林丁羊反麋音眉字林作鶥音同鴰古活反說文音刮鵒
音浴鸔郭音駮字林方沃反孫音暴鶂五歷反又五結反水鳥也春秋云六鶂退飛過宋都是也頸
吉郢反駮布角反鴚郭音加說文音柯廣雅云鴚鵝鴈也鳧音符鶩音木鷤

⿱鳥甲字又作鴨一甲反鳽郭五華反字林音肩鵁音交本亦作交鶄音精本又作精以厭

冉冉反與音餘樊孫本作鸒鵛古形反本亦作徑鷋音徒鷉大兮反⿰夲鳥毛詩

傳作洿同音烏郭火布反鸅音澤毛詩傳作澤鶘音胡淘大刀反鶾本又作翰胡旦反樊

云一名山雞鷽郭音握又音學又才五反字林乙坌反鵲本亦作鵲七約反⿱此東子髓反字或作

觜廣雅云口也鷣音淫負字或作鵵同房九反鷂以照反字林云鷙鳥下同鶨呂郭丑絹反孫

勑亂反鳹巨炎反字林云句喙鳥鳸說文作雇籀文也左傳詩並作扈同音戶鴳音晏竊

音切脂音之鳭丁堯反鷯力小反剖普口反鷦子遙反雌字或作鴜同七

移反鴱本又作鳿謝五蓋反呂郭音乂⿱眇鳥亡小亡消二反字林云澤雀鶠音偃鳳郭云瑞應鳥也

雞頭蛇頸燕頷龜背魚尾五彩免高六尺許說文云神鳥也天老曰鳳象麟前鹿後蛇頸魚尾龍丈龜背燕頷雞喙五色

備舉出於東方君子之國翱翔四海之外過崑崙飲砥柱濯羽弱水暮宿風穴見則天下大安寧毛詩草木疏云雄

曰鳳雌曰皇一名鸓其雛名鸑鷟或曰鳳一名鸑鷟其形鴻前鹿後蛇頸魚尾龍文龜身燕頷雞喙首戴德頸揭義

背角仁翼挾信心抱忠足履正尾繫武非梧桐不棲非竹實不食朝鳴曰發明晝鳴曰上翔夕鳴曰滿昌昏鳴曰固常夜鳴曰保長得其鳳象之一則過之二則翔之三則集之四則春秋居之五則爲身居之**皇**本亦作凰**瑞**

應音膺**頸**吉井反**頷**乎感反**鷶**詩作脊同精益反本今作鶺**鴒**詩作令同力丁反**雝**於恭反**渠**字或作鸈**鸒**弋庶反毛詩傳云鸒鵯鶋雅烏也小雅云小而腹下白不反哺者謂之雅烏說文字林皆云楚烏也一名鸒一名鵯鶋秦云雅烏**斯**本多無此字案斯是詩人協句之言後人因將添此字也而俗本遂斯旁作鳥謬甚**鵯**音匹**鶋**音居本或作居**燕**於見反象形字或加鳥者非**白****脰**音豆**鴽**音如**鴾**字或作牟音謀**母**如字李音無舍人本作蕪**鵪**烏南反**鷁**音密本今作密**肌**音飢**繫**音計**鶧**音英本今作英**誤****重**直用反**巂**戶圭反說文云周也蜀王望帝淫其相妻慙亡去爲子巂鳥故蜀人聞子巂鳴皆起曰是望帝也**鳦**音乙本或作乙或音軋**鳦**

鴟尺之反或作鵄**鴞**于驕反**鸋**音寧又音寗**鴂**音決鸋鴂今之巧婦鳥**狂**如字本或作鵟**茅**本或作鶜**鴟**字又作䲹云項反又云江反字林云鵄也亡董反廣雅云某鴞鵂也**鷹**於陵反**怪**

古拜反梟古堯反鵲音皆又音界劉字或作留音留哺蒲路反說文云尸中嚼食也鷇謝苦候反字林工豆反郭音同又古互反鳥子須哺而食者燕雀之屬也史記云趙武靈王探雀鷇而食之是也母食本或作飤同音嗣噣竹角反義當作啄雛字林云雛子也匠于反又仕俱反鳥子生而能自啄者禮記云雛尾不盈握不食是也字或作鶵同或云仕俱反者是鳥子也匠于反者爲鳳類也爰本亦作鶢音袁居本或作鶋同李云爰居海鳥也樊云似鳳皇雜字亦作雥琅音郎邪以差反

駒音俱扈音戶鳻本亦作分同扶云反或芬云反鶞勑倫反本亦作遁藍力甘反行如字唶唶說文亦借字也一云大聲也莊百反子夜反又子亦反廣雅云唶唶鳴也[illegible]嘖莊革反廣雅云鳴也說云嘖呼也鵖彼及反郭房汲反字林方立反鴔皮及反郭北及反字林房立反又音伏鵀本亦作絍女金反施汝沁反方言云戴鵀一名戴南一名戴勝勝尸證反鶝皮逼反鶝音逼又音福鶭本或作鴋說文作鶭孚罔反澤虞字林作鸅鸅音同婟戶敎反下同說文云嫪也廣雅云妬也聲類云婟嫪戀惜也字書作嫭一本作詃皆同嫪力報反鶿音慈字林

云似鴝而黑鷇郭懿騕二音字林莫荘反觜子髓反鶨字林力彫反鶇順春反

鶛音皆牝毗忍反扶死反舊庳婢支反施音婢郭音卑鵮烏含反鸍郭音

施尸支反字林亡支反沇直今反鷚謝烏卯反郭音杳字林音幼頭字或作投鵎本或

作鵁郭音饒虛交反又音交箭子賤反脚近附近之近鵽貞刮直活二反寇

苦候反鴿古合反跂音祁憨呼濫反字書云愚也漠音莫萑音桓鵵本又

作莵音兔鶟徒忽反本亦作突胡字或作鶘鵟音狂本今作狂襄三貢反搏

徒端反黍音暑鷸聿述二音左傳云鄭子臧好聚鷸冠即翠鳥毛也紺古闇反鸀

濁蜀二音穴乳如注反下同蝙音邊蝠音福蟙章弋反蟔亡北反晨

如字本或作鷸鸇之然反說文止仙反字林巳仙反鷂羊召反鴥戶橘反字林云鴥飛貌

鸉音楊鷢巨月反說文云白鷢王雎也字林同鷹於陵反鴩音逸鷆田眞

二音蟁本或作鴖郭云皆古蚊字音文案說文蟁正字蚊俗字或作蟁字林亡巾反鸔布角反

鷉他兮反字或作鷈　鸁力戈反　鸊蒲歷反本今作鷿　鎣烏瞑反本今作鎣瑩磨鎣

也　鼯音吾或作鴮　由字或作鼬　狐音平　項平講反　脅許業反　喙許穢

反　人呼火故反　上高時丈反　倉庚商庚本或旁皆加鳥　鵹音離

鴃大結反說文音吐節反奎今作鵊　鋪音步字或作鵏　豉如字本今作鼓　來鳩來字或作

鶆郭讀作爽所丈反衆家並依字樊云來鳩鷞鳩也字林作鶆音來云鶆鳩鷹也　爽鳩本或作鷞

鶼鶼古恬反衆家作鶼鶼李云鳥有一目一翅相得乃飛故曰兼鶼也　鵹鳥詩傳作離睆謝

同力知反施音黎說文作鵹云其色黎黑而黃也文釋云離黃倉庚也鳴則蠶生字林作鵹力兮反毛詩草木疏云

黃麗留也或謂之黃栗留也幽州人謂之黃鸎一名倉庚一名商庚一名鵹黃一名楚雀齊人謂之摶黍關西謂之

黃鳥方言云自關而東謂之倉庚關西謂之黃鸝留也　鴷音列　斲陟角反　錐章誰反

寸所主反　鷔郭古狄反字林工子反　鶶音唐　鷵音徒　鸕謝力吳反施力魚反

鷺音路毛詩傳云白鳥也字林音盧　舂舒容反　鋤字又作鉏仕居反　翰音汗　睫

字又作睞音接說文云目旁毛也三蒼云皆毛也樆力知反纕西雷反又西禾反鷂雉郭音

遙下同鷮音驕鳪音卜郭方木反又方角反鷩謝必滅反呂郭方丗反秩秩

本又作失失謝持乙反施音逸翟音秋本又作鸐又音濯雗戶旦反字又作翰鵫呂郭音罩陟孝

反又音卓鵖音白本今作白鬭丁豆反又丁候反翬音暉𠷎本或作鵃直留反郭徒留

反字秋女知反鶅側其反鵗音希鷷郭音遵謝祖尊反鵌音途鼵徒忽反

鵽丁刮反牝毗忍反牡音母鸛音歡鶨徒瑞反鶝音福字亦作福鶔

而由反本亦作柔或作蹂音同鵲七藥反射之食亦反注同嫷字又作隋徒課反字書云

古以爲懈惰字羿五計反古之善射者言此鳥捷勁雖羿之善射亦懈惰不敢射也故以名云鶪古闃

反字林嵏子工反字林作工役反羽嵏音子弄反竦思勇反上下時掌反鳶悅專反字

亦作䳒鷹字或作應隼西尹反本或作鶽案隹即鳥也無勞更加蹼本又作蹼音補木反有

幕亡博反蹼屬章欲反相著直略反踵章勇反聲類云足跟也

企去豉反字或作跂 跟音根釋名云足後曰跟 縮所六反 亢胡郎反郭云咽也倉人云鳥高飛也 嚨力東反樊云亢星鳥也嚨嚨亢鳥之頸也郭云嚨謂喉嚨舍人云嚨嚨財可見也 喉音侯蒼頡篇云咽也 咽於見反說文云嗌也又於賢反 粻音張 嗉音素 之處昌慮反 鶉音純 鳼音文 鴽音如 鸋音寧 鵪烏含反 雛仕俱反 鷚力救反又力求反說文作雡云鳥大雛也一曰雉暮子也字林力幼反 少雛詩照反下文同 別者彼列反 長醜丁丈反 鶹音留 鷅音栗本亦作栗 留離詩字如此或作鶹鷅後人改耳 鶛音鍇 鷶工鍇反又午鍇反字林云鶛鷶似伯勞而小 鵹力兮反又力知反

釋獸第十八

叔又反說文云獸守備也一曰兩足曰禽四足曰獸案此文云四足而毛曰獸

麋亡悲反字林云鹿屬 牡音母 麔其九反 牝毗忍反 麎郭音辰又昔賢字林上尸反 麇於兆反又於老反麇子也一曰少長曰麇 長丁丈反 麛音迷本或作麑覓音同 跡子益反字或作迹又作蹟音跡並同 躔郭直連反又持展反方言云躔徙也歷也

行也麚音加麀於牛反⿸鹿速素卜反本又作速字林云鹿迹一曰速鹿子麔郭音音

堅又音搴又音謦麕九倫反本又作麇亦作麏說文麕籀文麇字林云麇麞也又九文反麌

作麌魚矩反字林音吳重言直用反麜音栗麆音助本亦作⿸鹿助同解音蟹

施佳買反豣郭音與上麔字同顧五見反又古典反狼音郎字林云獸似犬貛字林子九反

獥胡狄古狄工弔三反迅音信又音峻兔字又作菟勑故反嬎匹萬反又匹附反本或作

嬎數萬反⿺兔需字林云兔子也乃俱乃侯二反迒音剛又户郎反諸詮之云兔道也阮孝緒云獸迹也欣

如字本或作忻豬張魚反說文云豕而三毛叢居者彘直例反字林云豕後蹄發謂之彘小爾雅云彘

豬也方言云關東西謂之彘或謂之豕豨虛豈反字書云東方名豕也一曰豕足也⿰豕青羊箠反本

今作猜豶苻云反謂犍豬犍音九言反幺烏堯反字林云小丸施於遥反幼伊秀反豚

大昆反奏七豆反本或作湊下同豱音温腠七豆反碑蒼云腠膚理也蹙子六反豵

子公反小爾雅云豕小者曰豵字林云豕生六月也一曰一歲曰豵橧辭陵反舊本多作繒帛字非方言作

木旁蓐音辱蹢丁歷反蹄也本今作豴豥工開反字林下才反或户楷反蹄音一啼刻

音克豟於革反豝百麻反牝豕也字林同又一曰二歲豕虦字又作戲謝士版反或士簡反施士

蠙反沈才班反郭昨閑反字林士山反貓亡朝反貘亡白反字林云似熊而白黄出蜀郡一曰白豹豹

必孝反字林云似虎貝文熊音雄庳音婢駮布角反鼶音舐本今作舐鐵佗結反

髓素累反辟濕必亦反甝字林下甘反又亡狄反虪式六反本今作儵秭

音姊檻户覽反下同貀本又作豽女滑反字林云獸無前足似虎而黑召市照反種章勇

反鼳本多作昊經丈既云鼠身宜從鼠音古闃反驢力居反子狗古口反本或作豞沈施火

候反注同麙本或作㺂同五咸反捕音步購古豆反贖也貍力之反字林云伏獸似貙貄

以世反施餘棄反衆家作肆又作肆沈音四舍人本作貄豾字或作狉房悲反一音丕字林云貍也貈

乎各反字林云似狐善睡本作貉亡白反字林云北方人也非獸也貆音桓又音讙獿字又作𧳜同乃

老反字林云雌貒㹧烏郎反𧳀山吏反字林云貁謂之𧳀廣雅云𧳀貁也貁音餘救反貒他官反說

大字六十九 爾雅音義下 吴文昌

小七百六十

文字林云獸似豕而肥 貗 郭其禹反字林力丁反 豚 音屯本又作肫 貛 音懽 貔 音毗字林云豹

屬出貉國一曰白狐毛詩草本疏云似虎或曰似熊一名執夷一名白狐其子爲豰遼東人謂之白熊 狐 如字說文云祆

獸也鬼所乘有三德其色中和小前大後死則首丘 豰 本又作㲉火卜反又虎抖反 麝 食亦反字林音射云

如小鹿有香李本作澤云澤父獸名 父 音甫下同 麋 九倫反本或作麏 豺 仕皆反字林云狼屬狗足

貙 丑于反字林云似貍而大 獌 本亦作𧳜音萬又亡葌反或云半反字林音慢云狼屬一曰貙也 豻 郭音

岸字林下旦反云胡地野狗本又作犴說文或豻字陳國武音子虛賦苦葌反解云胡地野犬似狐黑喙 羆 音碑 憨

呼濫反 貑 音加 麢 力丁反陶弘景注本草云今出建平宜都諸蠻中及西域多兩角者角者爲勝角甚多節蹙蹙

負繞別有山羊角極長唯一邊有節節亦踈大而不入用羌夷云只此名麢羊甚能㟅峻短角者乃山羊亦未詳其正 麠

音京本或作麖同 麃 步交反郭云即麞也張揖同字林云麖屬 郊雍 於用反 麞 音章 麔

字又作麂音九 旄 亡報反 獿 乃牢反或乃容反字林云多毛犬也 魋 徒回反字林云獸如熊黃而小 麤

七奴反 猰 字亦作㹢或作窫諸詮之烏八反韋昭烏繼反服虔音堅晉灼音內言鮐案字書鮐音噎 貐 字或

作窾諸詮之以主反字林弋父反犇昭餘彼反狻先官反麑字又作猊牛奚反[illegible]音封曰
走而一反驨本又作鑴同户圭反騏音其茸而容反羱魚袁反又五丸反字林云
野羊大角犤字或作隋他果反下同麐字林力人反本又作麟牝麒也一音力珍反猶羊周羊救
二反字林弋又反說文云玃屬也一曰隴西人謂犬子也尸子云五尺大犬也舍人本作鬻郭音育麂音几上
樹時掌反貄本又作肆亦作肆音四脩音羞毫户高反廣雅云韓謂之毫本或作豪
音同借用也兕本又作光徐履反犀音西俗作犀非庳音婢彙本或作猬又作蝟亦
作彙同音謂毛刺七賜反狒狒字又作䵶或作髴同說文云周成王時州靡國獻髴髴人身
反踵自笑笑則上脣弇其目食人北方謂之土螻讀若費費一名梟陽兮依許扶味反沈音沸郭簿昧反又音
備郭云俗呼曰山都案相傳云此獸人面長脣身有毛好食人得人則笑而脣覆其面人亦因水獲之故左思吳者
賦云髃髃笑而被格是也被髮皮義反梟力堯反脣音純蹯音番說文作番古文作𨆌竝音
煩案蹯掌也左傳云宰夫胹熊蹯不熟殺之是也狃女九人九二反說文云獸足蹂地也古文爲蹂字林或作

狃 麜呂憲反 蒙莫東反 猱奴刀反本或作獶郭女救反 蜼餘水反 畜許六反 捕音步

勝尸證反 貓音苗 獮音獮 猴音侯 猨音袁本今作蝯 善援音袁引也 猶

貜字亦作玃俱縛反說文云大毋猴也 父音甫 貑本或作豭者古牙反 眄亡見反 脊音積 泥

奴細反 麔音咎 麚音加 脰音豆 贙胡犬反 獷虢猛反 豦音據 髯而占反

鬣力輒反 擿人字又作擲直戟反 蜼音誄字林余繡反或餘季餘水二反 卬五剛反又

魚兩反 數尺所主反 獺勑鎋反又勑末反 歧音祁 自縣音玄 捷才接反

乘本或作乗事陵反 峰芳逢反本今作峯 猩音生郭云人面豕身能言語又云狀如貛豘聲

似小兒啼案禮記云猩猩能言不離禽獸是也 而好如字又呼報反 嗁杜奚反作啼同 磎音溪

本今作谿 阯音止 豚徒門反字亦作豘字林云小豕也說文作豚云籀文也 闕其越反又如字 洩息列反 多

狃女九反 寓屬魚具反舍人本作麌孫五胡魚句二反下如字 鼢字亦作蚡扶粉扶云二反說文云地中行鼠伯

勞所作也一曰偃廣雅云鼹鼠也字或作鼴同方言謂之犁鼠 鼸下簟反孫云鼸者頰裏也郭云以頰內藏食也字林云即鼢鼠也

頰古協反鼷戶雞反字林云小鼠也郭云有螫毒者博物志云鼠之最小者或謂之甘鼠案春秋食郊牛角
者是也螫音釋鼶私移反又徙奚反鼬餘又反字林云如鼠赤黃而文鼦字書云古貂字也音
彫啖大敢反鼪音性莊子云騏驥驊騮捕鼠不如貍鼪郭音生鼩音劬鼱音精字林云鼱鼩李
云一名鼩鼠鼨將容反鼭音時鼣字或作鼣苻廢反舍人云其鳴如犬也鼫音石孫云
五技鼠也字林同案蔡伯喈勸學篇云五技者能飛不能上屋能緣不能窮木能泅不能渡瀆能走不能絕人能藏
不能覆身是也許氏說文亦云然或云即螻蛄也郭云大如鼠頭似兔尾有毛青黃色好在田中食粟豆關西呼為鼩
鼠見廣雅鼩鼠即雀鼠也鼩郭音雀將略反字林音灼云鼩鼠出胡地郭注本雀字或誤為矍字沈旋因云郭以
為鼩鼠音求予反非也矍音鑊鼤音閩又音文鼨音終又徒冬及說文字林皆云狗文鼠也鼮
徒形反又大佞反郭云文彩如豹也終軍漢書云終軍字子雲濟南人初入關棄繻而去至長安上書拜為謁
者給事中使南越為呂嘉所殺死時年二十餘故世號之終童鼳古闃反郭音覡戶狄反覡何狄反齝
齝初其反郭音笞嚼字若反廣雅云茹也字書云咀也說文以為噍字齥郭音泄息列反一音曳埤蒼云

羊粻也張揖音曲解云羊食已吐而更嚼之齝丑之初其二反字書以爲古齡字齸字或作嗌於赤反埤蒼云鹿粻又音嚼咽於見反又於賢反齣客加反素音素又私路反裹音果處昌盧反下同嗛下簟反貯丁呂反字林云積也釁許靳反撟几小反又巨小反說文云舉也

伸音申夭於表反鰓西才反狊古闃反翄申鼓反本或作翅又作翨音同或吉鼓反案周禮有翨氏是也

釋畜第十九

許又反本又作嘼音同字林云嘼產也說文云嘼牲也經典止作畜字禮記左傳皆云名子者不以畜牲左氏又云吉者六畜不相爲用是也案釋獸釋畜二篇俱釋獸而異其名者畜是畜養之呂獸是毛蟲摠號故釋畜唯論馬牛羊雞犬釋獸通說百獸之名

騊大刀反駼大胡反山海經云有獸狀如馬名騊駼青色字林云北狄良馬也一曰野馬也瑞應圖云幽隱之獸也有明王在位即至出塞悉代反駮力角反山海經云可以禦兵倨本亦作居同紀慮反

牙五加反騉古門反本亦作昆蹄徒兮反字或作蹏趼五見反又五堅反本或作研善

陞音升夲亦作升甗郭音言又魚韋反字林牛建反云甗也舍人云跟蹄者瀰蹄也研平也謂蹄平正善陞甗者能登山嗛也一云甗者㕄也言騉善登高歷險上下於㕄李云騉者其蹄正堅而平似研也顩云山嶺曰甗孫同郭云甗山形似甑也上大下小騉蹄蹄如研而健上山甑子孕反健上時掌反苑於遠反

騉駼枝蹄趼善陞甗舍人云騉駼者外國之名枝蹄者枝足也李云騉駼其迹枝平似趼亦能登高歷危險也孫云騉駼之馬枝蹄如牛而下平郭云騉駼亦似馬而牛蹄也驪力知反字林力兮反說文云㴲黑色馬

綠耳力玉反夲或作騄駬同駥而充反夲亦作戎膝音悉字又作厀馵字林之句反郭式喻反下同骹苦交反字書作跤同云脛也郭云膝下驓辭陵反或辭登辭亘二反蹢丁歷反毛詩傳云蹢蹄也踏徒臘反騱音奚郭又音雞舍人李作雞翑郭音劬又音矩舍人李作駒

踦郭去宜反顩居綺反驤息羊反駵音留字或作騮說文字林云赤馬黑毛尾也毛詩傳云亦身黑鬣曰騮騵音原跨口化反或口故反蒼頡篇云兩股間驈字或作驈字林于必反顩餘橘反郭音術阮于密反髀甫爾反又步啓反下同說文云股外也驠於見反竅苦弔反騴一諫反袾音誅駺

爾雅音義下

本多作痕同音郎　的字林作馰丁歷反云馬白額也一曰駁　顙息黨桑反　縣音玄　基

戶耕反　漫莫干反　髗字書作顱力胡反謂額顱也　徹直列反　駹武江反　宜

椉字又作乘施市升反謝市證反　欒音洛　相息亮反　肘竹九反　減陽古湛反本

或作驖　幹古旦反　茀音弗　闋苦穴古穴二反　廣音光本或作𩦪同　别彼列反

馻郭兗允二音字林云馬逆毛也　騋力才反周禮云馬七尺也　牝頻忍反下同　驪牡孫注

改上騋牝爲牡讀與郭異　上時丈反　玄駒字林作駭音同　褭奴了反又而紹反字林云騕褭云馬反

驂七南反　騕烏了反郭注上林賦云騕褭神馬日行萬里　隲之逸反　父符甫反本或作駁俗

字　騇音舍　草馬本亦作騲魏志云敎民畜牸牛騲馬是也　駁字林云馬色不純也方卓反　騜

音皇字林乎乙反　脊音積　騝郭音虔本或作騫去虔反　騽音習說文作驔音簟字林云又音譚

今爾雅本亦有作驒者　駽詩音及呂忱顏延之苟楷並呼縣反郭火玄反謝孫犬縣反顧胡眄反　鐵他結

反　驄七工反說文云青黑雜毛馬　粼本或作驎郭良忍反注同字林良[illegible]反郭云斑剝隱鄰也或音鄰孫云[illegible]

魚鱗也 驒 徒河反說文云馬文如鼉魚韓詩字林皆云白馬黑髦 鬣 力涉反髦也 騥 而周反本又作
柔 兩被 普義反又皮義反 駂 音保說文云黑馬驪白雜毛 駓 備悲反字林音丕 桃
華 音花本亦作花同 駰 字林乙巾反郭央珍反今人多作因音 泥 奴兮反 騅 音佳 彤
徒冬反赤也 騢 乎加反說文云馬赤白雜色文似鰕魚也 赭白 音者 白馬黑鬣 舍人
同衆家竝作髦 駱 音洛說文云白色馬黑毛尾也廣雅云白馬朱鬣曰駱 夏 音下 駩 音詮又音全孫
本作犉云與牛同稱汝均反本或作驎音吝 喙 許穢反又昌銳反口也 騧 古花反毛詩傳說文字林皆云黃馬
黑喙曰騧郭云今以淺黃色爲騧馬 瞯 音閑本又作瞷蒼頡篇云目病也吳江湖之間曰瞯說文云戴目也字林
作驧音同 魚 本又作䁻疑居反字林作𩤉音同 驔 徒南大點二反 差 楚佳反 毫 音豪
犘 亡巴反 犦 步角反張揖亡角反字林方沃反案卽今之𤛑領牛出合浦郡 犎 甫逢反 𦢊
音與上犦字同本亦作犦鄭注考工記云𦢊謂墳起 胅 大結反 橐 音託字又作馲音同又音洛 駝
大河反字林云馲駝似鹿而大肉鞌出繞山 日 而一反 浦 音普 犤 音碑又音皮 庳 音碑

⿰牛畟子息反本或作稷高涼音良犩郭魚威反張揖同字林生畏反云黑色而大重三千斤
犪巨龜反字林云牛柔謹也顧如小如照二反數千所主反岷山亡巾反犣
力涉反字林云牛名也郭云旄牛也本或作鬣字此牛多毛鬣髦本又作旄同音毛或音亡交反髀必爾
反又步啓反犝音童字林云牛名犑古闃反俯音甫觭郭去宜反字林丘戲江宜二反
云一角低一角仰樊云傾角曰觭低印五剛反又魚丈反踊音勇觢字或作挈郭常世反字林
之世反犉閏旬反字亦作犉音同眥才細反說文云目匡也字林云目厓也牰音袖字林音就本或
作褎音同犚音尉犈音權又音眷犢徒木反⿰牛句火口反字林云牛鳴也⿰牛弗傅蓋反
犌古牙反羒又作粉同符云反字林云牂羊羝丁兮反字林云牂羊也廣雅云二歲曰羝牂子郎
反字林云三歲曰牂墳扶云反夏羊戶雅反黑羖羊也羖音古字林云夏羊牝⿰羊歷音歷
羭郭羊朱反字林羊句反壺音乎觤九委反觠呂郭音權謝居轉反羷謝許簡反
字林力冉反一音力驗反迊子合反羳音煩羜直呂反又之呂反字林云五月生羔犬說文云狗

縣蹄者象形孔子曰視犬之字如畫狗也獀子工反玂音祁毫戶刀反字又作豪狗古口反字林云
家獸也說文云孔子曰狗叩也叩氣吠以守也⿰倝毛下旦反又胡肝反謂長毛也喙許穢反又昌銳反獫
力驗反字林力劒反呂力冉反郭九占洮檢二反猲許謁反字林作猲大遏反獢虛驕反狣呂郭同音
兆尨亡江反說文云犬之多毛字林同也吠扶廢反雓音餘字或作餘雛仕俱反本今作
鶵僆郭音練力見反又力健力展二反少者詩照反奮迅信峻二音戎本亦
作駥而融反以上時掌反犉閏旬反羬本亦作麙五咸反彘直例反豟
於革反大豕也小爾雅云豕之大者謂之豜豟獒五刀反尚書云西旅獻獒孔傳云大犬也說文云犬如人心可使者
字林同廣雅云殷虞晉獒楚獚韓獹宋⿰犭足皆良犬也⿰犭足音鸐鶤音昆字或作鵾同或音運又音輝
古侯反

經典釋文卷第三十

五福五代堂古稀天子寶
八徵耄念之寶
太上皇帝之寶